भारतीय प्रशासन

भारतीय प्रशासन

विकास एवं पद्धति

बिद्युत चक्रवर्ती

प्रोफ़ेसर, राजनीति विज्ञान विभाग, दिल्ली विश्वविद्यालय

तथा

प्रकाश चंद

सहायक प्रोफ़ेसर, राजनीति विज्ञान विभाग, दयाल सिंह (ई) कॉलेज, दिल्ली विश्वविद्यालय

SAGE | bhasha

Los Angeles | London | New Delhi
Singapore | Washington DC | Melbourne

Originally Published in 2016 in English by
SAGE Publications India Pvt Ltd as *Indian Administration: Evolution and Practice*

This edition published in 2017 by

SAGE | bhasha

SAGE Publications India Pvt Ltd
B1/I-1 Mohan Cooperative Industrial Area
Mathura Road, New Delhi 110 044, India
www.sagepub.in

SAGE Publications Inc
2455 Teller Road
Thousand Oaks, California 91320, USA

SAGE Publications Ltd
1 Oliver's Yard, 55 City Road
London EC1Y 1SP, United Kingdom

SAGE Publications Asia-Pacific Pte Ltd
3 Church Street
#10-04 Samsung Hub
Singapore 049483

Published by Vivek Mehra for SAGE Publications India Pvt Ltd, typeset in 13/15 pt Kokila by Diligent Typesetter India Pvt Ltd, Delhi.

ISBN: 978-93-866-0234-3 (PB)

Translator: Manjusha Mulay (Content Respondus)
SAGE Team: Syed Husain Naqvi, Vinayak Dubey

हमारे माता-पिता और शिक्षकों को समर्पित

संक्षिप्त विषय-वस्तु

विस्तृत विषय-वस्तु

रेखाचित्रों की सूची

तालिकाएं

चित्र

प्रस्तावना

भारतीय प्रशासन पर किताब लिखना हमेशा चुनौतीपूर्ण होता है। यह चुनौतीपूर्ण इसलिए है क्योंकि यह क्षेत्र भारतीय प्रशासन के विभिन्न पहलुओं को सुलझाने के लिए लिखी गई पुस्तकों से लगभग संतृप्त है। ये प्रयास उपयोगी हैं, हालांकि ये बौद्धिक रूप से संतोषजनक नहीं हो सकते, या उत्तेजक नहीं हो सकते, क्योंकि उनका ध्यान केवल प्रशासन की संरचना पर होता है, जो आमतौर पर किसी विशेष पद्धति में संरचना को आकार देने वाली प्रक्रियाओं की अनदेखी करते हैं। इसलिए हम इसकी विशिष्ट गतिशीलता को समझने में असमर्थ है जिसमें प्रशासन का विकास होता है। प्रचलित सामाजिक-आर्थिक और राजनीतिक प्रक्रियाओं के साथ प्रशासन के जैविक संबंध को देखते हुए, किसी संदर्भ के बिना इसके कार्य की संकल्पना करना असंभव नहीं तो कठिन अवश्य होगा। यह पुस्तक एक ऐतिहासिक परिप्रेक्ष्य में भारतीय प्रशासन की जटिल गतिशीलता को समझने का एक गंभीर प्रयास है। यह तर्क दिया जाता है कि प्रशासन की प्रकृति की उचित समझ में उस परिवेश का एक समीक्षात्मक अवलोकन भी शामिल है जिसमें यह आधारित है। दूसरे शब्दों में, यह माना जाता है कि इसकी स्पष्ट संदर्भ आधारित जड़ों को ध्यान में रखते हुए, भारतीय प्रशासन की सामाजिक-आर्थिक और राजनीतिक परिस्थितियों में स्वतंत्र रूप से संकल्पना नहीं की जा सकती है, जिसमें यह स्थापित है।

यहाँ एक और महत्वपूर्ण मुद्दा है जिसे कम नहीं माना जा सकता, अर्थात भारतीय प्रशासन की संकल्पना करते समय विश्लेषक को दो महत्वपूर्ण कारणों से इसकी महत्वपूर्ण जड़ों पर पर्याप्त ध्यान देना जरूरी है। पहला, इस तथ्य को देखते हुए कि स्वतंत्रता के बाद भारत में भारतीय प्रशासन अतीत की एक निरंतरता है, हमें भारत के उपनिवेशवाद से मुक्त होने के बावजूद इसके विशिष्ट प्रकृति में योगदान देने वाले कारकों के प्रति संवेदनशील होना चाहिए। यह केवल एक संरचनात्मक निरंतरता नहीं थी; यह कुछ मौलिक मूल्यों का भी प्रतिनिधित्व करता था जो औपनिवेशिक प्रशासन को सूचित करते थे। उदाहरण के लिए, ब्रिटिश किस्म के उदारवाद उन लोगों के लिए एक प्रेरक विचारधारा बने रहे जिन्होंने राजनीतिक स्वतंत्रता के तुरंत बाद भारत की नियति की अध्यक्षता की थी। दूसरा, यह बात भी गुमराह करने वाली होगी यदि हम खुद को औपनिवेशिक प्रशासन की संरचनात्मक निरंतरता तक सीमित कर देते हैं, क्योंकि संस्थापक पूर्वजों ने प्रशासन की एक नई प्रणाली को गति देते हुए कई अन्य प्रतिस्पर्धात्मक वैचारिक आवेगों को भी ग्रहण किया। इस तथ्य से इनकार नहीं है कि भारत के पहले प्रधान मंत्री जवाहरलाल नेहरू, लेनिनवादी नये आर्थिक कार्यक्रम की सराहना करते थे, जो 'समाज के समाजवादी पद्धति' की संकल्पना में महत्वपूर्ण रहे हैं। इसके अलावा, राज्य-निर्देशित-नियोजित-आर्थिक-विकास के प्रतिमान, जिन्हें 1950 में योजना आयोग के गठन के साथ भारत ने मंजूरी दी थी, वे भी समाजवादी व्यवस्था में नेहरू के दृढ़ विश्वास का परिणाम था। इसके आधार पर तैयार किए गए भारतीय प्रशासन की न केवल उसी के अनुसार संकल्पना की गई थी, बल्कि राज्य को प्राथमिकता देने के लिए भी संरचित किया गया था, जिसे समावेशी संवृद्धि लाने के लिए एक आदर्श साधन माना गया था।

1900 के दशक की शुरुआत में गंभीर वित्तीय संकट के मद्देनजर यह दृश्य वैश्वीकरण की शुरुआत और नवउदारवादी आर्थिक प्रारूप पर भारत की स्वीकृति के साथ बदल गया है। राज्य के नेतृत्व वाले विकास के लिए तर्क ने अपनी अपील खो दी और राज्य सामाजिक-आर्थिक विकास और परिवर्तन में शामिल कई साधनों में से एक बन गया। धीरे-धीरे राज्य के अलावा, बाजार और नागरिक समाज लोक प्रशासन में महत्वपूर्ण हो गये। संवृद्धि और विकास में एक कर्ता के रूप में, राज्य को अब अपने पारंपरिक उत्तरदायित्वों को पूरा करते हुए बाजार और नागरिक समाज के साथ समन्वय करना पड़ रहा है। राज्य का पतन नहीं हुआ है, लेकिन उसने बदलते माहौल में अपनी भूमिका को बदल दिया है, जहाँ वैश्विकरण की शक्तियों ने विशिष्ट राष्ट्रवादी आवाज को छोटा कर दिया प्रतीत होता है। यह विश्व स्तर पर स्पष्ट है और 1991 में नई आर्थिक नीति की स्वीकृति के बाद भारतीय प्रशासन सामाजिक-आर्थिक परिवर्तन के अनुकूल होता प्रतीत होता है। न केवल इसके ढांचे का एक रूपांतरण हुआ है, बल्कि वह दर्शन जो अब तक भारतीय प्रशासन का अभिन्न अंग बना हुआ था उसे भी चरणबद्ध तरीके से बाहर कर दिया लगता है।

यह पुस्तक इस प्रकार दो प्रमुख और दो पूरक तर्क प्रदान करती है। पहला *तर्क* भारतीय प्रशासन की प्रकृति के बारे है जिसका उसके उपशीर्षक द्वारा संकेत मिलता है: यह भारतीय प्रशासन के *विकासवादी दृष्टिकोण* के संदर्भ में उसका एक विश्लेषणात्मक विवरण है। पाठ और संदर्भ के बीच भाषा के विशेष महत्व को देखते हुए, यह पुस्तक तर्क देती है कि भारतीय प्रशासन को लगातार पुन: विकसित किया जा रहा है। भारतीय प्रशासन प्रवाह में है, इस पहले तर्क के साथ जुड़ा हुआ एक दूसरा *तर्क* है जिसे संरचना और प्रक्रियाओं के बीच के कड़ी के महत्व पर उठाया गया है। 'संरचना-प्रक्रिया द्वंद्वात्मकता' को रेखांकित करते हुए दूसरा तर्क इस बात पर बल देता है कि एक ऐतिहासिक परिप्रेक्ष्य में भारतीय प्रशासन की एक उचित समझ प्रशासन की संरचना और प्रक्रियाओं के बीच के जटिल संबंध को समझे बिना बिल्कुल असंभव है। दो पूरक तर्कों में से पहला, एक दावा है कि यह पुस्तक चरित्र और विश्लेषण में अद्वितीय है। यह एक पारंपरिक अध्ययन नहीं है, बल्कि सूक्ष्म प्रक्रियाओं को उजागर करके भारतीय प्रशासन के प्रति हमारे दृष्टिकोण को बदलने का प्रयास है, जो आम तौर पर हमारे ध्यान से निकल जाता है। दूसरा *अनुपूरक तर्क* इस मुद्दे को पुष्ट करता है कि यह अध्याय मानवीय यत्न के इस जटिल लेकिन परिवर्तनशील क्षेत्र में आगे अनुसंधान के अवश्य योगदान देगा और भारतीय प्रशासन समसामयिक भारतीय राजनीति को अपने सबसे अधिक जटिल स्वरूप में समझने का प्रयास करने वालों के लिए आसान शुरुआती बिंदु बन सकेगा।

पुस्तक लेखन एक सहयोगपूर्ण परियोजना है। लेखक होने के अलावा, पाठ के लिए एक सुरक्षित घर उपलब्ध कराने के लिए एक अच्छे और संवेदनशील प्रकाशन घर की जरूरत होती है। हम हमारे प्रकाशक के रूप में सेज को पाने के लिए भाग्यशाली हैं। यह पुस्तक उन पुस्तकों की एक अगली कड़ी है जिन्हें हमने पहले से ही सेज के साथ प्रकाशित किया है। यह सेज के हमारे सहकर्मियों की सहायता के बिना संभव नहीं होता। हम इस पुस्तक की तैयारी के दौरान उनके द्वारा किए अमूल्य सहयोग के लिए श्री अमित कुमार, सुश्री इंद्राणी दत्ता, और सुश्री वंदना गुप्ता को विशेष रूप से धन्यवाद देना चाहेंगे। शिक्षकों के रूप में हम हमारे छात्रों के खोज प्रश्नों के द्वारा बौद्धिक रूप से लाभान्वित होने वाले भाग्यशाली हैं। हम उनके प्रति आभार व्यक्त करते हैं; अगर यह किताब अपना उद्देश्य पूरा करती है, तो हमारे पास संतुष्ट होने का कारण होगा। हम इस अवसर पर अपने शिक्षकों का दिल से आभार व्यक्त करते हैं; उनके आशीर्वाद और बौद्धिक समर्थन के बिना हम शिक्षा के क्षेत्र में सफल नहीं होते। हम देश भर में अपने संकाय सदस्यों के लिए भी आभारी हैं जिन्होंने अपनी समीक्षात्मक टिप्पणियां प्रदान की हैं, जिसने हमें पाठ में सुधार करने में काफी हद तक मदद की है, विशेषकर यादवपुर विश्वविद्यालय के अंतरराष्ट्रीय संबंध विभाग के डॉ इमानकल्याण लाहिरी; मुंबई विश्वविद्यालय के नागरिकशास्त्र और राजनीति विभाग के डॉ कन्नम्मा रमन, और कल्याणी विश्वविद्यालय के राजनीति विज्ञान विभाग के डॉ मोहम्मद अयूब मलिक। हमारी सफल अकादमिक भागीदारी हमारे माता-पिता, भाइयों और बहनों से मिली सहायता के बिना संभव नहीं होती। अंतिम, लेकिन उतनी ही महत्व की बात है, हमें हमारे अकादमिक कार्यों पर ध्यान केंद्रित करने की अनुमति देकर, हमारी पत्नियों ने एक ऐसी भूमिका निभाई है जो न केवल सराहनीय है, बल्कि 'अत्यंत धन्यवाद', की हकदार भी हैं। हम अपने अकादमिक उत्साह और उत्पादकता को बनाए रखने में उनके योगदान के लिए उन्हें पर्याप्त रूप से धन्यवाद भी नहीं दे सकते। रचनात्मक रूप से शरारती होकर हमारे बच्चे हमेशा आनन्द और खुशी के स्रोत रहे हैं। संक्षेप में, हमारे परिवारों के सहयोग और हमारी सनक तथा सोचने के अलग तरीके के प्रति उनके सहयोग और दयालुता के बिना हम वो हासिल नहीं कर पाते, जो कर पाए हैं।

लेखकों के बारे में

बिद्युत चक्रवर्ती दिल्ली विश्वविद्यालय के राजनीति विज्ञान विभाग में प्रोफ़ेसर हैं। वे सामाजिक विज्ञान संकाय के डीन और दिल्ली विश्वविद्यालय के राजनीति विज्ञान विभाग के प्रमुख भी रहे हैं। उन्होंने लंदन स्कूल ऑफ इकोनॉमिक्स से पीएचडी अर्जित की है और वे तीन दशकों से अधिक समय से शिक्षण और शोध से जुड़े हुए हैं। उन्होंने कुछ सर्वाधिक प्रतिष्ठित शैक्षिक संस्थानों में पढ़ाया है, जैसे लंदन स्कूल ऑफ इकोनॉमिक्स; भारतीय प्रबंधन संस्थान (आईआईएम) कलकत्ता, भारत; मोनाश विश्वविद्यालय, ऑस्ट्रेलिया; राष्ट्रीय विश्वविद्यालय सिंगापुर और हैम्बर्ग विश्वविद्यालय, जर्मनी।

डॉ चक्रवर्ती ने सेज भारत के लिए तीन पुस्तकों का लेखन किया है: *Indian Government and Politics* (राजेंद्र कुमार पांडे, के साथ, 2008); *Modern Indian Political Thought* (राजेंद्र कुमार पांडे, के साथ, 2009); *Public Administration in a Globalizing World* (प्रकाश चंद के साथ, 2012)

प्रकाश चंद दिल्ली विश्वविद्यालय, भारत के दयाल सिंह (ई) कॉलेज में राजनीति विज्ञान के सहायक प्रोफ़ेसर हैं। उन्हें आईसीएसएसआर द्वारा डॉक्टरेट फैलोशिप और विश्वविद्यालय अनुदान आयोग (यूजीसी) द्वारा पोस्टडॉक्टोरल रिसर्च अवॉर्ड से सम्मानित किया गया है। डॉ चंद का 14 साल का समृद्ध शिक्षण अनुभव है और उनके शोध प्रपत्र *Indian Social Science Review*, *Gandhi Marg*, *Indian Journal of Public Administration,* और *Urban India* and *Social Change* सहित विभिन्न पत्रिकाओं में प्रकाशित हुए हैं।

उनकी रुचियों और अनुसंधान के क्षेत्रों में भारत में लोक प्रशासन और पर्यावरण प्रशासन शामिल हैं। वह सेज द्वारा प्रकाशित पुस्तक *Public Administration in a Globalizing World* के सह-लेखक (बिद्युत चक्रवर्ती के साथ, 2012) हैं।

परिचय

I

एक विकासवादी परिप्रेक्ष्य में भारतीय प्रशासन एक अवधारणात्मक सूत्र है। यहाँ यह सैद्धांतिक मान्यता अंतर्निहित है कि लोक प्रशासन निरंतर प्रवाह में है। इसकी जैविक प्रकृति को देखते हुए, लोक प्रशासन प्रचलित सामाजिक-आर्थिक और राजनीतिक परिस्थितियों पर निर्भर है, जिसका अर्थ यह है कि इसकी जटिलताओं पर पर्याप्त रूप से काबू करने के लिए कोई सार्वभौमिक मॉडल नहीं हो सकता। यह न केवल वेबेरियन अवधारणा के, बल्कि प्रशासन के उस मॉडल के भी विपरित है जो लोक प्रशासन को 'सभी के लिए एक आकार फिट' के सूत्र के रूप में समझता है। सैद्धांतिक रूप से कमजोर और अवधारणात्मक रूप से समस्याग्रस्त, 'नव-टेलरिज़्म' का बचाव करते हुए यह निरूपण दो मूलभूत कारणों से संतोषजनक नहीं लगता: सबसे पहले, यांत्रिक होने के कारण लोक प्रशासन की सामाजिक विशेषताओं पर गहराई से जाने वाली धारणा की अंतर्निहित सैद्धांतिक सीमाएं हैं। दूसरा, इस धारणा में एक गंभीर कमी है क्योंकि पश्चिमी संदर्भ में इसकी जड़ों को देखते हुए यह स्पष्ट रूप से नृजातिकेंद्रित (एथ्नोसेंट्रिक) है। मूल बात यह है कि इसकी समाज-निर्भर प्रकृति को ध्यान में रखते हुए, जन प्रशासन को किसी व्युत्पन्न प्रारूप में ठीक से समझा नहीं जा सकता है। दूसरे शब्दों में, जैसा कि लोक प्रशासन स्थिति-विशिष्ट है, इसलिए वहां कोई रास्ता नहीं है जिसे हम सामाजिक-आर्थिक और राजनीतिक परिवेश को अनदेखा कर इसकी प्रकृति को समझ सकें, जिसमें यह जैविक रूप से विकसित हो रहा है।

सार्वजनिक सैद्धांतिक प्रस्ताव कि लोक प्रशासन संदर्भ पर निर्भर होता है, के प्रकाश में विश्लेषणात्मक गहराई के साथ एक अध्ययन लोक प्रशासन की प्रासंगिक विशिष्टताओं के प्रति संवेदनशील होकर अपनाया जा सकता है। यह उन देशों में अधिक है जिनका लंबा औपनिवेशिक अतीत रहा है। राजनीतिक रूप से स्वतंत्र होने के बावजूद, उपनिवेशवाद के बाद के देश पिछले प्रशासनिक कानूनों और लोकाचारों द्वारा निर्देशित किए जाते रहे हैं जो कमोबेश उपनिवेशवाद के अंत के बाद भी अविचलित रह गए हैं। यह अधिकांश पूर्व ब्रिटिश उपनिवेशों का मामला है, भारत इसका कोई अपवाद नहीं है। भारतीय प्रशासन, छह दशकों से अधिक राजनीतिक स्वतंत्रता के बाद भी, औपनिवेशिक प्रशासन की छाप रखता है। ऐसी निरंतरता के लिए निश्चित रूप से वेस्टमिंस्टर शासन की स्वीकृति को एक कारण बताया जाता है जिसे 200 वर्षों के औपनिवेशिक शासन के दौरान भारत में पेश किया गया था। इसे ब्रिटिश प्रशासन के पूरक राजनीतिक उदारवाद की बढ़ती लोकप्रियता के साथ मजबूत बनाया गया था जिसने विपक्ष के असंतोष और विरोध के अनुकूल होने के कारण राष्ट्रवादी अभियान को संबोधित किया था। इसप्रकार, अनुनय और मजबूरता ये दो साधन औपनिवेशिक संदर्भ में ब्रिटिश प्रशासन की विशिष्ट प्रकृति होने के कारण भारतीय प्रशासन का भी अभिन्न अंग बने रहे हैं।

दार्शनिक रूप से, भारतीय प्रशासन ने अंग्रेजों की प्रबुद्धता की परंपरा को आकर्षित किया है जिसने कष्टों को सुलझाने और संकट को कम करने के लिए सबसे अच्छे साधन के रूप में हमेशा से संवाद और चर्चा को प्राथमिकता दी है। उदारता, करुणा और सहिष्णुता की सराहना करने वाली, ब्रिटिश आत्मज्ञान ने उन सामाजिक गुणों के समेकन में योगदान दिया, जिसने शासक-शासित संबंधों पर काफी प्रभाव डाला था। यहां तक कि न जीतने वाली स्थितियों के बीच भी खुली बातचीत के द्वारा, भारत में औपनिवेशिक प्रशासन ने प्रक्रियाओं को गति प्रदान की जो कि शासन के लिए एक तंत्र के रूप में लोकतंत्र को व्यक्त करने में धीरे-धीरे महत्वपूर्ण हो गई। संस्थानों को भी तदनुसार विकसित किया गया। ऐतिहासिक रूप से अधिसूचित भारतीय प्रशासन को जब ज्ञान के दर्शन द्वारा अनुरूप किया जा रहा था, तब वह समय के दौरान प्रबुद्धता के उच्च्च मूल्यों के समेकन की ओर अग्रसर हो गया और वे इतनी सुव्यवस्थित हो गई कि भारतीय राष्ट्रवादी नेतृत्व उनकी तरफ सहजता से आकर्षित हो गया। इन विचारों से न केवल स्वतंत्र भारत के बाद लोकतांत्रिक प्रशासन की नींव रखी, बल्कि उन्होंने प्रशासन की संरचना को भी कायम रखा जिससे एक लोकतांत्रिक भारत बनाने में मदद मिली। यह तर्क सरल है: जैसा कि उपनिवेशवाद ने भारतीय प्रशासन को आकार देने में बेहद

योगदान दिया था, इसका प्रभाव सबसे ज्यादा महसूस किया गया था। यह सच है कि ब्रिटिश प्रशासन का मुख्य उद्देश्य स्पष्ट कारणों के लिए, उपनिवेशवाद को मजबूत करना था, लेकिन लोकतांत्रिक विरोध के अनुकूल होने के कारण, यह राष्ट्रवादी आकांक्षाओं को पूरा करने वाले आंदोलनों से भी निपट रहा था। आर्थिक और राजनीतिक रूप से विनाशकारी होने के बावजूद औपनिवेशिकता की भारत में एक सौम्य उपस्थिति थी, क्योंकि यह उन बलों को खो रही थी, जो राजनीतिक उदारीकरण को अगर मजबूत नहीं कर रहे तो भी वास्तव में उन्हें समेकित कर रहे थे, क्योंकि एक प्रेरक विचारधारा जनवादी शिकायतों का प्रभावी रूप से निवारण कर सकती है। यहां मूल बात यह तथ्य है कि भारतीय प्रशासन ने अपनी भावना और स्वर में उपनिवेशवाद कायम रखने के बावजूद एक ऐसा माहौल पैदा किया जिसमें बलों ने ब्रिटिश शासन का विरोध किया। इस प्रकार हम ब्रिटिश उपनिवेशवाद के इस पहलू से प्रभावित नहीं हो सकते जिसमें विपक्ष को भी शामिल किया था, शायद इसकी सर्वोच्चता पर राष्ट्रवादी हमलों को हल करने के लिए एक अच्छी सोच वाली रणनीति के रूप में। इस प्रक्रिया में भारतीय प्रशासन ने कुछ विशिष्ट विशेषताओं को हासिल किया जो कि ऐतिहासिक परिस्थितियों के सापेक्ष थी जिसमें यह उभरा था। यह संकेत करना अतिशयोक्ति नहीं होगी कि हालाँकि 1947 में भारत स्वतंत्र हो गया था, लेकिन वह प्रशासनिक व्यवस्था जो नई सरकार की नीतियों को निष्पादित करने के लिए थी, यह एक नया डिजाइन नहीं थी, बल्कि पूर्व ब्रिटिश शासन से विरासत में मिली थी।

इस प्रकार भारतीय प्रशासन संदर्भ आधारित है। जैसा कि इसकी अतीत की एक स्पष्ट विरासत है, इसके पास वे विशेषताएँ हैं जो एक स्वतंत्र लोकतांत्रिक देश के मौलिक लोकाचार के विपरित हैं। प्राधिकरण के केंद्रीकरण के प्रति प्रवृत्तियों को आत्मसात करके भारतीय प्रशासन ने एक स्तर पर कड़क नियमों को प्रोत्साहित किया, वहीं दूसरी तरफ, लोकतांत्रिक भारत के लक्ष्यों को स्पष्ट करने के लिए नई पहल की। समान रूप से विशिष्ट ऐतिहासिक संदर्भ में इसके जटिल विकास को देखते हुए, भारतीय प्रशासन विगत और वर्तमान के एक रचनात्मक मिश्रण का प्रतिनिधित्व करता है जिसमें पूर्व वाला नींव पैदा करता है, जबकि बाद वाले ने बदलते सामाजिक, आर्थिक और राजनीतिक माहौल में अपनी प्रकृति को पुनर्व्यवस्थित किया है। इस अध्ययन में सबसे अधिक मौलिक बात तेजी से बदलते हुए ऐतिहासिक परिस्थितियों के संदर्भ में भारतीय प्रशासन में कायापलट की संकल्पना करना है। परिवर्तन प्रशासन में अंतर्निहित है क्योंकि वे परिस्थितियाँ, जिसमें यह स्थित है, वह स्थाई नहीं रहती हैं। वह कठोर औपनिवेशिक प्रशासन, जिसने राष्ट्रवादी आकांक्षाओं को घोटकर लोकतांत्रिक ताकतों को मुक्त किया उसने 1947 में उपनिवेशवाद के जाने के बाद हस्तांतरित किया गया। 1947 में सत्ता हस्तांतरण के साथ जो खूनखराबा हुआ था उसको ध्यान में रखते हुए, प्रशासन की औपनिवेशिक संरचना को बनाए रखना आवश्यक पाया गया था जो निश्चित रूप से राष्ट्रवादी भावना से ओत-प्रोत थी। सबसे महत्वपूर्ण बात अखिल भारतीय सेवाओं के स्टील फ्रेम की निरंतरता थी, जिसने बेरहमी से राष्ट्रवादी आंदोलन को रोकने के लिए काम किया, शायद शासन में उनकी उपयोगिता की वजह से, जो आज भी मौजूद है। इसलिए, यह एक मात्र संरचनात्मक निरंतरता थी क्योंकि उसकी भावना तो बिल्कुल भिन्न थी। जाहिर है, अपनी अभिव्यक्ति और कार्यों में वेबेरियन, यह समकालीन भारतीय प्रशासन, बड़े पैमाने पर बदलते मूड के प्रति उत्तरदायी होने से एक अनूठा उदाहरण है, स्वतंत्र भारत में सार्थक बनने के लिए जिसमें विगत का वर्तमान के साथ रचनात्मक रूप से मिश्रण किया जाता है। इसकी प्रकृति की एक विश्लेषणात्मक जांच स्पष्ट रूप से प्रशासन और एक ऐतिहासिक परिप्रेक्ष्य में महान शैक्षणिक और व्यावहारिक उपयोगिता की होगी। एक स्पष्ट राष्ट्रवादी भूमिका को पूरा करने के लिए भारतीय प्रशासन ऐतिहासिक जिम्मेदारियों के विभिन्न प्रकार के लिए ग्रहणशील होकर, धीरे-धीरे सामाजिक, आर्थिक और राजनीतिक परिवर्तन का एक शक्तिशाली साधन बन गया।

II

प्रशासन स्वाभाविक रूप से प्रासंगिक है। औपनिवेशिक प्रशासन के साधन के पक्ष में राष्ट्रवादी पसंद को जो शासित कर रही थीं वे निश्चित रूप से सांप्रदायिक दंगों की अद्वितीय परिस्थितियाँ थी जो कि उन भारतीय शासकों के लिए उपयोगी होती जा रही थीं, जिन्हें राज्य के प्रबंधन के लिए शायद ही कोई अनुभव था। ब्रिटिश राज की अच्छी तरह से आरोपित विरासत को देखते हुए,

भारत में उत्तर-औपनिवेशिक प्रशासन ने अपने अतीत अवतार के साथ एक अलौकिक समानता वहन की। भारतीय प्रशासन में तीन प्रमुख वैचारिक प्रभाव महत्वपूर्ण प्रतीत हो रहे थे: उपनिवेशवाद, राष्ट्रवाद और जनतंत्र। यहाँ दो बिंदुओं को ध्यान में रखा जाना चाहिए: पहला, हालांकि उपनिवेशवाद और राष्ट्रवाद निश्चित रूप से एक दूसरे के विरोधी हैं, पर इसमें कोई शक नहीं है कि पूर्व वाले ने ऐसी परिस्थितियों को बाध्य किया जिसमें उपनिवेश की आवाज को मुखर करने के लिए राष्ट्रवाद एक शक्तिशाली विचारधारा के रूप में उभरा है। दूसरा, उपनिवेशवाद ने भी धीरे-धीरे लोगों को शामिल करके लोकतंत्रीकरण की एक धीमी प्रक्रिया का नेतृत्व किया, जिन्होंने ख़ुशी-ख़ुशी इस विदेशी प्रशासन को अपनाया। इस औपनिवेशिक राज्य ने ध्यान से चयनित भारतीय हितों का प्रतिनिधित्व करने के कुछ उपायों को अनुमति दी थी। लेकिन उसने यह भी सुनिश्चित किया था कि 'राज्य हमेशा उस स्तर पर संचालित रहे जो समाज से हटा दिया गया था जिस पर वह शासन करता था'। खुद के लिए 'कार्यकारी विशेषाधिकार' प्रदान करते हुए, औपनिवेशिक राज्य दायरे के बाहर खड़ा होते दिखाई दिया और इसलिए, सामाजिक संघर्ष और राजनीतिक प्रतिस्पर्धा का मध्यस्थ होने के लिए स्वतंत्र था [और अपने अधीनों के साथ अपने संबंधों में], जो निरंतर प्रार्थना और रियायत, अनुदान और मांग, चार्टर और याचिका, शिकायतों और दमन की भाषा में संचालित किया जाना जारी रहा'(चंदावरकर 2007)। ब्रिटिश बेशक अपने स्वयं के 'उदारवाद और स्वशासन के सिद्धांतों' से प्रभावित थे। औपनिवेशिक सरकार ने 'स्वयं के हितों और वैचारिक प्रतिबद्धताओं' से लेकर इरादों के एक मिश्रण के माध्यम से, प्रतिनिधित्व के सिद्धांतों को अपने शासन के लिए उपयुक्त कर, औपनिवेशिक विधायिका में पेश किया (चक्रवर्ती 2007, 36)। भारत में ब्रिटिश शाही नजरिए 'अत्यधिक अस्पष्ट' प्रतीत होता था (लो 1997)।

जिस अधिनियम ने कनाडा महासंघ की स्थापना की थी उस *ब्रिटिश उत्तरी अमेरिका अधिनियम, 1867* पर आधारित भारत सरकार का अधिनियम 1935 निश्चित रूप से एक शक्तिशाली संवैधानिक हस्तक्षेप था जिसे औपनिवेशिक शासकों ने औपनिवेशिक प्रशासनिक प्रारूप के भीतर राष्ट्रवादी उत्साह को गंभीरता से समायोजित करने के लिए बनाया है। यह एक संवैधानिक हस्तक्षेप के माध्यम से भारत में शासन की बढ़ती लोकतांत्रिक आकांक्षाओं को वैध बनाने के प्रयासों का उदाहरण है। दिलचस्प बात यह है कि इस अधिनियम 1935 का स्वतंत्र भारत के लिए 1950 के संविधान के निर्माण के दौरान मजबूत प्रभाव बना रहा। वर्तमान संविधान के कुछ 250 खंड वास्तव में भारत सरकार अधिनियम से लिये गये थे। स्वतंत्र भारत के राजनीतिक प्रणाली सार्वभौमिक वयस्क मताधिकार और राजनीतिक संप्रभुता से अपनी जीविका प्राप्त करते थे, हालांकि, संचालन के नियम निस्संदेह इसके औपनिवेशिक अतीत से निकाले गये थे। सबसे महत्वपूर्ण प्रावधान जिसे भारत के संविधान ने अपने 1935 के समकक्ष से पाया था वे 'आपातकालीन प्रावधान' हैं, जो राष्ट्रपति को लोकतांत्रिक ढंग से निर्वाचित सरकारों और नागरिकों के मौलिक अधिकारों को निलंबित करने के लिए सक्षम बनाते हैं। इसके अलावा, तथाकथित 'राजनीतिक रूप से विध्वंसक व्यक्तियों' के 'निवारक निरोध' के लिए औपनिवेशिक प्रावधान अलग अलग रूपों में स्वतंत्र भारत में लागू रहे। 1972 का वह कुख्यात आंतरिक सुरक्षा रखरखाव अधिनियम (मीसा-MISA), 1980 के दशक का आतंकवादी और विघटनकारी गतिविधियां (निवारण) अधिनियम (टाडा-TADA) और हाल के दिनों में आतंकवाद निरोधी अधिनियम (पोटा-POTA) कुछ विधानों के उदाहरण हैं जिन्हें औपनिवेशिक अतीत के औपनिवेशिक और सत्तावादी क़ानून से लिया गया था। बहरहाल, भारत सरकार का अधिनियम 1935 निस्संदेह एक बहुत ही महत्वपूर्ण रियायत है जिसे औपनिवेशिक सरकार के राष्ट्रवाद और लोकतंत्रीकरण के बढ़ते ज्वार की वजह से स्वीकार करने के लिए मजबूर किया गया था।

इसमें कोई शक नहीं है कि भारत में उत्तर उपनिवेशवादी राज्य ने औपनिवेशिक प्रथाओं से शासन की अपनी आदतों को विरासत में पाया था। और, इसका *weltanschauung* (दुनिया का दृष्टिकोण) 'औपनिवेशिक शासन के मिश्रित विरासत' पर आधारित है, जिसने क़ानून, नौकरशाही, नागरिकता, परजीवी जमींदारों, आधुनिक राजनीतिक संस्थाओं और विरोध प्रदर्शन और भागीदारी के 'दो ट्रैक परंपरा' के शासन के फैसले को बरकरार रखा (मित्रा 2004, 29–34)। भारत में उपनिवेशवाद के सापेक्ष स्थिरता के लिए जो जिम्मेदार था वह इसकी बदलती सामाजिक-राजनीतिक परिस्थितियों के अनुकूल होने की क्षमता और धीरे-धीरे लेकिन स्थिर अंतर्राष्ट्रीयकरण था, जिसने आशीष नंदी को उपनिवेशवाद को 'एक आंतरिक दुश्मन' के रूप में चिह्नित

करने के लिए बाध्य किया (नंदी 1989)। उपनिवेशवाद को एक निरपेक्ष बुराई के रूप में नहीं देखा गया था। अधीनों के लिए, नंदी का तर्क था,

> यह वैध सत्ता की राजनीति में अपनी स्वयं की निर्बलता और हार का एक उत्पाद था। शासकों के लिए, औपनिवेशिक शोषण एक आकस्मिक था और जीवन के उप-उत्पाद का अफसोसजनक दर्शन था जो राजनीतिक और आर्थिक संगठन के श्रेष्ठ रूपों के साथ सद्भाव में था। यह आम सहमति थी जिसे भारत के शासक चाहते थे, जानबूझकर या अनजाने में ... [जबकि] अधीनों ने एक लंबी अवधि के आधार पर सहयोग किया [क्योंकि] ऐसा लग रहा था कि उन्होंने इस प्रणाली की विचारधारा को स्वीकार कर लिया है, या तो खिलाड़ी के रूप में या विरोधी खिलाड़ी के रूप में। यही वह एकमात्र तरीका है जो अपरिहार्य अन्याय की स्थिति में उनके कम से कम आत्म सम्मान की रक्षा तो कर सकता था। (पृ. 10–11)

उपनिवेशवाद ने इस तरह एक सांस्कृतिक आम सहमति हासिल की जिसे आगे धमकियों और राष्ट्रवादी गुस्सा शांत करने के तंत्र के विकास के माध्यम से मजबूत बनाया गया था। उदाहरण के लिए, जब भारत जैसे विविधतापूर्ण देश के लिए एकात्मक शासन का ब्रिटिश मॉडल अपेक्षाकृत अप्रभावी साबित होने लगा, तब औपनिवेशिक शासकों ने इसे डिग्री, 'विकेन्द्रीकरण' और 'संघवाद' की खुराक के द्वारा, 1920 के दशक में शुरू किया, जिसमें भारत सरकार अधिनियम 1935 सबसे महत्वपूर्ण संस्थागत कदम था (मॉरिस-जोन्स 1974, 15–48)। हालांकि औपनिवेशिक राज्य शास्त्रीय अर्थों में शायद ही संघीय था, वह संघीय व्यवस्था जिसे इस अधिनियम ने निर्धारित किया था, वह संविधान सभा में संघवाद पर विचार-विमर्श करते समय संस्थापक पिता के लिए महत्वपूर्ण जानकारी प्रदान करने वाला प्रतीत हो रहा था।

ये चयनात्मक उदाहरण उस तर्क का वर्णन करते हैं जो भारत के लिए एक विशिष्ट मार्ग अपनाने में उपनिवेशवाद, राष्ट्रवाद और लोकतंत्रीकरण के तीन वैचारिक बलों के महत्व को रेखांकित करते हैं। इसका उद्देश्य न तो यह सुझाव देना है कि औपनिवेशिक शासन से राजनीतिक स्वतंत्रता के कारण भारतीय राजनीति में कोई परिवर्तन नहीं गढ़ा है और न ही यह तर्क करना है कि उत्तर-औपनिवेशिक भारत सिर्फ उसके औपनिवेशिक अतीत की एक निरंतरता है। प्रमुख राजनीतिक संस्थाओं में उनके स्पष्ट औपनिवेशिक जड़ों के बावजूद, स्वतंत्र भारत में नाटकीय कायापलट आया है। भारत में संस्थानों के विकास पर एक सतर्क नजर डालने से स्पष्ट रूप से पता चलता है कि बदलती परिस्थितियों को समायोजित करने के लिए वे रचनात्मक रूप से विकसित हुई हैं। संसदीय लोकतंत्र का वेस्टमिंस्टर मॉडल स्थिति विशेष लोकाचार और विद्यमान सामाजिक-सांस्कृतिक परिवेश के लिए उत्तरदायी था। इसी प्रकार, 1977 और 2004 में राष्ट्रीय चुनाव' के अलावा लोकतंत्र को मजबूत बनाने के कोई अन्य प्रेरक उदाहरण नहीं हैं जिनकी अवलंबी सत्तारूढ़ प्राधिकारी द्वारा घोषणा की गई थी। भारत में राजनीतिक दल चुनाव के महत्व की अनदेखी करना बर्दाश्त नहीं कर सकते जो भारत में लोकतंत्र की गहरी-जड़ों का प्रमाण है। यह वैचारिक स्पेक्ट्रम भर में सच है जैसा कि यह 'भारत में संवैधानिक लोकतंत्र' के प्रारंभ के बाद से भारत के राजनीतिक इतिहास में स्पष्ट है (गुहा 2007, 756)। इसके अलावा, बदलती विधान सभाओं और राष्ट्रीय संसद की सामाजिक-आर्थिक स्थिति भी वास्तव में एक समावेशी लोकतंत्र की दिशा में एक प्रवृत्ति का सूचक है। समाज के उपेक्षित वर्गों के बढ़ते राजनीतिकरण को देखते हुए, कुलीन केंद्रित शासन जन-केंद्रित शासन की मजबूती के साथ दूर लुप्त होता नजर आ रहा है। चुनाव के माध्यम से नियमित अंतराल पर राजनीतिक सत्ता के परिवर्तन लोकतांत्रिक प्रक्रिया की गहराई के लिए एक स्पष्ट प्रमाण है जो केवल समय-समय पर चुनाव में व्यक्त नहीं होता है।[1] वयस्क मताधिकार की शुरुआत ने भारत की राजनीति को मान्यता से परे बदल दिया। लोकतंत्र इसलिए, अब मतदाताओं की चुनावी भागीदारी तक ही सीमित नहीं है, बल्कि यह 'हर दिन के संघर्ष' को भी परिलक्षित करता है जिसमें लोग नागरिक के रूप में उनके अधिकारों का प्रयोग करते समय शामिल किए जाते हैं।

लेकिन वहाँ सतर्कता का एक इशारा है। उपनिवेशवाद ने राष्ट्रवाद के लिए योगदान दिया है, लेकिन भारत के सामाजिक-सांस्कृतिक विविधता के साथ जुड़े भिन्न कारणों से भारत में एक राष्ट्र-राज्य के लिए नहीं। उत्तर-औपनिवेशिक भारत इसलिए शायद ही एक राष्ट्र-राज्य था, लेकिन एक राज्य-राष्ट्र सिर्फ इसलिए था कि शासन की संस्थाएँ, जो ब्रिटिश विरासत का

एक हिस्सा थी, वे पहले से ही वहाँ मौजूद थीं जब 1947 में सत्ता का हस्तांतरण हुआ था। मोहम्मद अली जिन्ना के सिवाय राष्ट्रवादी नेताओं ने जानबूझ राष्ट्रवादी भाषा से परहेज किया जो भारत में सांस्कृतिक और नैतिक एकता के अभाव को देखते हुए विनाशकारी हो सकता था। राष्ट्र, एक सचेत राजनीतिक अभिव्यक्ति के रूप में, शायद ही विद्यमान राजनीतिक बहस में शामिल हुआ। भारतीय राष्ट्रवाद एक साझा भाषा, धर्म या जातीय पहचान पर आधारित नहीं था। शायद एक साझा दुश्मन की उपस्थिति अर्थात्, ब्रिटिश उपनिवेशवाद, ने 'एक आम और साझा प्रयास में उपमहाद्वीप के विभिन्न भागों से पुरुषों और महिलाओं को संगठित किया' (गुहा 2007, 757)। एक राष्ट्र समेकित किया गया था, लेकिन उसने एक पूरी तरह से अलग मार्ग का अनुसरण किया जो कम से कम में यूरोपीय सूत्रों का व्युत्पन्न नहीं था। भारत ने किसी एक भाषा या धार्मिक विश्वास को विशेषाधिकार नहीं दिया। हालांकि उसके बहुसंख्य नागरिक हिंदू हैं, भारत 'एक हिंदू-पाकिस्तान' नहीं है। इसका संविधान विश्वास के आधार पर लोगों के बीच भेदभाव नहीं करता है, और न ही राष्ट्रवादी आंदोलन ने किया जो उपनिवेश में परिणामित हुआ। यद्यपि स्वतंत्रता की खुशी हिंदुओं और मुसलमानों के बीच एक धार्मिक खाई के आधार पर किए गये विभाजन से मारी गई थी, इस विभाजन को टालने की असफलता ने गांधी के राजनीतिक उत्तराधिकारियों को स्वतंत्र भारत को एक धर्मनिरपेक्ष गणराज्य के रूप में निर्माण करने के लिए चुनना पड़ा।

III

संविधान लोगों की लोकतांत्रिक आकांक्षाओं के मौलिक लोकाचार के साथ प्रशासन को जोड़कर उसे नियंत्रित करता है। इस संदर्भ में, संविधान की भूमिका को नजरअंदाज नहीं किया जा सकता है। प्रशासन के सिद्धांतों को निर्धारित करने के अलावा, यह शासकों को उचित मार्गदर्शक कर भारत के लोकतांत्रिक ताने-बाने की सुरक्षा के लिए जिम्मेदार है। स्वतंत्र भारत के संविधान निर्माताओं को एक लंबे और सभी को शामिल करने वाले दस्तावेज को तैयार करना पड़ा जिसमें संविधान को देश में सामाजिक-आर्थिक परिवर्तन का एक साधन बनाने के लिए राज्य के नीति निर्देशक सिद्धांतों की तरह कई अपरंपरागत प्रावधानों को भी करना पड़ा। संविधान निर्माताओं को इसलिए सभी उपलब्ध संविधानों और अन्य विधायी दस्तावेजों से बातों को लेना पड़ा ताकि भारत का संविधान निर्मित किया जा सके। सटीकता से कहें तो, ये निर्माता संविधान का मूलभूत आधार पाने के लिए औपनिवेशिक निर्माण पर भारी रूप से निर्भर रहे, अर्थात भारत सरकार अधिनियम, 1935 पर, जो एक विडंबना थी कि निर्माता भारत के लिए अंग्रेजों द्वारा तैयार की गई शासन की प्रणाली से ज्यादा से दूर स्थानांतरित नहीं हो सके थे।

इस प्रकार, 1935 के अधिनियम से लिए गये कोर को रखते हुए, निर्माताओं ने अमेरिकी और आयरिश संविधानों की तरह अन्य संविधानों की तरफ देखते हुए मौलिक अधिकारों के प्रावधानों के माध्यम से देश में सरकार की लोकतांत्रिक प्रणाली के परिचालन को गतिशीलता और दर्शन प्रदान किए। राज्य के नीति निर्देशक सिद्धांतों के मार्गदर्शक बल के माध्यम से राज्य तेजी से सामाजिक-आर्थिक बदलाव की राह पर अग्रसर हुआ। हालांकि, उपर्युक्त स्रोतों से तैयार भारत के संविधान की शारीरिक संरचना खोखली और बांझ ही बनी रही होती यदि इसे खुद नेहरू द्वारा तैयार किए गये उद्देश्य प्रस्ताव द्वारा प्रदान नहीं किया गया होता, जिसे 22 जनवरी 1947 को संविधान द्वारा अनुमोदित किया गया था। सर्व समावेशी और सभी के लिए स्वीकार्य सरकार की प्रणाली सहित 'केवल कुछ बुनियादी बातों' को निर्धारित करने के अलावा, नेहरू (2003, 60, 62) का यह प्रस्ताव 'घोषणा' के रूप में भी जाना जाता है, जो कहता है,

> ... हमें सबसे अधिक व्यापक, सहिष्णु और सबसे प्रभावी ढंग से अपने सामान्य स्वत्व और पार्टी के विवादों से ऊपर उठना चाहिए [और कार्य हाथ में लेना चाहिए], ताकि जो कुछ भी हम उत्पादित करें वह एक संपूर्ण रूप में भारत के लिए योग्य हो और इस तरह से होना चाहिए कि दुनिया को यह मानना चाहिए कि हमने वैसे ही कार्य किया है जैसे कि हमें करना चाहिए ... इस उच्च साहसिक प्रयास में।

संविधान की प्रस्तावना के माध्यम से अपनी अभिव्यक्ति को पाते हुए, जिसने अपने सभी नागरिकों को सुरक्षित करने के लिए संविधान के पवित्र लक्ष्यों को घोषित किया; न्याय, सामाजिक, आर्थिक और राजनीतिक; विचारों, अभिव्यक्ति, विश्वास, श्रद्धा और पूजा की स्वतंत्रता; स्थिति और अवसर की समानता और व्यक्ति की गरिमा को आश्वस्त करते हुए सभी बिरादरी को बढ़ावा देना; इस प्रस्ताव ने स्पष्ट रूप से अपना उद्देश्य घोषित किया जिसके लिए भारत का संविधान अस्तित्व में आना चाहिए था।

जैसा कि स्पष्ट है, व्यापक संरचना और देश के भविष्य की राजनीति के सार के साथ संविधान सभा नए राज्य की प्रकृति पर सात बुनियादी निर्णय पर पहुंची, अर्थात्, एक लिखित संविधान, राजनीति के संघीय ढांचे, राज्य का गणराज्य स्वरूप, संसदीय लोकतंत्र, राष्ट्र के राष्ट्रमंडल की सदस्यता, राज्य का धर्मनिरपेक्ष स्वरूप, और राज्य का कल्याण चरित्र। ये निर्णय वास्तव में राष्ट्रीय आंदोलन द्वारा पोषित नेतृत्व के सपने थे जिनकी पूर्ति की मांग नए संविधान के माध्यम से की गई थी। संविधान के विभिन्न प्रावधान एक तरह से देश में संवैधानिक नीतियों के निर्माण को शुरू करने के लिए ईंट और गारे के अलावा कुछ नहीं हैं।

भारतीय संविधान में निहित दार्शनिक जड़ों का विश्लेषण कर, ऑस्टिन एक 'सहज जाल' को विभेदित करता है, जो तीन धागों से मिलकर बना है, अर्थात् राष्ट्रीय एकता की रक्षा और अखंडता को बढ़ाना; लोकतंत्र के संस्थानों और भावना को स्थापित करना और एक सामाजिक क्रांति को बढ़ावा देना (ऑस्टिन 1999, 6)। सभी धागों को बराबर का महत्व देते हुए ऑस्टिन ने उनकी आपसी निर्भरता और विकट परस्परिकता पर जोर दिया, और चेतावनी दी कि इनमें से किसी भी धागे में ढिलाई, या बिगाड़ होने से यह जाल बिगड़ जाएगा और इसके विनाश के साथ ही राष्ट्र के विनाश का जोखिम होगा। भारत का संविधान इस प्रकार न सिर्फ एक दस्तावेज है, बल्कि एक जीवित प्राणी है, जिसका उद्देश्य संतुलन बनाए रखना और भी परिस्थितियों में सापेक्ष परिवर्तन लाना है। इसलिए, ऑस्टिन का तर्क है,

> लोकतंत्र का सार और सामाजिक सुधार के धागों को संविधान भर में पाया जा सकता है: लोकतांत्रिक राजनीतिक संस्थाओं और संसदीय प्रणाली की प्रक्रिया में, वयस्क मताधिकार में, और स्वतंत्र न्यायपालिका में; और संविधान के भाग तृतीय और चतुर्थ, जो 'मौलिक अधिकारों' और 'राज्य के निर्देशक सिद्धांतों नीति' को निर्धारित करते हैं। (1999, 7)

विचार अपनी जगह पर थे और संविधान ने जनादेश के अनुसार एक आकार हासिल कर लिया था जिसे संविधान सभा ने 1947 में भारत से ब्रिटिश की वापसी के बाद नव निर्मित राष्ट्र के लिए किया था। शासन के बुनियादी मार्गदर्शक सिद्धांत प्रदान करने के अलावा, भारत के संविधान ने एक दार्शनिक परंपरा को स्थापित करने का प्रस्ताव रखा जिसे संस्थापक पिताओं ने ब्रिटिश प्रशासन के संदर्भ में गांधी के नेतृत्व वाले राष्ट्रवादी आंदोलन के साथ उनकी संलग्नता से पाया था।

हालांकि, जैसा कि ऑस्टिन द्वारा बल दिया गया है, कि इन तीन तागों की आपसी निर्भरता और जबरदस्त गुथाव होने के बावजूद यह तर्क दिया जा सकता है इन तीनों तागों के बीच प्राथमिकता की एक निश्चित डिग्री मौजूद थी और ऐसा प्रतीत होता है कि भारतीय संविधान तैयार करते समय निर्माता "सबसे पहली बात सबसे पहले" पर काफी स्पष्ट थे। बहुत श्रमसाध्य दृढ़ता के साथ तैयार किया गया और राष्ट्रीय नेताओं के दीर्घकालिक सपने से ओत-प्रोत, भारत के संविधान ने एक तरफ न केवल राष्ट्र की एकता और अखंडता बनाए रखने के प्रयास में आने वाली चुनौतियों का सामना किया, जो सांप्रदायिक हिंसा की धमकी से भरी हुई थी, बल्कि उस युग की भविष्यसूचक दृष्टी भी दी जिसे गांधीजी ने 'रामराज्य' कहा था। इसे दूसरे शब्दों में कहें, आजादी के समय और शायद बाद में भी निर्माताओं की पहली और सबसे बड़ी प्राथमिकता देश की एकता और अखंडता की रखवाली करनी दिखाई दी, जिसके लिए वे भी राजनीति व्यर्थता के संघीय व्यवस्था के प्रतिपादन के जोखिम पर भी केंद्र सरकार को निरंकुश शक्तियां देने को तैयार थे। यह विरोधाभासी प्रतीत होता है कि हालांकि वहाँ देश की एकता और अखंडता के संदर्भ में संविधान में थोड़े ही उल्लेख किए गए थे, वहीं केंद्र सरकार को अखिल भारतीय सेवाओं (जैसे आईएएस, पूर्व का आईसीएस और आईपीएस, पूर्व का आईपी), की तरह औपनिवेशिक निर्माणों को कायम रखने के अलावा व्यापक शक्तियाँ और अलिखित विवेक प्रदान किए गये थे। इसलिए यह तर्क करना गलत नहीं होगा कि देश की एकता और अखंडता के संरक्षण का ही सतत विचार किया जा रहा था, जो संविधान के पहले से लेकर अंतिम शब्द तक सर्वव्यापी था।

एक राष्ट्र के रूप में भारत की अक्षयता का भरोसा दिलाते हुए, निर्माताओं ने सार्वभौमिक वयस्क मताधिकार की पवित्रता के आधार पर संसदीय प्रणाली के व्यापक स्पेक्ट्रम के भीतर देश में लोकाचार और लोकतांत्रिक शासन की भावना को बढ़ावा देने का निर्धारण किया। एक स्वतंत्र संवैधानिक संस्था द्वारा आयोजित किए जाने वाले आवधिक चुनावों पर विशेष रूप से तो नहीं परंतु अत्यधिक निर्भर रहते हुए, लोकतंत्र के संबंध में निर्माताओं का 'तुरूप का इक्का, पश्चिमी सांचे का शास्त्रीय अधिकार नकारात्मक निकला, जो आम लोगों के लिए बुनियादी न्यूनतम संवैधानिक गारंटी सुनिश्चित करता था, जिसके माध्यम से वे एक स्वतंत्र देश के नागरिक होना महसूस कर सकते थे और न केवल अपने शासकों को चुनने की स्वतंत्रता का आनंद उठा सकते थे, बल्कि भारतीय समाज के पारंपरिक चरित्र और लोगों के बड़े पैमाने पर सामाजिक-आर्थिक पिछड़ेपन के बावजूद वे अपनी मर्जी का जीवन जी सकते थे। इस प्रकार, एकता और अखंडता के निरपेक्ष मूल्य के विपरीत, लोकतंत्र निर्माताओं के लिए एक पूर्ण मूल्य नहीं बना था, जो फिर भी यह कामना करते थे कि वह भारतीय राजनीति की आधारशिला बने और समय के क्रम में विकसित हो।

जैसा कि ग्रानविले ऑस्टिन (1999, 26–27) ने संदर्भित किया था, सामाजिक क्रांति का महत्व, संविधान में एकता, अखंडता और लोकतंत्र के मूल्यों का पूरी तरह से एकत्रिकरण करने के बाद निर्माताओं द्वारा किए जाने वाले चिंतन के केवल अंतिम चरण में प्रकट होता है। हालांकि, लोकतंत्र को सार्थक और टिकाऊ बनाने के लक्ष्य में देश में एक सूक्ष्म सामाजिक क्रांति की अपरिहार्यता और निश्चितता से पूरी तरह अवगत निर्माता अन्य दो मूल्यों की प्रधानता और निर्णायक स्थिति के प्रति आश्वस्त लग रहे थे, जो वह बुनियाद बनने के लिए बाध्य किए जा रहे थे, जिस पर सामाजिक क्रांति की अधिरचना खड़ी की जा सके।

संक्षेप में, निस्संदेह, भारतीय संविधान एक सहज जाल प्रतीत होता है जो देश, संस्थाओं की एकता और अखंडता और लोकतंत्र की भावना और सामाजिक क्रांतिकारी जोश के तीन तागों द्वारा विशेषित है। फिर भी वहाँ इस जाल का आकार वृत्ताकार होना प्रतीत नहीं होता है, जहां विशेष मूल्य के अनुक्रम और स्थिति को पता लगाना संभव नहीं है। दरअसल, यहाँ यह तर्क दिया जा सकता है कि इस जाल की आकृति शायद पिरामिड जैसी होती, जिसमें तीन मूल्यों को आरोही क्रम में व्यवस्थित किया जा सकता, जिसमें राष्ट्र की एकता और अखंडता के मूल्य ने आधार स्थिति ग्रहण की होती, अगली स्थिति लोकतंत्र के मूल्य के लिए होती और अंत में सामाजिक क्रांति के मूल्य होते, जो उनके वितरण की क्षमता के क्रम के अनुसार ऊपर से नीचे तक होते। दूसरे शब्दों में, यह भारतीय संविधान की एक 'वेन ढांचे' के रूप में प्रकृति को दर्शाता है, जहां एक मूल्य दूसरे के कड़े खोल में रहता है, अन्य मूल्य केवल एक बार अपने आप के टिकाऊ अस्तित्व के आश्वासन की प्राप्ति के लिए अन्य मूल्य को समझने के लिए रास्ता तैयार करता है।[2]

IV

लोकतंत्र भारत में वयस्क मताधिकार की गारंटी है। इसने एक ऐसी प्रक्रिया को शुरू किया है जिसने लोगों को इस तरह से सशक्त बनाकर मात्र मतदान से परे जाकर मौलिक भारतीय राजनीति की रूपरेखा को बदल दिया है। इस प्रक्रिया ने क्रोध और विद्रोह को जन्म दिया है, और भारत को 'एक लाख छोटे विद्रोहों का देश बना रही है'(नायपॉल 1991, 106)। लेकिन इन विद्रोहों ने लोकतांत्रिक आकांक्षाओं को पनपने के लिए एक ठोस स्थान बनाया है। और उन्होंने उनके लिए भी राज्य को उपलब्ध कराया है, जो अब तक किसी भी राजनीतिक लेनदेन के मामले में हाशिये पर ही रहे हैं (मित्रा 1991, 567–68)। यह प्रक्रिया एक अन्य संबंधित कारण के लिए भी महत्वपूर्ण है, अर्थात्, समाज के निचले तबके और पूर्व में बाहर रखे गये लोगों का लोकतांत्रिक सशक्तिकरण, अतीत में जिनकी आवाज को हमेशा दबा कर रखा गया था। इन समूहों की व्याख्या 'उनके नुकसान और जाति की शर्तों में गरिमा, सामाजिक विरोध और राज्य के लाभ के लिए प्रतियोगिता के रूप में की गई है जिन्होंने अपनेआप को तीव्र जाति प्रतिद्वंद्विता के रूप में व्यक्त किया है'(कविराज 2000, 156–57)। अतः समकालीन भारतीय राजनीति में जाति के बढ़ते महत्व अनिवार्य रूप से एक आधुनिक घटना नहीं है और 'एक विपर्ययण पारंपरिक व्यवहार' है। यह सैद्धांतिक रूप से एक पहेली है, क्योंकि भारत में जाति प्रथा को आधुनिक राजनीतिक शब्दावली में व्यक्त किया गया है, इसे उपलब्ध उदारवादी गणतंत्र के

मापदंडों के भीतर समझा नहीं जा सकता जब तक कि उनका कोई अनुभवजन्य संदर्भ नहीं है जो पश्चिम के उदार समाज से मौलिक रूप से अलग है।

राजनीतिकरण और लोकतंत्रीकरण द्वंद्वात्मक रूप से आपस में जुड़े होते प्रतीत होते हैं। नतीजतन, इस तरह के खुलेपन के नतीजे उम्मीद के मुताबिक नहीं हो सकते। एक ठेठ पश्चिमी उदारवादी संदर्भ में, लोकतंत्र को मजबूत बनाना सदा ही 'उदार मूल्यों' के समेकन की ओर जाता है। भारतीय संदर्भ में, लोकतंत्रीकरण को 'व्यक्तियों' के रूप में नहीं बल्कि समुदायों या समूहों के रूप में रूपांतरित किया है। व्यक्ति 'स्वतंत्र' व्यक्तियों के रूप में नहीं, बल्कि धार्मिक या जाति की पहचान के आधार पर 'मौलिक समुदायों के सदस्यों के रूप में सार्वजनिक क्षेत्रों में शामिल हो रहे हैं इसी तरह, महिलाओं के एक बड़े वर्ग को 'महिलाओं' या व्यक्तियों, के रूप में नहीं बल्कि राजनीतिक प्रक्रियाओं के लिए एक क्षेत्रीय पहचान धारण किए एक समुदाय के सदस्यों के रूप में तैयार किया जा रहा है। सामुदायिक-पहचान शासन करने वाला बल हो रहा है। इसलिए यह आश्चर्य की बात नहीं है कि तथाकथित हाशिये पर चले गए समूहों ने सामाजिक समूहों के संदर्भ में (जाति धर्म या संप्रदाय) के साथ अपनी पहचान बनाए रखना जारी रखा है, क्योंकि उनके राजनीतिक लक्ष्य कमोबेश एक समान हैं। बहरहाल, स्थिर लोकतंत्रीकरण की प्रक्रिया ने एक राजनीतिक आवाज की अभिव्यक्ति के लिए योगदान दिया है, जो अब तक अनसुनी की जाती रही है, जो भारत के राजनीतिक बनावट में आये क्रांतिकारी परिवर्तन को प्रतिबिंबित करता है। आजादी के बाद से लोकतांत्रिक भागीदारी का विस्तार वृत्त इस प्रकार तब्दील हो गया है 'पहले से अधीनस्थ समूहों के रूप में राजनीति के चरित्र ने एक आवाज प्राप्त की है' (एडेनी और व्याट 1)। हाशिए के लोगों की राजनीतिक आवाज मुखर करने में मदद करके भारत में लोकतंत्र 'सामाजिक प्रतिबंधों को खोने' की तरफ गया है और उनका सशक्तिकरण किया हैं।[3] यह एक महत्वपूर्ण राजनीतिक प्रक्रिया है जिसे क्रिस्टोफ़ जेफ्रेलोट इस प्रकार व्यक्त करते हैं "जन शासन के लोकतांत्रिक ढांचे के भीतर विभिन्न मातहत समूहों को ऊंची जाति के कुलीन वर्ग से सत्ता के एक सार्थक हस्तांतरण के माध्यम से 'एक मूक क्रांति' (जेफ्रेलोट 2005)। राष्ट्रीय स्तर पर इस बात की मंडल आयोग की रिपोर्ट की स्वीकृति के साथ 1990 के दशक में शुरुआत हुई, जिसने जनसांख्यिकी में अपने हिस्से के अनुपात में अन्य पिछड़े वर्गों के लिए आरक्षण की सिफारिश की थी। रजनी कोठारी (2002, 200) इसे इस रूप में कहती हैं 'एक नई लोकतांत्रिक प्रक्रिया' उस समय चालू होती प्रतीत होती है जब पुराना लोकतंत्र परिणाम देने में असफल साबित हुआ है, जिससे एक नई क्रांति शुरू हो गई है जो नए सामाजिक परिवर्तन का प्रतिनिधित्व कर रही है, जो पार्टी और चुनावी प्रक्रियाओं में पहले से ही चालू हो गई है, साथ ही गैर दलीय राजनीतिक प्रक्रिया 'के गहरे क्षेत्रों के भीतर भी दिखाई दे रहा है।

V

अपने दक्षिण एशियाई पड़ोसियों के विपरित, भारत में राजनीतिक संस्थाओं ने जैविक जड़ों को विकसित किया है। लेकिन यहाँ निर्वाचित प्रतिनिधियों की 'नैतिक साख' की गिरावट के मद्देनजर इसकी भूमिका में भारतीय संसद की एक स्पष्ट गिरावट दिखाई देती है। न केवल नीति के मुद्दों पर बहस की गुणवत्ता नीचे चली गई है, बल्कि सांसदों ने भी संसद के पटल पर अपनी गरिमा को कम किया है। स्थिर सामान्य नैतिक पतन के लिए भारत में संसद की गिरावट के हवाले से और चुनाव में संविधानेतर कारकों के बढ़ते महत्व को देखते हुए, सुमंत बनर्जी निम्नलिखित अभावों को रेखांकित कर इस घटना का वर्णन करते हैं (क) संसदीय लोकतंत्र के बुनियादी नियमों का आम पालन, और (ख) संसद की दीवारों के भीतर अभिव्यक्ति की स्वतंत्रता का अधिकार और भाषण के अप्रतिबंधित लाइसेंस के जिम्मेदार अभ्यास के बीच की रेखा के बारे में जागरूकता की भावना (बनर्जी 2006, 3838)। संसदीय गिरावट का भारतीय लोकतंत्र के अन्य राजनीतिक संस्थाओं के प्रभुत्व से मिलान होता प्रतीत होता है। उदाहरण के लिए, राष्ट्रपति, भारत की सर्वोच्च न्यायालय और चुनाव आयोग ने अन्य लोगों के अलावा, आंतरिक उदार मूल्यों में से कुछ को कायम रखने में उल्लेखनीय लचीलापन दिखाया है।

भारत के राष्ट्रपति अब राज्य के एक सजावटी प्रमुख नहीं रह गये हैं। एकल पार्टी शासन की गिरावट के संदर्भ में, देश के प्रथम नागरिक होने के नाते उन्होंने पहले की तुलना में अधिक 'सक्रिय' होकर अपनी संवैधानिक भूमिका को नए सिरे से परिभाषित

किया है। संविधान का अनुच्छेद 53 निहित करता है, 'राष्ट्रपति में संघ की कार्यपालिका शक्ति...' के, राज्य के संवैधानिक प्रमुख के रूप में उनसे राजनीतिक कार्यपालिका के एक एजेंट के रूप में कार्य करने की उम्मीद की जाती है, अर्थात् मंत्रियों की परिषद या कैबिनेट के। गठबंधन सरकार के उदय और राजनीतिक कार्यपालिका, विधानसभाओं और सिविल सेवा में भ्रष्टाचार के प्रसार ने 'निष्पक्षता और संवैधानिक संतुलन के संरक्षक के रूप में कार्य करने के लिए' प्रेसीडेंसी सहित दूसरे संवैधानिक पदाधिकारियों के लिए एक वैध स्थान बनाया है (रुडॉल्फ़ और रुडॉल्फ़ 2002, 141)। राष्ट्रपति मात्र एक 'रबर स्टांप' नहीं है यह तब स्पष्ट हुआ जब स्व. आर नारायणन ने उत्तर प्रदेश के राज्यपाल, रमेश भंडारी को मनमाने ढंग से कल्याण सिंह के नेतृत्व वाली भाजपा सरकार को खारिज करने और उसकी जगह जगदंबिका पाल की कांग्रेस-सपा के गठबंधन को लाने से रोका था। भंडारी ने मुख्यमंत्री को विधानसभा में अपना बहुमत साबित करने का अवसर दिए बिना सिंह सरकार को खारिज कर दिया, जिसे नारायणन ने 'असंवैधानिक' और 'पक्षपातपूर्ण' माना था, जो आगामी चुनाव में सत्तारूढ़ संयुक्त मोर्चा-कांग्रेस को मदद करने के लिए तैयारी थी।[4] सुप्रीम कोर्ट के एक मील का पत्थर साबित हुए फैसले ने संवैधानिक मर्यादाओं के कारण 'भाजपा सरकार को पुनर्नियुक्त' करने के मा.के आर नारायणन के हस्तक्षेप को न्यायोचित ठहराया (मनोर 2005, 116)। इसी तरह, 2000 में राज्य विधानसभा चुनाव के तुरंत बाद नीतीश कुमार के नेतृत्व वाली अल्पमत सरकार को नियुक्त करने की बिहार के राज्यपाल वी.सी. पांडे के निर्णय को मंजूरी देने में नारायणन की अनिच्छा एक गंभीर संवैधानिक संकट की तरफ ले गई होती यदि नीतीश कुमार ने इस्तीफा नहीं दिया होता। यह तथ्य कि राबड़ी देवी के नेतृत्व वाले राजद गठबंधन ने विश्वास मत जीता था, उसने 'राज्यपाल के तेज़ और जाहिरा तौर पर पक्षपातपूर्ण कार्रवाई के खिलाफ विरोध तेज किया' (रुडॉल्फ़ और रुडॉल्फ़ 2002, 150)। हाल ही में, संसद के दोनों सदनों द्वारा समर्थन के बाद उसे मंजूर करने के लिए भेजे गये 'लाभ विधेयक 2006' को राष्ट्रपति एपीजे अब्दुल कलाम द्वारा मंजूरी देने से इनकार करना इस बदलते सामाजिक-राजनीतिक परिवेश में इस संस्था की भूमिका को नए सिरे से परिभाषित करता है। हालांकि राष्ट्रपति के पास उसे मंजूरी देने के अलावा कोई विकल्प नहीं था, जब उस विधेयक को संसद द्वारा दूसरी बार अनुमोदित किया गया था, यह प्रकरण भारत के सर्वोच्च संवैधानिक अधिकार की बढ़ती स्वतंत्रता को भी प्रतिबिंबित करता है। लाभ प्रकरण के इस विवादास्पद कार्यालय के मद्देनजर तीन महत्वपूर्ण सिद्धांतों को समेकित किया गया था: पहला, अंतर्निहित संसद का सदस्य होने से सरकार के तहत लाभ का पद धारण करने वाले व्यक्ति को प्रतिबंधित करने वाला सिद्धांत, जो अधिकारों के विभाजन के सिद्धांत के एक मूलभूत सिद्धांत पर तैयार किया गया है, अर्थात्, सरकार के इन दो शाखाओं के बीच 'अधिकार और शक्ति की हेराफेरी' से बचने के लिए वहाँ कार्यपालिका और विधायिका के अधिकार और सत्ता का एक सीमांकन होना चाहिए। सुप्रीम कोर्ट का प्रसिद्ध केशवानंद भारती फैसला (1973) भारत के संविधान के मूल ढांचे के हिस्से के रूप में इस सिद्धांत का समर्थन करता है। दूसरा, इस विधेयक को मंजूरी देने के लिए राष्ट्रपति की अनिच्छा भी इस तथ्य का सूचक थी कि वहां लाभ के पद के संबंध में क़ानून की व्याख्या करने में एकरूपता होनी चाहिए। वास्तव में, इस पर सुप्रीम कोर्ट के फैसले को देखते हुए, वहाँ विभिन्न व्याख्याएं करने की कोई गुंजाइश नहीं है और देश में एक शीर्ष न्यायिक संस्था के रूप में, सुप्रीम कोर्ट इस संबंध में एकरूपता लागू करने के लिए संवैधानिक रूप से अधिकृत है। अंत में, पुनर्विचार के लिए संसद में विधेयक को वापस भेजकर, राष्ट्रपति ने भी इस मानदंड की न्यायिक पवित्रता को बरकरार रखा है कि सुप्रीम कोर्ट इस विवाद को निपटाने के लिए तैयार है। ये मानदंड हैं: (क) यह सरकार के द्वारा और उसके नियंत्रण में बनाया गया पद होना चाहिए, (ख) उस पद पर नियुक्ति करने वाला भी सरकारी नियंत्रण में होना चाहिए, (ग) उस पद के धारक को कुछ लाभ या प्रतिपूरक भत्ते के अलावा अन्य लाभ का हकदार किया जाना चाहिए, चाहे वह इसे लेता है या नहीं, और (घ) उस पद से जुड़ी शक्ति/अधिकार का उस धारक द्वारा प्रयोग किया जा सकता है।[5] यह सच है कि इस विवाद को अंत में न्यायिक ज्ञान का पालन करके नहीं बल्कि राजनीतिक कारणों से हल किया गया था। बहरहाल, इस प्रकरण ने संदेह से परे एक स्वस्थ प्रवृत्ति की स्थापना की है, जो जहाँ तक शासन की संस्थाओं का संबंध है, संवैधानिक रूप से रचनात्मक और राजनीतिक रूप से चुनौतीपूर्ण था। यह विधेयक इसलिए संस्थानों के 'राजनीतिक-वैचारिक झुकाव को 'पुनर्परिभाषित करने में एक महत्वपूर्ण हस्तक्षेप था, जिसने भारत के राजनीतिक प्रक्रियाओं के केंद्र स्तर पर लोगों को ले जाकर रचनात्मक रूप से मुद्दों के लिए प्रतिक्रिया व्यक्त की थी।

इसी तरह, 1994 के प्रसिद्ध बोम्मई फैसले में सुप्रीम कोर्ट ने भी मौलिक संविधान के मूल ढांचे पर बहस का रंग ही बदल दिया। विधिवत निर्वाचित राज्य सरकारों को बर्खास्त करने के लिए अनुच्छेद 356 के अंधाधुंध अनुप्रयोग के आलोचक, सुप्रीम कोर्ट जबरदस्त तरीके से केंद्र सरकार के खिलाफ हुआ। बी आर अम्बेडकर को विश्वास था, जैसा कि संविधान सभा में उनका बयान समर्थन करता है, कि भारत के संविधान में आपातकालीन प्रावधानों को शायद ही कभी लागू किया जाएगा और जैसे-जैसे भारतीय लोकतंत्र परिपक्व होता जाएगा, वैसे-वैसे ऐसा करने की जरूरत कम महसूस होगी। उन्होंने अनुच्छेद 356 को 'एक मृत पत्र' तक संकुचित कर दिया। हालांकि, 1994 तक, इस प्रावधान को 90 से अधिक बार लागू किया गया था, सुप्रीम कोर्ट ने इस प्रकार इस अनुच्छेद का उल्लेख 'एक मृत पत्र' की बजाय' एक मौत का पत्र' के रूप में किया, जो संस्थापक पिता की भविष्यवाणी के अनुरूप था। इस फैसले ने एक संघीय शासन व्यवस्था में शक्तियों के नाजुक संतुलन के संबंध में यह कह कर सभी अटकलों को विराम दे दिया था कि 'संविधान में परिकल्पित संघवाद एक बुनियादी संरचना है'। ... संविधान *के रूप में* राज्य की *योग्यता* संघीय है और विधायी और कार्यपालिका शक्ति के अपने अभ्यास में स्वतंत्र है। यह सच है कि संविधान एक ऐसी व्यवस्था को प्राथमिकता देता है जो केंद्र के पक्ष में झुका हुआ है। लेकिन इसका मतलब यह नहीं है कि 'राज्य केंद्र के मात्र उपांग हैं। उन्हें आवंटित किए गये क्षेत्र के भीतर, राज्य सर्वोच्च होते हैं। केंद्र सरकार उनकी शक्तियों में हस्तक्षेप नहीं कर सकती। इसके साथ ही राज्यों का संवैधानिक दर्जा स्पष्ट कर, इस निर्णय ने निम्नलिखित को रेखांकित कर अध्यक्ष की भूमिका को भी नए सिरे से परिभाषित किया है, जो केन्द्र सरकार की मात्र एक कठपुतली नहीं है,

> इस प्रावधान के लिए इस बात की आवश्यकता है कि राष्ट्रपति के समक्ष प्रस्तुत सामग्री को यह संकेत देने के लिए पर्याप्त होना चाहिए कि जब तक (धारा 356 के तहत) एक उद्घोषणा जारी नहीं की जाती तब तक संविधान के प्रावधानों के अनुसार राज्य के मामलों को चलाना संभव नहीं है। यह राज्य में उत्पन्न होने वाली हर स्थिति के लिए नहीं है, बल्कि उस स्थिति के लिए है जो यह दर्शाती है कि संवैधानिक सरकार होना असंभव हो गया है, जो अकेले राष्ट्रपति को उद्घोषणा जारी करने के लिए हकदार बनाती है।[6]

बी आर अम्बेडकर उस वक्त सही थे जब उन्होंने सुझाव दिया था कि बढ़ता लोकतंत्रीकरण आपातकालीन प्रावधान को निरर्थक कर देगा। सुप्रीम कोर्ट निश्चित रूप से इस प्रक्रिया में एक महत्वपूर्ण घटक है। संवैधानिक प्रावधानों की रचनात्मक रूप से व्याख्या करके, इस शीर्ष अदालत ने 1935 संवैधानिक संरचना में अपनी जड़ों की वजह से भारतीय संघवाद बुनियादी आकृति की पुनर्चना के लिए योगदान दिया। भारत में जैविक संघवाद के विकास के लिए बोम्मई फैसला एक मील का पत्थर है, शायद सबसे महत्वपूर्ण, जो निश्चित रूप से अतीत के साथ एक विराम है।

एक राजनीतिक प्रहरी के रूप में निर्वाचन आयोग का पुनरुद्धार एक उल्लेखनीय विकास है जिसने भारतीय राजनीति के बढ़ती लोकतंत्रीकरण का समर्थन किया है। 1950 में स्थापित, इस चुनाव आयोग को संविधान के अनुच्छेद 324 के अनुसार सभी राष्ट्रीय और राज्य स्तर के चुनावों के अधीक्षण, निर्देशन और नियंत्रण के कार्य के साथ एक संवैधानिक एजेंसी के रूप में स्थापित किया गया था। जहाँ तक चुनाव के प्रक्रियात्मक पहलुओं का संबंध है आयोग ने अब तक काफी शक्तियों को निहित किया हुआ है। वास्तव में, यह आचार संहिता से अपनी ताकत प्राप्त करता है, जिसे आम तौर पर चुनाव में भाग लेने वाले राजनीतिक दलों द्वारा सर्वसम्मति से तैयार किया गया है। इसमें कोई शक नहीं है कि इस आयोग ने भारत के लोकतंत्र को पुनर्परिभाषित करने में एक महत्वपूर्ण भूमिका निभाई है। 2006 में पश्चिम बंगाल में राज्य चुनाव आयोग की भूमिका यहाँ एक उदाहरण है: चुनाव की तारीखों की घोषणा के साथ, आयोग ने एक अभूतपूर्व तरीके से राज्य के चुनाव मशीनरी का नियंत्रण ले लिया। सबसे पहले, उसने मतदाता सूची में संशोधन करने के लिए पर्याप्त ख्याल रखा, क्योंकि अवलंबी वाम मोर्चा सरकार पर मतदाता सूची में हेर-फेर करने का आरोप था। चुनाव आयोग ने विभिन्न जिलों में एक बड़ी संख्या में हेरफेर किया हुआ पाया। सफाई अभियान के दौरान पर्यवेक्षक ने मतदाता सूची में 1,300,000 झूठे नाम पाये[7], और उन्हें काट दिया। इसलिए, आरोप प्रमाणीकृत लग रहा था और मीडिया ने इस तरह वाम मोर्चा की निरंतर चुनावी जीत के लिए 'फर्जी मतदाता को जिम्मेदार ठहराया। दूसरा, राज्य नियंत्रित आक्रामक बलों की सख्त निगरानी के तहत एक स्वतंत्र और

निष्पक्ष चुनाव कराने में बिहार में इसकी सफलता के बाद आयोग ने लगभग दो महीने की अवधि में पाँच काफी छितरी हुई तारीखों पर चुनाव कराने का फैसला किया। आयोग ने राज्य के बाहर से पुलिस और अर्धसैनिक बलों की मांग की, सिर्फ इसलिए क्योंकि उसे राज्य पुलिस विश्वसनीय प्रतीत नहीं हो रही थी। तिथियों को बिखरा हुआ रखा गया था, ताकि चुनाव के दिन मतदान की निगरानी करने के लिए उनकी पर्याप्त संख्या पाई जा सके। यह पश्चिम बंगाल में एक उल्लेखनीय चुनाव था जिसे चुनाव आयोग के सख्त नियंत्रण के तहत आयोजित किया गया था जिसने भारतीय लोकतंत्र के लिए अपने संवैधानिक दायित्वों के अनुसार कड़ाई से अपने अधिकारों को लागू किया। हालांकि बिहार में विपरित चुनावी नतीजे ने अवलंबी वाम मोर्चा सरकार को सत्ता में वापस लाया, जहां एक नई सरकार को उस सरकार की जगह स्थापित किया गया था जिसने 15 साल से अधिक साल सत्ता धारण की हुई थी। आयोग ने आम मतदाताओं को सशक्त बनाकर लोकतंत्रीकरण की प्रक्रिया के लिए महत्वपूर्ण जानकारी उपलब्ध कराई जो भारतीय लोकतंत्र का अत्यंत महत्वपूर्ण हिस्सा बन गये थे और जिनको अनदेखा करना राजनीतिक दलों को अब संभव नहीं था। दूसरे शब्दों में, मतदाता केवल मौसमी प्रतिभागी नहीं रह गये थे, राजनीतिक प्रक्रियाओं में उनकी अहमियत को महसूस किया जाने लगा, जो अब तक उनके रोजमर्रा के जीवन में शायद ही प्राप्त हुआ था।

VI

भारतीय प्रशासन पर कोई अध्ययन संदर्भ को संबोधित किए बिना पूर्ण नहीं हो सकता है। दूसरे शब्दों में, प्रशासन की एक इतिहास-विशिष्ट समझ इस तेजी से बदलते सामाजिक-आर्थिक और राजनीतिक परिवेश में इसकी प्रकृति की संकल्पना करने का एकमात्र मार्ग है। इस निर्माण के लिए कोई अपवाद नहीं हो सकता। हालांकि, वहाँ कुछ सामान्य वैचारिक मापदंड मौजूद हैं, जो शासन की विशिष्टताओं की जांच शुरू करने के लिए उपयोगी होते हैं। उदाहरण के लिए, वेबेरियन 'संगठन के आदर्श रूप की प्रयोगशाला-संस्करण' इस तरह का एक मापदंड है जो एक व्याख्यात्मक मॉडल प्रदान करता है जो सार्वभौमिक होने का अभिप्राय प्रदान करता है! इसी तरह, नौकरशाही की मार्क्सवादी अवधारणा सैद्धांतिक रूप से 'राज्य रीतिवाद' होने के कारण संगठन के मैक्स वेबर के आदर्श रूप की आलोचना करते समय बेहद महत्वपूर्ण है। इसी तरह, लोक प्रशासन में गैर पश्चिमी परंपरा, जिसे अन्य लोगों के अलावा गांधी, जूलियस न्येरेरे, माओ-त्से तुंग द्वारा व्यक्त किया गया था, विभिन्न ऐतिहासिक प्रासंगिक परिवेश में प्रशासन की संरचना के प्रति संवेदनशील होने से सिद्धांत के निर्माण में एक और शक्तिशाली प्रयास है। स्थिति विशेष होने के बावजूद, इस वैकल्पिक दृष्टिकोण ने नौकरशाही के वेबेरियन विचार को एक सुपरिभाषित संरचना के रूप में पर्याप्त जगह दी हुई प्रतीत होता है। अतः, धारणात्मक रूप से, पश्चिमी किस्म के सुस्थापित सैद्धांतिक मानकों को उनके बौद्धिक व्यवहार्यता की वजह से इतनी आसानी से छोड़ा नहीं जा सकता। इस प्रकार किसी विशिष्ट प्रशासन का एक व्यापक अध्ययन शास्त्रीय सैद्धातिक मापदंडों के प्रति वफादार होने के बावजूद, केवल तभी शुरू किया जा सकता है, जब वह ऐतिहासिक संदर्भ में समान रूप से संवेदनशील है जिसमें इसकी जैविक जड़ें हैं; उसके बाद ही, लोक प्रशासन की एक उचित समझ प्राप्त करना संभव है।

ऊपरी वैचारिक स्पष्टीकरण के प्रकाश में, हम अब ऐतिहासिक संदर्भों में भारतीय प्रशासन के एक सार्थक अध्ययन को आगे बढ़ाने के लिए अच्छी तरह से सुसज्जित है जो इसके प्रकृति के निर्धारकों के रूप में भी कार्य करते हैं। यहाँ तीन बुनियादी सवाल हैं जिन्हें वर्तमान अध्ययन भारत के शासन की एक उचित समझ पाने के लिए पता करने का प्रयास कर रहे हैं जो साथ ही उपनिवेशवाद की एक स्पष्ट छाप धारण करते हैं।

पहला सवाल वैचारिक है और भारतीय लोक प्रशासन की प्रकृति से संबंधित है जो उपनिवेशवाद और उसके बाद की विषम सामाजिक-आर्थिक संदर्भों में विकसित हुआ है। हम एक ऐतिहासिक श्रेणी के रूप में भारतीय प्रशासन की संकल्पना कैसे करें? इस सवाल के एक प्रशंसनीय जवाब में ऐतिहासिक वास्तविकता की एक घिसीपिटी चर्चा शामिल है, जो ब्रिटिश शासन के साथ शुरू होते हुए वैश्वीकरण, उदारीकरण और निजीकरण की नई आर्थिक नीति 1991 को अपनाने तक चलती है, जो प्रशासन के लिए हमेशा नई प्राथमिकताओं को बनाती है। इसमें स्पष्ट रूप से तीन पूरी तरह से विषम प्रकार की मांगों के साथ विभिन्न ऐतिहासिक

संदर्भ मौजूद हैं: उपनिवेशवाद की अपनी वरीयताएँ थी, जो स्पष्ट कारणों के से, उपनिवेशवाद के बाद राष्ट्र को अपील नहीं कर रही थी, उदारीकरण से पहले के चरण के दौरान समाज मॉडल के समाजवादी पैटर्न के समर्थन के साथ, भारतीय प्रशासन को नई परिस्थितियों के अनुकूल होना था।

नवउदारवादी नीति निर्णय स्पष्ट करने का प्रयास करते हैं, नई आर्थिक नीति के चलते 1991 प्रशासन, जिसे गियर के हिसाब से बदलने की उम्मीद की गई थी, उस पर नई मांग रख दी गई। ये मोटे तौर पर भारतीय प्रशासन के विभाजित चरणों का समय है जो हमेशा नए मांगों और आवश्यकताओं के साथ एक युग का प्रतिनिधित्व करता है जो ऐतिहासिक स्थितियों का जवाब देने के लिए खत्म करने के लिए किया गया एक प्रमाण हैं।

दूसरा सवाल प्रशासन की संरचना के साथ जुड़ा हुआ है। जैसा कि पहले तर्क दिया गया है, भारतीय प्रशासन को नई नीतियों की प्राथमिकताओं का सामना करना पड़ रहा है। भारत अब स्पष्ट रूप से शासन की पिछली प्रणाली से बाहर निकल चुका है। सरकार के कार्य की मात्रा और जटिलता में काफी विस्तार हुआ है। अब सवाल यह है, नई संरचनात्मक आवश्यकता को संबोधित करने के लिए प्रशासन की यह संरचना पर्याप्त अनम्य या लचीली है या नहीं? इसका उत्तर स्पष्ट है, जैसा कि भारतीय प्रशासन का एक प्रारंभिक दृश्य दर्शाता है। यह भी स्पष्ट है कि नई चुनौतियों को नई संरचनाओं की जरूरत होती है। इसे ऐतिहासिक दृष्टि से दो प्रमुख तरीके से किया गया है। एक तरफ नई जरूरतों को पूरा करने के लिए नए विभागों को निर्मित किया गया, जो अतीत में बहुत महत्वपूर्ण नहीं थे। उदाहरण के लिए, पर्यावरण के लिए चिंता का विषय हाल ही की समस्या है और पर्यावरण के मुद्दों से निपटने के लिए एक नया मंत्रालय बनाया गया है। यह एक वैश्विक चिंता का विषय भी है, जो देश भर में स्थित और वैश्विक एजेंसियों और विभागों के साथ तुरंत जोड़ता है। अतः, इसके वैश्विक प्रभाव को देखते हुए पर्यावरण एक घरेलू और अंतरराष्ट्रीय दोनों मुद्दा है, जिससे अलग तरीके से निपटने की जरूरत है। यह अधिकांश सरकारी विभागों के बारे में भी सच है कि शासन की बढ़ती हुई जटिलताओं को देखते हुए उन्हें अन्य लोगों के सहयोग में रहना पड़ता है, इसे शिष्ट भाषा में एलपीजी (उदारीकृत निजीकरण-वैश्वीकृत) कहा जाता है।

तीसरा सवाल नौकरशाही एक तर्कसंगत संगठन होने के कारण वेबेरियन अवधारणा से संबंधित एक मौलिक सैद्धांतिक मुद्दे को उठाता है। चूंकि भारतीय प्रशासन बदलते सामाजिक-आर्थिक परिवेश के लिए अनुकूल करने के लिए बदलता रहता है, इसलिए यह वेबेरियन अर्थों में तर्कसंगत कैसे हो सकता है? इस सवाल का जवाब समय की एक ऐतिहासिक अवधि में भारतीय प्रशासन के एक अनुभवजन्य मूल्यांकन में शामिल है। भारतीय प्रशासन की प्रकृति का एक अवलोकन स्पष्ट रूप से दर्शाता है कि वेबर के विचारों के समान, भारतीय प्रशासन अन्य विचारों का भी समर्थन करता है, जैसे कि डेविड बीथम (1995, 79) का तर्क है, 'यह समाज को समतल करने और विशेषाधिकार के नाश के लिए एक प्रक्रिया है, विशेष रूप से जन्म के आधार पर'। जन्म से संबंधित विशेषाधिकारों को चुनौती देने के अलावा, बीथम (1995, 79) आगे सुझाव देते हैं कि 'नौकरशाही इसलिए पनपती है क्योंकि यह न केवल यह क़ानून के समक्ष समानता के लिए मांग के साथ अपने ऐतिहासिक संलग्नता से ऊँची हो गई थी, बल्कि [क्योंकि] खुद प्रशासन के "तर्कसंगत" सिद्धांत भी, जो नियुक्ति के यथासंभव विस्तृत सामाजिक आधार के विशेषज्ञ ज्ञान और विशेषज्ञों की मांग पर आधारित हैं'। सामाजिक सामंजस्य के कारण समझदारी को बनाए रखा गया है, जिसका प्रशासन प्रतिनिधित्व करता है जो न केवल आम आर्थिक स्थिति और अपने सदस्यों के हितों से [बल्कि] जीवन-शैली की प्रतिष्ठा से भी उपजता है, जो उन्हें दूसरों से अलग करते हैं (बीथम 1995, 79)। यह सार्वभौमिक सत्य है कि नौकरशाही को एक अलगाव वाली सामाजिक इकाई और व्यापक सामाजिक संदर्भ से दुराव को 'तर्कसंगत' बनकर निरंतर रखा जाता है। अलग ढंग से ऐतिहासिक बनावट होने के बावजूद, भारतीय प्रशासन तर्क के वेबेरियन उक्ति का पालन करता है। यहाँ धारणात्मक रूप से वेबेरियन होने और ऐतिहासिक रूप से अनुकूलित होने के बीच शायद ही कोई विरोधाभास है, क्योंकि पूर्व वाला लोक प्रशासन पर केंद्रित होता है, जो प्रचलित सामाजिक-आर्थिक और राजनीतिक परिस्थितियों की संरचनात्मक विशेषताओं के अनुसार अपनी प्रतिक्रियाओं को व्यक्त करता है। अतः वेबेरियन होना ऐतिहासिक दृष्टि से अनुकूलित होने के साथ विरोधाभासी प्रतीत नहीं होता है।

यहाँ मौलिक बात यह विचार है कि भारतीय प्रशासन स्थिर नहीं है, बल्कि एक जीवंत सामाजिक-राजनीतिक संस्था है जो समय के ऐतिहासिक आवश्यकताओं के अनुसार अपने केन्द्र को स्थानांतरित करती है। इसी वजह से भारतीय प्रशासन आजादी के छह दशकों बाद भी औपनिवेशिकता के कुछ लक्षण पाल रहा है। जहाँ तक भारतीय प्रशासन का सवाल है वहाँ इतने परिवर्तनों से गुजरने के बावजूद उसमें निस्संदेह संरचनात्मक निरंतरता है। यहाँ यह भी सुझाव देना है कि बदलते सामाजिक-आर्थिक आवेगों के लिए ग्रहणशील होने वाला भारतीय प्रशासन एक सामाजिक जीव है जो नए प्रासंगिक सूचनाओं के लिए समायोज्य किया गया लगता है। संरचनात्मक निरंतरता को समझाते हुए हमें उदारवाद के राजनीतिक महत्व को नजरअंदाज नहीं करना चाहिए जिसका वैश्वीकृत भारत के संदर्भ में यहां तक कि सामाजिक स्तरों के पार निरंतर सम्मान किया जा रहा है। यहाँ महत्वपूर्ण बात यह तथ्य है कि स्वतंत्र भारत में ऐतिहासिक रूप से व्यवहार्य होने के बावजूद, उदारवाद को धीरे-धीरे भारत में उपनिवेशवाद की लंबी अवधि के दौरान पेश किया गया था और भारत के संस्थापक पिताओं को प्रभावित करता प्रकट नहीं होता जब उन्हें एक विकल्प बनाने के लिए कहा गया था। और एक परिणाम के रूप में, प्रशासन की संरचना, जिसने उपनिवेशवादी विरासत को बरकरार रखा था और सामाजिक-राजनीतिक रूप से पूरी तरह से अलग प्राथमिकताओं और वरीयताओं से ओत-प्रोत था।

VII

भारतीय प्रशासन एक अनूठा प्रयोग है जो तब समझा नहीं जा सकता, जब हम लोक प्रशासन की संकल्पना करने के तथाकथित सार्वभौमिक मॉडल के संदर्भ में इसकी संकल्पना करते हैं। विभिन्न ऐतिहासिक संदर्भों पर इसकी यात्रा की जटिलताओं को देखते हुए, यह 'सभी के लिए एक आकार फिट' वाले सूत्र के एक साधारण एक-कारणीय तरह से भारतीय प्रशासन की विशेषताओं को समझाना शायद ही संभव है। यहाँ यात्रा के दो पहलू हैं जिन्हें हमें ध्यान में रखना है: एक तरफ, यह स्पष्ट है कि भारत में प्रशासनिक परिवर्तन प्रचलित सामाजिक-आर्थिक परिस्थितियों पर निर्भर है; और वहाँ एक और उतना ही महत्वपूर्ण पहलू है, जो नेतृत्व के बदलते स्वरूप पर तैयार किया गया है। उदाहरण के लिए, बातचीत और चर्चा के माध्यम से सर्वसम्मति बनाने की नेहरूवादी शैली भारत में व्यक्तित्व आधारित राजनीति की मजबूती इंदिरा गांधी के भारतीय प्रशासन में कदम रखने के साथ पूरी तरह से बाधित हो गई थी, जब भारतीय प्रशासन ने काफी हद तक अपना अवैयक्तिक चरित्र खो दिया था। इसके भीतर जीवन शक्ति है यह तब स्पष्ट हो गया था जब भारतीय प्रशासन 1977 के राष्ट्रीय चुनाव के बाद संवैधानिक अधिनायकवाद के प्रतिस्थापन के बाद वापस पटरी पर आया था। यह उस तर्क को पुष्ट करता है कि 'प्रशासन लोकतंत्र के समर्थन प्रणाली का हिस्सा है [मतदाताओं के साथ-साथ]: एक-एक वोट जनादेश बनाते हैं' (प्रसाद 2006, 163)। लोकतंत्र के लिए पूरक नीतियों के निष्पादन के साथ, भारतीय प्रशासन संविधानवाद के एक निश्चित प्रकार के लिए एक शक्तिशाली सहायता है जो समय की अवधि की विषमता से और अधिक निखरा है। इस अर्थ में, यह अभी तक की अवैयक्तिक नियमों और विनियमों के मात्र निष्पादन में शामिल होने की अपनी भूमिका को पार कर गया है। सही मायने में इसकी भूमिका बड़े पैमाने पर लोगों के प्रति जवाबदेह होकर इसकी मूल भावना और अभिव्यक्ति में लोकतंत्र को मजबूत बनाने की है। आंतरिक जवाबदेही के अलावा, नियंत्रण के एक पदानुक्रम के माध्यम से सुनिश्चित किया गया भारतीय प्रशासन सूचना का अधिकार अधिनियम 2005 को अपनाने और नागरिक चार्टर की स्वीकृति के बाद, अन्य बातों के साथ-साथ बाहरी जवाबदेही के भी अधीन है। ये भारतीय प्रशासन के लोकतंत्रीकरण के पहलू हैं जिन्होंने भारत के तेजी से बदलते सामाजिक-आर्थिक वास्तविकताओं के लिए सफलतापूर्वक अनुकूलन किया है और यह अपने रवैये में अब पैतृक नहीं रहा है, बल्कि अन्य सरकारी और गैर सरकारी खिलाड़ियों के साथ-साथ सामाजिक-आर्थिक बदलाव की प्रक्रिया में एक साथी बन गया हैं।

भारत के संविधान 1950 के द्वारा लोकतंत्र निरंतर जारी है, जिसने प्रशासन की एक विस्तृत संरचना निर्धारित करते हुए शायद ही भ्रम के लिए कोई स्थान छोड़ा है। शायद ज्ञात सभ्यता में सबसे विस्तृत संविधान, भारतीय संविधान समय की कसौटी पर उत्तीर्ण हुआ लगता है। सबसे बड़ा उदाहरण है जब 1975–77 के आपातकाल के बाद लोकतांत्रिक संविधान फिर से जीवित हो उठा था, जब संवैधानिक अधिनायकवाद ने अस्थायी रूप से अपना बदसूरत सिर ऊपर उठाया था। इसके कारणों को लोकतंत्र की

लोकप्रियता में खोजे जा सकते हैं। उस समय का प्रशासन, जिसने सकारात्मक रूप से सत्तावादी शासन को जवाब दिया था, शायद राजनीतिक आकाओं को खुश करने के लिए, आसानी से अपनी प्राथमिकताएँ बदल दी थी जब 1977 में आपातकाल को वापस ले लिया गया था और लोकतांत्रिक-संवैधानिक मूल्यों और प्रथाओं को बरकरार रखा गया था।

क्या इसका मतलब यह है कि संविधान ने हमें विफल किया है या हम संविधान में विफल रहे हैं? यहां संविधान सभा के अध्यक्ष डॉ. राजेंद्र प्रसाद द्वारा की गई एक बोधगम्य टिप्पणी सबसे शिक्षाप्रद प्रतीत होती है। इस सवाल के जवाब में कि क्या संविधान किसी विरूपण को रोकने के लिए काफी मजबूत है, प्रसाद जी ने तर्क दिया कि 'संविधान, एक मशीन की तरह, एक बेजान बात है [जो] पुरुषों के कारण जीवन प्राप्त करती है जो इसे नियंत्रित और संचालित करते हैं, और भारत की आज की जरूरत ऐसे ईमानदार आदमियों की हैं, जिनके लिए देश का हित सर्वोपरि है।[8] संविधान एक शक्तिशाली आवाज है, जिसकी अनदेखी करना प्रशासन बर्दाश्त नहीं कर सकता, बशर्ते नागरिक भी सतर्क हैं और राजनीतिक प्रक्रिया में सक्रिय भागीदारी कर अपने नियत लोकतांत्रिक कर्तव्यों को पूरा करने के लिए तैयार हैं। नागरिकों और प्रशासन के बीच एक सेतु के रूप में, भारत के संविधान की एक समान रूप से शक्तिशाली भूमिका है। दूसरे शब्दों में, प्रशासन और नागरिकों के बीच द्वंद्वात्मक संबंध में संविधान शासन के मौलिक सिद्धांतों को निर्धारित कर न केवल एक महत्वपूर्ण भूमिका निभाता है, बल्कि यह सुझाव भी देता है कि उन्हें लोकतांत्रिक तरीके से कैसे स्पष्ट किया जाए।

यहाँ एक मौलिक बात है जिसे ऊपरी चर्चा में मजबूत बनाया गया है: भारतीय प्रशासन का एक विश्लेषणात्मक अध्ययन एक ऐतिहासिक परिप्रेक्ष्य में लोकतंत्र, संविधान और नागरिकों के बीच के अंतरफलक को समझने के लिए हमें सक्षम बनाता है। जबकि प्रशासन निश्चित रूप से एक साधन है, यह कार्य करने में असमर्थ है क्योंकि इस अंतरफलक को अपने कामकाज की शैली और निर्णय के अनुकूलन को देखते हुए प्रसन्नता होती है, जिन्हें ये बनाता है। इस प्रक्रिया में, जहां तक भारतीय प्रशासन का सवाल है इंटरफ़ेस एक महत्वपूर्ण निर्धारक हो जाता है। इसका गंभीर सैद्धांतिक निहितार्थ हैं क्योंकि भारतीय प्रशासन की मात्र एक महत्वपूर्ण भूमिका गंभीर रूप से प्रतिबंधात्मक है, क्योंकि उसके कामकाज उस इंटरफेस पर निर्भर है जो लोकतंत्र, संविधान और नागरिकों से जुड़े पारस्परिक द्वंद्वात्मक संबंध में से नई संभावनाओं को आगे लाता है।

VIII

15 परस्पर संबंधित अध्यायों को शामिल करते हुए *भारतीय प्रशासन: विकास एवं पद्धति* एक ऐतिहासिक परिप्रेक्ष्य में घटना का एक विस्तृत अध्ययन प्रदान करती है। यह इस तर्क पर आधारित है कि (क) लोक प्रशासन संदर्भ चालित है और (ख) एक सार्वभौमिक डिजाइन के अनुसार लोक प्रशासन की संकल्पना बनाना सैद्धांतिक रूप से अदूरदर्शीता है। इस तथ्य को देखते हुए कि भारतीय प्रशासन की जड़ें प्रचलित सामाजिक-आर्थिक और राजनीतिक परिस्थितियों में अच्छी तरह से जमी हुई हैं, यह पुस्तक उस दावे को नकारती है कि भारतीय प्रशासन के मात्र संरचनात्मक स्पष्टीकरण हमेशा भ्रामक रहेगे। संरचनाएं निस्संदेह किसी प्रशासन की महत्वपूर्ण पहलू होती हैं, हालांकि उनके व्यवहारात्मक पैटर्न अकथनीय रहेगे जब तक उन्हें ऐतिहासिक संदर्भ में नहीं रखा जाता। यह एक मौलिक बात है कि यदि हम भारतीय प्रशासन को इसकी जटिल अभिव्यक्ति में समझना चाहते हैं तो हम इसकी अनदेखी करना बर्दाश्त नहीं कर सकते।

यहाँ तीन निहित विभाग हैं, जिनमें इस पुस्तक की अवधारणा की गई है: चूँकि प्रशासन को ढांचे और प्रक्रियाओं के द्वारा व्यक्त किया जा रहा है, इसलिए अध्यायों को उसी पद्धति से व्यक्त किया गया है; इन के अलावा, प्रत्येक अध्याय उन प्रमुख मुद्दों की भी चर्चा करता है जिनसे भारतीय प्रशासन का संबंध है। पाठ्यपुस्तक के सांचे में लिखी यह पुस्तक भारतीय प्रशासन के उन मौलिक विशेषताओं के लिए पर्याप्त स्थान की सुविधा देता है जो इसका सार धारण करते हैं। प्रशासन के पहलुओं को विशिष्ट अलग-अलग डिब्बों में वर्गीकृत करना मुश्किल है क्योंकि यह मुख्य रूप से उन प्रक्रियाओं के बारे में है जिनमें उसे एक बहुत ही जटिल तरीके से मिश्रित कर दिया गया है। ऐसा भारतीय प्रशासन के मामले में और अधिक है जिसका विविधता से भरा अतीत है। इस प्रकार हमें

इसी तरीके से इन अध्यायों को पढ़ना चाहिए, हालांकि वे विश्लेषणात्मक रूप से अलग-अलग हैं। एक मौलिक बात जो इस पुस्तक के माध्यम से चलती है वह यह है कि विश्लेषणात्मक सीमांकन किए जाने के बावजूद, भारतीय प्रशासन की संरचना, विशेषताओं और प्रकृति को समझने के लिए ये अध्याय विचारात्मक रूप में जुड़े हुए हैं।

हालांकि सामग्री को विभाजित नहीं किया गया है, फिर भी ये तीन पारस्परिक संबंधित विभाग इस तरीके से जुड़े हुए हैं जैसे अध्यायों का सीमांकन किया गया है। पहले दो अध्याय क्रमशः भारतीय प्रशासन के विकास और इसके नवीनतम अवतार के दार्शनिक नींव पर ध्यान केंद्रित करते हुए परिचयात्मक प्रकृति के हैं। परिचय के साथ प्रारंभ करते हुए दूसरा महत्वपूर्ण भाग अध्याय 3 से अध्याय 10 तक आठ अध्यायों को शामिल करते हुए भारत में विभिन्न प्रशासनिक प्रयासों की संरचना और कामकाज की दिशा में प्रकाश डालता है। विशिष्ट विभागों पर रहने के बजाय, यह भाग शासन की संस्थाओं और तंत्रों पर केंद्रित है जिनका वे आम तौर पर प्रशासनिक चिंताओं का जवाब देते समय उपयोग करते हैं। इन अध्यायों में से, अध्याय 10, भारत में सिविल सेवाओं के रूपों के साथ काम करने के अलावा, यह विभिन्न वेतन आयोग की रिपोर्ट में भारतीय नौकरशाही में सुधार में लक्ष्य के जवाब में उनकी प्रकृति का विश्लेषण करने के लिए भी समर्पित है। भारतीय प्रशासन के समकालीन मुद्दों में से कुछ का विस्तार करने के अलावा (अध्याय 15), पांच अध्यायों (अध्याय 10 से 14) के साथ तीसरा हिस्सा वास्तविक नीति निर्माण और नागरिकों पर कई गुना पड़े इसके प्रभाव की चर्चा करता है। जबकि अध्याय 11 भारत में लोक नीति की चर्चा करता है और एक ऐतिहासिक परिप्रेक्ष्य में घटना पर समझ प्राप्त करना चाहता है। अध्याय 12 प्रथम प्रशासनिक सुधार आयोग, 1964 की नियुक्ति के बाद से प्रशासन में सुधार के प्रयासों का एक विस्तार है। अध्याय 13 और 14 नागरिकों के कल्याण की जरूरतों को पूरा करने की दिशा में उठाये गये विशिष्ट प्रशासनिक कदम के बारे में हैं। इस तर्क पर आधारित कि प्रशासन एक नागरिक केन्द्रित प्रयास है, ये अध्याय नागरिकों और प्रशासन के बीच द्वंद्वात्मक आपसी संबंध पर भी प्रकाश डालते हैं।

15 विस्तृत अध्यायों में, जिनमें एक समकालीन प्रासंगिकता के कुछ प्रमुख मुद्दों पर चर्चा की गई है, यह पुस्तक भारतीय प्रशासन की जटिल गतिशीलता का पता लगाने का प्रयास करती है, जो संरचनात्मक रूप से वेबेरियन है, लेकिन इसमें उत्तर वेबेरियन विशेषताओं की स्पष्ट झलक मिलती है। अनुकूली होने से, इसे भारत के बदलते सामाजिक-आर्थिक और राजनीतिक वास्तविकताओं के साथ अच्छी तरह से समायोजित किया गया है। प्रकृति में प्रासंगिक, भारतीय प्रशासन इस प्रकार एक ऐतिहासिक भूमिका पूरा करता है जो अकथनीय रह जाता अगर इसे वेबेरियन सांचे में संगठन के परंपरागत श्रेणीबद्ध रूप में आंका गया होता। यह स्थिर नहीं है यही कारण इसकी जीवंत प्रकृति का प्रमाण है। भारत में शासन के थाह करने की मांग करते हुए, हमें इस प्रकार परिवर्तन के प्रति संवेदनशील होने की जरूरत है जिसके माध्यम से यह इतिहास के विभिन्न चरणों में से होकर गुजरा है। इस अर्थ में, भारतीय प्रशासन न केवल एक दिलचस्प अनुभवजन्य वास्तविकता है, बल्कि दो कारणों से इसकी अवधारणा के लिए सैद्धांतिक चुनौतियाँ प्रदान करता है: पहला, इसके स्पष्ट संदर्भ-विशिष्ट चरित्र को देखते हुए, यदि इसकी अवधारणा एक ठेठ वेबेरियन प्रारूप में की जाती है तो इसे समझा नहीं जा सकता; दूसरा, भारतीय प्रशासन में घरेलू और वैश्विक वातावरण के भीतर से आवेगों के बढ़ते महत्व को देखते हुए उन्हें ध्यान में रखे बिना इसकी प्रकृति को समझना लगभग असंभव है। चूंकि लोक प्रशासन स्वाभाविक रूप से स्थिति-संचालित है, जैसा कि यह अध्ययन पुष्टि करता है, अतः सार्वभौमिक मॉडल निर्माण की दिशा में किए गये प्रयास, जैसा कि पहले दिखाया गया है, इसकी स्पष्ट सीमाओं के कारण, और कुछ भी हो लेकिन धारणात्मक रूप से उपयोगी नहीं होंगे।

टिप्पणियाँ

1. पश्चिमी किस्म के उदार लोकतंत्र का समर्थन करने वाले, अमर्त्य सेन इस प्रकार तर्क देते हैं कि लोकतंत्र हमेशा बेहतर है क्योंकि वहाँ गुणों की बहुलता है: पहला, मानव जीवन की राजनीतिक भागीदारी और स्वतंत्रता का अभिन्न महत्व; दूसरा, सरकारों को जिम्मेदार और जवाबदेह रखने में राजनीतिक प्रोत्साहन की भूमिका का महत्व; और तीसरा, मूल्यों के गठन में और जरूरतों, अधिकारों और कर्तव्यों की समझ में लोकतंत्र की रचनात्मक भूमिका।

2. This point is drawn on Bidyut Chakrabarty and Rajendra Pandey (2008, 3–6).
3. Alam (2004, 22) के अनुसार, 'भारत में लोकतंत्र और अधिक आत्म सम्मान और अपने आप को बेहतर करने की क्षमता के लिए आग्रह करने पर एक जोर है'।
4. For details of the UP case, see A. G. Noorani (2000, 328–39).
5. लाभ विवाद के कार्यालय का विस्तार करते समय, मैं भारत के पूर्व मुख्य न्यायाधीश, मा. जे एस वर्मा (2006), द्वारा एक अप्रकाशित लेख की तरफ आकर्षित हुआ। मैं इस अप्रकाशित लेख को साझा करने के लिए जस्टिस वर्मा के प्रति आभारी हूँ, जिसका एक हिस्सा *टाइम्स ऑफ इंडिया* में छपा था।
6. *S. R. Bommai vs Union of India, AIR*, The Supreme Court of India, December 1994.
7. The figure is taken from Sumanta Banerjee (2006).
8. संविधान सभा में डॉ. राजेंद्र प्रसाद के बयान (29)।

संदर्भ

Adeney, Katharine, and Andrew Wyatt. 2004. 'Democracy in South Asia: Getting beyond the Structure-agency Dichotomy'. *Political Studies* 52 (1): 1.

Alam, Javeed. 2004. *Who Wants Democracy?* New Delhi: Orient Longman.

Austin, Granville. 1999. *Working a Democratic Constitution: A History of the Indian Experience*. New Delhi: Oxford University Press.

Banerjee, Sumanta. 2006, 9 September. 'Salvaging an Endangered Institution'. *Economic and Political Weekly*: 3838.

———. 2006. 'Assembly Polls, 2006: Elections, *Jatra* Style, in West Bengal'. *Economic and Political Weekly* XLI (10): 864.

Beetham, David. 1995. *Max Weber and the Theory of Modern Politics*. Cambridge: Polity Press.

Chakrabarty, Bidyut, and Rajendra Pandey. 2008. *Indian Government and Politics*. New Delhi: SAGE.

Chakrabarty, Dipesh. 2007. 'In the Name of Politics: Democracy and the Power of the Multitude in India'. In *From the Colonial to the Post-colonial: India and Pakistan in Transition*, edited by Dipesh Chakrabarty, Rochona Majumdar and Andrew Sartori, 36. New Delhi: Oxford University Press.

Chandravarkar, Rajnarayan. 2007. 'Customs of Governance: Colonialism and Democracy in the Twentieth Century India'. *Modern Asian Studies* 41 (3): 448.

Guha, Ramchandra. 2007. *India after Gandhi: The History of the World's Largest Democracy*. London: Picador.

Jaffrelot, Christophe. 2005. *India's Silent Revolution: The Rise of the Low Castes in North Indian Politics*. New Delhi: Permanent Black.

Kaviraj, Sudipta. 2000. 'Modernity and Politics in India'. *Daedalus* (Winter): 156–57.

Kothari, Rajni. 2002. *Memoirs*. New Delhi: Rupa & Co.

Low, D. A. 1997. *Britain and Indian Nationalism: The Imprint of Ambiguity, 1929–1942*. Cambridge: Cambridge University Press.

Manor, James. 2005. 'The Presidency'. In *Public Institutions in India: Performance and Design*, edited by Devesh Kapur and Pratap Bhanu Mehta, 116. New Delhi: Oxford University Press.

Mitra, Subrata. 1991, August. 'Crisis and Resilience in Indian Democracy'. *International Social Science Journal*: 567–68.

———. 2004, November. 'Constitutional Design, Democratic Vote Counting and India's Fortuitous Multiculturalism'. Working paper, Heidelberg, Heidelberg University, Germany.

Morris-Jones, W. H. 1974. *The Government and Politics of India.* Reprint, New Delhi: B I Publications.

Naipaul, V. S. 1991. *A Million Mutinies*. London: Heinemann.

Nandy, Ashis. 1989. *The Intimate Enemy: Loss and Recovery of Self under Colonialism.* Reprint, New Delhi: Oxford University Press.

Nehru, Jawaharlal. (13 December 1946) 2003. 'Resolution: Aims and Objects'. *Constituent Assembly Debates*, vol. 1, book no. 1. Reprint, New Delhi: Lok Sabha Secretariat.

Noorani, A. G. 2000. *Constitutional Questions in India*. New Delhi: Oxford University Press.

Prasad, Kamala. 2006. *Indian Administration: Politics, Policies and Prospects.* New Delhi: Pearson.

Prasad, Rajendra. *Constituent Assembly Debates*, vol. 12.

Rudolph, L. I. and S. H. Rudolph, 2002. 'Redoing the Constitutional Design: From an Interventionist to a Regulatory State'. In *The Success of India's Democracy*, edited by Atul Kohli, 141. Cambridge: Cambridge University Press.

Sen, Amartya. 1999. *Development as Freedom.* New Delhi: Oxford University Press.

Verma, J. S. 2006. *The Times of India*, 4 September.

भारतीय प्रशासन का विकास

1

अध्ययन उद्देश्य

1. सामाजिक-आर्थिक परिस्थितियों के संदर्भ में भारतीय प्रशासन के विकास को समझना।
2. समाजवाद की समाजवादी पद्धति और नवउदारवाद के संदर्भ में भारतीय प्रशासन की विशिष्ट विशेषताओं को समझना।
3. उन मानदंडों की अवधारणा तैयार करना, जो भारतीय प्रशासन की जटिलताओं को स्पष्ट रूप से समझने के लिए महत्वपूर्ण हैं।

भारतीय प्रशासन एक मिश्रित थैला है। व्यावहारिक रूप से, यह ब्रिटिश प्रशासन की स्पष्ट छाप है, जबकि संकल्पनात्मक रूप में यह उस प्रशासन की विरासत रखता है, जो ब्रिटिश शासन से पहले मौजूद था। इस मायने में, भारतीय प्रशासन को दोनों रूपों में देखा जा सकता है, एक निरंतरता और एक अतीत के साथ एक विराम: निरंतरता, इसलिए क्योंकि यह एक बीते हुए युग की प्रशासनिक परंपराओं को आगे बढ़ाता है, और प्रस्थान इसलिए क्योंकि ब्रिटिशों की वापसी के बाद बदले हुए सामाजिक-आर्थिक और राजनीतिक परिवेश में स्वतंत्र भारत के लोक प्रशासन से अलग-अलग प्रकार की जिम्मेदारियों को पूरा करने की उम्मीद की जाती है। काफी लंबे समय तक औपनिवेशिक शासन के दौरान विकसित हुई प्रशासन की संरचना, इस तर्क को मजबूत करते हुए आजादी के बाद भी शासन के लिए उपयोगी थी, कि केवल संरचनात्मक निरंतरता लोकतांत्रिक भारत के सामाजिक-आर्थिक लक्ष्यों को पूरा करने में बाधा नहीं थी। पूरी तरह से विभिन्न वैचारिक उद्देश्यों से प्रभावित होने के बावजूद, स्वतंत्रता के बाद भी भारतीय प्रशासन के नये अवतार को उसके संस्थापक पूर्वजों द्वारा पर्याप्त होना पाया गया। यह बात भी इस तर्क को पुष्ट करती है कि लोक प्रशासनकी प्रकृति संकल्पनात्मक है और इसे सार्वभौमिक रूप से स्वीकार किए गए विशिष्ट मॉडल में स्वरूपित नहीं किया जा सकता।

ब्रिटिश-पूर्व काल में, विशेषकर मुग़लकाल में, प्रशासनिक रूपों और कार्यों को शाही शासन द्वारा अधिकृत किया गया था। औपनिवेशिक राजस्व प्रशासन पर एक सरसरी नजर डालने से पता चलता है कि यह मुग़ल सम्राट, अकबर, के कितने समान था, जो सोलहवीं शताब्दी के उत्तरार्ध में तैयार किया गया था। उनके वित्त मंत्री टोडरमल ने अकबर के मुग़ल साम्राज्य की राजस्व व्यवस्था की पुनर्रचना की। राजस्व के स्रोतों को मजबूत करने के लिए, विशेष रूप से भूमि से आने वाले राजस्व के लिए, उन्होंने राजस्व जिलों को शुरू किया और राजस्व के संग्रह का प्रबंधन करने के लिए अधिकारियों को नियुक्त किया। पूरे साम्राज्य में राजस्व के एक निश्चित दर के लिए बहस करने के बजाय, टोडरमल ने प्रति वर्ष उपज के अनुसार दर तय की। अधीनस्थ-अनुकूल होने के नाते, वे राजस्व प्रशासन के मानवीय पहलू को मजबूत करते नजर आते हैं, जो आमतौर पर अतीत में बहुत क्रूर था। उन्होंने न केवल शासक के लिए एक सद्भावना पैदा की, बल्कि प्रशासन को आसानी से राजस्व एकत्र करने में भी मदद की।

ईस्ट इंडिया कंपनी ने अठारहवीं शताब्दी के मध्य में मुग़ल शासन की जगह ली थी, जो लगभग 100 वर्षों तक जारी रहा, जब 1858 में भारत को ब्रिटिश राज के तहत लाया गया था। यद्यपि प्रशासन की एक नई प्रणाली समेकित की गई थी, लेकिन

इसमें विगत युगों के प्रशासन के स्पष्ट संकेत थे। इसी तरह, भारत राजनीतिक रूप से स्वतंत्र हो जाने के बाद प्रशासन की संरचना की निरंतरता को देखते हुए कहा जा सकता है कि इसका प्रशासन पूरी तरह से नया नहीं था, जिसे अंग्रेजों ने अपने पक्षपातपूर्ण हितों को पूरा करने के लिए बनाया था। चुभने वाली बात यह है कि औपनिवेशिक प्रशासन की संरचना को नाकाम करने के बाद भी वह प्रासंगिक कैसे हो जाती है। उन लोगों की चिंताओं को हल करने के लिए एक प्रेरक प्रतिक्रिया दी जा सकती है, जिन्होंने विचारधारात्मक असुविधा महसूस की थी, जब राष्ट्रवादी नेतृत्व ने प्रचलित प्रशासन को स्वीकार किया था, जिसने ब्रिटिश शासन से राजनीतिक स्वतंत्रता के बाद भी औपनिवेशिक हितों को पूरा किया था। यह प्रतिक्रिया दो स्तरों पर व्यक्त की जा सकती है: एक स्तर पर यह विचार है कि यह संरचना केवल एक साधन हैं और इसलिए वे निर्णय निर्माताओं की समझ को प्रभावित नहीं कर सकती; दूसरे एक और महत्वपूर्ण स्तर पर यह अवधारणा है कि संरचनाएं उन लोगों के अनुसार व्यवहार करती हैं जो निश्चित सामाजिक-आर्थिक लक्ष्यों को पूरा करने के लिए उन्हें चलाते हैं। प्रचलित प्रशासन में विश्वास रखने के बावजूद, संस्थापक पूर्वज 1947 में सत्ता के हस्तांतरण के दौरान हुई राजनीतिक अस्थिरता और सांप्रदायिक रक्त स्नान द्वारा प्रशासित हुए थे।

यहाँ दो बिंदु महत्वपूर्ण हैं: प्रथम, यह स्पष्ट है कि वर्तमान और उसके पिछले अभिव्यक्ति के बीच निरंतरता के दिखाई देने वाले संकेतों को देखते हुए पिछले प्रशासनिक प्रथाओं और नियमों और विनियमों को समझे बिना केवल स्वतंत्र भारत के प्रशासन को समझा नहीं जा सकता है। दूसरा मुद्दा यह है कि चूँकि लोक प्रशासन प्रकृति में मानवीय है, इसलिए इसके भारतीय समकक्ष की गतिशीलता को सैद्धांतिक रूप से व्यक्त नहीं किया जा सकता है, जब तक कि किसी को इसकी प्रकृति को आकार देने के संबंध में प्रासंगिक अनिवार्यता के लिए तैयार नहीं किया जाता। इसलिए इस अध्याय का उद्देश्य दो गुना है: (अ) कानूनी प्रशासनों के साथ-साथ उन ऐतिहासिक कानूनी फैसलों की पहचान करना, जिन्होंने भारत के राजनीतिक इतिहास के विभिन्न चरणों में लोक प्रशासन के विकास पर प्रभाव डाला है, और (ब) उन प्रशासनिक विचारों के महत्वपूर्ण क्षेत्रों को स्पष्ट करना, जो भारतीय प्रशासन के अद्वितीय चरित्र की संकल्पना करने में उपयोगी रहे हैं। यहाँ मूल बात यह है कि बदलती ऐतिहासिक प्राथमिकताओं के संदर्भ में भारतीय प्रशासन को समझना जिसने इसके निर्माण को निर्णयात्मक स्तर तक प्रभावित किया है। इसप्रकार यह अध्याय इस तर्क को दर्शाता है कि लोक प्रशासन अनिवार्य रूप से संदर्भात्मक है और भारतीय प्रशासन इसका कोई अपवाद नहीं है।

यह अध्याय 1947 में राजनीतिक स्वतंत्रता प्राप्त करने के लिए भारत जिस रूप में उभर कर आया था उसको आकार देने के लिए इसकी महत्वपूर्ण भूमिका को देखते हुए ब्रिटिश प्रशासन पर ध्यान केंद्रित करता है। औपनिवेशिक प्रशासन में अतीत की प्रथाओं और कानूनी शर्तों में से कुछ को अपनाया गया था, जो तत्कालीन प्रशासन और उसके बीच शायद उस निरंतरता को दिखा रहा था, जो ब्रिटिश शासन के मद्देनजर उभर कर आया था। इसके अलावा, वहाँ प्राचीन राजनीतिक विमर्श में प्रशासनिक विचारों की निश्चित किस्में मौजूद थी, विशेष रूप से कौटिल्य के लेखन में। ब्रिटिश प्रशासन की विशिष्टताओं पर विचार करने से पहले, यह अध्याय प्रशासन में उन प्रमुख प्रवृत्तियों के लिए समर्पित है, जो भारतीय प्रशासनिक विचारों को समझने में उपयोगी हैं। एक बहुत ही सामान्य चर्चा प्रदान करने की बजाय, हमने महत्वपूर्ण विचारों को उजागर करने के लिए दो विभिन्न ऐतिहासिक कालों से तीन प्रतिनिधियों को लिया है, जो भारत के प्रशासनिक इतिहास की अवधारणा स्थापित करने में महत्वपूर्ण रहे हैं। कौटिल्य, जिसने प्रशासन के मौलिक वैचारिक श्रेणियों को विकसित कर भारतीय प्रशासनिक विचारों की नींव रखी थी, उसके अलावा, मध्यकालीन अवधि से तीन विचारकों, अर्थात् बरनी, अबुल फ़ज़ल और टोडरमल ने ऐतिहासिक संदर्भों में प्रशासन का सिद्धांत स्थापित करने में महत्वपूर्ण विचारों को व्यक्त किया है। उन्होंने न केवल प्रेरक संकल्पनात्मकता प्रदान की थी, अपितु उन्होंने प्रशासन के संदर्भ के प्रति संवेदनशील सैद्धांतिक मॉडल का भी निर्माण किया, जो, जिस युग का वे प्रतिनिधित्व करते हैं, उस युग के लिए विशिष्ट होने के बावजूद भी एक कार्यात्मक प्रशासन को विकसित करने में उपयोगी साबित हुए हैं। वैचारिक दृष्टिकोण से, ये विचार प्रशासनिक सोच में महत्वपूर्ण वैचारिक श्रेणियाँ प्रदान करते हैं, हालांकि हो सकता है कि वे सैद्धांतिक रूप से समकालीन भारतीय प्रशासन की डिकोडिंग में बिल्कुल उपयुक्त न हों।

कौटिल्य (ई. 350–283 ईसा पूर्व)

प्राचीन भारतीय राजनीतिक विचारों में कौटिल्य और उसके *अर्थशास्त्र*[1] को व्यापक रूप से एक विचारक के रूप में और उस पाठ के रूप में स्वीकार किया गया है, जो सर्वोत्तम तरीके से प्राचीन भारत में राजनीतिक और प्रशासनिक प्रणाली की व्यापक रूपरेखा को चित्रित करते हैं। कौटिल्य एक ऐसा राजनीतिक यथार्थवादी जिसने राजशाही को प्रशासन का सबसे उपयुक्त रूप होना माना था, वह शासन कला के बुनियादी मुद्दों का एक व्यापक विश्लेषण प्रदान करता है। राज्य के प्रति कौटिल्यीय सिद्धांत का एक महत्वपूर्ण पहलू सप्तांग (सात अंग) के बारे में उनकी अवधारणा में व्यक्त किया गया था। सात महत्वपूर्ण अंगों पर ध्यान केंद्रित करते हुए— *स्वामी* (शासक), *अमात्य* (मंत्री), *जनपद* (वह क्षेत्र, जिसमें लोग बसे हुए हैं), *दुर्ग* (किलेबंद राजधानी), *कोश* (खजाना), दंड (सेना) और *मित्र* (सहयोगी या मित्र) –यह सप्तांग सिद्धांत राज्य को इन सात तत्वों में निहित एक मानवीय इकाई के रूप में परिभाषित करना चाहता है। सप्तांग सिद्धांत के एक विश्लेषण से जिस प्रकार का राज्य उभर कर आता है, वह ऐसा प्रतीत होता है, कि वह एक स्थिर और व्यवस्थित प्रशासन के साथ एक मजबूत राजशाही की विशेषताओं में गुंथा हुआ है।

राज्य के सिद्धांत को लागू करने की मांग करते समय, कौटिल्य ने *धर्म* और दंड की जुड़वां अवधारणाओं का व्यापक उपयोग किया। प्रथागत और पवित्र क़ानून के प्रति आज्ञाकारिता से जुड़े *धर्म* की सामाजिक कर्तव्य के रूप में व्याख्या करते हुए, कौटिल्य ने *धर्म* को सर्वोच्चता प्रदान की, जिसमें मानव आचरण का संचालन करनेवाले सुपरिभाषित मानदंड शामिल थे, जो पद या स्थिति की परवाह किए बगैर नागरिकों के लिए समान रूप से लागू थे। उन्होंने यह भी कहा कि *धर्म* को समाज में ठीक ढंग से काम करने के लिए, दंड की अचूक भूमिका को नजरअंदाज नहीं किया जाना चाहिए। आक्रामक होने के अलावा, समाज में अनुशासन के प्रधान साधन के रूप में खड़े होकर दंड *ने* राजा के व्यक्तित्व में एक नागरिक को दंडित करने के लिए अधिकार स्थापित किया। अगर वहाँ राज्य के स्थापित मानदंडों का घोर उल्लंघन किया गया हो, जो मौलिक रूप से उसके पवित्र और प्रथागत क़ानून द्वारा निर्धारित किए गये थे तो वहाँ दंडित किया जाता था। तदनुसार, एक अशिष्ट नागरिक को अनुशासित करना राजा का एक महत्वपूर्ण कर्तव्य होना प्रतीत होता है, क्योंकि ऐसा करने में विफल होने का परिणाम नागरिकों के अन्यथा शांतिपूर्ण और सुखी जीवन में अनावश्यक अस्थिरता और दुख में होता। इस प्रकार, दंड राज्य में शांति और व्यवस्था बनाए रखने के लिए एक महत्वपूर्ण साधन बना रहा।

अर्थशास्त्र आगे अंतरराज्यीय संबंधों और कूटनीति का एक धारणात्मक सुसंगत सिद्धांत प्रदान करता है। प्राचीन भारतीय साहित्यिक कृतियों में, अंतरराज्यीय संबंधों की पूरी कल्पना को *मंडल* (वृत्त) की धारणा के माध्यम से संकल्पित की गई मानी जाती है। इसलिए, कौटिल्य ने भी अपने *मंडल* सिद्धांत के माध्यम से प्राचीन काल में अंतरराज्यीय संबंधों की गतिशीलता की व्याख्या करने का प्रयास किया। इस सिद्धांत का सार एक सहयोगी या दुश्मन के रूप में एक राज्य की स्थिति का वर्णन करना है, अर्थात मंडल में स्थानिक स्थिति के संबंध में अपेक्षित विजेता। विजिगीषु (विजेता या महत्वाकांक्षी राजा) को संदर्भ बिंदु के रूप में लेकर, कौटिल्य ने चार बुनियादी वृत्तों के संदर्भ में इस सिद्धांत की व्याख्या की। उदाहरण के लिए, पहले चक्र में, विजिगीषु, उसके दोस्त और उसके दोस्त के दोस्त तीन प्राथमिक राजाओं के रूप में ही अस्तित्व में रहते हैं, राज्यों के एक चक्र का गठन करते हैं, प्रत्येक में संप्रभुता के पांच तत्व रहते हैं, जैसे, अमात्य, *जनपद*, *दुर्ग*, *कोश* और दंड। नतीजतन, राज्यों के एक चक्र में 18 तत्व शामिल होते थे। यह विशेषता राज्यों के अन्य तीन चक्रों को भी इसी तरह से लागू होती थी, जिसमें *अरि* (विजिगीषु का शत्रु), *मध्यमा* (तटस्थ राजा) और *उदासीन* (उदासीन राजा) के साथ तीन चक्रों में से प्रत्येक के मूल में राजा को रखा जाता था। संक्षेप में, चार चक्रों की बनावट को रेखांकित करने पर *मंडल* सिद्धांत, राज्यों के चार प्राथमिक चक्र, 12 राजा, संप्रभुता के 60 तत्व और राज्यों के 72 तत्वों की संरचना प्राप्त हुई। अंतरराज्यीय संबंधों के दायरे में, *मंडल* सिद्धांत के अलावा, कौटिल्य ने उपाय (शांति राजनीति) और षडगुण्य (छह-युद्ध रणनीति) का भी सविस्तार वर्णन किया है। इनका कार्य विजेता को परिचालन संबंधी सलाह देना था, जैसे, शांति और युद्ध के समय में अंतरराज्यीय संबंधों का संचालन कैसे करना चाहिए। अंत में, कौटिल्य ने राज्यों के बीच राजनयिक संबंधों की एक विस्तृत प्रणाली को भी आगे रखा है और अपने जीवन और राज्य के लिए किसी भी आंतरिक या बाहरी खतरों से प्रतिरक्षा बनाये रखने के लिए राजा के लिए एक सुरचित जासूसी प्रणाली को बनाये रखने को प्राथमिकता दी।

ज़ियाउद्दीन बरनी (1285–1357)

मध्ययुगीन काल मुस्लिम शासकों के आगमन के साथ लोगों के सामाजिक-आर्थिक और राजनीतिक-प्रशासनिक जीवन में नए पहलुओं की शुरुआत के कारण भारतीय राजनीतिक विचारों के इतिहास में एक विशिष्ट चरण का प्रतिनिधित्व करता है। जीवन के इस्लामी तरीके की अनूठी विशेषता, जो मध्ययुगीन काल से अस्तित्व में थी, वह थी कुरान के नियम की सार्वभौमिकता में विश्वास, जैसा की पैगंबर मोहम्मद की शिक्षाओं से प्राप्त होता है। नतीजतन, *शरीयत*, जो कुरान के उपदेशों पर आधारित है, जीवन के अस्तित्व पर अंतिम अधिकार के रूप में ली जाती थी, जो इस तर्क के साथ थी कि राज्य और सरकार को *शरीयत* के उद्देश्यों को पूरा करना है। राजनीतिक सोच की विशिष्ट विधा ने अब इतिहास का रूप और इतिहासकारों का काम ले लिया था। इस संबंध में, और मध्ययुगीन काल के प्रतिनिधि विचारक के रूप में माने गये, जियाउद्दीन बरनी ने एक विशाल विवरण विकसित किया, जिसने एक तरफ इस्लामी आस्था के संदर्भ में सुल्तान की संस्था के कार्यात्मक पहलुओं पर ध्यान केंद्रित करके मध्य युग की जटिल राजनीतिक जीवन को मुखर करने की मांग की और दूसरी तरफ आम लोगों के बीच जीवन की सामाजिक गतिशीलता की मांग की।

सल्तनत काल के दौरान राजशाही के कामकाज में अपने पहले अनुभव द्वारा समृद्ध और प्रमाणीकृत, बरनी के दो प्रतिष्ठित काम दिखाई देते हैं: *तारीख-ए-फ़िरोज़ीशाही* और *फ़तवा-ए-जहांदारी*, जिसमें उन्होंने ज़वाबित, (*Zawabit*, राज्य कानूनों में कुरान और *शरीयत* की भूमिका पहले की तुलना में कम केंद्रीय दिखाई दी) का समर्थन करते हुए शासन के धर्मनिरपेक्ष सिद्धांतों को निर्धारित किया। बरनी द्वारा *ज़वाबित* के लिए बुनियादी तर्क उसकी स्वीकृति के बजाय उसका अहसास अधिक प्रतीत होता है, कि हो सकता है कि समाज के बदलते स्वभाव के साथ, विशेष रूप से विभिन्न लोगों और बोझल साम्राज्यों के प्रशासन की बढ़ती जटिलता के साथ, *शरीयत* में निर्धारित शर्तों के अनुसार कड़ाई से शासन करना संभव न हो। *ज़वाबित* का पक्ष लेते हुए, *बरनी शासन की एक विधा का समर्थन कर रहे थे*, जिसकी नींव गैर धार्मिक और धर्मनिरपेक्ष थी। हालांकि उन्होंने इस बात को कायम रखा कि *ज़वाबित को* खुलकर *शरीयत* के उपदेशों का विरोधाभासी नहीं होना चाहिए, फिर भी उन्होंने इस बात पर जोर दिया कि पहले वाले को राज्य के भीतर उचित महत्व दिया जाना चाहिए, क्योंकि इसका उद्देश्य एक तरफ सरकारी विभागों की कार्यप्रणाली में कार्यात्मक लचीलापन लागू करना था और दूसरी तरफ राजा और राज्य के प्रति वफादारी को बढ़ावा देना था।

मुग़ल प्रशासन

इस खंड में दो भाग है: पहले भाग में अबुल फ़ज़ल और टोडर मल के विचार सम्मिलित हैं, जिन्होंने मुग़ल शासनकाल के दौरान शासन का विशिष्ट प्रकार निर्धारित किया, जबकि दूसरा भाग मुग़ल प्रशासन की वास्तविक संरचना पर केंद्रित है।

अवधारणात्मक मुद्दे

अबुल फ़ज़ल (1551–1602) एक और विचारक थे, जिन्होंने मुग़ल शासन के संदर्भ में बरनी की राजनीतिक बहस को आगे बढ़ाया था, जो अठारहवीं सदी के मध्य में ब्रिटिश विजय के उपरांत एक अंत पर पहुँच गई थी। उनका *आईन-ए-अकबरी* महज एक कानूनी ग्रंथ नहीं था, बल्कि उसने एक प्रशासनिक संरचना भी प्रदान की है, जिसमें व्यक्ति की भूमिका को भी विधिवत मान्यता दी गई है। पांच पुस्तकों में विभाजित, इस मौलिक पाठ ने मुख्य रूप से इस सिद्धांत पर जोर दिया कि शासक को अपने कर्मों को क्रियान्वित करते हुए सम्मान की उम्मीद की जानी चाहिए। अत्याचार का विरोध करते हुए, फ़ज़ल ने एक अधिकारी के पास सत्ता की एकाग्रता होने से बचने के लिए सत्ता के वितरण के महत्व पर बल दिया। बहरहाल, वह सम्राट की शक्ति को सीमित करने के पक्ष में नहीं थे, जो शायद उस परंपरा को निरंतर रखने का सुझाव था, जिसे बरनी ने काफी पीछे छोड़ दिया था। सीमाओं के बावजूद भी जो स्पष्ट रूप से प्रासंगिक थे,

फ़ज़ल के सामाजिक-राजनीतिक विचार अतीत के साथ एक विराम थे, इस बात को महत्व देते हुए कि उन्होंने भारत में प्रशासनिक दक्षता के लिए हिंदू-मुस्लिम सौहार्द का समर्थन किया था, जहां हिंदुओं ने बहुमत का गठन किया था।

सन् 1580 में अकबर ने एक प्रणाली स्थापित की, जिसे दहसाला (*Dahsala*) या *बंदोबस्त अराज़ी* या ज़ब्ती प्रणाली कहा जाता था। इसके तहत विभिन्न फसलों की औसत उपज के साथ ही पिछले 10 वर्षों में प्रचलित औसत कीमतों की गणना की गई। औसत उपज में से एक-तिहाई राज्य का हिस्सा था, जिसका नकद में भुगतान करना होता था। इस *आइन-ए-दहसाला* प्रणाली के विकास के लिए टोडरमल को श्रेय जाता है। *आइन-ए-दहसाला का मतलब* एक 10 साल के लिए निपटान करना नहीं था, बल्कि पिछले 10 साल (सारण और दास) से अधिक समय में उत्पाद और कीमतों के औसत के आधार पर किया जाता था। भूमि की माप के लिए, *बीघा* को भूमि की मानक इकाई के रूप में अपनाया गया था। भू-राजस्व तय करते समय, खेती की निरंतरता और उत्पादकता दोनों को ध्यान में रखा गया था। जिस जमीन पर लगातार खेती की जा रही थी उसे पोलाज (*polaj*) के रूप में जाना जाता था; जो जमीन एक वर्ष के लिए परौती (*parauti*) रह जाती थी, उसे उस समय पूर्ण दरों का भुगतान करना होता था, जब उस पर खेती की जाती थी। चाचर (*Chachar*) वह भूमि थी, जिसपर 3 साल से अधिक समय से खेती नहीं की गई थी। वह एक प्रगतिशील दर का भुगतान करती थी, पूर्ण दर को तीसरे वर्ष में लगाया जाता था। *बंजर* कृषि योग्य बंजर भूमि थी। खेती को प्रोत्साहित करने के लिए, कृषकों को पांच साल के लिए राहत दी जाती थी; उसके बाद राजस्व लगाया जाता था।

राजस्व का नकद में भुगतान करना पड़ता था। यह एक सुपरिभाषित तरीके से किया जाता था: भू-राजस्व का वस्तु के रूप में आकलन करने के बाद, इसे विभिन्न खाद्य फसलों के लिए क्षेत्रीय स्तर पर तैयार किए गये 'कीमत कार्यक्रम' (*दस्तूर-उल-अमल*) या दस्तूर की मदद से नकदी में परिवर्तित कर दिया जाता था। इस प्रयोजन के लिए, साम्राज्य को बड़ी संख्या में क्षेत्रों में विभाजित किया गया था, जिसे उत्पादकता का एक ही प्रकार के होने के कारण परगना पर दस्तूर (गांवों के झुंड) स्तर कहा जाता था। सरकार तहसील स्तर पर *दस्तूर-उल-अमल* की आपूर्ति करती थी, जो भू-राजस्व भुगतान की विधि के बारे में समझाती थी। प्रत्येक कृषक को एक पट्टा या शीर्षक विलेख और कुबूलियत (*qubuliyat*, राज्य के राजस्व के भुगतान के लिए समझौते का विलेख) प्राप्त होता था। अकबर के शासनकाल के दौरान मूल्यांकन की अन्य कई प्रणालियों को भी अपनाया गया था। सबसे आम प्रणाली को बटाई (*batai*) या गल्लाबख्शी (*ghallabakshi*, फसल का बंटवारा) कहा जाता था। यह तीन प्रकार का होता था: पहली बार भावली (*bhaoli*) होता था, जहां फसलें काटी जाती थी और जमा की जाती थी, और उनकी उपस्थिति में विभाजित की जाती थी, जिनकी उन फसलों पर एक हिस्सेदारी होती थी; दूसरा प्रकार *खेत बटाई* था, जहां खेतों को बुवाई के बाद विभाजित किया जाता था; तीसरा प्रकार *लांग बटाई था*, जहां अनाज के ढेर को विभाजित किया जाता था। कश्मीर में उपज को गधा भार (खरवार) के आधार पर तौला जाता था और फिर विभाजित किया जाता था। बटाई के तहत, किसानों को नकद या वस्तु के रूप में भुगतान करने का विकल्प दिया जाता था, लेकिन नकदी फसलों के मामले में राजस्व केवल नकद रूप में जमा करना होता था। यह वही बात है, जिसे सामान्य परिस्थितियों में अपनाया जाता था। अगर फसलें प्राकृतिक आपदाओं, जैसे सूखा या बाढ़ के कारण विफल हो जाती थी तो किसानों को भू-राजस्व में छूट दी जाती थी; वे आमिल (अग्रिम नकद) के हकदार थे, जैसे जरूरत के समय में बीजों, औजार और जानवरों के लिए के लिए *तकावी* (ऋण)। (अग्रवाल)

मुग़ल काल के दौरान प्रशासनिक संरचना[2]

मुग़ल काल के दौरान प्रशासनिक कामकाज की बुनियादी पहलुओं को साम्राज्य के कुछ उच्च अधिकारियों की अध्यक्षता के तहत विभागों में विभाजित किया गया था। हालांकि, विभिन्न विभागों के प्रमुखों के रूप में विभिन्न अधिकारियों की नियुक्ति कार्मिक प्रशासन के कुछ पक्के सिद्धांतों के साथ अनुरूप नहीं होती थी, बल्कि राजा की मेहरबानी और अधिकारी के द्वारा धारित मनसब के आधार पर की जाती थी। *मनसब* मुग़ल प्रशासन की एक विशिष्ट धारणा थी, जिसे सैन्य शब्दावली से लिया गया था और एक

अधिकारी की रैंक के सरकारी पद और लाभ को सूचित करता था, जो आवश्यकता के मामले में राजा की सेवा में सैनिकों की एक निर्धारित संख्या की आपूर्ति करने के लिए आवश्यक था। इस प्रकार, मुग़ल प्रशासन के अधिकारियों के अभिजात वर्ग में विभिन्न श्रेणियों के मनसबदार शामिल थे और उन्हें आधुनिक समय के राजपत्र शासकीय सेवाओं के रूप में देखा जा सकता है। इन मनसबदारों की नियुक्ति विशेष रूप से राजा के हाथ में होती थी और वे इस मनसब पर कोई वंशानुगत दावे के बिना उनके जीवन काल के दौरान तक ही पद धारण किया करते थे। हालांकि मनसब देते हुए समय-समय पर योग्यता का विचार किया जाता था, परंतु ज्यादातर मामलों में यह संरक्षण का एक प्रकार था, जो राजा केवल उन लोगों को प्रदान करता था जिन्होंने उसकी आंखों में अपनी निष्ठा और दक्षता साबित कर दी थी। प्रशासन के कार्य में कोई औपचारिक प्रशिक्षण पाए बिना, *मनसबदार* ज्यादातर वे अधिकारी होते थे जिन्होंने समय की अवधि में कार्य के वास्तविक प्रदर्शन के माध्यम से प्रशासन की कला सीखी थी। *मनसबदारी* प्रथा मुग़ल प्रशासन की गुणवत्ता में गिरावट के आने साथ लुप्त होनी शुरू हो गई, हालांकि ब्रिटिशों ने जमींदार, राय बहादुर और खान बहादुर, आदि जैसी विभिन्न पदवियाँ प्रदान कर औपनिवेशिक शासन के दौरान उसी प्रणाली का अनुकरण करने की कोशिश की थी। हालाँकि आजादी के बाद देश में एक लोकतांत्रिक और समतावादी सामाजिक-राजनीतिक व्यवस्था अपनाने के बाद सरकार को उनकी व्यक्तिगत सेवाओं के आधार पर कुछ व्यक्तियों के लिए एक विशेषाधिकार की स्थिति प्रदान करने की पूरी अवधारणा को दूर कर दिया गया था।

मुग़ल साम्राज्य के कार्मिक प्रशासन के विपरित, उसके स्पष्ट संभ्रांतवादी और भेदभावपूर्ण स्वरूप के कारण उसे अंग्रेजों की तरफ से बहुत ज्यादा समर्थन नहीं मिल रहा था और स्वतंत्र भारत में पूरी तरह से समाप्त कर दिया गया था, मुग़ल शासकों के प्रांतीय प्रशासन की विशेषताएँ देश के कई हिस्सों में किसी न किसी रूप में अभी भी अस्तित्व में हैं। मुग़ल प्रांतों की तर्ज पर, जिसे **सूबा** कहा जाता है, देश को ब्रिटिश समय के दौरान विभिन्न सूबों (प्रेसीडेंसी) में विभाजित किया गया था, जो उसके बाद आधुनिक समय के राज्यों और केंद्र शासित प्रदेशों में परिवर्तित किए गये। मुग़ल काल के दौरान प्रत्येक *सूबा* एक अधिकारी के समग्र प्रभार के तहत शासन की एक स्वतंत्र इकाई होती थी, जिसे *सूबेदार* कहा जाता था और जिस पर प्रांत के क़ानून एवं व्यवस्था कार्यों के रूप में व्यवस्थापन का कार्य सौंपा गया था। मौजूदा *सूबेदार* के समानांतर एक अधिकारी होता था, जो प्रांतीय *दीवान* के रूप में जाना जाता था, जिसे प्रांत के अन्य अधिकारियों की नियुक्ति और प्रांतीय किले के रखरखाव के अलावा राजस्व संग्रहण का विशिष्ट कार्य भी सौंपा जाता था। इस प्रकार, हम क्रमशः क़ानून एवं व्यवस्था तथा राजस्व विभागों के स्वतंत्र प्रभार के साथ दो अधिकारियों के कार्यात्मक क्षेत्र में एक स्पष्ट सीमांकन पाते हैं, हालाँकि, ऐसा प्रतीत होता है कि दोनों अधिकारियों को एक बराबरी के स्तर पर रखना क्रम की एकता के सिद्धांत का उल्लंघन करना था, और दो उच्च गणमान्य व्यक्तियों के बीच हस्तियों के संघर्ष के खतरों से भरा था। इन दोनों अधिकारियों को उनके कार्यों को सुचारू रूप से पूरा करने के उद्देश्य से प्रांत के प्रशासन के निचले स्तर पर कई नियुक्तियाँ करने के लिए भी अधिकृत किया गया था। इसलिए, जबकि *सूबेदार* के पक्ष में, उसका मुख्य सहायक एक अधिकारी होता था, जिसे फौजदार कहा जाता था, *दीवान को उन* अधिकारियों द्वारा सहायता प्रदान की जाती थी जिन्हें अमीन, क्रोरी और तहसीलदार कहा जाता था।

प्रशासनिक इकाइयों के बीच, जो मुग़ल साम्राज्य के दौरान प्रचलित व्यवस्था के साथ अत्यधिक सादृश्यता रखता था, स्थानीय या जिला प्रशासन प्रमुखता से खड़े थे। आधुनिक समय की तरह, जहाँ हर राज्य को प्रशासन की मुख्य इकाई के रूप में विभिन्न जिलों में बांटा गया है, वहीं मुग़ल काल में सुभा को विभिन्न प्रशासनिक इकाइयों में विभाजित किया गया था, जिन्हें *सरकार कहा जाता था*, जिन्हें विभाजन की रेखा में आगे नीचे विभिन्न *परगना*, या उपखंड स्तर और मावदा (*mawdah)* या गांवों के समूह और नागला (*naglah)* या एक छोटे सी बस्ती में विभाजित किया गया था। ये प्रशासनिक इकाइयाँ अभी भी देश के कई राज्यों में मौजूद हैं, जैसे उत्तर प्रदेश। आधुनिक दिनों के अभ्यास की तरह, *सरकार* के प्रशासन को दो व्यापक विभागों में विभाजित किया गया था: क़ानून-व्यवस्था और राजस्व संग्रह। जहाँ *फौजदार सरकार* के क़ानून और आदेश के प्रभारी होते थे, वहीं राजस्व संग्रह एक अधिकारी की जिम्मेदारी थी, जिसे *अमीन* कहा जाता था, किसान से पैसा इकट्ठा करने के लिए जिसे आगे एक अधिकारी द्वारा सहायता प्रदान की जाती थी, जिसे *खजानदार* कहा जाता था। *परगना* स्तर पर, शिगार (*Shigar)* प्रभारी अधिकारी होता था,

जिसके आधुनिक समय के समकक्ष को परगनाधिकारी के रूप में जाना जाता है। क्षेत्र में उनकी प्रमुख सहायक *क़ानूनगो* थे, जो राजस्व के सर्वेक्षण, मूल्यांकन और संग्रह का कार्य करते थे। *पटवारी* सबसे निचली श्रेणी के राजस्व अधिकारी रहते थे, जिन्हें गांवों में वास्तविक जमीनी स्तर की गतिविधियों के संचालन और राजस्व संग्रह से संबंधित मुद्दों पर ग्रामीणों की शिकायतों को सुनने का कार्य सौंपा जाता था। मुग़ल काल में जब राजा अपने महल में ही रहता था, वे शिगार से लेकर पटवारी स्तर के अधिकारी ही थे, जो आम लोगों के मन में राजा का प्रतिबिंब बनकर बने रहे। वर्तमान समय में, हालांकि लोकतांत्रिक विकेन्द्रीकरण के आगमन के साथ ये जनप्रतिनिधी लोगों और अधिकारियों के बीच महत्वपूर्ण कड़ी बन गए हैं, और लगभग एक ही नामकरण के साथ अधिकारी सरकार के राजस्व प्रशासन की रीढ़ बने हुए हैं।

मुग़ल साम्राज्य के क़ानून और व्यवस्था प्रशासन भी आधुनिक दिन की पुलिस व्यवस्था के लिए अग्रदूत बन गये हैं, हालांकि भारत में अपने शासन के लंबी अवधि के दौरान अंग्रेजों द्वारा प्रणाली में पर्याप्त परिवर्तन किए गए थे। चूँकि राजा खुद बाहरी आक्रमण और आंतरिक गड़बड़ी से अपने राज्य की सुरक्षा के प्रभारी थे, इसलिए साम्राज्य के लिए क़ानून और व्यवस्था की समस्याओं की देखभाल करने का कार्य के केंद्रीय स्तर पर किसी आधिकारी को विशेष रूप से सौंपा नहीं गया था। कुछ मामलों में, उसका प्रधानमंत्री, जिसे *वकील* कहा जाता था, राजा की सहायता करता था, मुख्य रूप से सलाहकार क्षमताओं में राज्य के घरेलू मामलों से संबंधित मुद्दों पर। हालांकि, प्रांतीय स्तर पर और नीचे, क़ानून और व्यवस्था का विषय प्रांत के सबसे महत्वपूर्ण अधिकारी के साथ निहित था, अर्थात् फौजदार के। हालांकि उसे कुछ और कार्यों की जिम्मेदारी भी सौंपी गई थी, फिर भी उनकी सबसे महत्वपूर्ण जिम्मेदारी प्रांत में क़ानून और व्यवस्था बनाए रखने से संबंधित थी, जिसका उल्लंघन होना उसकी ओर से एक गंभीर चूक मानी जाती थी। मुग़ल शासकों के क़ानून और व्यवस्था प्रशासन के संबंध में महत्वपूर्ण कमियों में से एक *सरकार* में विशाल ग्रामीण क्षेत्रों में की गई चूक थी, जो इस मामले से जिम्मेदार एक विशेष अधिकारी को नियुक्त करने की दृष्टि से थी। प्रशासन की इकाई के रूप में शहरी क्षेत्रों को लेने की बजाय, *सरकार* में क़ानून और व्यवस्था के रखरखाव करने के लिए उसने एक *कोतवाल* नियुक्त किया गया था। ग्रामीण क्षेत्रों के विशाल पैमाने पर क़ानून-व्यवस्था के मुद्दे को खुद उन पर ही छोड़ कर, यह महती जिम्मेदारी *चौकीदार* को सौंपी गई थी, जिनको गांव समुदाय द्वारा रखा जाता था और उनके खुद के संसाधनों में से भुगतान किया जाता था। इस प्रकार, क़ानून और व्यवस्था बनाए रखना मुग़ल शासकों के नागरिक प्रशासन के सबसे उपेक्षित पहलुओं में से एक होना प्रतीत होता है।

क़ानून और व्यवस्था के प्रशासन की दयनीय हालत के विपरित, मुग़ल साम्राज्य का राजस्व प्रशासन एक अत्यधिक विकसित और अच्छी तरह से बुना हुआ था। वास्तव में, राजा से लेकर राज्य के सबसे निचले स्तर के अधिकारी तक, राजस्व प्रशासन के लिए चिंता का विषय आवंटित जिम्मेदारियों की प्रकृति में स्पष्ट दिखाई देता था। राजा के समग्र पर्यवेक्षण के अंतर्गत, दीवान या *वजीर* राज्य के मुख्य राजस्व अधिकारी हुआ करते थे। कई अधीनस्थ अधिकारियों से सहायता प्राप्त कर *वजीर* राज्य के बुनियादी नीति के दृष्टिकोण पर राजा को सलाह देते थे और राजस्व या वित्त विभाग के दिन-प्रतिदिन के मामलों का ख्याल रखते थे। इस रेखा के नीचे, राजा द्वारा प्रांतीय *दीवान* नियुक्त किए जाते थे, लेकिन अपने दिन-प्रतिदिन की गतिविधियों के संबंध में वे *वजीर* की अधीनता के तहत कार्य करते थे। हालांकि, वास्तविक पदाधिकारी, जिसे राज्य के राजस्व को बढ़ाने की जिम्मेदारी का प्रभार दिया गया था, वह अधिकारी *क्रोरी* के रूप में जाना जाता था या एक करोड़ बांध के राजस्व के संग्राहक के रूप में। यह क्रोरी का कार्यालय कई संयोजनों और परीक्षणों के बाद आधुनिक समय में कलेक्टर का कार्यालय बन गया प्रतीत होता है। उसके राजस्व कार्यों के निर्वहन में क्रोरी के दो सहायक हुआ करते थे, उनमें अमीन, अर्थात अधिकारी प्रभारी, जो राजस्व के आकलन के लिए होता था, और फ़ोतादार *(fotahdar)* शामिल थे, अर्थात, वह अधिकारी, जिसे उस संज्ञा के वास्तविक अर्थ में ग्रामीणों द्वारा राजस्व का भुगतान किया जाना होता था। इसके अलावा, रेखा से नीचे, क़ानूनगो *(qanungo)*, को सभी उतरा संपत्ति के एक सर्वेक्षण का आयोजन, कर दाताओं का रिकॉर्ड रखने और राजस्व से संबंधित नियमों और विनियमों से अच्छी तरह से वाकिफ होने की जिम्मेदारी सौंपी गई थी, जबकि *पटवारी पर* आम करदाताओं को राजस्व विभाग तक लाने का प्रभार होता था, जो उन्हें उन लोगों के साथ संपर्क में रहकर और उन्हें राजस्व के मामलों के बारे में होने वाली किसी भी जानकारी या संदेश प्रदान करके करना होता था। क़ानून और व्यवस्था कार्यों की उपेक्षा के विपरित,

राजस्व संग्रह की विस्तृत प्रणाली इस बात को आगे लाती है कि मुग़ल प्रशासन मुख्य रूप से एक राजस्व संग्रह प्रशासन था और मध्ययुगीन काल के दौरान नागरिक प्रशासन के लिए एक समग्र तस्वीर प्रदान नहीं करता है।

अंतिम विश्लेषण में, यह कहा जा सकता है कि मुग़ल प्रशासन ने मूल रूप से प्रशासन की एक अंग्रेजी प्रणाली के निर्माण में अंग्रेजों की मदद की, जो औपनिवेशिक राज्य के कार्यों का संचालन करने के लिए उपयुक्त थी। राज्य की न्यूनतम भूमिका के परिप्रेक्ष्य की संकल्पना करने में, मुग़ल प्रशासन का केवल उन कार्यों के निष्पादन में रुचि होना प्रतीत होता है, जिसके बिना राज्य का अस्तित्व ही खतरे में पड़ जाता। इसलिए, यह खोज एक आश्चर्य की बात नहीं है कि मुग़ल काल के दौरान प्रशासन की सबसे महत्वपूर्ण अति व्यस्तता राजस्व का संग्रह करने में थी, जिसके उचित संचालन के लिए वहाँ एक बहुत ही विस्तृत और सुव्यवस्थित प्रशासनिक ढांचा अस्तित्व में था। इसके अलावा, केवल एक और विभाग जो शासक का ध्यान अपनी तरफ खींच रहा था, वह क़ानून-व्यवस्था का प्रशासन होना प्रतीत होता है, जिसके बिना राज्य की आकृति बरकरार रहना संभव नहीं होता। फिर भी, क़ानून और व्यवस्था का प्रशासन भू-राजस्व के प्रशासन के अधीन ही खड़ा था, हालांकि समय के प्रवाह में ये दोनों एक दूसरे के साथ संमिश्रित होते देखे गये। हालांकि मुग़ल प्रशासनिक ढांचा इसकी संरचना, स्टाफ की पद्धति और कार्यात्मक गतिशीलता की दृष्टि से कई कमियों द्वारा मार विवरण प्रतीत होता है, इसका श्रेय उस समय के शासकों की दृष्टी और प्रयास को दिए जाने की जरूरत है, जिन्होंने प्रशासन की प्रणाली की कम से कम संकल्पना तो की थी और उसे स्थापित तो किया था, जो साम्राज्य के अत्यंत विस्तृत सीमाओं को पकड़कर रखने और समाज में अराजकता और विकार की किसी भी संभावना की कल्पना कर लोगों को सभ्य जीवन की एक झलक प्रदान करने में सक्षम था।

भारतीय प्रशासन में ब्रिटिश विरासत

ब्रिटिश प्रशासन की प्रकृति भी भिन्न-भिन्न थी: ईस्ट इंडिया कंपनी के तहत, ब्रिटिश राज सीधे प्रशासन में शामिल नहीं था; यह सतही तौर पर कंपनी को नियंत्रित करने के सर्वोच्च प्राधिकारी के रूप में जोड़ी गई थी, जो ब्रिटिश महारानी के समग्र प्रशासनिक अधिकार क्षेत्र के अंतर्गत कार्य करती थी। ब्रिटिश राज द्वारा अधिकार प्राप्त दो संस्थानों को भारत में कंपनी के संचालन का कार्य सौंपा गया था: मालिकों का न्यायालय और निदेशकों का न्यायालय। ये दो न्यायालय काफी हद तक स्वतंत्र थी और भारत में कंपनी के लिए कार्रवाई की पद्धति का फैसला किया करती थी। रानी के चार्टर ने न्यायालयों को लगभग किसी भी प्रतिबंध के बिना भारत में अपने लक्ष्य को पूरा करने के लिए अधिकृत किया था। कंपनी ने अत्यंत क्रूर तरीके से कार्य किया, जो पूरी तरह से अपने व्यावसायिक हितों के द्वारा निर्देशित थी। हालांकि कंपनी के शासकों द्वारा प्रशासन में सुधार लाने के बारे में वहाँ कई प्रयास किए गये थे, परंतु वे प्रकृति में काफी हद तक शैक्षिक ही बने रहे। कंपनी के 'कुशासन' के खिलाफ शिकायतों का ढेर लग गया, जिसके परिणामस्वरूप, हाउस ऑफ कॉमन्स ने शिकायतों की प्रामाणिकता पर गौर करने के लिए एक गोपनीयता समिति को नियुक्त किया। समिति के निष्कर्ष कंपनी के खिलाफ चले गये। जिसका परिणाम 1773 के विनियमन अधिनियम को अपनाने में हुआ, जो भारत के एक हिस्से पर ब्रिटिश सर्वोच्चता की पहली औपचारिक अभिव्यक्ति थी और जिसने कंपनी की दोहरी सरकार को समाप्त कर दिया।

विनियमन अधिनियम, 1773 (The Regulating Act, 1773)

यह अधिनियम ब्रिटिश संसद का पहला उपाय है, जिसने कंपनी के मामलों में सीधा हस्तक्षेप करने में मदद की थी। हालांकि कंपनी के निदेशकों के अधिकार अनछुए बने रहे, लेकिन उस विनियमन ने, कि कंपनी को ट्रेजरी बेंच को सूचित रखना आवश्यक था, काफी हद तक उसकी स्वतंत्रता को कम कर दिया था। बंगाल के गवर्नर, वारेन हेस्टिंग्स को अब गवर्नर जनरल के रूप में नामित

किया गया था, जिन्हें ब्रिटिश राज के द्वारा की गई सिफारिश पर चार सदस्यों की एक परिषद सहायता प्रदान कर रही थी। इस अधिनियम के अनुसार, सर्वोच्च प्राधिकार गवर्नर जनरल के साथ जुड़ा हुआ नहीं था, बल्कि परिषद के साथ था, जो भारत के संबंध में निर्णय लेने के लिए बहुमत के सिद्धांत द्वारा निर्देशित थी। हालाँकि भारत में परिषद सर्वोच्च बनी रही, लेकिन उसे लंदन में स्थित निदेशक के न्यायालय के पर्यवेक्षण, निर्देशन और नियंत्रण में कार्य करना होता था।

यह अधिनियम चार विशेष कारणों से भारत के लोक प्रशासन में एक महत्वपूर्ण मील का पत्थर बन गया था: पहला, कंपनी को प्रतिबंधित करके इस अधिनियम ने प्रशासन में मूल्यों के महत्व का समर्थन करना। चूँकि यह कंपनी भारत में लोक प्रशासन में शामिल की गई थी, इसलिए वह शायद ही शासन के प्रति अपने दायित्वों से बच सकी। ब्रिटिश राज द्वारा हस्तक्षेप स्पष्ट रूप से यह दर्शाता है कि जिस तरह से कंपनी ने भारत में अपने मामलों का प्रबंध किया था उससे ब्रिटिश सरकार खुश नहीं थी। इसलिए, यह अधिनियम भारत में शासन करने के लिए मोटे तौर पर इंग्लैंड में शासकों की वैचारिक चिंता का एक परिणाम था। इस तथ्य को कोई भी नकारता नहीं है कि औपनिवेशिक हित सर्वोपरि बने रहे थे, हालांकि इस अधिनियम ने एक ऐसा सामाजिक और राजनीतिक माहौल बनाने में योगदान किया, जो समय के अनुसार कानूनी अधिनियमों को सुधारने के कार्य को अपनाने की तरफ ले गया। दूसरा, व्यक्ति आधारित प्रशासन को खारिज कर, जो गवर्नर द्वारा एक प्रतीक बन गया था, इस अधिनियम ने परिषद को भी ब्रिटिश राज के प्रति जवाबदेह बनाया। यह अतीत से एक महत्वपूर्ण विराम रहा था, क्योंकि लोक प्रशासन केवल प्रशासन नहीं था, बल्कि एक उद्देश्य के साथ किया जाने वाला शासन था। अतः, प्रशासन की संरचना निर्धारित करने के अलावा, 1773 के अधिनियम ने कंपनी नियम के वैचारिक आधार को बदलने की मांग की, जो प्रशासन के सुस्थापित सिद्धांतों द्वारा निर्देशित थे और ब्रिटिश राज के तहत वेस्टमिंस्टर लोकतंत्र की लंबी परंपरा में विकसित हुए थे। तीसरा, इस अधिनियम ने केंद्रीकरण की शुरुआत की। गवर्नर जनरल-इन-काउंसिल भारत में सर्वोच्च शासक बन गये थे और बंगाल, मद्रास और बंबई के तीन सूबों के गवर्नरों को अधीनस्थ सरकारों के रूप में घटा दिया था। हालांकि गवर्नर जनरल के समग्र नियंत्रण के भीतर इस अधिनियम ने सूबों के गवर्नरों के प्रशासनिक कार्यक्षेत्र का सीमांकन किया, जो बदले में भारत में लोक प्रशासन के विकास के लिए महत्वपूर्ण साबित हुआ। प्रशासन में परिषद को शामिल करके इस अधिनियम ने कंपनी के शासन में एक नया चलन भी शुरू किया, जो कि अब कम से कम सैद्धांतिक रूप से ही सही, पहले की तरह मनमाना नहीं बना रहा। गवर्नर जनरल को परिषद से परामर्श करना अनिवार्य था और उसे ब्रिटिश संसद के प्रति जवाबदेह भी बनाया गया था। अंत में, अधिनियम की सबसे उत्कृष्ट विशेषता कलकत्ता में सर्वोच्च न्यायालय की स्थापना करनी थी। इस न्यायालय को पेटेंट के पत्र के तहत स्थापित किया गया था, जिसके मुख्य न्यायाधीश एलिय्याह इम्पे थे और साथ ही तीन अन्य न्यायाधीश भी थे। मूलतः, यह एक दस्तावेजो की अदालत थी, लेकिन इसका सूबे के शासकीय, आपराधिक, धार्मिक, नौवाहनविभाग, इक्विटी और पर्यवेक्षी अधिकार क्षेत्र भी था और यहां तक कि प्रेसीडेंसी के बाहर कंपनी के रोजगार में स्थित अन्य किसी व्यक्ति पर भी अधिकार क्षेत्र था।

जैसा कि स्पष्ट है, यह अधिनियम भारत में लोक प्रशासन के लिए सबसे महत्वपूर्ण था, क्योंकि (क) इसने आधुनिक भारत के सरकारी प्रणाली का ढांचा तैयार किया, और (ख) सभी अधिनियमों को 1773 अधिनियम के मूल पाठ के या तो बढ़े हुए या प्रवर्धित रूप कहा जा सकता है। आज के संदर्भ में अपने सीमित अपील के बावजूद, यह अधिनियम अपने दृष्टिकोण और सामग्री के मामले में कट्टर था। कंपनी को संसद के प्रति जिम्मेदार बनाकर, इस अधिनियम ने 'औपचारिक' लोकतंत्र के सिद्धांतों के अनुसार कंपनी के प्रशासन को आकार देने की मांग की। हालांकि इस अधिनियम ने गवर्नर जनरल-इन-काउंसिल की सर्वोच्चता के सुझाव से एकात्मक आदेश पाने की सिफारिश की थी, फिर भी, यह 'सीमित' विकेंद्रीकरण के लिए एक उपकरण भी है, क्योंकि सूबों के गवर्नर, कम से कम प्रशासकीय रूप से, उनके संबंधित कार्यक्षेत्र के भीतर स्वतंत्र थे।

वर्ष 1773 के विनियमन अधिनियम कंपनी नियम के तहत भारत में प्रशासनिक विकृतियों को संबोधित करने के लिए पर्याप्त रूप से सुसज्जित नहीं था। एडमंड बर्क के तहत संसदीय समिति ने गवर्नर जनरल और चीफ जस्टिस के मनमाने ढंग से कामकाज करने को अवगत कराया और उनको वापिस बुलाने के लिए सिफारिश की। लेकिन यह संभव नहीं था, क्योंकि बोर्ड के मालिकों ने इस सिफारिश का सम्मान करने से इनकार कर दिया। यह एक संवैधानिक संकट की तरफ ले गया, क्योंकि यह

भारत में कंपनी शासन पर संसदीय नियंत्रण की कमी को तो नहीं लेकिन उसके अभाव को दर्शित करती थी। इसके जवाब में, 1784 का पिट्स इंडिया एक्ट लागू किया गया था। इस अधिनियम के अनुसार, निदेशकों के न्यायालय को भारत में कंपनी के वाणिज्यिक मामलों का प्रबंधन करने के लिए 'खुली छुट' दी थी, जबकि राजनीतिक क्षेत्र में, सत्ता एक नए निकाय में निहित थी, जिसे नियंत्रण मंडल के रूप में जाना जाता था और उसमें छह आयुक्त शामिल थे। राजा द्वारा नियुक्त इस मंडल में राजकोष के चांसलर, राज्य के एक सचिव और चार प्रिवी पार्षद शामिल थे। इस मंडल के पास ईस्ट इंडीज में ब्रिटिश प्रादेशिक संपत्ति के नागरिक और सैन्य सरकारों के सभी संचालनों के 'अधीक्षण, निर्देशन और नियंत्रण' की पूर्ण शक्तियां थी। मालिकों के न्यायालय ने निदेशकों के चुनाव को छोड़कर कंपनी के मामलों में अपना वर्चस्व खो दिया था, जिन्हें भारत में सभी पदों पर नियुक्तियाँ करने के लिए अधिकार दिए गए थे, हालांकि ब्रिटिश राज को कंपनी के रोजगार में स्थित किसी भी व्यक्ति को बुलाने के लिए अधिकृत किया गया था।

भारत में लोक प्रशासन के विकास में पिट अधिनियम दो कारणों से एक महत्वपूर्ण मील का पत्थर बन गया था: पहला, इस अधिनियम ने कंपनी द्वारा नियंत्रित प्रदेशों में ब्रिटिश ब्रिटिश राज के आधिपत्य को स्थापित किया था। प्रशासन अब एक विस्तृत व्यवस्था थी, जिसमें राजा द्वारा नियुक्त और संसद में जवाबदेह लोग जुड़े हुए थे। विभिन्न संरचनात्मक तंत्र के माध्यम से ब्रिटिश सरकार ने भारत में शासन की एक प्रणाली बनाने की मांग की, जो पूर्ववर्ती प्रशासन में से किसी से भी गुणात्मक रूप से अलग थी। दूसरा, इस अधिनियम ने यह निर्धारित करते हुए भारतीय राजाओं के संबंध में एक नई नीति की शुरुआत की कि कंपनी को उनके मामलों में 'हस्तक्षेप न करने' की नीति का पालन करने की जरूरत है। दूसरे शब्दों में, कंपनी को उन क्षेत्रों में प्रतिबंधित कर दिया गया था जो पहले से ही उसके नियंत्रण में थी। गैर-हस्तक्षेप की यह नीति अल्पकालिक थी और अठारहवीं सदी के अंत तक, खासकर गवर्नर जनरल के रूप में वेलेस्ले के आगमन के साथ, भारत में ब्रिटिश साम्राज्य भारत के ब्रिटिश साम्राज्य में तब्दील हो गया था। वेलेस्ले ने अपने इस कार्य को सैन्य सख्ती से और भारतीय राजाओं के साथ रणनीतिक 'सहायक गठजोड़' से पूरा किया। एक साम्राज्य निर्माता के रूप में अपनी भूमिका के अलावा, वेलेस्ले के बारे में उल्लेखनीय बात एक कुशल प्रशासन के प्रति उसकी चिंता थी, क्योंकि उनका मानना था कि कुशल प्रशासकों के बिना कोई भी साम्राज्य बच नहीं सकता। इस आशय के साथ, उसने कंपनी के सिविल सेवकों के प्रशिक्षण के लिए फोर्ट विलियम में एक कॉलेज की स्थापना की। यहाँ से हम भारतीय सिविल सेवा की उत्पत्ति का पता लगा सकते हैं, जिसकी स्थापना जल्द ही की जानी थी।

चार्टर अधिनियम, 1833 (The Charter Act, 1833)

भारत में ईस्ट इंडिया कंपनी का प्रशासन करने के लिए ब्रिटिश संसद द्वारा पारित सभी अधिनियमों में से 1833 का चार्टर अधिनियम शायद भारत के लोक प्रशासन में सबसे अधिक विधायी हस्तक्षेप था। इस तरह का कोई अधिनियम क्यों जरूरी हो गया था? भारत में ब्रिटिश साम्राज्य का तेजी से विस्तार होने के बाद भारत और ब्रिटेन दोनों में प्रशासन को लेकर नई परिस्थितियों का सामना करना पड़ा। प्रशासनिक मशीनरी साम्राज्य को एकजुट रखने के लिए पर्याप्त नहीं थी। ब्रिटेन में संसदीय सुधार शासन के एक नये रूप की तरफ ले गये, जो काफी हद तक प्रबुद्ध उदारवाद पर जोर देने के साथ ज्ञान के दर्शन के प्रभाव के कारण था। वहाँ भारत के साथ मुक्त व्यापार, भारत में यूरोपीयों का अप्रतिबंधित आप्रवास, भारत में कानूनों और शिक्षा के सुधार के लिए एक प्रबल मांग थी। दो प्रबल उदारवादी, जिन्होंने इस अवधि के दौरान ब्रिटिश दृष्टिकोण में परिवर्तन लाया था, वे मैकॉले और जेम्स थे। जबकि पूर्व वाला, जो एक सांसद भी था, नियंत्रण मंडल का सचिव था और बाद वाला इंडिया हाउस में भारत के पत्राचार का परीक्षक था।

चूँकि, कंपनी ने चार्टर अधिनियम की स्वीकृति के बाद भारत में अपने वाणिज्यिक एकाधिकार को खो दिया था, इसलिए भारत में यूरोपीय आप्रवासन करने के लिए सभी प्रतिबंध हटा दिये गये थे। इसके अलावा, इस अधिनियम ने भारत में प्रशासनिक नियंत्रण के नए उपकरणों की शुरुआत की, जो इस प्रकार थे: पहला, गवर्नर जनरल, जो अब भारत के गवर्नर जनरल के रूप में नामित थे, उन्हें नागरिक के रूप में अब तक की सर्वोच्च शक्तियां प्रदान की गई, जैसे सैन्य और राजस्व प्रशासन। इस केंद्रीकृत

प्रशासन में, अन्य प्रांतों के गवर्नरों को गवर्नर जनरल के मातहत बनाया गया, जो भारत में ब्रिटिश प्रशासन की धुरी बन गए थे। दूसरा, गवर्नर जनरल और गवर्नर के सभी निर्णय, जो उनके संबंधित कार्यकारी परिषदों के निर्णयों को अधिभावी थे, उन्हें कारणों के लिखित बयान के द्वारा समर्थित करना होता था। यह उन लोगों को नियंत्रण में रखने के लिए एक नियंत्रक था, जिन्होंने सर्वोच्च प्राधिकार को धारण किया हुआ था। तीसरा, सभी विधायी शक्तियों को गवर्नर-जनरल-इन-कांउसिल में निहित किया गया और प्रांतीय सरकारों ने अपनी विधायी शक्तियों को खो दिया। गवर्नर जनरल-इन-काउंसिल द्वारा मंजूरी दिए गये कानूनों को अधिनियम के रूप में नामित किया गया और उनकी वैधता के लिए सुप्रीम कोर्ट का सत्यापन वापस ले लिया गया। इन अधिनियमों को सभी न्यायालयों के लिए लागू किया गया। चौथा, क़ानून का सदस्य, जो एक अंग्रेजी बैरिस्टर ही हो सकता था, उसे एक सलाहकार की हैसियत से गवर्नर-जनरल-इन-काउंसिल के लिए नियुक्त करना था। यह नियुक्ति निश्चित रूप से इंपीरियल विधान परिषद के संविधान में एक महत्वपूर्ण कदम थी। मैकॉले, जो पहले क़ानून के सदस्य थे, उन्हें भारतीय विधि आयोग के अध्यक्ष के रूप में अपनी क्षमता में भारत के लिए क़ानून को संहिताबद्ध करने का काम भी सौंपा गया, जो गवर्नर जनरल के इशारे पर अस्तित्व में आया था। अंत में, चार्टर अधिनियम धर्म, जन्म, वंश, रंग या इनमें से किसी भी बात के मामले में कंपनी के तहत रोजगार में भेदभाव के खिलाफ भी एक शक्तिशाली बयान बन गया था। हालांकि इस सिद्धांत को सैद्धांतिक रूप से समर्थन दिया गया था, फिर भी व्यवहार में यह उपनिवेशवाद के साथ जुड़े कारणों से ऐसा नहीं था।

ब्रिटिश साम्राज्य के विस्तार के साथ भारत में लोक प्रशासन धीरे-धीरे जटिल होता गया। जहाँ 1773 विनियमन अधिनियम ने कंपनी के केंद्रीकृत प्रशासन के एक युग की शुरुआत की, वहीं 1833 चार्टर अधिनियम ने भारत में प्रशासन पर ब्रिटिश राज के अधिकार की स्थापना करके उस प्रक्रिया की परिणति के रूप में चिह्नित किया। गवर्नर जनरल परिषद के साथ-साथ सर्वोच्च बन गया। स्पष्ट है, भारतीय प्रशासन आत्मा और सामग्री में काफी हद तक वेबेरियन (Weberian) था: यह श्रेणीबद्ध और केंद्रीकृत था, जिसमें ब्रिटिश शासन की समग्र संरचना के भीतर प्रशासन की विभिन्न परतें शामिल थी। इसका उद्देश्य उपनिवेशवाद द्वारा परिभाषित किया गया था, जो स्पष्ट कारणों से 1947 में भारत की आजादी मिलने तक एक निर्णायक प्रभाव बना रहा।

भारत की अच्छी सरकार के लिए अधिनियम, 1858 (The Act for the Good Government of India, 1858)

शायद यह वह सबसे विशिष्ट अधिनियम है, जिसने मौलिक भारत में लोक प्रशासन की प्रकृति बदल दी थी, वह 1858 का अधिनियम था, जिसने ईस्ट इंडिया कंपनी के एक सदी पुराने शासन को उसके अंत तक पहुँचा दिया था। 1857 में भारतीय सेना के निष्फल विद्रोह के बाद, जिसे आजादी की पहली लड़ाई के रूप में माना गया था, औपनिवेशिक शासन को मजबूत करने के उद्देश्य से, इस अधिनियम ने प्रशासनिक मशीनरी में सुधार करने के लिए साधनों को निर्धारित किया, जिसके द्वारा इंग्लैंड में स्थित ब्रिटिश राज द्वारा भारत सरकार का परिवेक्षण और नियंत्रण किया जाना था। जैसे कि 1858 की रानी की घोषणा, जो इस अधिनियम को अपनाने की तरफ ले गई, रेखांकित करती है, [रानी विस्काउंट कैनिंग के रूप में नियुक्ति करती है] हमारे कथित क्षेत्रों में और क्षेत्रों पर पहले वायसराय और गवर्नर जनरल और हमारे नाम पर सरकार के प्रशासन के लिए, और आम तौर पर हमारे नाम से और हमारी ओर से कार्य करने के लिए, वह समय-समय पर राज्य के हमारे प्रमुख सचिवों में से एक के माध्यम से इस तरह के आदेश प्राप्त करेगा और नियमों के अधीन रहेगा।

इसके अलावा,

> जब विधाता के आशीर्वाद से आंतरिक शांति बहाल की जाएगी, तब भारत के शांतिपूर्ण उद्योग को प्रोत्साहित करने, सार्वजनिक उपयोगिता और सुधार के काम को बढ़ावा देने, और उसमें रहने वाले सभी अधीन निवासियों के लाभ के लिए सरकार के प्रशासन होने के लिए हमारी जबरदस्त इच्छा होगी। उनकी समृद्धि में हमारी ताकत होगी, उनकी संतुष्टि में हमारी सुरक्षा होगी, और उनके आभार में हमारा सबसे अच्छा ईनाम होगा।

जैसा कि स्पष्ट है, इस उद्घोषणा ने 1858 के अधिनियम के लिए महत्वपूर्ण जानकारी प्रदान की। निदेशक न्यायालय और नियन्त्रण मंडल को खत्म करके इस अधिनियम ने सरकार, प्रदेशों और राजस्व को कंपनी से ब्रिटिश राज के लिए स्थानांतरित कर दिया। भारत अंग्रेजी सार्वभौम द्वारा नियंत्रित किया जाना था, जिसने निहितार्थ से, भारत में शासन के लिए ब्रिटिश संसद के महत्व का सुझाव दिया। औपनिवेशिक प्रशासन की धुरी के रूप में, भारत के लिए राज्य के सचिव में सभी शक्तियों को निहित कर दिया, जो पहले नियंत्रण मंडल और निदेशकों के न्यायालय में निहित थी। मंत्रिमंडल के एक सदस्य के रूप में राज्य के सचिव, भारत से उत्पन्न राजस्व से अपने वेतन पाते थे। उन्हे सभी सरकारी राजस्व और भारत में व्यय के खातों का वार्षिक विवरण स्थापित करने और भारत में सभी नैतिक और भौतिक प्रगति की एक रिपोर्ट प्रस्तुत करने के लिए अधिकृत किया गया था। अपने संवैधानिक और प्रशासनिक जिम्मेदारियों के निर्वहन में उनकी सहायता करने के लिए उन्हें एक संसदीय और एक स्थायी मंत्रिणी प्रदान की गई। उन्हें अधिक कुशलता से अपने कर्तव्यों का पालन करने में मदद करने के लिए एक परिषद गठित की गई, जिसे भारत परिषद के रूप में नामित किया गया था। यह परिषद मुख्य रूप से एक सलाहकार सहायक थी और इस प्रकार इसकी भूमिका सीमित थी, हालांकि विभिन्न अवसरों पर यह अन्य संवैधानिक निकायों के माध्यम से गवर्नर जनरल के निर्णयों को प्रभावित करने के लिए एक निर्णायक तरीके से काम करती थी। 1858 के अधिनियम इस अर्थ में पहले अधिनियमों से गुणात्मक रूप से अलग नहीं थे कि उन्होंने औपनिवेशिक प्रशासन में कोई महत्वपूर्ण बदलाव नहीं किया था, सिवाय इसके कि इसने गवर्नर जनरल-इन-काउंसिल के हाथों में देश के संपूर्ण राजस्व को निहित कर दिया था। प्रांतीय सरकारें पूरी तरह से परिषद के लिए सहायक बन गई थी। एक और सर्वोपरि अधिनियम, जिसने प्रशासन में गैर-सरकारी सदस्यों की शुरुआत की, वह 1861 का भारतीय परिषद अधिनियम था। परिषद के कार्य विधान तक ही सीमित थे और उसे कार्यकारी को नियंत्रित करने के लिए कोई अधिकार नहीं दिया गया था, हालांकि उसने प्रांतीय मामलों पर क़ानून बनाने के लिए प्रांतीय सरकारों को अधिकार दिया था। कार्यकारी परिषद का विस्तार किया गया, जिसमें चार गैर सरकारी सदस्यों के अलावा प्रांतों के महाधिवक्ता शामिल थे, जो सदा ही भारतीय होते थे।

भारतीय परिषद अधिनियम के दो महत्वपूर्ण कारणों के लिए क़ानून का एक अद्वितीय नमूना है: पहला, यह सत्ता के विकेन्द्रीकरण की दिशा में एक महत्वपूर्ण कदम था और उस अर्थ में यह अतीत के साथ एक विराम था। पहली बार केंद्रीकृत ब्रिटिश प्रशासन के लिए एक विकल्प प्रदान करने के लिए एक कदम उठाया गया। दूसरा, उसने प्रशासन में भारतीयों की और अधिक सिफारिश कर गैर-सरकारी सदस्यों को शामिल किए जाने की शुरुआत की। यह लोक प्रशासन में अभिजात वर्ग के भारतीयों को समायोजित करने के लिए एक जानबूझकर राजनीतिक डिजाइन तैयार किया गया था और विशेष रूप से 1857 के विद्रोह के बाद इसपर एक बहुत बड़ा प्रभाव पड़ा था। हालांकि, जो लोगों को नामित किया गया था, वे या तो भारतीय राजा थे या बड़े भू-स्वामी थे, यह निस्संदेह लोक प्रशासन में भारतीयों को शामिल करने की दिशा में एक महत्वपूर्ण शुरुआत थी।

ब्रिटिश राज प्रशासन के प्रारंभिक भाग में दो प्रक्रियाओं ने काम किया ऐसा प्रतीत होता है। एक तरफ, परिषद में गवर्नर जनरल को मजबूत बनाने के लिए प्रयास किए गए थे और दूसरी तरफ, हस्तांतरण की दिशा में कदम उठाये गये थे, विशेष रूप से वित्तीय अधिकार। इस संबंध में, 1870 मेयो प्रस्ताव सबसे उल्लेखनीय है, जिसमें कहा गया है,

> निधि के प्रबंधन में सफलता पाने के लिए स्थानीय हित, पर्यवेक्षण और देखभाल आवश्यक हैं, जिसे शिक्षा, स्वच्छता, चिकित्सकीय दान और स्थानीय लोक निर्माण के लिए समर्पित किया गया है। प्रस्ताव का संचालन अपने पूरे अर्थ और अखंडता में स्थानीय स्वशासन के विकास के लिए, नगर निगम संस्थाओं को मजबूत बनाने के लिए और मामलों के प्रशासन में पहले की तुलना में मूल निवासियों और गोरों के एक बड़ी मात्रा में सहयोग के लिए अवसरों का वहन करेगा।

बम्बई, कलकत्ता और मद्रास में नगर पालिकाओं के गठन करने के लिए कई अधिनियम अधिनियमित किए गये। इस संबंध में सबसे घटनापूर्ण विकास निस्संदेह 1882 का रिपन प्रस्ताव है, जिसने इस बात को रेखांकित करते हुए स्थानीय स्वशासन की शुरुआत का बचाव किया था कि "यह मुख्य रूप से प्रशासन में सुधार करने के एक दृष्टिकोण के साथ पेश नहीं किया गया था। यह मुख्यतः राजनीतिक और लोकप्रिय शिक्षा के एक तत्व के रूप में वांछनीय है। "इस लक्ष्य के अनुसरण में, 1885 के बंगाल स्थानीय स्व-सरकार अधिनियम को अपनाया गया था, जो बंगाल में जिले के स्थानीय मंडल की गठन की तरफ ले गया।

अपने प्रारंभिक चरण में ब्रिटिश शासन की गति प्रशासन के एक चरणबद्ध विकेन्द्रीकरण और प्रशासन में भारतीयों की बढ़ती भागीदारी का सुझाव देती है। दो प्रमुख घटनाओं ने उपनिवेशवाद की दिशा बदल दी थी: (क) कलकत्ता, मद्रास और बंबई के विश्वविद्यालयों की स्थापना, जिसने ब्रिटिश शासन में शिक्षित भारतीयों की एक मुखर राय विकसित करने में मदद की। उसने भारतीयों के बीच बढ़ते असंतोष पर कब्जा कर लिया, जो हमेशा बना रहता था, जिसका स्पष्ट कारण प्रशासन में सतही बने रहना था। (ख) 1885 में भारतीय राष्ट्रीय कांग्रेस के उद्घाटन ने एक नया मंच बनाया, जिसका उद्देश्य शासन की शिकायतों को मुखर करना था। यह बेहतर शासन की मांग को स्पष्ट करने के लिए भी भारतीयों के लिए एक मंच बन गया। इस सब का परिणाम 1892 के भारतीय परिषद अधिनियम था। जैसा कि अधिनियम रेखांकित करता है,

> [इसका उद्देश्य था] भारत सरकार के कार्यों की संख्या बढ़ाना और उनका विस्तार करना, और सरकार के काम में हिस्सा लेने के लिए आगे भारतीय समाज के गैर-सरकारी और देशी तत्वों को अवसर देना, और उस तरीके से राजनीतिक हित और राजनीतिक क्षमता के उल्लेखनीय विकास के लिए सरकारी मान्यता देना, जो कि भारतीय समाज के उच्च वर्गों के बीच तब से दिखाई दे रही थी जब से 1858 में ब्रिटिश राज द्वारा भारत सरकार को अपने अधिकार में ले लिया गया था।

इस अधिनियम ने परिषदों की बढ़ती सदस्यता के लिए प्रावधान किया। सरकार को परिषदों के लिए प्रत्याशियों के चयन करने से पहले सरकार द्वारा मान्यता प्राप्त करना और प्रतिनिधि निकायों और संस्थाओं से परामर्श करना अनिवार्य था। विधायी शक्तियों के अलावा, परिषदों को वित्तीय मामलों में कार्यकारिणी को खींचने के लिए भी सशक्त किया गया था, हालांकि उसे इस मामले में निर्णय को संशोधित या अस्वीकार करने की कोई शक्ति नहीं थी। हालांकि, परिषदों को दिया जाने वाला महत्व औपनिवेशिक शासन में एक बड़े परिवर्तन का संकेत था। जैसा कि राज्य के सचिव, मॉर्ले ने व्यक्त किया है,

> यहाँ विचारों के दो प्रतिद्वंद्वी स्कूल हैं, उनमें से एक का मानना है कि भारतीय की बेहतर सरकार उनकी दक्षता पर निर्भर करती है, और यह दक्षता वास्तव में भारत में ब्रिटिश शासन का अंत है। अन्य स्कूल, जबकि दक्षता की उपेक्षा नहीं करती है, उस बात की तरफ देखती है जिसे राजनीतिक रियायतें कहा जाता है। (Pylee 1965, 68)

इस घोषणा ने भारत में ब्रिटिश प्रशासन के मूलभूत सिद्धांतों को निर्धारित किया। पहले कदम के रूप में, प्रशासन पर गौर करने के लिए 1907 में एक रॉयल आयोग नियुक्त किया गया, जिसने लोगों के बीच शासन के प्रति बढ़ते असंतोष के संदर्भ में अपनी व्यवहार्यता को खो दिया प्रतीत होता है। इस आयोग का उद्देश्य एक ऐसा प्रशासन प्रदान करना था, जो भारत की बदलती सामाजिक, आर्थिक और राजनीतिक वास्तविकताओं के साथ अनुकूलन करने में सक्षम हो। सुधारात्मक उपायों की सिफारिश करते हुए, आयोग निम्नलिखित कारकों द्वारा निर्देशित था; (क) एक एकल मुख्यालय से विशाल उपमहाद्वीप पर शासन करने की कठिनाइयाँ और प्रशासन में शासन कला और दक्षता की अपरिहार्य विफलता; (ख) प्रांतों द्वारा विकास की एकसमान योजनाओं को लागू करने की कठिनाइयाँ, जो सामाजिक-सांस्कृतिक विविधता लिए हुए हैं; (ग) प्रांतीय और स्थानीय प्रशासन में लगे लोगों के बीच में जिम्मेदारी की भावना पैदा करना, और (घ) मजबूत प्रशासन के मूल्यों पर लोगों को शिक्षित कर औपनिवेशिक शासन को मजबूत करना। आयोग की सिफारिश के आधार पर, 1908 में एक बिल पेश किया गया था, जो 1909 मोरले-मिन्टो सुधार बन गया। जहाँ एक राजनीतिक योजना भारत में औपनिवेशिक शासन को मजबूत करने की मांग कर रही थी, वहीं 1909 अधिनियम ने परिषदों में समुदायों के प्रतिनिधित्व पर दीर्घकालिक प्रभाव के साथ एक गहरे परिवर्तन की शुरुआत की। जब 1906 में मुस्लिम लीग को स्थापित किया गया था, तब वहां मुसलमानों के लिए एक 'पृथक निर्वाचन' की मांग की जा रही थी। गवर्नर जनरल को दी गई अपनी याचिका में मुस्लिम लीग के प्रमुख आगा खान ने 'उनकी संख्यात्मक ताकत' 'राजनीतिक महत्व' और उस 'योगदान'के आधार पर मुसलमानों के लिए एक अलग मतदाता अधिकार के लिए जरूरत का समर्थन किया जो उन्होंने 'साम्राज्य की रक्षा करने के लिए दिया था। तर्क का समर्थन करते हुए मिंटो ने आगा खान को आश्वासन दिया कि 'मुसलमान आश्वस्त रह सकते हैं कि उनके राजनीतिक अधिकारों की रक्षा की जाएगी' (Pylee 1965, 68)। अतः, 1909 अधिनियम भारत

में प्रतिनिधित्व के इतिहास में एक महत्वपूर्ण मोड़ है। मुसलमानों को अपने चुनावी अधिकार के साथ एक अलग समुदाय के रूप में पहचाना गया, उसी के अनुसार गारंटी भी दी गई। 'फूट डालो और राज करो' की ब्रिटिश नीति इस प्रकार औपचारिक रूप से व्यक्त की गई और लोक प्रशासन इन स्पष्ट कारणों से पक्षपातपूर्ण बन गया। इस बीच, राष्ट्रवादी आंदोलन ने रफ्तार पकड़ ली और भारत में राजनीतिक माहौल बदल दिया। 1909 मोरले-मिन्टो सुधार शासन की वास्तविक शिकायतों का समाधान करने में विफल रहा। प्रशासन की दमनकारी प्रणाली को सुदृढ़ करने के लिए अन्य विभिन्न अधिनियमों को भी अधिनियमित किया गया, जिन्हें 1909 सुधार योजना द्वारा व्यक्त किया गया था। प्रथम विश्व युद्ध के फैलने के साथ ब्रिटिश सरकार के दृष्टिकोण में परिवर्तन दिखाई दे रहा था और वह उसके युद्ध प्रयासों में भारतीयों से समर्थन मांगने के लिए काफी हद तक 'रणनीतिक' दृष्टिकोण था। इसका परिणाम 1919 मोंटेगू-चेम्सफोर्ड सुधार योजना को अपनाना था, जो सरकार के लिए प्रतिबद्ध लक्ष्य द्वारा निर्देशित किया गया था, अर्थात, 'भारत में स्व-शासी संस्थाओं के प्रशासन और क्रमिक विकास की हर शाखा में भारतीयों के सहयोग को बढ़ाना' (Pylee 1965, 89)। उपर-उपर यह सुधार योजना अभिनव और लोक प्रशासन को भारत के अनुकूल बनाने की प्रतिबद्धता पर तैयार की गई प्रतीत होती थी, जैसा कि इस योजना के कोर गठन के रूप में चार प्रमुख सिद्धांत सुझाव देते हैं:

1. जहाँ तक संभव हो वहाँ स्थानीय निकायों में पूरा लोकप्रिय नियंत्रण हो और बाहरी नियंत्रण से उनके लिए सर्वाधिक संभव स्वतंत्रता होनी चाहिए।
2. प्रांत वे क्षेत्र हैं जिसमें जिम्मेदार सरकार की प्रगतिशील प्राप्ति की दिशा में प्रारंभिक कदम उठाए जाने चाहिए। जिम्मेदारी के कुछ मानदंडों को एक बार में दिया जाना चाहिए, और ब्रिटिश सरकार का उद्देश्य वर्तमान परिस्थितियों के तहत संभाव्य हद तक भारतीयों के लिए उनके शासन में पूरी जिम्मेदारी प्रदान करना है।
3. भारत सरकार को पूरी तरह संसद के प्रति जिम्मेदार रहना चाहिए और इस तरह की जिम्मेदारी होने के नाते आवश्यक मामलों में उसके अधिकार उन परिवर्तनों के प्रभाव का निर्विवाद रूप से विचाराधीन अनुभव रहना चाहिए, जिन्हें अब प्रांतों में पेश किया जाना है। इस बीच, भारतीय विधान परिषद को विस्तारित किया जाना चाहिए और अधिक प्रतिनिधित्व बनाया जाना चाहिए और नीति निर्माण की प्रक्रिया में उसके प्रभाव को बढ़ाया जाना चाहिए।

इसमें कोई शक नहीं कि 1919 के अधिनियम एक संदर्भ में राजनीतिक रूप से उचित रणनीति थी, जब राष्ट्रवादी आंदोलन का महत्व बढ़ रहा था, विशेष रूप से परिदृश्य पर महात्मा गांधी के आने के बाद। हालांकि प्रशासन औपनिवेशिक उत्साह के द्वारा निर्देशित था, फिर भी शासन के प्रति वफादार भारतीयों को शामिल करके, ब्रिटिश शासकों ने भारत में लोक प्रशासन की एक नई रचना प्रदान की। नई व्यवस्था में, प्रशासन में संरचनात्मक परिवर्तन किए गए थे। सबसे उल्लेखनीय कदम द्विशासन पद्धति को अपनाना था। द्विशासन एक प्रशासनिक उपकरण था, जिसने उन लोगों के बीच कार्यों का सीमांकन किया गया था जिन्हें लोकप्रिय नियंत्रण करने के लिए दिया जा रहा है और वे लोग जिन्हें ब्रिटिश शासकों के साथ रहना जारी रखने की जरूरत थी: पहले वालों को 'हस्तांतरित विषय' और बाद वालों को 'आरक्षित विषय' कहा जाता था। गवर्नर जनरल-इन-काउंसिल आरक्षित विषयों के प्रभारी थे, जबकि गवर्नर, प्रांतों में मंत्रियों के साथ कार्य करते हुए अब तक सर्वोच्च बने रहे, क्योंकि हस्तांतरित विषय चिंतित थे।

अद्वितीय होने के बावजूद, द्विशासन सिर्फ उसकी वैचारिक जड़े उपनिवेशवाद में पड़ी होने की वजह से विफल हो गया था। यहाँ तक कि एलेक्जेंडर मुद्दिमान के नेतृत्व वाली समिति, जिसे द्विशासन के कामकाज की जांच के लिए गठित किया गया था, उसने निष्कर्ष निकाला कि यह अपने निहित कमजोरियों और मतभेदों की वजह से लड़खड़ा गई, और निम्नलिखित कारकों की वजह से टूटने लगी: (क) आरक्षित और हस्तांतरित के बीच प्राधिकरण का सीमांकन व्यर्थ था, क्योंकि वास्तविक सत्ता हमेशा पूर्व वाले के पास रहती थी; (ख) उसके परिणाम स्वरूप, वहाँ प्रांतीय मंत्रियों और गवर्नरों या गवर्नर जनरल के बीच शायद ही प्रभावी बातचीत होती थी; (ग) भारतीय मंत्री आगे और विकलांग हो गये थे क्योंकि भारतीय सिविल सेवा अधिकारी शायद ही उनके साथ सहयोग कर रहे थे; और (घ) हस्तांतरित विषयों पर भारत सरकार के वित्त विभाग द्वारा अत्यधिक नियंत्रण किया जाता था।

जैसा कि स्पष्ट था, शासन में भारतीयों को रिझाने के लिए लोक प्रशासन का लगातार पुनर्गठन किया जा रहा था। हालांकि वास्तविक शक्ति ब्रिटिश अधिकार के साथ विहित थी, फिर भी द्विशासन प्रशासनिक हस्तांतरण की दिशा में एक महत्वपूर्ण कदम था और उसने भारत में ब्रिटिश सत्ता का रंग ही बदल दिया था, जो मोटे तौर पर गवर्नर जनरल-इन-काउंसिल के आसपास ही घूमती रहती थी। द्विशासन ने गवर्नरों को सशक्त किया जो प्रांतों में हस्तांतरित विषयों के संबंध में आजादी का उपयोग किया करते थे। इसके अलावा, भारतीय मंत्रियों की भागीदारी परिवर्तन शुरू किया, हालांकि लोक प्रशासन में यह चरित्र में उपरी दिखावा ही था। प्रशासन में अनुभव प्राप्त करने के अलावा, भारतीय मंत्रियों ने पहला ज्ञान प्राप्त कर लिया कि प्रशासन ने सबसे पक्षपातपूर्ण ढंग से कैसे कार्य किया जाता है। इससे उन्हें एक राष्ट्रवादी एजेंडे को मुखर करने में मदद हुई, जो अब बड़े पैमाने पर लोगों को आसानी से स्वीकार्य था, क्योंकि यह अनुभव के आधार पर किया गया था। अतः, द्विशासन ब्रिटिश भारत में लोक प्रशासन की बदलती प्रकृति की संकल्पना तैयार करने के लिए अत्यंत महत्वपूर्ण था, कम से कम बीसवीं सदी के पहले दो दशकों में।

भारत सरकार अधिनियम, 1935 (The Government of India Act, 1935)

जहाँ उपनिवेशवाद और सत्ता का केंद्रीकरण हाथ में हाथ डाले जाता हुआ दिखाई दे रहा था, वहीं ब्रिटिश भारत में लोक प्रशासन कम से कम इसकी सामग्री बदलने में लगा था। यदि हम 1772 के विनियमन अधिनियम को अपनाने के बाद से लोक प्रशासन के विकास का अनुसरण करते हैं तो हमें एक परिवर्तन दिखाई देता है। शायद ब्रिटिश शासन के दौरान भारत में सबसे अधिक (और अंतिम) महत्वपूर्ण संवैधानिक उपाय 1935 का भारत सरकार का अधिनियम है, जिसे भारतीय वैधानिक आयोग, सर्व दल सम्मेलन, गोलमेज सम्मेलन और ब्रिटिश संसद के संयुक्त संसदीय समिति से मिली जानकारी पर तैयार किया गया था। सरकार के एक संघीय स्वरूप को स्थापित करने की मांग को, जिसमें घटक प्रांतों के पास स्वायत्त विधायी और कार्यकारी शक्तियाँ थी, इस अधिनियम ने सरकार की एक संसदीय स्वरूप के लिए मार्ग प्रशस्त किया, जिसमें कार्यकारी को विधायिका के लिए निश्चित सीमा के भीतर जवाबदेह बनाया गया था। इसने सिविल सेवाओं सहित मौलिक रूप से भारत के लोक प्रशासन को बदल दिया। हालांकि अच्छी तरह से समर्थित महासंघ कभी भी अस्तित्व में नहीं आया, फिर भी यह अधिनियम औपनिवेशिक किस्म के एकीकृत प्रशासनिक व्यवस्था के खिलाफ एक शक्तिशाली टिप्पणी थी। इस अधिनियम का अवलोकन करने पर निम्न विशेषताएँ हमारा ध्यान आकर्षित करती हैं:

1. प्रांतीय स्वायत्तता प्रांतों को एक अलग कानूनी पहचान दे कर और कुछ विशिष्ट प्रयोजनों को छोड़कर केंद्रीय नियंत्रण से उन्हें मुक्ति दिलाकर मान्य की जा रही थी।
2. भारत का एक महासंघ स्थापित किया गया था, जो प्रांतीय सरकारों और संघीय केंद्र सरकार के बीच कार्यक्षेत्र का सीमांकन करता था।
3. द्विशासन को प्रांतों में बंद कर दिया गया था, उसे केंद्र में शुरू किया गया था। विदेशी मामलों और रक्षा के विषयों को गवर्नर जनरल के नियंत्रण में 'सुरक्षित' कर दिया गया था; अन्य केंद्रीय विषयों को प्रांतों में मंत्रियों को स्थानांतरित कर दिया गया था।
4. संघीय सिद्धांत को केन्द्रीय विधानमंडल के निचले सदन के गठन में मान्यता दी गई थी, हालांकि वास्तविक शासक गवर्नर जनरल ही बने रहे।
5. जैसा कि 1932 के सांप्रदायिक या मैकडोनाल्ड पुरस्कार द्वारा तैयार किया गया था, अल्पसंख्यक समुदायों के बीच सीटों के वितरण के बाद पृथक निर्वाचन बनाए रखा गया था।

इस अधिनियम ने लोक प्रशासन में 'जनता' शव्द की परिभाषा ही बदल दी। प्रांतीय स्वायत्तता की शुरुआत ने भारतीय मंत्रियों को सीधे प्रशासन में शामिल होने के लिए सक्षम बनाया, हालांकि उन्हें उपनिवेशवाद के समग्र प्रतिबंध के तहत ही

कार्य करना पड़ता था। इसलिए, इसे 'इसके भीतर पर्याप्त कुछ भी रहे बिना एक विशाल संवैधानिक मोहरा' के रूप में संबोधित किया गया (Pylee 1965, 117)। यह अधिनियम चुनावी राजनीति के प्रति भारतीय सवाल को लपेट देने के ब्रिटिश सरकार के निर्धारण का भी संकेत था। प्रशासन में भारतीयों को शामिल करके यह अधिनियम लोक प्रशासन के क्षेत्र में और अधिक खिलाड़ियों को लेकर आया था। इसमें कोई संदेह नहीं है कि इस अधिनियम ने भारतीय नेताओं को संसदीय राजनीति की दुनिया की पहचान कराई और इस नई व्यवस्था के परिणाम स्वरूप, अधिनियम द्वारा निर्धारित किए अनुसार, राजनीति अब क्षेत्रीय इलाकों में उतरने लगी, जो मोटे तौर पर अब तक सतही बना रहा था। उपलब्ध साक्ष्य से यह भी पता चलता है कि यह अधिनियम ब्रिटिश साम्राज्य की निरंतरता के लिए भुगतान की गई कीमत थी। इस तरह जो एक पूर्वअनुमानित उदार भाव प्रतीत हो रहा था वह एक अत्यधिक राजनीतिक समीचीन कदम था। वास्तव में, सत्ता का यह समर्पण, हालांकि यह क्षेत्रीय स्तर पर ही था, भारत में ब्रिटिश सत्ता के पक्षधर लोगों के बीच आतंक का कारण बना, जिन्होंने इस प्रयास में ब्रिटिश सत्ता को ग्रहण लगते देखा था।

औपनिवेशिक शासन के दौरान इन चयनात्मक, लेकिन प्रमुख, ऐतिहासिक संवैधानिक पहल पर डाली हुई एक सामान्य नज़र शायद हमें इस नतीजे पर ले जा सकती है कि इन्हें भारतीयों के लिए अंग्रेजों द्वारा शुरू किया गया था। इसलिए राष्ट्रवाद की भावना को महत्व नहीं दिया गया था। यदि हम सतह से आगे जाते हैं, तो यह स्पष्ट हो जाता है कि लोक प्रशासन में काफी हद तक लोकप्रिय असंतोष को शांत करने में ब्रिटिश प्रयासों की वजह से परिवर्तन हुए हैं। इसलिए यह तर्क पूरी तरह से निराधार है कि हर संवैधानिक आन्दोलन 'राज' द्वारा शुरू किया गया था। इतिहास से पता चलता है कि वहाँ ऐसी स्थितियाँ आई थी जिनमें ब्रिटिश सत्ता को आंदोलन को नियंत्रित करने के उपायों को अपनाने के लिए मजबूर कर दिया गया था। उदाहरण के लिए, 1880 के दशक में कांग्रेस के अभियान ने 1893 के सुधारों की शुरुआत करने में बहुत बड़ा योगदान दिया। 1909 मोरले-मिन्टो सुधारों के पीछे *स्वदेशी* आंदोलन और आतंकवादी राष्ट्रवाद थे। इसी तरह, 1919 मॉट फोर्ड सुधार उन संकटों को हल करने के प्रयास में किए गये थे, जिससे होम रूल लीग शुरू हुआ और यह 1919 रोलेट सत्याग्रह और 1910–21 के असहयोग आंदोलन के साथ चरम पर पहुँचा। एक बड़ी हद तक, गांधीवादी सविनय अवज्ञा आंदोलन (1930–32) लोक प्रशासन में भारतीय नेताओं को शामिल करने की मांग में संवैधानिक उपायों की शुरुआत करने के लिए जिम्मेदार है।

इसके अलावा, उन संवैधानिक डिजाइन की व्याख्या आंशिक ही रह जाती है, जब तक कि उसे व्यापक सामाजिक-आर्थिक और राजनीतिक प्रक्रियाओं के साथ जोड़ा न जाए, जिसमें उनकी संकल्पना की गई थी। व्यापक सामाजिक मैट्रिक्स और आर्थिक गठजोड़ के संदर्भ के बिना संवैधानिक राजनीति की संरचना और गतिशीलता का विश्लेषण करने का प्रयास करना व्यर्थ है क्योंकि यह राजनीतिक-संवैधानिक संरचना, आर्थिक और सामाजिक नेटवर्क, धार्मिक-सांस्कृतिक मान्यताओं और यहां तक कि उस राष्ट्रवादी विचारधारा को दर्शाता है, जिसने प्रशासनिक और संवैधानिक संरचना के संगठित दुनिया में घुसपैठ किया हुआ था। अतः एक विश्लेषक के लिए एक जरूरी और अपरिहार्य कार्य पूरी तरह से व्यापक सामाजिक-आर्थिक संदर्भ की अनदेखी करना नहीं है, बल्कि एक विशेष संवैधानिक पहल को आकार देने में उसके संबंधित महत्व का पता लगाना है। उदाहरण के लिए, ऐसा माना जाता था कि 1932 का सांप्रदायिक पुरस्कार अंग्रेजों द्वारा बंगाल और पंजाब में मुसलमानों के बीच राजनीतिक गतिविधियों का विस्तार करने के लिए शुरू किया गया था। लेकिन, जैसा कि अध्ययनों से पता चलता है, यह भी एक ऐसी रियायत थी जिसे साम्राज्य की व्यवस्था को आसान बनाने के लिए ब्रिटिश को देने के लिए मजबूर किया गया था। इस प्रकार मूल कुलीन वर्ग के निवासियों के साथ सत्ता की साझेदारी केवल ब्रिटिश पहल की बजाय अन्य कारणों से प्रेरित थी।

अखिल भारतीय सिविल सेवा और लोक प्रशासन

भारत में सिविल सेवा (आईसीएस)— उनकी संरचना, भूमिका, व्यवहार और अंतर्संबंधों के संदर्भ में — इतिहास में उन्नीसवीं सदी के मध्य के आसपास प्रणाली के डिजाइन के बाद से एक लंबी अवधि में विकसित हुई।[3] मैकॉले समिति की रिपोर्ट, 1854 में भारत में नौकरशाही के विकास में एक प्रारंभ है। पात्रता प्रणाली पर आधारित एक सिविल सेवा की सिफारिश कर, समिति ईस्ट

इंडिया कंपनी की सदियों पुरानी संरक्षण प्रणाली को बदलने की मांग कर रही थी।[4] एक सर्वसमाहित प्रशासक-'सर्वोत्कृष्ट'- की कल्पना का बचाव करते हुए फुल्टन समिति ने एक आदर्श प्रशासक को 'एक प्रतिभाशाली आम आदमी के रूप में चित्रित किया, जो अपने विषय की परवाह किए बगैर अपने ज्ञान और सरकार में मिले अनुभव के आधार पर एक नौकरी से दूसरी नौकरी में चला जाता है' (मैकॉले समिति की रिपोर्ट 1975, 125)। प्रशासक के रूप में आईसीएस के सदस्यों की दक्षता अनुकरणीय हो सकती है, लेकिन इसमें कोई शक नहीं है कि वे मुख्य रूप से शाही हितों से प्रेरित थे और इसलिए 'देश के हितों को अक्सर [ब्रिटिश राज] के हितों के लिए स्थगित कर दिया जाता था' (Trevelyan 1907, 6–7, Cohn 1990, 545 में उद्धृत)।[5] इसके अलावा, वहाँ आईसीएस के लिए एक वेबेरियन पहलू भी था। समाज के समृद्ध वर्गों से निकले, कुछ सर्वश्रेष्ठ विश्वविद्यालयों में प्रशिक्षित सिविल सेवकों को एक प्रतियोगी परीक्षा के आधार पर चुना गया। इसलिए आईसीएस के भीतर के लोगों को उनके अनन्य वर्ग, जाति और शैक्षिक पृष्ठभूमि को देखते हुए अलग कर दिया गया था। दूसरे शब्दों में, वे समाज के भीतर एक विशेष दर्जा रखते थे, जो वेबर के मतानुसार एक सच्चे नौकरशाही के लिए आवश्यक था। उनकी विशिष्ट विशेषताओं को देखते हुए, भारत में ब्रिटिश अधिकारियों ने एक अत्यंत असामान्य तरह के समाज का गठन किया था, जिसका उस समाज के साथ कोई मानवीय संबंध नहीं था, जिसमें वे कार्य कर रहे थे।[6] भारतीय प्रशासन सेवा ने प्रशासन की प्रणाली की एक निर्णायक स्थिति धारण की थी, जो औपनिवेशिक शासन के दौरान फलीभूत हुई। साम्राज्य बनाए रखने में इसके अत्यधिक महत्व को स्वीकारते हुए लॉयड जॉर्ज ने 1922 में हाउस ऑफ कॉमन्स में इस प्रकार घोषणा की कि 'वे पूरे ढांचे के स्टील फ्रेम हैं। मुझे परवाह नहीं है कि आप इससे किसका निर्माण कर रहे हैं –यदि इस स्टील के फ्रेम को बाहर निकाल लें, तो वह कपड़ा गिर जाएगा'।[7]

1919 के भारतीय सरकार के अधिनियम ने प्रांतों में भारतीय मंत्रियों को कुछ अधिकारों के हस्तांतरण द्वारा प्रशासनिक विकेन्द्रीकरण की शुरुआत की। द्विशासन ने सिविल सेवा के भारतीयकरण के लिए मांग को और उसे गति दी। 1921 में, अधिकारियों में से केवल लगभग 13 प्रतिशत भारतीय थे। इसने सुधार योजना की भावना को चुनौती दी। उच्चतर सेवाओं के भारतीयकरण के लिए मांग का विरोध करते हुए सेवारत यूरोपीय अधिकारियों ने ब्रिटिश प्रधानमंत्री, लॉयड जॉर्ज को एक ज्ञापन प्रस्तुत कर इस आन्दोलन पर पानी फेरने की मांग की। अपने जवाब में लॉयड जॉर्ज ने अपना 'स्टील फ्रेम' भाषण दिया। जैसा कि उन्होंने जोरदार तरीके से तर्क दिया, उन्हें ऐसी कोई अवधि दिखाई नहीं दे रही है जब 'वे (सेवा में कार्यरत) ब्रिटिश सिविल सेवकों के एक छोटे केन्द्रक के मार्गदर्शन और सहायता से सेवा कर सकते हैं'। उन्होंने आगे विस्तारित किया,

> मुझे परवाह नहीं है आप उस पर किसका निर्माण करते हैं। यदि आप स्टील फ्रेम को बाहर निकाल दें, तो वह कपड़ा गिर जाएगा। वहाँ एक संस्था है, जिसके साथ हम हस्तक्षेप नहीं करेंगे, वहाँ एक संस्था है, जिसे हम उसके कार्यों से या उसके विशेषाधिकारों से वंचित नहीं करेंगे, और यह वह संस्था है जिसने ब्रिटिश राज बनाया है—अर्थात भारत में ब्रिटिश सिविल सेवा।

अखिल भारतीय सेवाओं को कायम रखने का मुद्दा हमेशा विवादास्पद रहा था, क्योंकि राष्ट्रवादी नेता इन सेवाओं को कायम रखने को प्रांतीय 'कालभ्रमित' और स्वशासन के साथ 'असंगत' मानते थे। सुधार जांच समिति, 1924 के राष्ट्रवादी सदस्य और भारतीय केंद्रीय समिति, 1928–29 के सदस्य, जिनको भारतीय वैधानिक आयोग के साथ संबंध स्थापित करने के लिए गठित किया गया था, उन्होंने तीव्रता से केंद्रीय सेवाओं के उन्मूलन के लिए वाद किया और सिविल सेवाओं के 'प्रान्तीकरण' के महत्व को रेखांकित किया। भारतीय संवैधानिक सुधारों पर संयुक्त समिति ने हालांकि मुद्दे का समर्थन नहीं किया और अखिल भारतीय सेवा राज का अभिन्न अंग बनी रही। अखिल भारतीय सेवाओं को कायम रखने का सवाल फिर स्वतंत्र भारत में संविधान सभा में चर्चा का प्रमुखता विषय बन गया था।

हालांकि, वहाँ कुछ असहमति के स्वर थे, लेकिन जवाहर लाल नेहरू और वल्लभ भाई पटेल सहित राष्ट्रवादी नेता स्टील फ्रेम के साथ जारी रखने के लिए उत्सुक थे। स्टॉक का तर्क क्षमता, प्रगतिशील और व्यापक दृष्टिकोण के उच्चतम स्तर के आसपास बताया गया, प्रशासन में ताजगी और उत्साह और विभिन्न स्तरों (केंद्र, प्रांत और जिला) पर दक्षता को बनाए रखा जा सकता था, यदि अखिल भारतीय सेवा को बनाए रखा गया होता। जैसा कि पटेल (1949) ने इन सेवाओं की निरंतरता के बचाव में तर्क दिया है,

> एक अनुभवी व्यक्ति के रूप में, मैं आपसे कहता हूँ कि उन उपकरणों के साथ झगड़ा न करें, जिनके साथ आप काम करना चाहते हैं। वह एक बुरा कर्मकार होता है जो अपने उपकरणों के साथ झगड़ा करता है। उनके पास से काम ले लो। हरेक व्यक्ति किसी न किसी प्रकार का प्रोत्साहन चाहता है। कोई भी व्यक्ति तब काम करना नहीं चाहता जब उसकी हर रोज जनता के सामने आलोचना की जाती है और उपहास किया जाता है।

स्वतंत्र भारत में, भारतीय प्रशासनिक सेवा (आईएएस) ने आईसीएस की विरासत निभाई।[8] अपने शाही जड़ों के बावजूद, भारतीय राजनीतिक नेताओं ने एक विशेष शासन को समर्थन देनेवाले निर्धारित नियमों और विनियमों के अनुसार भारतीय प्रशासन के संचालन में शायद अपनी कुशल भूमिका की वजह से ही आईसीएस की संरचना को बनाए रखने का चयन किया।

हालांकि, संविधान सभा में चर्चा के दौरान आईसीएस के भाग्य के संबंध में सदन एकमत नहीं था। इसकी निरंतरता का विरोध करने वाला तर्क साम्राज्यवाद के एक सहयोगी के रूप में इसकी भूमिका पर आधारित था। 'स्टील फ्रेम के रूप में सिविल सेवा ... ने हमें गुलाम बनाया [और] वे हमारे स्वतंत्रता संग्राम के दौरान राष्ट्र पर छुरा घोपने के दोषी पाए गये। इसलिए हमको 'जैसा तर्क जाता है' उसे स्थायी नहीं बनाना चाहिए जिसकी हम अब तक आलोचना करते आ रहे हैं।'[9] वल्लभभाई पटेल शायद आईसीएस और उसके स्टील फ्रेम की रक्षा करने में सबसे मुखर थे। चूंकि वे 'देशभक्ति, वफादार, ईमानदार [और]सक्षम थे, इसलिए पटेल नौकरशाही के साथ छेड़छाड़ करने के पक्ष में नहीं थे, खासकर तब जब देश ब्रिटिश शासन के अंतिम दौर में अराजकता की चपेट में था।' जितनी जल्दी हो सका 1946 में उन्होंने उस समय की अखिल भारतीय सेवाओं (एआईएस) के भविष्य पर आम सहमति स्थापित करने के लिए प्रांतीय प्रीमियर सम्मेलन बुलाया। लोक प्रशासन के साथ उनके लंबे सहयोग को देखते हुए, एआईएस से संबंधित अधिकारी 'नये और जटिल कार्यों से निपटने के लिए सबसे अच्छी तरह से लैस रहे हैं'। न केवल 'वे उपयोगी उपकरण हैं, बल्कि वे प्रांतों और भारत सरकार के बीच एक संपर्क के रूप में कार्य करेंगे और केंद्र और प्रांतों के दोनों के प्रशासन में कुछ मात्रा में दृढ़ता और ताक़त लायेंगे' (माहेश्वरी 1984, 211)। बाद में संविधान सभा में बोलते हुए उन्होंने स्पष्ट रूप से कहा कि, 'आपके पास अखंड भारत नहीं होगा, अगर आपके पास एक अच्छी अखिल भारतीय सेवा नहीं है, जो अपने मन की बात कहने की आजादी देती है और सुरक्षा की भावना का आनंद लेने देती है।' उन्होंने यह कहकर अखिल भारतीय सेवा के अस्तित्व को संविधान की सफलता के लिए जिम्मेदार ठहराया कि, 'अगर आप इस पाठ्यक्रम को अपनाते नहीं है, तो इस संविधान का पालन न करें। ... यह संविधान सेवा के चक्र के द्वारा काम करने के लिए बना है, जो इस देश को बरकरार रखेगा। ' 'यदि आप उन्हें दूर करते हैं', पटेल ने इस प्रकार चिंता व्यक्त की, 'तो मुझे और कुछ नहीं दिखाई देता बल्कि देश भर में सिर्फ अराजकता की एक तस्वीर ही दिखाई देती है'[10] क्योंकि उनका मानना था,

> एक, कुशल अनुशासित और संतुष्ट सिविल सेवा ने मेहनती और ईमानदार काम के एक परिणाम के रूप में अपनी संभावना का आश्वासन दिया, जो एक सत्तावादी शासन से भी अधिक लोकतांत्रिक शासन के अधीन एक मजबूत प्रशासन की पहचान है। यह सिविल सेवा पार्टी से ऊपर होना चाहिए, और हमको यह राजनीतिक कारण या तो इसकी भर्ती में या उसके अनुशासन में सुनिश्चित करना चाहिए और नियंत्रण का यदि पूरी तरह सफाया नहीं भी किया जा सकता है तो उसे कम से कम करना चाहिए।

यहाँ तक कि जवाहरलाल नेहरू, जो भारत में शाही शासन को बनाए रखने में इसकी भूमिका के लिए आईसीएस के बहुत आलोचक थे,[11] वे भारत की सुरक्षा और स्थिरता के लिए इसकी निरंतरता के लिए समर्थित और राजी लग रहे थे'... जो पंजाब में मानववध और उसके बाद की परिस्थिति, हैदराबाद में विरोध का दमन और कश्मीर में इसे रखने सहित था'।[12] पटेल के विचारों का भारत के संविधान के अनुच्छेद 311 में अनुवाद किया गया है, जो कहता है कि किसी भी सिविल सेवक को उसके रैंक से खारिज या हटाया या पदावनत नहीं किया जाएगा, सिवाय उसकी जाँच के बाद, जिसमें उसे उसके आरोपों के बारे में सूचित कर दिया गया है और उन आरोपों के संबंध में सुनवाई का उचित अवसर दिया गया है।[13]

तो, एक साधन जिसने 'बल[14] के इतने से उपयोग से' भारत में से शाही शासन को समेकित कर दिया है, वह पूरी तरह से अलग राजनीतिक परिस्थितियों में जीवित है,[15] जो मुख्य रूप से इसके लिए निरंतर समर्थन के कारण है, पहले ब्रिटिश सरकार की

ओर से और उसके बाद कांग्रेस सरकार की ओर से। इसके अलावा, इसकी निरंतरता से प्रमुख वर्गों के लिए कोई भी खतरा नहीं था, जिन्होंने भारत में 1947 सत्ता के हस्तांतरण के बाद सर्वोच्च पर राज्य किया। सभी व्यावहारिक उद्देश्यों के लिए नई सिविल सेवा, जैसा कि पूर्व के एक नौकरशाह ने टिप्पणी की, कि 'एक अंतर के साथ पुराने की निरंतरता, कि इसे सरकार की एक संसदीय प्रणाली में कार्य करना था, राजनीतिक कार्यपालिका की असंदिग्ध प्रधानता को स्वीकारना है, जो बदले में विधायिका में अपने निर्वाचित प्रतिनिधियों के माध्यम से लोगों के प्रति जिम्मेदार थी (अलेक्जेंडर 1998)। इसकी संरचना के अलावा, जो कमाधिक रूप में उस स्टील फ्रेम का एक विस्तार था, यह निरंतरता एक गहरे स्तर पर थी। जहाँ औपनिवेशिक सिविल सेवकों का लोगों के प्रति एक पितृसत्तात्मक रवैया था, और उन्होंने काफी हद तक नकारात्मक विवेकाधीन शक्तियों द्वारा शासन किया था, 'उनके उत्तराधिकारियों ने लोगों के अपूर्ण रहे विशाल विकास की जरूरतों को ध्यान देते हुए, *माई-बाप* राज्य' पर निर्भरता के औपनिवेशिक सिंड्रोम को मजबूत कर संरक्षण और सब्सिडी के सकारात्मक विवेकाधीन शक्तियों को स्थानांतरित किया, (सुदर्शन 1999)।

इसकी कार्यात्मक उपयोगिता के अलावा, कि स्टील फ्रेम को कमाधिक रूप से *बरकरार* रखा गया था, वह इस तथ्य के कारण था कि जैसा कि एक आईएएस अधिकारी बीपीआर विट्ठल (1997) ने खुद तर्क दिया था, 'कांग्रेस के नेता, जिन्होंने पद लिया, ... वरिष्ठ सामाजिक सिविल सेवकों की पृष्ठभूमि साझा की, जो उन्हें औपनिवेशिक राज्य से विरासत में मिली थी। 'इस प्रकार, उदाहरण के लिए, नेहरू ने वरिष्ठ सिविल सेवकों के साथ काम करते हुए सहज महसूस किया। इसी तरह, राजगोपालाचारी ने कांग्रेस पार्टी में स्थित कुछ तत्वों के बजाय आईसीएस अधिकारियों के साथ सहज महसूस किया, जिनको उनके साथ उस समय रखा गया था जब वे मद्रास (1937–1939) के प्रधानमंत्री थे। स्वतंत्रता के बाद राजनीतिक प्रक्रियाओं ने राजनीतिक कार्यकारी वर्ग की संरचना में परिवर्तन को जन्म दिया जो सिविल सेवाओं की सामाजिक संरचना में परिवर्तन की तुलना में दूरगामी और तेज थे। जहाँ राजनीतिक अधिकारी स्थानीय भाषा में शिक्षित, और काफी हद तक ग्रामीण और अर्ध-शहरी क्षेत्रों से आये हुए थे, वही स्टील फ्रेम में स्थित लोग आम तौर पर शहरी और अंग्रेजी पढ़े-लिखे थे। राजनीतिक कार्यपालिका और सिविल सेवकों की वर्ग पृष्ठभूमि में बढ़ती असमानता शासन की वेस्टमिंस्टर संसदीय प्रणाली में प्रशासकों और नेताओं के बीच लगातार घर्षण के लिए कारण बनती रही, जब बादवाले पक्ष ने एक नए राष्ट्र के निर्माण में एक प्रमुख भूमिका ग्रहण की थी।

स्वतंत्रता के बाद, सरकार के कार्य भी गुंजाइश और सामग्री में विस्तारित हुए। सरकार के संसदीय स्वरूप की शुरुआत के साथ और गांव स्तर तक नीचे लोगों के संस्थानों की स्थापना के साथ, वहाँ उम्मीदों के स्तर में एक अपरिहार्य वृद्धि हुई जिसे राज्य कामकाज के अपने पारंपरिक क्षेत्र से परे जा कर पूरा करने की कोशिश कर रहा था। लोगों के संस्थानों को ग्राम स्तर पर स्व-शासी संस्था बनाने के उद्देश्य से स्थापित किए गए थे। यह उद्देश्य हमेशा ही दूर रहता है। इसी तरह, लोगों द्वारा स्वतंत्रता और पंचवर्षीय योजनाओं को आर्थिक और सामाजिक समानता और कल्याण और उत्पीड़न से मुक्ति का पर्याय माना जाता था। नियोजन युग के प्रारंभिक दिनों में, लोग कमी के बारे में ज्यादा शिकायते नहीं करते थे, उनका उन्होंने धैर्य के साथ सामना किया, क्योंकि उन्हें भविष्य में आशा नजर आती थी और उनके लिए अच्छे भविष्य का एक वादा था। समय बीतने के साथ वे असंतुष्ट महसूस करने लगे, क्योंकि एक समान भारत बनाने की उनकी आशा पूरी तरह से गलत साबित होती दिखाई दे रही थी। स्वशासन, विकेन्द्रीकरण और सामुदायिक विकास के लोकाचार को काफी वेग से और धूमधाम के साथ झंडी दिखाकर रवाना किया गया। उदाहरण के लिए, तीन स्तरीय पंचायती राज व्यवस्था और शहरी स्थानीय निकायों को विकास प्रक्रिया में तेजी लाने के लिए संस्थानों के सुव्यवस्थित नेटवर्क के रूप में की कल्पना की गई थी।[16] 73वां और 74वां संविधान संशोधन (1992), निम्नलिखित बातों का प्रावधान करके 'स्वशासन' की अवधारणा की प्रगति करने के लिए किए गये थे: (अ) नियमित रूप से चुनाव; (ब) एक प्रशासनिक फिएट के माध्यम से पंचायती राज निकायों का कम से कम दमन; और (ग) राज्य वित्त आयोग द्वारा वैधानिक वितरण के माध्यम से नियमित रूप से वित्त प्रबंध। कुलदीप माथुर का तर्क है, कि ये उद्देश्य 'राजनीतिक और प्रशासनिक विवेक के अंतर को कम करना और विकेन्द्रीकृत संस्थानों को लोगों की भागीदारी के आधार पर ताकत इकट्ठा करने की अनुमति देना है।[17] लेकिन, विभिन्न कारणों की वजह से राजनीतिक प्रक्रिया 'विपरित' हो गई और केंद्र और राज्य दोनों ही स्तर पर सरकार की अत्यधिक केंद्रीकृत और व्यक्तिगत प्रणाली विकसित हो गई। वहाँ संस्थानों का एक बड़े पैमाने पर कटाव हो गया, चाहे वे संसद हो या संसदीय संस्था हों, या दलीय व्यवस्था और दलों के संचालन में लोकतांत्रिक प्रक्रियाएँ हों, या न्यायपालिका हो, या वास्तव में प्रेस हो। संस्थाओं

के संकट और क्षरण को 'एक राजनीतिक प्रक्रिया के प्राकृतिक और अपेक्षित परिणाम, जिसने बुनियादी संस्थानों की भूमिका और अधिकार को कम आंका है' (कोठारी 1988, 287) के रूप में वर्णन करते हुए रजनी कोठारी ने एक विशिष्ट वास्तविकता के साथ हाथापाई करने की मांग की है, जिसमें लोक प्रशासन काफी हद तक लोकतांत्रिक प्रणाली की बुनियादी संस्थानों के साथ छूटता दिखाई देता है, जो भारत में आजादी के बाद फलाफूला है।[18]

निष्कर्ष कथन

भारतीय प्रशासन कई सदियों से आधुनिक प्रयोगों के साथ पिछले परंपराओं के एक रचनात्मक सम्मिश्रण को प्रदर्शित करता है। जैसा कि पहले दिखाया गया है, मुग़ल प्रशासन ने ब्रिटिश नीति निर्माताओं को प्रभावित किया था, जब वे कंपनी शासन की स्थापना के बाद तेजी से एक नए प्रशासनिक प्रणाली की स्थापना कर रहे थे, जो भारत को ब्रिटिश राज के तहत लाने के लिए 1858 के निर्णय के साथ परिष्कृत किया गया था। उपरी तौरपर हो सकता है कि कौटिल्य और बरनी या उस मामले में, फ़ज़ल का भारतीय प्रशासन पर सीधा प्रभाव न पड़ा हो, वे फिर भी भारतीय प्रशासनिक सोच में महत्वपूर्ण मील के पत्थर बने हुए हैं। इन विचारकों ने एक सार्थक विकल्प खोजने का प्रयास किया जो उनकी आलोचनाओं और मौजूदा सामाजिक-आर्थिक और राजनीतिक परिवेश के साथ एक मानवीय संलग्नता की मांग के साथ उत्पन्न हुआ। कौटिल्य के मामले में हम मौर्य शासन के अराजक परिस्थितियों के आलोक में एक मजबूत राज्य के लिए चिंता का विषय देख सकते हैं। समकालीन राजनीतिक प्रशासन पर बरनी की टिप्पणी मध्ययुगीन भारतीय राजनीतिक जीवन की जटिलताओं को ध्यान में रखकर की गई थी। यहां उन्होंने एक गैर धार्मिक तरीके से शासन कला की संकल्पना तैयार करने का प्रयास किया, जो तब तक आधुनिक अर्थों में पूरी तरह से धर्मनिरपेक्ष नहीं था, परंतु ऐसा कुछ था जिसमें धर्मनिरपेक्ष मूल्यों के लिए खोज करने के लिए संबंधित तत्व मौजूद थे। फ़ज़ल ने पारस्परिक लाभ के लिए हिंदुओं और मुसलमानों के एक साथ आने के महत्व को रेखांकित कर प्रशासन में संरचनात्मक परिवर्तन लाने का विचार किया। राजस्व प्रशासन में टोडर मल के योगदान प्रशासनिक सोच में निर्णायक मील का पत्थर बने हुए हैं। वहाँ बेशक राजनीति के बारे में पूर्व आधुनिक भारतीय सोच के अतिरिक्त स्रोत मौजूद हैं, लेकिन उनके अच्छी तरह से तैयार किए हुए वैचारिक खंड के आधार पर अच्छी तरह से तर्क किए हुए विमर्श के माध्यम से, कौटिल्य, बरनी, फ़ज़ल और टोडर मल ने महत्वपूर्ण प्रणालीबद्ध अंतर्दृष्टि प्रदान की हुई दिखाई देती है, विशेष रूप से राजनीतिक रूप से अस्थिर परिस्थितियों में राज्य और शासन के संबंध में। ये समकालीन भारतीय प्रशासनिक सोच में प्रमुख सैद्धांतिक विचारों में से कुछ को समझने के लिए सहायक होते हैं।

1909 और 1947 के बीच की अवधि, तीव्रता से हिंदुओं और मुसलमानों के गठन में उत्परिवर्तन को दर्शाती है, जब उपनिवेशवाद के तहत प्रमुख संवैधानिक प्रयोग किए गए थे, क्योंकि ये समुदाय राजनीतिक क्षेत्र में एक दूसरे का विरोध करते थे। इस अवधि के बारे में विशिष्ट बात यह थी कि राजनीतिक इकाइयों के रूप में इन समुदायों का विकास हमेशा 'अन्य' समुदाय के सदस्यों के साथ एक स्थायी विरोधात्मक रिश्ते में होता था। यह 1937 के प्रांतीय चुनावों में सांप्रदायिक मतदाताओं की शुरुआत के बाद और अधिक समेकित किया गया था। बहुमत के सिद्धांत की स्वीकृति के साथ, मुस्लिम उसके सरासर जनसांख्यिकीय ताकत की वजह से स्वचालित रूप से बंगाल और पंजाब में सबसे शक्तिशाली समुदाय बन गया। दूसरे शब्दों में, एक जनसांख्यिकीय श्रेणी के रूप में धार्मिक पहचान इन मुस्लिम बहुल प्रांतों में सरकारी शक्तियों के वितरण का निर्धारण करने में शायद सबसे महत्वपूर्ण कसौटी बन गई थी। 1935 की भारत अधिनियम की सरकार ने औपचारिक रूप से यह पहचानकर 'फूट डालो और राज करो' की रणनीति को दोहराया कि अलग होने के कारण मुसलमानों के साथ अलग तरीके से व्यवहार करने की जरूरत है, लेकिन उसने भारत में अल्पसंख्यकों को उपेक्षित किया। यह एक निर्णायक संवैधानिक हस्तक्षेप था, क्योंकि इसने न केवल लोकतंत्र में पवित्र बहुमत के सिद्धांत को स्थापित किया था, बल्कि इसने मुसलमानों को भारत के शासन में अपने अत्यधिक महत्व के प्रति सजग भी बना दिया था। अब यह तर्क करना संभव है कि 1935 के अधिनियम ने बंगाल में राजनीतिक गतिविधि के केंद्र को निश्चित रूप से प्रांत के पूर्व में में स्थानांतरित कर दिया। मुसलमानों के किसी भी निहित श्रेष्ठता के आधार पर नहीं, बल्कि जैसा कि एक समकालीन रिपोर्ट रेखांकित करती है, सिर्फ इसलिए कि एक

लोकतांत्रिक ढंग से निर्वाचित विधायिका में, 'संख्याओं का वजन बताता है और ईस्ट बंगाल के लाखों लोगों की संख्या —60 प्रतिशत के मुसलमान होने के कारण प्रांत के दक्षिण, पश्चिम और चरम उत्तर के अधिक शिक्षित हिंदुओं की तुलना में अधिक वजनदार थी।[19] ग्रामीण इलाकों के लिए सत्ता का प्रवास राजनीतिक सत्ता के सामाजिक आधार में एक प्रमुख पुनर्निर्माण के संदर्भ में हुआ था।

1935 का भारत सरकार का अधिनयम निश्चित रूप से एक शक्तिशाली संवैधानिक हस्तक्षेप था, जिसने औपनिवेशिक शासकों को गंभीरता से राष्ट्रवादी उत्साह को समायोजित करवाया, बेशक औपनिवेशिक प्रशासनिक प्रारूप के भीतर ही। यह एक संवैधानिक साधन के माध्यम से भारत में शासन की बढ़ती लोकतांत्रिक आकांक्षाओं को वैध बनाने के प्रयासों का उदाहरण भी है। दिलचस्प बात यह है कि अधिनियम 1935 का स्वतंत्र भारत के लिए 1950 के संविधान के निर्माण के दौरान भी मजबूत प्रभाव बना रहा। वर्तमान संविधान के कुछ 250 खंड थे, जो वास्तव में भारत सरकार अधिनियम से लिए गये थे। हालांकि स्वतंत्र भारत की राजनीतिक प्रणाली ने सार्वभौमिक वयस्क मताधिकार और राजनीतिक संप्रभुता से अपनी जीविका प्राप्त की, वहीं नियमों को निस्संदेह रूप से उनके औपनिवेशिक अतीत से प्राप्त किया गया था। सबसे महत्वपूर्ण प्रावधान अर्थात भारत का संविधान जिसे 1935 के अपने समकक्ष से प्राप्त किया गया था, 'आपातकालीन प्रावधान' हैं, जो राष्ट्रपति को लोकतांत्रिक ढंग से निर्वाचित सरकारों और नागरिकों के मौलिक अधिकारों को निलंबित करने के लिए सक्षम करते हैं।

इसमें कोई शक नहीं है कि भारत में उत्तर उपनिवेशवादी राज्य ने शासन की अपनी आदतों को औपनिवेशिक प्रथाओं से विरासत में पाया है। और, इसका *weltanschauung* (दुनिया का दृष्टिकोण) 'औपनिवेशिक शासन की मिश्रित विरासत' पर आधारित है, जिसने क़ानून, नौकरशाही, नागरिकता, परजीवी जमींदारों, आधुनिक राजनीतिक संस्थाओं और 'विरोध प्रदर्शन और भागीदारी की दो ट्रैक परंपरा' के नियमों को बरकरार रखा है (मित्रा 2004, 29–34)। भारत में उपनिवेशवाद के सापेक्ष स्थिरता के लिए जो जिम्मेदार था वह निश्चित रूप से बदलते सामाजिक-राजनीतिक परिस्थितियों से अनुकूलन करने की उसकी क्षमता थी, साथ ही औपनिवेशिक शासन के विषयों द्वारा क्रमिक लेकिन स्थिर वर्चस्व का आंतरिकीकरण था, जिसने एक विश्लेषक को उपनिवेशवाद को 'एक अंतरंग दुश्मन' के रूप में चिह्नित करने के लिए उकसाया (नंदी 1989), क्योंकि प्रभुत्व रखने वालों ने अपने स्वयं की भलाई के लिए हावी रहने के फायदों को देखा था। इस प्रकार उपनिवेशवाद को एक निरपेक्ष बुराई के रूप में नहीं देखा गया था, बल्कि भविष्य में एक स्वतंत्र राष्ट्र के रूप में भारत के विकास के लिए एक पूरक माना था। हो सकता है कि यह बयान राजनीतिक रूप से सही न हो। बहरहाल, यहाँ सुरक्षित रूप से यह तर्क दिया जा सकता है कि उपनिवेशवाद ने विभिन्न प्रक्रियाओं को महत्वपूर्ण प्रोत्साहन प्रदान किया है, जिसका अंत में परिणाम भारत में साम्राज्यवाद के खिलाफ गंभीर राजनीतिक लामबंदी के रूप में हुआ। चाहे राष्ट्रवाद हो या लोकतंत्रीकरण—दोनों की जड़ें उपनिवेशवाद के लंबे इतिहास में थी और इस अर्थ में उपनिवेशवाद 1947 में एक स्वतंत्र राष्ट्र के रूप में भारत के उदय के पीछे एक महत्वपूर्ण ताकत बना रहा।

पुनरीक्षण प्रश्न

1. कौटिल्य के दिनों के बाद से लोक प्रशासनके विकास को रेखांकित करें।
2. लोक प्रशासन के लिए ज़ियाउद्दीन बरनी के योगदान के बारे में अत्यंत विशिष्ट बात क्या है? प्रकाश डालें।
3. सल्तनत युग के दौरान लोक प्रशासन की प्रकृति का गंभीर मूल्यांकन करें।
4. 'लोक प्रशासन पूर्व ब्रिटिश काल में व्यक्ति केंद्रित था।' प्रकाश डालें।
5. संस्था पर निर्भर लोक प्रशासन का गंभीर मूल्यांकन करें, जो भारत के ब्रिटिश अधिग्रहण के बाद तुरंत उभरा था।
6. 1773 में विनियमन अधिनियम और 1833 चार्टर अधिनियम ब्रिटिश भारत में किस संबंध में लोक प्रशासन की संकल्पना तैयार करने में महत्वपूर्ण रहे थे? अपनी प्रतिक्रिया पर प्रकाश डालें।

7. '1858 की घोषणा भारत में विशिष्ट प्रशासनिक लक्षणों के लिए आधार तैयार करती है'। क्या आप सहमत हैं? आपकी प्रतिक्रिया प्रकाश डालें।
8. भारत सरकार ने 1935 के बाद स्वतंत्र भारत के प्रशासन के एक अग्रदूत के रूप में किस पद्धति से कार्य किया है? अपनी प्रतिक्रिया पर प्रकाश डालें।
9. भारत में स्टील फ्रेम क्या है? स्टील फ्रेम की निरंतरता को भारत की संविधान सभा में किस प्रकार से उचित ठहराया जा सकता है? अपनी प्रतिक्रिया पर प्रकाश डालें।
10. 'भारतीय लोक प्रशासन भावना में न तो स्वदेशी है और न ही अभिव्यक्ति में बहिर्जात है'। टिप्पणी दें।

टिप्पणियाँ

1. *अर्थशास्त्र* शासन कला, आर्थिक नीति और सैन्य रणनीति पर एक प्राचीन भारतीय ग्रंथ है, जिसके लेखक कौटिल्य (ई 350–283 ईसा पूर्व) हैं, एक तक्षशिला निवासी विद्वान, जो प्राचीन भारत के मौर्य साम्राज्य के प्रधानमंत्री (321 से 185 ईसा पूर्व) भी बने थे।
2. इसे उस चर्चा से लिया गया है जो बिद्युत चक्रवर्ती और राजेंद्र पांडे (2008) के अध्याय 10 में की गई थी।
3. ब्रिटिश शासन के दौरान भारत में सिविल सेवा के एक विस्तृत ब्यौरे के लिए, मेसन (1997) देखें।
4. जैसा कि रिपोर्ट में रेखांकित किया गया है, 'इसके बाद से कंपनी की सिविल सेवा के लिए नियुक्ति पक्षपात की बात नहीं रहेगी, बल्कि अधिकार की बात हो जाएगी। जो व्यक्ति इस तरह की नियुक्ति प्राप्त करेगा वह पूरी तरह से अपनी खुद की क्षमताओं और उद्योग के प्रति ऋणी होगा' (मैकॉले समिति की रिपोर्ट 1975, 125)।
5. ब्रिटिश प्रशासन में अपनी हिस्सेदारी को देखते हुए, यह स्वाभाविक ही है कि उन्होंने जो कुछ भी किया, वे बस साम्राज्य के हित में काम कर रहे थे, और इस प्रक्रिया में अपने उच्च पदों का संरक्षण कर रहे थे या उन्हें बढ़ा रहे थे। हालांकि, वहाँ बचाव करने के लिए एक स्कूल है कि शाही तर्क प्रशासन में कभी भी महत्वपूर्ण दिखाई नहीं दिया, क्योंकि 'आईसीएस आम हित प्राप्त करने के लिए प्रतिबद्ध उदार सामाजिक अभिभावक के जेरेमी बेन्थम का प्रोटोटाइप था'। जानकारी के लिए, स्टोक्स देखें (1959, 159)।
6. ब्रिटिश सिविल सेवकों की प्रकृति समझाते हुए, बर्नार्ड एस कोहन (1990, 500–53) ने पहले हेलीबरी स्कूल में और बाद में ऑक्सब्रिज कॉलेजों में नियुक्ति-पश्चात प्रशिक्षण को लाते हुए इस तर्क को आगे बढ़ाया, जिसने औपनिवेशिक शासन के दौरान भारत में तेजी से सामाजिक-संरचनात्मक परिवर्तन को शायद ही खाते में ले लिया।
7. लॉयड जॉर्ज ने मेसन (1997, xv) में उद्धृत किया था। डफरिन शायद भारतीय सिविल सेवा की भूमिका की प्रशंसा में और अधिक स्पष्ट हो गया था। उनके अनुसार, 'यहाँ दुनिया में ऐसी कोई सेवा मौजूद नहीं है। यदि भारतीय सिविल सेवा नहीं होती [जैसी वे हैं], तो देश की सरकार इतनी आसानी से कैसी चलती? हमारे पास भारत में 250 मिलियन अधिनस्थ हैं और पूरे प्रशासन 'के संचालन के लिए 1,000 से अधिक ब्रिटिश नागरिक हैं। डफरिन का बयान जगमोहन (1998) द्वारा उद्धृत किया गया था।
8. ब्रिटिश शासन के दौरान और उसके बाद दोनों में ही भारत में सिविल सेवा के विकास के एक संक्षिप्त खाते के लिए, बी. शिव राव देखें (1968, अध्याय 23, 708–23)।
9. *The Constituent Assembly Debate* (1999, 46) में शिब्बन लाल सक्सेना के बयान। जिन लोगों ने आईसीएस बनाए रखने के फैसले की आलोचना की थी उन के बीच एम अनंतसायनाम आयंगर प्रमुख थे, वे 'उन लोगों को गारंटी उपलब्ध कराने के तर्क को समझने में विफल रहे, जो दूसरों के हाथों में खेले थे [और] केवल पैसे और अपने को मिलने वाले वेतन की परवाह करते थे'। *संविधान सभा बहस* में अय्यंगर के बयान (1999, 42)।
10. संविधान सभा में वल्लभ भाई पटेल के भाषण। देखें *the Constituent Assembly Debate* (1999, 48–52). संविधान सभा में अपने सहयोगियों को मनाने की मांग करते हुए उन्होंने आगे तर्क दिया, 'अगर ये सेवा प्रदाता लोग आपको अपनी सेवाओं का पूरा और अधिक मूल्य दे रहे हैं तो उनकी सराहना करना सीखने का प्रयास करें। अतीत को भूल जाएं। हम इतने सालों तक अंग्रेजों से लड़े। मैं उनका कट्टर दुश्मन था और उन्होंने मेरे साथ ऐसा बर्ताव किया ...। गांधी जी ने हमें क्या सिखाया? आप गांधीवादी विचारधारा

और गांधीवादी दर्शन और प्रशासन के गांधीवादी मार्ग की बात कर रहे हैं। बहुत अच्छा। लेकिन आप जेल से बाहर आते हैं और फिर कहते हैं, "इन लोगों ने मुझे जेल में डाल दिया। मुझे बदला लेने दो"। यह गांधीवादी मार्ग नहीं है। यह उससे बहुत दूर जा रहा है (*The Constituent Assembly Debates* 1999, 48–52)।

11. 1934 तक नेहरू (1941, 445) ने भारतीय सिविल सेवा की विशेषता को 'न तो यह भारतीय और न ही नागरिक है और न ही सेवा के रूप में मानी जा सकती है [और] इस प्रकार यह जरूरी है कि आईसीएस और इसी तरह की सेवाएँ पूरी तरह से खत्म हो जाती हैं।
12. संविधान सभा में जवाहरलाल नेहरू के भाषण। देखें *The Constituent Assembly Debates* (1947, 793–95).
13. अनुच्छेद 311 की तैयारी और अंत में स्वीकृति के दौरान संविधान सभा में विस्तृत चर्चा के लिए, देखें Rao (1968, 713–23).
14. लगभग 200 वर्षों तक स्टील फ्रेम की निरंतरता को समझाते हुए, Mason (1997, 345–46) ने कहा, भारत में प्रशासन का 'अफ्रीकी प्रदेशों के उपर के प्रशासन से काफी फायदा यह था कि सरकार का यह ढांचा बिजली के टेलीग्राफ के आविष्कार से पहले और इंग्लैंड के करीबी नियंत्रण में स्थापित करना संभव था। अकबर की मशीनरी का और जो कुछ स्थानीय संस्थाओं से लिया जा सकता था उनका उपयोग किया गया था। इस संपूर्ण स्थापना को जिले के अधिकारियों की एक काडर के द्वारा नियंत्रित किया गया था, जो कड़ाई से चयन किए गये थे, लेकिन वास्तव में वे क्या करना सीख रहे थे उसके लिए लगभग पूरी तरह प्रशिक्षित किए हुए थे। चूँकि वे इतने कम थे कि वे अपने मातहतों से अपने खुद के काम करवाते थे। उनका आत्मविश्वास उनके पेशे की बानगी था, जिसे ऊपर से समर्थन प्राप्त था और उन्होंने अपने आप में एक आत्मविश्वास पाया था और उन्हें ऐसा विश्वास था कि उनकी आज्ञा का पालन किया जाएगा, जिसका अर्थ यह है कि उनकी बात मानी गई। कोई भी प्रशासन थोड़े से बलप्रयोग से इतने सारे लोगों पर राज नहीं कर सकता। सब कुछ भारतीयों के माध्यम से किया जाता था और उन भारतीयों द्वारा, जिन्हें सत्ता सौंपी गई थी।
15. पीसी अलेक्जेंडर (1998), खुद एक आईएएस, इस प्रकार का तर्क देते हैं, 'सभी व्यावहारिक उद्देश्यों के लिए नई सिविल सेवा इस अंतर के साथ पुरानी सेवा की निरंतरता थी कि इसे अब राजनीतिक कार्यपालिका की असंदिग्ध प्रधानता को स्वीकार करते हुए सरकार की एक संसदीय प्रणाली में कार्य करना था।
16. पश्चिम बंगाल, उत्तर प्रदेश और कर्नाटक में पंचायती प्रणाली के एक दिलचस्प, हालांकि थोड़े पुराने खाते के लिए अतुल कोहली (1987) को देख सकते हैं और दिल्ली के शहरी सरकार के अध्ययन के लिए, अजय के. मेहरा (1991) को देखें।
17. माथुर (1999, 22) के अनुसार, 'विकेन्द्रीकृत संरचनाओं को संविधान का हिस्सा बनाने के लिए 73वें और 74वें संशोधन की सफलता को अभी तक देखा जाना बाकी है—सिर्फ इसलिए नहीं कि उन्हें 1993 में स्थापित किया गया था, बल्कि इसलिए भी कि राज्यों द्वारा अपने विधियों के माध्यम से आवश्यकताओं को लागू करने के सबूत नहीं मिले थे।
18. वह प्रक्रिया, जो 'असंस्थापन (deinstitutionalization)' के रूप में जानी जाती है, निरपवाद रूप से एक गैर-नीति सरकार की तरफ ले जाती है, जो 'लूट और अपने पद के द्वारा संचालन' करती है, जो व्यक्तियों और समुदायों के विशेष स्थितियों का विचार करती है। उप-सहारा अफ्रीका में यह बहुत आम बात है, 'ऐसी सरकार दोनों अर्थों में "निजी सरकार" बन जाती है कि सरकारी कार्यालयों को निजी संपत्ति के रूप में माना जाता है और इस अर्थ में कि नीतियों के विपरित लूट को एक विचारशील और यहां तक कि गुप्त तरीके से संभालने में कामयाब होना चाहिए। उन्हें विज्ञापित नहीं किया जा सकता, न ही उनपर सार्वजनिक रूप से बहस की जा सकती है, देखें Hyden (1997)।
19. India Office Records, London, Tyson Papers, Eur E 341/41, John Tyson's note, 5 July 1947.

संदर्भ

Agarwal, Mamta. 'The Revenue System in the Sultanate and Mughal Period'. Retrieved from http://www.historydiscussion.net/history-of-india/the-revenue-system-in-the-sultanate-and-mughal-period-indian-history/676 (accessed on 24 April 2015).

Alexander, P. C. 1998. 'Civil Service: Continuity and Change'. In *Independent India: The First Fifty Years*, edited by Hiranmory Karlekar, 62. New Delhi: Oxford University Press.

Chakrabarty, Bidyut, and Pandey, Rajendra. 2008. *Indian Government and Politics*. New Delhi: SAGE.

Cohn, Bernard S. 1990. *An Anthropologist among the Historians and Other Essays*. New Delhi: Oxford University Press.

Hyden, Goran. 1997. 'Democratization and Administration'. In *Democracy's Victory and Crisis* (Nobel Symposium no. 93), edited by Axel Hadenius, 252. Cambridge: Cambridge University Press.

Jagmohan. 1998. 'Riveting the Steel Frame of the ICS'. *Hindustan Times*, 1 November.

Kohli, Atul. 1987. *The State and Poverty in India: The Politics of Reform*. Cambridge: Cambridge University Press.

Kothari, Rajni. 1988. *State against Democracy: In Search of Human Governance*. New Delhi: Ajanta.

Lok Sabha Secretariat. (1949, 10 October) 1999. *Constituent Assembly Debate*, vol. X. 3rd print, New Delhi: Lok Sabha Secretariat.

Maheshwari, S. R. 1984. *Indian Administration*. Reprint, New Delhi: Orient Longman.

Mason, Philip. 1997. *The Men who Ruled India*. Reprint, Kolkata: Rupa & Co.

Mathur, Kuldeep. 1999. 'Strengthening Bureaucracy: State and Development in India'. *Indian Social Science Review* 1 (1, January–June): 22.

Mehra, Ajoy K. 1991. *The Politics of Urban Development: A Study of Old Delhi*. New Delhi: SAGE.

Mitra, Subrata. 2004, November. 'Constitutional Design, Democratic Vote Counting and India's Fortuitous Multiculturalism'. Working Paper, South Asia Institute, Heidelberg University.

Nandy, Ashis. 1989. *The Intimate Enemy: Loss and Recovery of Self under Colonialism*. Reprint. New Delhi: Oxford University Press.

Nehru, Jawaharlal. 1941. *An Autobiography: With Musings in Recent Events in India*. Reprint. London: John Lane the Bodley Head.

Nehru, Jawaharlal. 1947. *The Constituent Assembly Debates*. vol. 1.

Pylee, M. V. 1965. *Constitutional Government in India*. London: Asia Publishing House.

Patel, V. 1949. Vallabhbhai Patel's Speech in the Constituent Assembly, The Constituent Assembly Debates, 10 October, Vol. X, p. 51.

Rao, B. Shiva (ed.). 1968. The Framing of India's Constitution (Select Documents). vol. V. New Delhi: IIPA.

Saran, Anand M., and Das, Bhairab L. 'Life of Raja Todarmal—His Bravery, His Taxation Policy, His Place of Birth and His Caste'. Retrieved from http://www.engr.mun.ca/~asharan/TODARMAL/TODARMALV6.pdf (accessed on 28 April 2015)

Stokes, Erik. 1959. *The English Utilitarians of India*. Oxford: Oxford University Press.

Sudarshan, R. 1999. 'Governance of Multicultural Polities: Limits of the Rule of Law'. In *Multiculturalism, Liberalism and Democracy*, edited by Rajeev Bhargava, Amiya Kumar Bagchi and R. Sudarshan, 111. New Delhi: Oxford University Press.

The Macaulay Committee Report (1854). 1975. *The Fulton Committee Report*, vol. 1. London: HMSO.

Trevelyan, George. 1907. *The Competition Wallah*. 2nd ed. London.

Vithal, B. P. R. 1997. 'Evolving Trends in the Bureaucracy'. In *State and Politics in India*, edited by Partha Chatterjee, 224. New Delhi: Oxford University Press.

भारतीय प्रशासन का दार्शनिक और संवैधानिक ढांचा*

2

अध्ययन उद्देश्य

1. संवैधानिक सिद्धांतों के संदर्भ में भारतीय प्रशासन के जटिल विकास को समझना।
2. उन प्रक्रियाओं को विस्तारित करना जो एक ऐतिहासिक दृष्टिकोण में भारतीय प्रशासन के विकास को समझने में महत्वपूर्ण हैं।
3. स्पष्ट सैद्धांतिक संदर्भ में भारतीय प्रशासन के विकास की संकल्पना करना।

संविधान वह नींव है जिस पर प्रशासन आधारित होता है। मूल्य स्थापना के एक साधन के रूप में, संविधान प्रशासन को एक विशेष दिशा में निर्देशित करता है। इस अर्थ में, यह प्रशासन के निर्णय के रूप में संवैधानिक डिजाइन परिलक्षित करता है। विचारधारा पर ही आधारित होने के नाते, संविधान सिर्फ नियमों और विनियमों का एक समूह नहीं है, बल्कि उसमें वे मूल्य वरीयताएँ भी शामिल हैं जो एक विशेष सामाजिक-आर्थिक और राजनीतिक परिवेश में निहित हैं। दूसरे शब्दों में, संविधान एक निश्चित उद्देश्य के साथ वैचारिक रूप से आवेशित एक दस्तावेज है, जिस उद्देश्य को पूरा करना है। यह संविधान और प्रशासन के बीच के अंतरफलक के किसी भी अध्ययन में सबसे मौलिक बात है। इस अंतरफलक का द्वंद्वात्मक रूप से अध्ययन किया जाना चाहिए, क्योंकि एक दूसरे के उपर अधिकार दर्शानेवाले आपसी संबंध की एक नियतात्मक समझ, स्वयं को हराने वाली होगी। यहाँ तक कि अंतरफलक पर एक सरसरी नज़र डालने से पता चलता है कि संविधान और प्रशासन द्वंद्वात्मक रूप से जुड़े रहते हैं, हालांकि इसकी प्रकृति सामाजिक-आर्थिक और राजनीतिक परिस्थितियों के अनुसार भिन्न-भिन्न होती है। यह इस सत्य की पुष्टि करती है कि संविधान और प्रशासन के बीच के द्वंद्वात्मक स्वरूप को समझे बिना, न तो संविधान और न ही प्रशासन राजनीतिक प्रशासन के लिए एक विशिष्ट पथ को गति में स्थापित करने के लिए शक्तिशाली वैचारिक उपकरणों के रूप में अपनेआपकी जीवन शक्ति को बरकरार नहीं रख सकते।

यहाँ पर अत्यंत सैद्धांतिक महत्व का एक और मुद्दा है: संविधान और प्रशासन के बीच की अंतर्क्रिया निरंतर होती है और यह एक बार की क्रिया नहीं है, जो आगे पुष्टि करती है कि ये दोनों मानवीय रूप से जुड़े हुए हैं। इसप्रकार हम आपसी संबंध के बारे में एक चित्र के रूप में सोच सकते हैं, जो एक वैचारिक लक्ष्य को पूरा करते हुए एक विशिष्ट वातावरण के भीतर संविधान और प्रशासन के बीच की अंतर्क्रिया को दर्शाता है। हमें इस तथ्य के बारे में भी पता होना चाहिए कि यह आपसी संबंध हमेशा घर्षण मुक्त नहीं होते, क्योंकि कोई भी प्रशासन जो परिवर्तन के साथ अपने कर्मियों में परिवर्तन करता है, तो हो सकता है कि वह निरंतर रूप से मौलिक संवैधानिक मूल्यों के सुर में न हो। इसी तरह, संविधान सामाजिक-आर्थिक और राजनीतिक वास्तविकता के साथ अपने मानवीय संबंधों की दृष्टि से स्थिर नहीं रह सकता है, जहां से इसे विकसित किया गया है। इसकी अनिश्चितता पैदा करने की संभावना होती है, जिसे आम तौर पर नाकाम किया जा सकता है, अगर वहाँ एक ऐसी विचारधारा है जो कि एक आम सामाजिक-राजनीतिक और आर्थिक लक्ष्य के लिए संविधान-प्रशासन बंध को जोड़ती है।

* यह अध्याय बी. चक्रवर्ती और आर. पांडे 2008 के *भारतीय सरकार और राजनीति* Indian Government and Politics. New Delhi: SAGE.

इस तरह की एक आपसी संबंध की संकल्पना तैयार करते हुए, हम इतिहास की भूमिका की चर्चा करते हुए बच नहीं सकते। भारत इस बात का एक अच्छा उदाहरण है, जहां न तो संविधान पूरी तरह से नया है और न ही प्रशासन नया है, लेकिन ये अतीत की एक निरंतरता है। संरचनात्मक रूप से और अपने स्वभाव के संदर्भ में भी, 1947 में उपनिवेशण के हटने के बाद भारतीय प्रशासन ने शायद ही अतीत के साथ विराम पाया था। इसी तरह, भारत के 1950 के संविधान में ब्रिटिश संवैधानिक के अधिकांश प्रावधानों और प्रथाओं को दोहराया गया था हालांकि, निश्चित रूप से 1947 में अंग्रेजों की वापसी के बाद बदले हुए वैचारिक परिस्थितियों के भीतर। इसलिए यह परिवर्तन स्पष्ट था, हालांकि, भारत की आजादी के प्रारंभिक वर्षों में, मामलों के प्रशासन में संविधान का वर्चस्व होना असामान्य नहीं था, जिसकी 'स्थिति की ज़रूरत' के रूप में पहचान की गई थी। हालांकि परिदृश्य बदल गया था, जैसे ही लोकतंत्र, समाजवाद और प्रजातंत्र के मूल्यों को शासन के पवित्र रूप में स्वीकार लिया गया था वैसे ही अन्य स्थिर राजनीतिक प्रणालियों के साथ भी वही बात हुई थी। इन मौलिक मूल्यों के समेकन के साथ भारत का 1950 का संविधान अधिकार का एक मात्र साधन ही नहीं बन गया था, बल्कि प्रशासकों के लिए एक मार्गप्रदर्शक भी बन गया, जो प्रणालीगत आवश्यकताओं को ध्यान में रखते हुए संवैधानिक निर्देशों की अनदेखी बर्दाश्त नहीं कर सकते थे। संविधान ने भी परिस्थितियों को बनाने में महत्वपूर्ण भूमिका निभाई है, जहाँ कुछ छुटमुट उदाहरणों को छोड़कर राजनीतिक मतभेदों को आम तौर पर वार्ता के सुस्थापित तंत्र के माध्यम से सौहार्दपूर्ण ढंग से हल किया गया है। बहरहाल, तथ्य यह है कि भारतीय संविधान ने ऐसी परिस्थितियों का निर्माण किया जिसमें वे मूल्य फलेफूले थे, जो उस बात का समर्थन करते हैं जिन्हें संस्थापक पूर्वजों ने स्वतंत्रता संग्राम का नेतृत्व करते समय पालापोसा था। अतः, प्रशासन संविधान अंतरफलक और कुछ भी नहीं है बल्कि एक पूरक नेटवर्क है जिसमें शासन संरचित किया जाता है और संचालित किया जाता है। यह धारणात्मक रूप से सबसे मौलिक है क्योंकि (क) यह हमें संविधान और प्रशासन के बीच के जटिल अंतरसंबंध को समझने में सक्षम बनाता है और (ख) यह ऐसे वातावरण में जीवित रहने में एक विचारधारा के महत्व को भी दर्शाता है जिसमें संविधान और प्रशासन एक दूसरे के पूरक बने रहते हैं।

भारत में लोकाचार और लोकतांत्रिक जीवन के कार्यात्मक जीवंतता की गहरी जड़ों को यकीनन संविधान के पूर्वजों के लंबे समय से चले आ रहे प्रयास के सफल होने के रूप में लिया जा सकता है, जिन्होंने कानून के नियमों, समाज के धर्मनिरपेक्ष चरित्र, राजनीति की लोकतांत्रिक प्रकृति और आमतौर पर राज्य की अन्य अनिवार्यताओं से उपर लोगों के मौलिक अधिकारों की प्रधानता के आधार पर न केवल भारत के एक आधुनिक राष्ट्र होने की कल्पना की थी, बल्कि देश कोवांछित दिशा में ले जाने की सुविधा के लिए संविधान में व्यापक और ज्यादातर सटीक प्रावधानों को बनाया भी था। प्रशासन को आकार देने में संविधान के अत्यधिक महत्व को देखते हुए, इस प्रकार यह स्पष्ट है कि प्रशासन की कोई भी चर्चा मूल्य वरीयताओं की एक संपूर्ण समझ के बिना पूरी नहीं होगी, जिसे संविधान आगे बढ़ाना चाहता है। यह अध्याय महत्वपूर्ण मुद्दों के पूरे स्पेक्ट्रम को शामिल कर भारतीय संविधान की मुख्य विशेषताओं को चित्रित करने का प्रयास करता है, जो प्रस्तावना, मौलिक अधिकारों और कर्तव्यों और राज्य के नीति निर्देशक सिद्धांतों पर प्रावधान में व्यक्त किए अनुसार संविधान की भावना से लेकर संघवाद, संसदीय प्रणाली और संविधान के संशोधन प्रक्रियाओं की तरह राजनीतिक व्यवस्था के व्यापक कार्यात्मक क्षेत्र तक प्रसारित है।

संविधान के संस्थापक सिद्धांत

कई कारणों से स्वतंत्र भारत के लिए सभी के लिए स्वीकार्य संविधान का गठन करना एक अत्यंत कठिन कार्य था, जिसे संविधान सभा ने कुशलतापूर्वक संभाला और दुनिया के सबसे लंबे लोकतांत्रिक संविधान का उत्पादन किया। पहले देश का विभाजन और उसके बाद पंजाब और बंगाल की तबाही ने नेताओं के बीच घबराहट और भय का वातावरण तैयार किया जो लोगों में देश के शासन के प्रति विश्वास स्थापित करने के लिए तुरंत साधन और तरीके ईजाद करने में लग गये। इसके अलावा, भारतीय संघ में 500 से अधिक रियासतों के एकीकरण को सुनिश्चित करने की महती जिम्मेदारी इस अनिश्चितता के मद्देनजर पूरी तरह से उपेक्षापूर्ण तो नहीं पर काफी चुनौतीपूर्ण दिखाई दे रही थी, जैसा कि जूनागढ़, हैदराबाद और जम्मू-कश्मीर जैसे रियासतों के शासकों ने रवैया अपनाया था।

दूसरा, पाकिस्तान के बनने का यह मतलब नहीं था कि भारत का रूपांतरण अब एक समरूप देश में हो गया, क्योंकि देश की कुल मुस्लिम आबादी का 10 फीसदी से अधिक भारत में पीछे रह गया और जिनकी धार्मिक और सांस्कृतिक पहचान को संरक्षित करने की जरूरत थी। उसी समय में, भारत स्वयं ही कई समुदायों का घर था, जिसमें अलग-अलग भाषाओं में बात करने वाले, विभिन्न धर्मों का पालन करने वाले, अलग अलग प्रथाओं को मानने वाले, विभिन्न परंपराओं का पालन करनेवाले और विभिन्न संस्कृतियों पर बल देने वाले लोग शामिल थे। लोगों की ऐसी विविध संस्कृती के आधार पर देश की एकता और अखंडता के साथ कोई समझौता किए बिना, उसकी विशिष्ट धार्मिक-सांस्कृतिक पहचान की रक्षा करने के लिए पर्याप्त संवैधानिक प्रावधान उपलब्ध कराना वास्तव में एक अद्भुत काम था।

तीसरा, राष्ट्रीय आंदोलन के स्वर और अवधि ने सामान्य तौर पर आम लोगों और अनुसूचित जाति, अनुसूचित जनजाति और विशेष रूप से अन्य पिछड़े लोगों की तरह समाज के अब तक उपेक्षित वर्गों के बीच उम्मीदों के उच्च स्तर को जगाया था, ताकि स्वतंत्र भारत के संविधान के उद्घाटन के साथ एक नई सुबह का अनुभव किया जा सके।

अंत में, बहुसंख्य राष्ट्रीय नेताओं के बीच में, विशेष रूप से नेहरू में उदार लोकतांत्रिक परंपराओं की भावना इतनी मजबूत थी कि स्वतंत्र भारत को एक पूर्ण विकसित लोकतंत्र में प्रवेश करने के लिए बाध्य किया गया था, जो एक तरफ सार्वभौमिक वयस्क मताधिकार के आधार पर लोकतंत्र के व्यापक पैमाने का अनुभव करने के लिए अपनी तैयारियों और दूसरी तरफ पर चुनावी राजनीति की गतिशीलता से नवजात राष्ट्र की एकता और अखंडता के लिए गुप्त खतरों के बावजूद किया गया। स्वतंत्र भारत बनाने में संविधान की इन पहेलियों ने एक साथ संयुक्त रूप से संविधान निर्माताओं के लिए अपनी पूरी संवैधानिक कुशाग्र बुद्धि और नवीनता को दिखाने के लिए चुनौतियों के साथ-साथ सुनहरे अवसर दोनों के रूप में काम किया।

स्वतंत्र भारत के संविधान पर स्पष्ट दिखाई देती परस्पर प्रतिस्पर्धा और कभी कभी विरोधाभासी दावों के स्कोर का ख्याल रखने की जटिल जिम्मेदारियों के साथ सामना करते हुए, संविधान निर्माताओं को एक लंबी और सर्व-समाहित दस्तावेज का मसौदा तैयार करने की लचीली नीति अपनानी पड़ी, जिसमें न केवल यूनियन और राज्य स्तर पर सरकार के विभिन्न अंगों की शक्तियों और कार्यों को परिभाषित करने के प्रावधानों जैसे संविधान के शास्त्रीय सिद्धांत और लोगों आदि के लिए मौलिक अधिकार निहित थे, बल्कि संविधान को देश में सामाजिक-आर्थिक परिवर्तन का साधन बनाने के लिए राज्य के नीति निर्देशक सिद्धांतों की तरह कई अपरंपरागत प्रावधान भी निहित थे।

इसलिए संविधान निर्माताओं को भवन को खड़ा करने हेतू इमारत ब्लॉकों का प्रावधान करने के लिए सर्व उपलब्ध संविधानों और अन्य विधायी दस्तावेजों को रेखांकित करना पड़ा, जिसे भारत का संविधान कहा गया। सटीक होने के लिए, वे औपनिवेशिक निर्माण पर भारी रूप से निर्भर रहें, अर्थात भारत सरकार का अधिनियम 1935, ताकि भारत के संविधान का मूलभूत आधार पाया जा सके, इस तथ्य का एक विडंबनात्मक प्रतीक यह है कि वे उस शासन व्यवस्था से बहुत दूर नहीं जा सके, जिसे अंग्रेजों द्वारा भारत के लिए तैयार किया गया था।

इस प्रकार, 1935 के अधिनियम से लिये गये सार को रखकर, संविधान निर्माताओं ने न केवल मौलिक अधिकारों के प्रावधान के माध्यम से देश में सरकार की लोकतांत्रिक प्रणाली के परिचालन की गतिशीलता के लिए अमेरिकी और आयरिश संविधानों की तरह अन्य संविधानों की तरफ देखा, बल्कि राज्य के नीति निर्देशक सिद्धांतों के मार्गदर्शक बल के माध्यम से तेजी से सामाजिक-आर्थिक बदलाव की राह पर अग्रसर होते हुए नए भारत के सपने की तरफ भी देखा। हालांकि, भारत के संविधान की भौतिक संरचना, जैसा कि ऊपर उल्लेख किए गये स्रोतों से तैयार की गई थी, खोखली और बांझ बनी रही होती, यदि इसे जीवित रहने की सांसे **उद्देश्य प्रस्ताव'** द्वारा प्रदान नहीं की गई होती, जिसे स्वयं नेहरू द्वारा तैयार किया गया था और 22 जनवरी 1947 को संविधान सभा द्वारा अनुमोदित किया गया था। संविधान के प्रस्तावना के माध्यम से अपनी अभिव्यक्ति को ढूँढते हुए, जिसने अपने सभी नागरिकों; को सुरक्षित करने के लिए संविधान के पवित्र लक्ष्यों को घोषित किया था; न्याय, सामाजिक, आर्थिक और राजनीतिक; विचारों, अभिव्यक्ति, विश्वास, श्रद्धा और पूजा की स्वतंत्रता; स्थिति और अवसर की समानता और उनके बीच बंधुत्व को बढ़ावा देना, व्यक्ति की गरिमा आश्वस्त करना; इस प्रस्ताव ने जीवित रहने के कारणों (raison d'être) को श्वेत श्याम में रखा, जिसके लिए भारत के संविधान को अस्तित्व में आना चाहिए था।

देश की व्यापक संरचना के साथ और भविष्य की नीति का सार स्पष्ट होने के कारण, संविधान सभा नये राज्य की प्रकृति से संबंधित सात बुनियादी निर्णय पर पहुंची, अर्थात्, लिखित संविधान, राजनीति की संघीय संरचना, राज्य का गणराज्य स्वरूप, संसदीय लोकतंत्र, राष्ट्र के राष्ट्रमंडल की सदस्यता, राज्य का धर्मनिरपेक्ष स्वरूप और राज्य का कल्याण स्वरूप (कपूर और मिश्रा ने 2001, 62)। ये निर्णय वास्तव में राष्ट्रीय आंदोलन के नेतृत्व के मधुर सपने थे, जिनकी पूर्ति नए संविधान की व्यवस्था के माध्यम से प्राप्त किए जाने की मांग से की गई थी। इसलिए भारत के संविधान के विभिन्न प्रावधान एक तरह से देश में एक संवैधानिक व्यवस्था के ढांचे के निर्माण की सुविधा के लिए ईंटों और मोर्टार से ज्यादा कुछ दिखाई नहीं देते हैं।

भारतीय संविधान के निहित दार्शनिक जड़ों का विश्लेषण करते हुए, ऑस्टिन एक 'सहज जाल' को विभक्त करते है, जो तीन तागों से मिलकर बना है, अर्थात्, राष्ट्रीय एकता और अखंडता की रक्षा करना और उसमें वृद्धि करना; संस्थानों और लोकतंत्र की भावना को स्थापित करना और भारतीय जनता के जीवन को बेहतर बनाने के लिए सामाजिक क्रांति को बढ़ावा देना (ऑस्टिन 1999, 6)। समय और स्थान में सभी तागों को बराबर महत्व और मूल्य देते हुए ऑस्टिन ने इन तागों की आपसी निर्भरता और आपस में अत्यधिक गहरे जुड़ाव पर बल दिया और चेतावनी दी कि उनमें से किसी एक पर भी अनुचित दबाव और ढिलाई होने से वह जाल बिगड़ जाएगा और उसके विनाश का खतरा होगा, इसके साथ ही देश का विनाश होगा (ऑस्टिन 1999, 6)। हालांकि, जैसा कि ऑस्टिन द्वारा बल दिया गया है, कि इन तीन तागों की आपसी निर्भरता और जबरदस्त गुथाव होने के बावजूद यह तर्क दिया जा सकता है इन तीनों तागों के बीच प्राथमिकता की एक निश्चित डिग्री मौजूद थी और ऐसा प्रतीत होता है कि भारतीय संविधान तैयार करते समय निर्माता "सबसे पहली बात सबसे पहले" पर काफी स्पष्ट थे। बहुत श्रमसाध्य दृढ़ता के साथ तैयार किया गया और राष्ट्रीय नेताओं के दीर्घकालिक सपने से ओत-प्रोत, भारत के संविधान ने एक तरफ न केवल राष्ट्र की एकता और अखंडता बनाए रखने के प्रयास में आने वाली चुनौतियों का सामना किया, जो सांप्रदायिक हिंसा की धमकी से भरी हुई थी, बल्कि उस युग की भविष्यसूचक दृष्टी भी दी जिसे गांधीजी ने 'रामराज्य' कहा था। इसे दूसरे शब्दों में कहें, आजादी के समय और शायद बाद में भी निर्माताओं की पहली और सबसे बड़ी प्राथमिकता देश की एकता और अखंडता की रखवाली करनी दिखाई दी, जिसके लिए वे भी राजनीति व्यर्थता के संघीय व्यवस्था के प्रतिपादन के जोखिम पर भी केंद्र सरकार को निरंकुश शक्तियां देने को तैयार थे। यह विरोधाभासी प्रतीत होता है कि हालांकि वहाँ देश की एकता और अखंडता के संदर्भ में संविधान में थोड़े ही उल्लेख किए गए थे, वहीं केंद्र सरकार को अखिल भारतीय सेवाओं, जैसे भारतीय प्रशासनिक सेवा (पहले की भारतीय सिविल सेवा) और भारतीय पुलिस सेवा (पहले की भारतीय पुलिस), की तरह औपनिवेशिक निर्माणों को कायम रखने के अलावा व्यापक शक्तियाँ और अलिखित विवेक प्रदान किए गये थे। इसलिए यह तर्क करना गलत नहीं होगा कि देश की एकता और अखंडता के संरक्षण का ही सतत विचार किया जा रहा था, जो संविधान के पहले से लेकर अंतिम शब्द तक सर्वव्यापी था।

एक राष्ट्र के रूप में भारत की अक्षयता का भरोसा दिलाते हुए, निर्माताओं ने सार्वभौमिक वयस्क मताधिकार की पवित्रता के आधार पर संसदीय प्रणाली के व्यापक स्पेक्ट्रम के भीतर देश में लोकाचार और लोकतांत्रिक शासन की भावना को बढ़ावा देने का निर्धारित किया। एक स्वतंत्र संवैधानिक संस्था द्वारा आयोजित किए जाने वाले आवधिक चुनावों पर विशेष रूप से तो नहीं परंतु अत्यधिक निर्भर रहते हुए, लोकतंत्र के संबंध में निर्माताओं का 'तुरूप का इक्का, पश्चिमी सांचे का शास्त्रीय अधिकार नकारात्मक निकला, जो आम लोगों के लिए बुनियादी न्यूनतम संवैधानिक गारंटी सुनिश्चित करता था, जिसके माध्यम से वे एक स्वतंत्र देश के नागरिक होना महसूस कर सकते थे और न केवल अपने शासकों को चुनने की स्वतंत्रता का आनंद उठा सकते थे, बल्कि भारतीय समाज के पारंपरिक चरित्र और लोगों के बड़े पैमाने पर सामाजिक-आर्थिक पिछड़ेपन के बावजूद वे अपनी मर्जी का जीवन जी सकते थे। इस प्रकार, एकता और अखंडता के निरपेक्ष मूल्य के विपरित, लोकतंत्र निर्माताओं के लिए एक पूर्ण मूल्य नहीं बना था, जो फिर भी यह कामना करते थे कि वह भारतीय राजनीति की आधारशिला बने और समय के क्रम में विकसित हो।

जैसा कि ग्रानविले ऑस्टिन (1999, 26–27) ने संदर्भित किया था, सामाजिक क्रांति का महत्व, संविधान में एकता, अखंडता और लोकतंत्र के मूल्यों का पूरी तरह से एकत्रिकरण करने के बाद निर्माताओं द्वारा किए जाने वाले चिंतन के केवल अंतिम चरण में प्रकट होता है। हालांकि, लोकतंत्र को सार्थक और टिकाऊ बनाने के लक्ष्य में देश में एक सूक्ष्म सामाजिक क्रांति की अपरिहार्यता और निश्चितता से पूरी तरह अवगत निर्माता अन्य दो मूल्यों की प्रधानता और निर्णायक स्थिति के प्रति आश्वस्त लग रहे थे, जो

वह बुनियाद बनने के लिए बाध्य किए जा रहे थे, जिस पर सामाजिक क्रांति की अधिरचना खड़ी की जा सके। संक्षेप में, निस्संदेह, भारतीय संविधान एक सहज जाल प्रतीत होता है जो देश, संस्थाओं की एकता और अखंडता और लोकतंत्र की भावना और सामाजिक क्रांतिकारी जोश के तीन तागों द्वारा विशेषित है। फिर भी वहाँ इस जाल का आकार वृत्ताकार होना प्रतीत नहीं होता है, जहां विशेष मूल्य के अनुक्रम और स्थिति को पता लगाना संभव नहीं है। दरअसल, यहाँ यह तर्क दिया जा सकता है कि इस जाल की आकृति शायद पिरामिड जैसी होती, जिसमें तीन मूल्यों को आरोही क्रम में व्यवस्थित किया जा सकता, जिसमें राष्ट्र की एकता और अखंडता के मूल्य ने आधार स्थिति ग्रहण की होती, अगली स्थिति लोकतंत्र के मूल्य के लिए होती और अंत में सामाजिक क्रांति के मूल्य होते, जो उनके वितरण की क्षमता के क्रम के अनुसार ऊपर से नीचे तक होते।

जैसा कि स्पष्ट है, भारत का 1950 का संविधान भारत से अंग्रेजों की वापसी के बाद न केवल एक अनिश्चित सामाजिक-राजनीतिक परिस्थितियों का उत्पाद था, बल्कि एक लोकतांत्रिक भारत के लिए संस्थापक पूर्वजों की वैचारिक प्रतिबद्धता भी था। यह 22 भागों में व्यक्त किया गया था, जिनमें संविधान को विभाजित किया गया था। तीन साल की अवधि (1946–49) के दौरान, संविधान के निर्माताओं ने इसे शामिल करने से पहले इसके प्रत्येक और हर प्रावधान पर विचार-विमर्श किया था। इस तथ्य को देखते हुए कि अधिकांश प्रावधान या तो 1935 के भारत सरकार के अधिनियम से या अलग अलग देशों के अन्य संविधानों की ओर से उठाए गए थे, वहाँ यह आरोप पूरी तरह से निराधार नहीं है कि 1950 का संविधान एक उधार लिया हुआ सिद्धांत था। बहरहाल, भारत के संविधान के रूप में जो उभर कर आया वह एक निर्णायक दस्तावेज था, जो यह दर्शाता था कि संस्थापक पूर्वजों ने उन चुनौतियों का कैसे सामना किया था और उन्हें सार्थक रूप से संबोधित करने का प्रयास किया था, जो उनके सामने खड़ी थी। अतः संविधान महज प्रावधानों का एक संकलन नहीं था, अपितु लोकतंत्र, समाजवाद और धर्मनिरपेक्षता के ऊँचे लक्ष्य को पूरा करने के लिए एक आग्रह भी था, जैसा कि यह तब दिखाई देता है जब हम भारत के संविधान की प्रस्तावना सहित संविधान की प्रमुख विशेषताओं के माध्यम से गुजरते हैं।

प्रस्तावना

प्रस्तावना को अक्सर भारतीय संविधान की आत्मा के रूप में जाना जाता है, जो इसके शब्दों और भावनाओं की कुंजी को वहन करता है। स्वतंत्र भारत में राजनीति के मूल चिंताओं का वर्णन करते हुए, प्रस्तावना एक पवित्र संकल्प व्यक्त करना चाहती है, जो देश में भावी पीढ़ी के लिए मार्गदर्शक प्रकाश बन गया है। हालांकि, संविधान निर्माता प्रस्तावना में भारतीय राजनीति के आधार बनने वाले सभी महत्वपूर्ण मूल्यों को दृढ़ता से एकत्रित करने के लिए पर्याप्त रूप से मेधावी थे, फिर भी श्रीमती इंदिरा गांधी की अध्यक्षता वाली सरकार ने जाहिर राजनीतिक कारणों के लिए, 18 दिसंबर 1976 को 42वें संशोधन के माध्यम से संविधान की मूल प्रस्तावना में मूल शब्द संप्रभुता, लोकतांत्रिक और गणराज्य के साथ 'समाजवादी' और 'धर्मनिरपेक्ष' और साथ ही साथ राष्ट्र की मूल एकता के साथ "एकात्मता" ये शब्द डालकर एक अनावश्यक संशोधन किया।

बेशक, इन शब्दों की प्रविष्टि, जिन प्रयोजनों को वे पूर्ण करने वाले थे उसकी निरर्थकता के कारण अनावश्यक और अनुचित प्रतीत होती है। निस्संदेह, राष्ट्रीय आंदोलन के दौरान नेतृत्व का एक प्रमुख गुट, जवाहर लाल नेहरू के नेतृत्व में समाजवाद की विशेषताओं से अत्यधिक प्रभावित था और पूरी संभावना थी कि उसने भारत को विकास के समाजवादी मार्ग पर मोड़ दिया होता। अगर इस मुद्दे पर कोई भी संदेह थे, तो इस मामले पर अंत में भारत को 'समाज के समाजवादी पैटर्न' का पालन करने के लिए स्वीकृत कराते हुए 1954 में कांग्रेस के 'अवादी सत्र' में सुलह कर ली गई थी। इन सबसे ऊपर, निरंतर पंचवर्षीय योजनाओं के माध्यम से नियोजित आर्थिक विकास की केंद्रीकृत नीति बनाई गई, जो नेहरू की सरकार के साथ ही श्रीमती इंदिरा गांधी के वित्तीय संस्थानों के निरंकुश राष्ट्रीयकरण द्वारा शुरू की गई, जिसने संदेह का जरा भी कारण नहीं छोड़ा कि भारत पूरी तरह से आर्थिक विकास के समाजवादी मार्ग पर था।

इसी तरह, शायद धर्मनिरपेक्षता का विचार भी लोकतंत्र के विचार की तरह भारतीय नेतृत्व की मानसिकता के साथ ही आम जनता में गहराई से निहित था। गौरतलब है कि जैसे भारतीय जनता स्वतंत्रता पाने के लिए अपने औपनिवेशिक शासकों से लड़ी थी, वैसे ही वे कुछ निश्चित मूल्यों के साथ अच्छी तरह से वाकिफ भी हो गई, जो हालांकि पश्चिमी दिखाई देते थे, लेकिन भारतीयों की मूल्य प्रणाली के साथ पर्याय बन गये थे —दो ऐसे मूल्य हैं लोकतंत्र और धर्मनिरपेक्षता। इसी समय, मुस्लिम लीग के द्वि-राष्ट्र सिद्धांत के लिए जोरदार विरोध करते हुए और अपने पड़ोस में पाकिस्तान जैसे एक धार्मिक राज्य के गठन से सावधान होते हुए, संविधान निर्माताओं को धर्मनिरपेक्षता का भारतीय सामाजिक-राजनीतिक जीवन की एक अविनाशी विशेषता होने का इतना यकीन था कि उन्हें संविधान की प्रस्तावना में कोई औपचारिक भावना समावेशित करना बेतुका लगा।

प्रस्तावना में 'अखंडता' शब्द की प्रविष्टि के संबंध में यह स्पष्ट प्रतीत होता है कि मूल वाक्यांश-'राष्ट्र की एकात्मता (unity nation)'- को सभी समावेशी के रूप में लिया गया है, जिसके दायरे में 'अखंडता' इस संज्ञा को भी शामिल किया गया है। वैकल्पिक रूप से, देश के विभाजन की भयानक वास्तविकता के दौर से गुजरने के बाद, निर्माता पर्याप्त रूप से आश्वस्त दिखाई देते थे कि भारत का जो कुछ भी भाग बाकी है, वह आने वाले समय में देश का एक अभिन्न हिस्सा बना रहेगा, बशर्ते की वह संगठित बना रहे। फिर भी, केन्द्रापसारक प्रवृत्तियों को देखते हुए, जो आजादी के कुछ साल बाद देश में उभर कर सामने आई थी, यदि यह धृष्टता नहीं तो अवांछनीय प्रतीत नहीं होता कि संविधान की प्रस्तावना में अखंडता शब्द डाला जाए। महत्वपूर्ण बात यह है, इस विवाद का इकलौता कारण यह प्रतीत हुआ कि इन सम्मिलन के पीछे का मकसद आदर्शवादी या संवैधानिक होने की बजाय राजनीतिक अधिक था।

जैसा कि 1976 में संशोधन किया गया था, यह प्रस्तावना स्पष्ट रूप से भारतीय राजनीतिक जीवन की व्यापक रूपरेखा की एक मिसाल है और कई उपयोगी प्रयोजनों को पूरा करती है, इसमें इस्तेमाल की गई अभिव्यक्तियाँ राजनीति के कुछ बुनियादी पहलुओं को संप्रेषित करती हैं, जहाँ से देश के राजनीतिक जीवन के विभिन्न हितधारकों के लिए कोई बचाव नहीं है। सबसे पहले, हालांकि 'हम भारत के लोग' इस वाक्यांश का उपयोग, प्रथागत प्रतीत हो सकता है, लेकिन इसका निहितार्थ भारत की तरह के एक नवजात और कमजोर राष्ट्र के लिए काफी दूरगामी हैं, जो समाज के विभिन्न भागों की प्रतिस्पर्धी आशाओं और आकांक्षाओं के साथ लोकतांत्रिक शासन के अज्ञात पथ पर अग्रसर हो रहा था। इस प्रकार, लोगों की संप्रभुता स्थापित करके प्रस्तावना ने देश में स्थित शासन की अन्य सभी इकाइयों को एक द्वितीयक स्थिति तक कम कर दिया, और उनके पास से अन्य इकाइयों के साथ-साथ सरकार के अंगों की शक्तियों का अधिग्रहण करने की किसी भी संभावना को छीन लिया। साथ ही यह इस बात का भी संकेत देता है कि भारत में जो शक्तियाँ सरकार को दी जाती हैं, उनका स्रोत राज्य या समाज का कोई भी वर्ग या भारतीय राज्यों के पूर्व शासक नहीं हैं बल्कि बड़े पैमाने पर लोग हैं, जिसके एक परिणाम के रूप में, लोगों का कोई भी अनुभाग इसके अधिकार को चुनौती नहीं दे सकता और तर्क नहीं कर सकता कि यह राज्य के प्राधिकार से बाध्य नहीं है, क्योंकि उसने इसके लिए अपनी सहमति दी नहीं है। इससे भी महत्वपूर्ण बात यह है कि चूँकि संघ के राज्यों के साथ संघ के गठन के बारे में विचार-विमर्श नहीं किया गया था, जो भारत के लोगों द्वारा बनाया गया था, इसलिए वे संघ से अलग होने के अधिकार का दावा नहीं कर सकते थे। इसलिए, यह प्रस्तावना देश के लिए न केवल एक स्थिर लोकतांत्रिक व्यवस्था देती है, अपितु यह राष्ट्र की एकता और अखंडता को भी समेकित करती है।

दूसरा, यह प्रस्तावना राजनीति की प्रकृति को श्वेत-श्याम में रखती है, जिसने संप्रभुता, समाजवादी, धर्मनिरपेक्ष, लोकतांत्रिक और गणतंत्र के श्रमसाध्य आदर्शों के अनुरूप होना जरूरी था। यह कहने की जरूरत नहीं है, कि भारतीय राजनीति की प्रकृति जो आज है उससे अलग नहीं होती, यदि समाजवादी और धर्मनिरपेक्ष इन शब्दों को मूल प्रस्तावना में जोड़ा नहीं होता। जहाँ संप्रभुता राष्ट्रों के समुदाय में भारत को गौरव का एक सम्मानजनक स्थान प्रदान करती है, वहीं लोकतांत्रिक गणराज्य का आदर्श राजनीति की प्रकृति की बुनियादी रूपरेखा को प्रकट करता है, यह लोगों को देश में लोकतांत्रिक शासन को बढ़ावा देने के लिए अपने प्रतिनिधियों को चुनने के मौलिक अधिकार की गारंटी देता है। अनिवार्यतः, भारत के एक गणतंत्र बनने का उल्लेख एक ब्रिटिश डोमिनियन के रूप में भारत के पिछले अवतार की दृष्टि से एक बाध्यकारी आवश्यकता बन गया था, जहां राज्य का प्रमुख ब्रिटिश सम्राट था। अतः, भारत को एक गणतंत्र बना कर, संविधान के निर्माताओं ने ब्रिटिश आधिपत्य के साथ यदि संपूर्ण नहीं तो एक महत्वपूर्ण विराम ले लिया था, चाहे वह व्यावहारिक रूप में नाममात्र ही था।

तीसरा, यह प्रस्तावना लोगों की आकांक्षाओं की रूपरेखा की एक इच्छा सूची प्रस्तुत करती है, जिनके लिए वे उम्मीद करते हैं कि भारत सरकार उन्हें पूरा करेगी। न्याय, समानता और भाईचारे के अर्थ में व्यक्त कर ये आदर्श भविष्य में भारत को एक कल्याणकारी राज्य के सांचे में ढालने के लिए सरकार की नीतियों और कार्यक्रमों को मार्गदर्शन करने के लिए एक बेंचमार्क के रूप में कार्य करते हैं। न्याय के आयामों पर अस्पष्टता के लिए कोई जगह न छोड़ते हुए, यह प्रस्तावना विभेदन करती है कि न्याय को सामाजिक, आर्थिक और राजनीतिक के संदर्भ में किया जाना चाहिए, इस शब्द का व्यापक अर्थ लगाया जाना चाहिए ताकि भारत में राज्य की प्रकृति असंतुलित न हो जाए। निर्माता भारत में एक समतावादी समाज के एक समग्र ढांचे का प्रावधान करने के लिए स्थिति और अवसर की समानता के आदर्श के साथ न्याय के आदर्श को पूरक बनाने के लिए पर्याप्त रूप से तेज थे। इस बीच इस प्रस्तावना ने समाज में व्यक्तियों की गरिमा को आश्वस्त कर नागरिकों के बीच बंधुत्व की भावना को बढ़ावा देने पर जोर दिया है। हास्यास्पद सामाजिक हितों के लिए व्यक्तिगत गरिमा की अधीनता की वकालत करने वाले समाज के कुछ वर्गों की प्रवृत्ति के बारे में पता होने के कारण, निर्माताओं ने यह स्पष्ट करने के लिए उल्लेख नहीं किया कि सामाजिक हित का समाज में व्यक्तिगत हित को सुनिश्चित करके ही पता लगाया जा सकता है। इस प्रकार, निर्माताओं ने भारत में सामाजिक लोकतंत्र बनाने के लिए कामना की, जिसके बारे में अम्बेडकर कहते हैं, 'अर्थात जीवन जीने का तरीका, जो स्वतंत्रता, समानता और बंधुत्व को पहचानता है, जिसके साथ एक ट्रिनिटी में अलग-अलग मदों के रूप में बर्ताव नहीं किया जाना चाहिए। वे इस अर्थ में ट्रिनिटी का एक संघ गठित करते हैं कि एक दूसरे से अलग हो जाना लोकतंत्र के उद्देश्य को हराने के जैसा है। स्वतंत्रता को समानता से अलग नहीं किया जा सकता; समानता को स्वतंत्रता से अलग नहीं किया जा सकता; ना ही समानता और स्वतंत्रता को बंधुत्व से अलग किया जा सकता है।[2]

चौथा, यह प्रस्तावना इस बात को पूरी तरह से स्पष्ट करती है कि देश की एकता और अखंडता अन्य आदर्शों के लिए एक पूर्व शर्त है, ताकि स्वतंत्र भारत में चीजों के नियोजन में एक वास्तविकता बना जा सके। राष्ट्र की एकता और अखंडता के साथ छेड़छाड़ करने के लिए किसी भी गुंजाइश को नकारते हुए, प्रस्तावना के शब्दों और भावना का सार देश में सभी हितधारकों को निर्णायक रूप से प्रतिबंधित करता है, चाहे वे व्यक्ति हों, लोगों के समूह हों, राज्य हों, या कोई अन्य संस्था हो, देश की एकता और अखंडता को नुकसान पहुँचाने के मामले में भारत और/या भारत सरकार के लोग राष्ट्र की एकता और अखंडता की रक्षा करने के लिए एकजुट हो जाते हैं।

अंत में, प्रस्तावना की उपयोगिता देश में उच्च अदालतों के लिए एक प्रकाश संकेतक के रूप में कार्य करता पहचाना जाता है, जिसे संविधान की व्याख्या करने के भव्य कर्तव्य का निर्वहन करने के लिए बुलाया गया है। एक विवादास्पद कानून या किसी संवैधानिक प्रावधानों की व्याख्या के समय, जहां संवैधानिक वकीलों या न्यायाधीशों के मन में उस मुद्दे में स्थित कानून का अर्थ स्पष्ट नहीं होता है, या अस्पष्टता या अनिश्चितता होती है, तब न्यायालय में केवल संदर्भ बिंदु बच जाता है, वह है प्रस्तावना की भाषा जिसके माध्यम से वे संविधान निर्माताओं का असली इरादा बाहर चिह्नित करते हैं। यह तर्क दिया जाता है कि प्रस्तावना संविधान की भावना का भंडार है और इसलिए संवैधानिक प्रावधानों की व्याख्या करने में संलग्न लोगों के लिए एकमात्र संदर्भ बिंदु उसमें सन्निहित आदर्श होने चाहिए।

भारत के संविधान में प्रस्तावना की जीवन शक्ति को देखते हुए, प्रस्तावना की स्थिति और जीविका का विश्लेषण करना उचित होगा। इस प्रश्न पर कि प्रस्तावना संविधान का एक हिस्सा है कि नहीं, केशवानंद भारती मामले के बाद से सर्वोच्च न्यायालय की स्थिति यह रही है कि प्रस्तावना संविधान का एक अभिन्न अंग है।[3] आगे जैसा भारत के पूर्व मुख्य न्यायाधीश, एम हिदायतुल्ला (1982, 51), कहते हैं:

> यह प्रस्तावना संयुक्त राज्य अमेरिका की आजादी की घोषणा की तरह दिखती है, लेकिन यह एक घोषणा से कही अधिक है। यह हमारे संविधान की आत्मा है जो हमारे राजनीतिक समाज की पद्धति को निर्धारित करता है, जिसे यह संप्रभु, लोकतांत्रिक और गणराज्य बताता है। यह एक पवित्र संकल्प है जो और कुछ भी नहीं है बल्कि एक क्रांति है, जो बदली जा सकती हैं।

मौलिक अधिकार

संविधान में मौलिक अधिकारों की एक विस्तृत योजना का शामिल किया जाना भारतीयों की एक लंबी और निरंतर इच्छा की परिणति को चिन्हित करता है, जो एक स्वतंत्र और सुखी जीवन की बुनियादी स्वतंत्रताओं के साथ सौपी गई है। दरअसल, अन्य बातों के साथ 1885 में भारतीय राष्ट्रीय कांग्रेस के गठन का लक्ष्य भारतीयों को वही अधिकार और विशेषाधिकार प्रदान करना था, जिनका ब्रिटिश अपने देश में उपभोग करते हैं (ऑस्टिन 1966, 52–53), हालांकि मौलिक अधिकारों के लिए प्रथम व्यवस्थित मांग भारत के 1895 के संविधान विधेयक[4] के रूप में सामने आई। इस विधेयक ने सभी नागरिकों के लिए भाषा और अभिव्यक्ति की स्वतंत्रता का अधिकार, व्यक्तिगत स्वतंत्रता का अधिकार, अपने घर की पवित्रता को सुरक्षित रखने का अधिकार, संपत्ति का अधिकार, कानून के समक्ष समानता का अधिकार, सार्वजनिक कार्यालयों में प्रवेश करने का अधिकार, और शिकायतों के निवारण के लिए याचिका दायर करने के लिए अधिकार निर्धारित किए। हालांकि, भारतीयों को भारत के नागरिक कहलवाने की कल्पना तब भी अनुपस्थित थी, यहाँ तक कि कांग्रेस के नेताओं समवेत प्रमुख भारतीय नेताओं के मन में भी यह बात नहीं आई, जो मोंटेगू-चेम्सफोर्ड रिपोर्ट के प्रकाशन (1919) के मद्देनजर ब्रिटिश सरकार द्वारा 'ब्रिटिश नागरिक जैसे भारत के लोगों के अधिकारों की घोषणा' से प्रभावित थे। कुछ मौलिक अधिकारों के लिए भारतीयों की मांग की गूंज भी भारत विधेयक के राष्ट्रमंडल के मसौदे में सुनी गई थी, जिसे 1925 में श्रीमती बेसेंट की प्रेरणा के तहत नेशनल कन्वेंशन द्वारा तैयार किया गया था।

इसके बाद कई प्रस्तावों को पारित किया गया था और भारत के लोगों की आकांक्षा के अनुसार मौलिक अधिकारों की प्रकृति और गुंजाइश पर भारतीयों के दृष्टिकोण को आगे रखकर समितियों को नियुक्त किया गया था।[5] गौरतलब है कि कैबिनेट मिशन प्लान (1946) ने संविधान सभा के लिए मांग और स्वतंत्र भारत के संविधान में मौलिक अधिकारों की लिखित गारंटी की आवश्यकता को स्वीकार करते हुए, नागरिकों के अधिकार, अल्पसंख्यकों और जनजातीय और बहिष्कृत क्षेत्रों पर एक सलाहकार समिति की नियुक्ति का सुझाव दिया, और उसे मौलिक अधिकारों की एक सूची तैयार करने की जिम्मेदारी सौंपी और साथ ही उसे संघ या राज्य सूची में शामिल किए जाने के लिए सुझाव दिया। बाद में मौलिक अधिकारों के प्रावधानों को जवाहर लाल नेहरू द्वारा दिए गये 'उद्देश्य प्रस्ताव' की शुरुआत के कारण अत्यंत बढ़ावा मिला था। 22 जनवरी 1947 को इस प्रस्ताव को अपनाते हुए संविधान सभा ने भारत के शासन के लिए एक संविधान का मसौदा तैयार करने के लिए खुद को सत्यनिष्ठा से समर्पित किया, जिसमें न्याय, सामाजिक, आर्थिक और राजनीतिक, ओहदे और अवसरों की समानता; और कानून के समक्ष विचार, अभिव्यक्ति, विश्वास, आस्था, पूजा, पेशा, संघटन और कार्रवाई की स्वतंत्रता, कानून और सार्वजनिक नैतिकता के अधीन गारंटी दी गई थी और भारत के सभी लोगों को सुरक्षित किया गया था। उद्देश्य प्रस्ताव द्वारा प्रदान किए गये परिप्रेक्ष्य के प्रकाश में, संविधान सभा ने अल्पसंख्यक, मौलिक अधिकारों और आदिवासी और बहिष्कृत क्षेत्रों पर रिपोर्टिंग करने के लिए वल्लभभाई पटेल की अध्यक्षता में 53 अन्य सदस्यों को मिलाकर सलाहकार समिति का गठन किया। अपने कार्यों को व्यवस्थित बनाने के लिए, सलाहकार समिति ने बदले में पांच उप समितियों की स्थापना की, जिनमें से एक को स्वतंत्र भारत के लिए मौलिक अधिकारों के खाके के लिए सुझाव देने की जिम्मेदारी सौंपी गई थी। उप-समिति की मसौदा रिपोर्ट, मौलिक अधिकारों की रूपरेखा के विभिन्न धाराओं पर व्याख्यात्मक टिप्पणियों के साथ उसके सदस्यों के पास भेजी गई, जो इन धाराओं पर विचारणीय आदानों के साथ आये और बाद में सदस्यों द्वारा दिए गये सुझावों का समेकन करने के बाद उप-समिति की अंतिम रिपोर्ट 16 अप्रैल 1947 को सलाहकार समिति के अध्यक्ष को प्रस्तुत की गई।

सलाहकार समिति द्वारा मौलिक अधिकारों के प्रावधानों को अंतिम रूप दिया गया। उप-समिति की सिफारिशों पर अपने सुझावों को आधारित कर, यह सलाहकार समिति मौलिक अधिकारों को न्यायोचित और गैर-न्यायोचित अधिकारों में विभाजित करने कीवांछनीयता पर सहमत हो गई और इसके द्वारा तत्कालीन मौलिक अधिकारों का मौलिक अधिकारों और राज्य के नीति निर्देशक सिद्धांतों की दो अलग-अलग श्रेणियों में विभागीकरण (compartmentalization) करने के लिए मार्ग प्रशस्त किया। साथ ही, यहां तक कि मौलिक अधिकारों के क्षेत्र के भीतर सभी व्यक्तियों को कुछ अधिकार प्रदान करने के

लिए निर्धारित किया गया, जबकि कुछ अधिकारों की केवल नागरिकों के लिए गारंटी दी गई, हालांकि अधिकार के अनुप्रयोगों को देश के सभी राज्यों के लिए विस्तारित किया गया था। सलाहकार समिति की रिपोर्ट को स्वीकार कर लिया गया और संविधान सभा द्वारा अपनाया गया, जिसने दो अध्याय-III और IV बनाकर क्रमश: मौलिक अधिकार और राज्य के नीति निर्देशक सिद्धांतों के लिए प्रावधान किए।

मूल रूप से, संविधान में सात मौलिक अधिकार निहित थे। लेकिन संपत्ति का अधिकार जनता सरकार के शासन के दौरान 44वें संविधान संशोधन द्वारा 1978 में निरस्त कर दिया गया था, और इन अधिकारों को कम कर केवल छह तक रखा गया, जिन्हें निम्नानुसार वर्गीकृत किया गया: समानता का अधिकार (अनुच्छेद 14–18), स्वतंत्रता का अधिकार (अनुच्छेद 19–22), शोषण के विरुद्ध अधिकार (अनुच्छेद 23 और 24), धर्म की स्वतंत्रता का अधिकार (अनुच्छेद 25–28), सांस्कृतिक और शैक्षिक अधिकार (अनुच्छेद 29 और 30) और संवैधानिक उपचारों का अधिकार (अनुच्छेद 32)। इन अधिकारों को संविधान के तहत प्रदान की गई कुछ विशेष परिस्थितियों को छोड़कर राज्य द्वारा अनुचित उल्लंघन के खिलाफ संरक्षित किया गया है, हालांकि उन्हें संशोधनीय (amendability) करने को केशवानंद भारती केस (1973) में संविधान के अनुच्छेद 368 के तहत सर्वोच्च न्यायालय के फैसले को बरकरार रखा गया है।

ऑस्टिन द्वारा राज्य के नीति निर्देशक सिद्धांतों के साथ-साथ संविधान की अंतरात्मा की आवाज के रूप में वर्णित मौलिक अधिकार यकीनन संविधान की आत्मा का गठन करते हैं। हालांकि, सामग्री के संदर्भ में जैसा कि एन.ए. पालखीवाला ने निदेशित किया है, वे संविधान का लंगर गठित करते हैं और उसे स्थायित्व के आयाम प्रदान करते हैं। संविधान ने मौलिक अधिकारों की परिकल्पना साझा मंच के रूप में की गई है, जिस पर अलग-अलग राजनीतिक विचारधाराएँ और प्रथाएँ मिल सकती हैं। वे लोहे का ढांचा प्रदान करते हैं, जिसके भीतर सामाजिक और आर्थिक परिवर्तनों में प्रयोग करने की कोशिश की जा सकती है।[6]

इन अधिकारों को इसलिए देश के संवैधानिक कानून में एक बहुत ही महत्वपूर्ण स्थान दिया गया है, भारत के राज्यक्षेत्र में 26 जनवरी 1950 से तुरंत पहले लागू सभी कानूनों के लिए और उसके बाद अधिनियमित सभी विधानों के लिए, संविधान के भाग III के प्रावधानों के अनुरूप होना होता है।

इसके अलावा, मौलिक अधिकारों का दायरा उन सभी अधिकारों को शामिल करने के लिए व्यावहारिक रूप से काफी व्यापक है, जिसे मानवीय वास्तविकता देश के नागरिकों के व्यक्तित्व के विकास के लिए आवश्यक समझती है। गौरतलब है कि इस संबंध में संविधान निर्माताओं का ध्यान विशेष रूप से तो नहीं, परंतु मुख्यतः नागरिकों पर केंद्रित था, क्योंकि इनमें से कई अधिकारों की विदेशी नागरिकों को गारंटी नहीं दी गई थी। उदाहरण के लिए, अनुच्छेद 15 में निहित अधिकार (धर्म, मूलवंश, जाति, लिंग, जन्म स्थान या इनमें से किसी के आधार पर भेदभाव का निषेध), अनुच्छेद 16 (लोक नियोजन के विषय में अवसर की समानता), अनुच्छेद 19 (स्वतंत्रता का अधिकार) और अनुच्छेद 29 (सांस्कृतिक और शैक्षिक अधिकार) केवल भारतीय नागरिकों के लिए उपलब्ध हैं। फिर भी, मौलिक अधिकारों के प्रावधानों का सबसे अच्छा हिस्सा सुचालित मशीनरी है जो व्यवहार में इन अधिकारों की गारंटी देती है, जैसे कि अनुच्छेद 32 के तहत सर्वोच्च न्यायालय ने एक व्यक्ति की याचिका पर ध्यान देने के लिए मूल क्षेत्राधिकार दिया है, जिसके मौलिक अधिकार का उल्लंघन किया गया है और विभिन्न जनादेशों के साथ सशक्त किया है, जिन्हें इन अधिकारों का आनंद लेना सुरक्षित रखने के लिए जारी किया जा सकता है।

देश में लोकतांत्रिक जीवन को आधार के रूप में लिये जाने के बावजूद, इन मौलिक अधिकारों को निरपेक्ष नहीं किया गया है क्योंकि उनके उपभोग पर कई उचित प्रतिबंध रखे गये हैं। एक तरफ इन्हें जनता का हित सुरक्षित करने के लिए निर्धारित किया गया है और दूसरी तरफ राष्ट्र की एकता और अखंडता है, अतः उन पर उचित प्रतिबंध लगाये जा सकते हैं, विशेष रूप से भारत की संप्रभुता और अखंडता, राज्य की सुरक्षा, विदेशी राज्यों के साथ मैत्रीपूर्ण संबंधों, सार्वजनिक व्यवस्था, शालीनता, नैतिकता, स्वास्थ्य, आदि के हित में और किसी भी अनुसूचित जनजातियों के हितों की रक्षा के लिए। हालांकि, इसमें कोई शक नहीं है कि ये प्रतिबंध संविधान के कामकाज के क्रम में निर्माताओं की ओर से व्यक्तिगत स्वतंत्रता और सामाजिक कल्याण के बीच एक संतुलन कायम रखने का एक प्रयास है, परंतु यह चिंता भी ठीक है कि हो सकता है राज्य उचित प्रतिबंध की आड़ में इन अधिकारों

के आनंद पर अनुचित उल्लंघन डाल दे। नतीजतन, देश में न्यायालयों के प्रयास इन प्रतिबंधों के औचित्य पर एक कठोर जांच करवाने के होते हैं, जब कभी भी वे लोगों के अधिकारों में कटौती करने के लिए लगाये जाते हैं। आपातकालीन स्थिति की घोषणा एक और ऐसी परिस्थिति है जिसमें मौलिक स्वतंत्रता अनुच्छेद 19 के तहत गारंटी दिए गये उपभोग को निलंबित किया जा सकता है। इसी तरह, अनुच्छेद 33 सशस्त्र बलों में कार्यरत लोगों को कुछ मौलिक अधिकार न देने के लिए संसद को सशक्त करता है।

उचित प्रतिबंध लगाये जाने के बावजूद ये मौलिक अधिकार राज्य के विधायी, कार्यकारी और कुछ हद तक न्यायिक शक्तियों के लिए बड़े प्रतिबंध होना प्रतीत होते हैं। कानून बनाने में विधायिकाओं को यह अवश्य देखना चाहिए कि इस तरह के कानूनों ने लोगों के लिए गारंटी किए हुए मौलिक अधिकारों में से किसी का भी, किसी भी तरह से उल्लंघन नहीं करना चाहिए, क्योंकि अगर इनमें कोई भी कानून संपूर्ण रूप में या उसके किसी हिस्से में किसी भी मौलिक अधिकारों के साथ असंगत पाए जाते हैं, तो उन्हें सक्षम न्यायालय द्वारा बातिल और शून्य घोषित किया जाएगा। कार्यकारी अधिकारियों की स्थिति अधिक अनिश्चित है, जिन्हें उस समय अदालत का खामियाजा सहन करना पड़ता है, जब वे किसी भी असंवैधानिक तरीके से काम करते पाए जाते हैं। 2005 में गुजरात का सोहराबुद्दीन फर्जी मुठभेड़ मामला एक ऐसा कार्य साबित हुआ है जिसमें सूचित किया गया है कि राज्य के कई वरिष्ठ आईपीएस अधिकारियों ने भाग लिया था। संवैधानिक मर्यादा की यही तोप न्यायपालिका के लिए भी लागू होती है, क्योंकि कोई भी ऐसा निर्णय जो देश में मौलिक अधिकार के प्रावधानों का उल्लंघन करता है, उसे किसी भी अदालत में घोषित नहीं किया जा सकता। अगर इस तरह का कोई निर्णय दिया जाता है, तो वह उच्च न्यायालयों द्वारा रद्द किया जाना स्वाभाविक है। इससे भी महत्वपूर्ण बात यह है कि मौलिक अधिकारों का प्रतिबंध केवल राज्य की एजेंसियों पर ही लागू नहीं है, अपितु निजी व्यक्तियों और संगठनों पर भी लागू होता है। उदाहरण के लिए, अनुच्छेद 17 अस्पृश्यता के उन्मूलन के लिए बनाया गया है, अनुच्छेद 15 (2) किसी व्यक्ति के धर्म, जाति, लिंग या जन्म के कारण दुकानों, रेस्तरां, कुओं, सड़कों और अन्य सार्वजनिक स्थानों का उपयोग करने में किसी भी नागरिक को मनाई करने पर प्रतिबंध लगाता है, और अनुच्छेद 23 किसी भी रूप में भिक्षावृत्ति या बेगार को प्रतिबंधित करता है। इस प्रकार, राज्य को नागरिकों की कुछ स्वतंत्रताओं के साथ हस्तक्षेप न करने के संविधान की नकारात्मक निषेधाज्ञा का पालन करने के अलावा, समाज द्वारा अतिक्रमण से नागरिकों के अधिकारों की रक्षा के लिए अपने सकारात्मक दायित्व को भी पूरा करना चाहिए (ऑस्टिन 1966, 51)।

मौलिक कर्तव्य

नागरिकता की नैतिक जिम्मेदारियों की एक उदार खुराक के साथ मौलिक अधिकारों के सुरक्षित कार्यक्षेत्र को धारण करते हुए, 1976 में मौलिक कर्तव्यों को 42वें संविधान संशोधन अधिनियम के माध्यम से संविधान में डाला गया था। इन्हें पूर्व सोवियत संघ के संविधान से लिया गया और अनुच्छेद 51 ए के तहत संविधान के भाग IV में रखा गया। 10 मौलिक कर्तव्यों के सेट को किसी भी कानूनी न्यायोचितता (justiciability) के बिना, देशभक्ति और संवेदनशील नागरिकता की भावना पैदा करने के लिए देश के नागरिकों के लिए केवल नैतिक उपदेश माना चाहिए।

हालांकि ये न्यायोचित नहीं है और इसलिए व्यावहारिक दृष्टि से कम परिणाम के साथ मौलिक कर्तव्यों के प्रावधान का कई लोगों ने विरोध किया था, जिन्होंने इन कर्तव्यों में कई विसंगतियाँ बाहर लाई थी। उदाहरण के लिए, मौलिक कर्तव्यों में से एक देश के प्रत्येक नागरिक को वैज्ञानिक दृष्टिकोण और जांच की भावना विकसित करने के लिए कहता है। लेकिन बड़ी मात्रा में अभी भी निरक्षर रहने वाले लोगों के लिए, स्पष्टता और परिशुद्धता के साथ सोचने की आदत को आत्मसात करना कैसे संभव हो सकता है, यदि वे ऐसी सोच की बुनियादी जानकारी तक प्राप्त करने में असमर्थ हैं। फिर भी, मौलिक कर्तव्य संविधान का एक हिस्सा बन गए हैं और उनके गैर न्यायोचितता के बावजूद वे उन लोगों पर एक प्रकार का सामाजिक और सामूहिक प्रतिबंध लगाना जारी रख रहें हैं जो समाज और देश के लिए कर्तव्य का जरा भी निर्वहन किए बिना निरंकुश अधिकारों का आनंद ले रहे हैं।

राज्य के नीति निदेशक सिद्धांत

संविधान में राज्य के नीति निर्देशक सिद्धांतों के प्रावधान मानवीय और समाजवादी विचारों की परिणति है, जिसे राष्ट्रीय आंदोलन के नेताओं के बहुमत द्वारा पोषित किया गया था, जो भारत के लिए न केवल एक राजनीतिक लोकतंत्र के लिए आकांक्षी थे, बल्कि सामाजिक-आर्थिक लोकतंत्र के लिए भी थे। 1931 में भारतीय राष्ट्रीय कांग्रेस के कराची प्रस्ताव में तैयार होते हुए, नेताओं ने औपनिवेशिक सांचे में एक नियामक राज्य के स्थान पर एक कल्याणकारी राज्य के आदर्श को मान्यता देने में सामाजिक और आर्थिक नीति की एक संवैधानिक घोषणा की। आदर्श रूप में इस कराची प्रस्ताव ने न्यायोचित मौलिक अधिकार के रूप में सामाजिक और आर्थिक नीति की घोषणा की तरफ ले जाना चाहिए था, लेकिन संविधान तैयार करते समय आर्थिक संसाधनों की कमी की बुनियादी हकीकत और समाज में रूढ़िवाद के दबंग प्रसार ने निर्माताओं को सामाजिक और आर्थिक आदर्शों को न्यायोचित मौलिक अधिकार बनाने के लिए हतोत्साहित किया होगा ऐसा प्रतीत होता है। इसलिए, जो मार्ग बचा था वह निर्देशक सिद्धांतों के रूप में सामाजिक और आर्थिक आदर्शों की जगह लेता दिखाई देता था, जो हालांकि गैर-न्यायोचित था, फिर भी राज्य की नीति का मार्गदर्शन करने में मौलिक रहता। सामाजिक नीति के आयरिश निर्देशक सिद्धांतों के नमूनों से उधार लिये और उन्ही पर आधारित ये निदेशक सिद्धांत आयरिश राष्ट्रवादी आंदोलन के साथ उनके लंबे समय से चली आ रही निकटता के कारण भी निर्माताओं को आकर्षक लग रहे थे। बाद में, जब इसे विभिन्न निर्देशक सिद्धांतों के साथ अनुकूलित करने का समय आया तब भारतीय समाज पर धर्मनिरपेक्ष समाजवादी दृष्टिकोण के साथ-साथ हिंदू पौराणिक मान्यताओं और सामाजिक और आर्थिक पुनर्निर्माण के गांधीवादी विचारों की तरह के पोषित आदर्शों के रंग में इसने भी निर्देशक सिद्धांतों की अंतिम सूची में पर्याप्त महत्व पाया।

संविधान (अनुच्छेद 35–51) के चतुर्थ भाग में रखे गये ये निदेशक सिद्धांत, अपने नागरिकों के प्रति राज्य के सकारात्मक दायित्वों को दर्शाते हैं, जैसे कि अनुच्छेद 37 परिकल्पना करता है कि हालांकि ये न्यायालय द्वारा लागू नहीं किए जाते हैं, फिर भी वे देश के शासन में मौलिक हैं और कानून बनाने में इन सिद्धांतों को लागू करना राज्य का कर्तव्य होगा। इस प्रकार, निर्देशक सिद्धांतों की प्रकृति के संदर्भ में दो बुनियादी मुद्दे संविधान में उनकी कानूनी स्थिति से संबंधित हैं, साथ ही उनकी स्थिति मौलिक अधिकारों के रूप में है। इन सिद्धांतों की कानूनी स्थिति के संबंध में निर्माताओं की दृष्टि सूर्यप्रकाश की तरह स्पष्ट थी कि ये सिद्धांत इस अर्थ में न्यायोचित नहीं होंगे जिसमें ये मौलिक अधिकार हैं, हालांकि, वे केवल मात्र घोषणाएँ या पवित्र इच्छा सूची नहीं होंगे। जैसा कि के.सी. मार्कंदन (1966, 147–48) का तर्क है,

> एक घोषणा या सिद्धांतों के एलान से काफी दूर, ये निदेशक सिद्धांत भारत के लोगों के लिए संविधान निर्माताओं द्वारा गठित की गई एक प्रतिज्ञा है और उन्हें लागू करने में विफल होना न केवल उन लोगों के साथ विश्वास का हनन करना माना जाएगा, बल्कि यह संविधान को व्यावहारिक रूप से एक मृत पत्र के समान बना देगा।

हालांकि, संविधान में निर्देशक सिद्धांतों की जीवन शक्ति की असली परीक्षा मौलिक अधिकार के साथ उनके आवर्ती संघर्ष के माध्यम से आई थी, जिसमें सर्वोच्च न्यायालय ने विभिन्न ऐतिहासिक निर्णयों में उसे मिटाने की कोशिश की थी। निर्देशक सिद्धांतों और मौलिक अधिकारों के बीच संघर्ष का मूल कारण यदि विशेष रूप से नहीं तो मुख्य रूप से अनुच्छेद 13 के खंड 2 में निहित प्रावधानों में स्थित है, जिसने यह परिकल्पना की कि राज्य ऐसे कोई भी कानून नहीं बनाएगा जो संविधान के भाग III द्वारा प्रदत्त अधिकारों को छीन लेता है या उन्हें कम करता है और इस खंड के उल्लंघन में बनाया गया कोई भी कानून उल्लंघन की मात्रा तक बातिल हो जाएगा। तदनुसार, दोनों के बीच टकराव का पहला मामला होने की स्थिति *चंपकम दोराईराजन बनाम मद्रास राज्य* में पैदा हुई, जिसमें सर्वोच्च न्यायालय ने कहा है कि निदेशक सिद्धांत मौलिक अधिकारों पर हावी नहीं हो सकते हैं, हालांकि उन्होंने यह स्वीकार किया कि मौलिक अधिकारों का अनुच्छेद 368 के प्रावधानों के तहत संशोधन किया जा सकता है, जो संविधान के विभिन्न प्रावधानों के सामंजस्यपूर्ण निर्माण के सिद्धांत पर निर्भर करता है। इसके बाद स्वीकृत स्थिति यह थी कि हालांकि आमतौर

पर निर्देश सिद्धांत मौलिक अधिकारों पर हावी नहीं हो सकते, परंतु संविधान में योग्य संशोधन के माध्यम से निर्देशक सिद्धांतों को लागू करने के क्रम में मौलिक अधिकारों पर कुछ उचित प्रतिबंध लगाये जा सकते हैं।

सर्वोच्च न्यायालय की ओर से नीचे उतरने का मामला 1967 में *गोलक नाथ बनाम पंजाब राज्य में* दिखाई दिया, जब न्यायालय ने मौलिक अधिकारों को किसी भी स्थिति में गैर-संशोधनीय बनाकर सामंजस्यपूर्ण निर्माण के सिद्धांत के मूल्य को कम करते हुए अन्य बातों के साथ यह स्थापित किया कि संसद को संविधान के भाग III के किसी भी प्रावधान में संशोधन करने का, या उन्हें अलग करने का, या उसे घटाने का कोई अधिकार नहीं है। अपनेआपको विचित्र स्थिति में पाते हुए सरकार ने संविधान में 24वां और 25वां संशोधन किया, जो *केशवानंद भारती बनाम केरल राज्य* के मामले में सर्वोच्च न्यायालय की जांच करने के लिए आया था। सामंजस्यपूर्ण निर्माण के सिद्धांत पर फिर से वापस आकर न्यायालय ने संविधान के मूल ढांचे के सिद्धांत का समर्थन करते हुए कुछ अनुच्छेदों के संबंध में मौलिक अधिकारों पर निर्देशक सिद्धांतों की प्रधानता स्थापित की लेकिन संविधान के 'बुनियादी संरचना' में संशोधन करने के लिए कानून बनाने या आदेश जारी करने के लिए विधायिका और कार्यपालिका के अधिकार को अस्वीकार कर दिया। बाद में, *मिनर्वा मिल्स लिमिटेड बनाम भारत सरकार* के मामले में सर्वोच्च न्यायालय इस बात पर डटी रही कि मौलिक अधिकारों पर निर्देशक सिद्धांतों की प्रधानता को अयोग्य होने का दावा नहीं किया जा सकता और उसकी मूल संरचना में फेरबदल करने के लिए संविधान में किया गया कोई संशोधन ख़ारिज होने के लिए बाध्य किया गया।

निर्देशक सिद्धांतों की संवैधानिक स्थिति पर लंबा विवाद होते हुए भी विभिन्न सिद्धांतों का एक अवलोकन इसकी गुंजाइश और विविधता के बारे में दिलचस्प विशेषताओं को दर्शाता है। जैसा कि पहले बताया गया है, निर्देशक सिद्धांतों के प्रावधान ने विभिन्न प्रकार के दृष्टिकोण उपलब्ध कराये हैं, संविधान में उनके आदर्शों को उपलब्ध कराने का अवसर, जिसके मुख्य तीन प्रकार हैं।

पहला, निर्देशक सिद्धांतों की एक निश्चित संख्या का लक्ष्य देश में एक सूक्ष्म सामाजिक-आर्थिक बदलाव लाकर एक कल्याणकारी राज्य की स्थापना करना था। उदाहरण के लिए, अनुच्छेद 38 ने यह परिकल्पना करते हुए मोटे तौर पर निर्देशक सिद्धांतों की मूल सामग्री को परिभाषित किया कि राज्य प्रभावी ढंग से एक सामाजिक व्यवस्था सुनिश्चित कर लोगों के कल्याण को बढ़ावा देने के लिए प्रयास करेगा, जिसमें देश के सभी राष्ट्रीय संस्थानों में सामाजिक, आर्थिक और राजनीतिक न्याय व्याप्त होगा। समाज में भौतिक संसाधनों के समान वितरण से संबंधित इस तरह के अन्य निर्देशक सिद्धांतों में महिलाओं और बच्चों के कल्याण, समान कार्य के लिए समान वेतन, और 14 साल तक की उम्र के बच्चों के लिए मुफ्त और अनिवार्य शिक्षा, काम की स्थिति में सुधार लाना इत्यादि शामिल हैं।

दूसरा, निर्देशक सिद्धांतों की एक बड़ी संख्या ने सामाजिक जीवन के गांधीवादी सिद्धांतों को लागू करने का प्रयास किया, जैसे ग्राम पंचायतों और कुटीर उद्योगों की स्थापना करना, अनुसूचित जाति और अनुसूचित जनजाति की स्थिति का उत्थान करना, मवेशियों की नस्लों में सुधार करना, गायों और बछड़ों का वध रोकना इत्यादि।

अंत में, कुछ निर्देशक सिद्धांतों ने देश में शासन को व्यवस्थित बनाने और अंतरराष्ट्रीय शांति को बढ़ावा देने के साथ कार्य किया। इस प्रकार, जहाँ कार्यपालिका से न्यायपालिका को विभक्त करने में निदेशक सिद्धांत का उद्देश्य देश के शासन को व्यवस्थित बनाना था, वहीं अंतरराष्ट्रीय शांति और सुरक्षा हासिल करने, राष्ट्रों के बीच अच्छे संबंधों को बनाये रखने, अंतरराष्ट्रीय कानून और संधि के प्रति सम्मान को बढ़ावा देने और मध्यस्थता और अन्य शांतिपूर्ण तरीके से अंतरराष्ट्रीय विवादों के निपटारे से संबंधित निर्देशक सिद्धांतों के दायित्व वैश्विक शांति और सौहार्द बनाये रखना था।

निर्देशक सिद्धांतों के रूप में संविधान में निहित उदात्त आदर्शों के परिचालन पर किए गये प्रयास गलत साबित हुए वादों की एक तस्वीर चित्रित करते हैं। हालांकि उन्हें न्यायोचित और समय और संसाधनों की शर्तों के साथ अनुकूलित न बनाकर निर्माताओं के खुद के द्वारा उन्हें एक द्वितीयक स्थिति तक कम कर दिया गया, जबकि निर्देशक सिद्धांतों को सरकार के कार्यक्रमों और नीतियों के पीछे मूल मार्गदर्शक भावना होनी चाहिए थी। बहरहाल, समय के विभिन्न बिंदुओं पर सरकार आर्थिक संसाधनों को जुटाने, सामाजिक स्वीकृति प्राप्त करने और उन्हें अमल में लाने के लिए राजनीतिक इच्छाशक्ति जुटाने की बजाय निर्देशक सिद्धांतों के

निष्पादन को बेअसर करने के लिए कारण खोजने में अधिक उत्सुक दिखाई दे रही थी। इसलिए आजादी के प्रारंभिक वर्षों में, न्यायिक बाधाओं का तर्क निर्देशक सिद्धांतों के कार्यान्वयन में हुई नगण्य प्रगति को समझाने के लिए उठाया गया। जब न्यायिक बाधाओं को अंततः बंद कर दिया गया था, तब संसाधनों की कमी का प्रश्न उठाया गया था। लेकिन निर्देशक सिद्धांतों पर सरकारी नजरिए का असली रंग 1990 के दशक के दौरान उभरना प्रारंभ हुआ, जब अर्थव्यवस्था के उदारीकरण की आड़ में सरकारों ने न केवल इन निर्देशक सिद्धांतों को नजरअंदाज करना शुरू कर दिया, अपितु उनसे दूर हटना भी शुरू कर दिया था। तथाकथित श्रम सुधार का मामला मुद्दे में था। यहां तक कि वे निदेशक सिद्धांत, जो लागू किए गये थे, जैसे कि पंचायतों और 14 साल तक की उम्र के बच्चों के लिए मुफ्त और अनिवार्य शिक्षा से संबंधित एक निदेशक सिद्धांत, देश में एक सामाजिक-आर्थिक बदलाव लाने की सच्ची भावना के साथ लागू किए जाने की तुलना में विपक्ष पर एक बिंदु स्कोर करने के लिए लागू किया गया अधिक प्रतीत होता है। ऐसे परिदृश्य में, शब्दों और भावनाओं में निर्देशक सिद्धांतों को कार्यान्वित करने का एकमात्र प्रशंसनीय तरीका समाज के संबंधित लोगों के नेतृत्व में एक जन आंदोलन को छेड़ने के माध्यम से किया जाना है।

संघवाद

स्वतंत्र भारत के स्वरूप के बारे में फैसला करने के लिए विचार-विमर्श करते हुए, संविधान निर्माता एक हद तक दुविधा में पड़े लग रहे थे, जिसका कारण उनका आपस में मतभेद होना नहीं था, बल्कि उनके अतीत के अनुभवों में अपूर्णता और देश की वर्तमान व्यवस्था और भविष्य के भावी परिदृश्य का होना था। देश के स्थानिक चरित्र में विशाल विविधता, समाज की स्थानीय संरचना और अर्थव्यवस्था, साथ ही राजनीतिक सत्ता की अव्यवस्थित संरचना होने की वजह से ऐतिहासिक दृष्टि से लोगों और स्थानीय सरकारों ने समय की बहुत ही लंबी अवधि तक काफी मात्रा में स्वायत्तता का आनंद उठाया था, जब तक देश में ब्रिटिश शासन की स्थापना नहीं हुई थी। घर पर एक एकात्मक सरकार चलाने में निपुण, ब्रिटिश शासकों ने पूरे देश भर में अपनी पकड़ मजबूत करने की जरूरत के लिए एक अत्यधिक केंद्रीकृत औपनिवेशिक प्रशासन के साथ इसे बदलने के लिए मौजूदा व्यवस्था को तहस-नहस कर दिया। इसके अतीत और वर्तमान विरोधाभास में जकड़े गए निर्माताओं को देश के लिए एक ऐसी प्रणाली विकसित करने के लिए आह्वान किया गया जो भविष्य की राजनीति में एक संतोषजनक और टिकाऊ आधार पर काम करे।

पिछले अनुभवों के अलावा, आजादी के समय बातों की अवस्था ने भी भारी मात्रा में निर्माताओं के उपर दबाव डाला, विशेष रूप से राष्ट्र की एकता और अखंडता के विषय में, जो स्वतंत्र भारत के लिए चीजों के स्वरूप पर विचार विमर्श कर रहे थे। हालांकि इसमें कोई शक नहीं है कि देश को शासन की एक विकेन्द्रीकृत प्रणाली दी जाने वाली थी, जहाँ इस तरह के एक विकेन्द्रीकरण की सीमा तक कुछ बेसुरे स्वरों का अस्तित्व होना लाजमी था। उदाहरण के लिए, जहाँ इस बात पर सहमत होते हुए कि केंद्र सरकार ने राजस्व इकट्ठा करना चाहिए और फिर राज्यों के बीच इसे वितरित करना चाहिए, वहीं सदस्यों ने राज्य सरकारों के लिए राजस्व के हिस्से में वृद्धि करने का जोरदार आग्रह किया। इस प्रकार, जैसा कि ऑस्टिन खुलासा करते हैं, संघीय प्रावधानों का मसौदा तैयार करने के पीछे एकमात्र पहलू 'केंद्रीयवादियों' (centralizers) और 'प्रांतीयवादियों' (provincialists) के बीच सापेक्षिक संघर्ष का अभाव होना था, क्योंकि निर्माताओं ने भारतीय संघीय व्यवस्था के मार्गदर्शक भावना के रूप में 'सहकारी संघवाद' के सिद्धांत को अपनाया था (ऑस्टिन 1966, 186–87)।

अंत में, संघवाद पर प्रावधानों का अंतिम स्वरूप बिलकुल भारतीय होने के रूप में उभरा, जिसमें दुनिया के किसी भी अन्य संविधान से कोई समानता नहीं थी। जहाँ संरचनात्मक रूप से इस संविधान ने देश में एक संघीय राज्य व्यवस्था बनाई है, लेकिन वहीं मजबूत केंद्र सरकार बनाने के लिए ऐसे प्रावधानों को भी दिया है कि एक संघ के रूप में ऐसी प्रणाली का ठप्पा लगाना अनुचित लग रहा था। इसलिए संविधान ने भारत को एक महासंघ के बजाय एक 'राज्यों के संघ' के रूप में चिन्हित किया, जिसकी परिभाषा को अम्बेडकर द्वारा इस रूप में समझाया गया था,

> यह मसौदा समिति यह स्पष्ट करना चाहती थी कि हालांकि भारत को महासंघ होना था, लेकिन यह महासंघ राज्यों द्वारा एक संघ में शामिल होने के समझौता का परिणाम नहीं था, और यह महासंघ एक समझौते का नतीजा न होने से किसी भी राज्य को इससे अलग होने का अधिकार नहीं है। यह महासंघ एक संघ है, क्योंकि यह अविनाशी है।

इसके अलावा, जैसा कि उन्होंने बताया, 'क्रियात्मक रूप में, यह एक संघीय संविधान होगा क्योंकि यह उसे स्थापित करता है जिसे एक दोहरी राजनीति कहा जा सकता है... जो केंद्र में संघ और परिधि में राज्यों से मिलकर बनता है, जिनमें से प्रत्येक को संविधान द्वारा क्रमशः उन्हें सौंपे गये क्षेत्रों में अमल में लाने के लिए संप्रभु शक्तियाँ प्रदान की गई हैं। फिर भी, संविधान ने 'संघवाद के कड़े ढांचे' को टाल दिया, जिसमें अमेरिकी संविधान इस तरह से ढला हुआ है कि यह समय और परिस्थितियों की आवश्यकताओं के अनुसार एकात्मक के साथ ही संघीय' हो सकता था (अम्बेडकर 2003, 33–34)।

भारत के संवैधानिक इतिहास में सबसे महत्वपूर्ण विकास सरकार का संसदीय रूप है जो मोटे तौर पर वेस्टमिंस्टर मॉडल के साथ समानता रखता है।[7] उतनी ही महत्वपूर्ण बात यह है कि भारत में एक संसदीय सरकार होने के बावजूद यहाँ संघवाद की वृद्धि हुई है, जो अपने शास्त्रीय रूप में सरकार की एक एकात्मक प्रणाली के भीतर फलाफूला है। जहाँ ब्रिटेन को संसदीय सरकार के एक शास्त्रीय मॉडल के रूप में पहचाना जाता है, वहीं संयुक्त राज्य अमेरिका को हमेशा संघीय सरकार के एक आदर्श स्वरूप के रूप में जाना जाता है। ये दोनों राजनीतिक व्यवस्था उनके वैचारिक वरीयताओं और सामाजिक-आर्थिक आवश्यकताओं के अनुरूप विशिष्ट संवैधानिक प्रथाओं से विकसित हुई हैं। ब्रिटेन और संयुक्त राज्य अमेरिका दोनों के शासन के जिस विशिष्ट प्रकार का उद्भव हुआ वे बड़े पैमाने पर वे विशिष्ट ऐतिहासिक परिस्थितियाँ हैं जिनमें वे राष्ट्र-राज्यों के रूप में उभरे हैं। ब्रिटेन में राजशाही के एक क्रमिक गिरावट को देखते हुए, संसद संप्रभु बन गई, जो लोकप्रिय आकांक्षाओं को दर्शाती थी और वैकल्पिक लोकतंत्र की एक सुव्यवस्थित प्रणाली के माध्यम से व्यक्त करती थी। जबकि संयुक्त राज्य अमेरिका में एक मजबूत राजनीतिक प्रणाली में विलय करने के लिए घटक इकाइयों का निर्णय एक संघ के उदय की तरफ ले गया जिसके पास एक महासंघीय (confederal) व्यवस्था बनाए रखने के लिए अधिकार था। हालांकि यहाँ यह सुझाव देना नहीं है कि यहाँ सैद्धांतिक श्रेणियों की तरह संसदीय सरकारों और संघवाद के बीच 'संघर्ष' नहीं है। यह जरूरी नहीं है कि संघवाद 'विभाजित' संप्रभुता को सूचित करे, जो सिर्फ इस तथ्य के अनुसार संसदीय सर्वोच्चता की धारणा के साथ असंगत हो कि संसदीय सरकारें 'निरंकुश' बहुमत नियमों की स्थापना करने के लिए तलाश करती हैं। ऐतिहासिक रूप से कहा जाए तो 1900 के प्रारंभ में डोमिनियन संविधानों (ऑस्ट्रेलिया और कनाडा के लिए) जो 'संसद' तैयार अस्तित्व में आई उसे 'सर्वोच्च' नहीं किया गया। इसके बजाय, यह वह संविधान है जिसने सर्वोच्च प्राधिकार का आनंद उठाया, जिसे (प्रिवी कौंसिल द्वारा) एक न्यायिक समीक्षा के माध्यम से अमल में लाया गया था। इसलिए यह बहस करने के लिए सबसे उचित होता कि वहाँ बहुसंख्य नियमों में विकृतियों से बचने के लिए विभिन्न राजनीतिक-संवैधानिक उपकरण मौजूद हैं। संघवाद केवल एक ऐसी युक्ति है जो क्षेत्रीय संस्थाओं को विशेषाधिकार देती है, जिसे हो सकता है कि सांस्कृतिक या ऐतिहासिक दृष्टि से समुदायों में परिभाषित न किया जा सके। जहाँ संसदीय प्रणाली धारणात्मक रूप से एकात्मक है, वहीं संघवाद बिल्कुल उसका विपरित है। यह एक पहेली ही है जिसे एक विशिष्ट ऐतिहासिक संदर्भ में समझने की जरूरत है। ब्रिटिश संसदीय मॉडल भारतीय संविधान निर्माताओं के लिए एक प्रमुख संदर्भ बिंदु बना रहा। संघवाद भारत की बहुलतावादी सामाजिक-राजनीतिक चरित्र को समायोजित करने के लिए एक संस्थागत व्यवस्था उपलब्ध कराता प्रतीत होता था। जो जाहिरा तौर पर विरोधाभासी प्रतीत हो रहा था वह भारत में शासन के लिए सबसे उपयुक्त संस्थागत व्यवस्था के रूप में उभरा।

संसदीय संघवाद, जैसा कि यह भारत में विकसित किया है, शासन की एक अनूठी संकर प्रणाली है, जिसमें स्पष्ट रूप से विरोधाभासी प्रवृत्तियों का प्रबंधन करने की मांग की जा रही थी। क्या भारत में आधे से ज्यादा सदी के दौरान जो कुछ भी उभरा है वह सरकार के शास्त्रीय मॉडल में से किसी के भी अनुरूप नहीं है? भारतीय राजनीतिक संरचना न तो दृढ़ता से एकात्मक है और न ही विशुद्ध संघीय है; यह एक रूप है जिसमें दोनों के तत्वों को पाया जा सकता है और वे स्पष्ट नजर आते हैं। स्पष्ट कारणों से

शास्त्रीय प्रकार से अलग, भारतीय राजनीतिक व्यवस्था संसदीय संप्रभुता की ब्रिटिश परंपरा और अमेरिकी संघीय विरासत दोनों से ली गई विशेषताओं का एक अनूठा मॉडल प्रदान करता है, जिसमें क्षेत्रों को केंद्र से पहले प्राथमिकता दी जाती प्रतीत होती है। यह अनिवार्य रूप से शासन की एक संकर प्रणाली है, जो भारत के एक राष्ट्र-राज्य के रूप में उदय के बाद सामाजिक-राजनीतिक प्रक्रियाओं का एक विशिष्ट खुलासा होने के कारण उभरी है। संसदीय संघवाद इसलिए सरकार की विभिन्न परतों के बीच शक्तियों के वितरण के लिए महज एक संरचनात्मक साधन नहीं है, यह एक बुनियादी दर्शन भी है जो एक राष्ट्र के नाम पर विविध क्षेत्रीय हितों को समायोजित करने की अभिव्यक्ति है।

पिछले लगभग पांच दशकों के दौरान भारत में संघवाद के कामकाज पर नजर डालें तो समय की राजनीतिक मजबूरियों के आधार पर शब्दों और आत्मा में संवैधानिक प्रावधानों के परिचालन में अद्वितीय घुमाव होने का पता चलता है। जवाहर लाल नेहरू के शासनकाल के दौरान भारत में संवैधानिक सरकार के प्रारंभिक वर्षों में, केंद्र-राज्य संबंधों में पूरी तरह से नहीं तो भी काफी प्रगति हुई है ऐसा मालूम होता है, जिसका कारण केंद्र और राज्यों दोनों जगहों में कांग्रेस के नेतृत्ववाली सरकारों का होना है, हालांकि केंद्रीकरण की ओर चिह्नित प्रवृत्तियों को सरकारी कामकाज के कई क्षेत्रों में स्पष्ट किया गया। जैसा कि ऑस्टिन ने नेहरू के ऊपर आरोप लगाये हैं, केंद्रीकरण को संस्थागत रूप देने से नेहरू के शासन की विशेषताओं को रेखांकित करने के बावजूद वे एक तरफ राज्य सरकारों के साथ सामंजस्यपूर्ण सह-अस्तित्व में थे और दूसरी तरफ जाहिरा तौर पर केंद्रीकृत क्रियाएँ थी, जिन्हें समय की परिस्थितिजन्य मजबूरियों द्वारा न्यायोचित किया गया था।

केन्द्रीय सरकार के मामलों के शीर्ष पर इंदिरा गांधी के आगमन के साथ हालात ने एक बेस्वाद मोड़ लेना शुरू कर दिया। कांग्रेस के दिग्गज राज्य नेताओं की तरफ से आने वाले दबाव के कारण उसकी असुरक्षा से बचने के लिए राह तलाशने के लिए, ऐसा प्रतीत होता है कि उन्होंने यह ध्यान दिए बिना कि इससे सामान्य रूप से लोकतांत्रिक संस्थाओं के कामकाज और संरचना पर और विशेष रूप से सामान्य और संघीय संबंधों पर कितना हानिकारक प्रभाव पड़ेगा, केंद्रीकरण की दिशा में एक सहज प्रवृत्ति विकसित कर ली और अपने हाथों में सभी शक्तियों का अंतिम एकाधिकार ले लिया। 1971 और 1972 की दुर्जेय चुनावी जीत ने जाहिरा तौर पर 24 और 25 संशोधनों के माध्यम से संघीय संबंधों के संवैधानिक चरित्र को बदलने के लिए श्रीमती गांधी का हौसला बढ़ाया, जिससे गैर कांग्रेसी राज्य सरकारों की तरफ से विध्वंसक नहीं तो भी कट्टर विरोध आया, जिसमें से सबसे तेज प्रतिक्रिया तमिलनाडु सरकार के रूप में आई, जिसने राजमन्नार समिति की रिपोर्ट को नियुक्त किया था।[8] 1970 के दशक में एक खतरनाक अनुपात प्राप्त करते हुए, श्रीमती गांधी की एकाधिकार की प्रवृत्ति देश में आपातकाल की घोषणा के साथ 1975 में अपने चरम पर पहुंच गई। कुछ समय के लिए शांत रहने के बाद विपक्ष के मुख्यमंत्रियों ने श्रीमती गांधी को एक कठिन स्थिति में डालते हुए देश को एक एकात्मक प्रणाली में ढालने के लिए निश्चित चाल के विरोध में 1980 के दशक के दौरान 'संवैधानिक विद्रोह' का झंडा उठाया, जिसके लिए उन्होंने 1983 में केंद्र-राज्य संबंधों पर 'सरकारिया आयोग' की नियुक्ति के द्वारा प्रतिक्रिया व्यक्त की। चूँकि प्रधानमंत्री के रूप में श्रीमती गांधी के कार्यकाल ने देश में संघीय प्रणाली की संरचना और कामकाज के लिए और अधिक गंभीर चुनौतियां समक्ष रखी, इसलिए 1987 में सुरक्षा वाल्व के रूप में उनका सरकारिया आयोग का सृजन सबसे बड़े तर्क के साथ बाहर आया, जिसने केंद्र-राज्य संबंधों की संरचना और कामकाज की बुराइयों का निदान किया और उनके लिए कुछ प्रशंसनीय उपचारों का सुझाव दिया।

देश में संघीय प्रणाली के कामकाज का समकालीन दौर, जो कहा जाता है कि 1980 के अंत में शुरू हुआ था, केंद्र में अपेक्षाकृत कमजोर सरकारों और गठबंधन के युग की शुरुआत के साथ खेल के प्रमुख खिलाड़ियों की भूमिका के पलटने के द्वारा चिह्नित किया गया। इसे दूसरे शब्दों में कहें तो यदि जवाहरलाल नेहरू और इंदिरा गांधी के समय केंद्रीय सरकार ने येनकेन प्रकारे राज्य सरकारों को धमकाने का प्रयास किया होता और देश में केंद्र-राज्य संबंधों के पहले से ही केंद्रीकृत संवैधानिक ढांचे को अति केंद्रीकृत करने की कोशिश की होती, तो केंद्र-राज्य संबंधों के वर्तमान चरण में, दबंग गठबंधन भागीदारों को उनकी जड़ों और राजनीतिक दृष्टि के साथ, पूरी तरह से नहीं तो, विशेष रूप से विशिष्ट राज्यों तक ही सीमित कर दिया होता, इतना मार्गदर्शन और केंद्र सरकार का कभी कभी नीतियों और कार्यवाही को नियंत्रित कर भारत को एक महासंघ का एक आदर्श मामला बनाते

हुए किया गया, जहां राज्य स्वायत्त हैं और केंद्र सरकार का संचालन उनकी मर्जी के अनुसार होता है। हालांकि, इस संदर्भ में जो उल्लेखनीय बात है, वह यह तथ्य है कि यहां तक कि नेशनल कांफ्रेंस और द्रविड़ मुनेत्र कड़गम (डीएमके) की तरह की पार्टियाँ, जो राज्य की स्वायत्तता के लिए मांग की कट्टर समर्थक थी, उन्होंने संविधान में केंद्र-राज्य संबंधों के बुनियादी मानकों के पुनर्निर्माण के लिए किसी भी गंभीर प्रयासों के लिए दबाव नहीं डाला, जब वे पूर्व के मामले में जैसे थे, या बाद के मामले में जैसे हैं, केंद्र सरकार पर अपनी शर्तों को थोपने की स्थिति में थे। बल्कि, न्यायमूर्ति एम.एन.वेंकटचलैया की अध्यक्षता में संविधान के कार्य की समीक्षा करने के लिए एक राष्ट्रीय आयोग नियुक्त करने का राष्ट्रीय जनतांत्रिक गठबंधन (राजग) सरकार का ये कदम स्पष्ट राजनीतिक कारणों से अपना दुखड़ा रोना साबित हुआ, क्योंकि यह आयोग अपनी रिपोर्ट में सरकारिया आयोग की सिफारिशों के साथ खड़ा था और भारत के संविधान के संरचनात्मक और कार्यात्मक व्यवहार्यता पर कोई आक्षेप करने में विफल रहा। इस प्रकार महत्वपूर्ण बात यह है कि केंद्र-राज्य संबंधों पर संवैधानिक प्रावधान यदि अचूक नहीं तो सर्वकालिक साबित हुए, जब वे या तो श्रीमती गांधी जैसे तानाशाही सरकारों या मनमोहन सिंह की तरह असहाय सरकारों द्वारा प्रस्तुत आवश्यकताओं को पूरा करने में सक्षम साबित हुए, जो कोई स्थायी नुकसान पहुँचाये बिना संविधान के उप-संस्करण की तरफ ले गये।

संसदीय प्रणाली

संसदीय लोकतंत्र की प्रणाली जो देश में शासन के सभी संस्थानों को संबोधित करती है, वह संविधान सभा में या गंभीर बहस और चर्चा के बिना अचानक संविधान की मुकुट महिमा नहीं बनी थी। दरअसल, देश में शासन की संसदीय प्रणाली के लिए मांग की जड़ों का यकीनन बीसवीं सदी में पीछे पता लगाया जा सकता है, जब भारतीयों ने लगातार ब्रिटिश शासन व्यवस्था के संसदीय संस्थान प्रणाली की स्थापना की मांग की, जो उन्हें देश में सरकारी गतिविधियों के साथ संबद्ध करने के लिए एक अवसर देती। हालांकि औपनिवेशिक शासक एक तरफ इस प्रकार के संस्थानों को चलाने के लिए भारतीयों की योग्यता के आधार पर मूल निवासियों की इच्छा को लगातार स्वीकार करने से इनकार कर रहे थे, और दूसरी तरफ इस तरह के रूप में भारत के लिए संसदीय संस्थाओं की अनिच्छा देश में संसदीय प्रणाली के कुछ प्रकार स्थापित किए जाने के लिए प्रबुद्ध भारतीयों की लालसा उसके लिए ब्रिटिश भारत सरकार के हर इनकार के साथ उत्तरोत्तर दृढ़ होती गई। बाद में, नेहरू समिति की रिपोर्ट, सप्रू रिपोर्ट, सोशलिस्ट पार्टी और हिन्दू महासभा द्वारा प्रकाशित स्वतंत्र भारत का संविधान मसौदा की तरह स्वतंत्र भारत के लिए राजनीतिक व्यवस्था के मॉडल का प्रस्ताव करने वाले सभी दस्तावेजों में नहीं तो अधिकांश में, और साथ ही एमएन राय जैसे व्यक्तियों द्वारा सरकार की एक संसदीय प्रणाली के लिए तर्क आजादी के बाद भारत के लिए शासन के आदर्श मॉडल के रूप में प्रमुखता लेने लगे।

हालांकि, जब संविधान सभा देश के शासन के लिए राजनीतिक संस्था के प्रकार को तय करने लगी तब एक ऐसी व्यवस्था तैयार करने के लिए आवश्यकता को निर्माताओं के मन ने अधिक महत्व दिया, जो तेजी से सामाजिक-आर्थिक क्रांति को बढ़ावा देती। जैसा कि लालकृष्ण संथानम (1948) ने इसे रखा, हिंसक क्रांति के खिलाफ तेज उत्क्रांति के पक्ष में फैसला करने के बाद जैसा कि ऑस्टिन स्पष्ट करते हैं, निर्माताओं के सामने जाहिर प्रश्न था: राजनीतिक संस्थाओं के किस रूप को बढ़ावा दिया जाएगा या कम से कम किस सामाजिक क्रांति को अनुमति दी जाएगी? जैसा कि ऑस्टिन आगे बताते हैं, निर्माताओं के पास चुनने के लिए राजनीतिक संस्थाओं की दो प्रतिस्पर्धी प्रणालियाँ उपलब्ध थी: पहला, देश की समृद्ध विरासत में पीछे देखना और स्वदेशी देश की जरूरतों को पूरा करने में सक्षम संस्थानों को खोजना, निर्माता गांव और अपनी पंचायतों को संविधान का आधार बनाते और उस पर गांधीवादी तरीके से अप्रत्यक्ष, विकेन्द्रीकृत सरकार की एक अधिरचना खड़ी करते; दूसरा, यूरो अमेरिकी संवैधानिक परंपराओं के लिए चयन करना, जो संसदीय प्रणाली के रूप में परिलक्षित होती, यद्यपि, इसका तात्पर्य था कि उस दिशा में जारी रखना जिसे देश ने औपनिवेशिक काल के दौरान अपनाया था (ऑस्टिन 1966, 27–28)। संसदीय संस्थाओं के लिए भारतीयों की पुरानी पसंद के हिसाब से दूसरे विकल्प के पक्ष में संविधान सभा का फैसला भारी बहुमत के साथ आया, केवल एक सदस्य

ने ग्राम पंचायतों का समर्थन करते हुए आवाज उठाई, हालांकि चीजों के बारे में उनकी योजना की व्यापक रूपरेखा भी प्रतिनिधि लोकतांत्रिक शासन के सांचे में दिखाई दी।

संसदीय प्रणाली के लिए पसंद के पीछे स्थित तर्क की व्याख्या करते हुए जवाहर लाल नेहरू ने 28 मार्च 1957 को लोकसभा में बोलते हुए कहा,

> हमने संसदीय लोकतंत्र की इस प्रणाली को जानबूझ कर चुना है; हमने इसे सिर्फ इसलिए नहीं चुना क्योंकि कुछ हद तक हमने हमेशा पहले से उस दिशा में सोचा था, अपितु इसलिए चुना क्योंकि हमने इसे अपनी पुरानी परंपराओं के बिना रखने का सोचा, न कि पुरानी परंपराओं के रूप में जैसे वे थे, अपितु उसे नई परिस्थितियों और नए परिवेश के लिए समायोजित किया। हमने इसे चुना —आइये हम वहाँ श्रेय देते हैं जहाँ श्रेय दिया जाना चाहिए-क्योंकि हमने अन्य देशों में स्थित इस कार्यप्रणाली को मंजूरी दी है, विशेष रूप यूनाइटेड किंगडम में।

इसके अलावा, संविधान सभा द्वारा संसदीय प्रणाली को अपनाने के लिए एक और अधिक गहराई में पैठा हिसाब उपलब्ध कराने के लिए ऑस्टिन (1966, 39–49) चार आकर्षक कारण बताते हैं।

पहला, पंचायत आधारित प्रणाली के शासन का विकल्प विश्लेषण के गांधीवादी ढांचे में निहित है, उसने निर्माताओं का पक्ष नहीं पाया क्योंकि एक तरफ 'कांग्रेस कभी भी गांधीवादी नहीं थी' और दूसरी तरफ संसदीय प्रणाली के लिए सार्वभौमिक स्वीकृति थी, क्योंकि वह भारतीय समाज के सभी वर्गों द्वारा देश के लिए निर्धारित किया हुआ भाग्य था।

दूसरा, 'समाजवाद' के लिए संविधान सभा के कई सदस्यों की प्रतिबद्धता भी संसदीय प्रणाली के लिए जाने के लिए सूचित कर रही थी, क्योंकि, समाजवाद और लोकतांत्रिक सरकार को एक दूसरे के पूरक के रूप में लिया गया। यह मानते हुए कि सामाजिक और आर्थिक समानता पाने के लिए लोकतांत्रिक संविधान एक निश्चित कदम के बिना जीवित नहीं रह सकता था, भारतीयों का एक बहुमत कम्युनिस्टों के संभावित अपवाद के साथ इस दृष्टिकोण को धारित किए हुए था कि 'वहाँ लोकतंत्र के बिना कोई समाजवाद नहीं हो सकता' जो शासन की संसदीय प्रणाली द्वारा ठहराया जा सकता है।

तीसरा, एक तरफ लोगों के कल्याण के लिए तत्काल चुनौतियाँ खड़ी थी, और दूसरी तरफ देश की एकता और अखंडता थी, उसने भी पलड़े को संसदीय प्रणाली के पक्ष में झुका दिया। सितंबर 1946 में अंतरिम सरकार के प्रारंभ के समय, देश के कई हिस्सों में अकाल जैसी स्थिति, बढ़ती खाद्य कीमतों, अनिश्चित अनाज भंडार और अधिशेष और कमी वाले प्रांतों के बीच ब्याज के एक संघर्ष के कारण लोग आतंकित थे। इसी तरह, जिन्ना द्वारा "प्रत्यक्ष कार्यवाही वाला दिन" के आव्हान के मद्देनजर सांप्रदायिक भावनाएं बढ़ने से, भारतीय संघ में शामिल होने के लिए कुछ रियासतों की अनिच्छा से और तेलंगाना जैसे क्षेत्रों में कम्युनिस्ट विद्रोह के कारण भी नवजात राष्ट्र की एकता के लिए खतरा उत्पन्न हुआ। इन बुराइयों का इलाज संसदीय प्रणाली में होना समझा गया, क्योंकि केवल वहीं देश में लोकतंत्र की संरचना और कामकाज में कोई समझौता किए बिना केंद्र सरकार के हाथ में शक्तियों के केंद्रीकरण की एक उचित मात्रा प्रदान कर सकता था।

अंत में, देश में सामाजिक क्रांति का सूत्रपात करने के लिए बुनियादी कारक के रूप में सार्वभौमिक वयस्क मताधिकार की आवश्यकता में सभा के सदस्यों का अत्यधिक विश्वास भी संसदीय लोकतंत्र के पक्ष में निर्णायक माना गया, क्योंकि इसतरह से निर्वाचित संसद संपूर्ण रूप में लोगों का प्रतिनिधित्व करने के लिए तैयार की गई थी, जो पूरे समाज के सभी वर्गों का प्रतिनिधित्व सुनिश्चित करती थी और देश में सच्चे लोकतांत्रिक शासन का प्रारंभ करने के लिए सामाजिक-आर्थिक क्रांति को बढ़ावा देती थी। भारत में आजादी के बाद की अवधि के पिछले छह दशकों से सफल हुए संसदीय लोकतंत्र के कामकाज यदि संपूर्ण रूप से नहीं तो कुछ हद तक सफल हुए हैं, जिससे शासन की एक प्रणाली होने का निर्माताओं का सपना पूरा हुआ, वह शासन के लोकतांत्रिक मूल्यों और संस्थानों की भावना के साथ समझौता किए बिना लोगों के साथ ही साथ राष्ट्र के कल्याण में आने वाली सभी प्रकार की चुनौतियों का सामना करने में सक्षम है। जिम्मेदारी और जवाबदेही दोनों के गुण के साथ जड़े हुए इसने सरकार के कामकाज का दैनिक साथ ही साथ आवधिक मूल्यांकन करना सुनिश्चित किया गया। गौरतलब है कि संसदीय

प्रणाली ने सरकार की कार्यपालिका और विधायी शाखाओं के बीच पार प्रयोजनों में किसी भी काम के अभाव के कारण देश के सामाजिक, आर्थिक और राजनीतिक जीवन में आने वाली चुनौतियों का सफलतापूर्वक सामना करने के लिए सुविधा प्रदान की है। इन सबसे ऊपर, इस संसदीय प्रणाली ने संसद में अपने प्रतिनिधित्व के माध्यम से देश के शासन में एक आवाज उठाने के लिए देश के सभी भागों के लोगों को अवसर प्रदान किए हैं, जो विभिन्न सामाजिक-सांस्कृतिक रीति-रिवाजों और परंपराओं और अलग राजनीतिक विचारधाराओं का अनुसरण करते हैं, जो राष्ट्रीय भावना और अपनेपन को मजबूत करने के लिए एक लंबा रास्ता तय कर रहे हैं।

संस्थागत सुदृढ़ता और लोगों के मानसिक और भौतिक कल्याण को हासिल करने के साथ-साथ देश की एकता और अखंडता को कायम रखने के बावजूद, भारत में संसदीय प्रणाली की कार्यात्मक गतिशीलता आज देश की बाधाओं के अर्थ में जिम्मेदारियों के अपने हिस्से के बिना नहीं है। पिछले कुछ वर्षों में राजनीति की असंगत प्रकृति, जिसकी शुरुआत नेहरू की लोकतांत्रिक शासन के साथ हुई, और श्रीमती गांधी के सत्तावादी व्यवस्था के माध्यम से होते हुए, मन मोहन सिंह की कमजोर और दुर्बल सरकार के चरमोत्कर्ष तक, यह एक संसदीय प्रणाली के तहत सरकार की प्रकृति के संबंध में अनिश्चितता का क्लासिक मामला है। इससे अधिक महत्वपूर्ण बात, लोकलुभावन राजनीति की रणनीति का सहारा देश में लोकतांत्रिक शासन का फिर से पतन साबित हुआ है क्योंकि चतुर और स्वयं की सेवा करने वाले नेता और राजनीतिक दल अपने राजनीतिक विरोधियों पर एक बिंदु हासिल करने के लिए और खुद के लिए संसद में बहुमत हासिल करने के लिए खोखले या विभाजनकारी मुद्दों का हौवा खड़ा करने में झिझकते नहीं हैं। संक्षेप में, संसदीय प्रणाली का एक दुष्परिणाम कुछ नीतियाँ हैं, जैसे श्रीमती गांधी की 'गरीबी हटाओ' जैसी नारेबाजी, वीपी सिंह का 'मंडल' वाला जुआ और भारतीय जनता पार्टी की 'राम मंदिर' वाली चाल, लोगों के जीवन में कोई उल्लेखनीय परिवर्तन लाने की बजाय ये सभी भावनात्मक मुद्दों पर वोट की राजनीति के लिए आम जनता का शोषण करना हैं। और अस्थिर गठन के साथ साथ गठबंधन की राजनीति के समकालीन चरण, यदि किसी भी सरकार के गठन को बिलकुल भी नष्ट नहीं करते हैं, तो संसदीय प्रणाली की गतिशीलता की वजह से केंद्र और राज्यों में सरकारें देश में हो रहे एक तीव्र सामाजिक-आर्थिक और राजनीतिक मंथन के स्पष्ट परिणाम होना दिखाई देते हैं। फिर भी देश की लोकतांत्रिक राजनीति में इन अवांछनीय प्रवृत्तियों को यदि हानिकारक नहीं तो संक्रमणकालीन अड़चनों के रूप में लिया जा सकता है, जो एक पारंपरिक, पिछड़े, विभाजित और राजनीतिक रूप से निष्क्रिय समाज के एक प्रगतिशील, विकसित और विविध और जन लोकतांत्रिक राष्ट्र होने के विकास के चरण में आती हैं, उसकी सुविधा के लिए निर्माता राष्ट्र के शासन की संसदीय प्रणाली पर निर्भर रहें।

संशोधन प्रक्रियाएँ

संविधान की प्रक्रियाओं में संशोधन के मुद्दों पर सबसे कम बहस हुई थी और विवादास्पद मुद्दों को संविधान सभा द्वारा निपटा दिया जाता था, शायद यह एक तरफ सदस्यों द्वारा उन्हें कम महत्व देने के कारण और दूसरी तरफ विधानसभा के औसत सदस्यों के बीच पर्याप्त ज्ञान और 'तत्काल अनुभव' की कमी के कारण हुआ था। नेहरू के (1928) और सप्रू के (1946) के साथ-साथ के.एम. मुंशी और केटी शाह, केएम पणिक्कर (1948) के मसौदा संविधान आदि, जैसी रिपोर्ट में कुछ प्रथागत संदर्भों को प्रतिबंधित करते हुए संशोधन प्रक्रियाओं की एक सुविचारित योजना मध्य 1947 तक निर्माताओं के पास उपलब्ध नहीं थी, जब बी एन राव ने संविधान में संशोधन के लिए दो गुना प्रक्रियाओं को उपलब्ध कर संशोधन प्रक्रिया के अपने ढांचे को प्रस्तुत किया था। इनमें शामिल हैं, पहला, उन संशोधनों को पहले संसद के दोनों सदनों में दो-तिहाई बहुमत से पारित किया जाना चाहिए और फिर प्रांतीय विधानसभाओं के इसी तरह के बहुमत द्वारा समर्थन मिलना चाहिए। दूसरा, इन संक्रमणकालीन प्रावधानों का संसद में साधारण बहुमत से संशोधन किया जा सकता था। हालांकि, निर्माताओं के सामने मुख्य दुविधा शायद एक तरफ बदलते समय और परिस्थितियों के साथ समाज की आवश्यकताओं के कार्य में संविधान को गतिशील रखने के लिए एक साधारण बहुमत से संविधान में संशोधन के प्रतिद्वंदी प्रलोभन में सामंजस्य बनाये रखना था; और उस में संशोधन करने

के लिए प्रक्रिया को पर्याप्त कठोर बनाना था ताकि देश के संघीय राज्य व्यवस्था के बुनियादी ढांचे को बदलने के लिए किसी भी तुच्छ प्रयास को विफल किया जा सके। अमेरिकी, ऑस्ट्रेलियाई और आयरिश संविधानों के संदर्भ का अनुसरण करने के बाद प्रथाओं पर विचार-विमर्श करके संविधान सभा ने के.सी. व्हेयर जैसे विशेषज्ञों से प्रशंसा प्राप्त करते हुए अनुच्छेद 368 के प्रावधानों के तहत संविधान में संशोधन के लिए तिगुनी विधि प्रदान करने के लिए सहमति दी, जिन्होंने बाकी के संविधान में एक आसानी से संशोधन करने के लिये राज्यों के अधिकारों की रक्षा करते हुए एक संतुलन कायम करने के लिए निर्माताओं को बधाई दी (व्हेयर, Wheare 1988, 143)।

'संविधान के सबसे चतुरता से धारित किए गये पहलुओं में से एक' के रूप में चिन्हित' हुये अनुच्छेद 368 के तहत प्रावधान संविधान को एक जीवित दस्तावेज बनाने की निर्माताओं की आकांक्षाएँ पूरी करते दिखाई देते हैं, साथ ही इसे बेहद मुश्किल बनाया है ताकि इसकी अपनी बुनियादी विशेषताओं को कोई लूट न सके। संविधान में संशोधन करने के तीन तरीकों में से दो को विशेष रूप से अनुच्छेद में प्रदान किया गया था, जबकि तीसरे के बारे में 22 अन्य अनुच्छेदों में प्रदान किया गया था। इस प्रकार, सबसे पहले संविधान को संसद के प्रत्येक सदन में एक संशोधन विधेयक को शुरू करके संशोधन किया जा सकता है, जिसके लिए प्रत्येक सदन में उपस्थित सदस्यों और मतदान का दो-तिहाई होना आवश्यक है, जिसके बाद इसे राष्ट्रपति की अनुमति पाने के लिए भेजा जाता है और जिसे प्राप्त करने के बाद यह एक संशोधन बन जाता है।

दूसरी विधि अनुच्छेद 368 के वर्ग (क) से (ड) तक के प्रावधानों के तहत प्रगणित अनुच्छेदों से संबंधित है, जो भारत के राष्ट्रपति के चुनाव की विधि; संघ और राज्यों के बीच विधायी शक्तियों का वितरण; संघ और राज्यों की कार्यपालिका अधिकारों की हद; संसद में राज्यों का प्रतिनिधित्व; सर्वोच्च न्यायालय और उच्च न्यायालयों से संबंधित प्रावधानों; और स्वयं संविधान के संशोधन के साथ काम करते हैं। इन अनुच्छेदों में से किसी का भी संशोधन करने के लिए, संशोधन विधेयक को न केवल प्रत्येक सदन में कुल सदस्यता के बहुमत से पारित होने की और प्रत्येक सदन में उपस्थित और मतदान करने वाले सदस्यों का दो-तिहाई से कम न होने की जरूरत है, बल्कि इसे राज्य विधानसभाओं के कम से कम आधे सदस्यों द्वारा भी पुष्टि किए जाने की जरूरत है।

तीसरा, संविधान में संसद के दोनों सदनों में एक साधारण बहुमत के बाद राष्ट्रपति की स्वीकृति से भी संशोधन किया जा सकता है। वे बुनियादी विचार, जिनके साथ ये प्रावधान कार्य करते हैं उनमें नए राज्यों के गठन, राज्य की सीमाओं के परिवर्तन, राज्यों का नाम बदलना, निर्वाचन क्षेत्रों के परिसीमन, नागरिकता के लिए योग्यता, संसद में कोरम इत्यादि शामिल हैं, और ये तब तक लागू रहते हैं जब तक संसद उन में परिवर्तन नहीं करती। हालांकि इस तरह के सभी मामलों में एक औपचारिक संशोधन प्रभावित नहीं होता है, फिर भी उनमें संवैधानिक कानून में बदलाव करने का प्रभाव मौजूद है।

संविधान में संशोधन करने के तरीकों पर अनुच्छेद 368 में किए गए प्रावधानों की प्रकट दृष्टि में, संविधान में संशोधन करने के संसद के अधिकारों की गुंजाईश और प्रकृति के बारे में विद्वानों के बीच एक सूक्ष्म बहस उभरी थी। विचारों का एक स्कूल प्रत्यक्षवाद में निहित है, जिसका तर्क था कि संविधान में किए गए विस्तृत प्रावधानों के कारण संसद को इस के लिए खुद को सीमित करने की जरूरत है, जो इस संबंध में प्रदान किए गये थे, और इसे संशोधन की निहित शक्तियों को प्राप्त करने के लिए किसी भी प्रयास के बिना किया जाना था। एक तरह से अनुच्छेद 13 (2) के प्रावधानों के लिए प्रतिक्रिया देते हुए, जो किसी भी राज्य को कानून बनाने से प्रतिबंधित करता है, जो मौलिक अधिकारों को वापस ले लेता है या उन्हें कम कर देता है, विचारों के अन्य स्कूल ने कहा कि संविधान में संशोधन करने के लिए इस संबंध में उसे प्रदान किए गये सख्त कानूनी प्रावधानों की बजाय उसे देश के सामाजिक-आर्थिक जरूरतों के संदर्भ में देखे जाने की जरूरत है। संविधान में संशोधन करने की क्षमता के बारे में यदि परस्पर विरोधी नहीं तो भी इन दोनों विषम विचारों ने आज तक संसद और सर्वोच्च न्यायालय के बीच श्रेष्ठ बनने के चल रहे खेल में अपना प्रतिबिंब पाया है।

हालांकि संसद की संशोधन शक्तियों की सीमा पर प्रश्नों के मामले को संविधान के उद्घाटन के बाद जल्द ही 1951 में शंकरी *प्रसाद बनाम भारत संघ* के मामले में उठाए गए थे, सर्वोच्च न्यायालयने 1967 तक यह रवैया ले लिया था कि संसद के पास

संविधान में संशोधन करने के लिए निरंकुश शक्तियाँ मौजूद हैं। इस स्थिति को 1967 में सर्वोच्च न्यायालय ने *गोलक नाथ बनाम पंजाब राज्य* के मामले में यह स्थापित करते हुए कि संसद को मौलिक अधिकारों पर प्रावधानों में संशोधन करने का कोई अधिकार नहीं है, उसे नाटकीय रूप से उलट दिया था, इससे राजनीतिक हलकों में गंभीर असंतोष व्याप्त हो गया, जिसने इस थोपे गये निर्णय के लिए मार्ग खोजने का प्रयास शुरू कर दिया। 24वें और 25वें संशोधन के माध्यम से जवाब देते हुए सरकार ने गोलक नाथ के मामले में अदालत ने जो कुछ भी प्रदान किया था उसे न केवल समाप्त करते हुये सर्वोच्च न्यायालय पर वार पलटने की कोशिश की, बल्कि यह प्रदान करते हुए राष्ट्रपति के कार्यालय तक अपने कोड़े का विस्तार किया कि जब एक संवैधानिक संशोधन को उनकी अनुमति प्राप्त करने के लिए प्रस्तुत किया गया था तब इसके लिए उन्हें अपनी सहमति देना जरूरी है और यह कि उन्हें इस संबंध में कोई विवेकाधिकार नहीं होता है। सरकार और सर्वोच्च न्यायालय के बीच फिर एक गतिरोध के लिए एक अवसर पैदा करते हुए, 24वें और 25वें संशोधन को 1973 में *केशवानंद भारती बनाम केरल राज्य* के मामले में सर्वोच्च न्यायालय में चुनौती दी गई थी।

निम्नलिखित के द्वारा केशवानंद भारती मामले में ऐतिहासिक फैसले ने संविधान में संशोधन करने की क्षमता के मुद्दे पर सरकार और न्यायपालिका के बीच अनिश्चित संतुलन बहाल करने की कोशिश की

> गोलक नाथ को रद्द करते हुए, 24वें और 25वें संशोधन को कायम रखते हुए और 25वें संशोधन के अनुच्छेद 31C में 'बचाव खंड' को रद्द करते हुए, नौ न्यायाधीशों के बयान का सार यह था कि अनुच्छेद 368 ने संविधान की बुनियादी संरचना या ढांचे को बदलने के लिए संसद को सक्षम नहीं किया था।[21]

न्यायालय ने इस प्रकार, निहित सीमाओं के सिद्धांत और बुनियादी संरचना के सिद्धांत के माध्यम से, एक तरफ संविधान के मूल घटक पहलुओं के स्थायित्व को सुनिश्चित करने, और दूसरी तरफ देश में एक कल्याणकारी राज्य के युग में प्रवेश करने के लिए सामाजिक-आर्थिक प्रावधानों में संशोधन करने के लिए संसद को अधिकतम संभव लाभ देने की कोशिश की। केशवानंद भारती मामले में दिए गये निर्णय के सार को *मिनर्वा मिल्स लिमिटेड बनाम भारत संघ* के मामले में सर्वोच्च न्यायालयने इस बात को दोहराया था, जिसके द्वारा संविधान में संशोधन करने की क्षमता के संबंध में बुनियादी संरचना के सिद्धांत की अपरिवर्तनीयता (irreversibility) पर जोर दिया। हालांकि, संविधान की नौवीं अनुसूची के रूप में, 1951 के बाद से एक विचलन मौजूद है, जिसने उन्हें संसद द्वारा उक्त अनुसूची में रखे जाने के बाद कुछ कानून बनाएं और न्यायिक समीक्षा से प्रतिरक्षा संशोधन किए, जिससे एक विषम स्थिति पैदा हुई, जिसमें संसद ने संविधान के मूल ढांचे में संशोधन करने और उसे न्यायालय की जांच से बचाव करने के लिए बच निकलने का एक अप्रत्यक्ष रास्ता प्रदान किया था। इस विसंगति को दूर करते हुए, सर्वोच्च न्यायालय ने *आईआर कोएल्हो बनाम तमिलनाडु राज्य* के मामले में कहा कि नौवीं अनुसूची को एक विशेष उद्देश्य के लिए बनाया गया था और उसे न्यायिक समीक्षा के दायरे से बाहर रख कुछ कानूनों और संशोधनों को कायम रखने के लिए एक ढाल के रूप में इस्तेमाल किया जाना नहीं था (*स्टेट्समैन* 2007), जिसमें हो सकता है कि शायद संविधान के मूल ढांचे में अशांति फैलाने की प्रवृत्ति भी हो।

समकालीन समय में संशोधन प्रक्रिया और सहायक सवालों के बारे में मुद्दों को सर्वोच्च न्यायालय में एक हावी स्थिति में होते हुए देखा जा सकता है, जिन्होंने देश में शासन के संवैधानिक ढांचे में उत्तरोत्तर ऊंचाइयों की कमांडिंग स्थिति प्राप्त कर ली है, जो आंशिक रूप से एक तरफ सरकार की ओर से किया हुआ दु: खद कार्य है, और दूसरी तरफ सरकार की ओर से सांघातिक कार्य न करना है। दोनों ही मामलों में लोगों को न्यायिक घोषणाओं के माध्यम से गलत तरीके को नष्ट करने के लिए और उचित तरीके को करवाने के लिए न्यायालय को स्थानांतरित करना पड़ा। संवैधानिक ढांचे की इस तरह की दुर्दशा को सरकार के विभिन्न अंगों के न्यायालय में एक तर्कसंगत संतुलन के पक्ष में स्पष्ट किया जाना चाहिए। संशोधन के लिए संदर्भ बिंदु के रूप में संविधान के मूल ढांचे के सिद्धांत को लेते हुए, संसद के साथ ही सर्वोच्च न्यायालय ने, जहाँ तक संशोधन का सवाल है, यह अशांति फैलाने की बजाय, संविधान को काम करवाने के लिए प्रयास करना चाहिए।

निष्कर्ष कथन

आधुनिक और आगे देख रहे लोगों के जीवन के सामाजिक, आर्थिक, राजनीतिक, सांस्कृतिक और धार्मिक प्रणालियों और मापदंडों को स्वरूप देने के मामले में राष्ट्रीय आंदोलन के प्रमुख नेताओं द्वारा पोषित कई आदर्शवादी बातें जड़ने के लिए एक मसौदा तैयार किया गया, भारत का संविधान उस जड़ का प्रतिनिधित्व करता है जो भविष्य की भारतीय राजनीति की आकृति पर प्रतिस्पर्धी दृष्टिकोणों के बीच चीजों की एक स्वीकार्य योजना के रूप में बाहर आया था। जैसा कि पहले बताया गया है, संविधान निर्माताओं के सामने प्रमुख समस्याएँ दो स्तरों पर उठी हुई प्रतीत होती हैं: स्थूल और सूक्ष्म। पहले स्तर पर, लोकतंत्र की संसदीय प्रणाली, राजनीति के संघीय स्वरूप आदि के मामले में राजनीति के मूलभूत तंत्र को प्रकट करने के लिए स्थूल स्तर के संस्थानों को अपनाने से संबंधित निर्माताओं की मुख्य चिंता थी। हालांकि वहाँ स्वतंत्र भारत में राजनीति के मैक्रो मॉडल जिसे होने की जरूरत पर संकेतकों का एक अच्छा कार्य अस्तित्व में था, वहाँ वास्तव में कुछ वैकल्पिक मॉडल मौजूद थे, जिन्हें सभा द्वारा अपनाने के लिए संविधान सभा के कुछ सदस्य वकालत कर रहे थे। उदाहरण के लिए, विधानसभा के कुछ सदस्यों ने ब्रिटिश की तुलना में सरकार के स्विस प्रणाली की श्रेष्ठता के लिए तर्क दिया, जो जाहिरा तौर पर बेहतर प्रतिनिधित्व और अल्पसंख्यकों और अन्य अनुभागीय समूहों के हितों के संरक्षण की खातिर था। यह जाहिरा तौर पर अल्पसंख्यकों और अन्य अनुभागीय समूहों के बेहतर प्रतिनिधित्व और हितों के संरक्षण की खातिर किया गया था।

बड़े स्तर पर पहेली को सुलझा लेने के बाद अधिक गहराई में स्थित मुद्दे सामने आये। चूँकि भारत असंख्य विविधताओं, टूटी राजनीतिक प्रथाओं और परंपराओं, व्यापक सामाजिक खाइयों और बड़े पैमाने पर धार्मिक और सांस्कृतिक बदलाव के साथ एक विशाल देश है, इसलिए देश की राजनीतिक व्यवस्था को ठीक स्वर में लाने का मुद्दा सिर्फ संसदीय प्रणाली अपनाने से खत्म नहीं हो जाता, जो एक पश्चिमी देश में पैदा और संचालित हुई थी और जिनकी परिस्थितियाँ और सामाजिक-आर्थिक परिवेश भारत से काफी अलग थे। इसलिए, जहाँ लोकतंत्र की संसदीय प्रणाली की भावना को बरकरार रखते हुए, संविधान के पिताओं को शास्त्रीय संसदीय प्रणाली में उपयुक्त परिवर्तन करना ही पड़ा, जैसे कि एक राजतंत्रीय प्रणाली के स्थान पर राज्य के प्रमुख चुने जाना और देश के लिए शासन के एक लंबे समय तक चलने वाली प्रणाली के लिए प्रावधान करने के लिए उसे अनुकूल बनाने हेतु संसदीय सर्वोच्चता को एक अधीन न्यायपालिका के स्थान पर एक शक्तिशाली और स्वतंत्र न्यायपालिका बनाने के लिए प्रावधान करना। इसी तरह, सुस्थापित विविधताओं के साथ भारत के भौगोलिक आकार को देखते हुए, क्षेत्रीय और स्थानीय स्तर पर लोगों की राजनीतिक आकांक्षाओं के अलावा, देश के लिए एक संघीय सेट-अप के लिए वरीयता देना स्पष्ट था। हालांकि, असली मुद्दा तब पैदा हुआ जब राष्ट्र की एकता और अखंडता की रक्षा करने के मुद्दे को संघवाद के शास्त्रीय रूप के साथ रखा गया, जिसके परिणामस्वरूप देश के संघीय प्रणाली में कई संशोधन करना शुरू किए गए थे, जिसके कारण कई विद्वानों ने भारतीय संघवाद को एक वास्तविक संघीय की बजाय एक उप संघीय आदेश कहने के लिए उद्युक्त किया। फिर भी, संविधान निर्माताओं की एकमात्र चिंता का विषय भारत को दुनिया के विभिन्न देशों में प्रचलित राजनीतिक प्रणालियों में किसी एक में रखने की बजाय देश के लिए विशेष रूप से राजनीतिक व्यवस्था का सबसे उपयुक्त स्वरूप तैयार करने में दिखाई दिया। इसे भी शैक्षिक मूल्यांकन और प्रणाली के शास्त्रीय स्वरूप के मानदंडों से इसके अलग होने के आधार पर भारतीय व्यवस्था की आलोचनाओं की परवाह किए बगैर किया गया था।

संस्थापक पिता ब्रिटेन की संसदीय प्रणाली और अमेरिका की संघीय व्यवस्था में ढले शासन की एक अभिनव प्रणाली द्वारा एक संवैधानिक तंत्र प्रदान करने में सफल रहे, लेकिन साथ ही भारतीय लोगों के लिए सुनिश्चित कर इन पश्चिमी देशों से काफी आगे जाकर किया जिसका इसके उपयोग की बात तो छोड़ ही दें, ये देश सपना भी नहीं देख सकते थे। दूसरे शब्दों में, इन शास्त्रीय पश्चिमी लोकतंत्रों की प्रसिद्धि के लिए दावा अपने लोगों को एक समतुल्य और मुक्त जीवन सुनिश्चित करने के नाम पर उनके लिए कुछ राजनीतिक और नागरिक मौलिक अधिकारों की गारंटी देना रहा है। लेकिन जैसे-जैसे समाजवादी विचारकों द्वारा तर्क दिया गया, वैसे-वैसे ये राजनीतिक और नागरिक अधिकार समाजों में एक मजाक बन गये जहां आम व्यक्ति अपने स्वयं के लिए पर्याप्त सामाजिक और आर्थिक कल्याण प्राप्त करने में सक्षम नहीं था। इस आधार पर, भारतीय संविधान निर्माताओं ने पश्चिमी पूंजीवादी समाज के साथ-साथ कम्युनिस्ट लोगों के ऊपर अधिक अंक प्राप्त किए हैं, ऐसा उन्होंने अपने लोगों को न केवल राजनीतिक और

नागरिक मौलिक अधिकारों का वरदान देकर किया अपितु उन्हें देश में संसाधनों की उपलब्धता के साथ मिलाकर राज्य के नीति निर्देशक सिद्धांतों के प्रावधानों के माध्यम से समतुल्य और संतुष्ट आर्थिक और सामाजिक जीवन के उचित स्तर को सुनिश्चित करने के लिए इच्छा दिखाकर किया। इस प्रकार, मौलिक अधिकारों और राज्य के नीति निर्देशक सिद्धांतों पर प्रावधानों ने देश के लिए निर्धारित की गई संसदीय लोकतांत्रिक प्रणाली के कंकाल को मांसपेशियाँ प्रदान की। एक साथ मिलकर, राजनीतिक और नागरिक अधिकारों का यह संयोजन संविधान के भाग III और भाग IV में निहित सामाजिक और आर्थिक अधिकारों के प्रावधानों के माध्यम से सुनिश्चित किया गया, इसने भारतीय संविधान को ऐसे उच्चस्थान पर लाकर रखा जहाँ पर न तो पूंजीवादी संविधान और न ही समाजवादी लोग उस स्तर तक पहुंचने में सक्षम हैं, जिसके द्वारा भारतीय संविधान को एक ऐसा मॉडल बना दिया है जो दुनिया के नव लोकतांत्रिक देशों द्वारा इसके लिए प्रमुख पश्चिमी संविधानों की तरफ देखने के बजाय भारतीय संविधान को दोहराया जाने में सक्षम करता है।

अंतिम विश्लेषण में भारत का संविधान इसके निर्माताओं की पवित्र दृष्टि और अचूक ज्ञान के एक अनूठे निर्माण के रूप में प्रतीत होता है। प्रस्तावना के माध्यम से संस्थापक पिता श्वेत-श्याम में उस उद्देश्य को डालने में सक्षम हुए जिसके लिए संविधान अस्तित्व में है। हालांकि भारतीय जीवन की भारी जटिलताओं ने निर्माताओं को दुनिया का सबसे लंबा संविधान तैयार करने के लिए मजबूर कर दिया, फिर भी इसकी गतिशीलता और लचीलापन इस तथ्य से सामने आया है कि इसके सिर्फ 64 वर्ष के जीवन काल में इसमें 124 से अधिक बार संशोधन किया गया है। इन वर्षों में, हालांकि, संविधान की आत्मा बुनियादी संरचना के रूप में परिभाषित किए जाने तक पहुँच गई है जिसकी पवित्रता को सर्वोच्च न्यायालय के द्वारा समय-समय पर और पुनः पुनः घोषित किया गया है। इस प्रकार, अब तक संविधान ने देश में बदलती परिस्थितियों के लिए इसे अनुकूल बनाने के लिए संसद द्वारा इसके अन्य भागों को संशोधनीय छोड़ते हुए इसके प्रमुख सार को नष्ट करने के किसी भी प्रयास के खिलाफ अभेद्य ढाल के रूप में कार्य करते हुए बुनियादी सिद्धांत के साथ, या तो 42वें संशोधन या राजग सरकार (1999–2004) द्वारा अपने काम की समीक्षा के रूप में आने वाली सभी प्रकार की चुनौतियों का बहादुरी से सामना किया प्रतीत होता है।

पुनरीक्षण प्रश्न

1. वे दार्शनिक-संवैधानिक मूल्य कौन से हैं जो भारतीय प्रशासन के लिए महत्वपूर्ण हैं? प्रकाश डालें।
2. 'संवैधानिक और दार्शनिक मूल्यों से महरूम, भारतीय प्रशासन सिर्फ एक निष्क्रिय संरचना है। ' क्या आप इस मत के साथ सहमत हैं? अपनी प्रतिक्रिया पर प्रकाश डालें।
3. भारत का संविधान भारतीय प्रशासन पर कैसे शासन करता है? अपनी प्रतिक्रिया पर प्रकाश डालें।
4. भारतीय प्रशासन को आकार देने में भारत के संविधान की प्रस्तावना की भूमिका का गंभीर रूप से मूल्यांकन करें।
5. क्या आप इस विचार से सहमत हैं कि भारत में भारतीय प्रशासन मौलिक अधिकार और मौलिक कर्तव्यों का संचालन करनेवाले संवैधानिक प्रावधानों से बंधा हुआ है? अपनी प्रतिक्रिया पर प्रकाश डालें।
6. 'जहाँ तक भारतीय प्रशासन का सवाल है, संघवाद अब तक एक महत्वपूर्ण प्रभाव है।' क्या आप इस विचार से सहमत हैं? अपनी प्रतिक्रिया पर प्रकाश डालें।
7. 'संसदीय प्रक्रियाएँ और विधायी परिणाम भारतीय प्रशासन के महत्वपूर्ण निर्धारक तत्व हैं।' प्रकाश डालें।
8. आप समकालीन भारतीय प्रशासन में संसदीय प्रणाली के महत्व की संकल्पना कैसे करेंगे? अपनी प्रतिक्रिया पर प्रकाश डालें।
9. 'संशोधन भारतीय प्रशासन को संदर्भित (contextualize) करने के लिए एक संवैधानिक डिजाइन हैं। ' क्या आप इस बात से सहमत हैं? अपनी प्रतिक्रिया पर प्रकाश डालें।
10. किन मामलों में भारतीय प्रशासन एक संदर्भ संचालित अभ्यास है? अपनी प्रतिक्रिया पर प्रकाश डालें।

टिप्पणियाँ

1. उद्देश्य प्रस्ताव पर विस्तृत जानकारी के लिए, देखें *संविधान सभा में बहस* (2003, 59)।
2. आर सी अग्रवाल में उद्धृत (1998, 15)।
3. *केशवानंद भारती बनाम केरल राज्य*, 4 एससीसी, 225, पारस 94–98 (1973), 324।
4. जानकारी के लिए, बी शिव राव (1965) देखें।
5. भारत में मौलिक अधिकारों के लिए मांग के विकास पर एक ऐतिहासिक परिप्रेक्ष्य के लिए, ऑस्टिन (1966, 52–75) देखें।
6. वी डी महाजन (1984, 70) में उद्धृत।
7. वेस्टमिन्स्टर मॉडल शासन की एक लोकतांत्रिक संसदीय प्रणाली है जो ब्रिटेन में उत्पन्न हुई थी; एक ब्रिटिश उपनिवेश होने के नाते, भारत में उपनिवेशवाद के मद्देनजर लोकतांत्रिक सरकार के इस रूप को पेश किया गया था।
8. हालांकि दिनांकित, राजामन्नार समिति की रिपोर्ट में देश में केंद्र-राज्य संबंधों की संरचना और कामकाज की सबसे गंभीर आलोचना शामिल है। जानकारी के लिए, *केन्द्र राज्य संबंधों की जांच समिति* (1971) की रिपोर्ट को देखें।
9. ऑस्टिन (1999, 264) में उद्धृत।

संदर्भ

Agrawal, R. C. 1998. *Constitutional Development and National Movement of India*. New Delhi: S. Chand and Company.

Ambedkar, B. R. 2003. *Constituent Assembly Debates*, vol. VII. 4th Reprint. New Delhi: Lok Sabha Secretariat.

Austin, Granville. 1966. *The Indian Constitution: Cornerstone of a Nation*. New Delhi: Oxford University Press.

Austin, Granville. 1999. *Working a Democratic Constitution: The Indian Experience*. New Delhi: Oxford University Press.

Hidayatullah, M. 1982. *Democracy in India and the Judicial Process*. New Delhi: Metropolitan.

Kapur, A. C., and K. K. Mishra. 2001. *Select Constitutions*. New Delhi: S. Chand and Company.

Livingstone. 1956. *Federation and Constitutional Change*. Frazer, London.

Lok Sabha Secretariat. 2003. *Constituent Assembly Debates*, vol. 1. 4th Reprint, New Delhi: Lok Sabha Secretariat.

Mahajan, V. D. 1984. *Select Modern Constitutions*. New Delhi: S. Chand and Company.

Markandan, K. C. 1966. *Directive Principles in the Indian Constitution*. Jalandhar: ABS Publications.

Rao, B. Shiva. 1965. *The Framing of India's Constitution: Select Documents*, vol. I. New Delhi: Indian Institute of Public Administration.

———. 1971. *Report of the Centre–State Relations Enquiry Committee,* Chairman: Justice P. V. Rajamannar, Government of Tamil Nadu, Chennai.

The Hindu. 2007. 12 August.

The Statesman. 2007. New Delhi, 12 January.

Wheare, K. C. 1988. *Modern Constitutions*. New Delhi: S. Chand and Company.

3

केंद्रीय प्रशासन की संरचना

अध्ययन उद्देश्य

1. केन्द्रीय सरकार की संरचना और संगठन ज्ञात करना।
2. केन्द्रीय सचिवालय के कार्यों और भूमिका को समझना।
3. कैबिनेट सचिवालय की भूमिका पर चर्चा करना।
4. प्रधानमंत्री कार्यालय (पीएमओ) के महत्व की जांच करना।
5. संलग्न और अधीनस्थ कार्यालयों की प्रकृति और कार्यों का पता लगाना।

भारत की संघीय संरचना के तहत शासन के तीन स्तर हैं: केन्द्र, राज्य और स्थानीय। केंद्रीय स्तर पर केंद्र सरकार राष्ट्रीय मामलों की देखरेख करती है। राज्य स्तर पर राज्यों के लोगों की सेवा करने के लिए राज्य सरकारें मौजूद हैं। स्थानीय स्तर पर, जो लोगों के सबसे करीब है, वहाँ ग्रामीण और शहरी क्षेत्रों में स्थानीय सरकारें होती हैं। प्रत्येक स्तर पर सरकार के सुचारू संचालन के लिए एक प्रशासनिक व्यवस्था मौजूद होती है। इसप्रकार भारत में प्रशासन विभिन्न स्तरों पर संचालित किया जाता है: केंद्र, राज्य, जिला और स्थानीय स्तर।

केंद्रीय स्तर पर संगठनात्मक व्यवस्था अत्यंत विशाल है, जिसमें सचिवालय, मंत्रालयों और विभागों, मंत्रिमंडल सचिवालय, प्रधानमंत्री कार्यालय और कई संलग्न कार्यालयों और क्षेत्रीय कार्यालयों का समावेश होता है। वहाँ 16 मार्च 2015 के अनुसार भारत की केंद्र सरकार के 25 सर्वोच्च कार्यालयों, 51 मंत्रालयों, 60 विभागों और 98 से अधिक आयोगों का समावेश था। इस अध्याय में मुख्य रूप से भारत में केंद्रीय स्तर पर इन प्रशासनिक और संगठनात्मक व्यवस्था के बारे में चर्चा की जाएगी।

केंद्रीय सचिवालय

भारतीय संविधान के तहत, सभी कार्यकारी कार्यों को राष्ट्रपति के नाम पर किया जाता है। लेकिन राष्ट्रपति मात्र एक संवैधानिक प्रमुख है। एक मंत्रि-परिषद, जिसके प्रमुख प्रधानमंत्री होते हैं, राष्ट्रपति को उनके कार्यों के निर्वहन में सहायता और सलाह प्रदान करती है। वास्तविक कार्यकारी शक्ति मंत्रिमंडल या प्रधानमंत्री के साथ मंत्रियों की परिषद में निहित है, जो केन्द्रक के रूप में कार्य करते हैं। चूँकि ये मंत्री स्वयं कई कार्य नहीं कर सकते, इसलिए उन्हें सहायता की आवश्यकता होती है। प्रशासनिक सुविधा के लिए भारत सरकार को मंत्रालयों और विभागों में बांटा गया है, जो एक साथ मिलकर केंद्रीय सचिवालय का गठन करते हैं। सचिवालय वह कार्यालय है जो विभिन्न मंत्रालयों के मुखिया मंत्रियों को अपनी जिम्मेदारियों के निर्वहन में सहायता करता है।

'सचिवालय' इस शब्द का शाब्दिक तात्पर्य है सचिव का कार्यालय। मंत्री के प्रधान सलाहकार होने के नाते इस सचिव को अपने कार्यों के निष्पादन में उसकी सहायता करने के लिए एक कार्यालय उपलब्ध करने की जरूरत होती है। इस शब्द का मूल उस

समय में है जब भारत में सचिवों की सरकार थी। आजादी के बाद शासन की शक्ति लोकप्रिय निर्वाचित मंत्रियों के हाथ में आ गई, जो मंत्रालय का गठन करते हैं, और न कि सचिवों के हाथों में थी, जो केंद्र के असली प्राधिकारी होते थे। इसलिए, इस परिवर्तित राजनीतिक स्थिति में अब सचिवालय यह शब्द मंत्री के कार्यालय के लिए एक पर्याय बन गया है।

केंद्रीय सचिवालय का विकास

केंद्रीय सचिवालय कुछ अन्य प्रशासनिक संस्थानों की ही तरह भारत में ब्रिटिश शासन की एक विरासत है। प्रारंभ में भारत में सचिवालय गवर्नर जनरल का कार्यालय था। केंद्रीय सचिवालय की मूल भूमिका नीतियों के निर्माण के लिए अपेक्षित जानकारी प्रस्तुत करना और कंपनी की सरकार के आदेश को पूरा करने की थी। 1773 के विनियामक अधिनियम ने पहली बार 'राष्ट्रपति सरकार' पर शक्ति को नियंत्रित करने के साथ 'सर्वोच्च सरकार' बनाई। इसमें एक गवर्नर जनरल और चार पार्षद शामिल थे जिसमें पूरे भारत में सैन्य नियंत्रित करने की शक्तियां निहित थी। यह प्रणाली संपूर्ण ब्रिटिश शासन के दौरान जारी रही। कंपनी के शासन के विस्तार के साथ उसने कई सरकारी कार्यों को हाथों में लिया और इस तरह सचिवालय की भूमिका उसके आकार के साथ-साथ विस्तारित होती चली गई।

वे लार्ड कार्नवालिस थे, जिन्होंने सचिवालय को संगठित और मजबूत करने के लिए कुछ महत्वपूर्ण कदम उठाये थे। उन्होंने महासचिव कार्यालय का निर्माण किया, जो बाद में सभी अधिकारों और जिम्मेदारियों के साथ मुख्य सचिव के रूप में जाना जाने लगा। लॉर्ड वेलेस्ले ने भी सचिवालय के पुनर्गठन में गहरी रुचि ली। उन्होंने उनके संबंधित वेतन और जिम्मेदारियों को बढ़ाकर सचिवों के ओहदे को ऊपर उठाया। सचिवों के कार्य उनके सामान्य दैनिक संचालन कार्यों के अलावा अनुसंधान और योजना बनाने तक विस्तारित कर दिए गये।

अठारहवीं सदी के अंत तक, सर्वोच्च सरकार में एक गवर्नर जनरल, तीन पार्षद शामिल थे और एक सचिवालय चार विभागों से मिलकर बना होता था (इनमें से प्रत्येक एक सचिव के अधीन था और वे सभी मुख्य सचिव के समग्र नियंत्रण के तहत काम करते थे)। वर्ष 1919 में मोंटफोर्ट सुधारों के दौरान, भारत सरकार के एक गवर्नर जनरल और सात सदस्य थे। तब नौ सचिवीय विभाग थे और सचिवालय की कुल संख्या ने 46 को छुआ था। यह आंकड़ा 1939 में द्वितीय विश्व युद्ध की शुरुआत तक अपरिवर्तित रहा।

द्वितीय विश्व युद्ध ने सचिवालय को एक नीति बनाने वाले निकाय के रूप में विकसित होने में वास्तविक योगदान दिया। इसका उपनिवेश के युद्ध में पड़ने वाली कमियों और युद्ध का समर्थन करने वाली नीतियों के आलोक में पुनः निर्माण किया गया। नीति निर्माण के कार्य को निष्पादन से अलग कर दिया गया और लॉर्ड कर्जन ने प्रतिनियुक्ति पर कर्मचारियों की अस्थायी कैडर की शुरुआत की। कर्मियों की तत्काल आवश्यकता होने के कारण, गृह मंत्रालय के विभाग में 'विशेष कार्य वाले अधिकारी' (ऑफ़ीसर ऑन स्पेशल ड्यूटी—ओएसडी) का पद बनाया गया, जो नागरिक सुरक्षा के काम देखता था। क्षेत्रों के कई अन्य कार्यों को देखने के लिए सचिवालय में काफी विस्तार किया गया। गवर्नर जनरल की परिषद की संख्या बढ़ाकर 7 से 14 कर दी गई और सचिवालय के विभागों की संख्या 19 तक पहुँच गई। अधिकारियों की कुल संख्या भी इस धारणा के तहत 200 तक पहुंच गई, कि इस तरह का विस्तार एक अस्थायी विस्तार है जो युद्ध के लिए किया गया है और युद्ध का अंत होने के बाद जैसे ही स्थिति सामान्य होती है वैसे ही इसकी पुरानी स्थिति को बहाल कर दिया जाएगा। लेकिन, युद्ध के बाद पुनर्निर्माण कार्यक्रमों और बाद में स्वतंत्रता के आगमन के कारण सचिवालय के आकार में कोई कमी करने की अनुमति नहीं दी गई। बल्कि, आजादी के आगमन और उसमें स्थित समस्याओं और नई लोकप्रिय सरकार के समाज कल्याण के कार्यों में विस्तार कर आगे सचिवालय का और विस्तार किया गया। इस प्रकार, सचिवालय में विभागों की जो संख्या 1945 में 19 थी वह 1994 में बढ़कर 74 तक पहुँच गई, और इसी तरह, संलग्न और अधीनस्थ कार्यालयों की संख्या भी जो 1947 में 20 थी वह 1991 में बढ़कर 100 तक पहुँच गई।

केंद्रीय सचिवालय की भूमिका और कार्य

वर्तमान प्रशासनिक व्यवस्था में केंद्रीय सचिवालय एक महत्वपूर्ण स्थान रखता है। यह अपनी जिम्मेदारियों की पूर्ति में सरकार की मदद करता है। यह सरकारी नीतियों के निर्माण में मंत्रियों की मदद करता है। नीतियों को केवल संदर्भित आंकड़ों और जानकारी के आधार पर ही तैयार किया जा सकता है, सचिवालय उन्हें मंत्रियों को उपलब्ध कराता है जिससे वे नीतियां तैयार करने में सक्षम होते हैं। संक्षेप में, सचिवालय:

- नीति बनाने की प्रक्रिया में मंत्रियों की मदद करता है।
- नियमों और विनियमों को तैयार करने में मदद करता है।
- वित्तीय प्रबंधन और बजट बनाने में मदद करता है।
- सरकार की अन्य शाखाओं के साथ समन्वय करने में मदद करता है और राज्य प्रशासन के साथ संपर्क बनाए रखता है।
- कार्यकारी एजेंसियों द्वारा किए गए कार्यों का मूल्यांकन करने में मदद करता है।
- संसद के प्रति अपनी जिम्मेदारियों के निर्वहन में मंत्रियों की मदद करता है।

इस प्रकार, सचिवालय सरकार का सर्वोच्च पद होता है।

> इसने प्रशासन को संतुलन, स्थिरता और निरंतरता प्रदान की है और किसी भी मंत्रालय की कुल मशीनरी के लिए यह एक धुरी के रूप में कार्य करता है। इसने मंत्री स्तर पर संसद के लिए अंतर-मंत्रालय समन्वय और जवाबदेही प्रदान की है। एक संस्थागत प्रणाली के रूप में सरकार के समुचित कार्य करने के लिए यह अपरिहार्य है। (एआरसी 1967, 30)

सचिवालय को एक विचार मंच कहा जाता है, क्योंकि यह सरकारी नीतियों और गतिविधियों के बारे में महत्वपूर्ण जानकारी प्रदान करता है। यह भारत में परिवर्तन लाने के लिए राज्यों और राष्ट्रीय संस्थान (नीति आयोग) और वित्त आयोग जैसे महत्वपूर्ण संस्थानों के बीच संचार के एक चैनल के रूप में कार्य करता है। यह एक मंत्रालय के समग्र मशीनरी के लिए एक धुरी के रूप में कार्य करता है और अंतर-मंत्रालय समन्वय की सुविधा प्रदान करता है। सचिवालय के उच्चस्थान को सचिवालय के अधिकारियों को दिए जाने वाले उच्च वेतनमान और विशेष भत्तों के माध्यम से सरकार द्वारा मान्यता प्रदान की गई है। इस प्रकार, सचिवालय अपरिहार्य औरवांछनीय दोनों होने के कारण देश के लोक प्रशासन में एक अनिवार्य संस्था है।

सचिवालय का संगठनात्मक ढांचा

केंद्रीय सचिवालय विभिन्न मंत्रालयों और विभागों का एक संयोजन है। 'मंत्रालय' शब्द 1947 में आजादी के बाद उपयोग में आया। कोई भी मंत्रालय एक मंत्री के प्रभार के तहत होता है, जिसमें एक या एक से अधिक विभाग शामिल हो सकते हैं, उनमें से प्रत्येक एक सचिव के प्रभार के अधीन होता है। रक्षा, गृह, विदेशी मामलों और वित्त जैसे बड़े मंत्रालयों के एक से अधिक विभाग हैं। यह विभाग सचिव की अध्यक्षता में एक संगठनात्मक इकाई होती है। यदि किसी मंत्रालय में एक से अधिक विभाग हैं तो उसमें अधिक सचिव हो सकते हैं, लेकिन केवल एक ही वरिष्ठ अधिकारी मंत्रालय का प्रतिनिधित्व करते हैं। एक वरिष्ठ सचिव को प्रधान सचिव के रूप में नामित किया जाता है। किसी भी मंत्रालय के सुचारू संचालन के लिए इसे एक अधिकारी प्रभारी की अध्यक्षता में निम्नलिखित खंडों में बांटा गया है:

- विभाग – सचिव/अतिरिक्त सचिव/विशेष सचिव
- विंग (खंड) – संयुक्त सचिव/अतिरिक्त सचिव

- डिवीजन (प्रभाग) – निदेशक/उपसचिव
- शाखा – अवर सचिव
- अनुभाग – विभागीय अधिकारी

एक मंत्रालय में एक या अधिक विभाग होते हैं जो एक **सचिव** की अध्यक्षता में होते हैं या कुछ मामलों में एक अतिरिक्त/विशेष सचिव द्वारा अध्यक्षता की जाती है। वह मंत्रालय/विभाग के प्रशासनिक प्रमुख और मंत्री के प्रमुख सलाहकार होते हैं। वे संसद की विभिन्न समितियों के सामने अपने मंत्रालय/विभाग का प्रतिनिधित्व करते हैं। वे अपने अधीनस्थ कर्मचारियों द्वारा निपटाये जाने वाले मामलों की साप्ताहिक रिपोर्ट प्राप्त करते हैं। किसी मंत्रालय में विभागों की संख्या के अनुसार कई सचिव हो सकते हैं। सबसे वरिष्ठ सचिव अन्य सचिवों के काम का समन्वय करते हैं।

सचिव किसी भी नीति के परिणामों के बारे में मंत्री को विवरण देता है। वह सभी राष्ट्रीय और अंतरराष्ट्रीय समितियों में मंत्री के साथ-साथ अपने मंत्रालय का प्रतिनिधित्व करता है। सचिव सीधे उसे प्रस्तुत किए गये कुछ मामलों के लिए निर्देश देने के लिए स्वतंत्र है। इस प्रकार, विभाग में सचिव के अधिकार सबसे अधिक होते हैं।

जहां एक सचिव के काम की मात्रा बहुत बड़ी है, वहाँ उसे एक **संयुक्त या अतिरिक्त सचिव** के द्वारा सहायता प्रदान की जा सकती है, जो एक विंग का प्रभार लेता है। एक संयुक्त सचिव के कार्यों में सचिव को काम के बोझ से राहत देना, और जहां आवश्यक हो वहाँ मंत्री के साथ सीधे व्यवहार करना शामिल है। हालांकि, सचिव को मंत्री के साथ किए गये सभी प्रत्यक्ष व्यवहार के बारे में सूचित किया जाता है। उसके विंग के तहत होने वाले सभी कारोबार के संबंध में संयुक्त सचिव कामकाज और जिम्मेदारी की अधिकतम स्वतंत्रता रखता है।

भारत सरकार के कई विभागों में संयुक्त सचिव के पद से नीचे एक **निदेशक** का पद होता है, जिसे उपसचिव से ऊपर रखा गया है। निदेशक की जिम्मेदारियाँ कमाधिक रूप से एक उपसचिव के समान ही होती हैं। इस पद की कुछ अधिकारियों के अहं को संतुष्ट करने के लिए 1960 के दशक में रचना की गई है।

मंत्रालय को आवंटित किए गये कार्यों को सक्षमता और सुचारू रूप से करने के लिए एक मंत्रालय के विंग को कई डिवीजनों में बांटा गया है। आम तौर पर एक डिवीजन का गठन दो शाखाएँ करती हैं, जिनका नेतृत्व **उपसचिव करते हैं।** उपसचिव संयुक्त सचिव को अपने कार्यों के निर्वहन में मदद करता है। उसे संयुक्त सचिव, अतिरिक्त सचिव या सचिव से महत्वपूर्ण मामलों पर या तो मौखिक रूप से या प्रासंगिक कागज़ातों के माध्यम मिले आदेश में अपने विवेक का उपयोग करना होता है। कुल मिलाकर, उपसचिव केंद्रीय सचिवालय में एक महत्वपूर्ण स्थान रखता है।

एक शाखा में दो अनुभाग होते हैं और वे एक **अवर सचिव** के प्रभार के तहत होते हैं। **वह** उपसचिव और उसकी देखरेख में स्थित अनुभागीय अधिकारी के बीच एक कड़ी के रूप में कार्य करता है। वह शाखा के सुचारू संचालन के लिए उपसचिव के प्रति जवाबदेह होता है। वह न केवल काम के शीघ्र निपटान के संबंध में अधिकार रखता है, अपितु अपने नियंत्रण में स्थित अनुभागों में अनुशासन के रखरखाव पर भी अधिकार रखता है। आम तौर पर, यह अवर सचिव ही होता है, जिसे सभी आवक संचार पर कार्रवाई शुरू करना जरूरी होता है। उसे उपसचिव को अधिक महत्वपूर्ण मामलों को प्रस्तुत करना जरूरी होता है, ताकि उन्हें जल्दी से निपटाने के लिए सक्षम किया जा सके।

उपरोक्त अधिकारी संपूर्ण रूप में भारत सरकार के हितों को ध्यान में रखते हुए अपने कार्यों का प्रदर्शन करते हैं। उदाहरण के लिए सचिव, भारत सरकार के लिए सचिव होता है, अकेले अपने मंत्री के लिए नहीं। एसआर माहेश्वरी ने निरिक्षण किया है कि दुर्भाग्य से वहाँ बहुत ज्यादा विभागीय सोच है और सचिव को आज आमतौर पर अपने मंत्रालय/विभाग के संदर्भ में ही माना जाता है, जो बात समग्र दक्षता और समन्वय के प्रयासों में एक बाधा होती है। यह सोच सचिव के स्तर पर खत्म नहीं होती; यह एक हद तक विभाग में नीचे की ओर रिसती चली गई है। उपसचिव अक्सर अपने ही डिवीजन के और अवर सचिव अपनी ही शाखा के संदर्भ में सोचता है। यह सब निश्चित रूप से संगठनात्मक लक्ष्यों और संगठनात्मक सद्भाव की प्राप्ति के लिए अनुकूल

नहीं है, क्योंकि एक संगठन को सकल रूप में भारत सरकार के रूप में समझने के व्यापक संदर्भ में परिभाषित किया जाता है (माहेश्वरी 2001, 74)।

प्रशासनिक ढांचे में सबसे निचले स्तर पर **अनुभाग अधिकारी** होता है, जिसे **कई** सहायकों, आशुलिपिकों, उच्च श्रेणी लिपिकों, निम्न श्रेणी लिपिकों और चपरासियों द्वारा मदद की जाती है। एक साथ मिलकर वे एक कार्यालय का गठन करते हैं। उच्च स्तर के पदाधिकारियों की दक्षता काफी हद तक कार्यालय की क्षमता द्वारा प्रभावित होती है। यह वह नींव है जो पूरी सर्वोच्च संरचना को बनाए रखती है। यह विशेष ज्ञान और उदाहरणों का भंडार होने के कारण संगठनात्मक 'स्मृति' के रूप में कार्य करता है। यह 'स्मृति' कार्य कार्यकाल प्रणाली के संदर्भ में महत्वपूर्ण है जो अधिकारियों के लिए एक मार्ग बनाती है। आम तौर पर, एक कार्यालय एक अनुभाग अधिकारी, चार सहायकों और कई उच्च और निम्न श्रेणी के लिपिकों द्वारा मिलकर बना होता है। अनुभाग अधिकारी इस कार्यालय की अध्यक्षता करता है। इसके निम्नतम स्तर पर निम्न श्रेणी के लिपिक नियमित कार्यों का निर्वहन करने के लिए जिम्मेदार होता है, जैसे पिछले कागजात के संग्रह, फाइलों और रजिस्टरों का रखरखाव, ईमेल का प्रेषण, आदि। उच्च श्रेणी लिपिक इसी प्रकार के कार्य करता है, परंतु इनके अलावा वह साधारण मामलों पर टिप्पणियाँ लिखता है और उनके निपटान में मदद करता है। अनुभाग अधिकारी यह सुनिश्चित करता है कि अपने मातहतों द्वारा तैयार की गई टिप्पणियाँ तथ्यात्मक रूप से सही हैं। वह सचिवालय के पदानुक्रम में पहली पंक्ति का पर्यवेक्षक है और उससे अपने स्वयं के विवेक का उपयोग कर छोटे मामलों को निपटाने के लिए उम्मीद की जाती है।

सचिवालय में कर्मियों की संरचना

अवर सचिव से लेकर सचिव स्तर तक सचिवालय के अधिकांश उच्च अधिकारियों को भारतीय प्रशासनिक सेवा और केन्द्रीय सेवाओं (प्रथम वर्ग) के अधिकारियों द्वारा संचालित किया जाता है। वे क्षेत्र प्रशासन में अनुभव प्राप्त करने के बाद राज्यों से प्रतिनियुक्ति पर आते हैं। तीन से पांच साल की अवधि के लिए सचिवालय में अपनी सेवाएं प्रदान करने के बाद, वे नीति निर्माण और मूल्यांकन के समृद्ध अनुभव के साथ अपने-अपने राज्यों में लौट जाते हैं। इस तरह की आधिकारिक व्यवस्था को 'कार्यकाल प्रणाली' के रूप में जाना जाता है और यह 1905 में लॉर्ड कर्जन द्वारा पेश की गई थी, जो 'जिलों में स्थित व्यक्तियों' को कभी नहीं भूले, और वे मानते थे कि 'हो सकता है कि भारत शिमला या कलकत्ता से नियंत्रित किया जाता है, लेकिन वह मैदानी इलाकों से प्रशासित किया जाता है।' उनके मतानुसार, कोई भी जिला प्रशासन का केंद्रीय बिंदु है और सभी महत्वपूर्ण प्रशासनिक कार्य जिला स्तर पर किए जाते हैं। इसलिए लॉर्ड कर्जन ने महसूस किया कि जिन अधिकारियों को जिले में कार्य करने का अनुभव था उन्हें सचिवालय में लाया जाना चाहिए। उनका मानना था कि यह एक अच्छा विचार है कि सचिवालय को क्षेत्र की वास्तविकताओं के संपर्क में रखा जाए। कुछ समय सचिवालय में अपनी सेवा प्रदान करने के बाद इन अधिकारियों को अपने क्षेत्र के अनुभव को नवीनीकृत करने के लिए जिले में वापस जाना जरूरी है, जो सचिवालय में अपनी सेवाएं प्रदान करने के दौरान धुंधले हो जाते हैं। इस प्रकार, जिले में स्थित अधिकारियों को वास्तविक जीवन के प्रशासनिक अनुभव रखने वाले लोगों के रूप में माना जाता था।

राज्यों से आए अधिकारियों द्वारा निर्मित सचिवालय की कार्मिक संरचना को कई समितियों और आयोगों के द्वारा समर्थित किया गया है। सचिवालय प्रक्रिया समिति (Llewellyn Smith) की इस सिफारिश के जवाब में कि सचिवों और उप सचिवालय के कार्यकाल को मौजूदा तीन साल से बढ़ाकर चार साल तक किया जाना चाहिए, 1919 में भारत सरकार ने स्पष्ट कहा कि:

> सचिव और उपसचिव के पद अस्थायी होना चाहिए, क्योंकि सचिवालय को प्रांतों में होने वाले प्रशासनिक कार्य के संपर्क में रहना चाहिए। इसी कारण वे समिति की सिफारिश को अपनाने के लिए संकोच कर रहे थे, क्योंकि सचिवालय में एक अधिकारी द्वारा बिताया गया हर साल भौतिक रूप से उसके संपर्क को कमजोर करता है। इसके अलावा उन अधिकारियों की श्रेणी में

> विस्तार करना वांछनीय है, जिन्हें सचिवालय के काम का अनुभव था। यह क्षेत्र पहले से ही असुविधाजनक रूप से छोटा होता है और भारत सरकार को आशंका थी कि कार्यालय के किसी भी कार्यकाल को विस्तारित करने का परिणाम आगे इस क्षेत्र के संकुचन के रूप में हो सकता है। इन आधारों पर, भारत सरकार ने मौजूदा व्यवस्था को बनाए रखने का फैसला किया, जिसके तहत विदेशी और राजनीतिक और विधायी विभागों को छोड़कर कार्यालय का कार्यकाल तीन साल तक ही सीमित कर दिया गया, हालांकि किसी भी अधिकारी के मामले में, इसके बारे में गवर्नर जनरल के आदेश द्वारा इसे इस अवधि से आगे बढ़ाया जा सकता है। (भारत सरकार 1991, पैरा 72)

साइमन कमीशन (1930) ने भी अधिकारियों के रोटेशन की प्रथा का समर्थन किया और कहा कि

> यह एक स्वीकृत सिद्धांत है कि प्रांतों में और दिल्ली में कुशल सचिवालय सेवा जिलों और सचिवालय, प्रांतों एवं केंद्र के बीच कर्मियों के एक निरंतर आदान-प्रदान पर निर्भर करती है ... केंद्रीय सरकार के साथ या प्रांतीय सचिवालय में प्राप्त किया हुआ अनुभव भारतीय प्रशासन की प्रणाली में लिया गया अनुभव होता है और यह प्रांतों या जिलों और प्रांतों के लिए एक परिसंपत्ति है, क्योंकि जिलों और प्रांतों का हाल ही में पाया गया और अंतरंग ज्ञान प्रांतीय और केंद्रीय सचिवालय में अपरिहार्य है। उन दोनों के बीच का आदानप्रदान सकल के लिए एक ताक़त निर्माण करता है। (आईएससी 1939 की रिपोर्ट, पैरा 315)

कार्यकाल प्रणाली के पक्ष में बहस करते हुए व्हीलर समिति (1936) ने निम्नलिखित टिप्पणियाँ की थी:

- ये अनुभव जिम्मेदारियों को संभालने और एक दृढ़ फैसले का निर्माण करने में सिविल सेवकों को प्रशिक्षित करेंगे,
- यह तीन साल की छोटी अवधि न तो दूर कर देती है और न ही बाधित करती है,
- केंद्रीय सचिवालय में सेवा के कार्यकाल से प्रांतों को लाभ होगा,
- ईर्ष्या और असंतोष को रोकने के लिए सभी अधिकारियों के बीच इस तरह के लाभ को संवाहित करते रहना बेहतर है, और
- यह अनुपयुक्त अधिकारियों को हटाने और उन्हें कहीं और नियुक्त करने के लिए एक आसान रास्ता है।

मैक्सवेल समिति (1937) ने भी कार्यकाल प्रणाली का समर्थन किया। समिति ने कहा,

> सचिवालय में एक स्थायी कैडर के अधिकारी भारतीय जीवन के साथ अपने संपर्क को खो देंगे, जो उनके काम के प्रदर्शन में एक बाधा होगी, और प्रांतीय सचिवालय में अधिकारियों की उपस्थिति ने केंद्रीय और प्रांतीय सरकारों के बीच एक कडी स्थापित करने में मदद की, जिन्हें केंद्रीय सचिवालय में या इसके विपरित अनुभव था।

समिति ने सिफारिश की कि केंद्रीय सचिवालय में अधिकारियों के कार्यकाल को जहाँ तक संभव हो उस अवधि से अलग किए जाने की जरूरत है जिसे प्रांतों और जिलों में व्यतीत किया जाना है, जहाँ वास्तविकता के साथ उनके संपर्क को पुनर्जीवित किया गया था। इसी तरह, सचिवालय का अनुभव रखने वाले अधिकारियों को क्षेत्र के लिए उपलब्ध होने की जरूरत है ताकि उन्हें यह ज्ञान प्राप्त हो कि सचिवालय से क्षेत्र की समस्याओं को कैसे हल किया जाता है।

प्रशासनिक सुधार आयोग (1967) ने कार्यकाल प्रणाली का दृढ़ता से समर्थन किया और सचिवालय और क्षेत्र के बीच कर्मियों के निर्बाध प्रवाह में अवरोध उत्पन्न करने वाली सभी बाधाओं को हटाने का सुझाव दिया। उसने यह सिफारिश की कि कार्यकाल प्रणाली का सख्ती से समर्थन किया जाना चाहिए और अधिकारियों को, जैसा भी मामला हो, तदनुसार पर्याप्त अवधि के लिए अपने मूल विभागों या राज्य सरकार में वापस जाना चाहिए। किसी अन्य कार्यनिर्धारण का विचार करने से पहले यह देखना चाहिए कि यह अवधि उस कालावधि की तुलना में कम तो नहीं है, जो विभाग/राज्य के बाहर बिताई गई थी।

इस प्रकार विभिन्न समितियों और आयोगों ने कार्यकाल प्रणाली के पक्ष में समर्थन किया। इसे केंद्र-राज्य संबंधों में अच्छा संतुलन बनाये रखने के लिए और संघीय प्रणाली की स्वस्थ कार्यप्रणाली के लिए एक सकारात्मक साधन के रूप में देखा गया। यह तर्क भी दिया गया था कि इसने वास्तविकताओं के आधार पर राष्ट्रीय नीतियों को तैयार करने में मदद की थी। इस प्रणाली ने राज्यों को भी लाभान्वित किया, क्योंकि उन्हें एक विस्तृत अनुभव और केंद्रीय सरकार के कामकाज के साथ-साथ राष्ट्रीय नीतियों का ज्ञान रखने वाले अधिकारी वापस मिल जाते हैं। इस कार्यकाल प्रणाली ने उन अधिकारियों को अलग अलग वातावरण में काम करने के लिए एक मौका दिया जिससे उनकी सेवा की एकरसता दूर हुई। सचिवालय को अक्षम और अयोग्य व्यक्तियों से आसानी से छुटकारा मिल जाता है और उन्हें कार्यकाल के अंत में किसी भी कठिनाई के बिना हटाया जा सकता है। अंत में, इस कार्यकाल प्रणाली ने प्रशासनिक एकता को मजबूत किया और सिविल सेवा की स्वतंत्रता सुनिश्चित की।

'कार्यकाल' के उपर्युक्त फायदे होने के बावजूद इस प्रणाली के खिलाफ कुछ तर्क भी दिये गये हैं। वैसे तो मंत्रालयों के काम प्रकृति में विशेष बन गये हैं, लेकिन कार्यकाल प्रणाली इस बात को सुनिश्चित नहीं करती है। दूसरा, वर्तमान में, केन्द्र सरकार द्वारा की जाने वाली कई गतिविधियों में जिले का अनुभव होना आवश्यक नहीं है। अंत में, कार्यकाल प्रणाली ने अधिकारी की कीमत पर कार्यालय को मजबूत किया है। एक नया अधिकारी अपने कार्यालय पर बहुत ज्यादा निर्भर रहता है, जो 'कार्यालय बहुल प्रशासन' से जुड़ी कई बुराइयों को जन्म देता है।

यह भी उल्लेखनीय है कि यह कार्यकाल प्रणाली सभी सरकारी विभागों पर लागू नहीं होती है। उदाहरण के लिए, भारतीय लेखापरीक्षा और लेखा, डाक और टेलीग्राफ, सीमा शुल्क, आयकर और विदेशी सेवाओं की तरह के विभागों को ज्यादातर अपने स्वयं के विशेष अधिकारियों पर निर्भर रहना होता है। केंद्रीय सचिवालय सेवा के निर्माण के कारण कार्यकाल प्रणाली को लागू करने के लिए एक नई चुनौती सामने आई है, क्योंकि अवर सचिव, उपसचिव और यहां तक कि संयुक्त सचिवों के कई पदों को इस सेवा से भरा जा रहा है। कार्यकाल प्रणाली होने का प्राथमिक उद्देश्य यह था कि नीति बनाने और मंत्रियों की सलाह देने में लगे हुए उच्च स्तर के सिविल सेवकों को क्षेत्र में काम करने का व्यक्तिगत और ताज़ा अनुभव होना ही चाहिए, ताकि जहाँ तक संभव हो, केंद्र सरकार की कार्यवाही और फैसले वास्तविकता के नजदीक हों और लोगों के लिए सार्थक हों। इस उद्देश्य को ध्यान में रखते हुए कार्यकाल प्रणाली का अभ्यास अभी भी केंद्रीय सचिवालय की कार्मिक संरचना का एक हिस्सा बना हुआ है।

नियुक्ति के स्रोत

कार्यकाल प्रणाली के तहत, उपसचिव और उससे ऊपर के वरिष्ठ पदों को **केन्द्रीय नियुक्ति योजना (1957)** के आधार पर भरा जाता है। इस योजना के अनुसार, इन पदों को निम्नलिखित श्रेणियों के अधिकारियों द्वारा भरा जाता है:

1. केंद्रीय प्रशासनिक अधिकारियों का समूह,
2. कार्यकाल प्रतिनियुक्ति पर अखिल भारतीय सेवाओं के राज्य कैडर के अधिकारी,
3. कार्यकाल प्रतिनियुक्ति के आधार पर केंद्रीय सेवाओं (प्रथम वर्ग अधिकारी) के अधिकारी,
4. केंद्रीय सचिवालय सेवा के चयन श्रेणी के अधिकारी,
5. राज्य सिविल सेवा के अधिकारी, जिनके नाम चयन सूची में आईएएस पर नियुक्ति के लिए शामिल किए गए हैं,
6. संघ लोक सेवा आयोग के परामर्श से अन्य सिविल सेवा के अधिकारी।

इस प्रकार, केंद्र सरकार ज्यादातर सचिवालय में वरिष्ठ पदों का प्रबंधन करने के लिए तय कार्यकाल के लिए प्रतिनियुक्ति पर लिये गये अधिकारियों पर निर्भर रहती है। केंद्रीय सचिवालय पर अपना कार्यकाल पूरा करने के बाद, प्रतिनियुक्ति पर लिए गये अधिकांश वरिष्ठ अधिकारी नीति निर्माण और परिवेक्षण के समृद्ध अनुभव के साथ अपने-अपने राज्यों में वापस चले जाते हैं।

केंद्रीय सचिवालय सेवा

केंद्रीय सचिवालय में तीन सेवाएँ हैं, जो केन्द्र सरकार के सचिवालय में शासकीय व्यवस्था करने के लिए सहायता और निरंतरता प्रदान करती हैं।

1. केंद्रीय सचिवालय सेवा (सेंट्रल सेक्रेटेरिएट सर्विस-सीएसएस),
2. केंद्रीय सचिवालय आशुलिपिक सेवा (सीएसएसएस),
3. केंद्रीय सचिवालय लिपिक सेवा (सीएससी)।

कार्मिक मंत्रालय के कार्मिक एवं प्रशिक्षण विभाग, लोक शिकायत और पेंशन तीनों सीएसएस के अधिकार को नियंत्रित करने वाले कैडर हैं। 2013 में तीनों सेवाओं की स्वीकृत संख्या 23,860 थी। सचिवालय प्रशिक्षण और प्रबंधन के संस्थान इस सेवा के ग्रेड III और IV में नए नियुक्त व्यक्तियों को व्यवस्थित पूर्व प्रविष्टि प्रशिक्षण प्रदान करता है। सीएसएसएस और सीएससीएस को सीएसएस के सदस्यों और केंद्रीय सचिवालय में अन्य शीर्ष स्तर के अधिकारियों को सहायता प्रदान करने के लिए तैयार किया गया है।

सीएसएस केंद्रीय सचिवालय पदों पर भर्ती करने का एक प्रमुख स्रोत है। यह 1948 में पुराने इंपीरियल सेवा के स्थान पर अस्तित्व में आया था। वर्तमान में इसमें पांच ग्रेड होते हैं, अर्थात् सहायक, अनुभाग अधिकारी, अवर सचिव, उपसचिव और निदेशक। संयुक्त सचिव स्तर के पदों में से कुछ पद सीएसएस अधिकारी द्वारा (केंद्रीय नियुक्ति योजना के तहत) भी धारित किए जाते हैं। सीएसएस को मुख्य रूप से केंद्रीय सचिवालय में मध्यम स्तर के पदों का प्रबंधन करने के लिए तैयार किया गया है। यह प्रशासन और नीतियों में निरंतरता को सुनिश्चित करते हुए केन्द्र सरकार की एक स्थायी नौकरशाही व्यवस्था है।

2003 में सीएसएस का पुनर्गठन करने से पहले, सीएसएस के लिए सीधी भर्ती दो स्तरों पर की जाती थी। अनुभाग अधिकारी यूपीएससी द्वारा आयोजित सिविल सेवा परीक्षाओं के माध्यम से 20 प्रतिशत की सीमा तक भर्ती किए जाते थे। प्रत्यक्ष प्रेरण के दूसरे स्तर पर, 50 प्रतिशत की सीमा तक कर्मचारी चयन आयोग द्वारा आयोजित अखिल भारतीय स्नातकोत्तर परीक्षा के माध्यम से सहायक के स्तर पर नियुक्ति की जाती थी। 2003 के बाद, अनुभाग अधिकारी के स्तर पर सीधी भर्ती को बंद कर दिया गया। जैसे, अब सीएसएस में सीधी भर्ती केवल एसएससी की स्नातक स्तरीय परीक्षा के माध्यम से सहायकों के स्तर पर ही उपलब्ध है। हालांकि, सीधी भर्ती का कोटा 50 से बढ़ाकर 75 प्रतिशत कर दिया गया है। स्नातक स्तर की पढ़ाई के न्यूनतम योग्यता के अलावा, इस स्तर पर कंप्यूटर प्रवीणता को भी शुरू कर दिया गया है। रिक्तियों का शेष 25 प्रतिशत सीएससीएस के अपर डिवीजन क्लर्क की पदोन्नति द्वारा भरा जाता है।

सीएसएस न केवल केंद्रीय सचिवालय के लिए कर्मचारियों को उपलब्ध कराता है, बल्कि यह ज्यादातर संलग्न और अधीनस्थ कार्यालयों के लिए भी कार्य करता है और सहायक के स्तर से लेकर अवर सचिव तक के सभी पदों को इस सेवा में शामिल किया गया है। सीएसएस सभी मंत्रालयों के लिए एक आम सेवा है। यह सेवा में स्थित सभी कर्मचारियों के लिए पदोन्नति के अवसरों और संभावनाओं में सुधार करता है।

सचिवालय का विस्तार

हाल के वर्षों में सचिवालय का काम कई गुना बढ़ गया है, क्योंकि सरकार ने व्यापार और उद्योग को विनियमित करने, प्रतिबंधात्मक प्रथाओं को नियंत्रित करने, आर्थिक विकास को बढ़ावा देने और संसद के प्रति सरकार की बढ़ती जवाबदेही में जिम्मेदारियों में

वृद्धि ग्रहण कर की है। इन कारकों के परिणामस्वरूप केंद्रीय सचिवालय में विभिन्न स्तरों पर पदों की संख्या में उल्लेखनीय वृद्धि हुई है। उदाहरण के लिए यहाँ 1900 में स्थित 7 सचिवों की तुलना में 2001 में 141 सचिव थे। इसी तरह, अवर सचिव स्तर पर इसी अवधि के दौरान इस संख्या में 9 से लेकर 1,363 तक वृद्धि हुई है।

समय बीतने के साथ, सचिवालय को कई **आलोचनाओं** का भी सामना करना पड़ा। यह कहा गया कि सचिवालय एक अतिवृद्धि की हुई संस्था बन गई है—विशिष्ट रूप से लाड़ प्यार में पले हुए एक बच्चे की तरह। इसमें स्व-निर्मित कामों के निपटान के लिए कई अधिकारी मौजूद हैं। सचिवालय के अधिकारी या तो अनावश्यक कामों में संलग्न रहते हैं जो अतिरिक्त स्टाफ की भर्ती की ओर ले जाते हैं, या उनके पास कोई भी काम नहीं रहता और वे शिकायतें करते रहते हैं। इसके कर्मी श्रेष्ठता की भावना से ग्रस्त रहते हैं, यहां तक कि अहंकारी भी हो जाते हैं, जो कार्यकारी एजेंसियों के प्रति उनके व्यवहार में परिलक्षित होता है। हालांकि, सचिवालय मुख्य रूप से एक नीति बनाने वाला निकाय है, लेकिन आज यह कई काम करता है, जो अनिवार्य रूप से कार्यकारी एजेंसियों के होते हैं। इसने एक तरफ सचिवालय को नीति निर्माण पर ध्यान केंद्रित करने से रोका है तो दूसरी तरफ ऐसे अतिक्रमण ने कार्यकारी एजेंसियों के अधिकार को कमजोर किया है। कार्यकाल प्रणाली को क्षेत्र के अनुभवों पर आधारित नीतियों के लिए सचिवालय और क्षेत्र के अधिकारियों के बीच कार्मिकों के आदान-प्रदान के लिए तैयार किया गया था, लेकिन व्यवहार में यह उद्देश्य पूरा नहीं हो सका, क्योंकि अब अधिकारी समय की एक लंबी अवधि के लिए सचिवालय में ही रहना जारी रखते हैं। कई मामलों में सचिवालय कार्यकारी एजेंसियों को पर्याप्त संसाधनों की कमी, काम करने की बोझिल प्रक्रिया और एक बड़े पैमाने पर निर्णय स्थगित करने की इच्छा कार्यों में देरी होने के प्रमुख कारण हैं।

अत्यधिक आलोचना होने के बावजूद, सचिवालय की भूमिका और उसका महत्व अपरिहार्य है। यह वह केंद्रीय निकाय है जो नीति निर्माण, नीति प्रशासन में निरंतरता, नीतियों और योजनाओं के कार्यान्वयन और समीक्षा की निगरानी और, सुसंगत संस्थागत स्मृति आदि के लिए एक वितरण प्रणाली प्रदान करती है, जो केंद्र सरकार के मुख्यालय में सुशासन के लिए सार्थक है। जहां तक सचिवालय के साम्राज्य निर्माण की प्रवृत्ति का संबंध है, उसकी तरफ से कार्यकारी एजेंसियों के लिए शक्तियों और कार्यों का पर्याप्त वितरण होना आवश्यक है। यह निश्चित रूप से सचिवालय की शुद्धता को सुनिश्चित करेगा।

कैबिनेट सचिवालय

देश के शासन के कार्य में मंत्री परिषद की सहायता करने के लिए एक कैबिनेट (मंत्रिमंडल) सचिवालय प्रदान किया गया है। यह केंद्रीय मंत्रिपरिषद के सचिवालय के एक दोहरे कार्य के साथ और अन्य सभी प्रशासनिक एजेंसियों की सह समन्वय संस्था के रूप में भारत सरकार की सबसे महत्वपूर्ण प्रशासनिक एजेंसी है। आजादी से पहले, गवर्नर जनरल की कार्यकारी परिषद सभी सरकारी कार्यों के लिए जिम्मेदार थी। जैसे-जैसे सरकार के कारोबार की मात्रा और जटिलता में वृद्धि हुई, वैसे-वैसे विभिन्न विभागों के कामों को परिषद के सदस्यों के बीच वितरित किया गया, केवल अधिक महत्वपूर्ण मामलों को गवर्नर जनरल या परिषद द्वारा सामूहिक रूप से निपटाया जाता था। यह प्रक्रिया पोर्टफोलियो प्रणाली की शुरुआत करने के लिए और गवर्नर जनरल की कार्यकारी परिषद की स्थापना करने के लिए लार्ड कैनिंग के समय के दौरान 1861 के परिषद अधिनियम द्वारा वैध बनाई गई थी। कार्यकारी परिषद के सचिवालय के अध्यक्ष, वायसराय के निजी सचिव होते थे, लेकिन वह परिषद की बैठकों में उपस्थित नहीं होते थे। लॉर्ड विलिंग्टन ने सबसे पहले इन बैठकों में अपनी तरफ से अपने निजी सचिव को लाने की पद्धति शुरू की। बाद में यह पद्धति जारी रही और 1935 में, वायसराय के निजी सचिव को कार्यकारी परिषद के सचिव के अतिरिक्त पद पर नियुक्ति दी गई।

सितंबर 1946 में अंतरिम सरकार के संविधान ने कार्यकारी परिषद सचिवालय के नाम पर एक परिवर्तन लाया और उसे कैबिनेट सचिवालय के रूप में नामित किया। आजादी के बाद इसे मंत्रालयों के बीच प्रभावी समन्वय के लिए एक संगठन के रूप में

विकसित किया गया। जैसा कि हम जानते हैं, कैबिनेट में प्रधानमंत्री की अध्यक्षता वाली मंत्रीपरिषद के वरिष्ठ मंत्री शामिल होते हैं। यह प्रशासन में एक केंद्रीय स्थान रखती है। कैबिनेट उच्च स्तर की नियुक्तियों, विभिन्न मुद्दों पर राष्ट्रीय नीतियों के निर्माण, सरकार में अंतर्विभागीय समस्याओं के समाधान और सामान्य समन्वय के लिए जिम्मेदार होती है।

यह इस पृष्ठभूमि के खिलाफ है कि हमें कैबिनेट सचिवालय की भूमिका की सराहना करनी पड़ती है। यह प्रधानमंत्री के प्रत्यक्ष प्रभार के तहत होती है। सचिवालय के प्रशासनिक प्रमुख कैबिनेट सचिव होते हैं जो सिविल सेवा बोर्ड के पदेन अध्यक्ष भी होते हैं। भारत सरकार (कार्य आबंटन) में 'कैबिनेट सचिवालय के नियम' 1961, के नियमों की प्रथम अनुसूची में जगह पाता है। कैबिनेट का कुशल संचालन कैबिनेट सचिवालय पर निर्भर होता है। कैबिनेट सचिव की जिम्मेदारी निम्नलिखित बातों में सहायता करना है:

1. भारत सरकार की प्रमुख प्रशासनिक गतिविधियों और नीतियों में समन्वय करना
2. कैबिनेट के एजेंडे और इसके मिनिट्स की तैयारी करना, उसके रिकॉर्ड रखना और कैबिनेट के फैसलों को क्रियान्वित करने में मंत्रालयों और विभागों द्वारा की गई प्रगति पर नज़र रखना,
3. कैबिनेट की बैठकों के कागज़ातों के संरक्षक के रूप में कार्य करना,
4. उन कठिनाइयों या देरी को हल करना जो प्रशासनिक क्षेत्र में पैदा हो सकती हैं, चाहे वह भारत सरकार और राज्य सरकारों के बीच हो या भारत सरकार के विभागों के बीच हो,
5. भारत सरकार के महत्वपूर्ण प्रशासनिक उपायों की प्रगति देखना, जो एक से अधिक विभाग को प्रभावित करते हैं,
6. कैबिनेट और कैबिनेट समितियों को ऐसे मामलों को प्रस्तुत करना, जिन्हें उनके निर्णय या निर्देशों की आवश्यकता होती है, इस प्रकार के मंत्रियों की परिषद के सचिव के रूप में कार्य करना,
7. आंतरमंत्रालय समन्वय सुनिश्चित कर, मंत्रालयों/विभागों के बीच मतभेदों को दूर कर, और सचिवों की स्थायी/तदर्थ समितियों के साधन के माध्यम से आम सहमति विकसित कर निर्णय लेने में सरकार की सहायता करना,
8. व्यापार के नियमों को निर्धारित करना और प्रधानमंत्री के निर्देशों के ढांचे के भीतर विभिन्न मंत्रालयों और विभागों के बीच सरकार के व्यवसाय को राष्ट्रपति द्वारा अनुमोदित किए जाने के बाद पुनःप्रस्थापित करना, और
9. सभी मंत्रालयों और विभागों में आयोजित सरकार की प्रमुख गतिविधियों के बारे में राष्ट्रपति, उपराष्ट्रपति और मंत्रियों की परिषद को सूचित करना।

यह स्पष्ट है कि कैबिनेट सचिवालय का केंद्रीय प्रशासन में एक बहुत ही महत्वपूर्ण स्थान है। यह प्राधिकरण का एक स्रोत है, जिसके द्वारा की गई सहायता केंद्र सरकार को गंभीर जिम्मेदारी के किसी भी मामले को लेने के लिए सक्षम बनाता है। आज कैबिनेट सचिवालय अपनी जिम्मेदारियों को अधिक से अधिक क्षमता, दक्षता और प्रभावशीलता के साथ पूरा करने की स्थिति में है।

कैबिनेट सचिवालय का संगठन

कैबिनेट सचिवालय के तीन विंग्स (खंड) हैं: नागरिक, सैन्य और खुफिया।

प्रशासनिक विंग कैबिनेट और इसकी समितियों और सचिवों की समिति को सचिवीय सहायता प्रदान करता है। सचिवीय सहायता में कैबिनेट और समितियों को मामलों के प्रस्तुतीकरण, कैबिनेट और इसकी समितियों द्वारा लिए गए निर्णयों के अभिलेखों की तैयारी और उनके रखरखाव और कैबिनेट और इसकी समितियों द्वारा पहुँचे गये निर्णयों के कार्यान्वयन में अनुवर्ती कार्यवाही का प्रारंभ करना भी शामिल है। यह राष्ट्रपति के अनुमोदन के बाद प्रधानमंत्री के निर्देशों के ढांचे के भीतर विभिन्न मंत्रालयों और

विभागों के लिए भारत सरकार के व्यापार के नियमों और व्यापार के आवंटन का निर्धारण करने के लिए भी जिम्मेदार होती है। नीतिगत फैसलों पर सभी मंत्रालयों और विभागों के द्वारा समय पर कार्रवाई हासिल करने के साथ-साथ समन्वय स्थापित करना भी कैबिनेट सचिवालय की जिम्मेदारी होती है, जो एक सकल रूप में कैबिनेट या प्रधानमंत्री ने निर्देश दिए हैं।

सैन्य शाखा का मुख्य कार्य सावधानी से रक्षा समिति, राष्ट्रीय सुरक्षा परिषद, सैन्य मामलों की समिति और रक्षा के साथ जुडी कई अन्य समितियों की बैठकों के काम की निगरानी करना है। यह प्रधानमंत्री और उनके सहयोगियों की सुरक्षा के लिए भी जिम्मेदार है। इस विंग के भीतर एक विशेष सुरक्षा समूह (एसपीजी) होता है जो प्रधानमंत्री और उनके नजदीकी रिश्तेदारों की शारीरिक सुरक्षा का ध्यान रखता है।

खुफिया विंग मुख्य रूप से राष्ट्रीय सुरक्षा के लिए बाहरी खतरों से संबंधित खुफिया जानकारी इकट्ठा करने, उनका मूल्यांकन करने और उन्हें प्रस्तुत करने के लिए जिम्मेदार होता है। यह राष्ट्रीय सुरक्षा को प्रभावित करने वाले आंतरिक कारकों का भी विवरण लेता है। यहाँ निदेशक की अध्यक्षता वाली एक अनुसंधान एवं विश्लेषण (रिसर्च एंड एनालिसिस (रॉ) विंग भी होती है। रॉ विदेशी खुफिया गतिविधियों और विदेश में काउंटर इंटेलीजेंस से संबंधित कार्य का ख्याल रखता है।

1988 में **लोक शिकायत निदेशालय** कैबिनेट सचिवालय के एक महत्वपूर्ण अंग के रूप में अस्तित्व में आया। यह एक स्वतंत्र अपीलीय निकाय है जो रेलवे, डाकघर, सार्वजनिक क्षेत्र की बैंकों, आदि की तरह केंद्र सरकार के कुछ संस्थानों के कार्यों और निर्णय के खिलाफ जनता की शिकायतों का ध्यान रखती है। कैबिनेट सचिव के तहत यहाँ विभिन्न विभागों की अध्यक्षता करनेवाले कई सचिव हैं, उदाहरण के लिए, सचिव समन्वय-प्रशासनिक, (कैबिनेट मामलों के विभाग के प्रमुख) सचिव सुरक्षा/सैन्य (जिनके तहत विशेष सुरक्षा समूह आता है) और सचिव रॉ (अनुसंधान और विशलेषण विंग), सचिव प्रदर्शन प्रबंधन प्रभाग (साथ ही अध्यक्ष, राष्ट्रीय प्राधिकरण, रासायनिक हथियार कन्वेंशन का पद भी धारण करते हैं) और सचिव, लोक शिकायत। 13 फरवरी 2015 पर कैबिनेट सचिवालय में अवर सचिव के पद के ऊपर 48 अधिकारी थे।

कैबिनेट सचिव

कैबिनेट सचिव देश के सबसे वरिष्ठ सिविल सेवक होते हैं जो कैबिनेट सचिवालय के प्रमुख होते हैं। उन्हें भारतीय प्रशासनिक सेवा के सबसे वरिष्ठ अधिकारियों में से चुना जाता है। कैबिनेट सचिवालय की दक्षता कैबिनेट सचिव की प्रबंधकीय क्षमता से बहुत कुछ मांगती है। कैबिनेट सचिव का मुख्य कार्य मंत्रियों की परिषद की सहायता करना तथा मुख्य रूप से कैबिनेट मामलों के साथ काम करना है। वह मुख्य सचिवों की समिति के अध्यक्ष होते हैं। इस मंच के माध्यम से वह किसी भी राज्य के प्रशासन के बारे में आवश्यक जानकारी प्राप्त कर सकते हैं। वह अन्य मंत्रियों, और अन्य मंत्रालयों और विभागों के सचिवों के साथ संपर्क में रहते हैं जो मार्गदर्शन और सलाह के लिए उनकी ओर देखते हैं।

सिविल सेवा के प्रमुख के रूप में, कैबिनेट सचिव को सिविल सेवकों का मनोबल बनाए रखना होता है, और वह अक्सर केंद्रीय स्तर पर सिविल सेवकों और नेताओं के बीच एक कड़ी के रूप में कार्य करते हैं। जहां तक कैबिनेट का संबंध है, उसके मिनट और निर्णय कैबिनेट सचिव द्वारा लिए जाते हैं, जो वास्तव में मंत्रिमंडल के सचिवालय को सलाह और सहायता प्रदान करते हैं। वह मंत्रिमंडल की सभी बैठकों में उपस्थित रहते हैं और प्रधानमंत्री द्वारा पुष्टि किए जाने पर कैबिनेट के फैसलों को सभी मंत्रियों और सचिवों के बीच वितरित करते हैं। उन्हें इस तथ्य की देखरेख भी करनी होती है कि मंत्रिमंडल के फैसले को संबंधित मंत्रियों और विभागों द्वारा कार्यान्वित किया जा रहा है। उनकी अन्य महत्वपूर्ण भूमिका प्रधानमंत्री के संबंध में है, क्योंकि कैबिनेट सचिव प्रधानमंत्री को उन सभी महत्वपूर्ण मामलों पर अपनी सलाह देते हैं, जिनके लिए उनकी सलाह देने की आवश्यकता होती है। सरकार के कारोबार के बारे में प्रधानमंत्री को संपूर्ण जानकारी से अवगत कराने के लिए वे उन्हें आँखें और कान प्रदान करते हैं (भट्टाचार्य 2000, 57)। तालिका 3.1 में भारत में 1950 के बाद से नियुक्त कैबिनेट सचिवों की सूची शामिल है।

तालिका 3.1 वर्ष 1950 के बाद से कैबिनेट सचिव

कैबिनेट सचिव	कार्यकाल आरंभ	कार्यकाल अंत
श्री एन. आर. पिल्लई	6 फरवरी 1950	13 मई 1953
श्री वाय. एन. सुकथनकर	14 मई 1953	31 जुलाई 1957
श्री एम.के. वेल्लोदी	1 अगस्त 1957	4 जून 1958
श्री विष्णु सहाय	1 जुलाई 1958	10 नवंबर 1960
श्री बी. एन. झा	10 नवंबर 1960	8 मार्च 1961
श्री विष्णु सहाय	9 मार्च 1961	15 अप्रैल 1962
श्री एस.एस. खेड़ा	15 अप्रैल 1962	18 नवंबर 1964
श्री धरम वीर	18 नवंबर 1964	27 जून 1966
श्री डी. एस. जोशी	27 जून 1966	31 दिसंबर 1968
श्री बी. शिवरामन	1 जनवरी 1969	30 नवंबर 1970
श्री टी. स्वामीनाथन	1 दिसंबर 1970	2 नवंबर 1972
श्री बी.डी. पांडे	2 नवंबर 1972	31 मार्च 1977
श्री एन.के. मुखर्जी	31 मार्च 1977	31 मार्च 1980
श्री एस.एस. ग्रेवाल	2 अप्रैल 1980	30 अप्रैल 1981
श्री सी. आर. कृष्णास्वामी राव	30 अप्रैल 1981	8 फरवरी 1985
श्री पी.के. कौल	8 फरवरी 1985	22 अगस्त 1986
श्री बी.जी. देशमुख	23 अगस्त 1986	27 मार्च 1989
श्री टी.एन. शेषन	27 मार्च 1989	23 दिसंबर 1989
श्री वि.सी.पांडे	23 दिसंबर 1989	11 दिसंबर 1990
श्री नरेश चंद्रा	11 दिसंबर 1990	31 जुलाई 1992
श्री एस. राजगोपाल	1 अगस्त 1992	31 जुलाई 1993
श्री ज़फ़र सैफुल्ला	31 जुलाई 1993	31 जुलाई 1994
श्री सुरेन्द्र सिंह	1 अगस्त 1994	31 जुलाई 1996
श्री टी. एस. आर. सुब्रमण्यम	1 अगस्त 1996	31 मार्च 1998
श्री प्रभात कुमार	1 अप्रैल 1998	31 अक्टूबर 2000
श्री टी.आर. प्रसाद	1 नवंबर 2000	31 अक्टूबर 2002
श्री कमल पांडे	1 नवंबर 2002	14 जून 2004
श्री बी. के. चतुर्वेदी	14 जून 2004	13 जून 2007
श्री के.एम. चंद्रशेखर	14 जून 2007	13 जून 2011
श्री अजीत कुमार सेठ	14 जून 2011	13 जून, 2015
श्री प्रदीप कुमार सिन्हा	14 जून 2015	आज तक

स्रोत: http://cabsec.nic.in/about_cabinet.php

आजादी के बाद कैबिनेट सचिव की स्थिति के बारे में एक बहस शुरू हो गयी और ये आशंका व्यक्त की गई कि यह सुपर-सचिव का एक प्रकार बन गया है। अय्यंगर समिति (1949) ने स्थिति की जांच की और सिफारिश की,

> उन्हें उच्चतम रैंक का एक प्रशासनिक अधिकारी होना चाहिए ... और उन्हें कैबिनेट सचिवालय के प्रमुख के रूप में समन्वय हासिल करने के सकारात्मक कार्य के साथ ही सभी मामलों में भारत सरकार के सभी विभागों द्वारा समय पर और प्रभावी कार्रवाई करने के कार्य सौंपें जाने चाहिए, जिनमें सकल रूप से मंत्रिमंडल या प्रधानमंत्री रुचि रखते हैं।

अय्यंगर समिति की सिफारिश को स्वीकार कर लिया गया और 1950 के बाद से कैबिनेट सचिव देश के सबसे वरिष्ठ सिविल सेवक बन गये। प्रशासनिक सुधार आयोग (1966–70) ने उनका कार्यकाल तीन साल के लिए तय किया, ताकि यह पदाधिकारी सिविल सेवा के लिए प्रभावी नेतृत्व प्रदान कर सके। तदनुसार, कैबिनेट सचिव के प्रमुख कार्यों में शामिल हैं:

- प्रधानमंत्री के प्रधान सलाहकार
- कैबिनेट और कैबिनेट समितियों के प्रधान सलाहकार
- सिविल सेवा के प्रमुख—उसकी अंतरात्मा की आवाज,
- विभिन्न मंत्रियों और विभागों के गतिविधियों की निगरानी और समन्वय,
- प्रधानमंत्री कार्यालय और विभिन्न प्रशासनिक मंत्रालयों के बीच की कड़ी के रूप में कार्य करना,
- कैबिनेट सचिवालय के प्रमुख, और इस प्रकार कैबिनेट सचिवालय द्वारा किए गए सभी कार्यों का नियंत्रण करना और अंत में,
- इन सब से ऊपर, राजनीतिक व्यवस्था और सिविल सेवा के बीच की कड़ी होना (माहेश्वरी 2001, 45)।

इस प्रकार, कैबिनेट सचिव भारतीय प्रशासनिक व्यवस्था में शीर्ष स्थान रखते हैं। कैबिनेट सचिव द्वारा निभाई गई महत्वपूर्ण और संवेदनशील भूमिका को स्वयं एक पूर्व कैबिनेट सचिव, श्री एस. एस. खेड़ा की ओर से दी गई निम्नलिखित टिप्पणी द्वारा समझा जा सकता है:

> कैबिनेट सचिव केंद्रीय सरकार में सरकारी काम करने की प्रक्रिया के साथ संपर्क में रखने के लिए प्रधानमंत्री को आँखें और कान प्रदान करता है। लेकिन वह किसी भी अर्थ में प्रधानमंत्री की ओर से एक प्रहरी नहीं है ... कैबिनेट सचिव के बहुत ही सामान्य कार्मिक कार्य होते हैं, न कि मंत्रियों के संबंध में रेखांकित कार्य होते हैं। उनका कार्य मदद करना है, न कि देखरेख करना। (1975, 181–82)

एक कैबिनेट सचिव के रूप में इस सिविल सेवक के नेतृत्व गुणों की उनके कार्यकाल के दौरान सबसे अधिक परीक्षा ली जाती है, यह वह पद है जिसे पाने का सपना वास्तव में हर नौकरशाह देखता है। सर्वोच्च नौकरशाह के रूप में वह सभी सिविल सेवकों के लिए एक प्रेरक, नेता और एक दूरदर्शी है। उनके कार्यों की शैली भारत में संपूर्ण नौकरशाही व्यवस्था को प्रभावित करती है।

कैबिनेट समितियाँ

प्रधानमंत्री मंत्रिमंडल में मंत्रियों की टीम का चयन करते हैं और उन्हें विभागों का आवंटन करते हैं। ज्यादातर मामलों में प्रधानमंत्री कैबिनेट के चयनित सदस्यों के साथ अलग अलग कैबिनेट समितियों को निर्धारित करते हैं और सरकार के सुचारू और सुविधापूर्ण संचालन के लिए इस तरह के कैबिनेट समितियों के लिए विशिष्ट कार्य प्रदान करते हैं। यह तंत्र मंत्रिमंडल का कीमती समय बचाता है। कैबिनेट समिति के कारण कैबिनेट को अधिकांश प्रारंभिक काम की ओर से राहत मिलती है, और उसे प्रमुख मुद्दों और समस्याओं पर ध्यान केंद्रित करने के लिए मुक्त करती है।

भारत में, मंत्रिमंडलीय समिति दो प्रकार की होती हैं—स्थाई और तदर्थ। किसी भी समय वहाँ स्थाई प्रकृति के 10 कैबिनेट समितियों के ऊपर होने की उम्मीद करना एक सामान्य बात है। इसके साथ - साथ, जब कभी जरूरत हो तब प्रधानमंत्री द्वारा तदर्थ कैबिनेट समितियों को गठित किया जाता है। एक मंत्रिमंडलीय समिति को या तो एक व्यापक जनादेश के साथ या एक विशिष्ट जनादेश के साथ स्थापित किया जा सकता है। कई बार जब सरकार की कोई गतिविधि/एजेंडा प्रमुखता प्राप्त करता है या जिसे कुछ विशेष जोर देने की आवश्यकता होती है तब विशेष ध्यान देने के लिए एक कैबिनेट समिति का गठन किया जा सकता है। कैबिनेट समितियों को सौंपे गये सभी क्षेत्रों में सामान्य रूप से सवाल में मौजूद मंत्रिमंडलीय समिति का निर्णय उस समय की सरकार का निर्णय होता है। हालांकि, यह तय करना प्रधानमंत्री पर निर्भर होता है कि किसी भी मुद्दे पर कैबिनेट समिति द्वारा लिए गये निर्णय को

पूरे मंत्रिमंडल में फिर से चर्चा करने के लिए प्रस्तुत किया जाना चाहिए या नहीं। हर स्थायी समिति उन मंत्रियों से मिलकर बनती है जिन्हें प्रधानमंत्री समय-समय पर निर्दिष्ट करते हैं। पारंपरिक रूप से जहाँ कैबिनेट रैंक वाले मंत्रियों को कैबिनेट के स्थायी समितियों के 'सदस्यों' के रूप में नामित किया जाता है, वहीं उनके ओहदे की परवाह किए बगैर, राज्य के मंत्रियों को मंत्रालय/विभाग के 'स्वतंत्र प्रभार', और एक कैबिनेट मंत्री या राज्य मंत्री 'की रैंक वाले' अन्य लोगों को 'विशेष आमंत्रित सदस्य' के रूप में नामित किया जाता है।

किसी भी मामले के लिए एक स्थापित पद्धति यह है कि पहले उचित मंत्रिमंडलीय समिति के पास जाना, जहां उसकी अच्छी तरह से जाँच की जाती है और फिर निष्कर्ष तक पहुँचा जाता है। इस कैबिनेट कमेटी में वे मंत्री शामिल होते हैं जो इस मुद्दे से प्रत्यक्ष संबंधित होते हैं, या वे लोग होते हैं जो इसके बारे में जानकार होते हैं। चूँकि इस मामले के पक्ष और विपक्ष की पहले से ही जांच की गई होती है, इसलिए बात जब इस निकाय तक आती है, तब कैबिनेट को हमेशा पूरे विस्तार में जाने की जरूरत नहीं होती है। इससे कैबिनेट का समय बचता है। 3 दिसंबर, 2014 को निम्नलिखित छह कैबिनेट समितियाँ थीं:

1. राजनीतिक मामलों की मंत्रिमंडलीय समिति
2. आर्थिक मामलों की मंत्रिमंडलीय समिति
3. मंत्रिमंडल की नियुक्ति समिति
4. संसदीय मामलों की मंत्रिमंडलीय समिति
5. आवास संबंधी मंत्रिमंडल की समिति
6. सुरक्षा संबंधी कैबिनेट समिति

उपरोक्त सूची में पहली चार सबसे अधिक महत्वपूर्ण कैबिनेट समितियाँ हैं। राजनीतिक मामलों की समिति घरेलू और विदेशी मामलों से संबंधित सभी नीतिगत मामलों से संबंधित होती है। आर्थिक मामलों की समिति आर्थिक क्षेत्र में सरकारी गतिविधियों का निर्देशन और समन्वय करती है। नियुक्ति समिति कैबिनेट सचिवालय, सार्वजनिक उद्यमों, बैंकों और वित्तीय संस्थानों में सभी उच्च स्तर की नियुक्तियों का फैसला करती है। संसदीय मामलों की समिति संसद में सरकार के कारोबार की प्रगति का ध्यान रखती है। पहले तीन समितियों की प्रधानमंत्री द्वारा और अंतिम एक समिति की गृह मंत्री द्वारा अध्यक्षता की जाती है। इन सभी कैबिनेट समितियों में सबसे शक्तिशाली राजनीतिक मामलों की समिति है, जिसे अक्सर एक 'सुपर कैबिनेट' के रूप में वर्णित किया जाता है।

प्रधानमंत्री कार्यालय

कैबिनेट सचिवालय के अलावा, यहाँ प्रधानमंत्री का सचिवालय है, जिसे प्रधानमंत्री कार्यालय (पीएमओ) के रूप में जाना जाता है और यह अपने आधिकारिक क्षमता में प्रधानमंत्री की सहायता करता है। एक मामूली और क्षीण संगठन के रूप में शुरू हुआ यह कार्यालय अब न सिर्फ बड़ा है बल्कि महत्वपूर्ण भी है, जो प्रधानमंत्री के हाथ में सत्ता की एकाग्रता होने का एक संकेत भी है। यह प्रधानमंत्री कार्यालय "व्यापार नियम के आबंटन, 1961" के तहत भारत सरकार के एक विभाग का ओहदा धारण किए हुए है। यह एक तरफ मुख्य रूप से प्रधानमंत्री और उनके मंत्रियों के बीच एक कड़ी है और दूसरी तरफ राष्ट्रपति, राज्यपाल, मुख्यमंत्री और विदेशी प्रतिनिधियों के बीच एक कड़ी है।

प्रधानमंत्री कार्यालय प्रधानमंत्री के प्रधान सचिव के नेतृत्व में होता है, जो अक्सर एक वरिष्ठ सिविल सेवक होता है। उसका बहुत जबरदस्त प्रभाव होता है क्योंकि प्रधानमंत्री द्वारा लिए गए सभी निर्णयों पर इस कार्यालय के माध्यम से ही कार्रवाई की जाती है। प्रधान सचिव की अतिरिक्त सचिव और कई संयुक्त सचिवों, निदेशकों और अन्य कनिष्ठ अधिकारियों द्वारा सहायता की जाती है। जैसा कि नाम से पता चलता है, प्रधानमंत्री कार्यालय, उसकी राजनीतिक, संसदीय और सार्वजनिक जिम्मेदारियों

के प्रदर्शन में प्रधानमंत्री की मदद करता है। प्रधानमंत्री के पास कौनसी फाइलें जमा करनी हैं और उन फ़ाइलों का विषय क्या होगा, इस तरह की बातें इस पर निर्भर करती है कि प्रधानमंत्री खुद उस मंत्रालय के प्रत्यक्ष प्रभारी हैं कि नहीं या इस बात पर निर्भर करती है कि वहाँ मंत्रालय के प्रभारी एक कैबिनेट मंत्री है या राज्य मंत्री। पहले वाले मामले में, सभी मामलों को प्रधानमंत्री कार्यालय में प्रस्तुत किया जाता हैं। केवल कुछ बहुत ही महत्वपूर्ण नीतिगत मुद्दों को प्रधानमंत्री कार्यालय में प्रस्तुत किया जाता है। सामान्य तौर पर, प्रधानमंत्री कार्यालय के क्षेत्राधिकार ऐसे सभी विषयों और गतिविधियों पर प्रसारित हैं, जो विशेष रूप से किसी भी अकेले मंत्रालय/विभाग को आवंटित नहीं किए गये हैं। प्रधानमंत्री कार्यालय के मुख्य कार्य हैं:

1. उन सभी मामलों के संबंध में कार्य करना जो प्रधानमंत्री के पास आते हैं,
2. मुख्य कार्यकारी के रूप में प्रधानमंत्री को उनकी समग्र जिम्मेदारियों के निर्वहन में सहायता करना,
3. प्रेस और जनता के संबंध में प्रधानमंत्री की मदद करना,
4. निर्धारित नियमों के तहत आदेश पाने के लिए प्रधानमंत्री के लिए प्रस्तुत मामलों की जांच करने में उनकी सहायता करना,
5. नीति आयोग के अध्यक्ष के रूप में प्रधानमंत्री को अपनी जिम्मेदारियों के निर्वहन में उनकी सहायता करना।
6. सामान्य रूप से सभी महत्वपूर्ण घरेलू और अंतरराष्ट्रीय मामलों पर मुख्य सलाहकार के रूप में प्रधानमंत्री को समर्थन देना।

इंदिरा गांधी के समय से प्रधानमंत्री कार्यालय भारत सरकार में अत्यधिक शक्ति और अधिकार होने वाला एक घटक बन गया। प्रधानमंत्री के सबसे करीब होने के नाते, यह कार्यालय कैबिनेट सचिवालय की तुलना में अधिक शक्तिशाली है। एक तरह से प्रधानमंत्री कार्यालय राजनीतिक प्रमुख की परिलक्षित महिमा में लिप्त रहता है। वास्तविक अर्थ में, आज प्रधानमंत्री कार्यालय भारत सरकार की सरकार है। राष्ट्रीय प्रशासन के केंद्र स्तर पर प्रधानमंत्री कार्यालय द्वारा यह महत्वपूर्ण भूमिका स्वाभाविक रूप से निभाई जाती है। प्रधानमंत्री कार्यालय की भूमिका को एक उत्प्रेरक और समन्वयक के रूप में समझा जा सकता है। यह उसकी सुपर कैबिनेट की भूमिका ही है जिस कारण समस्या पैदा होती है, जिससे मंत्रीगण स्वाभाविक रूप से क्रोधित होते हैं। श्री बी. जी. देशमुख कहते हैं कि पिछले कुछ वर्षों में प्रधानमंत्री कार्यालय एक उच्च प्रोफ़ाइल निकाय हो गया है। अक्सर, उसने कैबिनेट सचिवालय के अधिकारों को पार किया है और सक्रिय रूप से विभिन्न मंत्रालयों और विभागों की कार्यप्रणाली में दखल दिया है। जो लोग प्रधानमंत्री कार्यालय का गठन करते हैं उन्होंने प्रधानमंत्री के नाम पर अपने स्वयं की सत्ता और अधिकार प्राप्त कर लिये हैं। कभी कभी यहाँ तक कि प्रधानमंत्री कार्यालय उससे भी अधिक अधिकार और सत्ता की कल्पना कर लेता है जितना कि प्रधानमंत्री का मूल उद्देश्य था (देशमुख 1997)।

इसलिए यह वांछनीय है कि प्रधानमंत्री कार्यालय ने कैबिनेट सचिवालय और मंत्रालयों के जैसे सरकार के अन्य निकायों की कीमत पर अपने स्वयं का विकास नहीं करना चाहिए। इसके अलावा, यह सलाह की गुणवत्ता है जो मायने रखती है ना कि प्रधानमंत्री कार्यालय द्वारा नियुक्त किए गये कर्मचारियों की संख्या। प्रधानमंत्री अपने ही संगठन को किस तरह से देखते हैं और उन्हें किस प्रकार के सलाह की आवश्यकता है, ये बातें प्रधानमंत्री कार्यालय के अस्तित्व और विस्तार के मुख्य निर्धारण कारक होते हैं।

संलग्न और अधीनस्थ कार्यालय

सचिवालय केन्द्र सरकार की सर्वोच्च नीति निर्धारण संस्था है। यह सरकार का मस्तिष्क है। नीतियों के निष्पादन को अन्य कई संगठनों को सौंपा जाता है जो ऐसे विशिष्ट प्रयोजनों के लिए बनाई गई थी। ऐसे संगठनों के दो मुख्य प्रकार हैं:

- संलग्न कार्यालय और
- अधीनस्थ कार्यालय।

संलग्न कार्यालय आमतौर पर मंत्रालय द्वारा निर्धारित नीतियों के कार्यान्वयन में आवश्यक कार्यकारी निर्देश प्रदान करने के लिए जिम्मेदार होते हैं, जिन मंत्रालयों से वे संलग्न किए जाते हैं। वे तकनीकी जानकारी के खजाने के रूप में भी कार्य करते हैं और उनके द्वारा हल किए गये प्रश्नों के तकनीकी पहलुओं पर मंत्रालय को सलाह देते हैं। नीतियाँ केवल पर्याप्त डेटा और तकनीकी और अन्य संबंधित जानकारी के आधार पर तैयार की जा सकती हैं, और उन्हें उपलब्ध कराना संलग्न कार्यालयों की जिम्मेदारी है। उदाहरण के लिए, खुफिया ब्यूरो के निदेशालय और सीमा सुरक्षा बल गृह मंत्रालय के संलग्न कार्यालय होते हैं। आमतौर पर इस तरह के कार्यालयों की अध्यक्षता तकनीकी अधिकारियों द्वारा की जाती है, जिन्हें महानिदेशक, रजिस्ट्रार, निदेशक, मुख्य अभियंता, आदि के रूप में नामित किया जाता है।

संलग्न कार्यालय दोहरी भूमिका निभाते हैं। वे नीति निर्माण के लिए तकनीकी जानकारी प्रदान करते हैं और साथ ही नीति के कार्यान्वयन के लिए कार्यकारी निर्देश प्रदान करते हैं। इसलिए उन्हें क्षेत्र के संगठनों के रूप में माना जाता है, क्योंकि वे न केवल अधीनस्थ कार्यालयों को कार्यकारी निर्देश जारी करते हैं, अपितु नीतियों के उचित क्रियान्वयन के लिए भी जिम्मेदार होते हैं। उन्हें अधीनस्थ कार्यालयों की गतिविधियों का समन्वय करना होता है और सचिवालय को नीतियों के कार्यान्वयन में आने वाली विभिन्न चुनौतियों के बारे में सूचित करना होता है।

अधीनस्थ कार्यालय नीतियों और कार्यक्रमों के वास्तविक क्रियान्वयन के लिए जिम्मेदार होते हैं। वे आम तौर पर एक संलग्न कार्यालय के तहत कार्य करते हैं। उदाहरण के लिए, भारतीय वन सर्वेक्षण और भारतीय वनस्पति सर्वेक्षण 'पर्यावरण एवं वन मंत्रालय' के तहत अधीनस्थ कार्यालय हैं। वे प्रशासन के सबसे निचले स्तर पर होते हैं और सरकार की ओर से उनके द्वारा कार्यान्वित कार्यक्रम के ग्राहकों के साथ सीधे संपर्क में आते हैं। उन्हें अपने संलग्न कार्यालय को कई आवधिक रिपोर्ट प्रस्तुत करना और संबंधित मंत्रालयों को उनकी गतिविधियों के बारे में सूचित रखना भी आवश्यक हैं। अधीनस्थ कार्यालय इस प्रकार प्रशासन की अग्रणी है। आम तौर पर यह एक संलग्न कार्यालय के तहत काम करता है, लेकिन जहां एक मंत्रालय के तहत कोई संलग्न कार्यालय नहीं होता वहाँ यह सीधे मंत्रालय के नियंत्रण में कार्य करता है। कार्यान्वयन काम के साथ-साथ संबंधित क्षेत्र एजेंसियाँ होने के नाते, अधीनस्थ कार्यालयों के पास प्रशासनिक कार्य के लिए सामान्य पद के कर्मचारियों के साथ-साथ तकनीकी क्षेत्र के कर्मचारियों की एक बड़ी संख्या मौजूद होती है। इन कार्यालयों की अध्यक्षता आम तौर पर एक तकनीकी अधिकारी करते हैं। संलग्न कार्यालयों की तुलना में इन कार्यालयों के प्रशासनिक और वित्तीय अधिकार सीमित होते हैं। हालांकि, यह अधीनस्थ कार्यालय ही है, जो सरकार द्वारा बनाई गई नीतियों और फैसलों के वास्तविक क्रियान्वयन के लिए जिम्मेदार होते हैं, फिर भी इसे एक निम्न दर्जा दिया गया है ऐसा प्रकट होता है, जैसा कि 'अधीनस्थ' लेबल से भी संकेत मिलता है। हालांकि इन कार्यालयों में स्थित कर्मचारी उन्ही प्रकार के काम करते हैं और उतनी ही योग्यता रखते हैं, जितनी सचिवालय के कर्मियों की होती है, लेकिन अधीनस्थ कार्यालय में कर्मियों के वेतनमान सबसे कम होते हैं, उनकी सेवा की शर्तें बहुत ज्यादा आकर्षक नहीं होती और उनके भविष्य की संभावनाएँ भी अत्यंत क्षीण होती हैं। संलग्न कार्यालयों ने सभी मामलों में सचिवालय के साथ समता प्राप्त करने में सफलता हासिल की है, लेकिन अधीनस्थ कार्यालयों को संलग्न कार्यालयों की तुलना में घटिया माना जाता है। इसलिए प्रथम केन्द्रीय वेतन आयोग (1947) ने इस तरह के भेदभाव के उन्मूलन की सिफारिश की।

बोर्ड (मंडल) और आयोग

भारतीय प्रशासनिक व्यवस्था मंत्रालयों, विभागों, संलग्न और अधीनस्थ कार्यालयों के एक नेटवर्क के साथ काम करती है, जिसकी पहले ही चर्चा की जा चुकी है। इन एजेंसियों के अलावा, वहाँ ब्यूरो, बोर्ड और आयोगों की तरह कुछ अन्य कार्यकारी एजेंसियाँ भी होती हैं, जो विभिन्न स्तरों पर नीतियों को लागू करती हैं।

यदि एक संगठन में एक ही अधिकारी द्वारा जिम्मेदारी का निर्वहन किया जाता है तो उसे एक **ब्यूरो** के रूप में जाना जाता है, लेकिन अगर यह एक समूह है, तो इस संगठन को मंडल या कमीशन कहा जाता है। ब्यूरो की एक समरूप संरचना होती

है और वे एक ही कार्य करते हैं। उनके प्रमुख संगठन के प्रमुख के निर्देशन में काम करते हैं और उसके प्रति जिम्मेदार होते हैं। ब्यूरो प्रशासनिक कार्यों के लिए अधिक उपयुक्त होते हैं और उन सेवाओं के लिए बनाये जाते हैं जिसके लिए त्वरित निर्णय और तत्काल कार्रवाई की मांग होती है। यह एकल प्रमुख बेहतर अनुशासन और जवाबदेही के साथ काम करता है। भारत में एक ब्यूरो का एक अच्छा उदाहरण केंद्रीय जांच ब्यूरो (सीबीआई) है। एकल प्रमुख नेतृत्व के खिलाफ यहाँ बहुनेतृत्व या **मंडल या आयोग** के प्रकार का नेतृत्व है। इस प्रणाली में नेतृत्व केवल एक ही व्यक्ति में निहित नहीं होता, बल्कि एक मंडल या एक आयोग में निहित रहता है। हालांकि, प्रत्येक मंडल या आयोग एक अध्यक्ष के नेतृत्व में होता है। नेतृत्व का यह प्रकार उन संगठनों में उपयोगी और फायदेमंद होता है जहां नीतियों और तकनीकों को दृढ़ आधार पर स्थापित करना होता है और जहां विचार विमर्श और नई तकनीकों का विकास करना होता है। यह प्रणाली उन संगठनों के लिए बहुत उपयोगी है जहां सामूहिक हितों का मेल करना होता है। यहाँ तक कि यह प्रणाली विवेकाधिकारों के इस्तेमाल किए जाने पर एक अच्छी लगाम है। सामूहिक निर्णयों में आमतौर पर परिपक्वता होती है और वे ज्ञानप्राप्ति का लाभ देते हैं। इस प्रकार के नेतृत्व में यह मनोवैज्ञानिक संतुष्टि होती है कि सभी निर्णय निष्पक्ष रूप से लिए जायेंगे। इसमें यह माना जाता है कि किसी एक व्यक्ति के नेतृत्व के पक्षपाती रवैये के साथ अन्य नेतृत्व के द्वारा मुकाबला किया जा सकता है। इन निकायों को दो अलग अलग आधारों पर वर्गीकृत किया जा सकता है: पहला, उनके अधिकार की प्रकृति के अनुसार वर्गीकरण; और दूसरा, उनकी कानूनी स्थिति के आधार पर वर्गीकरण। उनके **अधिकार की प्रकृति** के आधार पर बोर्ड और आयोगों को तीन श्रेणियों में वर्गीकृत किया जा सकता है: सलाहकार मंडल और आयोग जैसे, लघु पैमाने के औद्योगिक मंडल; नीति निर्माण का कार्य करने वाले मंडल और आयोग, जैसे नीति आयोग; नीति निर्माण और कार्यपालिका के कार्य प्रदर्शन करनेवाले मंडल और आयोग, जैसे रेलवे मंडल। ये सलाहकार मंडल/आयोग आमतौर पर केवल सलाह के प्रयोजन से संगठन के प्रमुख के साथ जुड़े होते हैं। उनका काम केवल सलाह देना होता है, जिन्हें हो सकता है कि विभाग के प्रमुख द्वारा स्वीकार किया जाए या न भी किया जाए। वे न तो विभागीय जिम्मेदारियों को साझा करते हैं और न ही उसकी नीति को। जो मंडल और आयोग नीति बनाने के कार्य करते हैं, वे उच्चस्तरीय निकाय होते हैं। कुछ मंडल और आयोग नीति बनाने के साथ-साथ उनके क्रियान्वयन का कार्य भी करते हैं। रेलवे मंडल इसका एक अच्छा उदाहरण है।

उनकी **कानूनी स्थिति** के आधार पर इन निकायों को तीन श्रेणियों में बांटा जा सकता है: पहली श्रेणी में हम **संवैधानिक आयोगों को रख सकते हैं, जैसे** चुनाव आयोग, संघ लोक सेवा आयोग, वित्त आयोग, राष्ट्रीय अनुसूचित जाति आयोग और अनुसूचित जनजाति और भाषाई अल्पसंख्यकों के लिए आयुक्त। इन आयोगों की राष्ट्रपति द्वारा नियुक्ति की जाती है और अपने दिन-प्रतिदिन के काम के लिए वे किसी विशेष मंत्रालय के प्रशासनिक नियंत्रण के तहत नहीं आते। इन बोर्ड के सदस्यों का कार्यकाल सुरक्षित रहता है और संविधान में निर्धारित किए गये किसी विशेष प्रावधान का पालन किए जाने के अलावा उन्हें उनके पदों से हटाया नहीं जा सकता।

दूसरी श्रेणी उन बोर्ड/आयोगों की हो सकती है जिन्हें संसद के किसी अधिनियम द्वारा बनाया गया है और उन्हें **सांविधिक निकायों** के रूप में जाना जाता है, जैसे विश्वविद्यालय अनुदान आयोग, केंद्रीय प्रत्यक्ष कर मंडल, केंद्रीय उत्पाद एवं सीमा शुल्क बोर्ड, राष्ट्रीय अल्पसंख्यक आयोग, पिछड़े वर्ग के लिए राष्ट्रीय आयोग और राष्ट्रीय महिला आयोग। ये वैधानिक बोर्ड और आयोग संबंधित मंत्रालय के प्रशासनिक नियंत्रण के तहत काम करते हैं। जहाँ उनमें से कुछ मंत्रालय हैं, वहीं दूसरे भी काफी हद तक नियमित विभागीय प्रक्रियाओं से स्वतंत्र हैं। वे अपने दिन-प्रतिदिन के कामकाज में स्वायत्तता का उपभोग करते हैं, लेकिन उनके सदस्यों को संवैधानिक लोगों की तुलना में उसी प्रकार की सुरक्षा, स्वतंत्रता और प्रतिष्ठा की सुविधा प्राप्त नहीं है।

तीसरी श्रेणी में ऐसे बोर्ड/आयोग शामिल हो सकते हैं जिन्हें **कार्यकारी आदेश** के द्वारा या **केंद्र सरकार के एक प्रस्ताव** के द्वारा बनाया जाता है और उन्हें संबंधित मंत्रालयों के सीधे नियंत्रण के तहत रखे गये संलग्न बोर्ड या आयोग कहा जा सकता है। इस श्रेणी में हम नीति आयोग, सफाई कर्मचारियों के लिए राष्ट्रीय आयोग, केन्द्रीय समाज कल्याण बोर्ड, कर्मचारी चयन आयोग, अखिल भारतीय हथकरघा बोर्ड, आदि को रख सकते हैं। इन बोर्ड की प्रकृति ज्यादातर सलाहकार स्वरूप की होती है। उनके

सदस्यों का कोई भी निश्चित कार्यकाल नहीं होता और उनकी स्वायत्तता भी सीमित होती है। हालांकि, हो सकता है कि उनमें से कुछ बहुत ही महत्वपूर्ण हों और उन्हें अत्यधिक अधिकार मिले हुए हों, जैसे नीति आयोग।

इस प्रकार, आजादी के बाद सरकार द्वारा शुरू किए गये नये और जटिल कार्यों का निष्पादन करने के लिए यहाँ नई एजेंसियों का प्रसार किया गया है। आज बहुकार्यकारी की तरह एक बोर्ड या आयोग प्रशासनिक संस्थानों का एक अभिन्न अंग बन गया है। एकल नेतृत्व उस जगह सबसे अच्छा है जहां सरकार की प्रमुख नीतियों और उद्देश्यों को अच्छी तरह से परिभाषित किया गया है और जहां समाज के हितों की रक्षा करने के लिए कार्यकारी की मुस्तैदी होना आवश्यक है। लेकिन जहाँ सरकार को नई परियोजना प्रारंभ करनी है और जहाँ स्थितियों को बदलने के लिए नीतियों का निर्णय लेने के लिए निरंतर विचार-विमर्श करना आवश्यक हैं, वहाँ बोर्ड या कमीशन अधिक उपयुक्त होते हैं। वे प्रशासनिक ईमानदारी, लचीलापन, निष्पक्षता, स्वायत्तता और जवाबदेही सुनिश्चित करते हैं।

निष्कर्ष कथन

संक्षिप्त में, केन्द्र सरकार की प्रशासनिक व्यवस्था अत्यंत विशाल है, जिसमें सचिवालय, मंत्रालय और विभाग, कैबिनेट सचिवालय, प्रधानमंत्री कार्यालय और कई संलग्न और क्षेत्रीय कार्यालय शामिल हैं। प्रत्येक संस्था का अपना एक महत्व है और सामूहिक रूप से वे सरकार के कामकाज को सुचारू, तर्कसंगत और कुशल बनाते हैं। हालांकि, भारत में केंद्रीय प्रशासनिक संरचना ब्रिटिश शासन की विरासत है, लेकिन उनमें आवश्यकताओं और राष्ट्र और लोगों की इच्छाओं के अनुसार समय के साथ सुधार किया गया है। लेकिन, आलोचकों का यह भी कहना है कि 'बाबू नौकरशाही' अभी भी परिदृश्य पर हावी है। ऐसी बहुत सी खामियों से निपटने के लिए इस संबंध में 'द्वितीय प्रशासनिक सुधार आयोग (2009)' की सिफारिशें अत्यधिक प्रासंगिक हैं। यह केन्द्र सरकार में एक गतिशील प्रशासनिक कार्य संस्कृति विकसित करने के लिए निर्णय लेने के स्तर में कटौती, जिम्मेदारियों का स्पष्ट सीमांकन, कार्मिक संरचना के युक्तिकरण, प्रदर्शन संबंधी अनुबंधों और समझौता ज्ञापन (एमओयू) की शुरुआत करने का सुझाव देती हैं। हमें उम्मीद है कि राष्ट्र की चुनौतियों का सामना करने के लिए केंद्रीय प्रशासन इन सिफारिशों के कार्यान्वयन से निश्चित रूप से अधिक जवाबदेह, पारदर्शी, प्रभावी और कुशल हो जाएगा।

पुनरीक्षण प्रश्न

1. भारत में केंद्रीय प्रशासन की संरचना और बुनियादी विशेषताओं पर चर्चा करें।
2. केंद्रीय सचिवालय की संरचना और कार्यों की जांच करें।
3. कैबिनेट सचिवालय की भूमिका के बारे में गंभीरता से चर्चा करें।
4. भारतीय प्रशासनिक व्यवस्था में कैबिनेट सचिव की भूमिका की जांच करें।
5. 'प्रधानमंत्री कार्यालय (पीएमओ) भारत में सत्ता का एक केंद्र बन गया है'। चर्चा करें।
6. प्रमुख मंत्रालयों और विभागों की संरचना और भूमिका पर एक टिप्पणी लिखें।
7. भारत में कुछ महत्वपूर्ण बोर्ड और आयोगों की संरचना और कार्यों की जांच करें।
8. संलग्न और अधीनस्थ कार्यालयों के बीच भेद करें।
9. भारतीय प्रशासनिक व्यवस्था में कैबिनेट समितियों के महत्व पर चर्चा करें।
10. भारत में केंद्रीय प्रशासन की संरचना और कामकाज में आने वाली मुख्य समस्याएं क्या हैं? उनसे निपटने के लिए आपके पास क्या सुझाव हैं?

संदर्भ

ARC (Administrative Reform Commission). 1967. *Report of the Study Team on the Machinery of the Government of India and Procedure of Work*. Government of India Managers of Publications, New Delhi.

Ayyangar, N. Gopalaswamy. 1949. *Report on the Reorganization of the Machinery of the Government*. Government of India Printing Press, New Delhi.

Bhattacharya, Mohit. 2000. *Indian Administration*. Kolkata: World Press.

Deshmukh, B. G. 1997. 'Prime Minister's Office—We Cannot and Need Not Do without it'. *The Indian Journal of Public Administration* (July–September).

Government of India. 1991. Report of the Government of India, Secretariat procedure Committee, Para 72.

Khera, S. S. 1975. *The Central Executive*. New Delhi: Orient Longman.

Maheshwari, S. R. 2001. *Indian Administration*. 6th ed. New Delhi: Orient Blackswan.

Report of ISC (The Indian Statutory Commission). 1939. vol. 1, survey, London, H.M.S.O.Cmd.3568.

4

राज्य प्रशासन

अध्ययन उद्देश्य

1. राज्य प्रशासन की संरचना और संगठन के बारे में पता करना।
2. राज्य सचिवालय के कार्यों और भूमिका को समझना।
3. मुख्य सचिव की भूमिका पर चर्चा करना।
4. राज्य वित्त आयोगों के कार्यों और भूमिका की जांच करना।
5. राज्य और स्थानीय सरकारों के बीच के संबंधों का पता लगाना।

पिछले अध्याय में हमने केंद्रीय स्तर पर प्रशासनिक व्यवस्था के बारे में चर्चा की थी। राज्य प्रशासन कमाधिक तौरपर केन्द्र सरकार की पद्धति और संरचना का अनुसरण करता है। राज्य स्तर पर प्रशासन राष्ट्रीय एकरूपता के साथ ही स्थानीय विविधता के संदर्भ में संचालन करता है। केंद्रीय प्रशासन की तरह, राज्य प्रशासन भी कई मंत्रालयों और विभागों में विभाजित है। राज्य मंत्रालयों की अध्यक्षता सचिव करते हैं। सचिव नीति के सभी मामलों पर मंत्रियों को सलाह देते हैं, उनके के अलावा यहाँ विभागों के प्रमुख होते हैं, जिनकी संख्या एक राज्य द्वारा प्रशासित महत्वपूर्ण विषयों की संख्या के अनुसार होती है। ये विभागीय प्रमुख ही हैं जो अपने फील्ड स्टाफ के माध्यम से मुख्यालयों और साथ ही जिलों में सरकार की नीतियों और कार्यक्रमों को लागू करते हैं। राज्य प्रशासन केंद्र और स्थानीय निकायों के बीच मौजूद एक महत्वपूर्ण कड़ी होता है। एक तरफ, यह केंद्र सरकार की योजनाओं और कार्यक्रमों को लागू करने वाला एक महत्वपूर्ण तंत्र है; और दूसरी तरफ यह 73वें और 74वें संविधान संशोधन के प्रावधानों के अनुसार स्थानीय निकायों को अधिकार और कार्यों का हस्तांतरण करता है।

राज्य प्रशासन की संगठनात्मक व्यवस्था में कई महत्वपूर्ण संस्थान और कर्ता होते हैं, अर्थात् सचिवालय, मंत्रालय, विभाग और निदेशालय, मुख्य सचिव, राज्य वित्त आयोग, आदि। इस अध्याय में मुख्य रूप से भारत में राज्य स्तर पर स्थित इन प्रशासनिक और संगठनात्मक व्यवस्थाओं की चर्चा की गई है।

सचिवालय

राज्य सचिवालय राज्य सरकार का सर्वोच्च पद है। यह प्रशासनिक प्रणाली में स्थिरता और निष्पक्षता को सुनिश्चित करता है। राज्य प्रशासन को कई मंत्रालयों और विभागों में विभाजित किया गया है। केंद्रीय सरकार के मंत्रालयों की तरह, राज्य मंत्रालयों के प्रशासनिक प्रमुख के रूप में सचिव उनकी अध्यक्षता करते हैं। सरकार के कारोबार को एक मंत्री को एक या एक से अधिक विभागों का प्रभारी बनाकर सभी मंत्रियों में आवंटित किया जाता है। सचिवालय यह अभिव्यक्ति विभागों की उस जटिलता का उल्लेख करने के लिए प्रयोग की जाती है, जिसके राजनीतिक प्रमुख मंत्री होते हैं, जबकि प्रशासनिक प्रमुख सचिव होते हैं।

ये सचिव एक सकल रूप में सरकार के सचिव होते हैं, केवल किसी व्यक्तिगत मंत्री के नहीं। राज्य का पूरा प्रशासनिक तंत्र कई विभागों में विभाजित होता है। सचिवालय इन सभी विभागों का एक समूह होता है। ये सचिव मंत्री और उसके प्रभार के तहत आनेवाले विभागों के प्रमुखों के मुख्य सलाहकार होते हैं। वह अपने राजनीतिक मुख्यमंत्री द्वारा निर्धारित की गई नीतियों और निर्णयों को लागू करने के लिए जिम्मेदार होता है और विधायिका और उसकी समितियों के लिए आवश्यक अनिवार्य जानकारी उपलब्धकर उन्हें सलाह देता है।

सचिवालय कई प्रशासनिक विभागों में विभाजित होता है। प्रत्येक विभाग एक श्रेणीबद्ध संरचना है, जिसमें कई अधिकारी होते हैं और पदानुक्रम के शीर्ष पर सचिव होते हैं। सचिवीय पदानुक्रम में सचिव, उप सचिव, अवर सचिव और सहायक सचिव शामिल होते हैं। ये अधिकारी कार्यकाल प्रणाली के अधीन होते हैं और एक निश्चित अवधि के लिए सचिवालय में नियुक्त किए जाते हैं। कुछ अपवादों के साथ, ये वरिष्ठ अधिकारी ज्यादातर सामान्यज्ञ (generalist) होते हैं। सचिवालय के कार्यालय के घटकों में अवर सचिव के श्रेणी से नीचे के कर्मी शामिल हैं। वे हैं: अधीक्षक/अनुभाग अधिकारी, सहायक, उच्च श्रेणी लिपिक, निम्न श्रेणी लिपिक, आशुलिपिक और नीचे चतुर्थ श्रेणी के कर्मचारी, जो मैनुअल काम करते हैं। ये सभी कर्मी सचिवालय के अधिकारी कहलाते हैं, क्योंकि वे बहुत लंबे समय से सचिवालय में काम कर रहे होते हैं।

सचिवालय कई विभागों में विभाजित है। विभागों की यह संख्या अलग-अलग राज्यों में अलग-अलग हो सकती है। उदाहरण के लिए, सिक्किम में 15 विभाग हैं, जबकि अधिकांश राज्यों में 35 से भी अधिक विभाग हैं। लेकिन, अधिकांश राज्यों में स्थित समान विभागों में से कुछ विभाग हैं: गृह, वित्त, सामान्य प्रशासन, राजस्व, कृषि, लोक निर्माण, उद्योग, स्वास्थ्य, शिक्षा, कानून, ग्रामीण विकास, परिवहन, आदि। प्रत्येक विभाग अपने संबंधित क्षेत्रों की जानकारी और प्रशासनिक डेटा का रिकॉर्ड रखता है। सचिवालय का मुख्य काम यह देखना है कि नीतियों को वास्तव में कैसे निष्पादित किया जा रहा है। इस प्रकार, सचिवालय सरकार के मस्तिष्क और प्रशासनिक स्मृति का गठन करता है। यह निम्नलिखित मामलों में मंत्रियों की मदद करता है:

- सरकार की नीतियों और कार्यक्रमों को तैयार करना,
- क्षेत्रीय एजेंसियों द्वारा की गई नीतियों और कार्यक्रमों के निष्पादन की निगरानी करना,
- बजट बनाना और व्यय को नियंत्रित करना,
- विधायिका के प्रति अपनी जिम्मेदारियों का निर्वहन करना,
- सरकार के प्रवक्ता के रूप में कार्य करना,
- वरिष्ठ नियुक्तियों, राजपत्र अधिकारियों के खिलाफ स्थानान्तरण और अनुशासनात्मक कार्यवाही से संबंधित मामलों पर कार्यवाही करना,
- स्थानीय निकायों के साथ ही केन्द्र सरकार के साथ समन्वय बनाए रखना, और
- राज्य सरकार के एक वैचारिक संग्रहक के रूप में कार्य करना।

यह एकदम स्पष्ट है कि सचिवालय राज्य सरकारों की सर्वोच्च नीति निर्धारक निकाय है। हालांकि यह राज्य प्रशासन में एक महत्वपूर्ण भूमिका निभाता है, लेकिन यह देखा गया है कि उसका दृष्टिकोण और व्यवहार विस्तारवादी है और उसने ऐसे कुछ अधिकार और कार्य हासिल कर लिए हैं जो उससे संबंधित नहीं हैं। एस.आर. माहेश्वरी के अनुसार इस विस्तार के लिए कई कारक जिम्मेदार हैं। सबसे महत्वपूर्ण कारक जिसकी तरफ वे इंगित करते हैं, वह स्वयं संसदीय लोकतंत्र है। इस प्रणाली के तहत मंत्री अपने विभाग के कुशल संचालन के लिए विधायिका के प्रति जिम्मेदार है और उसे अपने इस प्रभार के विषय में संसदीय सवालों का जवाब देना होता है। स्वाभाविक रूप से, इसलिए वह अधिकांश मामलों में अपनी बात कहना चाहता है। यह एक हद तक सचिवालय में कार्यों का केंद्रीकरण और इसके विस्तार के बारे में बताता है (माहेश्वरी 2001, 553)। इसप्रकार आज सचिवालय राज्य प्रशासन में एक महत्वपूर्ण स्थान रखता है।

मुख्य सचिव

मुख्य सचिव हर राज्य में सचिवालय का प्रमुख होता है। वह राज्य में सिविल सेवा का प्रमुख होता है। वह एक अंतर्विभागीय समन्वयक के रूप में काम करता है और अन्य अधिकारियों को सामान्य मार्गदर्शन देता है। वह एक तरफ अपने राज्य सरकार और केन्द्र सरकार के बीच मुख्य संचार कड़ी के रूप में कार्य करता है तो वहीं दूसरी तरफ अन्य राज्य सरकारों के बीच। इसलिए एक सहकर्मी से भी अधिक उसे सचिवों का प्रमुख माना गया है। मुख्य सचिव के कार्यालय को बहुत महत्वपूर्ण माना जाता है और इसलिए उसे कार्यकाल प्रणाली के संचालन से बाहर रखा गया है। अभ्यास के रूप में वह मुख्य सचिव के रूप में सेवानिवृत्त होता है, या अधिक महत्वपूर्ण कार्य निष्पादित करने के लिए केन्द्र सरकार में जाता है।

मुख्य सचिव राज्य प्रशासन में एक महत्वपूर्ण स्थान रखता है। मुख्य सचिव के कार्यालय में राज्य सरकार की एक संस्था है और केन्द्र सरकार में इसका समानांतर कार्यालय मौजूद नहीं है। केंद्रीय सचिवालय के विपरित, राज्यों में कैबिनेट के पास अलग से कोई सचिव नहीं होता। इसप्रकार मुख्य सचिव राज्यों में कैबिनेट सचिव के रूप में भी कार्य करता है। अपनी इस क्षमता में वह राजनीतिक और प्रशासनिक अधिकारियों के बीच एक संपर्क अधिकारी होता है। कैबिनेट द्वारा निर्णय ली जाने वाली सभी फाइलों को उसके माध्यम से गुजरना अनिवार्य होता है। मुख्य सचिव की सर्वोच्च स्थिति उसे सचिवालय की प्रधान हस्ती बनाती है। वह इस अर्थ में राज्य में वास्तविक शासक होता है कि उसके शब्द राज्य के सभी कर्मचारियों के लिए एक आदेश के समान होते हैं। उसके भीतर सरकार के काम के समन्वयन की असली जिम्मेदारी होती है और वह राज्य सरकार के प्रशासनिक ढांचे के बांध के रूप में खड़ा होता है। मुख्य सचिव आम तौर पर निम्नलिखित कार्यों का प्रदर्शन करता है:

- वह मुख्यमंत्री का प्रमुख सलाहकार होता है,
- वह पूरे सचिवालय का पर्यवेक्षण करता है और उस पर नियंत्रण रखता है,
- सिविल सेवा का प्रमुख होने के नाते वह राज्य के अधिकारियों की नियुक्तियां, स्थानान्तरण आदि करने के लिए अधिकृत है,
- मंत्रिमंडल के सचिव के रूप में, वह कैबिनेट की बैठक के लिए एजेंडा तैयार करता है, कार्यवाही का रिकॉर्ड रखता है, आदि,
- वह एक तरफ अपने राज्य सरकार के बीच और दूसरी तरफ केंद्र सरकार और अन्य राज्य सरकारों के बीच संचार का प्राथमिक चैनल है,
- वह अन्य उन सभी मामलों को देखता है जो अन्य राज्य सचिवों के क्षेत्राधिकार के भीतर नहीं आते हैं,
- सभी सचिवों के प्रमुख होने के नाते, वह अनेक समितियों की अध्यक्षता करता है, और
- वह राज्य प्रशासन के मुख्य समन्वयक के रूप में कार्य करता है।

मुख्य सचिव राज्य के मुख्यमंत्री द्वारा चुना जाता है। इसके लिए प्रथा यह है कि मुख्य सचिव की नियुक्ति करते समय मुख्यमंत्री केंद्र सरकार से सलाह मशविरा करते हैं, लेकिन यह परामर्श करना अनिवार्य नहीं है। इसी तरह, मुख्यमंत्री इस मामले पर कैबिनेट या अपने कुछ मंत्रिमंडलीय सहयोगियों के साथ परामर्श कर सकते हैं, लेकिन अंतिम निर्णय उनका खुद का होता है। हालांकि, इस संबंध में मुख्यमंत्री द्वारा कुछ महत्वपूर्ण कारकों को ध्यान में रखा जाता है, जैसे, वरिष्ठता, सर्विस रिकार्ड, प्रदर्शन और योग्यता और सबसे महत्वपूर्ण कारक मुख्यमंत्री के साथ अधिकारी का व्यक्तिगत संबंध होना है। इन कारकों के अलावा, विभिन्न राज्यों ने मुख्य सचिव की नियुक्ति के संबंध में अलग-अलग संकल्पनाओं को विकसित किया है। उदाहरण के लिए, आंध्र प्रदेश में एक समय मुख्य सचिव के रूप में सबसे वरिष्ठ अधिकारी को नियुक्त करने की परंपरा रही थी। यह इस बात को ध्यान में रखते हुए किया जाता था कि इस तरह के सदस्य का प्रशासन के कार्य में विस्तृत अनुभव होता है (मुतालिब और अलीम 1988, 65)। दूसरी तरफ राजस्थान में मुख्य सचिव की नियुक्ति करते समय कई बार अनेक वरिष्ठ अधिकारियों को लांघा गया है। हालांकि, शर्मिंदगी से बचाने के लिए लांघे गये अधिकारियों को मुख्य सचिव के बराबर ग्रेड दिए गये और वे सचिवालय के बाहर नियुक्त किए गए, जैसे सार्वजनिक उद्यमों के अध्यक्ष के रूप में, या राजस्व बोर्ड के अध्यक्ष के रूप में (अरोड़ा और गोयल 2013, 336)।

वर्ष 1973 तक यह जरूरी नहीं था कि मुख्य सचिव सभी राज्यों में सबसे वरिष्ठ अधिकारी हो। प्रशासनिक सुधार आयोग (1968) की सिफारिश पर 1973 में इस पद को स्थिति और परिलब्धियां दोनों ही मामलों के लिए भारत सरकार के सचिव के समतुल्य कर दिया गया। जहां तक मुख्य सचिव के कार्यकाल का संबंध है, वहाँ कोई निश्चित अवधि मौजूद नहीं है। प्रशासनिक सुधार आयोग (एआरसी 1968, 26) ने सिफारिश की है कि मुख्य सचिव का कार्यकाल तीन से चार साल तक होना चाहिए, लेकिन इस सुझाव को स्वीकार नहीं किया गया, मुख्य रूप से इसलिए क्योंकि ऐसा करने में एक मुख्यमंत्री खुद अपने पूर्ववर्ती द्वारा नियुक्त मुख्य सचिव के बोझ तले दबा हुआ पाया जा सकता है। इस प्रकार, व्यावहारिक रूप से एक सचिव का कार्यकाल एक बड़ी हद तक उसके प्रशासनिक अनुभव, मुख्यमंत्री के साथ तालमेल और संवेदनशील मुद्दों पर एक निष्पक्ष रवैया लेने की उसकी क्षमता पर निर्भर करता है।

पूर्वगामी चर्चा से यह स्पष्ट है कि मुख्य सचिव राज्य प्रशासन में एक महत्वपूर्ण भूमिका निभाता है। उसके भारीभरकम अधिकार, प्राधिकार, गरिमा, ओहदा और प्रभाव होता है। इसलिए, उसे 'राज्य प्रशासन के सरगना' के रूप में कहा जाना उचित ही है।

एक कार्यकारी एजेंसी के रूप में निदेशालय

जैसा कि पहले ही उल्लेख किया गया है, कैबिनेट मंत्री और सचिव एक साथ मिलकर सचिवालय का गठन करते हैं। दूसरी ओर, कार्यकारी मंडल के प्रमुख के कार्यालय को निदेशालय के रूप में जाना जाता है। सचिवालय एक कर्मचारी एजेंसी है, जबकि निदेशालय को एक लाइन एजेंसी के रूप में माना जाता है। दूसरे शब्दों में, सचिवालय का नीति निर्माण के साथ संबंध है, जबकि निदेशालय का नीति के कार्यान्वयन के साथ संबंध है। यह निदेशालय सचिवालय द्वारा तैयार की गई कार्रवाई को नीतियों में अनुवादित करता है। वे राज्य सरकार की कार्यकारी भुजाएँ हैं। अधिकांश मामलों में ये निदेशालय निदेशक की अध्यक्षता में होते हैं।

कार्यकारी एजेंसियाँ आम तौर पर सचिवालय के बाहर स्थित होती हैं और अलग संगठनात्मक संस्थाओं का गठन करती हैं। अधिकांश मामलों में, कार्यकारी एजेंसियों के प्रमुखों को निदेशक के रूप में जाना जाता है, जैसे, शिक्षा निदेशक, समाज कल्याण के निदेशक, जन स्वास्थ्य के निदेशक, परिवहन के निदेशक और अन्य। हालांकि, यहाँ कार्यकारी विभागों का उल्लेख करने के लिए अन्य कई नामावलियाँ मौजूद हैं, जैसे, पुलिस विभाग को पुलिस महानिरीक्षक के रूप में, जेल विभाग के प्रमुख को जेलों के महानिरीक्षक के रूप में, वन विभाग के प्रमुख को मुख्य वन संरक्षक के रूप में, सहकारी विभाग के प्रमुख को सहकारी समितियों के रजिस्ट्रार के रूप में, बिक्री कर विभाग के प्रमुख को बिक्री कर आयुक्त के रूप में, सिंचाई विभाग के प्रमुख को मुख्य अभियंता सिंचाई के रूप में जाना जाता है। इस प्रकार, कार्यकारी विभागों के विभिन्न प्रमुखों को अलग अलग नामों से संबोधित किया जाता है। राज्य सरकार सचिवालय के माध्यम से विभागीय प्रमुखों के कामकाज को नियंत्रित करती है। ये विभागीय प्रमुख उन्हें सौंपे गये विशिष्ट प्रशासनिक और वित्तीय अधिकारों का उपभोग करते हैं। निदेशालय के मुख्य कार्य इस प्रकार हैं:

- मंत्री को तकनीकी सलाह प्रदान करना,
- जिले के विभागीय कर्मचारियों द्वारा किए जाने वाले कार्यों के निष्पादन का निरीक्षण करना,
- विभागीय अधिकारियों की नियुक्तियाँ, स्थायीकरण, पोस्टिंग, स्थानांतरण और पदोन्नति करना,
- विभागीय दक्षता में सुधार करने के लिए विभागीय अनुसंधान और प्रयोग के कार्यक्रम आयोजित करना,
- विभागीय कर्मचारियों के लिए सेवाकालीन प्रशिक्षण कार्यक्रम आयोजित करना,
- नियमों के अनुसार अधीनस्थ अधिकारियों के ऊपर अनुशासनात्मक अधिकारों का प्रयोग करना,
- विभागीय बजट तैयार करना, और
- नियमों के अनुसार अनुदान का आवंटन और बजट का पुनर्समन्वयन करना।

कार्यकारी एजेंसियों के प्रमुखों को अतिरिक्त निदेशक, संयुक्त निदेशक, उप निदेशक और सहायक निदेशकों द्वारा सहायता प्रदान की जाती है। यहाँ एक विभाग का एक स्थायी कार्यालय होता है, जो निचले स्तर के नौकरशाही के अधिकार में होता है। प्रत्येक विभाग एक विशेषज्ञ अधिकारी के नेतृत्व में होता है, जिसे निदेशक, रजिस्ट्रार, या मुख्य अभियंता के रूप में जाना जाता है, लेकिन कुछ मामलों में एक सामान्यज्ञ आईएएस अधिकारी भी किसी तकनीकी विभाग का प्रभारी बन सकता है। ऐसी स्थिति में, वह सामान्यज्ञ -विशेषज्ञ राज्य प्रशासन की बहस में महत्वपूर्ण हो जाता है। राज्य स्तर के अलावा, ये कार्यकारी एजेंसियाँ उप राज्य स्तर पर भी कार्य करती हैं। राज्य स्तरीय कार्यकारी विभाग उस क्षेत्र में अधिकारियों को स्थापित करता है, जहां वह क्षेत्र राज्य के नीचे केवल एक प्रादेशिक इकाई होता है, लेकिन जिला स्तर के ऊपर होता है। जब यह प्रक्रिया आगे की पंक्ति में नीचे आती है, तब निदेशालय की जिला, ब्लॉक और ग्राम स्तर के क्षेत्र की एजेंसियाँ उभरती हैं। क्षेत्रीय एजेंसियों के सृजन के माध्यम से, प्रशासन उन लोगों के दरवाजे तक पहुंचने में सक्षम होता है, जिनके लिए यह कार्य करता है। इस प्रकार, सभी कार्यकारी विभागों की अपनी क्षेत्रीय एजेंसियाँ हैं।

मौजूदा राज्य प्रशासन में राज्य सचिवों और विभागीय प्रमुखों के बीच उनके ओहदे, रैंक और पारिश्रमिक को देखते हुए कुछ असमानताएँ मौजूद हैं। राज्य सचिव को क्षेत्रीय एजेंसियों के प्रमुखों की तुलना में अधिक माना जाता है। वर्तमान सेवा पद्धति ने तकनीकी क्षेत्रीय अधिकारी की तुलना में सामान्यज्ञ प्रशासकों को एक उच्च स्थिति में रखा है।

सचिवालय और निदेशालयों के बीच संबंधों का प्रारूप

उपरोक्त चर्चा से यह स्पष्ट हो गया है कि सचिवालय नीति निर्धारक निकाय है, जबकि निदेशालय एक कार्यकारी एजेंसी है। हालांकि ये दोनों अलग-अलग संस्थाएँ हैं, फिर भी वे परस्पर रूप से नजदीकी से संबंधित संगठन हैं। वे एक दूसरे के साथ निकट सहयोग में काम करती हैं। और वास्तविक प्रशासन में अक्सर दोनों के बीच सीमांकन की रेखा सख्ती से खींची नहीं जाती। एक निदेशालय की तकनीकी, पर्यवेक्षीय और सलाहकार इकाई के रूप में कल्पना की जाती है। एक छोर पर यह एक विभाग के क्षेत्रीय स्तर के संचालन के साथ निकट संपर्क में रहता है, जबकि अन्य छोर पर यह सचिवालय और क्षेत्रीय संगठन के बीच एक कड़ी के रूप में कार्य करता है। हालांकि, सचिवालय विभाग अक्सर अपने उत्साह के साथ क्षेत्रीय समस्याओं का नियंत्रण लेने के लिए निदेशालय के कार्यात्मक क्षेत्रों में प्रवेश करता है। सत्ता के केंद्रीकरण के साथ सचिवालय अधिक शक्तिशाली होता नजर आता है और निदेशालय के साथ उसके संबंध स्वाभाविक रूप से विचलित हो जाते हैं।

सचिवालय के संस्था की काफी आलोचना हुई है। एक अवधारणा के रूप में सचिवालय का कार्य नीति बनाने वाली और नीति को क्रियान्वित करने वाली एजेंसियों के बीच काम के विभाजन को और काम की विशेषज्ञता को प्रोत्साहित करना है, जो कार्यों के ऐसे विभागीकरण का एक परिणाम होती हैं। सचिवालय की कल्पना भी अधिकारों को नीति निर्माण एजेंसियों से नीति कार्यान्वयन एजेंसियों को सौपने को बढ़ावा देने के रूप में की गई प्रतीत होती है। हालाँकि, व्यवहार में, सचिवालय प्रणाली के इन फायदों को पूरी तरह से अमल में लाने में नाकामयाबी रही है। सचिवालय के कामकाज के तरीके और उसके दबंग रवैये ने सचिवालय-निदेशालय के रिश्ते में तनाव उत्पन्न किया है।

आलोचकों का कहना है कि सचिवालय का एक विस्तारवादी रवैया है। यह नीति निर्माण तक ही सीमित नहीं है; इसके बजाय यह स्वतंत्र रूप से कार्यकारी प्रकृति के मामलों में संलग्न है। इस अतिक्रमण ने निश्चित रूप से कार्यकारी एजेंसियों के अधिकार को कमजोर किया है। यह भी पाया गया है कि आम तौर पर सचिवालय कार्यकारी एजेंसियों को आवश्यक अधिकार सौंपने से हिचकता है। इसके परिणाम के रूप में, नीतियों के कार्यान्वयन में देरी हो जाती है। इसके अलावा, सचिवालय के साथ दोहराये जानेवाले विमर्श और अनुमोदन के कारण कार्यकारी एजेंसियों की पहल प्रभावित होती है। सचिवालय के सामान्यज्ञ प्रशासकों द्वारा क्षेत्रीय एजेंसियों के विशेषज्ञ के काम का मूल्यांकन करने की प्रथा की भी आलोचना की जाती है। ऐसा नहीं है कि सचिवालय

ने लाइन एजेंसियों द्वारा तैयार की गई योजनाओं और प्रस्तावों जांच नहीं करनी चाहिए, क्योंकि सामान्यज्ञों के पास संभवतः इस तरह के तकनीकी मामलों में योगदान करने के लिए कुछ भी नहीं होता है।

सचिवालय व्यावहारिक रूप से न केवल नीतिगत मामलों से संबंधित है, बल्कि उनके निष्पादन के साथ भी संबंधित है, जिसने इसके महत्व को और आगे बढ़ाया है। सचिवालय ने कार्यकारी मंडल के डोमेन में अनाधिकृत अतिक्रमण करके अपने कार्य क्षेत्र का विस्तार किया है। यह तथ्य कि सचिवालय ने राज्य सरकार व्यवस्था में वास्तविक सत्ता संरचना के रूप में अपनी पहचान बनाई है और यहां तक कि उसे 'सरकार' के रूप में माना जाता है, इन बातों ने सचिवालय के प्रभाव और अधिकार में अनावश्यक रूप से विस्तार किए जाने के लिए प्रेरित किया है। इसने सचिवालय और निदेशालयों के बीच के तनाव को और बढ़ा दिया है।

इस प्रकार, सचिवालय और क्षेत्र की एजेंसियों के बीच के संबंध से राज्य प्रशासन में एक बड़ी समस्या हो गई है। इस समस्या को हल करने के लिए कई समितियों और आयोगों को स्थापित किया गया और कई सुझाव दिए गये। यह देखा गया है कि विभिन्न विभागीय प्रमुखों को प्रदान किए गये अधिकार एक समान नहीं हैं, और ऐसे अधिकारों में एकरूपता होने का सुझाव दिया गया। सचिवालय को भी विभागीय प्रमुखों को आवश्यक अधिकार प्रदान करने चाहिए। विभागीय प्रमुखों को भी अपने मातहतों को सौंपे अधिकारों का पूरी तरह से प्रयोग करने की अनुमति देनी चाहिए। एक अन्य सुझाव कार्यकारी विभागों के प्रमुखों को पदेन सचिवालय का दर्जा प्रदान करना है। इसका नतीजा यह है कि एक प्रमुख के रूप में पद धारण करने के आधार पर, धारण किया गया ओहदा सचिवालय में एक उपयुक्त रैंक रखता है। इसका स्पष्ट लाभ यह है कि दोनों कार्यालयों (निदेशक और सचिव के) को अब एक ही अधिकारी में संयुक्त किया गया है। निदेशक एक पदेन सचिव होने के नाते, सरकार की ओर से हस्ताक्षर कर सकते हैं। इस प्रकार अब दोनों कार्यालयों में योजनाओं की जांच करने की जरूरत नहीं रही। एक ही अधिकारी निदेशक के रूप में अपनी क्षमता में इस योजना को प्रस्तावित कर सकता है, और सचिव के रूप में अपनी क्षमता में उसकी संवीक्षा कर सकता है।

प्रशासनिक सुधार आयोग (एआरसी, 1966–1970) की टीम ने 'भारत सरकार की मशीनरी और काम करने की इसकी प्रक्रिया' पर सिफारिश की है कि एक नीति निर्माता निकाय के रूप में सचिवालय और कार्यकारी एजेंसियों के रूप में गैर सचिवीय संगठनों के बीच के भेद को पूरी तरह से समाप्त कर दिया जाए और कार्यकारी एजेंसियों के कार्यालयों को सचिवालय के संबंधित विभागों के साथ विलय कर दिए जाए। इस विचार के पीछे का उद्देश्य सरकार की नीति निर्माण और नीति कार्यान्वयन करनेवाली एजेंसियों के बीच पर्याप्त अंतर्क्रिया के लिए प्रावधान करना है और प्रशासन के सचिवालय और गैर सचिवालय भागों के बीच द्वेषजनक भेद को दूर करना है। हालांकि, एआरसी ने खुद को सचिवालय और कार्यकारी एजेंसियों के बीच के भेद के सामान्य उन्मूलन के खिलाफ व्यक्त किया है। उसने सचिवालय के साथ केवल उन कार्यकारी विभागों के एकीकरण की सिफारिश की जो विकास कार्यक्रमों के साथ संबंधित थे।

सचिवालय और क्षेत्रीय एजेंसियों के बीच के संबंधों के लिए एक उपयुक्त पैटर्न क्या हो सकता है? इसके बारे में विभिन्न हलकों से अलग अलग राय हैं। लेकिन यह देखा जा सकता है कि सचिवालय-निदेशालय रिश्ते का सवाल एक झगड़े के रूप में है। इस रिश्ते को फिर से तैयार करने के लिए कोई रेडीमेड समाधान पाने मुश्किल हैं। लेकिन यह निश्चित रूप से कहा जा सकता है कि दोनों को एक दूसरे के साथ निकट सहयोग में कार्य करना है। इस प्रकार, निदेशालय और सचिवालय को मिलकर काम करना ही है ताकि क्षेत्र की स्थिति पर नज़र रखने के लिए मुख्यालय की 'समन्वय भूमिका और निदेशालय के कर्तव्य को सुनिश्चित किया जा सके।

राज्य वित्त आयोग

ग्राम पंचायतें और शहरी स्थानीय निकाय अनिवार्य बुनियाद होने के कारण, जीवन के एक पद्धति के रूप में लोकतंत्र धीरे-धीरे संस्थानों के विभिन्न स्तरों के माध्यम से ग्रामीण तथा शहरी आबादी तक पहुँच रहा है। लोकतांत्रिक विकेन्द्रीकरण सकारात्मक रूप से उस समय और अधिक सार्थक, प्रासंगिक और बहुमुखी हो जाता है, जब उसका पर्याप्त रूप से वित्तीय और प्रशासनिक

विकेन्द्रीकरण के साथ समर्थन किया जाता है। राज्य वित्त आयोगों की स्थापना की जा रही है, ताकि वे राज्यों में पंचायती राज संस्थाओं (पीआरआई) और नगर निकायों के रूप में स्थानीय निकायों की वित्तीय स्थिति में सुधार लाने में मदद कर सकें। उन दिशा निर्देशों के आधार पर देश के विभिन्न राज्यों में राज्य वित्त आयोग स्थापित किए गए हैं, जिन्हें भारत के संविधान के अनुच्छेद 243 (आई) में निर्धारित किया गया है। इस अनुच्छेद के अनुसार, राज्य के राज्यपाल एक वर्ष की अवधि के भीतर वित्त आयोग की स्थापना करेंगे, जो भारतीय संविधान, 1992 के 73वें संशोधन अधिनियम के साथ शुरू होती है और उसके बाद यह स्थापना हर पांच साल के अंत में की जाएगी। संविधान का अनुच्छेद 243 (वाय) आगे प्रावधान करता है कि अनुच्छेद 243 (आई) के तहत गठित वित्त आयोग नगर पालिकाओं के लिए समान सिफारिश करेगा।

राज्यों में आमतौर पर इस वित्त आयोग में अध्यक्ष, सदस्य सचिव और अन्य सदस्य शामिल होते हैं। राज्य वित्त आयोग केन्द्र सरकार द्वारा स्थापित वित्त आयोग से अनुदान प्राप्त करते हैं। राज्य वित्त आयोग के कार्यों में निम्नलिखित शामिल हैं:

- राज्य में विभिन्न पंचायती राज संस्थाओं और नगर निकायों की आर्थिक स्थिति की समीक्षा करना,
- इस तरह के कदम उठाना जो राज्य में विभिन्न नगरपालिका निकायों और पंचायती राज संस्थाओं की वित्तीय स्थिति को बढ़ाने में मदद करते हैं,
- राज्य की संचित निधि से राज्य में विभिन्न पंचायती राज संस्थाओं और नगरपालिका निकायों के लिए धन आवंटित करना,
- वित्तीय स्वरूप के मुद्दों के संबंध में केंद्र और राज्य सरकारों के बीच एक मध्यस्थ के रूप में कार्य करना,
- उस धन का हस्तांतरण करना, जो केंद्र सरकार द्वारा राज्य सरकार को दिया जाता है,
- करों, शुल्कों, टोल और शुल्क की कुल आय को विभिन्न नगरपालिका निकायों और पंचायती राज संस्थाओं के बीच वितरित करना जो राज्य और राज्य सरकार के भीतर हैं, जिन्हें राज्य सरकार द्वारा अभिरोपित किया जाता है, और
- करों, टोल, शुल्क और फीस निर्धारित करना, जिन्हें विभिन्न पंचायती राज संस्थाओं और नगरपालिका निकायों द्वारा लगाया जा सकता है, जो राज्य के भीतर स्थित हैं।

जिन राज्यों में राज्य वित्त आयोग का गठन किया गया है, उनमें शामिल हैं: आंध्र प्रदेश, असम, बिहार, केरल, नागालैंड, ओडिशा, तमिलनाडु, पश्चिम बंगाल, जम्मू-कश्मीर, गोवा, गुजरात, मणिपुर, अरुणाचल प्रदेश और हिमाचल प्रदेश। राज्य सरकारों को राज्य वित्त आयोग को बढ़ावा देने की जरूरत है, क्योंकि इससे राज्यों के लिए केंद्र से और अधिक धनराशि प्राप्तकर राज्यों की आर्थिक स्थिति में सुधार लाने में मदद मिलेगी। इसके अलावा इससे पंचायती राज संस्थाओं और राज्यों में नगरपालिका निकायों की वित्तीय स्थिति में सुधार लाने में भी मदद मिलेगी। इन सबसे राज्य के सर्वांगीण विकास में भी मदद मिलेगी।

चौथा वित्त आयोग-राजस्थान (2010–15)

राजस्थान को पंचायती राज व्यवस्था के क्षेत्र में अग्रदूत बनने का विशेषाधिकार प्राप्त है। संवैधानिक और वैधानिक प्रावधानों के अनुसरण में, राजस्थान के राज्यपाल ने 13 अप्रैल 2011 को चौथे राज्य वित्त आयोग का गठन किया, जिसने सितंबर 2013 में अपनी रिपोर्ट प्रस्तुत की। इस आयोग को पंचायती राज संस्थाओं (पीआरआई) और शहरी स्थानीय निकायों (यूएलबी) के लिए धन के हस्तांतरण के संबंध में सिद्धांतों और तरीकों की सिफारिश करने के जनादेश के रूप में गठित किया गया था।

वे बुनियादी सिद्धांत जिन्हें इस आयोग ने ध्यान में रखा है, इस प्रकार हैं:

- स्थानीय शासन की किसी भी इकाई की बेहतर जवाबदेही सुनिश्चित करना; अपने स्वयं के स्रोतों से राजस्व जुटाने की इसकी क्षमता, जिन्हें जहाँ तक संभव हो इसके व्यय की जरूरतों के साथ निकट रूप में मेल खाना आवश्यक हैं,

- स्थानीय सरकार प्रणाली के अधिकार सौंपी गई जिम्मेदारियों के लिए उपलब्ध धन की हद पर निर्भर करते हैं, और
- जनसंख्या, भौगोलिक क्षेत्र और पंचायती राज संस्थाओं और शहरी स्थानीय निकायों के संपूर्ण प्रदर्शन के आधार पर सरकारी अनुदान और प्रोत्साहन राशि।

आयोग ने अपनी रिपोर्ट में अपने स्वयं के कर और गैर कर संसाधन बढ़ाने के लिए और जुटाने के लिए पंचायती राज संस्थाओं और शहरी स्थानीय निकाय के लिए व्यावहारिक सुझाव दिए, ताकि राजस्थान को समग्र परिदृश्य में एक प्रमुख राज्य बनाया जाए, जिसके लिए पूरा देश आकांक्षी है। राज्य सरकार ने संबंधित कोष, कार्य और पदाधिकारियों के साथ-साथ पंचायती राज संस्थाओं के लिए पांच विषयों का स्थानांतरण किया, अर्थात्, कृषि, प्राथमिक शिक्षा, चिकित्सा स्वास्थ्य, सामाजिक न्याय एवं अधिकारिता तथा महिला एवं बाल विकास। आयोग ने उनके संवैधानिक और अन्य जिम्मेदारियों के संदर्भ में स्थानीय निकायों की वित्तीय आवश्यकता का अध्ययन और आकलन किया, और स्थानीय निकायों के बीच हिस्से का आंतरिक आवंटन करने के लिए राज्य के स्वयं के कर राजस्व और मानदंड के शुद्ध आय के हस्तांतरण को संचालित करने के लिए आवश्यक सिद्धांतों और मानदंड की सिफारिश की। इसके अलावा, आयोग ने उच्च आंतरिक संसाधन जुटाने के माध्यम से स्थानीय निकायों की वित्तीय स्थिति को मजबूत बनाने और उन्हें अपनी भूमिका में और अधिक प्रभावी बनाने के लिए व्यापक सिफारिशें की हैं।

अनुशंसाएं

आयोग ने सिफारिश की है कि राज्य सरकार के स्वयं के शुद्ध कर राजस्व (प्रवेश कर और भू-राजस्व को छोड़कर) के 5 फीसदी को प्रदान की गई अवधि के लिए, अर्थात, 2010–15 के लिए स्थानीय निकायों को समर्पित किया जाए। भू-राजस्व के 100 प्रतिशत के अलावा, प्रवेश कर का 25 प्रतिशत, खनिजों पर रॉयल्टी का 3 प्रतिशत, उत्पाद शुल्क पर 2 प्रतिशत उपकर और मुद्रांक शुल्क पर 10 प्रतिशत अधिभार का भी हस्तांतरण किए जाने की सिफारिश की गई थी। पुरस्कार अवधि के लिए 10,183.96 करोड़ रु. के कुल हस्तांतरण को तालिका 4.1 में दिखाया गया है।

यहां अलग-अलग राज्यों के वित्त आयोगों द्वारा की गई सिफारिशों के माध्यम से जाते हुए राज्य सरकार की ओर से स्थानीय निकायों को वित्तीय सहायता के उर्ध्व हस्तांतरण के मात्रा की जांच करना उपयोगी सिद्ध होगा। तालिका 4.2 उन राज्यों को सूचीबद्ध करती है जहां वित्त आयोगों ने राज्य के राजस्व के प्रतिशत के रूप में हस्तांतरण की सिफारिश की है। कर्नाटक, आंध्र प्रदेश, गुजरात और हरियाणा में वित्त आयोगों ने कर और गैर कर दोनों प्रकार के राजस्व के बंटवारे की सिफारिश की है, जबकि इन राजस्व के सार्वत्रिक बंटवारे की इन चार राज्यों में से केवल तीन ने सिफारिश की है। यह प्रतिशत हिस्सेदारी 10 (गुजरात) से 40

तालिका 4.1 2010–15 की अवधि के लिए राजस्थान में स्थानीय निकायों के लिए धन का हस्तांतरण

(करोड़ रु.में)

1.	राज्य के स्वयं के शुद्ध कर राजस्व का 5% (प्रवेश शुल्क और भू-राजस्व को छोड़कर)	7,214.66
2.	भू-राजस्व का 100%	1,064.51
3.	प्रवेश शुल्क का 25%	337.50
4.	खनिजों पर रॉयल्टी का 3%	390.86
5.	शराब पर उत्पाद शुल्क पर 2% उपकर	99.81
6.	मुद्रांक शुल्क पर 10% सरचार्ज	1,076.62
	कुल	**10,183.96**

स्रोत: (2010–15 के लिए) चौथे राज्य वित्त आयोग, राजस्थान की रिपोर्ट। 2013, सितम्बर। जयपुर, राजस्थान।

तालिका 4.2 राज्यों के पास राज्य राजस्वों के प्रतिशत के रूप में हस्तांतरण, 2010

अ.क्र.	राज्य	हस्तांतरण का आधार
1.	आंध्र प्रदेश	केंद्रीय करों की हिस्सेदारी सहित कर और गैर-कर राजस्व का 10.38%
2.	असम	राज्य के शुद्ध कर राजस्व का 2%
3.	गोवा	पंचायती राज संस्थाओं को राज्य के स्वयं के कर राजस्व का 27% और केंद्रीय करों में हिस्सेदारी और नगर पालिकाओं के लिए 9%
4.	गुजरात	राज्य के वार्षिक राजस्व का 10%
5.	हरियाणा	विशेष कर और गैर कर राजस्व में हिस्सा
6.	कर्नाटक	2003–4 2007–8 के दौरान राज्य सरकार के स्वयं प्राप्ति के गैर-ऋण सकल का 40%
7.	केरल	राज्य के स्वयं के कर राजस्व का 3.5%
8.	मध्य प्रदेश	स्वयं के कर राजस्व का शुद्ध विभाज्य संग्रह का 4%
9.	ओडिशा	राज्य के सकल स्वयं के कर राजस्व के औसत का 10%
10.	पंजाब	सभी राज्य करों की शुद्ध प्राप्तियों का 4%
11.	राजस्थान	स्वयं के कर राजस्व का 2.25%
12.	सिक्किम	सभी करों का 1%
13.	उत्तर प्रदेश	शहरी स्थानीय निकाय के लिए मनोरंजन कर और पंचायती राज संस्थाओं के लिए भू-राजस्व के अलावा सभी राज्य करों के विभाज्य संग्रह में 12.5% हिस्सा
14.	पश्चिम बंगाल	राज्य के कर राजस्व का 16%

स्रोत: उत्तराखंड सरकार (2010).

(कर्नाटक) तक बदलती है, जिसमें आंध्र प्रदेश (10.38) के साथ खुद को गुजरात के साथ निकटता से संरेखित करता है। हरियाणा में वित्त आयोग ने विशिष्ट कर एवं गैर कर राजस्व में साझेदारी करने की सिफारिश की है। शेष राज्यों में से10 राज्यों के मामले में, वित्त आयोग ने स्वयं के कर राजस्व के शुद्ध आय के बंटवारे की सिफारिश की है, इनके प्रतिशत 1 (सिक्किम) से 27 (गोवा) के बीच बदलते हैं, जिसमें असम (2), राजस्थान (2.25), केरल (3.5), मध्य प्रदेश (4) और पंजाब (4) निचले छोर के करीब हैं और ओडिशा (10), उत्तर प्रदेश (12.5) और पश्चिम बंगाल (16) उच्च छोर के करीब हैं। उत्तरांचल में, पुरस्कार अवधि के पहले साल में हस्तांतरण राज्य के स्वयं के राजस्व का 9.1 प्रतिशत आया (ब्याज प्राप्तियाँ, लाभांश, लाभ, खनिज पर रॉयल्टी, वन उपज की बिक्री से प्राप्त आय आदि को छोड़कर; एसएफसी 2010)।

इस तथ्य का विचार करते हुए कि स्थानीय निकाय राज्य के राजस्व वृद्धि में उनके वैध हिस्सेदारी से वंचित थे (क्योंकि हस्तांतरण को राज्य के राजस्व के एक निश्चित प्रतिशत के रूप में नहीं बल्कि प्रति व्यक्ति के आधार पर सिफारिश की गई थी) उत्तराखंड राज्य वित्त आयोग (2010) ने महसूस किया कि राज्य के स्वयं के राजस्व के हस्तांतरण प्रतिशत को कम से कम 10 प्रतिशत तक बढ़ाने के लिए पर्याप्त औचित्य था (ब्याज प्राप्तियाँ, लाभांश, लाभ, खनिज पर रॉयल्टी, वन उपज की बिक्री से प्राप्त आय आदि को छोड़कर कर और गैर कर दोनों)। इन विचारों को ध्यान में रखते हुए आयोग ने यह सिफारिश की कि राज्य के स्वयं के राजस्व के 10 प्रतिशत को (ब्याज प्राप्तियाँ, लाभांश, लाभ, खनिज पर रॉयल्टी, वन उपज की बिक्री से प्राप्त आय आदि को छोड़कर कर और गैर कर दोनों) पुरस्कार अवधि (2006–7 से 2010–11 के लिए) के प्रत्येक पांच वर्षों में स्थानीय निकायों को हस्तांतरित किया जाना चाहिए। यह गुजरात, आंध्र प्रदेश, उत्तर प्रदेश और पश्चिम बंगाल (एसएफसी 2010) जैसे राज्यों के साथ रेखांकन में होगा।

73वें और 74वें संविधान संशोधन के पारित होने के साथ, पंचायती राज संस्थाओं और शहरी स्थानीय निकायों ने कानूनी रूप से अनिवार्य स्थिति हासिल कर ली और प्राथमिक स्तर पर प्रत्यक्ष लोकतंत्र का मार्ग तैयार किया। हम इसे स्थानीय लोकतंत्र में दुनिया का सबसे बड़ा प्रयोग कह सकते हैं। स्थानीय लोकतंत्र सभी के लिए एक प्रभावी आवश्यकता बन गया है जोवांछनीय है—वृद्धिगत भागीदारी, अधिक से अधिक सार्वजनिक जवाबदेही, गरीबी उन्मूलन के प्रभावी कार्यक्रम और यहां तक कि सामाजिक

और आर्थिक असमानताओं को कम करना। महत्वपूर्ण संवैधानिक प्रावधानों ने हर पांच साल के बाद हर राज्य के लिए एक राज्य वित्त आयोग की स्थापना को भी शामिल किया है। आयोग के प्राथमिक विचार का विषय स्थानीय शासन की संस्थाओं को मजबूत बनाने के तरीके और साधनों का सुझाव देना रहा है। इसने आमतौर पर स्वीकार कर लिया है कि सौंपे गए कार्य का हस्तांतरण, अगर वे यथार्थवादी और सार्थक दोनों हों, तो उसका आर्थिक अधिकार और प्राधिकार द्वारा मिलान किया जाना चाहिए। यह स्थानीय निकायों को नियंत्रण के अधिकार देगा, साथ ही उनके कर्तव्यों का अच्छा प्रदर्शन होगा और इसप्रकार उन्हें वैध तरीके से जवाबदेही के साथ जिम्मेदारी का वहन करने के लिए कहा जा सकता है।

स्थानीय सरकारों पर राज्य का नियंत्रण

'स्थानीय सरकार' इस शब्द का शाब्दिक अर्थ किसी इलाके में वहाँ के लोगों द्वारा स्थानीय मामलों का प्रबंधन करना है। यह इस सिद्धांत पर आधारित है कि स्थानीय समस्याओं और जरूरतों को केंद्रीय या राज्य सरकारों की तुलना में उस इलाके के लोगों द्वारा बेहतर तरीके से सम्हाला जा सकता है। स्थानीय मामलों के प्रशासन को इलाके के लोगों द्वारा नियमित अंतराल में निर्वाचित किए गये प्रतिनिधियों को सौंपा जाता है। भारत में, स्थानीय सरकार सरकार की तीसरी परत है, पहली दो परतें केंद्र और राज्य सरकारें हैं (चित्र 4.1)। भारत को दुनिया के सबसे बड़े लोकतंत्र के रूप में जाना जाता है। संवैधानिक अर्थ में, लोकतंत्र सरकार की प्रणाली है, जिसके प्रशासन में देश के हर वयस्क नागरिक की कुछ प्रत्यक्ष या अप्रत्यक्ष हिस्सेदारी होती है। लोकतंत्र की वास्तविक भावना और उच्च विचारों को परिदृश्य में रखते हुए स्थानीय सरकार भारत के शासन और प्रशासन का एक अनिवार्य हिस्सा बनाती है।

स्थानीय सरकार के अधिकार क्षेत्र एक विशिष्ट क्षेत्र तक ही सीमित है और उसके कार्य अपने क्षेत्राधिकार के भीतर रहनेवाली आबादी के लिए नागरिक सुविधाओं के प्रावधान से ही संबंधित हैं। लेकिन स्थानीय सरकारों की गतिविधियों की संख्या कम नहीं हैं। स्थानीय सरकारें नई गतिविधियों को हाथ में ले रही हैं, जो या तो नागरिकों के आचरण को विनियमित करती हैं या जिनका स्वरूप सेवा करना है, जैसे बड़े पैमाने पर परिवहन के प्रावधान, गरीबों के लिए मकानों के निर्माण, बिजली, स्वास्थ्य केन्द्रों, उद्यानों, खेल के मैदानों की आपूर्ति, इत्यादि। वास्तव में, एक नागरिक के दैनिक जीवन में आज राज्य या केंद्र सरकार की तुलना में स्थानीय सरकार बहुत महत्व रखती है।

चित्र 4.1 भारत में प्रशासनिक संरचना

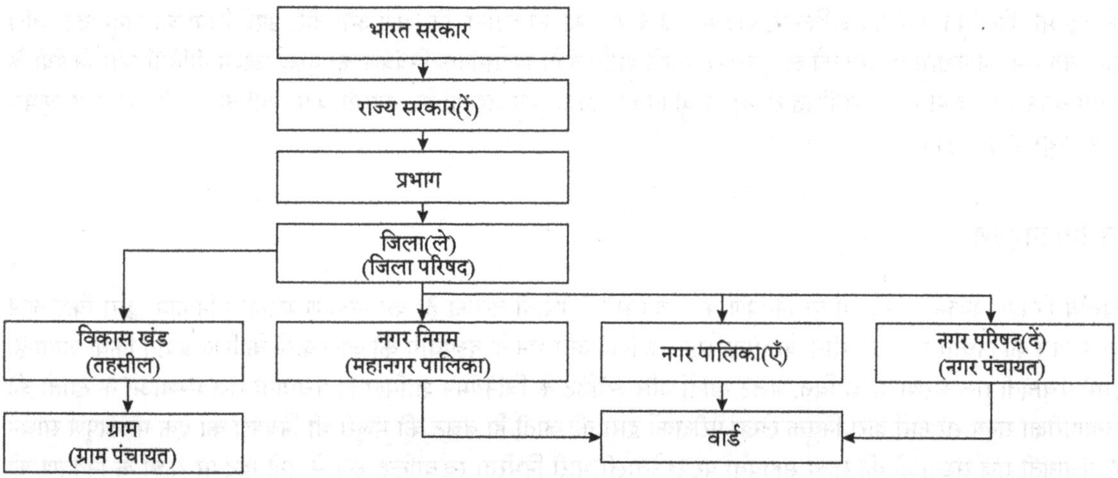

स्रोत: www.google.co.in/search?q=administrative+structure (14 दिसंबर 2015 को प्राप्त)।

हालांकि ग्रामीण और शहरी स्थानीय सरकारों को 73वें और 74वें संशोधन अधिनियमों द्वारा अधिकार दिया गया है, परंतु इसका मतलब यह नहीं है कि उन्हें असीमित अधिकार और स्वतंत्रता प्राप्त हैं। स्थानीय निकायों पर नियंत्रण के कुछ उपाय करना न केवलवांछनीय है, अपितु जरूरी भी हैं। इसलिए, इन निकायों को उचित निर्देश, सिविल सेवाओं के एकीकरण और समन्वय के लिए और राष्ट्रीय नीतियों के निर्माण और क्रियान्वयन में स्थिरता और निरंतरता को हासिल करने के लिए राज्य सरकारों के नियंत्रण में रखा जाता है। केंद्र और राज्य सरकार उन सीमाओं को निर्धारित करने के लिए स्वतंत्र हैं, जिसके अंदर रहकर एक स्थानीय सरकार को काम करना पड़ता है और समय-समय पर निर्देश जारी करने का अधिकार भी सुरक्षित करना होता है। एक स्थानीय सरकार उस क़ानून के प्रावधानों के भीतर कार्य करती है जिसने इसे बनाया है। यह राज्य या प्रांतीय सरकार के अधीनस्थ होती है, जो इस पर नियंत्रण रखती है और उसका पर्यवेक्षण करती है। राज्य सरकारें विधायी, प्रशासनिक और वित्तीय नियंत्रण के माध्यम से सेवा और उनके समुचित संचालन के न्यूनतम मानकों को सुनिश्चित करने के लिए स्थानीय सरकारों का पर्यवेक्षण करती हैं और उनपर नियंत्रण रखती हैं। स्थानीय सरकारें अपने कृत्यों या चूक के लिए न्यायिक नियंत्रण के अधीन होती हैं। निम्नलिखित स्थानीय निकायों पर राज्य के नियंत्रण के मुख्य तंत्र हैं।

संस्थागत नियंत्रण

यह नियंत्रण स्थानीय निकायों के बुनियादी ढांचे से संबंधित पंचायती राज संस्थाओं पर नियंत्रण के पद्धति की आधारशिला है। संस्थागत नियंत्रण के तहत, राज्य सरकारों के पास पंचायतों की सदस्यता संरचना, संघटना, चुनाव, परिषदों के आकार, कार्यात्मक अधिकार क्षेत्र, स्टाफ और आपसी संस्थागत विवादों को विनियमित करने का अधिकार होता है। संस्थागत नियंत्रण यह सुनिश्चित करता है कि जब ये सांविधिक निकाय कार्य करते हैं, तो वे कानून के सार और शब्दों का उल्लंघन नहीं करती, जिसने उन पंचायती राज निकायों को बनाया है।

प्रशासनिक नियंत्रण

प्रशासनिक नियंत्रण के माध्यम से स्थानीय निकायों के दिन-प्रतिदिन के प्रशासन को राज्य सरकारों द्वारा नियंत्रित किया जाता है। पंचायती राज संस्थाओं (पीआरआई) पर प्रशासनिक नियंत्रण रखने के लिए प्रत्येक राज्य के विकास खंड स्तर से लेकर राज्य स्तर तक एक प्रशासनिक विभाग मौजूद है। प्रशासनिक नियंत्रण के मुख्य तंत्र में पीआरआई का नियंत्रण और विघटन, प्रस्तावों को रद्द और निलंबित करने का अधिकार, पीआरआई के सदस्यों को हटाना, निरीक्षण और दौरे, उपविधियों का अनुमोदन, जांच का आयोजन, अविश्वास प्रस्ताव को लागू करना, आदि शामिल हैं। प्रशासनिक नियंत्रण का मुख्य उद्देश्य नीतियों और निर्णयों के कार्यान्वयन को रोकना है, जो संबंधित संस्था के बुनियादी लक्ष्यों और उद्देश्यों के अनुसार काम नहीं कर रहे हैं (नारायण, कुमार और माथुर 1970, 51)।

वित्तीय नियंत्रण

वित्तीय नियंत्रण स्थानीय निकायों पर नियंत्रण करने का सबसे प्रभावी तरीका है। यह नियंत्रण स्थानीय निकायों द्वारा किए जाने वाले व्यय को निर्धारित वित्तीय सीमा के भीतर रखने के लिए और धन के दुरुपयोग की जांच करने के लिए प्रयोग किया जाता है। इसमें पंचायती राज संस्थाओं के वित्त, बजट खातों और ऑडिट के विनियमन शामिल है। पंचायती राज संस्थाओं के खातों की लेखापरीक्षा राज्य सरकारों द्वारा नियुक्त लेखा परीक्षकों द्वारा की जाती है। बजट की मंजूरी भी नियंत्रण का एक महत्वपूर्ण साधन है। पंचायती राज संस्थाओं की राज्य सहायता पर रहनेवाली भारी निर्भरता स्वचालित रूप से उन्हें खुद पर राज्य के नियंत्रण को स्वीकार करने के लिए सहमत करती है (सिंह और सिंह 1986, 261)।

न्यायिक नियंत्रण

राज्य सरकारें न्यायिक नियंत्रण के माध्यम से भी स्थानीय निकायों को विनियमित करती हैं। लेकिन अदालते मामलों को तभी अनुमति देती हैं, जब स्थानीय निकायों की किसी भी कार्रवाई के लिए राज्य सरकारों द्वारा कानूनी आधार पर चुनौती दी जाती है।

पर्यवेक्षीय नियंत्रण

राज्य सरकारें स्थानीय निकायों से उनके कामकाज के बारे में आवधिक रिपोर्टों की मांग करती हैं। ये रिपोर्टें पंचायती राज संस्थाओं के मामलों की नवीनतम स्थिति के साथ परिचित होने के लिए राज्य सरकारों के हाथ में एक साधन के रूप में काम करती हैं। पंचायती राज संस्थाओं द्वारा विभिन्न कार्यक्रमों और योजनाओं की मासिक, त्रैमासिक, छमाही और वार्षिक आधार पर रिपोर्ट प्रस्तुत करना आवश्यक है।

राज्य और स्थानीय सरकारों के बीच अत्यधिक नियंत्रण की समस्या और संघर्ष के मुद्दे

ऊपर की चर्चा से यह स्पष्ट है कि राज्य सरकारों के पास स्वराज्य संस्थानों पर नियंत्रण रखने के लिए भारी अधिकार मौजूद हैं, लेकिन यहाँ कई बार ऐसे अवसर आते हैं जब हिसाब बराबर करने के लिए सत्ता में स्थित पार्टी द्वारा इन अधिकारों का दुरुपयोग किया जाता है। स्थानीय निकायों के प्रभावी संचालन के लिए, इस तरह के व्यवहार को रोके जाने की जरूरत है। स्थानीय निकायों पर राज्य का नियंत्रण इतना कठोर हो गया है कि इसने स्थानीय स्वशासी निकायों की स्थिति को राज्य सरकारों के अधीनस्थ एजेंसियों के रूप में घटा दिया है, जिसके द्वारा उनकी स्वायत्तता पूरी तरह से दब गई है। अधिकांश समय में, राज्य का नियंत्रण और पर्यवेक्षण रचनात्मक होने की बजाय नकारात्मक होता है। इस तरह के नियंत्रण का ध्यान स्थानीय निकायों को प्रोत्साहित करने की बजाय उनकी गलतियाँ खोजने पर केंद्रित होता है। राज्य सरकारों द्वारा स्थानीय निकायों को भंग करने का अधिकार उन संस्थाओं के अधिकार पर एक हथौड़े के रूप में कार्य करता है। कभी कभी नियंत्रित करने के इस प्रकार के अधिकार का सत्तारूढ़ पार्टी द्वारा राजनीतिक हितों के लिए प्रयोग किया जाता है। कुछ मामलों में, स्थानीय निकायों को राज्य सरकारों से पूर्व अनुमोदन लेना होता है, जो उन्हें स्वतंत्र रूप से काम करने से रोकता है। ज्यादातर समय स्थानीय निकायों के पास पर्याप्त धन नहीं होता है। इसलिए वे वित्तीय सहायता के लिए राज्य सरकारों पर निर्भर होती हैं। यह वित्तीय सहायता अनिश्चित, अनियमित और अपर्याप्त होती है। राज्य सहायता पर स्थानीय सरकारों की भारी निर्भरता इन निकायों पर अत्यधिक वित्तीय नियंत्रण की ओर ले जाती है।

ऊपर दी गई कमजोरियों के अलावा, यहाँ राज्य और स्थानीय निकायों के बीच संघर्ष के अन्य कई मुद्दे मौजूद हैं। ग्रामीण और शहरी दोनों रूप में स्थानीय सरकारें कार्यात्मक जिम्मेदारियों के विभाजन में स्पष्टता की कमी होने का उदाहरण देती हैं। यह कई विशिष्ट तरीकों से होता है। पहला, एक ही सामान्य व्यय या सेवा श्रेणी अक्सर राज्य सरकार साथ ही साथ इसकी अधीनस्थ स्थानीय सरकारों की वैधानिक जिम्मेदारी होती है। दूसरा, यहां तक कि जहां व्यापक क्षेत्रों को स्पष्ट रूप से विभाजित कर दिया गया हैं, वहाँ यह जरूरी नहीं कि यह उस तरीके से किया जाता है जो दक्षता के लिए प्रोत्साहन को बढ़ावा दे: राज्य के द्वारा पूंजी व्यय का विभाजन और संचालन और किसी भी दी गई सेवा के प्रावधान के लिए स्थानीय सरकारों द्वारा रखरखाव, इस बात के मुख्य उदाहरण हैं। तीसरा, यहाँ राज्य सरकारों की विशेष प्रयोजन एजेंसियों की रचना के माध्यम से, या राज्य सरकार के विभागों के हस्तक्षेप के माध्यम से अतिक्रमण करने की प्रवृत्ति रही है, जो अन्यथा नगर निगम की सुपरिभाषित जिम्मेदारियाँ हो सकती हैं। चौथा, यहाँ तक कि जब स्थानीय कार्यात्मक जिम्मेदारियों को स्पष्ट कर दिया गया है, तब भी उन्हें अपेक्षाकृत संकीर्ण रूप से परिभाषित किया जाता है, जो अक्षमताओं की तरफ ले जाता है, जैसे अधिक टिकाऊ विकल्प के निर्माण की बजाय बार-बार मिट्टी (ग्रामीण) की सड़कों की मरम्मत करना। पांचवां, गुंजाइश वाली या समानताओं की अर्थव्यवस्थाओं के साथ गतिविधियों पर नियंत्रण रखने के संदर्भ में स्थानीय सरकारों को अनुमति देने के अर्थ में कार्यात्मक जिम्मेदारियों को सौपने का काम हमेशा

कुशल नहीं रहा है: आम तौर पर कानून और व्यवस्था, या न्यायिक सेवाओं पर सबसे अधिक जोर दिया गया है। अंत में, राज्य की नौकरशाही को स्थानीय निकायों के प्रशासन में अत्यधिक अधिकार प्रदान किए गये हैं। स्थानीय निकाय निदेशालय और क्षेत्रीय उप निदेशक कार्यालय के निर्माण के बावजूद उपायुक्त अभी भी स्थानीय मामलों के प्रबंधन में प्रमुख भूमिका निभाते हैं।

उपरोक्त घटनाओं से स्पष्ट है कि स्थानीय निकायों पर राज्य के नियंत्रण के लिए कुछ बुनियादी परिवर्तन करने की आवश्यकता है, क्योंकि सरकार का एक वरिष्ठ होने का रवैया एक भागीदार होने में पूरी तरह से बदला नहीं है। लोकतांत्रिक मूल्यों को आत्मसात करने के लिए राजनीतिक प्रतिबद्धता या इच्छाशक्ति की आवश्यकता होती है। इसमें कोई संदेह नहीं है कि राज्य का नियंत्रण होना बहुत जरूरी है, लेकिन उसे स्थानीय निकायों को कठपुतली नहीं बनाना चाहिए। यहाँ स्थानीय निकायों पर राज्य के द्वारा किए जानेवाले नियंत्रण में कई कमियां मौजूद हैं, अतः सकारात्मक और प्रभावी नियंत्रण स्थापित करने के क्रम में इन खामियों को दूर किए जाने की जरूरत है। सरकारी अधिकारियों को प्रभुत्व स्थापित करने की प्रवृत्ति छोड़ देनी चाहिए और गैर-अधिकारियों के प्रति असली मार्गदर्शक और दोस्तों के रूप में कार्य करना चाहिए। नियंत्रण के साधन को परिणाम उन्मुख बनाने के लिए हर संभव प्रयास किया जाना चाहिए (सिंह और कुमार 2005, 227)। स्थानीय सरकारों को राज्य सरकार के अधीनस्थ एजेंसियों के रूप में नहीं माना जाना चाहिए। स्थानीय निकायों पर बहुत ज्यादा आंतरिक और बाहरी नियंत्रण नहीं होना चाहिए, और उन्हें अपने स्थानीय मुद्दों का प्रभावी ढंग से और कुशलता से समाधान करने के लिए पर्याप्त स्वायत्तता दी जानी चाहिए।

निष्कर्ष कथन

यह अध्याय इस बात को स्पष्ट करता है कि राज्य स्तर पर प्रशासन राष्ट्रीय एकरूपता के साथ ही स्थानीय विविधताओं के संदर्भ में कार्य करता है। केंद्रीय प्रशासन की तरह, राज्य प्रशासन के भी कई महत्वपूर्ण प्रशासनिक संगठन और संस्थाएँ हैं, जैसे, सचिवालय, मंत्रालय, विभाग और निदेशालय, मुख्य सचिव, राज्य वित्त आयोग इत्यादि। राज्य प्रशासन केंद्र और स्थानीय निकायों के बीच एक महत्वपूर्ण कड़ी है। एक तरफ, यह केंद्र सरकार की योजनाओं और कार्यक्रमों को लागू करने वाला एक महत्वपूर्ण तंत्र है; और दूसरी तरफ यह 73वें और 74वें संविधान संशोधन के प्रावधानों के अनुसार स्थानीय निकायों को अधिकार और कार्यों का हस्तांतरण करता है।

हमने यह भी देखा है कि स्थानीय सरकार भारत के शासन और प्रशासन का एक अनिवार्य हिस्सा है। पंचायतों और नगर पालिकाओं को भारतीय संविधान द्वारा अधिकार दिया गया है, लेकिन इसका मतलब यह नहीं है कि उन्हें असीमित अधिकार और स्वतंत्रता प्राप्त है। उन्हें स्थानीय सेवाओं के उचित समन्वय, निर्देश और एकीकरण को सुनिश्चित करने और राष्ट्रीय कार्यक्रमों और नीतियों के उचित कार्यान्वयन के उद्देश्य से राज्य सरकार के नियंत्रण में रखा जाता है। हालांकि, स्थानीय निकायों पर राज्य का नियंत्रण इतना कठोर है कि उसने स्थानीय स्वशासी निकायों को राज्य सरकारों के अधीनस्थ एजेंसियों की स्थिति तक ला खड़ा किया है, इससे उनकी स्वायत्तता पूरी तरह से दब गई है। इसमें कोई संदेह नहीं है कि राज्य का नियंत्रण होना बहुत जरूरी है, लेकिन उसने स्थानीय निकायों को मात्र कठपुतलियाँ नहीं बनाना चाहिए।

स्थानीय सरकार का महत्व लोकतंत्र को बनाए रखने में निहित है। यदि लोकतंत्र को ठीक ढंग से काम करना है तो इसकी गतिविधियों और समस्याओं में सतत रुचि लेने के लिए अवसर प्रदान करने के लिए हरसंभव रूप में नागरिकों को प्रोत्साहित किया जाना चाहिए। राष्ट्रीय लोकतंत्र की सफलता काफी हद तक जमीनी स्तर पर स्थित लोकतंत्र की सफलता पर निर्भर करती है। सभी समस्याओं को केंद्र और राज्य सरकारों द्वारा हल किए जाने की उम्मीद नहीं की जा सकती। वास्तव में, यहाँ कुछ समस्याएँ होती हैं, जो स्थानीय स्तर पर खड़ी होती हैं और उन्हें स्थानीय जरूरतों, पर्यावरण और लोगों की इच्छा के अनुसार स्थानीय स्तर पर ही हल करने की जरूरत होती है। स्थानीय समस्याओं को हल करने के क्रम में इन सब बातों के साथ परिचित होने के लिए, सरकार को एक प्रभावी तरीके से स्थानीय स्तर पर नीचे आने की जरूरत होगी। स्थानीय सरकारें राष्ट्रीय समृद्धि में बेहद योगदान करती हैं। केंद्र और राज्य सरकारों को इसलिए उन्हें अपने शक्तिशाली प्रतिद्वंद्वियों या उदासीन दर्शकों के रूप में नहीं, बल्कि अपने मित्र और संरक्षक के रूप में कार्य करना चाहिए।

पुनरीक्षण प्रश्न

1. भारत के राज्य प्रशासन की संरचना और बुनियादी विशेषताओं पर चर्चा करें।
2. राज्य सचिवालय के संगठन और कार्यों की जांच करें।
3. राज्य स्तर पर स्थित महत्वपूर्ण मंत्रालयों और विभागों की संरचना और भूमिका पर एक टिप्पणी लिखें।
4. मुख्य सचिव की भूमिका पर गंभीर रूप से चर्चा करें।
5. एक कार्यकारी एजेंसी के रूप में राज्य निदेशालय की भूमिका पर चर्चा करें।
6. राज्य स्तर पर सचिवालय और निदेशालय के बीच के संबंधों के पैटर्न की जांच करें।
7. राज्य वित्त आयोग पंचायती राज संस्थाओं के सशक्तिकरण में महत्वपूर्ण भूमिका निभाता है। चर्चा करें।
8. स्थानीय सरकारों पर राज्य के नियंत्रण पर एक निबंध लिखो।
9. स्थानीय स्वशासी संस्थानों पर राज्य का अत्यधिक नियंत्रण इन स्थानीय निकायों की स्वायत्तता के विनाश की तरफ ले जाता है। चर्चा करें।
10. भारत में राज्य प्रशासन की संरचना और कामकाज में आनेवाली मुख्य समस्याएं क्या हैं? उनसे निपटने के लिए आपके क्या सुझाव हैं?

संदर्भ

ARC (Administrative Reforms Commission). 1968. *Report on State Government*. Government of India, New Delhi.

Arora, Ramesh K., and Rajni Goyal. 2013. *Indian Administration: Institutions and Issues*. 3rd ed. New Delhi: New Age International Publishers.

Government of Uttarakhand. 2010, 16 April. *Second Finance Commission Report*, State Finance Commission Report, Uttarakhand. Retrieved from http://gov.ua.nic.in/sfc/English_HTM/CHAPTER6.htm (accessed 12 April 2015).

Maheshwari, S. R. 2001. *Indian Administration*, 6th ed. New Delhi: Orient Blackswan.

Muttalib, M. A., and M. A. Aleem. 1988. 'Andhra Pradesh.' In *State Administration in India*, vol. I, edited by A. P. Padhi, p. 127. New Delhi: Uppal.

Narain, Iqbal, Sushil Kumar, and P. C. Mathur. 1970. *Panchayati Raj Administration*. New Delhi: Indian Institute of Public Administration.

Report of Fourth State Finance Commission, Rajasthan (for 2010–15). 2013, September. Jaipur, Rajasthan.

Singh, Mohinder, and Vijay Kumar. 2005, April–June. 'State Control over Panchayati Raj Institutions'. *The Indian Journal of Political Science* LXVI (2): 140, 142.

Singh, Sahib, and Swinder Singh. 1986. *Local Government in India: A Study in Rural and Urban Development Administration*. Jalandhar: New Academic Publishing Company.

जिला प्रशासन

5

अध्ययन उद्देश्य

1. भारत में जिला प्रशासन के संगठन को जानना।
2. जिला कलेक्टर की बदलती भूमिका को समझना।
3. भारत में कलेक्टर और पंचायती राज संस्थाओं के बीच संबंधों का पता लगाना।
4. भारत में जिला कलेक्टर की प्रासंगिकता पर चर्चा करना।

'जिले' भारत में राज्य स्तर से नीचे प्रशासन की बुनियादी इकाई होते हैं। वास्तव में, ये हमेशा भारतीय प्रशासन के इतिहास में प्रशासन की इकाई के रूप में अस्तित्व में रहे हैं। जिला प्रशासन के निर्माण के पीछे मुख्य उद्देश्य राज्य सरकारों के कामकाज में सुविधा प्रदान करना है। जिला प्रशासन के मुख्य कार्य कानून और व्यवस्था बनाए रखना, राजस्व इकट्ठा करना और लोगों के कल्याण के लिए कार्य करना हैं। जिले को एक जिला अधिकारी के प्रभार के तहत रखा गया है, जिसे कलेक्टर या जिला अधिकारी कहा जाता है -जो राज्य सरकार के लगभग आंख, कान और भुजाओं के रूप में कार्य करता है। राज्य स्तर पर हमेशा विस्तारित होने वाली भूमिका और शासन के दायरे में जिला प्रशासन अपनी नीतियों को लागू करने में नीति-निर्माताओं की सहायता करने में एक अत्यंत महत्वपूर्ण भूमिका निभाता है। जिला प्रशासन के प्रमुख के रूप में, जिला कलेक्टर सरकारी मशीनरी का नेतृत्व करने में एक निर्णायक भूमिका निभाता है। जिला सही मायने में प्रशासन की एक इकाई है, जिसके साथ लगभग हर नागरिक सीधे संपर्क में आता है। यह राज्य सरकार की असली ताकत और सामर्थ्य है।

यह अध्याय जिला प्रशासन की संगठनात्मक व्यवस्था, जिला कलेक्टर की बदलती भूमिका और भारत में जिला प्रशासन पर लोकतांत्रिक विकेन्द्रीकरण के प्रभाव का वर्णन करता है।

जिला प्रशासन: ऐतिहासिक निरंतरता

वर्तमान समय के जिला प्रशासन की जड़े इतिहास में मौजूद हैं। भारत में प्रशासन की क्षेत्रीय संरचना को मौर्य काल में पाया जा सकता है, जहां राजस्व गांवों को 'ग्राम' कहा जाता था, राजस्व गांवों के एक समूह को 'स्ताना' या *'तालुक' (तहसील)*, कई 'स्ताना' को 'आहारा', या जिला, जिलों के एक समूह को 'प्रदेश' या क्षेत्र (राज्य) और कई 'प्रदेशों' को 'जनपद' या एक 'प्रांत' कहा जाता था। जिला प्रशासन का प्रमुख राजस्व के साथ-साथ पुलिस का कार्य किया करता था। मुगल काल में जिले का प्रमुख फ़ौजदार होता था, जो एक सैन्य अधिकारी होता था और *सूबेदार* (राज्यपाल) के नियंत्रण में होता था। आमिल या अमलगुज़र राजस्व संग्रह करने का प्रभारी अधिकारी होता था, जिसे कुछ पुलिस और न्यायिक अधिकार भी प्राप्त थे। उसे नियंत्रित

करने के लिए, वहाँ जमींदार होते थे, जिसके पास भी ऐसे ही अधिकार होते थे। वे अधिकारी, जो जिला कलेक्टर के समतुल्य थे, वे मौर्य काल के दौरान 'राजुका' के रूप में, गुप्त काल के दौरान 'विषयापति' के रूप में, और मुगल काल के दौरान 'करोड़ी-फ़ौजदार' के रूप में जाने जाते थे। इससे यह साबित होता है कि कलेक्टर की संस्था विदेशी नहीं है, अपितु भारतीय प्रशासनिक व्यवस्था के लिए एक आदर्श मूल निवासी है।

ब्रिटिश हस्तक्षेप

जब ब्रिटिश ईस्ट इंडिया कंपनी परिदृश्य पर दिखाई दी, तब यह 'देसी' मॉडल दोहरे उद्देश्यों की प्राप्ति के लिए सुविधाजनक हो गया, जिन्हें इसने अपने लिए स्थापित किया था, अर्थात् राजस्व का संग्रह और एक विदेशी देश में अपने अधिकार का समेकन। कलेक्टर के कार्यालय को पहले 14 मई 1772 को ईस्ट इंडिया कंपनी के तहत बनाया गया था, जो कंपनी के एक नियमित प्रशासनिक संगठन में परिवर्तन का भी प्रतीक था। 'जिले' को 1786 में भारतीय प्रशासन का आधार बनाया गया था, जब जिला कलेक्टर के कार्यालय को स्थायी कर दिया गया था। वर्ष 1787 में राजस्व, नागरिक न्याय और मजिस्ट्रेट के प्रशासन को जिला कलेक्टर के कार्यालय में एकीकृत किया गया।

वर्ष 1857 के सैनिक विद्रोह के बाद से, एक प्रशासनिक इकाई के रूप में जिला भारत में शाही शासन का मुख्य आधार था, और जिला कलेक्टर ने भारतीय स्थानीय प्रशासन के क्षेत्र में एक अद्वितीय स्थिति प्राप्त कर ली थी, जो दुनिया में उस स्तर पर किसी अन्य कार्यकारी पदाधिकारी के लिए अतुलनीय थी। वर्ष 1857 और 1909 के बीच के वर्षों ने कलेक्टर के हाथों में सत्ता के केन्द्रीकरण को मजबूत होते देखा। उस में एक 'छोटा नेपोलियन' तैयार किया गया था, जो स्टील फ्रेम का एक भाग होने के कारण ब्रिटिश के लिए इस विशाल उपमहाद्वीप पर शासन और नियंत्रण करने का कार्य संभव कर सका था (अरोड़ा और गोयल 2013, 360)। इस अवधि के दौरान कलेक्टर राजस्व के संग्राहक के साथ-साथ एक मजिस्ट्रेट की भूमिका निभाने का कार्य भी किया करते थे।

कलेक्टर को 1919 तक विधान परिषदों की स्थापना के साथ प्रतिनिधि राजनीति के माहौल को अपने निरंकुश शासन और कई बार उदार प्रशासन के साथ भी समायोजित करना पड़ा। 1919 के संवैधानिक सुधारों के प्रारंभ को मोंटेगू-चेम्सफोर्ड सुधारों के रूप में जाना जाता है, जिसने विधान परिषदों के चुनाव के लिए प्रावधान किया और निर्वाचित मंत्रियों को काफी कुछ विभागों का हस्तांतरण किया। 1935 के अधिनियम के तहत प्रांतीय स्वायत्तता ने आगे इन अर्थों में कलेक्टर के अधिकार को कम किया कि अब उसे निर्वाचित मंत्रियों के साथ मिलकर काम करना था। कांग्रेस ने 1937 में चुनाव जीता और ग्रामीण विकास के लिए कई योजनाएं शुरू की और कलेक्टर को गांवों की इन योजनाओं का प्रभार दे दिया (सिंह 1994, 167)। इसके फलस्वरूप, कलेक्टर ने न केवल खुद को निर्वाचित नेताओं के साथ-साथ काम करने के लिए अनुकूलित किया, अपितु उनकी देखरेख में रहने के लिए भी स्वयं को अनुकूलित किया। फिर भी, आजादी के प्राप्ति तक कलेक्टर ने अधिकारों और प्रतिष्ठा का बहुत सुख लिया।

स्वतंत्रता प्राप्ति पश्चात भारत में जिला प्रशासन

स्वतंत्रता और कल्याणकारी राज्य को अपनाने की बात ने जिला प्रशासन के संपूर्ण पुनःस्थापन को जरूरी बना दिया। मुख्य ध्यान अब कल्याण और विकास की गतिविधियों पर था। जिला प्रशासक की जिम्मेदारी के लिए सबसे बड़ा एकल दावा ग्रामीण विकास कार्यक्रमों के विस्तार के माध्यम से आया था। चूँकि ग्रामीण विकास में शामिल गतिविधियों, संस्थाओं और विभागों की संख्या में वृद्धि हुई थी, इसलिए सरकार के विकास के प्रयासों में कलेक्टर की समन्वय और संश्लेषक की भूमिका ने अधिक महत्व ग्रहण कर लिया था।

हालांकि, पंचायती राज संस्थाओं की शुरुआत जिला प्रशासन के कामकाज में एक क्रांतिकारी परिवर्तन साबित हुई, क्योंकि इसने स्थानीय निकायों को सशक्त बनाने के लिए आह्वान किया था। इसका परिणाम जिला कलेक्टर की भूमिका में कमी आना था, जो अब मुख्य रूप से पर्यवेक्षण और नियंत्रण प्राधिकारी के रूप में प्रतिबंधित हो गया था। जैसा कि के के दास (1963) ने यथायोग्य टिप्पणी की थी, 'इस तरह के बदलाव के बावजूद तथ्य यह था, 'यहाँ कलेक्टर की तरह कोई भी अधिकारी कहीं भी और कभी भी नहीं था और नहीं है'।

जिला प्रशासन के संगठन

जिला कलेक्टर की अध्यक्षता में जिला प्रशासन को भारतीय प्रशासनिक सेवा (आईएएस) से लिया गया है और वे अन्य के साथ पुलिस के सामान्य नियंत्रण और निर्देश के लिए जिम्मेदार होते हैं, जो पुलिस अधीक्षक के नेतृत्व में होता है। जिले को प्रशासनिक सुविधा के उद्देश्य से कई उप विभाजनों में विभाजित किया गया है, जिन्हें 'तालुका या तहसील' कहा जाता है। कई तालुकों के बेहतर पर्यवेक्षण के लिए, तालुकों का एक समूह बनाया गया है, प्रत्येक समूह एक विभाग के तहत आता है, जो एक अधिकारी के नेतृत्व में होता है जिसे 'तहसीलदार' कहते हैं। ये अधिकारी राजस्व इकट्ठा करते हैं और भूमि रिकॉर्ड का पर्यवेक्षण करते हैं। ये तहसीलदार राज्य स्तरीय अधिकारी होते हैं और उपविभागीय या राजस्व संभागीय अधिकारी कहलाते हैं। जिले के तल में बुनियादी इकाइयाँ अर्थात, गांव होते हैं। गांव में सरकार के प्रतिनिधि अर्थात गाँव के लेखापाल होते हैं, जिन्हें पटवारी कहा जाता है, जिन्हें कलेक्टर के 'आंख और कान' माना जाता है। पटवारी मुख्य रूप से भू-अभिलेखों के रखरखाव के लिए जिम्मेदार होते हैं, जिसके परिणामस्वरूप, वह निचले स्तर की नौकरशाही में एक महत्वपूर्ण स्थान रखते हैं। कुछ राज्यों में खंड और तालुकों जिला प्रशासन के समानार्थी हैं। जिला कलेक्टर जिला परिषद, खंड और ग्राम पंचायतों के माध्यम से विकास कार्यक्रमों का प्रशासन और पर्यवेक्षण करते हैं।

अन्य जिला स्तरीय अधिकारियों में पुलिस अधीक्षक, मुख्य चिकित्सा अधिकारी, जिला एवं सत्र न्यायाधीश, अधिशासी अभियंता, जिला शिक्षा अधिकारी, जिला खाद्य एवं आपूर्ति अधिकारी, जिला समाज कल्याण अधिकारी और जिला विकास अधिकारी शामिल हैं। ये अधिकारी अपने-अपने विभागों के प्रमुख होते हैं। जिला कलेक्टर इन अधिकारियों के काम की निगरानी और समन्वयन करते हैं, जो अपने स्वयं के विभागों पर तकनीकी नियंत्रण और पर्यवेक्षण करते हैं। ये अधिकारी उसे अपनी गतिविधियों की जानकारी देते हैं और ऐसे किन्ही भी गंभीर मुद्दों की उसे रिपोर्ट करते हैं जिनसे कानून और व्यवस्था प्रभावित होने की संभावना होती है। राज्य पदानुक्रम में कलेक्टर का पद नीचे दिए अनुसार है।

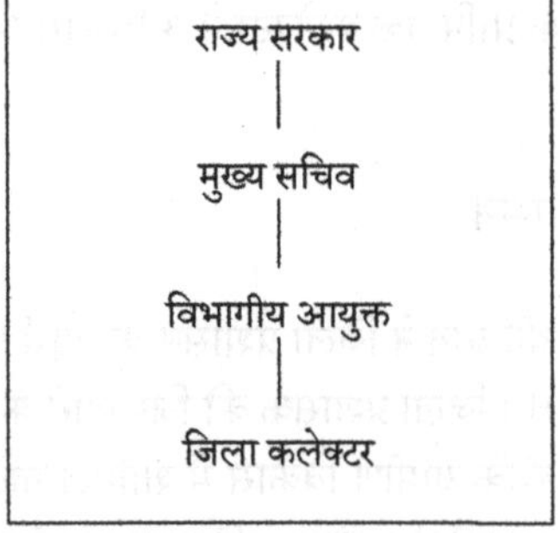

जिला कलेक्टर, राज्य सरकार के सामान्य प्रशासनिक विभाग के अंतर्गत आता है, जबकि वे अधिकारी, जिन पर वह नियंत्रण और पर्यवेक्षण करता है, वे जिले पदानुक्रम में स्थित कई विभागों से आते हैं, जिसमें उसका एक औपचारिक काम हो सकता है,

या नहीं भी हो सकता। जिला प्रशासन के प्रमुख के रूप में, कलेक्टर अन्य जिला स्तरीय पदाधिकारियों के साथ अंतर्संबंधों के एक नेटवर्क में शामिल होता है (माहेश्वरी 2013, 577)। जिले, इस प्रकार, एक बहु अंगी निकाय है, जिसमें सरकार के मामलों के प्रशासन के लिए अधिकारियों की एक आकाशगंगा मौजूद है।

जिला कलेक्टर: जिला प्रशासन के मुख्य स्तंभ

एक जिला कलेक्टर, जिसे जिला मजिस्ट्रेट या उपायुक्त भी कहा जाता है, वह भारतीय जिले का मुख्य प्रशासनिक और राजस्व अधिकारी होता है। उसे राज्य सरकार द्वारा आईएएस कैडर से नियुक्त किया जाता है। वह आम तौर पर संभागीय आयुक्त की देखरेख के तहत काम करता है, जो एक वरिष्ठ आईएएस अधिकारी होता है। वह जिला स्तर पर सभी सरकारी कार्यक्रमों को लागू करने के लिए जिम्मेदार होता है। उसे राज्य सरकार द्वारा राज्य के आईएएस अधिकारियों के पूल के बीच से नियुक्त किया जाता है। भारतीय प्रशासनिक सेवा के सदस्यों को या तो सीधे संघ लोक सेवा आयोग द्वारा भर्ती किया जाता है या राज्य सिविल सेवा (पीसीएस) से पदोन्नत किया जाता है। सीधे भर्ती होने वाले को अपनी उम्र के तीसवें दशक में कलेक्टर के रूप में नियुक्त किया जाता है, जबकि राज्य सिविल सेवा से पदोन्नत सदस्य आम तौर पर अपने उम्र के चालीसवें वर्ष में इस स्थान को प्राप्त करता है। द्वितीय प्रशासनिक सुधार आयोग (2009) से पता चलता है कि जटिल और समस्या प्रवण जिलों में एक आईएएस अधिकारी को उसकी सेवा के 10–12 वर्ष पूरे होने पर एक डीएम के रूप में नियुक्त किया जाना चाहिए। एक जिला मजिस्ट्रेट को राज्य सरकार द्वारा अपने पद से स्थानांतरित किया जाता है।

जिला कलेक्टर की बदलती भूमिका

हालांकि कलेक्टर के कार्यालय की अतीत में कुछ जड़ें मौजूद हैं, तथापि उनके कार्यों के दायरे समय-समय पर भिन्न-भिन्न होते रहे हैं। ब्रिटिश शासन के अंतर्गत, जिला मुख्यालय में नियुक्त एक अधिकारी, जिसे आमतौर पर कलेक्टर कहा जाता था, उसे जिले में कानून और व्यवस्था, शांति और सद्भाव बनाए रखने; राजस्व इकट्ठा करने और न्याय के प्रशासन की जिम्मेदारी सौंपी जाती थी। भारत में बहुसंख्य ग्रामीणों के लिए कलेक्टर 'सरकार' का प्रतीक है। उनके कार्यालय की अवधारणा को निम्नलिखित उद्धरण में व्यक्त किया जाता है, क्योंकि इसे कई प्रयोगों के बाद बंगाल में स्थापित किया गया था, और क्योंकि इसे संपूर्ण ब्रिटिश भारत में फैलाया गया था:

> बंगाल के लेफ्टिनेंट गवर्नर, सर जॉर्ज कैम्पबेल ने 1872 में लिखा है, "यह लेफ्टिनेंट गवर्नर की इच्छा है कि जिलों के प्रमुखों को अब कई विभागों और नेतृत्व का भार सौंपा न जाए, लेकिन वास्तव में उसे प्रत्येक जिले के सभी विभागों में सामान्य नियंत्रण प्राधिकारी बनाया जाए... इसलिए, उसने सामान्य रूप से पंद्रह से पच्चीस लाख आबादी रहने वाले महान बंगाल जिले के मजिस्ट्रेट-कलेक्टर बनाने के लिए कड़ी मेहनत की, जो वास्तविक कार्यकारी प्रमुख और प्रशासक है और अधिकारियों की फ़ौज उसे प्रतिबद्ध है, और वह न्याय की अदालतों की कार्यवाही को छोड़कर हर व्यक्ति और हर बात में सर्वोच्च है। (भारतीय वैधानिक आयोग 1930 की रिपोर्ट)

जिला कलेक्टर वास्तव में 'ब्रिटिश शासन का अवतार' था। जिले का पिता और मां, सम्माननीय, भरोसेमंद, अपने लोगों के लिए सर्वहारा के रूप में। उनकी स्थिति का एक काफी विशद वर्णन 1892 में सर विलियम विल्सन हंटर द्वारा दिया गया था:

> जिला अधिकारी, चाहे उसे कलेक्टर, मजिस्ट्रेट या उपायुक्त के रूप में जाना जाता है, वह अपने अधिकार क्षेत्र का जिम्मेदार प्रमुख है। अंततः उसकी ऊर्जा और व्यक्तिगत चरित्र पर हमारे भारत सरकार की दक्षता निर्भर करती है। उसके स्वयं के विशेष कार्य अनगिनत और इतने विविधतापूर्ण हैं, कि वे बाहरी व्यक्ति को उलझन में डाल देते हैं; और मातहतों के काम, चाहे वे यूरोपीय हो

> या देशी हो, काफी हद तक उसके व्यक्तिगत उदाहरण के प्रोत्साहन पर निर्भर करते हैं ...। उससे अपने देश के सामाजिक जीवन के हर चरण के साथ परिचित होने की उम्मीद की जाती है। उसे एक वकील, एक लेखाकार, एक सर्वेक्षक, और राज्य के दस्तावेज़ों के लिए एक तैयार लेखक होना चाहिए। उसे कृषि, राजनीतिक अर्थशास्त्र और इंजीनियरिंग का भी औसत ज्ञान होना चाहिए। (माहेश्वरी 2013, 575)

भारतीय वैधानिक आयोग की रिपोर्ट (1930) ने ब्रिटिश शासन के दौरान एक कलेक्टर की स्थिति के बारे में निम्न बयान किया:

> यह संप्रेषित करना मुश्किल है कि उन निवासियों के बीच एक जिले के कलेक्टर की प्रतिष्ठा कितनी महान है, जिनके लिए वह कार्य करता है। जैसा कि हमने कहा है, उनमें से ज्यादातर के लिए वह सरकार का अवतार है। वह प्राधिकरण, जो वह अपने वैधानिक अधिकार से प्राप्त करता है, वह उन मामलों द्वारा संवर्धित है जहां उसे निर्देश और नेतृत्व देने की उम्मीद की जाती है। उसे संरक्षण के बड़े अधिकार प्राप्त हैं; वह कई छोटी-मोटी नियुक्तियाँ करने के लिए जिम्मेदार होता है, उदाहरण के तौर पर, ग्राम-प्रमुख और एकाउंटेंट, राजस्व अधिकारी और कार्यालयीन लिपिक। आमतौर पर सभी स्थानीय स्वशासी निकायों के मानद मजिस्ट्रेट और नामित सदस्यता के लिए उसकी सिफारिशों को स्वीकारा जाता है। वह औपचारिक समारोहों में सीटें प्रदान कर सकता है, जैसे 'दरबार' (सामाजिक भेद के रूप में बेहद बेशकीमती), और आमतौर पर उसके सुझावों पर ही प्रतिष्ठित भारतीय खिताबों और सम्मानों और अन्य पुरस्कारों से सम्मानित किया जाता है। यह प्रभाव संरक्षण के प्रशासन के लिए अत्यंत विचारणीय विषय है। प्रतिदिन के कई मामलों में केवल थकाऊ विवाद, या यहां तक कि प्रशासनिक कारवाई शामिल हो सकती है, उन्हें जल्दी से निर्णायक समझौते तक पहुँचने के लिए कलेक्टर के सामने लाया जाता है। यही प्रभाव प्रकट सार्वजनिक लाभ बन जाता है, जब अधिक गंभीर संघर्ष का खतरा होता है। एक कलेक्टर को सांप्रदायिक दंगों को शमन करने में उसकी सफलता से नहीं, बल्कि इन घटनाओं को होने से रोकने में उसकी सफलता के रूप में आंका जाता है।

इस प्रकार, ब्रिटिश काल के दौरान कलेक्टर सरकार की आँखें और कान होता था। भू-राजस्व का आकलन करने और इकट्ठा करने का कार्य, जिसने मूल रूप से इस पद को इसका शीर्षक प्रदान किया है, वे किसी भी अर्थ में उसके एकमेव कार्य नहीं थे। जिले में नियुक्त अन्य सार्वजनिक पदाधिकारी सहायता, सलाह और यहाँ तक कि कभी कभी आदेश के लिए भी उसकी तरफ देखा करते थे और यहां तक कि नागरिक भी तुरंत उसीके पास जमा हो जाते थे, जब उन्हें शिकायतों का निवारण करना होता था या किसी भी समस्या का समाधान पाना होता था। इससे यह स्पष्ट होता है कि ब्रिटिश काल के दौरान, कलेक्टर जिला स्तर पर सबसे शक्तिशाली अधिकारी था।

स्वतंत्र भारत में कलेक्टर की भूमिका

आजादी के बाद से कलेक्टर का कार्यालय उसके मौलिक अधिकारों और प्रतिष्ठा के मामले में बदल गया है। कलेक्टर की भूमिका को प्रभावित करने वाले मुख्य कारकों में शामिल हैं: देश में लोकतांत्रिक व्यवस्था, विकेन्द्रीकरण के लिए जोरदार प्रयास, विकास की जिम्मेदारियों में वृद्धि और सार्वजनिक चेतना को बढ़ावा। इस मुद्दे को विस्तृत करने के लिए मोहित भट्टाचार्य के शब्दों में,

> आजादी के बाद सरकार को सामाजिक-आर्थिक विकास के काम में तेजी लानी पड़ी। कानून और लोगों के कल्याण के रखरखाव के उन्मुखीकरण के लिए जिला प्रशासन के दृष्टिकोण में यह बुनियादी परिवर्तन किया गया। कृषि और औद्योगिक उत्पादन में वृद्धि करनी पड़ी और गरीबी, कुपोषण और खराब स्वास्थ्य के लिए युद्ध स्तर पर कार्य करना पड़ा। सड़कों के निर्माण, बिजली उत्पादन, सिंचाई विस्तार, नए रेलवे लाइनों के परिचालन जैसे ढांचागत विकास को जितना जल्दी संभव हो उतना जल्दी किया

> जाना था। इन नई गतिविधियों का मतलब है जिला स्तर और उससे नीचे नए कार्यालयों को शुरू करना। जिला कलेक्टर को एक सामान्यज्ञ प्रशासक होने के नाते इन सभी विकास गतिविधियों का समन्वय करना पड़ा। (2000, 69–70)

एक और बदलाव नवनियुक्त सिविल सेवकों की धारणा में देखा गया था। जहाँ ब्रिटिश कलेक्टरों ने खुद को एक साम्राज्य के बेताज बादशाह के रूप में और लोगों को केवल अपने द्वारा शासित अधीनों के रूप में देखा था, वहीं आईएएस अधिकारियों की नई नस्ल लोगों की भलाई के लिए उत्साह और आदर्शवाद से भरी थी। सामाजिक संरचना भी एक परिवर्तन से होकर गुजरी। जहाँ पहले के कलेक्टर समाज के ऊपरी तबके से ताल्लुक रखते थे, वे अभी वर्तमान में शिक्षा के प्रसार और सीटों का आरक्षण होने के कारण है, एक और अधिक समतावादी व्यवस्था उभर कर आई है। कुछ कलेक्टर कम आय वर्ग के हैं और इसलिए, वंचित वर्गों के लिए सहानुभूति और समझ की उनसे अधिक उम्मीद की जा सकती है। यह आईएएस की रचना है, जिसमें नौकरशाही की परम शक्ति को और सामाजिक बलों द्वारा अपने नियंत्रण क्षमता को प्रभावित करने के लिए अपार संभावना है।

ए.के. दुबे ने निदेशित किया है कि सिविल सेवकों के प्रति लोकतांत्रिक तरीके से गठित सरकारों और विधायिकाओं की प्रारंभिक प्रतिक्रिया अविश्वास से भरी और यहां तक कि दुश्मनी के रूप में थी, क्योंकि अंग्रेजों के खिलाफ राष्ट्रीय संघर्ष का एक महत्वपूर्ण मुद्दा सिविल सेवा की निंदा करना था, जिसमें ज्यादातर शुरू में अंग्रेज हुआ करते थे। उन्होंने इन घटनाक्रमों को इस प्रकार संक्षेप में किया:

> इसलिए नए राजनीतिक आकाओं के साथ-साथ सिविल सेवकों के मन में भी संदेह था। हालांकि, यह अगले चरण में जल्द ही खत्म हो गया, क्योंकि सिविल सेवकों ने संविधान और देशभक्ति के प्रति वफादारी की गहरी भावना प्रदर्शित की थी। ये जिला अधिकारी एक कुशल और उदार संस्था के रूप में प्राधिकार के पारंपरिक भारतीय अवधारणा के प्रतीक थे। इस प्रकार सब को गले लगाने वाली जिला अधिकारी की संस्था को आजादी के बाद इतने वर्षों में पोषित किया जाना जारी रहा। इसके अलावा, एक भरोसेमंद प्रशासनिक इकाई के साथ जिला प्रशासन के गैर विशेषज्ञ प्रकृति के कारण हुई जिले की स्वीकार्यता ने इस संस्था को राजनीतिक संदर्भ में होने वाले परिवर्तन में जीवित रहने में मदद की। (दुबे 1995, 22–23)

इस प्रकार, औपनिवेशिक नौकरशाही व्यवस्था को वैधता प्राप्त हुई और उसने भारतीय प्रशासनिक व्यवस्था में जीवित रहना जारी रखा।

विकास की अनिवार्यताएँ और जिला प्रशासन की भूमिका

आजादी के बाद जिला प्रशासक की जिम्मेदारियों के लिए सबसे बड़ी एकल अभिवृद्धि ग्रामीण विकास कार्यक्रमों के विस्तार के माध्यम से हुई थी। चूँकि ग्रामीण विकास में शामिल गतिविधियों, संस्थाओं और विभागों की संख्या में वृद्धि हुई थी, इसलिए सरकार के विकास के प्रयासों में कलेक्टर की समन्वय और संश्लेषक की भूमिका ने अधिक महत्व ग्रहण किया था। वर्ष 1951 में पहली पंचवर्षीय योजना की शुरुआत होते देखा गया। कानून-व्यवस्था और राजस्व की वसूली के रखरखाव से प्रमुख जोर को अब मानव और भौतिक संसाधनों के विकास और गरीबी के उन्मूलन की तरफ स्थानांतरित कर दिया गया।

वर्ष 1952 में राष्ट्रीय विस्तार और सामुदायिक विकास कार्यक्रम के प्रारंभ के साथ ही कलेक्टर को विनियामक कार्यों के अलावा आगे जिले में सभी विकास कार्यों से निपटने की जिम्मेदारी भी दी गई। इन कार्यक्रमों के सफल क्रियान्वयन के लिए कलेक्टर की पारंपरिक प्रतिष्ठा और ओहदे को सेवा में लागू करना आवश्यक माना गया। उसे सभी विकास गतिविधियों के प्रोत्साहक और समन्वयक के कार्यों को स्वयं पर ही लेने के लिए कहा गया। जिला प्रशासन ने इस प्रकार, पूरी तरह से मूलभूत रहना जारी रखा, जिसने विकास प्रशासन में एक निर्णायक भूमिका हासिल की।

कलेक्टर के राजस्व और कानून और व्यवस्था के नियमित कामकाज से एक बदलाव को भी पहली पंचवर्षीय योजना में शामिल किया गया था। पहली पंचवर्षीय योजना में विकास कार्यक्रमों के प्रशासन की प्रणाली के लिए एक स्थिर सहायता देने को लिखा गया था। दूसरी पंचवर्षीय योजना ने लोकतांत्रिक शासन की प्रशासनिक व्यवस्था के सापेक्षित महत्व पर बल दिया। दूसरी योजना में जिला प्रशासन के पुनर्गठन, विभिन्न विकास विभागों की गतिविधियों के एकीकरण, प्रशासनिक एजेंसियों के साथ स्थानीय स्वशासी संस्थाओं को जोड़ना, क्षेत्रीय समन्वय, जिला विकास कार्यक्रमों का पर्यवेक्षण और सामान्य प्रशासन के तंत्र को मजबूत बनाने और उसमें सुधार करने के कार्य शामिल किए गए थे। इस प्रथा को तीसरी पंचवर्षीय योजना में भी जारी रखा गया। तथापि, इस योजना के लिए समाज में अवसर की समानता और समाजवादी पद्धति को मजबूत बनाने की दिशा में और अधिक गहन प्रयासों और अत्यधिक तात्कालिकता की आवश्यकता थी।

चौथी और पांचवीं पंचवर्षीय योजनाओं के क्रम में, विकास के लिए जिला प्रशासन का संगठनात्मक आयाम उभर कर आया और उसने यह जिला अधिकारी और तकनीकी विभाग के अधिकारी के बीच, प्रशासन और लोकतांत्रिक संस्थाओं के बीच और जिला अधिकारी और राज्य विभाग के बीच संबंधों के एक नये पैटर्न को महत्व दिया। चौथी योजना अवधि के दौरान योजना आयोग ने सिफारिश की कि सभी राज्य सरकारों को क्षेत्रीय/जिला योजना इकाइयों की स्थापना करनी चाहिए, जो योग्य और सक्षम तकनीकी स्टाफ के साथ सुसज्जित हो। इसके परिणामस्वरूप, कलेक्टर के कार्यालय को आगे जिला स्तर पर योजना बनाने की मशीनरी के प्रमुख के रूप में मजबूत बनाया गया, जो इसके विभिन्न विभागों के एक समग्र सह-समन्वयक होने के अलावा था।

जिला स्तरीय प्रशासन ने छठी पंचवर्षीय योजना के दौरान और अधिक जटिलता हासिल कर ली। इसने जिला विकास अधिकारी की नियुक्ति के साथ जिले को मजबूत बनाया, जिसका विकास के काम पर पूरा अधिकार था और संपूर्ण जिम्मेदारी थी और वह कलेक्टर के बराबर के ओहदे का आनंद ले रहा था। प्रशासनिक मशीनरी के विकेन्द्रीकरण और स्थानीय स्तर पर पर्याप्त समन्वय तंत्र के प्रावधान के अलावा, योजना और कार्यान्वयन के हर स्तर पर लोगों की भागीदारी को भी आवश्यक महसूस किया गया। इसलिए, इस उद्देश्य के लिए जन प्रतिनिधियों को लाकर एक संस्थागत तंत्र को अपनाया गया। कुछ राज्य सरकारों ने जिला परिषद के मुख्य कार्यकारी अधिकारी (सीईओ) के रूप में जिला कलेक्टर के पद के एक अधिकारी को विकास का काम सौंपकर प्रणाली की स्थापना की।

लोकतांत्रिक विकेन्द्रीकरण और कलेक्टर की भूमिका

1960 के अंत तक, वहाँ एक अहसास था कि नौकरशाही के नेतृत्व वाला विकास तीसरी दुनिया के देशों की समस्याओं का जवाब नहीं था और इसने विकास के दृष्टिकोण में परिवर्तन लाया था। संपूर्ण विकासशील दुनिया ने केवल अनुभव से यह महत्वपूर्ण सबक सीखा था कि विकास उन लोगों की भागीदारी के साथ आना चाहिए जो नीति बनाते हैं और नीति का कार्यान्वयन करते हैं। इस प्रतीति ने भारत में लोकतांत्रिक विकेन्द्रीकरण के लिए मार्ग प्रशस्त किया।

बलवंत राय मेहता समिति (1957) की सिफारिशों के एक परिणाम के रूप में, विकास के क्षेत्र में कलेक्टर की स्थिति में एक परिवर्तन करना पड़ा। समिति ने लोकतांत्रिक विकेंद्रीकरण के लिए एक तीन स्तरीय प्रणाली की सिफारिश की, अर्थात् जिला स्तर पर जिला परिषद, ब्लॉक स्तर पर पंचायत समिति और ग्राम स्तर पर ग्राम पंचायत। हालांकि समिति ने सिफारिश की थी कि कलेक्टर को जिला परिषद के अध्यक्ष के रूप में कार्य करना चाहिए, धीरे-धीरे एक अलग दृष्टिकोण उभरने लगा जिसने पंचायती राज व्यवस्था में किसी भी प्रमुख स्थान में कलेक्टर को रखने का विरोध किया, क्योंकि यह महसूस किया गया कि यह विकेन्द्रीकरण की भावना के अनुरूप नहीं होगा।

इसका परिणाम पंचायती राज संस्थाओं के संबंध में कलेक्टर के अधिकारों और कार्यों में एक व्यापक बदलाव के रूप में हुआ। इसके अलावा वहाँ इन निकायों के लिए कोई संवैधानिक सुरक्षा नहीं थी। किसी भी संवैधानिक स्थिति से इनकार किए जाने के कारण और राजनीतिक आकाओं की ओर से इच्छाशक्ति की कमी होने के कारण, पंचायती राज व्यवस्था परिणाम प्रदान करने में विफल रही है।

एक और समिति, जो भारत में लोकतांत्रिक विकेन्द्रीकरण के विकास में विशेष उल्लेख के काबिल है, वह **अशोक मेहता समिति (1977) है,** क्योंकि इसे पंचायती राज संस्थाओं की कार्यप्रणाली की जांच करने और उन्हें मजबूत बनाने के लिए उपाय सुझाने के लिए नियुक्त किया गया था। समिति का मानना था कि कारकों के संयोजन ने पंचायती राज व्यवस्था को कमजोर करने की साजिश रची थी, जैसे एक असंवेदनशील नौकरशाही, राजनीतिक इच्छाशक्ति का अभाव, एक पर्याप्त पैमाने पर योजना और कार्यान्वयन में भागीदारी का अभाव और आर्थिक और सामाजिक ग्रामीण अभिजात वर्ग द्वारा स्थानीय संस्थाओं पर वर्चस्व की कमी (Desouza, 371)।

समिति ने विकेन्द्रीकरण की कार्यात्मक आवश्यकता को रेखांकित किया और पंचायती राज संस्था के लिए एक दो स्तरीय प्रणाली की सिफारिश की। उसने यह भी सिफारिश की कि जिला एक बुनियादी इकाई रहे, क्योंकि यह एक व्यवहार्य प्रशासनिक इकाई थी, जिसके लिए नियोजन, समन्वय और संसाधनों के आवंटन संभव थे और जिसके लिए तकनीकी विशेषज्ञता उपलब्ध थी। यह पंचायतों के लिए संवैधानिक मान्यता की मांग करने वाली पहली समिति थी। इस समिति ने एक मॉडल विधेयक का मसौदा भी तैयार किया, जिसे उसने अपने रिपोर्ट के साथ संलग्न किया और इन पंक्तियों के साथ संविधान में संशोधन की मांग की (कुमार 2006, 23)।

जनता पार्टी अशोक मेहता समिति के निर्णयों को लागू करने के लिए सत्ता में काफी लंबे समय तक नहीं रही, और कथित तौर पर, एक प्रारंभिक बैठक में समिति की सिफारिशों को राज्य सरकारों द्वारा अच्छी तरह से स्वीकार नहीं किया गया (सेठी 1989)। हालांकि, इस समिति की रिपोर्ट का प्रभाव महत्वपूर्ण था। दरअसल, कर्नाटक, आंध्र प्रदेश और पश्चिम बंगाल जैसे राज्यों ने इसी आधार पर नए कानूनों को पारित किया।

स्थानीय निकायों को सशक्त बनाने और उन्हें संवैधानिक दर्जा देने के लिए 1980 के दशक में एक और प्रयास किया गया था। पूर्व प्रधानमंत्री स्वर्गीय राजीव गांधी द्वारा उठाए गए कदमों के आधार पर, भारत सरकार के निजी और प्रशिक्षण विभाग द्वारा दिसंबर 1987 और जून 1988 के दौरान भोपाल, इम्फाल, हैदराबाद और जयपुर में **कलेक्टरों और जिला मजिस्ट्रेटों के लिए कार्यशालाओं** का आयोजन किया गया। जिले के प्रमुखों ने पूर्व प्रधानमंत्री के साथ मुक्त रूप से बातचीत की और एक परिणाम के रूप में, जिले में और उसके नीचे के स्तर पर लोकतांत्रिक संस्थाओं को मजबूत बनाने के पक्ष में एक आम सहमति के रूप में उभरा। अधिकारियों का मत था कि अगर वास्तविक उत्तरदायी शासन प्रचलित हो सकता है, तो उसे लोगों के आग्रह के प्रति जिम्मेदार, प्रतिनिधिक और संवेदनशील होने की जरूरत है। यह कहने की आवश्यकता नहीं है कि हमारी राजनीति में जिले में और उसके नीचे के स्तर पर अधिकारों और कार्यों का अपर्याप्त हस्तांतरण था। अंत में, इन चार कार्यशालाओं ने पंचायती राज संस्थाओं और शहरी स्थानीय निकायों की तरह स्वशासन संस्थाओं के आवधिक और समय पर चुनाव सुनिश्चित करने के लिए एक संवैधानिक आधार के लिए जरूरत पर प्रकाश डालते हुए विचारों के क्रिस्टलीकरण में मदद की।

चूंकि यह आम सहमति स्वयं जिला कलेक्टरों/मजिस्ट्रेट की तरफ से आई थी, इसलिए भारत सरकार के लिए स्थानीय स्वशासन संस्थाओं को लैस करने की दिशा में स्थानांतरित करना आसान बन गया था। ये घटनाएँ 64वें संशोधन को निष्फलता की तरफ ले गईं, जिन्होंने पहली बार एक मजबूत पंचायती राज व्यवस्था बनाने की कोशिश की थी। देश भर में एक पंचायती राज प्रणाली की स्थापना की आवश्यकता पर सभी राजनीतिक पार्टियों द्वारा पहुंची गई आम सहमति के आधार पर, दिसंबर 1992 में 73वें संविधान संशोधन विधेयक को पारित किया गया। इस प्रकार उत्तरदायी प्रशासन पर कार्यशालाओं की श्रृंखला में किए गए प्रयास 1993 में एक नई पंचायती राज व्यवस्था के उद्भव की तरफ ले गए।

73वां संशोधन अधिनियम, 1992, और कलेक्टर की भूमिका

73वां संशोधन अधिनियम, 1992 भारत में स्थानीय शासन को सशक्त बनाने में एक मील का पत्थर है। अधिनियम की मुख्य विशेषताओं में गांव, ब्लॉक और जिला स्तर पर एक समान त्रिस्तरीय पंचायती राज व्यवस्था के लिए प्रावधान, पंचायतों के लिए एक समान पांच साल की कालावधि, महिलाओं को 33 फीसदी आरक्षण और एक राज्य स्तर के चुनाव और वित्त आयोग की स्थापना शामिल है। यह पहली बार था कि पंचायतों को संवैधानिक दर्जा दिया गया।

कलेक्टर और पंचायती राज संस्थाओं के बीच संबंधों के नए प्रारूप

पंचायतों के सशक्तिकरण के बाद से कलेक्टर की भूमिका बेहद बदल गई है। चूंकि इस अधिनियम ने जिले के कलेक्टर और इन संस्थाओं के संबंध और अधिकारों को कवर करने से परहेज किया है, इसलिए राज्यों में मॉडलों की भिन्न-भिन्न स्थितियां हैं, जैसे बंगाल में कलेक्टर का कोई नियंत्रण नहीं है, जबकि उड़ीसा, कर्नाटक और हरियाणा में लगभग पूरा नियंत्रण है। इसलिए मुख्य रूप से दो अलग अलग प्रारूप उभरे हैं। पहला, जहां जिला स्तर पर जनप्रतिनिधियों को अधिक अधिकार और प्रावधान दिए गये थे और नौकरशाही के अधिकारों में कमी की गई थी। उदाहरण के लिए, आंध्र प्रदेश में जिला परिषद के अध्यक्ष को मुख्य कार्यकारी अधिकारी पर प्रशासनिक नियंत्रण रखने के लिए अनुमति दी गई, जो एक आईएएस या डीएम के बराबर होता है, जिसका प्रयोजन जिला परिषद या किसी स्थायी समिति के प्रस्ताव का कार्यान्वयन करना है।

उत्तर प्रदेश और मध्य प्रदेश में जिला पंचायत को अपने क्षेत्राधिकार के भीतर जिला ग्रामीण विकास एजेंसी (डीआरडीए) के प्रशासन को नियंत्रित करने और निगरानी करने का अधिकार है। कर्नाटक मॉडल से पता चलता है कि कलेक्टर, जो अब तक बहुत शक्तिशाली होता था, अब सीमित कार्य करता है। यह पूरी नियोजन प्रक्रिया जिला स्तर पर एकीकृत की गई थी और डीआरडीए को जिला परिषद के साथ विलय कर दिया गया था (सिंह 1997, 557)। पीआरआई के चुनाव कराने की जिम्मेदारी, जो पहले कलेक्टर को सौंपी गई थी, वह अब राज्य स्तर के निर्वाचन आयोग (1993) को सौंप दी गई। राज्य स्तर पर वित्त आयोग की स्थापना ने भी पंचायती राज संस्थाओं के वित्तीय मामलों में कलेक्टर के पहले के अधिकार क्षेत्र को कुछ कम कर दिया है। इन उदाहरणों से पता चलता है कि लोकतांत्रिक विकेन्द्रीकरण ने कुछ राज्यों में कलेक्टर के अधिकारों में काफी कटौती की है। अब उसकी भूमिका मार्गदर्शन और सलाह देने की हो गई है। हालांकि, वहाँ एक और पैटर्न है, जिसमें हम पाते हैं कि कलेक्टर को पंचायतों के संबंध में एक वर्चस्व वाली भूमिका मिली है। उदाहरण के लिए, आंध्र प्रदेश में सरपंच और उप-सरपंच को निलंबित किया जा सकता है, यदि कलेक्टर की राय में, वे उन्हें प्राप्त सत्ता का दुरुपयोग कर रहें हैं। कर्नाटक पंचायती राज अधिनियम 1993 न केवल आयुक्त द्वारा जिला पंचायत के सभी कार्यों के निष्पादन पर नियंत्रण के साथ-साथ पर्यवेक्षण की शक्ति प्रदान करता है, अपितु यह उसे ग्राम पंचायत को भंग करने का भी अधिकार देता है। इसी तरह, बिहार पंचायती राज अधिनियम (1993) ने भी राज्य सरकार और नौकरशाही को पंचायती राज संस्थाओं के नियंत्रण सौंपे हैं। इस अधिनियम में, राज्य विधायिका को पंचायतों के खिलाफ आपातकालीन अधिकारों का उपयोग करने के लिए सशक्त किया है, जो जिला स्तर पर कलेक्टर के माध्यम से प्रयोग किया जाता है।

आमतौर पर यह माना जाता है कि 73वें संशोधन अधिनियम की शुरुआत के कारण कलेक्टर के अधिकार कम हो गये हैं। लेकिन, ऐसा नहीं है, क्योंकि नए अधिनियम ने नौकरशाही में राज्य सरकार के एजेंट के रूप में नियंत्रण और नजर रखने के और यहां तक कि निलंबन और विघटन की सिफारिश करने के अधिकारों के साथ निहित किया है। जहाँ स्थानीय निकायों के लिए 29 कार्यक्रम निहित किए हैं, जिन पर वे केवल योजना बना सकते हैं, वहीं इन कार्यक्रमों के कार्यान्वयन के लिए अंतिम अधिकार नौकरशाही के हाथों में हैं। यहाँ योजनाओं को लागू करने के लिए शिक्षा समिति, लोक स्वास्थ्य समिति, आदि जैसी विभिन्न समितियों की स्थापना करने के लिए एक प्रावधान भी है, लेकिन ये समितियाँ नौकरशाही के नियंत्रण और देखरेख में होती हैं। यहाँ कुछ अन्य कारक भी हैं, जैसे राजनीतिक नेताओं की ओर से प्रशासनिक अनुभव की कमी, ग्रामीण जनता के बीच शिक्षा की

कमी और समाज की महिलाओं और पिछड़े वर्गों के बीच नेतृत्व का अभाव, इत्यादि बातों ने समग्र पंचायती राज व्यवस्था द्वारा परिवर्तन लाये जाने के बावजूद जिले में कलेक्टर की भूमिका को मजबूत बनाया है।

दूसरे एआरसी (2009) की सिफारिशों ने कलेक्टर के साथ ही पंचायत निकायों के लिए एक नई भूमिका की परिकल्पना की। आयोग ने उल्लेख किया है कि कलेक्टरों पर इतना अधिक बोझ डाला गया कि उनमें से कई इस बात से पूरी तरह से वाकिफ नहीं थे कि उन्हें कितने समितियों की अध्यक्षता करनी चाहिए। सुपरिभाषित भूमिकाओं के बिना इस तरह के व्यापक कार्यों का परिणाम कलेक्टर की जिम्मेदारियों में स्पष्टता की कमी और उनके प्रसार में हुआ। इसके अलावा, सरकार के तीसरे स्तर के रूप में पंचायती राज संस्थाओं/शहरी स्थानीय निकायों की स्थापना के बाद, यहाँ की गतिविधियों के संबंध में कलेक्टर को किसी भी भूमिका/कार्य को आवंटित करने की कोई जरूरत नहीं थी, जो इन निकायों के लिए राज्य सरकार की ओर से स्थानांतरित की गई थी। जैसे, आयोग का मानना है कि यहाँ कलेक्टर की भूमिका और जिम्मेदारियों को फिर से एक स्पष्ट तरीके से परिभाषित करने की जरूरत थी। उनके काम के प्रोफ़ाइल में निम्न बातें शामिल होनी चाहिए: (क) राज्य सरकार के एक पदाधिकारी के रूप में गैर सांविधिक के साथ-साथ सांविधिक अनन्य गतिविधियों का एक सुपरिभाषित सेट, (ख) जिला स्तरपर राज्य और संघ सरकारों के विभिन्न विभागों/एजेंसियों के साथ समन्वय के सामान्य काम, और (ग) जब तक स्थानीय निर्वाचित संस्थाएँ जिला सरकारों के रूप में परिपक्व नहीं होती, तब अंतरिम अवधि में—प्रस्तावित जिला परिषद के मुख्य कार्यकारी अधिकारी के रूप में काम करना (एआरसी 2009, 71)।

जिला कलेक्टर: अधिकार और कार्य

चाहे इसकी उत्पत्ति और स्वतंत्रता पूर्व काल के दौरान प्रचलित प्रथाएँ कुछ भी हों, जिला कलेक्टर का कार्यालय अब देश भर में एक समान संस्था बन गया है। इसके कार्यों की सामग्री एक हद तक भिन्न हो सकती हैं, लेकिन कुल मिलाकर, विकास कार्यों के संदर्भ को छोड़कर सभी राज्यों में एक कलेक्टर के कार्यों में एक समानता है, जिसमें यह पैटर्न काफी भिन्न होता है। कलेक्टर राज्य सरकार के एजेंट के रूप में जिले के सभी सरकारी कार्यों के लिए जिम्मेदार होता है। यह सच है कि उस पर प्रदत्त अधिकार व्यापक और कुछ हद तक विवेकाधीन करने वाली प्रकृति के हैं। उदाहरण के लिए, बंबई राजस्व विभाग मैनुअल में यह निर्दिष्ट किया गया है कि उस जिले में ऐसा 'कुछ भी' पारित नहीं किया जाना चाहिए या होना चाहिए, जिसके बारे में कलेक्टर को सूचित न रखा जाता हो (पॉटर 1964, 68)। व्यापक दौरे करके उसे लोगों की जरूरतों के प्रति सुलभ और उत्तरदायी होना चाहिए। **द्वितीय प्रशासनिक सुधार आयोग (2009)** के अनुसार, कलेक्टर के कार्यालय के पोर्टफोलियो में आम तौर पर निम्नलिखित कार्यों और गतिविधियों का समावेश होता है (हालांकि वहाँ राज्यों में बदलाव हो सकता है):

- भूमि और राजस्व प्रशासन के प्रमुख के रूप में कार्य, जिनमें जिला वित्त (व्यय और लेखा परीक्षा) की जिम्मेदारी भी शामिल है;
- कार्यकारी न्यायिक के जिला प्रधान के रूप में कार्य करना और कुछ मामलों में कानून-व्यवस्था और सुरक्षा का समग्र पर्यवेक्षण करना, जैसे पुलिस;
- विभिन्न विशेष कानूनों के संबंध में लाइसेंस और नियामक प्राधिकरण के रूप में काम करना, जैसे जिले में हथियार, विस्फोटक और छायांकन अधिनियम आदि;
- संसद, राज्य विधानमंडल और स्थानीय निकायों के चुनाव का आयोजन करना;
- आपदा प्रबंधन के प्रभारी अधिकारी के रूप में;
- अतिक्रमण को रोकने और दूर करने की जिम्मेदारी के साथ सार्वजनिक भूमि के संरक्षक के रूप में, जो अक्सर निहित स्वार्थों और जिला प्रशासन के बीच तनाव का स्रोत रहते हैं;

- सार्वजनिक सेवा वितरण, जो अन्य विभागों से जिला प्रशासन को या तो सुविधाजनक बनाया गया है या वितरण सेवाओं द्वारा सीधे सौंपी गई हैं। (इस संबंध में कलेक्टर अक्सर वितरण बोर्ड के अध्यक्ष के रूप में या विभिन्न स्थाई और अंतर्विभागीय समितियों के अध्यक्ष या सदस्य के रूप में कार्य करता है);
- नागरिक समाज और राज्य सरकार के बीच बातचीत की सुविधा;
- स्थानीय कैडर प्रबंधन के मुद्दों से निपटना, जैसे भर्ती, सेवाकालीन प्रशिक्षण और पदोन्नति; तथा
- जिले के मुख्य सूचना और शिकायत निवारण अधिकारी के रूप में काम करना।

कलेक्टर के महत्वपूर्ण कार्यों में से कुछ का नीचे सविस्तर वर्णन किया गया है।

राजस्व प्रशासक

जैसा कि पहले ही चर्चा की जा चुकी है, कलेक्टर के कार्यालय को राजस्व एकत्र करने के लिए बनाया गया था और वह अभी भी इस जिम्मेदारी को निभाता है। वह जिले के राजस्व विभाग का प्रमुख है। कलेक्टर सभी भूमि सुधार और राजस्व प्रशासन के साथ जुड़े मामलों को संभालता है। इस क्षमता में वह भूमि रिकॉर्ड और उनके स्टाफ के सामान्य पर्यवेक्षण और नियंत्रण का अधिकार रखता है। भू-राजस्व के बारे में उसके विभिन्न प्रकार के कार्य हैं, जैसे भू-राजस्व, नहर की बकाया राशि का संग्रह; ऋणों के वितरण और बकाया राशि की वसूली; प्राकृतिक आपदाओं और अन्य आपदाओं की वजह से हुए फसलों के नुकसान के लिए राहत वितरण; आग से प्रभावित लोगों को राहत; बाढ़ और सूखे के कारण हुए फसलों के नुकसान का आकलन; प्रभावित किसानों को राहत; कृषि कर का मूल्यांकन और प्राप्ति; बारिश, फसलों के विषय में विविध कृषि सांख्यिकी का संग्रह और प्रस्तुति; जमीन के उचित प्रशासन को सुनिश्चित करना और भूमि की उचित बिक्री और बंधक करना, आदि।

राजस्व प्रशासन के समुचित निष्पादन के लिए, कलेक्टर को अन्य राजस्व अधिकारियों द्वारा सहायता प्रदान की जाती है। जिले को उप संभागो, तहसीलों, कानूनगो हलकों और पटवारी हलकों में बांटा गया है, जो कलेक्टर की सहायता करने के लिए तहसीलदार, कानूनगो और पटवारी की अध्यक्षता में रहते हैं।

कानून और व्यवस्था सुनिश्चित करना

जिला मजिस्ट्रेट के रूप में, कलेक्टर जिले में कानून और व्यवस्था बनाए रखने के लिए जिम्मेदार होता है। वह पुलिस अधीक्षक की अध्यक्षता में जिला पुलिस की मदद से इस भूमिका को निभाता है। एक जिला मजिस्ट्रेट के रूप में वह शांति और सार्वजनिक व्यवस्था के उल्लंघन के किसी भी खतरे के मामले में आदेशों की घोषणा करता है। वह पुलिस थानों का निरीक्षण कर सकता है और अपराधों से निपटने के लिए किसी भी जानकारी और रिकॉर्ड के बारे में पूछ सकता है। वह विस्फोट की वजह से हुई दुर्घटना में आदेश दे सकता है और शांति भंग किए जाने की आशंका पर संदिग्ध अपराधियों की गिरफ्तारी के लिए वारंट जारी कर सकता है।

मुख्य समन्वयक

कलेक्टर की सबसे महत्वपूर्ण भूमिकाओं में से एक जिला स्तर पर विभिन्न विभागों और एजेंसियों की गतिविधियों का समन्वय करना है। आम तौर पर विभिन्न विभागों में स्वतंत्र रूप से उनकी गतिविधियाँ होती रहती हैं। यह कलेक्टर के हस्तक्षेप के माध्यम से ही हुआ है कि विभागों के बीच समन्वय की एक डिग्री हासिल की गई है। स्थानीय स्वशासी निकायों के कार्यों को कलेक्टर के

नेतृत्व में जिला स्तरीय विभागों के लोगों के साथ एकीकृत किया जाता है। वह राज्य सरकार और स्थानीय निकायों के बीच एक कड़ी के रूप में भी काम करता है। इस भूमिका पर दूसरे एआरसी (2009, 80) द्वारा फिर से जोर दिया गया है, जो यह सिफारिश करता है कि यह सुनिश्चित करने के लिए कदम उठाने चाहिए कि कलेक्टर जिला स्तर पर अन्य विभागों की गतिविधियों और कार्यक्रमों में एक प्रभावी समन्वय भूमिका निभा रहा है।

विकास प्रशासक

आजादी के बाद की अवधि में, कलेक्टर, मुख्य रूप से विभिन्न विकास योजनाओं के कार्यान्वयन के साथ संबंध रखता आ रहा है। यहाँ कृषि, सिंचाई, पशुपालन, शिक्षा, स्वास्थ्य, आदि से संबंधित कई कार्यक्रम हैं। सामुदायिक विकास कार्यक्रम (1952) शुरुआत के साथ समाज के कमजोर वर्गों के लाभ के लिए कई कल्याणकारी कार्यक्रमों को प्रारंभ किया गया है। यह कलेक्टर की समग्र जिम्मेदारी है, कि वह जिले में विकास कार्यक्रमों और कल्याणकारी योजनाओं की सुविधा प्रदान करें।

संकट प्रशासक

बाढ़, सूखा, भूकंप आदि की तरह के बड़े संकटों के दौरान कलेक्टर राहत कार्यों का पूरा प्रभार अपने हाथ में ले लेता है। अन्य सभी विभागों को राहत प्रबंधन में उसकी सहायता करने के लिए निर्देशित किया जाता है। अकाल के मामले में वह राहत उपायों को शुरू करने के लिए अकाल संहिता के तहत मुख्य अधिकारी होता है। इसी तरह, बाढ़ के दौरान उसे बचाव कार्य की व्यवस्था करनी होती है, महामारी की रोकथाम करने के लिए कदम उठाने होते हैं, मदद के लिए सेना को बुलाना होता है और भोजन और आवश्यक वस्तुओं की आपूर्ति करनी होती है। यह संकट का समय ही होता है जब जिला प्रशासन की प्रभावशीलता और विश्वसनीयता की परीक्षा होती है।

राज्य सरकार और पंचायती राज संस्थाओं के बीच कड़ी जोड़ना

कलेक्टर पंचायती राज संस्थाओं और राज्य सरकार के बीच एक प्रभावी कड़ी के रूप में कार्य करता है। वह लोगों की जरूरतों और आकांक्षाओं को राज्य सरकार के संज्ञान में ला सकता है और यह सुनिश्चित करने के लिये प्रयास करता है कि उनपर विभिन्न विभागों द्वारा उचित ध्यान दिया जा रहा है और वे राज्य सरकार द्वारा की गई कार्रवाई में परिलक्षित हो रहें हैं। (बीजू 1998, 137–39) सामान्य रूप में कलेक्टर से यह देखने की उम्मीद की जाती है कि राज्य सरकार द्वारा निर्धारित प्राथमिकताओं और लक्ष्यों को लोगों की सक्रिय भागीदारी के माध्यम से पंचायती राज संस्थाओं की ओर से पूरा किया जा रहा है। इस प्रकार, उसे पंचायती राज संस्थाओं की ओर से राज्य सरकार के साथ वकालत भी करना होता है। साथ ही उसे जिला स्तर के अधिकारियों और विभागों के अपने संबंधित प्रमुखों के बीच एक समन्वय की भूमिका निभानी होती है।

आजादी की प्राप्ति के बाद से, और विशेष रूप से नियोजित विकास के आगमन के बाद से, देश ने जिला प्रशासन को देश के विकास के प्रमुख साधन के रूप में देखा है। इसकी क्षमता निर्धारित करती है कि यह विकास वास्तव में लोगों तक पहुँचता है कि नहीं। यह जिला प्रशासकों का दृष्टिकोण और तरीका है, जो कई मायनों में विकास की सामग्री का निर्धारण करता है। विकास महज तेजी से आर्थिक विकास पर ध्यान केंद्रित कर रहा है, या सामाजिक सुधार, वितरणात्मक न्याय और मानव संसाधन विकास तक फैला हुआ है, यह जिला प्रशासन के रवैये पर निर्भर करता है।

द्वितीय प्रशासनिक सुधार आयोग (एआरसी) (2006) ने बदलती भूमिका और कलेक्टर की संस्था की वर्तमान प्रासंगिकता पर उल्लेखनीय टिप्पणी की थी। यह बताता है कि कलेक्टर का पद पिछले 200 वर्षों से भारत के क्षेत्रीय प्रशासन की सबसे महत्वपूर्ण विशेषता रहा है। आजादी से पहले, जब अर्थव्यवस्था मुख्य रूप से कृषि प्रधान थी, भू-राजस्व प्रशासन के प्रमुख के रूप में कलेक्टर भी आपराधिक कानूनों के तहत व्यापक अधिकारों का आनंद ले रहे थे उन्हें परम अभिभावक माना जाता था— अपने अधिकार क्षेत्र के निवासियों की भलाई के लिए जिम्मेदार — ब्रिटिश साम्राज्य का प्रतिनिधि, कुछ भी और सब कुछ करने में सक्षम। आजादी के बाद के युग में, जब अर्थव्यवस्था का विविधीकरण हुआ, और औद्योगीकरण की गति और तृतीयक गतिविधियों का विकास बढ़ा, वैसे ही अन्य पदाधिकारियों को भी महत्व प्राप्त हुआ। लेकिन महानगर/मेगा शहरों को छोड़कर अभी भी देश के अधिकांश भागों में कलेक्टर प्रशासन का सबसे अधिक मान्यता प्राप्त चेहरा है। उसे जिला स्तर पर सरकार का प्रमुख प्रतिनिधि माना जाता है, जिसके पास भूमि विवाद से लेकर आवश्यक वस्तुओं की कमी, संकट के समय राहत की अपर्याप्तता, समुदाय के विवादों और यहाँ तक कि परिवार झगड़े के मुद्दों के जैसे लगभग सभी समस्याओं को हल करने के लिए संपर्क किया जा सकता है।

निष्कर्ष कथन

इस प्रकार, स्वतंत्रता प्राप्त करने के बाद भी, कलेक्टर जिला प्रशासन में सबसे महत्वपूर्ण और साथ ही सबसे अधिक मांग में रहने वाला सरकारी अधिकारी रहा है। वास्तव में, कलेक्टर जिला प्रशासन का सरगना होता है। हालांकि, उसकी भूमिका एक सक्षम समन्वयक से धीरे-धीरे विभिन्न विकास कार्यक्रमों के क्रियान्वयन में एक सुविधाप्रदाता के रूप में बदल गई है। जिला प्रशासन का केन्द्र बिन्दु कलेक्टर और जिला मजिस्ट्रेट है। वह जिला स्तर पर सरकार का प्रतिनिधित्व करता है और उसका काम लोगों की शिकायतों का समाधान करना, सरकार की नीतियों को लोगों तक पहुँचाना और यह सुनिश्चित करना है कि वे नीतियाँ केवल कागजों पर ही न रह जाएँ। उसे जिला स्तर पर विभिन्न विभागों और सरकार के विभिन्न पहलुओं का नेतृत्व, समन्वय और तारतम्यता लाना पड़ता है। ये जिम्मेदारियाँ भारतीय प्रशासन में उसकी प्रसिद्धि का औचित्य साबित करती हैं। इस प्रकार, रजनी कोठारी (1970) ने यथायोग्य कहा है: 'जिले में सरकार के मुख्य प्रतिनिधि के रूप में कलेक्टर का कार्यालय कई मायनों में अद्वितीय होता है और इसके अपेक्षित ओहदे और प्राधिकार ने संस्थागत करिश्मे को प्रेरित किया है, जो कुछ मायनों में आधुनिक प्रशासनिक विकास में नायाब है'।

समीक्षा के प्रश्न

1. भारत में जिला प्रशासन की बुनियादी विशेषताओं पर चर्चा करें।
2. भारत में जिला प्रशासन के संगठन और कार्यों की जांच करें।
3. भारत में कलेक्टर की संस्था के विकास पर एक टिप्पणी लिखें।
4. भारतीय प्रशासनिक प्रणाली में कलेक्टर की भूमिका पर गंभीर रूप से चर्चा कीजिये।
5. जिला कलेक्टर राज्य सरकार की आँखें और कान है। चर्चा करें।
6. कलेक्टर और पंचायती राज संस्थाओं के बीच के संबंधों के पैटर्न की जांच करें।
7. कलेक्टर की भूमिका पर दूसरे एआरसी की मुख्य सिफारिशें क्या हैं?
8. लोकतांत्रिक विकेन्द्रीकरण और जिला कलेक्टर पर एक निबंध लिखें।
9. स्थानीय स्वशासी संस्थाओं पर नौकरशाही का अत्यधिक नियंत्रण इन स्थानीय निकायों की स्वायत्तता के नाश की ओर ले जाता है। चर्चा करें।
10. भारत में जिला प्रशासन की संरचना और कामकाज में मुख्य समस्याएं क्या हैं? उनसे निपटने के लिए आपके सुझाव क्या हैं?

संदर्भ

ARC (The Second Administrative Reforms Commission). 2009, April. *Fifteenth Report: State and District Administration*. Government of India, New Delhi.

Desouza, Peter Ronald. 2002. 'Decentralization and Local Government: The "Second Wave" of Democracy in India'. In *India's Living Constitution: Ideas, Practices, Controversies,* edited by Zoya Hasan, E. Sridharan and R. Sudarshan, p. 371. New Delhi: Permanent Black.

Dubey, A. K. 1995. *District Administration in India*. New Delhi: Uppal Publishing House.

Kumar, Girish. 2006. *Local Democracy in India: Interpreting Decentralization*. New Delhi: SAGE.

Maheshwari, S. R. 2013. *Indian Administration*, 6th ed. New Delhi: Orient BlackSwan.

Report of the Indian Statutory Commission. 1930. His Majesty's Slationery Officer, vol. I, Survey, London.

Singh, Hoshiar. 1994. Aspects of Indian Administration. Jaipur: RBSA Publisher.

Singh, Pratap. 1997. *Legislative Status of Panchayati Raj in India: Major Issues*. New Delhi: IIPA.

भारत में स्थानीय शासन: ग्रामीण और शहरी

6

अध्ययन उद्देश्य

1. स्थानीय शासन की अवधारणा पर चर्चा करना।
2. यह पता करना कि भारत में लोकतांत्रिक विकेन्द्रीकरण ने स्थानीय शासन के लिए मार्ग कैसे प्रशस्त किया।
3. पंचायती राज संस्थाओं पर 73वें संविधान संशोधन अधिनियम के प्रभाव की जांच करना।
4. भारत में शहरी स्थानीय निकायों की भूमिका और कार्यों का पता लगाना।

एक राष्ट्र के शासन में लोगों की भागीदारी ही लोकतंत्र का सार है। इस तरह की भागीदारी केवल तभी संभव है जब राज्य के अधिकारों को जिलों, ब्लॉक और गांवों में विकेन्द्रीकृत किया जाता है, जहां लोग एक साथ बैठ सकते हैं, अपनी समस्याओं पर चर्चा कर सकते हैं और अपने कार्यक्रमों को तैयार करने के साथ ही उनके कार्यान्वयन की निगरानी भी करते हैं। विकेन्द्रीकरण एक प्रमुख तंत्र है, जिसके माध्यम से लोकतंत्र सही मायने में प्रतिनिधिक और संवेदनशील हो जाता है। इस प्रकार इसे लोकतांत्रिक शासन का महत्वपूर्ण अंग कहा जाता है। भारत ने ग्रामीण और शहरी दोनों क्षेत्रों में स्थानीय स्वशासी संस्थाओं को सशक्त बनाकर स्थानीय लोकतंत्र को मजबूत करने के लिए संविधान के लिए संशोधन के एक जोड़े (73वें और 74वें संविधान संशोधन अधिनियमों) के माध्यम से 1990 के दशक में महत्वाकांक्षी विकेन्द्रीकरण की पहल पर शुरू कर एक मील का पत्थर स्थापित किया। भारत में विकेन्द्रीकरण का प्रयोग, जिसे लोकप्रिय रूप से 'लोकतांत्रिक विकेन्द्रीकरण' के नाम से जाना जाता है, उसने स्वराज्य स्थानीय संस्थाओं को सार्वजनिक सेवाओं, जनता के माल के निर्माण और रखरखाव और निर्माण और विकास गतिविधियों के कार्यान्वयन के प्रावधान में एक निर्णायक भूमिका निभाने के लिए सक्षम किया है।

वर्तमान अध्याय भारत में स्थानीय शासन और स्थानीय शासन को मजबूत बनाने में, 73वें और 74वें संविधान संशोधन के माध्यम से लोकतांत्रिक विकेन्द्रीकरण के योगदान की अवधारणा और लोगों को सशक्त बनाने में ग्रामीण और शहरी स्थानीय निकायों की भूमिका पर चर्चा करता है।

सरकार से स्थानीय शासन तक

यहाँ स्थानीय स्तर पर शासन करने के लिए सरकार की ओर से एक बदलाव किया गया है। स्थानीय शासन या नया स्थानीय शासन, जैसा कि कुछ लोग इसे बुलाना पसंद करते हैं, इसको अत्याधुनिक स्तर पर शासी एक प्रक्रिया के रूप में परिभाषित किया जा सकता है, जिसमें पारंपरिक सरकार, गैर सरकारी और अर्ध-सरकारी क्षेत्र, नागरिक समाज संगठन, व्यापारी कुलीन वर्ग और अन्य सहित अनेक एजेंसियों और कर्ताओं का एक बहुत बड़ा नक्षत्र शामिल है। स्थानीय सरकार के विपरित, नए स्थानीय शासन में निर्णय

लेने की प्रक्रियाओं को सहयोगात्मक प्रयास माना जाता है, जिनमें संयुक्त हितधारकों के रूप में कई एजेंसियाँ शामिल होती हैं। दूसरे शब्दों में, यह राजनीतिक समाज के भीतर गैर सरकारी संगठनों, स्व-सहायता समूहों और लोगों की पहल के लिए एक नये असंबद्ध स्थान का वक्र बनाने की मांग करता है। स्थानीय सरकार के विपरित, जिसकी औपचारिक और कानूनी संस्थाओं के रूप में कल्पना की जाती थी, नया स्थानीय शासन इस तरह के औपचारिक और कानूनी पैटर्न से दूर ले जाया गया है। यह खुले नेटवर्क के माध्यम से काम करता है और विविध सरकारी साथ ही गैर सरकारी कर्ताओं बीच सहयोग को बढ़ावा देता है। 1996 में हुए 'मानव बस्तियों पर द्वितीय संयुक्त राष्ट्र सम्मेलन (हैबिटेट द्वितीय)' इस रूप में परिभाषित करता है:

> नगरीय प्रशासन कई मायनों में व्यक्तियों और संस्थाओं, सार्वजनिक और निजी, योजनाओं का योग है और शहर के आम मामलों का प्रबंधन करता है। यह एक सतत प्रक्रिया है, जिसके माध्यम से परस्पर विरोधी या विविध हितों को शामिल किया जा सकता है और सहकारी कार्रवाई की जा सकती है। इसमें औपचारिक संस्थानों के साथ-साथ अनौपचारिक व्यवस्था और नागरिकों की सामाजिक पूंजी भी शामिल है। (Ruet and Lama-Rewal 2009, 9)

एक संगठन के नौकरशाही-पश्चात धारणा पर आधारित, नया स्थानीय शासन रीतिवाद के बदले नेटवर्किंग और बातचीत को प्रोत्साहित करती है। इसके अलावा, जैसा कि Raco और Imrie ने उचित ही कहा था, नए स्थानीय शासन में, 'स्थानीय राजनीति और नीति के कार्यान्वयन की पारंपरिक प्रणाली को नए एजेंसियों, नेटवर्क और संगठनों के साथ सहअस्तित्व, सहयोग और प्रतिस्पर्धा के रूप में रहना पड़ता है, जिसमें सभी संसाधनों, अधिकारों और प्रभाव के लिए होड़ करते हैं'(Raco और Imrie 1999)। इस के अलावा, नए स्थानीय शासन ने स्थानीय निर्णय लेने की प्रक्रिया में व्यापार कुलीन वर्ग के प्रवेश का स्वागत किया है, जो कोई संदेह नहीं है इसकी एक लाभकारी विशेषता है। व्यापार एक लोकतांत्रिक व्यवस्था में राजनीति के साथ प्रेम संबंधों से नफरत है। न तो व्यावसायिक घरानों ने और न ही राजनेताओं ने कभी आपसी संबंध के बारे में सहज महसूस किया है। ज्यादातर मामलों में इस संबंध को कालीन के नीचे रखा जाता है। स्थानीय शासन ने निर्णय लेने की प्रक्रिया में व्यापार कुलीन वर्ग के प्रवेश को अनुमति देकर, व्यापार और राजनीति के बीच असतत रिश्ते पर से पर्दा उठाया है, और प्रक्रिया को और अधिक पारदर्शी बनाया है।

नए प्रतिमान भी इस प्रक्रिया को व्यवस्थित बनाने के लिए, संरचनात्मक प्रक्रियात्मक और व्यवहारात्मक परिवर्तन करने की मांग करते हैं। संरचनात्मक रूप से, स्थानीय शासन के प्रतिमान राज्य द्वारा नियंत्रित, नौकरशाही द्वारा प्रबंधित स्थानीय प्रशासन को एक अधिक लचीला, बाजार आधारित संस्था के रूप में बदलना चाहते हैं। नए स्थानीय शासन में अधिकतम जोर स्थानीय सरकार के विकेंद्रीकरण, पदानुक्रम की समाप्ति, नौकरशाही का को घटाने आदि पर रखा गया है। विशिष्ट केंद्रीकृत स्थानीय सरकार के प्रशासनिक ओवरहॉल के अलावा, नए प्रतिमान ने स्थानीय वित्त पर राज्य के कब्जे को कम करके स्थानीय निकायों अतिरिक्त वित्तीय स्वतंत्रता देने की वकालत की है। इसी तरह, **प्रक्रियात्मक** स्तर पर, नए प्रतिमान ने कई प्रक्रियात्मक परिवर्तन लाने की मांग की है, अर्थात् सेवाओं के लिए करार करना, प्रदर्शन माप तकनीक का प्रारंभ करना, गुणवत्ता आश्वासन पैमाने की शुरुआत करना, जैसे गुणवत्तापूर्ण सेवाओं की पहल, गुणवत्ता चक्र, संपूर्ण गुणवत्ता प्रबंधन, नागरिक चार्टर और अन्य।

परिवर्तन का एक अन्य महत्वपूर्ण तत्व जिसे नया स्थानीय शासन आत्मसात करना चाहता है, वह है स्थानीय सरकार साथ ही नागरिकों में **व्यवहारात्मक** या अवधारणात्मक परिवर्तन। नागरिकों को, विशेष रूप से उत्तर-औपनिवेशिक देशों में लोगों को इतने लंबे समय से माल और सेवाओं के निष्क्रिय प्राप्तकर्ता के रूप में ही माना जाता था। नए स्थानीय शासन में, नागरिकों को विकास प्रसार के केंद्र के रूप में देखा जाता है। स्वाभाविक रूप से नागरिक के बारे में परंपरागत धारणाओं को 'सक्रिय' ग्राहकों के रूप में नए सिरे से परिभाषित किया गया है, जिन्हें हमेशा समाधानी रखा जाना है। इसलिए, नागरिकों की सेवा प्रशासन का केंद्रबिंदु बन गया है। नतीजतन, सार्वजनिक और निजी के बीच की खाई तेजी से धुंधली होती जा रही है, जिससे अधिक सार्वजनिक-निजी-एनजीओ इंटरफेस के लिए मार्ग तैयार हो गया है। असल में, स्थानीय शासन की सफलता काफी हद तक व्यवहारगत परिवर्तन से संबंधित है।

हालांकि, जैसा कि उपर वर्णन किया है, स्थानीय शासन में परिवर्तन की हवा रातोंरात उत्पन्न नहीं हुई। स्थानीय शासन में इस बदलाव के लिए कई कारक जिम्मेदार हैं। Denters और Rose (2005) ने इन कारकों को दो व्यापक श्रेणियों में वर्गीकृत किया है, वे हैं स्थूल पर्यावरण और सूक्ष्म पर्यावरण। स्थूल पर्यावरण में स्थानीय सरकारों को तीन प्रमुख ताकतों का सामना करना पड़ा है, अर्थात् शहरीकरण, वैश्वीकरण और यूरोपीय करण; और सूक्ष्म पर्यावरण में स्थानीय सरकार को एक उच्च ग्राहक आत्मज्ञान के माहौल के भीतर कार्य करना पड़ा है, जो बढ़ती हुई मांग अधिभार (Denters और Rose 2005) की तरफ ले गया। लगभग इसी तरह की तर्ज पर, Carolina Andrew और Michael Goldsmith (1998) का तर्क है कि—

> इस प्रक्रिया का ज्यादातर भाग बाहरी परिवर्तन का परिणाम है, जिस पर अलग-अलग स्थानीय सरकारों बिलकुल भी प्रभाव नहीं पड़ा है: उदाहरण के लिए, बढ़ती आर्थिक निर्भरता; वैश्वीकरण की प्रक्रिया; बदलती प्रौद्योगिकी; या पूर्वी यूरोप में साम्यवाद का पतन,... और कुछ स्थानीय सरकारों के स्वयं के भीतर से उत्पन्न हो जाएगा, चाहे वे देरी होने की प्रक्रियाओं में हो, निजीकरण हो और सेवाओं को बाहर करार पर देना हो; या ग्राहक सेवा और नागरिक संबंधों में सुधार लाने के लिए प्रयास के बारे में हो।

उपरोक्त कारक स्थानीय सरकारों को नई दिशा और एक उभरते पर्यावरण के साथ खुद को सुधारने के लिए मजबूर करते हैं।

विकेन्द्रीकरण: स्थानीय स्व-शासन का संवाहक

संकल्पना

धारणात्मक रूप से कहा जाए तो किसी भी विकेन्द्रीकरण योजना के केंद्र में वहाँ शक्ति को केंद्रित न होने देने का एक सचेत प्रयास मौजूद होता है (चाहे वह प्रशासनिक हो, राजनीतिक हो या वित्तीय हो) जिसका हेतू लोगों की स्थिति में सुधार करना होता है। अंग्रेजी शब्द 'विकेन्द्रीकरण' की व्युत्पत्तिशास्त्रीय जड़ विगत में एक लैटिन शब्द में है, जिसका अर्थ 'केंद्र से दूर' है। इसे अधिनायकवाद और नौकरशाही के लिए सबसे अधिक प्रभावशाली इलाज के रूप में भी माना जाता है। एक लचीले और तरल प्रसार के रूप में, यह हर वैचारिक अवधारणा से मेल खाता है। यदि कोई व्यक्ति एक विकेन्द्रीकरण की अवधारणा के विकास पर नज़र रखना शुरू करता है, तो उसे ज्ञात होगा कि उस अवधारणा की कोई निश्चित वैचारिक जड़ नहीं है। अधिक दिलचस्प बात यह है, कि इसका अपने संबंधित हितों के लिए वाम और दाहिने दोनों के द्वारा इस्तेमाल किया गया है। जहाँ दाहिनों (Rightists) के लिए विकेन्द्रीकरण राष्ट्र-राज्यों को केंद्र से दूर ले जाने के लिए एक तंत्र है, और इस तरह बाजारीकरण के लिए मार्ग प्रशस्त करना है; वही वाँमपंथियों के लिए यह सामाजिक एकजुटता का अवसर प्रदान करता है।

विकेन्द्रीकरण एक व्यापक अवधारणा है, जो वास्तव में सत्ता के हस्तांतरण के उपरी सभी प्रकारों को समावेशित करती है। उदाहरण के लिए, Cheema और Rondenilli (1983) ने विकेन्द्रीकरण को 'केंद्र सरकार से अपने क्षेत्र के संगठनों, स्थानीय प्रशासन इकाइयों, अर्द्ध स्वायत्त और पैरा-क्षेत्रीय संगठनों, स्थानीय सरकारों या गैर सरकारी संगठनों के लिए योजना, निर्णय लेने या प्रशासनिक अधिकार के हस्तांतरण के रूप में परिभाषित किया है'(Cheema और Rondenilli 1983)। इसके अलावा, विकेन्द्रीकरण प्रशासनिक या वित्तीय अधिकार बांटने की एक स्थिर व्यवस्था नहीं है। यह वास्तव में केंद्रीकरण से पूर्ण स्वायत्तता के लिए एक सातत्य है (Meenakshisundaram 1999)।

विकेन्द्रीकरण को एक 'वरिष्ठ' सरकारी इकाई से एक 'अधीनस्थ' सरकारी इकाई के लिए जिम्मेदारी, अधिकार और कार्यों का हस्तांतरण की एक प्रक्रिया के रूप में देखा जाता है (बलदेव सिंह 1996, 12 द्वारा उद्धृत Friedman 1983)। इन कार्यों को योजना, प्रबंधन, संसाधन जुटाने और आवंटन से संबंधित किया जा सकता है। जाहिर है 'वरिष्ठ' इकाई का परिचालन अधिकार क्षेत्र बड़ा होता है। बहरहाल, 'निम्न' इकाई 'वरिष्ठ' इकाई से स्वायत्तता की कुछ मात्रा का प्रयोग कर सकती है। भारत सरकार द्वारा 1957 में नियुक्त सामुदायिक परियोजनाओं और राष्ट्रीय विस्तार सेवा पर अध्ययन दल ने विकेन्द्रीकरण को एक प्रक्रिया के

रूप में परिभाषित किया, जिसके द्वारा सरकार अपने कुछ कर्तव्यों और जिम्मेदारियों को पूरी तरह से मोड़ देती है और उन्हें कुछ अन्य प्राधिकारी को सौंपती है (योजना परियोजनाओं पर समिति 1957, 7)। इस अर्थ में, एक विकेन्द्रीकृत स्थानीय प्राधिकारी का एक अलग कानूनी अस्तित्व, अपने स्वयं का बजट और विभिन्न कार्यों की एक श्रृंखला पर पर्याप्त संसाधनों के आवंटन के लिए अधिकार होता है, और निर्णय स्थानीय लोगों के प्रतिनिधियों द्वारा लिया जाएगा, जो उस निकाय का गठन करते हैं।

विकेन्द्रीकरण की मुख्य विशेषताएँ

विकेन्द्रीकरण की अवधारणा की निम्नलिखित विशेषताएं हैं: **पहली,** यह एक दर्शन और एक संस्थागत तंत्र दोनों है, जो स्थानीय समुदायों को सशक्त बनाने के लिए एक उद्देश्य के साथ अपने परंपरागत केंद्रों से दूर-दराज के क्षेत्रों के लिए अधिकारों का विकेंद्रीकरण चाहता है। **दूसरी,** स्वायत्तता विकेन्द्रीकरण के केंद्र का निर्माण करती है। यह वह पैमाना है, जिसके माध्यम से विकेन्द्रीकरण की प्रकृति को मापा जा सकता है। **तीसरी,** विकेन्द्रीकरण का कोई निश्चित वैचारिक संरक्षण नहीं है; इसका वास्तव में अपने संबंधित स्थितियों को न्यायोचित ठहराने के लिए बाएँ और दाएँ दोनों द्वारा इस्तेमाल किया जाता है। **चौथी,** विकेन्द्रीकरण के लिए हाल ही के उत्साह को वैश्वीकरण के लिए जिम्मेदार ठहराया जा सकता है। वैश्वीकरण के पक्षधर सक्रिय रूप से विकास के लिए विकेन्द्रीकरण के जरिए स्थानीयकरण की वकालत कर रहे हैं, क्योंकि एशिया, अफ्रीका और लैटिन अमेरिका जैसे संकटग्रस्त राष्ट्र-राज्य लगभग वैश्विक बाजार के मात्र आर्थिक एजेंटों के रूप में घटकर रह गये हैं। **पांचवीं,** विकेन्द्रीकरण केन्द्र से परे नए संस्थागत रिक्त स्थान बनाकर लोगों की भागीदारी की सुविधा प्रदान करता है और इस तरह लोकतंत्र को और मजबूत बनाने को सुनिश्चित करता है। **छठी,** विकेन्द्रीकरण अपने स्वयं के मामलों को शासित करने के लिए स्थानीय समुदाय के बीच विश्वास निर्माण करता है।

इस प्रकार विकेन्द्रीकरण कम या ज्यादा स्वतंत्र अस्तित्व और शक्तियों के साथ स्थानीय निर्णय लेने की एजेंसियों में जिम्मेदारी की भावना पैदा करता है। विकेन्द्रीकरण के पीछे मूल विचार संगठनों में निचले स्तर के साथ निर्णय लेने का अधिकार साझा करना है, जिससे उनकी दक्षता, प्रभावशीलता और जवाबदेही में सुधार होता है।

विकेन्द्रीकरण का महत्व

किसी भी देश के लोगों के द्वारा शासन की भागीदारी और नियंत्रण लोकतंत्र का सार है। इस तरह की भागीदारी केवल तभी संभव है जब राज्य की शक्तियों को जिला, ब्लॉक और ग्राम स्तर में विकेन्द्रीकृत की जाती है, जिसमें समाज के सभी वर्ग एक साथ बैठ सकते हैं और अपनी समस्याओं पर चर्चा करने के साथ ही कार्यक्रमों के कार्यान्वयन की निगरानी कर सकते हैं। विकेन्द्रीकरण एक प्रमुख तंत्र है, जिसके माध्यम से लोकतंत्र सही मायने में प्रातिनिधिक और संवेदनशील हो जाता है। इस प्रकार इसे लोकतांत्रिक विकेन्द्रीकरण की जड़ कहा जाता है। G. Shabbir Cheema और Dennis A. Rondenelli ने विकेन्द्रीकरण के निम्नलिखित फायदों की पहचान की है:

1. विकेन्द्रीकरण विकास, योजना और क्षेत्र के अधिकारियों के प्रबंधन के लिए अधिक अधिकार के प्रत्यायोजन द्वारा केन्द्र नियंत्रित राष्ट्रीय योजना के गंभीर सीमाओं पर काबू पाने का एक साधन हो सकता है। विकेन्द्रीकरण के माध्यम से, विषम क्षेत्रों और समूहों की जरूरतों के अनुसार तैयार योजनाएँ संभव हो रही हैं।
2. यह लालफीताशाही और उच्च्च संरचित प्रक्रियाओं की भारी मात्रा में कटौती कर सकता है। कार्यों का विकेंद्रीकरण करके और स्थानीय स्तर के लिए केंद्रीय अधिकारियों को फिर से नियुक्त करके, स्थानीय समस्याओं के लिए उनके ज्ञान और संवेदनशीलता को बढ़ाया जा सकता है। यह भी सरकार के अधिकारियों और स्थानीय आबादी के बीच घनिष्ठ संपर्क को भी सुनिश्चित करता है।

3. विकेन्द्रीकरण दूरदराज के क्षेत्रों में राष्ट्रीय सरकार की नीतियों के बेहतर राजनीतिक और प्रशासनिक 'प्रवेश' के लिए अनुमति दे सकते हैं। विकेन्द्रीकरण निर्णय लेने में विभिन्न राजनीतिक, सामाजिक, जातीय और आदिवासी समूहों का अधिक प्रतिनिधित्व मांगता है। यह केंद्र सरकार संबंधित कार्यों में से कुछ को लेने के लिए स्थानीय संस्थाओं, सरकार और निजी एजेंसियों की प्रशासनिक क्षमता बढ़ा सकते हैं। यह शीर्ष प्रबंधन को अपने नियमित कार्य से राहत दिलाते हैं।
4. विकेन्द्रीकरण निर्णय लेने के वैकल्पिक साधन उपलब्ध करके विकास योजना बनाने में नागरिकों की भागीदारी को संस्थागत रूप में मदद करता है। यह एक और अधिक लचीला, अभिनव और रचनात्मक प्रशासन है, जो योजना की लागत को कम कर देता है और सार्वजनिक वस्तुओं की संख्या को बढ़ाता है। यह निर्णय लेने में स्थानीय लोगों की भागीदारी बढ़ाने के द्वारा राजनीतिक स्थिरता सुनिश्चित करता है।

रजनी कोठारी विकेन्द्रीकरण को एक स्थानीय स्तर की समस्याओं की छँटाई करने के लिए 'जन-केन्द्रित' दृष्टिकोण पर आधारित शासन की एक वैकल्पिक व्यवस्था के रूप में देखते हैं। उनका तर्क है कि 'पूरी प्रक्रिया सत्ता के केंद्र पर लोगों का पता लगाने के लिए होगी, ताकि वे विकास की प्रक्रिया के बुनियादी इंजन बन सकें, और अब तक के रूप में, केवल इसके लाभार्थी न बने रहे (कोठारी 1999, 48)।

लोकतांत्रिक विकेन्द्रीकरण

मूल्य-भारित उपसर्ग 'लोकतांत्रिक' का जुड़ाव विकेन्द्रीकरण की अवधारणा को एक खास विशेषता प्रदान करता है। विकेंद्रीकरण के लिए यह जरूरी नहीं है कि वह लोकतांत्रिक हो और न ही यह इसके किसी भी आंतरिक मूल्य जुड़ा है। यह प्रशासनिक सुविधा के लिए एक विशुद्ध अनुशासित प्रणाली द्वारा इस्तेमाल किया जा सकता है (झा और माथुर 1999)। इसलिए, विकेन्द्रीकरण को अपने आप में एक अंत के रूप में नहीं माना जाना चाहिए। वास्तव में, यह लोकतांत्रिक माहौल है जो विकेन्द्रीकरण को सशक्तिकरण का एक प्रभावी उपकरण बना देता है।

विकासशील देशों के संदर्भ में लोकतांत्रिक विकेन्द्रीकरण का दो अलग अलग दृष्टिकोण से परिकल्पना की गई है, अर्थात् संस्थागत और तंत्रात्मक। तंत्रात्मक दृष्टिकोण से, लोकतांत्रिक विकेन्द्रीकरण को स्थानीय समुदायों को सशक्त बनाकर भागीदारी विकास सुनिश्चित करने के एक साधन के रूप में देखा जा सकता है। एक संस्थागत दृष्टिकोण से, इसे स्वशासन की एक संस्था के रूप में देखा जा सकता है। इसलिए विकेन्द्रीकरण एक तंत्र या मार्ग है जिसके माध्यम से स्थानीय शासन की प्रकृति का पता लगाया जा सकता है।

स्थानीय शासन के लिए भारत की यात्रा

भारत स्थानीय स्वशासन की सबसे पुरानी परंपराओं में से एक है, क्योंकि पंचायतें या ग्राम परिषदें प्राचीन काल से ही अस्तित्व में हैं। वे मुख्य रूप से "गांव के बुजुर्गों के अनौपचारिक निकाय" थे, जिन्हें माल और सेवाओं के प्रावधान, क़ानून और व्यवस्था के रखरखाव, ग्रामीणों का आम कल्याण, और इत्यादि की तरह के विभिन्न प्रकार के कार्य सौंपे जाते थे। इन निकायों को संगठन, कार्य और वित्त के मामले में काफी स्वायत्तता प्राप्त होती है, जिन्हें गांव समुदायों उन पर सौंपा जाता है। ग्रामीण समुदायों ने शासन के लगभग सभी क्षेत्रों में कार्रवाई की बेजोड़ स्वतंत्रता का उपयोग किया है। शासन के इस रूप की विशिष्टता यह रही है कि यह बिल्कुल सहज विकास है और किसी भी बाहरी प्राधिकारी ने कभी इन निकायों को शक्ति और अधिकार सौंपे नहीं हैं। इसके अलावा, शासन के इस स्वरूप के लिए कोई समान पैटर्न नहीं था, क्योंकि वहाँ गांव समुदायों के संगठन का कोई समान पैटर्न नहीं था (श्रीवास्तव 2002)। भारत में स्थानीय लोकतंत्र की जीवंत परंपरा केंद्रीय स्तर पर राजनीतिक साम्राज्य के अन्याय के बावजूद लगभग अप्रभावित और आत्मनिर्भर बनी हुई है।

भारत में लगातार मुस्लिम आक्रमण और फलस्वरूप मुस्लिम शासन के शुरुआत से इन ग्रामीण समुदायों के कामकाज पर बहुत कम प्रभाव पड़ा था। यहाँ तक कि मुगलों, जिन्होंने लगभग पूरे उपमहाद्वीप को पहली बार एक शासन के तहत लाया था, वे भी शासन के स्थानीय रूप को उखाड़ फेंकने को उत्सुक नहीं थे। इसके बजाय, वे मुख्य रूप से पुलिस और राजस्व मामलों के साथ व्यस्त थे और उन्हें गांव के मुखिया के साथ समझौता करने का फैसला किया। इसलिए, यह व्यवस्था सत्रहवीं सदी के मध्य तक अनछुई जारी रही, चाहे केंद्रीय स्तर पर कई राजनीतिक उलटफेर हुए थे। यहाँ तक कि उन्नीसवीं सदी के दौरान भारत में ब्रिटिश शासन के आगमन पर स्थानीय शासन का यह स्वदेशी रूप बहुत ज्यादा प्रचलित था। हाउस ऑफ कॉमन्स के चयनित समिति के सामने स्थानीय शासन के इस स्वरूप के बारे में Sir Charles Metcalfe का प्रसिद्ध चित्रण प्राचीन भारत में स्थित स्थानीय शासन के प्रचलित की परंपरा की स्पष्ट गवाही देता है। उनके शब्दों में:

> गांव समुदाय थोड़ा गणराज्य है, उनके पास लगभग वह सब कुछ है जिसे वे स्वयं के भीतर चाहते हैं, और वे किसी भी विदेशी संबंधों से लगभग स्वतंत्र हैं। वे वहाँ तक टिके हुए प्रतीत होते हैं जहां कुछ भी नहीं टिकता है। एक के बाद एक साम्राज्य का पतन हो गया; एक क्रांति के बाद दूसरी क्रांति हुई; लेकिन गांव समुदाय वैसे के वैसे बने रहे। गांव समुदायों का यह संघटन, हर एक अपने आप में एक अलग राज्य बनाता है, जैसा कि मेरी धारणा है, उसने सभी क्रांतियों और परिवर्तनों के माध्यम से भारत के लोगों के संरक्षण के लिए किसी भी अन्य कारण में अधिक योगदान दिया है, जिसका उन्हें नुकसान उठाना पड़ा है और उसे स्वतंत्रता का आनंद लेने के लिए अनुकूल बनाया है। (श्रीवास्तव 2002 द्वारा उद्धृत Metcalfe)

लेकिन, इन छोटे गांव गणराज्यों की विशाल क्षमता का लाभ उठाने के लिए न तो औपनिवेशिक शासकों द्वारा नाही उत्तर उपनिवेशवादी राज्य द्वारा कोई गंभीर कोशिश की गई थी। केवल टैगोर और गांधी जैसे कुछ दूरदर्शी हस्तियों द्वारा कुछ व्यक्तिगत प्रयास किए गये थे। भारत में औपनिवेशिक शासकों इन 'छोटे ग्रामीण गणराज्यों' को जीवित करने के लिए कुछ भी नहीं किया। स्थानीय शासन में औपनिवेशिक हस्तक्षेप मुख्य रूप से साम्राज्य निर्माण और वणिकवाद के दोहरे उद्देश्यों से संचालित था। उपनिवेशवादियों ने स्थानीय शासन के लिए एक चयनात्मक दृष्टिकोण अपनाया था। वास्तव में, साम्राज्य के निर्माण के अपने उद्देश्य को मजबूत करने के लिए उन्होंने कलकत्ता, बंबई और मद्रास की तरह 'शहरी केन्द्र' बनाये और 'परिधि' के रूप में देश के बाकी हिस्सों को छोड़ दिया, और किसी भी प्रकार के विकास के बिना 'केंद्र' में कार्यरत रहे।

'बंगाल ग्रामीण चौकीदारी अधिनियम', 1870 के माध्यम से ग्रामीण क्षेत्रों में स्थानीय सरकार की शुरुआत स्वराज्य संस्थाओं की भावना से काफी दूर था। अंतर्निहित उद्देश्य पूरी तरह से साम्राज्य के हितों की सेवा करना था। इस अधिनियम को उस समय पर पेश किया गया था जब साम्राज्य 1857 के सैनिक विद्रोह के मद्देनजर शासन की गंभीर चुनौतियों से जूझ रहा था। औपनिवेशिक शासकों को ईस्ट इंडिया कंपनी के हाथों में शासन जैसे संवेदनशील मुद्दों को छोड़ने के खतरे का एहसास था और उन्होंने 1858 में उपमहाद्वीप का कार्यभार अपने हाथों में ले लिया। 'बंगाल ग्रामीण चौकीदारी अधिनियम', 1870 को इसलिए साम्राज्य की ओर से भारत में ब्रिटिश शासन को मज़बूत करने के एक हताश प्रयास के रूप में देखा जाना चाहिए। ग्रामीण स्थानीय सरकार मुख्य रूप से अधिनियम की एक शाखा थी। वास्तविक मंशा आर्थिक और साम्राज्य के सुरक्षा पहलुओं को मजबूत बनाने की थी, क्योंकि क़ानून ने ग्राम पंचायतों को गांव चौकीदारों को बनाए रखने के लिए स्थानीय करों जुटाने के लिए और लोगों की गतिविधियों पर नजर रखने के लिए ग्रामीण इलाकों में गहरी विश्वसनीय खुफिया तंत्र स्थापित करने के लिए अधिकृत किया था। स्वाभाविक रूप से, इस अवधि के दौरान जो भी थोड़ा ग्रामीण पुनर्निर्माण और शहरी विकास किया गया था, वह मूल रूप से उनके गृह व्यवस्था कार्यों का एक हिस्सा था।

अपने गृह व्यवस्था कार्यों का एक भाग के रूप में ब्रिटिश औपनिवेशिक राज्य ने स्थानीय स्वशासन को कारगर बनाने के लिए कई संवैधानिक उपायों को अपनाया था। उन के बीच में उल्लेखनीय Ripon Resolution (1882), बंगाल स्थानीय स्वशासन अधिनियम (1885), बंगाल ग्राम स्व-शासन अधिनियम (1919), आदि थे। उपरोक्त उपायों में से 1919 के बंगाल ग्राम स्व सरकार अधिनियम को भारत में स्थानीय स्वशासन की शुरुआत के रूप में माना जा सकता है, जो नीचे स्तर पर संघ बोर्ड और

उच्च स्तर पर जिला बोर्ड के साथ एक दो स्तरीय संरचना प्रदान करते थे। हालांकि, ये स्वराज्य संरचनाएँ न तो स्वयंपूर्ण थी और न ही स्थानीय थी, क्योंकि इन निकायों को बारहमासी संसाधन की कमियों, अत्यधिक नौकरशाही और स्थानीय लोगों के प्रभुत्व द्वारा चिह्नित किया गया। वे प्रांतीय सरकार के मात्र उपांग के रूप में बने रहे।

स्थानीय शासन: आजादी के बाद की पहलें

आजादी ने सत्ता संरचना में बदलाव है, लेकिन स्थानीय शासन के प्रति व्यवहार में कोई बदलाव नहीं आया। महात्मा गांधी ने भी भारतीय परिस्थितियों के लिए अनुकूल लोकतांत्रिक विकेन्द्रीकरण के एक मॉडल को आगे रखा। *ग्राम स्वराज* के लिए महात्मा गांधी द्वारा बार-बार वकालत किए जाने के बावजूद भी यह स्वतंत्र भारत में अभी भी दूर की कौड़ी बना रहा। स्थानीय शासन पर औपनिवेशिक मानसिकता को विरासत में पाते हुए, संविधान निर्माताओं ने इसे संविधान के अर्थात राज्य के नीति निर्देशक सिद्धांतों के एक गैर-प्रवर्तनीय अनुभाग के लिए सीमित करके मजबूत और जीवंत स्थानीय शासन की आशा को नष्ट कर दिया। जैसा कि Baviskar और Mathew (2009) द्वारा उद्धृत किया गया है, इस संदर्भ में, आधुनिक भारतीय संविधान के दो प्रमुख वास्तुकार की टिप्पणियाँ यहाँ कुछ योग्यता रखती हैं, क्योंकि वे पर्याप्त रूप से उपरोक्त संभ्रांतवादी मानसिकता को प्रतिबिम्बित करती हैं, जिसने भारत में स्थानीय शासन की स्थिति को प्रतिबंधित किया था, वह स्थान जिसके लिए वे संविधान में हकदार हैं।

'ग्रामीण समुदाय के लिए बौद्धिक भारतीयों का प्यार', बी.आर. अम्बेडकर ने तर्क दिया,

> यदि यह दयनीय नहीं हैं तो बेशक अनंत है। यह काफी हद तक मेटकाल्फ द्वारा इसपर बरसाई गई अति प्रशंसा है, जिसने यह वर्णन किया है कि उसे वे स्वयं के भीतर चाहते हैं, और किसी भी विदेशी संबंध से लगभग स्वतंत्र है..... वे सभी उलटफेर में से बच गये हैं यह एक तथ्य हो सकता है। लेकिन मात्र अस्तित्व का होना कोई महत्व नहीं रखता है। सवाल यह है कि वे किस स्तर पर बच गये हैं। निश्चित रूप से एक निम्न स्तर पर, एक स्वार्थी स्तर पर। मैंने बताया था कि इन ग्रामीण गणराज्यों ने भारत की बर्बादी की है। इसलिए मैं हैरान था कि जिन लोगों ने संकीर्णता और सांप्रदायिकता की निंदा की उन्होंने गांव के चैंपियन के रूप में आगे आना चाहिए। गांव क्या है, केवल स्थानीयता का एक भंडार, अज्ञानता, संकीर्णता और सांप्रदायिकता का एक अड्डा है? (Baviskar और Mathew 2009 द्वारा उद्धृत अम्बेडकर)

लगभग इसी तर्ज पर नेहरू ने लिखा है, 'मुझे समझ नहीं आता कि क्यों एक गांव को सत्य और अहिंसा का अवतार लेना चाहिए। आम तौर पर कहा जाए तो, एक गांव बौद्धिक और सांस्कृतिक रूप से पिछड़ा होता है और एक पिछड़े माहौल में कोई प्रगति नहीं की जा सकती। संकीर्ण विचारधारा वाले लोगों की कुटिल और हिंसक होने की बहुत अधिक संभावना होती है' (Baviskar और Mathew 2009 द्वारा उद्धृत नेहरू)।

इस प्रकार, समावेशी स्थानीय शासन के भारत के सपने को साकार होने के लिए अंततः 1993 तक लगभग चार दशकों तक इंतजार करना पड़ा, इस बीच में वहाँ कुछ अग्रणी प्रयास किए गये थे, लेकिन वे ज्यादातर प्रकृति में चयनात्मक थे और केवल प्रांतीय स्तर तक ही सीमित थे। उन के बीच में उल्लेखनीय बलवंत राय मेहता समिति, अशोक मेहता समिति और पश्चिम बंगाल, कर्नाटक, केरल और अन्य जैसे एक मुट्ठीभर राज्य सरकारों के द्वारा किए गये लोकतांत्रिक विकेन्द्रीकरण के प्रयोग थे।

बलवंत राय मेहता समिति (1957)

पंचायतों को संस्थागत करने में पहली बड़ी प्रगति 1957 में सामुदायिक परियोजनाओं और राष्ट्रीय विस्तार सेवा के अध्ययन के लिए टीम से जाहिरा तौर पर एक गैर संबंधित अध्ययन से आई है, जिसे इसके अध्यक्ष बलवंत राय मेहता के नाम से जाना जाता है। हालांकि मूल रूप से इस अध्ययन का उद्देश्य सामुदायिक विकास की पहल का आकलन करना और उस पर सुधार के उपायों

की सिफारिश करना था, तथापि, इन निष्कर्षों ने 'सामुदायिक विकास कार्यक्रम (सीडीपी)' में सामुदायिक भागीदारी को संस्थागत करने के लिए पंचायतों को मजबूत बनाने की आवश्यकता का सुझाव दिया। समिति ने एक तीन स्तरीय प्रणाली की सिफारिश की, अर्थात ग्राम स्तर पर ग्रामीण स्थानीय सरकार, मध्यवर्ती स्तर पर पंचायत समिति, और जिला स्तर पर जिला परिषद; इनमें पंचायत समिति सबसे प्रभावी निकाय था।

हालांकि, बलवंत राय मेहता समिति की रिपोर्ट स्थानीय शासन की संस्थाओं के रूप में पंचायतों को फिर से जीवंत करने में विफल रही। इसके लिए कुछ कारकों की पहचान की जा सकती है, और उनमें शामिल हैं: पहला, इस अध्ययन के पीछे का मकसद पंचायतों को समुदाय की भागीदारी के असली निकायों के रूप में स्थापित करने की तुलना में केंद्र सरकार के नेतृत्व में विकास कार्यक्रमों को वैधता देना अधिक था। दूसरा, सरकार और प्रशासन के बीच पंचायतों के बारे में संभ्रांतवादी उदासीनता का होना भी बलवंत राय मेहता समिति की विफलता का कारण था।

अशोक मेहता समिति (1978)

एक और समिति, जो भारत में ग्रामीण स्थानीय सरकार के विकास में विशेष उल्लेख के काबिल है, वह अशोक मेहता समिति है। इस समिति को पंचायती राज संस्थाओं के कामकाज के बारे में पूछताछ करने के लिए और उन्हें मजबूत बनाने के लिए उपाय सुझाने के लिए नियुक्त किया गया था। अशोक मेहता समिति का मानना था कि कारकों के एक संयोजन ने पंचायती राज संस्थाओं को कमजोर करने की साजिश रची थी, जैसे एक असंवेदनशील नौकरशाही, राजनीतिक इच्छाशक्ति का अभाव, एक पर्याप्त पैमाने पर योजना और कार्यान्वयन में भागीदारी की कमी, और आर्थिक और सामाजिक ग्रामीण अभिजात वर्ग द्वारा स्थानीय संस्थाओं पर वर्चस्व (Desouza 2002, 371)।

समिति ने विकेन्द्रीकरण की कार्यात्मक आवश्यकता को रेखांकित किया और पंचायतीराज संस्थाओं के लिए एक दो स्तरीय प्रणाली की सिफारिश की। समिति ने यह भी सिफारिश की कि जिले को प्रशासन की बुनियादी इकाई होना चाहिए, क्योंकि यह एक व्यवहार्य प्रशासनिक इकाई है, जिसके लिए नियोजन, समन्वय और संसाधनों का आवंटन संभव था और जिसके लिए तकनीकी विशेषज्ञता भी उपलब्ध थी। अशोक मेहता समिति ने सबसे पहले पंचायत के लिए संवैधानिक मान्यता की मांग की थी। इस समिति ने एक आदर्श विधेयक का मसौदा तैयार किया, जिसे उन्होंने उस रिपोर्ट के साथ संलग्न किया और उसी तर्ज पर संविधान में संशोधन की मांग की (कुमार 2006, 23)।

अशोक मेहता समिति के निर्णयों को लागू करने के लिए जनता पार्टी काफी लंबे समय तक सत्ता में नहीं रही, और कथित तौर पर, एक प्रारंभिक बैठक में समिति की सिफारिशों को राज्य सरकारों द्वारा अच्छी तरह से स्वीकार नहीं किया गया (सेठी 1989)। हालांकि, इस समिति की रिपोर्ट का प्रभाव महत्वपूर्ण रहा था। वास्तव में, कर्नाटक, आंध्र प्रदेश और पश्चिम बंगाल के राज्यों ने अशोक मेहता समिति की रिपोर्ट के आधार पर नए कानूनों को पारित कर दिया था।

ग्रामीण स्थानीय शासन

पंचायती राज संस्थाएँ (पीआरआई)

जैसा कि पहले कहा गया है, पंचायती राज संस्थाएँ (पीआरआई), ग्रामीण स्थानीय शासन के संस्थागत अखिल भारतीय रूप हैं, और 73वें संविधान (संशोधन) अधिनियम, 1992 के पारित होने के साथ अस्तित्व में आई। इस अधिनियम ने ग्रामीण स्थानीय शासन की एक तीन स्तरीय संरचना की शुरुआत की – सबसे नीचे के स्तर पर ग्राम पंचायतें, मध्यवर्ती स्तर पर पंचायत समितियाँ और उच्चतम स्तर पर जिला परिषदें।

तिहत्तरवां (73) संविधान संशोधन अधिनियम, 1992

73वें संविधान संशोधन अधिनियम, 1992 को भारत में स्थानीय सरकार के इतिहास में एक महत्वपूर्ण मोड़ माना जाता है। इसने वस्तुतः इसे अधिक प्रतिष्ठित संवैधानिक दर्जा देकर एक आश्रित स्थिति से आत्मनिर्भरता की स्थिति प्रदान कर सदियों पुरानी परंपरा और स्थानीय शासन की संस्था को मुक्त किया है। 73वें संविधान संशोधन अधिनियम के पारित होने तक राज्य केवल उप-राष्ट्रीय इकाइयाँ थे, जिन्हें आधिकारिक तौर पर भारतीय संविधान द्वारा मान्यता प्राप्त थी। स्थानीय सरकार के लिए प्रावधान राज्य सूची के तहत बने रहे और इसलिए वहाँ देश भर में इसके बारे में कोई भी एक समान पैटर्न नहीं था। इस अधिनियम ने देश भर में पंचायती राज संस्थाओं की एक तीन स्तरीय प्रणाली की शुरुआत की। ग्रामीण स्थानीय निकायों के कार्यात्मक क्षेत्र काफी हद तक कुछ महत्वपूर्ण सेवाओं के प्रावधान तक ही सीमित थे, जैसे पानी की आपूर्ति, स्वच्छता, स्थानीय सड़कें, आदि। 'विकास की गतिविधियाँ या तो केंद्रीय सरकार या राज्य सरकारों द्वारा प्रायोजित विकास योजनाओं को लागू करने की भूमिका तक ही सीमित थी। इस अधिनियम के पारित होने से स्थानीय निकायों को अपने स्वयं की विकास की योजनाओं को तैयार करने और उन्हें लागू करने के लिए सशक्त बनाया।

प्रसंग

73वें संविधान संशोधन अधिनियम के विधायी मूल को विगत में संविधान (64वें संशोधन) विधेयक में पाया जा सकता है, जिसे तत्कालीन प्रधानमंत्री राजीव गांधी की सरकार ने 1989 में संसद में पेश किया था। विधेयक की शुरुआत शायद ग्रामीण स्थानीय सरकारों पर संवैधानिक दर्जा प्रदान करने का पहला प्रयास था। हालांकि यह विधेयक राज्यसभा की कसौटी को पार करने में विफल रहा, फिर भी ग्रामीण स्थानीय स्वशासन की देश के सदियों पुराने संस्थानों को पुनर्जीवित करने के उसके व्यापक उद्देश्य को खूब सराहा गया। उक्त विधेयक के खिलाफ प्रमुख गतिरोध यह था कि इसने स्थानीय शासन के संबंध में राज्य सरकारों के लिए बहुत कम जगह उपलब्ध कराई थी। हालांकि, काफी विवेचना के बाद, ग्रामीण स्थानीय सरकारों को संवैधानिक दर्जा देने का मुद्दा 73वें संविधान (संशोधन) अधिनियम 1992 के पारित होने के साथ अस्तित्व में आया।

हालांकि इस अधिनियम के पीछे स्पष्ट कारण विकास के लिए एक कुशल वितरण प्रणाली लाना था, परंतु वहाँ राजनीतिक नेतृत्व के सामने स्थानीय लोकतंत्र के मुद्दे को आगे लाने की गंभीर राजनीतिक मजबूरियाँ थीं। 1970 और 1980 के दशकों ने देश भर में जातीय, धार्मिक, भाषाई पहचान के आधार पर कई स्थापना- विरोधी आंदोलनों को देखा था। उत्तर-पूर्वी राज्यों, पंजाब, पश्चिम बंगाल के उत्तरी पहाड़ी पथ के उग्रवादी अलगाववादी आंदोलनों; और बिहार और उत्तर प्रदेश में पृथक राज्य की मांग के लिए भारतीय राज्य की शासन करने की विश्वसनीयता को चुनौती दी थी। ऐसे हालात के तहत, जमीनी स्तर पर समुदायों के साथ सत्ता में भागीदारी करने को भारतीय राज्य पर बढ़ते दबाव को हटाने के एक हताश प्रयास के रूप में कल्पना की गई थी। इसके अलावा, विकेन्द्रीकरण की इस नीति पर ओले पड़ गये, क्योंकि यह महसूस किया गया कि यह काफी हद तक विपक्षी शासित, अड़ियल और मांग करनेवाली राज्य सरकारों की शक्तियों का आकार घटाना हो जाएगा, और राज्य सरकारों को दरकिनार रखकर जिला कलेक्टरों और पंचायती राज संस्थाओं के साथ सीधा संबंध स्थापित करने लगेगा (बंधोपाध्याय, घोष और घोष 2003)।

73वें संशोधन अधिनियम की मुख्य विशेषताएं

पंचायतों के संस्थापन के पीछे का मकसद चाहे हो जो भी हो, इस अधिनियम ने ग्रामीण स्तर पर स्थानीय शासन के समोच्च को ही बदल दिया है। इस अधिनियम की लाभकारी विशेषताओं में से कुछ इस प्रकार हैं:

- इस अधिनियम ने शीर्ष पर जिला परिषदें, मध्यवर्ती स्तर पर पंचायत समितियाँ और सबसे निचले स्तर पर ग्राम पंचायतों के साथ एक तीन स्तरीय पंचायती राज संस्थानों की शुरुआत की।
- इस अधिनियम ने स्पष्ट रूप से स्वशासन की संस्थाओं के रूप में कार्य करने के लिए ग्रामीण स्थानीय निकायों को सक्षम करने हेतु उन्हें अधिकारों और जिम्मेदारियों से न्यागत किया है (अनुच्छेद 243G)।
- इस अधिनियम ने पंचायती राज संस्थाओं के सभी स्तरों पर हर पांच साल में आवधिक चुनाव का संचालन करना अनिवार्य किया है। पंचायती राज संस्थाओं के जल्दी या समय से पहले विघटन होने के मामले में चुनाव छह महीने की अवधि के भीतर आयोजित होने जरूरी है, और नव निर्वाचित सदस्यों को पांच साल के कार्यकाल में से शेष अवधि के लिए सेवा करनी होती है (अनुच्छेद 243E)।
- इस अधिनियम ने संबंधित पंचायत में उनके संबंधित शेयरों के अनुपात में सभी पंचायतों में सभी स्तरों पर अनुसूचित जाति और जनजातियों के लिए सीटों के आरक्षण के लिए भी प्रावधान किया है। इसके अलावा, इस अधिनियम ने सभी पंचायतों में सभी स्तर पर सभी सीटों के लिए महिलाओं के लिए एक-तिहाई का आरक्षण भी अनिवार्य किया है, जिनमें से एक तिहाई को अनुसूचित जातियों और जनजातियों से संबंधित महिलाओं के लिए आरक्षित किया गया है। अनुसूचित जातियों और जनजातियों के लिए सीटों के आरक्षण के लिए संवैधानिक प्रावधान उनके लिए निर्धारित एक तिहाई अनिवार्य आरक्षण के साथ पंचायती राज संस्थाओं के तीनों स्तरों पर पंचायतों के अध्यक्षों के पद तक भी प्रसारित है।
- इस अधिनियम ने पांच वर्ष की अवधि के लिए स्थानीय निकायों में स्वतंत्र और निष्पक्ष चुनाव सुनिश्चित करने के लिए एक राज्य स्तरीय चुनाव आयोग के गठन को निर्धारित किया है।
- इस अधिनियम ने राज्य सरकार को एक स्वतंत्र राज्य स्तरीय आयोग का गठन करने का अधिकार सौंपा है, अर्थात, पांच साल के लिए वित्त आयोग का गठन, जो स्थानीय निकायों की समग्र वित्तीय स्थिति की समीक्षा करता है और उस सिद्धांत की सिफारिश करता है जिसे स्थानीय निकायों के लिए निधि और कराधान अधिकार के आवंटन को नियंत्रित करना चाहिए। राज्य के राज्यपाल को वित्त आयोग का गठन करने का अधिकार सौंपा गया है, जो पंचायतों की वित्तीय स्थिति की समीक्षा करेगी और राज्यपाल को उस पर की गई सिफारिशें सौंपेगी।
- इस अधिनियम ने ग्राम सभा के गठन के लिए भी प्रावधान किए हैं— ग्राम पंचायतों के मतदाताओं के निकाय और लोगों की भागीदारी के लिए एक और अधिक प्रत्यक्ष चैनल की स्थापना की। इसके लिए अंतर्निहित तर्क यह था कि ग्राम सभा विकास की प्रक्रिया के एक आधार के रूप में कार्य करेगी, जहां समुदाय विकास योजनाओं को तैयार करने और उनके कार्यान्वयन में भाग लेंगे। इसके अलावा, यह निकाय स्थानीय जवाबदेही और निरीक्षण के निकायों के रूप में कार्य करेगा।
- ग्यारहवीं अनुसूची (अनुच्छेद 243 जी) को जोड़ा गया, जो पंचायती राज संस्था द्वारा प्रदर्शन किए जाने वाले 29 कार्यों की सूची प्रदान करती है।

अधिनियम के अनुच्छेद 243 (जी) के अनुसार, 'पंचायतों को स्वशासन की संस्थाओं के रूप में कार्य करने के लिए शक्तियां और अधिकार दिए जायेंगे'। पंचायतों को उचित स्तर पर अधिकार और जिम्मेदारियां प्रदान किए जायेंगे, जैसे, (क) आर्थिक विकास और सामाजिक न्याय के लिए योजनाओं की तैयारी, और (ख) आर्थिक विकास के लिए योजनाओं के क्रियान्वयन। अधिनियम 243 (एच) ने पंचायत को लेवी के लिए, करों, टोल और फीस को इकट्ठा करने और उनका समायोजन करने के लिए अधिकृत किया है। ये दोनों अधिनियम पंचायतों साथ ही राज्य सरकारों की शक्तियों, अधिकारों और जिम्मेदारियों को निर्धारित करते हैं। वे सार्वजनिक सेवाओं के प्रावधानों, स्थानीय सार्वजनिक वस्तुओं के सृजन और रखरखाव और गरीबी कम करने और वितरण की समानता को बढ़ावा देने के लिए विकास गतिविधियों और कार्यक्रमों के नियोजन और क्रियान्वयन में ग्रामीण स्थानीय निकायों को सशक्त बनाने में एक निर्णायक भूमिका निभाते हैं।

पंचायती राज प्रणाली के काम

ऊपरी चर्चा से स्पष्ट है कि 73वें संशोधन अधिनियम में कुछ परिवर्तनवादी प्रावधान हैं। उन्होंने पिछले वर्षों में उन समस्याओं का समाधान खोजने का प्रयास किया जिनका सामना पंचायती राज संस्थाएं कर रही थीं, जैसे (क) पंचायती राज संस्थाओं को संवैधानिक दर्जा देना, (ख) दलितों, आदिवासियों और महिलाओं जैसे सामाजिक और आर्थिक रूप से वंचित समूहों को सशक्त बनाना, (ग) मुक्त, निष्पक्ष और नियमित चुनाव होना सुनिश्चित करना (घ) कालावधियों को तय किए नुसार कायम रखना (ई) उन मदों की सूची की पहचान करना, जो पंचायती राज संस्थाओं के अधिकार क्षेत्र के अंतर्गत आते हैं, और (च) पंचायती राज संस्थाओं के वित्तीय मुद्दे को संबोधित करना (Desouza 2002, 379)। इस प्रकार इस अधिनियम ने स्थानीय स्तर के लिए राज्य से राजकोषीय, प्रशासनिक और राजनीतिक विकेंद्रीकरण की एक महत्वपूर्ण मात्रा प्रदान की है।

अब जब कि इस तरह के एक लोकतांत्रिक विकेन्द्रीकरण प्रयोग दो दशकों से अधिक समय से हमारे साथ है, तो अब इस प्रयोग का मूल्यांकन करना आवश्यक हो जाता है, जिसे शिष्ट भाषा में अक्सर एक 'मौन क्रांति' के रूप में जाना जाता है। इस विभाग में हम कुछ महत्वपूर्ण सवाल पूछकर लोकतांत्रिक विकेन्द्रीकरण प्रयोग के बारे में पूछताछ करते हैं: क्या हम वास्तव में विकेन्द्रीकरण के लिए तैयार हैं? क्या लोकतांत्रिक विकेन्द्रीकरण अपने आप में एक अंत है? क्या लोकतांत्रिक विकेन्द्रीकरण सही मायने में स्थानीय समुदाय को सशक्त करता है? उपरोक्त सवालों के लिए अत्यधिक आत्मनिरीक्षण करने की आवश्यकता है। इस विभाग में हम विकास और सामाजिक न्याय देने में लोकतांत्रिक विकेन्द्रीकरण की भूमिका का गंभीर रूप से मूल्यांकन करते हैं।

पंचायती राज प्रणाली की कमजोरियाँ

बहुत अधिक सम्मान और धूमधाम होने के बावजूद ऐसा प्रतीत होता है कि पंचायती राज संस्थाएँ भारतीय समाज और राजनीति में अति आवश्यक परिवर्तन लाने में असफल रही हैं। वास्तव में, एक दशक के भीतर उनके कामकाज की कई कमियाँ सामने आई हैं। **पहली,** स्थानीय स्वशासन की संस्था के रूप में पंचायत एक पहचान के संकट से पीड़ित रही है, क्योंकि स्वशासन का अर्थ स्पष्ट रूप से व्यक्त नहीं किया गया है। **दूसरी,** पीआरआई को एक मातहती संस्कृति विरासत में मिली है, जिसे स्वतंत्र भारत में विकेन्द्रीकरण के पूरे अहसास के खिलाफ जाकर औपनिवेशिक काल द्वारा जानबूझ कर पोषित किया गया था। **तीसरी,** हालांकि नए पंचायती राज संस्थाओं ने लिंग सशक्तिकरण पर एक विशेष रवैया अपनाया हुआ है, क्योंकि 73वां संविधान संशोधन अधिनियम महिलाओं के लिए एक तिहाई आरक्षण की परिकल्पना करता है, हालांकि वास्तव में, पंचायतें कूट भागीदारी की एक विशिष्ट घटना की साक्षी रही हैं, जहां महिला उम्मीदवारों के पुरुष संबंधी उनकी ओर से अधिकारों का उपयोग करते हैं। कुख्यात *प्रधान-पति* सिंड्रोम मुद्दे में एक मामला है। **चौथी,** इस प्रणाली की एक अन्य प्रमुख कमजोरी पंचायतों का अतिराजकीय होना है। एक संसदीय लोकतंत्र को कई वर्षों तक सत्ता में रहने के लिए धन्यवाद, अक्सर पंचायत प्रशासन और दलगत प्रशासन एक समान और अविभाज्य बन गए हैं, जिससे जिम्मेदारियों की अतिव्यापन हो गया है। नतीजतन, पंचायत प्रशासन पार्टी प्रशासन की विस्तारित शाखा बन गया है, क्योंकि व्यक्तियों का वही समूह एक साथ दोनों कर्तव्यों का निर्वहन करता है, जिसके द्वारा भ्रम की स्थिति पैदा हो जाती है। हालांकि, राजनीतिकरण अनोखी बात नहीं है, क्योंकि भारतीय पंचायती राज प्रणाली ने राजनीतिक लामबंदी की अनुमति दी है। एक लोकतांत्रिक व्यवस्था में प्रतिस्पर्धी राजनीतिक लामबंदी से समुदाय का दर्जा बढ़ाया जा सकता था, यदि राजनीतिक दलों को स्वतंत्र रूप से गतिमान होने की अनुमति दी गई होती। इस प्रणाली में, राजनीतिक दलों को हमेशा सेवाओं की गुणवत्ता में सुधार के द्वारा अपने दावेदार से आगे बढ़ना आवश्यक हैं। विकृतियाँ तभी होती हैं जब कोई भी राजनीतिक दल या दलों का संयोजन एक लंबे समय के लिए एकतरफा अधिकारों को धारण करता है। **पांचवीं,** स्थानीय शासन की संस्थाओं के रूप में पंचायती राज संस्थाओं पर अति निर्भरता, अक्सर 'प्रणाली के अतिभार' की तरफ ले जाती है, क्योंकि कई विकास परियोजनाएँ पंचायतों में ध्यान पाने के लिए होड़ लगाती हैं। **छठी,** विकास अवस्था की केन्द्रीयता के साथ एक मजबूत केन्द्रित

प्रवृत्ति को स्वतंत्र भारत में विकेन्द्रीकरण की पहल में निहित किया गया है। बलवंत राय मेहता समिति से शुरू करते हुए हाल ही में 73वें संविधान संशोधन अधिनियम तक, वहाँ सत्ता के केंद्रीकरण की एक अलग परंपरा रही है।

नई पंचायती राज प्रणाली के कामकाज से इस तथ्य का पता चलता है कि हालांकि विधायी और चुनावी औपचारिकताओं को परिचालन स्तर पर लगभग सभी राज्यों में पूरा किया गया है, फिर भी वहाँ उन के बीच में बड़ी भिन्नता होती हैं। 11वीं अनुसूची में वर्णित 29 विषय स्थानीय निकायों के लिए क़ानून बनाने के अधिकार नहीं देते, लेकिन वास्तव में केवल निर्णय लेने का अधिकार देते हैं। राज्य वित्त आयोग की सिफारिशें अनिवार्य नहीं हैं। यह पूरी तरह से राज्य सरकार पर निर्भर करता है कि वह संवैधानिक योजना के अनुसार स्थानीय निकायों को कार्यों, पदाधिकारियों और संसाधनों को सौंपना चाहती है या नहीं। वर्ष 2007 तक, भारत के 28 राज्यों में से केवल 3 राज्यों ने स्थानीय स्तर पर सभी 29 कार्यों को सौंपने के कार्यकारी आदेश को पारित किया था, क्योंकि इसे करना संविधान संशोधन द्वारा आवश्यक था (भारत सरकार 2008b)। कुछ अपवादों के साथ स्थानीय स्वायत्तता पर नौकरशाही की मनमानी अभी भी वैसी ही बनी हुई है। अब तक यह अनुभव प्राप्त किया गया है कि जिला स्तर पर विभिन्न विभाग और एजेंसियाँ अपने कार्यक्रमों और कार्यों को अभी भी जिला कलेक्टरों के समग्र पर्यवेक्षण और नियंत्रण में लागू करती हैं। पंचायती राज संस्थाओं को इसलिए पीछे के स्थान से ही संतोष करना पड़ता है (Vithal 1997, 12)।

लोकतांत्रिक विकेन्द्रीकरण का अनुभव यह स्पष्ट करता है कि यह शासन की सभी बीमारियों के लिए एक समाधान नहीं हो सकता। कठोर पितृसत्तात्मक संरचना ग्रामीण प्रशासन में पिछड़ी जातियों और महिलाओं की भागीदारी को बाधित करती है। 73वां संशोधन अनिवार्य करता है कि सभी पंचायत सीटों का एक तिहाई हिस्सा महिलाओं के लिए आरक्षित किया जाना है, यही प्रावधान अनुसूचित जातियों और जनजातियों के लिए भी है। उत्तर भारत में, जहां जाति और लिंग असमानताएँ विशेष रूप से लचीली हैं, वहाँ स्थानीय कुलीन वर्ग आवश्यकता समूहों से 'छद्म' उम्मीदवार खड़े करके इस आवश्यकता को अनुकूल बनाता है, और उन के माध्यम से अधिकारों का प्रयोग करता है। बेचारी महिला सरपंच एक कोने में चुपचाप बैठी रहती है, जबकि उसका पति (अक्सर शुरू में उसे ही सरपंच समझा जाता है) सवालों के जवाब देता है, यह महिला सरपंच उत्तर भारत में पंचायती राज पर लिखे गंभीर साहित्य में एक परिचित पात्र है (Dreze और Sen 2002, 362)। इसके अलावा, बहुसंख्य निर्वाचित प्रतिनिधी का यह पहला मौका होता है, और उनको पंचायती राज संस्थाओं के कामकाज का बहुत कम या कोई भी पूर्व ज्ञान नहीं होता। ग्रामीण कमजोर वर्गों को सक्रिय रूप से विकास की प्रक्रिया में भाग लेना आसान नहीं है। अनुसूचित जाति/जनजाति और महिलाओं में साक्षरता का स्तर काफी नीचा है। ग्रामीण परिसंपत्तियों और शक्तियों का वितरण भारत में काफी विषम है, जिसमें तले में निचला 39 ग्रामीण परिवारों का प्रतिशत (निचली जातियों से संबंधित) सभी परिसंपत्तियों का केवल 5 प्रतिशत मालिक है, जबकि शीर्ष का 5 प्रतिशत सभी परिसंपत्तियों के 46 प्रतिशत का मालिक है। इससे पहले से ही वंचित गांवों के जमीनी स्तर के लोगों को अवसर और सामाजिक चुनाव और कम हो जाते हैं।

अपर्याप्त वित्तीय संसाधन विकेंद्रीकृत शासन के प्रभावी कार्यकरण में एक और महत्वपूर्ण बाधा हैं। पंचायतें राज्य सरकारों द्वारा सौंपी गई और अनुदान सहायता पर निर्भर करती हैं और उन्होंने राजस्व जुटाने के लिए किसी भी स्वतंत्र स्त्रोतों को विकसित नहीं किया है। इसके अलावा, ज्यादातर राज्य इन स्थानीय निकायों को हस्तांतरित विषयों के लिए धन का हस्तांतरण नहीं करते। 12 राज्यों के एक अध्ययन में पता चला है कि इनमें से नौ में स्थानीय निकायों (पंचायतों और शहरी दोनों स्थानीय निकाय) के कर राजस्व राज्य सरकार के कुल कर राजस्व का 5 प्रतिशत से भी कम था (राष्ट्रीय आयोग की समीक्षा करने के लिए संविधान 2001, 29)। पंचायतों की सीमित वित्तीय स्वायत्तता उन्हें जरूरत से ज्यादा केंद्र और राज्य सरकारों पर निर्भर बना देती है।

वे बाधाएँ और समस्याएँ असंख्य हैं, जिन्होंने लोकतांत्रिक विकेन्द्रीकरण की पहल को चिन्हित किया है, लेकिन उन्हें आतंक का निर्माण नहीं करना चाहिए, क्योंकि इस समय देश एक अस्थायी दौर से गुजर रहा है और किसी भी प्रकार का संक्रमण समय आगे सकारात्मक परिणाम लाता है। यह एक तथ्य है कि ग्रामीण भारत में एक मूक क्रांति हो रही है, जहां लोग अपने अधिकारों के प्रति जागरूक होते जा रहे है। पंचायती राज प्रयोग का सबसे उत्साहजनक पहलू दलितों, आदिवासियों और महिलाओं के रूप

में विभिन्न वंचित समूहों की भागीदारी को शामिल किया जाना है। यह अतर्कनीय है कि कोटा के प्रावधान से व्यापक जागरूकता उत्पन्न हुई है। अध्ययनों से पता चला है कि महिलाओं की अध्यक्षता वाली पंचायतों में विकास के परिणाम प्रभावशाली रहे हैं, भले ही सशक्तिकरण के प्रभाव धीमें हैं। (Jayal 2007, 13)। लोकतांत्रिक विकेन्द्रीकरण की दिशा में नए सिरे से किए जा रहे आंदोलन ने विकास प्रक्रियाओं पर नौकरशाही के एकाधिकार को घटा दिया है और उन लोगों की तरफ स्थानांतरित कर दिया है जो लोग जमीनी स्तर पर स्थित हैं।

नई पंचायती राज व्यवस्था एक संस्थागत जलसंग्रह का प्रतिनिधित्व करती है, जो जमीनी स्तर पर राजनीतिक प्रक्रियाओं में 'लोगों' को वापस लाई है। लोगों को एक आवाज दी गई है। यह आवाज यहां तक कि अधिकारों की व्यापक विषम स्थिति में भी विषमता को दूर करेगी, यह एक प्रक्रिया है जिसका केवल अपेक्षित परिणाम हो सकता है। बी बी बाविस्कर की संक्षिप्त व्याख्या कहती है: '73वें संशोधन अधिनियम को यथायोग्य रूप में 'एक मौन क्रांति' कहा जा सकता है, जो कई मायनों में प्रांतीय सरकार का मात्र एक 'एजेंट' होने की बजाय एक 'आत्मनिर्भर' संस्था बनकर स्वशासन की संस्था को बचाया है (Baviskar और Mathew 2009)।

शहरी स्थानीय शासन

संरचना

ग्रामीण शासन के विपरित, शहरी शासन पदानुक्रमित नहीं है। 74वें संशोधन अधिनियम, 1992 (जो 1993 में अस्तित्व में आया था) के अनुच्छेद 243क्यू में कहा गया है कि भारत में तीन प्रकार के स्थानीय निकाय होंगे, अर्थात् संक्रमणकालीन क्षेत्रों के लिए नगर पंचायतें; छोटे शहरी इलाकों में म्युनिसिपल परिषदें या नगरपालिकाएं और बड़े शहरी क्षेत्रों के लिए नगर निगम। राज्य सरकारों को 74वें संशोधन अधिनियम में उल्लिखित विस्तृत मानदंड के अनुसार अपने स्वयं के नगर अधिनियमों को डिजाइन करने की अनुमति दी गई है।

कार्य

संविधान का अनुच्छेद 243W नगर पालिकाओं के 'अधिकार, प्राधिकार और जिम्मेदारियों' के बारे में है, जो स्पष्ट रूप से 12वीं अनुसूची में उल्लिखित कार्यों की सूची सहित नगर पालिकाओं के कार्यों को निर्धारित करता है। संविधान के 12वें अनुसूची में निर्धारित उन कार्यों का ब्यौरा नीचे दिया गया है।

कस्बों के नियोजन सहित शहरी नियोजन; भूमि के उपयोग और भवनों के निर्माण के विनियमन; आर्थिक और सामाजिक विकास के लिए योजना बनाना; सड़कें और पुल; घेरलू, औद्योगिक और वाणिज्यिक उद्देश्य के लिए पानी की आपूर्ति; सार्वजनिक स्वास्थ्य, स्वच्छता, संरक्षण और ठोस अपशिष्ट प्रबंधन, अग्निशमन सेवाएँ; शहरी वानिकी, पर्यावरण का संरक्षण और पारिस्थितिक पहलुओं को बढ़ावा देना; विकलांग और मानसिक रूप से मंद व्यक्तियों सहित समाज के कमजोर वर्गों के हितों की रक्षा; झोपडपट्टी सुधार और उन्नयन; शहरी गरीबी उन्मूलन; पार्क, उद्यान और खेल के मैदानों के रूप में शहरी सुविधाओं के प्रावधान; सांस्कृतिक, शैक्षिक और सौंदर्य पहलुओं का उन्नयन; अंत्येष्टि और कब्रिस्तान; अंतिम संस्कार, श्मशान और बिजली का शवदाहगृह; मवेशियों के लिए तलैया; जानवरों के प्रति क्रूरता की रोकथाम; जन्म और मृत्यु के पंजीकरण सहित महत्वपूर्ण आँकड़े; सड़क प्रकाश व्यवस्था, पार्किंग स्थल, बस स्टॉप और सार्वजनिक सुविधाएँ; पशुवध घरों और चमड़ा उद्योग के विनियमन।

चौहत्तरवां संशोधन अधिनियम, 1992: मुख्य प्रावधान

चौहत्तरवें संशोधन अधिनियम, 1992 ने भारत में शहरी शासन के एक नए चरण की शुरुआत की। हालांकि, इसकी 73वें संविधान संशोधन अधिनियम, 1992 के साथ एक नजदीकी समानता है। इस क़ानून को भारतीय संविधान के अनुच्छेद 243 भाग- IX ए में शामिल किया गया है। अधिनियम के प्रमुख प्रावधान इस प्रकार हैं:

- शहरी स्थानीय निकायों को जनसंख्या के आधार पर नगर निगमों, नगर परिषदों और नगर पंचायतों के रूप में जाना जाएगा, जिनका देश के प्रत्येक अधिसूचित शहरी क्षेत्र में सार्वभौमिक वयस्क मताधिकार के माध्यम से गठन किया जाएगा।
- इन्हें पांच वर्षों की अवधि के लिए गठित किया जाएगा।
- प्रत्येक शहरी स्थानीय निकाय में महिलाओं के लिए सीटों को आरक्षित किया जाएगा, जो सीटों की कुल संख्या में से एक-तिहाई से कम नहीं होगा।
- इन निकायों को 18 विषयों पर आर्थिक विकास और सामाजिक न्याय के लिए योजनाओं का गठन करने और उनको लागू करने के शक्ति और अधिकार साथ संपन्न किया जाएगा।
- इस आदेश में कि शहरी स्थानीय निकाय उन्हें सौंपे गये कार्यों का प्रदर्शन कर सकते हैं, राज्य का विधान उन्हें विशिष्ट करों, शुल्कों, टोल और लेवी का कार्य सौंपता है और उन्हें इन सभी को लगाने, इकट्ठा करने और समायोजित करने के लिए अधिकृत करता है।
- प्रत्येक राज्य एक वित्त आयोग का भी गठन करेगा, जो शहरी स्थानीय निकायों की वित्तीय स्थिति की समीक्षा करेगा और उन सिद्धांतों की सिफारिश करेगा, जो इन निकायों के राज्य की संचित निधि से अनुदान सहायता सहित संसाधनों के हस्तांतरण को नियंत्रित करेगा।
- शहरी स्थानीय निकायों के लिए सभी चुनावों के निर्वाचक नामावलियों के अधीक्षण, निर्देशन और तैयारी का नियंत्रण और उनके संचालन 'राज्य निर्वाचन आयोग' में निहित होंगे।
- इस अधिनियम ने तीन लाख और अधिक की आबादी वाले सभी नगर पालिकाओं में वार्ड समितियों के गठन के लिए प्रावधान किया है।
- विकास योजना तैयार करने के लिए जिला योजना समितियों और महानगर योजना समितियों को गठित किया जाएगा।

इस प्रकार, 74वां संशोधन अधिनियम नगर पालिकाओं को संवैधानिक दर्जा देता है। यह उनकी भूमिका, अधिकारों, कार्यों और वित्तीय स्थिति को फिर से परिभाषित करना चाहता है। इसने भारत में नगरीय प्रशासन और शहरी प्रबंधन के एक नए युग की शुरुआत की है। यह अधिनियम महत्वपूर्ण है, क्योंकि पारंपरिक कार्यों के अलावा यह नगर निकायों को आर्थिक विकास और सामाजिक न्याय के कार्य आवंटित करता है, जो विकास योजना के लिए जिम्मेदार निकायों को 'एजेंसी के कार्यों' के लिए मात्र उपकरण होने के बजाय उनकी पदोन्नति होने का सुझाव देते हैं। राज्य स्तरीय वित्त आयोग के प्रावधान शहरी स्थानीय निकायों को वित्तीय स्वायत्तता प्रदान करने की दिशा में एक मील का पत्थर है। सीटों का आरक्षण, विशेष रूप से महिलाओं के लिए, समाज के सामाजिक रूप से वंचित वर्गों की भागीदारी को सुनिश्चित करता है।

यह नया अधिनियम राजनीतिक शिक्षा का एक साधन बन गया है। शहरी राजनीति के संदर्भ में, लोग प्राधिकरण के स्थापित पैटर्न को व्यवस्थित करने, उस पर सवाल खड़ा करने, अपने अधिकारों की मांग करने, भ्रष्टाचार का विरोध करने और अन्य बातें करना सीख रहे हैं। यह सीखने की प्रक्रिया न केवल अकेले स्थानीय लोकतंत्र के लिए, अपितु सामान्य रूप में राजनीतिक भागीदारी के लिए भी उनकी तैयारियों को बढ़ाती है।

शहरी स्थानीय शासन के लिए बड़ी चुनौतियाँ

74वें संशोधन अधिनियम ने निश्चित रूप से भारत में शहरी स्थानीय निकायों को पुनर्जीवित किया है, लेकिन वे अभी भी कई समस्याओं का सामना कर रहे हैं। शहरी स्थानीय निकायों द्वारा सामना किए जाने वाली पहली और सबसे गंभीर समस्या वित्त की भारी कमी का होना है। उचित निधि के अभाव में शक्तियां व्यर्थ हो जाती हैं, क्योंकि उन्हें वास्तविक प्रयासों और परिणामों में रूपांतरित नहीं किया जा सकता। नया अधिनियम स्थानीय निकायों के वित्तीय स्रोतों पर गौर करने के लिए एक राज्य वित्त आयोग के गठन का प्रावधान करता है, लेकिन आयोग की सिफारिशें संबंधित राज्यों पर बाध्यकारी नहीं हैं। नगरीय निकायों में लोगों की भागीदारी अभी भी नगण्य है। इस तरह के दृष्टिकोण का एक प्रमुख कारण यह है कि लोग इन नगर निकायों की ओर संदेह की नजर से देखते हैं और इसे हल्के में लेते हैं कि उनकी समस्याओं और शिकायतों पर ध्यान नहीं दिया जाएगा। इसके अलावा, 11वीं अनुसूची की तरह ही यहाँ शहरी स्थानीय सरकार के विभिन्न स्थानीय इकाइयों के बीच कार्यों का कोई स्पष्ट सीमांकन नहीं है, उन्हें संबंधित राज्यों पर छोड़ दिया गया है। इसने इस संबंध में राज्यों को अपनी पसंद थोपने की स्वतंत्रता दे दी है, जो कई बार व्यवस्था से अधिक भ्रम की स्थिति पैदा कर देते हैं, कि क्या प्रत्यायोजित किया जाना है और क्या नहीं।

इस बदलते परिदृश्य में शहरी स्थानीय निकायों को खुद को विशेष रूप से विकास के कार्य करने के लिए समर्पित करना चाहिए और इसप्रकार स्वायत्तता का आनंद लेना चाहिए। लेकिन जमीनी हकीकत इसके विपरित तस्वीर को दर्शाती है। 74वें संशोधन अधिनियम की आलोचना करते हुए निर्मल मुखर्जी का तर्क है कि 'यह 73वें संशोधन अधिनियम की लगभग कार्बन कॉपी है' और 'जल्दबाजी में बिना कुछ सोचे' की गई है। 73वें संशोधन अधिनियम के साथ तुलना करते हुए वह आगे लिखते हैं कि 'ऐसा लगता है कि जैसे कुछ स्वतंत्र सोच पंचायत क़ानून में चली गई और फिर, एक दिन नगरपालिकावाले अचानक जाग गये और बोले कि "कृपया, हमें भी दीजिये" और बस उन्हें 'नगर निगम की चटनी के साथ पंचायत का पकवान' परोसा गया। दूसरा, यह 'अविचारी होकर ग्रामीण और शहरी के बीच कृत्रिम विरोधाभास के रूप में प्रावधान करता है, जबकि पिछली सभी विचारों ने इन दोनों के बीच एक निरंतरता पर जोर दिया है' (मुखर्जी 1999)। इस अधिनियम के साथ एक और दोष 'पंचायतों या ग्रामीण क्षेत्रों' के प्रति पूर्वाग्रह का होना है, या पंचायतों को 'केवल ग्रामीण' बाँध में बंद कर देना है। उपरोक्त मुद्दों के अलावा, शहरी शासन को उदारीकरण, निजीकरण, वैश्वीकरण और शहरीकरण की प्रक्रिया के एक परिणाम के रूप में नई चुनौतियों का सामना करना पड़ रहा है।

तिहत्तरवें और 74वें संशोधन अधिनियमों के निहितार्थ

जैसा कि पहले उल्लेख किया गया है, ये अधिनियम कई मामलों में उल्लेखनीय हैं। इस विभाग में हमने विशेष रूप से इसके कुछ प्रभाव पर प्रकाश डाला है:

संवैधानिक दर्जा

73वें और 74वें संशोधन अधिनियमों का पहला और सबसे बड़ा निहितार्थ स्थानीय सरकारों को संवैधानिक दर्जा प्रदान करना है। प्रारंभ में, भारत के संविधान ने संविधान की सातवीं अनुसूची की राज्य सूची में एक प्रविष्टि को छोड़कर और राज्य के नीति निर्देशक सिद्धांतों में एक विशेष अधिनियम को छोड़कर, स्थानीय सरकारों को कोई विशेष दर्जा प्रदान नहीं किया है, और राज्य सरकारों से पंचायतों की व्यवस्था करने के लिए पहल करने की उम्मीद की।

अभी हाल तक, वहाँ देश भर में स्थानीय स्वशासन का कोई एक समान पैटर्न नहीं था। स्थानीय सरकारों के गठन और पोषण के लिए पूरी तरह से राज्य सरकारों की मर्जी की बात होती थी। इन अधिनियमों के पारित होने के साथ, यह राज्य सरकारों के लिए

अनिवार्य हो गया है कि वे ग्रामीण और शहरी स्थानीय सरकारों का निर्माण करें। इसलिए, ग्रामीण और शहरी स्थानीय सरकारों के संविधानीकरण (constitutionalization) ने स्थानीय सरकारों के लिए एक विशेष विधायी डोमेन निर्मित किया, या जिसे सरकार की 'तीसरी परत' के रूप में जाना जाता है (मुखर्जी 1999), दर असल इसने शासन प्रक्रिया और समुदाय के बीच सीधे संबंध के लिए मार्ग तैयार किया।

प्रशासनिक अधिकार

इन अधिनियमों ने शहरी और ग्रामीण दोनों स्थानीय निकायों के लिए कार्यात्मक हस्तांतरण के मामले में अति आवश्यक प्रशासनिक स्वायत्तता प्रदान की है। काफी लंबे समय से स्थानीय निकायों को मात्र राज्य सरकारों के 'एजेंट' के रूप में माना जाता था। उन्हें राज्य के नियंत्रण से स्वतंत्र होकर प्रशासनिक निर्णय लेने का कोई अधिकार नहीं था। लेकिन इन नए अधिनियमों ने स्थानीय सरकारों को अपने स्वयं के मामलों का प्रबंधन करने के लिए सक्षम किया है। उदाहरण के लिए, हो सकता है कि संबंधित क्षेत्र के समग्र विकास के निरिक्षण के लिए स्थानीय निकायों के अधिकार का उल्लेख किया गया हो, जिसमें दूसरों के बीच में आर्थिक विकास और सामाजिक न्याय के लिए योजना की तैयारी, विभिन्न विकासात्मक योजनाओं के कार्यान्वियन या अन्य विकासात्मक पहल शामिल हैं, जिन्हें स्थानीय निकाय जरूरी समझते हैं।

वित्तीय स्वायत्तता

उक्त अधिनियमों का एक अन्य महत्वपूर्ण निहितार्थ वित्तीय स्वायत्तता है, जो किसी भी संगठन की एक अनिवार्य शर्त है। भारत में स्थानीय निकायों को उनके बारहमासी वित्तीय तंगी के लिए जाना जाता था। इन अधिनियमों ने वास्तविक रूप से पर्याप्त वित्तीय अधिकार देकर स्थानीय निकायों को (शहरी और ग्रामीण दोनों संस्थानों सहित) आर्थिक तंगी से बचाया है। उदाहरण के लिए, इन नए अधिनियमों ने पंचायतों और नगर पालिकाओं को वित्त के सामान्य स्रोतों के अलावा अपने स्वयं के संसाधनों को जुटाने के लिए अनुमति दी है, अर्थात अनुदान-सहायता, जो वे आम तौर पर सरकार से प्राप्त करती हैं।

इस अधिनियम ने स्थानीय निकायों के तुलनात्मक वित्तीय स्थिति की समीक्षा करने और निम्न मुद्दों पर राज्य सरकार को सिफारिशें करने के लिए राज्य सरकारों द्वारा हर पांच साल में एक बार राज्य वित्त आयोग के अनिवार्य गठन के लिए प्रावधान किया है: (क) राज्य और स्थानीय निकायों (पंचायतों और नगर पालिकाओं) के बीच करों, शुल्कों, टोल और राज्य द्वारा लगाए जाने वाले शुल्क की शुद्ध आय का वितरण, जिसका इस हिस्से के तहत उनमें वितरण किया सकता है और सभी स्तरों पर ऐसी आय के संबंधित शेयरों का स्थानीय निकायों(पंचायतें और नगर पालिकाएं) के बीच आवंटन; (ख) करों, शुल्कों, टोल और फीस के निर्धारण, जो करने के लिए सौंपा जा सकता है, या स्थानीय निकायों (पंचायत एवं नगर पालिकाओं) द्वारा विनियोजित किया जा सकता है; और (ग) राज्य की संचित निधि से स्थानीय निकायों (पंचायतों और नगर पालिकाओं) को अनुदान-सहायता।

शासन में पारदर्शिता

आजकल, पारदर्शिता मूलमंत्र बन गया है। अब इसे स्थानीय सरकार में ईमानदारी और सुशासन का एक अविभाज्य तत्व सुनिश्चित करने के लिए एक आवश्यक पूर्व- शर्त माना जाता है। इस प्रकार, इस अधिनियम का चौथा महत्वपूर्ण निहितार्थ यह है कि इसने

शासन में पारदर्शिता लाई है। विचाराधीन अधिनियमों ने भी पारदर्शिता कारक को योग्य महत्व दिया है। 73वें संशोधन अधिनियम का अनुच्छेद 243 जे और 74वें संशोधन अधिनियम का अनुच्छेद 243 जेड क्रमशः पंचायतों और नगर पालिकाओं के खातों के अनिवार्य ऑडिट के लिए प्रावधानों का उल्लेख करते हैं।

शासन में जवाबदेही

इन संशोधनों के एक परिणाम के रूप में, स्थानीय निकाय अब लोगों की आकांक्षाओं को पूरा करने के लिए जवाबदेह हैं। उन्हें जमीनी स्तर पर समस्याओं को हल करने के लिए अधिकार और जिम्मेदारियाँ सौंपी गई हैं।

लोकतंत्र को मजबूत बनाना

अक्सर यह कहा जाता है कि भारतीय लोकतंत्र की सफलता के पीछे गुप्त फार्मूला भारतीय समाज के लोकतांत्रिक भावना में निहित है। इन नए अधिनियमों ने सभी समावेशी लोकप्रिय निकायों, अर्थात निचले स्तर पर ग्राम सभा (और पश्चिम बंगाल के मामले में ग्राम सभा के नीचे ग्राम संसद), नगर पालिकाओं के मामले में पंचायतों और वार्ड समिति की स्थापना करके, भारतीय समाज के आंतरिक क्षेत्रों में भी लोकतंत्र के अधिक से अधिक प्रवेश के लिए मार्ग प्रशस्त किया है। इसके अलावा, इन नए अधिनियमों ने देश भर में चुनाव प्रक्रिया को नियमित कर दिया है। इन अधिनियमों से पहले, इन स्थानीय निकायों में चुनाव के मामले कमाधिक स्वैच्छिक हुआ करते थे। कुछ उदाहरणों को छोड़ दें, तो वे ज्यादातर मामलों में कभी कभी और छिटपुट हुआ करते थे। इन नए अधिनियमों में स्पष्ट रूप से कहा है कि स्थानीय निकायों के चुनाव हर पांच साल में आयोजित किए ही जाने चाहिए। यदि किसी पंचायत या नगर पालिका को समय से पहले भंग किया जाता है, तो उनके चुनावों को छह महीने के भीतर आयोजित किया जाना चाहिए, जिससे नव निर्वाचित सदस्य पांच साल के कार्यकाल में से शेष के लिए सेवा कर सकें।

लिंग सशक्तिकरण

नए अधिनियमों की एक अन्य लाभकारी सुविधा स्थानीय निकायों में सीटों के आरक्षण के माध्यम से महिलाओं की भागीदारी का संस्थानीकरण करना है। भारत में महिलाएँ, विशेष रूप से ग्रामीण भारत में पितृसत्ता द्वारा व्यवस्थित और प्रणालीगत शोषण की मारी होती हैं। उन्हें बड़े व्यवस्थित तरीके से सत्ता के गलियारों से 'बाहर रखा गया' है। इन अधिनियमों ने भारतीय महिलाओं को काफी हद तक आत्मनिर्भर बनाकर उनकी की स्थिति को ऊपर उठाया है। इन अधिनियमों ने स्पष्ट शर्तों में निर्धारित किया है कि 'हर पंचायत में प्रत्यक्ष निर्वाचन द्वारा भरे जाने वाली सीटों की कुल संख्या की कम से कम एक तिहाई संख्या महिलाओं के लिए आरक्षित की जाएगी।

इसमें कोई शक नहीं है कि हमारे जैसे एक असमान पितृसत्तात्मक समाज में महिलाओं के लिए सीटों के आरक्षण से निरपवाद रूप से महिलाओं की स्थिति में उत्थान हुआ है। हालांकि, इसे महिलाओं को सशक्त बनाने के तरीके के रूप में नहीं लिया जाना चाहिए। यह अपने आप में सशक्तिकरण की दिशा में केवल एक कदम मात्र है, स्वयं में सशक्तिकरण नहीं है, जैसा कि इन दोनों में अक्सर गलती की जाती है। आरक्षण के मुद्दे ने समानता बनाम मतभेदों के बीच एक द्वंद्व को उठाया है। नारीवादी ज्ञानवाद इस बारहमासी दुविधा में फंस गया लगता है। इसे दो टूक शब्दों में कहें तो, यह बहस इस बात के बारे में है कि क्या महिलाओं को समान अधिकार के लिए संघर्ष करना चाहिए या पुरुषों जाति से अपने मतभेदों को छिपा कर रखना चाहिए और इस प्रकार उचित उपचार किए जाने की मांग करनी चाहिए।

वंचित लोगों का सशक्तिकरण

इन दिनों 'समावेशी विकास' के बारे में बात करना काफी फैशनेबल हो गया है, जो सब को अपनाने के सूत्र और विकास की रूपरेखा की मांग करता है, ताकि वंचित वर्ग सीमा के बाहर न छूट जाए। Ronald Dworkin, John Rawls और अन्य जैसे आधुनिक राजनीतिक दार्शनिकों ने अपने तर्क में कम से कम संक्षेप में ही सही, समानता और सामाजिक न्याय के लिए समावेशी विकास की आवश्यकता को जायज ठहराया है। हमारे संविधान का काफी हिस्सा अनुसूचित जाति, अनुसूचित जनजाति और अन्य पिछड़े वर्गों के उत्थान के लिए समर्पित कर दिया गया है। इसके अलावा, इन नए अधिनियमों ने शहरी और ग्रामीण दोनों स्थानीय निकायों में इन कम सुविधाप्राप्त वर्गों (यानी, अनुसूचित जाति और अनुसूचित जनजाति) के लिए एक तिहाई सीटें आरक्षित करके स्थानीय निकायों में प्रतिनिधित्व का बड़ा मौका दिया है।

लोकप्रिय सहभागिता

उक्त अधिनियमों ने स्थानीय शासन में लोकप्रिय भागीदारी को संस्थागत किया है। 73वें और 74वें संविधान संशोधन अधिनियम, 1992 में विकास के एक वैकल्पिक प्रतिमान के रूप में 'भागीदारी विकास' की शुरुआती मुद्दे का मामला है। इन अधिनियमों ने नीचे के स्तर पर ग्राम सभाओं या वार्ड समितियों के अनिवार्य निर्माण के माध्यम से लोकप्रिय भागीदारी को औपचारिक रूप दिया है।

विकेन्द्रीकृत नियोजन

नए अधिनियमों की एक अन्य महत्वपूर्ण बानगी विकेन्द्रीकृत नियोजन प्रक्रिया की शुरुआत का होना है। लंबे समय से योजना निर्माण को अनुभवी दिग्गज के एक समूह द्वारा किए जाने वाले एक उच्च तकनीकी कार्य के रूप में माना जाता था। लेकिन अब नियोजन की धारणा में एक बड़ा परिवर्तन आया है, क्योंकि अब 'नीचे से ऊपर' वाले दृष्टिकोण को पारंपरिक 'ऊपर से नीचे' वाले मॉडल के लिए इष्ट किया जा रहा है। नियोजन के विकेन्द्रीकरण पर सरकार के प्रयास ग्रामीण और शहरी दोनों स्थानीय निकायों में स्पष्ट होते जा रहे हैं। ग्रामीण स्थानीय निकायों के मामले में इन गतिविधियों को लागू करने में लोगों की भागीदारी के साथ योजना आधारित गतिविधियों के माध्यम से राज्य की पहल द्वारा किया जाने वाला ग्रामीण विकास उलट दिया गया है और उसे सरकार की भागीदारी के साथ लोगों की पहल वाले ग्रामीण विकास कार्यक्रमों द्वारा प्रतिस्थापित किया गया है (Palanithurai 2005)। लोगों को अब विकास के हितधारकों के रूप में देखा जा रहा है। उदाहरण के लिए, संविधान संशोधन अधिनियम के 'अनुच्छेद 243 जी' ने पंचायतों को 'स्वशासन की संस्थाओं' के रूप में मान्यता प्रदान की है और उन्हें आर्थिक विकास और सामाजिक न्याय को बढ़ावा देने के लिए योजना तैयार करने की जिम्मेदारी सौंपी है।

राज्य पंचायत अधिनियम ने पंचायतों को कम से कम औपचारिक रूप से ही सही, योजना तैयार करने के लिए आवश्यक अधिकारों और जिम्मेदारियों को सौंपा है। हालांकि, केरल, कर्नाटक और तमिलनाडु की तरह कुछ राज्यों को छोड़कर देश के बाकी हिस्सों में जमीनी-स्तर के नियोजन का ट्रैक रिकॉर्ड और कुछ नहीं बल्कि प्रेरणादायक है। वास्तव में, केरल ने इस दिशा में एक विशाल कदम उठाया है। उदाहरण के लिए केरल की नौवीं योजना के लिए बहुप्रचारित 'जन अभियान' का यहाँ उल्लेख किया जा सकता है। इस कार्यक्रम के तहत पंचायतों को एकीकृत और वैज्ञानिक ढंग से परियोजनाओं को तैयार करने और प्राथमिकता देने का कार्य सौंपा गया था। इस कार्यक्रम ने नियोजन प्रक्रिया के हर स्तर पर स्थानीय लोगों की अधिकतम भागीदारी भी सुनिश्चित की। विकेन्द्रीकृत नियोजन मॉडल अकेले पंचायतों तक ही सीमित नहीं है। 74वें संशोधन अधिनियम ने महानगर योजना समिति, जिला योजना समिति, आदि जैसे कुछ संरचनात्मक नवाचारों के माध्यम से विकेन्द्रीकृत नियोजन के लिए भी कुछ प्रावधान किए हैं।

नागरिक समाज: स्थानीय शासन में लोगों की भागीदारी को सुविधाजनक बनाना

जैसे कि पहले भी चर्चा की जा चुकी है, नागरिक समाज स्थानीय शासन का एक महत्वपूर्ण कर्ता है, क्योंकि यह स्थानीय शासन में लोगों की भागीदारी सुनिश्चित करता है। निम्न अनुभाग नागरिक समाज के विभिन्न कर्ताओं द्वारा निभाई जाने वाली महत्वपूर्ण भूमिका के साथ संबंधित है।

ग्रामीण विकास में नागरिक समाज की भूमिका

ग्रामीण विकास का एक विशिष्ट स्थाई पूर्वाग्रह है। अभी हाल तक, इसे एक राज्य द्वारा नेतृत्व किया जाने वाला और राज्य प्रेरित विकास कार्यक्रम के रूप में माना जाता था। लेकिन हाल के राज्य के पलटने का नवउदारवादी 'नुस्खा' का शिष्टाचार और बाजार का परिणामी एकीकरण, यह पाया गया कि राज्य अकेले ही सामुदायिक विकास के विशाल कार्य को आगे ले जाने की स्थिति में नहीं रह गया था। भ्रम सर्वोच्च था, क्योंकि विद्वानों की एक आभासी बैटरी जल्द ही परिदृश्य में कूद पड़ी। संभावनाओं के एक मेजबान को तैयार किया था, जो राज्य प्रतिमान के बिना 'ग्रामीण विकास, से ग्रामीण विकास के एक अंतिम ग्रहण तक प्रसारित था। लेकिन इतिहास ने 'उन भविष्यवाणियों को' झूठा साबित कर दिया, क्योंकि एक नीति के रूप में ग्रामीण विकास ने घटने के कोई संकेत नहीं दिखाये, भले ही भारत जैसे देशों ने पहले से ही आर्थिक सुधारों की तीसरी पीढ़ी में प्रवेश किया था। बिल्कुल इसके विपरित, भारत में ग्रामीण विकास एक जीओ-एनजीओ जन-केंद्रित मॉडल के एक पूरी तरह से नए प्रतिमान का अनुभव ले रहा है, जब से वह एक मुक्त बाजार अर्थव्यवस्था के अस्तित्व में आ गया है।

नई परिस्थितियों में, गैर सरकारी संगठनों या नागरिक समाज संगठनों के महत्व में तेजी से वृद्धि हुई है। नए प्रतिमान के तहत, गैर सरकारी संगठनों और लोगों ने अनुभवी प्रचारक राज्य के साथ-साथ विकास के संयुक्त हितधारकों का रूप ले लिया। परंपरागत रूप से, राज्य और स्वैच्छिक संगठनों के बीच की अंतर्क्रिया या तो अनुपस्थित थी या वह नियामक प्रकृति की ज्यादा थी। उन्हें राष्ट्र निर्माण की प्रक्रिया में 'बराबर के भागीदार' के रूप में माना नहीं गया। उनकी गतिविधियाँ केवल राहत और कल्याण कार्यों तक ही सीमित रही। हालांकि, नया प्रतिमान सरकार और गैर सरकारी संस्थानों को संसाधनों के अपने एक आम पूल के साथ एक संघ का निर्माण कर ग्रामीण लोगों की सेवा करने के लिए कहता है। इसलिए गैर सरकारी संगठनों को ग्रामीण विकास की प्रक्रिया में राज्य के अनूपूरक और पूरक होने के लिए माना जाता है। एक साथ मिलकर वे प्रभावी ढंग से लोगों के सशक्तिकरण के और एकीकृत ग्रामीण विकास के बड़े लक्ष्य को पा सकते हैं, जिसके लिए देश दशकों से संघर्ष कर रहा है। 73वें संविधान संशोधन अधिनियम 1992 (1993 में अस्तित्व में आया) ने आगे ग्रामीण विकास में स्वैच्छिक संगठनों और पंचायतों के बीच 'पूरक' होने का समर्थन किया।

शहरी विकास में नागरिक समाज की भूमिका

शहरी शासन के समोच्च पर भी पिछले कुछ दशकों में एक बड़ा परिवर्तन आया है, इसके लिए वैश्वीकरण के मद्देनजर व्यापक आर्थिक, राजनीतिक और सामाजिक परिवर्तन को धन्यवाद। दुनिया भर में व्यापार और टैरिफ बाधाओं के प्रगतिशील विघटन के साथ और वैश्विक बाजारों के परिणामी नेटवर्किंग के कारण शहर अब एक 'सीमाविहीन दुनिया' में 'प्रबंधन केन्द्रों' या 'रसद केन्द्रों' (Harris 2003) के रूप में उभर रहे हैं (Ohmae 1994)। इसलिए, नगरीय प्रशासन, जिसे लंबे समय से राज्य के एक विशेष संरक्षण के रूप में माना जाता था, उसे अब शहरी स्थान में सभी हितधारकों के एक सहयोगात्मक प्रयास के रूप में देखा जा रहा है, जिसमें प्रत्येक घटक अपनी संबंधित भूमिका निभा रहा है (Kundu और Kundu 2004)। तथापि, अंतर्निहित प्रोत्साहन

नए अधिकार आंदोलन और 'राज्य के वापस पलटने' की इसकी सलाह से आता है। इसलिए, वहाँ सार्वजनिक-निजी भागीदारी (पीपीपी) के नाम राज्य, बाजारों और गैर सरकारी संगठनों क्षेत्र के बीच एक साझेदारी रही है।

स्थानीय शासन के नए आयाम

वैश्वीकरण के मद्देनजर, स्थानीय लोकतंत्र नई समस्याओं और चुनौतियों का सामना कर रहा है। निम्न अनुभाग इस तरह के मुद्दों और नई चुनौतियों के लिए स्थानीय संस्थाओं और लोगों की प्रतिक्रिया के साथ संबंधित है।

वैश्विक-स्थानीय बहस

वैश्विक-स्थानीय बहस स्थानीय स्तर पर विकास के बारे में निरंतर चल रही एक बहस के लिए संदर्भित करती है। बुनियादी बहस इस बारे में है कि स्थानीय विकास, स्थानीय विचारों और नवाचारों या बाहरी प्रौद्योगिकी और विशेषज्ञता के बारे में मार्गदर्शक सिद्धांत क्या होना चाहिए। यहाँ इस पर दो दृष्टिकोण रहे हैं। पहले दृष्टिकोण के अनुसार, स्थानीय स्तर पर विकसित प्रौद्योगिकियाँ और व्यवस्थाएँ स्थानीय विकास के लिए अधिक सुविधाजनक हैं। वे मानते हैं कि स्थानीय व्यवस्था तात्कालिक और प्रासंगिकता के विचार पर आधारित है। उनका तर्क यह है कि स्थानीय आवश्यकताएँ स्थान के अनुसार बदलती रहती हैं। यहाँ अलग अलग संस्कृतियाँ, परंपराएँ और जीवन जीने के तरीके हैं, और इसलिए एक समान व्यवस्था सभी के लिए लागू नहीं होती।

स्थानीयता के विचार के समर्थकों का मानना है कि स्थानीय स्तर पर विकसित समाधान उच्च स्वीकृति प्राप्त करते हैं और स्थानीय आवश्यकताओं के अनुरूप होते हैं। ऐसी व्यवस्था में लोग अपनेपन की भावना महसूस करते हैं, इसलिए वे हमेशा विचार को लागू करने के लिए तैयार कर रहते हैं। उनके सक्रिय सहयोग, तत्परता और उत्साह, कार्यक्रमों के कार्यान्वयन के लिए मुख्य साधन बन जाते हैं। इस प्रणाली में, स्थानीय ज्ञान और संसाधनों का और अधिक सार्थक तरीके से क्रियान्वयन किया जाता है, जो कार्यक्रमों के कार्यान्वयन के प्रशिक्षण के लिए आवश्यक समय और संसाधनों को बचाता है। स्थानीय स्तर पर व्यवस्था किए गये मॉडल अधिक से अधिक भागीदारी सुनिश्चित करते हैं और लोगों को सशक्तिकरण की भावना देते हैं। इस प्रकार, इस योजना के तहत समस्याओं को जल्दी से पहचाना जा सकता है और प्रतिक्रियात्मक और संवेदनशील समाधान संभव होते हैं।

वैश्विक विचार के समर्थकों का मानना है कि आज दुनिया एक वैश्विक गांव की तरह है और स्थानीय समस्याओं को बाहरी विशेषज्ञता और प्रौद्योगिकी की मदद से और अधिक प्रभावी ढंग से और आर्थिक रूप से हल किया जा सकता है। उनका तर्क है कि तेजी से विकास करने के लिए स्थानीय प्रयास पर्याप्त नहीं हैं, जो समय की जरूरत है। इस प्रकार, बढ़ती हुई जनसंख्या की आवश्यकताओं को पूरा करने के लिए नई और उन्नत प्रौद्योगिकी की आवश्यकता है, जो केवल वैश्विक समर्थन और सहयोग के माध्यम से ही संभव है। वर्तमान वास्तविकताओं की उपेक्षा करना अदूरदर्शी होने के साथ ही स्थानीय विकास की दृष्टि से भी अत्यंत जोखिम भरा है। अगर हम अपने आप को अपनी सीमाओं के भीतर रखते हैं और कभी उससे परे विचार नहीं करते हैं, तो हम खुद को नए अनुभवों, ज्ञान और नवाचारों से वंचित कर रहे हैं। इस तरह के विचार हमें हमारे दृष्टिकोण और कार्रवाई में पिछड़ा हुआ रखेंगे, और ये स्थानीय विकास के लिए उपयोगी नहीं है।

ऊपरी बहस यह स्पष्ट है कि स्थानीय समस्याओं को स्थानीय समाधान के साथ बेहतर तरीके से हल किया जा सकता है। स्थानीय व्यवस्था लोगों द्वारा बेहतर तरीके से स्वीकार की जा रही है, यह कार्यक्रमों में अधिकतम भागीदारी और प्रभावी क्रियान्वयन को सुनिश्चित करती है। यहाँ लोगों के बीच अपनेपन और भागीदारी की भावना है। अतः, स्थानीय मुद्दों को संबोधित करने में यह दृष्टिकोण, अधिक भागीदारीवाला, प्रभावी और किफायती है। लेकिन साथ ही बदलती परिस्थितियों को भी ध्यान में रखे जाने की जरूरत है। आज हम एक वैश्वीकृत दुनिया में रह रहे हैं और आज के नागरिक वैश्विक नागरिक हैं। यहाँ कई समस्याएँ और चुनौतियाँ

हैं, जिन्हें केवल वैश्विक प्रयासों और सहयोग से हल किया जा सकता है। आतंकवाद, ग्लोबल वार्मिंग, जलवायु परिवर्तन, सीमा विवाद, कैंसर, एड्स, स्वाइन फ्लू आदि जैसे नए रोग इस संबंध में कुछ उदाहरण हैं। इन मुद्दों को केवल अंतरराष्ट्रीय प्रयासों से हल किया जा सकता है। अतः आज हम खुद को अलग-थलग नहीं रख सकते।

जहां तक स्थानीय स्तर पर बाहरी प्रौद्योगिकी और संसाधनों के अनुप्रयोगों और अपनाने का सवाल है, वहाँ कुछ सावधानियाँ बरती जानी चाहिए। यही कारण है कि वह प्रौद्योगिकी और ज्ञान, जो हमारी स्थानीय जरूरतों और परिस्थितियों के अनुकूल हैं, उन्हें अपनाया जा सकता है। उसे हमारी संस्कृति, मूल्यों और परंपराओं के अनुरूप होना चाहिए। इस तरह की तकनीक अपनाने से पहले स्थानीय लोगों को विश्वास में लिया जाना चाहिए। इसे तभी लागू किया जाना चाहिए, जब स्थानीय लोग आश्वस्त होते हैं कि यह उन्हें मदद करने वाला है। इस प्रकार, वैश्विक विचारों और अनुभवों को स्थानीय जरूरतों और आवश्यकताओं की भागीदारी करने वाले, संवेदनशील और उदार होना ही चाहिए। इस तरीके से स्थानीय-वैश्विक बहस को स्थानीय क्षेत्र में विकास को बढ़ावा देने के लिए एक उपयोगी, उत्पादक और रचनात्मक दृष्टिकोण में परिवर्तित किया जा सकता है।

नई स्थानीयता

'नई स्थानीयता' की अवधारणा की लोकप्रियता का श्रेय यूनाइटेड किंगडम को और 2000 के दशक में पूर्व प्रधानमंत्री टोनी ब्लेयर की नीति में परिवर्तन करने की घोषणा को जाता है। उसने स्थानीय सरकारी एजेंसियों को सत्ता का हस्तांतरण करने का प्रतिनिधित्व किया, लेकिन केवल राष्ट्रीय प्राथमिकताओं और लक्ष्यों के एक ढांचे के भीतर। ये महत्व के हैं, और इस आंदोलन को जिसने विशेष रूप से नए के रूप में विशेषता दी है, वह एजेंडा को स्थापित करने में केंद्र सरकार की निरंतर प्रधानता है, जिसने स्थानीय स्वायत्तता और कार्रवाई को समाहित किया हुआ है (Crowson और Goldring 200, 2)। इस प्रकार, इन राष्ट्रीय लक्ष्यों को अधिक समन्वित और समान तरीके से लागू करने की कोशिश में स्थानीय स्तर पर सत्ता के एक सतर्क हस्तांतरण के रूप में पेश किया गया था।

'नई स्थानीयता' को मुख्य रूप से ब्रिटेन भर में एक समान एजेंडे और स्थानीय शासन के लिए ढांचा प्रदान करने के लिए विकसित किया गया था। ब्रिटेन में स्थानीयता के विशेष ध्यान में स्वास्थ्य देखभाल और शिक्षा के क्षेत्र में केंद्रीय लक्ष्यों को पूरा करने की स्वतंत्रता और बच्चों और परिवार की जरूरतों के लिए सार्वजनिक सेवाओं के समग्र जवाबदेही में सुधार लाना शामिल थे। नई स्थानीयता के तत्वों को एक साथ लाने के पीछे वहाँ यह विचार हैं कि वहाँ केंद्रीय सरकार के मंजूरी के कार्यों में कटौती होनी चाहिए और अधिक पड़ोसी शासन होना चाहिए और राष्ट्रीय लक्ष्यों को लागू करने में प्रत्यक्ष संलग्नता, ग्राहक की जरूरतों और इच्छाओं के प्रति संवेदनशीलता, स्वास्थ्य, रोजगार, शिक्षा और पुलिस की तरह की साझा समस्याओं के आसपास कई सेवाओं को समाहित करने के लिए स्थानीय अधिकारियों को एक प्रोत्साहन दिया जाना चाहिए।

इस प्रकार, नई स्थानीयता एक बेहतर तरीके से राष्ट्रीय नीतियों को लागू करने में स्थानीय निकायों के लिए किया गया शक्ति का एक सतर्क हस्तांतरण है। यह दो तरह से नया है। पहला, यह स्थानीय स्तर पर परिवर्तन लाने में केंद्र सरकार की भूमिका को पहचानता है, यह ऐसा कुछ है जिसका ब्रिटेन में 1980 के दशक में स्थानीय लोगों द्वारा अत्यधिक विरोध किया गया था। दूसरा, स्थानीय संस्थाओं के अलावा, इसमें स्थानीय समुदायों और स्वैच्छिक एजेंसियों को लोगों की सेवा करने का प्रावधान शामिल है। इस प्रकार, यह प्रकृति में अधिक उदार और भागीदारीवाला है।

इस प्रकार, नई स्थानीयता की अवधारणा राष्ट्रीय लक्ष्यों, नीतियों और सुधार के उपायों के लिए एक इनकार और उसका निराकरण नहीं है। बल्कि यह राष्ट्रीय और यहां तक कि वैश्विक उद्देश्यों के संदर्भ में स्थानीय जिलों, समुदायों और पड़ोस पर ध्यान को पुनः केंद्रित करना है। इस अर्थ में यह एक व्यवस्था है, जहां केंद्र सरकार के एक आदेश के तहत एक समान ढांचे के साथ शहरी स्थानीय शासन प्रदान किया जाता है। इस प्रकार, नई स्थानीयता केन्द्र संचालित नीति के कार्यान्वयन की सीमाओं के एक अहसास से उभरा है। इससे यह पता चलता है कि स्थानीय समस्याओं को ऊपर से लगाई गई मानकीकृत नीतियों द्वारा

हल नहीं किया जा सकता, और स्थानीय संस्थाओं को लोक नीति की प्रक्रिया के भीतर कुछ नया करने के लिए अनुकूल होने हेतु स्थान की आवश्यकता होती है। इस प्रकार, यह जमीनी स्तर पर जटिलताओं और विविधताओं के लिए एक व्यावहारिक प्रतिक्रिया है।

शहरी विकास की गतिशीलता

यहाँ ऐसे कई कारक और बल हैं, जिन्होंने पिछले तीन दशकों में शहरों की प्रकृति और चरित्र को बदल दिया है, विशेष रूप से भारत में। उदारीकरण, निजीकरण, वैश्वीकरण और शहरीकरण महत्वपूर्ण होते हैं। विभिन्न अध्ययनों से नए विकास की गतिशीलता और शहरों और उसके लोगों पर पड़े हुए इसके असर का संकेत मिलता है। कुछ काम नई उदारीकरण के व्यवस्थित तैनाती परिणाम के रूप में शहरी बहिष्कार की गहनता को एक संरचनात्मक समायोलोक नीति के रूप में रेखांकित करते हैं (Harvey 2008; Devis 2004), दूसरें इसे वैश्वीकरण द्वारा शुरुआत किए गये सामाजिक आर्थिक परिवर्तन के शीर्ष के भीतर होना समझते हैं (Appadurai 2002; Broudehoux 2009), और फिर इसे शहरी शासन में एक नया बुर्जुआ प्रशासनिकता की वृद्धि के रूप में देखते हैं (Baviskar 2003)। 'साम्राज्य के शहरीकरण' में Mike David (2004) का तर्क है कि तीसरी दुनिया पर जबरन थोपी गई संरचनात्मक समायोलोक नीतियों ने आयात प्रतिस्थापन औद्योगीकरण को नष्ट कर दिया है, निजीकरण की लहरों को प्रारंभ कर सार्वजनिक क्षेत्र की नौकरियों को सिकोड़ दिया है, और साथ ही ग्रामीण क्षेत्र का नाश कर दिया है। इसका परिणाम शहरी बेरोजगारी में वृद्धि, ग्रामीणों का शहरों की ओर पलायन और शहरी अनौपचारिक नौकरियों पर दबाव के रूप में हुआ है। इसके परिणामस्वरूप साम्राज्यवाद के एक नये रूप का उद्भव हुआ है, जिसने बेरोजगारी, गरीबी और औपचारिकता के माध्यम से दुनिया के शहरी गरीबी में वृद्धि की है।

Mahadeviya (2002) इसे भारत के भीतर प्रथम विश्व की शहरीयता के नकल द्वारा 'विश्व स्तरीय' बनने के नागरिक सरकारों की ओर से एक हताश उद्यमशीलता के आग्रह के रूप में बताती हैं। वह नगर निगम के बजट को सामाजिक बुनियादी ढांचे की तरफ हस्तांतरण करने की बजाय तेजी से होते सौंदर्यीकरण और झुग्गी बेदखली की दिशा में किए जाने को इंगित करती है, यह एक ऐसी प्रवृत्ति है जिसे वह 'मैनहेटनीकरण (Manhattanization)' के रूप में संदर्भित करती हैं। 'सौंदर्यीकरण किए गये शहर' के 'शुद्ध रिक्त स्थानों' ने 'बुर्जुआ शहरीकरण' को सामान्यीकृत किया है (चटर्जी 2004), जो श्रम को औपचारिक बनाता है, मजदूरी की गिरावट को वैध बनाता है, सामाजिक आर्थिक असमानताओं को और गहरा करता है और अल्पसंख्यक समूहों के विस्थापन और सामाजिक बहिष्कार को बढ़ाता है। एक अन्य अध्ययन से पता चलता है कि राजधानी वाले शहर को स्वच्छ और हरित बनाने के नाम पर लाखों उद्योगों को बंद कर दिया गया और उन्हें दिल्ली से दूसरी जगह स्थानांतरित कर दिया गया। इस प्रक्रिया ने बहुसंख्य श्रमिकों को बेरोजगार बना दिया है, उनकी सौदेबाजी की क्षमता में गिरावट आई है, उन्हें एक और अधिक शोषक बाजार अर्थव्यवस्था में काम करने के लिए मजबूर किया और काम कर रहे वर्गों और उनके परिवारों के लिए अलगाव, कुंठा और सामाजिक तनाव साथ लाया (प्रकाश 2012, 50)। इस प्रकार श्रमिकों को 'स्वच्छ' दिल्ली के लिए एक उच्च कीमत का भुगतान करना पड़ा है।

निष्कर्ष कथन

पूर्वगामी विश्लेषण में, विकेन्द्रीकरण की लहर को स्थापित करने के लिए एक प्रयास किया गया, जो 1990 के दशक से व्यापक बन गया है। विकेन्द्रीकरण की सुशासन के एक महत्वपूर्ण पूर्व शर्त के रूप में पहचान की गई है। परंपरागत रूप से इसकी एक संगठनात्मक नवाचार के रूप में संकल्पना की गई थी, जो अति नौकरशाही वाले सार्वजनिक संगठन के दबाव को कम करने के

रूप में थी। लेकिन वैश्वीकरण की शुरुआत के साथ, विकेंद्रीकरण की अवधारणा बाजारों के किराए की धारणा बन गई है। नए स्थानीय शासन में लोगों को सेवा प्रदान करने के लिए बहुसंख्य कर्ता शामिल हैं। इसने शासन को एक अधिक भागीदारीवाले, पारदर्शी और जवाबदेह प्रणाली में तब्दील कर दिया है।

भारत ने लीक से हटकर विधानों के एक जोड़े के माध्यम से, 1992 में विकेन्द्रीकरण प्रयोग शुरू कर दिया। भारतीय राजनीति के भूमिगत स्तर पर विचारणीय परिवर्तन लाने के लिए 73वें और 74वें संशोधन अधिनियमों की सराहना की गई है। उन्होंने स्थानीय शासन को एक अधीनस्थ की स्थिति से आत्मनिर्भरता की तरफ लाकर उनका रूप ही बदल दिया है। इन संशोधनों ने ग्रामीण और शहरी स्थानीय निकायों को संवैधानिक मान्यता दी है। उन्होंने अनियमित चुनाव, दमन, अपर्याप्त प्रतिनिधित्व, बिजली का अपर्याप्त हस्तांतरण, अपर्याप्त प्रशासनिक और वित्तीय स्वायत्तता और संसाधनों की कमी जैसी लगातार आने वाली समस्याओं को संबोधित किया है। नई प्रक्रिया ने ग्रामीण और शहरी क्षेत्रों में स्थानीय स्वशासन को गणतांत्रिक बनाया और जमीनी स्तर पर ठोस लोकतंत्र को लाया है।

यह उम्मीद की गई थी कि 1992 में स्थानीय निकायों के संवैधानिक सशक्तिकरण के साथ, स्थानीय शासन का रूप तब्दील हो जाएगा। हालांकि, प्रारंभिक प्रचार के खत्म होने के बाद जल्द ही वास्तविकता फिर से जाग उठी, और अति राजनीती, जवाबदेही की कमी, शक्ति और अधिकारों को सौपनें में स्पष्टता की कमी, राज्य के हस्तक्षेप और परिणामी एकतरफा विकास के रूप में मर गया। इसलिए स्थानीय सरकारों को वास्तविक स्वराज्य संस्था बनाने के लिए, निम्नलिखित कदम उठाए जाने की जरूरत है: **पहला,** लोगों को स्वयं संचालन की जिम्मेदारी उठाने के लिए उचित तरीके से जुटाए जाने की जरूरत है। ज्यादातर मामलों में, स्व-शासन की आवश्यकता को शिक्षाविदों या योजनाकारों ने महसूस किया है, और फिर उसे लोगों पर ऊपर से लगाया है। स्थानीय शासन को सही मायने में सहभागी बनाने के लिए, संबंधित लोगों की राय का सम्मान किया जाना चाहिए। **दूसरा,** तथाकथित तीसरे स्तर को सरकारी, गैर सरकारी क्षेत्रों, नागरिक समाज संगठनों और निजी व्यावसायिक घरानों सहित विकास के कई हितधारकों का दोहन करके उप राज्य स्तर पर बहु स्तरीय साझेदारी में मजबूत होने की जरूरत है। **तीसरा,** स्थानीय शासन को एक समग्र दृष्टिकोण से देखा जाना चाहिए, जहां ग्रामीण और शहरी स्वराज्य संस्थानों के साथ एक बंटे हुए तरीके से बर्ताव नहीं किया जाता। ग्रामीण और शहरी विकास को धारणात्मक रूप से अलग-अलग नहीं किया जा सकता, क्योंकि एक की सफलता पूरी तरह से दूसरे की सफलता पर निर्भर होती है। इसलिए, हमें संविधान संशोधन अधिनियमों के 'केवल ग्रामीण या शहरी पूर्वाग्रह' से परे देखना चाहिए।

पुनरीक्षण प्रश्न

1. विकेन्द्रीकरण क्या है? विकेन्द्रीकरण के महत्व और दृष्टिकोण पर चर्चा करें।
2. विकेन्द्रीकरण प्रशासन के अधिकतम लोकतंत्रीकरण की ओर अग्रेसर करता है। चर्चा करें।
3. प्रतिनिधिमंडल और विकेन्द्रीकरण के बीच भेद करें। विकेन्द्रीकरण के गुणों और दोषों पर चर्चा करें।
4. लोकतांत्रिक विकेन्द्रीकरण क्या है? पंचायतों के लिए 73वें संविधान संशोधन अधिनियम के संदर्भ में लोकतांत्रिक विकेन्द्रीकरण की जांच करें।
5. ग्रामीण भारत के संदर्भ में प्रशासन के कार्यात्मक और राजकोषीय विकेन्द्रीकरण का विश्लेषण करें।
6. ग्रामीण प्रशासन में विकेन्द्रीकरण की प्रक्रिया में आने वाली समस्याओं पर चर्चा करें।
7. 74वें संशोधन अधिनियम की मुख्य विशेषताएं क्या हैं?
8. 73वें और 74वें संशोधन अधिनियमों के निहितार्थ पर चर्चा करें।
9. भारत में पंचायती राज संस्थाओं के कामकाज की गंभीर रूप से जांच करें।
10. भारत में प्रमुख ग्रामीण-शहरी विकास कार्यक्रमों और उनके प्रबंधन की संक्षेप में जांच करें।

संदर्भ

Andrew, Caroline, and Michael Goldsmith. 1998. 'From Local Government to Local Governance: And beyond?' *International Political Science Review* 19 (2): 101–17.

Appadurai, A. 2002. 'Deep Democracy: Urban Governmentality and the Horizon of Politics', *Public Culture* 14 (1): 21–47.

Broudehoux, A. 2009. 'Seeds of Dissent: The Politics of Resistence to Beijing's Olympic Redevelopment', in *Dissent and Cultural Resistance in Asia's Cities*, edited by M. Butcher and S. Velayutham, pp. 14–32. London and New York: Routledge.

Baviskar, A. 2003. 'Between Violence and Desire: Space, Power and Identity in the Making of Metropolitan Delhi', *International Social Science Journal* 55: 89–98.

Baviskar, B. S., and George Mathew (eds). 2009. *Inclusion And Exclusion in Local Governance—Field Studies from Rural India.* New Delhi: SAGE.

Chand, P. 2012. "Implications of Industrial Relocation on Workers in Delhi". *Social Change*, 42 (1) March: 49–68.

Chatterjee, P. 2004. *The Politics of the Governed: Reflections on Popular Politics in Most of the World.* New York: Columbia University Press.

Cheema, G. S. and D. A. Rondinelli (eds). 1983. *Decentralization and Development: Implementation in Developing countries*. Beverly Hills, California: SAGE.

Crowson, Robert L. and Ellen B. Goldring. 2010. *The New Localism in American Education*. San Francisco: Wiley-Blackwell.

Davis, M. 2004."The Urbanization of the Empire: Mega Cities and the Laws of Chaos," *Social Text 81*, 22 (4) Winter: 9–15.

Denters, Bas, and Lawrence E. Rose. 2005. *Comparing Local Governance—Trends and Developments*. New York: Palgrave Macmillan.

Desouza, Peter Ronald. 2002. 'Decentralization and Local Government: The "Second Wave" of Democracy in India'. In *India's Living Constitution: Ideas, Practices, Controversies*, edited by Zoya Hasan, E. Sridharan and R. Sudarshan, p. 371. New Delhi: Permanent Black.

Dreze, Jean, and Amartya Sen. 2002. *India: Development and Participation*. New Delhi: Oxford.

Harris, Nigel. 2003, 21 June. 'Globalization and the Management of Indian Cities'. *Economic and Political Weekly* XXXVIII (25).

Harvey, D. F. 2008. "Right to the City", *New Left Review, 53* (September–October): 23–40.

Jayal, Niraja Gopal. 2007. *Local Governance in India: Decentralization and Beyond.* New Delhi: Oxford.

Jha, S. N., and P. C. Mathur, eds. 1999. *Decentralization and Local Politics*. New Delhi: SAGE.

Mahadevia, D. 2002. "Communal Space over Life Space", *Economic and Political Weekly*, November 30, 2002.

Kumar, Girish. 2006. *Local Democracy in India: Interpreting Decentralization*. New Delhi: SAGE.

Meenakshisundaram, S. S. 1999. 'Decentralization in Developing Countries'. In *Decentralization and Local* Politics, edited by S. N. Jha and P. C. Mathur, p. 68. New Delhi: SAGE.

Mukherjee, Nirmal. 1999. 'The Third Stratum'. In *Decentralization and Local Politics*, edited by S. N. Jha and P. C. Mathur. New Delhi: SAGE.

National Commission to Review the Working of the Constitution. 2001. 'Review of the Working of the Constitutional Provisions for Decentralization (Panchayats)'. Consultation Paper, New Delhi.

Ohmae, Kenichi. 1994. *The Borderless World: Power and Strategy in Global Marketplace*. London: HarperCollins.

Palanithurai, G. 2005. 'Development Roles Reversed: People's Initiative and Government's Participation'. In *Decentralization and Local Governance*, edited by L. C. Jain, p. 123. New Delhi: Orient Longman.

Raco, Mike, and Rob Imrie. 1999. 'How New is the New Local Governance? Lessons from the United Kingdom'. *Transactions of the Institute of British Geographers*, New Series 24 (1): 45–63. Retrieved 6 May 2008, from http://www.jstor.org/stable/623344

Ruet, Joel, and S. T. Lama-Rewal, eds. 2009. *Governing India's Metropolises*. London: Routledge.

Singh, Baldev. 1996. *Decentralization, Panchayati Raj and District Planning*. New Delhi: Atlantic Publisher and Distributers.

Srivastava, Ravi. 2002. *Evaluation of Anti-poverty Programmes In Uttar Pradesh: Study Report*. New Commission.

Vithal, B. P. R. 1997. 'Evolving Trends in the Bureaucracy'. In *State and Politics in India*, edited by Partha Chatterjee. New Delhi: Oxford University Press.

भारत में सिविल सेवाएं

7

अध्ययन उद्देश्य

1. भारत में सिविल सेवाओं के विकास को जानना।
2. आजादी के बाद के काल में सिविल सेवाओं में हुए परिवर्तन को समझना।
3. भारत में सिविल सेवा सुधारों की जांच करना।
4. भारतीय सिविल सेवाओं के योगदान का पता लगाना।

किसी भी देश का प्रशासन अधिकारियों के द्वारा चलाया जाता है, जिन्हें सिविल सेवक कहा जाता है। वास्तविक रूप में, सिविल सेवक 'लोक प्रशासन का दिल' गठित करते हैं। इसलिए, वहाँ सही तरह के सिविल सेवकों की नियुक्ति करना और उचित सार्वजनिक संगठनों को स्थापित करना महत्वपूर्ण है, जहाँ सिविल सेवकों की भर्ती और प्रशिक्षण पर नियुक्ति की जाती है। इस अध्याय में भारत में सिविल सेवा के विकास, महत्व, संवैधानिक आधार, भर्ती प्रशिक्षण, पदोन्नति और आचार संहिता के साथ चर्चा की गई है। यह सिविल सेवाओं से संबंधित अन्य महत्वपूर्ण मुद्दों पर भी चर्चा करता है, जैसे उनके कर्मचारी संगठनों, राजनीतिक अधिकारों, नियोक्ता-कर्मचारी संबंधों, शिकायत निवारण तंत्र, सिविल सेवा तटस्थता, सिविल सेवा सक्रियता और सिविल सेवकों को संवैधानिक संरक्षण के बारे में। अंत में यह अध्याय लोगों की सेवा करने के लिए सिविल सेवाओं का एक कारगर तंत्र बनाने के लिए समितियों और आयोगों द्वारा हाल ही में की गई सिफारिशों के साथ समाप्त होता है।

सिविल सेवा, सार्वजनिक सेवा और नौकरशाही: अलग अर्थ

आम व्यवहार में 'सिविल सेवा', 'सार्वजनिक सेवा' और 'नौकरशाही' ये शब्दावलियाँ अक्सर एक के स्थान पर दूसरे को इस्तेमाल की जाती हैं। यहां उनमें से प्रत्येक के द्वारा व्यक्त अर्थ को समझना उपयोगी होगा। 'नौकरशाही' इस शब्द का मूल उपयोग उस कपड़े से संदर्भित है जिसने अठारहवीं सदी के फ्रांसीसी अधिकारियों की मेज को ढंका था। यह एक सरकारी अधिकारियों द्वारा किए जाने वाले शासन का वर्णन करने का एक तरीका था। समय के साथ, 'नौकरशाही' इस शब्द ने एक नकारात्मक अर्थ हासिल कर लिया। यह उस प्रक्रिया का वर्णन करने के लिए इस्तेमाल किया गया था जो अनुचित रूप से समय लेने वाली थी, और लोगों के उत्पीड़न और अधिकारियों के अत्याचार की तरफ अग्रेसर करती थी (दास 2013, vii)। नौकरशाही के साथ जुड़े नकारात्मक अर्थ की वजह से, अब उसके बजाय 'सिविल सेवक' शब्द का इस्तेमाल किया जाने लगा।

एक नौकरशाह और एक सिविल सेवक के बीच बहुत कम अंतर होता है, हालांकि बाद वाले का अर्थ भी सरकार के एक पूर्णकालिक कर्मचारी से है। 'सिविल सेवा' शब्द, जैसा कि अब इसका प्रयोग किया जाता है, उसके दो अलग-अलग अर्थ

हैं। पहला, यह सरकारी सेवा की एक शाखा है, जिसमें व्यक्तियों को एक परीक्षा में जाँच की गई योग्यता के आधार पर नियुक्त किया जाता है। दूसरा, यह सेना और न्यायपालिका के अलावा अन्य किसी भी सरकारी एजेंसी में कर्मचारियों की एक संस्था को संदर्भित करता है (दास 2013, viii)। इस प्रकार, 'सिविल सेवा' यह शब्द मुख्य रूप से एक परीक्षा द्वारा जांच की गई योग्यता के आधार पर नियुक्त सरकारी अधिकारियों को दर्शाता है।

जहाँ सिविल सेवा एक अधिक प्रतिबंधात्मक शब्द है, वहीं 'सार्वजनिक सेवा' आवश्यक सेवाओं या वस्तुओं की आपूर्ति के लिए सरकार द्वारा बनाए रखे रोजगार की एक प्रणाली को दर्शाता है (Maheshwary 2013, 280)। इस संदर्भ में, सेना और न्यायपालिका सहित सभी सरकारी कर्मचारी सार्वजनिक सेवा के सदस्य होते हैं। सरकारी कर्मचारी भी सिविल सेवक होते हैं, लेकिन न्यायाधीश और सैन्य अधिकारी सिविल सेवक नहीं होते। इस प्रकार, 'सार्वजनिक सेवा' यह शब्द सिविल सेवा की तुलना में अधिक व्यापक है।

भारत में सिविल सेवाएं: विकासवादी दृष्टिकोण

भारत में सिविल सेवा औपनिवेशिक काल के दौरान विकसित हुई, पहली कंपनी शासन के दौरान और उसके बाद सीधे ब्रिटिश सरकार के शासन के दौरान। प्रारंभ में सभी कंपनी सेवकों को इंग्लैंड से लाया गया था और भारत आने से पहले उन्हें एक वाचा पर अमल करने के लिए कहा गया था कि वे अच्छे आचरण के साथ कंपनी की सेवा करेंगे और उसके प्रति वफादार रहेगे, और इसलिए 'प्रसंविदा सेवा' का इस्तेमाल किया जाता है। वहाँ एक कार्यालय होने की कोई अवधारणा नहीं थी, कंपनी के कर्मचारियों को केवल विभिन्न कार्य दिए जाते थे।

वर्ष 1765 तक, 'सिविल सेवक' (सिविल सर्वेंट) यह शब्द ईस्ट इंडिया कंपनी के रिकॉर्ड में अपने अधिकारियों का वर्णन करने के लिए दिखाई देता था। यह नागरिक और सैन्य सेवाओं में लगे लोगों के बीच भेद करने के लिए किया जाता था। इससे पहले, ईस्ट इंडिया कंपनी के सबसे निचले पदाधिकारी को 'फैक्टर' कहा जाता था, जिसका अर्थ एक वाणिज्यिक एजेंट था। वे व्यापार स्टेशन जहां ये फेक्टर्स काम करते थे उसे 'फेक्टरी' कहा जाता था। 1765 में, कंपनी ने केवल लेखकों (कंपनी द्वारा नियुक्त क्लर्क) की भर्ती करने के लिए आदेश दिया, और ईस्ट इंडिया कंपनी के सिविल सेवा के लिए प्रवेश बिंदु 'लेखक' का प्रवेश बिंदु बन गया। एक लेखक के रूप में नियुक्त किए जाने के लिए कंपनी के निदेशक से एक नामांकन पाना जरूरी था, जो केवल वित्तीय कारणों के आधार पर दिए जाते थे (दास 2013, 13)। इस प्रथा ने भ्रष्टाचार को प्रोत्साहित किया, जो ऐसा घोटाला बन गया कि उसमें ब्रिटिश संसद को हस्तक्षेप करना पड़ा और 1793 का चार्टर अधिनियम पारित करना पड़ा, जिसने कंपनी के निदेशक के सामने एक शपथ लेने के लिए अनिवार्य कर दिया कि वे पैसे या उपहार के आदान-प्रदान में कोई नामांकन नहीं करेंगे।

भारतीयों के लिए 1833 तक सार्वजनिक सेवाओं में कोई जगह नहीं थी। Thomas B. Macaulay की अध्यक्षता में चयन समिति 1831–32, ने भारतीयकरण के मुद्दे के साथ निपटारा किया। यह समिति चाहती थी कि भारतीयों को भी उच्चतर सिविल सेवाओं में भर्ती किया जाए, जिससे ब्रिटिश प्रभुत्व के लिए उनका लगाव पक्का होगा और सरकार के खर्च में भी काफी बचत होगी। 1833 के चार्टर अधिनियम ने प्रावधान किया कि, किसी भी व्यक्ति को उसके धर्म, जन्म, वंश, रंग या उनमें से किसी भी वजह से कंपनी के तहत किसी भी कार्यालय या रोजगार में पद धारण करने के लिए अयोग्य घोषित नहीं किया जाएगा।

1837 में, एक संशोधन विधेयक ने कंपनी के बोर्ड ने चयन के लिए आधार के रूप में सीमित प्रतिस्पर्धा को अपनाने की अनुमति दी। निदेशक मंडल ने 1853 तक अपने संरक्षण का इस्तेमाल किया। 1853 में मैकॉले समिति नियुक्त की गई, जिसने सिविल सेवा में भर्ती के लिए खुली प्रतियोगिता प्रणाली की दृढ़ता से सिफारिश की, और प्रतियोगी परीक्षा में पेशकश किए जाने वाले विषयों को सूचीबद्ध किया। उसने परीक्षण में प्रवेश के लिए 18–23 साल की उम्र की सिफारिश भी की। परीक्षाओं को लंदन में आयोजित किया जाने वाला था। नतीजतन, भारतीय सिविल सेवा पर भर्ती के लिए नई प्रणाली के तहत पहली परीक्षा को 1855 में आयोजित किया गया था। मैकॉले समिति को लागू करके इस योग्यता आधारित प्रणाली को 1855 में चालू किया गया, जो आजतक जारी है।

ब्रिटिश राज के तहत सिविल सेवा

ईस्ट इंडिया कंपनी का शासन 1858 में समाप्त हो गया और ब्रिटिश ब्रिटिश राज को भारत सरकार की सीधी जिम्मेदारी सौंप दी गई। ब्रिटिश राज को सत्ता का हस्तांतरण करने के साथ, इस सेवा को भी उसके नियंत्रण में लाया गया। 1858 के अधिनियम ने सेवाओं की शर्तों का निर्धारण करने की जिम्मेदारी गवर्नर जनरल-इन-काउंसिल को सौंप दी। 1861 के भारतीय सिविल सेवा (आईसीएस) अधिनियम ने पदों की एक अनुसूची तैयार की, जिन्हें एक प्रतियोगी परीक्षा के माध्यम से सामान्य परिस्थितियों में भरा जाना था। 1878 में, राज्य के सचिव ने आदेश दिया है कि प्रसंविदा सिविल सेवा के प्रत्येक सदस्य को भारत में कहीं भी कार्य करने के लिए बाध्य किया जाएगा। इस तरह से ये सेवाएँ अखिल भारतीय सेवाएँ बन गई।

वर्ष 1887 के Atchison आयोग ने सार्वजनिक सेवाओं को तीन श्रेणियों में विभाजित किया: इंपीरियल सेवाएँ, जिसके लिए इंग्लैंड में राज्य के सचिव के द्वारा नियुक्तियाँ की जाती थी; प्रांतीय सेवाएँ, जिसके लिए प्रांतीय सरकारों द्वारा नियुक्तियाँ की जाती थी, लेकिन उसके लिए भारत सरकार का अनुमोदन होना जरूरी होता था; और अधीनस्थ सेवाएँ, जिसमें निचले स्तर के कर्मचारी शामिल होते थे, जिनकी नियुक्तियाँ भी प्रांतीय सरकारों द्वारा की जाती थी।

Mont-Ford की रिपोर्ट (1918) ने प्रशासन के हर विभाग में भारतीयों के सहयोग में वृद्धि करने का सुझाव दिया। भारत सरकार अधिनियम, 1919 ने भारतीय मंत्रियों के नियंत्रण में रखे प्रांतों को कुछ विषयों का हस्तांतरण कर प्रशासन के विकेन्द्रीकरण की शुरुआत की। 1921 में यह पाया गया कि भारतीय सिविल सेवा में भारतीयों की गणना केवल 13 प्रतिशत है। इसने सेवाओं के और अधिक भारतीयकरण करने की मांग को और गति दी। द्विशासन की शुरुआत के समय वहाँ नौ अखिल भारतीय सेवाएँ मौजूद थी। भारत सरकार अधिनियम, 1919 ने अखिल भारतीय सेवाओं में भर्ती करने हेतु भारत में परीक्षाओं का संचालन करने के लिए ब्रिटिश मॉडल पर आधारित पांच सदस्यों वाली सरकार के लोक सेवा आयोग की स्थापना के लिए प्रावधान किया। 1921 में लिखित परीक्षा के अलावा, एक मौखिक परीक्षा का प्रारंभ भी किया गया।

Lee आयोग (1923) की सिफारिशों के आधार पर, केन्द्रीय सेवाओं की भर्ती और नियंत्रण भारत सरकार को सौंप दिया गया। अधिनियम 1935 ने इस भाग में सुरक्षित करने के लिए विस्तृत सुरक्षा उपायों का प्रावधान किया कि मौजूदा सिविल सेवकों को राजनीतिक परिवर्तन के कारण तकलीफ न हो और उससे अधिक जो अपरिहार्य था, वह यह कि भविष्य के सेवकों को ऐसी शर्तों के तहत भर्ती किया जाएगा, जो संभवतः दृढ़ परंपराओं को बनाये रखेंगी (Keith 414)। इस अधिनियम ने दो या और अधिक प्रांतों में एक संघीय लोक सेवा आयोग की स्थापना करने के लिए प्रावधान किया।

1946 में अखिल भारतीय सेवाओं को कायम रखने का सवाल फिर चर्चा में आया, जब भारत की आजादी नजदीक ही पहुँच गई थी। चूँकि अंतरिम सरकार ने 2 सितंबर 1946 को सत्ता संभाली थी, इसलिए यह सवाल आया कि क्या एक केंद्रीय या प्रांतीय सिविल सेवा (पीसीएस) को आईसीएस की जगह लेनी चाहिए। गृह मंत्री सरदार पटेल को वृद्धिगत प्रांतीय स्वायत्तता की जरूरत के बारे में ज्ञात था, लेकिन उन्हें 'प्रांतीय भावनाओं' का डर था। इस प्रकार, उन्होंने एक केन्द्रीय सेवा के लिए सफलतापूर्वक बहस की, जो कुशल निष्पक्ष और स्थानीय और सांप्रदायिक पूर्वाग्रह, दलगत राजनीती या राजनीतिक प्रभाव से मुक्त होगी (मिश्रा 1997, 301)। आईसीएस के उत्तराधिकारी के लिए पीसीएस से भारतीय प्रशासनिक सेवा में पदोन्नति के लिए 25 प्रतिशत का कोटा स्थापित किया गया। स्वतंत्र भारत के संविधान के अनुच्छेद 312 ने दो अखिल भारतीय सेवाओं के अस्तित्व को नियमित किया, अर्थात् भारतीय प्रशासनिक सेवा (आईएएस) और भारतीय पुलिस सेवा (आईपीएस) (Tummala 1996, 36)। इसने नये अखिल भारतीय सेवाओं के निर्माण के लिए भी प्रावधान शामिल किया। इस प्रकार, भारतीय सिविल सेवा के इतिहास में एक नया अध्याय शुरू हुआ।

स्वतंत्र भारत में सिविल सेवा

जब भारत स्वतंत्र हुआ तब कई चीजें बदल गई थी, लेकिन सिविल सेवा का बुनियादी ढांचा जारी रहा। आईसीएस भारतीय प्रशासनिक सेवा (आईएएस) के द्वारा आगे बढ़ा। आजादी के बाद के भारत में, भारतीय प्रशासनिक सेवा प्रशासनिक प्रणाली में

महत्वपूर्ण निर्णय लेने वाले पदों को भरने के लिए एक विशिष्ट समूह के रूप में उभरा। भारतीय प्रशासनिक सेवा के वर्चस्व का पैटर्न राज्य सरकार और स्थानीय निकायों में भी दिखाई देता है। आज, आईएएस, देश की प्रशासनिक संरचना का मूल है, जो कई अखिल भारतीय, केंद्रीय और राज्य सेवाओं के साथ अपने कार्यों को बांट रहा है और देश भर में मजबूत प्रशासनिक लिंक उपलब्ध करा रहा है। निम्नलिखित भारत में सिविल सेवा का वर्तमान वर्गीकरण है:

1. अखिल भारतीय सेवाएँ
2. केन्द्रीय सेवाएँ
3. राज्य सेवाएँ

यह अनुभाग संरचना और अखिल भारतीय और केन्द्रीय सिविल सेवा के वर्गीकरण के बारे में चर्चा करेगा।

अखिल भारतीय सेवाएँ: भारतीय प्रशासन की स्टील फ्रेम

अखिल भारतीय सेवाएँ वे सेवाएँ हैं, जो केंद्र और राज्य दोनों सरकारों के लिए आम हैं। वर्तमान में, भारत में तीन अखिल भारतीय सेवाएँ मौजूद हैं, अर्थात् भारतीय प्रशासनिक सेवा (आईएएस), भारतीय पुलिस सेवा (आईपीएस) और भारतीय वन सेवा (आईएफएस)। संविधान के अनुच्छेद 312 के तहत अखिल भारतीय सेवाओं की स्थापना के लिए प्रावधान शामिल हैं। अखिल भारतीय सेवाओं के पक्ष में निम्न तर्क आगे रखे जा सकते हैं:

1. राष्ट्रीय एकता को बढ़ावा देने के तंत्र
2. विकास की एक राष्ट्रीय दृष्टि प्रदान करना
3. एकसमान प्रशासनिक प्रणाली सुनिश्चित करना
4. केंद्र और राज्यों के बीच की कड़ी का समन्वय करना
5. राष्ट्रीय स्तर पर स्वतंत्र और निष्पक्ष सिविल सेवाएं प्रदान करना
6. विभिन्न राज्यों के बीच समृद्ध अनुभव को साझा करना

भर्ती और नियुक्ति

भारत में अखिल भारतीय सेवाएं और केन्द्रीय सेवाएं यूपीएससी द्वारा आयोजित मुक्त राष्ट्रीय स्तर की प्रतियोगी परीक्षाओं के आधार पर भर्ती करती हैं। अनुसूचित जाति, अनुसूचित जनजाति और अन्य पिछड़े वर्ग के लोगों के लिए सिविल सेवाओं के सभी श्रेणियों में 50 प्रतिशत की सीमा तक पदों के आरक्षण का प्रावधान है।

अखिल भारतीय सेवाओं के अधिकारियों को केंद्र सरकार, केंद्र शासित प्रदेशों के साथ-साथ राज्य सरकारों की सेवा करनी होती है। इन सेवाओं को नियंत्रित करने का अधिकार कार्मिक, लोक शिकायत और पेंशन मंत्रालय को है। 2011 में भारतीय प्रशासनिक सेवा के लिए अधिकृत संख्या 6077 थी, जबकि सेवा में वास्तविक सेवारत अधिकारी 4356 थे (भारत सरकार, 2010)।

भारतीय प्रशासनिक सेवा (आईएएस) देश में सभी सेवाओं में सबसे महत्वपूर्ण है। यह आंशिक रूप से इस लाभ की वजह से है कि भारतीय सिविल सेवा के वेतनमान और तेजी से होती पदोन्नतियाँ अन्य सिविल सेवाओं से अधिक है, और आंशिक रूप से वह पद सामग्री भी है, जो उनके अधिकारियों को प्राप्त है। भारतीय प्रशासनिक सेवा के अधिकारियों को उनकी नियुक्ति पर एक विशेष राज्य के लिए आवंटित किया जाता है। वे उसी राज्य के विशेषज्ञ बन जाते हैं और उस राज्य की प्रथाएँ, क़ानून और भाषा

और अन्य बातें सीखते हैं, और इन विषयों में परीक्षा उत्तीर्ण करते हैं। उनकी सभी नियुक्तियां इसी राज्य के उपखंड, जिला, आदि में होती हैं। उनके कैरियर का एक हिस्सा आम तौर पर केन्द्र सरकार में व्यतीत होता है (दास 2013, 32)। प्रशासनिक व्यवस्था में गुणवत्ता, निष्पक्षता और ईमानदारी को बढ़ावा देने के और एक अखिल भारतीय दृष्टिकोण विकसित करने के लिए राज्य में स्थित महत्वपूर्ण पद भारतीय प्रशासनिक सेवा के लिए आरक्षित हैं।

केन्द्रीय सिविल सेवाएं

केन्द्रीय सेवाएँ केंद्र सरकार की होती हैं और केंद्र सरकार के विभिन्न विभागों की सेवा करती हैं। उनके कार्मिकों को उनके संबंधित मंत्रालयों या विभागों द्वारा नियंत्रित किया जाता है। केन्द्रीय सेवाओं के सदस्य केंद्र सरकार और राज्यों और केंद्र शासित प्रदेशों में केन्द्र सरकार के कार्यालयों में काम करते हैं। अखिल भारतीय सेवाओं के विपरित, केन्द्रीय सेवा के अधिकारी राज्य में काम करते समय उनकी सरकारों के तहत काम नहीं करते।

भारत में केन्द्रीय सेवाओं के चार वर्गीकरण हैं: दल अ, दल ब, दल स और दल द। दल अ में 59 महत्वपूर्ण सेवाएँ शामिल हैं, जिसमें भारतीय विदेश सेवा, भारतीय लेखापरीक्षा और लेखा सेवा, भारतीय डाक सेवा, और केंद्रीय सचिवालय सेवा शामिल हैं। दल 'ब' में दल 'अ' की 33 संबंधित सेवाएँ शामिल हैं। दल 'अ' और दल 'ब' की सेवाओं के लिए भर्ती यूपीएससी द्वारा की जाती है। केन्द्रीय सेवाओं का दल 'स' लिपिक कर्मियों से मिलकर बनता है और उनके कर्मियों की भर्ती चयन आयोग द्वारा की जाती है। दल 'द' में चपरासी, माली आदि शामिल हैं। इस प्रकार, दल अ और दल ब में राजपत्रित अधिकारी, जबकि दल स और दल द में अराजपत्रित वर्ग शामिल होते हैं।

सिविल सेवा परीक्षा की एक नई पद्धति

वर्ष 2011 तक सिविल सेवा परीक्षा के लिए वही योजना थी, जो 1979 (कोठारी समिति के पश्चात) से प्रचलन में थी। यूजीसी समिति के पूर्व वाइस चेयरमैन प्रोफेसर एस.के. खन्ना की सिफारिशों के आधार पर, वर्ष 2011 से सिविल सेवा परीक्षा की योजना (प्रारंभिक) बदल गई। संघ लोक सेवा आयोग ने बाद में एक और समिति का गठन किया, जो प्रोफेसर अरुण एस निग्वेकर (Nigavekar) की अध्यक्षता में थी और प्रोफेसर खन्ना समिति की सिफारिशों के एक निरंतरता के रूप में थी। सिविल सेवा की(मुख्य) परीक्षा की योजना में परिवर्तन पर विचार करने के लिए Nigavekar समिति (2011) पर दी गई आयोग की सिफारिशों पर सरकार द्वारा विचार किया गया और तदनुसार सिविल सेवा (मुख्य) परीक्षा के एक संशोधित प्रारूप को वर्ष 2013 से लागू किया गया।

भारतीय सिविल सेवा का एक हिस्सा बनने के लिए उम्मीदवार को एक भारतीय नागरिक होना जरूरी है। जनवरी 2015 को भारतीय सिविल सेवा के लिए आयु सीमा 21–30 साल थी और अनुसूचित जाति/अनुसूचित जनजाति के उम्मीदवारों के लिए ऊपरी आयु सीमा में पांच वर्ष की ढील दी गई थी। सरकार द्वारा मान्यता प्राप्त किसी भी विश्वविद्यालयों की डिग्री रखने वाले उम्मीदवार परीक्षा में शामिल होने के लिए पात्र होते हैं। इस परीक्षा को प्रतिवर्ष आयोजित किया जाता है। प्रतियोगी परीक्षा में लगातार तीन चरण शामिल हैं:

1. प्रारंभिक परीक्षा (वस्तुनिष्ठ)
2. मुख्य परीक्षा (लिखित)
3. साक्षात्कार

प्रारंभिक परीक्षा

प्रारंभिक परीक्षा का कार्य एक प्रकार से छंटनी परीक्षा के रूप में सेवा देना है। वर्ष 2011 में, प्रारंभिक परीक्षा के पैटर्न को काफी संशोधित किया गया था, इसमें सामान्य अध्ययन के लिए अंकों को 150 से 200 तक बढ़ाया गया और एक वैकल्पिक विषय के प्रश्नपत्र को 200 अंकों वाले एक सीएसएटी के साथ प्रतिस्थापित किया गया। वर्तमान (2015) की परीक्षा में निम्नलिखित दो प्रश्नपत्र होते हैं:

1. प्रथम प्रश्नपत्र-सामान्य अध्ययन — 200 अंक
2. द्वितीय प्रश्नपत्र-सिविल सेवा योग्यता (अभिक्षमता) परीक्षण (सीएसएटी) — 200 अंक

ये दोनों प्रश्नपत्र अंग्रेजी और हिंदी में बहु-वैकल्पीय प्रश्नों के सेट के साथ वस्तुनिष्ठ प्रश्नपत्र होते हैं। प्रत्येक प्रश्नपत्र की अवधि दो घंटे होती है और जो लोग इस परीक्षा को उत्तीर्ण कर लेते हैं वे मुख्य परीक्षा में बैठ सकते हैं।

मुख्य परीक्षा

केवल वही उम्मीदवार मुख्य परीक्षा में बैठ सकते हैं, जिन्होंने प्रारंभिक परीक्षा में अर्हता प्राप्त की है। मुख्य परीक्षा में भर्ती होने वाले उम्मीदवारों की संख्या उन रिक्तियों की कुल संख्या के करीब 12 से 13 गुना अधिक होती है, जिन्हें उस साल भरना होता है। लिखित परीक्षा में सात प्रश्नपत्र शामिल होते हैं (तालिका 7.1 देखें)।

यूपीएससी सिविल सेवा ने 2014 से मुख्य परीक्षा की तर्ज में संशोधन किया है। अब आकांक्षी उम्मीदवार के शैक्षणिक प्रतिभा का परीक्षण करने के लिए ज्ञान को एक स्पष्ट और सुसंगत तरीके से पेश करने की उसकी क्षमता का परीक्षण किया जाता है। मुख्य परीक्षा का उद्देश्य उम्मीदवारों की केवल जानकारी और स्मृति की सीमा का आकलन करने के बजाय उनकी समझ के समग्र बौद्धिक लक्षणों और गहराई का आकलन करना है।

अब मुख्य परीक्षा में नौ प्रश्नपत्रों के उत्तर देने होंगे। वे सब वर्णनात्मक होते हैं। वहाँ दो अर्हता प्रश्नपत्र होते हैं: (क) कोई भी आधुनिक भारतीय भाषा और (ख) अंग्रेजी, और इनमें से प्रत्येक प्रश्नपत्र 300 अंकों के होते हैं। ये अंक मुख्य परीक्षा में नहीं गिने

तालिका 7.1 पात्रता के लिए गिने जाने वाले प्रश्नपत्र

प्रश्नपत्र	विषय का नाम	अंक
प्रश्नपत्र-1	निबंध	250
प्रश्नपत्र-2	सामान्य अध्ययन- प्रथम (भारतीय विरासत और संस्कृति, विश्व एवं समाज का इतिहास और भूगोल)	250
प्रश्नपत्र-3	सामान्य अध्ययन-द्वितीय (शासन, संविधान, राज्य-व्यवस्था, सामाजिक न्याय और अंतर्राष्ट्रीय संबंध)	250
प्रश्नपत्र-4	सामान्य अध्ययन-III (प्रौद्योगिकी, आर्थिक विकास, जैव-विविधता, पर्यावरण, सुरक्षा और आपदा प्रबंधन)	250
प्रश्नपत्र-5	सामान्य अध्ययन-IV (नैतिकता, ईमानदारी और योग्यता)	250
प्रश्नपत्र-6	वैकल्पिक विषय-प्रथम प्रश्नपत्र	250
प्रश्नपत्र-7	वैकल्पिक विषय-द्वितीय प्रश्नपत्र	250
	उप- कुल योग (लिखित परीक्षा)	1750
	व्यक्तित्व परीक्षण	275
	कुल योग	2025

स्रोत: http://civilservicesmentor.com/mag/new-ias-mains-scheme (14 दिसंबर 2015)।

जाते। उम्मीदवार को परीक्षा में लेखन के माध्यम के रूप में संविधान की आठवीं अनुसूची में से किसी भी एक भाषा का या अंग्रेजी का उपयोग करने की अनुमति दी गई है।

नए पैटर्न के अनुसार, यहाँ 'चार' सामान्य अध्ययन के प्रश्नपत्र होते हैं, जिनमें प्रत्येक के लिए 250 अंक निर्धारित हैं और वे कुल 1000 अंक बनाते हैं। सामान्य अध्ययन विषय का पाठ्यक्रम स्नातक स्तर का होता है। यहाँ विषयों की सूची में से चुनने के लिए केवल 'एक' वैकल्पिक विषय होता है। इसमें दो प्रश्नपत्र शामिल होते हैं, जिनमें से प्रयेक के 300 अंक होते हैं। इसप्रकार वैकल्पिक प्रश्नपत्रों के लिए कुल 600 अंक होते हैं। वैकल्पिक प्रश्नपत्रों का पाठ्यक्रम स्नातक की डिग्री की तुलना में अधिक होता है, लेकिन स्नातकोत्तर डिग्री की तुलना में कम होता है। लिखित परीक्षा के लिए कुल 1750 अंक होते हैं। साक्षात्कार/व्यक्तित्व परीक्षण में 275 अंक होते हैं।

साक्षात्कार

साक्षात्कार/व्यक्तित्व परीक्षण के लिए 275 अंक होते हैं और उम्मीदवार इस के लिए अपनी भाषा की वरीयता दे सकते हैं। यूपीएससी अनुवादकों के लिए व्यवस्था करता है।

उम्मीदवार का एक मंडल द्वारा साक्षात्कार लिया जाता है, जिसके सामने उस उम्मीदवार के कैरियर का रिकार्ड रखा होता है। उसे सामान्य रुचियों के मामलों पर सवाल पूछे जाते हैं। साक्षात्कार का उद्देश्य सक्षम और निष्पक्ष पर्यवेक्षकों के एक बोर्ड द्वारा सार्वजनिक सेवाओं में एक कैरियर करने के इच्छुक उम्मीदवारों की व्यक्तिगत उपयुक्तता का मूल्यांकन करना है। इस परीक्षण का प्रयोजन उस उम्मीदवार की मानसिक क्षमता को परखना होता है। व्यापक संदर्भ में, यह वास्तव में न केवल उसके बौद्धिक गुणों का आकलन करना है, अपितु उसके सामाजिक विशेषताओं और समसामयिक मामलों में रुचियों को देखना भी है। परखे जाने वाले कुछ गुणों में शामिल हैं- मानसिक सतर्कता, आत्मसात करने की महत्वपूर्ण क्षमताएँ, स्पष्ट और तार्किक प्रदर्शन, परखने का संतुलन और विभिन्न प्रकार की रुचियाँ, सामाजिक सामंजस्य और नेतृत्व की क्षमता, बौद्धिक और नैतिक ईमानदारी।

संघ लोक सेवा आयोग (यूपीएससी): नियुक्ति करनेवाला निकाय

ऐतिहासिक पृष्ठभूमि

वरिष्ठ सिविल सेवा का भारतीयकरण राजनीतिक आंदोलन की प्रमुख मांगों में से एक बन गया, जिसने इस इलाके में अपनी सेवाओं में भर्ती करने के लिए एक लोक सेवा आयोग की स्थापना करने पर विचार करने के लिए ब्रिटिश भारतीय सरकार को मजबूर कर दिया। प्रथम लोक सेवा आयोग को 1 अक्टूबर 1926 को स्थापित किया गया था। हालांकि, इसके सीमित सलाहकार कार्य लोगों की आकांक्षाओं को पूरा करने में विफल रहे और हमारे स्वतंत्रता आंदोलन के नेताओं द्वारा इस पहलू पर जारी रखे तनाव का परिणाम भारत सरकार अधिनियम 1935 के तहत संघीय लोक सेवा आयोग की स्थापना में हुआ। इस अधिनियम के तहत पहली बार प्रांतीय स्तर पर लोक सेवा आयोगों के गठन के लिए भी प्रावधान किया गया।

आजादी के बाद संविधान सभा ने सिविल सेवा में निष्पक्ष भर्ती सुनिश्चित करने के लिए साथ ही सेवा के हित की रक्षा करने के लिए संघीय और प्रांतीय दोनों स्तरों पर लोक सेवा आयोगों के लिए एक सुरक्षित और स्वायत्त दर्जा देने की आवश्यकता को देखा। 26 जनवरी 1950 को स्वतंत्र भारत के लिए नए संविधान की घोषणा के साथ, संघीय लोक सेवा आयोग को एक स्वायत्त संस्था के रूप में संवैधानिक दर्जा दिया गया और उसका शीर्षक था—संघ लोक सेवा आयोग।

संवैधानिक प्रावधान

संघ लोक सेवा आयोग को भारत के संविधान के अनुच्छेद 315 के तहत स्थापित किया गया। इस आयोग में एक अध्यक्ष और 10 सदस्य होते हैं। इस आयोग के अध्यक्ष और सदस्यों की सेवा के नियम और शर्तों को संघ लोक सेवा आयोग (सदस्य) विनियम, 1969 द्वारा नियंत्रित किया जाता है। यह आयोग सचिवालय द्वारा सेवित है, जो सचिव की अध्यक्षता में होता है और जो दो अपर सचिव, कई संयुक्त सचिव, उप सचिव और अन्य कर्मचारियों द्वारा सहायता प्राप्त होते हैं।

संघ लोक सेवा आयोग को संविधान के तहत निम्नलिखित कर्तव्यों और जिम्मेदारियों को सौंपा गया है:

1. प्रतियोगी परीक्षाओं के आयोजन द्वारा संघ के तहत सेवाओं और पदों पर भर्ती करना,
2. साक्षात्कार के माध्यम से एक चयन प्रक्रिया द्वारा केंद्र सरकार के अधीन सेवाओं और पदों पर भर्ती करना,
3. पदोन्नति के साथ ही तबादलों पर प्रतिनियुक्ति पर नियुक्ति करने के लिए अधिकारियों की उपयुक्तता पर सलाह देना,
4. विभिन्न सेवाओं और पदों पर भर्ती के तरीकों से संबंधित सभी मामलों पर सरकार को सलाह देना,
5. विभिन्न सिविल सेवाओं से संबंधित अनुशासनात्मक मामले, और
6. विविध विशिष्ट पेंशनों का अनुदान, कानूनी खर्च की प्रतिपूर्ति, आदि से संबंधित मामले

विभिन्न केन्द्रीय सिविल सेवाओं और संघ और राज्यों (अखिल भारतीय सेवा) के लिए आम सेवाओं और पदों के लिए व्यक्तियों का चयन करना आयोग द्वारा निभाई जाने वाली प्रमुख भूमिका है। आयोग की संरचना में अध्यक्ष के साथ-साथ 10 सदस्य शामिल हैं।

सिविल सेवाओं का प्रशिक्षण

आजादी के बाद भारतीय प्रशासनिक सेवा के प्रशिक्षण स्कूल को दिल्ली में मेटकाल्फ हाउस में स्थापित किया गया, जहां सभी परिवीक्षार्थियों को एक साल का प्रशिक्षण दिया गया। Appleby रिपोर्ट (1953) द्वारा की गई सिफारिशों के आधार पर, भारतीय लोक प्रशासन संस्थान को 1954 में स्थापित किया गया। इसके बाद 1959 में दिल्ली और शिमला के ट्रेनिंग स्कूल का भारतीय प्रशासनिक सेवा स्टाफ कॉलेज में विलय के साथ मसूरी में राष्ट्रीय प्रशासनिक अकादमी की स्थापना की गई। 1985 में, कार्मिक, लोक शिकायत और पेंशन के एक नए मंत्रालय की स्थापना की गई, उसमें से तीसरा विभाग कार्मिक एवं प्रशिक्षण विभाग था।

वर्तमान में, दल अ की सभी सेवाओं को दो साल की प्रेरण प्रशिक्षण से गुजरना आवश्यक हैं। प्रशिक्षण कार्यक्रम की सामग्री सेवा के अनुसार भिन्न-भिन्न होती है। अखिल भारतीय सेवाओं और केंद्रीय सेवाओं के दल 'अ' के लिए प्रेरण प्रशिक्षण में एक बुनियादी पाठ्यक्रम और एक व्यावसायिक पाठ्यक्रम शामिल होते हैं। बुनियादी पाठ्यक्रम आईएएस, आईपीएस और अन्य केन्द्रीय सेवाओं के दल ग्रुप ए के लिए एक समान होता है। गैर-दल 'अ' सेवाओं के लिए इसका पैटर्न बदलता रहता है। जहाँ कुछ लोगों को अनिवार्य प्रेरण प्रशिक्षण दिया जाता है, वहीं दूसरों को नहीं दिया जाता और वे अपनी नियुक्ति के लिए सीधे अपने विभागों को रिपोर्ट करते हैं। बाद वाले दल से बातों को उनके काम पर जानने की उम्मीद की जाती है।

सेवाकालीन प्रशिक्षण

सिविल सेवकों को दिया जाने वाला प्रशिक्षण दो प्रकार का होता है, अर्थात्, सेवाकालीन प्रशिक्षण और मध्य-करियर प्रशिक्षण। बुनियादी और व्यावसायिक प्रशिक्षण सेवाकालीन प्रशिक्षण का हिस्सा होते हैं। बुनियादी पाठ्यक्रम सार्वजनिक सेवा में एक कैरियर के लिए आधार प्रदान करता है। यह महाविद्यालयीन शिक्षा की अकादमिक दुनिया और वास्तविक क्षेत्र के बीच बना एक

पुल है। 15 सप्ताह की अवधि में फैले इस पाठ्यक्रम को लाल बहादुर शास्त्री राष्ट्रीय प्रशासन अकादमी, मसूरी में आयोजित किया जाता है। इस प्रशिक्षण अवधि (12 से 15 सप्ताह) का एक प्रमुख हिस्सा कोर्स के काम के लिए समर्पित होता है, जिसमें से तीन हफ्तों को ग्रामीण अध्ययन और ट्रैकिंग और रिवर राफ्टिंग जैसी शिक्षेतर गतिविधियों के लिए बिताना होता है, जिसका उद्देश्य अनिवार्य रूप से नेतृत्व के गुणों को और टीम भावना विकसित करना है। पढ़ाए जाने वाले विषयों में प्रबंधन, अर्थशास्त्र, लोक प्रशासन, क़ानून, राजनीति, भारत का संविधान, भारतीय इतिहास और संस्कृति शामिल हैं। सिविल सेवा परीक्षा के माध्यम से यूपीएससी द्वारा भर्ती किए गये अखिल भारतीय सेवाओं और केन्द्रीय दल 'अ' के संबंधित सभी अधिकारियों को फाउंडेशन प्रशिक्षण से गुजरना होता है।

अन्य सेवाओं के लिए व्यावसायिक प्रशिक्षण सिविल सेवकों के भविष्य की आवश्यकताओं को ध्यान में रखते हुए और अधिक विषय-विशेष आदानों पर केंद्रित होता है। उदाहरण के लिए, आयकर अधिकारियों को नागपुर में "प्रत्यक्ष करों के राष्ट्रीय संस्थान" में 16 महीने का प्रशिक्षण दिया जाता है। पेशेवर प्रशिक्षण होने के बाद अधिकारी आठ से दस सप्ताह के सेवाकालीन प्रशिक्षण के लिए जाते हैं। इसी तरह, सीमा शुल्क और उत्पाद शुल्क अधिकारियों को "सीमा शुल्क उत्पाद शुल्क और नारकोटिक्स, फरीदाबाद" की राष्ट्रीय अकादमी में प्रशिक्षण दिया जाता है।

मिड-करियर प्रशिक्षण

मिड-करियर प्रशिक्षण कुछ अनुभव प्राप्त करने के बाद कार्यकाल के बीच में दिया जाता है। इस तरह के प्रशिक्षण का उद्देश्य अपने क्षेत्र और विशेषज्ञता के क्षेत्र के बारे में सिविल सेवकों को पुरानी चीजें पुनः याद कराना और अद्यतन (अपडेट) करना है। मसूरी और हैदराबाद दोनों में स्थित राष्ट्रीय अकादमियों में क्रमश: आईएएस और आईपीएस अधिकारियों को इस तरह का प्रशिक्षण दिया जाता है। उदाहरण के लिए, मसूरी की अकादमी 10–15 साल की एक वरिष्ठता पाने वाले सिविल सेवकों के लिए छह सप्ताह का पुनश्चर्या पाठ्यक्रम चलाती है।

कर्मचारियों के मुद्दों का प्रबंधन करना

कोई भी देश, जिसका प्रशासन योग्यता सिद्धांत के आधार पर चलाया जाता है, उसे एक कुशल कार्मिक प्रबंधन नीति की आवश्यकता होती है। पदोन्नति, वित्तीय मुद्दों, और अन्य शिकायतों से संबंधित मुद्दों का समय पर किया गया निवारण सिविल सेवा के अधिकारों की रक्षा करता है, साथ ही उन्हें लोगों की एक बेहतर तरीके से सेवा करने के लिए प्रेरित करता है। इस विभाग में सिविल सेवा के ऐसे संबंधित मुद्दों की चर्चा की गई है।

पदोन्नति

भारत में उच्चतर सिविल सेवाओं को समाहित करने वाले पदोन्नति के मानदंड यूपीएससी द्वारा निर्धारित किए जाते हैं। आईएएस और केन्द्रीय सिविल सेवा के अधिकारियों के लिए समयबद्ध पदोन्नतियाँ होती हैं। एक आईएएस अधिकारी दो साल की परिवीक्षा से राज्य में अपने कार्यकाल की शुरुआत करता है। यह अवधि प्रशिक्षण स्कूलों, सचिवालय, या क्षेत्रीय कार्यालयों में बिताई जाती है। उन्हें डिप्टी मजिस्ट्रेट का पद दिया जाता है और उन्हें अपने प्रभार के तहत रहने वाले क्षेत्र में विकास कार्य सहित सामान्य प्रशासन और क़ानून व्यवस्था देखनी होती है।

परिवीक्षा और एक कनिष्ठ श्रेणी के अधिकारी के रूप में दो साल की सेवाओं के बाद, एक आईएएस अधिकारी को वरिष्ठ श्रेणी में रखा जाता है। फिर वह जिला न्यायाधीश या एक विभाग के निदेशक के रूप में कार्य कर सकते हैं। वरिष्ठ श्रेणी में सीनियर टाइम स्केल (संयुक्त सचिव), कनिष्ठ प्रशासनिक ग्रेड (अतिरिक्त सचिव) और चयन ग्रेड (विशेष सचिव) शामिल हैं। चयन ग्रेड नियमित

सेवा के 13 साल बाद पदोन्नति पर दिया जाता है। राज्य के भीतर अगली पदोन्नति 16 वर्षों के बाद एक आयुक्त-सह-सचिव के रूप में होती है। यह पदोन्नति उन्हें सुपर टाइम स्केल पदोन्नति के लिए भी योग्यता दिलवाती है। फिर नियमित सेवा के 25 वर्षों के बाद एक आईएएस अधिकारी को सुपर टाइम स्केल के ऊपर पदोन्नत किया जा सकता है, जिसे प्रमुख सचिव या कुछ राज्यों में वित्तीय आयुक्त के रूप में नामित किया गया है। प्रत्येक राज्य में कई सचिव/प्रमुख सचिव और केवल एक ही मुख्य सचिव होता है। राज्य में मुख्य सचिव शीर्ष श्रेणी का सिविल सेवक होता है और उसे अपर मुख्य सचिव द्वारा सहायता प्रदान की जा सकती है। इस प्रकार, भारत में उच्च सिविल सेवाओं के लिए पदोन्नति के बेहतर तरीके मौजूद हैं।

सिविल सेवा की आचार संहिता

इस आचार संहिता का लक्ष्य सिविल सेवा के लिए आचार मानदंडों को स्थापित करना और आचरण की आवश्यकता के बारे में नागरिकों को सूचित करना है जो सिविल सेवकों को होना जरूरी है, जिसका उद्देश्य सिविल सेवा की गुणवत्ता में सुधार लाना; जनता के हित को बढ़ावा देने में बेहतर प्रशासन सुनिश्चित करना; लोक प्रशासन में नौकरशाही और भ्रष्टाचार के रोकथाम और उन्मूलन में योगदान देना; साथ ही एक ऐसा वातावरण तैयार करना, जो लोक प्राधिकरण में नागरिकों का विश्वास बढ़ाये।

श्री के. संथानम की अध्यक्षता वाली 'भ्रष्टाचार रोकथाम समिति (1964)' की सिफारिशों के आधार पर सरकारी कर्मचारियों के लिए आचार नियमों को सार्वजनिक सेवाओं में ईमानदारी को बनाए रखने के एक दृष्टिकोण के साथ संशोधित किया गया। केन्द्रीय सिविल सेवा (आचरण) नियम, 1964 को अधिसूचित किया गया, और उसने केंद्र सरकार के कर्मचारियों के लिए आचार संहिता निर्धारित की। आयोग ने सिफारिश की कि हर सरकारी कर्मचारी को हर समय निम्नलिखित बातें करनी होंगी:

1. पूर्ण ईमानदारी को बनाए रखना।
2. कर्तव्य के प्रति समर्पण बनाए रखना।
3. ऐसा कुछ भी नहीं करना, जो एक सरकारी कर्मचारी के लिए अशोभनीय हो।
4. एक पर्यवेक्षी पद धारण करने वाला हर सरकारी कर्मचारी अपने नियंत्रण और अधिकार के तहत सभी सरकारी सेवकों के कर्तव्य के प्रति ईमानदारी और श्रद्धा को सुनिश्चित करने के लिए सभी संभव कदम उठाएगा।
5. कोई भी सरकारी कर्मचारी अपने सरकारी वरिष्ठ के निर्देशन में काम करने के अलावा अपने सरकारी कर्तव्यों के निष्पादन में, या उस पर प्रदत्त अधिकारों का प्रयोग करते हुए, कोई भी अलग कार्य नहीं करेगा।
6. वरिष्ठ आधिकारियों के निर्देश आमतौर पर लिखित रूप में होंगे। जहाँ तक संभव हो, अधीनस्थों को मौखिक निर्देश देने से परहेज किया जाएगा। जहाँ मौखिक निर्देश देने का मुद्दा अपरिहार्य हो जाता है, वहाँ वरिष्ठ आधिकारी उसके तुरंत बाद लिखित रूप में इस बात की पुष्टि करेगा।

इस प्रकार, आचार संहिता सिविल सेवकों को लोगों के प्रति जवाबदेह बनाने के लिए और अपने कर्तव्यों को ईमानदारी और निष्ठा के साथ निभाने के लिए दिए जाने वाले दिशा-निर्देश हैं।

सिविल सेवकों के राजनीतिक अधिकार

भारत में सिविल सेवकों को मतदान करने और संगठनों का गठन करने का अधिकार है, लेकिन उन्हें राजनीतिक गतिविधियों में भाग लेने से प्रतिबंधित किया गया है। न तो वे किसी राजनीतिक पार्टी के सदस्य बन सकते हैं और न ही इसकी निधियों के

सदस्य बन सकते हैं। इसके पीछे का उद्देश्य लोगों को सेवाएं प्रदान करने में सिविल सेवा को तटस्थ और निष्पक्ष रखना है। जो भी राजनीतिक दल सत्ता में आता है, सिविल सेवकों को सरकार और संविधान के उद्देश्यों के प्रति वफादार होना ही होता है। इस प्रकार, सिविल सेवकों को मतदान करने और अपने व्यावसायिक उद्देश्यों को पूरा करने के लिए संगठन बनाने का अधिकार है, लेकिन देश की सक्रिय राजनीति में भाग लेने का अधिकार नहीं है।

सिविल सेवा की तटस्थता

तटस्थता भारत में सिविल सेवा की पहचान है। इसका मतलब यह है कि एक सिविल सेवक को राजनीतिक दलों और उनके समूह के साथ खुद की पहचान नहीं करनी चाहिए और लोक नीतियों के मामले में अपनी तटस्थता बनाए रखनी चाहिए। चाहे जो कोई भी मंत्री के कार्यालय में रहे उन्हें उनकी सेवा करना आवश्यक हैं। सिविल सेवकों को न केवल राजनीतिक आकाओं द्वारा प्रदान की गई नीतियों और निर्णयों को लागू करना होता है, बल्कि नीति निर्माण पर उन्हें सलाह भी देनी होती है। वे इस भूमिका को तभी बेहतर तरीके से निभा सकते हैं जब वे राजनीतिक मामलों में पूरी तरह तटस्थता का पालन करें।

सिविल सेवा सक्रियतावाद

सिविल सेवा की सक्रियता आम जनता के हितों की रक्षा के लिए निभाई जानेवाली एक सिविल सेवक की अतिरिक्त साधारण भूमिका के बारे में है। इसमें लोगों के साथ नियमित बैठकें करना, उनकी शिकायतों के बारे में पूछना और जितनी जल्दी हो सके उन्हें मदद करना शामिल है। कभी-कभी जनता के मुद्दों को संबोधित करने के लिए नवीन सुधार कार्यक्रम शुरू किए जाते हैं। यह यहाँ तक कि अपने स्वयं के मंत्री की नीतियों के खिलाफ सख्त कार्रवाई करने के बारे में भी है, जो उसके संवैधानिक रूप से आवंटित कर्तव्यों के खिलाफ जाती है। चुनाव सुधारों के लिए टी.एन. शेषन द्वारा उठाए गए कदम और किरण बेदी द्वारा शुरू किए गये पुलिस सुधार कार्य उन लोगों की सिविल सेवा की सक्रियता के अच्छे उदाहरण हैं।

सिविल सेवा सुधार

सुधार, सार्वजनिक मामलों का प्रबंधन करते समय राज्य संस्थाओं द्वारा सामना की जाने वाली नई चुनौतियों के लिए एक स्पष्ट प्रतिक्रिया के रूप में होते हैं। इस अभ्यास की जड़ में बदले हुए परिदृश्य में प्रशासनिक क्षमताओं को बढ़ाने के प्रयास शामिल होते हैं। हाल के दिनों में, प्रशासनिक सुधारों की समस्या की तरफ भारत में केन्द्र और राज्यों की तरफ से सतत ध्यान दिया जा रहा है। मुख्य सचिवों के 1996 के सम्मेलन में सर्वसम्मति से प्रशासनिक बुराइयों को संबोधित करने का निर्णय लिया गया, जो भारतीय प्रशासन को गंभीरता से विकलांग करता दिखाई देता है। इस पर आगे भी प्रकाश डाला गया कि प्रशासन की विफलता के लिए प्रमुख कारकों में से एक उदासीन रवैया था, जो नौकरशाही ने नागरिकों को बुनियादी सेवाओं के वितरण के काम करते हुए दिखाया था। परिणामों के लिए प्रक्रिया-अभिविन्यास, सुस्ती, भ्रष्टाचार और गैर-जवाबदेही होने के नाते से फंसने के कारण, भारत में नौकरशाही लोगों से काफी हद तक अलग-थलग हो गई। सम्मेलन में की गई चर्चा के प्रकाश में शिकायत निवारण तंत्र-, नागरिक चार्टर, सूचना और पारदर्शिता के अधिकार पर एक अंतर-मंत्रालयी कार्यकारी समूह, दूसरों के बीच में सार्थक सिविल सेवा के जैसे जवाबदेही के संस्थान उपकरणों पर सहमति हुई। उपायों के एक अनुवर्ती के रूप में, जिसे मुख्य सचिवों के सम्मेलन ने सुझाव दिया था, 27 मई 1997 को मुख्यमंत्रियों के सम्मेलन आयोजित किया गया था, उसमें सिविल सेवा में फेरबदल करने के लिए एक कार्य

योजना विकसित की गई, जिसमें निम्नलिखित बातें की गई (क) प्रशासन को नागरिकों के लिए जवाबदेह और अनुकूल बनाना, (ख) प्रशासन में पारदर्शिता को सुनिश्चित करने के लिए सूचना के अधिकार को लागू करना, और (ग) सार्वजनिक सेवाओं के प्रदर्शन और ईमानदारी में सुधार करना।

मदों की एक जाँच-सूची के रूप में, प्रशासन में सुधार करने के लिए प्राथमिक विचार के विषय पर कार्य योजना तैयार की गई, जो कथित तौर पर न तो नागरिक केन्द्रित थी और न ही बदलते सामाजिक-आर्थिक परिस्थितियों के लिए अनुकूलित थी। इसलिए प्रशासन को शासन के लिए एक प्रभावी सहायता के रूप में कार्य करना संभव नहीं था, शायद इसलिए क्योंकि प्रशासन निहित स्वार्थों का बंदी बन गया प्रतीत होता था। इसके पीछे विचार न केवल लोक प्रशासन को बदलना था, बल्कि इस बात को ध्यान में रखकर इसके कामकाज को भी बदलना था कि नौकरशाही मात्र जनता के कल्याण के लिए एक साधन था। तदनुसार तीन प्रमुख चरण तैयार किए गये: पहला, नौकरशाही को पारदर्शी बनाने के क्रम में प्रत्येक सरकारी विभाग, विशेष रूप से जिनका एक बड़ा सार्वजनिक अंतरफलक था, उन्हें तीन महीने के भीतर 'नागरिक चार्टर' बनाना जरूरी था। उन बातों को निर्धारित करने के अलावा, जो नागरिक इन विभागों से उम्मीद करते थे, यह चार्टर सरकार और शासित के बीच एक कड़ी भी था। दूसरा, नौकरशाही को नागरिकों के प्रति संवेदनशील बनाने की मांग करना, इस कार्य योजना ने सरकारी विभागों में तीन महीने के भीतर शिकायत निवारण तंत्र बनाने पर भी जोर दिया। सम्मेलन में भाग लेने वालों ने यह भी महसूस किया कि जब तक वहाँ एक निवारण तंत्र नहीं होगा, तब तक जवाबदेही का विचार करने का कोई मतलब नहीं है; इसका उद्देश्य यह था कि जिम्मेदारी के मामले में नौकरशाहों की ओर से जानबूझकर चूक होती है तो उसे ठीक करना है, अर्थात नागरिकों के लिए सेवाओं के वितरण को कारगर बनाना था। तीसरा, कार्य योजना ने जमीनी स्तर पर प्रशासन और सेवाओं के वितरण में सुधार लाने में हितधारकों को शामिल करने के लिए शासन में लोकतांत्रिक विकेन्द्रीकरण के महत्व को भी रेखांकित किया। इसे 73वें और 74वें संशोधन अधिनियमों (1992) के एलान के साथ ही संभव बनाया गया था, जिसने एक स्तर पर लोगों द्वारा निर्णय लेने में भागीदारी को संविधानीकृत किया, जहां प्रशासकों और हितधारकों के बीच अंतरफलक लगभग गायब था। अपने उद्देश्यों में क्रांतिकारी रहने वाले इन संशोधन अधिनियमों ने मौलिक हितधारकों को शासन का अभिन्न अंग बनाकर जमीनी स्तर पर प्रशासन की बनावट को बदल दिया ऐसा प्रतीत हुआ। स्वैच्छिक एजेंसियों की भूमिका पहचानकर, इन संवैधानिक डिजाइन ने भी स्थानीय प्रशासन के क्षितिज का विस्तार किया, जो अब नौकरशाही-विशिष्ट नहीं रहा है।

इस सम्मेलन में नौकरशाही की गोपनीयता और खुलेपन की कमी का भारी विरोध किया गया, जो प्रतिभागियों के मतानुसार भ्रष्टाचार का मुख्य स्रोत था। इस प्रकार दो उपायों का सुझाव दिया गया: एक तरफ सूचना के अधिकार पर काम करने वाले समूह को बनाने के लिए सहमति हुई; साथ ही दूसरी तरफ इसने जोर दिया कि संसद में सूचना के अधिकार द्वारा 1923 के सरकारी गोपनीयता क़ानून को बदलने के लिए एक क़ानून लागू करने हेतु तुरंत आवश्यक कदम उठाए जाए। यह सुझाव आसानी से स्वीकार कर लिया गया और 2005 में, सूचना के अधिकार के क़ानून को अपनाकर यह एक सशक्त क़ानून बन गया जिसने नौकरशाही को अधिक उत्तरदायी बनाया। इस अधिनियम के निर्माण में ऐसा कहा जा सकता है कि इस सम्मेलन ने इस प्रकार नागरिक समाज के कार्यकर्ताओं के विचारों को व्यक्त किया है, विशेष रूप से मजदूर किसान शक्ति संगठन के सदस्यों का, जिन्होंने सूचना के अधिकार के लिए एक निरंतर अभियान का नेतृत्व किया। जैसा कि स्पष्ट है, इसका उद्देश्य प्रशासनिक मानमर्दन और अक्षमता के दमन के लिए एक तंत्र गठित कर सिविल सेवाओं में सुधार करना था।

पांचवां और छठा वेतन आयोग

प्रशासनिक सुधारों के इतिहास में, 1997 का पांचवा और 2006 का छठा वेतन आयोग दो पूरक मायनों में एक महत्वपूर्ण मोड़ बने: एक तरफ, ये वेतन आयोग वैश्वीकरण के संदर्भ में सिविल सेवा की पुनःसंकल्पना करने की मांग करते हुए सार्वजनिक सेवाओं के निजीकरण का बचाव कर लोक प्रशासन में नवउदारवादी जोर को स्पष्ट करने के प्रयास कर रहे थे; वहीं दूसरी तरफ ऐसा प्रतीत

होता है कि उन्होंने शासन में नौकरशाही की Weberian विचार को चुनौती दी। इन वेतन आयोगों का प्रमुख उद्देश्य ऐसी स्थिति का निर्माण करना था, जिसमें सरकारी नौकरशाही के अलावा अन्य एजेंसियों को प्रशासन में महत्वपूर्ण बनाया जाए। उदाहरण के लिए, सरकारी गतिविधियों का आकार घटाने के क्रम में, उन्होंने सेवाओं के लिए 'बाहर करार' करने के लिए दृढ़ता से तर्क दिया और साथ ही अनुबंधात्मक नौकरियों का भी प्रस्ताव दिया—एक ऐसा विचार, जो प्रशासन के विश्व बैंक शासन के मॉडल के साथ मेल खाता है।

आयोग की अन्य महत्वपूर्ण सिफारिशें प्रशासन में 'खुलेपन' के संबंध में हैं। 'पुराने औपनिवेशिक दिनों के सरकारी गोपनीयता अधिनियम' के निरसन का बचाव करते हुए आयोग ने खुलेपन पर जोर दिया, अर्थात 'हर किसी व्यक्ति को सरकार के विभिन्न निर्णयों के बारे में और उनके पीछे के तर्क की जानकारी प्राप्त करने का अधिकार देना था'। सिविल सेवा में सुधार के एक अभिन्न अंग के रूप में, इस आयोग ने एक कुशल शिकायत निवारण तंत्र के गठन पर जोर दिया, जिसे प्रभावी, शीघ्र होने वाला, निष्पक्ष, आसानी से सुलभ और संचालित करने के लिए आसान' होना जरूरी था (भारत सरकार 1997 बी, 93)।

कनाडा, ब्रिटेन और मलेशिया के उदाहरणों से लेकर, जहां प्रभावी शिकायत निवारण केंद्र कुशलता से कार्य कर रहे हैं, आयोग द्वारा एक सिटीजन चार्टर का विचार रखा गया-जो सरकारी योजनाओं और सेवाओं के प्रति ग्राहकों के अधिकारों को परिभाषित करता था। सरकार को गैर-नौकरशाही बनाने और नागरिकों के अनुकूल बनाने की दृष्टी से इस संबंध में सुझाव में दी गई मान्यताएँ और प्रक्रियाएँ अत्यंत महत्व की थी। वेतन आयोग द्वारा उठाए गए मुद्दे मुख्यमंत्रियों के सम्मेलन, 1997 में प्रमुखता से उभर कर सामने आये, जहां (क) प्रशासन को जवाबदेह और नागरिकों के अनुकूल बनाने, (ख) पारदर्शिता और जानकारी का अधिकार सुनिश्चित करने, और (ग) सिविल सेवा को शुद्ध करने और प्रेरित करने के उपायों के लिए एक कार्य योजना को अपनाया गया।

भारत सरकार ने 5 अक्टूबर 2006 को छठे वेतन आयोग का गठन किया, जिसने 24 मार्च 2008 को अपनी रिपोर्ट प्रस्तुत की। यह तेजी से तकनीकी विकास करने वाले इस सदी में और सूचना के अधिकार (आरटीआई), राजकोषीय उत्तरदायित्व एवं बजट प्रबंधन (एफआरबीएम) अधिनियमों के लागू होने के बाद गठित किया जाने वाला पहला केन्द्रीय वेतन आयोग।

इसलिए सरकारी तंत्र को सख्त वित्तीय अनुशासन और वितरण तंत्र के तहत बेहतर प्रदर्शन के लिए तैयार किया गया था। ये अनिवार्यताएँ छठे केंद्रीय वेतन आयोग की 'संदर्भ की शर्तों' में परिलक्षित होती हैं, जिसने आयोग को निम्नलिखित बातों के लिए व्यवस्थित परिवर्तन की सिफारिश करने के लिए जिम्मेदार बनाया (क) केंद्र सरकार संगठनों को आधुनिक, पेशेवर और नागरिक अनुकूल संस्थाओं में बदलना, जो लोगों की सेवा करने के लिए समर्पित रहे; और (ख) उभरते वैश्विक आर्थिक परिदृश्य की मांग के साथ केंद्रीय सरकारी संगठनों के कामकाज में तालमेल बिठाना।

इसलिए छठे वेतन आयोग को न केवल सरकारी कर्मचारियों के लिए एक उचित वेतन पैकेज विकसित करना पड़ा, अपितु आम आदमी को बेहतर सेवाएं प्रदान करने के लिए वितरण तंत्र में सुधार करने के एक विचार के साथ सरकारी संरचना को युक्तिसंगत बनाने की सिफारिशें भी करनी पड़ी। आयोग की मुख्य सिफारिशें, जिनका सुशासन पर असर पड़ सकता है, इस प्रकार हैं:

स्तरों में कटौती: इस आयोग ने सरकार के ढांचे के भीतर स्तरों (लेयर्स) को कम करने के लिए सिफारिश की, ताकि निर्णय लेने और वितरण कार्य में तेजी लाई जा सके। कैबिनेट सचिव/समकक्ष पद के लिए ग्रेड को 35 मानक वेतनमानों से कम करके 20 तक लाया गया, जो अलग अलग चल रहे चार वेतन बैंड, एक शीर्ष पैमाने पर और एक अन्य ग्रेड भर में फैला हुआ था।

सार्वजनिक सेवाओं में गौरव को बहाल करना: सरकारी कर्मचारियों को सार्वजनिक सेवाओं में गर्व का अनुभव करने के लिए प्रेरित किया जाना जरूरी है। इस प्रकार आयोग ने नौकरियों में वृद्धि और रोजगार संवर्धन के लिए विभिन्न उपायों की सिफारिश की। सहायकों और निजी सचिवों द्वारा किए जाने इन कार्यों को अब कार्यकारी सहायकों द्वारा किया जाएगा। सरकार में दल 'द' में सभी पदों को पुनः प्रशिक्षण के साथ दल 'स' के लिए उन्नयन करना, और मल्टीटास्किंग सरकारी कर्मचारियों के एक बड़े वर्ग के लिए कार्यों और जिम्मेदारियों के वृद्धि और संवर्धन प्रदान करेगा।

उत्तरदायित्व के साथ प्रत्यायोजन: निर्णय लेने की प्रक्रिया में हर स्तर पर उत्तरदायित्व का प्रत्यायोजन (कर्तव्यों की व्याख्या), इस आयोग द्वारा प्रस्तावित जोर दिए जाने वाले मुख्य क्षेत्रों में से एक कार्य था। अध्यापकों, स्टाफ नर्स, कांस्टेबल, आदि जैसी महत्वपूर्ण नौकरियों का उन्नयन करने की सिफारिश की गई। क्षेत्रीय कार्यालयों और सचिवालय के बीच समानता के साथ विकेन्द्रीकृत स्तरों को मजबूत बनाने की भी सिफारिश की गई, क्योंकि आम आदमी के लिए सेवा वितरण में सुधार करने के लिए क्षेत्र और कार्यक्रम अधिकारियों की प्रेरणा और प्रदर्शन महत्वपूर्ण है।

सरकार के लिए सर्वोत्तम संभव प्रतिभा की उपलब्धता सुनिश्चित करना: इस आयोग ने प्रदर्शन के अनुबंध के साथ सरकार के भीतर और बाहर से सर्वोत्तम संभव प्रतिभा की उपलब्धता सुनिश्चित करने के लिए सरकार में उच्च स्तरों पर पार्श्व प्रवेश (lateral entry) के लिए सिफारिश की। इसने सबसे अच्छी डोमेन आधारित विशेषज्ञता प्राप्त करने के उद्देश्य से सरकार के उच्च अधिकारियों के पद पर कैरियर आधारित चयन से पद-आधारित चयन पर प्रस्थापित होने के लिए सिफारिश की। प्रारंभिक प्रवेश स्तर पर उच्च स्तर की शुरुआत और बेहतर पदोन्नति की सिफारिश की गई, ताकि युवा प्रतिभाशाली प्रोफ़ाइल को आकर्षित किया जा सके। सेवानिवृत्ति की आयु में कोई भी वृद्धि न करने की सिफारिश की गई, क्योंकि एक सक्रिय युवा कर्मचारी प्रोफ़ाइल को आगे के कार्यों के लिए सबसे अधिक अनुकूल होना माना गया था। इसके अतिरिक्त, इसने युवा वैज्ञानिकों और विशेष विशेषज्ञता और पेशेवर कौशल की आवश्यकता वाले पदों के लिए एक बाजार संचालित मुआवजा पैकेज देने के लिए बहस की।

प्रदर्शन से संबंधित प्रोत्साहन योजनाएँ: 'प्रदर्शन से संबंधित प्रोत्साहन योजना' (पीआरआई) की शुरुआत को प्रदर्शन, नवाचार, रचनात्मकता और हितधारक अंतरफलक के सौंपे गये उत्तरदायी प्रशासन के समावेशी परिणामों और सेवा प्रदान करने के कार्य को पुरस्कृत करने हेतु डिजाइन किया गया था। इसे प्रदर्शन के लक्ष्यों, मानकों और संकेतकों और ज्यादा जवाबदेही के साथ परिणाम आधारित प्रबंधन के लिए एक बजट तटस्थ उपकरण बनना था।

छठा वेतन आयोग कई कारणों से भारत की सिविल सेवाओं के विकास में एक संरक्षक के रूप में है। यह सामान्य अर्थों में एक वेतन आयोग नहीं था, क्योंकि यह उभरते वैश्विक रुझानों के आलोक में नौकरशाही को नयी आकृति प्रदान करने के लिए भी इच्छुक था। प्रशासनिक पदानुक्रम में महत्वपूर्ण बदलाव के सुझाव से, आयोग ने नौकरशाही को दूर करने (debureaucratization) की दिशा में किए गये प्रयासों को वास्तविकता में रूपांतरित किया।

सिविल सेवा परीक्षा पर समीक्षा समितियाँ

संघ लोक सेवा आयोग (यूपीएससी) ने 2001 में सिविल सेवा परीक्षाओं की मौजूदा योजना की समीक्षा करने के लिए प्रोफेसर योगेंद्र कुमार अलघ की अध्यक्षता में विशेषज्ञों की एक समिति नियुक्त की। प्राथमिक परीक्षा के पैटर्न के बारे में मुख्य शिकायत यह थी कि यह ज्ञान की बजाय स्मृति का परीक्षण करना अधिक था। समिति ने अपने अध्ययन के बाद निष्कर्ष निकाला कि यह उम्मीदवार के लिए आवंटित सेवा और उपयुक्तता या योग्यता के बीच एक बेमेल अस्तित्व के रूप में था। अलघ समिति ने समझ, तार्किक तर्क, समस्या सुलझाने और डेटा विश्लेषण पर जोर देने के साथ एक अभिवृत्ति परीक्षण की सिफारिश की। इन सिफारिशों के आधार पर यूपीएससी ने अंत में प्रारंभिक परीक्षा के पैटर्न को बदलने का फैसला किया। इस प्रवेश परीक्षा का 'सिविल सेवा एप्टीट्यूड टेस्ट' (सीसैट) के रूप में नामकरण किया जाना था और वर्ष 2011–12 से व्यवहार में लाना था। नई योजना में प्राथमिक परीक्षा में दो वस्तुनिष्ठ प्रश्नपत्र रहने वाले थे: (क) सामान्य अध्ययन (जो पहले से ही व्यवहार में था) और (ख) योग्यता टेस्ट, इनमें से प्रत्येक 200 अंकों और दो घंटे की अवधि का था। हालांकि वहाँ कोई वैकल्पिक विषय के आधार पर प्रश्नपत्र नहीं होना था और नई योजना अब उम्मीदवारों का परीक्षण उनकी योग्यता, निर्णय लेने के कौशल और विश्लेषणात्मक क्षमता के ऊपर करनेवाली थी, न कि उनकी याद रखने की क्षमताओं पर।

सिविल सेवा सुधार, 2004 पर Hota समिति सिविल सेवा में सुधार के सारे पहलुओं की जाँच करने के लिए सरकार की तरफ से की गई एक और पहल थी। इस समिति ने निम्नलिखित महत्वपूर्ण सिफारिशें की (Hota 2004, 15):

1. सिविल सेवाओं में प्रवेश पाने के लिए सामान्य उम्मीदवारों की उम्र 21–24 वर्ष होनी चाहिए, परंतु अनुसूचित जाति/अनुसूचित जनजाति के सदस्यों के लिए उम्र में पांच साल की और अन्य पिछड़े वर्गों के लिए तीन साल की रियायत होनी चाहिए।
2. अधिकारियों के लिए वार्षिक प्रदर्शन योजना बनाना।
3. 15 वर्षों की कठोर समीक्षा के बाद यदि कोई अधिकारी ईमानदार और प्रदर्शन उन्मुख नहीं पाया जाता है तो उसे सेवा से बाहर कर दिया जाना।
4. सभी वरिष्ठ पदों के कर्तव्यों, कार्यों और जिम्मेदारियों को निर्धारित करना और उन्हें प्रचारित करना।
5. संविधान के अनुच्छेद 311 में संशोधन किया जाना, ताकि आय के ज्ञात स्रोतों से अधिक संपत्ति होने या भ्रष्टाचार के मामले में राष्ट्रपति/राज्यपाल उस सरकारी कर्मचारियों को हटाने/खारिज करने में सक्षम हो सके।
6. सरकार में मौजूद प्राचीन नियमों और प्रक्रियाओं को खारिज किया जाना और उनकी जगह नए सरलीकृत बातें डालना।
7. सरकार में पारदर्शिता बढ़ाने और सुनिश्चित करने के लिए ई-गवर्नेंस दक्षता को प्रोत्साहित किया जाना।
8. सिविल सेवकों को गैर-सरकारी संगठनों में पार्श्व रूप से स्थानांतरित करने के लिए प्रोत्साहित किया जाना।
9. सिविल सेवाओं में महिलाओं का प्रतिनिधित्व बढ़ाने के लिए यह प्रस्तावित किया गया कि 15 साल के भीतर उच्चतर सिविल सेवा के सदस्यों में से महिलाओं का उस समय के 13 प्रतिशत के मुकाबले में कम से कम 25 प्रतिशत होना चाहिए।

इस बात को व्यापक रूप से मान्य किया गया है कि सिविल सेवा ने भारत जैसे एक विशाल देश में एकता का संरक्षण करने, स्थिरता प्रदान करने और व्यवस्था बनाए रखने में एक महत्वपूर्ण भूमिका निभाई है, जिसे विभिन्न संघर्षों—जैसे जातीय, सांप्रदायिक, क्षेत्रीय, आदि होने का खतरा है। हालांकि यहाँ एक परिणाम उन्मुख सरकार को साकार करने के संदर्भ में सिविल सेवा के प्रदर्शन बारे में चिंता व्यक्त की जाती है। सिविल सेवा की ओर यह इशारा किया गया है कि वे भारत में परिणामों की बजाय आंतरिक प्रक्रियाओं के साथ अधिक संबंधित है। नीति और प्रबंधन के ढांचे में व्यवस्थित कठोरताओं, अनावश्यक जटिलताओं और अति केंद्रीकरण के भीतर सिविल सेवा कार्य करना बहुत जटिल है और अक्सर बाधादायी भी हैं। देश में तेजी से होता आर्थिक विकास, शहरीकरण, पर्यावरण क्षरण, प्रौद्योगिकीय परिवर्तन और बढ़ती स्थानीय जागरूकता और पहचान के मामले में तेज और मौलिक परिवर्तन हो रहे हैं। इन बदलाव के लिए अनुकूल होने के लिए लगने वाला प्रतिक्रिया समय पहले की तुलना में बहुत कम है। सार्वजनिक सेवा के साधनों के रूप में, सिविल सेवकों को इस तरह के बदलाव का प्रबंधन करने के लिए तैयार रहना होगा।

प्रशासनिक सुधार पर मोइली (Moily) समिति

जैसा कि पूर्वगामी परिच्छेदों में प्रकाश डाला गया है, सिविल सेवा में सुधार की जरूरत के आधार पर, लोक प्रशासन प्रणाली में सुधार के लिए एक विस्तृत खाका तैयार करने हेतु सरकार द्वारा 31 अगस्त, 2005 को वीरप्पा मोइली की अध्यक्षता में "द्वितीय प्रशासनिक सुधार आयोग" स्थापित किया गया। इस आयोग को देश के लिए सरकार के सभी स्तरों पर सक्रिय, उत्तरदायी, जवाबदेह, स्थायी और कुशल प्रशासन का लक्ष्य हासिल करने के लिए उपाय सुझाने को कहा गया। इस आयोग ने विचार करने के लिए सरकार को 15 रिपोर्ट प्रस्तुत किए। इस आयोग की कुछ महत्वपूर्ण सिफारिशों में शामिल हैं:

1. लोक प्रशासन/शासन/प्रबंधन में स्नातक की डिग्री पाठ्यक्रमों की पेशकश करने के लिए लोक प्रशासन का एक राष्ट्रीय संस्थान स्थापित किया जाना।

2. सिविल सेवा परीक्षाओं में हाजिर होने के लिए अनुमति उम्र: सामान्य उम्मीदवारों के लिए 21 से 25 वर्ष; अन्य पिछड़े वर्ग के उम्मीदवारों के लिए 21 से 28 वर्ष और अनुसूचित जाति/अनुसूचित जनजाति के उम्मीदवारों और शारीरिक रूप से विकलांग उम्मीदवारों के लिए 21 से 29 साल होना।
3. अनुमत प्रयासों की संख्या क्रमशः तीन, पांच और छह और छह होना।
4. एक क्षमता निर्माण के उपाय के रूप में, हर सरकारी कर्मचारी को उसके कैरियर के दौरान प्रेरण चरण में और भी समय-समय पर अनिवार्य प्रशिक्षण से होकर गुजरना।
5. एक केन्द्रीय सिविल सेवा प्राधिकरण स्थापित किया जाना चाहिए, जो अन्य बातों के अलावा, भारत सरकार में 'वरिष्ठ प्रबंधन स्तर' पर नियुक्तियों के लिए दिशा निर्देश तैयार करे।
6. किसी भी सरकार के लिए नागरिकों के कल्याण और नागरिकों की संतुष्टि को सुनिश्चित करने के उद्देश्य से नागरिक केन्द्रियता महत्वपूर्ण होती है, जिसका उद्देश्य सुशासन उपलब्ध कराना होता है। इस आयोग ने कई रणनीतियों और साधनों का सुझाव दिया, जो प्रशासन को नागरिक केन्द्रित बनाने के लिए नियोजित किया जा सकता है, अर्थात् उचित आधुनिक प्रौद्योगिकी को अपनाना, सूचना का अधिकार, नागरिकों का चार्टर, शिकायत निवारण तंत्र और नागरिकों की सक्रिय भागीदारी (भारत सरकार 2009a, 2009b, 45)।
7. शासन में नैतिकता सुनिश्चित करने के लिए इस आयोग ने एक राष्ट्रीय लोकपाल की स्थापना की सिफारिश की, जिसे 'राष्ट्रीय लोकायुक्त' के नाम से जाना जाए।
8. यह सुझाव देता है कि राज्य सतर्कता आयोग/लोकायुक्त को भ्रष्टाचार से संबंधित मामलों के संबंध में चलाये जाने वाले मुकदमों की निगरानी करने के लिए सशक्त किया जा सकता है।
9. शासन की स्थानीय संस्थाओं को सशक्त करने के लिए सत्ता और जिम्मेदारियों का बड़ा हस्तांतरण करना। इस आयोग की राय थी कि स्थानीय सरकारों के राजस्व आधार का विस्तार करने और उसे मजबूत बनाने के संबंध में एक व्यापक अभ्यास किए जाने की जरूरत है।
10. इस आयोग ने यह भी सिफारिश की कि एक बड़े सार्वजनिक अंतरफलक होने वाले सभी कार्यालयों के पास एक ऑनलाइन शिकायत ट्रेकिंग प्रणाली होनी चाहिए।
11. आयोग ने 'Right to Information: Master Key to Good Governance' वाले शीर्षक की अपनी पहली रिपोर्ट में सिफारिश की कि 'सरकारी गोपनीयता अधिनियम, 1923' को हटाना चाहिए और उसे 'राष्ट्रीय सुरक्षा अधिनियम' के एक अध्याय द्वारा प्रतिस्थापित किया जाना चाहिए। 'कार्यालय प्रक्रिया की नियमावली को 'आधिकारिक सूचना के संचार' के संबंध में सूचना का अधिकार अधिनियम, 2005 के प्रावधानों के आलोक में संशोधित किए जाने की आवश्यकता है। एआरसी ने यह भी सुझाव दिया कि संसद सदस्यों और राज्य विधान सभा के सदस्यों को सूचना का अधिकार अधिनियम के तहत' लोक प्राधिकारियों' के रूप में घोषित किया जाना चाहिए, केवल उस समय को छोड़कर जब वे विधायी कार्यों का निर्वहन कर रहे हों (भारत सरकार 2006, 11)।

इस प्रकार, दूसरे एआरसी ने भारत में सिविल सेवा सुधारों के साथ काम करते हुए एक व्यापक दस्तावेज प्रस्तुत किया।

निष्कर्ष कथन

जैसा कि संविधान में व्यक्त किया है, सिविल सेवा लोगों की इच्छा और आकांक्षाओं को लागू करने का सबसे महत्वपूर्ण साधन है। एक बड़ी हद तक यह देश में सामाजिक-आर्थिक परिवर्तन लाने में सफल रहा है। लेकिन भ्रष्टाचार, लालफीताशाही और नौकरशाही के नकारात्मक प्रवृत्तियों के कारण इसकी लोगों की आँखों में एक नकारात्मक छवि है। इस प्रकार, यदि सिविल सेवा को इस परिवर्तन और प्रगति के एक प्रभावी साधन के रूप में लोगों की सेवा करनी है तो उसे कट्टरपंथी, संरचनात्मक

प्रक्रियात्मक और व्यवहारगत परिवर्तन से होकर गुजरना पड़ता है। इसे ईमानदारी, कार्यकुशलता और निष्पक्षता के पारंपरिक गुणों के अलावा अति व्यापक सामाजिक जागरूकता और जवाबदेही के साथ ही सामाजिक संवेदनशीलता विकसित करना ही पड़ता है। हमें उम्मीद है कि भारत द्वारा हाल ही में शुरू किए गये प्रशासनिक सुधार सिविल सेवाओं को नई दिशा प्रदान करने में गतिशील रखने में सक्षम होगा और सार्वजनिक सेवा वितरण का एक कुशल और जवाबदेह तंत्र बनेगा।

पुनरीक्षण प्रश्न

1. सिविल सेवा के महत्व पर चर्चा करें।
2. भारत में सिविल सेवाओं के विकास की जांच करें।
3. अखिल भारतीय सेवाओं पर एक टिप्पणी लिखें।
4. भारतीय प्रशासनिक व्यवस्था में सिविल सेवा की भूमिका पर गंभीर रूप से चर्चा करें।
5. यूपीएससी के अधिकारों और कार्यों पर चर्चा करें।
6. भारत में सिविल सेवाओं के प्रशिक्षण पर एक टिप्पणी लिखें।
7. भारत में सिविल सेवा सुधारों पर दूसरे एआरसी की मुख्य सिफारिशें क्या हैं?
8. पांचवें और छठे वेतन आयोग की मुख्य विशेषताओं पर एक टिप्पणी लिखें।
9. भारत में सिविल सेवाओं के प्रशिक्षण केन्द्रों के मुख्य कार्य क्या हैं?
10. भारत में सिविल सेवाओं की संरचना और कामकाज में आने वाली मुख्य समस्याएं क्या हैं? उनसे निपटने के लिए आपके सुझाव क्या हैं?

संदर्भ

Das, S. K. 2013. *The Civil Services in India*. New Delhi: Oxford University Press.

Government of India. 1997a. *Action Plan for Effective and Responsive Administration: Statement Adopted at the Conference of Chief Ministers*. Government of India, New Delhi.

Government of India. 1997b. *The Report of the Fifth Pay Commission*. Vol. 1, Government of India Press, New Delhi.

Government of India. 2009a, February. *Citizen Centric Administration: The Heart of Governance*. Second Administrative Reforms Commission, Government of India, New Delhi.

———. 2009b, February. *Right to Information: Master Key to Good Governance*. Second Administrative Reforms Commission, Government of India, New Delhi.

———. 2010. *Report on Ethics in Governance*. Second Administrative Reform Commission, Government of India, New Delhi.

Keith, Arthur B. 1937. *A Constitutional History of India 1600–1935*. London: Methuen and Co. Ltd. Maheshwary, S. R. 2013. *Indian Administration*. 6th ed. New Delhi: Orient Blackswan.

Mishra, B. B. 1997. *The Bureaucracy in India: Analysis and Development Up to 1947*. Delhi: Oxford University Press.

P. C. Hota Committee on Civil Service Reforms. 2004, July. *Report of Union Public Service Commission, 2003–04*.

Tummala, Krishna K. 1996. *Public Administration in India*. New Delhi: Allied Publishers Limited.

8

भारत में प्रशासनिक सुधार

अध्ययन उद्देश्य

1. एक सैद्धांतिक श्रेणी के रूप में प्रशासनिक सुधार को समझना।
2. सामाजिक-आर्थिक और राजनीतिक परिस्थितियों के संदर्भ में भारत में प्रशासनिक सुधारों की संकल्पना करना।
3. भारत में प्रशासनिक सुधार की विशिष्ट विशेषताओं पर प्रकाश डालना।

प्रशासनिक सुधार मूल रूप से प्रशासन में परिवर्तन के विचार से संबंधित है, जिसे जानबूझकर किए प्रयासों के माध्यम से किया जाता है। लेकिन जैसा कि Machiavelli ने चेतावनी दी है, इस बात को भी ध्यान में रखा जाना चाहिए, कि

> यहां राज्य के संविधान में परिवर्तन की शुरुआत करने की तुलना में किसी भी बात की व्यवस्था करना उतना अधिक मुश्किल नहीं है, किसी भी बात की सफलता उतनी अधिक संदिग्ध नहीं है और कोई भी काम करना उतना अधिक खतरनाक नहीं है। प्रर्वतक उन सभी को दुश्मन बना देता है जो पुरानी व्यवस्था के तहत समृद्ध हुए होते हैं, और केवल उन लोगों से फीका सा समर्थन मिलता है जो नई व्यवस्था के तहत समृद्ध हुए होते हैं। (1979, 59)

प्रशासनिक सुधार इसलिए 'एक जोखिम है, एक जुआ है, जिसमें सफलता के मार्ग में भारी बाधाएँ आती हैं ... [और] प्रशासनिक व्यवहार के लिए और मूल्यों को बदलने के लिए के लिए पीढ़ियाँ लग सकती हैं' (Caiden 1999, 820) है। इस प्रकार, प्रशासनिक सुधार करने के लिए यहाँ कोई भी जादुई छड़ी मौजूद नहीं है। यह एक दीर्घकालिक प्रक्रिया है, जिसके लिए प्रतिभा, उत्साह और प्रतिबद्धता की, दुर्लभ संसाधनों की और सब से ऊपर, समय की आवश्यकता होती है, जबकि सरकारें अल्पकालिक और त्वरित समाधान के खोज में लगी होती हैं। Gerald Caiden (1999, 827) का तर्क है, कि 'सुधार को तूफान में फसें एक नाव की तरह उछाल दिया गया हैं [क्योंकि] धारणा से लेकर अन्तिम रूप तक यह एक लंबी, समय लेने वाली और कठिन यात्रा है, जिसमें कई बाधाएँ, अप्रत्याशित खतरे और अप्रत्याशित आश्चर्य भरे होते हैं'। राजनीतिक माहौल के महत्व को रेखांकित करते हुए, जिसमें प्रशासनिक सुधार किए जाने की मांग की जा रही है, Caiden का आगे का तर्क है कि 'वे प्रतिरोध के खिलाफ प्रशासनिक परिवर्तन के लिए एक कृत्रिम साधन हैं'। इस प्रकार एक वैचारिक श्रेणी के रूप में प्रशासनिक सुधार का विस्तार करते हुए उन्होंने तीन महत्वपूर्ण विशेषताओं की पहचान की, अर्थात, पहली, यह सरकार की मशीनरी के संपूर्ण पुनर्निमाण पर जोर देती है, जिसका तात्पर्य प्रचलित प्रशासनिक संरचना की पूर्ण या आंशिक दुरुस्ती करना, जिसने बदली हुई परिस्थितियों में अपनी गति खो दी है ऐसा प्रतीत होता है; दूसरी, इसका लक्ष्य व्यवस्थित परिवर्तन करना है, न कि टुकड़ों में; स्थायी परिवर्तन करना है, न कि संरचना, क्षेत्रीय संगठन, बजट प्रबंधन, नियोजन प्रक्रिया और कर्मियों प्रथाओं में केवल ऊपरी परिवर्तन करना, जिससे भ्रष्टाचार, अक्षमता और लालफीताशाही कम हो; तीसरी, विभिन्न क्षेत्रों और कार्यक्रमों को अधिक प्रभावी प्रदर्शन के लिए युक्तिसंगत बनाया जाता है और पुनर्गठित किया जाता है, और अंत में, अनावश्यक दोहराव को खत्म करने, असुविधाओं को कम करने और बहुलवाद को न्यूनतम करने के लिए सरकार की मशीनरी को सरल और सुव्यवस्थित बनाया जा सकता है।[1]

भारत में प्रशासनिक सुधार

भारत में 'सुधारों' के परिदृश्य की ओर मुड़ते समय हमें औपनिवेशिक शासन के आगमन के बाद नौकरशाही के उतार चढ़ाव की एक लंबी अवधि से जाना पड़ेगा। शाही शासन के दौरान प्रशासन का मूल उद्देश्य उपनिवेशवाद को मजबूत करना था, जहां लोगों के हितों को पूरी तरह से अनुपस्थित नहीं तो हाशिये पर ला दिया गया था। इसलिए स्पष्ट कारणों से प्रशासनिक सुधार ब्रिटिश शासन को बनाए रखने की प्राथमिकता के लिए था। आजादी के साथ प्रशासन की प्रकृति और भावना को बिल्कुल भिन्न होने के लिए बाध्य किया गया, क्योंकि उसकी नैतिक नींव में नाटकीय बदलाव आया था। ब्रिटिश काल के दौरान और उसके तत्काल बाद भारतीय ऐतिहासिक अनुभव ने एक लोक प्रशासन के उद्भव के लिए अग्रेसर किया, जो लोगों की जरूरत और आकांक्षाओं के लिए बेमेल था। इसका कारण जानना मुश्किल नहीं था, क्योंकि अध्ययन से पता चला है कि वे नौकरशाह, जिनका औपनिवेशिक प्रशासनिक संस्कृति में पालनपोषण और प्रशिक्षण किया गया था, वे पदानुक्रम, स्थिति और नियमों और विनियमों की कठोरता की Weberian विशेषताओं से जुड़े थे और सिर्फ राजस्व का संग्रह और आदेश लागू करने का विचार करते थे। जहाँ औपनिवेशिक शासन के लिए यह संरचना सबसे अधिक उपयुक्त थी, वहीं यह एक प्रशासन के बदले माहौल में विकास के कार्य करने के लिए कर्तव्यों का निर्वहन करने हेतु पूरी तरह से अयोग्य थी। जैसे ही सरकार लोकतांत्रिक ढांचे में विकास के लिए मुख्य संस्था बन गई, जिसे भारत ने स्वतंत्रता प्राप्ति के बाद अपनाया था, वैसे ही अधिकारियों की भूमिका में परिवर्तन हुए। उनका एकमात्र उद्देश्य 'प्रक्रियाओं पर नहीं बल्कि परिणामों पर जोर देना', पदानुक्रम नहीं बल्कि एक साथ काम करना [और] नियंत्रित करने और प्राधिकरण की बजाय स्थिति का लचीलापन और विकेन्द्रीकरण था'(भट्ट 1979, 259)। 'विकास के प्रशासक' के रूप में देखे गये नौकरशाहों को 'प्रक्रियाओं और प्रोटोकॉल के बारे में बहुत ज्यादा चिंता किए बिना किसी भी स्थिति में तेजी से तदर्थ निर्णय लेने के लिए चातुर्य, व्यावहारिकता, गतिशीलता, लचीलापन, अनुकूलनशीलता की विशेषता होने की जरूरत है (भट्ट 1979, 281)।

स्वतंत्रता के बाद, सरकारी कार्य की गुंजाइश और सामग्री में भी विस्तार हुआ। संसदीय स्वरूप की सरकार की शुरुआत के साथ और गांव स्तर तक नीचे लोगों के संस्थानों की स्थापना के कारण वहाँ उम्मीदों और प्रदर्शन के स्तर में वृद्धि होना अपरिहार्य हो गया। जन-संस्थानों को ग्राम स्तर पर स्व-शासी संस्था बनाने के उद्देश्य से स्थापित किया गया था। जैसे कि गांधीजी द्वारा वकालत की गई थी, एक सच्चा लोकतंत्र सुनिश्चित करता है कि स्थानीय, राज्य और राष्ट्रीय प्रतिनिधी प्रभावी पारदर्शिता के माध्यम से क्रमशः स्थानीय, राज्य और राष्ट्रीय मामलों के लिए लोगों के प्रति जवाबदेह हैं। ऐसी ही एक-से-एक जवाबदेही जिम्मेदार राजनीति और सक्षम पेशेवरों और सामाजिक कार्यकर्ताओं को बढ़ावा दे सकती है। यह उद्देश्य दूर ही रह गया है। हमारी वर्तमान प्रणाली विसरित जवाबदेही पर आधारित है, जैसा कि संविधान (2000, 19) के कार्य की समीक्षा के लिए राष्ट्रीय आयोग के परामर्श पत्र में कहा गया है, 'राजनीति भ्रष्टाचार को जन्म देती है और स्वयं-शोधको को आकर्षित करती है'। इस नस्ल के लिए, यह प्रपत्र आगे रेखांकित करता है, 'राष्ट्रीय विकास के हितों, लोगों के कल्याण और सुशासन की जरूरतों को कम वरीयता दी गई'। इसी तरह, स्वतंत्रता और पंचवर्षीय योजनाओं को लोगों द्वारा आर्थिक और सामाजिक समानता के समानार्थी और उत्पीड़न से मुक्ति का पर्याय माना जाता था। नियोजन के शुरुआती दिनों में, लोग कमी के बारे में अधिक शिकायतें नहीं करते थे, क्योंकि उन्हें भविष्य में आशा दिखाई देती थी। समय बीतने के साथ उनकी उम्मीदें 'गलत साबित' हुईं और वे 'ईमानदारी, समृद्धि और खुशी के कहीं भी नजदीक नहीं थे, जिसका वादा किया गया था। स्वशासन, विकेन्द्रीकरण और सामुदायिक विकास के लोकाचार को काफी वेग से और धूमधाम दिखाकर रवाना किया गया। उदाहरण के लिए, तीन स्तरीय पंचायती राज व्यवस्था और शहरी स्थानीय निकायों की विकास की प्रक्रिया में तेजी लाने के लिए संस्थानों के एक सुव्यवस्थित नेटवर्क के रूप में कल्पना की गई थी। 73वें और 74वें संशोधन अधिनियम (1992) के लिए संविधान ने निम्नलिखित का प्रावधान करते हुए 'स्वशासन' की अवधारणा को आगे बढ़ाने का विचार किया, (क) नियमित रूप से चुनाव, (ख) प्रशासनिक अधिकारियों द्वारा पंचायती राज निकायों का कम से कम दमन, और (ग) राज्य वित्त आयोग द्वारा वैधानिक वितरण के माध्यम से नियमित रूप से वित्त प्रावधान। लेकिन, विभिन्न कारणों की वजह से यह राजनीतिक प्रक्रिया वह बन गई है, जिसे उसका 'उलट' कहा जा सका है और वह केंद्रीय और राज्य दोनों

स्तरों पर विकसित करने के लिए सरकार की व्यक्तिगत प्रणाली के साथ अत्यधिक केंद्रीकृत हो गई। वहाँ संस्थानों का एक बड़े पैमाने पर कटाव हो गया है, चाहे वह संसद हो और संसदीय संस्थाएँ हो, या दलों के संचालन में दलीय व्यवस्था और लोकतांत्रिक प्रक्रियाएँ हों, या न्यायपालिका या प्रेस हो।

आर्थिक विकास और सामाजिक बदलाव की नई चुनौतियों को देखते हुए, भारत के बदले हुए सामाजिक-राजनीतिक परिस्थितियों में प्रचलित प्रशासनिक संरचना संरचनात्मक रूप से अपर्याप्त और कार्यात्मक रूप में तैयार नहीं थी। इसलिए यहाँ प्रशासनिक सुधार की जरूरत थी, जिससे यह संरचना ब्रिटिश वापसी के बाद भारतीय राजनीति में प्रणालीगत परिवर्तन का जवाब होती। स्वतंत्र भारत में सिविल सेवा की प्रकृति को पुनर्परिभाषित करते हुए जवाहरलाल नेहरू ने इस प्रकार टिप्पणी की है कि चूँकि 'राष्ट्र एक गतिशील राज्य बन गया है और वह एक स्थिर राज्य नहीं है—सेवाओं (प्रशासकों) को परिवर्तन करने के लिए खुद को अनुकूल करना होगा ... और भिन्न तरीकों को अपनाना होगा।[2] 1947 के सत्ता के हस्तांतरण के बाद कई कदम उठाये गए। पहला कदम निस्संदेह यहां तक कि सत्ता की वास्तविक हस्तांतरण से पहले ही शाही सरकार द्वारा सचिवालय पुनर्गठन समिति (1947) की स्थापना करना था। अगस्त, 1947 में प्रस्तुत अपनी रिपोर्ट में इस समिति ने प्रशासन की 'अनुत्तरदायी' प्रकृति पर बड़े पैमाने पर टिप्पणी की, कि वह ब्रिटिश वापसी के बाद 'नई चुनौतियों' से निपटने के 'काबिल' नहीं हैं (भारत सरकार 1949, 19–21)। विचार के इस वाक्य को बाद में 1951 में दो रिपोर्टों में अपनाया गया —*Public Administration in India* and *Efficient Conduct of State Enterprises*, जिसे A.D. Gorwala द्वारा योजना आयोग के लिए तैयार किया गया था। सरकारी विभागों और सार्वजनिक उद्यमों में 'संगठन और विधि' प्रक्रिया की शुरुआत करने की सिफारिश करते हुए, Gorwala ने सिविल सेवा में 'अनुशासन' और 'दक्षता' को सुनिश्चित करने के लिए कई चरणों का सुझाव दिया। पहली वाली रिपोर्टों से इस रिपोर्ट को जो बात अलग करती है वह लोक प्रशासन के 'सुचारू और कुशल' कार्य के लिए 'राजनेताओं और प्रशासकों के बीच समन्वय' पर पर्याप्त जोर दिया जाना है (Gorwala 1951)। Gorwala की रिपोर्ट 30 अप्रैल 1951 को प्रस्तुत की गई। इस रिपोर्ट में कहा गया है कि हालांकि प्रशासनिक मशीनरी मजबूत बनी रही थी, परंतु काम का बढ़ता बोझ कर्मियों के प्रदर्शन को प्रतिकूल रूप से प्रभावित कर रहा था। इसकी प्रमुख सिफारिशों में शामिल हैं: (क) प्रशासन में ईमानदारी और दक्षता के उच्च मानकों को बनाये रखना, (ख) मशीनरी को गति, प्रभावशीलता और जवाबदेही सुनिश्चित करने के लिए पुनर्गठित किया जाना, (ग) इसलिए सेवाओं की गुणवत्ता में सुधार करने के लिए कुछ बुनियादी संरचनात्मक परिवर्तन करना, और (घ) भाई-भतीजावाद और संरक्षण से बचने के लिए अधिकारियों को प्रशिक्षण प्रदान करने की और लोक सेवा आयोग के माध्यम से भर्ती किए जाने की व्यवस्था करना। 1953 में भारतीय प्रशासन में अपने गहराई से किए गये अध्ययन में, Paul Appleby ने प्रशासनिक संरचना के कट्टर सुधारों का सुझाव दिया, जो 'पुरानी', 'सामंतवादी' और 'अकल्पनीय' थी और इसलिए एक राष्ट्र के प्राथमिक लक्ष्य को पूरा करने के लिए 'अपर्याप्त' थी, जिसका 'उपनिवेशवाद का एक लंबा इतिहास' था। अपनी रिपोर्ट में, Appleby ने उस 'संरचना' की आलोचना की, जिसने राष्ट्रीय सरकार को राज्य, जिला और नगर निगम के नियंत्रण के अधीनस्थ कर दिया था और राष्ट्रीय महत्व के कार्यक्रमों के क्रियान्वयन को मुश्किल बना दिया था। इसलिए उन्होंने निम्नलिखित के जैसे कुछ संरचनात्मक परिवर्तनों का सुझाव दिया: (क) मध्यम स्तर के पदाधिकारियों का निर्माण और सभी स्तरों पर और अधिक अधिकारियों की भर्ती करना, (ख) विशेष जरूरतों और आवश्यकताओं को पूरा करने के लिए भर्ती की एक और अधिक लचीली प्रणाली का होना, (ग) व्यक्तियों के चयन के मौजूदा अभ्यास के स्थान पर योग्य व्यक्तियों के पैनल की स्थापना करना, (घ) सेवारत कर्मियों के लिए रिफ्रेशर कोर्स की व्यवस्था करना, (च) काम की निगरानी करने के लिए प्रत्येक विभाग में एक संगठन और प्रबंधन प्रभाग की स्थापना करना, और (छ) लोक प्रशासन संस्थान द्वारा किए गये विशेष अध्ययन और समीक्षा के माध्यम से प्रशासन में सुधार करने के तरीके खोजना। इसके अलावा, उन्होंने अधिकारों के केंद्रीकरण के लिए और उन्हें परिचालन मंत्रालयों को न सौंपने के लिए वित्त मंत्रालय के प्रवृत्ति की आलोचना की। इसके अलावा, नौकरशाही के स्तर पर अधीनस्थों की प्रकृति पर टिप्पणी करते हुए, Appleby ने निम्नलिखित बात कहते हुए भ्रष्टाचार के बढ़ते स्तर पर चिंता व्यक्त की कि

> यह आश्चर्य की बात नहीं है कि ये विशेष विभाग—डाकघर, जिला उप कार्यालय, कृषि विस्तार में और कई स्थानों में—जहां भ्रष्टाचार सबसे आम है और जहां व्यक्तिगत असंतोष कार्यक्रमों को आगे बढ़ाने के रास्ते में बड़ी बाधा है... वास्तव में शुरू किए गये हैं और केवल मौखिक नहीं हैं। (2003, 33)

उन्होंने शीर्ष से निचले स्तर पर जिम्मेदारियों का प्रसार करने के लिए कहा और 'प्रशासनिक प्रत्यायोजन के लिए सुविधाओं' की कमी के बारे में बताया। जिम्मेदारी के इस प्रसार के कारण, 'जवाबदेही' को सुनिश्चित करना मुश्किल था। उनके अनुसार, वहाँ 'इस तथ्य के पहले बहुत ज्यादा जांच और कई बाधाएँ थीं और तथ्य के बाद बहुत कम व्यवस्थित समीक्षा और जांच थीं' (Appleby 1953, 38)। उन्होंने वित्त मंत्रालय की अधिकारों के केंद्रीकरण की और उनके परिचालन मंत्रालयों को न सौंपने की प्रवृत्ति की आलोचना की।

वह ऐसी कौन सी बात थी जिसने Appleby को इस अभ्यास में लेकर आई? वह प्रशासन में बदलाव के प्रति उनकी चिंता थी, जिसकी अपने औपनिवेशिक जड़ों के कारण इस बदलाव को स्वीकार करने की संभावना नहीं थी। दूसरे शब्दों में, वह प्रशासन जिसने शाही शासकों की सेवा की वह अपने स्वयं के सामाजिक, राजनीतिक और आर्थिक एजेंडे होने वाले एक स्वतंत्र राष्ट्र के लिए उपयुक्त होती दिखाई नहीं दे रही थी। वास्तव में, Appleby की रिपोर्ट में यह स्पष्ट दिया गया था कि प्रचलित नौकरशाही व्यवस्था ने इसने विदेशी शासन को टिकाये रखा था, वह भारत की राष्ट्रीय आकांक्षाओं के साथ एक बेमेल थी। उनके लिए सबसे अधिक आश्चर्य की बात बस अपने 'महत्वपूर्ण भूमिका' के महत्व की वजह से 'एक प्रशासनिक मशीन' को स्वीकृति देना थी। नतीजतन, प्रशासनिक सुधार पर बाद में किए गये प्रयास संरचनात्मक परिवर्तन पर अधिक ध्यान केंद्रित करते दिखाई देते हैं, जिन्हें मौलिक भारतीय लोक प्रशासन के निहित वैचारिक आधार बदलने में महत्वपूर्ण माना गया। यहाँ दूसरे वेतन आयोग (1957–59) की रिपोर्ट उदाहरण देने योग्य है। 1957 में नियुक्त, इस आयोग का प्राथमिक कार्य 'सिद्धांतों' की जाँच करना था, जिनकी केन्द्र सरकार के कर्मचारियों के 'परिलब्धियों और सेवा की शर्तों की संरचना' के लिए जरूरत थी। दक्षता को सुनिश्चित करने के क्रम में, आयोग ने एक कार्यात्मक आधार पर सरकारी कार्यालयों के 'संलग्न' और 'अधीनस्थ' में वर्गीकरण करने का और 'एक ही मुख्यालय के संगठन' के तहत संबंधित सचिवालय और संलग्न कार्यालयों को लाने का सुझाव दिया। Whitley Councils के ब्रिटिश पैटर्न पर तैयार की गई अन्य उल्लेखनीय सिफारिश, नियोक्ताओं और कर्मचारियों के बीच बातचीत और विवादों के निपटारे के लिए एक मशीनरी के निर्माण के बारे में थी। हालांकि इस सिफारिश को लगभग हटा दिया गया था। उसके बाद प्रशासन में बढ़ते भ्रष्टाचार के कारण Shanatam समिति, 1964 की नियुक्ति की गई, जिसका कार्य प्रशासनिक भ्रष्टाचार की समस्या को देखना था। इसकी अनुशंसाएँ इन अर्थों में काफी हद तक प्रक्रियात्मक थी कि भ्रष्टाचार की जड़ें स्थापित प्रणालियों और प्रक्रियाओं के उल्लंघन में निहित थीं। इसने एक स्थायी प्रशासनिक विंग के रूप में केंद्रीय सतर्कता आयोग के निर्माण के लिए सिफारिश की, ताकि सिविल सेवकों की निरंतर निगरानी की जा सके।

औपनिवेशिकता जाने के बाद की गई सबसे व्यापक जांच 'प्रशासनिक सुधार आयोग' था, जो मोरारजी देसाई के नेतृत्व में 1966 में अस्तित्व में आया था। दो महत्वपूर्ण विचार इस आयोग के गठन को शासित करते लग रहे थे: पहला, प्रशासन की बदलती प्रकृति—मात्र क़ानून और व्यवस्था के रखरखाव की एजेंसी से विकास के लिए जिम्मेदार साधन— जिसने मौलिक प्रशासन की पारंपरिक धारणा को बदल दिया; दूसरा, समाज के एक समाजवादी पैटर्न के वैचारिक लक्ष्य, जिसने सरकारी मशीनरी के कठोर ओवरहॉल के जरूरत के लिए बात की, जो अब तक एक बहुत ही घिसेपिटे ढंग से जिम्मेदारी निभाती थी। अतः, इस आयोग को एक अति व्यापक जनादेश मिला और उसे निम्नलिखित कार्य सौंपा गया:

> सार्वजनिक सेवाओं में दक्षता और ईमानदारी के उच्चतम स्तर को सुनिश्चित करने की आवश्यकता के लिए और विकास के सामाजिक और आर्थिक लक्ष्यों को प्राप्त करने के लिए, साथ ही जो जनता के लिए भी उत्तरदायी हो, ऐसे लोक प्रशासन को एक योग्य साधन बनाने के बारे में विचार करना।[3] (भारत सरकार 1966–70)

जैसा कि स्पष्ट हो गया था, आयोग ने प्रशासन में 'जनता' के महत्व को पहचानकर लोक प्रशासन को फिर से परिभाषित करने की मांग की। इसके अलावा, समाज के एक समाजवादी पैटर्न को अपनाने से प्रशासन की भूमिका की अवधारणा में क्रांतिकारी परिवर्तन आया। समाज के एक समाजवादी पैटर्न की स्थापना के उद्देश्य से प्रेरित होकर आयोग को एक 41 सूत्री कार्य सौंपा गया, जिन्हें जांच के दस विशिष्ट क्षेत्रों में बांटा गया था, वे इसप्रकार हैं: (क) भारत सरकार की मशीनरी और उसके काम करने की प्रक्रियाएँ; (ख) सभी स्तरों पर योजना बनाने के लिए मशीनरी; (ग) केंद्र-राज्य संबंध; (घ) वित्तीय प्रशासन; (ई) कार्मिक प्रशासन; (च) आर्थिक प्रशासन; (छ) राज्य स्तर पर प्रशासन; (ज) जिला प्रशासन; (झ) कृषि प्रशासन और (प) नागरिक की शिकायतों के निवारण की समस्या। जमा की गई 20 रिपोर्टों में इस आयोग ने कहा कि, 'यहाँ 581 सिफारिशें हैं, जिन्होने भारतीय प्रशासन के सभी पहलुओं को समाहित किया है'। सबसे महत्वपूर्ण सिफारिशों में से कुछ कैबिनेट और अन्य सरकारी विकास योजनाओं और कार्यक्रमों के लिए जिम्मेदार विभागों की संरचना सहित केंद्र सरकार के संरचनात्मक परिवर्तन से संबंधित हैं। केंद्रीय मंत्रिमंडल के लिए पैंतालीस की अधिकतम संख्या का सुझाव देकर, आयोग ने प्रधानमंत्री की भूमिका को कैबिनेट के एक मार्गदर्शक, समन्वयक और एक पर्यवेक्षक के रूप में परिभाषित किया। आयोग ने एक जाँच-सूची भी प्रदान की, जिसके अनुसार प्रधानमंत्री को कार्य करना चाहिए था, जो काफी हद तक वेस्टमिंस्टर कैबिनेट सरकार के स्वरूप के अनुरूप थी, जहां प्रीमियर सरकार की एक धुरी होती है। अन्य ठोस सिफारिश में मंत्री-सचिव रिश्ते को शामिल किया गया, जो एक कुशल प्रशासन की जड़ में निहित होता है। दूसरे शब्दों में, सिविल सेवा में 'तटस्थता' की गंभीरता का होना, इसका एआरसी ने एक नौकरशाही में समर्थन किया, जिसने स्पष्ट रूप से देश की राजनीतिक इच्छाशक्ति को बरकरार रखा, जैसा कि प्रधानमंत्री और उनके मंत्रिमंडल द्वारा व्यक्त किया गया था। चूंकि सरकार समाजवादी सिद्धांतों के लिए प्रतिबद्ध थी, इसलिए सिविल सेवा, जो इस लक्ष्य के कार्यान्वयन के लिए जिम्मेदार थी, उससे इन बदली हुई परिस्थितियों में अपनी भूमिका को नई दिशा देने की उम्मीद की गई थी। हालांकि इस आयोग ने नीति निर्माण और लोक प्रशासन में इसके निष्पादन के बीच स्पष्ट भेद बनाए रखा था, फिर भी वहां राजनीतिक और स्थायी अधिकारियों की भूमिका की विशेषताओं में कोई कठोरता नहीं थी। क्योंकि उन दोनों ने एक जैविक सकल के अभिन्न हिस्से का गठन किया था, अतः जैसे कि आयोग ने कहा था, दोनों के बीच आपसी आदान-प्रदान को नजरअंदाज करना बिल्कुल अवास्तविक होता।

जहाँ आयोग ने केंद्र सरकार का संरचनात्मक सुधार करने में काफी ऊर्जा समर्पित की थी, वही कार्मिक प्रशासन ने भी अपनी मानव सामग्री के लिए समान महत्व पाया था, जिसने अंततः लोक प्रशासन के चरित्र का फैसला किया था। जैसे 1953–55 के Hoover आयोग का मानना था कि 'सरकार किसी भी आदमी और औरत की तुलना में बेहतर नहीं हो सकती, जो इसे कार्यशील बनाते हैं', एआरसी ने भी जोर देकर कहा कि 'शीर्ष पर जाने वाला मार्ग हर सक्षम और योग्य सरकारी कर्मचारी [और] सचिवालय में उच्च प्रबंधन करने वाले के लिए खुला होना चाहिए। प्रतिभा को सरकारी कर्मचारियों के हर कैडर और वर्ग से तैयार किया जाना चाहिए।' इस दर्शन पर तैयार कर, एआरसी ने चार अलग अलग तरीकों से अपने सुझाव व्यक्त किए: पहला, एक तर्कसंगत प्रणाली को आवश्यक योग्यता और क्षमता रखने वाले कर्मियों के साथ पदों पर नीति निर्माण पर भर्ती के लिए तैयार होने की जरूरत है। इसमें सचिवालय कार्य के लिए विभिन्न सेवाओं के एक इष्टतम उपयोग और साथ ही सचिवालय में आवश्यक विशेषज्ञता का निर्माण करने के लिए विशेष उपायों को अपनाना शामिल है; दूसरा, वरिष्ठ प्रबंधन कर्मियों को सभी प्रासंगिक स्रोतों से चयनित किया जाना चाहिए— सामान्य और विशेषज्ञों के— और इस उद्देश्य के लिए, सभी सेवाओं में प्रतिभा की खोज करने की और उसे विकसित किए जाने की जरूरत है, खासकर उन लोगों के बीच में से जिन्हें सचिवालय में अब तक में उच्च प्रबंधन पदों में शामिल नहीं किया गया था; तीसरा, एक तर्कसंगत वेतन ढाचे को स्थापित किए जाने की आवश्यकता के बारे में है, जो वास्तव में हर काम के साथ जुड़ी वास्तविक जिम्मेदारियों को प्रतिबिंबित करे। अंत में, सिविल सेवा में मनोबल बढ़ाने के लिए कम प्रतिभावान रैंक के कर्मियों को अधिक अवसर प्रदान करना चाहिए।

एआरसी की रिपोर्ट शायद बदलते सामाजिक-राजनीतिक माहौल में प्रशासन को कारगर बनाने के लिए उठाये जाने वाले कदमों की सबसे व्यापक जाँच-सूची है। प्रदर्शन बजट की अवधारणा और तकनीक की शुरुआत के अलावा, 'कुछ बुनियादी बातों को' पर तैयार की गई सबसे महत्वपूर्ण सिफारिश एक *लोकपाल* (केंद्र में) और एक *लोकायुक्त* (राज्यों में) की नियुक्ति करना

है। अपनी रिपोर्ट में एआरसी द्वारा शामिल किए गये दो सबसे महत्वपूर्ण क्षेत्रों में हैं: (क) मंत्री-नौकरशाह संबंध जिसमें सेवाओं के गैर-राजनीतीकरण (depoliticization) की जरूरत पर जोर दिया गया, और (ख) प्रशासन का ऐसा वातावरण और संस्कृति तैयार करना जिसमें अलग-अलग सिविल सेवकों और व्यक्तिगत मंत्रियों के बीच संबंधों का विकास हो सके। हालांकि, इन सिफारिशों को करीब से देखने से पता चलता है कि इस आयोग ने मौलिक संरचना में फेरबदल करने के बजाय, प्रशासन के भीतर मात्र 'कॉस्मेटिक' परिवर्तनों का सुझाव दिया है। यहां यह उल्लेख करना प्रासंगिक है कि यह प्रशासनिक सुधार व्यर्थ प्रतीत होता है, जब तक कि वह राजनीतिक सुधार के साथ न किया जाए। दूसरे शब्दों में, चूँकि लोक प्रशासन शायद ही तटस्थ होता है, इसलिए इसकी प्रकृति उस 'राजनीतिक' पर निर्भर है, जिसमें कि यह स्थित है। अतः एआरसी की रिपोर्ट इतनी बड़ी होने के बावजूद इतना प्रकाश नहीं डालती और भारतीय प्रशासन को बदलने में शायद ही प्रभावी होती, कारण स्पष्ट है, उसकी औपनिवेशिक जड़ें। प्रशासन द्वारा लोगों को उत्तरदायी बनाने के घोषित उद्देश्यों के होते हुए भी, एआरसी बिना किसी दूरगामी प्रभाव के साथ भारतीय प्रशासन पर एक अच्छी तरह से शोध किया हुआ दस्तावेज बना रहा।

1966 में एआरसी की नियुक्ति और 1997 में पांचवें वेतन आयोग के उद्घाटन के बीच की अवधि के दौरान, वहाँ तीन अलग-थलग प्रयासों को छोड़कर कोई बड़ी समितियाँ नहीं थी: (क) कोठारी समिति की रिपोर्ट 1976 के लिए एक अगली कड़ी के रूप में सफलता के लिए कम क्षमता वाले उम्मीदवारों की एक बड़ी संख्या को खत्म करने के लिए परीक्षा का एक प्रारंभिक स्तर शुरू करके संयुक्त सेवा प्रतियोगी परीक्षा के पैटर्न में सुधार करने के लिए; (ख) तीन स्तरीय संरचना को एक दो स्तरीय संरचना (मेहता समिति, 1979) में परिवर्तित करके जमीनी स्तर पर शासन की पंचायती राज व्यवस्था को पुनर्जीवित करने के लिए, जिसने 1992 में 73वें संशोधन अधिनियम को अपनाने में काफी योगदान दिया है, और (ग) आर्थिक प्रशासन की प्रणाली बदलने के लिए (झा समिति, 1986)। इन प्रयासों के बाद सबसे नाटकीय प्रशासनिक सुधार योजना पांचवें वेतन आयोग, 1997 द्वारा व्यक्त की गई थी, जिसने मौलिक उदारीकरण की मजबूरी के लिए ट्यूनिंग की और एक नई आर्थिक व्यवस्था के उद्भव द्वारा सुधारों की प्रचलित अवधारणा को बदल दिया। इसी तरह, 73वें संशोधन अधिनियम, 1992 के आलोक में जमीनी स्तर के शासन के पुनर्गठन ने ग्रामीण प्रशासन के क्षेत्र में नए आयाम प्रारंभ किए।

यह स्पष्ट है कि यहां तक कि उदारीकरण की शुरुआत से पहले प्रशासन को पुनर्जीवित करने के लिए कई उपायों को अपनाया गया था और उनके मूल पूरी तरह से अलग सामाजिक-आर्थिक विचारों में थे, जहां सुधारों को काफी हद तक आंतरिक रूप से उत्पन्न किया गया था, जबकि उदारीकरण के बाद के प्रयास ज्यादातर बाहर से संचालित रहे हैं। इन सुधार योजनाओं की श्रृंखला में, राष्ट्रीय पुलिस आयोग (एनपीसी) 1981 की सिफारिशें न केवल इसके जोर में, बल्कि शायद इस संदर्भ में उभरे कुछ सर्वाधिक महत्वपूर्ण सवालों में भी में अलग हैं, जब बलपूर्वक सत्ता के वैध साधन रखने वालों की थोड़े से भी बहाने से अपने अधिकार के सार्वजनिक प्रकृति को विकृत करने की प्रवृत्ति थी।

राष्ट्रीय पुलिस आयोग की रिपोर्ट

पुलिस के व्यवहार पर एक गहन दृष्टि डालने से इसके इतिहास के एक महत्वपूर्ण आयाम का पता चलता है, एक वह, जिसने आजादी के 50 साल बाद भी अपनी प्रकृति को प्रभावित करना जारी रखा है। यह बहस करना अतिशयोक्ति नहीं होगी कि भारतीय पुलिस कम से कम अपनी सामग्री में एक समान रहती है, क्योंकि इसका प्रारंभ पुलिस अधिनियम 1861 से हुआ, जो ब्रिटिशों के विरुद्ध किए गये 1857 के सशस्त्र संघर्ष की छाया था, जिसका उद्देश्य ब्रिटिश राज को उखाड़ फेकना था। पुरानी *दरोगा* प्रणाली को हटाते हुए, जो भारत में ब्रिटिश सर्वोच्चता के प्रसार के साथ बेमानी हो गया था, नई प्रणाली के नेटवर्क का व्यापक विस्तार करना था। पुलिस नियंत्रण का एक साधन थी, एक ऐसा उपकरण, जिसका ब्रिटिश साम्राज्यवाद के विकास के लिए इस्तेमाल किया जाता था। इसलिए इसका कोई सामाजिक विश्वास नहीं था। इस तथ्य के बावजूद कि इस औपनिवेशिक राज्य ने अपने संवैधानिक विचारों में क़ानून के शासन के अभ्यास की नकल की थी, पुलिस पक्षपात में फंस गई। उसकी छवि को जानबूझ कर समाज के

लिए विरोधात्मक के रूप में स्थापित किया गया था। पुलिस आयोग 1902 द्वारा अपने अस्तित्व के चार दशकों के भीतर गंभीर अभियोग के होते हुए भी, औपनिवेशिक सरकार द्वारा न तो इसके संगठन में न ही इसकी कार्य संस्कृति में किसी भी सुधार की अनुमति दी गई थी। इसलिए पुलिस परीक्षण किए गये उपकरण के रूप में उभरा, जिसे किसी भी बंधन के बिना कार्य करने की अनुमति दी गई थी।

यह समझना मुश्किल नहीं है कि औपनिवेशिक राज्य ने मेट्रोपोलिटन मॉडल की बजाय आयरिश कांस्टेबुलरी मॉडल को प्राथमिकता क्यों दी, जो पुलिस को एक नई छवि प्रदान करने की इच्छुक थी, जो बल पर आधारित नहीं थी। स्पष्ट कारण के लिए ब्रिटिश सरकार ने अपने औपनिवेशिक राज्यों में मेट्रोपोलिटन बॉबी मॉडल को अपनाने की अनुमति कभी नहीं दी, जो सामुदायिक पुलिसिंग पर आधारित था। आयरिश कांस्टेबुलरी आयरलैंड में न केवल अच्छी तरह से जाँचा परखा बल था, अपितु यह मॉडल ब्रिटिश आधिपत्य को बनाए रखने में सबसे उपयुक्त होता प्रतीत होता था जब औपनिवेशिक राज्य सबसे कमजोर था। मुख्य रूप से यह एक आक्रामक साधन था, पुलिस शायद ही लोगों के साथ बातचीत करती थी, क्योंकि यह माना जाता था कि राज के सरकारी फरमान को बेरहमी से लागू करने के लिए लोगों के साथ एक अच्छी खासी दूरी रखना जरूरी था।

औपनिवेशिक राज्य के लिए आयरिश कांस्टेबुलरी का चुनाव करना स्पष्ट ही था। आश्चर्य की बात यह थी कि यही मॉडल भारत की आजादी के बाद भी निरंतर रूप से जारी रहा। ब्रिटिश पुलिस की निरंतर आलोचना होने के बावजूद, वल्लभभाई पटेल और जवाहरलाल नेहरू सहित राष्ट्रवादी नेताओं ने सिर्फ इसलिए इस प्रणाली को जारी रखने की अनुमति दी क्योंकि यह उपनिवेशवाद के तहत क़ानून लागू करने में सक्षम थी। यहाँ तक कि गांधीजी भी इसके पक्ष में थे। अहिंसा से प्रेरित होने के कारण उन्होंने इसलिए पुलिस को भिन्न सामाजिक-आर्थिक और राजनीतिक व्यवस्था के लिए एकदम अनुकूल माना, जिसमें 'हिंसा की भावना गायब हो जाएगी और आंतरिक अव्यवस्था नियंत्रण में आ जाएगी' (गांधी 1940)। जिन लोगों में इसके वैचारिक आधार के कारण आयरिश कांस्टेबुलरी की निरंतरता का विरोध किया वे सत्ता के हस्तांतरण के तुरंत बाद सांप्रदायिक हिंसा के अचानक हुए प्रकोप को देखते हुए इसके लिए राजी होते लग रहे थे। स्थिति की ज़रूरत के कारण जो आसानी से स्वीकार्य था, वह स्वतंत्र भारत की एक स्थायी विशेषता बन गया, क्योंकि इसकी विचारधारा की परवाह किए बिना राजनीतिक नेतृत्व ने जरूरत के अनुसार पुलिस को वैध रूप से बलपूर्वक बल का उपयोग करने की अनुमति दी। गुजरात नरसंहार शायद यह दिखाने के लिए सबसे अच्छा उपलब्ध उदाहरण है कि कैसे पुलिस राजनीतिक आकाओं को खुश करने के लिए एक महत्वपूर्ण मोड़ पर भिड़ गई थी। हालांकि, यह कहना गलत होगा कि पुलिस हमेशा सत्तारूढ़ अधिकारियों के आदेशानुसार कार्य करती है। पुनः, गुजरात मामला उस हद को दर्शाता है जहाँ तक स्थानीय पुलिस ने बहुसंख्यक समुदाय के मूड को परिलक्षित किया था। हिंसा में शामिल होकर, या तो कार्यवाही या गैर-कार्यवाही के माध्यम से, गुजरात पुलिस ने दंगे के प्रति मात्र बहुसंख्यक समुदाय के एक अभिन्न अंग के रूप में अपनी प्रतिक्रिया व्यक्त की थी। बहुसंख्यक समुदाय की भावनाओं को साझा करके, पुलिस शायद ही धर्मनिरपेक्ष बनी रही थी। गुजरात पुलिस शायद हिंदुत्व अभियान में एक सक्रिय भागीदार होने का नवीनतम उदाहरण है। शायद एक पुलिस बल द्वारा थोड़ी सी भी उत्तेजना में सांप्रदायिक हो जाने का सबसे स्पष्ट उदाहरण प्रांतीय सशस्त्र बल (पीएसी) उत्तर प्रदेश का है। इस तरह के कई उदाहरण दिखाए जा सकते हैं जिनमें हिंदुत्व वाले लोगों के साथ पीएसी की मिलीभगत दिखाई देती है। सबसे विशिष्ट 1992 अयोध्या तबाही के दौरान इसकी भूमिका थी, जब सूचित किया गया था कि पीएसी ने विवादास्पद इस्लामी ऐतिहासिक अवशेष के विध्वंस में सीधे भाग लिया था।

पुलिस बल के बढ़ते साम्प्रदायिकीकरण को देखते हुए, एनपीसी की 1981 की रिपोर्ट को फिर से देखने का शायद यह एक उचित समय है। एनपीसी के उद्घाटन से पहले विभिन्न राज्यों द्वारा कई पुलिस आयोग नियुक्त किए गए थे, जिनमें से केरल 1959 में एक पुलिस पुनर्गठन आयोग गठित करने में अग्रणी था। 1975–77 के आपातकाल के बाद नियुक्त किए गये एनपीसी ने 1981 में प्रस्तुत की गई अपनी आठ-आवृत्तियों वाली रिपोर्ट में पुलिस सुधारों पर कई सिफारिशें की हैं। हालांकि विडंबना यह थी कि जो लोग पुलिस सुधार के लिए जोरदार तर्क करते हैं उन्हें ही आपातकाल के दौरान पुलिस की बर्बरता की वजह से सबसे अधिक नुकसान उठाना पड़ा था वे ही 1996 के बाद से केंद्र में सत्ता में हैं, और फिर भी इस 'दस्तावेज़' के प्रति संपूर्ण चुप्पी साधे हुए हैं, जिसने भारत में पुलिस व्यवस्था के प्रति हमारे दृष्टिकोण में परिवर्तन लाया होता।

एनपीसी ने भारत में पुलिस से संबंधित मुद्दों की एक विस्तृत श्रृंखला को छुआ है। वे दो क्षेत्र जिन्होंने आयोग को सबसे अधिक परेशान किया था, वे हैं: (क) पुलिस का दुरुपयोग और (ख) जवाबदेही और पुलिस का प्रदर्शन। इस आयोग के लिए, आपातकाल एक संदर्भ बिंदु है, जब सत्तारूढ़ अधिकारियों के पूर्वाग्रह पुलिस व्यवहार को निर्धारित करते प्रतीत होते हैं। पुलिस का न केवल राज्य के एक साधन के रूप में इस्तेमाल किया गया था, बल्कि उसने शासन की वैधता को भी खो दिया था। जयप्रकाश नारायण द्वारा बिहार में किए गये *छात्र संघर्ष* आंदोलन पुलिस को अपने मालिकों के अवैध आदेश की अवज्ञा करने के लिए की गई अपील के मद्देनजर शायद सरकार के साथ पुलिस की मिलीभगत के कारण हुई संभव तबाही की दिशा में आज तक का पहला व्यक्त संकेत थे।

एनपीसी के अनुसार, नेताओं के इशारे पर पुलिस ने खुद आपातकाल के दौरान पुलिस की भूमिका को विकृत किया था। और, इस प्रकार आयोग स्पष्ट करता है कि 'पुलिस उप-संस्कृति को एक विकसित और समतावादी समाज के लोगों के मौलिक अधिकारों, क़ानून की सर्वोच्चता और हमारे संवैधानिक लक्ष्य का विचार करना था, न कि कार्यकारी मंडल का' (GOI 1981, ch. LXII, 14)। यहाँ यह दिखाने के लिए अनगिनत उदाहरण मौजूद हैं कि 'राजनीतिक असंतोष' का दमन करना अधिकांश राज्यों में पुलिस व्यवस्था का एक मौन रूप से स्वीकार किया गया उद्देश्य बन गया है'। सत्तारूढ़ पार्टी के प्रति वफादारी व्यक्त करने के क्रम में पुलिस ने हमेशा 'एक राजनीतिक दृष्टी के साथ' क़ानून-व्यवस्था की स्थितियों के साथ निपटारा किया है। एनपीसी निम्नलिखित बाते रेखांकित करते हुए 'पुलिस की बर्बरता और उसके कैंसर की तरह बने भ्रष्टाचार' की संकल्पना करते समय सच्चा बना रहा था:

> साक्ष्य के रूप में वहाँ कोई सोच और योजना नहीं हैं, क्योंकि वरिष्ठ प्रशासनिक खेमे सदा असुरक्षित रहते हैं और एक ऐसे माहौल में जीवित रहने के लिए लगातार प्रयास करते रहते हैं, जहां कार्यकारी मंडल—प्रशासनिक और राजनीतिक— उनके मूल्यांकन हमेशा योग्यता के आधार पर नहीं करता। जाहिर है, पुलिस संगठन, जैसा कि यह आज मौजूद है, अपने कर्तव्यों का निर्वहन करने के लिए अयोग्य है। (GOI 1981, ch. LXII, 14)

पुलिस के दुरुपयोग को रोकने के लिए, दो प्रमुख सिफारिशें की गई थीं, अर्थात, (क) यहाँ पुलिस चीफ का एक कार्यालय होना चाहिए, जिसे एक एक समिति द्वारा तैयार किए गये पैनल द्वारा चयनित किया जाना चाहिए, जिसमें यूपीएससी के अध्यक्ष, केंद्रीय गृह सचिव, केंद्रीय पुलिस संगठनों के प्रमुखों में से सबसे वरिष्ठ, राज्य के मुख्य सचिव और राज्य के मौजूदा पुलिस प्रमुख शामिल होने चाहिए, और (ख) यहाँ पुलिस के प्रदर्शन की सालाना समीक्षा के लिए तीन साल की एक निश्चित अवधि के साथ एक छह सदस्यीय स्थायी राज्य सुरक्षा आयोग होना चाहिए।

अन्य गंभीर सिफारिशों में कर्तव्यों का निर्वहन करते हुए पुलिस की जवाबदेही का पता लगाने के उपाय शामिल हैं। वहाँ आपस में जुड़ी तीन प्रकार की जवाबदेही होती हैं जिन्हें पुलिस को सुनिश्चित करना चाहिए, अर्थात् लोगों के प्रति जवाबदेही, क़ानून के प्रति जवाबदेही और संगठनात्मक जवाबदेही।

यहाँ पुलिस के लिए 'आंतरिक जवाबदेही' का पता लगाने के लिए संगठन के भीतर एक सुपरिभाषित तंत्र स्थित है। लेकिन यह अपने आप में लोगों के लिए जवाबदेही को सुनिश्चित नहीं करता, जिसके लिए मात्र सिफारिशें पर्याप्त नहीं होतीं। अतः, इस संदर्भ में जवाबदेही दो आयामी जिम्मेदारियों का सुझाव देती है: एक तरफ पुलिस को देश के क़ानून के आधार पर संगठनात्मक समझदारी और प्रणालीगत समझदारी दोनों के अनुसार अपनी जिम्मेदारियों का निर्वहन करना होता है; वहीं दूसरी तरफ जवाबदेही में दलों की संतुष्टि के लिए उन कर्तव्यों का निर्वहन करना भी शामिल है, जिसके लाभ के लिए उन कर्तव्यों का प्रदर्शन किया जाता है। इससे यह सुझाव प्राप्त होता है कि कुछ सुपरिभाषित मानदंड होने चाहिए, जिससे लोगों द्वारा लगातार निगरानी की जा सके। पिछले कुछ वर्षों में यह देखा गया है कि पुलिस उन लोगों से पूरी तरह से अलग-थलग होती लगती है जिन लोगों के पुलिस पदाधिकारी एजेंट हैं और जिनके प्रति वे अंततः जवाबदेह हैं। यह आश्चर्य की बात नहीं है कि थर्ड डिग्री तरीकों का उपयोग और हिरासत में होने वाली मौतों की संख्या बढ़ गई है। पुलिस निर्वाचित प्रतिनिधियों के लिए आसानी से उपलब्ध बलपूर्वक साधन होने के रूप में होती प्रतीत होती है, जब भी उन्हें किसी भी जन आंदोलन को दबाने के लिए आवश्यकता होती है। एनपीसी ने उल्लेख किया है कि अनगिनत

मौकों पर पुलिस ने धर्म, कबीले और पंथ की परवाह किए बिना एक भाड़े के बल के रूप में कार्य किया है और लोगों की रक्षा करने की अपनी सामाजिक भूमिका की पूरी तरह से अनदेखी की है।

इसमें कोई शक नहीं है कि इन सिफारिशों को यदि लागू किया होता तो उन्होंने न केवल पुलिस की छवि को बदल दिया होता, अपितु भारत जैसे बहु-धार्मिक समाज में उनके कामकाज को भी बदल दिया होता। हालांकि सबसे अधिक परेशान करने वाली बात उन लोगों की अनिच्छा है जो पुलिस के अत्याचारों से पीड़ित रहे हैं और जब वे सत्ता में होते हैं तब इन सिफारिशों को लागू कर सकते हैं। कारणों की तलाश करना मुश्किल नहीं हैं। पुलिस सत्तारूढ़ अधिकार वैधता के साथ सांप्रदायिक हितों को आगे बढ़ाने के निपटान में एक आसान साधन होना दिखाई देते हैं। इस ज़बरदस्त विरूपण की जड़ें इसलिए कहीं और गड़ी हुई हैं। यदि समाज सांप्रदायिक वायरस और किसी भी मुस्लिम विरोधी पूर्वाग्रह से बिगड़ जाता है तो थोड़ी सी उत्तेजना के साथ हिंसक कार्रवाई में बदल जाता है। यहाँ हमारे धर्मनिरपेक्ष ताने-बाने में स्थित विकृतियों के लिए केवल पुलिस को दोष देना गलत होगा। एनपीसी की सिफारिशों ने उन मूलभूत सामाजिक-राजनीतिक मुद्दों के साथ निपटने के लिए एक अच्छा संदर्भ बिंदु प्रदान किया प्रतीत होता है, जो हालांकि सीधे पुलिस के कामकाज के साथ जुड़ा हुआ है, वहाँ यह जानना उतना ही महत्वपूर्ण है कि भारत में नियमित अंतराल पर सामूहिक हिस्टीरिया भड़काने वाली वह बात क्या है।

भारत में प्रशासनिक सुधार में नई प्रवृत्तियाँ

सरकार में सुधार के प्रयास करना हर देश में सतत होने वाली प्रक्रिया है। जैसा कि पहले दिखाया गया है, भारत में, प्रशासनिक सुधार आयोग (1966–70) ने भारत सरकार के लगभग सभी विभागों के विषय में रिपोर्टों की एक श्रृंखला का उत्पादन किया है। भारत में हर वेतन आयोग की रिपोर्ट के साथ लोक प्रशासन में बदलाव करने के लिए कई सिफारिशें की जाती हैं। यह नोट करना महत्वपूर्ण है कि इन सुधार प्रस्तावों पर पारंपरिक लोक प्रशासन के ढांचे के भीतर चर्चा की गई है। सरकार की संसदीय प्रणाली में निर्धारित समग्र जवाबदेही संरचना के भीतर निर्वाचित तत्वों की सिविल सेवा की जवाबदेही पर प्रश्न नहीं किया जाता। यहाँ आम सहमति रही है कि लोक प्रशासन में रणनीतिक प्रबंधन के संयोजन, संरचनात्मक संगठन और बेहतर कार्मिक प्रबंधन प्रणालियों के विकास के माध्यम से प्रभावी रूप से सुधार किया जा सकता है।

1980 के दशक में वैश्विक सामाजिक-आर्थिक और राजनीतिक परिदृश्य ने तेजी से बदलना शुरू कर दिया। विकसित पश्चिमी देशों में अर्थव्यवस्था को नियंत्रित करने की विफलता नियंत्रण के पुराने समाधान को अस्वीकृत करने लगी, जो नवउदारवादी दक्षिणपंथी विचारधारा के बढ़ते महत्व की तरफ ले गई।

जैसा कि स्पष्ट है, भारत में प्रशासनिक सुधारों के लिए चिंता का विषय हाल ही में उत्पन्न नहीं हुआ है। यहाँ संदर्भ नया है जिसमें यह व्यक्त किया जा रहा है। 1990 के दशक के प्रारंभ में नई आर्थिक नीति को अपनाने के साथ यहाँ आर्थिक विकास के केन्द्रीय निर्देशित ढांचे को ध्वस्त करने का प्रयास किया गया। यह भी उस अवधि की शुरुआत है जब अंतरराष्ट्रीय दानदाता एजेंसियों ने सहायता देते समय शर्तों को संलग्न करते हुए घरेलू अर्थव्यवस्था में भारी प्रभाव का प्रयोग किया है। ये शर्तें शुरू में सहायता के प्रशासन के लिए मात्र नुस्खे होते हैं, लेकिन बाद में वे स्वयं शासन के ही समग्र ढांचे में सुधार के लिए तौर तरीकें बन जाती हैं। 'नवउदारवाद' के बढ़ते ज्वार को देखते हुए लगता है कि कोई भी देश इस से मुक्त नहीं है। ऐसे बदले हुए अनुभवजन्य संदर्भ ने 'सरकार की नई अवधारणा' के स्वरूप में योगदान दिया, जो वास्तव में लोक प्रशासन की बदलती भूमिका को स्पष्ट करना चाहता है।

1990 के दशक में भारत में प्रशासन में किए गये सुधार मूल रूप से आर्थिक उदारीकरण के उपायों से प्रेरित थे। भारतीय प्रतिक्रिया को स्पष्ट रूप से मुख्य सचिवों के 1996 सम्मेलन में व्यक्त किया गया था, जिसने सिविल सेवा में चल रहे बहाव को पकड़ने के लिए समयपर कई सुधारात्मक कदम सुझाये। एक, अलग अवैयक्तिक और पैतृक नौकरशाही को नागरिक के अनुकूल और उपयोगकर्ता की जरूरतों के प्रति संवेदनशील बनाने के प्रयास इस सम्मेलन में भाग लेने वालों की बुनियादी चिंता का विषय

बने हुए थे। इस सम्मेलन में जो कुछ भी सुझाव दिया गया था उसका मूल उस बहस में था, जिसे एक 'उत्तरदायी प्रशासन' के पक्ष में पूर्व प्रधानमंत्री, राजीव गांधी द्वारा आगे रखा गया था। लगभग दो साल भर के विस्तार में फैली जिला मजिस्ट्रेट और कलेक्टरों की कार्यशालाओं (1987 और 1988 के बीच) में दिए गये भाषणों की अपनी श्रृंखला में राजीव गांधी (1988) ने तर्क दिया कि:

> [हमारे] प्रशासन का पैतृक मॉडल एक ऐसे समाज के लिए उपयुक्त नहीं है जहां प्रशासन का मुख्य जोर विकास पर है। यह सहमति हुई कि प्रशासन के विनियामक कार्यों को अपने आप में एक अंत के रूप में नहीं देखा जाना चाहिए, क्योंकि वे औपनिवेशिक काल में होते थे, बल्कि उन्हें मजबूत और व्यापक आधार वाले विकास की प्रक्रिया को बनाए रखने के एक साधन के रूप में देखा जाना चाहिए। [एक] और अधिक प्रातिनिधिक और अधिक उत्तरदायी प्रशासन को हमारे राष्ट्रीय जीवन —लोकतंत्र, समाजवाद, धर्मनिरपेक्षता और गुटनिरपेक्षता— के बड़े लक्ष्यों के लिए प्रशासन के प्रयोजनों के लिए संबंधित करने के लिए बेहतर तरीके से रखा जाएगा।

एक अन्य मुद्दा जिसे भी उठाया गया था, वह लोगों की 'निर्भरता सिंड्रोम' से संबंधित है। नौकरशाही ने 'एक कर्ता' बनना जारी रखा न कि एक 'संबल' बना। आमतौरपर लोग सरकार से उन साधारण बातों को करने का इंतजार करते हैं जिन्हें वे खुद भी कर सकते हैं। यह प्रणाली शीर्ष स्तर पर इतनी भारी और शीर्ष उन्मुख' बन गई है कि हर स्तर पर लोग समाधान पाने के लिए ऊपर के स्तर की तरफ देखते हैं। इसलिए जिस बात की जरूरत है वह 'प्रशासन को नीचे धक्का देना है, न सिर्फ प्रशासन में बल्कि कभी कभी समुदाय के लिए प्रशासन के बाहर' भी। जमीनी स्तर पर लोगों को विकास कार्यक्रमों की योजना और उनके क्रियान्वयन में शामिल करके, प्रशासन चरित्र में 'संवेदनशील' और 'प्रतिनिधिक' दोनों बन जाएगा।

समकालीन लोक प्रशासन पर दिए जाने वाले नए जोर को देखते हुए, यह अब स्पष्ट है कि पारंपरिक लोक प्रशासन शायद ही समकालीन शासन की संकल्पना करने के लिए एक उपयुक्त उपकरण है। प्रशासन के पिरामिड की तरह की संरचना की आलोचक, इस नई लहर को एक मॉडल के रूप में व्यक्त किया गया, जहां 'केंद्रीकरण और शीर्ष से नीचे उतारना एक फैशन हो गया, जिसने अत्याधुनिकता में पदाधिकारियों के नवाचार और हुक्मशाही के सशक्तिकरण' को अपनाने को मजबूर किया (शर्मा 2003)। अधिकारों के नीचे की ओर आने के साथ, जो क्षेत्र स्तर पर महत्व रखते थे और जिन्होंने रणनीतिक और प्रशासनिक लाभ प्राप्त किया था, उन्हें नौकरशाही और पदानुक्रमित संरचना की बजाय एक नागरिक अनुकूल दृष्टिकोण की तरफ अपना ध्यान हटाने के लिए मजबूर होना पड़ा। इसलिए, प्रशासन की नई प्रणाली में अब नागरिकों को प्रशासन में एक महत्वपूर्ण भूमिका प्राप्त हो गई। अतः, बदले हुए परिप्रेक्ष्य में इन सुधारों का ध्यान 'राज्य की सीमाओं और जिम्मेदारियों का पुनर्निर्माण करने पर केंद्रित हो गया, जिसे लोक प्रशासन में निजीकरण, सार्वजनिक सेवाओं के पुनर्गठन और निजी बाजार अनुशासन को प्रारंभ कर' किया गया (Minouge 1998)। समकालीन लोक प्रशासन केवल दक्षता के बारे में नहीं है, यह लोकतांत्रिक भागीदारी, जवाबदेही एवं अधिकारिता भी धारण करता है। इसलिए यहाँ इन बातों के बीच निरंतर तनाव रहता है (क) सरकार को कुशल कैसे बनाना, और (ख) उसे किस तरह से जवाबदेह बनाना। यहाँ इसीतरह 'राज्य और समाज के बीच संबंधों के संदर्भ में नागरिकों की उपभोक्ताओं के रूप में लोगों की अवधारणा' के बीच तनाव मौजूद है (Minouge 1998)। यह इस बात का स्पष्ट सुझाव देता है कि सार्वजनिक मामलों में नागरिकों की भागीदारी का महत्व बढ़ रहा है। घरेलू और बाहरी स्रोतों से प्राप्त प्रेरणा के जवाब में प्रशासन के पुनर्गठन के लिए कई कदम उठाए गए हैं। इन कदमों में, 1992 के 73वें और 74वें संशोधन अधिनियमों को अपनाना और पांचवें वेतन आयोग की रिपोर्ट के कार्यान्वयन महत्वपूर्ण दिखाई देते हैं, जो प्रचलित प्रशासन पर महसूस किए गये प्रभाव की वजह से हैं। पहले उल्लिखित दृष्टिकोण से उत्पन्न होने वाले ये कदम महत्वपूर्ण कदम थे, जो संभवतः रुढियों को तोड़ने वाले हो सकते थे और जो शासन की सामग्री और शैली दोनों में क्रांतिकारी परिवर्तन के लिए बीज निहित रखते थे। दिलचस्प बात यह है कि ये दोनों उपाय—संशोधन अधिनियम और वेतन आयोग की सिफारिशें—न केवल केंद्र सरकार के उदारीकरण के प्रोत्साहन के साथ संयोग रखते थे, बल्कि विश्व बैंक के 'सुशासन' और विकेन्द्रीकरण पर जोर देने के साथ भी चिह्नित थे। चूँकि नीति निर्माण के मौलिक आवेग केंद्रीकृत राज्य संस्थाओं से दूर बाजार की ओर ले जाते हैं, इसलिए इन संशोधनों को सिद्धांत रूप में उन संरचनाओं के निर्माण की सुविधा प्रदान करनी चाहिए जो स्थानीय निकायों को अधिकार सौंपें। पंचायती राज के मूल सिद्धांत में निर्णय निर्माण में

स्थानीय ज्ञान, अनुभव और लोकप्रिय भागीदारी का इस्तेमाल होता है, जो स्थानीय लोगों को प्रभावित करता है। इसमें कोई शक नहीं है कि सुधारित पंचायती राज संस्थाओं को एक सतत आधार पर स्थानीय भागीदारी के आधार पर निर्णय लेने की प्रक्रिया को पुनर्गठित करना होगा, और इस प्रकार, सिद्धांत रूप में, ग्रामीण वर्गों के प्रति, सत्ता में एक संस्थागत बदलाव के प्रतिनिधित्व अपेक्षा की जाती है जिनके पास 'अब तक कोई अधिकार नहीं' था।

स्थानीय शासन की प्रचलित प्रणाली की कमियों के होते हुए भी, जो सत्ता के मौजूदा सामाजिक और आर्थिक आधार के साथ जुड़ी हुई हैं, ये संशोधन, विशेष रूप से 73वां संशोधन अधिनियम, राज्य-संचालित और पुनः- वितरणात्मक विकास मॉडल के लिए एक विकल्प प्रदान करते हैं। लोकतांत्रिक विकेन्द्रीकरण की ओर नए सिरे से आंदोलन और नागरिक केन्द्रित सरकार ने विकास प्रक्रियाओं पर से नौकरशाही एकाधिकार को घटा दिया है और जमीनी स्तर के लोगों को सत्ता स्थानांतरित कर दी है। यह बात कई कारकों की वजह से एक वास्तविकता बन गई है। ग्रामीण और शहरी स्थानीय निकायों को संवैधानिक मान्यता दिए जाने के साथ, राज्य स्तरीय चुनाव आयोग और वित्त आयोगों और *ग्राम सभाओं* को अनिवार्य स्थिति प्रदान करने के साथ, नौकरशाहों को मात्र सुविधाप्रदाता और विकास के प्रचारकों के रूप में देखा जाता है, न कि नियामकों और निर्देशकों के रूप में। लोकतांत्रिक विकेन्द्रीकरण के सैद्धांतिक प्रारूप के भीतर, नौकरशाही परिवर्तन के एक एजेंट के बजाय बदलाव के लिए एक उत्प्रेरक है। इस प्रकार, इस भारी पैतृक अधिकार को हटाना एक महत्वपूर्ण कदम है, जिसका अब तक नौकरशाही ने आनंद उठाया था।

यदि 73वें और 74वें संशोधन लोगों के सशक्तिकरण के लिए 'राजनीतिक मार्ग' को निरूपित करते हैं, तो प्रभावी और जिम्मेदार प्रशासन पैकेज, जो मुख्यमंत्रियों के सम्मेलन, 1997 नई दिल्ली में उभरा था, वह सरकार और नागरिकों के बीच सत्ता के समीकरण को फिर से परिभाषित करने के लिए एक 'प्रबंधकीय मार्ग' की अभिव्यक्ति था। सरकारों के लिए सभी स्तरों पर अनिवार्य आवश्यकता ने सभी क्षेत्रों में अपनी भूमिकाओं और जिम्मेदारियों को फिर से परिभाषित किया था, जिसका लोगों के साथ एक अंतरफलक था। यह खुलकर स्वीकार कर लिया गया था कि नौकरशाही की सार्वजनिक छवि के परिणामों के लिए अप्राप्यता, उदासीनता, प्रक्रिया के उन्मुखीकरण, खराब गुणवत्ता और सुस्ती, भ्रष्टाचार-उन्मुखता और गैर-जवाबदेही का होना था। इसलिए, समय की मांग यह थी कि सभी स्तरों पर भारत के लोगों को 'एक कुशल, खुले, जिम्मेदार जवाबदेह, स्वच्छ और गतिशील प्रशासन के समायोजन' को आश्वस्त किया जाए। प्रशासन की क्षमता और निष्पक्षता में लोगों के विश्वास को बहाल करने के लिए तत्काल कदम उठाए जाने की आवश्यकता थी। इस सम्मेलन में अत्यंत महत्वपूर्ण रूप में पहचाना गया कि 'सभी स्तरों पर सक्रिय रूप से नागरिकों और उपभोक्ता समूहों को शामिल करने, सार्वजनिक और वंचित समूहों को सूचित करने और सशक्त करने और स्वायत्त निर्वाचित स्थानीय निकायों के माध्यम से सेवा और कार्यक्रम क्रियान्वयन सुनिश्चित करने के लिए पारंपरिक नौकरशाही को इससे परे विस्तार करना चाहिए' (1997, 1–2)। इस प्रकार, यहाँ सिविल सेवा में सुधार के लिए नए एजेंडे के तीन महत्वपूर्ण पहलू थे: (क) वहाँ प्रशासन में एक संकट था, जो लोगों के प्रति संवेदनशील या नागरिक के अनुकूल नहीं था; (ख) प्रशासन में सुधार लाने के लिए इसे लोगों के प्रति संवेदनशील, कुशल और लागत प्रभावी बनाने की एक तत्काल जरूरत थी, (ग) यहाँ मानसिकता में बदलाव करने की भी आवश्यकता थी, ताकि 'प्रशासन' को केवल 'सरकार' न माना जाए। लोक प्रशासन में परिवर्तन करने के इच्छुक प्रबंधकीय सुधार पैकेज ने तीन उपाय सुझाए हैं: (क) जवाबदेही— उपायों को बढ़ावा देना; (ख) पारदर्शिता और खुलेपन को बढ़ावा देना, और (ग) सिविल सेवा प्रदर्शन और ईमानदारी में निर्देशित उपाय। इसप्रकार, यह सुधार कुछ चयनित लोगों के लिए और कुछ बातों के लिए नहीं बल्कि सभी के लिए अवसरों का एक विस्तार करना था।

सिविल सेवा में सुधार के लिए पहले अच्छी तरह से निर्देशित किए गये डिजाइन को देखते हुए, पांचवें वेतन आयोग की सिफारिशें इस दिशा में एक और मील का पत्थर थे। अपनी भावना के प्रति सच्चे, 1996 मुख्य सचिवों के सम्मेलन में व्यक्त किए गये पांचवें वेतन आयोग ने सिफारिशें की: (क) गतिविधियों के निगमीकरण के माध्यम से सरकार का आकार घटाना, जिसमें 'वस्तुओं का निर्माण या वाणिज्यिक सेवाओं के प्रावधान' शामिल है; (ख) 'गतिविधियों के निजीकरण' के माध्यम से सरकार के संचालन में पारदर्शिता, खुलापन और अर्थव्यवस्था का निर्माण, जहां सरकार को एक प्रत्यक्ष भूमिका निभाने की जरूरत नहीं है और साथ ही 'सेवाओं के करार' जिन्हें आसानी से निजी क्षेत्र को आउटसोर्स किया जा सकता है,' (GOI 1997, 122–23) और

(ग) 'विशेषज्ञों के पार्श्व प्रवेश के लिए स्टाफ में एक निश्चित लचीलापन बनाए रखने, काम की अनिवार्यता के आधार पर नियुक्त संख्या का सामान्यीकरण करने और कुछ संवेदनशील/विशिष्ट नौकरियों के लिए सबसे सक्षम और प्रतिबद्ध कर्मियों की उपलब्धता सुनिश्चित करने' के उद्देश्य से गतिविधियों के चयनित क्षेत्रों में संविदात्मक नियुक्तियाँ करना (GOI 1997, 175)।

केंद्र सरकार को सिविल सेवाओं की संख्या में 30 फीसदी की कमी किए जाने की सलाह दी गई थी, क्योंकि वेतन आयोग ने यह महसूस किया कि सरकारी क्षेत्र को 'अक्षमता के एक द्वीप' और 'जड़ता' के रूप में जारी रखना समझदारी नहीं होगी। 20 साल पूरा करने के बाद स्वैच्छिक सेवानिवृत्ति की सामान्य प्रक्रिया को जारी रखा जा रहा था। इस के साथ, आयोग ने विभागों में स्वैच्छिक सेवानिवृत्ति के लिए एक विशेष योजना की सिफारिश की, जहां अधिशेष जनशक्ति की पहचान की गई थी। ऐसे मामलों में, वहाँ व्यक्तियों के चुनिंदा सेवानिवृत्ति के लिए एक प्रावधान किया गया था, यह पहल हमेशा सरकार के साथ होती है और 'एक सुनहरा मौका' बन गया है।

आयोग के अन्य महत्वपूर्ण सिफारिश का संबंध प्रशासन में 'खुलेपन' के साथ था। देश के हितों के लिए हानिकारक बातों को छोड़कर, राज्य की वाणिज्यिक, आर्थिक और अन्य सामरिक हितों की सुरक्षा को सार्वजनिक नहीं किया जाना था (GOI 1997, 151)। 'नीति में बदलाव' की जरूरत शामिल होने वाले हर महत्वपूर्ण सरकारी फैसले को निरपवाद रूप से 'एक व्याख्यात्मक ज्ञापन की प्रकृति में' एक श्वेत पत्र के साथ संलग्न किया जाना था। सिविल सेवा में सुधार के एक अभिन्न अंग के रूप में, इस आयोग ने 'एक कुशल शिकायत निवारण तंत्र के गठन पर जोर दिया, [जिसे], प्रभावी, तेज, ईमानदार, आसानी से सुलभ और संचालन में आसान' होना जरूरी है(GOI 1997, 157)। कनाडा, ब्रिटेन और मलेशिया के उदाहरण पर प्रभावी शिकायत निवारण केंद्र स्थापित किए गये, जो सरकारी योजनाओं और सेवाओं के ग्राहकों के अधिकारों को परिभाषित करते थे—जो इस आयोग द्वारा स्थापित किए गये थे। इस संबंध में सुझाई गई जानकारी और प्रक्रियाओं के लिए नागरिकों के अधिकार को आयोग द्वारा मान्यता देना सरकार में से नौकरशाही को हटाने और इसे नागरिक के अनुकूल बनाने की दृष्टी से मौलिक महत्व के थे। वेतन आयोग द्वारा उठाए गए मुद्दों पर मुख्यमंत्रियों के 1997 के सम्मेलन में प्रमुखता से चर्चा की गई, जहां निम्नलिखित बातों के लिए एक कार्य योजना को अपनाया गया था (क) प्रशासन को जवाबदेह और नागरिकों के अनुकूल बनाना, (ख) पारदर्शिता को सुनिश्चित करना और जानकारी के अधिकार, और [ग] सिविल सेवा को शुद्ध करने और प्रेरित करने के लिए उपायों को अपनाना।

सरकार-नागरिक संबंध में नवीनतम नागरिक चार्टर की अवधारणा स्थित है। लोकतंत्र मांग करता है कि नागरिकों की आवाज सुनी जाए और उसे प्रदान की जाने वाली सेवाओं के वितरण में नोट कर लिया जाए, खासकर अगर उन सेवाओं को सरकारी एजेंसियों द्वारा प्रदान किया जा रहा है। वास्तव में, सेवाओं के मापदंडों को नागरिकों की जरूरत के हिसाब से परिभाषित करने की जरूरत है। यह नागरिक और सेवा प्रदाता के इस अंतरफलक में है कि विश्वास की मांग की जाती है और यह बात भी जिस पर बहुत बार विश्वास टूट जाता है। यहाँ लोक प्रशासन की पारदर्शिता, जवाबदेही और जिम्मेदारी से संबंधित समस्याएं उत्पन्न होती हैं। नागरिक चार्टर को एक उपकरण के रूप में माना जाता था, जो सेवा प्रदाता और इसके उपयोगकर्ता के बीच एक स्वस्थ संबंध की संभावनाओं के निर्माण के लिए इस्तेमाल किया जा सकता था। भारत में इसे सरकार और नागरिक दोनों के बीच आपसी जिम्मेदारियों के प्रति जागरुकता के निर्माण के लिए एक वाहन के रूप में भी देखा गया था।

इस चार्टर के तहत नागरिकों को सरकारी सेवा के निष्क्रिय प्राप्तकर्ता के रूप में नागरिकों के साथ बर्ताव करने की प्रचलित अवधारणा को बदलते हुए सभी सरकारी गतिविधियों के केंद्र में लाया गया है। इस चार्टर के पीछे विचार यह है कि सरकारी संगठनों की वास्तविक काम करने प्रति नागरिकों की प्रतिक्रियाओं का दोहन किया जाए। आम तौर पर, यह चार्टर सभी सार्वजनिक सेवाओं को समाहित करता और उसका लक्ष्य सरकार और सेवा संगठनों (उदाहरण के लिए, डाकघर, रेलवे, आदि) से जवाबदेही, पारदर्शिता, गुणवत्ता और सेवाओं की पसंद की मांग करना है, जो उनके द्वारा लोगों को प्रदान की जाती थी। यह चार्टर शासन के नए सिद्धांतों की केवल एक सूची बिल्कुल भी नहीं है; इसके बजाय, यह केवल उन मानदंडों को दोहराती है, जिन्होंने आदर्श रूप से लोक प्रशासन की नींव का गठन करना चाहिए। इसलिए, यह लोक प्रशासन के बुनियादी मूल्यों को वापस लाने के लिए एक प्रयास है, जिन्हें विभिन्न सामाजिक-राजनीतिक कारणों से हटा दिया गया था, जो ब्रिटिश राजनीतिक प्रणाली के विकास के साथ भी जुड़े थे।

निष्कर्ष कथन

प्रशासनिक सुधार उन लोगों के लिए एक सतत चुनौती है, जो सरकारी नवीकरण की प्रक्रियाओं को समझने के लिए इच्छुक हैं, जो इस विचारधारा से प्रेरणा प्राप्त करती है, कि मौजूदा राजनीतिक और सरकारी प्रणाली समकालीन मांगों को पूरा नहीं करती। दूसरे शब्दों में, प्रशासनिक सुधार एक निर्वात में किया नहीं जाता और हमेशा शासित की सामाजिक और राजनीतिक जरूरतों के लिए प्रभावी ढंग से प्रतिक्रिया करने के लिए शासन की प्रचलित प्रणाली की विफलता से प्रेरित होता है। 'लुभावने परिवर्तन' के संदर्भ में, नौकरशाही संस्थाएँ जो औद्योगिक युग के दौरान विकसित हुई थी, वह अपर्याप्त प्रतीत होती थी और सरकार और शासित को शामिल करनेवाले नए मुद्दों की अवधारणा के रूप में वैश्वीकरण के महत्व को इस तरह के परिदृश्य में भुलाया नहीं जा सकता था। इसलिए, शासन की प्रकृति को पुनर्परिभाषित करने में बाजार या बाजार प्रकार के तंत्र की भूमिका को रेखांकित करने वाला एक नया परिप्रेक्ष्य उभरा, जिसमें प्रशासनिक सुधार व्यक्त किया गया था। जो नया था, वह निजी और स्वैच्छिक क्षेत्र से सार्वजनिक सेवा के प्रावधान और प्रभावों में आकस्मिक परिवर्तन के साथ लोक प्रशासन की परंपराओं के संश्लेषण का एक विशिष्ट सूत्र था। यह प्रक्रिया राज्य के बहुमुखीकरण के रूप में जानी जाती है, जिसने सुधारों के समोच्च को नए सिरे से परिभाषित किया जहां राज्य सिर्फ सार्वजनिक मामलों में शामिल अन्य लोगों के साथ मात्र एक एजेंसी थी। इस प्रकार प्रशासनिक सुधार लोक प्रशासन के अनुशासन में एक स्पष्ट सैद्धांतिक उन्नति पर प्रकाश डालते हुई शासन की एक व्यावहारिक योजना है।

प्रशासनिक बदलाव निम्नलिखित कारणों से अपरिहार्य है: (क) लोक प्रशासन नियमित रूप से समाज की बदलती प्राथमिकताओं के साथ मोलभाव करता है जिसका यह एक हिस्सा होता है, और (ख) यह न केवल नए प्रशासनिक तकनीकों को शामिल करना चाहता है बल्कि उन विचारों को भी शामिल करना चाहता है, जो सामाजिक-आर्थिक और राजनीतिक मंथन से बाहर निकलता है। लगातार किया जाने वाला सरकारी नवीकरण इस प्रकार एक उचित प्रशासन के लिए खोज के परिणाम के रूप में प्रतीत होता है, जो बदलती वास्तविकता के साथ तालमेल रखता है। इसलिए, यह तर्क करना गलत नहीं होगा कि सरकारी नवीकरण मुख्य रूप से 'विचारधाराओं, दर्शन और नीति दृष्टिकोण से प्रेरित है, जिसपर समाज में हस्तक्षेप आधारित होते हैं' (Nelissen और अन्य 1999, 18)। शासन सरकारी कार्रवाई की एक वैध युक्ति है, जो एक औचित्य द्वारा न्यायोचित है, जिससे एक सरकार अपनी जीविका प्राप्त करती है। उदाहरण के लिए, लोकतंत्र में प्रशासनिक सुधार आमतौर पर प्रमुख राजनीतिक-वैचारिक मूल्यों को प्रतिबिंबित करते उपायों में व्यक्त होता है। वे न केवल सरकारी कार्रवाई के लिए तर्क प्रदान करते हैं, अपितु वे नीति विकल्पों का आकलन करने के लिए एक पैमाना भी हैं। जैसा कि दर्शाया गया है, भारत में सुधार के प्रयास उस हद को प्रकट करते हैं, जहाँ तक राजनीतिक व्यवस्था की बदलती प्राथमिकताएँ सरकारी नवीकरण में निर्णायक कार्य करती हैं। चाहे उदारीकरण के पूर्वी दौर में हो या उसके बाद में, प्रशासन ने प्रमुख मूल्यों को समायोजित करने के लिए खुद में सुधार किया, जिस पर उसकी वैधता तैयार की गई थी। वैश्वीकरण की शुरुआत से पहले लोक प्रशासन की विशिष्ट विशेषता यह थी कि औपनिवेशिक संरचना को पोषित करने के बावजूद इसने सरकारी गतिविधियों में नई गतिशीलता को सफलतापूर्वक संचालित किया था, जो भावना और सामग्री दोनों में एक विकल्प के लिए की जाने वाली एक सचेत खोज का प्रतिबिंब था। वैश्वीकरण, 'ढांचागत समायोजन' की अपनी विचारधारा के पैकेज के साथ, अर्थात एक पूरी तरह से अलग और जटिल बाहरी माहौल, मौलिक रूप से प्रशासनिक सेटअप और मूल्यों को बदलने की इच्छुक था, जिस पर यह आधारित है। भारत में लोक प्रशासन पर नौकरशाही पकड़ कमजोर करने के लिए पहले से ही कई कदम शुरू किए गए हैं। पांचवें वेतन आयोग की सिफारिशों ने कई कदमों का सुझाव देते हुए इस भावना को सही ठहराया प्रतीत होता है, जिनका लक्ष्य भारत में प्रशासनिक पुनर्गठन करना था। हालाँकि, प्रशासन में किए गये परिवर्तन प्रकृति में पूरी तरह से दिखाऊ हैं। इस प्रकार, हालांकि सुधार के प्रयासों में एक दिशा दिखाई देती है, परंतु उनमें उचित वैचारिक समर्थन की कमी है, जिसने बदले में पूरी परियोजना को कमजोर किया प्रकट होता है।

पुनरीक्षण प्रश्न

1. आप एक सैद्धांतिक श्रेणी के रूप में प्रशासनिक सुधार की संकल्पना कैसे करते है? इसकी विशेषताओं के संदर्भ में अपनी प्रतिक्रिया पर प्रकाश डालें।
2. 'प्रशासनिक सुधार एक बाधा है'। प्रकाश डालें।
3. भारत में प्रशासनिक सुधार की प्रकृति पर एक गहन निबंध लिखें।
4. 'भारत में प्रशासनिक सुधार विशुद्ध रूप से प्रासंगिक अभ्यास नहीं हैं और न ही वे ऊपर से लगाये जा सकते हैं'। क्या आप इस विचार से सहमत हैं? अपनी प्रतिक्रिया पर प्रकाश डालें।
5. क्या आप इस विचार से सहमत हैं कि पहला प्रशासनिक सुधार आयोग स्वतंत्र भारत में प्रशासनिक सुधारों में एक मील का पत्थर बना हुआ है? अपनी प्रतिक्रिया पर प्रकाश डालें।
6. भारतीय प्रशासन के दुरुस्ती के लिए पहले प्रशासनिक सुधार आयोग की प्रकृति का उसके प्रमुख सिफारिशों के संदर्भ में मूल्यांकन करें।
7. 'द्वितीय प्रशासनिक सुधार आयोग, 2005, अतीत के साथ एक विराम है'। क्या आप ऐसा सोचते हैं? अपनी प्रतिक्रिया पर प्रकाश डालें।
8. क्या नैतिकता को शासन में इंजेक्ट किया जा सकता है? उन कदमों के संदर्भ में अपनी प्रतिक्रिया पर प्रकाश डालें, जिसका द्वितीय प्रशासनिक सुधार आयोग, 2005 ने सुझाव दिया था।
9. भारतीय प्रशासन में सुधार करने में मोइली आयोग, 2005 के महत्व का गंभीरता से आकलन करें।
10. किस संबंध में द्वितीय प्रशासनिक सुधार आयोग समकालीन भारत में बाजार की ताकतों को समायोजित करने के लिए किया गया एक प्रयास रहा है? अपनी प्रतिक्रिया पर प्रकाश डालें।

टिप्पणियाँ

1. Gerald E. Caiden's foreword in Mohammad Mohabbat Khan (1980).
2. Jawaharlal Nehru's (1975, 42–43) speech 'a word to the services' (delivered on 9 December 1955).
3. Hoover Commission, 1953 के साथ एक समानांतर बनाया गया, जिसने द्वितीय विश्व युद्ध के बाद अमेरिकी प्रशासन में सुधार करने के लिए सिफारिशों की एक श्रृंखला तैयार की।

संदर्भ

Appleby, Paul. 1953. *Public administration in India: Report of a Survey*. Delhi: Managers of publications.

Bhatt, Anil. 1979. "'Colonial Bureaucratic Culture and Development Administration: Portrait of an Old-fashioned Indian Bureaucrat," *Journal of Commonwealth and Comparative Politics, 17* (3): 259.

Caiden, Gerald E. 1999. "Administrative Reforms-proceed with Caution. "*International Journal of Public Administration, 22* (6): 815–832.

Gandhi, M. K. 1940. 'The Nature of the Police Force', *Harijan*, 1 September.

GOI. 1949. *Report of the Secretariat Reorganization Committee*. Government of India, New Delhi.

———. 1966–70. *Administrative Reforms Commission's Report*, Ministry of Home Affairs, Government of India. New Delhi.

———. 1981, May. *Eighth and Concluding Report of the National Police Commission*. Government of India, New Delhi.

———. 1997. *The Report of the Fifth Pay Commission*. Vol. 1. Government of India Press, New Delhi.

Gorwala, A. D. 1951. *Report of Public Administration* and also *Efficient Conduct of State Enterprises*. Government of India, New Delhi.

Khan, Mohammad Mohabbat. 1980. *Bureaucratic Self-preservation: Failure of Major Administrative Reform Effects in the Civil Service of Pakistan*. Dhaka: University Press Limited.

Machiavelli, Niccolo. 1979. *The Prince*. Suffolk, UK: Penguin Classics.

Minogue, Martin. 1998. 'Changing the State: Concepts and Practice in the Reform of the Public Sector'. In *Beyond the NPM: Changing Ideas and Practice in Governance*, edited by Martin Minogue, Charles Polidano and David Hume, 17. Cheltenham: Edward Elgar.

National Commission to Review the Working of the Constitution. 2000. *Review of Election Law, Processes and Reform Options*. Consultation Paper, New Delhi.

Nehru, Jawaharlal. 1975. *Jawaharlal Nehru and Public Administration*. New Delhi: Indian Institute of Public Administration.

Nelissen, Nico, Marie-Louise Bemelmand-Videc, Arnold Godfroij, and Peter De Goede, eds. 1999. *Reinventing Government: Innovative and Inspiring Visions*. The Netherlands: International Books.

Sharma, Arvind. 2003. 'Administrative Reforms in India: A Synoptic View'. In *Governance and Development: Issues and Strategies*, edited by Pradeep Sahni and Uma Medury, p. 111. New Delhi: Prentince-Hall.

भारत में लोक नीति

9

अध्ययन उद्देश्य

1. एक वैचारिक श्रेणी के रूप में लोक नीति के अर्थ और जटिल खुलासे की व्याख्या करना।
2. भारत में लोक प्रशासन के एक क्षेत्र के रूप में लोक नीति के विकास को समझना।
3. यह समझना कि एक नवउदारवादी भारत में लोक नीति को कैसे संचालित किया जाता है।

लोक नीति का हमारे दैनिक जीवन में कई बार उपयोग किया जाता है। हम अखबार में अक्सर सार्वजनिक स्वास्थ्य नीति, शिक्षा नीति, पर्यावरण नीति, कृषि नीति, औद्योगिक नीति और अन्य नीतियों के बारे में पढ़ते हैं। सरकार द्वारा लोक नीतियों को मुख्य रूप से सार्वजनिक जरूरतों और मांगों को पूरा करने के लिए तैयार किया जाता है। ये वे साधन है जिसके द्वारा एक सामूहिक समुदायों की सेवा की जाती है। नीति के बिना, सरकार और प्रशासन सिद्धांतविहीन हैं। सफल नीतियों को सफल सरकार और प्रशासन बनाती हैं और इसलिए यहाँ एक कहावत है कि जब नीति विफल होती है, तब सरकार भी विफल होती है। इस अध्याय को दो अनुभागों में बांटा गया है: प्रथम अनुभाग लोक नीति के सैद्धांतिक आयामों के बारे में चर्चा करता है, अर्थात अवधारणा, प्रासंगिकता, प्रकार, मॉडल और दृष्टिकोण; दूसरा अनुभाग लोक नीति के कार्यात्मक आयाम की चर्चा करता है, अर्थात्: निर्माण, कार्यान्वयन और मूल्यांकन प्रक्रियाएँ।

अध्ययन के एक क्षेत्र के रूप में लोक नीति का बढ़ता महत्व

लोक नीति, राजनीति विज्ञान के क्षेत्र में एक अपेक्षाकृत नया उप-क्षेत्र है। अध्ययन के एक क्षेत्र के रूप में इसका विकास इस तथ्य की मान्यता से हुआ है कि सरकार के फैसले के पारंपरिक विश्लेषण राजनीतिक गतिविधियों के अधूरे वर्णन थे। जैसे-जैसे समाज और इसके विभिन्न सार्वजनिक संस्थाओं के बीच के रिश्तें और अधिक जटिल और अधिक अन्योन्याश्रित बनते गये, वैसे-वैसे वहाँ के सरकारों द्वारा किए गये कार्यों का और अधिक व्यापक मूल्यांकन करने की जरूरत उभर कर आई, साथ में यह भी जाँच करना जरूरी हो गया था कि उन्होंने अन्य विकल्पों की तुलना में उसी नीति विकल्प को कैसे और क्यों अपनाया (Gerston 1974, 3)। आधुनिक समाज और औद्योगीकरण के उद्भव के साथ लोक नीति प्रक्रियाओं को विकसित करने पर ध्यान केंद्रित किया गया। उन्नीसवीं शताब्दी के दौरान, प्रतिनिधि सरकारों ने दुनिया के कुछ भागों में विकसित होना शुरू किया। जनता के एक बड़े भाग द्वारा अधिक राजनीतिक भागीदारी के साथ, सरकार के फैसलों ने अधिक महत्व और वैधता ग्रहण कर ली। सामाजिक, आर्थिक और राजनीतिक सवालों के संबंध में मूल्यों के टकराने का राजनीति और सरकार के लिए गंभीर निहितार्थ था। इन परिवर्तनों के साथ, सरकारों को अपने नागरिकों की समस्याओं पर ध्यान केंद्रित करना शुरू किया (Gerston 1974, 4)। समकालीन लोक नीति और नीति विश्लेषण में विशेष रूप से एक अमेरिकी और बीसवीं सदी की सुगंध मिलती है। अमेरिका में जनता की समस्याओं और

नीति का अध्ययन करने के लिए एक और अधिक एकीकृत दृष्टिकोण की दिशा में की गई पहल वास्तव में हेरॉल्ड लासवेल (Harold Lasswell) के काम (*Psychopathology and Politics*, 1930 और *The Analysis of Political Behaviour*, 1948) में परिलक्षित होना शरू हुई, जिसका 'The Policy Science' नामक पुस्तक में 'The Policy Orientation' पर लासवेल के निबंध के प्रकाशन के रूप में समापन हुआ, जो, डैनियल लर्नर द्वारा सह संपादित थी। हेरोल्ड लासवेल लोक नीति पर आंदोलन की शुरुआत के पीछे खड़ा है। 1960 के अंत में, जैसा कि एडवर्ड एस क्वेड ने टिप्पणी की है, युद्ध, गरीबी, अपराध, प्रजाति के संबंधों और प्रदूषण जैसे कई कारकों को नीति विज्ञान में अत्यधिक रुचि उत्पादन करने के लिए श्रेय दिया जा सकता है। हाल के दिनों में, लोक नीति के अध्ययन को जिस बात में विकसित किया गया है उसे वस्तुतः सामाजिक विज्ञान की एक नई शाखा कहा जा सकता है, अर्थात तथाकथित 'नीति विज्ञान'।

लोक नीति क्या है?

'लोक नीति' इस शब्द पर आने से पहले उसके दो घटकों-'जन'और' नीति 'को समझना उपयोगी होगा। हम जानते हैं कि लोक प्रशासन 'निजी' हित की बजाय 'जनता' के हित की सेवा करने के लिए राज्य के एक साधन के रूप में उभरा है। इस अर्थ में 'जनता' में सामान्य रूप से सभी लोग शामिल होते हैं, न कि अपने निजी हित रखने वाले केवल कुछ व्यक्ति। राजनीतिक जीवन में, सरकार 'जनता' की जरूरत और मांग पूरी करने का मुख्य साधन है। 'नीति' शब्द किसी दिये गये लक्ष्य की दिशा में की जाने वाली कार्रवाई के समग्र कार्यक्रमों को दर्शाता है। रॉबर्ट प्रेस्थस (1975, 14) नीति को 'एक व्यक्ति या व्यक्तियों के एक समूह' के द्वारा किए गये चयन के रूप में परिभाषित करता है, जो एक कार्यवाही के क्रम का वर्णन करता हैं, उसे सही ठहराता है, मार्गदर्शन करता है उसकी रूपरेखा तैयार करता है। इस तरह की नीति को मोटे तौर पर एक दिये गये पर्यावरण के भीतर विशेष उद्देश्य या प्रयोजन का एहसास करने के लिए एक व्यक्ति, एक समूह, एक संस्था या सरकार की कार्रवाई के प्रस्तावित पाठ्यक्रम के रूप में परिभाषित किया जा सकता है।

राजनीतिक परिवर्तन को समझने के लिए एक दृष्टिकोण के रूप में, लोक नीति की लगभग कई परिभाषाएँ है, क्योंकि वहाँ नीतिगत मुद्दे रहे हैं। इस अवधारणा की एक बेहतर समझ पाने के लिए आइये हम कुछ परिभाषाओं पर विचार करें। थॉमस आर डाई कहते हैं कि 'लोक नीतियाँ वे हैं जो सरकारें करने के लिए या न करने के लिए चुनती हैं' (पीटर्स 2012, 5)। इस परिभाषा में लोक नीति के रूप में सरकार के सभी कार्यों और अकार्यों को भी समाहित किया जाता है। इस कडी को आगे बढ़ाने के लिए, बी. गाय पीटर्स (2012, 5) कहते हैं कि लोक नीति', सरकार की गतिविधियों का योग है, चाहे वे प्रत्यक्ष कार्य कर रही हो या एजेंटों के माध्यम से, जैसा कि इसका नागरिकों के जीवन पर एक प्रभाव है। जेम्स ई एंडरसन एक समस्या या चिंता के मामले से निपटने में 'एक कर्ता या कर्ताओं के एक सेट द्वारा अपनाई गई एक कार्यप्रणाली' के रूप में लोक नीति को परिभाषित करते हैं (1975, 3)। नीति की यह अवधारणा अपना ध्यान इस बात पर केंद्रित करती है कि सरकार और सरकारी अधिकारियों द्वारा क्या प्रस्तावित किया गया है या क्या उद्देश्य है और उसके बदले में वास्तव में क्या किया गया है, जिससे एक निर्णय और एक नीति में फर्क किया जाता है, जो प्रतिस्पर्धा करने वाले विकल्पों के बीच एक विकल्प है।

लैरी एन गेर्स्टन एक ऐसी परिभाषा पाना चाहते हैं जो उन लोगों के द्वारा लिए गये बुनियादी निर्णय, प्रतिबद्धताएँ और कार्यों के संयोजन' के रूप में गतिशील लोक नीति में लोगों और सरकारों दोनों की कार्यवाही के लिए प्रतिक्रिया देती है और आदान-प्रदान करती है, जो सरकारी पदों को धारण करते हैं या अधिकार रखते हैं (एंडरसन 1975, 7)। येहेजकेल द्रोर (Yehezkel Dror) लोक नीतिनिर्माण को एक 'गतिशील प्रक्रिया' के रूप में परिभाषित करता है, जो भविष्य की दिशा में निर्देशित कार्रवाई के लिए प्रमुख दिशा-निर्देशों का फैसला करती है, मुख्य रूप से सरकारी संगठनों द्वारा। इन दिशा-निर्देशों (नीतियों) का औपचारिक लक्ष्य सर्वश्रेष्ठ संभव साधनों से उसे प्राप्त करना है जो जनता के हित में है' (द्रोर 1974, 12)। ये लोक नीतियाँ वे नीतियाँ हैं जिन्हें सरकारी निकायों और अधिकारियों द्वारा गैर सरकारी कर्ताओं और कारकों के माध्यम से विकसित की जाती हैं, जो नीति विकास को प्रभावित

कर सकती है। लोक नीतियों की विशेष विशेषताएँ इस तथ्य से उत्पन्न हुई हैं कि वे उसके द्वारा तैयार की गई हैं जिसे डेविड ईस्टन ने एक राजनीतिक प्रणाली में अधिकारी, 'बड़े, प्रमुख, विधायक, न्यायाधीश, प्रशासक, सलाहकार, सम्राट और इसी तरह कुछ बुलाया है। वे कहते हैं, ये वे 'लोग हैं, जो एक राजनीतिक प्रणाली के दैनिक मामलों में संलग्न रहते हैं' उन्हें 'इन मामलों के लिए जिम्मेदारी होने के रूप में प्रणाली के अधिकांश सदस्यों द्वारा मान्यता प्राप्त' है, और वे उन कार्यों को करते हैं जिन्हें 'अधिकांश सदस्यों के द्वारा बाध्यकारी के रूप में स्वीकार किया जाता है, जब तक वे अपनी-अपनी भूमिकाओं की सीमा के भीतर कार्य करते हैं' (ईस्टन 1965, 212)।

विभिन्न विद्वानों द्वारा दी गई ऊपरी परिभाषाओं के आधार पर हम लोक नीति की अवधारणा के निहितार्थ कुछ बातें कह सकते हैं। पहला, लोक नीति का यादृच्छिक व्यवहार के बजाय सोद्देश्य या लक्ष्य उन्मुख कार्रवाई के साथ संबंध है। दूसरा, लोक नीति कार्रवाई का एक कोर्स है, जिन्हें जनता के हित की सेवा करने के लिए सरकारों द्वारा अपनाया जाता है। तीसरा, लोक नीति वह नहीं है, जो सरकार करने का इरादा रखती है उसकी बजाय वह होती है जिसे वह वास्तव में करती है और जो बाद में होता है। चौथा, लोक नीतियाँ या तो सकारात्मक हो सकती हैं या नकारात्मक हो सकती हैं। इसके सकारात्मक रूप में, यह किसी विशेष समस्या को प्रभावित करने के लिए सरकार द्वारा की गई कार्रवाई के कुछ रूप शामिल हो सकते हैं, जबकि इसके नकारात्मक रूप में इसमें सरकार के अधिकारियों के कुछ मामले पर कार्रवाई न करने के निर्णय शामिल हो सकते हैं, जिसके लिए सरकारी भागीदारी चाही होती है। अंततः, लोक नीति का एक कानूनी और आधिकारिक आधार है। एक समाज के सदस्यों को उनके कानूनी रूप से बाध्यकारी होना और बलपूर्वक सत्ता की वजह से करों का भुगतान करना, यातायात के नियमों और प्रदूषण नियंत्रण मानकों का पालन करना वैध बनाता है।

लोक नीति का महत्व

लोक नीति किसी भी राजनीतिक व्यवस्था का एक महत्वपूर्ण घटक होती है। यह मुख्य रूप से जनता और उनकी समस्याओं के साथ संबंधित है। लोक नीति की भूमिका समाज की भलाई के लिए उसको आकार देने में है। डब्ल्यू पार्सन्स लोक नीति की भूमिका को बताते हुए कहते हैं, 'ज्ञान को शामिल करते हुए लोक नीति के जितने व्यापक उद्देश्य होंगे, उतना ही समाज में व्यक्तियों का पूर्ण विकास होगा और केवल वस्तुओं और सेवाओं के वितरण की बजाय आम सहमति, सामाजिक जागरूकता और वैधता का विकास होगा। इस प्रकार लोक नीतियों में लोगों की लोकतांत्रिक और राजनीतिक क्षमताओं में सुधार करना शामिल है, न कि केवल सेवाओं के वितरण की दक्षता और प्रभावशीलता को। इसका मतलब है कि लोक नीति का एक भागीदारीपूर्ण और लोकतांत्रिक चरित्र है।

लोक नीति एक विकासात्मक भूमिका है। सुनियोजित नीतियाँ एक राष्ट्र के सामाजिक-आर्थिक विकास में मदद करती हैं। आजादी के बाद, भारत के सामाजिक-आर्थिक परिवर्तन के उद्देश्य से कई नीतियाँ तैयार की गई। योजना आयोग का गठन किया गया। पंचवर्षीय योजनाएँ तैयार की गई। कृषि विकास, औद्योगिक विकास, गरीबी उन्मूलन, ग्रामीण विकास आदि के बारे में नीतियाँ तय की गई। आज हम इन नीतियों के सकारात्मक परिणाम देख सकते हैं। लोक नीतियों ने भी अपने राष्ट्र निर्माण कार्य में भारत की मदद की। भारत बाह्य आक्रमण से न केवल खुद की रक्षा कर सका है, बल्कि यह अलग-अलग समूहों, जाति, भाषाई और धार्मिक संप्रदायों को एकजुट रखने में सफल हुआ है। इस प्रकार, आजादी के बाद से भारत में लोक नीतियों ने सामाजिक-आर्थिक विकास को प्राप्त करने और राष्ट्रीय एकता और अखंडता को बनाए रखने में मदद की है।

जहां तक राजनीतिक विज्ञान के लिए लोक नीति के महत्व का सवाल है, थॉमस आर डाई (1998, 3) इसके लिए तीन कारण देते हैं: वैज्ञानिक, पेशेवर और राजनीतिक उद्देश्य। सबसे पहले, लोक नीति का इसकी उत्पत्ति, वह प्रक्रिया जिसके द्वारा यह विकसित की गई है, और समाज के लिए उसके परिणामों के बारे में अधिक से अधिक ज्ञान हासिल करने के उद्देश्य से अध्ययन किया जा सकता है। यह बदले में, सामान्य रूप में राजनीतिक व्यवस्था और समाज के बारे में हमारी समझ में वृद्धि करता है। लोक

नीति की पेशेवर उपयोगिता भी है। लोक नीति के कारण और परिणामों की समझ व्यावहारिक समस्याओं का समाधान देने के लिए हमें सामाजिक विज्ञान के ज्ञान को लागू करने की सुविधा देता है। तथ्यात्मक ज्ञान का होना समाज की बुराइयों को निर्धारित करने के लिए एक पूर्व-शर्त है। यदि कुछ निश्चित अंत मूल्य प्राप्त करनावांछित हैं, तो इस बारे में कौनसी राजनीति लागू करना सर्वश्रेष्ठ होगा यह सवाल एक तथ्यात्मक सवाल है, जिसके लिए वैज्ञानिक अध्ययन करने की आवश्यकता होती है। दूसरे शब्दों में, नीति अध्ययन पेशेवर सलाह उत्पादन कर सकते हैं।

अंत में, लोक नीति की राजनीतिक उपयोगिता है। यह सुनिश्चित करती है कि राष्ट्र सही लक्ष्यों को प्राप्त करने के लिए सही नीतियों को अपना रहा है। अक्सर यह तर्क दिया जाता है कि राजनीति विज्ञान महान सामाजिक और राजनीतिक संकट का सामना करने में चुप नहीं रह सकता या नपुंसक नहीं हो सकता, और यह कि राजनीतिक वैज्ञानिकों का विशिष्ट लोक नीतियों को आगे बढ़ाने का एक नैतिक दायित्व है। यह कार्य लोक नीतियों का ज्ञान रखने वाले नेताओं द्वारा पूरा किया जाता है।

ये लोक नीतियाँ समाज की बढ़ती जटिलता के जवाब में काफी महत्वपूर्ण हो गई हैं। ये लोक नीतियाँ सरकार की गतिविधियों के कारणों और परिणामों को समझाने में मदद करती हैं। लोक नीतियाँ हमें न केवल सामाजिक बुराइयों को समझने के लिए मदद करती हैं, अपितु यह अतीत से भविष्य के लिए एक सामाजिक और आर्थिक प्रणाली को आगे बढ़ाने के लिए उपकरण और तंत्र भी प्रदान करती हैं।

लोक नीति के प्रकार

एक राजनीतिक प्रणाली में सरकार कई गतिविधियों का प्रदर्शन करती है। यह समाज के भीतर होने वाले संघर्ष को नियंत्रित करती है, यह समाज का अन्य समाजों के साथ होने वाले संघर्ष को सम्हालती है, यह समाज के सदस्यों के लिए प्रतीकात्मक पुरस्कार और महत्वपूर्ण सेवाओं की एक महान विविधता को वितरित करती है और करों के रूप में समाज से पैसा निकालती है। थिओडोर लोवी (1964) ने सुझाव दिया है कि ये नीतियाँ प्रकृति में नियामक, वितरण करने वाली और पुनर्वितरण करने वाली हो सकती हैं और नीति का प्रत्येक प्रकार एक विशेष राजनीतिक प्रक्रिया के साथ जुड़ा हुआ है।

नियामक नीतियाँ आक्रामक तकनीकों के माध्यम से विनियमन और व्यक्तिगत आचरण के नियंत्रण के साथ संबंध रखती हैं। इन नीतियों का संबंध व्यापार, शिक्षा की गुणवत्ता, सुरक्षा उपायों, आदि के नियमन से है। इस प्रकार के विनियमन को स्वायत्त संस्थाओं द्वारा आयोजित किया जाता है, जो सरकार की ओर से काम करती हैं। भारत में, भारतीय प्रतिभूति एवं विनिमय बोर्ड (सेबी), भारतीय दूरसंचार नियामक प्राधिकरण, भारतीय मानक ब्यूरो और भारतीय रिजर्व बैंक (आरबीआई) इन नियामक एजेंसियों के उदाहरण हैं। वितरण संबंधी नीतियाँ आबादी के विशिष्ट समूहों के लिए माल और सेवाओं का अनुदान करती हैं। जनता के सभी कल्याण कार्यक्रम वितरण का कार्य करते हैं। किसानों को कृषि सब्सिडी, गरीब और सरकारी स्वास्थ्य सेवाओं के लिए खाद्य सब्सिडी ऐसी नीतियों के उदाहरण हैं। पुनर्वितरण नीतियों का कार्य संसाधनों का एक समूह से दूसरे समूह को पुनर्वितरण करना है। ऐसी नीतियों का मुख्य उद्देश्य सामाजिक और आर्थिक पुरस्कार के पुनर्वितरण के माध्यम से एक न्यायसंगत समाज की स्थापना करना है। आयकर नीतियों को अक्सर पुनर्वितरण नीतियों के उदाहरण के रूप में उद्धृत लिया जाता है।

फ्रेड एम फ्रोहॉक (1979) लोक नीति के लोवी के तीन गुना आयाम में दो और नीतियों को जोड़ते हैं। ये पूंजीकरण और नैतिक नीतियाँ हैं। व्यापार वर्ग द्वारा प्राप्त सब्सिडी और कर रियायतें पूंजीकरण नीतियों के अंतर्गत आती हैं। यदि व्यवहार में नहीं हो तो सिद्धांत में इस तरह के वितरण किसी भी समाज की संस्थाओं की उत्पादक क्षमता बढ़ाने के उद्देश्य से किया जाता है। हालाँकि पूंजीकरण नीतियाँ सामान्य रूप से वितरण नीतियों में शामिल है, फिर भी वे कल्याण कार्यक्रमों के प्राथमिक वितरण की तरह नहीं हैं। नैतिक नीतियों का उद्देश्य कुछ नैतिक मुद्दों के लिए सही प्रथाओं की स्थापना करना है। उदाहरण के लिए, 1973 में अमेरिका के सुप्रीम कोर्ट के फैसले (*रो बनाम वेड*) ने गर्भपात को गर्भावस्था के पहले तीन महीनों में एक कानूनी रूप से स्वीकार्य विकल्प बना

दिया था। न्यायालय ने गर्भपात के नैतिक मामले में समझौता नहीं किया था, और कई लोग गर्भपात को अभी भी नैतिक रूप से गलत कार्य के रूप में देखते हैं, भले ही इसे कानूनी रूप से अनुमति दी गई है। लेकिन न्यायालय के निर्णय के बाद लोक नीतियों ने तय किया है कि गहरे नैतिक प्रतिबद्धता से चिह्नित एक क्षेत्र में क्या किया जाना चाहिए और क्या नहीं। वास्तव में, सुप्रीम कोर्ट के निर्णय ने एक नैतिक मामले पर कानूनी रूप से अनुमति प्राप्त प्रथाओं की स्थापना की (फ्रोहॉक 1979, 13)।

नीतिगत माहौल

नीति बनाने को पर्याप्त रूप उस वातावरण से अलग नहीं समझा जा सकता, जिसमें उसे बनाया जा रहा है। नीतिगत कार्रवाइयों की मांगें वातावरण में उत्पन्न होती हैं और साथ ही राजनीतिक व्यवस्था को प्रेषित की जाती हैं; पर्यावरण नीति निर्माताओं द्वारा जो कुछ भी किया जाता है उस पर सीमाएं और बाधाएँ लागू करता है। जेम्स ई एंडरसन ने दो पर्यावरणीय कारकों की पहचान की है, अर्थात्, राजनीतिक संस्कृति और सामाजिक-आर्थिक चर और नीति निर्माताओं पर होने वाले उनके प्रभाव। राजनीतिक संस्कृति का मतलब है सरकारी नीतियों और कार्यों के विषय में व्यापक रूप से आयोजित मूल्य, विश्वास और व्यवहार।

विभिन्न देशों में लागू की जाने वाली लोक नीति और नीति निर्माण में मौजूद अंतर को समझाया जा सकता है, कम से कम आंशिक रूप से राजनीतिक-सांस्कृतिक विविधताओं के संदर्भ में। समाजशास्त्री रॉबिन विलियम्स डब्ल्यू ने अमेरिकी समाज में कई 'प्रमुख मूल्य उन्मुखीकरण' की पहचान की है। इनमें व्यक्तिगत स्वतंत्रता, समानता, प्रगति, दक्षता और व्यावहारिकता शामिल हैं। इस तरह के मूल्य साथ ही लोकतंत्र और व्यक्तिवाद के जैसे दूसरे मूल्य, स्पष्ट रूप से नीति निर्माण के लिए महत्व रखते हैं। राजनीतिक संस्कृति राजनीतिक व्यवहार में मदद करती है। राजनीतिक संस्कृति में मतभेद यह सुनिश्चित करने में मदद करता है कि संयुक्त राज्य अमेरिका में लोक नीति की आर्थिक प्रतिस्पर्धा के पक्ष में होने की और अधिक संभावना है, क्योंकि यहाँ अलग-अलग अवसरों को व्यापक रूप से महत्व दिया जाता है, जबकि चीन में इसके औद्योगिक उत्पादक संघ को सहन करने की अधिक संभावना है, क्योंकि यहाँ आर्थिक प्रतिस्पर्धा को अत्यधिक महत्व नहीं दिया जाता।

सामाजिक-आर्थिक स्थिति भी काफी हद तक राजनीतिक गतिविधियों को प्रभावित करती है। लोक नीतियों को भिन्न हितों और इच्छाओं को रखने वाले लोगों के विभिन्न समूहों, निजी और सरकारी, के बीच संघर्ष से उत्पन्न होने के रूप में देखा जा सकता है। संघर्ष के प्रधान स्रोतों में से एक आर्थिक गतिविधि है, खासकर आधुनिक समाज में। संघर्ष विभिन्न समूहों के हितों के बीच विकसित हो सकता है। जो समूह वंचित हैं या अर्थव्यवस्था में अन्य समूहों के साथ अपने वर्तमान संबधों से असंतुष्ट हैं, वे अपनी स्थिति में सुधार करने के लिए सरकारी सहायता प्राप्त कर सकते हैं। इस प्रकार, यहाँ श्रम समूह हैं, जो नियोक्ताओं के साथ निजी सौदेबाजी से उत्पन्न उनकी मजदूरी से असंतुष्ट हैं, जिसने न्यूनतम मजदूरी के क़ानून की मांग की है। एक समाज के आर्थिक विकास का स्तर उस बात पर सीमा लागू करेगा, जिसे सरकार समुदाय के लिए सार्वजनिक लक्ष्य और सेवाएं प्रदान करने में कर सकती हैं। आर्थिक संसाधनों की कमी है, और बेशक वे संयुक्त राज्य अमेरिका जैसे एक समृद्ध समाज की तुलना में दुनिया के कई अविकसित देशों में और अधिक सीमित करने वाली हो जाएगी। सामाजिक संघर्ष और परिवर्तन भी सरकार की कार्रवाई के लिए मांग को उठाएंगे। भारत में 1990 के दशक में पिछड़े वर्गों की तरफ से आरक्षण के लिए बढ़ती मांग की गई थी। उन्होंने अपने उत्थान के लिए आरक्षण की नीति को विकसित करने के लिए सरकार पर दबाव डाला था। परस्पर विरोधी हितों और मूल्यों के साथ वाले लोगों ने इस तरह की मांग का विरोध किया, उसके परिणामस्वरूप उन सरकारी अधिकारियों ने स्वीकार्य नीति समाधान की इच्छा के लिए खुद को कठिन दौर से गुजरता पाया।

इस बात को समझने के लिये कि नीति निर्णय कैसे किया जाता है और दूसरों के बजाय कुछ निश्चित निर्णय ही क्यों लिए जाते हैं, यह काफी हद तक इस चर्चा से निश्चित किया जा सकता है कि यहाँ सामाजिक, आर्थिक और राजनीतिक कारकों का विचार करने की आवश्यकता होती है।

अधिकृत नीति-निर्माता

अधिकृत नीति-निर्माता वे हैं जो लोक नीति के गठन में संलग्न होने के लिए कानूनी अधिकार प्राप्त अधिकारी होते हैं। इनमें विधायकों, अधिकारियों, प्रशासकों और न्यायाधीशों का समावेश होता है। प्रत्येक का नीति बनाने का कार्य कम से कम कुछ हद तक दूसरों से अलग होता है। एक राजनीतिक प्रणाली में विधानमंडलों का नीति निर्माण और क़ानून बनाने की केंद्रीय राजनीतिक कार्यों के साथ संबंध होता है। विधायिकाओं को अनुमोदन देने के क्रम में विधायिका सदन में अन्य महत्वपूर्ण कार्य करती हैं, जैसे सरकारी नीतियों और जनता पर पड़ने वाले उनके प्रभावों के बारे में विचार-विमर्श, छानबीन, आलोचना और प्रचार करना। आमतौर पर यह वे व्यापक उद्दिष्ट निर्धारित करती हैं, जिनका प्रशासन को पालन करना होता है।

आधुनिक सरकारें नीति तैयार करने में और इसके निष्पादन में हर जगह कार्यकारी नेतृत्व पर अत्यंत निर्भर होती हैं। सरकार के संसदीय स्वरूप में, सभी नीतियों को कैबिनेट और सरकार के मंत्रियों के अनुमोदन की आवश्यकता होती है; नीति निर्माण में कार्यकारी मंडल का शायद विकसित देशों की तुलना में और अधिक प्रभाव होता है। यह एक मजबूत नौकरशाही आधार की कमी और दबाव समूहों के कारण है, जो सरकार के हाथ में सत्ता की अधिक से अधिक एकाग्र होने की सुविधा देते हैं।

द्वितीय विश्व युद्ध के बाद के काल में राजनीति-प्रशासन विरोधाभास के शास्त्रीय सिद्धांत व्यर्थ साबित हुए हैं। अब वहाँ एक आम सहमति है कि प्रशासकों को भी एक से अधिक तरीकों में नीति निर्माण की प्रक्रिया में शामिल किया जाना चाहिए। जटिल औद्योगिक समाज में कई नीतिगत मामलों की परिभाषा और जटिलता, लगातार नियंत्रण की जरूरत और अन्य कारणों के बीच समय और जानकारी के अभाव औपचारिक रूप से प्रशासनिक एजेंसियों को ज्यादा विवेकाधीन अधिकार प्रदान करने की तरफ ले गये, जिन्हें पहले 'नियम बनाने वाली शक्ति' के रूप में मान्यता प्राप्त थी। आज जन अधिकारी तीन महत्वपूर्ण मायनों में नीति निर्माण के साथ जुड़े हुए हैं। सबसे पहले वे मंत्रियों को या विधायिका को तथ्यों, आंकड़ों और विश्लेषण (नीति की व्यवहार्यता के बारे में) की आपूर्ति करते हैं और एक नीति के लिए सामग्री प्रदान करते हैं। दूसरा, वे जनता के साथ लगातार संपर्क में होते हैं, इसलिए वे उनकी समस्याओं का एक बेहतर तरीके से समझते हैं और नीतियों के रूप में आवश्यक समाधान दे सकते हैं। तीसरा, समय और ज्ञान की कमी के कारण, विधायिका 'ढांचागत' अधिनियमों को पारित करती हैं और 'शरीर' को प्रशासन द्वारा भरा जाता है। यहाँ प्रशासकों को 'नीति बनाने' के लिए अधिकतम गुंजाइश होती है। न्यायपालिका भी लोक नीतियों में एक महत्वपूर्ण भूमिका निभाती है। जिन देशों में अदालतों को न्यायिक समीक्षा करने के अधिकार प्राप्त हैं, उन्होंने नीति निर्माण में एक महत्वपूर्ण भूमिका निभाई है। उनके पास विधायिका और कार्यकारी शाखाओं के कार्यों की संवैधानिकता को निर्धारित करने के लिए अधिकार होते हैं और यदि इस तरह की कार्रवाई के संवैधानिक प्रावधानों के साथ संघर्ष होना पाया जाता है, तो उन्हें अमान्य घोषित करने की भी शक्ति होती है। वे राष्ट्रीय महत्व के सामाजिक, आर्थिक और राजनीतिक नीतियों को दिशा देने में एक महत्वपूर्ण भूमिका निभाते हैं।

अनौपचारिक प्रतिभागी

अधिकृत नीति-निर्माताओं के अलावा अन्य कई अनौपचारिक पात्र नीति बनाने की प्रक्रिया में भाग ले सकते हैं, जैसे हित समूह, राजनीतिक दल और व्यक्तिगत नागरिक और वे बाध्यकारी नीतिगत निर्णय लेने के लिए कानूनी अधिकार रखने के बिना नीति गठन को प्रभावित कर सकते हैं।

राजनीतिक दल

आधुनिक समाज में, आम तौर पर राजनीतिक दल 'हितों के एकत्रीकरण' के कार्य प्रदर्शित करते हैं, अर्थात वे रुचि समूहों की विशेष मांग को सामान्य नीति विकल्प में स्थित परिवर्तित करना चाहते हैं। हर राजनीतिक दल के अपने कार्यक्रम या नीतियाँ होती हैं।

इन कार्यक्रमों, नीतियों या मूल्यों को घोषणापत्र के रूप (चुनाव से पहले) में लोगों सामने प्रस्तुत किया जाता है, ताकि उनके समर्थन हासिल कर सकें। इस घोषणा पत्र का व्यावसायिक उद्देश्य यह है कि यह एक वादा करता है, कि मानलो यदि यह दल सत्ता में आता है, तो यह उन नीतियों को लागू करेगा, जिसका वादा किया गया था। चूंकि सरकार उस राजनीतिक दल के नेताओं द्वारा बनाई जाती है जिसने विधायिका में सीटों का बहुमत जीता था, इसलिए पार्टी कार्यकर्ता उन नीतियों के निर्माण में शामिल हो जाते हैं जिनके लिए वे प्रतिबद्ध होते हैं।

प्रभावक समूह

प्रभावक समूह औपचारिक संरचनाओं के साथ वे संगठन होते हैं जिसके सदस्य आम हितों को साझा करते हैं। वे राजनीतिक कार्यालयों पर कब्जा किए बिना सरकार की नीतियों को प्रभावित करने का प्रयास करते हैं। इन समूहों का मुख्य कार्य मांग करना और नीतिगत कार्रवाई के लिए मौजूद विकल्पों को व्यक्त करना है। वे लगातार या तो नौकरशाही पर या सरकार पर ऐसे निर्णय लेने का दबाव डालते हैं, जिनकी उनके सदस्यों के हितों के साथ अनुरूप होने की संभावना होती है। इस तरह वे अपने सदस्यों के हितों की रक्षा करने के लिए प्रयास करते हैं। वे इस उद्देश्य के लिए विभिन्न तरीकों का इस्तेमाल करते हैं, जैसे प्रचार अभियान, पैरवी, अधिकारियों या विधानसभाओं के साथ व्यक्तिगत बैठकें, पत्र या ज्ञापन लिखना, आदि।

स्वयं नागरिक

वर्तमान युग में, किसी भी सरकार के लिए नागरिकों पर नीतियों को निरंतर लागू करना संभव नहीं है, अगर इस तरह की नीतियाँ उनकी इच्छा को प्रतिबिंबित नहीं करती हैं। लोक नीतियों को नागरिकों के हितों के अनुरूप होना ही पड़ता है। एक लोकतांत्रिक सरकार उन नीतियों को अपना नहीं सकती जिनका नागरिकों की बड़ी संख्या ने विरोध किया है। इस प्रकार, नागरिक नीति निर्माण पर एक अप्रत्यक्ष प्रभाव आरोपित करते हैं। मतदान के अधिकार का प्रयोग करना नागरिकों को लोक नीतियों का एक विकल्प बनाने के लिए सक्षम बनाता है। चुनाव नागरिकों को राजनीतिक दलों द्वारा उनकी तरफ फेंके गये वैकल्पिक नीतियों के बीच चयन करने के लिए अवसर देते हैं।

नीति को कौन लागू करता है?

लोक प्रशासन मुख्य रूप से नीति का कार्यान्वयन करने वाला संगठन है। विधायिका, अदालतें, दबाव समूहों और सामुदायिक संगठनों की तरह कई अन्य कर्ता इस प्रक्रिया में मदद करते हैं। आधुनिक राजनीतिक व्यवस्था में लोक नीति को मुख्य रूप से प्रशासनिक एजेंसियों की एक जटिल प्रणाली द्वारा कार्यान्वित किया जाता है। ये एजेंसियाँ सरकार के अधिकांश दिन-प्रतिदिन के काम करती हैं और इस प्रकार अन्य सरकारी इकाइयों की तुलना में नागरिकों को सीधे प्रभावित करती हैं। प्रशासनिक एजेंसियाँ अक्सर व्यापक और अस्पष्ट वैधानिक जनादेश के तहत कार्य करती हैं और उन्हें तय करने के लिए काफी स्वतंत्रता होती है कि क्या किया जाना चाहिए या नहीं करना चाहिए। नेताओं की ओर से समय, रूचि, जानकारी और विशेषज्ञता की कमी भी इन एजेंसियों को प्राधिकरण की प्राप्ति के लिए योगदान कर सकती है। नीति का कार्यान्वयन करना एक आसान काम नहीं है। शीर्ष प्रशासकों के सहयोग के बिना कुछ भी प्राप्त नहीं किया जा सकता। नीति के कार्यान्वयन में प्रशासकों, विशेष रूप से वरिष्ठ अधिकारियों के पास ये कार्य होने चाहिए, जिनकी नीचे चर्चा की गई है। सबसे पहले, प्रशासकों को स्पष्ट रूप से नीतियों की प्रकृति और महत्व को समझना चाहिए, जिन्हें राजनीतिक आकाओं ने स्थापित किया है। वे लक्ष्यों को प्राप्त करने के लिए डिज़ाइन की गई नीतियों

के निर्माण के लिए सलाह देने, और इन नीतियों के माध्यम संचालित करने के लिए आवश्यक संसाधनों को जुटाने और उनका प्रबंधन के लिए जिम्मेदार होते हैं। दूसरा, उन्होंने अस्पष्टता से बचने के लिए नीति निर्माताओं की सहायता करनी चाहिए। उन्होंने उन नीतियों को अपनाने के महत्व पर उन्हें सलाह देनी चाहिए जिन्हें लागू किया जा सकता हो। तीसरा, उन्हें सामान्य नीतियों और उनके उद्देश्यों को परिचालनीय लक्ष्य में रूपांतरित करने में सक्षम होना चाहिए। इस कार्य में परिचालन लक्ष्य को प्राप्त करने के लिए संभावित लागत और लाभ का विश्लेषण करना भी शामिल किया जाना चाहिए। जहां तक संभव हो, उन्हें नीतियों को लागू करने के लिए एक तर्कसंगत दृष्टिकोण अपनाने और प्रबंधन तकनीकों का उपयोग करना चाहिए। अंत में, उन्हें नीतियों और नीति के साधन के समन्वय पर विशेष ध्यान देने में सक्षम होना चाहिए। उन्हें यह देखने के लिए अन्य नीतियों के संबंध में प्रश्न में स्थित नीति का विश्लेषण करना चाहिए कि कहीं कोई विसंगतियाँ मौजूद तो नहीं हैं, और यह जांच करनी चाहिए कि यह बेहतर परिणाम का उत्पादन करने के लिए अन्य नीतियों के लिए पूरक या अनुपूरक हैं कि नहीं (Dror 1974, 12–13)।

नौकरशाही संगठनों को कई आलोचनाओं का सामना करना पड़ा है। ऐसा कहा जाता है कि वे लालफीताशाही, गैरजिम्मेदाराना, पदानुक्रम और कठोर नियम व्यवस्थाओं की ज्यादतियों से पीड़ित होते हैं। इन विकृतियों के बावजूद, उनका अत्यधिक महत्व है। Kenneth Meier और Bohte (2007) लिखते हैं, 'जब कभी किसी छोटे से संकट, पुरानी समस्याओं, या उदासीनता के साथ भी सामना किया गया है, तब सकारात्मक राज्य [सरकार] से प्रतिक्रिया मिलती है, और इस प्रतिक्रिया में आमतौर पर एक नौकरशाही भी शामिल होती है।' एक बड़ी हद तक, नौकरशाही एजेंसियां लोक नीतियों के निर्देशों की प्रतिक्रिया होती हैं।

जहाँ प्रशासनिक मशीनरी लोक नीति की प्राथमिक लागू कर्ता होती है, वहीं विधायी निकायों को भी नीति कार्यान्वयन में शामिल किया जाता है। हालांकि विधायी निकायों की भूमिका बहुत महत्वपूर्ण नहीं है; फिर भी वे कई मायनों में प्रशासनिक संगठनों को प्रभावित कर सकती हैं। यह प्रशासनिक विवेक और संस्थागत नियंत्रण को अधीन बनाती हैं। शीर्ष स्तर की कई प्रशासनिक नियुक्तियों के लिए संसदीय अनुमोदन होना आवश्यक है, और इसे क्रियान्वयन की प्रक्रिया को प्रभावित करने के लिए इस्तेमाल किया जा सकता है। न्यायपालिका भी नीति निर्माण में एक महत्वपूर्ण भूमिका निभाती है। कुछ कानूनों को मुख्य रूप से न्यायिक कार्रवाई के माध्यम से लागू किया जाता है। अदालतें कानूनों और प्रशासनिक नियमों और विनियमों की अपनी व्याख्या और उनके सामने लाये गये मामलों में प्रशासनिक निर्णयों में की गई उनकी समीक्षा के माध्यम से प्रशासन को प्रभावित करती हैं। न्यायालयें मोटे तौर पर अपने निर्णय के माध्यम से विशेष नीतियों के कार्यान्वयन को सुविधाजनक कर सकती हैं, उनमें बाधा ला सकती हैं, या उन्हें रद्द कर सकती हैं। राजनीतिक दल भी नीति लागू करने की प्रक्रिया को प्रभावित करते हैं। वे उन नीतियों को लागू करने में अधिकारियों और नौकरशाही दोनों को प्रभावित करने की कोशिश करते हैं, जो उनका उद्देश्य पूरा करती हैं। कभी-कभी वे ऐसी नीति के कार्यान्वयन को रोकते हैं, जो उनकी विचारधारा के विपरित हो। नागरिक समाज समूह, गैर सरकारी संगठन और सामुदायिक संगठन भी कार्यान्वयन करने में मदद करते हैं। पंचायतों ने 73वें संशोधन अधिनियम के बाद (1992) जमीनी स्तर की एजेंसियों के लिए एक एकीकृत उपकरण के रूप में काम किया है। संक्षेप में, प्रतिभागियों की एक किस्म दी गई नीति के कार्यान्वयन को प्रभावित करती है।

राजनीतिक-वैचारिक और संस्थागत समायोजन

लोक नीति एक विशेष संदर्भ में एक डिजाइन का निर्माण करना है। यही कारण है कि लोक नीति के विश्लेषण के लिए एक सार्वभौमिक विधा प्राप्त करना मुश्किल है। लोक नीति के निर्माण का सावधानी से किए गये विश्लेषण से पता चलता है कि इसकी अभिव्यक्ति हमेशा स्थिति-विशेष होती है। लेकिन वहाँ एक सामान्य बात को ध्यान में रखे जाने की जरूरत है: लोक नीति एक लहर है और शायद एक समान संदर्भ की वजह से कुछ व्यापक राजनीतिक-वैचारिक विशेषताओं के साथ संरचित होती है। संदर्भ के परिवर्तन के साथ, लोक नीति की प्रकृति को बदलने के लिए बाध्य होना पड़ता है, जैसा कि उस प्रक्रियाओं की विस्तृत चर्चा से नीचे दिखाया जाएगा, जो राजनीतिक स्वतंत्रता की प्राप्ति के बाद स्वतंत्र भारत के लिए संविधान के निर्माण की तरफ ले गई।

लोक नीति के निर्माण में परस्पर संबंधित दो पहलू होते हैं जो यहां महत्वपूर्ण हैं: एक तरफ, संदर्भ और वास्तविक लोक नीति के बीच का अंतरफलक समकालीन राजनीतिक व्यवस्था के वैचारिक झुकाव को दर्शाता है, वहीं दूसरी तरफ, यह वर्तमान से परे जाने की इच्छा को भी दर्शाता है, जो लोक नीति को भव्य दिव्य बनाता है। उदाहरण के लिए, यह बात *ज़वाबित* (राज्य के क़ानून) से साबित होती है, जिसे बरनी ने अपने *फ़तवा-ए-जहांदारी* में जोर देकर कहा है। *शरीयत* क़ानून की बजाय राज्य के कानूनों के लिए वरीयता देने हेतु लगातार बहस करके, उन्होंने धर्मनिरपेक्ष कानूनों के लिए एक मजबूत आधार तैयार किया। उनकी धारणा में भारत जैसे धार्मिक विविधता होने वाले राज्य में शासन करते हुए नियमों और विनियमों को लागू करने के लिए प्रशासक को तटस्थ रहने की उम्मीद की गई थी, जबकि किसी एक समुदाय के पक्ष में झुका होना, एक कुशल प्रशासन के लिए एक बाधा बन सकता था। हालांकि बरनी ने मध्यकालीन भारत के संदर्भ में यह तर्क दिया था, फिर भी यह आज भी उतना ही महत्व धारण किए हुए है, क्योंकि इसने एक ऐसा सिद्धांत स्थापित किया है जो उन लोगों पर राज्य कानूनों को लागू करने की प्राथमिकता पर जोर दे रहा था, जो संकीर्ण साम्प्रदायिक हितों की रक्षा के लिए बने हुए थे।

यह समकालीन भारत में स्पष्ट है। ब्रिटिश शासन के हटाने के साथ, राष्ट्रवादी नेताओं ने स्वतंत्र भारत को एक नए राष्ट्र की चुनौतियों का सामना करने के लिए तैयारी करते हुए एक सामाजिक-धार्मिक विविधतापूर्ण देश के लिए एक वैचारिक वरीयता स्पष्ट करने हेतु विभिन्न कदम उठाये। चिंता का विषय अलग समुदायों को एक आम कारण के लिए एक साथ लाना था। उन्होंने इस प्रकार खुद को व्यापक सिद्धांतों को उभारने में संलग्न किया जो एक सुव्यवस्थित समाज का निर्माण करने के लिए उचित थे। यह कार्य आसान नहीं था, विशेष रूप से 1947 के दर्दनाक अनुभव के संदर्भ में। अब कौनसा मार्ग बचा था? संस्थापक पिताओं के लिए तीन प्रमुख वैचारिक प्रभाव भारत में लोक नीति के निर्माण में महत्वपूर्ण होते प्रतीत हो रहे थे: उपनिवेशवाद, राष्ट्रवाद और लोकतंत्रीकरण। उपनिवेशवाद हटाने के बाद लोक नीति के निर्माण की प्रक्रियाओं के लिए औपनिवेशिक, राष्ट्रवादी और लोकतांत्रिक प्रतिक्रियाएँ भारतीय राजनीति को समझने में महत्वपूर्ण बनी रहीं। दो बिंदुओं को ध्यान में रखा जाना चाहिए: पहला, हालांकि उपनिवेशवाद और राष्ट्रवाद निश्चित रूप से एक दूसरे के विरोधी हैं, फिर भी इसमें कोई शक नहीं है कि पहले वाले ने ऐसी परिस्थितियों को उकसाया जिसमें उपनिवेश की आवाज को मुखर करने के लिए राष्ट्रवाद एक शक्तिशाली विचारधारा के रूप में उभरा। दूसरा, उपनिवेशवाद लोगों को शामिल करते हुए धीरे-धीरे लोकतंत्रीकरण की तरफ ले गया, जिसने विदेशी प्रशासन को हटा दिया। औपनिवेशिक राज्य ने ध्यान से चयनित भारतीय हितों का प्रतिनिधित्व करने के कुछ उपायों को लागू करने की अनुमति दी थी। लेकिन यह भी सुनिश्चित था कि राज्य शासन एक दूर की वस्तु बनी हुई है। ब्रिटिश राजनीतिक कुलीन वर्ग, जो प्रबोधन सिद्धांतों से प्रभावित था, कुछ मूल्यों के लिए इच्छुक लग रहा था जो उनके औपनिवेशिक हितों के लिए उपयोगी लग रहे थे; उन्होंने इस प्रकार के उपायों को शामिल करते हुए नीतियों का एक अनूठा मिश्रण विकसित किया, ताकि प्रबुद्धता दर्शन के मौलिक सिद्धांतों में उनके विश्वास के साथ-साथ उनके स्वयं के हितों की रक्षा की जा सके। भारत में ब्रिटिश शाही रवैया इस प्रकार अत्यधिक अस्पष्ट प्रतीत हुआ, जो 'सरकार के सबसे अच्छे स्वरूप में स्व-शासन के लिए उदार संबंध में बातचीत करने के प्रयासों में और शाही स्वामी बनने के उनके निहित स्वार्थों में परिलक्षित होता था।[1] इसमें कोई संदेह नहीं है कि भारत में उत्तर उपनिवेशवादी राज्य को अपनी शासन की आदतें औपनिवेशिक प्रथाओं से विरासत में मिली हैं। और इसके *weltanschauung* (दुनिया का नजरिया) 'औपनिवेशिक शासन के मिश्रित विरासत' पर आधारित है, जिसने क़ानून, नौकरशाही, नागरिकता, परजीवी जमींदारों, आधुनिक राजनीतिक संस्थाओं और 'विरोध प्रदर्शन और भागीदारी के दो ट्रैक परंपरा' के शासन के फैसले को बरकरार रखा (Mitra 2004, 29–34)। बहरहाल, भारत में संस्थानों के विकास पर एक सतर्क नजर डालने से स्पष्ट रूप से पता चलता है कि वे बदलती परिस्थितियों को समायोजित करने के लिए रचनात्मक तरीके से विकसित हुई हैं। संसदीय लोकतंत्र का वेस्टमिंस्टर मॉडल, जिसे भारत ने अपनाया था, वह एक नकल नहीं था, बल्कि स्थिति विशेष लोकाचार और विद्यमान सामाजिक-सांस्कृतिक परिवेश के लिए उत्तरदायी था। इसके अलावा, विधान सभाओं और राष्ट्रीय संसद की बदलती सामाजिक-आर्थिक स्थिति भी वास्तव में एक समावेशी लोकतंत्र की दिशा में एक प्रवृत्ति का संकेत दे रही थी। समाज के उपेक्षित वर्गों के बढ़ते राजनीतिकरण को देखते हुए, कुलीन केंद्रित शासन भी जन-केंद्रित शासन की मजबूती के कारण दूर लुप्त होता देखा जा रहा था। चुनाव के माध्यम से नियमित

अंतराल पर होने वाले राजनीतिक सत्ता के परिवर्तन लोकतांत्रिक प्रक्रिया के स्पष्ट प्रमाण हैं, जो केवल समय-समय पर होने वाले चुनाव में व्यक्त नहीं होते। वयस्क मताधिकार की शुरुआत ने भारत के लोक नीति की बनावट को पहचान करने से परे बदल दिया। लोकतंत्र इसलिए मतदाताओं की चुनावी भागीदारी तक ही सीमित नहीं रह गया है; बल्कि, यह नागरिक के रूप में अपने अधिकारों का प्रयोग करते समय लोगों के रोजमर्रा के संघर्षों में भी व्यक्त होता है। परिणामस्वरूप, समकालीन भारत में राजनीतिक बहस के मामले तत्कालीन कांग्रेस युग के मूल्यों में दर्शित नहीं होते, बल्कि लोकतंत्र के मजबूत बनने की प्रक्रिया के परिणाम हैं। क्षेत्रों की आवाज उठाते हुए, उन क्षेत्रों का प्रतिनिधित्व करने वालों ने केंद्र और परिधियों के बीच प्रभावी बातचीत के लिए एक मंच बनाया जैसा लगता है। स्वतंत्र भारत का इतिहास इस प्रकार एक लोकतंत्र की रचनात्मक अभिव्यक्ति है, जो न तो देसी है और न ही पश्चिमी अनुभवों की बिल्कुल नक़ल है, बल्कि अपने आप में अनोखी है।

1946 और 1949 के बीच तीन साल की अवधि में भारत के संविधान को बनाने के एक सतर्क विश्लेषण से पता चलता है कि संस्थापक पुरखों ने औपनिवेशिक सत्ता के बाद राजनीतिक रूप से स्वतंत्र भारत की लोकतांत्रिक आकांक्षाओं का अनुवाद करने के लिए कार्रवाई का एक नया पाठ्यक्रम कैसे तैयार किया। इसके अलावा, हालांकि संविधान के संरचनात्मक और प्रक्रियात्मक मामले में कम से कम एक निरंतरता थी, फिर भी यह अतीत के साथ 1950 से एक स्पष्ट विराम भी था। संविधान एक ऐसी विचारधारा पर रचा गया, जो अंग्रेजों की वापसी के बाद भारत में एक उदार लोकतांत्रिक व्यवस्था स्थापित करने की इच्छुक थी। यह संविधान विभाजन के कारण आई गंभीर कठिनाइयों के बावजूद, संस्थापक पिता की ओर से संविधानवाद और क़ानून के शासन के प्रति प्रतिबद्धता का सबसे बड़ा सबूत है। उदार लोकतांत्रिक मूल्यों के प्रति प्रतिबद्धता, जैसा कि संविधान सभा की कार्यवाही का सुझाव है, संविधान के निर्माण में सर्वोपरि बना रहा। उदाहरण के लिए, हालांकि संविधान निर्माताओं को लोकप्रिय संप्रभुता का विचार बहुत प्यारा लगा, फिर भी उन्होंने इसे नए सिरे से परिभाषित किया और एक नेहरूवादी सांख्यिकीविद राजनीतिक व्यवस्था बनाने के लिए उदार प्रातिनिधिक सिद्धांतों को अपनाया। लोकप्रिय संप्रभुता को इस प्रकार हेबरमेशियन प्रक्रियाकृत (Habermasian proceduralized) मायने में परिभाषित किया गया था, जिसमें वैध क़ानून बनाने के चैनलों को प्रभावित करने के लिए 'अनौपचारिक और स्वैच्छिक सार्वजनिक क्षेत्रों में लोकप्रिय राय और इच्छा का गठन किया जा सकता था' (सेन 2007, 112)।

समाज का समाजवादी प्रारूप

संविधान का कार्य कई लक्ष्यों की उपलब्धि को बढ़ावा देना था। सामाजिक क्रांति उनमें से एक थी। इसका उद्देश्य आम आदमी की बुनियादी जरूरतों को पूरा करना था और यह आशा की गई थी कि यह क्रांति भारतीय समाज की संरचना में मौलिक परिवर्तन लाएगी। संविधान सभा के सदस्यों ने एक निर्वात में काम नहीं किया था; वे 1947 और 1950 के बीच देश की संसद के सदस्य थे और केन्द्र और प्रांतीय सरकारों के प्रमुख भी थे, और इसलिए समस्याओं से अवगत थे, जैसे भोजन की कमी, सांप्रदायिक दंगे, आदि। जवाहरलाल नेहरू ने इस प्रकार तर्क दिया- 'यह राज्य एक गतिशील राज्य बन गया है, न कि एक स्थिर राज्य,—जिसमें प्रशासकों ने खुद को परिवर्तन के अनुकूल कर लिया है ... उन्हें काम के बदले शर्तों और काम के बदले उद्देश्यों के तरीकों को अपनाना जरूरी है'(*हिन्दुस्तान टाइम्स* 1950)।

वहाँ तीन संभावित तरीके थे: (क) वाम विकल्प-जहां राज्य उत्पादन के साधन का मालिक था, (ख) दक्षिणपंथी विकल्प- जहां राज्य हस्तक्षेप नहीं करता और (ग) मिश्रित अर्थव्यवस्था— जिसमें राज्य देश में चौतरफा विकास को सुनिश्चित करने के लिए 'सार्वजनिक उपयोगिताओं' के उद्यम में खुद को शामिल करता। भारत के पहले लोकतांत्रिक ढंग से निर्वाचित प्रधानमंत्री, जवाहर लाल नेहरू ने भारत में राज्य को पूंजीवादी विकास की धुरी के कार्य सौंपे और उसके द्वारा धन के समान वितरण को सुनिश्चित करने का विचार किया। यह एक ऐसा दृष्टिकोण था जिसने क्रांतिकारी परिवर्तन की हिंसा से परहेज करते हुए असमानताओं के विकास और कमी के संयुक्त लक्ष्यों की मांग की थी' (फ्रेंकल 2005, 3)। जैसा कि नेहरू ने विशेषता दर्शाई थी, 'यह एक तीसरा मार्ग था

जो सभी मौजूदा प्रणालियों में से सबसे अच्छा लेता है—रूस, अमेरिकी और अन्य—और ऐसा कुछ बनाना चाहता है जो अपने इतिहास और दर्शन के लिए अनुकूल हो (जैसा करंजिया ने फ्रेंकल 2005, 3 में उद्धृत किया है)। 'तीसरा मार्ग' स्पष्ट करने की मांग करते हुए वह आर्थिक मॉडल, जिसे भारत ने आजादी के बाद में अपनाया था, वह औद्योगीकरण का प्रतिस्थापन करते हुए राज्य के नेतृत्व वाला आयात किया हुआ मॉडल था।

भारत के संविधान की प्रस्तावना ने समाज के एक समाजवादी पैटर्न की नींव रखने के लिए सिद्धांतों को निहित किया। राज्य के नीति निर्देशक सिद्धांतों (संविधान के भाग IV) ने जोर दिया कि भारतीय राजनीति का लक्ष्य निरंकुश राज्य नहीं बल्कि एक कल्याणकारी राज्य लाना है, जहां राज्य का अपने नागरिकों के सामाजिक और आर्थिक न्याय के लिए यह सुनिश्चित करने का एक सकारात्मक कर्तव्य है, जो राष्ट्र की गरिमा, एकता और अखंडता के साथ संगत हो। उन्हें शासन में मौलिक बना कर और इन सिद्धांतों को लागू कर, देश के क़ानून और राज्य के कर्तव्य बनाकर, संस्थापक पिताओं ने इसे भविष्य की सरकारों की जिम्मेदारी बनाई है, कि वे व्यक्तिगत स्वतंत्रता और जनता की भलाई के बीच एक मध्यम रास्ता खोजें, कुछ थोड़े लोगों की संपत्ति और मौलिक अधिकारों के संरक्षण कर उन्हें सौभाग्य प्रदान करें ताकि आम भलाई के लिए योगदान करने के लिए लोगों के अधिकारों को समान रूप से वितरित किया जा सके।[2]

राज्य निर्देशित विकास के इस मॉडल में, सबसे महत्वपूर्ण साधन योजना आयोग है, जो कांग्रेस कार्य समिति के भीतर गांधीवादियों की तरफ से होने वाले गंभीर विरोध के बावजूद जनवरी, 1950 में अस्तित्व में आया था। हालांकि, कैबिनेट प्रस्ताव जिसने अंत में आयोग के निर्माण के लिए नेतृत्व किया, उसने योजना की तैयारी में संदर्भ की विशेष शर्तों के रूप में तीन प्रमुख सिद्धांतों को रेखांकित किया, जिसने काफी हद तक विरोध को निष्क्रिय कर दिया। इन सिद्धांतों में शामिल हैं: (क) कि नागरिकों, पुरुषों और महिलाओं को समान रूप से आजीविका के पर्याप्त साधनों का अधिकार है; (ख) कि देश के भौतिक संसाधनों का स्वामित्व और नियंत्रण इस तरह से सबसे अच्छे तरीके से वितरित हों, जिससे आम भलाई हो, और (ग) कि आर्थिक प्रणाली के संचालन का परिणाम धन और उत्पादन के साधनों की एकाग्रता में न हो, जिससे सार्वजनिक हानि होगी (फ्रेंकल 2005, 85)।

1977 की औद्योगिक नीति प्रस्ताव ने कुटीर उद्योगों को महत्व को बरकरार रखा और यह भी घोषणा की कि पीएसयू को लाभदायक और कुशल होना चाहिए। 1980 के औद्योगिक नीति प्रस्ताव ने समाज के समाजवादी पैटर्न के लिए, शायद इंदिरा गांधी की जिद की वजह से 1956 की औद्योगिक नीति प्रस्ताव को दोहराया है, जिसने अतीत में जवाहर लाल नेहरू और उनके सहयोगियों को प्रभावित किया था। राज्य को उद्योगों के विकास में एक प्रगतिशील सक्रिय भूमिका निभानी चाहिए। इन उद्योगों को प्रस्ताव के अनुसार इस प्रकार वर्गीकृत किया गया: (क) हथियार और गोला बारूद के निर्माण करने वाले उद्योग, परमाणु ऊर्जा के उत्पादन और नियन्त्रण और रेलवे परिवहन के स्वामित्व और प्रबंधन (ख) बुनियादी उद्योग, अर्थात, लोहा, कोयला और इस्पात, विमान निर्माण, जहाज निर्माण, खनिज तेल। प्रथम और द्वितीय राज्य के क्षेत्र हैं और बाकी निजी उद्यमों को दिया जा सकता है।

समाजवाद के सिद्धांतों के लिए कांग्रेस की प्रतिबद्धता को कांग्रेस के 1955 अवादी वार्षिक सत्र में दोहराया गया था। समाज के एक समाजवादी पैटर्न होने के घोषित उद्देश्य को ध्यान में रखते हुए, राज्य योजना और विकास में एक महत्वपूर्ण भूमिका निभाएगा। 1956 आईपीआर ने (क) बड़े पैमाने पर रोजगार और (ख) नैतिक बढ़ावा देने और इसके परिणामस्वरूप विश्वास बढ़ाने के लिए कुटीर उद्योगों के महत्व को रेखांकित किया। समाजवाद में श्रीमति गांधी के विश्वास के कारण 1980 का आईपीआर 1956 के आईपीआर की पुनरावृत्ति थी।

भारत में नवउदारवादी आर्थिक सुधार

1990 के दशक में व्यापक आर्थिक सुधारों की शुरुआत के साथ, ऐसा लग रहा था कि राज्य के नेतृत्व में विकास योजनाओं ने ऐसी स्थिति में अपना महत्व खो दिया, जहां राज्य के एजेंडे को पुनर्परिभाषित करने में गैर राज्य कर्ताओं के महत्व में वृद्धि हुई।[3] भारत ने शायद एक बहुत ही संरक्षकात्मक ढंग से इन सुधारों को अपनाया। हम शायद एक संक्रमणकालीन अर्थव्यवस्था में

राज्य के हस्तक्षेप के लिए सैद्धांतिक औचित्य की इच्छा नहीं कर सकते। समाजवादी सिद्धांतों को भूला नहीं जा सकता है, लेकिन जब तक एक सार्थक विकल्प रखा न जाए तब तक सामाजिक क्षेत्रों के लिए राज्य के महत्व को भी कम नहीं किया जा सकता। यह भारत की अर्थव्यवस्था में स्थित स्पष्ट विकृतियों के रूप में दिखाई देता है। आंध्र प्रदेश के एक अनुभवजन्य अध्ययन और अन्य समर्थन डेटा के आधार पर यह तर्क दिया गया है कि 'दो अर्थव्यवस्थाएँ उभर रही हैं —एक समृद्ध और अन्य मुख्य रूप से कृषि अर्थव्यवस्था— और इस विभाजन को भारत के सामाजिक और क्षेत्रीय परिदृश्य में देखा जा सकता है '(फ्रेंकल 2005, 625)। प्रौद्योगिकी आधारित, निर्यात उन्मुख और शहर केंद्रित अर्थव्यवस्था नई आर्थिक वातावरण में पनपी है, जबकि कृषि अर्थव्यवस्था पिछड़ी ही बनी हुई है और जो इस से जुड़े हुए हैं उन लोगों को 'एक बेहतर भविष्य की उम्मीद कम है [और] वे आजीविका पाने के लिए दैनिक संघर्ष में व्यस्त हैं'(फ्रेंकल 2005, 625)।

यह सच है कि आर्थिक उदारीकरण का एक महत्वपूर्ण प्रभाव पड़ा है, और फिर भी, भारत में आर्थिक सुधारों के प्रभाव की संकल्पना करते समय प्रचलित 'राजनीतिक-संस्थागत संदर्भ' के महत्व को कम नहीं आंका जा सकता। एक महत्वपूर्ण तरीके से, 'एक अच्छी तरह से आरोपित राज्य' के संस्थागत विरासत ने भारत में सुधार-पश्चात की संभावनाओं को प्रभावित किया है। जैसा कि एक समीक्षक ने तर्क दिया है, 'भारत का नौकरशाही वाला शासन— लाइसेंस-कोटा-परमिट राज—का संक्रमण के बाद वाले पैटर्न पर प्रमुख, अनपेक्षित परिणाम रहा है: सभी [राज्य] सरकारों और केंद्रीय शासन ने सुधार के लिए राज्य के नेतृत्व वाली रणनीति पर भरोसा करना जारी रखा; यहाँ भारत में सुधारों के लिए कोई 'वाशिंगटन सहमति" या "नवउदारवादी" मार्ग नहीं है (सिन्हा 2004, 51)। इसमें कोई शक नहीं है कि आर्थिक सुधारों ने भारत की राजनीतिक अर्थव्यवस्था में क्रांतिकारी परिवर्तन लाया है। फिर भी, बीते हुए युग की पुरानी नियामक व्यवस्था एक बहुत ही निर्णायक तरह से उदारीकरण के पथ और प्रक्रिया में महत्वपूर्ण बने रही। इस प्रकार भारत भर में जो प्रसारित हुआ वह 'बाजार कट्टरवाद' के बजाय उदारीकरण के लिए 'राज्य निर्देशित मार्ग है' (सिन्हा 2004, 55)। इसका परिणाम अर्थव्यवस्था में स्पष्ट तनाव के रूप में हुआ, जो बाजार आधिपत्य की न तो सराहना के लायक है और न ही पूर्व राज्य के नेतृत्व में विकास के प्रतिमान का पूरी तरह से समर्थन कर रहे हैं। वास्तव में, यहाँ गंभीर सामाजिक असंतोष की जड़ें मौजूद हैं, जो उग्रवादी माओवादी आंदोलन सहित वैचारिक राजनीतिक आंदोलनों में तेल डालती हैं, और हाशिए पर स्थित लोगों की रक्षा करने में उसकी विफलता के लिए राज्य को चुनौती देती हैं। इस प्रकार स्थिति अब और अधिक जटिल हो गई है, क्योंकि यहाँ इस बात की पुष्टि करने के सबूत हैं कि राज्य वास्तविक रूप में बहुसंख्य लोगों की सामाजिक-आर्थिक शिकायतों का समाधान करने में बुरी तरह से नाकाम रहा है, विशेष रूप से ग्रामीण भारत में, जो व्यक्ति-केंद्रित राजनीतिक आंदोलनों के समेकन की ओर ले जाता है। उनकी विशिष्ट प्रासंगिक प्रकृति को देखते हुए, उन्हें व्युत्पन्न सैद्धांतिक भाषणों में समझा नहीं जा सकता।

बदलते आर्थिक क्षितिज

1991 में व्यापक आर्थिक सुधारों की शुरुआत राज्य के नेतृत्व वाली विकास योजनाओं और कार्यक्रमों के लिए एक गंभीर चुनौती है। समाज के नेहरूवादी समाजवादी पैटर्न की स्पष्ट विफलता को देखते हुए, जिसे 1947 में भारत की औपनिवेशिक समाप्ति के तुरंत बाद राजनीतिक नेतृत्व द्वारा ऐसे उत्साह से समर्थन किया गया था, 1991 की नई आर्थिक नीति के लिए कोई अचरज प्रकट नहीं किया गया था। बहरहाल, ऐसा कहा नहीं जा सकता है कि समाज के समाजवादी शासी सिद्धांत पूरी तरह से गायब हो गये हैं; इसके बजाय, ऐसा लगता है कि भारतीय राज्य ने एक संदर्भ विशेष रणनीति अपनाई है, जिसमें राज्य के हस्तक्षेप की तब तक सराहना की गई, जब तक एक सार्थक विकल्प उपलब्ध नहीं हुआ। इसके अलावा, हम यहाँ शामिल बड़े राजनीतिक दार्शनिक मुद्दे पर कोई टिप्पणी नहीं कर सकते। यह तर्क, कि बाजार अर्थव्यवस्था के मार्च का समाजवादी सिद्धांतों के लिए भारतीय कुलीन वर्ग के मोह द्वारा विरोध किया गया है, वह आर्थिक उदारीकरण के बड़े पैमाने पर किए गये स्पष्ट विरोध के प्रकाश में प्रेरक प्रकट नहीं होता है। जैसे कि प्रणब बर्धन (2008, 136) ने तर्क दिया है, 'व्यक्तिगत अधिकारों के बजाय सामूहिक समतुल्यता के लिए

हमारा सामूहिक जुनून, और प्रतियोगिता का गहरा संदेह, जिसमें बड़े आर्थिक हितों को छोटों को निगलने का अवसर दिया जाता है, वे बाजार की ताकतों और दक्षता के खिलाफ काम करते हैं'। यह जुनून विशेष रूप से गांधीजी द्वारा मजबूत बनाया गया था, जो बाजार संचालित पूंजीवाद का विरोध किए जाने के कारण आर्थिक विकास के अपने विशिष्ट मॉडल की संकल्पना करते हुए 'छोटा खूबसूरत होता है' इस परिप्रेक्ष्य की तरफ आकर्षित हुए थे। आर्थिक सुधारों ने ऐसी स्थिति तैयार की, जिसमें जो बाजार के विस्तार और प्रतियोगिता के गांधीवादी नैतिक आलोचना द्वारा राजी हुए, वे पर्यावरण के संरक्षण, महिलाओं के अधिकारों, स्वदेशी लोगों के पारंपरिक आजीविका के लिए देश भर में सक्रिय जमीनी आंदोलनों के निर्माण के लिए वामपंथी कट्टरपंथी ताकतों की तरफ आकर्षित हो रहे हैं। ऐसी परिस्थितियों में, विकास या बाजार 'छोटे लोगों की बेदखली और पर्यावरण की लूट-पाट' का पर्याय बन गया लगता है। जैसा कि बर्धन ने ठीक ही निष्कर्ष निकाला है, इस प्रकार, राजनीतिक संस्कृति में प्रमुख किस्में 'बाजार सुधारों के लिए एक अधिक गैर- स्वागतीय वातावरण प्रदान करते हैं' (बर्धन 2008, 137)।

भारत में आर्थिक उदारीकरण को सुधारों में 'चुपके से' चालू किया गया (Jenkins 1999, 172–207)[4] क्योंकि इसे 1991 में भुगतान के संकट के भारी संतुलन से बचने के लिए कमाधिक रूप में किए गये सौदे के रूप में स्वीकार कर लिया गया था। घरेलू मजबूरियों के अलावा, अंतरराष्ट्रीय स्तर पर दो प्रमुख घटनाओं ने 'विकास की रणनीति के बारे में पहले सामाजिक आम सहमति की बुनियादी परिसर' को कम आंका (तेंदुलकर और भवानी 2007, 85)। पहली, पूर्व सोवियत संघ और उसके पूर्वी यूरोपीय उपग्रह राज्यों का पतन थी, जो 'एक बाजार उन्मुख आर्थिक प्रणाली' की ओर ले गई, जो पूरी तरह से नियोजित आर्थिक विकास के मॉडल के विरुद्ध था। दूसरी, 1978 के बाद से इसकी अर्थव्यवस्था के खुलने और अपने सहवर्ती अनुकूल आर्थिक गिरावट बहिष्कार के साथ चीन की 'समाजवादी बाजार अर्थव्यवस्था' की शानदार सफलता ने आर्थिक राष्ट्रवाद पर आधारित भारत की विकास रणनीति पर गंभीर संदेह उत्पन्न किया।

यह भारत की अर्थव्यवस्था में स्पष्ट विकृतियों के रूप में दिखाई देता है। आंध्र प्रदेश के एक अनुभवजन्य अध्ययन और दूसरे समर्थन डेटा के आधार पर, लेखक इस प्रकार का तर्क देते हैं कि 'दो अर्थव्यवस्थाएँ उभर रही हैं —एक समृद्ध और अन्य मुख्य रूप से कृषि अर्थव्यवस्था—... और इस विभाजन को भारत के सामाजिक और क्षेत्रीय परिदृश्य में देखा जा सकता है' (फ्रेंकल 2005, 625)। प्रौद्योगिकी आधारित निर्यात उन्मुख शहर केंद्रित अर्थव्यवस्था नई आर्थिक वातावरण में पनप रही है, जबकि कृषि अर्थव्यवस्था पिछड़ी बनी हुई है और जो इस के साथ जुड़े हैं उन लोगों को एक बेहतर भविष्य की उम्मीद नहीं है [और] एक आजीविका पाने के लिए दैनिक संघर्ष में व्यस्त रहते हैं '(फ्रेंकल 2005, 625)। राष्ट्रीय आय में कृषि का योगदान हाल के वर्षों में नाटकीय रूप से गिर गया है, लेकिन 600 मिलियन से अधिक भारतीय अभी भी खेती पर निर्भर हैं। यह स्पष्ट कारणों से चिंता का एक विषय है। वास्तव में, सकल घरेलू उत्पाद में कृषि की हिस्सेदारी के बीच बढ़ते विचलन और 'भारत में कृषि उत्पादकता बढ़ाने की तत्काल जरूरत के लिए लगने वाले कार्य बल क्षमता से काफी कम है (शाह 2008)।

जहाँ कृषि 'एक सौदा क्षेत्र' बनी हुई है, वहीं औद्योगीकरण भारत की आर्थिक बीमारियों के लिए 'रामबाण'के रूप में आया है, चूँकि अर्थव्यवस्था में फिर भी तेजी आई है, भले ही कृषि क्षेत्र थम गया है। उदारीकरण के लिए ठेठ भारतीय प्रतिक्रिया स्पष्ट करने की मांग करते हुए औद्योगिक नीति प्रस्ताव 1991 ने इस प्रकार राज्य के समग्र नियंत्रण के भीतर 'अनावश्यक नौकरशाही पर नियंत्रण के जाल से भारतीय औद्योगिक अर्थव्यवस्था को निकालने' के लिए यद्यपि कई कदमों के सुझाव दिए। चार विशेष कदमों की सिफारिश की गई थी: पहला, सुरक्षा और सामरिक संबंधित, सामाजिक कारणों, खतरनाक रसायनों और सर्वोपरि पर्यावरणीय कारणों से संबंधित उद्योगों की एक छोटी सूची के लिए छोड़कर सरकार ने 'औद्योगिक लाइसेंसिंग नीति' को समाप्त करने का फैसला किया। दूसरा, सरकार ने 'उच्च प्राथमिकता वाले उद्योगों में प्रत्यक्ष विदेशी निवेश को 51 प्रतिशत विदेशी इक्विटी बढ़ाकर' भी समर्थन किया। बाधाओं से बचने के लिए, विदेशी मुद्रा विनियमन अधिनियम 1973 में संशोधन का सुझाव दिया गया। तीसरा, 'बीमार सार्वजनिक क्षेत्र की इकाइयों' की सुरक्षा वापस लेने का फैसला किया गया था और वहाँ 'प्रदर्शन में सुधार पर ज्यादा जोर' दिया गया था, ताकि इन राज्य प्रायोजित उद्यमों में शामिल लोगों की जवाबदेही को सुनिश्चित किया जा सके। अंत में, नीति 'एमआरटीपी (एकाधिकार अवरोधक व्यापारिक व्यवहार) अधिनियम के तहत कार्य करने वाली कंपनियों के

संबंध में परिसंपत्तियों की सीमा' को दूर करने की मांग की गई। इस अधिनियम में संशोधन करने की मांग करके, इस नीति ने 'नए उपक्रमों की स्थापना, उपक्रमों के विस्तार, विलय, समामेलन और कुछ निश्चित परिस्थितियों में निदेशकों की नियुक्तियों के लिए केंद्र सरकार की पूर्व अनुमति लेने की आवश्यकता के उन्मूलन का सुझाव दिया'। यदि प्रासंगिक रूप में आंका जाए तो आर्थिक उदारीकरण के लिए भारतीय प्रतिक्रिया सबसे रचनात्मक है। जोसेफ स्टिगलिज का तर्क है, समाज के नेहरूवादी समाजवादी पैटर्न को ऐतिहासिक कारणों से इतनी आसानी से तिरस्कृत नहीं किया जा सकता, जबकि वैश्वीकरण भारत जैसे गरीब देश में आर्थिक विकास के लिए एक उपयुक्त रणनीति नहीं हो सकती, क्योंकि इसके वर्तमान स्वरूप में यह 'शैतान के साथ समझौता करने की तरह लगता है'। चूँकि हो सकता है कि कुछ लोग अमीर बन गये हों, लेकिन अधिकांश लोगों के लिए वैश्विक अर्थव्यवस्था में एकीकरण ने अधिक अस्थिरता और असुरक्षा की भावना उत्पन्न की है, और अधिक असमानता लाई है' (स्टिगलिज 2006, 292)।[5] आर्थिक उदारीकरण इस प्रकार एक दोधारी उपकरण है, जिसने जहाँ कुछ भारतीयों के जीवन में सुधार किया है, वहीं लाखों लोगों को अधिक अछूता छोड़ दिया है। इसलिए यह ठीक ही कहा गया है कि भारत में आर्थिक उदारीकरण का सार एक बौद्ध कहावत द्वारा दर्शाया जा सकता है कि 'स्वर्ग के द्वार की कुंजी वह कुंजी भी है, जो नरक के द्वार खोल सकती है'। दरअसल, जटिलता आर्थिक सुधारों में खतरे और अवसर इसतरह आपस में घुलमिल गये हैं कि 'देश के लिए [आर्थिक समृद्धि] के लिए की गई यात्रा आसानी से गरीबी के एक नारकीय बुरे सपने में बदल सकती थी और बहुसंख्य के लिए असमानता को बढ़ा सकती थी (भादुड़ी और नैयर 1996, 159)।

उपरोक्त विश्लेषण भारत में लोक नीति के निर्माण की संकल्पना तैयार करने में सहायक है, क्योंकि लोक नीति एक निर्वात में तैयार नहीं की जाती। प्रचलित सामाजिक-आर्थिक संदर्भ उन प्रक्रियाओं को समझने की कुंजी रखता है जो लोक नीति की प्रकृति को समझने के लिए महत्वपूर्ण हैं। जैसा कि अब स्पष्ट है, समाज के एक समाजवादी तर्ज पर तत्कालीन जोर बदले हुए सामाजिक-आर्थिक संदर्भ में तर्कसंगत होना प्रतीत नहीं होता है। यह सच है कि भारत इस अर्थ में एक उदारीकृत अर्थव्यवस्था नहीं है, जैसे कि उसके दक्षिण-पूर्व एशियाई पड़ोसी हैं, हालांकि उसने समावेशी विकास के लिए कुछ खास प्रधान आर्थिक क्षेत्रों में आर्थिक उदारीकरण का स्वागत किया है। नीति निर्माताओं की नए माहौल में नई प्राथमिकताएँ थी और परिणामस्वरूप उन्होंने अपना ध्यान धीरे-धीरे राज्य के नेतृत्व वाली नियोजित आर्थिक विकास से बाजार की ताकतों के महत्व को स्थानांतरित करने में केंद्रित कर दिया। सार्वजनिक उद्यमों को पहली व्यवस्था में जो सुरक्षा प्राप्त की थी उसे धीरे-धीरे वापस ले लिया गया है और विनिवेश की नीति को उत्साह के साथ आगे बढ़ाया जा रहा है। यहाँ तक कि महाशक्तियाँ भी अब बाजार में प्रतिस्पर्धा के अधीन हैं और कमजोर सार्वजनिक क्षेत्र की इकाइयों को चरणबद्ध रूप से बाहर किया जा रहा है, क्योंकि वे अब कड़ी प्रतिस्पर्धा का सामना करने में व्यवहार्य नहीं हैं।

भारत में उदारीकरण- निजीकरण-वैश्वीकरण (एलपीजी) शासन के समेकन के संदर्भ में लोक नीति की पुनः संकल्पना करने में नीति निर्माताओं ने लोक नीतियों का निर्माण करने के लिए एक नई दिशा प्रदान की है, जो राज्य के नेतृत्व वाली नियोजित आर्थिक विकास में समझ से बाहर थी। यह परिवर्तन तीन तरीके में दिख रहा है: पहला, नीति निर्माण या तो नौकरशाहों के लिए या नेताओं के लिए एक विशेषाधिकार नहीं बना रहा है और धीरे-धीरे उसमें जीवन के विभिन्न क्षेत्रों से हितधारकों की भागीदारी बढ़ रही है। अब बदले हुए परिवेश में, गैर सरकारी संगठनों और नागरिक समाज के कर्ताओं को नजरअंदाज नहीं किया जा सकता और लोक नीति के निर्माण में उनकी भूमिका की संकल्पना करना सबसे अधिक महत्वपूर्ण है। दूसरा, वैश्विक या अन्य महत्वपूर्ण कर्ता, जो हो सकता है कि नीतियों की तैयारी में सीधे शामिल न हों, लेकिन दाताओं के रूप में उनके महत्व को देखते हुए वे महत्वपूर्ण बने रहते हैं। ये शक्तिशाली कर्ता जो धन प्रदान करते हैं उनके बिना विकासात्मक गतिविधियों पर रोक लगा दी जाने की संभावना होती है और इस तरह उनकी आवाज को एक महत्व हासिल है। विकास की प्रक्रिया के साथ जोड़े जाने के कारण न केवल उन्होंने अपनी आवाज को मजबूत किया है, बल्कि वे नीति निर्माण में प्रमुख कर्ता के रूप में भी उभरे हैं। तीसरा, नीति निर्माण में नागरिकों का बढ़ता महत्व, अब राजनेता या नौकरशाह की कोई एक विशेष डोमेन नहीं रह गया है। एक सतर्क नागरिकता नीतियों के निर्माण के लिए महत्वपूर्ण जानकारी प्रदान करती है, जिसकी राज्य स्पष्ट प्रतिकूल परिणामों की वजह से अनदेखी नहीं कर सकते। यहाँ यह दर्शाने के लिए असंख्य उदाहरण मौजूद हैं कि हाल के वर्षों में, प्रमुख नीतियों के कुछ एक विशेष मुद्दों पर नागरिकों की लामबंदी

की वजह से उन्हें सरकार द्वारा स्वीकार कर लिया गया है। उदाहरण के लिए, सूचना का अधिकार अधिनियम 2005, के हथियारों से लैस होने के कारण, नागरिक अब मात्र प्राप्तकर्ता नहीं रह गये हैं, बल्कि परिवर्तन करने के लिए प्रेरक भी बन गये हैं। उदाहरण के लिए, लिंग संवेदनशीलता के लिए उनकी बढ़ते समेकन के साथ, वे एक बहुत ही महत्वपूर्ण तरीके से सरकार की नीतियों को प्रभावित करना जारी रख रहे हैं।

प्रासंगिक परिस्थितियाँ और नीति निर्माण

एलपीजी व्यवस्था के संदर्भ में, जो नई आर्थिक नीति 1991 को अपनाने के बाद उभरी है, लोक नीति निर्माण को बाहरी स्रोतों से अछूता नहीं किया जा सकता, जो भारत के विकास में बाहरी खिलाड़ियों को स्पष्ट महत्व दिये जाने से बहुत महत्वपूर्ण बन गए हैं। नीति निर्माण में उनकी महत्वपूर्ण भूमिका के साथ वैश्विक कर्ता, चाहे वह विश्व बैंक हो, अंतरराष्ट्रीय मुद्रा कोष हो या अन्य विदेशी दानदाता हों, नीति की गतिविधियों के उस क्षेत्र का एक हिस्सा बन गये हैं जो अतीत में एक ऐसा क्षेत्र था जहां घरेलू कर्ताओं का महत्व होता था। वैश्विक अर्थव्यवस्था के साथ एकीकृत करने के भारत के निर्णय के साथ इस स्थिति में एक बड़ा परिवर्तन हुआ है। बहरहाल, लोक नीतियों के निर्माण में ये घरेलू संदर्भ महत्वपूर्ण बने हुए हैं। कुछ प्रमुख उदाहरणों पर ध्यान आकर्षित कर यह दिखाया जाएगा कि घरेलू परिस्थितियाँ लोक नीति को कैसे आकार देती हैं।

सबसे पहले, मंडल आयोग की रिपोर्ट 1978 ने दो मौलिक मायनों में भारत के नीति निर्माण में क्रांतिकारी परिवर्तन लाया है: इसने एक तरफ न केवल अन्य पिछड़े वर्ग के लिए आरक्षण शुरू किया, जो भारत की जनसांख्यिकी के आधे से अधिक भाग का गठन करते हैं, परंतु दूसरी तरफ किसी की जाति की पहचान के महत्व को भी वापस लाया, यह अब तक लोक नीति तैयार करने के संदर्भ में एक प्रमुख विचार था। 1990 में राज्य द्वारा इस रिपोर्ट की स्वीकृति के साथ, मंडल आयोग समकालीन भारतीय राजनीति में एक नया संदर्भ बिंदु बन गया। हालांकि आरक्षण की नीति का एक अतीत है, जब अनुसूचित जाति और अनुसूचित जनजाति के लोगों को आरक्षण दिए गए थे, मंडल सूत्र कायम रहा था, क्योंकि इसने बहुसंख्य आबादी को सुरक्षा की गारंटी दी थी, जिन्हें सार्वजनिक नौकरियां पाने के उनके अधिकारों से वंचित रखा गया था। इसने नीति डोमेन में एक नए युग की शुरुआत की, जिसने सार्वजनिक नौकरियों में औपचारिक वितरण में एक महत्वपूर्ण कसौटी के रूप में जाति की पहचान कर नीति बनाने की बनावट में मौलिक परिवर्तन किया था।

दूसरा, सूचना का अधिकार (आरटीआई) अधिनियम 2005 एक सशक्तीकरण उपकरण है, जिसने भी नीति डोमेन में महत्वपूर्ण परिवर्तन लाया है। सरकारी गुप्त अधिनियम 1923 की जगह लेकर इस क़ानून ने एक निर्धारित समय सीमा के भीतर जानकारी लेने के लिए नागरिकों को सक्षम बनाया है; आवश्यक जानकारी देने से इनकार करने वाले को वही सजा मिलती है जो एक अधिकार को इनकार करने वाले को मिलती है। सूचना का अधिकार एक क्रांतिकारी कदम है, क्योंकि इसने न केवल सरकारी अधिकारियों का रवैया बदल दिया है, जो नागरिकों के किसी भी अनुरोध के लिए प्रतिक्रिया देने के लिए बाध्य हैं, बल्कि उन नागरिकों की भी, जो अब उन्हें प्रभावित करने वाले मुद्दों को उठाने का अधिकार रखते हैं और सुस्थापित लोकतांत्रिक-कानूनी साधनों को लागू कर उनके समाधान की मांग करने का भी अधिकार रखते हैं। लोक नीति बनाने में, यह अधिनियम एक महत्वपूर्ण आदान बना हुआ है, क्योंकि यह नीति निर्माताओं को वह आदान प्रदान करता है जो अन्यथा उपलब्ध नहीं हो सकता। सूचना का अधिकार इस प्रकार लोक नीति में नागरिकों के महत्व की पुनः पुष्टि करता है, जिसमें निर्णय लेने में उनकी सक्रिय भूमिका का नियमित रूप से नूतनीकरण किया जाता है।

तीसरा, आरटीआई के समान ही, शिक्षा का अधिकार अधिनियम (आरटीई) 2009 संविधान का एक अन्य महत्वपूर्ण हिस्सा है, जिसने लोक नीति निर्माण में नागरिकों के महत्व को प्रबलित किया है। इस अधिनियम ने शिक्षा को छह और चौदह वर्ष की उम्र के बीच के हर बच्चे का मौलिक अधिकार बना दिया है और प्राथमिक विद्यालयों में न्यूनतम मानदंडों को निर्दिष्ट किया है। इस उक्ति के आधार पर कि किसी भी बच्चे को पीछे छोड़ा नहीं जाना चाहिए, इस अधिनियम ने ऐसी परिस्थितियों

का निर्माण किया है, जिसमें वे लोग, जिन्हें इस अधिकार से वंचित किया गया है, वे न्यायिक सहायता पाने के लिए जा सकते हैं। अतः आरटीई एक सक्षम करने वाला क़ानून है जो नागरिकों को खुद को जोर लगाने की अनुमति देता है, अगर उन्हें उस बात से वंचित किया जा रहा है जो उन्हें संवैधानिक गारंटी से प्राप्त एक अधिकार है। आरटीई को इतना महत्व दिए जाने के बावजूद, उसकी आलोचना की जा रही है क्योंकि सरकारी स्कूलों द्वारा प्रदान की जाने वाली शिक्षा की गुणवत्ता शिक्षकों की गुणवत्ता की कमी और पर्याप्त बुनियादी सुविधाओं की कमी के कारण बहुत बुरी है। जैसा कि विभिन्न शोधों से पता चला है कि वह अभियान, जिसने शिक्षा के अधिकार को एक मौलिक अधिकार बनाया है, उसने भारत की प्राथमिक शिक्षा समस्याओं को हल नहीं किया है।[6] फिर भी, एक प्रमुख लोक नीति के हस्तक्षेप के रूप में, आरटीई ने नागरिकों की तरफ से नई पहल करने के लिए उद्युक्त किया है, जो सतर्क और मुखर होकर अभिन्न रूप से नीति बनाने की प्रक्रिया के साथ जुड़ गये हैं। वे भागीदार के रूप के साथ, नागरिकों, नौकरशाहों या नीति डोमेन में नेताओं के रूप में महत्वपूर्ण हो गए हैं। आरटीई द्वारा नागरिक अभिन्न नीति बनाने की प्रक्रिया के साथ जुड़े हुए हैं। उन्हें भागीदार के रूप में साथ रखने से ये नागरिक नीति डोमेन में नौकरशाहों या नेताओं के रूप में महत्वपूर्ण हो गए हैं।

अंत में, भारत सरकार द्वारा शुरू किए गये कई प्रमुख कार्यक्रमों ने भी नागरिकों को लोक नीति निर्माण का एक अभिन्न हिस्सा बना दिया है। ये कार्यक्रम भारत की जनसंख्या के उन वर्गों तक पहुँचने के लिए भारत सरकार की पहल के परिणाम थे, जो अब तक नीति डोमेन के लिए उपेक्षित बने रहे थे। नागरिकों को नजरअंदाज नहीं किया जा सकता है, यदि वे इन कार्यक्रमों में से अपने लिए लाभ की मांग करते हैं। इन सभी कार्यक्रमों में से महात्मा गांधी राष्ट्रीय ग्रामीण रोजगार गारंटी अधिनियम (मनरेगा) 2005 सबसे क्रांतिकारी था, क्योंकि इसने भारत में रोजगार के अधिकार को एक अहस्तांतरणीय अधिकार के रूप में स्थापित किया। इस आश्वासन को वास्तविकता में लाने के लिए, जिसे संविधान निर्माताओं ने संविधान के भाग IV (राज्य के नीति निर्देशक सिद्धांतों) में दिया है, वह काम करने के (अनुच्छेद 41) और आजीविका सुरक्षा के आश्वासन के माध्यम से ग्रामीण जनता को गरिमा प्रदान करने के लिए अधिकार की गारंटी देता है (अनुच्छेद 21)। इस अधिनियम द्वारा प्रत्येक घर से अकुशल शारीरिक काम में संलग्न होने के लिए तैयार हर वयस्क सदस्य को एक वित्तीय वर्ष में गारंटी रोजगार के कम से कम 100 दिन उपलब्ध कर ग्रामीण क्षेत्रों में आजीविका सुरक्षा प्रदान की है। न्यूनतम मजदूरी के साथ रोजगार मिलने की गारंटी है, और अगर रोजगार उपलब्ध नहीं होता है, तो आवेदक बेरोजगारी भत्ता पाने का हकदार है, जिसका मतलब यह भी है कि मनरेगा एक कानूनी पात्रता है। नीचे से ऊपर और मांग चालित प्रक्रियाओं का एक परिणाम है, कि यह अधिनियम वोट जीतने के लिए एक राजनीतिक उपकरण होने के बावजूद, हाल के वर्षों में एक प्रमुख लोक नीति का हस्तक्षेप बना हुआ है, जिसने जमीनी स्तर पर महत्वपूर्ण परिवर्तन किए हैं। इस अधिनियम ने न केवल लोगों को अपने अधिकारों के प्रति जागरूक बनाया है, बल्कि इसने ग्रामीण क्षेत्रों में निहित स्वार्थों द्वारा शोषण की जड़ों को प्रभावी ढंग से चुनौती भी दी है। रोजगार के लिए अपने अधिकारों पर जोर देकर ग्रामीण वयस्क आबादी ने नीति निर्माताओं को न केवल अपनी जिम्मेदारियों के प्रति संवेदनशील बनाया, बल्कि ऐसी परिस्थितियों का भी निर्माण किया जिनमें वे नीति निर्माण में महत्वपूर्ण भूमिका निभाते हैं।

ये चयनात्मक उदाहरण तीन महत्वपूर्ण बिंदुओं पर प्रकाश डालते हैं: पहला, लोक नीति एक जटिल डोमेन है जिसमें नौकरशाहों और नेताओं की भूमिका उतनी ही महत्वपूर्ण है जितनी कि नागरिकों की है। लोक नीति एक बातचीत के आधार पर तैयार की जाती है जिसमें राज्य और नागरिक द्वंद्वात्मक रूप से जुड़े हुए होते हैं। दूसरा, अंतरक्रियात्मक होने के द्वारा लोक नीति दिशात्मक भी हो जाती है, जिसके द्वारा हितधारकों के विचारों को व्यक्त किया जाता है। पारंपरिक धारणा को चुनौती देते हुए, कि लोक नीति नौकरशाहों और राजनेताओं का अनन्य डोमेन है, इस प्रकार नीति बनाने में नागरिकों की सक्रिय भूमिका का समर्थन करते हुए एक तर्क बनाया जा सकता है। तीसरा, ऊपरी नीति उपकरण नीति के संदर्भ में बदलते स्वरूप को भी दिखाते हैं, जो नीति प्रक्रियाओं में नागरिकों की धीरे-धीरे होती भागीदारी को समझने के लिए महत्वपूर्ण है। जैसा कि आकस्मिक परिस्थितियों के ध्यानपूर्वक किए गये अध्ययन से पता चलता है कि लोक नीति एक ऐसा क्षेत्र है जहां विभिन्न अभिनेता अपने संबंधित लक्ष्यों को प्राप्त करने के लिए संचालित होते हैं, जो हमारे ध्यान को राजनीति या एक विशिष्ट प्रकार के सत्ता-संबंध की तरफ निर्देशित करता है, एक विशेष

सामाजिक-आर्थिक और राजनीतिक परिवेश में नीति प्रतिक्रियाओं को आकार देता है और मार्गदर्शित करता है। यह शायद लोक नीतियों की संकल्पना और प्रक्रियाओं को बनाने में सबसे मौलिक है, जो उनके निर्माण का अभिन्न अंग हैं।

भारत में लोक नीति प्रक्रिया

नीति निर्माण भारत जैसे लोकतांत्रिक देश में सरकार का एक महत्वपूर्ण कार्य है। नीति बनाने की प्रक्रिया उन क्रियाओं के प्रति लोगों के विचार और राय के साथ शुरू होती है जिन्हें वे सरकार द्वारा शुरू करवाना चाहते हैं। वहाँ भी कुछ कथित समस्याओं पर कार्रवाई करने के लिए राजनीतिक व्यवस्था पर नागरिक समाज संगठनों या हित समूहों द्वारा मांग की जाती है। हित समूहों द्वारा समर्थन या विरोध किए जाने के साथ, मांग रखने वाले लोग अपने विचारों को कार्रवाई में बदलने के लिए सरकार से प्रतिबद्धता की मांग करते हैं (सप्रू 2010, 152)। भारतीय संसदीय प्रणाली में, सरकार की गतिविधियों को प्रधानमंत्री की अध्यक्षता में मंत्रियों की एक परिषद द्वारा किया जाता है। मंत्रियों की परिषद में मंत्रिमंडल एक महत्वपूर्ण स्थान रखता है, क्योंकि यही वह एजेंसी है जो सरकार की नीतियों से संबंधित महत्वपूर्ण निर्णय लेती है। यह कैबिनेट सब नीतियाँ बनाता है और मंजूरी के लिए उन्हें संसद में भेजता है। लोक सभा और राज्य सभा से मिलकर बनी संसद उन्हें अपने सदस्यों द्वारा बेचान करने से पहले उस पर चर्चा करती है। नीतियाँ तभी अनुमोदित की जाती हैं जब उन्हें बहुमत से स्वीकारा जाता है। जैसे ही इसे संसद में मंजूरी दे दी जाती है, उन्हें अनुमति के लिए भारत के राष्ट्रपति के पास भेजा जाता है। राष्ट्रपति उसे या तो स्वीकृत करने के लिए या उसपर रोक लगाने के लिए स्वतंत्र है; कभी-कभी इन विधेयकों को राष्ट्रपति की टिप्पणियों और सिफारिशों के साथ संसद को वापस भेजा जा सकता है। राष्ट्रपति द्वारा दिए गये सुझाव के आलोक में यदि संसद सदस्यों की इच्छा हो, तो संसद वह परिवर्तन करने के लिए अधिकृत है। यदि इस विधेयक को राष्ट्रपति के पास वापस भेज दिया जाता है, तो वहाँ उन्हें इसे फिर से अस्वीकृत करने के लिए कोई रास्ता नहीं होता; संसद द्वारा उस बिल पर एक बार चर्चा किए जाने या प्रक्रियाओं के पालन के बाद या अन्यथा के कारण, उन्हें उसे मंजूरी देना अनिवार्य है। इन प्रक्रियाओं के पूरा होने के बाद, यह बिल एक सरकारी नीति में बदला जाता है, जो अब हर एक के लिए बाध्यकारी होता है।

लोक नीति की प्रक्रिया में एक और चरण होता है, जिसे नीति कार्यान्वयन कहते है। किसी नीति के असली फल का आनंद तभी लिया जा सकता है जब उस नीति को प्रभावी ढंग से कार्यान्वित किया जाता है। भारत में विभिन्न संस्थाएँ, जैसे, विधायिका, कार्यपालिका, न्यायपालिका, सिविल सेवा, नागरिक समाज संगठन प्रत्यक्ष या परोक्ष रूप से नीति के कार्यान्वयन की प्रक्रिया में भाग लेती हैं। विधायिका प्रश्नोत्तरी घंटे के सत्र के दौरान अपनी राय व्यक्त कर और भी जब विधेयक सदन के पटल पर चर्चा करती है, तब नीति लागू करने की प्रक्रिया में एक महत्वपूर्ण भूमिका निभाती है। लोक लेखा समिति, अनुमान समिति और विभिन्न चयनित समितियों की तरह कई समितियाँ हैं जो सरकार के इस फैसले की जांच करती हैं। हर साल वार्षिक बजट पर चर्चा के दौरान, सदस्य आम तौर पर चर्चा में भाग लेते हैं। न्यायपालिका भी नीति के कार्यान्वयन की प्रक्रिया में एक महत्वपूर्ण भूमिका निभाती है। सरकार द्वारा तैयार की गई कोई भी नीति, जो संविधान के विरुद्ध है, उसे प्रचलित क़ानून के शासन के अनुसार अधिकातीत घोषित किया जाता है। जनहित याचिका (पीआईएल) की शुरुआत ने भी भारत के सुप्रीम कोर्ट को, यदि कोई हो तो, उन अवैध सरकारी गतिविधियों का संज्ञान लेने के लिए अधिकार दिए हैं। यह न्यायपालिका के पास क़ानून के शासन से किसी भी विचलन के मामले में सरकार पर नियंत्रण रखने के लिए रखा गया एक शक्तिशाली उपकरण है। कार्यकारी की भूमिका भी कम नगण्य नहीं है। सिविल सेवाओं से सहायता के साथ, कार्यकारी मंडल नीतियों के कार्यान्वयन के लिए मुख्य रूप से जिम्मेदार होता है। एक कुशल सिविल सेवा नीति-निर्माताओं को हमेशा बड़ी मदद करती है। नागरिक सेवक अपनी विशेषज्ञता के साथ उन मंत्रियों को सहायता प्रदान करते हैं, जिनके पास अपने द्वारा लिए गये निर्णय पर अमल करने के लिए आवश्यक कौशल नहीं होते। स्थायी और राजनीतिक अधिकारियों के बीच के केवल स्वस्थ सहयोग के आधार पर ही एक कुशल नीति व्यवस्था का निर्माण किया जा सकता है। कभी-कभी उन दोनों के बीच होने वाले घर्षण के बावजूद, रिश्ते सौहार्दपूर्ण बने रहते हैं, और इसलिए वे नीतियाँ, जिन्हें सरकार स्थायी कार्यकारी मंडल की सहायता से बनाती है, उन्हें आमतौर पर बिना हिचकिचाहट के लागू किया जाता है।

सफलतापूर्वक कार्यान्वित किए जाने के बाद, नीतियों का इस उद्देश्य से आकलन किया जाता है कि वे नीति-निर्माताओं के इरादे के साथ अनुकूल हैं या नहीं; या उनके परिणाम उम्मीद के अनुरूप है या नहीं। भारत में सरकारी नीति के मूल्यांकन की एजेंसियाँ विधायिका और उसकी विभिन्न समितियाँ, नियंत्रक एवं महालेखा परीक्षक, जांच आयोग और विभागीय मूल्यांकन रिपोर्ट होती हैं। मूल्यांकन की गतिविधियाँ उन एजेंसियों द्वारा भी की जाती हैं जो सरकार के साथ जुड़ी नहीं हैं। विश्वविद्यालय के अनुसंधान विद्वान, निजी अनुसंधान संस्थान, जन हितों के साथ प्रभावक समूह और संगठन भी लोक नीतियों के मूल्यांकन में लगे हुए हैं। वे लोगों को विशिष्ट नीतियों के बारे में जानकारी प्रदान करते हैं। यह एक प्रभावी चैनल है, जिससे नीति निर्माताओं को उन लोगों के प्रति जवाबदेह बनाया जाता है, जो हमेशा सतर्क और सचेत बने रहते हैं। ये उपकरण इस प्रकार भारत में लोकतंत्र के मौलिक उद्देश्य को साकार करने में एक महत्वपूर्ण भूमिका निभाते हैं, जिनका मतलब केवल नियमित अंतराल पर चुनाव करवाना मात्र नहीं है, बल्कि शासन के ढांचे के भीतर शासकों और शासितों के बीच एक निरंतर बातचीत करवाना भी है।

निष्कर्ष कथन

लोक नीतिनिर्माण उसके विभिन्न घटकों के साथ एक बहुत ही जटिल और गतिशील प्रक्रिया है, जो इसमें विभिन्न योगदान करते हैं। यह उन कार्यवाहियों के लिए प्रमुख दिशा-निर्देशों का फैसला करते हैं जो भविष्य की तरफ निर्देशित होते हैं, मुख्य रूप से सरकारी अंगों द्वारा की गई कार्यवाहियां। इन दिशा-निर्देशों का औपचारिक उद्देश्य निर्धारित लक्ष्यों को प्राप्त करना है, जिसे शासित करने के लिए सबसे उपयुक्त माना जाता है। नीति बनाने की प्रक्रिया साधनों को समझने का एक तरीका है, जिसके माध्यम से परस्पर विरोधी मांगें सुनी जाती हैं; उन्हें एक विशिष्ट क्रम में मिलाया और हल किया जाता है, जो हमेशा ही संतोषजनक रूप से किया जाता है। मूलरूप में, यह उस कोलाहल के लिए कुछ सफाई प्रदान करता है, जिसे अक्सर बदलते समाज में 'राजनीति' के रूप में जाना जाता है। इसका मतलब यह है कि लोक नीति उन मूल्यों को मुखर करना चाहती है, जो शासन में महत्वपूर्ण हैं। भारत जैसे लोकतंत्र में, जहाँ तक लोक नीति बनाने का सवाल है, लोगों का महत्व अब तक सबसे निर्णायक बना हुआ है। जनता की पसंद को प्रतिबिंबित करते हुए, नीति निर्माताओं से नीति प्रक्रियाओं के अभिन्न अंग के रूप में हितधारकों का विचार करने की उम्मीद की जाती है। नौकरशाहों और राजनीतिज्ञों की भूमिका महत्वपूर्ण होती है, लेकिन विशेष रूप से हाल के वर्षों में आबादी के कानूनी सशक्तिकरण के साथ यह विशेष नहीं रही है। अगर नीति-निर्माताओं ने वे नीतियाँ बनाना तय किया है जो टिकाऊ और प्रभावी हों तो नागरिकों को नजरअंदाज और उपेक्षित नहीं किया जा सकता।

भारत में लोकतांत्रिक संस्थाओं की मजबूती के साथ, नीति निर्माताओं को लगातार विभिन्न प्रकार के नियंत्रण और संतुलन के अधीन रहना पड़ता है। नियमित रूप से होने वाले चुनावों के अलावा, जब मतदाता अपने अधिकारों का प्रयोग करते हैं, यहाँ कई राजनीतिक-सामाजिक आंदोलन होते हैं, जो जन आवाज के महत्व का पता देते हैं। लोग स्वेच्छा से राजनीतिक सत्ता के मौजूदा व्यवस्था को चुनौती देने के लिए इन आंदोलनों में भाग लेते हैं। राजस्थान में मजदूर किसान संघर्ष समिति आंदोलन है, जो सूचना के अधिकार के अभियान में जुट गया है, जिसके कारण 2005 में आरटीआई का एलान किया गया था। एक सशक्त क़ानून के रूप में, सूचना के अधिकार अधिनियम ने भारतीय नीति निर्माण की बनावट को ही बदल दिया है, जिसमें अब यह मुश्किल से राजनेताओं और नौकरशाहों का एक अनन्य डोमेन बना हुआ है। सिद्धांत रूप में यह अधिनियम हालांकि जानकारी पाने के लिए अनुमति देता है, लेकिन जहाँ तक हितधारकों का संबंध है, वास्तव में यह एक सक्षम करने वाला साधन है, क्योंकि सूचना देने के लिए किए गये इनकार का मतलब है जानकारी के लिए एक बुनियादी लोकतांत्रिक अधिकार से वंचित करना। यहाँ राजनीतिक-वैचारिक आंदोलनों और नीतियों के बीच एक मानवीय संबंध होता प्रतीत हो रहा है, क्योंकि उन्हें आम तौर पर उन चिंताओं को दूर करने के लिए किया जाता है जिन्हें ये अभियान उजागर करते हैं।

ऊपरी चर्चा इस तथ्य का भी समर्थन करती है कि विविध नीति निर्माण के संदर्भ विभिन्न सुधार गतिशीलता को आकार प्रदान करते हैं। संदर्भ में पाए जाने वाले ये मतभेद लोक नीतियों के निर्माण में सबसे महत्वपूर्ण बने हुए हैं, जिन्हें सामाजिक-आर्थिक बनावट,

जनता की राय, राजनीतिक दलों, शासन की स्थिति ने आकार दिया है। इस तर्क के बाद, हम बड़ी आसानी से भारत की नीति चिंताओं को समय की एक ऐतिहासिक अवधि के दौरान वर्गीकृत कर सकते हैं, क्योंकि यह 1947 में राजनीतिक रूप से मुक्त हो गया था। आजादी के तुरंत बाद, समाजवादी पैटर्न के लिए समाज की वैचारिक प्रतिबद्धता नेहरूवादी युग के दौरान सर्वोपरि बनी रही। एक कल्पनात्मक परिवर्तन 1990 से 1975 तक दिखाई दे रहा था, जिसने नीति निर्माताओं को अपील करते हुए वैश्वीकरण प्रदान किया; 1991 तक नई आर्थिक नीति की स्वीकृति के साथ भारत इतिहास के एक अलग स्तर पर पहुँच गया, जब ऐसा प्रतीत होता था कि तत्कालीन समाजवादी पैटर्न ने काफी हद तक अपनी प्रमुखता खो दी है। यहाँ इस प्रकार भारत में नीति निर्माण के तीन पारस्परिक चरण मौजूद हैं, जो लोक नीति की प्रकृति में परिलक्षित होते हैं: अविनियमिकरण राज्य के नेतृत्व में नियोजित आर्थिक विकास के युग में एक अभिशाप था; जैसे ही एलपीजी शासन ने भारत में अपनी जड़ें विकसित की थी, वैसे ही यह भारतीय अर्थव्यवस्था के लिए एक कायाकल्प के रूप में उभरा। इस प्रकार जो बात मौलिक है, वह यह धारणा है कि इसकी प्रासंगिक प्रकृति को देखते हुए यहाँ लोक नीति के लिए शायद ही कोई सार्वभौमिक मॉडल मौजूद है। यह बात भी उस तर्क को पुष्ट करती है कि सबको फिट होने वाले आकार का सूत्र सैद्धांतिक रूप से अदूरदर्शी है, क्योंकि ये संदर्भ एक ऐतिहासिक युग से दूसरे युग के लिए अलग होते हैं। उदाहरण के लिए, जहाँ नेहरूवादी समर्थन ने अपनी व्यवहार्यता खो दी थी, वहीं इसे काफी हद तक स्पष्ट कारणों के लिए 1991 के बाद के युग में, औपनिवेशिकता के बाद भारत में राष्ट्र निर्माण के लिए सबसे उपयुक्त माना गया था। इसी तरीके में, वे लोक नीतियाँ, जिन्हें राजनीतिक वरीयताओं पर तैयार किया गया था, उसी के अनुसार रचित हैं। गैर-विनियमन, विनिवेश और उदारवादी व्यापार पहल की दिशा में बनाई गई नीतियाँ अतीत में राजनीतिक रूप से व्यर्थ मानी गई थी, जिन्होंने अब भारत के विकास के लिए सबसे अधिक प्रासंगिक होने के रूप में मान्यता प्राप्त की है, क्योंकि वे वैश्वीकरण के लिए भारत की हितैषी समर्थन से प्राप्त की गई थी।

यहाँ एक महत्वपूर्ण आयाम है जो समकालीन भारत में वैश्वीकरण के बढ़ते महत्व के साथ जुड़ा हुआ है। यहां तक कि लोक नीतियों के निर्माण में वैश्विक कर्ताओं को दी गई अधिक प्रमुखता के कारण लोक नीतियाँ अंतरराष्ट्रीयकृत बन गई हैं, जो घरेलू मामलों के लिए प्रासंगिक हैं। पेट्रोलियम उत्पादों की कीमतों को नियंत्रण मुक्त करने के लिए सहमत होकर, भारतीय नीति निर्माता बाजार की ताकतों द्वारा प्रभावित हुए प्रतीत होते हैं, जो वैश्विक स्तर पर क्रियाशील हैं। यह इस मुद्दे को पुष्ट करने के लिए एक स्पष्ट मामला है कि यह निर्णय उस बात को प्रतिबिंबित करता है कि नीति निर्माताओं ने आकस्मिक परिस्थितियों के प्रति कैसे प्रतिक्रिया दी थी, जिसमें वैश्विक कारण सर्वोपरि बने हुए थे। एक अन्य उदाहरण एक अलग दृश्य प्रस्तुत करता है: 2014 का एक उदाहरण दर्शाता है कि खाद्य सब्सिडी के संबंध में विश्व व्यापार संगठन (डब्ल्यूटीओ) की शर्तों को स्वीकार न करने का भारत का निर्णय भोजन के अधिकार के लिए उसकी प्रतिबद्धता के द्वारा नियंत्रित किया गया था। इसे लड़ कर बाहर करने के अपने दृढ़ संकल्प के साथ, भारत सरकार ने भारतीय कृषि के लिए अपने समर्थन पर डाली गई शर्तों को वापस लेने के लिए विश्व व्यापार संगठन को मजबूर किया। बनावट में अलग-अलग होने के बावजूद, ये दो उदाहरण दो अलग-अलग कहानियों का प्रदर्शन करते हैं: एक तरफ, नीति निर्माता एक अंतरराष्ट्रीय प्रवृत्ति का पालन करने के लिए सहमत हुए, क्योंकि इसने भारतीय उपभोक्ताओं की मदद की, और विश्व व्यापार संगठन के आदेशों के खिलाफ अड़े होने के कारण, भारतीय राज्य ने अपनी स्वतंत्रता भी प्रदर्शित की, अर्थात एक अंतरराष्ट्रीय एजेंसी द्वारा लगाए गए दबाव। इन उदाहरणों से इस बात की भी पुष्टि होती है कि कैसे भारत की राजनीतिक और आर्थिक दोनों घरेलू शक्तियाँ, उसे देश की प्राथमिकता के अनुसार एक निश्चित भूमिका निभाने के लिए सक्षम बनाती है।

समकालीन संदर्भ में यह देखते हुए लोक नीति का अध्ययन करना कहीं अधिक जटिल हो गया है, कि यह न केवल घरेलू परिस्थितियों के साथ जुड़ा हुआ है, बल्कि यह अपने वैश्विक समकक्षों के साथ भी जुड़ा हुआ है। लोक नीति की जटिल प्रकृति को समझने की मांग करते हुए, हम इस प्रकार समान रूप से जटिल सामाजिक-आर्थिक मंथन की तरफ जाते हैं, जो किसी भी विशिष्ट लोक नीति में परिलक्षित होता है। वह मौलिक मुद्दा, जिस पर इस अध्याय में प्रकाश डाला गया है, वह लोक नीतियों के संदर्भ संचालित प्रकृति से संबंधित है, जो मायावी ही बना रहता, यदि हम उनकी एक व्युत्पन्न सैद्धांतिक प्रारूप में संकल्पना करना चाहते हैं। अतः, नीति निर्माण एक संदर्भ संचालित अभ्यास है, जो उन सामाजिक-आर्थिक परिस्थितियों की उपेक्षा करके समझा नहीं जा सकता, जिसमें यह व्यक्त होता है।

पुनरीक्षण प्रश्न

1. लोक नीति क्या है? इसकी प्रमुख विशेषताओं के संदर्भ में अपनी प्रतिक्रिया पर प्रकाश डालें।
2. 'लोक नीति एक दर्पण है, जो एक देश के वैचारिक आकृति को दर्शाता है'। टिप्पणी करें।
3. 'लोक नीति एक संदर्भ-संचालित और लक्ष्य-प्रतीक्षित अभ्यास है'। टिप्पणी करें।
4. वे प्रमुख कारक कौनसे हैं जो भारत में लोक नीति के निर्माण को प्रभावित करते हैं? अपनी प्रतिक्रिया पर प्रकाश डालें।
5. आजादी के बाद से भारत में लोक नीति बनाने की प्रक्रिया पर एक गंभीर निबंध लिखो।
6. वे प्रमुख सरकारी संस्थाएँ कौनसी हैं जो भारत में लोक नीति बनाने में एक महत्वपूर्ण भूमिका निभा रही हैं? उदाहरण के साथ अपनी प्रतिक्रिया पर प्रकाश डालें।
7. भारत में लोक नीति बनाने में बाहरी एजेंसियाँ कैसे प्रभावित करती हैं? उदाहरण के साथ अपनी प्रतिक्रिया पर प्रकाश डालें।
8. क्या भारत में लोक नीति और इसके निर्माण की उन बलों से स्वतंत्र होने की अवधारणा की जा सकती है, जो एक उदारीकृत, निजीकृत और वैश्वीकरण (एलपीजी) शासन द्वारा सहायता प्राप्त है? अपनी प्रतिक्रिया पर प्रकाश डालें।
9. क्या सामाजिक-सांस्कृतिक विशेषताएँ भारत में लोक नीतिके निर्माण में एक कारक हो सकती है? उदाहरणों के साथ विस्तारित करें।
10. आप समकालीन भारत में लोक नीति के बदलते स्वरूप की व्याख्या कैसे करेंगे? उदाहरणों के साथ विस्तारित करें।

टिप्पणियाँ

1. D.A. Low (1997) ने अपनी *Britain and Indian Nationalism: The Imprint of Ambiguity, 1929–1942* में इसकी अस्पष्टता को बाहर लाया।
2. अनुच्छेद 38 और 39 इन भावनाओं को व्यक्त करते हैं। अनुच्छेद 46 अनुसूचित जाति और अनुसूचित जनजाति सहित समाज के कमजोर वर्गों के लिए चिंता को रेखांकित करता है।
3. जानकारी के लिए, वार्ष्णेय (2007) देखें।
4. चूंकि आर्थिक सुधार रणनीति-आधारित' नहीं थे, बल्कि 'संकट से चलने वाले' थे, इसलिए भारतीय के पास शायद ही कोई चारा था और इस प्रकार, दाता एजेंसियों द्वारा लगाई गई 'शर्तों' को स्वीकार करने के लिए कमोबेश मजबूर कर दिया गया था।
5. यह तर्क बसमैन (Bussmann (2007) द्वारा जबरदस्ती किया गया था।
6. जानकारी के लिए, मुखर्जी (2014, 138–40) देखें।

संदर्भ

Anderson, James E. 1975. *Public Policy Making*. New York: Thomas Nelson & Sons.

Bardhan, Pranab. 2008. *The Political Economy of Development in India*. New Delhi: Oxford University Press.

Bhaduri, Amit, and Deepak Nayyar. 1996. *The Intelligent Person's Guide to Liberalization*. New Delhi: Penguin.

Bussmann, Margit. 2007, March. 'When Globalization Discontent Turns Violent: Foreign Economic Liberalization and Internal War'. *International Studies Quarterly* 51 (1): 79–97.

Dror, Yehezkel. 1974. *Public Policy Making Reexamined*. New York: Leonard Hill Books.

Dye, Thomas R. 1998. *Understanding Public Policy*. New Jersey: Prentice Hall.

Easton, David. 1965. *A System Analysis of Political Life*. New York: Wiley.

Frankel, Francine R. 2005. *India's Political Economy, 1947–2004*. New Delhi: Oxford University Press.

Frohock, Fred M. 1979. Public Policy: Scope and Logic. New Jersey: Prentice Hall.

Gerston, Larry N. 1974. *Public Policy Making: Processes and Principle*. 2nd ed. New York: M. E. Sharpe.

The Hindustan Times, New Delhi, 11 March, 1950

Jenkins, Rob. 1999. *Democratic Politics and Economic Reform in India*. Cambridge: Cambridge University Press.

Karanjia, R. K. 'The Mind of Mr. Nehru: An Interview', quoted in Frankel, Francine R. 2005. *India's Political Economy, 1947–2004*. New Delhi: Oxford University Press.

Low, D. A. 1997. *Britain and Indian Nationalism: The Imprint of Ambiguity, 1929–1942*. Cambridge: Cambridge University Press.

Lowi, Theodore J. 1964. "American Business, Public Policy, Case Studies and Political Theory," *World Politics, 16* (4): 677–715.

Meier, Kenneth and John Bohte. 2007. *Politics and the Bureaucracy: Policymaking in the Fourth Branch of Government*. New York: Thomson and Wadsworth.

Mitra, Subrata. 2004, November. 'Constitutional Design, Democratic Vote Counting and India's Fortuitous Multiculturalism'. Working Paper, South Asia Institute, Heidelberg University.

Mukherjee, Rahul. 2014. *Political Economy of Reforms in India*. New Delhi: Oxford University Press.

Peters, B. Guy. 2012. *America's Public Policy: Promise and Performance*. 9th ed. Washington: C & Q Press.

Presthus, Robert. 1975. *Public Administration*. 6th ed. New York: The Ronald Press Company.

Sapru, R.K. 2010. *Public Policy: Art and Craft of Policy Analysis*. New Delhi: PHI Learning Private Limited.

Sen, Sarbani. 2007. *Popular Sovereignty and Democratic Transformations: The Constitution of India*. New Delhi: Oxford University Press.

Shah, Mihir. 2008. 'Governance Reform Key to NREGA (National Rural Employment Guarantee Act) Success'. *The Hindu*, 14 March.

Sinha, Aseema. 2004, January. 'The Changing Political Economy of Federalism in India: A Historical Institutional Approach'. *India Review* 3 (1): 51 and 55.

Stiglitz, Joseph. 2006. *Making Globalization Work: The Next Steps to Global Justice*. London: Allen Lane.

Tendulkar, Suresh D., and T. A. Bhavani. *Understanding Reform: Post-1991 India*. New Delhi: Oxford University Press.

Varshney, Ashutosh. 2007. 'India's Democratic Challenge'. *Foreign Affairs* 86 (2, March/April): 93–106.

भारत में नियोजन और आर्थिक विकास

10

अध्ययन उद्देश्य

1. अवधारणात्मक श्रेणियों के रूप में योजना निर्माण (नियोजन) और आर्थिक विकास को समझना।
2. भारत में राज्य निदेशित नियोजित आर्थिक विकास के विशिष्ट विकास को समझना।
3. उन प्रक्रियाओं की व्याख्या करना, जो नवउदारवादी भारत के संदर्भ में केंद्रीकृत नियोजन के निराकरण की ओर ले जाती हैं।
4. राज्य निदेशित विकास के प्रतिमान के लिए एक विकल्प के रूप में राष्ट्रीय भारत परिवर्तन संस्था (नीति) आयोग के गठन को समझना।

इस अध्याय का उद्देश्य उस समय से विकास में संस्थागत प्रक्रियाओं की भूमिका को समझना है, जब भारत 1947 में राजनीतिक रूप से मुक्त हो गया था। जैसा कि इतिहास ने दर्शाया है, विकास के लिए भारत का रुख हमेशा प्रासंगिक बना हुआ है। यह तब स्पष्ट हो गया था जब राष्ट्रवादी नेताओं ने विकास के लिए शायद एक प्रभावी साधन के रूप में सोवियत-प्रकार के केंद्रीकृत नियोजन को चुना था। इस विचार को व्यापक रूप से सराहा गया था, यह उन लोगों के बीच वैचारिक मतभेद की परवाह किए बिना हुआ था, जिन्होंने उपनिवेशवाद के बाद भारत के भाग्य का संचालन किया था। वर्ष 1950 में गठित योजना आयोग का भारत में त्वरित विकास लाने के लिए एक साधन के रूप में स्वागत किया गया। विकास के भारत के प्रक्षेपवक्र ने हालांकि अन्यथा साबित किया: देश में एक समान विकास में योगदान करने में महत्वपूर्ण भूमिका निभाने के बजाय, योजना आयोग लक्ष्य को पूरा करने में विफल रहा। यह महसूस किया गया कि केंद्रीकृत नियोजन लक्ष्य प्राप्त करने में प्रभावी होता प्रतीत नहीं हुआ, जिसे राष्ट्रवादी नेतृत्व प्राप्त करने को इच्छुक था। दूसरे शब्दों में, राज्य के नेतृत्व में विकास का दृष्टिकोण विकास की प्रक्रिया के संदर्भ में प्रासंगिक होता प्रकट नहीं हुआ था; राज्य का सिर्फ दूसरे कर्ताओं के साथ-साथ एक कर्ता होने के विचार ने वैश्वीकृत दुनिया में आधार प्राप्त किया था। 1991 में नई आर्थिक नीति की स्वीकृति के बाद यह कई तरीके से व्यक्त किया गया है कि विकेन्द्रीकृत नियोजन के बढ़ते महत्व को देखते हुए योजना आयोग भारत में चौतरफा आर्थिक विकास के लक्ष्य को हासिल करने के एकमात्र तरीके के रूप में बेमानी हो गया था। केंद्रीकृत नियोजन व्यर्थ होता दिखाई दिया, क्योंकि उन विशिष्ट मुद्दों को संबोधित करना संभव नहीं था, जो संदर्भ चालित थे और इसलिए उसने "सभी के लिए एक समाधान" के बहुचर्चित सूत्र के रूप में कभी भी पर्याप्त ध्यान आकर्षित नहीं किया। तत्कालीन युग का नियोजित विकास को सराहा गया था, जो भारत जैसे विविधतापूर्ण देश में विकास के लिए अपर्याप्त था, हालांकि 2015 तक उसे संबोधित करने के लिए कोई विशेष कदम नहीं उठाये गये, जब राष्ट्रीय जनतांत्रिक गठबंधन सरकार ने राष्ट्रीय भारत परिवर्तन संस्था (नीति) आयोग का गठन किया। इसका गठन पूर्व के योजना आयोग के स्थान पर किया गया था, ताकि भारत के लोगों की जरूरत और आकांक्षाओं को बेहतर तरीके से पूरा किया जा सके। छह दशकों पुराने योजना आयोग का स्थान लेते हुए, नीति आयोग की एक थिंक टैंक की प्रकृति में अधिक संकल्पना की गई थी, उसकी एक नीचे से उपर के दृष्टिकोण

में एक राजनीतिक-वैचारिक साधन के रूप में संकल्पना की गई थी, जहां यह आयोग ग्राम स्तर पर योजनाओं के निर्माण का समर्थन करे और उन्हें सरकार के उच्च स्तर पर संकलित करे। आजादी के बाद से भारत के विकास के वक्र को देखते हुए इस आयोग की सहकारी संघवाद के आदर्श का समर्थन करने की परिकल्पना की गई, जो केंद्र द्वारा तय की गई योजनाओं की बजाय राज्यों को उनकी विशिष्ट आवश्यकताओं के अनुसार योजनायें तैयार करने के लिए सक्षम करता है। महाराष्ट्र के जैसे अत्यधिक विकसित राज्य की जरूरतें झारखंड की तरह एक पिछड़े राज्य के जैसी नहीं हो सकती और इसलिए केंद्रीकृत नियोजन उपयुक्त नहीं हो सकता। इसलिए नीति आयोग के लिए जनादेश की अपनी विशिष्ट आवश्यकताओं के अनुसार प्रत्येक राज्य की विशिष्ट जरूरतों को पूरा करने के रूप में कल्पना की गई थी। पूर्व के योजना आयोग की तरह, यह आयोग भी उन विकासात्मक योजनाओं के लिए सलाह देना और उनकी प्रगति की निगरानी करने जारी रखेगा जिन्हें उन राज्यों ने अपनाया हुआ है; इसका अब योजना तैयार करने और योजना संचालित योजनाओं के लिए आवंटन करने का कार्यकारी कार्य नहीं रहेगा। भारत के विकास पर योजना आयोग के प्रभाव को इतनी आसानी से नजरअंदाज नहीं किया जा सकता, क्योंकि यह 1947 में भारत में उपनिवेशवाद की वापसी के बाद छह दशकों से अधिक समय से देश में मौजूद है, जबकि नीति आयोग का देश में विकास के पथ पर कोई भी हिसाब करने के लिए वह अभी नया है। यह अध्याय को इसलिए नए आयोग द्वारा भारत में नवउदारवादी राजनीतिक-वैचारिक शासन के बढ़ते समेकन के संदर्भ में अपनी जिम्मेदारियों का निर्वहन करने की उम्मीद के साथ नियोजित विकास की भूमिका के लिए पर्याप्त ध्यान प्रदान करने के लिए संरचित किया गया है। ध्यान देने योग्य तथ्य यह है कि जहाँ योजना आयोग को पूर्व सोवियत संघ से ली गई एक वैचारिक सामग्री माना जाता था, वहीं नीति आयोग सतत आर्थिक विकास के लिए भारत के नवउदारवादी प्रयास को अभिव्यक्त करने की दिशा में किए गये एक प्रयास का प्रतिनिधित्व करता है। वैचारिक रूप से तैयार किए गये तत्कालीन युग के दोनों नियोजित विकास और इसके विपरित, जैसे नीति आयोग द्वारा संकल्पना की गई थी, वह आजादी के बाद से भारत के विकास पथ का महत्वपूर्ण स्तंभ रहा है। केंद्रीकृत नियोजन व्यर्थ हो सकते हैं, हालांकि इसकी राज्य निर्देशित विकास के युग में निस्संदेह एक महत्वपूर्ण भूमिका थी। अलग ढंग की बनावट होने वाला नीति आयोग स्थिर वैश्वीकरण के बदले हुए माहौल में विकास के लिए भारत के रुख की संकल्पना करने के लिए एक साहसिक पहल है।

नियोजन और आर्थिक विकास

1950 में योजना आयोग के गठन के साथ ही भारत के राज्य नेतृत्व विकास युग की शुरुआत की गई, जिसमें राज्य एक महत्वपूर्ण आर्थिक कर्ता बन गया। अपने ऐतिहासिक पूर्ववृत्त के बावजूद राज्य निर्देशित नियोजित आर्थिक विकास ने स्वतंत्र भारत में उल्लेखनीय महत्व प्राप्त किया है, विशेष रूप से भारत के पहले प्रधानमंत्री जवाहर लाल नेहरू के साथ। लोकतांत्रिक विकेन्द्रीकरण के गांधीवादी मॉडल के लिए इसके कट्टर विरोध को देखते हुए, नेहरू ने हमेशा राज्य चालित अर्थव्यवस्था को प्राथमिकता दी, जैसे कि शायद औपनिवेशिक शासन के बाद भारत के तेजी से होते सामाजिक-आर्थिक उत्थान के लिए यही असली ताकत थी। इस रणनीति ने अच्छी तरह से काम किया, हालांकि उस हद तक नहीं, जहाँ तक उससे इस नियोजित आर्थिक विकास का समर्थन करने की उम्मीद की गई थी। इसकी असफलता के कारणों को आसानी से पहचाना जा सकता है; उनमें से एक निश्चित रूप से नियोजित अर्थव्यवस्था के पक्ष वाले लोगों में और इसका विरोध करने वाले लोगों के बीच संघर्ष का होना था। 1947 में एक स्वतंत्र राष्ट्र के रूप में भारत की यात्रा की शुरुआत के समय यह दृढ़ता से महसूस किया गया था कि भारत के सामाजिक-आर्थिक और राजनीतिक विविधता के दृश्य में गांधीवादी किस्म का लोकतांत्रिक विकेन्द्रीकरण कहीं अधिक उपयुक्त होगा, और बाकी 73वें और 74वें संविधान संशोधन अधिनियम के एलान के साथ 1992 में फंस गये थे, जिसने औपचारिक रूप से एक शासन प्रारूप के रूप में लोकतांत्रिक विकेन्द्रीकरण के महत्व को स्वीकारा था। बहरहाल, नियोजित आर्थिक विकास के लिए राज्य की भूमिका ने महत्वपूर्ण रहना जारी रखा, जैसे अतीत में था। योजना आयोग का महत्व कम हो गया था, हालांकि वह विकेन्द्रीकृत नियोजन को

अपनाती समानांतर संवैधानिक एजेंसियों के बढ़ते महत्व के प्रकाश में समाप्त नहीं हुआ था। इस योजना आयोग पर नई आर्थिक नीति, 1991 के रूप में एक और हमला हुआ, जिसने आर्थिक उदारीकरण की रक्षा की नीति की पुष्टि करते हुए इसकी निरंतरता के लिए एक गंभीर बौद्धिक चुनौती प्रस्तुत की और राज्यों को विकास के लिए आर्थिक रणनीतियों में एक मध्यस्थ के रूप में काफी हद तक हाशिए पर डाल दिया। अतः, राज्य निर्देशित विकास के विचार की पहले से ही जबरदस्त आलोचना की गई थी, जब राष्ट्रीय जनतांत्रिक गठबंधन वाली भारतीय जनता पार्टी के नेतृत्व वाली सरकार 2014 में सत्ता में आई। जिन्होंने योजना आयोग की प्रासंगिकता को मान्यता दी थी वह खो दी गई, क्योंकि यह भारत में एक समान आर्थिक विकास के उद्देश्य को प्राप्त करने में विफल रही; और, इसलिए इसके उन्मूलन के लिए तर्क ने आधार प्राप्त किया। शुरू में एक रणनीति के रूप में अपनी प्रभावशीलता के बावजूद राज्य के नेतृत्व वाली नियोजित आर्थिक विकास की नीति: (क) आर्थिक विकास के एक कारक के रूप में राज्य को दरकिनार रखने वाले बलों के समेकन और (ख) अपने लक्ष्यों को प्राप्त करने में स्पष्ट विफलता के कारण धीरे-धीरे बेमानी हो गया। यहाँ दो बुनियादी सवाल हैं, जिनको संबोधित करने की जरूरत है: पहला, क्या राज्य-संचालित आर्थिक विकास का विचार लक्ष्यों को पूरा करने के लिए अपनी विफलता की वजह से अपनी प्रासंगिकता खो चुका है? वहाँ एक जुड़ा हुआ दूसरा सवाल भी है: क्या बाजार संचालित रणनीति भारत सहित उपेक्षित समाज के लिए उपयोगी होगी, जहां गरीबी रेखा से नीचे रहने वाले लोगों के अनुपात में गंभीर रूप से अंतर है?

इन सवालों के निर्णायक जवाब खोजना मुश्किल होगा, हालांकि योजना आयोग को समाप्त करने से निश्चित रूप से विकास रणनीति के संबंध में सवाल उठाये जाते, जिसे भारत ने 1947 में राजनीतिक रूप से मुक्त होने के बाद अपनाया था। यह अध्याय इसलिए, योजना और योजना आयोग के औचित्य का विश्लेषण करने के अलावा उदारीकरण के युग में नियोजन के मुद्दे पर भी चर्चा करता है और 1990 के दशक में उसके प्रारंभ के बाद आर्थिक सुधारों के राजनीतिक आयाम बाहर लाता है। उन प्रक्रियाओं को समझते हुए, जो योजना आयोग की विस्मृति की तरफ ले जाती हैं, यह अध्याय आगे उस बहस पर प्रकाश डालता है कि क्या बाजार संचालित रणनीतियों को आधिपत्य देना भारत में एक उपयुक्त उपकरण है, जहां राज्य, समावेशी विकास पर अपनी जिद के साथ, उसे प्रभावित करने में अपनी भूमिका को नजरअंदाज करने का जोखिम नहीं उठा सकते हैं, जिसे आमतौर पर संतुलित और संपूर्ण आर्थिक विकास के रूप में परिभाषित किया जाता है।

नियोजित विकास की अवधारणा

सरल शब्दों में कहा जाए, धारणात्मक रूप से नियोजन करने का तात्पर्य वह निर्णय लेने से है जिसे सभी विकल्पों का सावधानी से विचार करने के बाद किसी भी स्थिति में लिया जाना चाहिए, और उसके बाद इस विचार के साथ उस पर काम करना चाहिए कि उसे संभव रूप में कितनी जल्दी और आर्थिक रूप से व्यवहार्य रीती में पूरा किया जा सकता है (सरूप और ब्रह्मे 1990, 9)। दूसरे शब्दों में, संसाधनों की कमी और एक आर्थिक विकास की कुछ न्यूनतम स्तर को प्राप्त करने की तात्कालिकता के कारण, दुनिया भर के विकासशील देशों ने समय के किसी भी अपव्यय के बिना उपलब्ध संसाधनों का सबसे अच्छा उपयोग करने की रणनीति के साथ त्वरित और संतुलित सामाजिक-आर्थिक विकास के लिए नियोजित आर्थिक विकास की विधि को अपनाने के लिए इसे समीचीन पाया है। इस प्रकार, योजना के माध्यम से अविकसित और विकासशील देश बाजार की शक्तियों की अनियमितता पर उन्हें छोड़ने के बजाय उनकी सामाजिक-आर्थिक विकास की गति को प्राथमिकता, दिशा और गति का मार्गदर्शन करने में सक्षम हुए हैं, जिनका सार्वभौमिक उद्देश्य लोगों की बुनियादी जरूरतों की पूर्ति के लिए किसी भी चिंता के बिना निजी उद्यमियों के लिए लाभ को अधिकतम बनाना है। वर्तमान अध्याय 1951 में पहली पंचवर्षीय योजना के साथ शुरुआत करते हुए, देश के नियोजित आर्थिक विकास में शामिल बुनियादी मुद्दों को जानने के लिए प्रयास करता है। यह भारत में नियोजन की उत्पत्ति को देखने और विकास की प्रमुख रणनीति के रूप में इसे अपनाने के लिए कारकों के अलावा, योजना आयोग पर विशेष ध्यान देने के साथ, यह योजना मशीनरी की संरचना और कामकाज के परिप्रेक्ष्य में नियोजन को पूरे भवन के केंद्रीय मेहराब के रूप में डालना चाहता है।

उदारीकरण के युग और हाल के वर्षों में आर्थिक सुधारों की राजनीतिक आयामों के एक विश्लेषण में नियोजन की समकालीन प्रासंगिकता अध्याय की अन्य मुख्य सामग्री का निर्माण करती है।

भारत में योजना की उत्पत्ति और विकास

किसी न किसी मानव गतिविधि का एक अनिवार्य हिस्सा बने रहने के बावजूद तेज और सतत आर्थिक विकास के लिए एक दुर्जेय और आकर्षक रणनीति के रूप में नियोजन ने 1920 के दशक में पूर्व सोवियत संघ में इसके अद्वितीय सफल प्रयोग के बाद दुनिया के सभी हिस्सों में अपनी जड़े जमाना और अन्य लोगों का ध्यान अपनी तरफ खींचना शुरू कर दिया। नेहरू सहित भारतीय नेताओं की एक बड़ी संख्या इसकी साम्यवाद की विचारधारा से काफी प्रभावित थी, हालांकि यह नियोजित आर्थिक विकास की प्रणाली के राजनीतिक रूप के प्रति नहीं, बल्कि आर्थिक रूप के प्रति आकर्षण था, जो सोवियत संघ में प्रचलित था। नियोजन की अचूकता की प्रशंसा में तर्क दिए गये कि यह आर्थिक विकास के लिए सबसे अच्छी रणनीति है, जिसने 1920 के दशक में देश में प्रवेश लिया था (ऑस्टिन 1966, 235)। यह बात कुछ हद तक सच भी है, क्योंकि योजना बनाने का विचार विगत में उन्नीसवीं सदी में स्वदेशी जड़ों में भी स्पष्ट दिखाई देता है, विशेष रूप से दादाभाई नौरोजी, आर सी दत्त और एम जी रानडे के लेखन में, जो राष्ट्रीय गरीबी के उन्मूलन के लिए राज्य के नेतृत्व में औद्योगीकरण के महत्व पर जोर देते थे। उन्होंने लगातार यह तर्क दिया है कि निजी पहल, अपने लाभप्राप्ति के इरादों के कारण उन बातों में रुचि लेने का कभी भी प्रयास नहीं करेंगे, जो देश के विकास के लिए महत्वपूर्ण तो थी, लेकिन उनसे लाभप्राप्ति की कोई संभावना नहीं थी। अत: राज्य को एक सुनियोजित तरीके से विकास परियोजनाओं में भाग लेने के लिए बाध्य किया गया था। 1917 की रूसी क्रांति के बाद, समाजवादी विचारों को भारत की गरीबी के लिए एक रेडीमेड समाधान के रूप में स्वीकार कर लिया गया। जिसे जवाहर लाल नेहरू और उनके बहुसंख्य सहयोगियों ने समर्थन किया, जो तब स्पष्ट हो गया था जब नेहरु ने आसानी से योजना समिति का प्रमुख होना स्वीकार कर लिया था, जब नवनिर्वाचित कांग्रेस अध्यक्ष, सुभाष चंद्र बोस ने उन्हें आमंत्रित किया था। इसे कांग्रेस द्वारा देश में नियोजित आर्थिक विकास के परिचालन के तौर-तरीकों को देखने के लिए नियुक्त किया गया था। यह कैबिनेट मिशन के साथ अपनी बातचीत में कांग्रेस के प्रिय मांगों में से एक होने के रूप में उभरा था, हालांकि यह किसी परिणाम के बिना, अंत में संविधान सभा की कार्यवाही में चुपके से आ गया, जहां इसे संविधान की समवर्ती सूची में एक विषय के रूप में 'आर्थिक और सामाजिक योजना' का स्थान देने का फैसला किया गया था।

दिलचस्प बात यह है कि एक स्वाभाविक मार्क्सवादी सूत्र के रूप में, जिसका लक्ष्य सरकार के हाथ में आर्थिक संसाधनों के स्वामित्व का एकाधिकार करना था, पश्चिमी देशों में पूंजीपतियों के मन में नियोजन की प्रचलित धारणा रखने वाले भारत के प्रसिद्ध पूंजीपतियों को देश के नियोजित आर्थिक विकास की एक रणनीति अपनाने से रोका नहीं। "A Plan of Economic Development for India" नामक अपनी पुस्तिका में उन्होंने अन्य बातों के साथ एक ब्लू प्रिंट प्रदान किया, जिसे "बंबई योजना" कहा जाता है, जो एक राष्ट्रीय योजना समिति द्वारा अत्यंत व्यापक योजनाओं का निर्माण और केंद्र सरकार के अधिकार के तहत राष्ट्रीय योजना समिति के साथ काम करते हुए सर्वोच्च आर्थिक परिषद द्वारा इसके क्रियान्वयन के मांग कर रही थी (ऑस्टिन 1966, 236)। देश के आर्थिक विकास के लिए योजना बनाने कीवांछनीयता पर कुछ इसी तरह की आकांक्षाओं को व्यक्त करते हुए, महात्मा गांधी के एक निडर अनुयायी, श्रीमान नारायण द्वारा तैयार की गई एक गांधीवादी योजना ने भी योजना बनाने वाली एक संस्था के तंत्र के माध्यम से राष्ट्र के लिए सामाजिक-आर्थिक विकास की नीतियों को तैयार करने के लिए एक रणनीति प्रस्तुत की, जिसकी जड़ें यद्यपि, भारत में सामाजिक और आर्थिक पुनर्निर्माण पर गांधीवादी दृष्टिकोण में गड़ी हुई थीं। भारत में योजना बनाने के लिए अंतिम बेचान 'पीपुल्स प्लान' के रूप में आया, जिसका मसौदा भारतीय श्रम फेडरेशन की ओर से देश के सबसे बौद्धिक नवीन आविष्कारकों में से एक, श्री एम.एन. रॉय द्वारा तैयार किया गया, जो देश में योजना पर चल रही बहस में मजदूर वर्ग के दृष्टिकोण को पेश करने की उम्मीद कर रहा था। इस प्रकार, आर्थिक विकास की रणनीति की योजना बनाने में इन सभी प्रयासों के संचयी प्रभाव ने उन लोगों के हाथ मजबूत किए, जो नियोजित

आर्थिक विकास करने पर आमादा थे, इस प्रक्रिया में उन्होंने वल्लभभाई पटेल और कांग्रेस पार्टी के अन्य दक्षिणपंथी सोच रखने वाले नेताओं की तरह के लोगों की हिचकिचाहट को एक तरफ कर दिया।

हालांकि जवाहर लाल नेहरू के शुरुआती समाजवादी झुकाव में निहित,[1] राष्ट्रीय योजना का विचार बाद के वर्षों में बाजार व्यवस्था के एक विकल्प में बदल गया। किसी न किसी रूप में यह समर्थन नियोजन की धारणा की समझ पर आधारित था, जिसमें राज्य के लिए आवंटित एक प्रमुख भूमिका के बावजूद, राष्ट्रीय अर्थव्यवस्था में सभी खिलाड़ियों को खेल में रहने के लिए खुद के लिए एक जगह मिल जाती। गौरतलब है कि इस मुद्दे को उठाने के क्रम में, नेहरू ने एक उदाहरण के रूप में, अप्रैल 1948 में संविधान सभा के सामने औद्योगिक नीति पर प्रस्ताव की अपनी प्रस्तुति में, परोक्ष रूप से, एक मिश्रित अर्थव्यवस्था की नीति अपनाने की घोषणा की, जिसके तहत, अन्य बातों के अलावा, देश के आर्थिक विकास में निजी क्षेत्र के लिए एक बड़ी भूमिका की कल्पना की गई थी। एक मिश्रित अर्थव्यवस्था के क्रम में बुनियादी परिचालन परिवेश को राजनीतिक लोकतंत्र, सरकारी योजना, विनियमन और अर्थव्यवस्था के नियंत्रण, जीवंत सार्वजनिक क्षेत्र और निजी क्षेत्र के लिए कर राहतें और राज्य वित्तीय सहायता की एक प्रणाली की तरह आदानों द्वारा प्रदान होना चाहिए था (पेंथेम 1982)।

अंत में, जैसा कि अमिय बागची लिखते हैं, भारत के लिए विकास की भावी रणनीति पर सेना के तीन प्रमुख धाराओं के बीच यह योजना कमोबेश एक सर्वसम्मत पसंद के रूप में उभरी: (क) राष्ट्रवादी रूढ़िवादी प्रवृत्ति, जो राज्य को निजी उद्यमों के प्रयासों को उन क्षेत्रों में पूरक करना चाहती थी, जहाँ संसाधनों या पहल का अभाव था, (ख) एक अधिकारी टेक्नोक्रेटिक प्रवाह, जिसने नियोजन को गरीबी उन्मूलन के लिए एक प्रभावी प्रशासनिक उपकरण के रूप में माना, और (ग) वे, जिनके लिए नियोजन एक समाजवादी विचारधारा का हिस्सा था, उनका केंद्रीय उद्देश्य एक न्यायी समाज की स्थापना करना था (बागची 1995)। वैचारिक और व्यावहारिक अनिवार्यता का परिणाम होने के नाते, योजना उसके अंतिम विश्लेषण में, 'उद्देश्यों और रणनीतियों का एक मिश्रण बन गया, जिसमें अक्सर आंतरिक जुड़ाव और निरंतरता की कमी होती थी। नेहरू और योजनाकारों ने अंत में जो निर्धारित किया वह विकास की एक अधिकतम दर होने की बजाय बस एक संतोषजनक विकास था, जिसमें असमानता की एक निश्चित स्तर को स्वीकृति दे दी गई थी' (बागची 1995, 86)।

योजना आयोग की भूमिका

राष्ट्रीय योजना की अवधारणा को विभिन्न कोनों से प्राप्त मान्यता और विभिन्न योजनाओं में सुझाव दिये गये संभावित संस्थागत तंत्र देश में योजना बनाने के लिए बनाये जाने वाले संस्थागत तंत्र की प्रकृति और कार्यों पर कोई अंतिम विचार प्रदान नहीं कर सके। आंशिक रूप से, पार्टी में दक्षिणपंथी गुट की आशंका की वजह से कांग्रेस योजना आयोग का गठन करने के निर्णय पर पहुंचने में नाकाम रही, जो पंचवर्षीय योजनाओं को तैयार करने और उनके क्रियान्वयन के मामलों के प्रभारी प्रमुख संगठन के रूप में कार्य करता। 25 जनवरी, 1950 को कांग्रेस कार्य समिति की बैठक में कुछ गुस्सा और कड़वी बहस करने के बाद योजना आयोग के निर्माण के लिए प्रावधान करने के लिए कैबिनेट प्रस्ताव एक समझौते पर पहुँचा।

एक कार्यकारी एजेंसी के सांचे में संरचित, योजना आयोग की प्रधान भूमिका को इस रूप में डिजाइन किया गया था ताकि देश के सामग्री, पूँजी और मानव संसाधन का आकलन किया जा सके और उनमें वृद्धि की जा सके; उनके संतुलित इस्तेमाल के लिए एक योजना तैयार की जा सके; योजना को लागू करने के चरणों को परिभाषित किया जा सके; योजना क्रियान्वयन के लिए आवश्यक वस्तुओं का संकेत दिया जा सके; और योजना के प्रभावी क्रियान्वयन के लिए मशीनरी का निर्धारण किया जा सके। तदनुसार, आयोग की संरचना में दोनों राजनीतिक नेतृत्व के एक विवेकपूर्ण मिश्रण होने की कल्पना की गई थी। इसमें कोई संदेह नहीं है कि प्रारंभिक वर्षों में कोई संवैधानिक या वैधानिक आधार के बिना प्रधानमंत्री के नेतृत्व की जरूरत थी, लेकिन बाद के वर्षों में आयोग के एक संतुलित और सुसंगत भूमिका के लिए यह अवांछनीय पाया गया था। पहले प्रशासनिक सुधार आयोग (एआरसी) ने कहा था कि प्रधानमंत्री की अध्यक्षता का लाभ लेने के लिए योजना आयोग ने 'अपने कार्यों और कर्मियों में तेजी

से वृद्धि की और केंद्र और राज्य सरकारों के कार्यकारी अधिकार के क्षेत्र में कदम रखा'(भारत सरकार 1968, 121)। लेकिन बाद के वर्षों में, योजना आयोग पूर्व प्रधानमंत्री राजीव गांधी की तरह प्रधानमंत्रियों की उपेक्षा करने लगा, जो नियोजन प्रक्रियाओं के प्रभावी क्रियान्वयन में आयोग के अनुभव और विशेषज्ञता का उपयोग करने के बजाय योजनाओं के निर्माण की तरह आयोग के महत्वपूर्ण कार्यों को करने के लिए प्रधानमंत्री कार्यालय से अधिकार छीनने लगा था। इस प्रकार, एक अंदरूनी सूत्र के रूप में, आयोग की ओर प्रधानमंत्री के रवैये की अनियमितता के प्रभाव की ओर इशारा करते हुए कहा, 'यदि प्रधानमंत्री आर्थिक योजना और विकास की धुरी के रूप में योजना आयोग का उपयोग करना चाहते हैं, तो यह बहुत महत्व हासिल करेगा। यदि वे इसका इस्तेमाल नहीं करना चाहते हैं, तो यह आयोग बेकार हो जाता है '(सेठी 1992)। एआरसी ने इसलिए योजना आयोग के साथ प्रधानमंत्री की औपचारिक और अनिवार्य संलग्नता की प्रथा को बंद करने की सिफारिश की, हालांकि उसने यह राय दी कि उन्हें आयोग द्वारा लिए गए महत्वपूर्ण निर्णय के बारे में सूचित रखा जाना चाहिए।

नहीं की तुलना में अक्सर, केन्द्रीय मंत्रिमंडल के मंत्रियों की योजना आयोग में भीड़भाड़ को भी आयोग की विशेषज्ञ प्रकृति और कार्यात्मक स्वायत्तता के खिलाफ माना गया था। दरअसल, योजना आयोग के निर्माण का उद्देश्य सरकार के सामान्य पदानुक्रम के बाहर पेशेवरों से मिलकर बने एक अवयव का होना था, ताकि सरकार के व्यापक नीतिगत दिशा निर्देशों के भीतर संभव योजना तैयार करने के लिए आकलन किया जा सके और देश के संसाधनों को बढ़ाया जा सके। इतने वर्षों में, यह आयोग सरकार को अभिनव और व्यावहारिक नीति विकल्प का सुझाव करने के लिए एक कर्मचारी एजेंसी के रूप में कार्य करने के बजाय एक सरकारी विभाग से भी कम हो गया लगता है, जिसकी एक सामान्य नौकरशाही संरचना और जिम्मेदारियां थी और वह दैनिक मामलों में ही लगा हुआ था। इसलिए, जरूरत यह थी कि आयोग की पेशेवर स्वायत्तता को बहाल किया जाए, और इसमें से अनावश्यक राजनीतिक घटक कम किए जाएँ।

सामान्य तरीके में योजना आयोग के कामकाज के बारे में संगठन के अंदर और बाहर के लोगों से किसी भी प्रतिकूल टिप्पणियों और प्रतिक्रियाओं को पैदा होने की जरूरत नहीं थी। आर्थिक विकास के लिए योजना आयोग की स्वीकृति ने लोगों की स्थिति में एक तेज और टिकाऊ विकास हासिल करने के तरीके और साधन के मार्गदर्शक और विनियमन के लिए एक बहुत ही अनुकूल मंच के रूप में नियोजन का वहन किया। हालांकि, योजना आयोग की कार्यात्मक गतिशीलता ने समर्थकों की तुलना में आलोचकों का अधिक उत्पादन किया है, जिससे योजना आयोग के कामकाज के दायरे में पूरी तरह से तो नहीं लेकिन तेजी से कटौती की गई थी।

अपने अस्तित्व के 64 से अधिक वर्षों के दौरान योजना आयोग के कामकाज की सबसे तीखी आलोचना यह की गई है कि इसकी स्थिति और कार्यात्मक डोमेन में हुई गैर-अनुपातिक वृद्धि के कारण इसकी दृष्टि धुंधली हो गई है, जिसके परिणामस्वरूप यह अपने मूल कार्य से विचलित हो गया है। बल्कि यह सरकार का एक कार्यकारी विभाग बन गया है, जो कार्यकारी प्रकृति के कुछ माध्यमिक कार्यों के निष्पादन में तल्लीन है। अपने संस्थापक पिता की आकांक्षाओं और नियोजित आर्थिक विकास के अन्य समर्थकों की उपेक्षा करते हुए, योजना आयोग ने परिप्रेक्ष्य, पांच साल और वार्षिक योजनाओं को तैयार करने के लिए खुद को सीमित करने की बजाय, जो अपने आप को योजनाओं के निष्पादन और उसके मूल्यांकन के साथ और अधिक संलग्न कर लिया है, जो देश के विकास प्रशासन की जिम्मेदारी होनी चाहिए। जैसा कि जवाहरलाल नेहरू ने बहुत संक्षेप में बताया है, 'यह आयोग, जो गंभीर विचारकों का एक छोटा सा अंग था, वह सचिवों, निदेशकों की एक भीड़ और एक बड़ी इमारत' के साथ एक पूरे सरकारी विभाग में बदल गया है (बसु 1992, 308 में उद्धृत)। संक्षेप में, संसद या अन्य निर्वाचित निकायों के प्रति किसी भी संबंधित जिम्मेदारी के बिना योजना आयोग के दिग्गज के हाथों में सौपा गया योजना के आवंटन के अधिकार की एकाग्रता ने उनकी दृष्टि को इतना विकृत किया है कि वे देश में सौहार्दपूर्ण केंद्र-राज्य संबंधों में सबसे दुर्जेय परेशानियों में से एक के रूप में उभरा। हालांकि, धारणात्मक रूप से, विशेषज्ञों ने केंद्रीय अनुदान के विचार के खिलाफ राय दी कि संघीय प्रणाली का विघटन किया जाना चाहिए,[2] जो केंद्र-राज्य के सुचारू संबंधों की भावना के खिलाफ चला गया और अलग-अलग योजनाओं सहित क्षेत्रीय योजना का कुल आकार घटा दिया गया। इसके अलावा, बंधे अनुदान की अवधारणा, जो संसाधनों के निर्धारण के लिए योजना आयोग के कहने पर वितरित की गई थी, अलग-अलग राज्यों की प्राथमिकताओं के अनुसार इन

संसाधनों का उपयोग करने में राज्यों की स्वायत्तता और लचीलेपन के साथ समझौता करती है।[3] हालांकि योजना आयोग के कामकाज के मामले में राज्यों की शिकायतों में अतिशयोक्ति की कुछ मात्रा हो सकती है, परंतु इस तथ्य को नजरअंदाज नहीं किया जा सकता कि आयोग ने कमोबेश, अपने आप को राजनीतिक प्रतिकारिता का एक साधन होने की अनुमति दी है, जो विभिन्न राज्यों के गैर कंफ़मिस्ट सरकारों के साथ हिसाब बराबर करने के लिए केंद्र में कुछ संकीर्ण दिमाग सरकारों के हाथों में है। इसके अलावा, पूरे देश के लिए योजना बनाने के अपने उत्साह में, आयोग ने देश में प्रचलित अपार विविधताओं के एक अज्ञान को धोखा दिया और देश भर में व्यावहारिक एकरूपता के आधार पर काम करने के लिए आगे बढ़ गया। अतः, आर्थिक विकास के लिए नियोजन ने व्यावहारिक रूप से संघीय संविधान को पीछे छोड़ दिया, जिसका नतीजा यह है कि यह कई मामलों में लगभग एक एकात्मक प्रणाली की तरह कार्य कर रहा है (Santhanam 1960, 56)।

योजना आयोग के कामकाज की प्रकृति और दायरे ने भी प्रतिकूल पैमाने पर वित्त आयोग की तरह कुछ संवैधानिक निकायों के कामकाज के संदर्भ को प्रभावित किया है, जिसे देश में कुशल और सौहार्दपूर्ण केंद्र-राज्य वित्तीय संबंधों का आधार कार्य करने के लिए डिजाइन किया गया है। किसी भी संवैधानिक दर्जे से महरूम रहते हुए, योजना आयोग की तरह एक अतिरिक्त संवैधानिक संस्था द्वारा संवैधानिक निकायों पर हावी होते हुए, शायद देश के संविधान निर्माताओं की दृष्टि के अनुसार जिम्मेदार सरकारी संस्थानों की स्थापना के लिए कभी भी शुभ संकेत नहीं होगा। वास्तव में यह देश में शासन के जैसे महत्वपूर्ण विषयों के प्रभार लेने के लिए योजना आयोग के जैसे कार्यकारी निकायों को अनुमति देना संविधान को धोखाधड़ी देना प्रतीत होता है, और वह भी अधिक, अधीनस्थ संवैधानिक निकायों द्वारा, जो उसी उद्देश्य के लिए बनाई गई हैं। इसके अलावा, मामलों की ऐसी हालत को संविधान के पिता द्वारा प्रत्यक्ष या अप्रत्यक्ष रूप से मंजूरी प्राप्त होना प्रकट नहीं होता, कि वे ऐसा चाहते थे, अन्यथा उन्होंने इस संबंध में संविधान में स्पष्ट प्रावधान किया होता।

हालांकि योजना आयोग की 'कैबिनेट से अधिक सुपर निकाय बनने' की संभावनाओं पर आशंका (ऑस्टिन 2003 में उद्धृत किया है, 618) बिल्कुल सच साबित नहीं हुई थी, राष्ट्रीय आर्थिक नीति निर्माण पर इसका जबरदस्त प्रभाव विद्वानों की नजरों से बच नहीं सका, जिन्होंने इस संबंध में आयोग द्वारा कैबिनेट को किनारे पर जाते हुए पाया (ऑस्टिन 2003, 618 में उद्धृत)। योजना आयोग को उजागर करने में एक कदम आगे जाते हुए, अशोक चंदा ने कहा कि आयोग की अपरिभाषित स्थिति और संदर्भ की व्यापक दृष्टि ने 'आर्थिक मंत्रिमंडल को न केवल संघ के लिए बल्कि राज्यों के लिए इस स्थिति में पहुंचा दिया था' (झा 1984 में उद्धृत)। नतीजतन, केंद्र सरकार द्वारा प्रायोजित कार्यप्रणाली सहित, योजना आयोग की कार्यप्रणाली पर अधिकांश अध्ययन ने एक शब्द का उच्चारण नहीं किया।[4]

योजना आयोग की संरचना और कामकाज पर दी गई इन महत्वपूर्ण टिप्पणियों को देखते हुए, इसकी विश्वसनीयता और प्रतिष्ठा तो नहीं परंतु इसकी चमक कम होती नजर आती है, जैसे कि संचयी रूप से सार्वजनिक क्षेत्र कहलाने वाली अधिकांश संस्थानों के बारे में कहा जाता है। फिर भी, बेहतर विकल्प के अभाव के कारण आयोग की महिमा जाहिरा तौर पर किसी भी बदलाव से अछूती रही। इसी संदर्भ में उदारीकरण की लहर, जो 1990 के दशक में स्थापित हुई, उसने इसमें शामिल संस्थानों सहित पूरी नियोजन प्रक्रिया को प्रभावित किया, और इस तरह एक नये अस्तित्व के लिए जरूरत महसूस की गई, ताकि इन ज़ाहिरी कालभ्रमित संस्थाओं और प्रक्रियाओं को तेजी से होते परिवर्तनों के साथ समायोजित किया जा सके, जिन्हें दुनिया में अधिकांश विकासशील देशों के आर्थिक क्षेत्र में अनुभव किया जा रहा था।

आर्थिक उदारीकरण के युग में नियोजन

1990 के दशक के प्रवेश ने एक तरह से, समाजवाद की विचारधारा में निहित सरकारों और नीतियों को दुर्भाग्यपूर्ण साबित कर दिया। उनके खुलने और जीवन और विकास के बाजार मॉडल में निहित बलों के प्रति प्राप्त अवसरों के मद्देनजर, वहाँ साम्यवादी सरकारों के खिलाफ संचित आक्रोश का एक विस्फोट हुआ था, जिससे देशों में अब तक अभेद्य रहे वामपंथी गुट का समापन हो

गया। विकासशील देशों में, विशेष रूप से भारत में, अर्थव्यवस्था में एक गंभीर और अभूतपूर्व संकट की घटना परिलक्षित हुई, जो समकालीन रूप से एक बाहरी भुगतान संकट के रूप में मौजूद थी, वह अंतरराष्ट्रीय निवेशक फाइनेंसर में आत्मविश्वास खोने के रूप में थी, जिससे कई रेटिंग एजेंसियों द्वारा देश को एक क्रेडिट निगरानी पर रखा गया, जो अर्थव्यवस्था के मौजूदा मैक्रो स्तर के प्रबंधन के बारे में गंभीर पूछताछ करने की तरफ ले गई। हालांकि, इस बात को आधिकारिक तौर पर मान्यता दी गई थी कि यह संकट सिर्फ व्यापार खाते में गिरावट के कारण नहीं आया था, बल्कि यह पूंजी खाते पर अन्य प्रतिकूल घटनाक्रमों के साथ हुआ था, जो सरकार की स्थिति का प्रबंधन करने की क्षमता में विश्वास खोना दर्शाता है (भारत सरकार 1991, 6)।

गरीबी और आर्थिक स्थिरता के लिए कारणों के लिए यह तर्क भी दिया गया था कि इसके लिए देश की नियोजित आर्थिक विकास के नाम पर बाजार की ताकतों के संचालन को कमजोर करने की राज्य प्रवृत्ति जिम्मेदार थी। स्थिति से निकलने के मार्ग के रूप में, आर्थिक विकास में राज्य की भूमिका में कमी के साथ मिलकर संरचनात्मक समायोजन और स्थिरीकरण की नीतियों के लिए जरूरत को अपरिहार्य के रूप में चित्रित किया गया था। नतीजतन, सुधारों का एक ठोस पैकेज, जिसे संरचनात्मक समायोजन कार्यक्रम (SAPs) के रूप में ब्रांड किया गया था और विश्व बैंक और अंतरराष्ट्रीय मुद्रा कोष (आईएमएफ) के संरक्षण के तहत शुरू किया गया था, उसे आर्थिक संकट के रामबाण के नाम पर देश पर थोप दिया गया था। मजबूत वृहद आर्थिक और वित्तीय नीतियों, व्यापार और वित्तीय उदारीकरण, निजीकरण और घरेलू बाजार की ढील की अनिवार्यता पर जोर देते हुए, SAP की रणनीति ने एक न्यूनतम अवस्था के लिए प्रचार किया, जो आर्थिक हस्तक्षेप से विरत करता और अंतरराष्ट्रीय आर्थिक प्रणाली में निजीकरण, बजट युक्तिकरण और घरेलू बाजार के एकीकरण के उद्देश्य से बाजार की शक्तियों को उन्मुक्त कर मजबूत मौद्रिक नीतियों पर ध्यान केंद्रित करता।

ऐसे परिदृश्य में, मुक्त बाजार क्रोधित हो गये, लेकिन क्या इसका मतलब यह था कि केंद्रीय योजना सांस के लिए हांफती रहे, जो गैर-हस्तक्षेप नामक शैतान के द्वारा अस्तित्व से ही बाहर कर दी जाए? एक पुनरभिविन्यास के लिए अवस्था की स्थापना करते हुए, योजना प्रणाली को पुनः स्थापित करने की बजाय, उदारीकरण की प्रक्रिया ने जरूरी कर दिया कि योजना भवन के दिग्गजों ने नया परिवेश धारण करना होगा, अन्यथा उनकी राजनीतिक और नौकरशाही के पूर्व श्रेष्ठता के दिन जल्द ही खत्म हो जायेंगे। नई आर्थिक नीति (1991) अपनाने के बाद बदले हुए सामाजिक-आर्थिक माहौल को देखते हुए योजना आयोग ने अपनी व्यवहार्यता खो दी है ऐसा लग रहा था। यह इस बात की भी पुष्टि करता है कि ये नवउदारवादी रणनीतियाँ भारत के आर्थिक विकास में महत्वपूर्ण बन गई ऐसा दिखाई देता है।

योजना आयोग के विच्छेदन को सही ठहराने के लिए अन्य तर्क सार्वजनिक क्षेत्र की क्रमिक गिरावट से संबंधित है। योजना आयोग अब प्रासंगिक नहीं रहा क्योंकि 'देश नेहरू-महालनोबिस रणनीति से दूर ले जाया गया है' जिसने पर्याप्त सार्वजनिक निवेश की कल्पना की थी, और इसलिए इस तरह के निवेश को प्रभावित करने के लिए एक योजना की जरूरत' का तर्क दिया जाता है (पटनायक 2014)। सार्वजनिक क्षेत्र को नष्ट करने के निर्णय के साथ, विकास परियोजनाओं में कोई भी विशेष रूप से संलग्नता की अब योजना बनाई जा सकती है और संबंधित विभागों द्वारा क्रियान्वित की जा सकती है। इसलिए, योजना आयोग के सार्वजनिक निवेश की गिरावट के महत्व को ध्यान में रखते हुए प्रवाह से बाहर चला गया। इस तर्क में वजन है, और यह स्पष्ट है कि योजना आयोग ने एक व्यापक कार्यकारी एजेंसी के रूप में, निश्चित रूप से उदार भारत के बदले हुए संदर्भ में अपनी उपयोगिता खो दी है। फिर भी, इसके इतिहास के 64 वर्ष यह समझने के लिए उपयोगी रहेगे कि क्या भारतीय राज्य ने एक अतिरिक्त संवैधानिक एजेंसी के रूप में अपनी भूमिका पूरी की है, जिसकी देश ने कल्पना की थी। इस संदर्भ में, औपनिवेशिकता के बाद इस सरकारी संगठन की लंबी अवधि भारत की आर्थिक वृद्धि पर हमें ज्ञान का कोष प्रदान करती है।

राज्य के नेतृत्व के नियोजित विकास की प्रासंगिकता पर सवाल उठाने वाले तर्क के प्रकाश में, एक गाइड और सुविधाप्रदाता के रूप में योजना की बाजार की शक्तियों के साथ सह अस्तित्व में रहने की अनिवार्यता शायद भारत की आर्थिक प्रणाली की एक अलग विशेषता रहेगी। वह मॉडल, जो देश को अनुकरण करने के लिए उपलब्ध है, वह 'सांकेतिक योजना' की फ्रेंच अवधारणा प्रतीत होता है, जिसका मूल इसे विश्वसनीयता से लागू करने की बजाय सिर्फ आर्थिक विकास के व्यापक दिशाओं का संकेत

करने में था। वास्तव में, धारणात्मक रूप से, सांकेतिक योजना के तहत, राज्य की भूमिका उदारवादी तकनीक का उपयोग करते हुए लोगों के प्रतिनिधि होने के उच्च आसन से केवल एक सलाहकार और प्रोत्साहक के रूप में कार्य करने के लिए संकुचित हो गई है।[5] ऐसी प्रणाली में, चूँकि अर्थव्यवस्था का एक बड़ा हिस्सा निजी क्षेत्र के स्वामित्व में होता है और उसके द्वारा प्रबंधित किया जाता है, इसलिए सरकार की योजना एक नियामक, संभाजक और निर्देशक होने के बजाय, केवल एक सुविधाप्रदाता, प्रचारक और भागीदार के रूप में कार्य करने के लिए होती है। नियोजन के रूप में, योजना मशीनरी की प्रमुख जिम्मेदारी देश में आर्थिक विकास की एक लंबी अवधि का नजरिया प्रदान करना है। इस प्रकार, फ्रांस जैसे विकसित देशों में मौजूद ढांचे में भारत में नियोजन प्रणाली की भूमिका की संकल्पना करने के लिए इस बात पर जोर दिया जाना चाहिए कि देश की सुरक्षा के लिए इसके सामरिक महत्व, और आम जनता के सामाजिक-आर्थिक उत्थान के कारण सार्वजनिक क्षेत्र देश की आर्थिक गतिविधियों में एक प्रमुख खिलाड़ी बना रहेगा। उस हद तक, योजना आवंटनकारी और नियामक हो सकती है लेकिन अब तक पूरी अर्थव्यवस्था (निजी क्षेत्र के कामकाज पर एक बड़ा असर होने से) के लिए योजना के रूप में इसने केवल कुछ क्षेत्रों पर ध्यान केंद्रित किया है, और मामूली परिचालन की गतिशीलता को निजी कंपनियों को खुद के द्वारा निर्णय लेने के लिए छोड़ दिया है। दरअसल, कभी कभी चीजें दूसरे तरीके से हो सकती हैं, जब निजी उद्यमी देश के आर्थिक विकास पर अपने स्वयं के परिप्रेक्ष्य को आगे रख सकते हैं और सरकार से आगे आने और उनके दृष्टिकोणों पर सहानुभूतिपूर्वक विचार करने और अर्थव्यवस्था के विभिन्न क्षेत्रों में संतुलित आर्थिक विकास के लिए योजनाओं के निष्पादन के लिए उनके प्रयासों में भागीदार होने के लिए सरकार से अनुरोध कर सकते हैं।

इसलिए, देश के लिए तेजी से आर्थिक विकास को सुविधाजनक बनाने में 'परस्पर पूरक बलों' के रूप में कार्य करते हुए, निजी क्षेत्र और राज्य योजना नियोजन को एकदूसरे के सहअस्तित्व में होना चाहिए, हालाँकि योजना को सार्वजनिक निवेश के लिए रणनीति तय करने औरवांछित क्षेत्रों में निजी क्षेत्र के निवेश को मार्गित करने के लिए दिशा-निर्देश प्रदान करते हुए एक महत्वपूर्ण चर होना जारी रखना चाहिए। गौरतलब है कि दूरसंचार, परिवहन, विमानन, आदि जैसे गैर-प्रमुख क्षेत्रों में निवेश की न्यूनतम सीमा का स्तर प्रदान करके, योजना मशीनरी ने निजी क्षेत्र के मार्ग को इन क्षेत्रों में नए हमले करने के लिए और सहायक उद्योगों की एक बड़ी संख्या की स्थापना के लिए प्रमुख सार्वजनिक क्षेत्र के उपक्रमों के आसपास मँडराने के लिए मदद की है। जैसा कि योजना आयोग ने स्वयं ही उल्लेख किया है, 'केंद्रीय योजना और निवेश ने वह आधार प्रदान किया है जिस पर आगे के विकास की अधिरचना सुचारू रूप से हो सकती है, जिसमें योजना एक एकीकृत भूमिका निभा रही है '(योजना आयोग, 8)।

हालांकि, बिना किसी पूर्वाग्रह के देश में नियोजन प्रक्रिया की बदलती भूमिका का आकलन करना महत्वपूर्ण है। वास्तव में, चुनावी बयानबाजी और आयोग पर सोच के दिवालियापन ने इसके वैचारिक मिशन को कम आंका है ऐसा लगता है, जिसे इसे पूरा करने की उम्मीद की गई थी। अत: इसने शायद ही उन लोगों से समर्थन प्राप्त किया, जिन्होंने यह महसूस किया कि योजना आयोग ने बदले हुए सामाजिक-आर्थिक परिवेश में अपनी व्यवहार्यता खो दी है। लेकिन, अब सार्वजनिक क्षेत्र के लिए बाजार वित्तपोषण खोलने के साथ, एक संभाजक के रूप में आयोग की भूमिका कम हो गई है, हालांकि, इसके विशाल बुनियादी ढांचे और जानकारी जुटाने के अनुभव के साथ, इसे एक प्रहरी के रूप में काम करने की अनुमति दी जानी चाहिए। इसके अलावा, राजनीतिक रूप से प्रभावी होने के लिए, आयोग को निजी निवेश के लिए दिशा निर्देश का सुझाव देने में अपनी बेहतर आर्थिक विशेषज्ञता दिखानी ही पड़ती है।

योजना बनाने की प्रक्रिया के खिलाफ यह शिकायत की गई है कि इसने सार्वजनिक क्षेत्र की एजेंसियों द्वारा धन के कुशल उपयोग के लिए 'व्यय' को काफी हद तक एक सूचकांक के रूप में लिया है। हालांकि, जैसा कि विश्व बैंक के एक अध्ययन (1995, 49) ने सुझाव दिया है, इस तरह के एक दृष्टिकोण को उससे द्वारा प्रतिस्थापित किया जाना चाहिए जिसमें एक सुधारित लाभप्रदता, उत्पादकता और बचत-निवेश घाटा हो। इस तरह की आगे की सोच ने निजी क्षेत्र के लिए उन क्षेत्रों में निवेश करने में प्रोत्साहन की पेशकश करते हुए सार्वजनिक क्षेत्र के उपक्रमों (पीएसयू) को बचाने में मदद की होती, जहां परंपरागत रूप से सार्वजनिक क्षेत्र ने अद्भुत सफलता प्राप्त नहीं की है। राजनीतिक रूप से वित्त के आवंटन के उद्देश्य के लिए राज्य और केंद्र के बीच मध्यस्थता की भूमिका को संभालते हुए, और राष्ट्रीय विकास परिषद के एक भाग के रूप में, योजना आयोग निश्चित रूप से विशेष

आर्थिक क्षेत्र (सेज) और कराधान सुधारों की नीति की तरह कम से कम बहस के मुद्दों के लिए एक आदर्श मंच बना हुआ है। व्यापार सतर्क होकर किया जा सकता है, लेकिन यह महसूस किया गया है कि जहां तक बुनियादी ढांचे का सवाल है, वहाँ आयोग का क्या प्रावधान है और उद्योग क्या प्राप्त करना चाहता है, इनके बीच विचारधाराओं का एक संतुलन होना चाहिए। हालांकि बाजार स्थल के अर्थशास्त्र निश्चित रूप से प्रावधान करने और बुनियादी सुविधाओं के उपयोग में एक विशेष भूमिका निभाते हैं, फिर भी सरकार को खाका प्रदान करने की आवश्यकता होती है। दूसरे शब्दों में, जैसे ही सरकार टोल पर नीति के बारे में स्पष्ट करती है, वैसे ही उद्योग एक पारदर्शी नीलामी प्रक्रिया के साथ उसे ले जाएगा।

हालांकि, कट्टरपंथी विचारों, जो परिप्रेक्ष्य योजना प्रभाग का डोमेन होना चाहिए, उन्हें योजना आयोग में अभी तक कोई ले जाने वाला खोजना है। आदर्श रूप में, आयोग ने एक विशेष स्थिति से निबटने के लिए विभिन्न विकल्पों को उपलब्ध करना चाहिए, अन्यथा, वहाँ के राजनेताओं का उनकी अपनी मजबूरियों और बयानबाजी द्वारा प्रभावित होने का खतरा होता है। वहाँ, इस प्रकार, राष्ट्रीय योजनाकारों और कॉर्पोरेट योजनाकारों के बीच बातचीत के लिए एक विशाल संभावना मौजूद है, और इस प्रक्रिया को जापान या मलेशियाई *रिट्रीट* प्रणाली के रूप में अनौपचारिक सलाहकार तंत्र के माध्यम से मजबूत बनाया जा सकता है, जहां प्रधानमंत्री प्रमुख मंत्रियों और उद्योग के नेताओं के साथ-साथ विचार मंथन करते हैं। मूलतः, यह आयोग एक नियामक नहीं हो सकता है, लेकिन भारत के सामाजिक-आर्थिक उत्थान के लिए तरीकों और साधनों के सुझाव में एक मार्गदर्शक हो सकता है।

ध्यान का स्थानांतरण: योजना आयोग से नीति आयोग तक

योजना आयोग का उन्मूलन और 2015 में भारत को बदलने के लिए राष्ट्रीय संस्थान (नीति) आयोग द्वारा उसके प्रतिस्थापन में भारत में नवउदारवादी राजनीतिक ताकतों के समेकन के बाद बदले हुए सामाजिक-आर्थिक परिवेश में एक वैचारिक प्रतिक्रिया थी। उत्तर उपनिवेशवादी राज्य का विरोध करते हुए, नीति आयोग मुक्त बाजार के लिए भारत की प्राथमिकता की रणनीति का परिणाम था, जिसमें निजी पूंजी की भूमिका को वृद्धि और विकास में महत्वपूर्ण माना गया था। क्षेत्रीय योजना की सराहना करते हुए, जो भारत की सामाजिक-आर्थिक विविधता के अनुरूप है, यह वैश्विक बाजार के साथ एकीकृत करने के लिए प्रयास के हिस्से के रूप में भी है, जो बदले हुए माहौल में घरेलू नीतियों में महत्वपूर्ण खिलाड़ी बन गए हैं।

धारणात्मक रूप से, नीति आयोग भारतीय परंपरा में निहित है। जैसा कि 1 जनवरी, 2015 का कैबिनेट प्रस्ताव सुझाव देता है, आयोग के वैचारिक जड़ों को महात्मा गांधी के 'निरंतर विकास' के आग्रह में पाया जा सकता है, जो 'लगातार निश्चल प्रकट होने के क्रम में एक हठधर्मिता को बनाए रखने की' इच्छा रखता है। इसलिए, यह तर्क दिया गया था:

> नए भारत की बदली हुई गतिशीलता, शासन और नीति के संस्थानों को नई चुनौतियों के लिए अनुकूल होना ही पड़ा है और भारत के संविधान, सभ्य इतिहास के ज्ञान के धन और वर्तमान समय के सामाजिक सांस्कृतिक संदर्भ के संस्थापक सिद्धांतों पर बनाया जाना चाहिए। (*भारत के राजपत्र* 2015, 6)

नीति आयोग मात्र एक संस्थागत नवाचार नहीं है, यह गरीबों के उत्थान के बजाय गरीबी का उन्मूलन चाहने के लिए 'लोगों की हार्दिक इच्छा को प्रतिबिंबित करता है। 'इस के लिए हमें प्रशासन में महत्वपूर्ण संस्थागत सुधारों को शुरू कर प्रणाली का एक ओवरहॉल करने की जरूरत है', मंत्रिमंडल प्रस्ताव जोर देता है। प्रस्तावित संस्थागत परिवर्तनों में, हितधारकों की भूमिका की भी सराहना की गई है। विकास में लोगों के महत्व के अलावा, यह प्रस्ताव आगे पुष्ट करता है कि घटक राज्यों को "सभी के लिए एक समाधान" दृष्टिकोण को चुनौती देते हुए 'आर्थिक वृद्धि और विकास की वास्तुकला के निर्धारण' में एक निर्णायक महत्व होना चाहिए, जो केंद्रीकृत नियोजन के युग में निहित था।

भारत में मौलिक तब्दीली की जा रही है और मंत्रिमंडल प्रस्ताव[6] के अनुसार वे बल, जिन्होंने इस तरह का परिवर्तन करने के लिए योगदान दिया है, वे इस प्रकार हैं:

1. उद्योग और सेवा क्षेत्रों का विकास हुआ है और वे अब एक वैश्विक स्तर पर काम कर रहे हैं। इस नींव पर निर्माण करने के लिए, नये भारत को एक प्रशासन प्रतिमान की जरूरत है, जिसमें सरकार एक पहले और अंतिम उपाय के एक प्रदाता' के बजाय एक 'संबल' होना चाहिए। औद्योगिक और सेवा क्षेत्रों में 'एक खिलाड़ी' के रूप में सरकार की भूमिका को कम किया जाना चाहिए। इसके बजाय, सरकार को क़ानून, नीति निर्माण और नियमों को सक्षम करने पर ध्यान केंद्रित करना चाहिए।
2. कृषि के क्षेत्र में भारत की पारंपरिक शक्ति हमारे किसानों के प्रयासों और प्रौद्योगिकी के क्षेत्र में हुए सुधार के कारण कई गुना बढ़ गई है। हमें इस सुधार को जारी रखने की आवश्यकता है, और अपने ध्यान को शुद्ध खाद्य सुरक्षा से कृषि उत्पादन के मिश्रण के साथ ही वास्तविक रिटर्न में सुधार करने की तरफ स्थानांतरित करना चाहिए, जो किसानों को उनकी उपज से मिलता।
3. आज, हम एक 'वैश्विक गांव' में रहते हैं, जो अंतरराष्ट्रीय बाजारों और संस्थाओं से आधुनिक परिवहन, संचार और मीडिया, और नेटवर्क द्वारा जुड़े हुए हैं। चूँकि भारत वैश्विक प्रयासों में योगदान देता है, इसलिए यह उसकी सीमाओं पर घटी घटनाओं से भी प्रभावित होता है। वैश्विक अर्थशास्त्र और भू-राजनीति तेजी से एकीकृत हो रही है, और एक घटक के रूप में निजी क्षेत्र का भी उसके भीतर महत्व बढ़ रहा है। भारत को वैश्विक कॉमन्स पर बहस करने और विचार-विमर्श में सक्रिय खिलाड़ी होने की जरूरत है, विशेष रूप से अपेक्षाकृत अज्ञात क्षेत्रों में।
4. भारत का मध्यम वर्ग इसके आकार और क्रय शक्ति के मामले में अद्वितीय है। यह दुर्जेय समूह नव-मध्यम वर्ग के प्रवेश के साथ बढ़ता जा रहा है। यह विकास का एक महत्वपूर्ण चालक रहा है और उच्च शिक्षा के स्तर, गतिशीलता और देश में बदलाव लाने के लिए इच्छा होने के कारण इसकी भारी क्षमता है। हमारी सतत चुनौती यह सुनिश्चित करने के लिए है कि यह आर्थिक रूप से जीवंत समूह से संलग्न रहे और इसकी क्षमता को पूरी तरह से महसूस किया जा सके।
5. भारत का उद्यमशीलता, वैज्ञानिक और बौद्धिक मानव पूंजी का पूल ताकत का एक स्रोत है, जो सफलता की अभूतपूर्व ऊंचाइयों को पाने में मदद करने के लिए मुक्त किए जाने की प्रतीक्षा कर रहा है। वास्तव में, यह सामाजिक पूंजी है जो हमारे लोगों में मौजूद है और देश के विकास के लिए एक प्रमुख योगदान कर रही है, और इसलिए, उचित नीतिगत पहलों के माध्यम से विकसित की जानी चाहिए।
6. अनिवासी भारतीय समुदाय, जो 200 से अधिक देशों में फैला हुआ है, दुनिया के कई देशों की जनसंख्या से भी बड़ा है। यह एक महत्वपूर्ण भू-आर्थिक और भू-राजनीतिक ताकत है। भविष्य की राष्ट्रीय नीतियों को इस ताकत को सिर्फ वित्तीय सहायता पाने से परे नए भारत में उनकी भागीदारी को व्यापक करने के लिए शामिल करना चाहिए। प्रौद्योगिकी और प्रबंधन विशेषज्ञता स्वयं स्पष्ट क्षेत्र हैं, जहां यह समुदाय काफी योगदान कर सकता है।
7. शहरीकरण एक अपरिवर्तनीय प्रवृत्ति है। इसे एक बुराई के रूप में देखने के बजाय, हमें इसे हमारे विकास नीति का एक अभिन्न अंग बनाना चाहिए। शहरीकरण को आधुनिक तकनीक का उपयोग करते हुए आर्थिक लाभ के लिए एक अवसर के रूप में देखा जाना चाहिए।
8. पारदर्शिता अब सुशासन के लिए एक अपरिहार्य तत्व है। हम एक डिजिटल युग में रह रहे हैं, जहां सामाजिक मीडिया की तरह संचार के उपकरण और साधन सरकार की कार्रवाई और विचार को साझा करने और समझने के लिए शक्तिशाली उपकरण रहे हैं। यह प्रवृत्ति समय के साथ बढ़ती जाएगी। सरकार और शासन को कुल पारदर्शिता में आयोजित किए जाने की जरूरत है— माहौल की अस्पष्टता को कम करने के लिए प्रौद्योगिकी का उपयोग किया जाना, और इस तरह, शासी में सुशासन के लिए क्षमता प्राप्त करना।

जैसा कि स्पष्ट है, शासन आज के संदर्भ में कहीं अधिक जटिल हो गया है। एक साधारण दृष्टिकोण है, जो केंद्रीकृत योजना बनाने में निहित है, ऐसे हालात में काम करता प्रतीत नहीं होता है, जैसा कि मंत्रिमंडल प्रस्ताव रेखांकित करता है। प्रभावी होने के लिए, विकास रणनीतियों को समावेशी विकास और वृद्धि के लिए प्रभावी नीतियाँ तैयार करते समय सामाजिक-आर्थिक वास्तविकताओं की जटिलताओं का विचार करने की जरूरत है। दूसरे शब्दों में, 'सभी के लिए एक समाधान' वाले दृष्टिकोण के विपरित, नई रणनीति को वैश्विक परिप्रेक्ष्य में समाज के विभिन्न क्षेत्रों की विशिष्ट आवश्यकताओं के प्रति बहु-आयामी और संवेदनशील होने की जरूरत है। यह भारत के जैसे एक विविधतापूर्ण देश के सामाजिक-आर्थिक उत्थान के लिए एक अनूठा तरीका है, जहां केंद्रीकृत नियोजन बदले माहौल में प्रभावी होता प्रतीत नहीं होता। यह मंत्रिमंडल प्रस्ताव में तर्क दिया गया है:

> हमें विकास के लिए हमारी अपनी रणनीति का पता लगाने की जरूरत है [और] इस नई संस्था को उस बात पर शून्य होना चाहिए, जो भारत में और भारत के लिए काम करेंगे [क्योंकि]... कोई भी एकमेव मॉडल भारतीय परिदृश्य में प्रत्यारोपित नहीं किया जा सकता [हालांकि प्रस्तावित संस्था को यह करना चाहिए] जिसमें दुनिया के प्रभाव शामिल हैं।[7]

प्रस्ताव आगे जोर देकर कहता है, 'यह होगा विकास के लिए एक भारतीय दृष्टिकोण'। इस दृष्टिकोण में जो विशिष्ट है, वह मुद्दों से निपटने के लिए एक पूर्व डिजाइन किया हुआ सूत्र होने की बजाय, संदर्भ संचालित समाधान खोजने पर जोर देना है। पूर्व योजना आयोग वृहद फार्मूले द्वारा निर्देशित किया गया था, जिसने शायद ही राज्यों की विशिष्ट आवश्यकताओं की ओर ध्यान दिया था, जबकि प्रस्तावित नीति आयोग, प्रत्येक राज्य की अनोखी मांग के प्रति संवेदनशील होने के नाते, उन के अनुसार नीति विकल्प विकसित करेगा जो उनके लिए उचित प्रतीत होता है।

प्रधानमंत्री की अध्यक्षता में, नीति आयोग के पास एक शासी परिषद होगी, जिसमें सभी राज्यों के मुख्यमंत्री और केंद्र शासित प्रदेशों के लेफ्टिनेंट गवर्नर्स के साथ-साथ विशेष ज्ञान रखने वाले विशेषज्ञ शामिल होंगे, जिन्हें आयोग के कामकाज में योगदान करने के लिए आमंत्रित किया जाएगा। योजना आयोग के विपरित, जिसने आर्थिक विकास का वृहद डिजाइन तैयार किया था, इस आयोग को क्षेत्रीय परिषदों द्वारा सहायता प्रदान की जाएगी, जो एक से अधिक राज्य या क्षेत्र को प्रभावित करने वाले विशिष्ट मुद्दों और आकस्मिकताओं को संबोधित करने के लिए गठन किया जाएगा। यह राज्यों और क्षेत्रों को एक आवाज प्रदान करने के लिए तैयार किया गया एक अनोखा डिजाइन है, जो राज्य के नेतृत्व वाले विकास के युग में संभव नहीं था, क्योंकि राज्यों को किसी विशिष्ट परियोजनाओं के लिए धन आवंटन करने के लिए शायद ही कोई अधिकार था। यह विचार निश्चित रूप से कार्य करेगा, क्योंकि हितधारकों के रूप में अब राज्य निर्णय लेने की प्रक्रिया में भाग लेंगे, जिसके द्वारा क्षेत्रों की जरूरतों पर प्रकाश डाला जाएगा। उदाहरण के लिए, अपने अत्यधिक विकसित सामाजिक संकेतकों के साथ केरल को महिलाओं के सशक्तिकरण के लिए केंद्र सरकार से सहायता पाने की आवश्यकता नहीं हो सकती है, जबकि यह अन्य राज्यों के लिए ऐसा नहीं है। क्षेत्रों की विशेष मांग की देखभाल करने के लिए क्षेत्रीय परिषदों के गठन के भारत के विकास प्रक्षेपवक्र में सिर्फ इसलिए एक अनोखा डिजाइन है, क्योंकि आर्थिक विकास के लिए रणनीति तैयार करते हुए उन्हें जमीनी हकीकत के साथ अनुकूलित किया जाएगा।

वे उद्देश्य, जिनके लिए नीति आयोग बनाया गया था, उन्हें मंत्रिमंडल प्रस्ताव में स्पष्ट रूप से व्यक्त कर दिया गया था। राष्ट्रीय प्राथमिकताओं का ध्यान रखने हुए, नीति आयोग संघीय भारत में राज्यों के विशिष्ट जरूरतों के प्रति समान रूप से संवेदनशील है, और ये वे उद्देश्य हैं, जिनपर मंत्रिमंडल प्रस्ताव ने एक स्पष्ट तरीके से प्रकाश भी डाला है। यहाँ परस्पर संबधित उद्देश्यों के तीन प्रकार हैं: पहला राष्ट्रीय प्राथमिकताओं पर ध्यान देने के साथ एक संस्था के रूप में, राष्ट्रीय नीति आयोग को राष्ट्रीय उद्देश्यों के आलोक में राज्यों की सक्रिय भागीदारी के साथ राष्ट्रीय विकास की प्राथमिकताओं, क्षेत्रों और रणनीति का एक साझा दृष्टिकोण विकसित करना है। इस तथ्य में अपने मजबूत विश्वास के साथ, कि मजबूत राज्य एक मजबूत राष्ट्र बनाते हैं, यह आयोग 'एक सतत आधार पर राज्यों के साथ संरचित समर्थन पहल और तंत्र के माध्यम से सहकारी संघवाद को बढ़ावा देना चाहता है। दूसरा उद्देश्य यह आयोग जमीनी स्तर पर स्थित लोगों की विशिष्ट आवश्यकताओं के प्रति संवेदनशील होकर कार्यात्मक बनाना है। जैसा कि प्रस्ताव का सुझाव है, नीति आयोग को 'ग्राम स्तर पर विश्वसनीय योजनाओं को तैयार करना और उन्हें सरकार के उच्च्च स्तर पर उत्तरोत्तर समग्र' करने का

तंत्र विकसित करना है; समावेशी विकास हासिल करने के लिए आयोग से उन वर्गों पर 'विशेष ध्यान' देने की उम्मीद की जाती है जिन्हें आर्थिक प्रगति से पर्याप्त रूप से लाभान्वित न होने का खतरा हो सकता है; और अंत में, सतत विकास के लिए नीति आयोग 'रणनीतिक और दीर्घकालिक नीति और कार्यक्रम के चौखटे और पहल का डिजाइन बनाने और उनकी प्रगति पर नजर रखने और उनकी प्रभावकारिता' के लिए भी जिम्मेदार है। तीसरा उद्देश्य ज्ञान पैदा करने में आयोग के योगदान से संबंधित है, जो इसकी दक्षता में सुधार लाने में उपयोगी होगा। जैसा कि यह माना जाता है, परियोजनाओं की निगरानी और हितधारकों से प्राप्त प्रतिक्रिया के माध्यम से सीखा गया सबक हमेशा महत्वपूर्ण जानकारी के रूप में रहेगा, जैसा कि आर्थिक विकास के लिए डिजाइन अब तक चल रहा है। हितधारकों के बीच नेटवर्क के बढ़ते महत्व के संदर्भ में, नीति आयोग राष्ट्रीय और अंतर्राष्ट्रीय विशेषज्ञों, अभ्यासकों और अन्य भागीदारों के समुदाय के माध्यम से 'एक ज्ञान, नवाचार और उद्यमशीलता की समर्थन प्रणाली' के अपने उद्देश्य को पूरा करने के लिए प्रमुख हितधारकों और राष्ट्रीय और अंतरराष्ट्रीय समान विचारधारा के साथ साझेदारी करने को टाल नहीं सकता। अच्छी तरह से व्यक्त डिजाइन को देखते हुए, जिसमें आयोग काम करता है, इसके 'भारत में टिकाऊ और न्यायसंगत विकास में सुशासन और सर्वोत्तम प्रथाओं के लिए राज्य का अत्याधुनिक संसाधन केंद्र होने की संभावना है।[8]

जैसे कि उपर्युक्त उद्देश्य प्रकट करते हैं, नीति आयोग देश के लिए केवल योजना बनाने वाला उपकरण नहीं है, यह विकास के एजेंडे के क्रियान्वयन को सुविधाजनक बनाने के लिए भी जिम्मेदार है। इसमें ठोस परिणाम, यथार्थवादी लक्ष्य, सख्त समय सीमाओं और मजबूत निगरानी और मूल्यांकन 'पर जोर देने के माध्यम से योजना प्रक्रिया को केंद्रीय कार्यान्वयन बनाना शामिल है—जो केवल नियोजन की बजाय कार्यान्वयन के लिए नियोजन की अलग अवधारणा' का एक स्पष्ट संक्रमण है (भारत सरकार 2015, 13)। एक मॉडल तैयार करने के लिए इच्छुक, जो 'हरफनमौला, सर्व व्यापक, सर्व समावेशी और समग्र' हो, नीति आयोग (भारत सरकार 2015, 16) अतीत से अलग है, उन उद्देश्यों को देखते हुए जिन्हें अपने पूर्वगामी योजना आयोग से विपरीत यह पूरा करना चाहता है। वह योजना आयोग जो उस वक्त न तो जैविक था और न ही तेजी से बदलते सामाजिक-आर्थिक परिवेश के प्रति संवेदनशील था जब राज्य संचालित नियोजन अपना महत्व खो चुका था।

नीति आयोग का गठन एक साहसिक पहल थी, पूरी तरह से शासन की नवउदारवादी नैतिकता के अनुरूप, जिसमें सरकार एक कर्ता की बजाय महज एक संबल दिखाई देती है। जैसा कि अतीत से पता चलता है, योजना आयोग देश के लिए एक समान विकास के लिए योगदान में अपनी क्षमता को समाप्त करता प्रतीत होता है, जैसा कि उसकी संकल्पना के समय उम्मीद की गई थी। बदलते संदर्भ में, जब राज्यों के अधिकारों को घरेलू और अंतरराष्ट्रीय वातावरण में परिवर्तन की दृष्टि से ध्वस्त किया गया था, योजना आयोग ने आर्थिक योजना में उतना महत्वपूर्ण होना बंद कर दिया जितना वह अपने प्रारंभ के समय था। दूसरे शब्दों में, राज्य निर्देशित विकास प्रतिमान के गिरते महत्व के साथ योजना आयोग की गिरावट आकस्मिक थी, जिसमें एक शासक शक्ति के रूप में राज्य की भूमिका की आर्थिक योजना और विकास में अन्य समानांतर कर्ताओं की कीमत पर सराहना की गई थी। राज्य के शासक की भूमिका को कायम रखने की इस धारणा को चुनौती देते हुए नीति आयोग का निर्माण करना एक शक्तिशाली कदम है, जो योजना और इसके क्रियान्वयन में असंख्य हितधारकों को शामिल करने की इच्छा रखता है। इस अर्थ में, आयोग का गठन नियोजित अर्थव्यवस्था और योजना आयोग की भूमिका के साथ मोहभंग का एक परिणाम था, जो इसकी प्राथमिकताओं के अनुसार घटक राज्यों के लिए धन के वार्षिक आवंटन के लिए एक मात्र मंच तक कम हो गया था। इस रणनीति का शासन की नवउदारवादी नैतिकता के बढ़ते समेकन के प्रकाश में उलटा असर हुआ, जिसमें राज्य शासन में एक महत्वपूर्ण बल नहीं रह गए। एक संदर्भ -प्रेरित डिजाइन, नीति आयोग इस प्रकार समावेशी विकास और *अंत्योदय* के लिए एक उपयुक्त तंत्र के लिए एक प्रयास है, जिसका अर्थ है कि वह विकास व्यर्थ है जब तक कि वह गरीब से गरीब व्यक्ति तक पहुँच नहीं जाता।

धारणात्मक रूप से, यह आयोग आर्थिक योजना के साथ मोहभंग के रूप में परिलक्षित होता है और नवउदारवादी की सराहना करता है। हालाँकि इसके भविष्य के बारे में टिप्पणी करना अभी जल्दबाजी होगी, जैसा कि इसके उद्देश्य सुझाव देते हैं। जहाँ तक भारत के अब तक हुए विकास प्रक्षेपवक्र का सवाल है, यह विचारों के एक नये युग में प्रवेश करने की संभावना है। वर्तमान नवउदारवादी व्यवस्था में, जब राज्य पृष्ठभूमि में चला जाता है, इस आयोग का अपने कामकाज में हितधारकों के बढ़ते महत्व को

देखते हुए एक उपयुक्त संस्था के रूप में स्वागत किया जा सकता है। इसके अलावा, नीचे से ऊपर की योजना के लिए ऊपर से नीचे के दृष्टिकोण को खारिज करते हुए, नीति आयोग उन लोगों को भी अपनी बात कहने का अधिकार देता है, जो परिधि में है और जो अब तक आर्थिक योजना में उपेक्षित रहे हैं। यह आयोग शासी परिषदों और क्षेत्रीय परिषदों के गठन से राज्यों के अधिकारों को कायम रखने की दिशा में एक स्पष्ट कदम है। राष्ट्रीय विकास परिषद की जगह लेकर, जो इन संस्थागत परिषदों के साथ एक राज्य मंच था, भारत में नई राजनीतिक व्यवस्था ने हितधारकों के बीच बहस के लिए संवादों और संस्थाओं को बनाया है, जिसका अर्थ यह है कि उन पर निर्णय थोपा नहीं जा सकता, बल्कि उन के बीच विचार-विमर्श के परिणाम के रूप में होगा। इस अर्थ में, नीति आयोग नियोजन और इसके कार्यान्वयन के लिए एक संस्था की तुलना में अधिक कुछ है, बल्कि आगे नवउदारवादी संदर्भ में भारत में लोकतांत्रिक शासन प्रक्रियाओं को मजबूत बनाने के लिए के लिए एक मंच है।

निष्कर्ष कथन

नियोजन एक ध्येय है, राष्ट्रवादी आंदोलन का एक अभिन्न हिस्सा है, यह समाज की सेवा करने के लिए ज्ञान और शक्ति को जोड़ने के राष्ट्रवादी सपने में निहित है। हालांकि आलोचकों ने देश में सामाजिक-आर्थिक विकास की रणनीति तय करने में योजना आयोग द्वारा लिये गये आधिकारिक स्थिति पर नाराजगी दर्शायी है, फिर भी योजना के विचार और योजना आयोग की मशीनरी की उपयोगिता को सरकार के पास संसाधनों की कमी और उनसे उत्पन्न विशाल समस्याओं के कारण व्यापक रूप में स्वीकार किया गया था। उपनिवेशवाद के बाद में, जहाँ तक भारत के सामाजिक-आर्थिक उत्थान का संबंध था राज्य अब प्रमुख मध्यस्थ बन गये। प्राथमिकताएं अलग थी और राज्य ने एक ऐसे समाधान को चुना था जो संदर्भ विशेष था। यद्यपि, भारत का विकास चार्ट बहुत ही प्रभावशाली हो सकता है, फिर भी इसमें कोई शक नहीं है कि उसकी आर्थिक रणनीतियों ने उन मुद्दों को संबोधित करने के लिए अच्छी तरह से काम किया है, जो विकास के लिए बाधाओं के रूप में काम कर रहे थे। नेहरूवादी राज्य के नेतृत्व वाली विकास योजना सही होना प्रकट नहीं हुई, हालांकि इसने एक आत्म-निर्भर भारत के समेकन के लिए योगदान दिया। यह एक महान उपलब्धि थी, जो शायद एक युवा राष्ट्र के लिए लक्ष्य संचालित, नियोजन के औचित्य का सुझाव देती है, जिसके पास जन समर्थन को देखते हुए महान संभावना थी, जिसके लिए राष्ट्रवादी नेतृत्व ने भारत के आर्थिक नक्शे को बदलना शुरू किया था। धारणात्मक रूप से प्रेरक और राजनीतिक रूप से सार्थक, राज्य के नेतृत्व वाले आर्थिक विकास के लिए तर्क को आसानी से स्वीकार कर लिया गया था, क्योंकि वे आकांक्षा रखने वाली और शायद स्वयं-परिपूर्ण थी।

हालांकि, 1990 के दशक के बाद से उदारीकरण, निजीकरण और वैश्वीकरण की नीतियों की शुरुआत ने परिदृश्य और स्वरूप को काफी बदल दिया, जिसमें पूरी नियोजन प्रक्रिया और योजना आयोग की व्यवस्था को पहले के समय में काम करने के लिए रखा गया था। नए आर्थिक उपक्रम शुरू करने की वजह से न केवल सरकारी खर्च के पैमाने में काफी हद तक कमी आई, बल्कि अनिवार्य नियोजन के पहले पैटर्न को भी सांकेतिक नियोजन के पक्ष में लगभग खारिज कर दिया गया, जिसके द्वारा योजना आयोग का काम देश में आर्थिक विकास की व्यापक दिशाओं के लिए केवल संकेत देना रह गया। बहरहाल, योजनाकारों के मन में एक बात बहुत स्पष्ट रहती है कि सांकेतिक योजना बनाने के लिए प्रवृत्ति की शुरुआत के होते हुए भी, पारंपरिक क्षेत्रीय नियोजन की उपयोगिता बरकरार रहेगी, जब तक सामाजिक क्षेत्र सरकार के लिए एक प्राथमिकता क्षेत्र बना रहता है।

2014 में संयुक्त प्रगतिशील गठबंधन के नेतृत्व में राष्ट्रीय सरकार के परिवर्तन के साथ नए मुद्दों को उठाया गया, विशेष रूप से जो नियोजित आर्थिक रणनीति के लिए प्रासंगिक थे। साथ ही, भारत में राजनीतिक विन्यास बहुसंख्य राज्यों में क्षेत्रीय पार्टियों के प्रभुत्व के साथ और अधिक बहुवचन बन गया है। ऊपर से नीचे वाला प्रचलित मॉडल अस्पष्ट और पुराने ढंग के सिद्धांतों के आधार पर भारत में समावेशी विकास लाने में पूरी तरह से विफल रहा है और लक्षित लाभार्थी हमेशा दूर ही रहे हैं। 'सबके लिए एक ही समाधान' सहवर्ती प्रवृत्तियों के साथ योजना आयोग के इशारे पर ऊपर से नीचे और नियतात्मक प्रतिमान, विकेन्द्रीकृत नियोजन के बढ़ते महत्व को देखते हुए कम प्रभावी हो गया। नतीजतन, जमीनी स्तर पर योजना, योजना के नीचे-से –उपर वाले मॉडल

ने आसान स्वीकृति प्राप्त की, विशेष रूप से विभिन्न राज्यों में अपनी सफलता के प्रकाश में, जिन्होंने जमीनी स्तर के आदानों के अनुसार संसाधनों का संवितरण किया था। अतः, आर्थिक उदारीकरण की रणनीति ने न केवल नए खिलाड़ियों को पेश किया है, बल्कि इसने उपेक्षित लोगों की भागीदारी के लिए मार्ग भी खोला है, जो वास्तव में सामाजिक-आर्थिक परिवर्तन के असली कर्ता हैं। यहाँ एक निर्णायक मुद्दा बनाना मुश्किल है कि इससे कोई सकारात्मक परिणाम निकलेगा कि नहीं। फिर भी, इस तथ्य के कारण हमें प्रोत्साहित होने की वजह मिली है कि योजना आयोग की तरह एक व्यापक संगठन और जमीनी स्तर पर योजना बनाने के प्रोत्साहन की वापसी अब वैकल्पिक संकल्पनात्मकता के लिए योगदान करेगी, जो अब तक लोक प्राधिकरण की वर्तमान व्यवस्था के लिए पूरी तरह से एक अभिशाप बना रहा है। दूसरे शब्दों में, योजना आयोग का निराकरण नए विचारों के लिए एक मंच बनाने हेतु, जटिल मुद्दों के लिए समाधान खोजने और प्रभावी कार्यान्वयन के लिए सक्षम करने हेतु प्रणालियों के डिजाइन बनाने के लिए एक अवसर प्रदान करता है। हम चीनी राष्ट्रीय विकास और सुधार आयोग के बाद एक थिंक टैंक बनाने के लिए प्रेरित हो सकते हैं, जो आर्थिक विकास के मुद्दों को संबोधित करते हुए 'सबके लिए एक ही समाधान' लागू करने की इच्छा को चुनौती देकर संघीय भारतीय की विशिष्ट सामाजिक-आर्थिक जरूरतों के प्रति संवेदनशील बनी हुई है। इस तरह यह कहा जा सकता है कि नीति आयोग बदले हुए सामाजिक-आर्थिक और राजनीतिक परिवेश में विकास के एक वैकल्पिक अवधारणा के लिए की गई खोज का नतीजा है। केंद्रीकृत योजना का आलोचक, जिसने नवउदारवादी वैश्विक दुनिया में अपनी व्यवहार्यता खो दी है, यह आयोग एक संदर्भ चालित प्रतिक्रिया भी है।

आर्थिक योजना में हितधारकों को शामिल करके, यह आयोग समावेशी योजना बनाने की दिशा में एक प्रयास है। यह आयोग इस प्रकार न केवल तत्कालीन योजना आयोग का एक संस्थागत प्रतिस्थापन है, बल्कि एक नये संदर्भ में नियोजन का पुनर्शोध है, जिसमें राज्य विकास में सरकार से अन्य तत्वों के बढ़ते महत्व को देखते हुए एक शासक शक्ति बना हुआ नहीं रहता। इसकी छोटी अवधि को देखते हुए, भारत में आयोग के भविष्य पर टिप्पणी करना जल्दबाजी होगी, हालांकि इसने राज्य निर्देशित विकास प्रतिमान के खिलाफ एक शक्तिशाली आवाज उठाई है, जो भारत में 1991 में नई आर्थिक नीति के अपनाने तक निर्विरोध बनी हुई थी। संक्षेप में, आयोग के गठन केंद्रीकृत नियोजन के खिलाफ तर्क कर सकते हैं, जो स्पष्ट रूप से उस बात को पूरा करने के लिए विफल रहे हैं, जिसकी संस्थापक पिताओं ने उस समय दृढ़ता से आशा की थी, जब योजना आयोग का 1950 में गठन किया गया था। बदले हुए सामाजिक-आर्थिक परिवेश में आयोग ने न केवल अपनी विश्वसनीयता खो दी थी, बल्कि भारत के एकसमान आर्थिक विकास के लिए उचित रणनीति तैयार करने के लिए अपनी विफलता के कारण गंभीर विवाद का विषय भी बन गया था। भारत की विविधता की सराहना करते हुए, जहां 'सबके लिए एक ही समाधान' का सूत्र काम नहीं करता, वहाँ नीति आयोग आर्थिक विकास के लिए एक पर्याप्त रूप से सुसज्जित साधन हो रहा है, क्योंकि यह आर्थिक परिवर्तन और विकास के लिए रणनीति तैयार करने में हितधारकों की महत्वपूर्ण भूमिका का विचार करता है।

यहाँ एक मौलिक बात है, जिसे राज्य निर्देशित विकास के प्रतिमान की व्यवहार्यता पर चर्चा के समापन से पहले दोहराये जाने की जरूरत है, जो 2014 में भाजपा के नेतृत्व वाले राष्ट्रीय जनतांत्रिक गठबंधन द्वारा सत्ता प्राप्त करने तक चुनौती बनी रही। चूँकि राजनीति के एक विशिष्ट प्रकार में इसकी अभिव्यक्ति को देखते हुए यह नियोजन मात्र आर्थिक परियोजना होना प्रतीत नहीं होता है। एक राजनीतिक इकाई के रूप में भारत की विविधता का होना यहाँ महत्वपूर्ण है। इस प्रकार, यहाँ एक बहुत ही सरल तर्क है कि नियोजित आर्थिक विकास का उस समय स्वागत किया गया था, जब यह एक नियंत्रित अर्थव्यवस्था के पक्ष में राजनीतिक रूप से समर्थन करता एक प्रतिमान था, जिसमें राज्य की शासक भूमिका पवित्र बनी रही। आर्थिक उदारीकरण के बदले माहौल में, जब राज्य,'एक कर्ता' होने के बजाय 'एक संबल' बन गया है, तब स्पष्ट रूप से इन विचारों ने अपना महत्व खो दिया है। वर्तमान दिनों की राजनीति इस प्रकार राज्य निर्देशित विकास प्रतिमान पर मौत का ठप्पा लगाती नजर आती है, जिसका जवाहर लाल नेहरू और उनके राष्ट्रवादी सहयोगियों ने 1947 में भारत से अंग्रेजों की वापसी के बाद एक स्वतंत्र राष्ट्र के रूप में भारत के प्रारंभिक वर्षों में इतनी नरमी से समर्थन किया था।

पुनरीक्षण प्रश्न

1. आप आर्थिक विकास की एक विधा के रूप में नियोजन की संकल्पना कैसे करते हैं? अपनी प्रतिक्रिया पर प्रकाश डालें।
2. क्या नियोजन एक दबंग शक्ति के रूप में राज्य की गिरावट के साथ प्रभावी हो सकता है? अपनी प्रतिक्रिया पर प्रकाश डालें।
3. एक कार्यकारी आदेश के बाद 1950 में अपनी स्थापना के बाद से भारत के योजना आयोग की भूमिका का गंभीर रूप से मूल्यांकन करें।
4. 'योजना आयोग की गिरावट और राज्य का घटाव आपस में जुड़े रहते हैं'। क्या आप इस राय से सहमत हैं? अपनी प्रतिक्रिया पर प्रकाश डालें।
5. क्या आप इस विचार से सहमत हैं कि भारत में योजना आयोग भारत में नवउदारवादीता के समेकन के साथ बेमानी हो गया है (या अन्यथा)? अपनी प्रतिक्रिया पर प्रकाश डालें।
6. 'योजना आयोग की घटती महता भारत के राजनीतिक अर्थव्यवस्था में अधिकतम द्वेष का एक लक्षण है। क्या आप इस राय से सहमत हैं? अपनी प्रतिक्रिया पर प्रकाश डालें।
7. भारत में भारत को बदलने के लिए राष्ट्रीय संस्थान (नीति) आयोग के विकास और समेकन की दिशा में प्रक्रियाओं का गंभीर रूप से मूल्यांकन करें।
8. 'भारत को बदलने के लिए राष्ट्रीय संस्थान (नीति) आयोग' "भारत की पूर्व योजना आयोग" का बदला हुआ रूप है'। क्या आप इस राय से सहमत हैं? अपनी प्रतिक्रिया पर प्रकाश डालें।
9. किन मायनों में, यह सुझाव देना उचित होगा कि भारत को बदलने के लिए राष्ट्रीय संस्थान (नीति) आयोग की जड़ों को भारत में राज्य के नेतृत्व वाले विकास प्रतिमान की विफलता में वापस पता लगाया जा सकता है?
10. क्या आप इस राय से सहमत हैं कि भारत को बदलने के लिए राष्ट्रीय संस्थान (नीति) आयोग भारत की संघीय भावना को बनाए रखने के लिए एक उपयुक्त तंत्र है? अपनी प्रतिक्रिया पर प्रकाश डालें।

टिप्पणियाँ

1. जानकारी के लिए देखें चक्रवर्ती (1992)।
2. उदाहरण के लिए डीडी बसु के विचारों को देखें (1992, 308)।
3. केंद्र-राज्य संबंधों में एक बाधा के रूप में नियोजन पर एक विस्तृत खुलासे के लिए देखें हेगड़े (1998)।
4. सरकारी के साथ ही स्वतंत्र दृष्टिकोण का प्रतिनिधित्व करने वाले दो उदाहरण अध्ययन, हो सकता है भारत सरकार (1968, 96–97) और फ्रेंकल (1978, 310–11)।
5. देश में योजना बनाने का संकेत देते मूल को धारण करने वाला उदाहरण, प्रधानमंत्री द्वारा कुछ बड़ी भारतीय बहुराष्ट्रीय कंपनियों के मुख्य कार्यकारी अधिकारियों के हद से अधिक वेतन और भत्तों पर कुछ प्रकार की सीमा लागू करने की हाल की सलाह क़ानून के बल के किसी मंजूरी के बिना किसी नैतिक सलाह की प्रकृति की थी। अपनी कंपनियों के स्वास्थ्य के लिए अनुकूल न पाते हुए, उद्योग के दिग्गजों ने सरकार की ओर से किसी भी आगे की कार्रवाई के बिना ऐसी सलाह को नजरअंदाज कर दिया। *हिंदू* (2007) देखें।
6. 1 जनवरी के मंत्रिमंडल प्रस्ताव में 2015- *भारत के राजपत्र* (2015) में पुनरुत्पादित।
7. 1 जनवरी के मंत्रिमंडल प्रस्ताव में 2015- *भारत के राजपत्र* (2015) में पुनरुत्पादित।
8. 1 जनवरी 2015- मंत्रिमंडल प्रस्ताव से उद्धरण — *भारत के राजपत्र* (2015) में पुनरुत्पादित।

संदर्भ

Austin, Granville. 1966. *The Indian Constitution: Cornerstone of a Nation*. New Delhi: Oxford University Press.

———. 2003. *Working a Democratic Constitution: A History of the Indian Experience*. New Delhi: Oxford University Press.

Bagchi, Amiya. 1995. 'Dialectics of Indian Planning: From Compromise to Democratic Decentralization'. In *Industry and Agriculture in India since Independence,* edited by T. V. Sathyamurthi, 47. New Delhi: Oxford University Press.

Basu, D. D. 1992. *Introduction to the Constitution of India*. New Delhi: Prentice-Hall of India.

Chakrabarty, Bidyut. 1992. 'Jawaharlal Nehru and Planning, 1938–41: India at the Crossroads'. *Modern Asian Studies* 26 (2).

Frankel, Francine R. 1978. *India's Political Economy, 1947–1977: The Gradual Revolution*. Princeton, NJ: Princeton University Press.

GOI. 1968. *Report of the Study Team: Centre–State Relationships*. Administrative Reforms Commission, Manager of Publications, Government of Indi, New Delhi.

———. 1991. *Economic Survey, 1991–92*. Ministry of Finance, Government of India, New Delhi.

———. 2015, 8 February. *NITI Aayog: From Planning to NITI: Transforming India's Development Agenda*. Government of India, New Delhi.

Government of India. 2015. *The Gazette of India*. Cabinet Secretariat Resolution, 1 January, New Delhi, p. 6.

Jha, A. N. 1984. 'Planning, the Federal Principle and the Parliamentary Democracy'. In *Union–State Relations: Selected Article,* edited by Abhijit Dutta, 7. New Delhi: Indian Institute of Public Administration.

Hegde, Ram Krishna. 1988. *Planning and the State Rights*. Bangalore: Government of Karnataka.

Panthem, Thomas. 1982. 'Elites, Classes and the Distortion of Economic Transition in India'. In *Contemporary India,* edited by N. R. Inamdar, R. M. Bapat, P. N. Limaye, S. N. Tawale and Rajendra Vora, p. 221. Pune: Continental.

Patnaik, Prabhat. 2014. "End of the Planning Commission?" *Economic and Political Weekly, 29*, July 19.

Planning Commission. *Annual Report, 1993–1994*. Government of India, New Delhi.

Santhanam, K. 1960. *Union–State Relations in India*. New Delhi and Mumbai: Indian Institute of Public Administration and Asia Publishing House.

Sarup, Anand, and Sulabha Brahme. 1990. *Planning for the Millions*. New Delhi: Wiley Eastern Limited.

Sethi, J. D. 1992, 14 March. 'Autonomy of the Planning Commission'. *Mainstream*: 23.

The Hindu. 2007. 7 June.

The Gazette of India. (2015), 7 January. *The Gazette of India* 1 (6): 6–9.

The World Bank. 1995. *Bureaucrats in Business: The Economics and Politics of Government Ownership*. London: Oxford University Press.

11

भारत में वित्तीय प्रबंधन

अध्ययन उद्देश्य

1. अवधारणात्मक मापदन्डों के रूप में बजट और वित्त की प्रकृति को समझना।
2. ऐतिहासिक अवधि में भारत में बजट और वित्त की विशिष्टताओं का खुलासा करने पर ध्यान केंद्रित करना।
3. भारत में बजट और वित्त की विशिष्ट विशेषताओं की ओर ध्यान आकर्षित करना।

बजट में कम से कम दो बुनियादी कारणों के लिए किसी भी देश में वित्तीय प्रशासन के लिए महत्वपूर्ण होता है: एक तरफ, यह एक राजनीति की वित्तीय सेहत का एक निश्चित संकेत होता है, जो खर्च और आय के बयान में परिलक्षित होता है। दूसरी तरफ यह कुछ अच्छी तरह से परिभाषित अनुमानित आय और व्यय से संबंधित चर के आधार पर एक देश का भविष्य तैयार करते हैं। इस प्रकार हम बजट को नजरअंदाज नहीं कर सकते, यदि हम किसी भी देश की वित्तीय प्रशासन की वास्तविक प्रकृति को समझना चाहते हैं। वित्तीय प्रशासन के लिए महत्वपूर्ण होने के अलावा, बजट अगर 'राजनीति' का निदर्शी नहीं है तो भी उसका संकेत देता है, जो इसके निर्माण में शामिल की जानी है। बजट न केवल खर्च और आय का एक बयान है, बल्कि यह प्रश्न में स्थित राष्ट्र के प्रस्ताव और वैचारिक प्राथमिकताओं के सेट की पुष्टि भी करता है। भारत इसका एक अच्छा उदाहरण है। नयी आर्थिक नीति 1991 अपनाने से पहले, जो आर्थिक उदारीकरण की नीति का समर्थन करती थी, भारत समाज के नेहरूवादी समाजवादी पैटर्न द्वारा नियंत्रित किया जाता था, जिसने एक मिश्रित अर्थव्यवस्था के आर्थिक नीति का व्यापक रूप से अभ्यास किया है। यह भी स्पष्ट किया गया था कि वह बजट जिसे उस समय की सरकारों ने तैयार किया था, वह इस लक्ष्य को पूरा करने के लिए एक उपकरण बना रहा था। बदली हुई परिस्थितियों में भारतीय अर्थव्यवस्था को मुक्त करने के फैसले के बाद में वह मामला नहीं था और इस प्रकार सरकार के बजट की प्रकृति में महत्वपूर्ण परिवर्तन हुए। अतीत के विपरित, 1991 के बाद के बजट धीरे-धीरे पहले वाले समाजवादी रुख को हटाते हुए सरकार के नये वैचारिक जोर को स्पष्ट करना चाहते हैं। बजट इस प्रकार शायद वे पहले सरकारी उपकरण हैं जो स्पष्ट रूप से नई दिशाओं और नीतियों को दर्शाते हैं जिन्हें सत्तारूढ़ अधिकार बदले हुए सामाजिक-आर्थिक परिवेश के तहत अपनाने की संभावना है। बजट की गंभीरता और बहुआयामी चरित्र के मद्देनजर, यह अध्याय भारत के वित्तीय प्रशासन के संदर्भ में बजट पर चर्चा करने के लिए समर्पित है। बजट के लिए जो बुनियादी है उस बात पर विचार करने के अलावा, यह अध्याय एक वैचारिक श्रेणी के रूप में भी भारत के तेजी से बदलते सामाजिक-आर्थिक परिदृश्य के संदर्भ में इसकी प्रकृति को समझने का प्रयास करेगा। यहां मुख्य उद्देश्य भारत में बजट और वित्तीय प्रशासन के एक संपूर्ण समझ प्रदान करना है—दोनों, एक प्रक्रिया के रूप में और एक घटना के रूप में भी: जबकि, एक प्रक्रिया के रूप में बजट लगातार एक लक्ष्य को खुलासा करने और उसे प्राप्त करने की मांग करता है, वहीं एक घटना के रूप में, यह एक विशिष्ट समय-सीमा के लिए अनुमानित सामाजिक-आर्थिक विकास का एक विशेष साधन है।

पिछले वर्षों में बजट नीति का रुझान

भारत की वर्तमान बजट प्रणाली का मूल औपनिवेशिक काल में निहित है, जब सरकार के वित्तीय मामलों को देखने के लिए 1843 में वित्त विभाग स्थापित किया गया था। लेकिन तथाकथित बजट 1860 में पहली बार प्रस्तुत किया गया था, जिसका उद्देश्य विधायिका द्वारा राजस्व और व्यय का वार्षिक अनुमान निर्धारित करने और उनके उपर विचार करने और अनुमोदन करने के एक प्रणाली का सूत्रपात करना था। मौजूदा प्रणाली में मामूली संशोधनों और कभी कभी कुछ जोड़ के साथ, भारत की बजटीय प्रणाली औपनिवेशिक शासन के दौरान वही बनी रही। हालांकि, भारत में औपनिवेशिक बजटीय प्रणाली के दो दुर्बल करने वाली विशेषताएँ थीं: बजट पर लोकप्रिय नियंत्रण का अभाव और बजटीय आवंटन में सामाजिक-आर्थिक विकास के परिप्रेक्ष्य की कमी। औपनिवेशिक बजटीय व्यवस्था को इसलिए आजादी के बाद हरी झंडी दिखाई गई और उसे भारत के संविधान के प्रावधानों के तहत एक संवेदनशील और विकास उन्मुख बजटीय प्रणाली द्वारा बदल दिया गया।

जवाहर लाल नेहरू के शुरुआती समय के दौरान बजट नीति रुझान भारतीय संविधान के नुस्खे तक ही सीमित रह गए थे, जैसे कि अनुच्छेद 112 के प्रावधानों के तहत निर्धारित किया गया था। औपनिवेशिक लाइन-आइटम बजट प्रणाली के साथ किसी भी कठोर विराम को प्रभावित किए बिना, नेहरू के बजटीय नीति भारत में आर्थिक विकास का एक महत्वपूर्ण घटक के रूप में नियोजन की शुरुआत के साथ समृद्ध हो गई। धीरे-धीरे, जैसे ही योजना आवंटन ने सरकारी आर्थिक शर्तों की गैर-योजना घटकों पर हावी होना शुरू कर दिया, वैसे ही बजट एक नीति दस्तावेज के बजाय कराधान के एक साधन के रूप में तेजी से घटता दिखाई दिया। इसके अलावा बजट में अनुमान के व्यय पक्ष को जवाबदेही और परिणाम उन्मुखीकरण के मिलान के बिना उच्च स्थिति प्रदान की गई। नेहरू के समय में, इसलिए, बजटीय नीति भारी सरकारी व्यय में दक्षता, अर्थव्यवस्था और प्रभावशीलता सुनिश्चित करने के एक प्रभावी साधन के रूप में कार्य करने के साथ-साथ देश के लिए सामाजिक-आर्थिक विकास के उपकरण के रूप में उभर नहीं सका।

बजट की मौजूदा प्रणाली में स्पष्ट दोषों का उन्मूलन करने के लिए, श्रीमती इंदिरा गांधी के समय के दौरान देश के बजटीय व्यवस्था में कई प्रशंसनीय नीतिगत उपाय शुरू किए गए थे। इसके बेहतर तकनीकी मूल्य के कारण, प्राक्कलन समिति और प्रशासनिक सुधार आयोग सहित प्रदर्शन बजट की शुरुआत के लिए हर कोने से मांग उठाई गई थी। लेकिन प्रदर्शन के बजट की शुरुआत के लिए एक पूर्व शर्त के रूप में यह लेखा प्रणाली में किए गये ईमानदार सुधार थे, ताकि इसे प्रशासनिक दक्षता एक उपकरण बनाया जा सके। इसलिए, सरकार ने 1976 में खातों से लेखा परीक्षा को अलग करके, देश में बजटीय व्यवस्था का एक लंबे समय से चली औपनिवेशिक सुविधा को रद्द करके एक ऐतिहासिक कदम उठाया। बाद में, प्रदर्शन बजट की प्रणाली को 1977–78 में केन्द्र सरकार के चुनिंदा विकास विभागों में पेश किया गया था। इन सबसे ऊपर, नियोजन को बजटीय प्रक्रियाओं पर हावी होने की अनुमति देने के बजाय, एक योजना, प्रोग्रामिंग और बजट प्रणाली के विचार (PPBS) को भारत में बजट के साथ नियोजन को एकीकृत करने के लिए एक मार्ग के रूप में स्वीकार कर लिया गया।

प्रारंभी 1990 के दशक में देश में आर्थिक उदारीकरण उदय के साथ, भारत में बजट के पीछे नीति झुकाव तीन तरीकों से प्रकट सूक्ष्म परिवर्तनों से गुजरता हुआ दिखाई देता है। पहला, कुल मिलाकर बजटीय प्रक्रिया का अभिन्न हिस्सा होने के बावजूद, योजना के घटक ने बजट में अपने शानदार स्थान खो दिया ऐसा लगता है। अब, नियोजन को केवल सरकार के सामाजिक-आर्थिक विकास की योजनाओं की व्यापक रूपरेखा को इंगित करने के लिए एक मार्गदर्शक साधन के रूप में कार्य करने के लिए प्रारंभ किया गया लगता है, जो बजटीय प्रावधानों में परिलक्षित होता है। दूसरा, सरकार के वित्तीय कामकाज में दक्षता और अर्थव्यवस्था लाने के लिए, कई प्रबंधकीय नवाचारों और सुधारों ने भी बजटीय प्रक्रिया में स्वीकृति पाई। उदाहरण के लिए, सरकारी विभागों में लागत में कटौती के लिए काफी प्रभावी उपाय को शून्य आधारित बजट की तकनीक को यूनाइटेड स्टेट्स के निजी क्षेत्र से लिये गये हैं। अंत में, बजट में जारी लोकप्रिय और नौकरशाही के आधार के बीच बजटीय तकनीकों के माध्यम से राजकोषीय अनुशासन की कुछ डिग्री लाने के लिए एक सूक्ष्म कदम उठाये गयें हैं। इस तरह के कदम के माध्यम से, न केवल सरकारी एजेंसियों के अनुत्पादक वित्त

वर्ष फिजूलखर्ची में कमी हो सकती थी, बल्कि इसतरह से बचाया पैसा नव प्राथमिकता के आधार पर सामाजिक क्षेत्र के विकास में पुनर्निवेश किया जा सकता था।

जाहिर है, इस प्रकार, भारत में बजट नीति झुकाव की गति को प्रशासनिक अवसरवादिता और सरकारों की विचारधारा के द्वारा निर्देशित किया गया है। मुख्य रूप से बजट को उसके साधनात्मक मूल्य में लेते हुए, पिछले कुछ वर्षों में सरकारों ने बजटीय सूत्रों को एक नीति के साधन के रूप में प्रयोग करने के बजाय कुछ कार्यक्रमों और परियोजनाओं के लिए धन सुरक्षित करने के लिए उपयोग करने का कार्य किया है। इसके लिए प्राथमिक कारण देश के सामाजिक-आर्थिक विकास के लिए सरकार की नीति के दृष्टिकोण के प्रमुख कारक के रूप में नियोजन का आगमन होता प्रतीत हो रहा है। फिर भी, आर्थिक विवेक और राजकोषीय अनुशासन के लिए आग्रह ने सरकारों को विभिन्न समय पर बजटीय और लेखा प्रक्रियाओं में सूक्ष्म सुधार करने के लिए उद्यत किया है। नतीजतन, इस बजट ने शायद अनजाने में सरकार के नीति निर्माण के दायरे में प्रमुखता हासिल की, जिससे देश में नियोजन की व्यापक भूमिका में बड़ी कटौती करनी पड़ी। समकालीन समय में, बजट ने देश के सामाजिक-आर्थिक विकास के लिए नीतिगत घोषणाओं के प्रमुख साधन के रूप में पुनः अपनी स्थिति प्राप्त कर ली है ऐसा लगता है।

बजटीय प्रक्रिया में प्रमुख कर्ता

भारत में बजटीय प्रक्रिया काफी जटिल है और उसमें विभिन्न चरणों में कई कर्ता और एजेंसियाँ शामिल होती हैं। भारतीय राजनीति की लोकतांत्रिक प्रकृति को देखते हुए इस तरह की बोझिल प्रक्रिया और एजेंसियों की भीड़ होना स्पष्ट है, क्योंकि वे अलग-अलग कार्य करते है, जो बजटीय प्रणाली के सफल और संवेदनशील कामकाज के लिए महत्वपूर्ण हैं। ऐसी प्रणाली में जो अद्वितीय बात है, जो अन्य लोकतांत्रिक प्रणालियों के मामले में भी होती है, वह यह है कि पैसा तय करने के अलावा, उतनी ही महत्वपूर्ण बात इस तरह के पैसे खर्च करने के लिए जवाबदेही की प्रणाली होना है। गौरतलब है कि भारत के विधायिका और संसदीय लोकतंत्र के संदर्भ में कार्यकारी मंडल के बीच अंतरंग संबंध में विधायिका को कार्यकारी मंडल के साथ कई ठोस वित्तीय कार्यों को साझा करना होता है। साथ ही, लेखा परीक्षा की स्वायत्त संस्था देश के वित्तीय प्रशासन के समग्र कार्य में तार्किक आदान प्रदान करने में अन्य एजेंसियों में शामिल होती है। जो अनुसरण करता है वह भारत में बजटीय प्रक्रिया में प्रमुख कर्ताओं या एजेंसियों की एक संक्षिप्त व्याख्या का होना है।

भारत की संसद को देश की बजटीय प्रक्रिया में मुख्य कर्ता के रूप में लिया जा सकता है। संसदीय लोकतंत्र के मानदंडों के अनुरूप, संसद को देश में जनता के पैसे के संरक्षक के रूप में कार्य करने की प्राथमिक जिम्मेदारी सौंपी गई है। नतीजतन, एक कोष जुटाने और फंड देने की एजेंसी के रूप में अपनी महती जिम्मेदारियों के निर्वहन के माध्यम से, यह भारत के बजट पर लगभग पूर्ण नियंत्रण रखती है। दरअसल, संसद को इस तरह का महत्वपूर्ण स्थान भारतीय संविधान द्वारा ही दिया गया है। इसलिए, संविधान के अनुच्छेद 112 के तहत राष्ट्रपति को संसद के 'वार्षिक वित्तीय बयान' को सदनों के समक्ष रखने की जिम्मेदारी सौंपी गई है, यह संवैधानिक बजट के लिए प्रयुक्त शब्दावली है। हालांकि, संसद के दोनों सदनों में, यह लोकसभा या निचला सदन होता है, जो बजटीय प्रक्रिया पर पूर्ण नियंत्रण रखता है और राज्यसभा या ऊपरी सदन को सिर्फ कुछ मामूली भूमिका सौंपी गई है।

भारत में बजटीय प्रक्रिया में एक समान रूप से महत्वपूर्ण कर्ता कार्यकारी मंडल है। वास्तव में, बजट पर संसद का सैद्धांतिक एकाधिकार संसदीय लोकतंत्र की गतिशीलता के तहत खुद कार्यकारी मंडल के एकाधिकार में आ जाता है। दूसरे शब्दों में, जैसा कि कार्यकारी मंडल को लोकसभा में पूर्ण बहुमत हासिल है, यह स्वाभाविक है कि पहले वाले की इच्छाओं को बाद वाले द्वारा तत्परता से पूरा किया जाता है क्योंकि दोनों में एक ही पार्टी या विचारधारा से संबंधित लोगों का स्टाफ मौजूद होता है। कार्यकारिणी मंडल द्वारा बजटीय प्रक्रिया पर प्रभुत्व के लिए एक अन्य कारण बजटीय प्रस्तावों के लिए प्रशासन एजेंसी के रूप में इसकी भूमिका का होना है। इस क्षमता में, कार्यपालिका मंडल को यहां तक कि सिद्धांत रूप में भी देश की रक्षा और प्रशासन की तरह अन्य दैनिक खर्च के अलावा सामाजिक-आर्थिक विकास के लिए नीतियों और कार्यक्रमों को ध्यान में रखते हुए संसद से पैसे

की मांग करने के लिए प्रस्तावों को विकसित करने की भूमिका सौंपी गई है। भारत में बजटीय प्रक्रिया इसलिए देश में संवैधानिक शासन के दो अहम संस्थानों के सामंजस्यपूर्ण और सहकारी कामकाज का एक अच्छा उदाहरण होती दिखाई देती है।

कार्यकारिणी की कोर इकाई के रूप में, जिसे बजट के परिचालन की गतिशीलता के प्रबंध का कार्य सौंपा गया है, वित्त मंत्रालय को यकीनन भारत में बजटीय प्रक्रिया की नोडल एजेंसी के रूप में लिया जा सकता है। दरअसल, एक आम आदमी के लिए, वित्त मंत्रालय देश के वित्तीय प्रशासन का अपनी संपूर्णता में प्रतीक है। हालांकि तकनीकी रूप से अस्थिर है, फिर भी देश के वित्त का प्रबंध करने में इसकी भूमिका को ध्यान में रखते हुए वित्त मंत्रालय को इस तरह की एक धारणा के लिए जिम्मेदार ठहराया गया है। उदाहरण के लिए, संसद के समक्ष प्रस्तुति के लिए राजस्व और सरकार के व्यय के अंतिम आंकड़े का आकलन करने से लेकर मंत्रालय को अंतत: यह सुनिश्चित करने का कार्य सौंपा गया है कि देश के वित्त ठीक से प्रबंधित किए जा रहे हैं या नहीं। मंत्रालय का काम प्रमुख तीन विभागों में उनके संरचनात्मक विभागों का प्रबंधन करना है, वे विभाग हैं: आर्थिक मामलों के विभाग, राजस्व विभाग और व्यय विभाग। इस तरह देश के वित्त के प्रबंधन में एक व्यापक भूमिका होने के कारण वित्त मंत्रालय को भारत सरकार के प्रमुख मंत्रालयों में से एक बना दिया है।

लोकतांत्रिक समाजों के बजटीय प्रक्रिया में एक अप्रत्यक्ष फिर भी लोकतांत्रिक तरीके से अपरिहार्य कर्ता एक स्वतंत्र लेखा परीक्षा की संस्था है। भारत में इस तरह के एक कार्य में संवैधानिक प्राधिकारी द्वारा किए जाते हैं, जिन्हें भारत के नियंत्रक एवं महालेखा परीक्षक (सीएजी, या कैग) कहा जाता है। संविधान के अनुच्छेद 148 के प्रावधानों के तहत परिकल्पित, 'कैग के कार्यालय एक तरफ सरकार के खातों की कठोरता और एकरूपता को पेश करना और दूसरी तरफ स्वतंत्र लेखा परीक्षा आयोजित करने की जिम्मेदारी निभाना होती है' (चक्रवर्ती और पांडे 2008, 157)। कैग सभी वित्तीय सरकारी विभागों द्वारा किए गए लेन-देन की की जांच और सत्य के प्रति निष्ठा, वैधता और क्षमता पर रिपोर्ट करने के लिए संसद की ओर से इस तरह की एक लेखा परीक्षा आयोजित करता है। भारत में बजटीय प्रक्रिया में कैग की भूमिका के महत्व संविधान के तहत प्रदान किए शासन की संसदीय लोकतांत्रिक प्रणाली का प्रतिफल है। इन वर्षों में, यह सरकार के वित्तीय अनौचित्य और फिजूलखर्ची पर सबसे कड़े जांचों के रूप में उभरा है, हालांकि आलोचकों ने भारत में लेखा परीक्षा की ऐसी भूमिका के खिलाफ बहस की है।

अंत में, संसदीय समितियाँ देश के बजटीय प्रक्रिया में एक महत्वपूर्ण भूमिका निभा रहे कर्ताओं के अंतिम सेट का गठन करती हैं। इन समितियों की भूमिका समय की कमी और विशेषज्ञता की कमी के कारण सरकार के वित्त पर संसद द्वारा प्रयोग किए जा रहे नियंत्रण की अपर्याप्तता को उजागर करती है। इससे पहले, वहाँ केवल दो समितियाँ हुआ करती थी—विधायी नियंत्रण के लिए आवश्यक कार्यों का निर्वहन करने के लिए प्राक्कलन समिति और संसद की लोक लेखा समिति। लेकिन हाल के दिनों में, संसद के विभागीय संबंधी स्थायी समितियों के निर्माण के साथ, सरकार के विभिन्न विभागों के कामकाज में संसद की भूमिका और अधिक व्यापक और केंद्रित हो गई है। बहरहाल, इन समितियों की भूमिका बजटीय प्रक्रिया के संबंध में विशिष्ट है। उदाहरण के लिए, प्राक्कलन समिती विभिन्न सरकारी विभागों के व्यय के अनुमान में उन्हें और अधिक यथार्थवादी और किफायती बनाने के क्रम में अर्थव्यवस्थाओं का सुझाव देती है। इसके विपरित, लोक लेखा समिति नियंत्रक एवं महालेखा परीक्षक की ऑडिट रिपोर्ट की प्रकाश में विनियोग खातों के पोस्टमार्टम का कार्य करती है। इस प्रक्रिया में, यह यदि कोई हो, तो वित्तीय अनियमितताओं के लिए विधायिका का ध्यान आकर्षित करती है, और उसके लिए उपचारात्मक उपायों का सुझाव देती है। दूसरों से अलग, विभागीय संबंधी स्थायी समितियाँ संबंधित विभागों के ऊपर न सिर्फ वित्तीय नियंत्रण रखती है, बल्कि समय-समय पर उनके समग्र कार्यों की संवीक्षा भी करती हैं।

संक्षेप में, भारत के बजटीय प्रक्रिया में प्रमुख कर्ता या एजेंसियों के कई और विभिन्न कार्य होते हैं। इस तरह के कार्यों को तीन समूहों में वर्गीकृत किया जा सकता है, प्रत्येक का बजटीय प्रणाली के सुचारू संचालन में महत्वपूर्ण मान होता है। इसलिए, जबकि फंड जुटाने और फंड देने की एजेंसी के रूप में संसद का व्यापक कार्य अच्छी तरह से स्थापित है, वहीं कार्यपालिका और इसके उप-एजेंसियों की भूमिका को वित्त मंत्रालय के वित्तीय अनुमानों के प्रस्तावक के रूप में समान रूप से सार्वभौमिक रूप से स्वीकार किया गया है। हालांकि, भारत के लिए जो अद्वितीय है वह जाहिरा तौर पर इसकी स्वयं की समितियों के तंत्र के माध्यम

से बजट पर विधायी नियंत्रण की अपनी विस्तृत प्रणाली के साथ-साथ एक स्वतंत्र लेखा परीक्षा की संस्था का होना है। वास्तव में, भारत में वित्तीय प्रशासन के सफल संचालन के लिए देश की बजटीय प्रक्रिया में इन कर्ताओं द्वारा निभाई गई भूमिका को काफी संतोषजनक होने का श्रेय दिया जा सकता है।

भारत में बजट प्रणाली

इस खंड में, भारत की बजट व्यवस्था को उसके वर्गीकरण, गठन और संरचना के संदर्भ में विस्तार से बताया गया है।

इस बजटीय वर्गीकरण को आम तौर पर सरकार की गतिविधियों पर सार्थक जानकारी प्रदान करने के लिए एक उपयोगी उपकरण माना जाता है और यह नीति निर्माताओं द्वारा नजदीकी विश्लेषण और उपयोग के लिए स्वरूप और संरचना को निर्धारित करता है। दूसरे शब्दों में, बजटीय वर्गीकरण एक सरल और व्यवस्थित तरीके से डेटा की एक उलझन पेश करने के उद्देश्य से इस तरह कार्य करता है कि गैर तकनीकी सांसद भी बजट का ब्योरा समझते हैं और उस पर किए जाने वाले विचार-विमर्श में सार्थक रूप से भाग लेने में सक्षम होते हैं। इस बात को ध्यान में रखते हुए दुनिया के विभिन्न देशों में बजट वर्गीकरण को दो अलग-अलग तरीकों से किया जाता है। पहला, बजट वर्गीकरण का पारंपरिक तरीका है, जो लाइन-आइटम पद्धति के रूप में भी जाना जाता है और यह विभागों के आधार पर डेटा की व्यवस्था का प्रावधान करता है, जिसे व्यय उठाना चाहिए। इसके विपरित, दूसरी विधि है, जिसे प्रदर्शन बजट विधि या कार्यात्मक वर्गीकरण विधि भी कहा जाता है, वह विभिन्न विभागों के कार्यों, परियोजनाओं, कार्यक्रमों और गतिविधियों के आधार पर प्राप्तियों और व्यय को वर्गीकृत करना चाहता है।

भारत में बजट वर्गीकरण को एक लंबे समय से, यहाँ तक कि आजादी के बाद भी, लाइन-आइटम विधि के प्रारूप में करना जारी रखा है, जिसने बजटीय प्रावधानों की पारदर्शिता को और उनके उचित मूल्यांकन को लगभग गूढ़ प्रतिपादन बनाए रखा है। इसलिए, कई समितियों और आयोगों की सिफारिशों के साथ ही विकास अर्थशास्त्रियों से प्राप्त प्रेरणा के बाद, सरकार ने 1974 में बजट के कार्यात्मक वर्गीकरण करने पर स्विच करने का निर्णय लिया। नतीजतन, अब सिर्फ बजटीय वर्गीकरण के लिए विभाग के नामकरण के बजाय, सरकार की गतिविधियों को मोटे तौर पर तीन समूहों, अर्थात् सामान्य या नियामक सेवाओं, सामाजिक और सामुदायिक सेवाओं और आर्थिक सेवाओं में वर्गीकृत किया गया है। यहां तक कि इन समूहों के भीतर, बजटीय आवंटन को और पांच प्रमुखों अर्थात, क्षेत्रीय प्रमुख, वरिष्ठ प्रमुख, कनिष्ठ प्रमुख, उप प्रमुख, और खाते के विस्तृत प्रमुख के अंतर्गत वर्गीकृत किया गया है।

बजटीय वर्गीकरण के प्रयोजनों के लिए, सामान्य सेवा में सरकार की वे नियामक या नियमित सेवाएँ शामिल हैं जिसमें कोई भी उत्पादक या विकासात्मक गतिविधियों को शामिल नहीं किया गया है। इन सेवाओं को आगे छह व्यापक समूहों के तहत एक साथ जोड़ दिया गया है: (क) संसद, राज्य, न्यायपालिका, लेखा परीक्षा, मंत्रियों और चुनावों की परिषद के प्रमुख के रूप में राज्य के अंग, (ख) करों की वसूली के लिए एजेंसियों सहित वित्तीय सेवाएँ, (ग) ब्याज भुगतान और कर्ज सेवाएँ, (घ) लोक सेवा आयोगों, सामान्य प्रशासन, पुलिस, आदि की तरह सिविल सेवाएँ, (ई) पेंशन और विविध सामान्य सेवाएँ और (च) रक्षा सेवाएँ।

सामान्य सेवाओं के विपरित, सामाजिक और सामुदायिक सेवा उन कार्यक्रमों और गतिविधियों से मिलकर बनती हैं जिनका उद्देश्य लोगों को बुनियादी सामाजिक सेवाएं प्रदान करना है। सरकार के सामाजिक विकास कार्यक्रमों के कोर का गठन करते हुए, इन सेवाओं में शिक्षा, स्वास्थ्य, आवास, पेयजल, वृद्धावस्था पेंशन सहित सामाजिक सुरक्षा, अनुसूचित जातियों और अनुसूचित जनजातियों, महिलाओं, अल्पसंख्यकों और समाज के अन्य वंचित वर्गों के कल्याण शामिल हैं। इसके अलावा, हाल के दिनों में इस मद में सरकार ने कई प्रमुख योजनाएँ शुरू की हैं, जैसे, *सर्व शिक्षा अभियान* (सभी के लिए शिक्षा), मध्याह्न भोजन योजना, राष्ट्रीय ग्रामीण स्वास्थ्य मिशन, संपूर्ण स्वच्छता अभियान, राष्ट्रीय ग्रामीण रोजगार गारंटी योजना, समेकित बाल विकास सेवाएं, जवाहर लाल नेहरू राष्ट्रीय शहरी नवीकरण मिशन और पल्स पोलियो कार्यक्रम, जिसका उद्देश्य देश की जनता के भाग्य में एक बदलाव लाना है (*टाइम्स ऑफ इंडिया* 2009, 11)।

अन्त में, आर्थिक सेवाएं सरकार के उन क्षेत्रों को समाहित करती हैं जिसमें व्यापार और वाणिज्य सहित कई उत्पादक और विनिर्माण गतिविधियाँ शामिल हैं। इन सेवाओं को आगे सात उप समूहों में वर्गीकृत किया गया है: (क) विदेशी व्यापार और निर्यात प्रचार सहित सामान्य आर्थिक सेवाएँ (ख) कृषि और संबद्ध सेवाएँ, जैसे सहयोग, लघु सिंचाई, पशुपालन, मत्स्य पालन, वन, मृदा संरक्षण, डेयरी विकास आदि, (ग) भारी और मध्यम पैमाने के उद्योग, ग्रामीण और लघु उद्योग, खान और खनिज सहित उद्योग, (घ) जल संसाधन और उर्जा विकास, (ई) नागरिक उड्डयन, सड़क परिवहन, बंदरगाह, दीपस्तंभ और शिपिंग सहित परिवहन और संचार, (च) रेलवे और (छ) डाक और टेलीग्राफ। हालांकि, अलग रेल बजट की प्रस्तुति के साथ, आर्थिक सेवाओं के शीर्षक के तहत रेलवे को जोड़ना वर्तमान समय में ज्यादा महत्व नहीं रखता।

प्रदर्शन बजट प्रणाली की तकनीक अपनाकर बजट वर्गीकरण को व्यवस्थित बनाने के बाद, बजट का गठन भारत के प्रति काफी सार्थक और जवाबदेह बन गया है। बजट का गठन हर साल अप्रैल से मार्च तक वित्तीय वर्ष के चक्र का अनुसरण करता है। हालांकि, बजट के अंतिम गठन में शामिल बोझिल प्रक्रियाओं के कारण, उसके लिए प्रक्रिया सितंबर-अक्टूबर के महीने के आसपास शुरू होती है। प्रक्रिया की शुरुआत करते हुए वित्त मंत्रालय विभिन्न मंत्रालयों और विभागों को आगामी वर्ष के लिए अपने अनुमान को आमंत्रित करने के लिए एक परिपत्र जारी करता है। यह बजट के सामान्य सिद्धांत के अनुसार होता है, कि जो पैसा खर्च करता है उसे विधानमंडल के समक्ष पेश करने के लिए अग्रिम में अनुमान भी तैयार करना चाहिए। ये अनुमान बाद में संबंधित विभागों के नियंत्रण अधिकारियों को प्रेषित किए जाते हैं, जिन्हें विभाग के बजट अनुमानों को अंतिम रूप देने की जिम्मेदारी सौपी गई होती है। इसलिए, नियंत्रण अधिकारियों को अनुमानों की जांच करने के लिए और या तो उसी के लिए अपनी स्वीकृति देने या यदि आवश्यक हो तो कारण देते हुए अनुमान को संशोधित करने के लिए सशक्त किया गया है। इस प्रकार, विभिन्न मंत्रालयों और विभागों के स्वीकृत और समेकित अनुमान नवंबर-दिसंबर में वित्त मंत्रालय के पास जाते हैं। जनवरी के अंत या फरवरी के शुरू तक, वित्त मंत्रालय राजस्व और व्यय का एक समेकित बयान तैयार करने में सक्षम होता है, जिसे बजट के गठन की प्रक्रिया का समापन करने के लिए आगे फरवरी के तीसरे सप्ताह तक ठीक किया जाता है।

बजट गठन की प्रक्रिया का पूरा होना अंतिम उत्पाद में परिणामित होता है, जिसे तकनीकी रूप से 'वार्षिक वित्तीय बयान' कहा जाता है। इस बयान या बजट की संरचना मुख्य आय और व्यय के मदों के द्वारा चिह्नित होती है, जिन्हें निम्न स्वरूप में प्रस्तुत किया जाता है:

1. पिछले 3 साल के वास्तविक आंकड़े;
2. चालू वर्ष के लिए स्वीकृत बजट अनुमान;
3. चालू वर्ष के संशोधित अनुमान;
4. अनुमान में कोई वृद्धि या कमी के लिए व्याख्यात्मक नोट के साथ अगले वित्त वर्ष के लिए प्रस्तावित अनुमान; तथा
5. पिछले साल की समान अवधि के लिए अनुमान और वास्तविक की तैयारी के समय उपलब्ध चालू वर्ष के वास्तविक (थवाराज 1987, 496)।

बजट दस्तावेज बजटीय प्रावधानों का एक रेडी-रेकनर प्रदान करने के लिए सरकार की प्राप्तियों और व्यय का एक व्यापक विवरण होता है। सरकार की कुल प्राप्तियाँ राजस्व प्राप्तियों और पूंजीगत प्राप्तियों का कुल योग होती हैं। इसी तरह, सरकार के कुल व्यय की नियोजित व्यय के साथ-साथ गैर-नियोजित व्यय की संक्षेप में गणना की जाती है। सरकारी वित्त के स्वास्थ्य का संकेत देते बजट दस्तावेज की एक उल्लेखनीय विशेषता दो घाटा संकेतकों का होना है। जहाँ राजस्व घाटा राजस्व प्राप्तियों पर राजस्व व्यय की ज्यादतियों को इंगित करता है, वहीं राजकोषीय घाटा समग्रता के साथ ही ऋण, कुल पुनर्भुगतान आदि सहित राजस्व प्राप्तियों और कुछ गैर ऋण पूंजी प्राप्तियों को दर्शाता है। इन दोनों के बीच का अंतर राजकोषीय घाटे के लिए आंकड़े देता है, जो ऊपर उल्लेख किए अंतर को पूरा करने के लिए सभी स्रोतों से सरकार की उधारी की कुल जरूरतों को भी इंगित करता है।

इसलिए, भारत की बजट व्यवस्था का ब्योरा, बजट के वर्गीकरण, गठन और संरचना में परिलक्षित होता है। हालांकि, अगर सभी नहीं तो भी भारत में बजट प्रणाली के अधिकांश पहलू सम्मेलनों और औपनिवेशिक ढांचे में निहित नियमों से आकर्षित है,

इतने वर्षों में उनमें कई संशोधन जुड़ गये हैं। भारत में बजटीय प्रणाली मौजूद है, इस प्रकार यह निरंतरता का एक अच्छा उदाहरण हो सकता है और दृश्य में बदलते समय की जरूरतों को ध्यान में रखते हुए बदलने के लिए प्रकट होता है।

बजट प्रक्रिया

जहाँ किसी भी देश में बजट प्रक्रिया जटिल और समय लेने वाली होती है, वहीँ भारत में योजना और संसदीय लोकतांत्रिक व्यवस्था के जैसे कई अपरंपरागत कारकों की गतिशीलता बात को बिल्कुल भी आसान नहीं बनाते हैं। दरअसल, देश में बजटीय प्रक्रिया पूरे वर्ष चलने वाली प्रक्रिया बन गई प्रतीत होती है, क्योंकि प्रक्रिया के एक न एक पहलू हमेशा गतिशील बने होते हैं और बजट अधिकारियों को हमेशा अपने पैर की उंगलियों पर ही खड़ा रखते हैं। उदाहरण के लिए, वर्ष की तीसरी तिमाही से बजटीय प्रक्रिया की शुरुआत मार्च के महीने में संसद द्वारा बजट प्रस्तावों के लागू होने तक भी पूरी नहीं होती। संसदीय अनुमोदन के बाद बजट कार्यान्वयन की महती जिम्मेदारी होती है जो इसके दायरे में साथ ही लेखांकन बजट की जिम्मेदारी भी जोड़ती है। बजटीय प्रक्रिया में अंतिम कार्य खर्च विभागों द्वारा बनाए रखे विनियोग खातों की लेखा परीक्षा द्वारा अधिनियमित किया जाना है, जो अपने आप में अपने स्वयं का फ़ॉलोअप करने की एक गतिविधि है। इसलिए, इसके बाद जो होता है वह भारत में बजटीय प्रक्रिया में शामिल विभिन्न महत्वपूर्ण गतिविधियों का एक संक्षिप्त कथन है, जो लेखा परीक्षा के अंतिम चरण तक पहुंचने के लिए बजट योजना से प्रारंभ होते हुए उसकी जांच और कार्यान्वयन के चरणों के माध्यम से लेखांकन तक चलती है।

बजट नियोजन

बजट नियोजन के चरण में कई जटिल गतिविधियाँ शामिल हैं जो लोकसभा के सामने इसकी प्रस्तुति से पहले बजट बनाने में की जाती है। बजट की योजना बनाने के लिए मंच तैयार करने और बजट प्रावधानों में विकास के लिए योजना के उद्देश्यों को समायोजित करने के लिए, योजना आयोग और वित्त मंत्रालय के अधिकारियों के बीच एक विस्तृत चर्चा होती है। इस चर्चा में जिन दो महत्वपूर्ण मुद्दों को अंतिम रूप दिया जाता हैं उनमें योजनाओं के लिए सकल बजटीय सहायता और मंत्रालय/विभाग के अनुसार योजना आवंटन शामिल हैं (सुदर्शनम 2001, 65)। देश के सामाजिक-आर्थिक विकास के लिए दीर्घकालिक नीतियों और कार्यक्रमों को निर्धारित करने में नियोजन को दी गई प्रबल स्थिति को देखते हुए इस तरह का एक अभ्यास भारत में बजट की योजना में एक महत्वपूर्ण कदम होना प्रतीत होता है। तथापि, इसे भारतीय बजटीय प्रणाली की एक कमजोरी होने का आरोप लगाया जाता है। बहरहाल, इस तरह के एक आलोचक की योग्यता के लिए यह तर्क दिया जा सकता है कि चूँकि नियोजन देश की आर्थिक व्यवस्था में अच्छी तरह से आरोपित हो गया है, इसलिए इसकी अनदेखी करना संभव नहीं है। इसलिए जो केवल एक ही मार्ग बचा है, वह बजटीय प्रावधानों में योजना विचारों को शामिल करके एक समन्वित दृष्टिकोण अपनाना है। इसलिए, जैसे ही योजना संबंधित मुद्दों को संबोधित किया जाता है, संसद के समक्ष प्रस्तुत किए जाने वाले बजट के गठन की जिम्मेदारी वित्त मंत्रालय पर आ जाती है।

बजट की जांच

भारत में बजटीय प्रस्तावों की जांच दो स्तरों पर की जाती है: प्रशासनिक और विधायी। प्रशासनिक जांच उस जांच को संदर्भित करता है जो एक विशेष विभाग के उच्च नेताओं के साथ ही वित्त मंत्रालय द्वारा की जाती है। उदाहरण के लिए, आधार का आकलन करने वाले अधिकारियों से निकलने वाले बजटीय प्रस्तावों की एक आदर्श के रूप में, वित्तीय सलाहकार और विभाग

के प्रमुख के द्वारा छानबीन की जाती है। जब इन अधिकारियों की प्रशासनिक स्वीकृति प्राप्त की जाती है, तब इस तरह के प्रस्ताव विभागीय बजट का हिस्सा बन जाते हैं। इसके अलावा, अगर इस प्रस्ताव में निर्माण कार्य शामिल होता है, तो इसे लोक निर्माण विभाग को जांच के लिए प्रस्तुत किए जाने की जरूरत होती है जो फिर प्रस्ताव को तकनीकी मंजूरी दे सकता है। प्रशासनिक जांच में अंतिम कदम के रूप में, सभी विभागीय बजट, विशेष रूप से 'नए आइटम' की वित्त मंत्रालय द्वारा बारीकी से छानबीन की जाती है और उसका निर्णय उस विषय पर अंतिम शब्द बन जाता है।

बजट को संसद में प्रस्तुत किए जाने के बाद, विधायी जांच का चरण शुरू होता है। इससे पहले, भारत में बजटीय प्रस्तावों की विधायी जांच अधिक सामान्यीकृत और औपचारिक होती थी। लेकिन 1993 में विभागीय संबंधी स्थायी समितियों की प्रणाली की शुरुआत के साथ, बजट की विधायी जांच और अधिक केंद्रित और तेज हो गई है। हालांकि, इस प्रणाली का एक और पहलू लाते हुए, एक कमेंटेटर का तर्क है, 'यह बजट प्रस्तावों की विधायी जांच के लिए एक बहुमूल्य योगदान है, लेकिन अब बहस पर जनता का ध्यान खो चुका है (प्रसाद 2006, 147)।' अंत में, बहस और बजट के विभिन्न पहलुओं पर विचार विमर्श संसद द्वारा इसकी मंजूरी में समाप्त होता है।

बजट का कार्यान्वयन

भारत में बजट कार्यान्वयन के लिए नोडल एजेंसी वित्त मंत्रालय है। विनियोग अधिनियम (2015) के पारित होने के बाद वित्त मंत्रालय उसके द्वारा आवंटित धन के क्वांटम की सूचना खर्च करने वाले मंत्रालयों को परामर्श जारी करता है। इसके बाद यह जिम्मेदारी नियंत्रण अधिकारियों के पास आती है, जो आमतौर पर विभागों के प्रमुख होते हैं और विभागों के कई संवितरण अधिकारियों को धन आवंटित करते हैं। हालांकि, संवितरण अधिकारी को एक हद तक अनुमत पैसा खर्च करने का अधिकार दिया जाता है, उसके परे जाने के लिए अपेक्षित अधिकारियों से मंजूरी लेने की आवश्यकता होती है। साथ ही, खर्च करने वाले प्रत्येक विभाग के लिए लेखांकन की निर्धारित विधि के अनुसार भुगतान और प्राप्तियों का रिकॉर्ड बनाए रखना भी अनिवार्य है। इस प्रकार, भारत में बजट कार्यान्वयन की प्रणाली में अब अनिवार्य रूप से इस तरह के पदाधिकारी शामिल हैं, जैसे नियंत्रण अधिकारी, वित्तीय प्रतिबंधों के समझौते के लिए सक्षम अधिकारी, प्राप्तकर्ता और संवितरण अधिकारी और भुगतान और प्राप्तियों का रिकॉर्ड रखने के लिए खातों की एक कुशल संरचना। बजट कार्यान्वयन की प्रक्रिया में, संबंधित अधिकारियों को जनता के पैसे का किफायती, कुशल और प्रभावी उपयोग करने के लिए निरंतर सतर्कता और वित्तीय विवेक के सर्वोच्च डिग्री का इस्तेमाल करने की उम्मीद की जाती है।

बजट लेखांकन

संवैधानिक रूप से भारत में बजटीय लेखा भारत के नियंत्रक एवं महालेखा परीक्षक नामक एक स्वतंत्र और संवैधानिक अधिकारी की जिम्मेदारी होती है। वास्तव में, केन्द्र सरकार साथ ही राज्य सरकारों के खातों को रखने की विधि और स्वरूप को भारत के राष्ट्रपति के अनुमोदन से कैग द्वारा निर्धारित किया जाता है। इसलिए, कैग का कार्यालय देश में लेखा और लेखा परीक्षा प्रणाली का संरक्षक होता है। लेखापरीक्षा और लेखा को 1976 में अलग किया गया था, ताकि बेहतर प्रशासनिक अवसरवादिता और जवाबदेही प्रदान की जा सके। 'नियंत्रक एवं महालेखा परीक्षक के तहत वहाँ प्रत्येक राज्य में एक महालेखाकार होता है, जिसके कार्यालय में लेन-देन के खातों को रखा जाता है (केंद्र के साथ-साथ राज्य), जो राज्य की क्षेत्रीय सीमाओं के भीतर होता है' (भट्टाचार्य 2008, 379)। इस प्रकार भारतीय लेखा की विशिष्टता इसके कार्यकारी कार्यों में निहित है, भले ही वह कैग की विधान संवैधानिक पद की समग्र निगरानी और मार्गदर्शन के तहत हो।

बजट लेखा परीक्षा

बजट लेखा परीक्षा भारत के नियंत्रक एवं महालेखा परीक्षक का विशेष कार्य होता है। इस कार्य के मूल्य और पवित्रता को देखते हुए, इसकी स्वतंत्रता और स्वायत्तता के मामले में कैग के कार्यालय को निहितार्थ द्वारा भारत के उच्चतम न्यायालय के एक न्यायाधीश के अनुरूप किया गया है। एक लेखा परीक्षा की कल्पना वास्तव में देश की वित्तीय प्रशासन पर विधायी नियंत्रण और जवाबदेही के एक विस्तार के रूप में की गई है। भारत में लेखा परीक्षा व्यय के संबंध में और अधिक तेज और केंद्रित है, जिसे विनियोग लेखापरीक्षा कहा जाता है। विनियोग लेखा परीक्षा का उद्देश्य है:

> यह सुनिश्चित करना कि विधायिका द्वारा मतदान की गई निधि का कार्यकारी मंडल द्वारा उन्ही प्रयोजनों के लिए उपयोग किया जाता है जिनके लिए वे अर्थव्यवस्था और दक्षता के कारण संबंधित थी। इसमें शामिल है:
>
> 1. लेखा और वर्गीकरण की दृष्टि से लेखा परीक्षा;
> 2. प्राधिकरण की दृष्टि से लेखा परीक्षा;
> 3. विनियोग और वित्त खातों की लेखा परीक्षा; तथा
> 4. स्वामित्व की दृष्टि से लेखा परीक्षा। (थावाराज 1987, 644)

संक्षेप में, भारत में बजटीय प्रक्रिया एक एकीकृत इकाई के रूप में प्रकट होती है, जो देश की सामाजिक-आर्थिक और राजनीतिक-प्रशासनिक व्यवस्था की प्रकृति और संरचना को दर्शाती है। उदाहरण के लिए, बजट की योजना बनाना यकीनन सामाजिक-आर्थिक विकास के लक्ष्यों और तरीकों के बजटीय गतिशीलता पर एक मानक बयान है जिसके द्वारा वे हासिल की गई है। हालांकि, ज्ञान, करूणा, अर्थव्यवस्था और जवाबदेही के लिए प्रावधान करने के लिए, प्रशासनिक और विधायी जांच की एक विस्तृत प्रणाली को स्थापित किया गया है। इसके विपरित, बजट कार्यान्वयन भारत में प्रशासनिक तंत्र की परिपक्वता और स्वायत्तता को दिखाता है। अंततः, बजट लेखा और लेखा परीक्षा भारत में शासन की संसदीय लोकतांत्रिक प्रणाली की सच्ची भावना में वित्तीय जवाबदेही की पहचान हो गई है।

भारत में वित्त प्रबंधन

भारत में वित्त के प्रबंधन में देश के सामाजिक-आर्थिक विकास के लिए संसाधनों के उत्पादन से लेकर उनके उचित प्रबंधन की गतिविधियों का एक जटिल सेट शामिल है। वास्तव में, वित्त शायद बजट का सबसे महत्वपूर्ण पहलू है। लोगों के सामाजिक-आर्थिक विकास के लिए डिज़ाइन की गई सरकार की नीतियों और कार्यक्रमों को केवल वित्त के समर्थन के माध्यम से कार्यात्मक गतिशीलता मिलती है। दरअसल, बजट और वित्त को एक ही सिक्के के दो पहलू के रूप में लिया जा सकता है।[1] इस संबंध में वित्त मंत्रालय योजना आयोग की तरह कुछ अन्य निकायों के साथ संयोजन के रूप में वित्त प्रबंधन के लिए नोडल एजेंसी के रूप में कार्य करता है। भारत में वित्तीय प्रबंधन में शामिल दो मूल मुद्दे राजस्व का उत्पादन करना और उसका इस तरीके से समुचित व्यय करना है कि देश के सामाजिक-आर्थिक विकास को सर्वाधिक संभव हद तक विस्तारित किया जा सके। हालांकि, ज्यादातर विकासशील देशों में वित्त प्रबंधन में एक आम प्रवृत्ति घाटे की वित्त व्यवस्था की धारणा के रूप में प्रतीत होती है। हालांकि कई मामलों में घाटे की वित्त व्यवस्था को आमतौर पर सरकार के संसाधनों को बढ़ाने के एक साधन के रूप में प्रयोग किया जाता है, जो उत्पादक उद्देश्यों के लिए इस्तेमाल किए जाते हैं, परंतु आमतौर पर भारत में ऐसा नहीं है। जबकि घाटे की वित्त व्यवस्था का सहारा लिया जाता है, वहाँ सरकार द्वारा अक्सर अनुत्पादक प्रयोजनों के लिए संसाधनों को खर्च करते देखा जाता है। यह भारत में वित्त के प्रबंधन में एक महत्वपूर्ण पहलू प्रतीत होता है।

वित्त राजस्व और व्यय

भारत में सार्वजनिक वित्त के राजस्व घटकों में राजस्व या चालू खातों के साथ ही पूँजी खातों पर प्राप्तियाँ शामिल होती हैं। बदले में, राजस्व प्राप्तियों को आगे कर राजस्व और गैर-कर राजस्व में विभाजित किया जाता है। सरकार के वित्त राजस्व के बड़े हिस्से के लिए लेखांकन, कर राजस्व करों के मुख्य रूप से तीन प्रकार द्वारा तैयार किया जाता है: आय और व्यय पर कर, संपत्ति या पूंजी आस्तियों पर कर और वस्तुओं और सेवाओं पर कर। जहाँ करों के पहले दो सेट को प्रत्यक्ष करों के रूप में जाना जाता है, वहीं पिछले वर्ग को अप्रत्यक्ष कर कहा जाता है। प्रत्यक्ष करों में आयकर भारत में वित्त राजस्व की रीढ़ का गठन करता है। आय और व्यय पर अन्य घटकों में करों के निगम कर और ब्याज कर शामिल हैं। संपत्ति पर करों के दो प्रमुख घटकों में संपत्ति कर और उपहार कर शामिल हैं। अप्रत्यक्ष करों की श्रेणी में, सीमा शुल्क, केंद्रीय उत्पाद शुल्क और हाल ही में शुरू किए गये सेवा कर शामिल हैं। कर राजस्व के विपरित, वित्त राजस्व के भंडार के लिए गैर-कर राजस्व का योगदान उतना उल्लेखनीय नहीं है। यह मुख्य रूप से नियमित सरकारी उद्यमों से तैयार किया जाता है, जैसे मुद्रा, सिक्का, टकसाल, ब्याज प्राप्तियाँ, लाभांश और विविध गैर-कर राजस्व।

सरकार की पूंजी खाते की प्राप्तियों को चार स्रोतों से तैयार किया जाता है: (क) राज्य सरकारों, केंद्र शासित प्रदेशों और सार्वजनिक क्षेत्र के उपक्रमों के लिए पहले से दिए गये ऋण और अग्रिमों की शुद्ध वसूली; (ख) शुद्ध बाजार उधारी (यानी, बाजार के सार्वजनिक ऋण के कम पुनर्भुगतान से सकल उधारी); (ग) शुद्ध छोटी बचत संग्रह (सकल संग्रह में से राज्यों की हिस्सेदारी रहित) और (घ) भविष्य निधि, विशेष जमा, आदि के रूप में अन्य पूंजीगत प्राप्तियाँ (दत्त और सुंदरम 2008, 894–95)।

व्यय की तरफ, एक वित्त वर्ष 1987–88 से गैर-योजना व्यय और योजना व्यय की मदों में नया वर्गीकरण अपनाया गया था। तदनुसार, गैर-योजना व्यय को फिर से राजस्व व्यय और पूंजी व्यय में उप-विभाजित किया गया है। राजस्व व्यय में के रूप में राजस्व भुगतान, रक्षा राजस्व व्यय, उर्वरक, खाद्य, निर्यात संवर्धन आदि के क्षेत्रों में सब्सिडी; किसानों के लिए ऋण राहत, डाक घाटा, पुलिस, पेंशन, अन्य सामान्य सेवाएँ, जैसे राज्य के अंग, कर संग्रह, विदेश मामले और इसी तरह अन्य मद शामिल होते हैं। यहाँ कृषि, उद्योग, बिजली, परिवहन, संचार, विज्ञान और प्रौद्योगिकी, खनन और अन्य ढांचागत विकास परियोजनाओं के रूप में अर्थव्यवस्था के प्रमुख क्षेत्रों के लिए बड़े पैमाने पर परिव्यय के अतिरिक्त स्वास्थ्य, शिक्षा, सामाजिक सुरक्षा, रोजगार गारंटी योजना, मध्याह्न भोजन योजना आदि के रूप में सामाजिक सेवाओं के वित्तपोषण के लिए आवंटन शामिल हैं। अंत में, राज्यों और केंद्र शासित प्रदेशों के लिए अनुदान के साथ-साथ विदेशी देशों के लिए अनुदान भी सरकार के राजस्व व्यय कोष से वितरित किए जाते हैं।

जैसा कि पहले संदर्भित किया है, ऋण और विदेशी सरकारों को अनुदान के अलावा पूँजी गैर-योजना व्यय मुख्य रूप से रक्षा पूंजी व्यय, सार्वजनिक क्षेत्र के उद्यमों के लिए ऋण, राज्यों और संघ राज्य क्षेत्रों के लिए ऋण के रूप में वित्तीय गतिविधियों के लिए होता है।

गैर-योजना व्यय के विपरित, नियोजित व्यय से कृषि, ग्रामीण विकास, सिंचाई और बाढ़ नियंत्रण, ऊर्जा, उद्योग, खनन, खनिज, परिवहन, संचार, विज्ञान और प्रौद्योगिकी, पर्यावरण संरक्षण, सामाजिक सेवाओं और सामाजिक सुरक्षा जैसे क्षेत्रों में लंबी अवधि की बुनियादी ढांचे की विकास परियोजनाओं के लिए वित्त पोषण प्रदान करने की उम्मीद की जाती है। गौरतलब है कि योजना व्यय को समझने की कुंजी पांच साल के अंतराल पर एक विशेष क्षेत्र में व्यय की कुल राशि का उचित विभागों के साथ पंचवर्षीय योजना के दस्तावेज में इस तरह के व्यय के लिए पूर्व शर्त है। केंद्रीय परियोजनाओं के वित्तपोषण के अलावा, योजना व्यय का एक और महत्वपूर्ण पहलू राज्यों और संघ शासित प्रदेशों की योजनाओं के लिए केंद्रीय सहायता प्रदान करना होना है। इसलिए, भारत में सार्वजनिक वित्त के वित्त व्यय घटक में गैर-योजना के साथ एक विशेष वित्तीय वर्ष के लिए बजटीय प्रावधानों में सिर्फ इन प्रमुखों का एक विस्तृत विवरण देने के साथ योजना व्यय शामिल होते हैं।

फंड और सरकारी बॉन्ड

सार्वजनिक वित्त के प्रबंधन के हिस्से के रूप में, भारत सरकार तीन विशिष्ट प्रयोजन खातों, जिन्हें फंड और खाता कहते हैं, के तहत अपने धन संग्रह को रखती है। पहला, भारतीय संविधान के अनुच्छेद 266 (1) के प्रावधानों के तहत व्यवस्थित की गई भारत की

संचित निधि अन्य बातों के अलावा, न्यायपालिका और अन्य संवैधानिक कार्यालयों के खर्चों को वित्त प्रावधान करने के लिए एक कोष के रूप में कार्य करती है जिन्हें 'प्रभारित व्यय' कहा जाता है। इसमें आयकर, सेंट्रल एक्साइज, सीमा शुल्क और अन्य गैर-कर राजस्व के रूप में करों के माध्यम से सरकार की सभी राजस्व प्राप्तियाँ शामिल होती हैं। इसके अलावा, सरकार द्वारा देश के भीतर और बाहर उठाए गए सभी ऋण इस कोष में जमा किए जाते हैं। यह फंड संसद से उचित प्राधिकरण के बाद सरकार के सभी व्यय पूरे करता है। दूसरा, भारत के संविधान के अनुच्छेद 267 के प्रावधानों के तहत भारत की आकस्मिकता निधि को 50 करोड़ रु. की रकम के साथ स्थापित किया गया है, जो आपात स्थिति में और अप्रत्याशित परिस्थितियों के कारण उत्पन्न होने वाले खर्च को पूरा करने के लिए है। दिलचस्प बात यह है कि, जैसे ही संसद कथित आपातकालीन परिस्थिति के लिए पैसे की मंजूरी देती है, आकस्मिकता निधि से दी गई अग्रिम राशि की उसमें प्रतिपूर्ति की जाती है। इस प्रकार, यह फंड संकट के समय में सरकार को वित्तीय लचीलापन प्रदान करने के लिए कार्य करने वाले कुशन के रूप में माना जाता है। अंत में, संविधान के अनुच्छेद 266 (2) के अधीन गठित सार्वजनिक खाता, जिसका उपयोग भारत की संचित निधि में शामिल बातों के अलावा अन्य ऋण से संबंधित सेवाओं के लेन-देन के लिए होता है। चूँकि इस तरह के लेनदेन सरकार के सामान्य प्राप्तियों का गठन नहीं करते हैं, इसलिए इस खाते से किए जाने वाले भुगतान के लिए किसी भी संसदीय प्राधिकरण की आवश्यकता नहीं होती है। इस प्रकार, संक्षेप में, भारत की संचित निधि, भारत की आकस्मिकता निधि और सार्वजनिक खाता उस केंद्र का गठन करते हैं जिसे भारत में सरकारी धन के रूप में कहा जा सकता है।

सरकारी बांड भी भारत में सार्वजनिक वित्त प्रणाली के एक महत्वपूर्ण घटक का गठन करते हैं। तकनीकी तौर पर, एक सरकारी बांड ऐसा बांड है जिन्हें भारत सरकार द्वारा जारी किया जाता है, जो या तो देश की अपनी मुद्रा में नामित होते हैं या विदेशी मुद्राओं में, उस मामले में उन्हें सार्वभौम बांड कहा जाता है। इस तरह के बांड कराधान जैसे स्रोतों से जुटाई गई रकम की कमी को देखते हुए सरकार के खर्च के वित्तपोषण के लिए पैसे जुटाने के लिए जारी किए जाते हैं। उदाहरण के लिए, भारत सरकार ने 2009–10 में बाजार से उधार लेने के लिए 450,000 करोड़ रूपये का प्रस्ताव रखा (*हिन्दुस्तान टाइम्स* 2009, 21) ताकि अपने बड़े पैमाने पर किए जा रहे सामाजिक-आर्थिक विकास के कार्यक्रमों के लिए निधि पोषित की जा सके। वास्तव में, भारतीय संदर्भ में सरकारी बांड के साधनों के माध्यम से एक उच्च राजकोषीय घाटे का मतलब मुख्य रूप से उच्च सरकारी उधारी का होना है।

संक्षेप में, भारत में सार्वजनिक वित्त का प्रबंधन एक जटिल और तकनीकी अभ्यास है, जिसके लिए उच्च स्तर के प्रबंधकीय कौशल और वित्तीय विवेक की आवश्यकता होती है। देश की आर्थिक प्रणाली के परिचालन का हिस्सा होने के नाते वित्त प्रबंधन हमेशा सरकार की एक प्रमुख चिंता का विषय बना हुआ है, जिसके तहत वित्तीय संसाधनों को पैदा करने, उन्हें बनाए रखने और खर्च करने की वास्तविक चुनौतियों को पूरा किया जाता है। इसके अलावा, गतिविधि के महत्व को स्वीकार करते हुए, संविधान में इस मुद्दे पर कुछ बुनियादी सूत्रों के लिए उपलब्ध कराने के लिए कई निश्चित प्रावधानों को भी किया गया है। इस तरह के संवैधानिक प्रावधानों के पीछे निहित तर्क देश में लोकतांत्रिक शासन के मापदंडों के भीतर वित्त के प्रबंधन को सीमित करने के लिए संविधान निर्माताओं की चिंता का विषय होना है। जाहिर है, इसलिए, कुछ वित्तीय संकट को छोड़कर, जो कभी कभी अचानक उभर आते हैं, भारत में वित्त का समग्र प्रबंधन एक मजबूत आधार पर बना हुआ है, जो भारतीय संविधान के पिताओं के विवेक और दूरदर्शिता की गवाही देता है।

भारत में बजट प्रणाली सुधार

एक औपनिवेशिक अर्थव्यवस्था की आवश्यकताओं के अनुरूप करने के लिए बनाई गई एक बजटीय प्रक्रिया की विरासत निश्चित रूप से भारत जैसे नव स्वतंत्र और विकासोन्मुखी अर्थव्यवस्था की जरूरतों के लिए उपयुक्त नहीं थी। इसलिए, इतने वर्षों में देश की बजटीय प्रक्रिया में कई सूक्ष्म सुधार उपाय किए गये हैं, ताकि एक लोकतांत्रिक व्यवस्था के मानदंडों के भीतर तेजी से सामाजिक-आर्थिक विकास के पथ पर एक राष्ट्र की आवश्यकताओं के साथ इसे अनुरूप किया जा सके। अतः, बजटीय प्रक्रिया में सुधारों की मूल आकृति निम्नलिखित विषयों के आसपास घूमती है: इसके रुझान को एक औपनिवेशिक अर्थव्यवस्था से एक विकास उन्मुख की तरफ स्थानांतरित करना; बजट को देश के लिए सामाजिक-आर्थिक विकास के लिए एक उपकरण बनाना;

इसका ध्यान परिव्यय से परिणामों के लिए केंद्रित करना;विधायी और कार्यकारी निकायों के लिए प्रशासन के प्रभावी राजनीतिक-प्रशासनिक जवाबदेही को सुनिश्चित करने के एक साधन के रूप में बजट को डिजाइन करना; और उपयुक्त तकनीकी सुधारों को लाना, जैसे, लेखा और लेखा परीक्षा की प्रणाली में।

यह सुनिश्चित करने के लिए कि बजट प्रणाली सुधार देश की वित्तीय प्रशासन के सुचारू संचालन में किसी भी अवरोधों का कारण नहीं बन रहा था, इस तरह के सुधारों को टुकड़ो में और विकासवादी ढंग से किया गया है। भारत में बजटीय सुधारों की प्रक्रिया के तीन अलग चरणों को पहचाना जा सकता है। पहला, एक स्वतंत्र राष्ट्र के रूप में भारत के प्रारंभ के साथ, बजटीय प्रणाली में बुनियादी परिवर्तन करने की बजाय उसमें लोकतांत्रिक विकास और जवाबदेही की अनिवार्यता के अनुसार परिवर्तन करना आवश्यक था। दूसरा, प्रशासनिक सुधार आयोग (1968) की सिफारिशों के मद्देनजर, प्रदर्शन बजटिंग खाते के सुधारों की तर्ज पर बजट के तकनीकी प्रारूप में कई दूरगामी परिवर्तन शुरू किए गए थे। अंत में, समकालीन समय में, उदारीकरण और निजीकरण की ताकतों को मजबूत बनाने के साथ, बजटीय प्रक्रिया पर संसदीय नियंत्रण को भी संसद की कई स्थायी समितियों के सृजन को भी सुव्यवस्थित करने की मांग की गई ताकि विभिन्न मंत्रालयों और विभागों के बजटीय आवंटन की बारीकी से जांच की जा सके।

जैसा कि पहले बताया गया है, भारत में बजटीय सुधारों की सामग्री ने बजटीय प्रक्रिया के लगभग सभी पहलुओं को शामिल कर लिया है। इस संबंध में शुरुआत औपनिवेशिक होने से विकासोन्मुखी बनने के लिए बजटीय दृष्टिकोण में वैचारिक उन्मुखीकरण द्वारा किया गया लगता है। इसके अलावा, इस तरह के पुनरभिविन्यास को फलीभूत होने के लिए, बजट तैयार करने की लाइन-आइटम प्रारूप को 1977–78 में भारत सरकार के अधिकांश विकास मंत्रालयों के लिए प्रदर्शन बजट प्रणाली द्वारा बदल दिया गया था। इसके अलावा, प्रदर्शन बजट पेश करने के लिए, और लेखा परीक्षा और लेखा प्रणाली को कारगर बनाने के लिए, लेखा एवं लेखापरीक्षा जिन्हें अब तक एक एकीकृत प्रणाली के रूप में प्रबंधित किया जा रहा था उन्हें 1976 में अलग कर दिया गया। कभी-कभी "शून्य आधारित बजट-(ZBB)" के प्रारूप को पेश करने के लिए सुझाव भी दिए गए थे। लेकिन इस तरह के सुझाव देश के विकास अनिवार्यताओं की जटिलता को देखते हुए ज्यादा सफल नहीं हुए। देश के बजटीय प्रक्रिया में अंतिम ठोस सुधार संसद की स्थायी समितियों के रूप में आया, जो आंतरिक रूप से और बारीकी से संबंधित मंत्रालयों और विभागों के कामकाज की निगरानी कर सके (कश्यप 1990, 3247)। बजटीय प्रक्रिया में इस तरह के सुधारों के एक परिणाम के रूप में, भारत में बजटीय प्रणाली के प्रदर्शन में उल्लेखनीय सुधार आया है। उदाहरण के लिए, बजट न केवल सामाजिक-आर्थिक परिवर्तन का एक मजबूत उपकरण के रूप में उभरा है, बल्कि इसने निर्धारित उद्देश्यों को प्राप्त करने में बजटीय आवंटन को अधिक जवाबदेह और केंद्रित करने हेतु निष्पादन के लिए सरकारी अधिकारियों को जिम्मेदार बना दिया है। फिर भी, वहाँ अभी भी कुछ ऐसे क्षेत्र हैं, जहां बजटीय सुधार ज्यादा फर्क करने में सक्षम नहीं हुए हैं, जैसे बढ़ता राजकोषीय घाटा। नतीजतन, भारत में बजट अभी भी अति राजकोषीय घाटे के कारण बोझ बना हुआ है, जो सरकारी खर्च के अनुशासन पर संदेह उत्पन्न करता है। इसके अलावा, भारत में बजटीय सुधारों की प्रक्रिया को किसी तार्किक निर्णय पर लाने के लिए, फोकस क्षेत्रों में अब सरकारी राजस्व जुटाने, कार्य कुशलता में वृद्धि करने, सब्सिडी को गरीबों को तक सीमित करने, उर्जा क्षेत्र में स्थित जटिलताओं की छँटाई करने, सरकार का आकार सही करने, सरकारी व्यय की प्राथमिकता निर्धारित करने और कृषि और स्वास्थ्य नीतियों को जोड़ने की आवश्यकता है (व्यासुलू 2009, 21–23)।

भारत में वित्त प्रणाली सुधार

तकनीकी तौर पर, भारत में वित्तीय प्रणाली में संस्थानों, गतिविधियों और उत्पादों एक बहुत बड़ी संख्या शामिल है जिनका देश की अर्थव्यवस्था पर एक मजबूत असर होता है। वित्तीय प्रणाली के महत्वपूर्ण कार्यों में एक तरफ अर्थव्यवस्था के लिए उत्पादक निवेश में घरेलू बचत और विदेशी पूंजी का प्रवाह, और दूसरी तरफ देश की विशाल आबादी के लिए भुगतान, बचत, बीमा, पेंशन आदि रूप में वित्तीय सेवाओं के कुशल वितरण शामिल हैं। इसलिए आजादी के बाद के दिनों में, भारतीय वित्तीय

प्रणाली को विकास में वृद्धि करने और साथ ही लोगों के लिए सामाजिक और आर्थिक स्थिरता प्रदान करने के दोहरे उद्देश्यों के लिए बनाया गया था। भारत में वित्तीय प्रणाली के सुधारों के संदर्भ और प्रकृति इसलिए आम लोगों के जीवन में अचानक और अनहोनी उथल-पुथल किए बिना वैश्विक अर्थव्यवस्था के तेजी से बदलते गतिशीलता के साथ प्रणाली को अनुरूप करने के विचार के आसपास मंडराते हैं।

हाथ में स्थित कार्य की जटिलता के साथ-साथ वित्तीय प्रणाली के सुधारों की प्रकृति और उत्पाद पर जन कोलाहल के ज्वार से उत्पन्न समस्या को देखते हुए जहाँ तक भारत में वित्त प्रणाली सुधारों का संबंध है सरकार ने अब तक इसे चरणों में विकसित करना सुविधाजनक समझा। अतः, इन सुधारों का पहला चरण देश के अभूतपूर्व आर्थिक संकट के संदर्भ में शुरू हुआ, जिसका 1990 के दशक में भुगतान संकट के एक बड़े संतुलन के मद्देनजर सामना करना पड़ा था। एक ऐसी सरकार के साथ, जिसने केंद्र में मामलों के शीर्ष पर रखे वित्तीय सुधारों को सुविधाजनक रीति से निपटाया था, अंतरराष्ट्रीय मुद्रा कोष और अंतरराष्ट्रीय पुनर्निर्माण और विकास बैंक जैसी वैश्विक वित्तीय संस्थानों ने भारतीय वित्तीय प्रणाली में मूलभूत सुधारों के लिए दबाव देना सुविधाजनक पाया। नतीजतन, उन संरचनाओं और प्रक्रियाओं को नष्ट करने के विचार के साथ वैश्विक वित्तीय संस्थानों की करीबी निगरानी के तहत संरचनात्मक समायोजन कार्यक्रम नामक नीति को शुरू किया गया, जिसे देश की आजादी के प्रारंभिक वर्षों के दौरान भारत में समाज के एक समाजवादी पैटर्न का निर्माण करने के लिए बनाया गया था। इसके अलावा, सुधारों के इस चरण के दौरान ध्यान को ब्याज दर और निर्देशित क्रेडिट के उदारीकरण पर भी केंद्रित किया गया था। हालांकि, जैसे कि पहले चरण में अधिकांश सुधारों के रूप प्रकृति में मैक्रो थे, फिर भी उनकी बड़ी तस्वीर पर ध्यान केंद्रित करने के लिए आलोचना की गई थी जो देश में प्रगति को नीचे गिरा सकती थी। इसलिए, एक अंतर्राष्ट्रीय मुद्रा कोष की रिपोर्ट ने कई विशिष्ट चरण (माइक्रो) सूचीबद्ध किए, जो सुधारों को जारी रख सकते थे और जैसे ही लोगों को इसका लाभ दिखना शुरू होता उसने कुछ गति पकड़ी होती। उदाहरण के लिए, यह सुझाव दिया गया था कि व्यापार प्राप्य दावों को इलेक्ट्रॉनिक प्रारूप में परिवर्तित करना और उन्हें वाणिज्यिक पत्र के रूप में बेचे जाने के लिए सुविधा देने हेतु एक संरचना बनाने से बहुत छोटे और मध्यम आकार के उद्यमों के लिए उपलब्ध क्रेडिट को बढ़ावा मिल सकता है (प्रसाद और राजन 2008)। इसलिए, नई सहस्राब्दी की सुबह के साथ, भारत में वित्तीय प्रणाली सुधारों के दूसरे चरण के लिए मंच को तैयार किया गया था।

पहले चरण में बुनियादी कार्य पूर्ण किए जाने के साथ, यह चरण अब भारत की वित्तीय प्रणाली में सबसे अधिक व्यापक और मर्मज्ञ सुधारों के प्रारंभ के लिए स्थापित किया गया था। इस चरण में जटिलता और शामिल किए जाने वाले क्षेत्रों और मुद्दों के अनुपात को देखते हुए, इस तरह के क्षेत्रों की एक सांकेतिक सूची में निम्नलिखित बातें शामिल हो सकती हैं:

1. व्यापक आर्थिक अस्थिरता के जोखिम को कम करने के लिए और निजी क्षेत्र के लिए वित्त की उपलब्धता बढ़ाने के लिए राजकोषीय घाटे को कम करना
2. बैंक ऋण और जोखिम प्रबंधन में सुधार करने के क्रम में, कानूनी, विनियामक और पर्यवेक्षी चौखटे में सुधार करना
3. कमजोर बैंकों से निपटने के लिए प्रणाली में सुधार करना
4. पूंजी बाजार का आगे विकास करना
5. बुनियादी सुविधाओं सहित लंबी अवधि के निवेश के लिए वित्त बढ़ाने हेतु पेंशन और बीमा का विकास करना,
6. ग्राहकों के कल्याण में सुधार करने के लिए वित्तीय सेवाओं में सुधार करना और वित्तीय सेवाओं के वैश्वीकरण की चुनौती का सामना करना
7. बाहरी पूंजी बाजार की कड़ियों का प्रबंधन करना (हैनसेन और कथूरिया 1999)।

संक्षेप में, भारत में वित्तीय सुधारों की दूसरी पीढ़ी के इन क्षेत्रों में स्थित राजनीतिक संवेदनशीलता के बावजूद मौद्रिक और वित्तीय क्षेत्रों पर ध्यान केंद्रित कर रही है। दरअसल, अर्थव्यवस्था के मौद्रिक और वित्तीय क्षेत्रों में काफी सुधार किए बिना, एक उदारीकृत अर्थव्यवस्था के वास्तविक फल का लाभ प्राप्त नहीं किया जा सकता (रेड्डी 2004)। इस तरह के सुधारों का परिचालन

नीति रुझान होने की बजाय वित्तीय क्षेत्र के संरचनात्मक व्यवस्था में और अधिक होने की संभावना होती है। दरअसल, सरकार को अर्थव्यवस्था को पुनर्जीवित करने के लिए आवश्यक वित्तीय प्रोत्साहन प्रदान करना जारी रखते हुए चिंता युक्त राजकोषीय घाटे की कठिन चुनौती का सामना करना पड़ रहा है। इसे मध्यम अवधि में राजकोषीय समेकन को प्राप्त करने की दिशा में एक वित्त वर्ष के पुनर्गठन कार्यक्रम का निर्माण भी करना है। इस कार्यक्रम के लिए अतीत से सबक लेने और केंद्र के साथ ही राज्यों के लिए राजकोषीय पुनर्गठन योजना को नया स्वरूप देने की जरूरत है। अनुभव बताता है कि कोई भी क़ानून मात्र पारित कर देने से जरूरी वित्तीय अनुशासन लाया नहीं जा सकता। इस तरह के क़ानून को राजनीतिक इच्छाशक्ति के साथ बेरहमी से लागू करने की जरूरत है, चाहे मौजूदा प्रणाली को जारी रखने में निहित हितों के साथ बेईमान लोग कितना भी बड़ा तूफान खड़ा करें (राव 2009)।

मूल्यांकन टिप्पणियां

सार्वजनिक बजट शासन का सबसे कठिन कार्य हो सकता है क्योंकि इसमें सरकार द्वारा संसाधनों के अधिग्रहण, आवंटन और, उपयोग के बारे में निर्णय लेना शामिल है, विशेष रूप से पैसे के बारे में। कारण खोजने मुश्किल नहीं हैं। सार्वजनिक चिंता के महत्वपूर्ण क्षेत्रों को संबोधित करने में तकनीकी विशेषज्ञता के अलावा, बजट तैयार करने वाले सरकारी अधिकारी को शासन की वैचारिक प्राथमिकताओं को ध्यान में लेने की जरूरत है। बजटीय फैसलें इसलिए इसके आर्थिक स्वास्थ्य और राजनीतिक दिशा दोनों की दृष्टि से राजनीति की प्रकृति को जानने का एक सार्थक सामाजिक-आर्थिक सूचकांक हैं। यह उस अंतराल की पहचान करने का भी एक स्पष्ट उपकरण है कि बजट क्या सुझाव देता है और इसने क्या पूरा कर लिया है।

इसमें कोई शक नहीं है कि बजट वित्तीय प्रबंधन में परीक्षण किया हुआ तंत्र है जो कुछ अच्छी तरह से परिभाषित आर्थिक प्राथमिकताओं और सत्ता में स्थित सरकार के वैचारिक प्राथमिकताओं पर तैयार सिद्धांतों द्वारा नियंत्रित होती हैं। इस बयान से दो महत्वपूर्ण मुद्दे उभरें हैं। जैसा कि उल्लेख किया गया है, यह बजट सरकार के सामाजिक-राजनीतिक एजेंडे को रेखांकित करने वाले हितधारकों की चिंता पर कब्जा करना चाहता है। इस प्रक्रिया में सबसे महत्वपूर्ण एक आकांक्षी आदर्श के रूप में 'लोकतंत्र' को दिया गया भारी महत्व है। और, इसलिए, सामाजिक-सांस्कृतिक मतभेदों के बावजूद, बजट तैयार करने और कार्यान्वियन की पूरी प्रक्रिया का सबसे महत्वपूर्ण पहलू 'जनता की स्पष्ट भूमिका' का होना होता है। यह सच है कि विशिष्ट परिस्थितियों के कारण, हो सकता है कि जनता उतनी स्पष्ट रूप में दिखाई नहीं दें, जितनी की उम्मीद की गई थी; लेकिन, लंबे समय में, यह उपेक्षा निर्णय निर्माताओं को महंगी पड़ेगी, जब तक कि इसे सार्थक रूप से संबोधित नहीं किया जाएगा। इस तर्क के लिए जो बुनियादी बात है वह बजट को आकार देने में विचारधारा का महत्व होना है, जो सत्ता में सरकार द्वारा परिभाषित राजनीतिक प्राथमिकताओं पर लिया जाता है। चाहे यह भारत हो या कहीं और हो, हितधारक अपने 'वैचारिक प्राथमिकताओं' के अनुसार सरकार को कार्रवाई करने के लिए प्रेरित करते प्रतीत होते हैं। यही वह बात है जो अन्य प्रकार की राजनीतिक व्यवस्था से भारत को अलग करती है, जहां 'लोग' एक सार्थक आवाज के बिना बजट को लागू करने की पूरी प्रक्रिया में मात्र एक तंत्र होना दिखाई देते हैं। यही वह कारण है जो भारत की बजटीय प्रक्रियाओं के अध्ययन को इतना रोचक और खुला बनाता है, क्योंकि यह भारत में वित्तीय प्रशासन के एक समृद्ध विश्लेषण के लिए आदान उपलब्ध कराता है।

भारत के नियंत्रक एवं महालेखा परीक्षक (सीएजी)[2]

भारत के नियंत्रक एवं महालेखा परीक्षक अन्य संस्थानों के साथ-साथ भारतीय संविधान में सबसे महत्वपूर्ण संस्था है। अम्बेडकर ने संविधान सभा में ठीक ही कहा था,

> भारत का नियंत्रक और महालेखा परीक्षक भारत के संविधान के तहत सबसे महत्वपूर्ण अधिकारी होगा। क्योंकि उसे सार्वजनिक निधि का संरक्षक होना है और यह देखना उसका कर्तव्य है कि विधान के उपयुक्त अधिकार के बिना भारत या किसी राज्य की

> संचित निधि में से एक पैसा भी खर्च न किया जाए। संक्षेप में, वह भारत की लेखापरीक्षा और लेखा प्रणाली का निष्पक्ष प्रमुख होगा। (बसु 2012, 203)

सैद्धांतिक रूप से, भारतीय संविधान एक स्वतंत्र कैग स्थापित करता है, जो अपने लोगों के लिए एक गारंटी सुनिश्चित करता है कि सरकार संसद के प्रति जवाबदेह और उत्तरदायी है। इस सरकार के संसदीय प्रणाली का संस्थापक सिद्धांत है कि कार्यकारी मंडल विधानमंडल के लिए जिम्मेदार होगा और इस तरह के नियंत्रण का सार विधानमंडल द्वारा वित्तीय नियंत्रण की प्रणाली में निहित होगा। इस कार्य का निर्वहन करने में यह महत्वपूर्ण है कि विधानमंडल के पास किसी तरह की एजेंसी हो, जो कार्यकारिणी मंडल से पूरी तरह से स्वतंत्र हो, और सरकार के वित्तीय लेन-देन की जांच करे। इसलिए समकालीन समय में इस संस्था का आकलन करना बहुत महत्वपूर्ण है। यह कैग न केवल एक संस्था है, बल्कि शासन को बनाए रखने और लोगों को सशक्त बनाने के लिए एक उपकरण भी है।

एक संक्षिप्त इतिहास

भारत के सर्वोच्च लेखा परीक्षा संस्थान (साई) के एक प्रमुख के रूप में भारत के नियंत्रक एवं महालेखा परीक्षक का एक लंबा इतिहास रहा है। यह ब्रिटिश भारत में अभ्यास और परंपरा के माध्यम से विकसित किया गया है। 1857 का विद्रोह करने से ठीक पहले लार्ड कैनिंग ने एक बड़ा प्रशासनिक पुनर्गठन शुरू किया था। इस पुनर्गठन के हिस्से के रूप में, पहली बार के लिए, एक महालेखाकार के साथ एक अलग विभाग तैयार किया गया था। वह ईस्ट इंडिया कंपनी के तहत के लेखांकन और वित्तीय लेनदेन की ऑडिटिंग लिए जिम्मेदार था। विद्रोह के बाद ब्रिटिश ब्रिटिश राज ने भारत के प्रशासन का अधिकार अपने हाथ में ले लिए और भारत सरकार अधिनियम, 1858 पारित किया। इस अधिनियम ने 1860 में इंपीरियल आय और व्यय के वार्षिक बजट की एक प्रणाली शुरू की। इस बजट प्रणाली ने इंपीरियल लेखा परीक्षा की आधारशिला रखी। Sir Edward Drummoned ने पहले महालेखा परीक्षक के रूप में नवंबर 1860 को अपना कार्यभार संभाला। इसलिए, मूल रूप से इसे भारत सरकार के लिए महालेखाकार नामित किया गया था, और बाद में 1860 में भारत के नियंत्रक और महालेखा परीक्षक के रूप में नामित किया गया। भारत के महालेखा परीक्षक और महालेखाकार ये शब्दावलियाँ पहले 1884 में इस्तेमाल की गई थी। 1919 के मोंटेग-चेम्सफोर्ड सुधारों के तहत, महालेखा परीक्षक सरकार से स्वतंत्र हुआ। भारत सरकार अधिनियम, 1935 ने एक संघीय सेट-अप में एक प्रांतीय महालेखा परीक्षक प्रदान करके महालेखा परीक्षक की स्थिति को मजबूत बनाया। उन्हें उनकी सेवा की सुरक्षा के संबंध में संघीय अदालत के एक न्यायाधीश का दर्जा दिया गया था। अधिनियम 1935 की विरासत आजादी के बाद की अवधि में भी जारी रही। 1947 तक, जब अंतिम ब्रिटिश महालेखा परीक्षक सर बर्टी मोनरो स्टेग ने बागडोर सौंप दी थी, तब तक यह विभाग ब्रिटिश प्रशासन का अभिन्न अंग बना रहा।

आजादी के बाद, एक संघीय सेटअप में, एक एकात्मक लेखा परीक्षा प्रणाली स्थापित की गई, अर्थात भारत के नियंत्रक एवं महालेखा परीक्षक, जो केंद्र के साथ-साथ राज्य सरकारों की भी लेखा परीक्षा करता। भारतीय संविधान में इस प्रणाली को अपनाने से पहले, संविधान सभा में एक बड़ी बहस की गई। अक्टूबर 1947 में संवैधानिक सलाहकार द्वारा तैयार किए गये संविधान के प्रारूप में संघ के लिए महालेखा परीक्षक और प्रांतों के लिए महालेखा परीक्षक की नियुक्ति के लिए अलग-अलग प्रावधान किए गये। संघ के लिए महालेखा परीक्षक की नियुक्ति राष्ट्रपति द्वारा की जानी थी, और उन्हें सर्वोच्च न्यायालयके एक न्यायाधीश की तरह ही कार्यकाल की सुरक्षा प्राप्त होती। प्रांत के लिए एक महालेखा परीक्षक की नियुक्ति करना एक प्रांतीय विधायिका के लिए क़ानून के अनुसार प्रावधान करने के लिए स्वतंत्रता थी। प्रांतीय महालेखा परीक्षक कार्यालय के लिए नियुक्ति राज्यपाल द्वारा उनके विवेकानुसार की जाती थी और उन्हें एक उच्च न्यायालय के न्यायाधीश के तरीके से ही उनके पद से हटाया जा सकता था (कश्यप 2004, 414)। संघ के संविधान के वित्तीय प्रावधानों पर विशेषज्ञ समिति ने कहा कि इस मसौदे के प्रावधान महालेखा परीक्षक की स्वतंत्रता हासिल करने के प्रयोजन के लिए पर्याप्त थे। इस समिति ने हालांकि भारत सरकार के साथ ही प्रांतीय सरकारों के लिए

एक एकल महालेखा परीक्षक बने रहने का समर्थन किया था (कश्यप 2004, 414)। बाद में इस सलाह को मसौदा समिति द्वारा स्वीकार कर लिया गया।

भारतीय संविधान में स्थिति

हमारे संविधान निर्माताओं ने सरकार के संसदीय स्वरूप के तहत ऑडिट के लिए एक स्वतंत्र एजेंसी के महत्व को महसूस करते हुए, कैग को पूरी तरह से स्वतंत्र कर दिया, ताकि यह कुशलता से कार्य कर सके। भारत के संविधान के भाग पांच में, अनुच्छेद 148, 149, 150 और 151 भारत के नियंत्रक एवं महालेखा परीक्षक की संस्था की बुनियादी संरचना को रचित करते हैं। अनुच्छेद 148 (1) के अनुसार:

> यहां भारत का एक नियन्त्रक एवं महालेखा परीक्षक होगा, जो राष्ट्रपति द्वारा अपने हस्ताक्षर और मुद्रा सहित अधिपत्र द्वारा नियुक्त किया जाएगा और केवल उसी तरह के आधार से उसके पद से हटाया जाएगा जिस तरह से सर्वोच्च न्यायलय के न्यायाधीश को हटाया जाता है।

इसके साथ-साथ उसके वेतन और सेवा की अन्य शर्तों को संसद द्वारा निर्धारित किया जा सकता है, लेकिन एक बार नियुक्त किए जाने के बाद, न तो उसके वेतन में और न ही उसकी छुट्टियाँ, पेंशन या सेवानिवृत्ति की उम्र के संबंध में उसके अधिकारों में कोई कमी की जा सकेगी। सेवानिवृत्ति या इस्तीफे के बाद वह भारत सरकार या किसी राज्य सरकार के अधीन किसी भी पद के लिए पात्र नहीं होगा। उसका वेतन और उनके प्रशासन या कार्यालय के अन्य खर्च भारत की संचित निधि पर लगाये जाते थे, यह मतलब है कि वे मतदान के अधीन नहीं थे।

स्वतंत्र भारत में स्वतंत्र कैग

डॉ अम्बेडकर ने संविधान सभा (1949) में कहा था,

> निजी तौर पर खुद के लिए बोल रहा हूँ, मेरी यह राय है कि यह गरिमा और कार्यालय शायद भारत के संविधान में सबसे महत्वपूर्ण अधिकारी की है। उन्होंने कहा कि यह एक व्यक्ति है जो यह देखने वाला है कि संसद द्वारा मतदान किए गये खर्चें अधिक न हो गये हों या संसद द्वारा निर्धारित किए गये व्यय से अलग नहीं हों, जिसे विनियोग अधिनियम कहा जाता है। यदि इस पदाधिकारी को अपना कर्तव्य पूरा करना है, तो मेरा निवेदन है कि उसके कर्तव्य न्यायपालिका की तुलना में अधिक महत्वपूर्ण हैं, इसलिए उसे निश्चित रूप से न्यायपालिका के समान ही स्वतंत्र होना चाहिए था।

इसे ध्यान में रखने के लिए हमारे संविधान निर्माताओं ने इस संस्था को सरकार की ओर से स्वायत्त बनाया है, ताकि यह अपने कार्यों का सरकार के दबाव से मुक्त रहकर निर्वहन कर सके। संविधान ने निम्नलिखित बातों का प्रावधान कर कैग द्वारा ऑडिट की स्वतंत्र प्रकृति को सक्षम किया है:

1. भारत के राष्ट्रपति द्वारा नियुक्ति।
2. एक सर्वोच्च न्यायालय के न्यायाधीश की तरह उन्हें हटाने के लिए विशेष प्रक्रिया
3. वेतन और अन्य प्रशासनिक व्यय एक समेकित निधि पर प्रभारित करना, जिसका अर्थ है कि वे मतदान के अधीन नहीं हैं।
4. उसकी अवधि समाप्त होने के बाद वह कोई भी अन्य सरकारी पद धारण नहीं कर सकते।

कैग के अधिकार एवं कर्तव्य

भारतीय संविधान के अनुच्छेद 149 और 150 कैग के अधिकारों और कर्तव्यों के बारे में बताते हैं। अनुच्छेद 149 के अनुसार,

> नियंत्रक एवं महालेखा परीक्षक संघ के और राज्यों के और किसी अन्य प्राधिकारी या निकाय के खातों के संबंध में इस तरह के कर्तव्यों का पालन और अधिकारों का प्रयोग करेंगे, जिन्हें संसद द्वारा या उसके द्वारा बनाये गये किसी भी क़ानून के तहत निर्धारित किया गया हो, और राज्यों के रूप में संघ के खातों के संबंध में उसकी तरफ से जब तक इस प्रकार के प्रावधान नहीं किए जाते तब तक इस तरह के कर्तव्यों का पालन करेगा और अधिकारों का उपयोग करेगा, जैसे कि भारत के महालेखा परीक्षक द्वारा प्रदत्त किए गये थे या प्रयोग करने योग्य थे।

संविधान के अलावा, भारत के नियंत्रक एवं महालेखा परीक्षक (कर्तव्य, अधिकार और शर्तें) अधिनियम, 1971 भी विस्तार में कैग के कर्तव्यों और अधिकारों के बारे में बात करता है। यह अधिनियम विभिन्न विषयों और आइटम की पहचान करता है जो कैग की जांच के दायरे में आते हैं। इस अधिनियम के अनुसार, (भारत सरकार) कैग के कर्तव्य ये होंगे:

1. भारत की संचित निधि से किए गये सभी व्यय की लेखा परीक्षा करना।
2. आकस्मिकता निधि और सार्वजनिक खातों से संबंधित संघ और राज्यों के सभी लेनदेन का ऑडिट करना।
3. सभी व्यापार विनिर्माण, लाभ और हानि खातों और बैलेंस शीट और संघ या किसी राज्य के किसी भी विभाग में रखें अन्य सहायक खातों का ऑडिट करना।
4. संघ या राज्य के राजस्व से काफी हद तक वित्त पोषित निकायों या अधिकारियों की प्राप्तियों और व्यय की लेखा परीक्षा करना।

2007 में, कैग ने डीपीसी अधिनियम की धारा 23 के तहत, 'लेखापरीक्षा और लेखा पर विनियम' जारी किए, जो विस्तार से उसकी लेखा परीक्षा और लेखा शासनादेश की सीमा, तरीके और संभावनाओं को परिभाषित करता है।

लेखा परीक्षा के प्रकार

कैग द्वारा किए जाने वाले लेखा परीक्षा के मुख्य रूप से तीन प्रकार हैं:

1. अनुपालन लेखा परीक्षा
2. वित्तीय लेखा परीक्षा
3. निष्पादन लेखापरीक्षा

इन पारंपरिक आडिट के अलावा, कैग ने कई सूचना प्रौद्योगिकी प्रणालियों और पर्यावरण से संबंधित मुद्दों के कई आडिट किए हैं।

लेखापरीक्षा रिपोर्टों का क्या होता है?

कैग द्वारा तैयार की गई रिपोर्टों को संघ के मामले में राष्ट्रपति को और राज्यों के मामले में राज्यपाल को प्रस्तुत किया जाता है। संविधान का अनुच्छेद 151 कहता है कि (क) भारत के नियंत्रक एवं महालेखा परीक्षक संघ के खातों से संबंधित रिपोर्ट को राष्ट्रपति को प्रस्तुत किया जाएगा, जो उन्हें संसद के प्रत्येक सदन के समक्ष रखवायेंगे और (ख) भारत के नियंत्रक एवं महालेखा

परीक्षक राज्य के खातों से संबंधित रिपोर्ट को राज्य के राज्यपाल को देगा, जो उन्हें राज्य के विधान-मंडल के समक्ष प्रस्तुत करवायेंगे। जैसे ही संबंधित सदनों में रिपोर्ट पेश की जाती है उन्हें केंद्र और राज्य से संबंधित लोक लेखा समिति और जन समझ समितियों (COPU) के पास भेजा जाता है। ये विशेष समितियाँ इन रिपोर्टों की जांच करती हैं और उन अनुच्छेदों/निष्कर्षों का चयन करती हैं जो जनता के हित के लिए सबसे अधिक महत्वपूर्ण हैं। इस प्रक्रिया में कैग उन्हें तकनीकी सहायता प्रदान करता है। अपने अध्ययन के आधार पर ये समितियाँ सिफारिशों के साथ रिपोर्ट तैयार करती हैं और आगे की चर्चा के लिए उन्हें अपने संबंधित सदनों को प्रस्तुत करती हैं।

समय के अनुसार भारत के नियंत्रक एवं महालेखा परीक्षक की बदलती भूमिका ने कैग को ही बदल दिया है। हम पहले ही लोकतंत्र को बनाए रखने के लिए कैग के अनिवार्य प्रावधानों और इसके महत्व पर चर्चा कर चुके हैं। भारतीय संविधान के माध्यम से, कैग को एक स्वायत्त संस्था बना दिया गया है ताकि यह अपनी ऑडिट रिपोर्ट के माध्यम से सरकार पर निगरानी रख सके। हालांकि हम यह नहीं कह सकते कि इसने कुछ भी नहीं किया है, परंतु इसका काम संतोषजनक नहीं रहा है। इसने बस सरकार की एक शाखा के रूप में काम किया है और उसके ऑडिट रिपोर्ट ने सरकार की पारदर्शिता को आगे लाने के लिए ज्यादा कुछ नहीं किया है। यह चुनाव आयोग की तरह था, जो 1990 के दशक तक अक्षम बना हुआ था। 1990 के दशक तक, चुनाव आयोग, जो हालांकि एक 'संवैधानिक' अधिकारी था, यहाँ तक कि कमोबेश एक कार्यकारी शाखा के रूप में कार्य कर रहा था— एक हल्की फुलकी अनुकूल एजेंसी, जो सत्ता में स्थित पार्टी के प्रति सहानुभूतिपूर्ण होती थी, चुनावी प्रक्रिया में पवित्रता के संरक्षक के रूप में अपनी भूमिका को पूरी तरह से परिभाषित करने के लिए दृढ़ता से खुद को अभिव्यक्त करने के लिए अनिच्छुक (सुब्रमण्यम 2012, 19)। लेकिन 1990 के दशक में इस स्थिति को बदल दिया गया था। चुनाव आयोग ने खुद को नए सिरे से परिभाषित किया, जैसे कि संविधान को उनसे उम्मीद थी। इस प्रक्रिया में, चुनाव आयोग ने अपने आप में एक बहुत महत्वपूर्ण भूमिका निभाई है। टी.एन. शेषन के भारत के मुख्य चुनाव आयुक्त बनने के साथ ही, चुनाव आयोग एक सक्रिय, स्वतंत्र, मजबूत इरादों वाला, चुनावी प्रक्रिया में निष्पक्ष खेल की देखरेख करने वाला अंपायर बन गया। शेषन ने चुनाव आयोग को व्यापक महत्व दिलवाया, उन्होंने समयानुसार अपना रौद्र रूप भी दिखाया (सुब्रमण्यम 2012, 19)। यहां निर्वाचन आयोग को पुनर्जीवित करने में 'व्यक्तित्व' फैक्टर काम में आया था। ज्यादातर यही परिदृश्य कैग पर लागू होता है - एक संवैधानिक संस्था के रूप में इसका स्थान परिदृश्य पर विनोद राय के आगमन के साथ बदल गया था। पूर्व-राय युग में यह संस्था कभी-कभी भौंकने का कार्य करती थी, हालांकि उसका काटने का इरादा नहीं होता था—यह सरकार की सेवा में एक दोस्ताना पूडल था, जो सरकारी आय और व्यय में औचित्य सुनिश्चित करके लोगों के हितों का एक भयंकर प्रहरी होने की बजाय एक दंतहीन बाघ बना हुआ था। विनोद राय कैग की संस्था के लिए 'एक शेषन बन गये थे'(सुब्रमण्यम 2012, 19)।

वे विनोद राय ही क्यों थे जिन्होंने कैग के लिए एक सफल इतिहास बनाया है? क्या यह केवल उनका व्यक्तित्व का प्रभाव था या कुछ और था? इसमें कोई शक नहीं है कि विनोद राय ने इस अत्यंत महत्वपूर्ण संस्था को पुनर्जीवित करने में एक अद्भुत काम किया है, जिसे कैग कहा जाता है। वे विनोद राय ही थे, जिन्होंने कई रिपोर्टों को सामने लाया, जिसमें कई घोटालों को आगे लाया गया था। हालांकि राष्ट्र ने अतीत में कई घोटालों को होते देखा है, जिन घोटालों का हम आज सामना कर रहे हैं उनकी तीव्रता अतीत से बहुत अलग है। एक के बाद एक इतने सारे घोटालें प्रकाश में आ रहे हैं। नियंत्रक एवं महालेखा परीक्षक द्वारा 2010 के राष्ट्रमंडल खेलों (सीडब्ल्यूजी) में व्यय की जांच, और उसके बाद जल्द ही 2 जी स्पेक्ट्रम आवंटन के विश्लेषण ने उस तरीके को ही बदल दिया जिस तरह से हम सरकार को देखते थे। यह कैग की रिपोर्ट (2012–13) का परिणाम था, जिसने युपीए द्वितीय सरकार को हिलाकर रख दिया और उस पर एक भ्रष्ट सरकार के रूप में आरोप लगाया गया। उन्होंने भारत के 'नियंत्रक एवं महालेखा परीक्षक के कामकाज को नई परिभाषा दी। विनोद राय ने इस प्रकार कैग की स्थिति की पुनर्व्याख्या की। उनके अनुसार कैग महज एक एकाउंटेंट नहीं है। इसे महज, आडिट का संचालन करने, रिपोर्ट तैयार करने और उन्हें संसद में प्रस्तुत करने के लिए नहीं बनाया गया था। संयुक्त राज्य अमेरिका में हार्वर्ड केनेडी स्कूल में एक व्याख्यान के दौरान उन्होंने कहा:

> वह सवाल, जो बार बार हमारे मन में उठता रहता है, वह यह है कि क्या संसद, और वास्तव में, बड़े पैमाने पर जनता हमसे मात्र एकाउंटेंट होने की और सरकार के व्यय का हिसाब रखने की उम्मीद करती है? अगर ऐसा था, तो दुनिया भर के संविधानों में महालेखा परीक्षकों की तरह के उच्च गणमान्य व्यक्तियों की नियुक्ति क्यों की जाती है और उन्हें कार्यकारिणी मंडल से स्वतंत्रता क्यों दी जाती है, और उन्हें एक संवैधानिक ओहदा प्रदान किया जाता है। जाहिर है, संविधान में जिसे परिकल्पित किया गया था वह उन्हें मात्र एकाउंटेंट होने से कही अधिक की उम्मीद थी।[3]

यह एक दिन की कहानी नहीं है जिसने अचानक इस संस्था को बदल दिया। वहाँ बहुत सारे कारक थे, जिन्होंने इस परिवर्तन में योगदान दिया था। हालांकि, विनोद राय ने कई महत्वपूर्ण परिवर्तन किए, परंतु परिवर्तन की प्रक्रिया उनके कैग के रूप में शामिल होने से काफी पहले शुरू हो चुकी थी। कैग की कार्यप्रणाली में 1991 के पूर्व और 1991 के बाद काफी अंतर था। वर्ष 1991 का समय वह समय था जब देश ने इसमें बड़े परिवर्तन होते देखे। यहाँ कई आर्थिक और राजनीतिक परिवर्तन हुए। इस अवधि में, कैग के संगठन में कई बहुआयामी घटनाक्रम घटे थे।

1990 के दशक ने भारतीय लेखापरीक्षा और लेखा विभाग (आइए और एडी) में पात्रता कार्यों के विभागों में बेहद कमी कर दी गई, क्योंकि इनका काफी हिस्सा पहले से ही संबंधित राज्य सरकारों को हस्तांतरित कर दिया गया था (कुमार 2008, 1)।

1990 के दशक के दौरान सीएजी के संगठन में हुए बड़े बदलाव[4]

यदि हम 1990 से 2010 तक के समय का विश्लेषण करते हैं, तो यह कैग के संगठन में बहुआयामी घटनाक्रम के एक युग का प्रतीक है। इनमें से कुछ निम्नलिखित शामिल हैं:

1. 1990 ने पात्रता कार्यों के पोर्टफोलियो के साथ बेहद घटे हुए 'आइए एंड एडी' को देखा, क्योंकि इनका काफी हिस्सा पहले से ही संबंधित राज्य सरकारों को हस्तांतरित कर दिया गया था।
2. इस अवधि की विशेषता कम्प्यूटरीकरण और सूचना प्रौद्योगिकी (आईटी) अनुप्रयोगों में बहुत महत्वपूर्ण विकास, बुनियादी सुविधाओं और अन्य सुविधाओं में जबरदस्त सुधार, कार्यालय प्रणालियों और प्रक्रियाओं का आधुनिकीकरण थी।
3. इस विभाग ने लेखा परीक्षा कार्यों को बिल्कुल नए प्रकार से किया है; उदाहरण के लिए, पंचायती राज संस्थाओं द्वारा किए गए खर्च अब विभाग द्वारा लेखांकन के अधीन होते हैं, जो नव निर्मित राज्यों के व्यय की संवीक्षा भी करता है, क्योंकि उनके पास शुरू में आवश्यक सुविधाएँ मौजूद नहीं होती।
4. नई प्रणालियों और प्रक्रियाओं को प्रारंभ किया गया, जैसे सहकर्मी की समीक्षा, रणनीतिक योजनाएँ और परिप्रेक्ष्य योजनाओं की प्रणाली। विभाग के लिए मिशन के बयान के साथ ही लक्ष्यों के बयान जारी किए गए और विश्व स्तर पर स्थित सर्वोत्तम प्रथाओं के साथ प्रचलित लेखा परीक्षा प्रथाओं को सेरेखित करने की दिशा में एक प्रवृत्ति वर्तमान सीएजी की अवधि की प्रतीक बन गई।
5. कैग वी एन कौल सीएजी (डीपीसी) अधिनियम, 1971 की धारा 23 के तहत उसे प्रदत्त अधिकारों के अनुसरण में लेखा परीक्षा एवं लेखा पर विनियम जारी करने का निर्णय लेना एक अत्यंत महत्वपूर्ण विकास था।
6. इस अवधि को 1992 में लेखा परीक्षकों के संयुक्त बोर्ड के एक सदस्य के रूप में इसके चुनाव के साथ अंतरराष्ट्रीय ऑडिटिंग परिदृश्य में पहली बार भारत के खेल प्राधिकरण, इंडिया (साई) की प्रविष्टि के रूप में जाना जाएगा। 1990 का दशक भी इंटोसाइ (INTOSAI) और एसोसाई (ASOSAI) जैसे अंतरराष्ट्रीय मंच में चिह्नित किया गया। इस अवधि ने कैग को इंटोसाइ (INTOSAI) और एसोसाई (ASOSAI) जैसे साई के लिए दो वैश्विक मंचों में भी सक्रिय रूप से शामिल होते देखा।

7. सरकारी अंकेक्षण के क्षेत्र में यह युग कई अत्यंत महत्वपूर्ण घटनाक्रम के द्वारा चिह्नित है। इनमें से अधिकांश महत्वपूर्ण घटनाएँ नये आडिट थे, जो प्रमुख उदारीकरण सुधार के एक परिणाम के रूप में आए थे, जिसे 1991 में शुरू किया गया था। लेखा परीक्षा विभाग में वैश्वीकरण की एक लहर शुरू हुई। 'आइए एंड एडी' ने सर्वश्रेष्ठ वैश्विक लेखा परीक्षा के मानकों और प्रथाओं के साथ एकीकृत करने के लिए अपने प्रयास शुरू कर दिये। निजीकरण पर सरकार की नीतियों के एक परिणाम के रूप में लेखा परीक्षा के नए क्षेत्र उभर कर आए। निष्पादन लेखापरीक्षा अपनी संरचना और कार्यप्रणाली के संपूर्ण पुनर्निर्माण और उपकरणों को और अधिक स्पष्ट रूप से और ईमानदारी से परिभाषित करने के साथ अधिक शक्तिशाली बन गई।
8. लेखा परीक्षा की प्रथाओं और प्रक्रियाओं के क्षेत्र में, लाभार्थी सर्वेक्षण करने के लिए कई कुछ खास क्षेत्र के श्रमिकों की आउटसोर्सिंग की अवधारणा सहित कई नई प्रणालियों का परीक्षण किया गया। इसके अलावा इस विभाग ने जटिल तकनीकी क्षेत्रों में मदद करने के लिए विशेषज्ञों और सलाहकारों की भर्ती करना शुरू कर दिया।
9. यह कई नए संस्थानों के निर्माण का भी युग था। कैग के तत्वावधान में 1996 में लेखा परीक्षा, लेखा और जवाबदेही के मामलों में एक 'थिंक टैंक' के रूप में कार्य करने के लिए एक स्वायत्त संस्था की स्थापना की गई, जिसे 'भारत की लोक लेखा परीक्षकों के संस्थान' के रूप में बुलाया गया था। कैग ने मार्च 1999 में एक लेखापरीक्षा सलाहकार बोर्ड की स्थापना की। इसके पास कैग के शीर्ष प्रबंधन टीम के अलावा शिक्षाविदों, इंजीनियरों, सेवानिवृत्त सिविल सेवकों, डॉक्टरों, पेशेवरों, रक्षा विशेषज्ञों और अन्य ख्यातनाम व्यक्तियों के रूप अलग-अलग क्षेत्रों से 14 प्रख्यात सदस्य थे।

इन सबने इस विभाग द्वारा की गई प्रगति में योगदान किया है और इस संस्था को वहां लेकर आयें हैं जहां यह अब खड़ा है। अपनी रिपोर्टों के कारण लोगों को बड़े घोटालों के बारे में पता चला, जो सरकारी अधिकारियों द्वारा एक लंबे समय से किए जा रहे थे। यह न केवल विनोद राय के योगदान से हुआ था, बल्कि उस समय के कारण भी हुआ जिसमें सभी रिपोर्टों को बाहर लाया गया है। अन्ना हजारे और उनकी टीम ने भ्रष्टाचार के खिलाफ एक आंदोलन शुरू किया, जो लोगों की बड़ी संख्या के द्वारा समर्थित किया गया था। नागरिक समाज की उन लोगों को एक साथ लाने की एक भूमिका भी है, जो सरकार को केंद्र स्तर पर लिए गये उसके फैसलों के लिए उसे जवाबदेह बनाना चाहते हैं। युवा लोग एक पारदर्शी और जवाबदेह सरकार पाने के लिए इस आंदोलन में शामिल हो गए। सोशल मीडिया ने इस जानकारी का शीघ्रता से प्रसार करने में महत्वपूर्ण भूमिका निभाई है। सूचना का अधिकार सरकार को अधिक पारदर्शी बनाने में एक महत्वपूर्ण भूमिका निभा रहा है और मीडिया एक मजबूत लोकतांत्रिक सरकार के लिए इसका समर्थन कर रही है। मुंबई में मनीलाईफ फाउंडेशन की तीसरी सालगिरह के मौके पर विनोद राय ने कहा, 'वर्ष 2012 एक विशिष्ट वर्ष के रूप में भारतीय लोकतंत्र के इतिहास में लिखा जाएगा। एक ऐसा वर्ष, जिसमें नागरिक केंद्र स्तर पर आये और मौन बहुमत '(2013) के पुराने मिथक को खारिज कर दिया। हार्वर्ड केनेडी स्कूल में दिये गये एक व्याख्यान में उन्होंने समझाया कि कैसे भारत के नागरिक समाज और नागरिकों ने इस संस्था का समर्थन किया था। उसने कहा:

> आज का युवा समझदार, मांग करने वाला और संविधान द्वारा बनाई गई संस्था का सम्मान करता है। वह राजनेताओं को इन संस्थानों का नाश करते देखने के लिए तैयार नहीं है। ... केंद्र स्तर पर आने वाले और अपनी बात सुनाने के लिए इच्छुक नागरिकों का होना, वास्तव में ऐसी एक घटना है जो 'मूक बहुमत' के मिथक को झुठलाती है।[5]

आज, कैग ने स्वयं को केवल रिपोर्ट बनाने और उसे संसद के समक्ष रखने तक ही सीमित नहीं किया है, बल्कि उसने अपने द्वारा किए गये अवलोकनों पर लोगों की राय को भी संवेदनशील किया है।[6]

विनोद राय ने इस संस्था के कामकाज में कुछ महत्वपूर्ण बदलाव किए हैं, जिन्होंने इस संस्था को प्रभावी ढंग से काम करने में मदद की है और इनमें से कुछ निम्नलिखित शामिल हैं:

1. अब कैग ने अपनेआप को प्रशासन में किसी अन्य एजेंसी के रूप में शासन के उन्नयन के कामकाज में लगा दिया है। इसने अपनी संस्कृति बदल दी है। अब वे सकारात्मक रिपोर्टिंग में व्यस्त हैं। वे दोषों की रिपोर्टिंग के साथ-साथ अच्छी प्रथाओं को भी मान्यता देते हैं।
2. कैग ने अपनी रिपोर्ट की मुख्य टिप्पणियों को छोटी पुस्तिकाओं में परिवर्तित करना शुरू कर दिया है, जो अच्छी तरह से लिखी गई हैं और समझने में आसान हैं। उन्होंने कुछ पर्चों का मीडिया, कॉलेजों, नागरिक समूहों, गैर-सरकारी संगठनों आदि में वितरण करना शुरू कर दिया है, जिनका वे 'मूर्ख' की पुस्तकों के रूप में उल्लेख करते हैं। यह इस दृढ़ विश्वास के साथ किया जा रहा है कि एक जागृत नागरिक, जिसे एक बार सरकार के विभागों की अपर्याप्तता के बारे में अवगत करा दिया गया है, वह इन विभागों पर दबाव डालता है और सतर्कता बनाए रखता है, जिसके द्वारा सरकारी सेवाओं की बेहतर आपूर्ति सुनिश्चित की जाएगी।
3. अब कैग की संस्था ने सामाजिक क्षेत्र के मुद्दों के अधिक व्यापक कवरेज के लिए सामाजिक अंकेक्षण की अवधारणा का समर्थन करना शुरू कर दिया है। उनकी यह राय थी कि उन्हें इस बात का ज्ञान नहीं था कि सरकारी योजनाओं को किस आधार पर लागू किया जा रहा है। इसलिए उन्होंने विश्वसनीय नागरिक समूहों की मदद लेना शुरू कर दिया है, जो उन्हें सरकार कल्याणकारी योजनाओं के साथ परिचित कर रहे हैं। इन प्रयासों के साथ विनोद राय ने और अधिक बेहतर करने के लिए इस संस्था में बदलाव लाया है।

मूल्यांकन टिप्पणियां

एक संवैधानिक एजेंसी के रूप में, भारत में कैग ने अपनी भूमिका बदल दी है, जब से इसे स्थापित किया गया था। हालांकि इसे संवैधानिक रूप से अपनी स्वतंत्र भूमिका का निर्वहन करने के लिए सशक्त किया गया था, फिर भी ऐसे कई अवसर आये जब यह भारी राजनीतिक हस्तक्षेप के कारण बिगड़ गया था। नतीजतन, इसकी स्वतंत्रता पर सवाल उठाया गया था और इसकी आलोचना की गई कि यह और कुछ नहीं, बल्कि सत्तारूढ़ पार्टी के लिए एक उपांग के रूप में काम करता है। लेकिन वहाँ उदाहरण है, जब कैग उठा और वित्तीय अनौचित्य से बचने के लिए पर्याप्त कदम अपनाकर सरकार की अंतरात्मा की आवाज के रूप में कार्य करते हुए एक स्वतंत्र एजेंसी के रूप में अपनी भूमिका का प्रदर्शन किया। कैग द्वारा सरकार के खर्च की लेखापरीक्षा इस प्रकार एक शक्तिशाली संवैधानिक साधन बन गया है जो इस गणना में हितधारकों को भी करदाताओं के रूप में लाता है।

सरकार कर दाताओं के पैसे कैसे खर्च करती है, इसके लिए एक निर्धारक के रूप में कैग की भूमिका का मूल्यांकन करते समय, हमें इस संदर्भ में संवेदनशील होना चाहिए जिसमें यह कार्य करता है। यदि यह किसी एक राजनीतिक दल की शासक वाली भूमिका होती, तो स्पष्ट कारणों से कैग को अपने संवैधानिक दायित्व के प्रति सच्चा रहना संभव नहीं होता। इसके अलावा, कैग की व्यक्तिगत निष्ठा को नजरअंदाज नहीं किया जा सकता। इस तथ्य के बावजूद कि यह चयन प्रक्रिया काफी कठोर है, वहाँ व्यक्तिगत गलतियों के कई उदाहरण हैं जिन्होंने एक सार्वजनिक संस्था के रूप में कैग की प्रतिष्ठा के साथ छेड़छाड़ की है। बहरहाल, कैग शायद उन कुछ संवैधानिक निकायों में से एक है जिनका सरकारी खर्च पर इसकी लगातार निगरानी की वजह से शायद अभी भी सम्मान किया जाता है।

एक लेखा परीक्षक के रूप में अपनी भूमिका के अलावा, कैग सार्वजनिक क्षेत्र के मुद्दों को उठाकर सरकार को सतर्क करवाता है। यदि सरकार संवैधानिक मानदंडों का उल्लंघन करती है तो उस मामले में जनता की राय बनाकर यह भारत में लोकतंत्र की एक महत्वपूर्ण संस्था बन जाती है। इसकी परिभाषित संवैधानिक भूमिका के साथ, कैग ने न केवल सरकार पर नियंत्रण रखा है, बल्कि एक ऐसा वातावरण भी तैयार किया है जिसमें नागरिकों को शासन में एक समान रूप से महत्वपूर्ण भूमिका दी गई है। कई घोटालों के उजागर होने के साथ, जिसमें कई मंत्री भी शामिल थे, कैग ने शासन के एक कठिन साधन के रूप में प्रतिष्ठा हासिल की है, जिसे इसकी संवैधानिक शक्ति और सरकार की करतूतों के खिलाफ बड़े पैमाने पर राय को मजबूत करने की क्षमता को आसानी से

नजरअंदाज नहीं किया जा सकता। यह किसी संवैधानिक एजेंसी के लिए एक उल्लेखनीय उपलब्धि है, जो अतीत में एक सरकारी उपांग के रूप में पहचाने जाने के बावजूद, यहाँ तक कि लोकतंत्र को चुनौती देने वाली ताकतों के समेकन के बीच में धीरे धीरे जनता की एक शक्तिशाली आवाज भी बन गया है।

निष्कर्ष कथन

एक राष्ट्र की वित्तीय सेहत को समझने की कुंजी निश्चित रूप से उसका बजट होती है। इस संदर्भ में, बजट सिर्फ खर्च और आय का एक बयान मात्र नहीं है, यह किसी भी राष्ट्र की राजनीतिक-वैचारिक प्राथमिकता को भी दर्शाता है। इसका मतलब यह है कि बजट समकालीन राजनीति का एक दर्पण है जो इसका निर्माण करती है। भारत जैसे एक नियोजित अर्थव्यवस्था के संदर्भ में, बजट की विशिष्ट प्रकृति व्यापक आर्थिक नीतियों द्वारा तैयार की जाती है, जिसमें इसे तैयार और कार्यान्वित किया जाता है। जैसा कि ऊपरी चर्चा दर्शाती है, भारत के वित्तीय प्रशासन के अभिन्न अंग के रूप में बजट की अवधारणा में दो विचार सबसे महत्वपूर्ण हैं: एक ओर जहां यह विकास का एक विशिष्ट पथ हासिल करने की कार्रवाई के दौरान अपनाने के लिए एक अनिवार्य साधन है, वहीं दूसरी तरफ जहाँ तक वित्तीय प्रशासन का संबंध है यह प्रणाली की लोच और कठोरता दोनों को दर्शाती एक प्रक्रिया भी है। यह लचीला है, क्योंकि इसे बदलने से गुरेज नहीं है और यह कठोर है, क्योंकि इसे छोटी-मोटी बातों द्वारा बदला नहीं जा सकता, क्योंकि यह सुपरिभाषित प्राथमिकताओं द्वारा निर्देशित है।

भारत में वित्तीय प्रशासन पर कोई चर्चा तब तक पूरी नहीं होगी जब तक कि हम सरकार के खर्च के किसी भी पोस्टमार्टम में कैग की भूमिका का हिसाब नहीं करते। अपनी संवैधानिक जिम्मेदारी के साथ, कैग शायद प्रशासन में ईमानदारी स्थापित करने के लिए सबसे विश्वसनीय साधन बन गया है। भारत में अपनी जीवंत प्रकृति को देखते हुए, इसने जनता की राय जुटाने में अपनी राजनीतिक भूमिका को पूरा किया है जब सरकार या खर्च करने वाले अधिकारी उस बात से भटक गए थे जिसे वित्तीय प्रशासन के शब्दकोश में 'उचित' माना जाता है। जैसा कि इस चर्चा ने दर्शाया है, कैग ने हमेशा अपने संवैधानिक दायित्वों के प्रति सचेत रहकर हाल के दिनों में लेखा परीक्षक की मात्र अपनी संस्थागत भूमिका को पार कर दिया है; यह संवैधानिक एजेंसियों में से एक बन गया है जो भारत के लोकतंत्र के लिए महत्वपूर्ण है। दूसरे शब्दों में, कैग ने अपनी संवैधानिक भूमिका को पूरा करते हुए प्रक्रियाओं को स्थापित किया है, जो भारत के लोकतांत्रिक मूल्यों के साथ संयोजन के रूप में इसकी पवित्रता की रक्षा करता है।

यहाँ एक अंतिम बिंदु है। एक देश का वित्तीय स्वास्थ्य उस समय सबसे अधिक सुरक्षित रहता है जब उसके नागरिकों की सतर्कता और निगरानी बनी रहती है। तो अंततः नागरिक मायने रखते हैं, जिन्हें अपनी संवैधानिक जिम्मेदारियों के प्रति संवेदनशील होने की जरूरत है। इसका मतलब यह है कि सतर्क और संवेदनशील नागरिक ही सरकार के कामकाज में होने वाले विरूपण और क्षय के खिलाफ सबसे प्रभावी ढाल होते हैं। यहाँ इस मुद्दे का वर्णन करने के लिए अनगिनत उदाहरण हैं कि नागरिकों की भूमिका शासन में सबसे गंभीर बनी हुई होती है, विशेष रूप से भारत जैसे लोकतांत्रिक देश में। अन्ना हजारे के नेतृत्व में भ्रष्टाचार के खिलाफ भारत 'आंदोलन 2010 ने एक बार फिर से यह दर्शाया है कि कैसे एक शक्तिशाली जन आंदोलन सत्तारूढ़ अधिकारी के वैचारिक प्राथमिकताओं को मौलिक रूप से बदल सकता है और कैसे नागरिक समाज के कर्ताओं को शामिल करके पूरी ईमानदारी के साथ एक प्रभावी लोकपाल की तैयारी की प्रक्रिया शुरू हो गई थी, जो विगत में सरकार के फैसलों का कभी भी अभिन्न अंग नहीं बने। सबसे तीक्ष्ण तथ्य यह है कि ये संवैधानिक एजेंसियाँ, चाहे वे संवैधानिक दृष्टि से कितनी भी शक्तिशाली हो, वे कभी भी बहुत प्रभावी नहीं होती, जब तक कि उन्हें नागरिकों द्वारा अपनाया नहीं जाता। इसका मतलब यह है कि संवैधानिक एजेंसियों को प्रभावी होने के क्रम में राजनीति के व्यापक फ्रेम के साथ जुड़े होने की जरूरत है, जिसमें नागरिकों को सबसे अधिक महत्व प्राप्त हो। इस आयाम की ओर ध्यान खींचते हुए, यह ऊपरी चर्चा एक प्रयास की शुरुआत है, जो एक संदर्भ में सरकारी एजेंसियों और राजनीतिक प्रक्रियाओं के बीच द्वंद्वात्मक पारस्परिक संबंध पर प्रकाश डालती है जिसमें नागरिकों की भूमिका को कम नहीं आंका जा सकता।

पुनरीक्षण प्रश्न

1. आप बजट की संकल्पना कैसे करते हैं? इसकी विशेषताओं के संदर्भ के साथ अपनी प्रतिक्रिया पर प्रकाश डालें।
2. ब्रिटिश युग के बाद से भारत में बजट के विकास का अवलोकन करें।
3. 'बजट आय और व्यय का न केवल एक बयान है, बल्कि उस देश के वित्तीय स्वास्थ्य का एक विवरण है'। भारत के उदाहरण के साथ अपने विचारों को विस्तार से बताएं।
4. आजादी के बाद से भारत में मील का पत्थर साबित होने वाले बजटीय सुधार क्या हैं? अपनी प्रतिक्रिया पर प्रकाश डालें।
5. उदाहरण के संदर्भ में पारंपरिक और प्रदर्शन बजट के बीच भेद करें।
6. भारत में बजट के निर्माण की प्रमुख प्रक्रियाएँ क्या हैं? अपनी प्रतिक्रिया पर प्रकाश डालें।
7. 'नियंत्रक एवं महालेखा परीक्षक और भारत के वित्तीय हित की भूमिका गंभीर रूप से आपस में जुड़े हैं। ' क्या आप इस राय से सहमत हैं? अपनी प्रतिक्रिया पर प्रकाश डालें।
8. आप हाल के वर्षों में भारत में नियंत्रक एवं महालेखा परीक्षक की बढ़ती प्रभावशीलता को कैसे समझाएंगे? अपनी प्रतिक्रिया पर प्रकाश डालें।
9. भारत में बजट की राजनीति का गंभीर रूप से मूल्यांकन करें।
10. भारत में शासक राज्य के निराकरण के संदर्भ में, बजट की केंद्रीकृत प्रणाली ने अपनी प्रमुखता खो दी है ऐसा लगता है। क्या आप इस राय से सहमत हैं? अपनी प्रतिक्रिया पर प्रकाश डालें।

टिप्पणियाँ

1. बजट और वित्त की अवधारणाओं और कामकाज और उनके आपसी संबंध के एक स्पष्ट अर्थ का हिसाब करने के लिए, एशियाई विकास बैंक (2009) देखें।
2. चर्चा के इस खंड को साधना गुप्ता, भारत में नियंत्रक एवं महालेखा परीक्षक, एमफिल शोध प्रबंध (हिन्दी), दिल्ली विश्वविद्यालय, 2014 पर तैयार किया गया है, जब तक अन्यथा संकेत नहीं दिया जाता है। हम सुश्री गुप्ता के आभारी हैं जिन्होंने इस पुस्तक के लिए यह पाठ तैयार किया।
3. सरकार के केनेडी स्कूल में विनोद राय का भाषण। http://www.ndtv.com/article/india/govt-auditor-cag-vinod-rai-s-speech-at-harvard-kennedy-school-327674 से लिया गया।
4. यह खंड 1990 के दशक के दौरान कैग के संगठन में प्रमुख घटनाओं का सारांश प्रस्तुत करता है—यह विषय-सामग्री विजय कुमार (2008) की किताब पर आधारित है।
5. http://www.ndtv.com/india-news/govt-auditor-cag-vinod-rais-speech-at-harvard-kennedy-school-512634, हार्वर्ड विश्वविद्यालय में विनोद राय के व्याख्यान, 7 फरवरी, 2013, 12 दिसंबर 2015 को देखा गया।
6. सरकार के केनेडी स्कूल, हार्वर्ड विश्वविद्यालय में विनोद राय का भाषण। http://www.ndtv.com/article/india/govt-auditor-cag-vinod-rai-s-speech-at-harvard-kennedy-school-327674 से लिया गया, 28 अप्रैल 2015 को देखा गया।

संदर्भ

Asian Development Bank. 2009. *Macroeconomic Management and Government Finances*. New Delhi: Oxford University Press.

Basu, Durga Das. 2012. *Introduction to the Constitution of India*. Reprint. Nagpur: LexisNexis, Butterworths Wadhwa.

Bhattacharya, Mohit. 2008. *New Horizons of Public Administration*. New Delhi: Jawahar Publishers and Distributors.

Chakrabarty, Bidyut, and Rajendra Kumar Pandey. 2008. *Indian Government and Politics*. New Delhi: SAGE.

Constituent Assembly Debates. 1949. 'B.R. Ambedkar's intervention in the Constituent Assembly', The Constituent Assembly Debates, 25 November, Vol. X, p. 979.

Datt, Ruddar, and K. P. M. Sundharam. 2008. *Indian Economy*. 58th ed. New Delhi: S. Chand and Company.

Government of India. *Comptroller and Auditor-General's (Duties, Powers and Conditions of Service) Act, 1971*. Retrieved from http://saiindia.gov.in/hindi/home/about_us/mandate/DPC_act/DPC_act.html accessed on 17 April 2015.

Hansen, James A., and Sanjay Kathuria. 1999. 'India's Financial System: Getting Ready for the Twenty-first Century: An Introduction'. In *India: A Financial System for the Twenty-first Century,* edited by James A. Hansen and Sanjay Kathuria, 9. New Delhi: Oxford University Press.

Hindustan Times. 2009. New Delhi, 8 July.

Kashyap, Subhash C. 1990, 6 October. 'A New Parliamentary Initiative: Subject based Standing Committees of Parliament'. *Economic and Political Weekly*: 3247.

———, ed. 2014. *The Framing of India's Constitution: A Study*. Rev. ed. New Delhi: Universal Law Publishing Co. Pvt. Ltd.

Kumar, Vijay. 2008. *The Comptroller and Auditor General of India: A Thematic History, 1990–2007*. Vol. \. New Delhi: Ashish Publishing House.

Mint. (2013), 2 April. 'Vinod Rai is the Face of a New, More Assertive Even Aggressive, Comptroller and Auditor General'. *Mint*.

Prasad, Eswar S., and Raghuram G. Rajan. 2008, 9 September. 'Next Generation Financial Reforms in India'. *Finance and Development* 45 (9): 37.

Prasad, Kamala. 2006. *Indian Administration: Politics, Policies and Prospects*. New Delhi: Pearson Longman.

Rao, M. Govind. 2009, 20 June. 'The Fiscal Situation and a Reform Agenda for the New Government'. *Economic and Political Weekly*: 85.

Reddy, Y. V. 2004. 'Monetary and Financial Sector Reforms in India: A Practitioner's Perspective'. In *India's Emerging Economy: Performance and Prospects in the 1990s and Beyond,* edited by Kaushik Basu, 62. New Delhi: Oxford University Press.

Sudarsanan, C. N. 2001. *Government budgeting: Principles and Practices*. Chennai: Sree Sudarsan Publications.

Subramanian, T. S. R. 2012, 27 October. 'CAG: A Necessary Evil or a Bulwark?' *Economic and Political Weekly:* 19

Thavaraj, M. J. K. 1987. *Financial Administration of India*. 2nd ed. New Delhi: Sultan Chand and Sons.

The Hindustan Times. 2009. New Delhi, 8 July.

The Times of India. 2009. New Delhi, 3 June.

Vyasulu, Vinod. 2009, 1 August. 'The Budget 2009–2010: Beyond Fiscal Rectitude'. *Economic and Political Weekly*: 21–23.

भारत में नागरिक और प्रशासन

12

अध्ययन उद्देश्य

1. नागरिक -प्रशासन अंतरफलक को समझना।
2. एक नागरिक केन्द्रित प्रशासन के लिए पूर्व शर्तों पर चर्चा करना।
3. प्रशासन में लोगों की भागीदारी को निश्चित करना।
4. भारत में प्रशासनिक जवाबदेही की जांच करना।
5. भारत में जन शिकायत निवारण तंत्र का वर्णन करना।

एक नागरिक एक राजनीतिक समुदाय का एक सदस्य होता है, जिसे अधिकार प्राप्त होते हैं और उसे सदस्यता के कर्तव्यों को निभाना होता है। इस संदर्भ में, एक नागरिक होना एक सम्मानीय स्थिति से कहीं अधिक होता है, यह एक व्यक्ति के अधिकार और विशेषाधिकारों की पात्रता के बारे में है, जो एक जीवन की गुणवत्ता सुनिश्चित करता है। अतः, नागरिकता का होना अधिकारों और दायित्वों के एक सेट की तुलना से कही अधिक है, यह राज्य और समाज की भलाई के एक जन्मजात अभिविन्यास है। प्राचीन यूनानियों ने इसे महसूस किया, और एथेंस की राजनीति ने एक शहरी ढांचे के भीतर अपने विविध संगठनों, परिषदों और अधिकारियों के माध्यम से नागरिकता का संस्थापन किया। ऐसे माहौल में, नागरिकता का मतलब है, सिद्धांत रूप में, नीतियों के सह-उत्पादन में भागीदारी। इस भागीदारी के आधार पर ही मनुष्य की 'खुशहाली' में विश्वास मौजूद था। इतिहासकार जेफरी होस्किंग (2005, 1 और 2, व्याख्यान 3) से पता चलता है कि प्राचीन ग्रीस में नागरिकता स्वतंत्रता के महत्व की सराहना से पैदा हुई। होस्किंग (2005, 1 और 2, व्याख्यान 3) के बारे में बताया:

> यह तर्क दिया जा सकता है कि यह गुलामी का विकास ही था जिसने यूनानियों को विशेष रूप से स्वतंत्रता के मूल्य के प्रति जागरूक बनाया। अंततः, कोई भी ग्रीक किसान कर्ज में डूब सकता है और इसलिए एक दास भी बन सकता है, लगभग किसी भी समय ... जब कभी यूनानियों ने एक साथ लड़ाई लड़ी; वह उन्होंने युद्ध की वजह से गुलाम होने से बचने के लिए लड़ी, उन लोगों के द्वारा हारने से बचने के लिए, जो उन्हें गुलामी में ले जा सकती थी। और उन्होंने अपनी राजनीतिक संस्थाओं की व्यवस्था भी की ताकि वे स्वतंत्र रह सकें।

हालांकि आधुनिक समय में, नागरिकता के दर्जे के पहलुओं पर भारी जोर दिया गया है और नागरिकता के गुणात्मक पहलुओं को निहायत कम करके आंका जाता दिखाई देता है। उसके प्रारंभ में, लोक प्रशासन एक विषय के रूप में, हाल ही तक, नागरिकता के विकास और सरकारी नीतियों के बनाने में नागरिकों की भागीदारी लेने की बजाय राज्य में साधनों के सुधार पर ध्यान केंद्रित करता था (राऊबंड 1999, 47)। यह प्रमुख प्रवृत्ति नागरिकों के अलगाव के लिए जिम्मेदार है और इस तरह वहाँ प्रशासन के खिलाफ नागरिकों की शिकायतों में वृद्धि हुई है।

इस पृष्ठभूमि में यह अध्याय नागरिकों और प्रशासन के बीच अंतर्क्रियाओं के कुछ महत्वपूर्ण आयामों के बारे में चर्चा करता है, विशेषतः एक नागरिक केन्द्रित प्रशासन के लिए पूर्व शर्तों, प्रशासन के बारे में नागरिकों के विचार, प्रशासन में लोगों की भागीदारी, सार्वजनिक जवाबदेही के स्वरूप और भारत में जन शिकायत निवारण तंत्र की भूमिका के बारे में।

नागरिक-प्रशासन अंतरफलक

लोकतंत्र में नागरिक-प्रशासन संबंध महत्वपूर्ण होते हैं, क्योंकि शासन का समर्थन और सहमति एक प्रतिनिधि सरकार की सफलता के लिए एक पूर्वशर्त है। राज्य और वास्तविक संदर्भ में, प्रशासन की अपने नागरिकों के लिए जीवन के लिए शिक्षा, स्वास्थ्य, रोजगार के अवसर; परिवहन के उन्नत साधन और बुनियादी सुविधाएँ आदि के तरह की प्रमुख सुविधाएं उपलब्ध कराने की महत्वपूर्ण जिम्मेदारी होती है। यह सभी नागरिकों के लिए एक अच्छा जीवन सुनिश्चित करता है। लोक प्रशासन में हाल के दिनों में दो महत्त्वपूर्ण प्रवृत्तियाँ उभर कर आई हैं। पहला, सार्वजनिक नौकरशाही के आकार के साथ ही इसके अधिकारों और गतिविधियों में विस्तार किया गया है। दूसरा, सामान्य शिक्षा के साथ-साथ राजनीतिक और सामाजिक जागृति के प्रसार के मद्देनजर, यहाँ प्रशासन से लोगों की उम्मीदों में वृद्धि हुई है।

लोकतंत्र में क़ानून और जनता की राय के बीच संबंधों के बारे में बीसवीं सदी के अंत में ए वी डायसी द्वारा चर्चा की गई थी (डायसी 1948)। इस विषय का महत्व द्वितीय विश्व युद्ध के बाद तेजी से बढ़ा है, नए राज्यों में कल्याण के साथ ही समाजवादी विचारधारा के विकास को धन्यवाद। समृद्ध समाज में लोग भौतिक आराम और खुशी के प्रति प्यार की बजाय स्वतंत्रता की पुरानी अवधारणा के बारे में कम चिंतित थे। राज्य और समाज के बीच संबंधों का फोकस राजनीतिक स्वतंत्रता से आर्थिक समृद्धि और सामाजिक न्याय के लिए स्थानांतरित कर दिया गया। राज्य ने एक सार्वभौमिक वयस्क मताधिकार के माध्यम से अपने राजनीतिक आधार का विस्तार किया है। प्रशासन को इसलिए नागरिक जीवन के हर पहलू में प्रवेश करने की आवश्यकता है। नागरिकों की भीड़, जो राज्य सेवाओं के मतदाता और लाभार्थी होते हैं, वे थोक सेवाओं की आपूर्ति के तरीकों के सूक्ष्म पहलुओं की तुलना में उन्हें पाने के बारे में अधिक उत्सुक रहते हैं के (अग्रवाल 2004, 270)। नागरिकों की सिविल सेवाओं और मदद के मात्र प्राप्तकर्ता होने से स्थिति को अब शासन के मामलों में प्रमुख भागीदार के रूप में स्थानांतरित कर दिया गया है।

यहाँ अलग अलग तरीके हैं जिसमें नागरिक अपने दिन-प्रतिदिन के जीवन में प्रशासनिक एजेंसियों के साथ बातचीत कर रहे हैं। मोहित भट्टाचार्य (2008) ऐसी बातचीत की पांच श्रेणियों को दिखाते हैं। ये निम्नलिखित रूप में हो सकती हैं:

1. **ग्राहक:** इस रूप में, नागरिक सरकारी एजेंसियों से लाभ या सेवाओं को प्राप्त करना चाहते हैं। उदाहरण के लिए, एक मरीज एक मेडिकल जाँच या उपचार के लिए सरकारी अस्पताल जाता है।
2. **विनियमकर्ता:** विनियमकर्ता के रूप में, जनता पुलिस, आयकर अधिकारियों, लाइसेंस के अधिकारियों आदि की तरह कई सरकारी एजेंसियों के साथ सूचना का आदान प्रदान करती है।
3. **वादी:** वादियों के रूप में, लोग सार्वजनिक एजेंसियों की 'अन्यायपूर्ण' कार्रवाई के खिलाफ अदालतों में जाते हैं। उदाहरण के लिए, लोग अदालत से निवारण पाना चाहते हैं, जब मोटर वाहन अधिकारी कार लाइसेंस जारी करने में देरी लगा रहा होता है।
4. **प्रतिभागी:** इस रूप में लोग सरकारी एजेंसियों में अलग अलग स्तरों पर निर्णय लेने में प्रत्यक्ष प्रतिभागी बन जाते हैं। उदाहरण के लिए; माता-पिता एक स्कूल के संरक्षक समिति के सदस्य बन जाते हैं, एक सिंचाई परियोजना सहायक परियोजना के विभिन्न निर्णय लेने की प्रक्रिया में किसानों को एकत्रित करता है।

5. **अत्याधुनिक मुठभेड़:** इस रूप में लोग उन एजेंसियों के पास जाते हैं, जो जनता के लिए दिन प्रतिदिन की प्राथमिक सेवाओं और सुविधाओं के लिए जिम्मेदार होती हैं। उदाहरण के लिए, लोग पानी, बिजली, और स्वच्छता सुविधाओं के लिए नगर निगम के कर्मचारियों के पास जाते हैं।[5]
6. **प्रदर्शनकारी:** ऊपर के पांच मुद्दों के अलावा, यहाँ अंतर्क्रिया का दूसरा रूप हो सकता है, अर्थात प्रदर्शनकारियों के रूप में लोगों का होना। लोग अक्सर प्रदर्शनकारियों के रूप में लोक नीति, सरकार की नीतियों और कार्यों में अन्याय का विरोध करने के लिए सरकारी एजेंसियों के साथ बातचीत करते हैं। उदाहरण के लिए, लोग अपने इलाके में एक बांध के निर्माण का विरोध करते हैं।

इस प्रकार, दिन-प्रतिदिन के जीवन के लिए नागरिक प्रशासन के साथ लगातार बातचीत करते हैं। संपर्क के प्रयोजन अलग-अलग हो सकते हैं, उदाहरण के लिए, यह पानी, बिजली और स्वास्थ्य सेवाओं जैसी बुनियादी सेवाएं प्राप्त करने के लिए हो सकती है या यह एक ड्राइविंग लाइसेंस या आयकर विभाग की ओर से एक आय कर रिटर्न प्राप्त करने के लिए हो सकती है। कभी कभी लोगों को सीधे नीति निर्माण में और एक सरकारी एजेंसी या परियोजना के कार्यान्वयन में भाग लेने का अवसर मिलता है। जब लोगों को समय पर सेवाएं नहीं मिलती हैं या सरकारी अधिकारियों द्वारा परेशान किया जाता है, तो वे अदालत से अपनी शिकायतों के निवारण की अपेक्षा करते हैं और जब उन्हें किसी भी पक्ष से न्याय प्राप्त होते नहीं दिखता तब वे विरोध प्रदर्शन का सहारा लेते हैं या सरकार की अन्यायपूर्ण नीतियों और कार्रवाई की आलोचना करते हैं। इन खुशनुमा या दुखी बातचीत के माध्यम से, नागरिक लोक प्रशासन के बारे में राय बनाते हैं।

प्रशासन के बारे में नागरिक की धारणाएँ

हालांकि आदर्श रूप से कहा जाए तो, नागरिकों और प्रशासन के बीच बातचीत को भरोसेमंद और उद्देश्यपूर्ण होना चाहिए, परंतु वास्तविकता में, यह हमेशा संघर्ष, तनाव और दबाव से ग्रस्त होती है। प्रशासन और लोकप्रिय उम्मीदों के प्रदर्शन के बीच व्यापक असमानता की वजह से नागरिकों के बीच असंतोष का होना एक सामान्य बात हो गई है। लोगों के बीच में यह एक सामान्य धारणा बन गई है कि ये नीतियाँ बोझिल हैं, या प्रशासन की प्रक्रियाएँ अन्यायपूर्ण हैं। एक और महत्वपूर्ण समस्या राजनीति और प्रशासन में भ्रष्टाचार की वजह से ईमानदारी और निष्ठा दोनों के स्तरों में गिरावट का आना है। नियमों और विनियमों के कठोर पालन, शिकायतों को स्वीकार न करना, विभिन्न मामलों के निपटान में अत्यधिक देरी होना प्रशासन में जनता के विश्वास में कमी लाते हैं।

भारत में नागरिकों और प्रशासन के बीच संबंधों की जांच करने के लिए कई शोध अध्ययन शुरू किए गए हैं। कुछ महत्वपूर्ण शोधों में डेविस एच बेले (1969) द्वारा 'पुलिस प्रशासन', राकेश हूजा (1978) द्वारा 'ग्रामीण विकास' और वि. जगन्नाथन (1978) द्वारा 'शहरी सरकार' जैसे विषय पर अध्ययन शामिल है। इन अध्ययनों के निष्कर्ष भारत में लोक प्रशासन के बारे में नागरिकों के विचारों पर रोचक जानकारी प्रकट करते हैं। इन अध्ययनों से बाहर उभरने वाले प्रशासन पर लोगों की सामान्य धारणा में निम्नलिखित शामिल हैं:

1. अत्यधिक देरी और प्रतीक्षा अवधि।
2. प्रशासन में पक्षपाती व्यवहार।
3. काम करवाने के लिए बिचौलियों (दलालों) की जरूरत।
4. अधिकारियों का बेकार रवैया, विशेष रूप से निचले स्तर के पदाधिकारियों का।

5. काम करवाने में शामिल प्रक्रियाओं के बारे में नागरिकों की अज्ञानता।
6. प्रशासन में अमीर-गरीब का भेदभाव: प्रशासन में अमीर की पहुँच और अधिकारियों की गरीबों को टालने की सामान्य प्रवृत्ति और उनकी जरूरतों और हितों के लिए उदासीनता (भट्टाचार्य 2008, 257)।

सेंटर फॉर मीडिया स्टडीज (सीएमएस) द्वारा किए गये एक ताजा अध्ययन से (एआरसी 2009) पता चलता है कि बहुसंख्य नागरिक सार्वजनिक सेवाओं के वितरण से संतुष्ट नहीं हैं। इस अध्ययन में शामिल किए गये ग्यारह विभागों में से सात में एक तिहाई नागरिकों से भी कम इन दी गई सेवाओं से संतुष्ट थे। वास्तव में, पुलिस, न्यायपालिका और नगर पालिकाएं, (जो बड़े अधिकारों का उपभोग करते हैं) जैसे विभागों की सेवाओं से 20 प्रतिशत परिवार भी संतुष्ट नहीं थे। यहां तक कि आवश्यक सेवाओं, जैसे सार्वजनिक वितरण प्रणाली (पीडीएस), अस्पताल, बिजली और पानी की आपूर्ति जैसी आवश्यक सेवाओं से भी मात्र 30–40 फीसदी परिवार खुश थे (द्वितीय प्रशासनिक सुधार आयोग 2009)। छठे केंद्रीय वेतन आयोग की (2008) इस संबंध में की गई टिप्पणी ध्यान देने योग्य हैं:

> आम आदमी के लिए, नौकरशाही दिनचर्या और दोहराव की प्रक्रियाओं, कागजी कार्यवाही और देरी को दर्शाती है। यह इस तथ्य के बावजूद मौजूद है कि सरकार और नौकरशाही का अस्तित्व नागरिकों को उनकी कानूनी गतिविधियों की वास्तविक प्राप्ति करवाने के लिए है। शक्तियों के केंद्रीकरण पर प्रणाली की कठोरताएँ, मध्यस्थ के स्तर पर एक बड़ी संख्या में होने वाले कार्यकर्ता, अत्यधिक श्रेणीबद्धता, कार्य करने की शीर्ष से नीचे की तरफ की विधि, किसी भी निर्णय को अंतिम रूप देने में लगाई जाने वाली देरी, अधिकारियों द्वारा जवाबदेही नकारना और अन्य इस तरह की प्रवृत्तियों ने ऐसी संरचना तैयार कर दी है जिसमें विषयवस्तु की जगह स्वरूप को और परिणामों की तुलना में प्रक्रियाओं को अधिक महत्वपूर्ण माना जाता हैं। प्रशासनिक संरचना का गैर-प्रदर्शन, सेवा की निकृष्ट गुणवत्ता और जवाबदेही की कमी, और अधिकार के व्यक्तिपरक और नकारात्मक दुरुपयोग ने शासन प्रणाली में विश्वास को खत्म कर दिया है, जिसे तत्काल बहाल किए जाने की जरूरत है। (GOI 2008, 365)

इस प्रकार, भारत में आम तौर पर प्रशासन को अनुत्तरदायी असंवेदनशील और भ्रष्ट माना जाता है।

भारत में नागरिक केन्द्रित प्रशासन में आने वाली बाधाएं

जैसा कि ऊपरी चर्चा से यह स्पष्ट है कि भारत में प्रशासन के बारे में लोगों की आम धारणा अत्यंत नकारात्मक है। राज्यों की अपनी यात्राओं के दौरान द्वितीय प्रशासनिक सुधार आयोग (2009) को जनता से मिलने और उनकी बातें सुनने के कई मौकें आये। नागरिकों द्वारा की गई अधिकांश टिप्पणियों में सरकार द्वारा प्रदान की गई सेवाओं की खराब गुणवत्ता, सरकारी कर्मचारियों का उदासीन रवैया, भ्रष्टाचार और सत्ता के दुरुपयोग और जवाबदेही की कमी के बारे में थी। एक आम शिकायत अत्यधिक लालफीताशाही और नियमित काम करवाने के लिए लिया जाने वाला लंबा समय से भी संबंधित है। नागरिक केन्द्रित प्रशासन पर अपनी 12वीं रिपोर्ट में आयोग (एआरसी द्वितीय 2009, 14–16) ने भारत में नागरिक केन्द्रित प्रशासन में निम्नलिखित पांच बाधाओं की पहचान की है:

1. काष्ठवत, अनम्य, सिविल सेवकों का स्वयं को बनाए रखने का और अंतर्मुखी रवैया
2. सिविल सेवकों में जवाबदेही का अभाव
3. लालफीताशाही
4. कानूनों और नियमों के अप्रभावी कार्यान्वयन
5. नागरिकों के कर्तव्यों और अधिकार के बारे में जागरूकता का निम्न स्तर

इस प्रकार, प्रशासन को नागरिक केन्द्रित न होने के लिए कारण को कुछ सरकारी कर्मचारियों के रवैये और काम को, मौजूदा संस्थागत ढांचे में कमियाँ और नागरिकों की ओर से अधिकार और कर्तव्यों के बारे में जागरूकता की कमी को जिम्मेदार ठहराया जा सकता है। इस प्रकार, रॉबसन (1967) के अनुसार:

> औसत नागरिक के मन में नौकरशाही अभी भी इसके साथ जुड़े पारंपरिक दोषों से ग्रस्त है। यह अधिकारियों की ओर से स्वयं को महत्व देने की अत्यधिक भावना या उनके कार्यालय को अत्यंत महत्व देने का अनुचित विचार, व्यक्तिगत नागरिकों की सुविधा की भावनाओं के प्रति उदासीनता, नियम पालन के लिए उन्माद, औपचारिक प्रक्रियाएँ, शासक और शासित के संबंधों की पहचान करने में विफलता का होना है जो लोकतांत्रिक प्रक्रिया का एक अनिवार्य अंग है।

नागरिक अनुकूल प्रशासन को सुनिश्चित करना

आबादी के एक बड़े हिस्से के मन में सरकार की खराब छवि का होना एक अक्षम और अप्रभावी प्रशासन की ओर इशारा करता है। यह काफी हद तक हमारे शासन प्रणाली में सुधार किए जाने की जरूरत पर प्रकाश डालती है। इस तरह के सुधार का मुख्य ध्यान नागरिकों को सभी सरकारी गतिविधियों के लिए केंद्रीय बनाना और प्रभावी ढंग से आम लोगों की चिंताओं को दूर करने के लिए सरकार का पुनर्गठन करने पर होना चाहिए। नागरिक केन्द्रित प्रशासन में आने वाली बाधाओं का विश्लेषण करने से पता चलता है कि यहाँ कई पूर्वस्थितियाँ हैं जिन्हें प्रशासन को नागरिक केन्द्रित बनाने के क्रम में पूरा किया जाना चाहिए। इन पूर्व शर्तों में से कुछ की नीचे चर्चा की जा रही है:

जवाबदेही: जवाबदेही की स्थिति को जवाबदेह या उत्तरदायी होने के रूप में परिभाषित किया जाता है। जवाबदेह होने का मतलब है, किसी बात की रिपोर्ट करना, उसे समझाना या उसका औचित्य साबित करना। यह सुनिश्चित करता है कि बात को वैसे ही किया जाता है जैसा कि उम्मीद कई गई थी। जवाबदेही एक अच्छे प्रशासन की एक महत्वपूर्ण आवश्यकता है। इसका मतलब है कि सरकारी कर्मचारियों को जनता के प्रति जवाबदेह होना चाहिए। वे न केवल लोगों द्वारा पूछे गये सवालों के प्रति जवाबदेह हैं, अपितु उन्हें उनकी मांग का जवाब भी देना चाहिए और उन्हें सेवाएं प्रदान करनी चाहिए।

पहुँच: एक अच्छा प्रशासन लोगों को सुलभ होना चाहिए। यदि लोगों को कोई भी समस्या है, तो प्रशासनिक अधिकारियों को उन्हें सुनने के लिए और तदनुसार उन्हें जवाब देने के तैयार होना चाहिए। लोगों के मन में नौकरशाही के पद और कठोरता के बारे में कोई डर नहीं होना चाहिए। यह भी जरूरी है वहाँ कोई भेदभाव न हो और गरीब भी प्रशासन तक आसानी से पहुंच सके।

पारदर्शिता: पारदर्शिता एक अच्छे प्रशासन के लिए एक अनिवार्य पूर्व शर्त है। यह उस गोपनीयता की विलोम है, जो लोक प्रशासन की पारंपरिक बानगी है। इससे यह संकेत मिलता है कि सरकारी नीतियों और कामकाज को समाज के बड़े वर्ग द्वारा जाना जाता है। पारदर्शिता का मतलब है कि जानकारी आसानी से उपलब्ध है और जो लोग उसके फैसले और प्रवर्तन से प्रभावित होते हैं वे वहाँ तक सीधे पहुँच सकते हैं। इसका यह भी मतलब है कि जानकारी को आसानी से समझा जा सकता है। पारदर्शिता नागरिकों को खुद के लिए होने वाली सरकार की नीतियों, अपने अधिकारों और उनके द्वारा सरकार से उम्मीद की जाने वाली सेवाओं के बारे में सूचित रखने के लिए सक्षम बनाती है। सूचना का अधिकार और नागरिक चार्टर प्रशासन में पारदर्शिता सुनिश्चित करने के साधन हैं।

भागीदारीपूर्ण: नागरिक केन्द्रित प्रशासन को बढ़ावा देना शासन प्रक्रिया में नागरिकों को एक आवाज देना सूचित करता है। इसका मतलब है प्रशासनिक गतिविधियों में लोगों की भागीदारी, विशेष रूप से कार्यक्रमों की सफलता के लिए निर्माण और कार्यान्वयन के स्तर पर विकासात्मक गतिविधियों में लाभार्थियों की भागीदारी का होना। लोगों की भागीदारी प्रशासनिक अधिकार के दुरुपयोग के खिलाफ एक महत्वपूर्ण रक्षा का होना भी है। यह विकास के लिए मानव

और भौतिक संसाधनों का दोहन करने की एक विधि है। शासन में नागरिकों द्वारा की जाने वाली सार्थक भागीदारी पंचायती राज संस्थाओं, भागीदारी कार्यक्रमों के माध्यम से और शासन के कुछ पहलुओं में नागरिक समूहों को शामिल कर प्रचारित की जा सकती है।

संवेदनशीलता: लोक प्रशासन में एक संवेदनशील प्रशासन जाहिरा तौर पर एक नैतिक अवधारणा के रूप में है, जो जनता के पदाधिकारियों को लोगों के प्रति सीधे 'जवाबदेह' होने के लिए कहती है। यह देश के लोक प्रशासन की वितरण प्रणाली से अपनी विश्वसनीयता और वैधता पाने के लिए एक सूक्ष्म स्तर की अवधारणा है। उत्तरदायी होने के द्वारा, सरकारी संस्थाएँ सार्वजनिक दायरे में 'वैधता' प्राप्त करती हैं, जो स्वचालित रूप से उनकी व्यापक स्वीकृति को और इस प्रकार, प्रशासन में प्रभावशीलता को सुनिश्चित करती है। एक संवेदनशील प्रशासन शिकायतों के निवारण के लिए एक तंत्र के होने पर भी जोर देता है।

प्रभावशीलता और दक्षता: एक प्रशासनिक प्रणाली की सफलता लोगों के लिए सेवाओं के प्रभावी और कुशल वितरण पर भी निर्भर करती है। प्रभावशीलता वह हद है, जहाँ तक किसी उद्देश्य या लक्ष्य को प्राप्त किया जाता है। यदि किसी संगठन ने अपने उद्देश्यों को सफलतापूर्वक हासिल किया है, तो इसे प्रभावी माना जाता है। प्रभावशीलता इस प्रकार पहले किए गये इरादों के साथ परिणामों की तुलना करने की बात है। दूसरी तरफ, क्षमता उस प्रक्रिया के लिए संदर्भित करती है जिसके द्वारा कोई संगठन के संसाधनों का न्यूनतम उपयोग करते हुए अपने अधिकतम उद्देश्यों को प्राप्त करती है।

एक नागरिक केन्द्रित प्रशासन के लिए ऊपर उल्लेख की गई आवश्यक पूर्वशर्तों के अलावा, नीतियों का विकेन्द्रीकरण और वितरण, आधुनिक प्रौद्योगिकी को अपनाना, प्रक्रियाओं का सरलीकरण और सिविल सेवाओं का एकत्रीकरण किसी भी सफल शासन प्रबंध की अन्य विशेषताएँ और मानदंड हैं।

इस संबंध में भारतीय लोक प्रशासन संस्थान के प्रथम वार्षिक दिवस के अवसर पर 20 नवंबर 1959 को भारत के पूर्व उप राष्ट्रपति, डॉ एस राधाकृष्णन की टिप्पणी ध्यान देने योग्य हैं। वे चाहते थे कि प्रशासन सब तरह से 'जनता के प्रति निष्पक्ष हो, और यह कि प्रशासकों को महसूस करना चाहिए कि वे वहाँ केवल लोगों पर शासन करने के लिए नहीं हैं, बल्कि वे "अनिवार्य रूप से लोगों के नौकर हैं"'। उन्होंने यह भी कहा कि 'प्रशासकों ने स्वयं को एक विशेषाधिकार प्राप्त वर्ग के रूप में नहीं मानना चाहिए। वे नौकरशाही में विकसित होने के लिए नहीं हैं'। डॉ. राधाकृष्णन ने कहा, उच्च सिविल सेवकों को 'आम आदमी और औरत की आकांक्षाओं को समझने की जरूरत है और उन्हें क्षुद्र अधिकारियों द्वारा परेशान किए जाने से बचाने के लिए कोशिश करनी चाहिए, जो अपने अधिकारों को दिखाने के लिए इच्छुक होते हैं। 'इन सबसे ऊपर, उन्होंने कहा, 'यह मेरे लिए महान चिंता की बात है कि इस देश में हमारे पास सबसे पहले "प्रशासनिक अखंडता, उसके बाद दक्षता और बाद में अर्थव्यवस्था होनी चाहिए"- केवल इन्ही परिस्थितियों में हम एक खुशहाल भारतीय समाज का निर्माण करने में सक्षम होंगे' (अग्रवाल 2004, iii–iv)। इस प्रकार उन्होंने प्रशासन में एक नागरिक अनुकूल शासन के लिए अन्य सभी आवश्यकताओं से ऊपर 'अखंडता' को रखा।

प्रशासन में लोगों की भागीदारी

प्रशासनिक प्रक्रियाओं में लोगों की भागीदारी होना इसकी सफलता के लिए बुनियादी बात है। इसका तात्पर्य प्रशासनिक निर्णय लेने, नीति निर्माण और कार्यान्वयन की प्रक्रिया में नागरिकों की प्रत्यक्ष भागीदारी का होना है। 'लोगों की भागीदारी' का यह भी मतलब है कि लक्ष्यों को स्थापित करने के लिए लोगों के खुद के द्वारा सामूहिक और सतत प्रयास करना, संसाधनों को जुटाना और अपने रहन-सहन की स्थिति में सुधार लाने के उद्देश्य से कार्य करना। विलियम मोरो के लिए, 'नागरिकों की भागीदारी' इस शब्दावली का मतलब है प्रत्यक्ष नीति निर्माण में सार्वजनिक और निजी कुलीन वर्ग के बजाय आम पुरुषों और महिलाओं की भागीदारी का होना। इसके अलावा, यह ऐसे निर्णय लेने में वंचितों की प्रत्यक्ष भागीदारी पर ध्यान केंद्रित करने के लिए कार्यरत है,

जो उनके जीवन को प्रभावित करते हैं (Morrow 1980, 190)। इस प्रकार, 'लोगों की भागीदारी' एक राष्ट्र के निर्णय लेने की प्रक्रिया में लोगों की भागीदारी लेने का एक तंत्र है।

शासन में नागरिकों की भागीदारी विकास के प्राप्तकर्ताओं के रूप में नागरिकों की तरफ प्रतिमान में बदलाव होने का प्रतीक है। इसी तरह यह केन्द्र सरकार से सत्ता के विकेन्द्रीकरण के साथ 'उपर-से नीचे' के बजाय 'नीचे-से-उपर' की तरफ वाले दृष्टिकोण की तरफ जाना है।

सुशासन को सुनिश्चित करना

शासन में नागरिकों की भागीदारी की अवधारणा अनिवार्य रूप से उस क्षेत्र पर आधारित है कि नागरिकों की उन निर्णय लेने की प्रक्रिया को प्रभावित करने में एक वैध भूमिका है, जो उनके जीवन, व्यापार और उनके समुदायों को प्रभावित करता है। दूसरे शब्दों में, नागरिकों की भागीदारी उस तंत्र और तौर तरीकों के लिए संदर्भित करती है जिसके द्वारा नागरिक संसाधनों और निर्णय-प्रक्रिया को प्रभावित कर सकते हैं और उन पर नियंत्रण ले सकते हैं जो उनके जीवन पर सीधे प्रभाव डालते हैं। वैचारिक स्तर पर, शासन में नागरिकों की प्रत्यक्ष भागीदारी को एक स्वस्थ लोकतंत्र के लिए योगदान के रूप में देखा जाता है, क्योंकि यह प्रतिनिधि लोकतंत्र के पारंपरिक रूप में सुधार कर जमीनी स्तर के लोकतंत्र को और अधिक संवेदनशील और सहभागी बनाती है। अब यह व्यापक रूप से स्वीकार किया गया है कि नागरिकों की सक्रिय भागीदारी निम्नलिखित तरीके में सुशासन के लिए योगदान कर सकती है:

1. यह सरकार को जवाबदेह और अधिक उत्तरदायी, कुशल और प्रभावी बनाने के लिए नागरिकों को सक्षम करती है।
2. यह सरकारी कार्यक्रमों और सेवाओं को और अधिक प्रभावी और टिकाऊ बनाने में मदद करती है।
3. यह अपने जीवन में सुधार करने के गरीब और हाशिए पर स्थित लोगों को लोक नीति और सेवा वितरण को प्रभावित करने के लिए सक्षम बनाता है।
4. यह लोगों में नागरिक परिपक्वता की भावना विकसित करने में मदद करती है, वे अधिक शिक्षित, सहिष्णु और दयालु बन जाते हैं, जो अंततः नीति की गुणवत्ता में सुधार करने में मदद करता है।
5. यह इस बात को स्वीकारने में मदद करता है कि बेहतर लोक नीति बनाने के लिए नागरिकों ने महत्वपूर्ण योगदान दिया है।
6. यह जमीनी स्तर के स्वस्थ लोकतंत्र को बढ़ावा देने में मदद करती है।
7. यह सरकार और लोगों के बीच बेहतर समझ विकसित करती है।

इस प्रकार, प्रशासन में लोगों की भागीदारी का होना एक पारदर्शी, जवाबदेह, भागीदारीपूर्ण, उत्तरदायी, प्रभावी और कुशल सरकार सुनिश्चित करता है। हालांकि, लोगों की भागीदारी बाधाओं से मुक्त नहीं है। इनमें से सबसे बड़ी बाधा समाज में बड़े पैमाने पर जड़ता का अस्तित्व होना है, जिसके परिणामस्वरूप उदासीनता और निष्क्रियता उत्पन्न होती है। इसके अलावा, लोगों की भागीदारी के नाम के तहत एक स्थिति आती है, जिसे विलियम मोरो (1980) 'त्याग', 'मनुहार', 'सहयोग' और 'ग्राहक निर्माण' कहकर बुलाते हैं। जरूरी नहीं है कि नागरिकों की भागीदारी अपने निर्वाचन क्षेत्रों का प्रतिनिधित्व करने वाले नेताओं के निर्माण की तरफ ले जाती है। बल्कि, वे स्थानीय नौकरशाही के साथ संबंध स्थापित करते हैं, जो उन्हें मौन कर सकते हैं। ये प्रतिनिधि जब इन नौकरशाहों के सामने आते हैं तो सिर्फ अपने व्यक्तिगत हितों का प्रतिनिधित्व करते हैं, ना कि अपने निर्वाचन क्षेत्रों की चिंताओं का। ऐसे मामलों में भागीदारी कागजी कार्यवाही की तरह औपचारिकता का एक प्रकार बन जाती है, न कि अपने सच्चे अर्थों में आम लोगों का सशक्तिकरण करती है।

यह तथ्य कि भागीदारी के प्रयास कभी कभी विपरित हो गये हैं, तो भी इसका मतलब यह नहीं है कि यह विकृति भागीदारी आंदोलन के मूल उद्देश्यों को ही अर्थहीन कर दें। नागरिक भागीदारी कुछ पूर्व शर्तों की मांग करती है जो नागरिकों को अधिक

प्रभावी भागीदार बनाने के लिए आवश्यक हैं। कुछ महत्वपूर्ण शर्तों में निम्नलिखित शामिल हैं: एक प्रबुद्ध राजनीतिक नेता; सक्षम नागरिक; ईमानदार लोक सेवक; सूचित और सहकारी जनता; यह सुनिश्चित करना कि निर्णय लेने के लिए आवश्यक जानकारी स्पष्ट और सटीक है; सुव्यवस्थित संचार नेटवर्क; अधिकारी और नागरिकों दोनों के द्वारा जिम्मेदारी लेने की इच्छा का प्रदर्शन करना; पर्यावरण का व्यावहारिक सर्वेक्षण करना, जिस के लिए वह अपेक्षित है; और ग्रामीण और शहरी सभी स्तरों में भागीदारी होना (अवस्थी और माहेश्वरी 2010, 643)। एक सच्चे प्रातिनिधिक और सहभागितापूर्ण लोकतंत्र के लिए अधिकारियों और साथ ही आम लोगों की तरफ से इन शर्तों और क्रियाओं का होना आवश्यक है।

प्रशासनिक जवाबदेही

जवाबदेही लोकतांत्रिक सरकारों के सभी रूपों की एक अनिवार्य विशेषता है। जवाबदेही की अवधारणा लोगों के लिए सरकारी सत्ता या विवेकाधीन अधिकार के उपयोग का एक संतोषजनक हिसाब देने के लिए सरकारी कर्मचारियों के दायित्व को दर्शाती है। यह शक्ति के दुरुपयोग और लोक प्राधिकरण के दुरुपयोग के खिलाफ एक प्रभावी रक्षक के रूप में माना जाता है। मोहित भट्टाचार्य (2008) के अनुसार, जवाबदेही के लिए जन प्रशासकों के पास कम से कम चार आवश्यकताओं का होना जरूरी है:

1. ऐसे क़ानून बनाना जिनसे कम से कम बर्बादी और देरी हो।
2. वैध और समझदारीपूर्ण प्रशासनिक विवेक का उपयोग करना।
3. नई नीतियों की सिफारिश करना और आवश्यकतानुसार मौजूदा नीतियों और कार्यक्रमों में परिवर्तन का प्रस्ताव करना।
4. प्रशासनिक संस्थानों में नागरिक आत्मविश्वास में वृद्धि करना।

जवाबदेही की धारणा के दो बुनियादी अर्थ हैं: जवाबदेही, जो सरकारी अधिकारियों के दायित्व के लिए है कि उन्हें उसके बारे में सूचित करना और समझाना जो वे कर रहे हैं; और कार्यान्वयन, अर्थात, सत्ताधारियों पर प्रतिबंध लगाने के लिए लेखा एजेंसियों की क्षमता, जिन्होंने जन कर्तव्यों का उल्लंघन किया है।

भारत में प्रशासनिक जवाबदेही

भारत में, प्रशासनिक जवाबदेही विभिन्न नियंत्रण के माध्यम से लागू की जाती है। नियंत्रण का उद्देश्य यह सुनिश्चित करना है कि सरकारी कर्मचारी कानूनों और नियमों के अनुसार अपने अधिकारों और विवेक का उपयोग करें। मोटे तौर पर, यहाँ दो प्रकार के प्रशासनिक नियंत्रण होते हैं, अर्थात् आंतरिक और बाहरी। आंतरिक नियंत्रण प्रशासनिक मशीनरी के भीतर से चलता है। आंतरिक नियंत्रण की तकनीकें हैं: बजटीय व्यवस्था, श्रेणीबद्ध क्रम, पूछताछ और जांच, प्रभावक समूह, प्रेस, और वार्षिक गोपनीय रिपोर्ट। भारत में प्रशासन पर बाहरी जवाबदेही विधायी, कार्यकारी और न्यायिक नियंत्रण के माध्यम से बनाए रखी जाती है।

प्रशासन को निर्वाचित प्रतिनिधियों के प्रति जिम्मेदार बनाया जाता है, क्योंकि लोकतंत्र में लोग सुप्रीम होते हैं। इस प्रकार विधायिका को संविधान के माध्यम से और परंपराओं के माध्यम से कुछ शक्तियां दी गई है जो प्रशासन द्वारा होने वाले कदाचार और प्राधिकार के दुरुपयोग पर एक प्रभावी नियंत्रण रखती हैं। विधायिका प्रशासन को नियंत्रित करने के लिए कई तरीकों को लागू करती है, अर्थात् प्रश्नकाल के दौरान सवाल पूछना, संसदीय चर्चा, संसदीय लेखा परीक्षा, अविश्वास प्रस्ताव और लोकपाल को शिकायतें।

प्रशासन पर कार्यकारी नियंत्रण किसी भी जिम्मेदार सरकार का एक और शक्तिशाली साधन है। कार्यकारी मंडल कई तकनीकों और साधनों से प्रशासन पर नियंत्रण रखती है, अर्थात, नियुक्ति करने और हटाने का अधिकार, नियम बनाने के अधिकार, नियम आदि, सिविल सेवा कोड, प्रत्यायोजित विधान, बजटीय व्यवस्था और जनता की राय के लिए अपील करना। एक और महत्वपूर्ण साधन

जिसके माध्यम से प्रशासनिक जवाबदेही को सुनिश्चित किया जाता है, वह न्यायिक नियंत्रण है और यह न्यायिक समीक्षा, दावों और सरकार के खिलाफ रिट आदि की तरह वैधानिक अपील का आकार ले सकता है। प्रशासन पर न्यायिक नियंत्रण का प्राथमिक उद्देश्य प्रशासनिक अधिनियम की वैधता सुनिश्चित कर नागरिकों के अधिकारों और स्वतंत्रता की सुरक्षा करना है (सिंह 2002, 216–17)। इस प्रकार, बजटीय उपाय, विभागीय जांच, वार्षिक गोपनीय रिपोर्ट आदि प्रशासनिक व्यवस्था को आंतरिक रूप से जवाबदेह बनाते हैं। प्रशासन पर बाहरी जवाबदेही विधायी, कार्यकारी और न्यायिक नियंत्रण के माध्यम से सुनिश्चित की जाती है।

लोक शिकायतों का निवारण

चेम्बर्स का शब्दकोश 'शिकायत' को 'शिकायत के आधार के रूप में परिभाषित करता है, एक ऐसी हालत जिसे दमनकारी या गलत होना माना जाता है। एक शिकायत कुछ मांगों और अपेक्षाओं के पूरा न होने से उत्पन्न हो सकती है। मांगें केवल सरकार की नीतियों या सरकार द्वारा तैयार की गई नीतियों के कार्यान्वयन में प्रशासन के प्रदर्शन से संबंधित हो सकती हैं। इस प्रकार एक शिकायत किसी भी प्रकार का असंतोष होता है, जिसका निवारण करने की जरूरत है। प्रशासन के खिलाफ लोगों को पेश आ रही आम शिकायतों में से कुछ को निम्नलिखित श्रेणियां में चित्रित किया जा सकता है:

1. **लालफीताशाही:** प्रशासनिक कामकाज में देरी
2. **भ्रष्टाचार:** काम करने के लिए पैसे की मांग और स्वीकृति
3. **पक्षपात:** शक्तिशाली और प्रभावशाली लोगों का काम करना
4. **भाई-भतीजावाद:** अपने स्वजन या रिश्तेदारों की मदद करना
5. **बेअदबी:** सार्वजनिक व्यवहार में गाली-गलौज या दुर्व्यवहार का उपयोग करना
6. **कर्तव्यों के उपेक्षा:** क़ानून के अनुसार काम नहीं करना
7. **देरी:** समय पर काम न करना
8. **भेदभाव:** गरीब और कमजोर वर्गों की अनदेखी करना और अमीर का पक्ष लेना
9. **कुप्रशासन:** लक्ष्यों को प्राप्त करने में अक्षमता
10. **अपर्याप्त निवारण तंत्र:** अधिकारियों के खिलाफ जनता की शिकायतों को संबोधित करने में एक मशीनरी का अभाव होना।

शिकायत निवारण प्रणाली का बुनियादी सिद्धांत यह है कि अगर वादा की गई सेवा का स्तर हासिल नहीं किया गया है, तो शिकायत निवारण तंत्र का सहारा लेना एक नागरिक का अधिकार है। इस तंत्र को अच्छी तरह से प्रचारित किया जाना चाहिए, यह प्रयोग करने में आसान होना चाहिए, और तत्काल होना चाहिए और सब से ऊपर, नागरिकों को यह विश्वास होना चाहिए कि उन्हें इससे न्याय मिलेगा।

भारत में शिकायत निवारण तंत्र

भारत सरकार, राज्य सरकारों के साथ-साथ उनके अधीन विभिन्न संगठनों ने नागरिकों की शिकायतों पर गौर करने के लिए शिकायत निवारण तंत्र की स्थापना की है। राष्ट्रीय स्तर पर, इन शिकायतों से निपटने के लिए यहाँ केंद्र सरकार की मुख्य रूप से दो नामित नोडल एजेंसियां हैं:

(क) प्रशासनिक सुधार और लोक शिकायत विभाग, कार्मिक मंत्रालय, लोक शिकायत और पेंशन

(ख) लोक शिकायत निदेशालय, कैबिनेट सचिवालय

इन नोडल एजेंसियों के अलावा, यहाँ अन्य संस्थागत तंत्र हैं, जैसे केंद्रीय सतर्कता आयोग, लोकपाल और लोकायुक्त, जिन्हें लोक सेवकों द्वारा किए गये भ्रष्टाचार और कार्यालय के दुरुपयोग की शिकायतों पर गौर करने के लिए जनादेश प्राप्त होता है। कई संगठनों, उदाहरण के लिए, भारतीय रिजर्व बैंक ने शिकायतों पर गौर करने के लिए लोकपाल निर्धारित किया हुआ है। राष्ट्रीय और राज्य मानवाधिकार आयोग, राष्ट्रीय और राज्य महिला आयोग; अनुसूचियों जनजातियों के लिए राष्ट्रीय आयोग और अनुसूचित जाति के लिए राष्ट्रीय आयोग जैसी संस्थानें भी अपने निर्धारित क्षेत्रों में जनता से प्राप्त शिकायतों पर गौर करती हैं। आज, जागरूकता के बढ़े हुए स्तर के साथ, नागरिकों की आकांक्षाएँ उनकी शिकायतों के त्वरित और प्रभावी समाधान के लिए उनकी मांगें बढ़ गई हैं। भारत में सार्वजनिक शिकायत के निवारण के लिए कुछ महत्वपूर्ण संस्थानों और अन्य पहलों में से कुछ की भूमिका की आगे चर्चा की गई है।

केंद्रीय सतर्कता आयोग

'भ्रष्टाचार की रोकथाम पर समिति', जो लोकप्रिय रूप से संथानम समिति के रूप में जानी जाती है, उसके द्वारा की गई सिफारिशों के आधार पर, 1964 में भारत सरकार द्वारा केंद्रीय सतर्कता आयोग (सीवीसी), स्थापित किया गया था। सीवीसी प्रशासन में ईमानदारी के रखरखाव से संबंधित सभी मामलों पर केंद्र सरकार को सलाह देता है। यह केंद्रीय जांच ब्यूरो की कार्यप्रणाली के अधीक्षण का अभ्यास करता है—भ्रष्टाचार विरोधी मामलों की जांच में केंद्र सरकार की प्रमुख जाँच एजेंसी— और केन्द्र सरकार के विभिन्न मंत्रालयों और अन्य संगठनों की सतर्कता प्रशासन पर भी।

संगठनात्मक सेट-अप

केंद्रीय सतर्कता आयोग अधिनियम, 2003 के अनुसार, आयोग में निम्नलिखित लोग शामिल होते हैं:

- एक केंद्रीय सतर्कता आयुक्त-अध्यक्ष
- दो सतर्कता आयुक्त से अधिक नहीं — सदस्य

केंद्रीय सतर्कता आयोग (सीवीसी) के अपने स्वयं के सचिवालय, मुख्य तकनीकी परीक्षक' विंग (सीटीई) और विभागीय जांच के लिए आयुक्तों की एक शाखा (CDI) है। सचिवालय में भारत सरकार के अपर सचिव के रैंक का एक सचिव, संयुक्त सचिव रैंक के चार अधिकारी, निदेशक/उप सचिव (दो ओएसडीएस सहित) के पद के तीस अधिकारी, चार अपर सचिव और कार्यालय के कर्मचारी होते हैं। 'मुख्य तकनीकी परीक्षक संगठन' केंद्रीय सतर्कता आयोग (भारत) की तकनीकी विंग का गठन करता है जिसमें इंजीनियरिंग स्टाफ की सहायता के साथ मुख्य अभियंता (मुख्य तकनीकी परीक्षक के रूप में नामित) की रैंक के दो इंजीनियर होते हैं। आयोग में विभागीय जांच (CDI) के लिए आयुक्तों के चौदह पद, निदेशक के 11 पद और उप सचिव के 3 पद होते हैं। सीडीआई जन सेवकों के खिलाफ शुरू की गई विभागीय कार्यवाही में मौखिक पूछताछ का संचालन करने के लिए जांच अधिकारी के रूप में कार्य करते हैं।

सीवीसी के कार्य और अधिकार

सीवीसी अधिनियम, 2003 के अनुसार, केंद्रीय सतर्कता आयोग निम्न कार्य करता है:

1. अब तक यह दिल्ली विशेष पुलिस स्थापना (सीबीआई) के कामकाज का अधीक्षण करती है, क्योंकि यह भ्रष्टाचार निरोधक अधिनियम, 1988 के तहत अपराधों की जांच से संबंधित है।
2. अब तक यह दिल्ली विशेष पुलिस स्थापना (सीबीआई) को अधीक्षण के लिए निर्देश देता है, क्योंकि यह भ्रष्टाचार निरोधक अधिनियम, 1988 के तहत अपराधों की जांच से संबंधित है।
3. यह केंद्र सरकार द्वारा संदर्भित की गई पूछताछ या जांच की पूछताछ या जाँच करता है।
4. अपने अधिकार क्षेत्र के तहत किसी भी अधिकारी के खिलाफ प्राप्त किसी भी शिकायत की जांच के लिए पूछताछ या कारण की जांच करता है।
5. भ्रष्टाचार निरोधक क़ानून, 1988-धारा 8 (1) (एफ) के तहत मुकदमा चलाने की मंजूरी के लिए सक्षम अधिकारियों के साथ लंबित आवेदनों की प्रगति की समीक्षा करता है।
6. केन्द्र सरकार और उसके संगठनों को इस तरह के मामलों पर सलाह देता है, जो उनके द्वारा संदर्भित होते हैं।
7. विभिन्न केन्द्रीय सरकार के मंत्रालयों, विभागों और केन्द्र सरकार के संगठनों की सतर्कता प्रशासन के ऊपर अधीक्षण करता है -धारा 8 (1) (एच)।
8. कोई भी जांच करते समय एक प्रशासनिक अदालत के सभी अधिकार रखता हैं।

सीवीसी की एक शीर्ष सतर्कता संस्थान होने की कल्पना की गई है, जो किसी भी कार्यकारी अधिकारी के नियंत्रण से मुक्त है, केंद्र सरकार के तहत सभी सतर्कता गतिविधियों की निगरानी करता है और केंद्र सरकार के सतर्कता के काम में नियोजन करने, उन्हें क्रियान्वित करने, समीक्षा करने और सुधार करने में उनके विभिन्न अधिकारियों को सलाह देता है। राष्ट्रपति द्वारा किए गये एक अध्यादेश के एलान के परिणामस्वरूप, केंद्रीय सतर्कता आयोग ने 25 अगस्त 1998 से प्रभावी होने वाले 'वैधानिक ओहदे' के साथ एक बहु-सदस्यीय आयोग बना दिया है। 'लोक हित प्रकटन' और 'मुख़बिर के संरक्षण' दिनांकित अप्रैल 2004, पर भारत सरकार के प्रस्ताव की ओर से भारत सरकार ने 'ह्विसल ब्लोअर' की तरफ से भ्रष्टाचार या पद के दुरुपयोग के किसी भी आरोप पर खुलासे के लिए लिखित शिकायतें प्राप्त करने के लिए और उस पर उचित कार्रवाई करने की सिफारिश करने के लिए केंद्रीय सतर्कता आयोग को 'मनोनीत एजेंसी' के रूप में अधिकृत किया है।

लोकपाल और लोकायुक्त: भ्रष्टाचार का मुकाबला

लोकपाल एक स्वतंत्र निकाय है जो जन पदाधिकारियों के खिलाफ भ्रष्टाचार के मामलों की पूछताछ करता है। *लोकपाल* शब्द को 1963 में शिकायत तंत्र के बारे में एक संसदीय बहस के दौरान संसद के एक सदस्य, लक्ष्मीमल्ल सिंघवी द्वारा गढ़ा गया था। यह शब्द संस्कृत शब्द *लोक* (लोग) और *पाल* (रक्षक) से लिया गया है, जिसका अर्थ है 'लोगों का रक्षक'। मोरारजी देसाई के नेतृत्व में सबसे पहले प्रशासनिक सुधार आयोग (एआरसी), 1968, ने 1966 में 'नागरिक शिकायतों के निपटान के समस्याओं' पर एक अंतरिम रिपोर्ट सौंपी। इस रिपोर्ट में, एआरसी ने दो विशेष अधिकारियों के सृजन की सिफारिश की, जिन्हें नागरिकों की शिकायतों के निवारण के लिए 'लोकपाल' और 'लोकायुक्त' के रूप में नामित किया।

राज्यों में लोकायुक्त

पहले एआरसी (1968) की सिफारिशों के बाद, कई राज्यों में 'लोकायुक्त' गठित किए गये जो राजनीतिक अधिकारियों, विधायकों, राज्य सरकार के अधिकारियों, स्थानीय निकायों, सार्वजनिक उद्यमों और सरकार के अन्य उपकरणों सहित

सरकारी कर्मचारियों के आचरण से उत्पन्न आरोपों या शिकायतों की जाँच करते हैं। 'महाराष्ट्र लोकायुक्त और उप-लोकायुक्त अधिनियम', 1971 के माध्यम से लोकायुक्त को पेश करने वाला महाराष्ट्र पहला राज्य है। इस अधिनियम के तहत जनता का कोई सदस्य किसी भी लोक सेवक के खिलाफ जांच के लिए लोकायुक्त के साथ विशिष्ट आरोपों को दायर कर सकता है। लोकायुक्त भी सरकारी कर्मचारियों के आचरण में एक स्वयंप्रेरित जांच आरंभ कर सकते हैं। वर्तमान में, भारत में 17 से अधिक राज्यों ने लोकायुक्त का गठन किया है।

लोकपाल: राष्ट्रीय लोकपाल

एआरसी (1968) के एक परिणाम के रूप में, लोकपाल विधेयक को पहली बार 1968 में लोकसभा में पेश किया गया था। तब से इस विधेयक को संसद में नौ बार पेश किया गया है, लेकिन विभिन्न कारणों से यह एक क़ानून में पारित नहीं हो सका। लोकपाल और लोकायुक्त अधिनियम, 2011 को भ्रष्टाचार विरोधी योद्धा अन्ना हजारे के नेतृत्व में विशाल सार्वजनिक विरोध के बाद संसद में पेश किया गया था, जिसे आम जनता से भारी समर्थन मिला। यह विधेयक हाल के दिनों में मीडिया और भारत के लोगों के द्वारा बड़े पैमाने पर भारत में सबसे व्यापक रूप से चर्चा और बहस में रहने वाले विधेयकों में से एक है। यह विधेयक 22 दिसंबर 2011 को लोकसभा में पेश किया गया था और 27 दिसंबर 2011 को सदन द्वारा लोकपाल और लोकायुक्त विधेयक, 2011 के रूप में पारित किया गया था। पहले वाले विधेयक में कुछ संशोधन करने के बाद उसे 17 दिसंबर 2013 को राज्यसभा में और 18 दिसंबर 2013 को लोकसभा में पारित किया गया था। इस विधेयक को 1 जनवरी 2014 को राष्ट्रपति से मंजूरी प्राप्त हुई और 16 जनवरी 2014 से अस्तित्व में आया और आधिकारिक तौर पर लोकपाल और लोकायुक्त अधिनियम, 2013 के रूप में जाना जाता है।

लोकपाल और लोकायुक्त अधिनियम, 2013 की मुख्य विशेषताएं

लोकपाल और लोकायुक्त अधिनियम, 2013, एक भ्रष्टाचार विरोधी अधिनियम है, जो 'कुछ जन-पदाधिकारियों और उनसे संबंधित मामलों के खिलाफ भ्रष्टाचार के आरोपों की जांच करने के लिए लोकपाल की संस्था की स्थापना करने के लिए प्रावधान करना चाहता है।' इस अधिनियम की मुख्य विशेषताएं इस प्रकार हैं:

नामकरण: यहाँ केंद्र में एक लोकपाल और राज्यों के स्तर पर लोकायुक्त होगा,

रचना: लोकपाल में एक अध्यक्ष और अधिकतम 8 सदस्य होंगे, जिनमें से 50 फीसदी न्यायिक सदस्य होंगे, जबकि शेष 50 फीसदी तक के सदस्य अनुसूचित जाति/अनुसूचित जनजाति/ओबीसी, अल्पसंख्यक और महिलाओं से होंगे।

चयन: लोकपाल के अध्यक्ष और सदस्यों का चयन एक चयन समिति के माध्यम से किया जाएगा, जिसमें प्रधानमंत्री, लोकसभा के अध्यक्ष, लोकसभा के विरोधी नेता, भारत के मुख्य न्यायाधीश या भारत के मुख्य न्यायाधीश द्वारा नामित सर्वोच्च न्यायालय के पदधारी न्यायाधीश शामिल होंगे।

क्षेत्राधिकार: प्रधानमंत्री, मंत्रियों, वर्तमान और पूर्व विधायक, सरकारी कर्मचारी, वित्त पोषित या केंद्र की ओर से एकत्र कंपनियों के कर्मचारी, समाज और विश्वस्त, जो जनता के पैसे जमा करते हैं, विदेशी स्रोतों से प्राप्त धन भ्रष्टाचार विरोधी क़ानून के दायरे में आते हैं। हालांकि, धार्मिक या धर्मार्थ संस्थाओं के लिए निधि बनाने या कार्यों का प्रदर्शन करने वाले निकायों को इससे बाहर रखा गया है।

जांच: सभी भ्रष्टाचार विरोधी पूछताछ को 60 दिनों के भीतर और जांच को 6 महीने के भीतर पूरा किया जाना चाहिए। लोकपाल केवल लोक सेवक को सुनने के बाद इस मामले की जांच के आदेश करेगा। प्रधानमंत्री के खिलाफ जांच में उसे कैमरे के सामने आयोजित किया जाना होगा और लोकपाल के पूर्ण पीठ के दो तिहाई द्वारा अनुमोदित किया जाना होगा।

अभियोजन: लोकपाल विशेष अदालत के समक्ष अपने अभियोजन पक्ष के माध्यम से मुकदमों को आरंभ कर सकते हैं और इन मुकदमों को दो साल के भीतर पूरा किया जाना है। इस विधेयक में भ्रष्ट तरीकों से अर्जित संपत्ति की संलग्नता और ज़ब्ती के लिए प्रावधानों को भी शामिल किया गया है, यहाँ तक कि जब अभियोजन लंबित रहता है।

केंद्रीय जांच ब्यूरो: सीबीआई की स्वतंत्रता के लिए, नए विधेयक में एक 'अभियोजन निदेशालय' का गठन किया जाएगा। इस ' अभियोजन निदेशक' की नियुक्ति केंद्रीय सतर्कता आयुक्त की सिफारिश पर की जाएगी।

ह्विसल ब्लोअर का संरक्षण: ईमानदार और निष्ठावान लोक सेवकों के लिए पर्याप्त सुरक्षा प्रदान की गई है।

दंड: झूठी और छोटी शिकायतों के मामले में एक साल की कैद और 1 लाख तक के दंड का प्रावधान है। सरकारी कर्मचारियों के मामले में कारावास की सजा सात साल तक होती है। आपराधिक कदाचार और आदतन भ्रष्टाचार के मामले में 10 साल की जेल की सजा होती है।

लोकायुक्त: प्रत्येक राज्य को क़ानून द्वारा 365 दिनों के भीतर लोकायुक्त की स्थापना करनी चाहिए। लेकिन राज्य लोकायुक्त के स्वतंत्रता की प्रकृति और प्रकार का निर्धारण करेंगे।

लोकपाल अधिनियम, 2013 में भारत में भ्रष्टाचार की समस्या का समाधान करने के लिए एक नया तंत्र है। यह अधिनियम इस भावना में महत्वपूर्ण है कि यह इसके दायरे में प्रधानमंत्री भी शामिल है। यह और अधिक समावेशी, प्रभावी और समयबद्ध है। इसमें 'व्हिसल ब्लोअर्स और ईमानदार और प्रतिबद्ध अधिकारियों की रक्षा के लिए पर्याप्त प्रावधान है। भ्रष्ट और बेईमान सरकारी कर्मचारियों के लिए दंड और सजा के प्रावधान में कोई बाधा नहीं है। नए अधिनियम की शुरुआत के साथ हमें आशा है, कि भारत में एक जवाबदेह, पारदर्शी और उत्तरदायी शासन का एक नया अध्याय शुरू होगा।

ई-शासन

ई-गवर्नेंस जनता की शिकायतों के निवारण के लिए और इस तरह से लोगों को प्रशासन के करीब लाने के लिए एक और व्यवस्था है। ई-गवर्नेंस 'इलेक्ट्रॉनिक शासन' का संक्षिप्त रूप है। यदि सेवा वितरण सूचना और संचार प्रौद्योगिकी (आईसीटी) के उपयोग के माध्यम से किया जाता है, तो इसे ई-गवर्नेंस होना कहा जाता है। सामान्य तौर पर, ई-गवर्नेंस, किसी भी संगठन में आईसीटी के उपयोग को दर्शाता है, अर्थात इलेक्ट्रॉनिक मोड के माध्यम से गवर्निंग। ई-गवर्नेंस आईसीटी के अनुप्रयोगों के माध्यम से सरकारी कार्यों के निष्पादन के लिए तेजी से उल्लेख किया जा रहा है, इसका सबसे प्रसिद्ध हिस्सा 'इंटरनेट' है।

इस प्रकार, ई-गवर्नेंस सुधार की एक प्रक्रिया के बारे में है, जिस प्रकार सरकारें काम करती हैं, जानकारी साझा करने में और आंतरिक और बाह्य ग्राहकों को सेवाएं देने के लिए। विशेष रूप से, एक ई-सरकार सूचना और संचार प्रौद्योगिकियों को संलग्न करती है, जैसे इंटरनेट, वेब, और मोबाइल फोन, ताकि नागरिकों और व्यवसायों के लिए सूचना और सेवाओं का वितरण किया जा सके। पहले कदम के रूप में, सेवाओं के बारे में जानकारी को एक वेबसाइट पर प्रकाशित किया जाता है और नागरिक विभिन्न किस्मों की सेवाओं के लिए आवेदन फार्म डाउनलोड करने हेतु साइट के साथ बातचीत कर सकते हैं। अगले चरण में कर रिटर्न दाखिल करना, या एक लाइसेंस के नवीकरण के रूप में सेवाओं की वास्तविक डिलीवरी में आईसीटी का इस्तेमाल करना शामिल है। अधिक परिष्कृत अनुप्रयोग ऑनलाइन भुगतान प्रक्रिया कर सकते हैं (भटनागर 2008, 247)।

लोगों को प्रशासन के करीब लाना

इस प्रकार ई-गवर्नेंस नागरिकों को इलेक्ट्रॉनिक साधनों के माध्यम से सरकारी सेवाओं को प्राप्त करने की क्षमता प्रदान करता है, साथ ही उन्हें कहीं भी, कभी भी के आधार पर सरकार की सूचना और सरकार के लेन-देन का पूरा उपयोग करने के लिए सक्षम

करता है। इस तरह से यह लोगों को सरकार और प्रशासन के करीब लाने के लिए एक उपकरण है। अंतिम विचार इलेक्ट्रॉनिक नेटवर्क के माध्यम से सरकारी विभागों के लिए नागरिकों की पहुँच प्रदान करने की क्षमता का निर्माण करना है। इसका अंतिम लक्ष्य बेहतर शासन लाने के बारे में है, जिसे सरल, नैतिक, जवाबदेह, उत्तरदायी और पारदर्शी के रूप में होना कहा गया है (SMART; भारत सरकार 2002, 187), और जिसका उद्देश्य नागरिकों को नियमित रूप से शामिल होने के लिए एक जगह बनाना है, जिन्हें सार्वजनिक सेवाओं के ग्राहकों के रूप में, अब आईसीटी के माध्यम से सरकारी गतिविधियों के लिए सीधी पहुंच है। इस प्रकार, ई-गवर्नेंस के माध्यम से, स्मार्ट गवर्नेंस का उद्देश्य निम्नलिखित बातें हासिल करना है, अर्थात्:

> **सरल:** यहाँ कोई विस्तृत प्रक्रियाएँ, कोई कागजी कार्यवाही और सरकारी कार्यालयों में नियमित चक्कर लगाने की कोई जरूरत नहीं हैं,
> **नैतिक:** यह प्रणाली भ्रष्टाचार और अन्य अनैतिक तरीकों को साफ करती है,
> **उत्तरदायी:** चूंकि सभी जानकारी सार्वजनिक डोमेन में है, इसलिए सरकार की जवाबदेही बढ़ जाती है,
> **जवाबदेही:** आईसीटी के उपयोग के माध्यम से, सरकारें आम जनता के साथ नियमित संपर्क में रह सकती हैं और उनकी प्रतिक्रिया प्राप्त कर सकती हैं;
> **पारदर्शिता:** वह जानकारी, जो अंधेरे फ़ाइल कक्षों के भीतर गोपनीयता में डूबी हुई थी अब एक माउस के क्लिक पर सभी के लिए उपलब्ध हो जाएगी।

आईसीटी में हुई एक क्रांति में शासन प्रक्रिया को नए स्तर तक ऊपर उठाने की क्षमता है। यह आईसीटी डेटा के कुशल भंडारण और पुनःप्राप्ति, सूचना का तात्कालिक संचरण, पहले मैनुअल सिस्टम की तुलना में जानकारी और डेटा का तेजी से प्रसंस्करण, सरकारी प्रक्रियाओं को तेज करने, तेजी से और विवेकपूर्ण तरीके से निर्णय लेने, पारदर्शिता बढ़ाने और जवाबदेही को लागू करने की सुविधा प्रदान करती है। यह सरकार की पहुंच बढ़ाने में भी मदद करती है - भौगोलिक और जनसंख्या दोनों की दृष्टि में। इलेक्ट्रॉनिक्स के बढ़ते महत्व को स्वीकार करते हुए भारत सरकार ने 1970 में इलेक्ट्रॉनिक्स विभाग की स्थापना की। 1977 में राष्ट्रीय सूचना विज्ञान केन्द्र (एनआईसी) के बाद की स्थापना भारत में ई-गवर्नेंस की दिशा में पहला कदम था, क्योंकि इसने 'जानकारी' और उसके संचार का विचार किया। 1990 के दशक में संघ और राज्य सरकारों द्वारा कई महत्वपूर्ण पहल किए गए थे। इन सभी का समापन 2006 में राष्ट्रीय ई-शासन कार्यक्रम के शुभारंभ में हुआ।

विकसित देशों में, प्रशासन एक अच्छी तरह से स्थापित विधा है, जिसमें सरकारी सेवाओं को इंटरनेट पोर्टल के माध्यम से नागरिकों को उपलब्ध कराया जाता है। भारत में डिजिटल शासन 'सूचना प्रौद्योगिकी अधिनियम, 2000' के द्वारा वैध कर दिया गया है। इस अधिनियम में निम्न प्रावधान है:

> इलेक्ट्रॉनिक डेटा इंटरचेंज और इलेक्ट्रॉनिक संचार के अन्य साधनों के माध्यम से किए गये लेनदेन, जिसे आमतौर पर 'इलेक्ट्रॉनिक कॉमर्स' के रूप में संदर्भित किया जाता है, उनके लिए कानूनी मान्यता, जिसमें सरकारी एजेंसियों के साथ दस्तावेजों को इलेक्ट्रॉनिक तरीके से भरने की सुविधा देने के लिए संचार और सूचना के भंडारण के कागज आधारित विधियों के लिए विकल्प के इस्तेमाल को शामिल किया जाता है।

यह अधिनियम भारत में प्रशासनिक सुधार की संकल्पना में एक राहत है। इससे भी महत्वपूर्ण बात, प्रशासन निश्चित रूप से नौकरशाही लालफीताशाही पर हमला है, जो अनावश्यक देरी और भ्रष्टाचार का कारण बनता है। यह 'सुशासन को हासिल करने के लिए एक उपकरण है, विशेष रूप से दक्षता, पारदर्शिता के संबंध में सुधार करने और सरकार के अंतरफलक को उपयोगकर्ता के अनुकूल बनाने के लिए' (चक्रवर्ती और भट्टाचार्य 2008, 52)। नागरिक न केवल सरकारी कार्यों को ऑनलाइन देख सकते हैं, अपितु वे ईमेल और इलेक्ट्रॉनिक उपकरणों के माध्यम से महत्वपूर्ण जानकारी भी प्रदान कर सकते हैं (चक्रवर्ती और भट्टाचार्य 2008, 52)। सूचना-संचार प्रौद्योगिकी, इस प्रकार, नागरिकों और सरकार को जोड़ने के लिए एक महत्वपूर्ण उपकरण है।

आईसीटी आधारित ई-गवर्नेंस ने निम्नलिखित क्षमता के साथ सरकार के नवाचारों में एक नए युग की शुरुआत की है (क) सरकार की लागत को कम करने, (ख), सरकार में नागरिकों की आदानों में वृद्धि करने (ग) सार्वजनिक निर्णय लेने में सुधार करने, और (घ) सरकार के लेन-देन में पारदर्शिता बढ़ाने के लिए। ई-गवर्नेंस का उद्देश्य 'नागरिकों को सरकार के निरीक्षणकर्ता के रूप में उन्हें हथियारों से सज्जित करना' है (चक्रवर्ती और भट्टाचार्य 2008, 52)। इन सुपरिभाषित कार्यात्मक विशेषताओं को देखते हुए, ई-गवर्नेंस भी भ्रष्टाचार का मुकाबला करने की दिशा में एक बहुत ही सार्थक कदम है। विवेकाधीन शक्तियों को कम करके, यह मनमाने ढंग से कार्रवाई करने के अवसरों को प्रतिबंधित करता है, और आईसीटी के माध्यम से नियमित रूप से होने वाले सरकारी व्यापार के लेन-देन में नागरिकों के हस्तक्षेप के लिए सशक्त करता है। परियोजना ई-सेवा (सेवा), जो आंध्र प्रदेश में पश्चिमी गोदावरी जिले में शुरू हुई थी, इसका एक अच्छा उदाहरण है। यह परियोजना 'ग्रामीण क्षेत्रों में लोगों के लिए विभिन्न नागरिक से नागरिक (C2C) और नागरिक से सरकारी (C2G) सेवाओं के लिए पहुँच प्रदान करने के लिए' सूचना प्रौद्योगिकी के व्यापक उपयोग के माध्यम से 'ग्रामीण क्षेत्रों में डिजिटल डिवाइड को पाटने के लिए एक साधन है' (चक्रवर्ती और भट्टाचार्य 2008, 52)। एक महिला स्व-सहायता समूह द्वारा प्रबंधित, यह परियोजना अपने आप में एक विशेष स्थान है, क्योंकि यह स्थानीय महिला प्रतिभागियों को 'जानकारी नेताओं' के रूप में उभरने के लिए सक्षम बनाता है, जो ई-सेवा के लक्ष्य को साकार करने में महत्वपूर्ण रहता है (चक्रवर्ती और भट्टाचार्य 2008 52)।

इस प्रकार, ई-गवर्नेंस एक ताज़े नये तरीके में लोक प्रशासन को परिलक्षित करता है। यह इलेक्ट्रॉनिक सार्वजनिक सेवा के मामले में नागरिकों और सरकार के बीच एक कड़ी बनाना चाहता है। ऐसा करके, यह सरकार की निर्णय लेने की प्रक्रिया में मजबूत नागरिकों की भागीदारी के लिए स्थितियों का निर्माण करता है। ई-गवर्नेंस के सफल प्रेरण के लिए नजरिये में परिवर्तन करने की आवश्यकता है। बदले में इसके लिए महान राजनीतिक इच्छाशक्ति और दृढ़ संकल्प और एक स्पष्ट अध्यक्षता वाले और निर्णायक नेतृत्व की आवश्यकता है।

नागरिक चार्टर

'नागरिक चार्टर एक ऐसा उपकरण है जो एक संगठन को पारदर्शी, जवाबदेह और नागरिक के अनुकूल बनाना चाहता है। अपने मौजूदा स्वरूप में 'नागरिक चार्टर योजना' को पहले ब्रिटेन में 1991 में शुरू किया गया था। इसका उद्देश्य यह सुनिश्चित करना था कि सार्वजनिक सेवाओं को उन नागरिकों के लिए उत्तरदायी बनाया जाए, जिनकी वे सेवा करते हैं। एक 'नागरिक चार्टर मूल रूप से सेवाओं के मानकों के बारे में एक संगठन द्वारा की गई प्रतिबद्धताओं का एक सेट है, जिन्हें वे सेवा प्रदान करती है। एक 'नागरिक चार्टर एक सार्वजनिक बयान है, जो एक विशिष्ट सेवा, सेवा के मानकों, उपयोगकर्ता द्वारा पूरी की जानेवाली शर्तें और मानकों का पालन न करने के मामले में बाद वाले के लिए उपलब्ध उपचार के लिए नागरिकों के हकों को परिभाषित करता है।

चार्टर की यह अवधारणा सेवा के लिए प्रतिबद्ध मानकों की मांग में नागरिकों को सशक्त करती है। इस प्रकार, नागरिक चार्टर का बुनियादी जोर यह सुनिश्चित करते हुए कि ये सेवाएँ आपूर्ति प्रेरित होने के बजाय मांग संचालित हैं, सार्वजनिक सेवाओं को नागरिक केन्द्रित करने पर है। एक नागरिक चार्टर की विशेषता निम्नलिखित छह सिद्धांतों द्वारा है(एआरसी 2009, 34)।

1. **गुणवत्ता:** सेवाओं की गुणवत्ता में सुधार करना
2. **विकल्प:** उपयोगकर्ताओं के लिए, जहां भी संभव हो
3. **मानक:** यह निर्दिष्ट करना कि एक समय सीमा के भीतर क्या उम्मीद की जा सकती है
4. **मूल्य** : करदाताओं के पैसे के लिए
5. **जवाबदेही:** सेवा प्रदाता की (व्यक्ति के साथ ही संगठन)
6. **पारदर्शिता:** नियमों, प्रक्रियाओं, योजनाओं और शिकायत निवारण में

'नागरिकों का चार्टर, जब 1990 के दशक में शुरू किया गया था तब सार्वजनिक सेवाओं के वितरण के परिवर्तन के मामले में एक मील का पत्थर साबित हुआ था। नागरिक चार्टर का जोर सार्वजनिक सेवाओं के ग्राहकों के रूप में नागरिकों पर है। अब तक 111 केन्द्रीय मंत्रालयों/विभागों/संगठनों ने भारत में नागरिक चार्टर तैयार किए हैं। यह प्रशासन को अधिक जवाबदेह, पारदर्शी और जनता के लिए समय पर सेवा वितरण सुनिश्चित करने में एक नई क्रांति है।

सूचना का अधिकार (आरटीआई)

सूचना का अधिकार (आरटीआई) जनता की शिकायतों के निवारण के लिए सबसे प्रभावी और सुलभ तंत्र है। इसका मतलब है सरकार की जानकारी के तक पहुंचने के लिए लोगों की स्वतंत्रता का होना। इससे यह संकेत मिलता है कि नागरिकों को सरकार के काम की प्रक्रियाओं से संबंधित सभी फाइलों और दस्तावेजों तक मुक्त पहुँच होनी चाहिए। आरटीआई को सहभागितापूर्ण लोकतंत्र को मजबूत बनाने और जन केंद्रित शासन की शुरुआत करने के लिए महत्वपूर्ण होने के रूप में देखा जाता है, क्योंकि जानकारी तक पहुँच मिलने से नागरिक मांग करने के लिए और लोक नीतियों और कार्यों के बारे में जानकारी प्राप्त करने में सशक्त बन सकते हैं, जिससे आगे उनका कल्याण होगा। सरकारी संगठनों में पारदर्शिता उन्हें प्रभावी और अधिक निष्पक्ष ढंग से काम करवाती है और साथ ही प्रभावी ढंग से शासन प्रक्रियाओं में भाग लेने के लिए नागरिकों को सक्षम बनाती है। एक मौलिक अर्थ में, आरटीआई सुशासन की एक बुनियादी आवश्यकता है।

सार्वजनिक मामलों में पारदर्शिता के लिए जरूरत की मान्यता में, भारतीय संसद ने 11 मई 2005 पर सूचना का अधिकार अधिनियमित किया। यह अधिनियम जानकारी के सक्रिय प्रकटीकरण, सूचना आयोग की स्थापना, लोक सूचना अधिकारी की नियुक्ति, जानकारी प्राप्त करने के लिए प्रक्रियाओं आदि के लिए प्रावधान करता है। यह एक लीक को तोड़ने वाला विधान है, जो लोगों को सशक्त बनाता है और पारदर्शिता को बढ़ावा देता है। यह अधिनियम नागरिकों को सरकार द्वारा विभिन्न स्तरों पर धारित जानकारी तक पहुँचने के लिए अनुरोध करने के लिए और उपयोग करने का अधिकार देता है।

यह अधिनियम 'जानकारी' को परिभाषित करता है जो मोटे तौर पर न केवल प्रिंट और इलेक्ट्रॉनिक मीडिया के रूप में रखी सभी जानकारी है, अपितु उसमें कार्यों के शारीरिक नमूने भी शामिल हैं। गुंजाइश के संदर्भ में, यह अधिनियम पूरे भारत (जम्मू-कश्मीर राज्य को छोड़कर) को शामिल करता है, विशेष रूप से, यह नागरिकों को केंद्र सरकार, राज्य सरकारों और केंद्र शासित प्रदेशों के द्वारा स्थापित, स्वामित्व वाली या काफी हद तक वित्त पोषित जन-अधिकारियों द्वारा धारित जानकारी को जानने का अधिकार देता है। इसमें पंचायतें, नगर पालिकाएं और अन्य स्थानीय निकाय शामिल होते हैं (शर्मा और देवाशेर 2007, 356)।

आरटीआई अधिनियम के लिए समय सीमा निर्धारित करता है, जैसे सामान्य आवेदन के लिए तीस दिन और जहां एक तीसरे पक्ष को प्रस्तुत करने के लिए कहा जा रहा है वहाँ चालीस दिन। एक अभिनव दृष्टिकोण में, ये समय सीमा मात्र 48 घंटे के लिए कम कर दी गई है, जब मांगी गई जानकारी किसी व्यक्ति की 'जीवन और स्वतंत्रता का सवाल होती है'। आवेदन शुल्क प्रति अनुरोध के अनुसार दस रूपये है और गरीबी रेखा से नीचे रहने वाले लोगों से कोई शुल्क नहीं लिया जाता। यह अधिनियम सभी प्रशासनिक इकाइयों/कार्यालयों में लोक सूचना अधिकारी (पीआईओ) की नियुक्ति का प्रावधान करता है, क्योंकि यह अनुरोध करने वाले व्यक्तियों को जानकारी प्रदान करने के लिए आवश्यक हो सकता है। प्रत्येक उप-प्रभागीय या उप जिला स्तर पर सहायक आईपीओ को भी नियुक्त करना होता है। इन प्रावधानों को यह सुनिश्चित करने के लिए लोगों के करीब लाने के लिए तैयार किया गया है कि आवेदक अपने स्थानीय क्षेत्रों में अपने अनुरोधों को प्रस्तुत कर सकें। हर पीआईओ को किसी आवेदन को स्वीकार न करने, उचित कारण के बिना जानकारी देने में देरी करने, और, अधूरी, गलत और भ्रामक जानकारी उपलब्ध कराने के लिए प्रति दिन 250 रु. से अधिकतम 25,000 रु. द्वारा दंडित किया जा सकता है। यह सूचना ई-मेल समवेत, लिखित रूप में होनी चाहिए, और अनुरोध पीआईओ को प्रस्तुत किया जाना चाहिए। जहाँ कोई जवाब नहीं मिलता है, वहाँ इसे एक इनकार के रूप में माना जाएगा। लेकिन आवेदन को उचित कारणों के साथ लिखित रूप में खारिज कर दिया जाना चाहिए।

यह अधिनियम जानकारी की 10 श्रेणियों को भी परिभाषित करता है, जिन्हें उनके संवेदनशील प्रकृति की वजह से प्रकटीकरण से छूट दी गई है। ये राष्ट्रीय सुरक्षा, सूचना एक विदेशी सरकार द्वारा विश्वास में दी गई जानकारी, कैबिनेट के कागजात, व्यापार और वाणिज्यिक रहस्यों से संबंधित जानकारी होती है। आईबी, रॉ, राजस्व खुफिया निदेशालय, केंद्रीय आर्थिक खुफिया ब्यूरो, विशेष सीमांत बल, बीएसएफ, सीआरपीएफ, आईटीबीपी, सीआईएसएफ, आदि जैसे केंद्रीय खुफिया एजेंसियों और सुरक्षा एजेंसियों को भी इस अधिनियम से बाहर रखा गया है। लेकिन भ्रष्टाचार और मानव अधिकारों से संबंधित जानकारी को केन्द्रीय या राज्य सूचना आयोग के अनुमोदन के साथ दिया जाना अत्यंत जरूरी है, जैसा कि मामला हो।

यह अधिनियम केंद्र में और सभी राज्यों में एक सूचना आयोग की स्थापना के लिए प्रावधान करता है, जो एक मुख्य सूचना आयुक्त और दस सूचना आयुक्तों से मिलाकर बनता है। यह आयोग दस्तावेजों की विज्ञप्ति, पीआईओ की नियुक्ति और निर्दिष्ट जानकारी के प्रकाशन सहित क़ानून के अनुपालन के लिए आवश्यक कोई भी आदेश कर सकता है। अधिनियम का कहना है कि केंद्रीय मुख्य सूचना आयुक्त को एक समिति द्वारा नियुक्त किया जाएगा जो प्रधानमंत्री, विपक्ष के नेता और प्रधानमंत्री द्वारा नामित एक केंद्रीय मंत्री से मिलकर बनी है।

सूचना का अधिकार अधिनियम, 2005 भारत के नागरिकों के लिए उपलब्ध सबसे सशक्त विधानों में से एक है। यह मौजूदा और उभरती समस्याओं को हल करने के लिए विशिष्ट कार्यों की सुविधा प्रदान कर सकता है। इस अधिनियम को एक नकारात्मक उपाय के रूप में नहीं लिया जाना चाहिए, बल्कि हर स्तर पर शासन की मशीनरी में सुधार करने के लिए एक सकारात्मक दृष्टिकोण के रूप में लेना चाहिए। यह अधिनियम लोगों द्वारा मांगी गई जानकारी के लिए उनके द्वारा दी गई की प्रतिक्रिया के माध्यम से सिविल सेवा को सक्रिय रखने की उम्मीद करता है। लोगों द्वारा पूछी गई जानकारी लोगों की संतुष्टि को सुनिश्चित करने में सिविल सेवकों की मदद भी कर सकती है। हालांकि, यह भी ध्यान में रखा जाना चाहिए कि शासन की प्रचलित शैली को बदले बिना आरटीआई के मात्र प्रदानन की पूरी कवायद व्यर्थ होगी। हमारे वर्तमान परिदृश्य के संदर्भ में समाज संगठनों की भूमिका अत्यंत महत्वपूर्ण है, जो राजनीतिक इच्छाशक्ति की कमी और नौकरशाही का लोगों को जानकारी प्रदान करने के लिए अनिच्छुक रवैये द्वारा विशेषता प्राप्त है। जितने ये संगठनें जमीनी स्तर पर लोगों को समझाने और लामबंद करने के लिए आगे आयेंगी आरटीआई की अपार क्षमता का उतना ही अधिक अहसास होगा।

स्वैच्छिक एजेंसियाँ: शिकायत निवारण के नए ख़िलाड़ी

गैर सरकारी संगठनें भी शिकायतें दूर करने में सरकार के प्रयासों की पूरक होने में एक बहुत महत्वपूर्ण भूमिका निभाती हैं। सातवीं पंचवर्षीय योजना में नौकरशाही पर नागरिकों की वैध मांगों को अधिक उत्तरदायी बनाने में स्वैच्छिक एजेंसियों और अन्य हित समूहों की भागीदारी पर बड़ा जोर रखा गया था। वे जनता के अधिकारों, नीतियों और कार्रवाई के कार्यक्रम तैयार करने के लिए प्रशासनिक विभागों/मंत्रालयों के साथ बातचीत करने के बारे में जागरूकता तैयार करती हैं। वे परामर्श और प्रवक्ता सेवाएं भी प्रदान करती हैं। स्वैच्छिक एजेंसियों की स्थायी समितियों (SCOVA) को पहले से ही युवा मामले, खेल, पेंशन और पेंशनरों, कल्याण और स्वास्थ्य एवं परिवार कल्याण के रूप में विभिन्न विभागों में स्थापित किए गए हैं। भारत में सेवा मंदिर (उदयपुर), सहेली (जयपुर), आस्था (उदयपुर) और सुलभ इंटरनेशनल इस क्षेत्र में काम करने वाली कुछ में एनजीओ हैं।

सामाजिक क्षेत्रों से राज्य की क्रमिक वापसी को देखते हुए, इन स्वैच्छिक संगठनों ने न केवल विकल्प के रूप में महत्व प्राप्त किया है, बल्कि एक अपेक्षाकृत नये प्रयोग के रूप में भी विकास किया है, जिसमें पारंपरिक एजेंसियों की भूमिका को काफी हद तक ग्रहण लग गया है। वे, कार्यक्रमों को क्रियान्वित करने और सेवाएं प्रदान करने के लिए कार्यकर्ताओं की भूमिका निभाते हैं और साथ ही 'लोगों के राय, जागरूकता और सहायता के संचालक, जो सामाजिक, आर्थिक और राजनीतिक समस्याओं से संबंधित और प्रभावित होते हैं'।

स्वैच्छिक एजेंसियों की भूमिका तेजी से मान्यता प्राप्त कर रही हैं, क्योंकि उन्हें स्थानीय परिस्थितियों का विशेष ज्ञान होता है, जो न केवल प्रोग्राम डिजाइन करने के लिए बेहतर है, बल्कि उन पर प्रभावी ढंग से नजर रखने के लिए भी है। राज्य द्वारा अपनाई गई विभिन्न विकास योजनाओं के बारे में लोगों को जागरूक बनाने में उनके योगदान के लिए अब अत्यधिक सराहना की जा रही है। यह स्वैच्छिक एजेंसियों के प्रति सरकार के रवैये में एक स्पष्ट बदलाव दर्शाते हैं।

नागरिक समाज: एक बाजार अर्थव्यवस्था में नागरिकों के हितों को स्पष्ट करना

शासन के प्रतिमान ने राज्य केंद्रित लोक प्रशासन को चुनौती दी है। अपर्याप्त राज्य निर्देशित विकास प्रतिमान ने एक एक दृष्टिकोण को जन्म दिया है, जिसमें विकेन्द्रीकृत, जन-केंद्रित आत्म विकास विधा में स्थानीय लोग और स्थानीय संसाधन जुड़े हुए हैं। विकास की इस अवधारणा में जो महत्वपूर्ण है, वह नागरिक समाज (सिविल सोसायटी) है जो राज्य और बाजार के साथ तीसरे क्षेत्र के रूप में उभरा है। लोक प्रशासन की पारंपरिक अवधारणा से एक महत्वपूर्ण प्रस्थान के रूप में, नागरिक समाज केन्द्रित शासन उन क्षेत्रों में स्वैच्छिक कार्रवाई के लिए रिक्त स्थान बनाता है जहां राज्य पहले से ही पीछे हट गया है। नागरिक समाज ने विकासशील देशों में महत्व प्राप्त किया है, संभवतः इसलिए क्योंकि राज्य निर्देशित विकास प्रतिमान गरीबी उन्मूलन में एक बड़ी हद तक नाकाम रहा है। नागरिक समाज विकेन्द्रीकृत बॉटम-अप जन-केंद्रित जमीनी स्तर पर शासन के समेकन के लिए योगदान देता है।

लोक प्रशासन, शासन के अपने नए अवतार में, राज्य, बाजार और नागरिक समाज की एक त्रयी परिलक्षित करता है। शासन केवल सरकारी नहीं है, बल्कि एक डिजाइन है जो बाजार संचालित और नागरिक समाज प्रेरित दोनों है। बाजार ग्राहकों या उपभोक्ताओं के रूप में नागरिकों को पुनः परिभाषित करता है, जबकि नागरिक समाज नागरिक कार्यों की एक पूरी श्रृंखला समाहित कर सार्वजनिक क्षेत्र का विस्तार करता है, जिसे लोक प्रशासन के नौकरशाही मॉडल में शायद ही पहचाना गया है। नागरिक समाज इस प्रकार नागरिक और राज्य के बीच मध्यस्थता कर, सरकार को नागरिकों के हितों को स्पष्ट कर, भागीदारी के मानदंडों पैदा कर और दिन-प्रतिदिन के कामकाज में नागरिकों के भागीदारी माध्यम से शासन में सबसे अधिक प्रभावी हो सकता है। हितधारकों की साझा जवाबदेही से लिए गये, ये नए प्रतिमान शासन सहयोगी शासन के माध्यम से जन नौकरशाही में विवेक या वितरण को कम कर जवाबदेही सुरक्षित करते हैं। यह भागीदारी को इस अर्थ में भी सार्थक और प्रभावी बनाता है कि निर्णय लेने में हितधारकों की भागीदारी आत्म प्रबंधन को बढ़ाने के लिए एक श्रेणीबद्ध और केंद्रीकृत से एक अधिक विकेन्द्रीकृत और लचीला बनाने के लिए संगठनात्मक ढांचे में परिवर्तन करता है। नागरिक समाज इस प्रकार शासन में भागीदारी को जन-केंद्रित और विकासोन्मुखी भी बनाता है।

शासन पर विमर्श और नागरिकों की बदलती भूमिका

नागरिकता की अवधारणा लोक प्रशासन में एक महत्वपूर्ण घटक है। यह जनता के हित के लिए चिंता करता है और एक सामंजस्यपूर्ण समाज के निर्माण में एक महत्वपूर्ण भूमिका निभाता है। तथापि; वह शासन विमर्श, जो लोक प्रशासन के लिए एक नव-उदारवादी प्रतिक्रिया है, वह नागरिकों की मौलिक भूमिका को बदल रही है। यह लोकतंत्र में उनके हितों के समेकन के लिए विविध चैनल प्रदान कर रही है। इसके अलावा, यह नागरिकों, मतदाताओं, उपभोक्ताओं, ग्राहकों या हित समूहों के सदस्यों के रूप में विभिन्न क्षमताओं में कार्य करने के लिए उन्हें सक्षम करती है। यह नागरिकों के नहीं बल्कि ग्राहकों के सशक्तीकरण के लिए, नागरिकों के लिए बढ़े हुए विकल्प और एक सशक्त सरकार के बारे में बोलती है, जो ग्राहकों की जरूरतों को पूरा करने में सार्वजनिक विकल्प प्रदान करती है।

शासन प्रतिमान में, उपभोक्ता को दिया हुआ महत्व मानव व्यवहार के एक आर्थिक दृश्य का प्रतिनिधित्व करता है। वहाँ एक नागरिक और एक ग्राहक या एक उपभोक्ता के बीच एक बुनियादी अंतर है। एक संवैधानिक राज्य में एक नागरिक क़ानून, नियम और विनियमों द्वारा उसे सौपे गये अधिकारों और कर्तव्यों का भंडार होता है। जबकि एक बाजार के माहौल में काम करने वाला एक ग्राहक या उपभोक्ता, कुछ अधिकारों और जिम्मेदारियों को रखता है, और प्राप्त की गई सेवाओं के लिए भुगतान करने के लिए तैयार होता है (मेदुरी 2010, 159)। शासन का दृष्टिकोण इस प्रकार, नागरिकों के बजाय उपभोक्ताओं को उनके अधिकारों और सार्वजनिक सेवाओं में भागीदारी करने के लिए प्रधानता देता है।

लोक प्रशासन में अधिकांश समकालीन आंदोलन प्रशासनिक शासन में नागरिकों की भागीदारी या भागीदारी में वृद्धि की वकालत करता है, फिर भी इसकी नागरिकों की भागीदारी की काफी अलग परिभाषा है। 'नया सार्वजनिक प्रबंधन' एक प्रबंधकीय परिप्रेक्ष्य से भागीदारी की वकालत करता है, प्रबंधकीय तकनीक में नागरिकों की भागीदारी का निर्माण, जो अक्सर निजी क्षेत्र में 'कुल गुणवत्ता प्रबंधन' और इसी प्रकार के प्रबंधन आंदोलनों से तैयार किया गया है (ओसबोर्न और हचिंसन 2004, 15)। इन मॉडलों में, नागरिक सरकारी सेवाओं के उपभोक्ता या ग्राहक होते हैं और उच्च प्रदर्शन उत्पादों और सेवाओं को प्रदान करने में उनकी जानकारी महत्वपूर्ण होती है। नागरिकों की भागीदारी को नागरिक संतुष्टि पैनलों या सर्वेक्षण, और प्रदर्शन मापन के रूप में प्रोत्साहित किया किया जाता है।

लोक प्रशासन में 'जनता' इस शब्द ने अपने महत्व को खो दिया है लगता है और बाजार ने शासन में प्रमुखता हासिल कर ली है। नागरिक इस प्रकार ग्राहक बन गए हैं, जो काफी हद तक नव-उदारवादी व्यक्तिवाद से निर्देशित हैं। नौकरशाह, 'किराया चाहने वाले' बन गये हैं, न कि समाज के 'उदार संरक्षक' रहे हैं, जैसा कि बेन्थम मानते हैं (चक्रवर्ती 2014)। 'जनता की पसंद' के नजरिए के भीतर सार्वजनिक नौकरशाही में विकृतियों की व्याख्या करते हुए शासन "पद्धति व्यक्तिवाद" के संदर्भ में सामूहिक व्यवहार को परिभाषित करने के लिए एक वैचारिक ढांचा' प्रदान करता है, जिसमें व्यक्तियों के स्वार्थी हित प्रेरणा शक्ति बने प्रतीत होते हैं जो कुछ भी वे समाज में शुरू करते हैं।

लोक प्रशासन अब वह 'शासन' है, जो और कुछ भी नहीं है बल्कि कुछ गतिविधियों की जाँच सूची है, जो नव-उदारवाद को मजबूत करने के लिए और स्थिर करने के लिए तैयार की गई है। बदली हुई परिस्थितियों में, नागरिक एक ग्राहक या एक उपभोक्ता है जिसे इस्तेमाल की गई सेवाओं के लिए मूल्य का भुगतान करना होता है। उमा मेदुरी के अनुसार, राज्य और नागरिक के बीच के रिश्ते जो हमेशा द्वंद्वात्मक होते थे, वह अब सेवाओं के निर्माता और ग्राहकों के के बीच एक संबंध में परिवर्तित हो गया प्रतीत होता है। प्रशासन का लक्ष्य इन उपभोक्ताओं की भागीदारी, परामर्श, आदि के माध्यम से उनकी जरूरतों की संतुष्टि का होना है। स्थिति का इस तरह के रूप सवाल बन जाता है कि क्या एक मौलिक राजनीतिक और द्वंद्वात्मक संबंध को बदलना संभव है, और क्या ग्राहक संतुष्टि नागरिकों के असंतोष को कम कर सकती है और सरकार में विश्वास को बहाल कर सकती है (मेदुरी 2010, 160)। ऐसा लगता है कि प्रशासन का 'जनता' पहलू अपना महत्व खो रहा है और निजी सेवा प्रदाताओं के लिए जगह बना रहा है।

निष्कर्ष कथन

बदलते परिदृश्य में, प्रशासनिक सहायता और सेवाओं के मात्र प्राप्तकर्ताओं होने से नागरिकों की स्थिति अब शासन के मामलों में प्रधान कर्ता के रूप में स्थानांतरित कर दी गई है। यह स्थनीय लाभार्थी की स्थिति से सक्रिय 'भागीदार स्थिति' के लिए हुआ एक परिवर्तन है। लोकतंत्र में लोक प्रशासन का मुख्य उद्देश्य लोगों की सेवा करना है। एक, जवाबदेह सुलभ, पारदर्शी, सहभागिता वाला और उत्तरदायी प्रशासन लोगों की समस्याओं का समाधान करने के लिए अनिवार्य है। यहाँ अलग अलग तरीके हैं जिसमें नागरिक अपने दिन-प्रतिदिन के जीवन में प्रशासनिक एजेंसियों के साथ बातचीत करते हैं। इन बातचीत के माध्यम से लोगों ने यह

अवलोकन किया है कि भारत में आम तौर पर प्रशासन, अनुत्तरदायी असंवेदनशील और भ्रष्ट है। इस प्रकार नागरिकों के प्रशासन के खिलाफ शिकायतों में वृद्धि हुई है और साथ ही सरकार द्वारा उनकी शिकायतों के निवारण के लिए ठोस प्रयास किए जा रहे हैं। सूचना का अधिकार, नागरिकों के लिए 'चार्टर और ई-गवर्नेंस नागरिकों की शिकायतों को दूर करने के और अधिक प्रभावी और सुलभ उपकरण के रूप में उभरे हैं।

पुनरीक्षण प्रश्न

1. नागरिकों और प्रशासन के बीच के संबंधों पर चर्चा करें।
2. भारत में प्रशासन के बारे में नागरिकों की धारणा क्या है? चर्चा करें।
3. एक नागरिक अनुकूल प्रशासन के लिए आवश्यक पूर्व स्थिति की जांच करें।
4. प्रशासन में लोगों की भागीदारी पर एक निबंध लिखो।
5. जवाबदेही क्या होती है? भारत में प्रशासनिक जवाबदेही पर चर्चा करें।
6. प्रशासन के साथ नागरिकों के बढ़ते असंतोष के लिए कौनसे मुख्य कारक जिम्मेदार हैं?
7. भारत में महत्वपूर्ण शिकायत निवारण तंत्र कौनसे हैं? उनकी प्रभावशीलता की जांच करें।
8. प्रशासन पर ई-गवर्नेंस के प्रभाव की चर्चा करें।
9. एक नागरिक चार्टर क्या है? प्रशासनिक जवाबदेही सुनिश्चित करने में इसकी भूमिका की जांच करें।
10. भारत में 'सूचना का अधिकार' विषय पर एक निबंध लिखो।
11. लोकपाल और लोकायुक्त अधिनियम, 2013 के मुख्य प्रावधानों पर चर्चा करें।

संदर्भ

Agarwal, U. C., ed. 2004. *Public Administration: Vision and Reality*. New Delhi: Indian Institute of Public Administration.

Avasthi, A., and S. Maheswari. 2010. *Public Administration*. Agra: Lakshmi Narain Agarwal.

Bhatnagar, Subhash C. 2008. 'E-Government: Building a SMART Administration for India's States'. In *The Governance Discourse: A Reader*, edited by Bidyut Chakrabarty and Mohit Bhattacharya, 247. New Delhi: Oxford University Press.

Bhattacharya, Mohit. 2008. *New Horizons of Public Administration*. New Delhi: Jawahar Publishers and Distributors.

Chakrabarty, Bidyut. 2014. 'The Study of Public Administration in India: A Chequered Journey(?)', *Indian Journal of Public Administration* 60 (1), January–March 2014.

Chakrabarty, Bidyut, and Mohit Bhattacharya (eds). 2008. *The Governance Discourse: A Reader*. New Delhi: Oxford University Press.

Dicey, A. V. 1948. *Lectures on Relation between Law and Public Opinion in England During the Nineteenth Century*. 2nd ed. London: Macmillan.

GOI. 2002. 'The Tenth Five Year Plan'. Approach Paper, Chapter 6, New Delhi.

———. 2008. *Report of the Sixth Central Pay Commission*. Government of India, New Delhi.

Hosking, Geoffrey. 2005. *Epochs of European Civilization: Antiquity to Renaissance*. United Kingdom: The Modern Scholar.

Medury, Uma. 2010. *Public Administration in the Globalization Era: The New Public Management Perspective*. New Delhi: Orient Black Swan.

Morrow, William L. 1980. *Public Administration: Politics and the Political System*. New York: Random House.

Osborne, D., and Hutchinsons. 2004. *The Price of Government: Getting the Results We Need in an Age of Permanent Fiscal Crisis*. New York: Basic Books.

Public Sector Group, Poverty Reduction and Economic Management Network. 2007. 'Reforming Public Institutions and Strengthening Governance: Main Strategy, a World Bank Strategy'. In *Reinventing Public Administration: The Indian Experience*, edited by Bidyut Chakrabarty. New Delhi: Orient Longman.

Robson, W.A. 1967. *Politics and Government at Home and Abroad*. George Allen and Unwin.

Rouband, Luc (ed.). 1999. *Citizens and the New Governance*. Amsterdam: IOS Press.

Second Administrative Reforms Commission (ARC). 2009. *Citizen Centric Administration: The Heart of Governance*. Government of India, New Delhi.

Sharma, Pradeep K., and Mandakini Devasher. 2007. 'Right to Information in India: Legislation and Beyond'. In *Decentralisation: Institutions and Politics in Rural India,* edited by Satyajit Singh and Pradeep K. Sharma, p. 356. New Delhi: Oxford University Press.

Singh, Amita. 2002. *Public Administration: Roots and Wings*. New Delhi: Galgotia Publishing.

13

भारत में समाज कल्याण प्रशासन

अध्ययन उद्देश्य

1. सामाजिक कल्याण और सामाजिक कल्याण प्रशासन की अवधारणा को जानना।
2. सामाजिक कल्याण प्रशासन की संरचना और कार्यों की जांच करना।
3. भारत में समाज के कमजोर वर्गों की रक्षा करने में समाज कल्याण प्रशासन के योगदान पर चर्चा करना।
4. आजादी के बाद से भारत में सामाजिक कल्याण की नीतियों और कानूनों की जांच करना।

सामाजिक कल्याण एक गतिशील अवधारणा है। यह मानती है कि यह समाज के वंचित और पिछड़े लोगों के कल्याण को बढ़ावा देना समुदाय और राज्य की जिम्मेदारी है। इस अवधारणा को मुख्य रूप से औद्योगिक समाज के सामाजिक समस्याओं के संबंध में विकसित किया गया था। गरीबी, बीमारी, दुख, और सामाजिक अव्यवस्था मानव जाति के इतिहास के अस्तित्व में पहले से ही रहे हैं, लेकिन उन्नीसवीं और बीसवीं सदी के औद्योगिक समाज को कई सामाजिक समस्याओं का सामना करना पड़ा है, जिसे पुराने मानव संस्थान—परिवार, पड़ोस, चर्च और स्थानीय समुदाय— पर्याप्त रूप से संबोधित नहीं कर सकें। इस प्रकार, सामाजिक सेवाओं की एक व्यापक प्रणाली की जरूरत थी। उस समय से सरकारें नागरिकों की भलाई के लिए अधिक से अधिक जिम्मेदारी लेने लगी है। इस अध्याय में मुख्य रूप से सामाजिक कल्याण, समाज कल्याण प्रशासन और भारत में समाज के कमजोर वर्गों की रक्षा करने में इसकी भूमिका की अवधारणा पर चर्चा करेंगे।

समाज कल्याण की अवधारणा

एक व्यापक अर्थ में, 'समाज कल्याण' सामाजिक समस्याओं से निपटने के लिए समाज द्वारा सेवाओं और प्रयासों का संगठित प्रावधानीकरण है। समाज कल्याण की इस धारणा की इस विषय पर कुछ प्रतिष्ठित लेखकों द्वारा पुष्टि की गई है। वाल्टर ए फ्रीडलेंडर के अनुसार:

> समाज कल्याण की व्यवस्थित सेवाएँ और संस्थाएँ हैं, जिन्हें जीवन और स्वास्थ्य, और व्यक्तिगत और सामाजिक संबंधों के संतोषजनक मानकों को प्राप्त करने के लिए व्यक्तियों और समूहों को सहायता करने के लिए डिज़ाइन किया गया है, जो उन्हें अपनी पूरी क्षमता विकसित करने के लिए और उनके परिवारों और समुदाय की जरूरतों के साथ सद्भाव में उनकी भलाई को बढ़ावा देने के लिए अनुमति देती है। (1967, 4)

रिचर्ड टिटमस सामाजिक कल्याण को इस तरह परिभाषित करते हैं: 'व्यक्ति की कुछ जरूरतों को पूरा करने के लिए सभी सामूहिक हस्तक्षेप; और/या समाज के व्यापक हितों की सेवा करना'। हेरोल्ड विलेंस्की और चार्ल्स लेबो सामाजिक कल्याण को उन औपचारिक

रूप से संगठित और सामाजिक रूप से प्रायोजित संस्थाओं, एजेंसियों और कार्यक्रमों के रूप में परिभाषित करते हैं, जो आबादी के सभी या कुछ भागों में आर्थिक स्थिति, स्वास्थ्य या पारस्परिक क्षमता को बनाए रखने या सुधार करने के लिए कार्य करती हैं (विलेंस्की और लेबो 1958, 17)। इनसाइक्लोपीडिया ब्रिटानिका के अनुसार, सामाजिक कल्याण कानूनों और संस्थाओं की एक प्रणाली है, जिसके साथ एक सरकार अपने नागरिकों के आर्थिक और सामाजिक कल्याण की रक्षा के लिए और बढ़ावा देने के लिए प्रयास करती है, जो आम तौर पर बेरोजगारी, दुर्घटना, बीमारी और बुढ़ापे के खिलाफ सामाजिक बीमा के विभिन्न रूपों पर आधारित होती है।

अमर्त्य सेन तर्क देते हैं कि एक व्यक्ति की क्षमताओं को बढ़ाने का परिणाम व्यक्तिगत सफलता के साथ-साथ समाज की सफलता में अधिक होने की संभावना है। स्वतंत्रता में वृद्धि करना विकास का एक साधन है (सेन 2000)। सेन का तर्क है 'अस्वतंत्रता', जिसमें अकाल, स्वास्थ्य की कमी और लैंगिक भेदभाव शामिल हो सकते हैं। इस संबंध में कल्याण व्यक्तियों को आवश्यक बुनियादी जरूरतें प्रदान करता है, ताकि उन्हें अपनी क्षमता के साथ एक स्वस्थ जीवन जीने के लिए स्वतंत्रता का आनंद ले मिल सके, जो स्वाभाविक रूप से सभी के लिए उपलब्ध है। इसलिए, कल्याण के महत्व को नोट करना आवश्यक है, विशेष रूप से सरकारी सहायता के संदर्भ में वंचितों के लिए। एंड्रयू हेवुड सामाजिक कल्याण के पक्ष में निम्न तर्क देते हैं:

1. यह सामाजिक एकता और राष्ट्रीय एकता को बढ़ावा देता है, इसमें यह समाज में सभी नागरिकों के लिए कुछ 'हिस्सा' देता है और कम से कम कुछ बुनियादी सामाजिक सहायता की गारंटी देता है।
2. यह इस अर्थ से स्वतंत्रता में इजाफा करता है कि यह गरीबी से लोगों की सुरक्षा करता है और वे परिस्थितियाँ प्रदान करता है जिसमें वे अपनी क्षमता का विकास और एहसास कर सकते हैं।
3. यह सामाजिक अभाव के प्रभाव का मुकाबला करने और उन लोगों की मदद करने से समृद्धि को सुनिश्चित करता है जो लोग खुद की मदद नहीं कर सकते।
4. यह एक पुनर्वितरण व्यवस्था के रूप में कार्य करता है, जो समानता को अत्यंत बढ़ावा देता है और सामाजिक जिम्मेदारी की भावना को मजबूत करता है (हेवुड 2005, 152)।

इस प्रकार, व्यापक अर्थों में समाज कल्याण लोगों की बड़ी संख्या की भलाई को शामिल करता है, जिसमें उनके शारीरिक, मानसिक, भावनात्मक, आध्यात्मिक और आर्थिक जरूरतें भी शामिल हैं। दूसरे शब्दों में, समाज कल्याण में सामाजिक समस्याओं का सामना करने वाली बुनियादी संस्थानें और प्रक्रियाएँ शामिल हैं, जो लोगों की एक बड़ी संख्या को प्रभावित करती हैं और जिन्हें हल करने के लिए कुछ प्रकार के ठोस सामूहिक प्रयासों की आवश्यकता होती है। कल्याण का उद्देश्य जरूरतमंद व्यक्तियों की सहायता करना है। इसका अंतिम लक्ष्य कल्याण प्राप्तकर्ताओं को प्रतिकूल स्थिति से बाहर निकालना और उन्हें आत्मनिर्भर बनाना है।

समाज कल्याण: एक विकासवादी दृष्टिकोण

आम तौर पर, सामाजिक कल्याण गतिविधियों में रुचि शहर की गरीबी और पश्चिमी देशों में औद्योगीकरण के द्वारा बनाई गई सामाजिक विभाजन की काली छाया के एक प्रतिक्रिया के रूप में उभरी है। यह मुख्य रूप से उन्नीसवीं सदी के अंत और बीसवीं सदी के प्रारंभ में हुआ था कि राज्य के कल्याण प्रावधानीकरण की एक संगठित प्रणाली को कई देशों में पेश किया गया। जर्मनी को आम तौर पर पहला सामाजिक कल्याणकारी राज्य होना माना जाता है। बिस्मार्क (1815–98) ने पहली बार सामाजिक बीमा की एक राष्ट्रव्यापी प्रणाली शुरू की। प्रथम विश्व युद्ध के बाद कई नाटकीय परिवर्तन हुए। 1917 की रूसी क्रांति निजी संपत्ति के उन्मूलन की तरफ ले गई और केंद्रीय योजना के माध्यम से राज्य के प्रभुत्व को संस्थागत किया गया और इस प्रकार राज्य को सभी

आर्थिक गतिविधियों पर नियंत्रण दे दिया। यूनाइटेड स्टेट्स में ग्रेट डिप्रेशन तक कोई संगठित कल्याण प्रणाली नहीं थी (1929), जब राष्ट्रपति फ्रैंकलिन डी रूजवेल्ट के तहत आपात राहत उपाय शुरू किए गए थे। सरकार पूंजीवाद के खिलाफ बढ़ते जन विद्रोह से चिंतित थी, इसलिए उसने कम आय वाले या कोई आय न होने वाले परिवार की सहायता के लिए कल्याण प्रणाली की स्थापना की। ग्रेट डिप्रेशन के दौरान, कल्याणकारी राज्य को साम्यवाद और पूंजीवाद के बीच एक विकल्प 'मध्यम मार्ग' के रूप में देखा गया था।

ब्रिटेन में, आधुनिक कल्याणकारी राज्य की शुरुआत 1911 में की गई थी, जब डेविड लॉयड जॉर्ज ने नेशनल इंश्योरेंस सिस्टम की शुरुआत की, जिसका बाद में क्लीमेंट एटली (1945) द्वारा विस्तार किया गया था। बेवरीज रिपोर्ट (1942) यूके में सामाजिक कल्याण के इतिहास में एक और मील का पत्थर था। यह एक ऐसी रिपोर्ट थी, जिसने देश की पूरी आबादी के लिए 'पालने से लेकर कब्र तक' के लिए सामाजिक कल्याण के प्रावधानों का प्रस्ताव किया था। इस रिपोर्ट के अनुसरण में, ब्रिटेन ने उस बात से लड़ने के लिए एक व्यापक सामाजिक सुरक्षा प्रणाली विकसित की, जिसे बेवरीज ने इच्छाओं की पांच विशाल बुराइयाँ कहा, अर्थात् रोग, अशिक्षा, गंदगी और आलस्य। इसने परिवार के भत्ते, कर-समर्थित व्यापक स्वास्थ्य सेवाओं, और राष्ट्रीय आय समर्थन बीमा की एक सार्वभौमिक योजना को प्राथमिकता दी, जो मातृत्व, विधवापन और अंतिम संस्कार की लागत को कवर करने के साथ ही बेरोजगारी, बीमारी और सेवानिवृत्ति में निर्वाह योग्य आय प्रदान करने के लिए थी।

एक अन्य घटना द्वितीय विश्व युद्ध के कारण घटी, जो दुनिया में औपनिवेशिक शासन के पतन और एशिया और अफ्रीका के नव विकासशील देशों के उद्भव की तरफ ले गई। इन नव गैर-औपनिवेशिक राष्ट्रों ने सामाजिक बीमा के लिए प्रारंभ किया। इससे शासन के लिए कार्यकर्ता राज्य के आगमन की शुरुआत हुई। हालांकि प्रारंभी 1945 के बाद की अवधि में पैतृक परंपरावादियों, आधुनिक उदारवादी और सोशल डेमोक्रेट इन सभी में कल्याण के सिद्धांत के समर्थन में एकीकृत रूप में एक कल्याणकारी आम सहमति विकसित हुई। 1980 के दशक और 1990 के दशक, कल्याण से सामान्यतः पीछे हटने के गवाह भी बने, यहाँ तक कि समाजवादियों के बीच में भी, जिसने हिस्से में आर्थिक भूमंडलीकरण के लिए दबाव लाया। फिर भी, आज भी, वैचारिक बहस में कल्याण केंद्रीय गलत पंक्तियों में से एक बना हुआ है।

समाज कल्याण प्रशासन

सामाजिक कल्याण गतिविधियों के प्रशासन का अत्यंत महत्व है क्योंकि सभी नीतियों और कार्यक्रमों को लोगों के कल्याण और उनके उत्थान के लिए निर्धारित किया जाता है। 'सामाजिक कल्याण प्रशासन' को सामाजिक नीति को सामाजिक सेवाओं में बदलने की प्रक्रिया के रूप में परिभाषित किया जा सकता है। यह नीतियों को लागू करने की, कार्यक्रमों को कार्रवाई में अनुवाद करने की प्रक्रिया है। आर्थर क्रूस (1960) के अनुसार, प्रशासनिक प्रक्रिया का उद्देश्य एजेंसी के सभी संसाधनों को जुटाकर कुशल और प्रभावी सेवाओं में अनुवाद किया जाना है। फ़ोर्डर (1974, 1) का मानना है कि सामाजिक कल्याण प्रशासन कल्याण प्रणाली के अध्ययन और विशेष रूप से सरकार प्रायोजित सामाजिक सेवाओं के साथ संबंध रखता है।

रिचर्ड टिटमस (1985) सामाजिक सेवाओं के अध्ययन के रूप में सामाजिक प्रशासन को परिभाषित करता है जिसका उद्देश्य परिवार और सामूहिक संबंधों की स्थापना में व्यक्तियों के जीवन की हालत में सुधार करना है। यह इन सेवाओं के वैधानिक और स्वैच्छिक दोनों विकास, नैतिक, सामाजिक कार्रवाई में निहित मूल्यों, सेवाओं के कार्यों और भूमिकाओं, उनके आर्थिक पहलुओं और सामाजिक प्रक्रिया में कुछ जरूरतों को पूरा करने के साथ संबंधित है। ये सभी महत्वपूर्ण हैं और समाज कल्याण प्रशासन में इनका पता लगाये जाने की जरूरत है (टिटमस 1985, 14–15)। जॉन किडने समाज कल्याण प्रशासन को 'एक सामाजिक नीति को सामाजिक सेवाओं में बदलने की प्रक्रिया' के रूप में परिभाषित करता है— एक दो तरह की प्रक्रिया: नीति को ठोस सामाजिक सेवाओं में बदलना और नीति के संशोधन की सिफारिश करने में अनुभव का उपयोग करना (किडने 1959, 58)। यह परिभाषा इस विचार को शामिल करती है कि प्रशासन नीतियों के कार्यान्वयन की और उनका

कार्रवाई कार्यक्रमों में अनुवाद करने की प्रक्रिया है। रोजमेरी सारी (1971) ने समाज कल्याण प्रशासन के लिए निम्नलिखित गतिविधियों को सूचीबद्ध किया है:

1. सामाजिक जनादेश का परिचालन नीतियों में अनुवाद करना, और संगठनात्मक व्यवहार का मार्गदर्शन करने के लिए लक्ष्य होना,
2. संगठनात्मक ढांचे और प्रक्रियाओं का डिजाइन करना, जिसके माध्यम से उन लक्ष्यों को हासिल किया जा सकता है,
3. लक्ष्य प्राप्ति और संगठनात्मक अस्तित्व के लिए सामग्री, कर्मचारियों, ग्राहकों और सामाजिक तर्कसंगत आवश्यकता के रूप में संसाधनों को प्राप्त करना,
4. आवश्यक प्रौद्योगिकी का चयन और इंजीनियरिंग,
5. संगठनात्मक व्यवहार का अनुकूलन करना जो वृद्धिगत प्रभावशीलता और दक्षता की दिशा में निर्देशित हो, और
6. समस्या को व्यवस्थित रूप से और सतत हल करने की सुविधा के लिए संगठनात्मक प्रदर्शन का मूल्यांकन।

संक्षेप में, समाज कल्याण प्रशासन, आदर्शों, लक्ष्यों और आकांक्षाओं की पूर्ति के लिए विभिन्न सामाजिक एजेंसियों, अधिकारियों और स्वैच्छिक संस्थाओं के माध्यम से समाज कल्याण के लक्षित कार्यक्रमों के सफल कार्यान्वयन को सफल करने के लिए पेशेवर मानकों, क्षमता और संसाधनों को लागू करने की प्रक्रिया से संदर्भित है। एक एजेंसी को समुदाय के लिए अधिक सामाजिक कल्याण सेवाएं प्रदान करने के लिए प्रभावी बनाने के लिए, उसे कुछ निश्चित प्रशासनिक, वित्तीय और प्रक्रियात्मक संशोधनों को अपनाना चाहिए, जिसे एजेंसी के हर अधिकारी और कार्यकर्ता को समझने की जरूरत है।

समाज कल्याण प्रशासन में शिक्षा एवं प्रशिक्षण

समाज कल्याण प्रशासन लोक प्रशासन की एक शाखा, उपखंड या एक उप-सेट का गठन करता है। इसका दायरा सामाजिक समस्याओं के निदान, सामाजिक विधान और जनता में जागरूकता के सृजन के माध्यम से उनके उन्मूलन के लिए उपायों की शुरुआत, समाज के वंचित वर्गों के कष्टों को दूर करने के लिए सामाजिक कल्याण सेवाओं के प्रावधान, और उनकी उन्नति तक फैला हुआ है। एक अनुशासन और एक पेशे के रूप में, यह अभी तक अपनी प्रारंभिक अवस्था में है।

यह स्पष्ट है कि 'धर्मार्थ संगठन आंदोलनों' ने सामाजिक कार्य की संस्थाओं को अस्तित्व में लाने में मदद की है, जो प्रशासन से संबंधित ज्ञान और कौशल सिखाती हैं। औपचारिक शिक्षा की शुरुआत 1898 में हुई, जब न्यूयॉर्क धर्मार्थ संगठन सोसायटी ने स्वयंसेवकों और दूसरे लोगों के लिए एक ग्रीष्मकालीन स्कूल की स्थापना की 'जो गरीब लोगों की मदद करने के लिए समर्पित थे और अपनी समझ को और गहरा' करना चाहता थे। 1904 में इस पेशकश को एक वर्ष के कार्यक्रम के रूप में और 1910 में दो साल के एक कार्यक्रम के लिए बढ़ा दिया गया था। उसी समय देश के अन्य भागों में शैक्षिक नवाचार दिखाई दे रहे थे। शिकागो विश्वविद्यालय में, 1901 में, समाज कल्याण विभाग के अधीन इस क्षेत्र में पाठ्यक्रम की एक श्रृंखला के विस्तार की पेशकश की गई थी। इस कार्यक्रम को समाज सेवा प्रशासन के स्कूल के अग्रदूत के रूप में 'नागरिक शास्त्र और परोपकार के शिकागो स्कूल' के समावेश के साथ 1908 में औपचारिक रूप दिया गया था। सामाजिक कार्य के इन अग्रणी स्कूलों में एक आम पाठ्यक्रम के हिस्से के रूप में छात्रों को समाज कल्याण से संबंधित कुछ ज्ञान और कौशल प्रदान किए जाते हैं। पहले प्रशासन को प्रत्यक्ष सेवाओं और अभ्यास से अलग रखने का विचार नहीं किया गया था। 1914 तक, हालांकि, सामाजिक कार्य के कम से कम एक स्कूल द्वारा प्रशासन में एक कोर्स की पेशकश की गई थी।

प्रथम विश्व युद्ध और ग्रेट डिप्रेशन ने उन लोगों के लिए और अधिक औपचारिक शिक्षा की आवश्यकता के प्रोत्साहन को जोड़ा, जो आगे सामाजिक सेवा कार्यक्रम के प्रशासन में नेतृत्व प्रदान करते। 1936 में, 'सामाजिक कार्य पर राष्ट्रीय सम्मेलन' में प्रशासन पर पहली बार एक निबंध पेश किया गया। प्रशासन में काफी रुचि विकसित की गई, ताकि 1944 तक, जब सामाजिक

कार्य के स्कूलों के लिए नए पाठ्यक्रम पर सहमति व्यक्त की गई, तब प्रशासन को अमेरिकन एसोसिएशन द्वारा अपनाये गये 'बुनियादी आठ' में से एक के रूप में शामिल किया गया, जो इस तथ्य द्वारा समर्थित था कि 'सामाजिक कार्य पर अमेरिकी राष्ट्रीय सम्मेलन' (1946) ने पहली बार प्रशासन पर एक विभाग को प्रायोजित किया था।

भारत में सामाजिक कल्याण प्रशासन में शिक्षा और प्रशिक्षण की आवश्यकता को पूरा करने के लिए, सर दोराबजी टाटा समाज कल्याण में ग्रेजुएट, मुंबई (जो अब टाटा सामाजिक विज्ञान संस्थान के रूप में जाना जाता है) को सर्वप्रथम 1936 में स्थापित किया गया था। उसके बाद 1947–48 में सामाजिक कार्य के दिल्ली स्कूल, बड़ौदा विश्वविद्यालय में सामाजिक कार्य के स्कूल और उसके बाद विभिन्न विश्वविद्यालयों और स्नातकोत्तर कॉलेजों में सामाजिक कार्य के विभागों की एक बड़ी संख्या की शुरुआत की गई, जिन्होंने अपने पाठ्यक्रम में एक प्रमुख घटक के रूप में समाज कल्याण प्रशासन को शामिल किया, जबकि कुछ विश्वविद्यालयों और सामाजिक विज्ञान संस्थान, मुंबई जैसे संस्थानों ने भी समाज कल्याण प्रशासन में स्वतंत्र पाठ्यक्रम शुरू किया।

समाज कल्याण प्रशासन के सिद्धांत

निम्नलिखित वे मुख्य सिद्धांत हैं, जो समाज कल्याण एजेंसियों द्वारा मान्यता प्राप्त हैं और जिनका अभ्यास किया जा रहा है:

1. एक समाज कल्याण एजेंसी के उद्देश्यों और कार्यों को स्पष्ट रूप से परिभाषित किया जाना चाहिए।
2. इसके कार्यक्रम वास्तविक जरूरतों पर आधारित होने चाहिए, इसे एक क्षेत्र और इलाके तक सीमित किया जाना चाहिए, जिसमें इसे प्रभावी ढंग से संचालित किया जा सके।

तालिका 13.1 भारतीय गारंटियों का संगठन

सामाजिक संरक्षण

- क़ानून के समक्ष समानता (अनुच्छेद 14)
- अनुसूचित जातियों और अनुसूचित जनजातियों सहित किसी भी सामाजिक और शैक्षिक रूप से पिछड़े वर्ग की उन्नति के लिए विशेष प्रावधान (अनुच्छेद 15 [4])
- 'अस्पृश्यता' उन्मूलन और किसी भी रूप में इस प्रथा का अभ्यास प्रतिबंधित है (अनुच्छेद 17)
- सामाजिक और शैक्षिक रूप से पिछड़े वर्गों की स्थिति की जांच के लिए एक आयोग की नियुक्ति (अनुच्छेद 340)
- सभी अल्पसंख्यकों को अपनी पसंद की शैक्षिक संस्थानों की स्थापना करने और प्रशासन के लिए अधिकार (अनुच्छेद 30)
- जातियों और आदिवासी समुदायों को निर्दिष्ट करने के लिए, जिन्हें अनुसूचित जाति और अनुसूचित जनजाति समझा जाता है (अनुच्छेद 341 और 342)

आर्थिक संवर्धन

- विशेष रूप से अनुसूचित जाति और अनुसूचित जनजातियों के लिए विशेष देखभाल के साथ कमजोर वर्गों के शैक्षिक और आर्थिक हितों को बढ़ावा देने और उन्हें किसी भी सामाजिक अन्याय और शोषण के सभी रूपों से बचाने के लिए (अनुच्छेद 46)
- अनुसूचित जनजाति और अनुसूचित क्षेत्रों के कल्याण और विकास को बढ़ावा देने के लिए एक अनुदान के रूप में प्रत्येक वर्ष भारत की संचित निधि से विशेष वित्तीय सहायता अनुदान सहायता प्राप्त की जाती है। (अनुच्छेद 275 [1])
- सेवाओं में नियुक्तियों के लिए अनुसूचित जाति और अनुसूचित जनजातियों के दावे (अनुच्छेद 335)

राजनीतिक अधिकार

- किसी भी राज्य में अनुसूचित क्षेत्रों और अनुसूचित जनजाति का प्रशासन और नियंत्रण (अनुच्छेद 244 और 339)
- अनुसूचित जातियों और अनुसूचित जनजातियों के लोगों के लिए लोकसभा में और राज्यों की विधान सभाओं में सीटों का आरक्षण (अनुच्छेद 330 और 332)

स्रोत: लेखक का विभिन्न स्रोतों से संकलन।

3. एजेंसी को मजबूती से संगठित किया जाना चाहिए, उसमें नीति निर्माण और क्रियान्वयन, कमान की इकाइयाँ और सभी संगठन इकाइयों और स्टाफ के सदस्यों के प्रभावी समन्वय के बीच एक स्पष्ट भेद करना चाहिए।
4. एजेंसी को कर्मियों की मजबूत नीतियों और काम करने की अच्छी स्थिति के आधार पर काम करना चाहिए। कर्मियों को उनकी पेशेवर योग्यता के आधार पर नियुक्त किया जाना चाहिए, उन्हें पर्याप्त वेतन का भुगतान किया जाना चाहिए और एजेंसी की जरूरतों को पूरा करने के लिए पर्याप्त मात्रा और गुणवत्ता होनी चाहिए।
5. एजेंसी के काम मनुष्यों की सेवा करने की एक बुनियादी इच्छा और व्यक्तियों और उनकी जरूरतों की एक समझ से किए जाने चाहिए, जिन्हें यह सेवा प्रदान करनी है।
6. एजेंसी को वार्षिक बजट के आधार पर काम करना चाहिए, उसके पास पर्याप्त लेखा प्रणाली होनी चाहिए और उसके खातों की एक सक्षम पेशेवर प्राधिकारी द्वारा सालाना लेखा परीक्षा की जानी चाहिए।
7. एजेंसी को पिछले एक साल में हुई अपनी सफलताओं और असफलताओं का परीक्षण करने के लिए उचित अंतराल पर आत्म-मूल्यांकन द्वारा जाँच करनी चाहिए। उसे अपनी वर्तमान स्थिति और कार्यक्रमों का और अगले चरण में अपने ग्राहकों की सेवा में बेहतर प्रदर्शन को प्राप्त करने के लिए जायजा लेना चाहिए।

इस प्रकार, समाज कल्याण प्रशासन उद्देश्यों की स्पष्टता, जरूरत आधारित कार्यक्रमों, संगठनात्मक सुदृढ़ता, योग्य और प्रशिक्षित कर्मियों, पर्याप्त लेखा प्रणाली और मनुष्य के लिए सेवा की भावना के सिद्धांतों पर काम करता है।

भारत में समाज कल्याण प्रशासन और कमजोर वर्गों का संरक्षण

यह स्वतंत्रता की प्राप्ति के बाद की ही बात है कि भारत के लोगों के कल्याण के लिए सरकार द्वारा सामाजिक कल्याण के उद्देश्यों में उसका उचित स्थान दिया गया। संविधान के निर्माता उस भूमिका की सराहना करना चाहते थे, जो राज्य से अपने लोगों के कल्याण को बढ़ावा देने में निभाने की उम्मीद की जा रही थी, इसलिए उन्होंने एक कल्याणकारी राज्य के आदर्श की प्राप्ति के लिए संविधान में कुछ प्रावधानों को शामिल किया था। एक कल्याणकारी राज्य के मूल उद्देश्य को संविधान की प्रस्तावना में और लगभग संपूर्ण चतुर्थ भाग में स्पष्ट रूप से दर्शाया गया है, जिसमें निदेशक सिद्धांत शामिल हैं। संविधान निर्माताओं द्वारा कल्याणकारी राज्य की अवधारणा को दिये गये महत्व को भाग- III में देखा जा सकता है, जो संविधान में अनुसूचित जाति (एससी), अनुसूचित जनजाति (एसटी) और पिछड़े वर्गों के लिए किए गए मौलिक अधिकारों और विशेष प्रावधानों में दिया गया है।

समाज कल्याण: भारतीय परिप्रेक्ष्य

भारत में, 'समाज कल्याण' यह शब्द एक सीमित अर्थ में इस्तेमाल किया जाता है, अर्थात अनुसूचित जातियों, जनजातियों, विधवाओं, अनाथों, महिलाओं और बच्चों, सामाजिक रूप से असमायोजित, भिखारियों, वेश्याओं, अपराधी और शारीरिक और मानसिक रूप से दिव्यांग सहित वंचित समूहों के लिए सामाजिक कल्याण सेवाओं का प्रावधान करना है, और इसलिए, सामाजिक कल्याण के कार्यक्रम उनकी स्थिति को सुधारने के लिए निर्देशित होते हैं। (United Nations 1970, 65).

संवैधानिक प्रावधान

भारतीय संविधान ने सामाजिक कल्याण से संबंधित कई प्रावधान किए हैं। संविधान का अनुच्छेद 15 धर्म, मूलवंश, जाति, लिंग या जन्म स्थान के आधार पर भेदभाव पर प्रतिबंध लगाता है, अनुच्छेद 16 सार्वजनिक रोजगार के मामले में अवसर की समानता

के लिए प्रावधान करता है, अनुच्छेद 17 अस्पृश्यता पर प्रतिबंध लगाता है, अनुच्छेद 38 के तहत राज्य को लोगों के कल्याण को बढ़ावा देने के लिए एक सामाजिक व्यवस्था स्थापित करने के लिए निर्देशित किया गया है, अनुच्छेद 42 राज्य को काम और मातृत्व की न्यायोचित और मानवीय स्थितियों के लिए प्रावधान करने के लिए निर्देश देता है। अनुच्छेद 46 अनुसूचित जातियों, जनजातियों और समाज के अन्य कमजोर वर्गों के शैक्षिक और आर्थिक हितों को बढ़ावा देता है। नौवीं अनुसूची अनुसूचित जाति और अनुसूचित जनजातियों के हितों की रक्षा करने के लिए 257 अधिनियमों की विस्तृत सूची निर्धारित करती है। अनुच्छेद 164, अनुसूचित जातियों, अनुसूचित जनजातियों और पिछड़े वर्गों के कल्याण के लिए एक प्रभारी मंत्री के लिए प्रावधान करता है। अनुच्छेद 330, 334 और 335 अनुसूचित जातियों और अनुसूचित जनजातियों के संसद, राज्यों की विधान सभाओं में और नौकरियों और संस्थानों में सीटों के आरक्षण के लिए प्रावधान का वर्णन करते हैं। अनुच्छेद 338–339 ने भारत के राष्ट्रपति द्वारा अनुसूचित जातियों और अनुसूचित जनजातियों के लिए एक राष्ट्रीय आयोग की स्थापना लिए प्रावधान किया है। अनुच्छेद 340 पिछड़े वर्गों की स्थिति की जांच के लिए एक आयोग की नियुक्ति से संबंधित है।

विधायी उपाय

सरकार ने सामाजिक बुराइयों से लड़ने के लिए और सामाजिक अन्याय के खिलाफ समाज के कमजोर वर्गों की रक्षा के लिए विभिन्न विधायी उपायों को अधिनियमित किया है, क्योंकि उनके कल्याण के लिए लागू किए जाने के लिए इन कार्यक्रमों का पूरक होना अपरिहार्य हैं। इन कानूनों में से कुछ हैं: अनुसूचित जाति और अनुसूचित जनजाति (अत्याचार निवारण) अधिनियम, 1989, समान पारिश्रमिक अधिनियम, 1976, बाल विवाह मजबूरी संशोधन अधिनियम, 1978, दहेज प्रतिबंध अधिनियम, 1961 (1984 में संशोधित), महिलाओं और लड़कियों में अनैतिक व्यापार का दमन अधिनियम, 1956, (1978 में संशोधित), सती (निवारण) आयोग अधिनियम, 1987, किशोर न्याय अधिनियम, 1986, बाल श्रम (निषेध एवं विनियमन) अधिनियम, 1986, मातृत्व लाभ अधिनियम, 1961 (1976 में संशोधित), कर्मचारी राज्य बीमा अधिनियम, 1948, कर्मचारी भविष्य निधि और विविध उपबंध अधिनियम, 1952, ग्रेच्युटी का भुगतान अधिनियम, 1972, आदि।

भारत में सामाजिक कल्याण मंत्रालय

समाज कल्याण प्रशासन के महत्व को महसूस करते हुए भारत सरकार ने 1985 में कल्याण मंत्रालय को स्थापित किया। मंत्रालय के नाम को 1998 में सामाजिक न्याय और अधिकारिता मंत्रालय में बदल गया था। सामाजिक कल्याण योजनाओं के क्रियान्वयन की जिम्मेदारी को केंद्र और राज्य सरकारों के बीच साझा किया जाता है। केंद्र सरकार राज्यों द्वारा संबद्ध सेवाओं के कार्यान्वयन को बढ़ावा देने के अलावा नीतियों और कार्यक्रमों को तैयार करने के लिए जिम्मेदार है। इससे पहले यह मंत्रालय महिलाओं, बच्चों और अनुसूचित जातियों के कल्याण के लिए भी जिम्मेदार था, लेकिन 2007 में बाल विकास प्रभाग को महिलाओं एवं बाल विकास मंत्रालय के साथ विलय कर दिया गया था। 1999 में, जनजातीय विकास प्रभाग को जनजातीय मामलों के लिए एक अलग मंत्रालय बनाने के लिए बाहर ले जाया गया था। इस मंत्रालय को मुख्य रूप से निम्नलिखित वंचित और हाशिए पर लक्षित समूहों को सशक्त बनाने का कार्य सौंपा गया था:

1. अनुसूचित जाति (एससी)
2. अन्य पिछड़ा वर्ग (ओबीसी)
3. दिव्यांग व्यक्ति (पीडब्लूडी)

4. वरिष्ठ नागरिकों
5. मादक द्रव्यों के सेवन के शिकार

यह मंत्रालय निम्नलिखित विधानों, योजनाओं और गतिविधियों के माध्यम से ऊपरोक्त कार्य करता है:

1. अनुसूचित जाति और अन्य पिछड़े वर्गों का शैक्षिक और आर्थिक विकास और सामाजिक सशक्तिकरण।
2. दिव्यांग व्यक्तियों का पुनर्वास, शिक्षा और आर्थिक विकास और सामाजिक सशक्तिकरण।
3. वरिष्ठ नागरिकों के लिए रखरखाव, कल्याण, सुरक्षा, स्वास्थ्य देखभाल और उत्पादक और स्वतंत्र जीवन के माध्यम से उनकी सहायता।
4. मादक द्रव्यों के सेवन के शिकार लोगों के 'पूर्ण व्यक्तित्व सुधार' के माध्यम से पुनर्वास (भारत सरकार 2010, 1)।

यह मंत्रालय सामाजिक कल्याण की नीतियों और कार्यक्रमों को तैयार करने के लिए और उनके कार्यान्वयन को भी सुनिश्चित करने के लिए नोडल संगठन है। इस मंत्रालय को अपने कामकाज में कई अधीनस्थ संगठनों, राष्ट्रीय आयोगों और राष्ट्रीय संस्थानों के द्वारा सहायता प्रदान की जाती है, जिन पर यह प्रशासनिक नियंत्रण रखता है। ये अनुसूचित जाति के लिए राष्ट्रीय आयोग, आर्थिक रूप से पिछड़े वर्गों के लिए राष्ट्रीय आयोग, सफाई कर्मचारी के लिए राष्ट्रीय आयोग, पिछड़ा वर्ग के लिए आयोग, भारतीय पुनर्वास परिषद, डॉ बी आर अम्बेडकर फाउंडेशन, अस्थि दिव्यांग के लिए राष्ट्रीय संस्थान, पुनर्वास के राष्ट्रीय संस्थान, प्रशिक्षण और अनुसंधान, और सामाजिक रक्षा के राष्ट्रीय संस्थान हैं। कल्याण मंत्रालय, 1999 में सामाजिक न्याय एवं अधिकारिता मंत्रालय के रूप में नामित होने के बाद, एक कैबिनेट मंत्री के नेतृत्व में है, जिसे राज्य के दो मंत्रियों द्वारा सहायता प्रदान की जाती है। मंत्रालय का एक सचिव होता है, जिसे संयुक्त सचिव, चार संयुक्त सचिव और अतिरिक्त सचिव के श्रेणी के एक उप महानिदेशक द्वारा सहायता प्रदान की जाती है, जो अनुसूचित जाति विकास, पिछड़ा वर्ग, सामाजिक सुरक्षा, दिव्यांग और योजना, अनुसंधान, मूल्यांकन और निगरानी के ब्यूरो के प्रमुख हैं। यहाँ संयुक्त सचिव की श्रेणी का आर्थिक सलाहकार का एक पद भी है।

अनुसूचित जातियों के लिए कल्याण प्रावधान

सामाजिक न्याय और अधिकारिता मंत्रालय अनुसूचित जाति के हित की देखरेख करने वाला नोडल मंत्रालय है। 2011 की जनगणना के अनुसार अनुसूचित जाति देश की जनसंख्या का 16.6 प्रतिशत का गठन करती है, जिसमें समाज के कमजोर और उपेक्षित वर्गों की श्रेणी शामिल है। भारतीय संविधान नागरिकों के रूप में और उनके शैक्षिक और आर्थिक हितों को बढ़ावा देने और सामाजिक दिव्यांगता को दूर करने के उद्देश्य से उनके सामान्य अधिकार पर जोर देते हुए इन जातियों के लिए संरक्षण और सुरक्षा उपायों का प्रावधान करता है। सुरक्षा उपायों के मुख्य मुद्दे हैं:

1. अस्पृश्यता का उन्मूलन और किसी भी रूप में इसके अभ्यास पर प्रतिबंध (अनुच्छेद 17)।
2. उनके शैक्षिक और आर्थिक हितों को बढ़ावा देना और सामाजिक अन्याय और शोषण के सभी रूपों से उनकी सुरक्षा (अनुच्छेद 46)।
3. दुकानें, सार्वजनिक रेस्तरां, होटल और सार्वजनिक मनोरंजन या कुओं, तालाबों, स्नान घाटों, सड़कों और सार्वजनिक मनोरंजन के स्थानों के उपयोग करने के संबंध में किसी भी असमर्थता, दायित्व, प्रतिबंध या शर्त को हटाना, जिन्हें पूरी तरह से या आंशिक रूप से राज्य के कोष द्वारा बनाए रखा है या जो आम जनता के उपयोग के लिए समर्पित हैं (अनुच्छेद 15 [2])।

4. 25 जनवरी 2010 तक लोकसभा और राज्य विधान सभाओं में अनुसूचित जाति और अनुसूचित जनजातियों के लिए विशेष प्रतिनिधित्व (अनुच्छेद 330, 332 और 334)।
5. पिछड़े वर्गों के अपर्याप्त प्रतिनिधित्व के मामले में सार्वजनिक सेवाओं में उनके लिए आरक्षण बनाने के लिए राज्य को अनुमति देना और सार्वजनिक सेवाओं के लिए नियुक्तियों के निर्माण में अनुसूचित जातियों और अनुसूचित जनजातियों के दावों पर विचार करने के लिए राज्य को बाध्य करना (अनुच्छेद 16 और 335)।
6. अनुसूचित और जनजाती इलाकों के प्रशासन और नियंत्रण के लिए विशेष प्रावधान करना (अनुच्छेद 244 और 5वीं और 6वीं अनुसूची) (सचदेवा 2010, 418)।

संविधान के अनुच्छेद 330 और 332 के तहत उनकी जनसंख्या के अनुपात में अनुसूचित जातियों और अनुसूचित जनजातियों के लिए लोकसभा और राज्य विधानमंडल विधानसभाओं में स्थान आरक्षित हैं। वर्तमान में 543 लोकसभा सीटों में से (16वीं लोकसभा, 2014), 131 (अनुसूचित जाति 84 और अनुसूचित जनजाति के लिए 47 सीटें) और विभिन्न राज्यों के 4120 विधानसभा सीटों में से 1,161 आरक्षित श्रेणियों के हैं। 73वें और 74वें संशोधन अधिनियम, 1992 के कार्यान्वयन के बाद संबंधित क्षेत्रों में उनकी जनसंख्या के अनुपात में ग्रामीण और शहरी दोनों स्थानीय स्वशासी संस्थाओं में उनके लिए सीटें आरक्षित करके अनुसूचित जाति और जनजातियों के सदस्यों के समुचित प्रतिनिधित्व के लिए सुरक्षा उपायों का प्रावधान किया गया है।

संविधान के अनुच्छेद 335 और 16 (4) के प्रावधानों के अनुसार, अखिल भारतीय सेवा में 15 प्रतिशत रिक्त पदों को अनुसूचित जातियों के लिए आरक्षित किया गया है, जिसके लिए भर्ती खुली प्रतियोगिता के माध्यम से की जाती है। ग्रुप सी और डी के पदों के लिए सीधी भर्ती में आरक्षण, जो सामान्य रूप से उम्मीदवारों को आकर्षित करती है, वह संबंधित राज्यों और केंद्र शासित प्रदेशों में अनुसूचित जातियों और जनजातियों की जनसंख्या के अनुपात में तय किया गया है। प्रतियोगी परीक्षाओं के परिणामों में पदोन्नति में अनुसूचित जातियों के लिए रिक्तियों के 15 प्रतिशत को भी आरक्षण प्रदान किया जाता है, जो ग्रुप बी, सी और डी में विभागीय उम्मीदवारों के लिए सीमित है। इन जातियों को वरिष्ठता के आधार पर भी पदोन्नति में आरक्षण प्रदान किया जाता है, जो ग्रुप ए, बी, सी और डी के पदों में फिटनेस के अधीन है (सचदेवा 2010, 419)।

राष्ट्रीय अनुसूचित जाति आयोग

संविधान के 65वें संशोधन अधिनियम, 1990 के अनुसरण में, अनुसूचित जाति के लिए व्यापक कार्यों और अधिकारों के साथ 1992 में एक राष्ट्रीय आयोग गठित किया गया था। इस आयोग में एक अध्यक्ष, उपाध्यक्ष और पांच अन्य सदस्य शामिल होते हैं। उनके कार्यकाल उनके शामिल होने की तिथि से तीन वर्ष तक होते हैं। इस आयोग के मुख्य कार्यों में शामिल हैं:

1. संविधान में अनुसूचित जातियों के लिए उपलब्ध कराई गई सुरक्षा उपायों से संबंधित सभी मामलों की जांच करना और उन पर नजर रखना।
2. अनुसूचित जातियों और अनुसूचित जनजातियों के अधिकारों और सुरक्षा उपायों के अभाव के संबंध में विशिष्ट शिकायतों की जांच करना।
3. अनुसूचित जातियों और अनुसूचित जनजातियों की नियोजन प्रक्रियाओं और सामाजिक-आर्थिक विकास में भाग लेना और उन पर सलाह देना।
4. उन सुरक्षा उपायों की कार्यप्रणाली पर रिपोर्ट को राष्ट्रपति को सालाना और ऐसे समय में पेश करना जिसे आयोग उचित समझे।

5. उन उपायों के संदर्भ में सिफारिशें करना, जिन्हें अनुसूचित जातियों के संरक्षण, कल्याण और सामाजिक-आर्थिक विकास के लिए उन सुरक्षा उपायों और अन्य उपायों के प्रभावी कार्यान्वयन के लिए केंद्र या किसी राज्य द्वारा किए जाने की जरूरत है।
6. अनुसूचित जातियों के संरक्षण, कल्याण विकास और प्रगति के संबंध में अन्य कार्यों का निर्वहन करना, जिन्हें केंद्र सरकार द्वारा उचित माना जाए। इस आयोग को एक प्रशासनिक कोर्ट के अधिकार प्रदान किए गये हैं।

सफाई कर्मचारी के लिए राष्ट्रीय आयोग

सफाई कर्मचारियों के हितों और अधिकारों को बढ़ावा देने और उनकी रक्षा करने के लिए 1994 में सफाई कर्मचारी के लिए राष्ट्रीय आयोग को गठित किया गया था। इसका मुख्य कार्य एक समयबद्ध कार्यक्रम के तहत सफाई कर्मचारियों की स्थिति, सुविधाओं और अवसरों में असमानताओं के उन्मूलन के लिए केंद्र सरकार से विशेष कार्यक्रमों के लिए सिफारिश करना था। इसे मैला ढोने वालों के कल्याण के लिए कार्यक्रमों और योजनाओं के क्रियान्वयन से संबंधित विशिष्ट शिकायतों और मामलों की जांच करने का अधिकार दिया गया था। आयोग से सफाई कर्मचारियों को प्रभावित करने में प्रमुख नीतिगत मामलों पर विचार-विमर्श किया है, जो सामाजिक अपमान और अमानवीय अत्याचार से पीड़ित हैं।

सफाई कर्मचारियों को सशक्त करने और उनके आश्रितों को उनके पारंपरिक व्यवसाय से दूर करने और साथ ही सामाजिक और आर्थिक सीढ़ी पर उन्हें लाभ प्रदान करने, सम्मान और गौरव के साथ अपने तरीके से काम करने के लिए राष्ट्रीय सफाई कर्मचारी वित्त एवं विकास निगम को स्थापित किया गया था। यह निगम सफाई करने वालों को आय सृजन की गतिविधियों के लिए रियायती ब्याज दरों पर वित्तीय सहायता प्रदान करता है।

अनुसूचित जाति के लिए कल्याणकारी योजनाएं

सामाजिक न्याय और अधिकारिता मंत्रालय ने अनुसूचित जाति के विकास के लिए अनेक योजनाएं लागू की है। उनमें से कुछ की निम्न वर्गों में चर्चा की जा रही है।

शैक्षिक विकास

मैट्रिक के बाद अनुसूचित जाति के छात्रों को वित्तीय सहायता प्रदान करने के लिए 2003 में अनुसूचित जाति के छात्रों के लिए 'पोस्ट मैट्रिक छात्रवृत्ति' शुरू की गई थी। इस योजना के तहत वित्तीय सहायता में एक रखरखाव भत्ता, शिक्षण संस्थान द्वारा गैर वापस अनिवार्य फीस की प्रतिपूर्ति, पुस्तक बैंक की सुविधा और अन्य भत्तें शामिल हैं। अन्य योजनाओं में अशुद्ध व्यवसायों में रत लोगों के बच्चों के लिए प्री-मैट्रिक छात्रवृत्ति, अनुसूचित जाति के लड़कों और लड़कियों के लिए छात्रावास, किताब-बैंक योजना और अनुसूचित जाति के छात्रों के लिए मुफ्त कोचिंग शामिल हैं।

अनुसूचित जाति के छात्रों को उच्च शिक्षा प्राप्त करने के लिए प्रोत्साहित करने के लिए राजीव गांधी राष्ट्रीय फैलोशिप स्थापित की गई थी। यह योजना अनुसंधान विश्वविद्यालयों, अनुसंधान संस्थानों और वैज्ञानिक संस्थानों में एमफिल, पीएचडी और समतुल्य शोध डिग्री के लिए अग्रणी करने वाली पढ़ाई के लिए अनुसूचित जाति के छात्रों को वित्तीय सहायता प्रदान करता है। एक अन्य महत्वपूर्ण शैक्षिक फैलोशिप नेशनल ओवरसीज छात्रवृत्ति है। यह इंजीनियरिंग, प्रौद्योगिकी और विज्ञान के निर्दिष्ट क्षेत्रों में विदेशों में मास्टर डिग्री पाठ्यक्रम और पीएचडी कार्यक्रमों के लिए चुने गए अनुसूचित जाति के छात्रों को सहायता प्रदान करने के

लिए है। यह योजना संस्थानों द्वारा लगाई गई फ़ीस प्रदान करती है, जो वास्तविक मासिक रखरखाव भत्ता, यात्रा वीजा शुल्क और बीमा प्रीमियम, वार्षिक आकस्मिकता भत्ता, आकस्मिक यात्रा भत्ता, आदि के रूप में होती है।

2001 में, सामाजिक न्याय और अधिकारिता मंत्रालय ने अनुसूचित जाति सहित कमजोर वर्गों के लिए मित्र देशों की कोचिंग और सहायता की योजना का शुभारंभ किया। इस योजना का उद्देश्य ग्रुप ए और बी के लिए गुणवत्तापूर्ण कोचिंग उपलब्ध कराना शामिल है, जो यूपीएससी, एसएससी, रेलवे भर्ती बोर्ड और राज्य लोक सेवा आयोग द्वारा आयोजित की जाती है, साथ ही बैंकों और सार्वजनिक क्षेत्र के उपक्रमों द्वारा आयोजित अधिकारियों की ग्रेड परीक्षा, पाठ्यक्रम पूरा करने के लिए प्रशिक्षण/आईटी, जैव प्रौद्योगिकी इत्यादि की तरह निजी क्षेत्र में रोजगार के लिए रोजगारोन्मुखी पाठ्यक्रम जिन्हें सॉफ्ट स्किल्स की जरूरत होती है, इत्यादि भी शामिल है। इस योजना को राज्य सरकार के विश्वविद्यालयों और निजी क्षेत्र के संगठनों द्वारा चलाए जा रहे प्रतिष्ठित कोचिंग संस्थाओं/केन्द्रों के माध्यम से कार्यान्वित किया जाता है।

आर्थिक सशक्तिकरण

अनुसूचित जाति के आर्थिक विकास को बढ़ावा देने के लिए, 1980 में विशेष नियंत्रण सहायता शुरू की गई थी। इस योजना का मुख्य जोर अनुसूचित जाति को स्वरोजगार या प्रशिक्षण के माध्यम से गरीबी रेखा से ऊपर लाकर उनकी आबादी के आर्थिक विकास पर था। इस योजना के तहत स्वीकार्य सब्सिडी की राशि परियोजना लागत का 50 प्रतिशत थी, जो प्रति लाभार्थी अधिकतम 10,000 रु. थी। 1989 में भारत सरकार ने राष्ट्रीय अनुसूचित जाति वित्त एवं विकास निगम की स्थापना की। इस निगम का व्यापक उद्देश्य दोहरी गरीबी रेखा से नीचे रहने वाले सभी अनुसूचित जाति के परिवारों को विभिन्न योजनाओं के माध्यम से उनके आर्थिक विकास और उत्थान और आर्थिक सशक्तिकरण के लिए रियायती ऋण के रूप में वित्तीय सहायता प्रदान करना हैं (वर्तमान में ग्रामीण क्षेत्रों के लिए प्रतिवर्ष 40,000रु. और शहरी क्षेत्रों के लिए प्रति वर्ष 55,000 रु.)। 1 अप्रैल 2004 से 31 दिसंबर 2009 के दौरान इस निगम ने 845 करोड़ रूपए की राशि वितरित की थी, जिसमें 2.86 लाख लाभार्थियों को कवर किया गया (भारत सरकार 2011, 985–86)।

अनुसूचित जनजातियों (अजजा) का कल्याण

भारत के आदिवासी लोग, जो 'अनुसूचित जनजाति' की श्रेणी में आते हैं, देश की जनसंख्या का 8.6 प्रतिशत का गठन करते हैं (जनगणना 2011)। केंद्र सरकार ने अनुसूचित जातियों के कल्याण के लिए कार्यक्रमों और परियोजनाओं की समग्र नीति योजना और समन्वय के लिए एक नोडल एजेंसी के रूप में 1999 में आदिम जाति कल्याण के लिए एक अलग मंत्रालय का गठन किया। संविधान अनुसूचित जनजातियों के हितों के संरक्षण के लिए विभिन्न सुरक्षा योजना प्रदान करता है। ये प्रावधान संविधान के अनुच्छेद 19, 46, 146, 244, 330, 332, 334, 338, 339, 342 और 5वीं और 6वीं अनुसूची में निहित हैं और इस संबंध में प्रासंगिक हैं।

आदिवासी विकास शुरू से ही एक दो आयामी नीति पर आधारित था, अर्थात् (क) कानूनी-प्रशासनिक सहायता के माध्यम से उनके संरक्षण और हितों को बढ़ावा देना, और (ख) विकास योजनाओं के कार्यान्वयन से उनके जीवन स्तर को बढ़ाना। जनजातीय उप-योजना (टीएसपी) की अवधारणा पांचवें पंचवर्षीय योजना अवधि के दौरान विकसित और लागू की गई थी, जो जनजातीय लोगों और जनजातीय क्षेत्रों के विकास के लिए मुख्य साधन बना हुआ है। टीएसपी 17 राज्यों और दो केंद्र शासित प्रदेशों में चल रही है। टीएसपी (क) राज्य योजना, (ख) विशेष केंद्रीय सहायता (ग) केन्द्र प्रायोजित कार्यक्रमों और (घ) संस्थागत वित्त से तैयार संसाधनों के माध्यम से वित्त पोषित है। केन्द्र प्रायोजित योजनाओं के अंतर्गत अनुसूचित जनजाति के लिए महिला छात्रावासों के कार्यक्रम तीसरी पंचवर्षीय योजना के बाद से संचालन में है और इससे आदिवासी समुदायों की लड़कियों की शिक्षा को बढ़ावा

देने में काफी मदद मिली है। जनजातीय अनुसंधान संस्थानों को हैदराबाद, गुवाहाटी, रांची, अहमदाबाद, भोपाल, कोझीकोड, पुणे, उदयपुर, लखनऊ, इम्फाल और कोलकाता में स्थापित किया गया है। इन संस्थानों ने अनुसंधान, मूल्यांकन, डेटा के संग्रह, प्रशिक्षण के माध्यम से जनजातीय उप-योजना के दस्तावेजों की तैयारी में योगदान दिया है।

अनुसूचित जनजातियों के बीच शिक्षा को बढ़ावा देने के लिए सरकार ने कई कार्यक्रम शुरू किए हैं। मैट्रिक पाठ्यक्रम के बाद पढ़ाई करने के इच्छुक अनुसूचित जनजाति के छात्रों को वित्तीय सहायता प्रदान करने के लिए 'मैट्रिक पश्चात छात्रवृत्ति' शुरू की गई। उनके लिए आवासीय विद्यालय के रूप में आश्रम स्कूलों को स्थापित किया गया है। जनजातीय छात्रों की साक्षरता बढ़ाने के लिए 2009 में कम साक्षरता वाले जिलों में अनुसूचित जनजाति की लड़कियों के बीच शिक्षा को दृढ़ करने के लिए एक कार्यक्रम शुरू किया गया था।

अनुसूचित जनजाति के बीच उच्च शिक्षा को प्रोत्साहित करने के लिए, राजीव गांधी राष्ट्रीय फैलोशिप (2005–6) शुरू की गई। इस योजना का उद्देश्य उच्च शिक्षा प्राप्त करने के लिए अनुसूचित जनजाति के लोगों के लिए फैलोशिप प्रदान करना है। यह फैलोशिप यूजीसी फैलोशिप के पैटर्न का अनुसरण करती है, जो नियमित और पूर्णकालिक एमफिल और पीएचडी पाठ्यक्रमों के अनुसंधान छात्रों को प्रदान की जाती है। 2009–10 के दौरान इस योजना के तहत 45 करोड़ रु. की राशि आवंटित की गई थी। जनजातीय मामलों के मंत्रालय ने डिग्री और पोस्ट-डिग्री स्तर पर पढ़ाई के लिए 57 मेधावी छात्रों को प्रोत्साहित करने के उद्देश्य से 2007–8 में अनुसूचित जनजाति के छात्रों के लिए शीर्ष स्तर की शिक्षा के लिए एक नई योजना की शुरुआत की। इन अनुसूचित जनजाति के विद्यार्थियों को छात्रवृत्ति से सम्मानित किया जाएगा, जिसमें सरकारी/सरकार द्वारा वित्त पोषित संस्थानों के संबंध में पूरी ट्यूशन फीस और अन्य गैर प्रतिदेय राशि शामिल है (भारत सरकार 2011, 997)।

अन्य पिछड़ा वर्ग का कल्याण (ओबीसी)

जब से मंडल आयोग की रिपोर्ट (1990) ने पिछड़े वर्गों की समस्याओं पर प्रकाश डाला है, तब से अन्य पिछड़ा वर्ग (ओबीसी) नामक एक नई श्रेणी देश के कल्याण के प्रशासन में उभरी है। मंडल आयोग ने ओबीसी आबादी के लिए कुल आबादी का 52 फीसदी होने का अनुमान लगाया था। सर्वोच्च न्यायालय के फैसले के अनुसरण में, जिसे लोकप्रिय रूप से मंडल फैसले (1992) के रूप में जाना जाता है, पिछड़ा वर्ग के लिए राष्ट्रीय आयोग को सरकार के मनोरंजक, परीक्षा और सलाह देने के लिए एक स्थायी निकाय के रूप में 1993 में स्थापित किया गया था। इस अधिनियम के प्रावधान के अनुसार, इस आयोग द्वारा प्रस्तुत की गई सलाह आमतौर पर सरकार पर बाध्यकारी हो गई थी।

1992 में मंडल फैसले के बाद सरकार ने ओबीसी के पक्ष में केंद्र सरकार में सरकारी पदों और सेवाओं की रिक्तियों में 27 फीसदी आरक्षण उपलब्ध करना शुरू कर दिया। 25 जनवरी 1995 को सरकार ने सीधी भर्ती में अन्य पिछड़ा वर्ग के उम्मीदवारों के लिए अधिकतम आयु की ऊपरी सीमा में 3 सालों की रियायत देने का निर्देश जारी किया है, साथ ही सिविल सेवा परीक्षाओं के लिए प्रयासों की संख्या को सात तक बढ़ाया। ओबीसी के बीच शैक्षिक विकास को सुनिश्चित करने के लिए, अन्य पिछड़ा वर्ग के लड़कों और लड़कियों के लिए सरकार द्वारा कई योजनाओं को शुरू किया गया है, अर्थात् पूर्व मैट्रिक परीक्षा कोचिंग और हॉस्टल। राष्ट्रीय पिछड़ा वर्ग वित्त एवं विकास निगम को गरीबी रेखा से नीचे रहने वाले पिछड़े वर्ग के सदस्यों के लिए रियायती वित्त प्रदान करने के उद्देश्य से स्थापित किया गया है।

दिव्यांग व्यक्तियों का कल्याण

सरकार ने दिव्यांग व्यक्तियों के कल्याण के लिए अनेक कार्यक्रम प्रारंभ किए हैं। एक व्यापक क़ानून, 'दिव्यांग व्यक्ति अधिनियम', 1995 (समान अवसर, अधिकारों का संरक्षण और पूर्ण भागीदारी) को 1996 में बनाया और लागू किया गया था। यह क़ानून

दिव्यांग व्यक्तियों के लिए केंद्र और राज्य दोनों स्तरों पर शिक्षा, रोजगार और व्यावसायिक प्रशिक्षण के प्रावधान सहित पुनर्वास के निवारक और प्रचार दोनों पहलुओं के साथ व्यवहार करता है।

दिव्यांग व्यक्तियों के लिए मुख्य आयुक्त का कार्यालय एक महत्वपूर्ण वैधानिक पदाधिकारी है, जो दिव्यांग व्यक्तियों के लिए राज्य आयुक्तों के काम का समन्वय करने, केंद्र सरकार द्वारा वितरित निधियों के उपयोग की निगरानी करने, दिव्यांग व्यक्तियों के अधिकारों और सुविधाओं की रक्षा के लिए कदम उठाने, और साथ ही उनकी अधिकारों की हानि के बारे में शिकायतों पर गौर करने के लिए जिम्मेदार है।

दिव्यांग व्यक्तियों के लिए राष्ट्रीय छात्रवृत्ति के तहत हर साल पोस्ट मेट्रिक, व्यावसायिक और तकनीकी पाठ्यक्रमों को संचालित करने के लिए 500 छात्रों को छात्रवृत्ति से सम्मानित किया जाता है। जरूरतमंद दिव्यांग व्यक्तियों को एड्स/उपकरण की खरीद/फिटिंग के लिए (ए डी आई पी स्कीम) सहायता योजना उन्हें टिकाऊ, आधुनिक और मानक उपकरणों में सहायता करती है, जो उनके शारीरिक, सामाजिक और मनोवैज्ञानिक पुनर्वास को बढ़ावा दे सकते हैं। सरकार ने राष्ट्रीय दिव्यांग वित्त एवं विकास निगम (एनएचएफडीसी) की स्थापना की है, जो दिव्यांग व्यक्तियों के आर्थिक विकास हेतु उन्हें ऋण सुविधा देने के लिए एक शीर्ष स्तर की वित्तीय संस्थान है। दिव्यांग आबादी की बहु-आयामी समस्याओं से प्रभावी तरीके से निपटने के लिए सरकार ने दिव्यांगता के प्रत्येक प्रमुख क्षेत्र में राष्ट्रीय संस्थानों की स्थापना की है, जिनमें दृष्टिहीन दिव्यांग के लिए राष्ट्रीय संस्थान देहरादून, और अस्थि दिव्यांग के लिए राष्ट्रीय संस्थान, कोलकाता महत्वपूर्ण हैं। ये संस्थान मुख्य रूप से नवीन अनुसंधान आयोजित करने, मानव शक्ति विकास के लिए प्रशिक्षण कार्यक्रमों के आयोजन करने और देश में दिव्यांग लोगों के लिए सेवाएं प्रदान करने के लिए जिम्मेदार हैं।

लैंगिक समानता और भारत में महिला सशक्तिकरण

लैंगिक समानता और महिला सशक्तिकरण को बढ़ावा देना संयुक्त राष्ट्र के सहस्राब्दि विकास लक्ष्यों की रिपोर्ट, 2011 के लक्ष्यों में से एक है, जिसे जून 2011 में संयुक्त राष्ट्र द्वारा जारी किया गया। यह रिपोर्ट इंगित करती है कि लड़कियाँ शिक्षा के क्षेत्र में महत्व प्राप्त कर रही हैं, हालांकि उन्हें कई क्षेत्रों में असमान अवसर प्राप्त होते हैं। भारत की तरह विकासशील देशों में, 2009 में हर 100 लड़कों के लिए 96 लड़कियों को प्राथमिक और माध्यमिक विद्यालय में पंजीकृत किया गया था। यह 1999 के बाद से एक महत्वपूर्ण सुधार है क्योंकि तब यह अनुपात क्रमशः 91 और 88 थे। हालांकि, प्राथमिक शिक्षा के क्षेत्र में केवल तीन क्षेत्रों, काकेशस और कैरेबियन और दक्षिण-पूर्वी एशिया ने लैंगिक समानता हासिल की है (97 और 103 के बीच लैंगिक समानता सूचकांक के रूप में परिभाषित)। असाधारण रूप से, पूर्वी एशिया में, प्राथमिक स्कूल में लड़कियों की संख्या लड़कों की संख्या से थोड़ी बढ़ गई है। विकासशील दुनिया के अधिकांश अन्य भागों में लड़कियों की प्रगति पिछड़ी हुई है और प्रारंभिक वर्षों में अफ्रीका, ओशिनिया, दक्षिणी एशिया, उप सहारा अफ्रीका और पश्चिमी एशिया में शिक्षा के लिए बराबर की पहुँच मिलना एक दूर का लक्ष्य था।

यह रिपोर्ट यह भी कहती है कि 2008–9 में नौकरियों में हुई महत्वपूर्ण छंटाई के बाद, रोजगार में जो वृद्धि हुई थी, जो 2010 में संकट से उभरने के दौरान हुई थी, विशेष रूप से विकासशील क्षेत्रों में, वह पुरुषों की तुलना में महिलाओं के लिए काफी कम थी। विनिर्माण उद्योगों में कार्यरत महिलाओं को विशेष रूप से जोरों से मार पड़ी थी। जहां तक राजनीतिक प्रतिनिधित्व का सवाल है, इस रिपोर्ट का कहना है कि महिला सांसदों की बढ़ती संख्या के बावजूद, राजनीति में महिलाओं और पुरुषों की बराबर की भागीदारी का लक्ष्य अभी भी दूर है। जनवरी 2011 के अंत तक, दुनिया भर में महिलाओं को संसद के एकल या निम्न सदनों में सीटों का 19.3 प्रतिशत प्रदान किया गया था। यह किसी भी समय की एक उच्च संख्या है। फिर भी यह पिछले 15 वर्षों में इस पैटर्न में एक धीमी गति से प्रगति होने की पुष्टि करता है, 1995 में दुनिया का औसत 11.6 प्रतिशत था (संयुक्त राष्ट्र 2011, 20–23)। ऐसी पृष्ठभूमि में, यह रिपोर्ट शिक्षा के क्षेत्र में लैंगिक असमानताओं के उन्मूलन, आर्थिक अवसर की सुविधा और राजनीति में महिलाओं की भागीदारी के लिए सुझाव देती है, जिसे समान महिला सशक्तिकरण को बढ़ाने में सर्वोपरि रूप से 2015 तक हासिल किया जाना था।

भारत में महिला सशक्तिकरण

महिलाएँ भारत की कुल जनसंख्या के 48 प्रतिशत का गठन करती हैं (भारत सरकार, 2011)। महिलाओं का विकास सर्वोपरि महत्व का है और समग्र विकास के लिए गति निर्धारित करता है। 1985 के बाद से यहाँ महिलाओं और बच्चों से संबंधित मामलों पर गौर करने के लिए मानव संसाधन विकास मंत्रालय के एक भाग के रूप में कार्य करने के लिए 'महिला एवं बाल विकास' नाम से एक अलग विभाग बनाया है। इसके महत्व को ध्यान में रखते हुए महिला एवं बाल विकास के लिए एक अलग मंत्रालय 30 जनवरी 2006 को अस्तित्व में आया। इस मंत्रालय का लक्ष्य महिलाओं को गरिमा के साथ जीने के लिए, हिंसा से मुक्त वातावरण में देश के विकास की दिशा में समान रूप में योगदान करने हेतु सशक्त बनाने के लिए, और शोषण से मुक्त वातावरण में उनके विकास और वृद्धि के लिए अवसर प्रदान करना है।

समय-समय पर संसद के कई अधिनियमों ने महिलाओं के कल्याण के लिए दिशा प्रदान की है, जैसे महिलाओं और लड़कियों की अनैतिक तस्करी के दमन का अधिनियम 1956, हिंदू उत्तराधिकार अधिनियम 1956, दहेज प्रतिषेध अधिनियम 1961, मातृत्व लाभ अधिनियम 1961, समान पारिश्रमिक अधिनियम 1976, सती (निरोधक) अधिनियम 1987, प्रसव पूर्व निदान तकनीक (विनियमन और दुरुपयोग का निवारण) अधिनियम, 1994, और घरेलू हिंसा से महिला संरक्षण अधिनियम, 2005 और काम पर महिलाओं के यौन उत्पीड़न के खिलाफ संरक्षण विधेयक 2005 आदि। इन सभी में सबसे क्रांतिकारी गीता हरिहरन विरुद्ध भारतीय रिजर्व बैंक 1999 के मामले में उच्चतम न्यायालय का निर्णय था, जिसने भारत सरकार के सभी विभागों के लिए पिता के साथ-साथ मां के नाम पर विचार करने के लिए अनिवार्य कर दिया, जैसे स्कूल प्रवेश, बैंक खातों, पासपोर्ट आदि के रूप में सभी व्यावहारिक उद्देश्य।

राष्ट्रीय महिला आयोग (एनसीडब्ल्यू) को महिला सशक्तिकरण के सभी पहलुओं से निपटने के लिए 1992 में स्थापित किया गया था। इस आयोग का मुख्य कार्य महिलाओं के लिए प्रदान किए गये संवैधानिक और कानूनी सुरक्षा उपायों से संबंधित सभी मामलों का अध्ययन करना और उस पर नजर रखने और मौजूदा कानूनों की समीक्षा और सुझाव देना, और जहां आवश्यक हो वहाँ संशोधन करना है। यह आयोग महिलाओं की शिकायतों का शीघ्र निवारण भी करता है। महिला एवं बाल विकास मंत्रालय को महिलाओं के कल्याण और विकास के कार्यक्रम को लागू करने और उनका समन्वय करने की नोडल जिम्मेदारी का कार्य सौंपा गया है। यह मंत्रालय महिलाओं के कल्याण के लिए निम्नलिखित योजनाओं को लागू करता है:

महिलाओं के लिए प्रशिक्षण और रोजगार कार्यक्रम के लिए सहायता

इस कार्यक्रम की 1987 में शुरुआत की गई थी, इसका उद्देश्य कृषि, पशुपालन, डेयरी, मत्स्य पालन, हथकरघा, हस्तशिल्प, खादी एवं ग्रामोद्योग, सामाजिक वानिकी और रेशम उत्पादन जैसे पारंपरिक क्षेत्रों में गरीब और महिलाओं के लिए उनकी उत्पादकता और आय को बढ़ाने के रूप में अद्यतन कौशल और नए ज्ञान प्रदान करना है। यह उनके कौशल का उन्नयन करके और उन में व्यवहार्य समूहों में शामिल करके, विपणन की कड़ियाँ जुटाकर, सहायता सेवाओं और ऋण के लिए पहुँच की व्यवस्था कर पारंपरिक क्षेत्रों में महिलाओं का एक महत्वपूर्ण प्रभाव बना दिया है। वर्ष 2009–10 के दौरान 21,963 गरीब महिलाओं को इस योजना से लाभ प्राप्त हुआ है।

स्वाधार

स्वाधार योजना को बेसहारा, उनके परिवारों द्वारा छोड़ी गई विधवाओं, तस्करी से छुड़ाई हुई और कोई सहारा न होने वाली महिलाओं, जेल से छुटी महिला कैदियों, यौन अपराधों के शिकार लड़कियों/ महिलाओं, जिन्हें परिवार साथ रखने से मुकर गया हो, इन जैसी कठिन परिस्थितियों में पड़ी महिलाओं को समग्र और एकीकृत सेवाएं प्रदान करने के लिए एक केंद्रीय क्षेत्र की

योजना के रूप में 2001–2 में शुरू किया गया था। इस परियोजना को समाज कल्याण/महिला एवं बाल विकास विभाग, प्रतिष्ठित सार्वजनिक/निजी ट्रस्टों या स्वयंसेवी संगठनों आदि के माध्यम से कार्यान्वित किया जाता है, बशर्ते कि उन्हें ऐसी महिलाओं के पुनर्वास में अपेक्षित अनुभव और विशेषज्ञता हो। वर्ष 2009–10 के दौरान 16,860 महिलाएँ इस योजना से लाभान्वित हुई थीं।

कामकाजी महिलाओं के छात्रावास

कामकाजी महिलाओं के बच्चों के लिए दिन भर देखभाल करने वाले केन्द्रों के लिए छात्रावास भवनों के निर्माण या विस्तार के लिए सहायता की योजना को 1972–73 से लागू किया जा रहा है। इस योजना के तहत महिला छात्रावास भवनों के निर्माण के लिए गैर सरकारी संगठनों, महिला विकास निगम, स्थानीय निकायों, विश्वविद्यालयों आदि को वित्तीय सहायता प्रदान की जाती है। 2009 तक देश भर में 887 छात्रावासों को स्वीकृत किया गया है, जिससे 64,922 महिलाओं को लाभ हुआ है।

कम अवधि के लिए रहने के घर

कम अवधि के लिए रहने के घरों की योजना को वर्ष 1969 में शुरू किया गया था, जिसका उद्देश्य परिवार के झगड़े या अपराध के कारण बेघर हुई महिलाओं और लड़कियों के लिए स्वैच्छिक संगठनों के माध्यम से अस्थायी आवास, रखरखाव और पुनर्वास सेवाएं प्रदान करना था। इस कार्यक्रम के तहत जरूरतमंद महिलाओं और लड़कियों के लिए छह महीने से तीन साल के लिए अस्थायी आश्रय दिया जाता है। मां के साथ रहने वाले बच्चे या इस घर में पैदा हुए बच्चों को सात साल की उम्र होने तक इस घर में रहने की अनुमति दी जा सकती है, जिसके बाद उन्हें बच्चों के संस्थानों को या 'पालक देखभाल सेवाएं' प्रदान करने के लिए स्थानांतरित किया जा सकता है।

परिवार परामर्श केन्द्र

इस योजना को 1983 में केंद्रीय समाज कल्याण बोर्ड द्वारा पेश किया गया था। ये केन्द्र महिलाओं और बच्चों को परामर्श, रेफरल और पुनर्वास सेवाएं प्रदान करते हैं, जो अत्याचार के शिकार होते हैं, परिवार में समायोजित नहीं हैं और जिन्होंने सामाजिक बहिष्कार का सामना किया है। उन्हें प्राकृतिक आपदाओं के मामले में संकटकालीन मदद और मानसिक परामर्श भी प्रदान किया जाता है। ये केन्द्र जागरूकता पैदा करने और महिलाओं की स्थिति को प्रभावित करने वाले सामाजिक मुद्दों पर जनता की राय को लामबंद भी करते हैं।

राष्ट्रीय महिला कोष (आरएमके)

राष्ट्रीय महिला कोष को महिलाओं के लिए राष्ट्रीय क्रेडिट कोष (आरएमके) के रूप में जाना जाता है, जिसे महिला एवं बाल विकास मंत्रालय के तहत एक राष्ट्रीय स्तर के संगठन अनौपचारिक क्षेत्र में गरीब और निराधार महिलाओं की ऋण जरूरतों को पूरा करने के रूप में 1993 में स्थापित किया गया था। यह आरएमके आजीविका गतिविधियों, आवास, सूक्ष्म उद्यम, परिवारिक जरूरतों, आदि, के लिए एक ग्राहक अनुकूल और परेशानी मुक्त ऋण तंत्र के माध्यम से सूक्ष्म वित्त सेवाओं का प्रसार करता है, ताकि गरीब महिलाओं का सामाजिक-आर्थिक उत्थान किया जा सके।

लिंग बजटिंग

लिंग बजटिंग यह सुनिश्चित करने के लिए एक शक्तिशाली उपकरण है कि विकास का लाभ पुरुषों के साथ-साथ महिलाओं तक भी पहुंचे। यह परिणामों की समानता को सुनिश्चित करना चाहता है न कि अवसरों की समानता को। लिंग बजटिंग के लिए नोडल एजेंसी के रूप में महिला एवं बाल विकास मंत्रालय ने सभी क्षेत्रों में लिंग बजटिंग को बढ़ावा देने की दिशा में शासन के विभिन्न स्तरों पर किए गये प्रयासों ने काफी प्रगति की है। इस प्रक्रिया के लिए 2004 में वित्त मंत्रालय द्वारा एक शक्तिशाली प्रोत्साहन प्रदान किया गया था, जिसने सभी मंत्रालयों और विभागों में लिंग बजट प्रकोष्ठों की स्थापना करना अनिवार्य कर दिया था। अब तक, भारत सरकार के 56 मंत्रालयों और विभागों ने लिंग प्रकोष्ठों का गठन किया है।

महिलाओं के सशक्तिकरण के लिए राष्ट्रीय मिशन

सरकार ने 'महिलाओं के सशक्तिकरण के राष्ट्रीय मिशन' (2010–15) का 8 मार्च 2010 को महिलाओं को सामाजिक आर्थिक और शैक्षिक सशक्त बनाने के उद्देश्य के साथ शुभारंभ किया। यह मिशन मंत्रालयों/ विभागों के द्वारा लिंग बजटिंग की समीक्षा करता है साथ-साथ महिलाओं के विषय में अधिनियमित विभिन्न कानूनों की निगरानी और उनके प्रभावी कार्यान्वयन करता है।

महिलाओं का राजनीतिक सशक्तिकरण

भारतीय संविधान में 73वें और 74वें संशोधन (1993) ने महिलाओं के लिए राजनीतिक सत्ता संरचना में बराबर की पहुँच और बढ़ती भागीदारी सुनिश्चित करने की दिशा में एक सफलता के रूप में कार्य किया है। अब यहाँ स्थानीय स्वशासी निकायों में महिलाओं के लिए 33 फीसदी आरक्षण का प्रावधान है। इसका महिलाओं के सशक्तिकरण में एक सहारे के रूप में स्वागत किया गया है, क्योंकि एक लाख से अधिक ग्रामीण महिलाएँ ग्राम पंचायत के पदों पर *सरपंच* या अध्यक्ष या समुदाय प्रशासन के सदस्य के रूप में शामिल हुई हैं।

चुनावी प्रक्रिया में पैसे और बाहुबल का शामिल होना महिलाओं की एक बड़ी संख्या को राजनीति में आने से रोकता है। इसमें गतिशीलता पर प्रतिबंध, संसाधनों पर नियंत्रण की कमी और कम साक्षरता का होना सर्वविदित बाधाएं हैं, लेकिन हाल के पंचायत चुनावों में 33 प्रतिशत आरक्षित सीटों से ज्यादा पर महिला निर्वाचित नेताओं की एक बड़ी संख्या का होना एक बड़े परिवर्तन का सबूत देता है। राजनीतिक प्रक्रिया में महिलाओं की भागीदारी के महत्व को समझकर, उत्तराखंड और झारखंड जैसे राज्यों ने अपनी पंचायत सीटों में से 50 प्रतिशत को महिलाओं के लिए आरक्षित किया है। यह शासन में भाग लेने के लिए महिलाओं को शक्ति, मान्यता और कानूनी स्थिति देने को मान्य करने की भावना के साथ किया गया है।

भारत सरकार ने 2001 की अधिकारिता वर्ष के रूप में घोषणा की थी। महिलाओं की उन्नति, विकास और सशक्तिकरण के लिए, "महिलाओं के सशक्तिकरण के लिए एक राष्ट्रीय नीति" को 2001 में पारित किया गया था (2001 भारत सरकार)। इस नीति के मुख्य उद्देश्यों में शामिल हैं:

1. महिलाओं को अपनी पूरी क्षमता का एहसास करने के लिए उन्हें सक्षम करने हेतु उनके पूर्ण विकास के लिए सकारात्मक आर्थिक और सामाजिक नीतियों के माध्यम से एक वातावरण बनाना।
2. सभी क्षेत्रों-राजनीतिक, आर्थिक, सामाजिक, सांस्कृतिक और प्रशासनिक क्षेत्रों में पुरुषों के साथ महिलाओं द्वारा एक समान आधार पर सभी मानव अधिकारों और मौलिक स्वतंत्रता का आनंद उठाना।

3. देश के सामाजिक, राजनीतिक और आर्थिक जीवन में महिलाओं की भागीदारी और निर्णय लेने के लिए बराबर की पहुँच देना।
4. स्वास्थ्य सेवा, सभी स्तरों पर गुणवत्तापूर्ण शिक्षा, कैरियर और व्यावसायिक मार्गदर्शन, रोजगार, समान पारिश्रमिक, व्यावसायिक स्वास्थ्य और सुरक्षा, सामाजिक सुरक्षा और सार्वजनिक कार्यालय, आदि के लिए महिलाओं को समान पहुँच देना।
5. महिलाओं के खिलाफ भेदभाव के सभी रूपों के उन्मूलन के उद्देश्य से कानूनी प्रणाली का सुदृढ़ीकरण करना।
6. सक्रिय भागीदारी और पुरुषों और महिलाओं दोनों की भागीदारी से सामाजिक नजरिए और समुदाय प्रथाओं में बदल करना।
7. विकास की प्रक्रिया में एक लिंग परिप्रेक्ष्य की मुख्य धारा लाना।
8. महिलाओं और बालिकाओं के खिलाफ हिंसा और भेदभाव के सभी रूपों का उन्मूलन करना।
9. नागरिक समाज, विशेष रूप से महिलाओं के संगठनों के साथ साझेदारी का निर्माण करना और उसे मजबूत बनाना।

नौवीं पंचवर्षीय योजना (1997–2002) में महिलाओं के लिए योजना बनाने की वैचारिक रणनीति में दो महत्वपूर्ण परिवर्तन किए। पहला, 'महिलाओं का सशक्तिकरण' योजना नौ प्राथमिक उद्देश्यों में से एक बन गई। इस आशय से इस योजना का दृष्टिकोण अनुकूल वातावरण तैयार करना था जहां महिलाओं को पुरुषों के साथ-साथ बराबर के भागीदार के रूप में स्वतंत्र रूप से, घर के भीतर और बाहर दोनों स्थानों पर अपने अधिकारों का प्रयोग करने का हक मिल सके। दूसरा, इस योजना ने महिला-विशिष्ट और महिलाओं से संबंधित क्षेत्रों में उपलब्ध 'मौजूदा सेवा के अभिसरण' का प्रयास किया। इस आशय से इसने महिलाओं के घटक योजना (WCP) के माध्यम से एक विशेष रणनीति अपनाने के लिए केंद्र और राज्यों को निर्देश दिए, जिसका उद्देश्य महिलाओं के लाभ के लिए 30 प्रतिशत तक के धन का प्रवाह करना था। यह भी सुझाव दिया गया कि यह सुनिश्चित करने के लिए कि प्रस्तावित रणनीति आगे लाई जाती है कि नहीं महिलाओं को सशक्त बनाने की दिशा में एक समग्र दृष्टिकोण के लिए एक प्रभावी तंत्र के माध्यम से निर्धारित धनराशि के प्रवाह पर एक विशेष निगरानी रखी जानी चाहिए (गोयल 2010, 111–12)।

ग्यारहवीं पंचवर्षीय योजना (2007–12) में, पहली बार, महिलाओं को न सिर्फ समान नागरिक के रूप में के रूप में मान्यता दी गई है, अपितु आर्थिक और सामाजिक विकास के एजेंट के रूप में भी मान्यता दी गई है। लैंगिक समानता के लिए यह दृष्टिकोण इस मान्यता पर आधारित है कि महिलाओं को बहुआयामी होना चाहिए और उन्हें बुनियादी हक प्रदान करना चाहिए। इसने मौजूदा संस्थागत तंत्र को मजबूत बनाने और लिंग को मुख्य धारा में लाने और प्रभावी नीति के कार्यान्वयन के लिए नई संस्थाओं को बनाने पर भी जोर दिया।

बारहवीं पंचवर्षीय योजना (2012–17) महिलाओं की एजेंसी और बाल अधिकार पर संचालन समिति 'महिलाओं की एजेंसी' इस शब्दावली को एक सामाजिक-राजनीतिक आदर्श के रूप में देखती है, जिसमें महिलाओं के अधिकार के व्यापक ढांचे के संबंध में गरिमा और समानता के लिए एक स्थायी प्रतिबद्धता की कल्पना को शामिल किया गया है। यह अपने आप पर, संसाधनों पर, और सामाजिक धारणाओं पर और व्यवहार पर नियंत्रण पाने की एक प्रक्रिया है, जिसे केवल तभी प्राप्त किया जा सकता है जब उनके आर्थिक वृद्धि के माध्यम से की गई उन्नति के द्वारा उनकी मौजूदा स्थिति में सुधार किया जाए और उन्हें उपलब्ध विकल्पों के साथ सामाजिक और राजनीतिक स्वतंत्रता का अवसर प्राप्त हो।

भारत का संविधान जीवन के विभिन्न क्षेत्रों में महिलाओं के लिए समानता प्रदान करता है, परंतु अभी तक महिलाओं की एक बड़ी संख्या या तो पूरी तरह से सज्जित नहीं हैं या खुद को अपने परंपरागत असंतोषजनक सामाजिक-आर्थिक स्थिति से बाहर निकालने की स्थिति में नहीं हैं। वे गरीब अनपढ़ और अपर्याप्त रूप से प्रशिक्षित होती हैं और अक्सर शारीरिक रूप से और भावनात्मक रूप से परिवार को बनाए रखने के लिए संघर्ष में अवशोषित की जाती हैं और एक नियम के रूप में उन्हें अपने घरों के

बाहर के मामलों में दिलचस्पी लेने से हतोत्साहित किया जाता है। अभी भी बड़े पैमाने पर महिलाओं पर उत्पीड़न, भेदभाव और अत्याचार किए जा रहे हैं। भारत के कई हिस्सों की सामाजिक व्यवस्था में पितृसत्ता जड़ी हुई है, जो महिलाओं को अपने तरीके से जीने की स्वतंत्रता को नकारती है। एक पितृसत्तात्मक अर्थों में समुदाय का प्रभावी महत्व यह सुनिश्चित करता है कि महिलाओं को समुदाय के मुद्दों पर अपने विचारों को प्रकट करने की स्वतंत्रता शायद ही कभी मिले। कन्या भ्रूण हत्या आम बात है। आंकड़े बताते हैं कि भारत में अभी भी नर बच्चे को बहुत अधिक प्राथमिकता दी जाती है। यहाँ कुछ राज्यों में स्त्री-पुरुष अनुपात में असंतुलन है। 'घरेलू हिंसा क़ानून' 2005 के लागू होने के बावजूद बड़े पैमाने पर घरेलू हिंसा अभी भी समाज में बड़े पैमाने पर जारी है और दहेज से संबंधित अपराध हो रहे हैं। शहरी और उप-शहरी महिलाओं की एक अल्प संख्या को छोड़कर, भारतीय महिला अभी भी सामाजिक न्याय पाने के लिए रो रही हैं।

बच्चों का संरक्षण और कल्याण

2011 की जनगणना के अनुसार बच्चे (0–14 वर्ष) भारत की आबादी के 29.5 प्रतिशत का गठन करते हैं। भारतीय संविधान में बच्चों के संरक्षण, विकास और कल्याण के लिए कई प्रावधान हैं। अनुच्छेद 24 किसी फैक्टरी या खदान में या किसी अन्य खतरनाक व्यवसाय में बच्चों के रोजगार पर प्रतिबंध लगाता है। यह सिद्ध करने के लिए, अनुच्छेद 39 (ई) और (एफ) निर्धारित करते हैं कि राज्य इस तरह से अपनी नीति लागू करेगा कि बच्चों की नाजुक उम्र के साथ दुर्व्यवहार न हो।

भारतीय संविधान की इस भावना को ध्यान में रखते हुए 1974 में 'बच्चों पर राष्ट्रीय नीति' को अपनाया गया था और 'एकीकृत बाल विकास सेवा' (आईसीडीएस) 1975 में संचालनीय हो गई। बच्चे के समग्र विकास के लिए यह दुनिया का सबसे बड़ा और सबसे अनोखा कार्यक्रम बन गया, जो अनुपूरक पोषण, टीकाकरण, स्वास्थ्य और पोषण शिक्षा के साथ-साथ स्वास्थ्य जांच, और समावेशी सेवाओं का एक पैकेज प्रदान करता है। महिला एवं बाल विकास मंत्रालय ने वर्ष 2009–10 से एक नई केन्द्र प्रायोजित योजना का शुभारंभ किया अर्थात् समेकित बाल संरक्षण योजना (आईसीपीएस)। इस योजना के उद्देश्य कठिन परिस्थितियों में पड़े बच्चों की भलाई में योगदान करना, साथ ही उनकी परिस्थितियों और कार्यों के दुरुपयोग में कमियाँ लाना, जिनसे उन बच्चों की उपेक्षा, शोषण और उनके माता-पिता से जुदाई होने की संभावना होती हो।

मुश्किल में पड़े बच्चों की आपातकालीन जरूरतों के लिए प्रतिक्रिया देने के लिए सरकार ने बाल लाइन सेवा शुरू की है। इस बाल लाइन का एक समर्पित नंबर (1,098) है, जो एक 24 घंटे टोल फ्री टेलीफोन सेवा है और संकट में फसें सभी बच्चों के लिए उपलब्ध है। काम करने वाले बच्चों के लिए गैर-औपचारिक शिक्षा और व्यावसायिक प्रशिक्षण प्रदान करने के लिए "कामकाजी बच्चों के कल्याण योजना" को जनवरी 2005 में शुरू किया गया था। महिला एवं बाल विकास मंत्रालय ने एक नई पायलट योजना, अर्थात धनलक्ष्मी योजना शुरू की थी- जो 2008 में बीमा कवर के साथ बालिका के शिक्षण हेतु वित्तीय प्रोत्साहन प्रदान करने के लिए परिवारों को एक सशर्त नकदी हस्तांतरण के साथ प्रदान की गई थी। "बाल अधिकार संरक्षण के लिए राष्ट्रीय आयोग" को बच्चों के समुचित प्रवर्तन के लिए 5 मार्च, 2007 को स्थापित किया गया था, जो बच्चों से संबंधित कानूनों और कार्यक्रमों और अधिकारों के प्रभावी कार्यान्वयन के लिए था।

भारत में सामाजिक कल्याण की नीतियाँ

भारत सरकार ने समय-समय पर समाज कल्याण की कई नीतियाँ तैयार की गई हैं। निम्नलिखित खंड में हम रोजगार, शिक्षा और स्वास्थ्य के विषय में तीन महत्वपूर्ण सामाजिक कल्याण नीतियों पर चर्चा करेंगे।

महात्मा गांधी राष्ट्रीय ग्रामीण रोजगार गारंटी अधिनियम (मनरेगा)

राष्ट्रीय ग्रामीण रोजगार गारंटी अधिनियम (नरेगा), 2005 को भारत में ग्रामीण विकास के इतिहास में एक मील का पत्थर माना जाता है। इसे 2006 में केंद्र सरकार द्वारा लागू किया गया था। इस क़ानून को शुरू में राष्ट्रीय ग्रामीण रोजगार गारंटी अधिनियम बुलाया जाता था, लेकिन 2 अक्टूबर 2009 को इसे महात्मा गांधी राष्ट्रीय ग्रामीण रोजगार गारंटी अधिनियम (मनरेगा) का नाम दिया गया।

इस अधिनियम को ग्रामीण लोगों की क्रय शक्ति में सुधार लाने के उद्देश्य से शुरू किया गया था, यह मुख्य रूप से उन्हें अर्ध या अकुशल काम कराने के द्वारा किया जाता था, चाहे वे गरीबी रेखा से नीचे थे या नहीं थे। पिछली रोजगार सृजन योजनाओं के विपरित, पहली बार मनरेगा ने कानूनी तौर पर भारत की गरीब आबादी के लिए रोजगार की गारंटी दी। यह अधिनियम प्रति ग्रामीण घर को 100 दिन के अकुशल काम की गारंटी देता है। यह अधिनियम आगे कहता है कि अगर सरकार ग्रामीण गरीबों को रोजगार सुनिश्चित करने में विफल रहती है तो वह उन्हें बेरोजगारी भत्ता प्रदान करेगी। इस अधिनियम का मूल उद्देश्य ग्रामीण क्षेत्रों के विभिन्न इलाकों से गरीबी उन्मूलन करना है और पानी के तालाब, मृदा संरक्षण कार्य, आदि जैसे उत्पादक परिसंपत्तियों के सृजन के माध्यम से गांवों को आत्मनिर्भर बनाना है।

मनरेगा को आंध्र प्रदेश में अनंतपुर से 2 फरवरी 2006 को शुरू किया गया था और उसने शुरू में देश के 200 'सबसे गरीब' जिलों को कवर किया था। केंद्रीय ग्रामीण विकास मंत्रालय के आंकड़ों के अनुसार, शुरू में 1.36 करोड़ से अधिक लोगों को इस अधिनियम के तहत काम दिया गया था, जो भारत की कुल आबादी का एक प्रतिशत गठित करते हैं। 2008–9 में, इसने 4.47 करोड़ से अधिक परिवारों को रोजगार के अवसर प्रदान किए। इस अधिनियम की अनुसूची I काम की आठ श्रेणियों को विश्लेषित करती है जो इस 'योजना का फोकस' होना चाहिए:

1. जल संरक्षण और जल संचयन, सूखे से राहत कार्य (वनीकरण और वृक्षारोपण सहित), सिंचाई की नहरें (सूक्ष्म और लघु सिंचाई के काम सहित)।
2. अनुसूचित जातियों और अनुसूचित जनजातियों के लिए या भूमि सुधार के लाभार्थियों के लिए या भारत सरकार की इंदिरा आवास योजना के लाभार्थियों से संबंधित परिवारों के स्वामित्व वाले परिवारों के लिए सिंचाई सुविधाओं का प्रावधान।
3. पारंपरिक जल निकायों का नवीनीकरण (तालाबों को क्षार विरहित करने सहित)।
4. भूमि विकास।
5. बाढ़ नियंत्रण और संरक्षण के काम (पानी जमने के क्षेत्रों में जल निकासी सहित)।
6. सभी मौसमों में पहुँच प्रदान करने के लिए ग्रामीण संपर्क।
7. इसके अलावा, वहाँ एक अवशिष्ट श्रेणी है, अर्थात, अन्य कोई भी काम, जो राज्य सरकारों के परामर्श से केन्द्र सरकार द्वारा अधिसूचित किया जा सकता है।

इस अधिनियम के तहत प्रत्येक राज्य के लिए यह माना जाता है कि वह इसके अधिनियमन के छह महीने के भीतर एक ग्रामीण रोजगार गारंटी योजना तैयार करे। मोटे तौर पर, गांव और मध्यस्थ पंचायतों को कार्यान्वयन की गतिविधियों का कार्य सौंपा गया है, जबकि उसकी समन्वय की गतिविधियों को जिला स्तर के लिए छोड़ दिया गया है। सभी स्तरों पर नियोजन, पर्यवेक्षण और निगरानी के कार्य किए जाते हैं। सरकार ने अप्रैल 2008 से इस अधिनियम का पूरे देश भर में विस्तार करने का फैसला किया। इस अधिनियम को चरणबद्ध तरीके से लागू किया गया था- 2007–8 में 130 जिलों को जोड़ा गया था। देश भर में 625 जिलों में इसके प्रसार के साथ, यूपीए सरकार का यह महत्वाकांक्षी कार्यक्रम में ग्रामीण गरीबों की क्रय शक्ति बढ़ाने, संकट पलायन को कम करने और ग्रामीण भारत में उपयोगी संपत्ति बनाने के लिए क्षमता देता है। इसके अलावा, यह

सामाजिक और लैंगिक समानता को बढ़ावा दे सकता है, क्योंकि इस योजना के तहत 23 प्रतिशत श्रमिक अनुसूचित जातियों के, 17 प्रतिशत अनुसूचित जनजातियों के और 50 प्रतिशत महिलाएँ होती हैं (भारत सरकार 2013)। 'राष्ट्रीय नमूना सर्वेक्षण' मनरेगा के कार्यान्वयन के बाद लोक निर्माण के रोजगार में आठ गुना वृद्धि दर्शाता है। यहाँ कुल केन्द्रीय योजना व्यय में भी ग्रामीण रोजगार योजनाओं पर किए गये खर्च की हिस्सेदारी ने वृद्धि दर्शायी है। मनरेगा का रोजगार पहले तीन साल (2002–3 से 2004–5) के 11.8 फीसदी से अंतिम तीन साल (2009–10 से 2011–12) के 13.3 प्रतिशत की औसत से बढ़ गया है (भारत सरकार 2013, 42)।

अपनी उपलब्धियों के बावजूद, मनरेगा की कई आधारों पर आलोचना की गई है। यहाँ कई रिपोर्टें हैं जो इस योजना के लिए प्रदान की गई धनराशि के भ्रष्टाचार और दुरुपयोग की बात कर रही हैं। एक अन्य महत्वपूर्ण आलोचना यह है कि सार्वजनिक कार्य योजनाओं के पूरे हुए उत्पादों (जैसे, जल संरक्षण, भूमि विकास, वनीकरण, सिंचाई प्रणाली का प्रावधान, सड़कों के निर्माण, या बाढ़ नियंत्रण) को समाज के कुछ अमीर वर्गों द्वारा लिया जा रहा है। मध्य प्रदेश में मनरेगा के एक निगरानी अध्ययन से पता चला है कि जिस प्रकार की गतिविधियों को शुरू किया गया है उन्हें गांवों में कमाधिक मानकीकृत किया गया है, जिससे स्थानीय लोगों से परामर्श न लेना प्रदर्शित होता है। आगे की चिंताओं में यह तथ्य शामिल है कि स्थानीय सरकारों में भ्रष्टाचार का होना समाज के विशिष्ट वर्गों के बहिष्कार की ओर ले जाता है। स्थानीय सरकारों का यह भी दावा है कि यह पाया गया है कि जितने लोगों ने वास्तव में कार्य किया है उससे कहीं अधिक लोगों को जॉब कार्ड दिया गया है, जो वास्तव में आवश्यकता से कहीं अधिक धन उत्पन्न करने के लिए किया जाता है, जिसका स्थानीय अधिकारियों द्वारा गबन किया जाता है। जॉब कार्ड प्राप्त करने के लिए के लिए 50 रु. के उच्च रिश्वत का भुगतान किया जाता है। यहाँ निर्माण कंपनियों की तरफ से आलोचना की गई है कि मनरेगा के कारण श्रमिकों की उपलब्धता प्रभावित हुई है, क्योंकि अब मजदूर निर्माण परियोजनाओं के तहत काम करने के बजाय मनरेगा के तहत काम करना पसंद करते हैं। इसकी भी व्यापक रूप से आलोचना की गई है कि मनरेगा ने खेतीहर श्रमिको की कमी में योगदान दिया है। यहाँ तक कि जुलाई 2011 में, सरकार को राज्यों को खेती की उच्च अवधि के दौरान मनरेगा को निलंबित करने के लिए सलाह देना पड़ा था।

हालांकि, बड़े पैमाने पर ग्रामीण गरीबी और बेरोजगारी होने वाले एक देश में, यह योजना दो उद्देश्य प्राप्त करने में सक्षम हो गई है — ग्रामीण विकास और रोजगार। ग्रामीण क्षेत्रों पर ध्यान केंद्रित करते हुए यह उन गतिविधियों में स्थानीय लोगों को शामिल करने में सक्षम हो गई है जिनसे उन्हें प्रत्यक्ष मदद मिली है, अर्थात, जल संरक्षण और फसल कटाई, वनीकरण, ग्रामीण कनेक्टिविटी, बाढ़ नियंत्रण, तटबंधों का निर्माण और मरम्मत, आदि। इन तथ्यों को ध्यान में रखते हुए इस योजना ने ग्रामीण लोगों को सशक्त बनाने में मदद की है।

सर्व शिक्षा अभियान (सभी के लिए शिक्षा)

सर्व शिक्षा अभियान (एसएसए) एक समयबद्ध तरीके से 'प्राथमिक शिक्षा के सार्वभौमिकरण' (यूईई) को प्राप्त करने के लिए भारत सरकार का प्रमुख कार्यक्रम है, जैसा कि भारत के संविधान में 86वें संशोधन द्वारा 6—14 साल की उम्र के बच्चों के लिए मुफ्त और अनिवार्य शिक्षा देना उनके एक मौलिक अधिकार के रूप में अनिवार्य किया गया है। सर्व शिक्षा अभियान को राज्य सरकारों के साथ साझेदारी में लागू किया जा रहा है, ताकि पूरे देश के 1.1 लाख बस्तियों में रहने वाले 19.2 करोड़ बच्चों की शिक्षा की जरूरत को पूरा किया जा सके। यह कार्यक्रम उन बस्तियों में नए स्कूलों को खोलना चाहता है जहाँ स्कूली शिक्षा की सुविधा नहीं है और साथ ही यह अतिरिक्त क्लास रूम, शौचालय, पीने के पानी, रखरखाव अनुदान और स्कूल सुधार अनुदान के प्रावधान के माध्यम से मौजूदा स्कूल के बुनियादी ढांचे को मजबूत करने के लिए इच्छुक है। शिक्षकों की अपर्याप्त संख्या होने वाले मौजूदा स्कूलों को अतिरिक्त शिक्षक प्रदान किए जा रहे हैं, जबकि मौजूदा शिक्षकों की क्षमता को व्यापक प्रशिक्षण और अन्य साहित्यों के माध्यम से मजबूत किया जा रहा है। सर्व शिक्षा अभियान जीवन कौशल सहित गुणवत्तापूर्ण प्राथमिक शिक्षा प्रदान करना चाहता

है। इसने लड़कियों की शिक्षा पर और विशेष आवश्यकता वाले बच्चों पर विशेष ध्यान केंद्रित किया है।[1] डिजिटल डिवाइड को पाटने के लिए इस कार्यक्रम में कंप्यूटर शिक्षा प्रदान करने के लिए भी प्रावधान है।

सर्व शिक्षा अभियान के प्रभावी क्रियान्वयन में कई चुनौतियाँ मौजूद हैं। क्या हम कभी भी सर्व शिक्षा अभियान के लक्ष्यों को प्राप्त कर पाएंगे अगर हम स्कूल स्वायत्तता और संस्थागत विकास के जोर के साथ सुधार और विकेन्द्रीकरण के एजेंडे पर ध्यान केंद्रित नहीं करते हैं? अमरजीत सिन्हा के अनुसार इस सवाल का जवाब एक जोरदार 'नहीं' है। सर्व शिक्षा अभियान के लिए नौकरशाहों और शिक्षकों की मानसिकता बदलना एक चुनौती है, उन्हें उनके आदेश के अनुसार संसाधन उपलब्ध कराने के बाद, सभी बच्चों के सीखने की जरूरत को पूरा करने की दिशा में जिम्मेदार बनाना है। सभी स्कूलों और शिक्षण केन्द्रों में सभी बच्चों के लिए बुनियादी न्यूनतम सीखने की स्थिति पैदा करने की चुनौती है। राज्य की उदासीनता स्कूली शिक्षा प्रणाली की स्थानीय स्तर की जवाबदेही के लिए प्रभावी विकेन्द्रीकरण तथा सामुदायिक नियंत्रण की धीमी गति में दिखाई देती है।

निजी गैर सहायता प्राप्त स्कूलों के प्रसार और इस तरह के स्कूलों के लिए अभिभावकों की पसंद के कारण, सरकारी वित्त पोषित स्कूल आज काफी हद तक गरीबों के लिए ही रह गये हैं। इसलिए उनके प्रदर्शन में किया गया कोई भी महत्वपूर्ण सुधार गरीबी कम करने के लिए एक सकारात्मक परिणाम होगा। सरकारी स्कूलों से अभिजात वर्ग के बच्चों को निकालना सरकारी स्कूलों की गिरावट का कारण होना बताया गया है। सिन्हा ने चेतावनी दी है कि जो बच्चे स्कूल में नहीं जाते हैं, वे भारत के ग्रामीण और शहरी गरीब परिवारों से होते हैं और ज्यादातर दलित, अल्पसंख्यक और आदिवासी परिवारों की लड़कियाँ और बच्चे होते हैं, जो अधिकतर मजदूर होते हैं। वे भी अपने बच्चों के लिए गुणवत्तापूर्ण स्कूली शिक्षा पाने के लिए हकदार होते हैं। उन्हें आशा है कि लोकतंत्र उन्हें विफल नहीं करेगा (सिन्हा)। इस प्रकार, इस कार्यक्रम की सफलता से समाज के गरीब और कमजोर वर्गों के जीवन में सुधार होगा।

राष्ट्रीय ग्रामीण स्वास्थ्य मिशन

राष्ट्रीय ग्रामीण स्वास्थ्य मिशन (एनआरएचएम) को अप्रैल 2005 में केंद्र सरकार द्वारा शुरू किया गया था। कार्यान्वयन के लिए इसकी विस्तृत रूपरेखा को जुलाई 2006 में अनुमोदित किया गया था, जिसने बड़े पैमाने पर स्वास्थ्य क्षेत्र में सुधार के लिए जनादेश दिया था। एनआरएचएम के डिजाइन एक बहुत समावेशी प्रक्रिया थी। कार्य बलों की एक बड़ी संख्या को प्रमुख क्षेत्रों में सर्वश्रेष्ठ सार्वजनिक स्वास्थ्य विशेषज्ञों, नागरिक समाज के प्रतिनिधियों और सरकारी कर्मचारियों को स्थापित किया गया जहां हस्तक्षेप आवश्यक थे। इन कार्यदलों ने स्वास्थ्य वित्तपोषण, प्राथमिक स्वास्थ्य संरचना, गैर सरकारी संगठनों के साथ भागीदारी, चिकित्सा और नर्सिंग शिक्षा, ग्रामीण स्वास्थ्य चिकित्सकों आदि जैसे मुद्दों की जांच की। यह इस परामर्शी प्रक्रिया के माध्यम से किया गया जिसने राष्ट्रीय ग्रामीण स्वास्थ्य मिशन के लिए रूपरेखा को अंतिम रूप दिया था।

मिशन की मुख्य विशेषताएं निम्नलिखित हैं:

1. भौतिक बुनियादी ढांचे, मानव संसाधन, उपकरण, आपातकालीन परिवहन, दवाओं, निदान और अन्य सहायता के प्रावधान के माध्यम से ग्रामीण क्षेत्रों में स्वास्थ्य देखभाल की प्रणाली को मजबूत बनाने के लिए राज्यों को सहायता प्रदान करता है।
2. एचआईवी/एड्स, मानसिक स्वास्थ्य और कैंसर को छोड़कर स्वास्थ्य के क्षेत्र में सभी कार्यक्रमों को शामिल करता है।
3. ग्राम स्वास्थ्य स्वच्छता समितियों से लेकर जिला अस्पतालों तक सभी स्वास्थ्य सुविधा के लिए मुक्त निधियों को सुनिश्चित करता है।

[1] और अधिक जानकारी के लिए *सर्व शिक्षा अभियान* वेबसाइट का संदर्भ लें। www/http: //ssa.nic.in/, पर उपलब्ध 27 फरवरी, 2015 को देखी गई।

4. स्वास्थ्य के विकेन्द्रीकृत प्रबंधन के लिए क्षमता को मजबूत करने के लिए प्रबंधन सहायता प्रदान करता है।
5. स्वास्थ्य सुविधा के स्तर पर सामुदायिक संस्थाओं के गठन के लिए प्रावधान करता है।
6. हर गांव में एक समुदाय कार्यकर्ता प्रदान करता है, जिसे आशा कहकर बुलाते है।
7. स्थानीय निर्णय लेने की अनुमति देने के लिए राज्यों को अभिनवता और लचीले वित्तपोषण को बढ़ावा देने के लिए अनुमति देता है।

एनआरएचएम ने स्वास्थ्य संकेतकों में संशोधन और सुधार लाने में राज्य और केंद्र शासित प्रदेशों के साथ साझेदारी में संसाधनों के साथ सुधारों को लाने का प्रयास किया। कार्यान्वयन के लिए राष्ट्रीय ग्रामीण स्वास्थ्य मिशन के ढांचे ने सुविधाओं के साम्प्रदायिकीकरण, सामुदायिक जवाबदेही के साथ पर्याप्त और लचीला वित्तपोषण, भारतीय लोक स्वास्थ्य मानकों के खिलाफ प्रगति की निगरानी, मानव संसाधन में अभिनवता, स्वास्थ्य प्रणाली के प्रभावी और कुशल विकेन्द्रीकृत प्रबंधन के लिए सभी स्तरों पर क्षमता की संलग्नता और निर्माण के लिए क्षेत्र में धक्का दिया गया। स्वतंत्र अध्ययन ने दर्शाया है कि, एनआरएचएम के कारण आउट पेशेंट मामलों, इन-पेशेंट मामलों में वृद्धि, संस्थागत प्रसव, एंबुलेंस की उपलब्धता, हर गाँव में सामुदायिक स्वास्थ्य कार्यकर्ता की उपस्थिति, दवाओं और निदान की बेहतर उपलब्धता और सबसे महत्वपूर्ण बात एक विश्वसनीय सार्वजनिक स्वास्थ्य प्रणाली का गठन करने के लिए यह एक ईमानदार प्रयास है।

निष्कर्ष कथन

समाज कल्याण प्रशासन निम्नलिखित उपायों के जरिए सामाजिक समस्याओं के समाधान के लिए एक प्रभावी तंत्र है: सामाजिक विधान की रचना तैयार करना, जनता में जागरूकता बढ़ाना, और समाज के वंचित वर्गों के लिए उनके कष्टों को कम करने की दृष्टि से सामाजिक कल्याण सेवाओं का प्रावधान करना। आजादी के बाद भारत में सामाजिक कल्याण का विकास, प्रशासनिक मशीनरी, वित्तीय परिव्यय और वंचित और पिछड़े वर्गों के कई वर्गों के लिए सामाजिक कल्याण कार्यक्रमों के विस्तार के प्रावधान के मामले में अभूतपूर्व प्रगति की है। 'सामाजिक न्याय और अधिकारिता मंत्रालय', 'महिला एवं बाल विकास मंत्रालय' और अनुसूचित जातियों के लिए पूर्ण मंत्रालयों और उनके अधीनस्थ संगठनों, जैसे अनुसूचित जाति/अनुसूचित जनजाति के लिए राष्ट्रीय आयोग, अल्पसंख्यक आयोग, जनजातीय मामलों के मंत्रालय, दिव्यांग लोगों के लिए राष्ट्रीय संस्थान और जन सहयोग एवं बाल विकास के राष्ट्रीय संस्थान की स्थापना, भारत में सामाजिक कल्याण प्रशासन के विकास में महान घटनाएँ रही हैं। समाज के कमजोर वर्गों के उत्थान में इन संस्थानों द्वारा किए गए कार्यक्रम और पहल सराहनीय हैं।

हालांकि, इतनी उपलब्धियाँ होने के बावजूद, भारत में हमें गरीबी, अन्याय, और अत्याचार की काली छाया को संबोधित करने के मामले में बहुत कुछ करने की जरूरत है। दुनिया के एक तिहाई वंचित लोग अभी भी भारत में रहते हैं। हम हमारी जनसंख्या के 30 प्रतिशत से अधिक जनता के लिए एक दिन में दो वक्त की रोटी उपलब्ध कराने में भी विफल रहे हैं। बाल श्रम अभी भी देश के कुल कर्मचारियों की संख्या का एक चौथाई भाग है, जिसमें 44 लाख बच्चे अमानवीय स्थिति में रहते हैं, और लगभग 3 लाख लड़कियाँ देह व्यापार में लगी हुई हैं। सार्वभौमिक प्राथमिक शिक्षा का लक्ष्य केवल कागज पर सफल होता दिखाई देता है। बालिकाओं के साथ भेदभाव किया जा रहा है। महिलाओं को समानता के उनके कानूनी अधिकारों से वंचित किया जा रहा है और वे अभी भी दहेज की मांग पूरा न करने के कारण मौत की सज़ा सहित अन्य अत्याचारों के अधीन हैं। हालांकि महिलाओं को पंचायतों में 33 प्रतिशत सीटें दी गई है, फिर भी वे अपने पुरुष साथी द्वारा ही निर्देशित होती हैं। दलितों पर अत्याचार की घटनाएँ बढ़ती ही जा रही हैं। जनजातीय लोगों को विकास परियोजनाओं के नाम पर विस्थापित किया जा रहा है। समाज के कमजोर वर्ग अपमान और अत्याचार से पीड़ित हैं। अत्यंत अमीर और अत्यंत गरीब के बीच की खाई भयानक तरीके से बढ़ती जा रही

है (सचदेवा 2010, 122)। प्रशासनिक मशीनरी समाज के अक्षम और कमजोर और दलित वर्गों की समस्याओं के समाधान में अनुत्तरदायी साबित हुई है। इस प्रकार, यह स्थिति गंभीर है।

ऊपरोक्त चुनौतियों को ध्यान में रखते हुए, यहाँ समाज कल्याण प्रशासन को और अधिक प्रभावी और जवाबदेह बनाने की जरूरत है। इस संबंध में कई उपाय शुरू किए जा सकते हैं, जैसे सामाजिक कल्याण कार्यक्रमों की समुचित निगरानी, भ्रष्ट अधिकारियों के खिलाफ सख्त कार्रवाई, योजनाओं के क्रियान्वयन में होने वाली देरी को रोकना, बिचौलियों द्वारा धन की लीकेज की जाँच करना और यह सुनिश्चित करना है कि ये सेवाएँ वास्तव में लक्षित समूहों तक पहुंच रहीं हैं। सामाजिक सुरक्षा उपायों को असंगठित क्षेत्र के श्रमिकों के लिए बढ़ाये जाने की जरूरत है, बच्चों, महिलाओं और अनुसूचित जातियों पर होने वाले अत्याचारों को मजबूत निवारक उपायों के साथ रोकना चाहिए, जैसे विशेष न्यायालय और विशेष पुलिस बल की स्थापना। यह सुनिश्चित करने की आवश्यकता है कि विकास के नाम पर आदिवासियों के रहन-सहन, संस्कृति और परंपराओं के उनके स्वदेशी तरीकों पर अतिक्रमण नहीं किया जा रहा है। इन उपायों को लागू करके हम निश्चित रूप से समाज के वंचित लोगों की हालत में सुधार ला सकते हैं और उन्हें राष्ट्रीय विकास का एक हिस्सा बना सकते हैं।

पुनरीक्षण प्रश्न

1. 'सामाजिक कल्याण' की अवधारणा के विकास पर एक निबंध लिखें।
2. सामाजिक कल्याण प्रशासन क्या है? इसके मुख्य सिद्धांतों पर चर्चा करें।
3. समाज के कमजोर वर्गों के लिए विशेष संदर्भ के साथ भारत में सामाजिक कल्याण प्रशासन की भूमिका का मूल्यांकन करें।
4. समाज कल्याण प्रशासन से भारत में ओबीसी को कितना लाभ हुआ है? चर्चा करें।
5. अनुसूचित जातियों और अनुसूचित जनजातियों के उत्थान के लिए भारत सरकार द्वारा क्या उपाय किए गए हैं? चर्चा करें।
6. भारत में संगठनात्मक संरचना और सामाजिक कल्याण प्रशासन के कार्यों पर चर्चा करें।
7. भारत में महिलाओं के कल्याण के लिए सरकार द्वारा शुरू की गई मुख्य नीतियों और कार्यक्रमों पर चर्चा करें।
8. एक स्वतंत्र विषय के रूप में मान्यता प्राप्त करने के लिए 'सामाजिक कल्याण प्रशासन' को एक लंबा रास्ता तय करना है। टिप्पणी करें।
9. भारत में सामाजिक कल्याण प्रशासन के समक्ष प्रस्तुत मुख्य चुनौतियां क्या हैं? चर्चा करें।
10. सामाजिक कल्याण प्रशासन को और अधिक प्रभावी और जवाबदेह बनाने के लिए अपने सुझाव दें।

संदर्भ

Beveridge, William. 1942. *Social Insurance and Allied Services*. New York: Macmillan.

Forder, Anthony. 1974. *Concepts in Social Administration*. London: Routledge and Kegan Paul.

Friedlander, Walter A. 1967. *Introduction to Social Welfare*. New Delhi: Prentice-Hall of India.

Goel, S. L. 2010. *Social Welfare Administration*. Vol. 2 (Social Justice and Empowerment). New Delhi: Deep and Deep Publications.

Government of India. 2001. *National Policy for the Empowerment of Women 2001*. Ministry of Human Resource Development, Government of India, New Delhi.

———. 2010. *Annual Report 2009–10*. Ministry of Social Justice and Empowerment, Government of India, New Delhi.

———. 2011. *India 2011*. Publication Division, Government of India, New Delhi.

———. 2013. *Twelfth Five year Plan (2012–17): Faster, More Inclusive and Sustainable Growth*. Vol. 1. Planning Commission. New Delhi: SAGE.

Heywood, Andrew. 2005. *Key Concepts in Politics*. New York: Palgrave Macmillan.

Kidneigh, John C. 1959. 'Social Work Administration: An Area of Social Work Practice'. *Social Work Journal* 31 (April): 58.

Kruse, Arthur. 1960. *Administration of Social Welfare Agencies* (Social Work Year Book). New York: National Association of Social Work.

National Rural Health Scheme. National Health Mission, Ministry of Health and Family Welfare. Retrieved from http://mohfw.nic.in\nrhm\documents\5 years-nrhm-final.fdf (accessed on 13 December 2015).

Rosemary, S. 1971. "Administration in Social Welfare," *Encyclopedia of Social Work*. New York: National Association of Social Workers.

Sachdeva, D. R. 2010. *Social Welfare Administration in India*. New Delhi: Kitab Mahal.

Sarva Shiksha Abhiyan. Ministry of Human Resource Development. Retrieved from www\http:\\ssa.nic.in\ (accessed on 13 December 2015).

Sen, Amartya. 2000. *Development as Freedom*. New Delhi: Oxford University Press.

Sinha, Amarjeet. 'Is It Really Possible?' Retrieved from www.india-seminar.com\2004\536\amarjeetsinha.htm (accessed on 12 December 2015).

Titmuss, Richard M. 1985. *Essays on the Welfare State*. London: George Allen and Unwin.

United Nations. 1970. *Social Welfare Planning in the Context of National Development Plans*. New York: United Nations.

———. 2011. *UN Millennium Development Goals Report, 2011*. New York: United Nations.

Wilensky, Harold L., and Charles N. Lebeaux. 1958. *Industrial Society and Social Welfare*. New York: Russell Sage Foundation.

14

भारत में पर्यावरण प्रशासन

अध्ययन उद्देश्य

1. भारत में पर्यावरण के महत्वपूर्ण मुद्दों को समझना।
2. भारत में पर्यावरण के संरक्षण के लिए कानूनी और संवैधानिक प्रावधानों को पता करना।
3. पर्यावरण के मुद्दों पर न्यायपालिका की प्रतिक्रिया का पता लगाना।
4. भारत में पर्यावरणीय शासन में नागरिक समाज की भूमिका की जांच करना।

मनुष्य, अपनी उत्पत्ति के समय से प्रकृति के साथ सद्भाव में रहता है। हालांकि, विज्ञान और प्रौद्योगिकी के विकास के साथ, मनुष्य ने प्राकृतिक दुनिया में महारत हासिल करने का प्रयास किया है। धन जमा के लिए अपने लालच के कारण, प्राकृतिक संसाधनों का आँख बंद करके शोषण किया गया है। परिणाम वह है जो हम आज देख रहे हैं। शहर और कस्बे हवा और पानी की गुणवत्ता के मामले में अत्यधिक प्रदूषित हैं और अत्यधिक शोर स्वस्थ मानव जीवन के लिए हानिकारक है। वनों को काटा जा रहा है जिससे मौसम की गड़बड़ी और भूजल के स्तर में गिरावट हो रही है। नदियाँ और महासागर न केवल प्रदूषित हो रहे हैं, अपितु मानवीय लालच के कारण उनकी प्राकृतिक संपदा छीनी जा रही है। शोषण होने के कारण पृथ्वी अपनी प्रजननक्षमता खो रही है। पर्यावरण आज ग्लोबल वार्मिंग और ओजोन परत के रिक्तीकरण के उभरते खतरे में है। मनुष्य को आज अपने ही अस्तित्व के संकट का सामना करना पड़ रहा है। यह अध्याय भारत में मौजूद पर्यावरण के मुद्दों, पर्यावरण संरक्षण के लिए कानूनी और संवैधानिक प्रावधानों और भारत में पर्यावरण की चुनौतियों के लिए न्यायपालिका और नागरिक समाज की प्रतिक्रिया से संबंधित है।

भारत में पर्यावरण के मुद्दे

मनुष्य की परम आनन्द और ऐशोआराम पाने इच्छा ने उसे प्रकृति की मुफ्त वस्तुओं और सेवाओं का फायदा उठाने के लिए प्रेरित किया। पर्यावरण पर इन गतिविधियों के प्रभाव पर इस उपेक्षा के एक परिणाम के रूप में कई पर्यावरणीय समस्याएँ पैदा हुई हैं। भारत में प्रमुख पर्यावरण के मुद्दों में औद्योगिक विकास से उत्पन्न वायु प्रदूषण, घरेलू और औद्योगिक अपशिष्ट से जल प्रदूषण, वनों की कटाई, शहरों की बढ़ती संख्या, जैव विविधता के नुकसान, ठोस अपशिष्ट, ध्वनि प्रदूषण और वाहनों से होने वाले प्रदूषण हैं। हालांकि, तेजी से औद्योगिकरण करने, अन्न उत्पादन में आत्मनिर्भर होने, और बढ़ती हुई जनसंख्या की कुछ बुनियादी जरूरतों को पूरा करने में सक्षम होने की देश की इच्छा के सामने पर्यावरण की सुरक्षा सबसे मौलिक चुनौती प्रस्तुत करती है। पर्यावरण और विकास के बीच एक संतुलन कायम करने की चुनौती है। भारत में प्रमुख पर्यावरणीय समस्याओं में से कुछ को निम्नलिखित विभागों के तहत पहचाना जा सकता है।

पर्यावरणीय प्रदूषण

जब पर्यावरण के विभिन्न घटकों के भौतिक, रासायनिक और जैविक परियोजनाओं, अर्थात् हवा, पानी, मिट्टी, आदि जीवित प्रजातियों की हानि के लिए बदल रहे हैं, तब यह कहा जा सकता है कि पर्यावरण प्रदूषित हो चुका है। इस प्रकार प्रदूषण तब होता है, जब पर्यावरण परिवर्तन द्वारा सार्वजनिक स्वास्थ्य और सुरक्षा को खतरा होता है या खतरा होने की संभावना होती है या जब वे पर्यावरण के घटकों के घरेलू, औद्योगिक, मनोरंजन या अन्य वैध उपयोगों के लिए हानिकारक होते हैं। पर्यावरण प्रदूषण के प्रभाव हानिकारक होते हैं, विशेष रूप से मानव अस्तित्व और जीवन की गुणवत्ता पर उनके असीम प्रभाव के साथ। प्रदूषण के प्रमुख प्रकारों का निम्नलिखित विभागों के तहत अध्ययन किया जा सकता है।

वायु प्रदुषण

वातावरण का प्रमुख घटक हवा है जिसके बिना प्राणी जीवित नहीं रह सकते। फिर भी स्वच्छ हवा आज एक दुर्लभ वस्तु बन गई है, विशेष रूप से बड़े शहरों और कस्बों में। आज वायु प्रदूषण शहरों में एक प्रमुख पर्यावरणीय समस्या बनी है। वायु (प्रदूषण का निवारण और नियंत्रण) अधिनियम, 1981 के अनुसार, वायु प्रदूषण का तात्पर्य है वातावरण में ठोस, द्रव या गैसीय पदार्थों की ऐसी सांद्रता में मौजूदगी जो मनुष्य या जीवित प्राणियों या पौधों या संपत्ति या पर्यावरणके लिए हानिकारक हो सकते हैं (CSE 1982, 132)।

वायु प्रदूषण भारत में सबसे बड़ी पर्यावरणीय समस्याओं में से एक है। दस लाख से अधिक जनसंख्या वाले अधिकांश 23 भारतीय शहरों में विश्व स्वास्थ्य संगठन (डब्ल्यूएचओ) के स्वास्थ्य मानकों द्वारा निर्धारित वायु प्रदूषण के स्तर को पार कर दिया है। और अधिकांश शहरों में वाहनों की बढ़ती संख्या, ऊर्जा की खपत और बेलगाम औद्योगीकरण की वजह से यह स्तर बद से बदतर होता जा रहा है। भारत के 10 सबसे बड़े शहरों में से छह, अर्थात् मुंबई, कोलकाता, दिल्ली, अहमदाबाद, कानपुर और नागपुर कुल निलंबित कणों (टीएसपी) की वजह से गंभीर वायु प्रदूषण की समस्याओं का सामना कर रहे हैं (जैन 2005, 7)। बिजली संयंत्रों में कोयले को जलाने के कारण, सल्फर डाइऑक्साइड (SO_2) और फ्लाई ऐश का उत्सर्जन लगातार बढ़ता जा रहा है। चूँकि CO, ओजोन, लेड और हाइड्रोकार्बन वाहनों से होने वाले उत्सर्जन से संबंधित हैं, इसलिए यह स्पष्ट है कि भविष्य में भारत में परिवहन में वृद्धि के साथ वाहनों से निकलने वाले इनके स्तर में तेजी से वृद्धि होगी।

हवा की गुणवत्ता का बिगड़ना शहरी भारत में एक डरावनी कहानी का बयान करता है। इस बात का ठोस सबूत 'बीमारी का वैश्विक बोझ' (2012) हैं, जो विश्व स्वास्थ्य संगठन सहित पांच अंतरराष्ट्रीय संगठनों के 450 विशेषज्ञों द्वारा किए गये हाल के एक अध्ययन से उभरा है, जो आउटडोर वायु प्रदूषण को भारत में पांचवे सबसे बड़े हत्यारे के रूप में श्रेणीबद्ध करता है। इस रिपोर्ट में कहा गया है कि हवा की गुणवत्ता प्रबंधन के दशकों लंबे प्रयास इस समस्या को नियंत्रित करने में विफल रहे हैं। विषाक्त हवा का कॉकटेल स्वास्थ्य जोखिम को बढ़ा रहा है और भारतीय शहरों के 'जीवन' से समझौता किया जा रहा है (सीएससी 2013, 35)। भारतीय शहरों में भारी प्रदूषित हवा के सार्वजनिक स्वास्थ्य पर पड़ने वाले प्रभाव और अधिक भयावह हो गये गये हैं, जब जून 2013 में, 'कैंसर पर अनुसंधान के लिए अंतरराष्ट्रीय एजेंसी' ने बाहरी वायु प्रदूषण को वर्ग 1 कार्सिनोजन के रूप में वर्गीकृत किया और फेफड़ों के कैंसर से होने वाली मौतों को प्रमुख पर्यावरणीय कारण माना था (सीएसई 2014, 148)।

विश्व बैंक की रिपोर्ट (2013) भारत में गंदी हवा के स्वास्थ्य प्रभाव को इंगित करने के लिए और अधिक सबूत प्रदान करती है। स्वास्थ्य के लिए विश्व बैंक के मूल्यांकन स्वच्छता की बुरी स्थिति, आउटडोर और इनडोर वायु प्रदूषण सहित पर्यावरणीय क्षति, अपर्याप्त पानी की आपूर्ति पर आधारित है, जिसमें आउटडोर वायु प्रदूषण सूची में सबसे ऊपर है। इन सब नुकसानों के बीच यह सबसे ऊपर है, जिसकी लागत 110,000 करोड़ रूपए से भी अधिक है। भारत में हर साल, आउटडोर वायु प्रदूषण द्वारा वयस्कों के

109,000 जीवन और पांच वर्ष से कम आयु के बच्चों के 7,513 जीवन लेने का दावा किया गया है। आउटडोर और इनडोर वायु प्रदूषण की एक साथ लागत भारत की अर्थव्यवस्था पर सर्वाधिक वार्षिक बोझ है। यही कारण वयस्कों के बीच हृदय और फेफड़े के रोग के कारण होने वाली मृत्यु की ओर ले जाता है। प्रति वर्ष गंभीर ब्रोंकाइटिस के करीब 48,000 नए मामले सामने आते हैं। वायु प्रदूषण के कारण अस्पताल में भर्ती होने वालों की वार्षिक संख्या 3.7 लाख और आपातकालीन जाँच के लिए जाने वाले मरीजों की संख्या 73 लाख होने का अनुमान है। कण प्रदूषण से संबंधित स्वास्थ्य क्षति के मात्रा की लागत भारत के सकल घरेलू उत्पाद के 1 प्रतिशत तक एकत्र होती है (सीएसई 2014, 149)।

जल प्रदूषण

जल प्रदूषण भारत में एक और प्रमुख पर्यावणीय मुद्दा है। जल प्रदूषण को पानी में ऐसे चरित्र के और इस तरह की मात्रा में पदार्थों के मिलने से परिभाषित किया जा सकता कि इसकी प्राकृतिक गुणवत्ता इतनी ख़राब हो जाती है कि इसकी उपयोगिता बदल जाती है; वह जीवों के स्वास्थ्य को प्रभावित करती है या उसका रूप, स्वाद या गंध बदल जाता है।

नगर निगम का सीवेज और औद्योगिक अपशिष्ट भारत में जल प्रदूषण के प्रमुख स्रोत हैं। कुल प्रदूषण भार का 80 प्रतिशत से अधिक नगर निगम के सीवेज से आता है। अपशिष्ट प्रबंधन प्रणाली प्रति दिन उत्पन्न होने वाले जैविक और गैर – जैवविघटनकारी कचरे की भारी मात्रा के साथ तालमेल रखने में सक्षम नहीं है। परिणामस्वरूप, भारत के ज्यादातर हिस्सों में कचरे को अवैज्ञानिक तरीके से निपटाया जाता है और अंततः भूमिसतह और भूमिगत जल के प्रदूषक भार में वृद्धि होती है। यह अनुमान है कि गंदे पानी की प्रति दिन करीब 3800 करोड़ लीटर (एमएलडी) मात्रा शहरी केंद्रों में उत्पन्न होती है (शहरी आबादी का 70 प्रतिशत से अधिक आवास), जिनकी आबादी 50,000 से अधिक है। भारत में अब तक विकसित नगरपालिका अपशिष्ट जल उपचार क्षमता करीब 11,000 एमएलडी है, जो शहरी केंद्रों के इन दो वर्गों में अपशिष्ट जल के उत्पादन का 29 प्रतिशत गठित करती है (सीपीसीबी 2013, 5)। इस प्रकार शहरों में एक तिहाई से भी कम अपशिष्ट जल पर उपचार किया जाता है और बाकी नदियों में छोड़ दिया जाता है, जिसके परिणामस्वरूप पानी का प्रदूषण होता है और इस तरह इस असुरक्षित पानी को 70–90 प्रतिशत लोगों द्वारा इस्तेमाल किया जाता है।

उद्योग-धंधे भारत में जल प्रदूषण का एक अन्य प्रमुख स्रोत हैं। खराब पर्यावरण प्रबंधन प्रणाली, विशेष रूप से उद्योगों में, जैसे थर्मल पावर स्टेशनों, रसायन, धातु और खनिज, चमड़ा प्रसंस्करण और चीनी मिलें, बेहद जहरीले और जैविक अपशिष्ट पदार्थ छोड़ते हैं। यह भूमि के सतह और भूमिगत जल स्रोतों को प्रदूषित करते हैं और यह पानी सिंचाई और घरेलू उपयोग के लिए इस्तेमाल किया जाता है। चेन्नई, कानपुर, आगरा और कलकत्ता के चमड़ा उद्योग और गुजरात, मध्य प्रदेश और चेन्नई में रंगाई की इकाइयाँ जल उपचार की प्रभावी सुविधा न होने से भारी प्रदूषण पैदा करती हैं। ये औद्योगिक क्षेत्र, जो राष्ट्रीय आय में लगभग 20 फीसदी का योगदान करते हैं, वे वर्तमान पानी के उपयोग में 8 प्रतिशत गठित करते हैं। तेजी से होते औद्योगिकीकरण और शहरीकरण के साथ, ऊर्जा और औद्योगिक उपयोग के लिए लगने वाली पानी की आवश्यकता में 2025 में कुल जरूरतों के लगभग 18 प्रतिशत (191 बीसीएम) की वृद्धि होने का अनुमान है।

पानी की गुणवत्ता रासायनिक उर्वरकों और कीटनाशकों के अति प्रयोग के कारण भी प्रभावित होती है। भारत रासायनिक उर्वरकों का करीब 5 लाख टन और कीटनाशकों का 77,000 टन का उपयोग करता है, जो आम तौर पर नदियों या जमीनी पानी में पहुँच जाते हैं। इनका करीब 25 प्रतिशत समुद्र तक पहुंच जाता है और तटीय जल को प्रदूषित करता है जिससे समुद्री जीवन प्रभावित होता है। जल प्रदूषण अकेले पानी की सतह तक ही सीमित नहीं है। यहाँ ऐसे मामले पाए गये हैं जहाँ भूजल भी दूषित हो जाता है। ठोस अपशिष्ट का डंपिंग भूजल प्रदूषण के लिए एक कारण है। ठोस अपशिष्ट में मौजूद हानिकारक सामग्री के विभिन्न प्रकार पानी में घुल सकते हैं और मिट्टी में नीचे चूकर जमीन को दूषित कर सकते हैं।

जल प्रदूषण भारत की प्रमुख नदियों और अन्य निकायों को नालों में बदल रहा है। उदाहरण के लिए, कोलकाता में अनुपचारित सीवेज का 860 मिलियन लीटर हुगली नदी में छोड़ा जाता है। इसी तरह, दिल्ली से यमुना नदी में 1,900 एमएलडी ठोस अपशिष्ट प्रति दिन आता है। हरियाणा और उत्तर प्रदेश की तुलना में दिल्ली में यमुना नदी की लंबाई और बेसिन केवल 2 प्रतिशत है, लेकिन प्रदूषण भार में दिल्ली का योगदान कुल पानी का 80 प्रतिशत हैं (चाँद 2013, 135)। दिल्ली यमुना नदी के पूरे 48 किलोमीटर तक की लंबाई में सीवरेज के साथ ही औद्योगिक अपशिष्ट के विसर्जन के कारण अत्यधिक प्रदूषित है।

विश्व स्वास्थ्य संगठन के आंकड़ों से संकेत मिलता है कि भारत की आधी रुग्णता पानी से संबंधित है। जल प्रदूषण टाइफाइड बुखार, पेचिश, हुकवर्म, पीलिया, पोलियो निमोनिया, इन्फ्लूएंजा और काली खांसी जैसी कई बीमारियों के लिए जिम्मेदार है। 1999 में, उत्तर-पश्चिम दिल्ली में प्रल्हादपुर 300 निवासियों के पीलिया की चपेट में आने से सुर्खियों में रहा है। वर्ष 2000 में, वहाँ करीब 66,000 आंत्रशोथ के संक्रमण के मामलों की रिपोर्ट थी। उसी वर्ष 955 लोग हैजा से पीड़ित होने की सूचना मिली। इसके अलावा 1,106 लोग मलेरिया से पीड़ित हुए थे (*टाइम्स ऑफ इंडिया* 2001, 4)। जल जनित बीमारियों के लिए एक प्रमुख कारण पीने के पानी की लाइनों के साथ सीवर लाइनों का मिश्रण होना था।

ध्वनि प्रदूषण

विश्व स्वास्थ्य संगठन के अनुसार कोई भी अवांछित ध्वनि शोर है और एक निश्चित सीमा से परे बढ़ा हुआ शोर ध्वनि प्रदूषण कहलाता है। ध्वनि प्रदूषण का प्रमुख स्रोत सड़क यातायात, रेडियो और टीवी, ऑडियो और वीडियो रिकॉर्ड, रेलवे, हवाईजहाज, भवन निर्माण, आदि होना पाया गया है। इसके अलावा, औद्योगीकरण और शहरीकरण में वृद्धि शहरों में बढ़े हुए ध्वनि प्रदूषण के लिए जिम्मेदार हैं।

जनवरी 2000 में, पर्यावरण एवं वन मंत्रालय, भारत सरकार ने शहरी और ग्रामीण क्षेत्रों में अनुमेय शोर के स्तर के मानदंडों को भारत में अधिसूचित किया (तालिका 14.1)। हालांकि, ज्यादातर भारतीय शहर सरकार द्वारा निर्धारित अधिकतम अनुमेय सीमा को काफी ज्यादा पार कर चुके हैं। केंद्रीय प्रदूषण नियंत्रण बोर्ड (सीपीसीबी) डेटाबेस (2011) से उपलब्ध आंकड़ों से पता चलता है कि दिल्ली और मुंबई, 132 डेसीबल (डीबी) के साथ सबसे कोलाहलपूर्ण शहरों में हैं, जबकि बैंगलोर 130.66 डीबी और चेन्नई 129.22 डीबी के स्तर पर था, ये सब अनुज्ञेय सीमा से खतरनाक तरीके से ऊपर हैं।

भारत के प्रमुख शहरों और कस्बों में शोर एक बढ़ता खतरा है। विश्व स्वास्थ्य संगठन के दिशानिर्देश (1999) का कहना है कि 80 डीबी के ऊपर ध्वनि सुनने की क्षमता की हानि का कारण बन सकते हैं, विशेष रूप से बच्चों के बीच, 30 डीबी से ऊपर की ध्वनि की वजह से नींद न आने की बीमारी हो सकती है और साथ ही शाब्दिक संचार और हृदय गतिविधि प्रभावित होती है और नकारात्मक सामाजिक व्यवहार को गति प्रदान कर सकते हैं। 23 मार्च 2011 को सीपीसीबी द्वारा जारी सात शहरों में लगभग

तालिका 14.1 शोर के संबंध में परिवेशी वायु गुणवत्ता मानक

क्षेत्र कोड	क्षेत्र/जोन की श्रेणी	डीबी (ए) में सीमा	
		दिन का समय	रात का समय
अ.	औद्योगिक क्षेत्र	75	70
ब.	व्यवसायिक क्षेत्र	65	55
स.	आवासीय क्षेत्र	55	45
द.	शांत क्षेत्र	50	40

स्रोत: ध्वनि प्रदूषण (विनियमन और नियंत्रण) नियम (2000)।

35 स्थानों पर ध्वनि प्रदूषण के पहले वास्तविक समय डेटा में भारत शोर मानकों को अधिसूचित करने के एक दशक बाद यह संकेत करता है कि महानगरों में औसत दिन के समय शोर का स्तर राष्ट्रीय मानक 65 डीबी एम्पीयर की तुलना में बहुत अधिक था। कुछ अंतरराष्ट्रीय शहरों में शोर के स्तर के साथ तुलना करने से संकेत मिलता है कि भारतीय शहरों में रहने वाले लोग वैश्विक शहरी परिदृश्य में सबसे कोलाहलपूर्ण क्षेत्र में राह रहे हैं। लंदन, न्यूयॉर्क और बीजिंग के व्यस्त इलाकों के आसपास शोर का स्तर नई दिल्ली में आयकर कार्यालय और बांद्रा मुंबई की तुलना में काफी कम था। भारतीय शहरों के बीच मुंबई में निगरानी किए गये स्थानों में सबसे अधिक शोर था, उसके बाद दिल्ली, चेन्नई और बेंगलुरु का क्रमांक आता है।

मुंबई के बांद्रा में एकवर्थ (Achworth) अस्पताल में लगातार उच्चतम ध्वनि प्रदूषण का स्तर रहता है, उसके पश्चात दिल्ली में आयकर कार्यालय का क्रमांक आता है (*टाइम्स ऑफ इंडिया*, 2011)।

टाइम्स ऑफ इंडिया 27 अप्रैल 2011 (पेज 1 से 4) के एक समाचार लेख में कहा गया है कि चेन्नई में रहना एक कारखाने में रहने के बराबर है—कम से कम शोर के मामले में सभी निवासी इसके अधीन हैं। केंद्रीय प्रदूषण नियंत्रण बोर्ड (सीपीसीबी) के आंकड़ों से पता चलता है कि चेन्नई में हर जगह शोर का स्तर 100 डीबी से अधिक है— एक कारखाने से भी अधिक। चेन्नई में औसत शोर स्तर वास्तव में 129 डीबी से भी अधिक होता है। यह ध्यान दिया जाना चाहिए कान में दर्द 125 डीबी पर शुरू हो जाता है। विश्व स्वास्थ्य संगठन (डब्ल्यूएचओ) द्वारा तय की गई अनुमेय सीमा 85 डीबी है। यह सिर्फ चेन्नई में ही नहीं है। सीपीसीबी के आंकड़ों से पता चलता है कि सभी प्रमुख भारतीय महानगरों में शोर का स्तर अनुज्ञेय सीमा से कहीं ज्यादा हैं और हो सकता है कि खतरनाक स्तर पर पहुंच गया हो। यह स्तर उच्च रक्तचाप, मानसिक बीमारियों और अवसाद का कारण बन सकता है।

भूमि अवक्रमण (क्षय)

2010 में भारतीय कृषि अनुसंधान परिषद के अनुमान के मुताबिक, कुल भौगोलिक क्षेत्र 3287.3 लाख हेक्टेयर (ला हे.) में से करीब 120.40 लाहे. भूमि क्षरण, पानी और हवा द्वारा होने वाला कटाव, मिट्टी की अम्लता, मिट्टी की क्षारीयता, खनन और औद्योगिक अपशिष्ट, मृदा लवणता, जलभराव आदि जैसे विभिन्न कारणों की वजह से प्रभावित है। इस कटाव के माध्यम से लगभग 5.3 अरब टन की वार्षिक मिट्टी नुकसान में परिणामित होती है (सीएसई 2014, 88)। मिट्टी के साथ-साथ, प्रमुख वनस्पति पोषक तत्व खो रहे हैं और उनकी जगह कृत्रिम उर्वरक ले रहे हैं। वनों की कटाई, चराई, दोषपूर्ण कृषि पद्धतियाँ और जलाऊ लकड़ी के लिए एक निरंतर खोज भूस्खलन, बाढ़, बंजर और जल भराव में परिणामित हुआ है। इस नुकसान की भरपाई करने के प्रयास में, नई भूमि को लगातार उत्पादन में लाया जा रहा है। नई कृषि पद्धतियों के साथ भारत के बहुत अच्छी जमीन में पोषक तत्वों और कार्बनिक पदार्थों की कमी हो गई है। अतीत में, भारतीय किसान पोषक तत्वों की कमी दूर करने के लिए जैविक खाद का इस्तेमाल किया करते थे, लेकिन कृषि क्रांति के बाद से रासायनिक उर्वरकों की बढ़ती मात्रा का उपयोग किया जा रहा है, जिससे पर्यावरण पर और बुरा असर हो रहा है।

एक और बढ़ता खतरा उपजाऊ भूमि को औद्योगीकरण, शहरीकरण, आवास और बुनियादी ढांचे के विकास की बढ़ती मांग को पूरा करने के लिए इस्तेमाल करना है। राज्य केंद्रीय कृषि मंत्रालय द्वारा प्रकाशित भारतीय कृषि राज्य, वर्ष 2012–13 के अनुसार, गैर कृषि प्रयोजनों के लिए प्रयोग की जाने वाली भूमि का प्रतिशत 1950–51 से 2009–10 के अवधि के दौरान 3.3 से 8.6 फीसदी तक बढ़ गई है। यह मोड़ निजी भूमि तक ही सीमित नहीं किया गया है। चराई क्षेत्रों और जंगलों की तरह आम भूमि का भी बँटवारा किया जा रहा है, इससे आदिवासी और वनवासी की तरह जनसंख्या के उपेक्षित वर्गों की खाद्य सुरक्षा को संकट है। वर्तमान में, 22,000 वर्ग किमी के करीब भूमि कृषि कारोबार, बुनियादी ढांचे, खनन और गैर-पारंपरिक ऊर्जा के क्षेत्रों में परियोजनाओं के लिए समर्पित है (सीएसई 2014, 88)। उद्योगों द्वारा ली गई अधिकांश भूमि आम भूमि और जंगल हैं, जिनका

पारंपरिक रूप से पश्चिम बंगाल, झारखंड, ओडिशा, आंध्र प्रदेश और हरियाणा जैसे राज्यों के स्थानीय समुदायों द्वारा इस्तेमाल किया जाता है, जिन्होंने राष्ट्रीय औसत की तुलना में इस मोड़ की उच्च दर की रिपोर्ट की है। ये वे राज्य भी हैं जिन्होंने भूमि अधिग्रहण को लेकर जनता का कड़ा विरोध होने की सूचना दी है।

ठोस और खतरनाक अपशिष्ट

यह हमारे शहरों और कस्बों में कचरे के बढ़ते ढेरों से स्पष्ट है कि ठोस और खतरनाक कचरे का अनुचित निपटान पर्यावरण और सार्वजनिक स्वास्थ्य के लिए एक बड़ा खतरा बन गया है। ठोस कचरा एक संकट बनता जा रहा है। कानूनी रूप से फेंके जाने वाले कचरे की मात्रा सीमा पार कर चुकी है और अवैध कचरे के डिब्बों की संख्या गलियों, पार्कों के किनारों में बढ़ती जा रही है। एक अनुमान रूप से भारत के भूभाग का कम से कम 8 प्रतिशत कचरा डंप खोलने की वजह से बंजर भूमि बन गया है और इसकी उपयोगिता और प्रजनन क्षमता खो गई है। इसके अलावा ये कचरा डंपिंग स्थान प्लेग, हैजा, टीबी, पीलिया और कई त्वचा रोगों जैसे संक्रामक रोगों के लिए प्रजनन का आधार बन रहे हैं। अस्पताल के कचरे रोगजनकों के साथ दूषित होने के कारण कचरे के सबसे खतरनाक प्रकार हैं। अस्पताल के कचरे के अनुचित निपटान और उपचार के कारण होने वाली बीमारियों की सूची अंतहीन है, लेकिन इनमें से अधिसंख्य एड्स, हेपेटाइटिस, टीबी, ब्रोंकाइटिस, आंत्रशोथ और अन्य त्वचा और आंखों से संबंधित बीमारियों के रूप में अत्यंत घातक हैं। इस प्रकार, भारत के प्रमुख शहरों और कस्बों में जैव चिकित्सा अपशिष्ट का अनुचित निपटान गंभीर चिंता का विषय बन गया है।

दिल्ली, देश की राजधानी को ठोस और खतरनाक कचरे के कारण एक गंभीर समस्या का सामना करना पड़ रहा है। राष्ट्रीय राजधानी क्षेत्र दिल्ली में मौजूद नगर निगम के कचरे का उत्पादन प्रति दिन 7,000 टन है और 2021 तक उत्पन्न कचरे की मात्रा की सीमा प्रति दिन 17,000–25,000 टन होने की उम्मीद है (टेरी 2001, 13)। इसका निपटान मुख्य रूप से लैंडफिल साइटों पर किया जाता है। चौदह लैंडफिल साइट पहले से ही भर चुके हैं। वर्तमान में गाजीपुर (पूर्वी दिल्ली), भलस्वा (उत्तर), हस्तसाल (दक्षिण-पश्चिम) और ओखला (दक्षिण-पूर्व) में चार लैंडफिल साइटों का परिचालन किया जा रहा है, हालांकि ये भी जल्द ही भर जायेंगे। दिल्ली में जमीन पर बढ़ते दबाव और ठोस कचरे की मात्रा में अनुमानित वृद्धि के कारण, लैंडफिल साइटों के माध्यम से निपटान के लिए गुंजाइश सीमित रह गई है। बहुत ज्यादा भूमि का इस्तेमाल किया जा रहा है और इससे जमीन और सतह के पानी के प्रदूषण का खतरा बढ़ रहा है। दिल्ली में उत्पन्न सबसे महत्वपूर्ण खतरनाक कचरे छोटे पैमाने के उद्यमों से उत्पन्न होते हैं, जैसे अचार बनाने की इकाइयों, इलेक्ट्रोप्लेटिंग इकाइयों, एनोडायाजिंग इकाइयों और केन्द्रीय प्रवाह उपचार प्लांट (सीईटीपी) से उत्पन्न कीचड़ के रूप में।

दिल्ली में संक्रामक जैव चिकित्सा अपशिष्ट की मात्रा की वर्तमान अनुमानों के अनुसार प्रति वर्ष 20–25 टन है, जिनमें से अधिकांश अपनी तरह से (उपचार के साथ या उसके बिना) किसी भी समर्पित निपटान की सुविधा के अभाव में नगर निगम के कचरे में डम्प किया जाता है। इसके अलावा, विभिन्न अस्पताल के कचरे की रीसाइक्लिंग और कचरा बीनने की अनौपचारिक प्रथाओं के कारण कचरा बीनने वालों के साथ ही सामान्य आबादी के लिए एक संभावित स्वास्थ्य खतरा बन गया है, जो इस तरह के रीसायकल किए हुए अपशिष्ट वस्तुओं का उपयोग करते हैं। इसके अलावा, अधिकांश स्वास्थ्य सुविधाओं में डीइन्फेक्शन, रेडियोथैरेपी और एक्स-रे फिल्म प्रसंस्करण प्रक्रियाओं के रूप में विभिन्न खतरनाक रसायनों का उपयोग किया जाता है। इस तरह की गतिविधियों से उत्पन्न कचरे को सदा ही नालों में बहा दिया जाता है। जैव चिकित्सा अपशिष्ट प्रबंधन की स्थिति का पता लगाने के लिए एक गैर सरकारी संगठन, सृष्टि द्वारा 2000 में दिल्ली में किए गये एक सर्वेक्षण के मुताबिक (GNCT दिल्ली 2001 1) यह पता चलता है कि ऐसे कई सुविधा केन्द्रों में इन्सिनरेटर्स (incinerators) के रूप में उपचार के प्रावधानों को स्थापित किया है, लेकिन अधिकांश इन्सिनरेटर्स शायद हीवांछित तापमान पर चलते हैं और इसके अलावा ये क्लोरीनयुक्त प्लास्टिक जलाते हैं। इस

प्रकार, अधूरे दहन के कारण जहरीले उत्पादों और डाइऑक्सिन और फ्युरोंस के रूप में यौगिकों के उत्सर्जन की संभावना से इंकार नहीं किया जा सकता है (जो मूल यौगिकों से अधिक विषाक्त हो सकते हैं)।

पूरे भारत में प्लास्टिक कचरे के बाजार इसलिए अपशिष्ट पदार्थों से पैक और भरा पड़ा हैं, कि लगातार लगने वाली आग श्रमिकों और चारों ओर स्थित आवासीय क्षेत्रों के लिए के लिए पर्यावरण संबंधी समस्याओं को पैदा कर रही है। दिल्ली एशिया का सबसे बड़ा बेकार प्लास्टिक का बाजार है, जो प्रतिदिन 1,000 टन से अधिक अपशिष्ट की हैंडलिंग और व्यापार करता है, उसके बाद बंगलौर में जॉली मोहल्ला और मुंबई में धारावी का क्रमांक आता है (टेरी 2001, 95)। प्लास्टिक कचरे के प्रबंधन से संबंधित समस्या उसका गैर- जैवविघटनकारी (biodegradability) होना है। उनके उपयोग के विभिन्न चरणों के माध्यम से, उन्हें नगर निगम के कचरा डंप के माध्यम से निपटाया जाता है और अंत में वर्जिन प्लास्टिक के रूप में एकत्र किया जाता है और उपयोगकर्ता के अनुकूल के रूप में स्वीकार किया जाता है। समस्या तब पैदा होती है जब प्लास्टिक को दोबारा उपयोग के लिए रीसायकल किया जाता है। क्योंकि इन्हें कचरे से उत्पादित किया जाता है, अतः वहाँ उपभोक्ता द्वारा स्पष्ट प्रतिरोध है। सबसे बुरी बात यह है कि एक बार पुनर्नवीनीकरण किए हुए बैग की बहुत बड़ी मात्रा जमीन पर ही पड़ी हुई होती है और उन्हें कूड़ा बीनने वाले लोगों द्वारा एकत्र नहीं किया जाता है क्योंकि उनका पुनर्विक्रय मूल्य कम हो जाता है। जब अन्य खाद्य, वनस्पति तेल और डिटर्जेंट पैकेजिंग के साथ इन्हें एकत्र/पुनर्नवीनीकरण नहीं किया जाता है तो ये एक बड़ी समस्या हो जाते हैं।

जैव विविधता के लिए खतरा

भारत की बहुत समृद्ध जैव विविधता है। इसे जैव विविधता के 12 मेगा केंद्रों में से एक के रूप में मान्यता प्राप्त है। पर्यावरण एवं वन मंत्रालय के रिकॉर्ड के अनुसार, देश में 45,000 से अधिक पौधों की और 81,000 से अधिक जानवरों की प्रजातियाँ हैं, जो दुनिया की वनस्पतियों के 7 प्रतिशत और प्राणियों के 6.5 प्रतिशत का प्रतिनिधित्व करती हैं। हालांकि, जनसंख्या विस्फोट का दबाव और उद्योगों की बढ़ती मांग के तहत, हमारे प्राकृतिक संसाधन तेजी से घट रहे हैं और वन्य जीवों की कई प्रजातियां तेजी से खो दी जा रही हैं। भारत की दर्ज की गई जंगली वनस्पतियों के कम से कम 10 फीसदी और संभवतः जंगली जीव-जंतुओं का एक बड़ा अंश धमकी की सूची में हैं।

भारत में जानवरों की 172 प्रजातियों को विश्व स्तर पर संकट में होना माना जा रहा है या दुनिया की कुल संख्या का 2.9 प्रतिशत संकटग्रस्त प्रजाति की सूची में है। इसमें 53 स्तनधारी, 69 पक्षी, 23 सरीसृप और 3 उभयचर प्रजातियां शामिल हैं। इसमें एशियाई चीता, भारतीय गैंडा, बंगाल फॉक्स, संगमरमरी बिल्ली, एशियाई सिंह, एशियाई जंगली गधा, गौर और जंगली एशियाई जल भैंस के रूप में एशिया और दुनिया के कुछ दुर्लभ जानवर शामिल हैं। इसी प्रकार, भारत में पौधों की 1,500 से अधिक किस्मों को खतरा है।

वनों की कटाई

भारत में वन आवरण हर साल 1.3 लाहे. के एक चौंका देने वाले दर से गायब हो रहा है। भारत में राष्ट्रीय वन नीति (1952) द्वारा निर्धारित 33 फीसदी के लक्ष्य के मुकाबले केवल 21.05 प्रतिशत जंगल बचा है। वनों की कटाई के प्रमुख कारणों में खेती के लिए वन भूमि का अतिक्रमण, स्थानांतरण की खेती, वन भूमि का गैर वनीय उपयोग, चराई, अनधिकृत और वाणिज्यिक कटाई और औद्योगिक उपयोग शामिल हैं।

विज्ञान एवं पर्यावरण केंद्र (2014) की ओर से एक रिपोर्ट से पता चलता है कि 1981 और 2012 के बीच, वन भूमि के 1183966 हेक्टेयर को बांटा गया था, इस विभाजन का 14 प्रतिशत बिजली परियोजनाओं के लिए था और 13 प्रतिशत से

चित्र 14.1 भारत में वन आवरण (कुल वन क्षेत्र 21.09%)

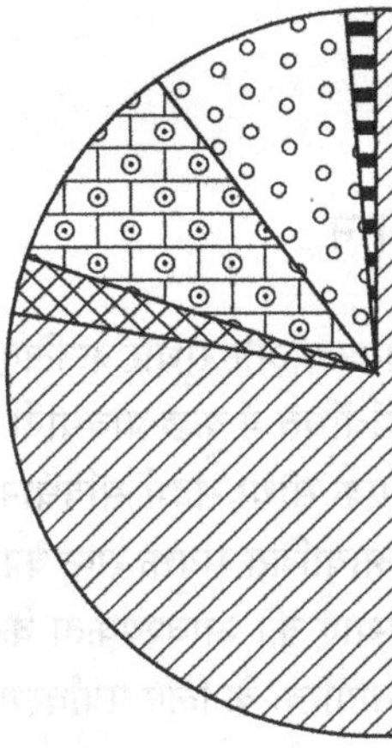

स्रोत: भारत के पर्यावरण के राज्य 2014, विज्ञान और पर्यावरण केंद्र, 2014.

अधिक खनन के लिए था (चित्र 14.1; सीएसई 2014, 84)। अतिक्रमण को नियमित करने की क्रिया ने इस विभाजन का सबसे बड़ा हिस्सा ले लिया है। रिपोर्ट यह कहती है कि इस में से अधिकांश 1990 और 2001 में किया गया है (तालिका 14.2)।

वनों की कटाई मुख्य रूप से तापमान में वृद्धि, कम वर्षा, वायु प्रदूषण और मिट्टी के कटाव के लिए जिम्मेदार है। वनों की कटाई पानी के अपवाह और मृदा क्षरण को बढ़ाती है। चूँकि लकड़ी की आपूर्ति कम हो गई है, इसलिए भारतीय परिवार उन्ही विकल्पों का उपयोग करने के लिए मजबूर हैं जो कुछ भी विकल्प उपलब्ध हैं, जैसे, पशुओं के गोबर या फसल के अवशेष, जो अन्यथा उर्वरक के रूप में मिट्टी को वापस लौटाए जाते हैं। इससे किसानों को उन रसायनों का उपयोग करने के लिए मजबूर होना पड़ता है, जो लंबे समय में भूमि की उत्पादकता पर प्रतिकूल प्रभाव डालते हैं। राष्ट्रीय पर्यावरण इंजीनियरिंग संस्थान की

तालिका 14.2 भारत में वन विचलन (1990–2001)

विभाजित वन भूमि	प्रयोजन/सेक्टर	
	क्षेत्र (हेक्टेयर)	प्रतिशत
रक्षा	46,087.93	3.89
परिवहन (रेलवे और सड़कें)	60,363.10	5.10
सामाजिक सेवा	65,165.24	5.50
सिंचाई	141,641.76	11.96
खनिज	159,660.34	13.49
विद्युत् परियोजनाएँ (पनबिजली, ताप, हवा और पारेषण लाइनें)	167,118.00	14.12
अन्य (उद्योगों सहित)	175,498.24	14.82
अतिक्रमण के नियमितीकरण	368,432.07	31.12
कुल वन बँटाई	1,183,966.68	

स्रोत: भारत के पर्यावरण के राज्य 2014, विज्ञान और पर्यावरण केंद्र, 2014।

रिपोर्ट है कि कई राज्यों में भूजल इसके पुनर्भरण के दर की तुलना में तेजी से घट रहा है। हरियाणा और पंजाब के कुछ हिस्सों में स्तरों को 4 मीटर से अधिक घटते देखा है। तमिलनाडु में यह स्तर अधिक पंपिंग होने के कारण 25 और 30 मीटर के बीच कम हो गया है।

भारत में पर्यावरण संरक्षण के लिए संवैधानिक और कानूनी प्रावधान

भारत दुनिया के बहुत कम देशों में से एक है जिसने अपने संविधान में पर्यावरण संरक्षण और सुधार के लिए एक प्रतिबद्धता को निहित किया हुआ है। हालांकि संविधान के जीवन की गुणवत्ता में सुधार करने से संबंधित में कुछ प्रावधानों को 1950 में इसकी घोषणा के बाद से बनाया गया था, लेकिन पर्यावरण संरक्षण और सुधार के लिए एक सीधा संदर्भ संविधान अधिनियम, 1976 (42वां संशोधन) के साथ पेश किया गया था। यह शायद 1972 में स्टॉकहोम में आयोजित संयुक्त राष्ट्र का मानव पर्यावरण पर सम्मेलन था, जिसने पर्यावरण की रक्षा के लिए कानूनी और संगठनात्मक व्यवस्थाएं की आवश्यकता के बारे में सरकार की जागरूकता को काफी प्रभावित किया। इसने केंद्र सरकार, राज्य सरकारों और हर नागरिक के लिए पर्यावरण की रक्षा करने और उसे बेहतर बनाने के लिए अनिवार्य बनाकर सार्वजनिक जिम्मेदारी को एक नया आयाम दिया।

42वें संशोधन अधिनियम ने संविधान में दो गुना प्रावधानों को जोड़ा। एक तरफ, इसने पर्यावरण की सुरक्षा के लिए राज्य को निर्देशित किया और दूसरी तरफ, इसने हर नागरिक पर प्राकृतिक पर्यावरण के संरक्षण में मदद करने के लिए एक कर्तव्य डाला। निर्देशक सिद्धांतों का अनुच्छेद 48 (ए) यह निर्धारित करता है कि 'राज्य पर्यावरण की रक्षा करने और उसे बेहतर बनाने के लिए और वनों और देश के वन्य जीवन की रक्षा करने के लिए प्रयास करेगा' (बसु 1998, 446)। अनुच्छेद 51 ए (जी) विशेष रूप से पर्यावरण के संबंध में मौलिक कर्तव्य के बारे में उल्लेख करता है। इस अनुच्छेद का कहना है, 'यह भारत के प्रत्येक नागरिक का कर्तव्य होगा कि वह जंगलों, झीलों, नदियों और वन्य जीवन सहित प्राकृतिक वातावरण की रक्षा करेगा और उसमें सुधार लायेगा और जीवजंतुओं के प्रति दयाभाव रखेगा' (बसु 1998, 447)। इसके अलावा अनुच्छेद 47 में राज्य के नीति निर्देशक सिद्धांतों ने सार्वजनिक स्वास्थ्य में सुधार करने के लिए राज्य के पर्यावरणीय कर्तव्यों को स्पष्ट रूप से रेखांकित किया है।

मौलिक अधिकार में पर्यावरण की सुरक्षा के लिए कोई सीधा प्रावधान नहीं है। लेकिन भारत के उच्च न्यायालयों और सर्वोच्च न्यायालय ने भारत के संविधान के अनुच्छेद 21 में जीवन की गारंटी के अधिकार के हिस्से के रूप में स्वस्थ पर्यावरण के लिए बात कही है। अनुच्छेद 21 घोषणा करता है कि किसी भी व्यक्ति को क़ानून द्वारा स्थापित प्रक्रिया के अनुसार छोड़कर अपने जीवन या व्यक्तिगत स्वतंत्रता से वंचित नहीं किया जाएगा। प्रदूषित पर्यावरण के कारण प्रदूषण वातावरण में धीमा जहर घोल रहा है, जो संविधान के अनुच्छेद 21 का उल्लंघन करने के लिए बराबर है। वास्तव में, संविधान के अनुच्छेद 21 में जीवन के गारंटी के अधिकार प्रकृति के संरक्षण और उपहार के संरक्षण को अपनाया गया है, जिसके बिना जीवन का आनंद नहीं लिया जा सकता। इसके अलावा, पर्यावरण क्षरण का आजीविका के ऊपर सीधा एक विनाशकारी प्रभाव पड़ता है जो जीवन के अधिकार का हिस्सा है।

भारत में पर्यावरण के विभिन्न क्षेत्रों की रक्षा करने के लिए कानूनी मंजूरी, लगातार जारी किए जाने वाले अधिनियमों और क़ानून द्वारा प्रदान की जाती है। यह एक सर्वविदित तथ्य है कि पंडित नेहरू को वन्य जीवन में काफी रुचि थी, लेकिन वन्यजीव (संरक्षण) अधिनियम, 1972 को लागू करने का सम्मान इंदिरा गांधी को जाता है। इस अधिनियम के शीर्षक से यह स्पष्ट है कि इसका मुख्य उद्देश्य जंगली जानवरों और पक्षियों की रक्षा करने के लिए है, विशेष रूप से दुर्लभ प्रजाति जैसे सिंह और सींग वाला गैंडा, जो तेजी से गायब हो रहे हैं।

वन्यजीव संरक्षण अधिनियम के बाद जल अधिनियम, 1974 (प्रदूषण का निवारण और नियंत्रण) आया था। यह भारत में पर्यावरण संरक्षण में एक और बड़ा और महत्वपूर्ण अधिनियम है। यह अधिनियम 12 राज्यों में अस्तित्व में आया। इस अधिनियम

का उद्देश्य पानी के प्रदूषण को रोकने और उसको नियंत्रित करने और पानी की संपूर्णता को बनाए रखना और बहाल करना है। इस अधिनियम के उद्देश्यों को प्राप्त करने के लिए, जल प्रदूषण के रोकथाम और नियंत्रण के लिए केंद्र और राज्य बोर्डों की स्थापना के लिए प्रावधान भी किए गए थे।

देश के द्वारा सामना किए जाने वाली सभी पर्यावरणीय समस्याओं में वनों की कटाई की समस्या को अधिकतम लोगों का ध्यान प्राप्त हुआ है। आजादी के बाद बदलते सामाजिक-आर्थिक और राजनीतिक माहौल के तहत, वन संसाधनों के साथ जुड़े विविध हितों को समायोजित करने के लिए, सरकार द्वारा वन (संरक्षण) अधिनियम, 1980 पारित किया गया था। इस अधिनियम के तहत केंद्र सरकार धारा 2 के तहत मंजूरी के अनुदान के बारे में और जंगलों के संरक्षण के साथ जुड़े किसी भी अन्य विषय के तहत सरकार को सलाह देने के लिए एक सलाहकार समिति का गठन कर सकती है, जो केंद्र सरकार द्वारा इसे संदर्भित किया गया हो। केंद्र सरकार इस अधिनियम के प्रावधानों को लागू करने के लिए नियम बनाती है।

वायु (प्रदूषण का निवारण और नियंत्रण) अधिनियम, 1981, एक और महत्वपूर्ण अधिनियम है जिसे भारत सरकार द्वारा पारित किया गया है। यह अधिनियम वायु प्रदूषण में रोकथाम, नियंत्रण और कमी के लिए, उससे संबंधित मामलों के लिए अधिकारों और कार्यों को प्रदान करने के लिए बोर्ड की स्थापना के लिए प्रावधान करता है। इन बोर्डों को कुशलता से अपने कार्य करने के लिए उन्हें सक्षम करने हेतु वायु प्रयोगशालाओं की स्थापना के लिए अधिकार दिया गया है।

1984 की भोपाल गैस त्रासदी ने 1980 के दशक में पर्यावरण संरक्षण की दिशा में तेजी से प्रगति करने के लिए नेतृत्व किया। पर्यावरण (संरक्षण) अधिनियम, 1986 को ऐसी दुर्घटनाओं को रोकने के लिए तैयार किया गया था। इस अधिनियम को निम्नलिखित उद्देश्यों के लिए पारित किया गया था: पर्यावरणीय प्रदूषण के निर्वहन की सुरक्षा, विनियमन; खतरनाक पदार्थों की हैंडलिंग; पर्यावरण के लिए संकट होने वाली दुर्घटनाओं की स्थिति में त्वरित प्रतिक्रिया और उन्हें निवारक सजा देना जो मानव पर्यावरण की सुरक्षा और स्वास्थ्य को खतरे में डालते हैं। इस संबंध में पिछले सभी कानूनों की तुलना में प्रदूषण की समस्या से लड़ने के लिए यह एक अधिक प्रभावी और बोल्ड उपाय है।

राष्ट्रीय पर्यावरण न्यायाधिकरण अधिनियम, 1995, इस तथ्य के मद्देनजर 1995 में अधिनियमित किया गया था कि दीवानी अदालतों के मुकदमें काफी लंबा समय लेते हैं (जैसा कि भोपाल मामले में हुआ)। इस अधिनियम को किसी भी खतरनाक पदार्थ को संभालने के दौरान होने वाली किसी भी दुर्घटना से उत्पन्न होने वाली क्षति के लिए सख्त देनदारियाँ प्रदान करने के लिए और किसी भी ऐसी दुर्घटनाओं से उत्पन्न होने वाले मामलों के प्रभावी और शीघ्र निपटान के लिए एक राष्ट्रीय पर्यावरण न्यायाधिकरण की स्थापना के लिए अधिनियमित किया गया था। इस अधिनियम का मुख्य उद्देश्य व्यक्ति, संपत्ति और पर्यावरण को नुकसान से राहत और मुआवजा देना है।

वर्ष 2011 पर्यावरण संरक्षण और वनों और अन्य प्राकृतिक संसाधनों के संरक्षण से संबंधित मामलों की प्रभावी और शीघ्र निपटान के लिए नेशनल ग्रीन ट्रिब्यूनल अधिनियम 2010 के तहत पर्यावरण एवं वन मंत्रालय द्वारा नेशनल ग्रीन ट्रिब्यूनल (एनजीटी) की स्थापना के लिए विशिष्ट उल्लेखनीय है, जिसमें पर्यावरण से संबंधित किसी भी कानूनी अधिकार के लिए प्रवर्तन और उससे संबंधित या उसके कारण होने वाले व्यक्तियों और संपत्ति को हुए नुकसान के लिए राहत और मुआवजा देने के सिवाय आनुषंगिक मामले भी शामिल हैं। यह एक विशेष निकाय है, जो पर्यावरण बहु-विषयक मुद्दों को शामिल करने वाले विवादों का निपटारा करने की आवश्यक विशेषज्ञता के साथ सुसज्जित है। इस ट्रिब्यूनल को प्रशासनिक प्रक्रिया संहिता, 1908 की संहिता के तहत निर्धारित प्रक्रियाओं द्वारा बाध्य नहीं किया जाएगा, अपितु उसे प्राकृतिक न्याय के सिद्धांतों के द्वारा निर्देशित किया जाएगा। पर्यावरण के मामलों में इस ट्रिब्यूनल के समर्पित अधिकार क्षेत्र तेजी से पर्यावरण न्याय प्रदान करेंगे और उच्च न्यायालयों में मुकदमे का बोझ कम करने में मदद करेंगे।

एनजीटी अधिनियम के लागू होने से दो मौजूदा कानूनों को स्वत: निरस्त होना पड़ा: राष्ट्रीय पर्यावरण न्यायाधिकरण अधिनियम 1995 और राष्ट्रीय पर्यावरण अपीलीय प्राधिकरण अधिनियम, 1997, और इसलिए, राष्ट्रीय पर्यावरण अपीलीय प्राधिकरण (NEAA) को बंद करना पड़ा— -एक अर्ध: विधिक निकाय, जिसे परियोजनाओं को प्रदान की गई पर्यावरण मंजूरी (या नहीं) के खिलाफ अपील की सुनवाई करने का अधिकार था। एनईएए के समक्ष लंबित सभी मामलों को एनजीटी द्वारा सुना जाना था।

जैव विविधता (सीबीडी) पर अंतर्राष्ट्रीय सम्मेलन के अनुसरण में, जिसमें भारत एक हस्ताक्षरकर्ता है, जैव विविधता अधिनियम, 2002 को 2004 में अधिसूचित किया गया था। यह जैविक संसाधनों की उपयोगिता और संबंधित पारंपरिक ज्ञान का उपयोग करने को संबोधित करता है, ताकि देश और अपने लोगों को उनसे उत्पन्न होने वाले लाभ के समान बंटवारे को सुनिश्चित किया जा सके। इसमें निम्नलिखित प्रावधान शामिल हैं, जैसे, भारत सरकार की विशेष मंजूरी के बिना देश के बाहर भारतीय आनुवंशिक सामग्री के हस्तांतरण पर निषेध; किसी के द्वारा बौद्धिक संपदा अधिकार (आईपीआर) किए गये दावे का निषेध, जैसे भारत सरकार की अनुमति के बिना, जैव विविधता या संबंधित ज्ञान पर एक पेटेंट; इस तरह के प्रतिबंध से स्थानीय समुदायों को छूट देते हुए भारतीय नागरिकों द्वारा जैव विविधता के संग्रह और उपयोग के विनियमन;जैव विविधता के उपयोग से हुए लाभ को साझा करने के लिए उपाय। यह स्थानीय समुदायों को उनके आसपास स्थित जैव विविधता के संरक्षण में शामिल करके उनको सशक्त बनाने के लिए एक प्रमुख विधायी हस्तक्षेप है।

रीसायकल प्लास्टिक विनिर्माण और उपयोग नियम, 1999 खाद्य पदार्थों के विक्रेताओं पर पुनर्नवीनीकरण प्लास्टिक से बने बैग या कंटेनर में अपने माल की पैकिंग करने से प्रतिबंध लगाता है। यदि खाद्य पदार्थों को प्लास्टिक की थैलियों में बेचा जाना है, तो बैग को नये प्लास्टिक का बनाया जाना चाहिए। यह नियम यह भी निर्दिष्ट करता है कि सभी कैरी बैग की न्यूनतम मोटाई 20 माइक्रोन की होना चाहिए। पतली बैग नालियों और गटर को बंद कर देती हैं, जिससे सीवेज और बरसात के पानी का प्रवाह रूक जाता है। यह शहर की सड़कों पर बाढ़ आने का कारण बनता है। 2000 में, ध्वनि प्रदूषण (विनियमन और नियंत्रण) नियम प्रभाव में आये। ये नियम, औद्योगिक, वाणिज्यिक और आवासीय क्षेत्रों के लिए ध्वनि के संबंध में परिवेशी वायु गुणवत्ता मानकों को निर्धारित करते हैं, साथ ही 'शांत क्षेत्र' की पहचान करते हैं।

भारत उन पदार्थों पर "मॉन्ट्रियल प्रोटोकॉल" के लिए पार्टी है, जो ओजोन परत को क्षति पहुंचाते हैं। ये रेफ्रिजरेटर में इस्तेमाल किए जाने वाले क्लोरोफ्लोरोकार्बन (सीएफसी) के जैसे पदार्थ हैं। इस प्रोटोकॉल के अनुसार ऐसे पदार्थों का उत्पादन और खपत चरणबद्ध तरीके से समाप्त किया जाना चाहिए। इस संबंध में भारत सरकार ने "ओजोन क्षयकारी पदार्थ (विनियम) नियमावली" 2000 तैयार की, जिसकी मुख्य विशेषताएं हैं:

1. ओजोन क्षयकारी पदार्थ (ODS) के उत्पादन के स्तर पर प्रतिबंध और वार्षिक निर्दिष्ट कटौती।
2. ओडीएस का निर्माण करने के लिए नई क्षमता बनाने या क्षमता का विस्तार करने पर प्रतिबंध।
3. उन देशों को किए जाने वाले निर्यात पर प्रतिबंध, जो मॉन्ट्रियल प्रोटोकॉल पर हस्ताक्षर करने वालों में से हैं।
4. ओडीएस आधारित उपकरणों के क्षमता विस्तार या उत्पादन के लिए एक नई सुविधा की स्थापना पर प्रतिबंध।
5. लाइसेंस के बिना ओडीएस या ओडीएस आधारित उपकरणों का कोई भी आयात या निर्यात नहीं (राजगोपालन 2008, 91)।

उभरते पर्यावरणीय परिदृश्य को ध्यान में रखते हुए और मौजूदा कानूनों को और अधिक मजबूत बनाने और व्यापक बनाने के लिए पर्यावरण एवं वन मंत्रालय ने भारत की नई पर्यावरण नीति के लिए 2004 में एक मसौदा तैयार किया जो अंत में 2006 में 'राष्ट्रीय पर्यावरण नीति'(एनईपी) 2006 के रूप में प्रभावी हो गया। इसकी प्रस्तावना का कहना है कि यह वर्तमान ज्ञान और संचित अनुभव के प्रकाश में कवरेज का विस्तार करना चाहता है, और उन अंतरालों को भरना चाहता है जो अभी भी मौजूद हैं। यह पहले की नीतियों को विस्थापित नहीं करता है, बल्कि इसे उस पर बनाता है। सतत विकास की मानव कल्याण की वृद्धि से संबंधित है, जिसकी व्यापक रूप से कल्पना की गई है, वह भारत के विकास के दर्शन में एक आवर्ती विषय हैं। वर्तमान दिन की आम सहमति तीन मूलभूत आकांक्षाओं को दर्शाती है। पहला, मनुष्य को जीवन के एक समृद्ध गुणवत्ता का आनंद लेने में सक्षम होना चाहिए। दूसरा, मानवता को बायोस्फीयर की परिमितता का सम्मान करने में सक्षम होना चाहिए। तीसरा, कि न तो एक अच्छे जीवन के लिए आकांक्षा, और न ही जैव-भौतिकी सीमा की मान्यता को दुनिया में अधिक न्याय के लिए खोज को रोकना चाहिए। एनईपी एक स्वच्छ पर्यावरण के लिए भारत की प्रतिबद्धता के लिए एक प्रतिक्रिया है, जिसे संविधान

में अनुच्छेद 48 ए और 51 ए (जी) में मान्यता दी गई है और अनुच्छेद 21 की न्यायिक व्याख्या से मजबूत बनाया है। यह माना गया है कि एक स्वस्थ वातावरण को बनाए रखने की केवल अकेले राज्य की जिम्मेदारी नहीं है, बल्कि यह हर नागरिक का कर्तव्य है। इस प्रकार एक साझेदारी की भावना को देश में पर्यावरण प्रबंधन के स्पेक्ट्रम भर में महसूस किया जाना चाहिए। जहाँ पर्यावरण की गुणवत्ता को बनाए रखने और उसे बढ़ाने के प्रति राज्य को अपने प्रयासों को प्रेरित करना चाहिए, वहीं प्रत्येक व्यक्ति द्वारा भी अपनी जिम्मेदारी के प्रति पहचान होना चाहिए —प्राकृतिक या संस्थागत। एनईपी 2006 की प्रस्तावना निम्नलिखित उद्देश्यों को निर्धारित करती है:

1. महत्वपूर्ण पर्यावरणीय संसाधनों की रक्षा और संवर्धन के लिए।
2. समाज के सभी वर्गों के लिए पर्यावरण संसाधनों तक समान पहुंच सुनिश्चित करने और विशेष रूप से गरीब समुदायों के लिए, जो पर्यावरणीय संसाधनों पर सबसे अधिक निर्भर होते हैं।
3. पर्यावरण संसाधनों के विवेकपूर्ण उपयोग को सुनिश्चित करना।
4. पर्यावरण संबंधी चिंताओं को आर्थिक और सामाजिक विकास के लिए नीतियों, योजनाओं, कार्यक्रमों और परियोजनाओं को एकीकृत करना।
5. पर्यावरण संसाधनों के प्रबंधन और उपयोग के विनियमन के लिए सुशासन के सिद्धांतों को लागू करना।
6. पर्यावरण संरक्षण के लिए संसाधनों में वृद्धि करना (भारत सरकार 2006, 8)।

ऊपर कहें गये उद्देश्यों को केन्द्र, राज्य और स्थानीय सरकार के स्तर पर विभिन्न सरकारी अधिकारियों द्वारा विभिन्न रणनीतिक हस्तक्षेपों के माध्यम से महसूस किया जा रहा है। निम्नलिखित सिद्धांत, तदनुसार, इस नीति के संबंध में अलग-अलग कर्ताओं की गतिविधियों का मार्गदर्शन कर सकते हैं:

1. मनुष्य सतत होने वाले विकास के केंद्र में हैं।
2. पर्यावरण संरक्षण विकास की प्रक्रिया का एक अभिन्न हिस्सा है।
3. पर्यावरण संसाधनों की सेवा को आर्थिक मूल्य दिया जा रहा है।
4. प्रदूषणकर्ता को पर्यावरण को नुकसान करने के लिए भुगतान करना होगा।
5. पर्यावरण संबंधी निर्णय लेने में जनता की भागीदारी (भारत सरकार 2006, 10)।

अनुसूचित जनजाति और अन्य परंपरागत वन निवासी (वन अधिकारों की मान्यता) अधिनियम, 2006 वन क़ानून पर एक महत्वपूर्ण भाग है, जिसे भारत में 18 दिसंबर 2006 को पारित किया गया। इसे वन अधिकार अधिनियम या आदिवासी अधिकार अधिनियम भी कहा जाता है। यह क़ानून वनों में रहने वाले समुदायों के भूमि और अन्य संसाधनों के अधिकारों से संबंधित है, जो उन्हें दशकों से अधिक समय से देने से इनकार किया गया है, जिसके एक परिणाम के रूप में भारत में औपनिवेशिक वन क़ानून बने हुए हैं। इस अधिनियम के समर्थकों का दावा है कि यह वनवासियों के खिलाफ किए गये 'ऐतिहासिक अन्याय' के लिए एक निवारण होगा, जबकि संरक्षण को और अधिक प्रभावी और पारदर्शी बनाने के लिए प्रावधान भी किए जायेंगे। क़ानून के लिए मांग ने बड़े पैमाने पर राष्ट्रीय प्रदर्शनों को होते देखा है जिसमें सैकड़ों हजारों लोग शामिल थे।

वर्ष 2006 में पारित इस अधिनियम में निम्न बुनियादी प्रावधान है:

1. अनुसूचित जनजाति या अन्य परंपरागत वनवासियों द्वारा बस्ती बनाने के लिए या आजीविका के लिए वन भूमि पर रहने का अधिकार।
2. स्वामित्व के अधिकार, इकट्ठा करने के लिए पहुँच, लघु वनोपज के उपयोग और निपटान।

3. हकों के उपयोगों के लिए अन्य समुदाय के अधिकार, जैसे जलाशयों के मछली और अन्य उत्पाद, चराई और खानाबदोश समुदायों के पारंपरिक मौसमी संसाधन के उपयोग।
4. आदिम जनजातीय समूहों और पूर्व कृषि समुदायों के लिए सामुदायिक कार्यकाल सहित निवास और बस्ती के अधिकार।
5. किसी भी सामुदायिक वन संसाधन की रक्षा, पुनरुत्पादन, संरक्षण या प्रबंधन करने का अधिकार, जिनकी वे अपने जीवनयापन के लिए पारंपरिक रूप से रक्षा करते आ रहे हैं।
6. जैव विविधता और सांस्कृतिक विविधता से संबंधित बौद्धिक संपदा और पारंपरिक ज्ञान के लिए जैव विविधता और समुदाय के अधिकारों के उपयोग का अधिकार।

इस प्रकार, वन अधिकार अधिनियम, 2006 के भूमि पर स्वामित्व का प्रावधान करता है, जिस पर आदिवासी या वनवासियों द्वारा खेती की जा रही है, लघु वन उपज के लिए स्थानीय लोगों के अधिकार, चराई क्षेत्रों के लिए, मार्गों का उपयोग करने, आदि; अवैध बेदखली या जबरन विस्थापन के मामले में पुनर्वास के लिए प्रावधान और जंगलों और वन्य जीवन की रक्षा के लिए स्थानीय लोगों को वन प्रबंधन का अधिकार देता है।

भारत में पर्यावरण के मुद्दों पर न्यायिक प्रतिक्रिया

कार्यवाही खंड स्पष्ट रूप से दर्शाता है कि भारत सरकार ने पर्यावरण की आगे और गिरावट और प्रदूषण से रक्षा करने के लिए संवैधानिक, कानूनी और प्रशासनिक क्षेत्रों में कई कदम उठाए हैं। केंद्र और राज्य सरकारों की ओर से किए गए इस तरह के अनेक प्रयासों के बावजूद, पर्यावरण क्षरण और प्रदूषण की समस्या को उस हद तक नियंत्रित नहीं किया गया है, जहाँ तक यह संभव हो सकता है। इस के लिए कई कारण जिम्मेदार हैं। पहला, प्रशासनिक और विधायी क़ानून के अधिकांश प्रावधान सिर्फ कागजों पर बने हुए होते हैं, या उनके कार्यान्वयन के दौरान उनका रूप बदल जाता है। दूसरा, पूरी संस्थागत सेटअप में प्रशासनिक संस्थानों के बीच उचित समन्वय और सहयोग का न होना एक महत्वपूर्ण कमी है। पर्यावरण संरक्षण के लिए वर्तमान सरकारी कार्यक्रम की एक और कमजोरी महत्वपूर्ण भूमिका को पहचानने की कमी है, जिसे गैर सरकारी संगठन सरकार के स्वयं के प्रयासों के पूरक के रूप में निभा सकते हैं। क़ानून की दृष्टि से, पर्यावरण संरक्षण अधिनियमों में खामियाँ कार्यान्वयन की प्रगति में बाधा डालती हैं।

चूँकि कार्यकारी मंडल बार बार पर्यावरण की सुरक्षा और संरक्षण को सुरक्षित करने में नाकाम रही है, इसलिए लोग न्यायपालिका से निवारण चाहते हैं। अतः, न्यायपालिका ने समाज के गरीब और वंचित लोगों की सेवा के लिए क़ानून लाने के लिए पिछले दो दशकों से अधिक समय से कर्मठता से प्रयास किया है। 1980 के दशक में प्रारंभिक वर्षों में, भारत में उच्च न्यायपालिका की भूमिका में एक परिवर्तन करना पड़ा है। एक नये और मौलिक रूप से अलग तरह के मामले ने मुकदमेबाजी के परिदृश्य को बदल दिया है। निजी विवादों को हल करने के लिए कहने की बजाय, उच्चतम न्यायालय और उच्च न्यायालयों के न्यायाधीशों को राज्य द्वारा ज्वलंत मानव अधिकार उल्लंघन पर लोक शिकायतों को निपटने के लिए कहा गया या विधियों या संवैधानिक प्रावधानों में सन्निहित लोक नीतियों द्वारा साबित करने के लिए कहा गया। इस नए प्रकार के न्यायिक कारोबार को सामूहिक रूप से 'जनहित याचिका' (पीआईएल) कहा जाता है। भारत में अधिकांश पर्यावरण संबंधी कार्य इसी श्रेणी में आते हैं।

पर्यावरण मामलों में जनहित याचिका

हमारी न्यायपालिका ने तब एक प्रबुद्ध न्यायिक रचनात्मकता और दूरदर्शिता का प्रदर्शन किया है, जब भी उसे पर्यावरण से संबंधित मुद्दों पर फैसला करने के लिए अवसर मिला है। उच्च न्यायालयों और सर्वोच्च न्यायालय के कई निर्णयों के एक सर्वेक्षण से पता चलता है कि अधिकांश तकनीकी बाधा को कानूनी व्याख्या और निर्माण के लिए नए उपकरण तैयार करके एक तरफ धकेल दिया है।

रतलाम नगर पालिका बनाम वर्धिचंद[1] में सर्वोच्च न्यायालय का ऐतिहासिक फैसला पर्यावरण संरक्षण की दिशा में न्यायपालिका के नए दृष्टिकोण का प्रतिनिधि है। इस मामले में सर्वोच्च न्यायालय ने दो संस्थापक सिद्धांतों को निर्धारित किया। एक यह है कि भारत में कोई भी नगर पालिका अपने निवासियों के स्वास्थ्य और सुरक्षा के लिए अपने प्राथमिक कर्तव्य का निर्वहन नहीं करने के लिए एक आधार के रूप में पैसे की कमी को आगे नहीं रख सकती हैं। दो, जन सुविधा का अभाव और नागरिकों के स्वास्थ्य की हानि के लिए वजह बनने वाले औद्योगिक प्रदूषण की रोकथाम का अभाव शालीनता और गरिमा के मानवाधिकारों का उल्लंघन करना है, जो किसी भी नगर पालिका पर अपरक्राम्य पहला आरोप है।

देहरादून उत्खनन मामले में[2] पहली बार, सर्वोच्च न्यायालय ने कहा कि एक स्वस्थ्य पर्यावरण के लिए मौलिक अधिकार संविधान के अनुच्छेद 21 में जीवन के मौलिक अधिकार का एक हिस्सा है। जल प्रदूषण का सवाल, विशेष रूप से जो गंगा नदी के मामले में *एम सी मेहता बनाम भारत संघ*[3] के रूप में सर्वोच्च न्यायालय के समक्ष आया। यह नदी तीन राज्यों के औद्योगिक क्षेत्र से होकर गुजरती है और अधिकांश उद्योग चमड़े के उद्योग हैं। सर्वोच्च न्यायालय ने कानपुर में तीस चमड़ा उद्योगों को बंद करने का आदेश दिया जो गंगा नदी में अनुपचारित अपशिष्ट को बहा देते थे। अदालत ने स्वीकार किया कि इस उद्योग का बंद होना बेरोजगारी का कारण बन सकता है, लेकिन स्थापित किया कि 'लोगों को जीवन, स्वास्थ्य और पारिस्थितिकी का सर्वाधिक महत्व है'।

न्यायपालिका जीवन और व्यक्तिगत स्वतंत्रता के अधिकार को नए आयाम देकर अपनी न्यायिक सक्रियता में आ गई है, जिसकी संविधान के अनुच्छेद 21 द्वारा की गारंटी दी गई है। स्वस्थ पर्यावरण के लिए अधिकार को देश के शीर्ष अदालत द्वारा एक मौलिक अधिकार बनाया गया है, जब कभी पर्यावरणीय- कानूनी विशेषज्ञ, श्री एम सी मेहता द्वारा दायर विभिन्न सार्वजनिक हितों के मामलों में निर्णय लेने की बात आई थी। अनुच्छेद 21 जो 'जीवन' का अधिकार देता है, सभी विशेषताओं को शामिल करता है जो जीवन का आनंद लेने के लिए आवश्यक है। *मुन्न बनाम इलिनोइस के लोग,*[4] में इसने निदेशित किया है कि 'जीवन' इस शब्द का मात्र पशु अस्तित्व होने के मतलब से कुछ अधिक है। प्रदूषण स्थायी अपंगत्व की वजह बनता है, जिससे शरीर के महत्वपूर्ण अंग खराब होते हैं या के कामकाज के लायक नहीं रहते है, जो एक व्यक्ति को मात्र एक पशु अस्तित्व जीने के लिए मजबूर कर देता है और इस तरह उसे जीवन जीने के अधिकार से वंचित किया जाता है।

एमसी मेहता बनाम भारत संघ (सुप्रा18.464) पर्यावरण संरक्षण के लिए न्यायिक विचार का एक और मील का पत्थर है। सर्वोच्च न्यायालय ने अन्य बातों के साथ कहा:

1. सरकार ने ऐसे क्षेत्रों में रसायनों और अन्य खतरनाक उद्योगों को स्थापित करने के लिए एक राष्ट्रीय नीति विकसित करना चाहिए जहां आबादी कम है और वहाँ समुदाय को कम जोखिम हो और प्रदूषण को कम करने के लिए सावधानी ली जानी चाहिए।
2. भारत सरकार को एक पारिस्थितिकी विज्ञान समूह की स्थापना करनी चाहिए, जिसमें स्वतंत्र, विज्ञान और प्रौद्योगिकी की विभिन्न शाखाओं के सक्षम पेशेवर विशेषज्ञ शामिल हों, जो अदालत के लिए एक सूचना बैंक के रूप में कार्य करें और विशेष जरूरतों के हिसाब से नई जानकारी पैदा करें।
3. पर्यावरण संबंधी न्यायालयों को एक पेशेवर जज और पर्यावरण विज्ञान अनुसंधान समूह से लिए गये दो विशेषज्ञों के साथ स्थापित किया जाना चाहिए।
4. पर्यावरण प्रदूषण के कारण व्यक्तियों को हुए नुकसान के लिए भरपाई देने हेतु यहाँ पूर्ण दायित्व का सिद्धांत होना चाहिए।
5. मुआवजे के उपाय को उद्यम के परिमाण और क्षमता के साथ सहसंबद्ध किया जाना चाहिए, क्योंकि इस तरह के मुआवजे का एक निवारक प्रभाव होना चाहिए। यह विधायी इरादे के अनुरूप भी होगा जब इसके उल्लंघन के लिए पर्यावरण संरक्षण अधिनियम, 1986 में अधिकतम सजा प्रदान की जाती है।

भोपाल गैस त्रासदी के मामले में सर्वोच्च न्यायालय ने भी महत्वपूर्ण भूमिका निभाई। इसने लोगों के जीवन और स्वतंत्रता के लिए अपनी गहरी चिंता जताई, जो जहरीली गैस के रिसाव से प्रभावित हुए थे जिसका परिणाम पर्यावरण के प्रदूषण के रूप

में हुआ, और लाखों लोगों की मौत हुई और बाकियों के स्वास्थ्य पर हमेशा के लिए प्रतिकूल प्रभाव पड़ा। *यूनियन कार्बाइड कॉरपोरेशन बनाम भारत संघ,*[5] में अदालत ने गैस त्रासदी के पीड़ितों के लिए तत्काल अंतरिम राहत प्रदान करने के लिए सरकार को निर्देश दिए, जिसे भारतीय रिजर्व बैंक के लिए भारत सरकार के निर्देशों के तहत मई 1993 में रिलीज होने के लिए निर्देशित किया गया था। अदालत ने भोपाल गैस रिसाव आपदा से उत्पन्न देनदारियों का पूरा निपटान करने में यूनियन कार्बाइड कॉरपोरेशन को भारत संघ को 470 करोड़ अमेरिकी डॉलर की राशि का भुगतान करने का निर्देश दिया। सर्वोच्च न्यायालय ने पीड़ितों को तत्काल राहत प्रदान करने के लिए अपना न्यायिक और मानवीय कर्तव्य माना। अदालत ने कहा कि एक स्वस्थ वातावरण में जीने के अधिकार का किसी के द्वारा उल्लंघन नहीं किया जा सकता। एक स्वस्थ वातावरण में जीने का अधिकार सर्वोपरि है।

पर्यावरण प्रदूषण पत्थर पेराई गतिविधियों के कारण भी होता है और इस प्रकार ताजी हवा पाने के और एक प्रदूषण मुक्त वातावरण में रहने के नागरिकों के अधिकार को प्रभावित करता है। इस प्रकार, *एमसी मेहता बनाम भारत संघ,*[6] में सर्वोच्च न्यायालय ने दिल्ली, फरीदाबाद और बल्लभगढ़ परिसरों के आसपास यांत्रिक पत्थर तोड़ने की गतिविधियों को रोकने के लिए निर्देश जारी किए। सतत विकास को ध्यान में रखते हुए, स्टोन क्रशर को हरियाणा राज्य में पाली गाँव में नए 'क्रशिंग जोन' स्थापित करने के लिए निर्देश दिए गए थे।

दिल्ली गैस रिसाव के मामले में सर्वोच्च न्यायालय ने एक ऐतिहासिक फैसला दिया (*एमसी मेहता बनाम भारत संघ*) (मैथ्यू 2000, 14)। याचिकाकर्ता ने ओलियम और क्लोरीन निर्माण करने वाली श्री राम खाद्य एवं उर्वरक, की खतरनाक गतिविधियों के कारण गंभीर प्रदूषण होने और कई हजार लोगों के जीवन के अधिकार का उल्लंघन का आरोप लगाया था, जो दिल्ली शहर के मध्य में स्थित थी। सर्वोच्च न्यायालय ने ओलियम गैस रिसाव के पीड़ितों को मुआवजे का भुगतान करने के लिए प्रबंधन को आदेश दिए, और कई शर्तें लगाने के बाद उसे आंशिक संचालन की अनुमति दी। इस प्रकार न्यायालय ने न केवल अनुच्छेद 21 में पर्यावरण की सुरक्षा सहित उसके दायरे को विस्तारित किया, अपितु प्रदूषण से नुकसान पाए उन लोगों के लिए टोट में एक दायित्व भी शामिल किया।

सर्वोच्च न्यायालय ने दिल्ली में वाहनों से होने वाले प्रदूषण के बारे में अपनी गहरी चिंता दिखाई है। *एमसी मेहता बनाम भारत संघ,*[7] में सर्वोच्च न्यायालय ने इशारा किया है कि भारत के संविधान के अनुच्छेद 47 और 48 ए के जनादेश को ध्यान में रखते हुए, इसने समय-समय पर दिल्ली में यातायात की बिगडती स्थिति और वाहनों से होने वाले प्रदूषण से उत्पन्न होने वाली समस्याओं से निपटने के लिए निर्देश जारी किए थे। हालांकि, अदालत यह जानकर अत्यंत निराश हुई कि सर्वोच्च न्यायालय द्वारा समय समय पर दिए गए निर्देशों ने वह प्रतिक्रिया नहीं दी जिसकी उम्मीद की गई थी। निर्देश देते हुए अदालत ने इसे एक कानूनी मुद्दा माना और संविधान के अनुच्छेद 21 के अनुसार कार्यवाही करने निर्देश दिया। सर्वोच्च न्यायालयने कहा कि उसके द्वारा जारी किए गए निर्देशों को इसके साथ संकलित किया था और जोर देकर कहा कि यह राज्य का दायित्व है कि उसका पालन किया जाए। अदालत ने श्री भूरेलाल की अध्यक्षता में 7 जनवरी 1998 पर गठित 'राष्ट्रीय राजधानी क्षेत्र के लिए पर्यावरण प्रदूषण (निवारण एवं नियंत्रण) प्राधिकरण' को भी निर्देश दिया, कि वह वाहनों से होने वाले प्रदूषण और जुड़े मामलों को नियंत्रित करें और अपने द्वारा की गई कार्रवाई के बारे में एक रिपोर्ट प्रस्तुत करें। प्राधिकरण ने हवा की गुणवत्ता के तत्काल सुधार के लिए कुछ उपायों का प्रस्ताव किया और लंबी अवधि के सुधार के लिए एक समय सीमा दी।

सर्वोच्च न्यायालय ने दिल्ली में वाहनों से होने वाले प्रदूषण को नियंत्रित करने के उद्देश्य से कहा कि 28 जुलाई 1998 के दिनांक द्वारा दिये गये उसके आदेश के अनुसार तुरंत निम्न कदम उठाये जाने चाहिए:

1. टैक्सियों सहित वाणिज्यिक वाहनों को चलाने को प्रतिबंधित करने के निर्देशों के कार्यान्वयन, जो 2 अक्टूबर 1998 तक 15 साल पुराने हो गये हैं,
2. 15 अगस्त 1998 तक दिन के समय के दौरान माल वाहनों के चलाने पर प्रतिबंध को कड़ाई से लागू किया जाना चाहिए,

3. 31 दिसंबर 1998 तक पूर्व मिश्रित तेल डिस्पेंसरो (पेट्रोल और 2T तेल) का विस्तार किया जाना चाहिए, और
4. 31 दिसंबर 1998 तक पेट्रोल पंपों और गैरेज में खुले 2T तेल की आपूर्ति पर प्रतिबंध लागू किया जाना चाहिए।[8] इन निर्देशों का पहले से पालन किया जा रहा है। सर्वोच्च न्यायालय ने श्री भूरेलाल समिति द्वारा तय किए निर्देश और समय सीमा को मंजूरी दे दी। न्यायालय ने इसके साथ ही निर्देश दिया कि ऊपर उल्लेख किए समय सीमा का सभी अधिकारियों ने कड़ाई से पालन करना है और प्रिंट और इलेक्ट्रॉनिक मीडिया द्वारा इसे जनता के ध्यान में लाने के लिए प्रभावी और पर्याप्त कदम उठाना है। सर्वोच्च न्यायालय ने सभी संबंधितों को चेतावनी दी कि उक्त निर्देशों का पालन करने में किसी भी विफलता के लिए किसी भी चूककर्ता के खिलाफ न्यायालय अधिनियम, 1971 की अवमानना के तहत कार्रवाई करेगी।

इस प्रकार, मुकदमेबाजी के दौरान सर्वोच्च न्यायालय ने अपना ध्यान एक स्कीम से दूसरे को स्थानांतरित कर दिया। 1990 में, जोर बकाएदारों के खिलाफ मुकदमा चलाने पर था। 1991 में, अदालत दिल्ली परिवहन निगम की बसों के संचालन के लिए डीजल से गैस में परिवर्तित करने के लिए उत्सुक थी। 1992 के शुरू में, कोर्ट का ध्यान सार्वजनिक बसों से होने वाले उत्सर्जन की तरफ स्थानांतरित हुआ। संपूर्ण 1994 के दौरान, कोर्ट ने यह सुनिश्चित करने के लिए सरकार पर दबाव डाला कि नए वाहनों में उत्प्रेरक कन्वर्टर्स लगे हों और उससे अप्रैल 1995 तक चार महानगरों में लेड मुक्त पेट्रोल पेश किया गया। इसके बाद कोर्ट ने अनलेडेड पेट्रोल वितरण नेटवर्क के विस्तार पर नजर रखी और पेट्रोल के लेड प्रतिशत में कटौती, वर्ष 2000 के उत्सर्जन मानकों की अधिसूचना के संबंध में केंद्र सरकार से आश्वासन प्राप्त किया। 1996 और 1997 में, अदालत ने स्वच्छ ईंधन पर काम करने के लिए अपने वाहनों को परिवर्तित करने के लिए केंद्र सरकार पर दबाव डाला, अर्थात संपीडित प्राकृतिक गैस (सीएनजी) और दो और तीन पहिया वाहनों और डीजल ट्रकों और बसों से हानिकारक उत्सर्जन को कम करने के लिए तकनीकी समाधान की मांग की। 1999 में, अदालत ने 11 जून, 1999 के बाद पंजीकृत सभी निजी वाहनों के लिए यूरो I के मानदंडों के लिए अनुरूप करने के लिए और जो 1 अप्रैल, 2000 के बाद पंजीकृत किए गये थे उन्हें यूरो II के मानदंडों को पूरा करने के लिए अनिवार्य कर दिया। डीजल लेने वाले को राष्ट्रीय राजधानी क्षेत्र (एनसीआर) में प्रतिबंधित कर दिया, जब तक कि वे यूरो II के मानदंडों की पुष्टि नहीं करते थे।

1985 में, मेहता सर्वोच्च न्यायालय में गए, वे दिल्ली से 1,200 प्रदूषणकारी उद्योगों को दूर स्थानांतरित करने के लिए निर्देश देने की मांग कर रहे थे। मेहता यह देखकर चकित रह गये कि 1962 में तैयार किए गये दिल्ली के मास्टर प्लान के प्रावधानों के विपरित, औद्योगिक इकाइयाँ आवासीय और गैर अनुरूप क्षेत्रों में सक्रिय हैं और पर्यावरण में प्रदूषण पैदा कर रही हैं। एक अनुमान के मुताबिक इकाइयों की संख्या 127,000 से अधिक थी। इन इकाइयों में से कम से कम 10 फीसदी खतरनाक उद्योग थी। दिल्ली का मास्टर प्लान 8 जुलाई 1996 (6 और 9 अक्टूबर 1996 पर और बाद में) को निम्नलिखित आधार पर एक खंडपीठ ने दिये न्याय के लिए आधार बन गया:

1. 168 खतरनाक उद्योगों को 3 नवंबर 1996 तक दिल्ली से राष्ट्रीय राजधानी क्षेत्र में उपयुक्त स्थानों पर ले जाया जाए, या उन्हें बंद कर दिया जाए।
2. आवासीय और गैर अनुरूप क्षेत्रों में सक्रिय 513 और 334 इकाइयों का 30 जनवरी और 30 जून 1997 के बीच स्थानांतरण किया जाए।
3. दिल्ली प्रशासन सुनिश्चित करता है कि गैर अनुरूप क्षेत्रों में सक्रिय 39,000 इकाइयों को या तो स्थानांतरित किया जाए या उन्हें बंद कर दिया जाए।

सर्वोच्च न्यायालय के आदेश के एक परिणाम के रूप में, नवंबर 1996 तक 168 खतरनाक/बड़े उद्योगों को बंद कर दिया गया था या उनकी जगह बदल दी गई थी और आगे, गैर अनुरूप क्षेत्रों में सक्रिय एक लाख से अधिक इकाइयों को भी बंद कर दिया/दिल्ली से दूसरी जगह हटा दिया गया।

जैसा कि ऊपर उल्लेख किए निर्णय से यह स्पष्ट है कि न्यायपालिका ने उभरती प्रदूषण नियंत्रण की समस्या से निपटने के लिए अपनी गतिशीलता का प्रदर्शन किया है। जनहित याचिका के सिद्धांत और सकारात्मक कार्रवाई के आधार पर एक नए दंडात्मक सजा नीति के साथ नीति सजा के प्रतिस्थापन, आर्थिक विकास योजना के कम हानिकारक विकल्प के लिए न्यायिक खोज, लागत प्रदान करने की तकनीकों के माध्यम से सामाजिक अधिकारों को लागू करने के लिए सामाजिक कार्यकर्ताओं को प्रोत्साहित करने के इसके प्रयास नई न्यायिक सक्रियता का हिस्सा हैं।

सर्वोच्च न्यायालय के ऐतिहासिक निर्णय और आदेश ने देश में पर्यावरण चेतना की एक लहर शुरू कर दी है। इन सभी मामलों में महत्वपूर्ण विशेषताएँ उन क्षेत्रों में अधिक हस्तक्षेप भूमिका निभाने के लिए न्यायपालिका को स्फूर्ति देने के लिए जनहित याचिका (पीआईएल) के साधन का उपयोग करने के लिए याचिकाओं को प्रोत्साहित करने के न्यायालय के प्रयास रहे हैं, जहां देश का कार्यकारी मंडल कार्य करने के लिए विफल रहा था। पर्यावरणीय मुकदमेबाजी के क्षेत्र में न्यायिक क्रांति ने इन समस्याओं से निपटने के लिए पुराने सिद्धांतों को निकाल बाहर किया है और नये जमाने के उपायों को अपनाया है। सार्वजनिक स्वास्थ्य और सुरक्षा को बढ़ावा देने के लिए 'सार्वजनिक उपद्रव का क़ानून' एक शक्तिशाली हथियार बन गया है। स्वच्छ पर्यावरण के अधिकार को संविधान के तहत गारंटी दिए गये जीवन के अधिकार के एक भाग के रूप में मान्यता दी गई है।

भारत में नागरिक समाज और पर्यावरण शासन

भारतीय पर्यावरण शासन की एक अन्य महत्वपूर्ण विशेषता पर्यावरण संरक्षण में लोगों को जागरूक करने और उसमे शामिल करने में नागरिक समाज की भूमिका का होना है। हम चिपको आंदोलन, नर्मदा बचाओ आंदोलन, टिहरी बांध विरोध, चिल्का बचाओ आंदोलन, दक्षिण भारत में अप्पिको और साइलेंट वैली आंदोलनों में नागरिक समाज की भूमिका देख सकते हैं। इन आंदोलनों की मुख्य मांग स्थानीय जनता के अपने *जल*, *जमीन* और *जंगल* पर अधिकारों की रक्षा करने के लिए है। नागरिक समाज ने सरकार की जन विरोधी नीतियों पर हमला किया और पर्यावरण के विनाश के बारे में जनता को जागृत किया है। निम्न अनुभाग में भारत में नागरिक समाज के नेतृत्व में हुए कुछ महत्वपूर्ण पर्यावरण आंदोलनों की चर्चा की गई है।

चिपको आंदोलन

भारत में आधुनिक पर्यावरण आंदोलनों का मूल 1970 के दशक में मध्य हिमालय क्षेत्र में चिपको आंदोलन को माना जा सकता है। यह आंदोलन मूल रूप से पेड़ों की कटाई का विरोध करने के लिए एक जन आंदोलन था। वहाँ सड़कों, नदी बांध परियोजनाओं, आदि के निर्माण के तरह के विकास कार्य के लिए पेड़ों को काटने के कारण अलकनंदा नदी के जलग्रहण क्षेत्र में अक्सर बाढ़ आती थी। गोपेश्वर गाँव के लोगों ने 1970 में एक संघ का गठन किया, जिसे 'दशोली ग्राम स्वराज्य मंडल' बुलाया, जो मुख्य रूप से उस क्षेत्र में बाढ़ से प्रभावित लोगों को राहत प्रदान करने के लिए था।

चिपको का मूल प्रारंभी 1973 में उस समय हुआ जब वन विभाग ने दशोली ग्राम स्वराज्य संघ (DGSS), चमोली जिले में स्थित एक स्थानीय सहकारी संगठन को कृषि उपकरण बनाने के लिए ऐश पेड़ आवंटित करने से मना कर दिया था। दूसरी ओर, वन विभाग ने एक निजी कंपनी को ऐश के पेड़ आवंटित किए, वह थी, साइमंड्स कं। इस घटना ने DGSS को इस अन्याय के खिलाफ लड़ने के लिए उकसाया, वे लकड़ी के ट्रकों के सामने लेट जाते थे और लकड़ी के डिपो में राल जलाते थे, जैसा कि भारत छोड़ो आंदोलन के दौरान किया गया था। जब इन तरीकों को असंतोषजनक पाया गया, तब चंडी प्रसाद भट्ट, उनके नेताओं में से एक ने पेड़ों को गले लगाने का सुझाव दिया है और इस तरह 'चिपको' का जन्म हुआ। स्थानीय लोगों ने इसे

बुनियादी निर्वाह के लिए एक लड़ाई माना, जो राज्य की संस्थाओं और नीतियों द्वारा उन्हें इनकार किया गया था (गुहा 1989)। विरोध के इस रूप ने निजी कंपनी को ऐश पेड़ की कटाई से दूर करने में महत्वपूर्ण भूमिका निभाई थी। इसकी सफलता के साथ, यह आंदोलन अन्य पड़ोसी क्षेत्रों में फैल गया और उसके बाद अंतरराष्ट्रीय स्तर पर यह आंदोलन लोकप्रिय रूप से चिपको आंदोलन के रूप में जाना जाता है।

अपने व्यापक अनुकरण और सफलता के साथ चिपको आंदोलन को भारत में पर्यावरण आंदोलनों में एक राहत के रूप में कहा जा सकता है। इसने विकास के पर्यावरणीय पहलुओं को प्रज्वलित किया है और प्राकृतिक संसाधनों और पारिस्थितिक मुद्दों पर कई विवादों और विरोध प्रदर्शन को जन्म दिया है। इसने स्थानीय लोगों और पर्यावरण की आजीविका के बीच घनिष्ठ संबंध को समझने में मदद की है। यह अपने पर्यावरण की रक्षा करने और संवर्धन में, स्थानीय लोगों, खासकर महिलाओं की भूमिका का द्योतक है।

साइलेंट वैली आंदोलन

केरल सस्त्र साहित्य परिषद (KSSP) नामक केरल की एक गैर सरकारी संगठन ने 1978 में साइलेंट वैली जल परियोजना को रोकने के लिए उनकी आवाज बुलंद की। साइलेंट वैली भारी जैव भंडार के साथ उष्णकटिबंधीय जंगलों से समृद्ध है। केरल की सरकार साइलेंट वैली में एक गहरे उष्णकटिबंधीय वन के अंदर ऊर्जा की आवश्यकता वाले राज्य के लिए एक जल विद्युत परियोजना चाहती थी। यह उष्णकटिबंधीय वन देश में अकेला ही शेष बचा था। पर्यावरणविदों ने इस परियोजना पर आपत्ति जताई और उच्च न्यायालय में मामला उठाया, जो वे हार गये। हालांकि इस आंदोलन ने एक महत्वपूर्ण मुद्दा उठाया और जनता और मीडिया का समर्थन पाया और अंत में श्रीमती इंदिरा गांधी के हस्तक्षेप के साथ, इस परियोजना को राज्य सरकार द्वारा रद्द कर दिया गया। यह घाटी के पारिस्थितिक संतुलन की रक्षा करने में एक मील का पत्थर साबित हुआ।

नर्मदा बचाओ आंदोलन

यह भारत के पर्यावरण के इतिहास में सबसे लोकप्रिय आंदोलनों में से एक है। यह गुजरात और राजस्थान के सूखा प्रभावित क्षेत्रों के लिए पनबिजली उत्पादन और सिंचाई की सुविधा उपलब्ध कराने के लिए नर्मदा नदी पर बांधों (संख्या में 30 के आसपास) के निर्माण के विरोध में शुरू किया गया था। यह अनुमान लगाया गया था कि नर्मदा नदी पर दो बड़े बांधों के निर्माण की लागत 30,923 करोड़ रु. आयेगी और पर्यावरण के नुकसान के माध्यम से 8190 करोड़ रु.। इस के अलावा इस परियोजना से करीब 130482 हेक्टेयभूमि डूब जाएगी, जिसमें से 55,681 हेक्टेयर प्रमुख कृषि भूमि थी और 56,066 हेक्टेयर जंगल थे। दो बांधों अर्थात् सरदार सरोवर परियोजना और नर्मदा सागर परियोजना बिजली और सिंचाई की आपूर्ति के मामले में लोगों को भारी उपयोगी होते, परंतु पर्यावरण वैज्ञानिक द्वारा दी गई एक रिपोर्ट के अनुसार इसकी अनुमानित पर्यावरणीय लागत उसे अनदेखी करने के लिए बहुत ज्यादा थी। यह अनुमान लगाया गया था कि 248 गांवों में से 1 लाख से अधिक लोगों को इस परियोजना से विस्थापित किया जाएगा। इन लोगों में से लगभग 57 प्रतिशत आदिवासी थे, जो भारत की आबादी का 8 प्रतिशत का गठन करते हैं।

सरदार सरोवर परियोजना के खिलाफ विरोध प्रदर्शन इस परियोजना की मंजूरी के साथ-साथ 1970 के दशक के अंत में शुरू हुआ था, लेकिन केवल 1980 के दशक के दौरान ही उसने गति प्राप्त की। जनजातीय समर्थक नर्मदा बचाओ आंदोलन (एनबीए) को 1989 में मेधा पाटेकर द्वारा स्थापित किया गया, जिसने प्रभावी ढंग से बांध के पारिस्थितिक परिणामों और सरकार के पुनर्वास

और पुनर्वास नीतियों में मौजूद खामियों को उजागर किया। इसके पहले चरण के दौरान, एनबीए की मुख्य मांग बांध के निर्माण पर पूर्ण रोक लगाना था, लेकिन बाद में उसने बांध की ऊंचाई को कम करने और विस्थापित लोगों के लिए एक उचित पुनर्वास और पुनर्वास नीति पर जोर दिया। इस आंदोलन ने बाबा आमटे और सुंदरलाल बहुगुणा जैसे प्रख्यात सामाजिक कार्यकर्ता के शामिल होने से जनता का व्यापक ध्यान प्राप्त किया और इसमें विस्थापित भी शामिल हुए, जिसमें ज्यादातर आदिवासी थे। यह आंदोलन अंतरराष्ट्रीय समर्थन प्राप्त करने में सफल रहा, जिसने विश्व बैंक को परियोजना के वित्त पोषण को वापस लेने के लिए के लिए मजबूर किया। इसे केवल आंदोलन की आंशिक सफलता के रूप में कहा जा सकता है, क्योंकि अंतिम सफलता सरकार को समझाने या उस पर दबाव डालने में निहित थी ताकि वह लोगों के समर्थन के साथ परियोजना को रोके, जिसके भारत में वर्तमान सामाजिक-आर्थिक स्थिति में होने की सबसे कम संभावना है।

अप्पिको आंदोलन

यह 1983 में, कर्नाटक राज्य में उत्तर कन्नड़ जिले के बालेगद्दे गांव के लोगों द्वारा शुरू किया गया था। इस जिले में पश्चिमी घाट के समृद्ध वनों का एक हिस्सा है। इस गांव के लोगों ने पेड़ को गले लगाने के चिपको मार्ग का उपयोग कर सागौन पेड़ों की कटाई का विरोध किया। कार्यकर्ताओं ने *पदयात्रा*, बैठकों, लोक नृत्य, आदि के माध्यम से पूरे क्षेत्र में इस आंदोलन को फैलाया। इस आंदोलन ने मुख्य रूप से पेड़ों के संरक्षण और बढ़ने की जरूरत पर ध्यान केंद्रित किया। इस आंदोलन ने पश्चिमी घाट के पर्यावरण और पारिस्थितिकी तंत्र के संरक्षण में महत्वपूर्ण भूमिका निभाई है।

उपरोक्त के अलावा, यहाँ भारत में नागरिक समाज के नेतृत्व में अन्य कई पर्यावरणीय पहल और आंदोलन हुए हैं। इनमें ओडिशा में प्राकृतिक संसाधनों पर लोगों की पारंपरिक अधिकारों के लिए चिल्का बचाओ आंदोलन, जैव विविधता की रक्षा के लिए बीज बचाओ आंदोलन, उत्तराखंड के गढ़वाल क्षेत्र में पारिस्थितिकी की रक्षा करने और लोगों के विस्थापन को रोकने के लिए टिहरी बांध विरोधी आंदोलन, राजस्थान में तरुण भारत संघ द्वारा वर्षाजल बचाव आंदोलन, बिहार के भागलपुर जिले में गंगा नदी को प्रदूषण मुक्त बनाने के लिए गंगा मुक्ति आंदोलन, और महाराष्ट्र में मिट्टी और जल संरक्षण के लिए पानी पंचायत आदि शामिल हैं। ये सभी अपने पर्यावरण की रक्षा के लिए स्थानीय लोगों के आंदोलनों की सफलता की कहानी है।

इस प्रकार, 1970 के दशक के बाद से, भारत में नागरिक समाज की ओर से जमीनी स्तर पर कई पर्यावरणीय पहल और आंदोलन आयोजित किए गये। वे समाज में प्राकृतिक संसाधनों के दोहन के पारिस्थितिक स्थिरता और सामाजिक समानता सुनिश्चित करने के वैकल्पिक तरीके के बारे में सोचने के लिए मजबूर करते हैं। ये पर्यावरणीय आंदोलन सामाजिक आंदोलनों के नए रूपों में उभरे हैं जिन्होने जनता के अस्तित्व के साथ प्रकृति की गिरावट को सफलतापूर्वक जोड़ा है। इन आंदोलनों ने विकास के वर्तमान मॉडल को चुनौती दी है जो न केवल पर्यावरण के विनाश के लिए जिम्मेदार हैं, अपितु आम जनता को विस्थापित करने के लिए भी जिम्मेदार है।

निष्कर्ष कथन

आज की दुनिया में प्राकृतिक वातावरण का प्रशासन, यकीनन, सबसे जटिल चुनौतियों में से एक है, जो कभी मानवता के सामने उभरी होगी। स्थानीय से वैश्विक स्तर तक मानव गतिविधियों से उत्पन्न पर्यावरण परिवर्तन की विविधता नई नहीं हैं। हालांकि, विविध परिवर्तन की भयावहता और प्राकृतिक पारिस्थितिकी तंत्र की प्रक्रियाओं के कामकाज पर परिणामी प्रभाव पिछले दो शताब्दियों में बहुत तेजी से बढ़ा है, और पिछली सदी के दूसरे अर्द्ध काल में बहुत अधिक है। 1972 में मानव पर्यावरण पर

स्टॉकहोम सम्मेलन वैश्विक समुदाय द्वारा पर्यावरण के प्रशासन में चुनौतियों की पहचान के लिए एक राहत की घटना साबित हुआ। तब से वातावरण तेजी से शासन के सभी स्तरों पर स्थानिक शासन के एजेंडे में वैश्विक हो गया है।

भारत पर्यावरण संरक्षण पर पहली अंतरराष्ट्रीय बैठक, स्टॉकहोम सम्मेलन (1972) के प्रतिभागियों में से एक था, जो पर्यावरण के मुद्दों के लिए इसकी भावना को प्रदर्शित करता है। इसमें कोई शक नहीं है कि आजादी के बाद से भारतीय राज्य ने पर्यावरण की रक्षा के लिए कई कानूनों, नियमों और विनियमों को पारित किया है। भारत दुनिया में बहुत कम देशों में से एक है, जिसके अपने संविधान में पर्यावरण संरक्षण और सुधार के लिए एक प्रतिबद्धता निहित है। सरकार के इन प्रयासों और संवैधानिक प्रावधानों के बावजूद, हवा, पानी और ध्वनि प्रदूषण की समस्या बढ़ती जा रही है। इसका मुख्य कारण पर्यावरण की रक्षा के प्रावधानों का कार्यान्वयन न करना है।

पिछले चार दशकों में, भारतीय सर्वोच्च न्यायालय ने न केवल पर्यावरण संरक्षण में महत्वपूर्ण भूमिका निभाई है, अपितु इसने पर्यावरण प्रशासन के क्षेत्र में मजबूती से पैर जमाने में सफलता हासिल की है। कई मामलों में न्यायालय के पर्यावरण से संबंधित निर्णयों का भारत में समग्र पर्यावरण शासन प्रक्रियाओं पर महत्वपूर्ण प्रभाव पड़ा है। न्यायिक सक्रियता ने, विशेष रूप से हाल के दिनों में, पर्यावरण के सुरक्षा और संवर्धन के लिए नई दिशा दी है।

पुनरीक्षण प्रश्न

1. भारत में पर्यावरण के महत्वपूर्ण मुद्दे क्या हैं?
2. वायु प्रदूषण भारत में एक बड़ी पर्यावरणीय चुनौती है। चर्चा करें।
3. पर्यावरण संरक्षण के बारे में भारतीय संविधान के मुख्य प्रावधान क्या हैं? चर्चा करें।
4. पर्यावरण संरक्षण के लिए भारत सरकार द्वारा बनाये गये महत्वपूर्ण कानूनों पर चर्चा करें।
5. क्या आप पर्यावरण संरक्षण में भारतीय न्यायपालिका की भूमिका को उचित ठहराते हैं? जांच करें।
6. जनहित याचिका भारत में पर्यावरण की रक्षा के लिए न्यायपालिका का एक महत्वपूर्ण उपकरण बन गई है। चर्चा करें।
7. 'चिपको आंदोलन पर एक छोटी टिप्पणी लिखें।
8. भारत में पर्यावरण संरक्षण में नागरिक समाज की भूमिका की गंभीर रूप से जांच करें।
9. भारत में पर्यावरण बनाम विकास की बहस पर एक नोट लिखें।
10. भारत में पर्यावरण प्रशासन पर एक निबंध लिखो।

टिप्पणियाँ

1. AIR (All India Reporter). 1980. SC 1622. *Ratlam Municipality vs Vardhichand.*
2. AIR. 1985. SC652. *Rural Litigation and Entitlement Kendra Dehradun vs State of UP.*
3. AIR. 1987. SC463. *M. C. Mehta vs Union of India.*
4. AIR. 1988. SC236. *Munn vs People of India.*
5. AIR. 1990. SC273. *Union Carbide Corporation vs Union of India.*
6. Supreme Court Cases. 1992. SCC256. *Mehta vs Union of India.*
7. AIR. 1998. SC62. *M. C. Mehta vs Union of India.*
8. Mehta. 1985. *M. C. Mehta vs Government of India*, Writ Petition (civil) Ho.13029 of 1985.

संदर्भ

Basu, D. D. 1998. *Introduction to the Constitution of India*. New Delhi: Prentice-Hall of India.

Chand, Prakash. 2013. Urban Growth and its Impact on Environment and Public Health: A Study of Delhi. New Delhi: Urban India: A Journal of the National Institute of Urban Affairs.

CPCB (Central Pollution Control Board). 2013. *Status of Water Quality in India 2011*. Ministry of Environment and Forests, Government of India, New Delhi.

CSE (Centre for Science and Environment). 1982. *The State of the Environment, 1984–85*. New Delhi.

———. 2013. *Good News and Bad News: Clearing the Air in Indian Cities*. New Delhi.

———. 2014. *A Down to Earth Annual State of India's Environment 2014*. New Delhi.

GNCT Delhi (Government of National Capital Territory of Delhi). 2001. *Eco-club Teachers' Manual*. Department of Environment, Forest and Wild Life, Government of India, New Delhi.

GOI (Government of India). 2006. *National Environment Policy 2006*. Ministry of Environment and Forest, Government of India, New Delhi.

Guha, Ramchandra. 1989. *The Unquiet Woods: Ecological Change and Peasant Resistance in the Himalaya*. New Delhi: Oxford University Press.

Jain, Ashok K. 2005. *Law and Environment*. Delhi: Ascent Publications.

Mathew, P. D. 2000. *For Ensuring a Safe Environment Law against Pollution*. New Delhi: Indian Social Institute.

Rajagopalan, R. 2008. *Environmental Education*. New Delhi: Oxford University Press.

TERI (Tata Energy Research Institute). 2001. *State of Environment Report for Delhi*. TERI, New Delhi.

The Noise Pollution (Regulation and Control) Rules. 2000. Ministry of Environment and Forest, Government of India, New Delhi.

TOI (The Times of India). 2001. 'The Birds have Flown the Banks of the River'. New Delhi, 7 June.

भारतीय प्रशासन में प्रमुख मुद्दे

15

भाग I
अवधारणात्मक मुद्दे

सामान्य बनाम विशेषज्ञ विवाद

अध्ययन उद्देश्य

1. लोक प्रशासन में सामान्य बनाम विशेषज्ञ विवाद की व्याख्या करना।
2. भारतीय संदर्भ में इस विवाद को समझना।

लोक प्रशासन कार्रवाई करने वाली सरकार होती है। और शासन के लिए सामान्य और विशेषज्ञता रखने वाले दोनों प्रकार के लोगों की आवश्यकता होती है, अन्यथा, इसका मुख्य लक्ष्य हमेशा दूर ही बना रहेगा। इस तरह के एक तर्क के प्रकाश में, सामान्य और विशेषज्ञों के बीच किसी भी तरह का भेदभाव या अलगाव व्यर्थ हो जाता है। जहाँ तक वास्तविक शासन का सवाल है, समकालीन लोक प्रशासन की बढ़ती जटिलताओं को देखते हुए इस भेद का अब शायद ही कोई अर्थ है। अतः, वह बुनियादी सवाल जिसे पूछे जाने की जरूरत है वह यह है कि कोशिश किया गया विभाजन मात्र कॉस्मेटिक है या प्रचलित सामाजिक-आर्थिक संदर्भ में लोक प्रशासन की पुनःसंकल्पना करने में किसी भी उद्देश्य से कार्य करता है। वास्तविकता की जांच करने से पता चलता है कि एक प्रशासक जो एक पेशेवर है, उसे उससे अपेक्षित उद्देश्य को पूरा करने के लिए सामान्य के साथ ही विशेष कार्यों का गठबंधन करने की जरूरत होती है। उदाहरण के लिए, एक नीति तैयार करने के मामले में, एक प्रशासक को विशिष्ट आदानों की आवश्यकता होती है जो स्पष्ट रूप से विशेष होते हैं; जबकि उसी बात को लागू करने के लिए उसे एक समन्वयक की जरूरत होती है जो एक महत्वपूर्ण सामान्य कार्य है। एक विभाग के समन्वयक के रूप में किसी भी कार्यवाही को करने में उसकी भूमिका महत्वपूर्ण होती है, जिसे न केवल शासन के विभिन्न स्तरों पर स्थित कर्मचारियों द्वारा समर्थन किया जाना चाहिए, अपितु लक्षित लाभार्थियों द्वारा भी समर्थन किया जाना चाहिए। इधर, दूसरे शब्दों में, एक प्रबंधक के रूप में सामान्य अनुभव प्रशासनिक उपलब्धि के लिए एक विशेष क्रम का मार्गदर्शन करने में बेहद महत्वपूर्ण है। कोई भी निर्णय लेते समय एक प्रशासक को निरपवाद रूप से उस निर्णय के जटिल आयामों से परिचित होने की आवश्यकता होगी, जो उसके द्वारा एक विशिष्ट संदर्भ में लेने की संभावना है; और उस के लिए न केवल उसके पास विशेष ज्ञान होने की जरूरत है, अपितु उसे वह बात भी जानने की जरूरत है जो उस सूचित निर्णय पर पहुंचने के लिए महत्वपूर्ण प्रतीत होता है। यहाँ विवादास्पद मुद्दा वास्तविक प्रशासनिक कामकाज से संबंधित है जो नहीं समझा जा सकता, चलो इसे अकेले समझते हैं, लोक प्रशासन के सामान्य और विशेष पहलुओं के बीच द्वंद्वात्मक संबंध के संदर्भ के बिना। यहाँ विशिष्ट सामाजिक-आर्थिक संदर्भों में भेद को समझने के लिए दो मुद्दों को संबोधित करने की जरूरत है: जहाँ, एक तरफ, चर्चा में एक वास्तविक प्रशासनिक व्यवस्था में

इस तरह के एक अंतर की व्यवहार्यता पर ध्यान दिया जाएगा; वहीं दूसरी तरफ, यह विशिष्ट भारतीय स्थिति पर ध्यान केन्द्रित करेगा, जो, औपनिवेशिक व्यवस्था के निकल जाने के बावजूद अब तक प्रशासन के अतीत के प्रभाव को दूर करने में विफल रही है। यह यह सुझाव देने के लिए नहीं है कि भारतीय प्रशासन 1947 में राजनीतिक स्वतंत्रता प्राप्त करने के बाद भी प्रकृति में औपनिवेशिक है, लेकिन यह बहस करने के लिए है कि घोषित संरचनात्मक निरंतरता को और उसके व्यापक सामाजिक-आर्थिक परिवेश से 'अलग' रहने की स्वाभविक प्रवृत्ति को देखते हुए, भारतीय जनता प्रशासन पूरे छह दशकों से अधिक समय गुजरने के बाद भी पूरी तरह से गैर-औपनिवेशिक रूप में तब्दील हुआ प्रतीत नहीं होता है।

वैचारिक और अनुभवजन्य जड़ें

इस भेद को सामाजिक-आर्थिक संदर्भ के भीतर समझने की जरूरत है, जिसका अर्थ है कि शासन में उनके संबंधित महत्व ध्यान में रखते हुए यह विवाद या तो सामान्य के या विशेषज्ञों के पक्ष में किया जा सकता है। दूसरे शब्दों में, इस भेद की संकल्पना करने में, संदर्भ सबसे महत्वपूर्ण बन जाता है। इसलिए यह जानना अजीब नहीं है कि सामान्य को उपनिवेश भारत में प्रमुखता प्राप्त है, जहां ब्रिटिश राज्य को क़ानून और व्यवस्था बनाए रखने के लिए और राजस्व इकट्ठा करने और उसे पैदा करने के दोहरे कार्यों का निर्वहन करने के लिए सामान्य लोग आवश्यक थे, जिन्हें स्पष्ट कारणों के लिए अन्य जिम्मेदारियों से लगभग पूरी तरह से अलग रखा जाता था। यह स्थिति शायद ही बदली है, क्योंकि सामान्य लोग औपनिवेशिक सत्ता के प्राथमिक उद्देश्यों को पूरा करने के लिए सक्षम थे।

अतः, ब्रिटिश उपनिवेशवाद ने स्पष्ट लाभ के लिए सामान्य के लिए तर्क को मजबूत बनाया जो उन्होंने अपने शासन में प्राप्त किए थे। समकालीन सामाजिक-आर्थिक परिवेश का एक उत्पाद जिसने उपनिवेशवाद और उसके साथियों को खतरे में डाल दिया था, सामान्य प्रशासनिक मशीनरी में एक महत्वपूर्ण पुर्जा बने रहे, जिसने न केवल उपनिवेशवाद का समर्थन किया, बल्कि एक ऐसा वातावरण भी तैयार किया जिसमें उन्होंने विश्वसनीयता हासिल की, मुख्य रूप से शासन में अपनी उपयोगिता के लिए। इसके अलावा, वे धीरे-धीरे प्रशासन के लिए अपरिहार्य बन गए, क्योंकि उन्होंने शासन की एक रूपरेखा प्रदान करना जारी रखा, जो स्वतंत्रता संघर्ष के दौरान राष्ट्रवादियों द्वारा चुनौती दिए जाने के बावजूद सबसे अधिक प्रभावी था।

ब्रिटिश प्रणाली के विपरित, अमेरिकी जनता प्रशासन शासन ने विशेषज्ञों का समर्थन किया। अमेरिका को उन विशेषज्ञों की आवश्यकता थी जो एक विशाल देश का प्रबंधन करने के विशेष कौशल के साथ संपन्न थे, जिनके पास शासन का कोई भी प्रारूप नहीं था, जो कि एक राष्ट्र के रूप में इसके विकास के लिए पूरक था। विशेषज्ञों की एक कोर की भर्ती करके, प्रशासन ने एक विशिष्ट डिजाइन तैयार किया जो सरकार के लोकतांत्रिक लोकाचार का अभिन्न अंग बना। विशेषज्ञों के लिए वरीयता को इस प्रकार राज्य की महसूस की गई जरूरत द्वारा निर्देशित किया गया था, जिसने समर्थन के साथ विकास और वृद्धि के एजेंडा को आगे बढ़ाया। तो राजनीतिक कार्यपालिका और विशेषज्ञों के बीच का समन्वय कैसे प्रभावित हुआ? इधर, संविधान और अन्य वैधानिक प्रावधानों की भूमिका बातों को पटरी पर लाने में महत्वपूर्ण भूमिका निभाती है। जैसा कि एक समीक्षक ने तर्क दिया है, 'संक्षेप में, नीति और प्रक्रिया में विशेषज्ञ और नवाचार के बीच प्रयोग, प्रतियोगिता के उद्देश्यों को अधिक प्राथमिकता दी गई जिसने एक लक्ष्य के रूप में नियम और फ़ाइलों से समन्वय को दबा दिया था (रॉय 1964, 1059)।

अब यह स्पष्ट है कि सामाजिक-आर्थिक परिस्थितियों के संदर्भ में सामान्य और विशेषज्ञों के बीच भेद को समझने की जरूरत है जिसमें वे स्थित हैं; उनकी स्पष्ट सामाजिक-आर्थिक जड़ों को देखते हुए, उनके स्वभाव को अलगाव में समझा नहीं जा सकता। जहाँ तक लोक प्रशासन के सामान्य प्रकृति का संबंध है, प्रशासकों की दो अलग अलग संकल्पना उपलब्ध कराके शासन की ब्रिटिश और अमेरिकी प्रणालियाँ अब तक उपयोगी सूचनाओं के रूप में बनी हुई हैं। इसप्रकार हम एक निर्णायक तर्क नहीं कर सकते क्योंकि सामान्य और विशेषज्ञों का मुद्दा स्पष्ट रूप से संदर्भ संचालित है, जैसा कि फ्रेंच लोक प्रशासन के संदर्भ में स्पष्ट है,

जहां नौकरशाह प्रशासन के शीर्ष पर होते हैं और उनका हमेशा उन क्षेत्रों में उनके विशेष ज्ञान के आधार पर चयन किया जाता है जिसमें वे शिक्षित होते हैं; दूसरे शब्दों में, उन्हें उनकी विशेषज्ञता के अनुसार विभागों में नियुक्त किया जाता है।

अनुभव से, भारत में सामान्य के लिए 'ब्रिटेन में स्थायी सिविल सेवा के संगठन' पर नार्थकोट- ट्रेवेलिन (Northcote-Trevelyan) की रिपोर्ट 1853 के संदर्भ द्वारा बचाव किया गया था। इस रिपोर्ट ने जोर दिया कि नौकरशाही में उच्च स्थिति को एक प्रतिस्पर्धा परीक्षा द्वारा चुने सबसे होनहार युवा पुरुषों (चयनित) के कब्जे में दिया जाना चाहिए जिसने देश की उच्चतम पढ़ाई की हो (नार्थकोट- ट्रेवेलिन रिपोर्ट, जैसा कि माहेश्वरी ने 1995, 146–47 में उद्धृत किया है)। इस रिपोर्ट में आगे यह भी सुझाव दिया गया है कि 'लोग जिनका हमने नाम लिया है उन विषयों में विशेष बनकर खुद को उन स्थानों में उपयोगी बना सकते हैं, जहाँ वे स्थित हैं (नार्थकोट- ट्रेवेलिन रिपोर्ट, जैसा कि माहेश्वरी ने 1995, 147 में उद्धृत किया है)। इस रिपोर्ट का असर भारतीय सिविल सेवा पर मैकॉले की रिपोर्ट 1854 में स्पष्ट नजर आता था जिसने यह जोर देकर कहा कि उत्कृष्ट शिक्षा रखने वाले युवा पुरुषों की उन लोगों की तुलना में वरिष्ठ स्थान पाने की अधिक संभावना है जिन लोगों ने संकीर्ण क्षेत्रों में विशेष प्रशिक्षण पाया हुआ है। ब्रिटिश उदार शिक्षा की कालावधि को दर्शाते हुए, यह एक विचार था जो भारतीय सिविल सेवा में चला आ रहा था क्योंकि तकनीकी भेदभाव और कार्यात्मक विशेषज्ञता तब अपेक्षाकृत रूप से अविकसित थे।

लंबे समय से तैयार औपनिवेशिक शासन का प्रभाव स्पष्ट था जब सामान्यतः सिविल सेवा को उन लोगों के द्वारा आसानी से स्वीकार कर लिया गया था जिन लोगों ने संविधान सभा में जवाहर लाल नेहरू के विरोध के बावजूद आजादी के बाद भारत की नियति की अध्यक्षता की थी। यह भी माना जाता था कि संभ्रांतवादी नौकरशाही जो मुख्यतः सामान्य से मिलकर बनी थी, राजनीतिक कार्यकारी मंडल को सलाह देने के संदर्भ में वह वेबेरियन तटस्थता के लिए अपनी प्रतिबद्धता को देखते हुए सबसे अधिक सक्षम बनी रही, जिसने ब्रिटिश वापसी के बाद उसी समय प्रभार लिया था। 1952 में पहली पंचवर्षीय योजना और सामुदायिक विकास कार्यक्रम के शुभारंभ के बाद भी उनके सुचारू प्रशासन ने यह सुनिश्चित किया है कि बदले हुए सामाजिक-आर्थिक वातावरण में समायोजित करने की उनमें क्षमता थी। प्रशासन में विशेषज्ञों की जरूरत को रेखांकित करते हुए दूसरे वेतन आयोग (1957–59) ने सामान्य और विशेषज्ञों के बीच में संतुलन कायम करने की मांग की, क्योंकि वहाँ ऐसा दृष्टिकोण था कि सामान्य और विशेषज्ञों के महत्व को कभी भी नकारा नहीं जा सकता, क्योंकि समय के गुजरने के साथ-साथ लोक प्रशासन कहीं अधिक जटिल होता जा रहा था। इस तर्क के द्वारा प्रेरित, प्राक्कलन समिति ने अपनी 1966 की रिपोर्ट में सुझाव दिया कि सरकार ने भी उन मंत्रालयों और विभागों में विशेषज्ञों को नियुक्त करने के लिए पर्याप्त कदम उठाने चाहिए जिनमें तकनीकी विशेषज्ञता की आवश्यकता है; इसके अलावा, सामान्य ने प्रशासन को प्रभावित करने वाले किसी भी निर्णय में तकनीकी विशेषज्ञों को विश्वास में लेना चाहिए। समिति ने आगे का सुझाव दिया कि सामान्यों को उन प्रथाओं में कभी भी लिप्त नहीं करना चाहिए जो उनके अहंकार और कमीनेपन को प्रतिबिंबित करती हैं।[1]

पहले प्रशासनिक सुधार आयोग के हस्तक्षेप शायद सबसे रचनात्मक है। कार्मिक प्रशासन पर अपनी 1969 की रिपोर्ट में आयोग ने 'सामान्य प्रयोजन सेवा' और 'कार्यात्मक सेवा' के बीच क्रमशः सामान्य और विशेषज्ञों को निरूपित करने के लिए एक अंतर बनाया। सामान्य प्रयोजन सेवाओं के लोगों को विभागों/मंत्रालयों के बीच समन्वय के लिए जिम्मेदार बनाया और उन्हें विभिन्न क्षेत्रों में विशेषज्ञता प्राप्त करने की सुविधा दी जो उन लोगों के लिए अन्यथा संभव नहीं हो सकता था। विशेषज्ञों के लिए दो शर्तों को पूरा करने की जरूरत थी: एक तरफ, उनके पास व्यावसायिक शिक्षा और उन्हें सौंपे गये काम के लिए प्रशिक्षण होना जरूरी था और दूसरी तरफ वे स्थिर बने रहे, क्योंकि उनके पास बोर्ड भर में गतिशील होने के लिए आवश्यक कौशल नहीं था।

निष्कर्ष कथन

यह बहस कभी भी निर्णायक नहीं हो सकती। वहाँ दोनों पक्षों पर प्रेरक बहस की जा रही है। तुलनावादी (comparativist) फ्रेड डबल्यू रिग्स के लिए विकास में संरचनात्मक और कार्यात्मक विभेदन अपरिहार्य है।[2] इस तरह के तर्क प्रशासन में

विशेषज्ञों के निर्माण और निरंतरता का बचाव करते हैं, विशेष रूप से उन राजनीति में जो काफी हद तक सामाजिक-आर्थिक रूप से 'अविकसित' हैं, मुख्यतः वृद्धि और विकास के लिए उचित संस्थानों की कमी के कारण। जब सामाजिक जीवन सरल था, तब सामान्य कुशलता से कार्य करने में कामयाब रहते थे; लेकिन मानव अस्तित्व की बढ़ती जटिलताओं के साथ यह इतना आसान होना प्रतीत नहीं होता था। इसलिए आज विशेषज्ञों के लिए तर्क अतीत की तुलना में काफी मजबूत हो गये हैं। इसे फुल्टन समिति द्वारा 1968 दोहराया गया था, जिन्होंने ब्रिटिश प्रशासन में सुधार के लिए साधनों का सुझाव देते समय, खेद व्यक्त किया कि तकनीकी विशेषज्ञों, जैसे वैज्ञानिकों, इंजीनियरों और विशेष प्रशिक्षण होने वाले उन लोगों को प्रशासन में योग्य महत्व नहीं दिया गया, क्योंकि शायद सामान्य लोग इसकी गंभीरता की परवाह किए बगैर प्रशिक्षण के साथ आवश्यक विशेषज्ञता हासिल कर लेते थे (फुल्टन समिति 1968 की रिपोर्ट, पैरा 15, के रूप में अरोड़ा और गोयल 1995, 559 में उद्धृत)।

इस बहस ने धीरे-धीरे 1970 के दशक में अपना महत्व खो दिया और यह भेद शायद लोक प्रशासन में विशेषज्ञों की बढ़ती स्वीकार्यता की वजह से 'नकली' लगने लगा था (लाल 1964, 1357)। यह काफी हद तक प्रशासन के प्रति लोगों की धारणाओं में बदलाव के कारण संभव हुआ था जो भारत में समावेशी विकास के लिए जिम्मेदार है। एक 'प्रतिबद्ध नौकरशाही' के विचार की मजबूती के साथ एक नए युग की शुरुआत की गई, जो भारत में समाज के समाजवादी पैटर्न के लिए तैयार की गई थी। दूसरे शब्दों में, समकालीन राजनीति ने एक ऐसे वातावरण को तैयार किया जिसमें यह मुद्दा विशेषज्ञों के ऊपर सामान्य से संबंधित प्राथमिकता के चारों ओर घूमता नहीं था, बल्कि राज्य के नेतृत्व वाली नियोजित आर्थिक विकास का एक राजनीतिक रूप से व्यक्त मॉडल का अनुसरण करते हुए विकास और वृद्धि पर ध्यान केंद्रित किया। इसलिए, इस तरह के मुद्दों पर पारंपरिक सोच आर्थिक उदारीकरण के बदले हुए सामाजिक-आर्थिक परिवेश में बेमानी हो गई है, जब भारत सहित प्रत्येक राष्ट्र को विभिन्न प्रकार की चुनौतियों का सामना करना पड़ रहा है। यहाँ मांग प्रशासकों के अनन्य सामान्यों या विशेषज्ञ कार्यकर्ताओं के लिए नहीं है, बल्कि एक कोर के लिए है, दोनों सामान्य और विशेषज्ञों के गुणों के संयोजन से आगे सबसे अच्छा करें, जिसकी उनसे आशा की जाती है। य़ेहेजकेल ड्रोर (Yehezkel Dror) ने शायद सबसे बोधगम्य टिप्पणी की, जो यह संकल्पना करने में महत्वपूर्ण है कि यह बहस कैसे निरर्थक हो गई है। जैसा कि वे कहते हैं:

> आवश्यक लोक प्रशासन के गुणों को पारंपरिक अर्थों में 'विशेषज्ञों और सामान्य' के किसी भी मिश्रण से हासिल नहीं किया जा सकता है। केवल इस विरोधाभास से पार पाते हुए न केवल विमर्श में, बल्कि कार्रवाई में भी, हम नए और कठिन समस्याओं से निपटने के लिए त्वरित और सामाजिक परिवर्तन की शर्तों के तहत नए बहुत ही होनहार और बहुत ही असामान्य ज्ञान को अवशोषित करने के लिए आवश्यक लोक प्रशासन गुणों को प्राप्त कर सकते हैं। हमें शीर्ष प्रशासकों की एक नई नस्ल विकसित करना होगा, जो एक व्यापक दृष्टिकोण में विशेषज्ञ हैं और विविध ज्ञान का उपयोग करने में विशेषज्ञ हैं, और हमें नए पेशेवरों और प्रशासकों के विभिन्न प्रकार के बीच एक मिश्रण हासिल करना होगा जो सहजीवी काम के लिए लैस हों। (Dror 1968, 6)

इस प्रकार किसी भी प्रशासन को कुशलता से कार्य करने के लिए जिस बात की आवश्यकता होती है वह एक संदर्भ में सामान्य और विशेषज्ञ गुणों का एक रचनात्मक सम्मिश्रण है, जब समाज, अर्थव्यवस्था और राजनीति शायद एक समान रूप से जटिल सामाजिक-आर्थिक और राजनीतिक परिवेश में जटिलता से समाविष्ट हैं। एक दूसरे की तुलना करने के बजाय, लोक प्रशासन को प्रचलित सत्ता-संबंध के साथ जोड़कर एक सार्थक बहस शुरू की जा सकती है, जिसमें यह आकार ले रहे हैं। दूसरे शब्दों में, चूँकि प्रशासन शासन के मात्र एक कार्यात्मक साधन की तुलना में कही अधिक होता है, इसलिए इन सार्थक संबंधों का पता लगाये बिना इसकी संकल्पना नहीं की जा सकती, जो इसका राजनीति के व्यापक पर्यावरण के साथ है। इस प्रकार, हमें यह बहस पारंपरिक लोक प्रशासन की भाषा में न करके समकालीन आवाज में करनी चाहिए, जिसमें शासन को हितधारकों से जुड़ी एक प्रक्रिया समझा जाता है।

राजनीतिक और स्थायी कार्यकारी मंडल

अध्ययन उद्देश्य

1. धारणात्मक रूप से राजनीतिक और स्थायी कार्यकारी मंडल के बीच अंतर को समझना।
2. भारत में राजनीतिक और स्थायी अधिकारियों की भूमिका को समझना।

शुद्ध वैचारिक संदर्भ में, राजनीतिक कार्यपालिका यह अभिव्यक्ति उन नेताओं को संदर्भित करती है जो कार्यकारी भूमिकाओं का निर्वहन करते हैं, जबकि स्थायी अधिकारी वे सिविल सेवक हैं जो एक योग्य प्रक्रिया के माध्यम से भर्ती किए जाते हैं। राजनीतिक अधिकारियों को अस्थायी अधिकारियों के रूप में भी जाना जाता है, वे लोक प्रशासन में मूल्यों को लाते हैं, जिसे उनके समकक्ष हकीकत में रूपांतरित करते हैं। अतः, राजनीतिक और स्थायी अधिकारियों के बीच के संबंध सबसे अंतरंग हैं और अगर उनकी भूमिका का एक दूसरे से अलगाव में मूल्यांकन किया है तो शासन रिक्त रह जाता है। दूसरे शब्दों में, कार्रवाई में सरकार के रूप में लोक प्रशासन की अभिव्यक्ति में, अधिकारियों के ये दोनों रूप अभिन्न रहते हैं, जो विश्लेषणात्मक रूप से विभाजित किए जा रहे हैं। इस तरह के अंतर सरल समाज के संदर्भ में समझ में आ सकते हैं, जहां लोक प्रशासन की संस्थागत संदर्भ में संकल्पना की जाती है, जहाँ जटिल भूमिका की अनदेखी की जाती है, जिसे सामाजिक-आर्थिक परिवेश अपनी अभिव्यक्ति में निभाता है। यह विचार, कि लोक प्रशासन को नहीं समझा जा सकता है, उसकी सामाजिक-आर्थिक परिस्थितियों संदर्भ के बिना अकेले संकल्पना की जानी चाहिए, जिसमें यह स्थित है और इस प्रकार सबसे मौलिक है। अधिकारियों की भूमिका, चाहे वह राजनीतिक हो या स्थायी रूप से हो, वह भी कहीं अधिक जटिल हो गई है। यह खंड इस प्रकार दो तर्क करता है: [एक] वास्तविक सामाजिक-आर्थिक संदर्भ में दो डोमेन में परिचालन किए जाने के बावजूद, राजनीतिक और स्थायी अधिकारियों के बीच अंतर स्पष्ट रूप से विश्लेषणात्मक है न कि यथार्थवादी, और [ख] जितना अधिक अंतर को बढ़ाया जाता है, उतना ही कम शासन में उनके संबंधित भूमिकाओं की एक स्पष्ट समझ होने की संभावना होती है।

बहस की जड़ें

अपनी विश्लेषणात्मक वैधता के बावजूद, अधिकारियों की दो प्रकार की प्रकृति को समझने के लिए, हम बस इसकी व्यवहार्यता पर कोई बहस नहीं कर सकते, जैसा कि वुडरो विल्सन के 'प्रशासन के अध्ययन' नामक 1887 के प्रसिद्ध लेख के द्वारा समर्थित है। यह लोकप्रिय रूप से 'विरोधाभास थीसिस' के रूप में जाना जाता है, विल्सन दो डोमेन के विभेदन के पक्ष में था, क्योंकि वे कार्यात्मक रूप से स्पष्ट रूप से विभेदित थे। विल्सन के मुताबिक, स्थायी अधिकारी प्रशासनिक कार्रवाई के लिए जिम्मेदार होते हैं, जबकि राजनीतिक अधिकारी प्रशासनिक कार्यों के माध्यम से संवैधानिक सिद्धांतों को लागू करने में संलग्न होते हैं। प्रशासनिक डोमेन से संवैधानिक सिद्धांतों के क्षेत्र को विभाजित करते हुए, वह इस प्रकार का तर्क देते हैं कि 'लोक प्रशासन जन क़ानून का विस्तृत और व्यवस्थित निष्पादन है। सामान्य क़ानून का विशेष रूप से हर अनुप्रयोग प्रशासन का एक कार्य है। ... सरकारी कार्रवाई की व्यापक योजनाएँ प्रशासनिक नहीं होती हैं; इस तरह की योजना का विस्तृत निष्पादन प्रशासनिक होता है' (विल्सन 1887, 197–222 चक्रवर्ती और भट्टाचार्य 2005, 94 में उद्धृत)। जबकि भेद स्पष्ट रूप से जाहिर करता है, वास्तविकता में यह धुंधला हो जाता है क्योंकि शासन उन लोगों के बीच के समझ का नतीजा है जो संवैधानिक सिद्धांतों के आधार पर नीतियों को बनाने में शामिल होते हैं और वे जो नीतियों के रूप में उनके निष्पादन के प्रभारी होते हैं। विल्सन को राजनीतिक और स्थायी अधिकारियों के बीच इस दो तरह से यातायात के बारे में पता था, जैसा कि वह कहते हैः

> दार्शनिक तरीके से देखा जाए तो प्रशासन का यह अध्ययन, संवैधानिक अधिकार के समुचित वितरण के अध्ययन के साथ बारीकी से जुड़ा हुआ है। कुशल होने के लिए इसने सरल व्यवस्था की खोज करनी चाहिए जिसके द्वारा जिम्मेदारी को अचूकता से अधिकारियों पर सौंपी जा सकती है: जिम्मेदारी में बाधा लाये बिना अधिकार के बंटवारे का सबसे अच्छा तरीका है। और प्राधिकरण के वितरण के इस सवाल को जब सरकार के उच्च, मूल कार्यों के क्षेत्र में ले जाया जाता है, तब स्पष्ट रूप से एक केंद्रीय संवैधानिक सवाल बन जाता है। (विल्सन 1887, 197–222, चक्रवर्ती और भट्टाचार्य द्वारा 2005, 94 में उद्धृत)

अतः, विरोधाभास थीसिस, जैसा कि विल्सन खुद स्पष्ट करते हैं, इस तथ्य के बावजूद स्पष्ट रूप से गलत स्थान पर स्थित है कि राजनीतिक और स्थायी अधिकारियों के डोमेन के किसी भी विश्लेषणात्मक भेद का कतई यह मतलब नहीं है कि वे अलग ढंग से स्थित हैं, क्योंकि उन्हें संविधान संचालित प्रशासनिक जिम्मेदारियों को सौंपा गया है। दो डोमेन के बीच उनके वैचारिक भेद के पीछे यह धारणा है कि चूँकि उन्हें विशेषज्ञता के विभिन्न प्रकार की आवश्यकता है, इसलिए उनके साथ अलग ढंग से व्यवहार किए जाने की जरूरत है, हालांकि वास्तविकता में, यह भेद सिर्फ दिखावटी और विश्लेषणात्मक था। तो, विल्सन का तर्क दो स्तरों पर है: एक स्तर पर, एक वेबेरियन के रूप में, उन्होंने दृढ़ता से नौकरशाही तटस्थता पर विश्वास किया; लेकिन, एक अन्य स्तर पर, वह एक व्यावहारिक प्रशासक के रूप में, प्रशासन के दो पूरक पंखों के बीच द्वंद्वात्मक भेद का समर्थन करने के लिए राजी हो गया था, जिसका क्रमश: राजनीतिक और स्थायी अधिकारियों द्वारा प्रतिनिधित्व किया जाता था।

बहस की व्याख्या

तटस्थता की वेबेरियन तर्क द्वारा प्रेरित, जिन लोगों ने औपनिवेशिक राज्य के बाद में भारत के भाग्य की अध्यक्षता की उन्होंने दृढ़ता से महसूस किया है कि प्रशासन में राजनीतिक अधिकारियों के द्वारा किए गये हस्तक्षेप सामाजिक-आर्थिक और राजनीतिक लक्ष्यों की पूर्ति में बाधा थे जिन्हें राजनीति प्राप्त करने को इच्छुक थी। प्रशासन पर राजनीतिक डोमेन से सीमांकन होने के कारण विल्सोनियन जिद के साथ अनुसरण में, संस्थापक पिताओं ने असंतोष व्यक्त किया जब सार्वजनिक मामले राजनीतिक आकाओं द्वारा अत्यधिक हस्तक्षेप के कारण बिगड़ रहे थे। जैसे कि वल्लभ भाई पटेल (1949) ने सबसे अधिक चिंताजनक उल्लेख किया कि 'हमारे प्रशासन और सार्वजनिक मामलों के क्षेत्र में कुछ प्रवृत्तियाँ और विकास ने मुझे कुछ बेचैन कर दिया क्योंकि हमारे सार्वजनिक जीवन की अवनति हो रही है'। शासन में भागीदार होने के बावजूद, स्थायी और राजनीतिक कार्यपालिका के बीच का रिश्ता आम तौर पर बाद वाले के पक्ष में झुका हुआ है क्योंकि पूर्व वाला आम तौर पर श्रेष्ठ पदों और अन्य लाभों के लिए राजनीतिक अधिकारियों की दया पर निर्भर रहता है। इस प्रकार यह एक गठबंधन बन जाता है, जिसमें वे दोनों आपसी लाभ पाने के लिए नियमों, विनियमों या नैतिक कोड को अपनी सुविधा के अनुसार झुकाते हैं। इस पर प्रतिक्रिया दर्शाते हुए, पहले प्रशासनिक सुधार आयोग (1968) ने बहुत तीखेपन से लिखा है:

> यहां मंत्रियों की एक काफी संख्या के बीच सचिव या उनके सहायकों की निष्पक्ष सलाह का स्वागत करने के लिए स्पष्ट रूप से एक अनिच्छा दर्शित होती है और अपनी इच्छा से न्याय करने के लिए झुकाव दिखता है जो वे उससे करवाना चाहते हैं। ... इसने सिविल सेवकों की बढ़ती संख्या की तरफ से एक प्रवृत्ति पैदा की कि मंत्री की मेहरबानी प्राप्त करने की आशा करने के लिए प्रयास करना और तदनुसार उनकी सलाह के अनुसार कार्य करना। इस खराब प्रवृत्ति का एक और विकास व्यक्तिगत जुड़ाव की आपातस्थिति है जो सिविल सेवकों के बीच 'राजनीतिकरण' के एक तत्व की तरफ ले जाती है। इस प्रकार ये सभी इन दोनों के बीच स्थित स्वस्थ संबंध की जड़ को काटते हैं। (भारत सरकार 1968, पैरा 56)

जैसा कि ऊपर की रिपोर्ट दर्शाती है, सिविल सेवक शासन के समन्वयक होने के बजाय व्यक्तिगत उन्नति के साधन बन गये हैं। अपमान के खिलाफ संवैधानिक गारंटी, अनुच्छेद 311 के अनुबंध के होते हुए भी, स्थायी अधिकारी अनावश्यक तनाव और

परेशानी से बचने के लिए राजनीतिक आकाओं के कहने पर समर्पण करना पसंद करते हैं। इसका सबसे अधिक रेखांकन शाह आयोग की रिपोर्ट 1977 द्वारा किया जा सकता है, जिसने भारत में 1975–77 के आपातकाल के दौरान नौकरशाही की ज्यादतियों की जांच की थी। सामंती संस्कृति की आलोचना करते हुए, जिसने जन जीवन को घेरा हुआ दिखाई देता है, वहीं इस आयोग ने जन सेवा में संवेदनशीलता, कार्यकुशलता और जवाबदेही की कमी को एक मानसिकता को जिम्मेदार ठहराया है, जिसने निजी लाभ के लिए सार्वजनिक कार्यालय को उचित ही ठहराया था। यह शायद सबसे भयावह घटना है जिसने भारतीय लोकतंत्र की नींव को ही नष्ट कर दिया, जिसका वर्ग, कबीले और जातीयता की तरफ ध्यान दिए बिना स्वतंत्रता की भोर में स्वागत किया गया था।

कुछ व्यक्तियों के हाथों में सत्ता की एकाग्रता के लिए विरोध के रूप में यह देखते हुए कि सत्ता के लिए लालच ने लोकतांत्रिक सिद्धांतों को नष्ट कर दिया, संस्थापक पिता एक रूपरेखा तैयार करना चाहते थे जिसमें राजनीतिक और स्थायी दोनों अधिकारी कामकाज के अपने संबंधित डोमेन का सम्मान करते हुए कार्य करें, यह हालांकि शासन के साथ उनके जैविक जुड़ाव को देखते हुए उन्हें अलग-अलग डिब्बों में अलग नहीं किया जा सकता, क्योंकि वे मुख्य रूप से समन्वयक हैं न कि अलग-अलग खिलाड़ी। इस वैचारिक डोमेन में बहुत ही निश्चित सैद्धांतिक निहितार्थ था। नौकरशाही की पारंपरिक अवधारणा राजनीति से तटस्थ होने के कारण केवल शासन की जटिलताओं के कारण तर्कसंगत होना प्रतीत नहीं होती है, जिसके लिए उनके संबंधित भूमिकाओं के आपसी पूरक होने की आवश्यकता है न कि अलगाव की। जहाँ तक नीति बनाने का सवाल है राजनीतिक अधिकारी या मंत्री अब तक सबसे महत्वपूर्ण रहे हैं; लेकिन सिविल सेवकों की भूमिका भी अब केवल उनके एजेंट से नीति प्रतिक्रियाओं के निर्माण के सहयोगियों के रूप में बदल रही है। इसके अलावा, नौकरशाही तटस्थता का शास्त्रीय सिद्धांत मूल्यों पर आम सहमति का सुझाव देती है जो भारत जैसे एक संक्रमणकालीन समाज में लगभग असंभव है, जहां हमारे दैनिक अस्तित्व में असंतोष और संघर्ष होना आम बात है। इसलिए यह तर्क कि भारत के जीवंत लोकतंत्र के संदर्भ में नौकरशाही की तटस्थता प्रशंसनीय और अकादमिक मर्मज्ञ होना प्रतीत नहीं होती।

राजनीतिक और स्थायी कार्यकारियों के बीच टकराव का इतिहास

राजनीतिक और स्थायी कार्यकारियों के बीच मतभेद के बहुत सारे उल्लेख मिलते हैं। लेकिन वहाँ कुछ स्पष्ट उदाहरण है, जब ये मतभेद राजनीतिक कार्यपालिका के इस्तीफे या सिविल सेवक को हटाने की तरफ ले गये थे जो पूर्व के साथ एक विवाद में शामिल रहे थे। कुछ प्रारंभिक घटनाओं में से एक में वित्त मंत्री टीटी कृष्णमाचारी और उनके प्रमुख वित्त सचिव, एचएम पटेल के बीच 1957 में राष्ट्रीयकृत जीवन बीमा निगम द्वारा निजी कंपनियों के शेयरों की खरीद पर विवाद हुआ था। यह सूचना मिली थी कि सचिव को इस पूरे सौदा के बारे में अंधेरे में रखा गया था, जिसका मंत्री ने इनकार किया। यह सरकार के लिए एक बड़े संकट में तब्दील हो गया था, जो मंत्री के इस्तीफे के साथ टाला गया था, और उसके बाद सचिव द्वारा स्वैच्छिक सेवानिवृत्ति ली गई। 1966 में, गुलजारी लाल नंदा ने गृह सचिव, एलपी सिंह पर असहयोग के आरोप द्वारा गृह मंत्री के रूप में इस्तीफा दे दिया जो प्रधानमंत्री ने कभी स्वीकार नहीं किया। मंत्री ने अपमानित महसूस किया और इस्तीफा दे दिया है, जबकि सचिव को जारी रखने के लिए अनुमति दी गई थी। इतिहास को 1971 में भी दोहराया गया जब तत्कालीन रेल मंत्री की रेलवे बोर्ड के अध्यक्ष, ई.पू. गांगुली के साथ एक गंभीर असहमति थी, जब पूर्व वाले ने रेलवे बोर्ड के अध्यक्ष के काम का प्रोफ़ाइल बदलने के लिए निर्णय लिया था। चूंकि मंत्री ने अध्यक्ष से परामर्श नहीं किया था, इसलिए यह गांगुली को स्वीकार्य नहीं था, जिससे उन दोनों के बीच एक कटुता निर्मित हुई। इस मामले में, मंत्री के विवेकाधिकार को आगे बढ़ाया गया था और गांगुली को अध्यक्ष के रूप में खारिज कर दिया गया था। इसी तरह, एपीवेंकटेश्वरन को बर्खास्तगी की धमकी दी गई थी, जब प्रधानमंत्री राजीव गांधी अपने 1987 के दौरान बाद के संभावित दौरे के समय एक पत्रकार के सवाल करने के लिए उनकी उत्साहजनक प्रतिक्रिया से नाराज हुए थे। अपना चेहरा बचाने के लिएवेंकटेश्वरन ने मंत्रालय को इस्तीफे का पत्र भेजा और अपनी जिम्मेदारियों से तत्काल राहत देने का अनुरोध किया।

इन उदाहरणों को दिनांकित किया गया है, हालांकि वे एक बात स्पष्ट करते हैं कि आजादी की सुबह, विशेष रूप से शासन के नेहरूवादी युग के दौरान, स्थायी अधिकारियों को पर्याप्त सुरक्षा दी गई थी कि अगर किसी मंत्री का कोई सनकी निर्णय उन्हें प्रभावित कर रहा होता था। बाद में यह मामला नहीं था, विशेष रूप से एक प्रतिबद्ध नौकरशाही के युग में। मंत्रियों या राजनीतिक अधिकारियों का नौकरशाहों को अनुशासित करने के लिए ऊपरी हाथ रहता था जब वे कथित तौर पर कम प्रतिबद्ध हो जाते थे जो राजनीतिक अधिकारियों का फैसला हुआ करता था। नतीजतन, स्थायी अधिकारी कथित तौर पर उन बातों के मूक पर्यवेक्षक बन गये जो उनके राजनीतिक आका किया करते थे। यह परिणाम ध्यान देने योग्य था और स्थायी अधिकारी अपनी आवाज बुलंद नहीं करते थे, अगर वे दृढ़ता किसी भी मंत्री के निर्णय के खिलाफ भी महसूस किया करते थे, जिनके नकारात्मक परिणाम होने की संभावना होती थी। राजनीतिक सत्ता पर उनके शासक नियंत्रण के साथ, अस्थायी अधिकारियों ने उत्पीड़न के साथ-साथ स्थानांतरण सहित दंडात्मक उपायों के सभी प्रकारों का सहारा लिया, अगर वे मंत्रियों के आदेश नहीं मानते थे।

यह स्थिति हालांकि गठबंधन युग में परिवर्तित होने लगी, विशेष रूप से अनिश्चित राजनीतिक वातावरण के कारण चौथे आम चुनाव 1967 के बाद से, जिसमें मंत्रियों को उनके सचिवों और अन्य अधीनस्थ कर्मचारियों के साथ बातचीत करना ही पड़ता था। राजनीतिक अधिकारी विवश थे और यही स्थायी अधिकारियों की हालत थी क्योंकि परिस्थिति इतनी अनिश्चित थी। यह सच है कि इस युग के दौरान प्रमुख कलह के उदाहरण नहीं देखे जाते थे, हालांकि धीरे-धीरे दुर्लभ अवसरों पर छोड़कर स्थायी अधिकारियों के ऊपर मंत्रियों ने पकड़ मजबूत कर ली थी। आम चुनाव 2014 के बाद से, जिसने भारत में एकल पार्टी के शासन की स्थापना की, दृश्य बदल गया प्रतीत होता है, जिसमें स्थायी अधिकारी बदले माहौल में पानी की गहराई नापने लगें हैं। राजनीतिक परिवर्तन के होते हुए भी, यह परंपरा जारी रहती प्रतीत होती है, क्योंकि सत्ता में स्थित सरकार कथित तौर पर लचीले स्थायी अधिकारियों के साथ सहज लगती है, जैसा कि हाल के उदाहरणों से देखा गया है, उन अधिकारियों को कार्यालय में रखा गया है जो उनके प्रति निश्चित रूप से वफादार रहे हैं जिन्होंने मंत्रालयों में पद धारण किए हुए हैं। राजनीतिक वफादारी के अलावा, सिविल सेवकों को विभिन्न अवसरों पर उनके जातीय या धार्मिकता की अनदेखीकर उनके पेशेवर क्षमता की पहचान के आधार पर उनके राजनीतिक आकाओं द्वारा चुना जाता है। इन परिस्थितियों में जो दांव पर है, वह न तो राजनीतिक या स्थायी अधिकारियों की व्यक्तिगत प्रतिष्ठा है और न ही प्रणाली की वफादारी है, बल्कि शासन की प्रणाली की पवित्रता है, जो निजी लाभ पर जोर देने के लिए शिकार हो जाती है।

निष्कर्ष कथन

जैसा कि यह चर्चा दर्शाती है, राजनीति और प्रशासन के डोमेन का सीमांकन नहीं किया जा सकता। इसलिए राजनीतिक और स्थायी अधिकारियों दो निर्विवाद डिब्बों में अलग नहीं किया जा सकता है; वे एक-दूसरे के पूरक हैं।

शासन में उन दोनों के बीच समन्वय शामिल होता है, क्योंकि 'लोक प्रशासन राजनीति के अलावा जटिल रिश्तों और कई निर्णय मुद्दों का एक जाल बन गया है (स्वयं 1981, 4)। अगर हम समकालीन लोक प्रशासन को समझने की इच्छा रखते हैं तो हमें इस जटिल आपसी संबंध के प्रति संवेदनशील होने की जरूरत है। अतः, डोमेन के प्रति सजग राजनीतिक और स्थायी अधिकारियों अर्थात दोनों सरकारी कर्मचारियों पर प्रकाश डालने के बजाय, ध्यान इंटरैक्टिव अधिकारी की तरफ स्थानांतरित कर दिया गया, जिन्हें, अब तक, जहाँ तक शासन का सवाल है वही चिंता है। यह उस सच को भी पुष्ट करता है कि किसी भी सामाजिक-आर्थिक संदर्भ में लोक प्रशासन की मात्र एक तकनीकी समझ को पुरस्कृत नहीं किया जाएगा बल्कि यह स्वयं को हराने वाली हो सकती है क्योंकि यह उन जटिलताओं पर कब्जा करने में विफल रहती है जिसमें शासन अपने समकालीन अभिव्यक्ति में व्यक्त होता है।

अन्य स्थानों की तरह आज के भारत में लोक प्रशासन की 'सबको एक आकार फिट' के रूप में महत्वपूर्ण कायापलट हुई है। जो सीधे शासन में शामिल कर रहे हैं उनके अलावा, यहाँ कई अन्य एजेंसियाँ हैं जो जनता के निर्णय लेने में महत्वपूर्ण हैं। उदाहरण

के लिए, एक जागरूक नागरिक समाज, एक सतर्क मीडिया और सूचना (आरटीआई) के अधिकार का अधिनियम, जो यह अनिवार्य करता है कि राजनीतिक और स्थायी अधिकारियों को जवाबदेह धारित किया जाए और उनकी कार्यवाहियों पर लगातार नजर रखी जाए। यहाँ यह पता लगाने के लिए एक सतर्क न्यायपालिका भी है कि परिस्थितियों की परवाह किए बिना क़ानून के नियमों को सम्मानित किया जाता है। बदलते माहौल में, स्थायी और राजनीतिक अधिकारियों के बीच भेद प्रासंगिक होता प्रतीत नहीं होता है, क्योंकि वे सरकारी मशीनरी के अभिन्न अंग हैं। अतः, यह सवाल, जो प्रासंगिक हो गया है, वह यह है कि ऐसी परिस्थितियों में सर्वश्रेष्ठ कैसे प्राप्त किया जाए जब हितधारकों को इतनी आसानी से नजरअंदाज नहीं किया जा सकता, जिनके माध्यम से वे अपना नियंत्रण लागू करते हैं। हमें राजनीतिक या सिविल सेवकों को अलग-थलग करने की जरूरत नहीं है, बल्कि उन्हें जन सेवा प्रदान करने में अपने संबंधित भूमिकाओं के बारे में जागरूक करना है। इसके लिए महत्वपूर्ण व्यवहारगत परिवर्तन की आवश्यकता है, जो भारत जैसे एक संक्रमणकालीन समाज में प्राप्त करने के लिए धीमा है जहां निहित स्वार्थ अच्छी तरह से घुस गए हैं क्योंकि बल उन्हें चुनौती दे रहे हैं। बहरहाल, यहां लोक प्रशासन में उल्लेखनीय परिवर्तन करने के लिए कुंजी प्रस्तुत है।

शासन में नैतिकता

अध्ययन उद्देश्य

1. एक वैचारिक श्रेणी के रूप में शासन में स्थित नैतिकता को समझना।
2. प्रचलित सामाजिक-पर्यावरण के आर्थिक और राजनीतिक परिवेश के संदर्भ के साथ भारत में शासन में स्थित नैतिकता को समझना।

भारत ने भ्रष्टाचार अभियान 2011–12 के खिलाफ शासन में नैतिकता के मुद्दे को भारतीय राजनीति के केंद्र में पहुंचा दिया। एक जन लोकपाल विधेयक की शुरुआत की मांग करते हुए प्रतिभागी एक कम भ्रष्ट समाज के लिए चुनाव प्रचार करने के लिए एक साथ आए और श्री अन्ना हजारे के तहत एकजुट हुए। उन्होंने इसमें एक उम्मीद की किरण देखी क्योंकि इसने पूरे देश में एक जन अभियान को प्रेरित किया था। यह सच है कि यह आंदोलन अपने लक्ष्य को पूरा नहीं कर सका, हालांकि इसने लोगों के बीच जागरूकता पैदा की जिसने प्रशासन में भ्रष्टाचार के खिलाफ लड़ने के लिए उत्साह बनाए रखने में मदद की। इसके तत्काल उद्देश्य को प्राप्त करने की मांग के अलावा, अन्ना हजारे के अभियान ने एक बार फिर शासन में नैतिकता के महत्व को उठाया, जिसने समकालीन सैद्धांतिक चर्चा में एक महत्वपूर्ण स्थान हासिल कर लिया है। यही वजह काफी हद सरकारी प्रथाओं में 'भ्रष्टाचार' के उदय के लिए जिम्मेदार है। इसका संभावित कारण राज्य के अतिवृद्धि में स्थित है, जिसमें नौकरशाही 'एक उदार पालक' बनने की बजाय कथित तौर पर एक 'किराया-लेने वाली' बन गई। लेकिन हम घटना का वर्णन करते हैं, इसमें कोई शक नहीं है कि यह एक चुनौती है जिसमें परिस्थितियों का गहन विश्लेषण शामिल है और साथ ही एक ऐतिहासिक संदर्भ में परिणाम भी शामिल है, क्योंकि शासन में नैतिकता का घटना एक रात में घटने वाली घटना नहीं है, बल्कि एक लंबी अवधि की प्रक्रिया की एक शाखा है।

मुद्दे को बताना

'नैतिकता' शब्द को निर्णायक रूप से परिभाषित करना मुश्किल है जो आम तौर पर एक संदर्भ संचालित अवधारणा है। बहरहाल, प्रशासनिक नैतिकता पर साहित्य के आधार पर हम नैतिकता क्या है इसके बारे में सबसे सार्थक परिभाषा प्राप्त कर सकते हैं। प्रमुख

विचारकों में से एक, एफएम मार्क्स ने 'अमेरिकी राजनीति विज्ञान की समीक्षा' 1949 में अपने लेख में इस विचार को प्रचलित राजनीतिक विचारधारा के साथ इसे जोड़कर संकल्पना करने की मांग की, जिसे सरकार की मशीनरी सामाजिक वास्तविकता में अनुवाद करने की उम्मीद कर रही थी। लोक प्रशासन को इस प्रकार राजनीतिक व्यवस्था के उद्देश्य को प्राप्त करने के लिए एक साधन के रूप में देखा जा सकता है। मार्क्स (1949, 1127–1128) ने तर्क दिया 'प्रशासनिक नैतिकता का कोर [इस प्रकार] उन विचारों में निहित है' जो राजनीतिक व्यवस्था को पोषण देते हैं', जिससे द्वारा यह सूचित करते हैं कि प्रशासक अपने व्यावसायिक गतिविधियों के क्रम में अपने स्वयं के व्यक्तिगत मूल्यों का पालन करने के लिए स्वतंत्र नहीं हैं, बल्कि 'एक लोकतांत्रिक समुदाय के प्रति सचेत' एजेंट होने के लिए अपनी कार्रवाई को निर्देशित करने के लिए बाध्य हैं। आचार इसलिए मानकों का एक सेट है, जिसे समाज सामाजिक आवश्यकताओं के लिए अपनी प्रतिक्रिया स्पष्ट करने के लिए स्थापित करता है। नियमों को मात्र अपनाने — अनुपालन मॉडल— से मानव व्यवहार में नैतिकता को इंजेक्ट नहीं किया जा सकता; इसप्रकार जिस बात की आवश्यकता है वह तंत्र के एक सेट का होना भी है जो सक्षम अनुशासनात्मक एजेंसियों को स्थापित कर सके।

इस मुद्दे को कैसे संबोधित किया गया?

भारत ने आजादी के बाद से प्रशासनिक मशीनरी कुशल और जवाबदेह बनाकर प्रशासनिक क्षमताओं को मजबूत करने के लिए 45 से अधिक समितियों और आयोगों का गठन किया है। यह टोटेनहम समिति की रिपोर्ट 1946 के साथ शुरू हुआ, जिसने सिविल सेवा में अनुशासन की गिरावट पर भी ध्यान केंद्रित किया, वह आज तक बेरोकटोक जारी है। स्वतंत्र भारत में कभी किया गया सबसे व्यापक प्रयास मोरारजी देसाई की अध्यक्षता में 1966 में प्रशासनिक सुधार आयोग (एआरसी) की नियुक्ति थी। इस आयोग के गठन को दो महत्वपूर्ण विचार शासित करते लग रहे थे: पहला, प्रशासन के बदलते स्वरूप— मात्र क़ानून और व्यवस्था रखरखाव करने वाली एजेंसी से एक तंत्र के लिए विकास, जो विकास के लिए जिम्मेदार है, और दूसरा समाज के एक समाजवादी पैटर्न के वैचारिक लक्ष्य, जो सरकार की मशीनरी के एक कठोर ओवरहॉल के लिए मांग कर रही है, जो अब तक एक बहुत ही टकसाली ढंग से अपनी जिम्मेदारी निभा रही थी। इसलिए इस आयोग को एक बहुत व्यापक जनादेश दिया गया था और उसे 'सार्वजनिक सेवाओं में दक्षता और ईमानदारी के उच्चतम स्तर को सुनिश्चित करने के लिए जरूरत पर विचार देने के कार्य के साथ और सामाजिक और आर्थिक लक्ष्यों को पूरा करने के लिए लोक प्रशासन को एक फिट साधन बनाने का कार्य सौंपा गया था, वह, जो जनता के लिए भी उत्तरदायी है' (भारत सरकार 1966–70)।[3] एक कुशल और भ्रष्टाचार मुक्त प्रशासन प्रदान करने के उद्देश्य को ध्यान में रखते हुए, एआरसी ने निम्नलिखित चरणों के सुझाव दिए:

1. सार्वजनिक सेवाओं में भ्रष्टाचार को खत्म करने के उद्देश्य से सरकार को संरक्षक, निगरानी करने और निवारक सजा देने की भूमिका अपनानी चाहिए और अधिकारियों, आपराधिक तत्वों और ज़रख़ीद राजनीतिक कार्यकर्ताओं के गठजोड़ के साथ बेरहमी से पेश आना चाहिए।
2. भ्रष्ट अधिकारियों को किसी भी राजनीतिक संरक्षण के संसाधन के बिना तत्काल और अनुकरणीय अभियोजन पक्ष सक्षम करने के लिए और उन्हें हटाने के लिए नियमों और कानूनी प्रावधानों में संशोधन किया जाना चाहिए।
3. यहाँ भ्रष्ट लोक सेवकों के शीघ्र अभियोजन पक्ष और सजा में किसी भी हस्तक्षेप के लिए नियमों में कोई गुंजाइश नहीं होना चाहिए, और इस तरह के मुकदमों के लिए केंद्रीय जांच ब्यूरो की तरह की जांच एजेंसियों के लिए अनुमतियाँ एक निर्धारित अवधि के भीतर दी जानी चाहिए जहां पूर्व अनुमोदन पहले से ही दिया गया है।
4. जांच एजेंसियों और सतर्कता मशीनरी को परिणामों के लिए उचित जवाबदेही के साथ पर्याप्त स्टाफ, अधिकारों, संसाधनों और स्वतंत्रता के प्रावधान के साथ से मजबूत किया जाना चाहिए। सरकार या सार्वजनिक क्षेत्र में भ्रष्टाचार के निवारक पहलू एक स्वतंत्र और अच्छे स्टाफ वाली सतर्कता व्यवस्था पर निर्भर करता है।

5. अखिल भारतीय सेवाओं से संबंधित नियमों में प्रस्तावित तर्ज पर प्रासंगिक नियमों के लिए संशोधन तैयार किया जाना चाहिए और पैसे और प्रभाव होने वाले लोगों के अलावा अन्य लोगों को उचित व्यवहार और न्याय के लिए प्रावधान होना चाहिए। यही कारण है कि प्रशासनिक बीमारियों से निपटने के लिए लोगों की तरफ से यहाँ प्रभावी दंडात्मक और सुधारात्मक उपायों की एक मजबूत मांग है (विट्ठल 2002)।

द्वितीय प्रशासनिक सुधार आयोग, 2005

पहले एआरसी की रिपोर्ट शायद बदलते सामाजिक-आर्थिक परिवेश में प्रशासन को कारगर बनाने के लिए चरणों की संपूर्ण चेक-सूची थी। कुछ बुनियादी बातों पर ध्यान आकर्षित करते हुए, प्रदर्शन बजट की संकल्पना और तकनीक की शुरुआत के अलावा सबसे महत्वपूर्ण सिफारिश लोकपाल (संघ स्तर पर) और लोकायुक्त (राज्य स्तर पर) की नियुक्ति थी। सिविल सेवा में सुधार की जरूरत के आधार पर, द्वितीय प्रशासनिक सुधार आयोग को भारत सरकार द्वारा 2005 में वीरप्पा मोइली की अध्यक्षता में उन मुद्दों को देखने के लिए स्थापित किया गया जो भारत में लोक प्रशासन को पंगु कर रहे थे। इस आयोग ने कारकों की एक पूरी श्रृंखला को नैतिकता के दृश्य गिरावट के लिए जिम्मेदार ठहराया है, जिसमें विकास के लिए भारत के पथ के पुनर्रचना के लिए जिम्मेदार व्यक्तियों की सामाजिक-मनोवैज्ञानिक गिरावट भी शामिल है। लोक प्रशासन के एक सामान्य गिरावट के प्रकाश में, इस आयोग ने इस तरह बताया कि 'हमारे मामले में, कई बार सार्वजनिक कार्यालय को अपनी संपत्ति का ही विस्तार माना जाता है। यही कारण है कि कभी कभी, सार्वजनिक कार्यालय भारी भ्रष्टाचार का एक स्रोत और संरक्षण को विस्तार देने के एक साधन हैं '(भारत सरकार 2007, 6)। आयोग को इस प्रकार भ्रष्ट लोगो को संरक्षण देने के बजाय देश के लिए एक कुशल प्रशासन विकसित करने के उपाय सुझाने के लिए कहा गया (भारत सरकार के 2007 में, प्रस्तावना)। आयोग ने विचार के लिए सरकार को 15 रिपोर्ट पेश की। उनमें से, *शासन में नैतिकता* पर रिपोर्ट उन सभी के लिए विशेष रूचि की हो जाती जो देश में राजनीति के लिए एक नैतिक ढांचे के लिए मांग करते थे। आयोग ने सर्वोच्च न्यायालय और सक्रिय निर्वाचन आयोग के उत्साह में हाल के वर्षों में शुरू किए हितकारी उपायों पर संज्ञान लेते हुए राजनीति के क्षेत्र में स्थिरता और जवाबदेही की शुरुआत करने के लिए कई सिफारिशें की।

यह रिपोर्ट राजनीति में नैतिक मूल्यों के साथ शुरू होती है।[4] यह रिपोर्ट कहती है कि राजनीति और उस में लगे लोग राज्य के विधायी और कार्यकारी विभागों में एक महत्वपूर्ण भूमिका निभाते हैं जिनके संविधान में काम करने में उनकी कृतियों और चूक के कृत्यों और क़ानून के नियम न्यायपालिका के लिए हस्तक्षेप के बिंदु बन गये हैं। हालांकि नैतिकता की दृष्टि से एक अपूर्ण माहौल में राजनीति में पूर्णता की उम्मीद करना अवास्तविक और सरलीकृत है, फिर भी वहाँ इस तथ्य से नकार नहीं किया जा सकता है कि राजनीति में तय किए गये मानक उनको प्रभावित करते हैं जो शासन के अन्य पहलू हैं। जिनकी राजनीति में एक स्पष्ट और महती जिम्मेदारी है। भारत भाग्यशाली था कि नैतिक आचरण के उच्च मानक आजादी की लड़ाई का एक अभिन्न हिस्सा थे। दुर्भाग्य से, इस नैतिक पूँजी का सत्ता के हस्तांतरण के बाद क्षरण होना शुरू हो गया। चुनाव में ज्यादतियाँ (चुनावी अभियान में -धन, नाजायज पैसे का उपयोग, व्यय की मात्रा, अपूर्ण मतदाता सूची, प्रतिरूपण, बूथ कैप्चरिंग, हिंसा, प्रलोभन और धमकी) चुनाव के बाद, सार्वजनिक रूप से सत्ता और सत्ता के दुरुपयोग के लिए कार्यालय, इतने वर्षों में राजनीतिक प्रक्रिया की प्रमुख बुराइयाँ बन गये। राजनीतिक दलों, सरकारों और अधिक महत्वपूर्ण बात चुनाव आयोग और सर्वोच्च न्यायालय ने सकल बुराइयों को खत्म करने के प्रयास में 1980 के दशक के बाद से कई कदम उठाए, जो अब लगभग आदर्श बन गयें हैं। फिर भी, वहाँ बड़े पैमाने पर यह दृष्टिकोण है कि हमारी राजनीतिक व्यवस्था को साफ करने के लिए बहुत कुछ किए जाने की जरूरत है। इस आयोग ने राजनीतिक प्रणाली में सुधारों को लागू करने के लिए निम्नलिखित सुझाव दिए:

1. राज्य के आंशिक वित्त पोषण के लिए एक प्रणाली पेश की जानी चाहिए ताकि चुनाव के लिए होने वाले नाजायज और अनावश्यक धन के खर्च की गुंजाइश को कम किया जा सके।

2. दल परिवर्तन के आधार पर सदस्यों की अयोग्यता के मुद्दे पर चुनाव आयोग की सलाह पर राष्ट्रपति/राज्यपाल द्वारा निर्णय लिया जाना चाहिए।
3. लोक प्रतिनिधित्व अधिनियम की धारा 8, 1951 को चुनाव आयोग ने सुझाव दिये संशोधन के अनुसार गंभीर और जघन्य अपराधों और भ्रष्टाचार से संबंधित आरोपों का सामना करने वाले सभी व्यक्तियों को अयोग्य घोषित करने के लिए संशोधन किया जाना चाहिए।

संविधान में यह सुनिश्चित करने के लिए संशोधन किया जाना चाहिए कि अगर एक आम कार्यक्रम के साथ एक गठबंधन में एक या एक से अधिक दल हैं तो उस दल या दलों के सदस्यों को मतदाताओं से नया जनादेश प्राप्त करना होगा।

आयोग ने सामाजिक जवाबदेही की गिरावट पर चिंता व्यक्त की। इसलिए आयोग ने यह सुझाव दिया कि सामाजिक जवाबदेही पहल को संस्थागत किया जाए; अन्यथा, वे बिना किसी महत्व के शब्दावली का हिस्सा बन जाते हैं। इस प्रकार यह तर्क दिया गया है कि 'यह प्रभाव सर्वाधिक और सबसे टिकाऊ बन जाता है जब सामाजिक जवाबदेही तंत्र संस्थागत किए जाते हैं (मलेना, फोरस्टर और सिंह 2004, 14)। जैसा कि दर्शाया गया है, धारणात्मक रूप से, सामाजिक जवाबदेही वातावरण को मजबूत करने के लिए एक प्रभावी साधन है, जो शासन में नैतिकता के मूल्यों को पैदा करने की दिशा में प्रयासों का समर्थन करती है। जवाबदेही के नए प्रभावी उर्ध्व तंत्र बनाकर और क्षैतिज जवाबदेही के लिए प्रचलित उपकरणों को मजबूत करके, सामाजिक जवाबदेही बेहतर शासन के लिए उपयोगी होने के लिए कहा जा सकता है, जिसमें हितधारकों की भूमिका उतनी ही महत्वपूर्ण है जितनी उन अधिकारियों की है जो राजनीतिक आकाओं के वैचारिक प्राथमिकताओं को विधायी फैसलों में रूपांतरित करने के लिए आधिकारिक तौर पर जिम्मेदार होते हैं। इसे सार्वजनिक जीवन में लागू करने के लिए जवाबदेही और मशीनरी पर ध्यान देने के साथ, द्वितीय प्रशासनिक सुधार आयोग 2005 इस प्रकार न केवल अपने मर्मज्ञ सिफारिशों के लिए अलग दिखाई देता है, बल्कि भारत के सामाजिक ताने-बाने के शासन में आचार की गिरावट और नैतिक पतन के बीच यह भी द्वंद्वात्मक संबंधों पर सार्वजनिक क्षेत्र में एक बहस को चालू कर बदलाव के लिए एक गति बनाने के लिए भी अलग दिखाई देता है।

निष्कर्ष कथन

भारत में शासन में नैतिकता की चर्चा दर्शाती है कि इस मुद्दे में 'उसकी तुलना में एक बहुत व्यापक आयात है जो सरकार के विभिन्न शाखाओं में होता है [और] ... एक बोर्ड के प्रयास भर में होता है [इस प्रकार] नैतिक मानदंडों से हुए विचलन से लड़ने की जरूरत है' (भारत सरकार 2007, 5)। इस बात को दोहराते हुए कि मात्र आंतरिक हस्तक्षेप प्रशासनिक बीमारियों का स्रोत समाप्त करने में निर्णायक नहीं हो सकता है, दूसरे एआरसी ने अपने पहले समकक्ष की तरह, प्रशासन में नैतिक मूल्यों की गिरावट को आजादी के बाद से भारत की राजनीति के समग्र पतन के लिए जिम्मेदार ठहराया। स्वतंत्र भारत के प्रशासन में उपनिवेशवाद के हानिकारक प्रभाव के अलावा, वहाँ कोई इनकार नहीं है कि लोक प्रशासन काफी हद तक संकीर्ण, दलगत और वर्गीय हितों के अपने विनियोग के कारण एक गंभीर समस्या बन गया है। बहरहाल, वहाँ हाल के दिनों में गंभीर प्रयास किए गये हैं, जो न केवल ऐसे पतन के स्रोतों की पहचान करने के लिए थे बल्कि ऐसी गिरावट को रोकने के लिए एक तंत्र का निर्माण करने के लिए भी थे। हम अन्य बातों के अलावा संभवतः भारत के चुनाव आयोग या सर्वोच्च न्यायालय को उल्लेख कर सकते हैं, जिसने शक्तिशाली द्वारा सत्ता के दुरुपयोग के स्रोतों को खत्म करने की कोशिश में 1980 के दशक के बाद से कई कदम उठाए हैं। इसी तरह, राजनीतिक व्यवस्था की सफाई के लिए नागरिक समाज का शोर सार्वजनिक जीवन में भ्रष्टाचार को चुनौती देने के लिए एक और गंभीरता से किया गया प्रयास है। इन प्रयासों से एक अनुकूल वातावरण में परिणाम निकल जाएगा, क्योंकि जैसा कि शांतनम समिति का निष्कर्ष है, 'लंबे समय में, भ्रष्टाचार के खिलाफ लड़ाई केवल उस हद तक सफल होगी जहाँ तक एक अनुकूल सामाजिक वातावरण बनाया गया है' (शांतनम 1964, 101)। इस प्रकार, शासन में नैतिकता एक लक्ष्य है वह मायावी ही बना रहेगा जब तक समग्र राजनीतिक माहौल में इसकी अवधारणा व्यक्त नहीं की जाएगी, जो भारतीय प्रशासन और उसकी आवाज को गंभीर रूप से प्रभावित करती है।

भ्रष्टाचार और प्रशासन

अध्ययन उद्देश्य

1. भ्रष्टाचार को एक वैचारिक श्रेणी के रूप में समझना।
2. व्यापक सामाजिक-आर्थिक और राजनीतिक प्रक्रिया के संदर्भ में भारत में स्थित भ्रष्टाचार की प्रकृति को समझना।

भ्रष्टाचार प्रशासन में स्थानिक है क्योंकि नौकरशाही को आमतौर पर 'एक किराया मांगने वाले संगठन' के रूप में करार दिया जाता है। यह एक आधुनिक घटना नहीं है। अपने में *अर्थशास्त्र* के एक पाठ में कौटिल्य ने भ्रष्टाचार का यह कहकर एक ग्राफिक चित्रण किया है कि 'जैसा कि जीभ पर रखे शहद (या जहर) का स्वाद लिए बिना रहना असंभव है वैसे ही यह असंभव है कि एक सरकारी कर्मचारी राजा के राजस्व में से थोड़ा सा भी हिस्सा न ले'(कांगले 1972, 91)। कौटिल्य के लिए, भ्रष्टाचार और प्रशासन अभिन्न रूप से जुड़े हुए थे। आम भाषा में, भ्रष्टाचार का मतलब है किसी भी तरह का गबन जो आदर्श, प्रथाओं या नियमों के अनुसार उचित नहीं है। इसमें निजी लाभ के लिए सार्वजनिक कार्यालय के उपयोग करना भी शामिल है। जबकि भ्रष्टाचार को परिभाषित करते हुए, कार्ल जे फ्रेडरिक (1989) इस प्रकार बताते हैं:

> भ्रष्टाचार व्यवहार का एक प्रकार है जो आदर्श से भटक जाता है, वह वास्तव में किसी दिए गए संदर्भ में प्रचलित है या प्रचलित होने का विश्वास किया जाता है। ... यह एक विशेष प्रेरणा के साथ जुड़ा विचलित व्यवहार है, अर्थात् सार्वजनिक खर्च पर निजी लाभ पाना। ... इस तरह से निजी लाभ मौद्रिक हो सकता है और आम जनता के मन में, यह आमतौर पर ऐसा ही है, लेकिन यह अन्य रूप भी ले सकता है।

फ्रेडरिक जिस बात को रेखांकित करता है वह यह तथ्य है कि भ्रष्टाचार एक 'असामान्य व्यवहार' है, जो सार्वजनिक खर्च पर निजी लाभ को न्यायोचित ठहराता है। भ्रष्टाचार इस प्रकार एक व्यवहारात्मक बुराई है जहां एक पक्ष से निजी लाभ के लिए कोई अनुग्रह किया जाता है।

इस तरह की परिभाषा के साथ, यह क्षेत्र दो परस्पर भागों में प्रशासन में भ्रष्टाचार की संक्षारक प्रभाव का विश्लेषण करने के लिए समर्पित है: एक तरफ, यह चर्चा भारत में भ्रष्टाचार की संभावित जड़ों पर केंद्रित है, और दूसरी तरफ, यह उन उपकरणों और व्यवस्था के साथ व्यवहार करती है जिसे भारत में भ्रष्टाचार से निपटने के लिए विकसित किया गया है। हालांकि यह सुझाव देना नहीं है कि पूरा प्रशासन ही भ्रष्ट है और बिगड़ गया है; इसके बजाय, तर्क करदाताओं के पैसे की कीमत पर निजी लाभ के लिए इच्छा रखने के घातक प्रभाव से संबंधित प्रश्नों के रूप में निर्मित है। जगह की कमी को देखते हुए इस घटना का एक विस्तृत अध्ययन करना मुश्किल है। इसलिए हमारा उद्देश्य उन बुनियादी मुद्दों को दर्शाना है, जिन्हें हम भारत जैसे एक विकासशील देश के संदर्भ में भ्रष्टाचार की संकल्पना करने में महत्वपूर्ण मानते हैं, जो साथ ही एक बढ़ती अर्थव्यवस्था भी है।

समस्या का बयान

भ्रष्टाचार भारत में सर्वव्यापी है। 2012 में, भारत ट्रांसपेरेंसी इंटरनेशनल करप्शन प्रिप्रेशन इंडेक्स में 176 देशों की सूची में, कोलंबिया, ग्रीस, मंगोलिया, सेनेगल और अन्य देशों के साथ 94वें स्थान पर था। ट्रांसपेरेंसी इंटरनेशनल द्वारा आयोजित एक अध्ययन में यह पता चला था कि भारतीयों की 62 फीसदी से अधिक आबादी ने रिश्वत का भुगतान कर सार्वजनिक कार्यालयों में काम करवाया है (2005, 103)। भ्रष्टाचार के अधिकांश सबसे बड़े स्रोतों में केंद्र सरकार से जुड़े पात्रता कार्यक्रम और सामाजिक खर्च योजनाएँ शामिल हैं, जिसमें महात्मा गांधी राष्ट्रीय ग्रामीण रोजगार गारंटी योजना और राष्ट्रीय ग्रामीण स्वास्थ्य मिशन भी

शामिल हैं। भ्रष्टाचार के अन्य महत्वपूर्ण स्रोतों में परिवहन उद्योग, विशेष रूप से वे वाहन शामिल हैं, जो राज्यों के बीच माल ढोने के लिए इस्तेमाल किए जाते हैं, जो कई विनियामक और पुलिस को सालाना रिश्वत में नकद भुगतान करने के लिए मजबूर होते हैं। यह एक खुला रहस्य है और किसी को भी इसके बारे में बुरा महसूस नहीं होता है; इन वाहनों के मालिक स्वेच्छा से आसानी से एक राज्य से दूसरे राज्य में जाने के लिए इसका भुगतान करते हैं।

भारत में भ्रष्टाचार की बढ़ती घटनाओं को समझाते हुए, द्वितीय प्रशासनिक सुधार आयोग तीन कारकों को संदर्भित करता है जो उपनिवेशवाद में भारत के ऐतिहासिक अतीत में भी निहित हैं: पहला, उपनिवेशवाद ने मनमाने ढंग से शक्ति का प्रयोग करने की एक प्रवृत्ति की मानसिकता निर्मित की; दूसरा, एक विशाल असंगठित क्षेत्र के लिए पर्याप्त प्रसार, जिसके श्रमिकों को काम करते हुए अपने अधिकारों की मांग करने का ज्ञान नहीं है; इस तरह के कार्यबल का सार्वजनिक कार्यालयों के अधिकारियों द्वारा आसानी से दुरुपयोग किया जा सकता है; तीसरा, भ्रष्टाचार की मानसिकता के लिए जिम्मेदार कारकों में कुछ अधिक विनियमन, जटिल कराधान और लाइसेंसिंग प्रणाली, अनियंत्रित विवेकाधीन शक्तियों के साथ कई सरकारी विभाग, कुछ वस्तुओं सेवा प्रदान करने में सरकार नियंत्रित संस्थाओं का एकाधिकार और पारदर्शी कानूनों और प्रक्रियाओं की कमी शामिल हैं।

भ्रष्टाचार से कैसे निपटा जाए?

इस सवाल का स्पष्ट संदर्भ में प्रतिक्रिया देना अत्यंत मुश्किल है, क्योंकि जब तक मानसिकता को चुनौती नहीं दी जाती, तब तक कोई संस्थागत/कानूनी तंत्र राजनीति से भ्रष्टाचार और उसके असंख्य स्रोतों को उखाड़ फेंकने के लिए पर्याप्त नहीं है। हालांकि, भ्रष्टाचार की जड़ों को साफ़ करने के लिए लगातार प्रयास किए जा रहे हैं। इस दिशा में किया गया पहला गंभीर प्रयास शांतनम समिति 1964 के द्वारा किया गया था जो पहले प्रशासनिक सुधार आयोग द्वारा स्थापित किया गया था। प्रशासन में भ्रष्टाचार से निपटने के लिए, भारत, सरकार ने शांतनम समिति की सिफारिश पर कई कानूनी/संस्थागत व्यवस्थाएं शुरू की है, जिनमें केंद्रीय जांच ब्यूरो, नियंत्रक एवं महालेखा परीक्षक कार्यालय और केंद्रीय सतर्कता योग शामिल थे। ये भ्रष्टाचार को रोकने के लिए अच्छी तरह से लैस संस्थागत एजेंसियाँ रही हैं, जो निवारक और दंडात्मक दोनों तरह की हैं।

यहाँ प्रशासन में भ्रष्टाचार को संबोधित करने के लिए वैध तंत्र की भी कोई कमी नहीं है। सभी निवारक चरणों में, आरटीआई अधिनियम 2005 कानूनी तौर पर सरकारी अधिकारियों को नागरिकों द्वारा मांगी गई जानकारी उपलब्ध कराने पर बाध्यकारी करता है, अन्यथा उन्हें दंडात्मक कार्रवाई का सामना करना होता है। इस अधिनियम ने नागरिकों को काफी सशक्त बनाया और उन्हें जानकारी के लिए पहुँच की अनुमति दी, जो अब तक पुराने औपनिवेशिक सरकारी गोपनीयता अधिनियम, 1923 के तहत सरकारी अधिकारियों का एक विशेष डोमेन बना रहा था। अन्य सशक्त बनाने वाले अधिनियमों में "अधिकार लोक सेवा क़ानून" है, जिसे भारत के 19 राज्यों में पहले से ही लागू किया गया है। नागरिकों के लिए सरकार द्वारा प्रदान की जाने वाली विभिन्न सार्वजनिक सेवाओं के लिए सेवाओं की समयबद्ध डिलीवरी प्रदान करके और भ्रष्ट लोक सेवक को दंडित करने के लिए तंत्र तैयार करके, इस अधिनियम को सार्वजनिक सेवा वितरण में भ्रष्टाचार से लड़ने और शामिल लोगों के लिए सार्वजनिक व्यवहार में पारदर्शिता और जवाबदेही बढ़ाने में प्रभावी किया गया है। इसी तरह, 2002 का धन शोधन निरोधक अधिनियम भी भ्रष्ट लोक सेवकों पर एक हमला है, जो उनकी अनुचित आय को जब्त करता है।

इस संबंध में प्रमुख उपायों में से एक 'व्हिसल ब्लोअर संरक्षण अधिनियम', 2011 है, जो लोक सेवकों द्वारा कथित भ्रष्टाचार और सत्ता के दुरुपयोग की जांच करने के लिए और उन सरकारी अधिकारियों के अनुचित व्यवहार को प्रकाश में लाने वाले लोगों को सुरक्षा उपलब्ध कराने के लिए तैयार किया गया एक तंत्र है। इन सभी तंत्रों में से देश के लिए संपूर्ण रूप में एक लोकपाल और राज्यों के लिए लोकायुक्त के रूप में संस्था का निर्माण शायद एक भ्रष्टाचार मुक्त भारत बनाने की दिशा में एक महत्वपूर्ण प्रयास है। 2013 का लोकपाल और लोकायुक्त क़ानून जो 2014 में अस्तित्व में आया, वह भारत में सार्वजनिक पदाधिकारियों के खिलाफ भ्रष्टाचार के आरोपों की जांच करने के लिए लोकपाल प्रकार की संस्था की स्थापना प्रदान करता है। राज्य स्तर पर लोकायुक्त कई

राज्यों में अस्तित्व में आ गए हैं, हालांकि पूरे देश के लिए एक लोकपाल की नियुक्ति अभी तक एक दूर का लक्ष्य रह गया है, शायद राजनीतिक दलों के बीच असहमति के कारण, जो राजनीतिक परिणामों की परवाह किए बिना, इच्छापूर्वक एक मेगा एजेंसी बनाने के प्रति इच्छुक नहीं हैं।

निष्कर्ष कथन

प्रशासन में भ्रष्टाचार एक मुद्दा है जिसे तीन कारणों के लिए निर्णायक संबोधित नहीं किया जा सकता है: पहला, यह एक रोग सिंड्रोम है, जिसकी जड़ों का अतीत में औपनिवेशिक दिनों में पता लगाया जा सकता है, जब शीर्ष पर बैठे लोगों द्वारा सत्ता का प्रयोग आज की तुलना में अधिक मनमाने ढंग से किया जाता था। अपने लंबे शासनकाल के साथ, औपनिवेशिक राज्य ने न केवल आधिकारिक रूप से इस डिजाइन को मजबूत किया था, बल्कि यह सिर्फ इसलिए सफल रहा क्योंकि विपक्ष के बल काफी मजबूत होना प्रतीत नहीं होते हैं; दूसरा, यह प्रवृत्ति एक अकार्यकारी सतर्कता मशीनरी, संगठनात्मक ईमानदारी का टूटना, सरकारी अधिकारियों में जवाबदेही के गिरते महत्व और प्रक्रियात्मक अराजकता के साथ स्वतंत्र भारत में भी जारी रही है (प्रसाद 2006, 324–26) ;और तीसरा, भ्रष्टाचार एक मानसिकता में निहित है और उसी के कारण पनप रहा है, जिसने न तो संस्थागत और न व्यक्तिगत अपराध को चुनौती दी; अच्छी तरह से घुसा हुआ और एक तंत्र के रूप में प्रभावी, भ्रष्टाचार हमारे शासन का अभिन्न अंग बन चुका है और इसलिए इसके लिए रोने की बजाय उसे स्वीकार कर लेना बेहतर है क्योंकि यह स्थिति इतनी जल्दी बदलने वाली नहीं है।

क्या भ्रष्टाचार अपरिहार्य है? अगर ऐसा है, तो प्रशासन में ईमानदारी पर चर्चा करना अप्रासंगिक हो जाता है। भारत में भ्रष्टाचार के खिलाफ जनता की राय के बढ़ते समेकन को देखते हुए, इसका सफाया करना यदि असंभव नहीं तो भी मुश्किल हो जाएगा। सतर्क नागरिकों के साथ-साथ एक जीवंत लोकतंत्र शायद भ्रष्टाचार के खिलाफ सबसे अच्छी ढाल है। वहाँ इस प्रकार अन्य मानसिकता विकसित करने की आवश्यकता है जो इस मानसिकता को बदल सके। यह तर्क कि प्रशासन स्थिर है, सामाजिक परिवर्तन के मौलिक क़ानून को खारिज कर देता है; यह आगे भारत में हाल की घटनाओं से प्रबलित होता है जब शासन के साथ नागरिकों को एकीकृत करने के लिए बड़े पैमाने पर ऊर्जा लगाई गई थी। यह परिवर्तन प्रेस सहित हितधारकों की भागीदारी के साथ दिख रहा है, जिसने एक ऐसे वातावरण को बनाने में एक बहुत ही महत्वपूर्ण भूमिका अदा की है जिसमें भ्रष्टाचारी तत्काल लोगों का ध्यान आकर्षित कर रहे हैं। निरीक्षण निकायों की भूमिका को भी कम आंका नहीं जा सकता है जो भारत जैसे विशाल देश में उसे भ्रष्टाचार से मुक्त बनाने का दुर्धर कार्य कर रहे हैं।

भारत में सुशासन में आने वाली चुनौतियां

अध्ययन उद्देश्य

1. शासन को एक वैचारिक श्रेणी के रूप में समझना।
2. भारत में शासन के विशिष्ट सुविधाओं को समझना।

सुशासन एक वैचारिक निर्माण है जिसने दुनिया भर में नवउदारवादीता (neoliberalism) के समेकन के साथ महत्व हासिल किया है। भारत इसके लिए कोई अपवाद नहीं है। यह यात्रा नयी आर्थिक नीति 1991 को अपनाने के साथ शुरू हुई जिसने आधिकारिक तौर पर एक नीति के रूप में आर्थिक उदारीकरण का समर्थन किया। इस तरह एक नया युग स्थापित हुआ, जिसमें शासन अब एक

घरेलू मुद्दा नहीं रह गया था, बल्कि बाहरी खींचतान और दबाव में आ गया जिसे धीरे-धीरे नजरअंदाज करना मुश्किल हो गया। राष्ट्र अब अतीत के समान स्वतंत्र नहीं रह गये हैं, बल्कि एक दूसरे पर निर्भर हो गये हैं, और शासन एक स्पष्ट तरीके से इस तरह के अंतर-निर्भरता के प्रतीक थे। यह स्थिति तब कहीं अधिक जटिल हो गई जब प्रशासन, एक घरेलू चिंता का विषय होने के बावजूद, बाहरी शर्तों के अधीन था, जो विकसित उत्तर और वैश्विक वित्तीय संस्थाओं से वित्तीय सहायता के लिए अपरिहार्य आवश्यकता को देखते हुए टाला नहीं जा सकता है। उन देशों के लिए, जो एक ऋण-जाल में फंस गये हैं, उन्हें अभिनव होना और उन शर्तों के लिए आज्ञाकारी रहना मुश्किल था जो अपने ऋण दायित्वों के मद्देनजर उनके अधीन थे। यह एक दुष्चक्र था जिसमें से बचना कठिन था।

शासन 'एक वैचारिक पहेली' है (चक्रवर्ती और भट्टाचार्य 2008)। शब्दार्थ रूप में यह सरकारी प्रशासन को दर्शाता है। इसलिए, इसका लोक प्रशासन के प्रारूप के भीतर अध्ययन किया जाना चाहिए। हालांकि, उप-सहारा अफ्रीकी देशों को दिए गए ऋण की वसूली के लिए विश्व बैंक की चिंताओं में अपनी जड़ों को देखते हुए यह समकालीन वैश्विक राजनीति में नवउदारवादी जोर के साथ अभिन्न रूप से जोड़ा गया। कर्ज में डूबे उप-सहारा अफ्रीका के संदर्भ में सुशासन की संकल्पना करते हुए, वहीं विश्व बैंक को लोक प्रशासन के अभिन्न रूप में जमीनी स्तर पर और गैर-सरकारी संगठनों को बढ़ावा के लिए प्रोत्साहित किया गया था, जैसे कृषक संघ, सहकारी और महिलाओं के समूह (विश्व बैंक 1989, 18)। इसके प्रमुख उद्देश्य के प्रकाश में, विश्व बैंक (1992, 27) अब सुशासन को निम्नानुसार परिभाषित करता है:

> इसे उम्मीद के मुताबिक, खुले और प्रबुद्ध नीति निर्माण का प्रतीक मानना चाहिए, एक नौकरशाही एक पेशेवर लोकाचार से ओत-प्रोत, सार्वजनिक हित के लिए कार्य करने वाला, क़ानून का नियम, पारदर्शी प्रक्रियाएँ और सार्वजनिक मामलों में भाग लेने वाला एक मजबूत नागरिक समाज।

जैसा कि स्पष्ट है, सुशासन में चार प्रमुख तत्व होते हैं: (क) सार्वजनिक क्षेत्र के प्रबंधन, (ख) जवाबदेही, (ग) विकास के लिए कानूनी ढांचा और (घ) सूचना और पारदर्शिता। विश्व विकास रिपोर्ट 1992 के एक और विच्छेदन से आगे पता चलता है कि सुशासन में निम्नलिखित बातें शामिल है: (क) क़ानून के नियम के प्रति सम्मान किया जाता है— यह सुनिश्चित करना नागरिक समाज का कर्तव्य है कि क़ानून के नियम को बनाए रखा जाता है और सुरक्षित रखा जाता है, (ख) वंचित और कमजोरों की विशेष देखभाल की जाती है, (ग) एकता और विविधता को अपनाने के लिए सहिष्णुता और समझ होती है –जिसका अर्थ है बहुसंस्कृतिवाद के लिए सराहना करना, और (घ) लोकतंत्र की भावना को कायम रखने वाले संस्थानों के लिए सम्मान करना, मुख्य रूप से पश्चिमी किस्म के प्रक्रियात्मक लोकतंत्र का। तो सुशासन में 'तंत्र, प्रक्रियाएँ और संस्थाएँ शामिल होती हैं जिसके माध्यम से नागरिक और समूह अपने स्थानीय दायित्वों को मुखर करते हैं और अपने मतभेदों की मध्यस्थता करते हैं' यूएनडीपी, 1997, 9)। एक सार्वभौमिक सूत्र स्थापित करना मुश्किल है क्योंकि यह सामाजिक-आर्थिक संदर्भ, जिसमें सुशासन व्यक्त होता है, वह एक देश से दूसरे देश के लिए अलग होता है। इस बात का एहसास होते हुए, विश्व बैंक ने इस पहलू को संबोधित करते हुए इस प्रकार स्वीकार किया:

> इतिहास, प्रथाएँ, क़ानून, समाज और राजनीतिक अर्थव्यवस्था उस पद्धति को प्रभावित करती हैं जिस तरह एक देश में शासित शासकों को उनके प्रदर्शन, एक सामाजिक-राजनीतिक प्रणाली के या एक अर्थव्यवस्था और सरकार के निर्णय लेने में अनुमान की डिग्री और जनता के साथ बातचीत के सापेक्ष खुलेपन के लिए हिसाब मांगते हैं। (Brautigam 1991, 6)

सुशासन ने लोक प्रशासन के विकास में एक पल में मुद्रा प्राप्त की जब सामाजिक समस्या को हल करने की जटिलता ने शासन के विधा के पुनर्निर्माण के लिए एक बहु-आयामी खोज की मांग की। जैसा कि यह अंततः उभरा है, यह संस्थाओं, नियमों, प्रथाओं और मूल्यों की पारदर्शिता, जवाबदेही, ईमानदारी और वैधता का प्रतिनिधित्व करने के लिए आया था जिस पर एक समाज अपने सामाजिक दायित्वों को निभाता है। ये विशेषताएँ समाज के सापेक्ष हैं क्योंकि उन्हें पूर्ण रूप में व्यक्त नहीं किया जा सकता।

भारत में अच्छे शासन में आने वाली चुनौतियों के समाधान

सुशासन भारत में विकास के एजेंडे में हमेशा सबसे आगे रहा है। आठवीं पंचवर्षीय योजना (1992–97) की शुरुआत के साथ सुशासन नीति-निर्माताओं के लिए एक निर्णायक विचार का विषय बना हुआ है। ग्यारहवीं पंचवर्षीय योजना (2007–12) सुशासन के लिए अपनी मांग के लिए शायद बहुसंख्य प्रशासनिक बीमारियों के लिए एक रामबाण के रूप में उभरी। इस प्रकार यह सबसे स्पष्ट रूप से स्वीकार किया गया था कि कई पहलें जिसे भारत सरकार ने विकास और गरीबी उन्मूलन के उद्देश्यों को प्राप्त करने के लिए ली थी, वे 'क्योंकि विभिन्न स्तरों पर बुरे डिजाइन, अपर्याप्त जवाबदेही और भ्रष्टाचार के कारण असफल हो गई' (भारत सरकार 2008a, 4–5)। तो, भारत के समावेशी विकास, गरीबी उन्मूलन और विभिन्न विभाजित को पाटने के उच्च उद्देश्य केवल टुकड़ों में ही प्राप्त किए जा सके, जैसा कि ग्यारहवीं पंचवर्षीय योजना के लक्ष्य दस्तावेज से पता चलता है, 'शायद वहाँ शासन की गुणवत्ता में एक महत्वपूर्ण सुधार हुआ है'(भारत सरकार 2008a, 223। तो इस लक्ष्य को कैसे पूरा किया जाए? योजना दस्तावेज छह विशिष्ट क्षेत्रों की पहचान करती है, जो सुशासन की प्रथाओं की स्थापना करने के लिए महत्वपूर्ण हैं: पहला, एक लोकतांत्रिक देश के रूप में, सुशासन की केंद्रीय विशेषता लोकतांत्रिक चुनाव है जिन्हें एक उचित तरीके से आयोजित किया जाना चाहिए; दूसरा, सरकार को शासन के हर स्तर पर पारदर्शी और पूरी तरह से भ्रष्टाचार के स्रोतों को नष्ट करने के प्रति जवाबदेह होना चाहिए; तीसरा, सरकार को किन्हीं भी पूर्वाग्रहों के बिना सामाजिक, आर्थिक और सार्वजनिक सेवाएं प्रदान करने में प्रभावी और कुशल होना चाहिए; चौथा, पंचायती राज संस्थाओं को सशक्त बनाना; पांचवां, क़ानून के नियमों को मजबूती से स्थापित किया जाना चाहिए और अगर उनका उल्लंघन किया जाता है तो वहाँ कड़े दंड होना चाहिए, और छठा, प्रणाली को इस तरह से कार्य करना चाहिए विशेष रूप से वंचित वर्गों के लिए निष्पक्ष और समावेशी रूप में देखा जा रहा है।[5]

विश्व बैंक की ओर से शुरू हुआ एक एजेंडा होने के बावजूद, प्रशासन ने लोक प्रशासन के वेबेरियन श्रेणीबद्ध रूप से आलोचना द्वारा एक नए युग की शुरुआत की है जिसे वास्तव में भागीदारीपूर्ण और लोकतांत्रिक होने की जरूरत है। यह प्रयास नागरिक समाज की संस्थाओं को मजबूत बनाने की दिशा में है और लोगों का वित्तीय, कानूनी और संस्थागत मायने में सशक्तिकरण करना है। उन्हें ऐसी 'संस्थानों की जरूरत है जो उन्हें उन्हें प्रबंधित करने के बारे में फैसला करने के लिए सत्ता और कानूनी अधिकार दे ... जो उन्हें लाभ प्रदान करें' (माथुर 1996, 315)। उदारीकरण के बाद के युग में भारत सरकार द्वारा शासन की गुणवत्ता में सुधार लाने के उद्देश्य से कई कदम उठाए गए थे। स्थान की बाधा को देखते हुए, उनमें से केवल उन प्रमुख पहलों का उल्लेख किया जा रहा है, जिन्होंने भारत के शासन की बनावट में मौलिक बदलाव किया था। लोक प्रशासन में 'नागरिकता' को बहाल करने की मांग करते हुए पहली प्रमुख पहलों में से एक 2005 में सूचना का अधिकार क़ानून को अपनाया गया था, जिसने न केवल नागरिकों को सशक्त बनाया, बल्कि प्रभावी ढंग से जानकारी तक पहुँच के ऊपर शासक नौकरशाही के नियंत्रण को चुनौती भी दी। इसलिए यह एक से अधिक अर्थों में एक सशक्त डिवाइस था: 1923 की 'आधिकारिक गुप्त अधिनियम' की जगह लेते हुए, सूचना का अधिकार अधिनियम 2005 एक महत्वपूर्ण हद तक लोक प्रशासन के पुनर्निमाण में एक बड़ा कदम था। एक और महत्वपूर्ण कदम 'सिटीजन चार्टर' को अपनाना था। मुख्य रूप से ब्रिटेन मॉडल के एक अनुकूलन में, 'भारतीय नागरिक चार्टर', 'ग्राहकों से उम्मीदों' का एक अतिरिक्त घटक है या दूसरे शब्दों में 'उपयोगकर्ताओं 'से दायित्वों का (सुशासन के लिए केंद्र 2008, 3)। यह जो सुनिश्चित करता है वह चार्टर तैयार करने में प्रभावी और सार्थक होने के लिए हितधारकों की भागीदारी है, ताकि वह उपयोगकर्ताओं की जरूरतों को पूरा कर सके। सरकार को जवाबदेह बनाने के लिए एक साधन तैयार करके, इस चार्टर को अपनाना भारत के लोक प्रशासन के इतिहास में एक महत्वपूर्ण मोड़ है। इस प्रकार, प्रशासन को उत्तरदायी बनाकर यह चार्टर नागरिक सशक्तीकरण के लिए एक महत्वपूर्ण कुंजी होने के अलावा समकालीन भारत में सरकार के कामकाज का एक अभिन्न अंग बन गया है।

इस संबंध में दूसरा सबसे क्रांतिकारी कदम 73वें और 74वें संशोधन अधिनियमों 1992 को अपनाना है, जिसने शासन की बनावट में महत्वपूर्ण परिवर्तन किया है। लोकसभा के 543 निर्वाचित सदस्यों और राज्य विधानसभाओं के करीब 4500 सीधे निर्वाचित सदस्यों के खिलाफ, यहाँ पंचायतों में 32 लाख निर्वाचित प्रतिनिधि हैं जिनमें से करीब 12 लाख महिलाएँ हैं। दुनिया के

बाकी हिस्सों में एक साथ मिलाकर की गई तुलना में अकेले भारत में सबसे अधिक निर्वाचित महिलाएं हैं। इसका तात्पर्य समावेशी शासन मात्र एक नारा नहीं है।

जैसे कि हितधारक, नागरिक प्रशासन का अभिन्न अंग बन गए हैं, जो उनके कल्याण के लिए एक साधन भी है, इसलिए उन्हें छोड़ा नहीं जा सकता है। इसके साथ ही जमीनी स्तर पर शासन में उनकी भागीदारी के साथ, महात्मा गांधी राष्ट्रीय ग्रामीण रोजगार गारंटी अधिनियम, राष्ट्रीय ग्रामीण स्वास्थ्य मिशन और अन्य तुलनीय प्रयासों जैसे प्रमुख फ्लैगशिप कार्यक्रम भी हितधारकों को गतिविधियों में भाग लेने के लिए अवसर प्रदान करते हैं जो उनके अस्तित्व के लिए महत्वपूर्ण हैं। पंचायतें अब प्राधिकरण के मात्र उपकरण नहीं बनी हुई हैं, बल्कि वे वेबेरियन पद्धति के रूप में भागीदारी के लिए एक नया ढांचा है। सार्थक भागीदारी के लिए परिस्थितियाँ बनाकर, उन्होंने औपनिवेशिक समय के बाद के संदर्भ में लोक प्रशासन में रचनात्मक व्याख्या प्रदान की है। शासन ने इस प्रकार हितधारकों को विभिन्न स्तरों पर प्रशासन का अभिन्न अंग बनाकर प्रशासन की नई संकल्पना बनाई है। नई व्यवस्था में, नागरिक अब केवल प्राप्तकर्ता नहीं हैं बल्कि परिवर्तन प्रारंभ करने वाले हैं।

निष्कर्ष कथन

सुशासन सिर्फ एक वैचारिक पैरामीटर नहीं है। यह बाजार संचालित सामाजिक-आर्थिक उत्थान के लिए एक ढाल भी है, क्योंकि एक व्यवस्थित शासन राजनीतिक स्थिरता बनाता है और संस्थानें भी हैं जो बाजार के सुचारू कामकाज के लिए महत्वपूर्ण हैं। अतः नवउदारवादी दायरे में सुशासन की धारणा वास्तव में बाजार की प्रक्रियाओं और उसके कामकाज संबंधी कारणों का समर्थन करती है। नवउदारवादी निर्माण के भीतर राज्य की क्षमताओं को बढ़ाकर, सुशासन आत्म प्रेरणा से प्राप्त उन प्रयासों के लिए एक शक्तिशाली वैचारिक औचित्य का समर्थन करता है जो निस्संदेह अच्छे हैं, बशर्ते वहाँ इस तरह के प्रयासों के लिए सुस्थापित तंत्र मौजूद हो। और मानलों यह अनुपस्थित है, तो उन्हें राज्य के समर्थन में कम से कम प्रारंभिक चरणों में तैयार किया जाना चाहिए; इसलिए सुशासन पर अधिक जोर देने से एक ऐसी स्थिति उत्पन्न हो सकती है जहां राज्य उस बात की आशा करना बंद कर देता है जिसे शिष्ट भाषा में 'लोकप्रिय पहल' कहते हैं। बहरहाल, एक वैचारिक श्रेणी और एक व्यावहारिक डिजाइन दोनों के रूप में, प्रशासन तीन मौलिक मायनों में एक सकारात्मक हस्तक्षेप है: पहला, ध्यान को आदानों से हटाकर परिणामों पर केंद्रित कर, यह लोक प्रशासन के बारे में हमारी धारणा को मौलिक रूप से बदलता है जिसकी एक घटना के रूप में संकल्पना नहीं की जा सकती, लेकिन एक अभिन्न प्रक्रिया के रूप में की जा सकती है जिसमें सरकार सिर्फ एक महत्वपूर्ण खिलाड़ी है। श्रेणीबद्ध नौकरशाही शासन को चुनौती देते हुए यह आगे सार्वजनिक सेवाओं के वितरण में शामिल एजेंसियों की क्षैतिज समन्वय के महत्व पर पुनः जोर देता है। पदानुक्रम के खिलाफ के रूप में, यहाँ प्रमुख विचार हितधारकों को शामिल करते हुए टीम वर्क विकसित करने की है। दूसरी निहितार्थ कहीं अधिक गंभीर है, विशेष रूप से भारत जैसे विकासशील देश में, जहां बीते युग की औपनिवेशिक नौकरशाही संरचना को कमोबेश अभी भी बनाए रखा गया है। शासन, एक बाजार के अनुकूल डिजाइन होने के बावजूद उसने बलों को मुक्त कर दिया है जो संस्थागत बहुलवाद का सहायक है, जहाँ किसी भी तरह के पूर्वाग्रहों से मुक्त एक नया भारत बनाने के लिए संस्थापक पिता की प्रतिबद्धता के बावजूद सुस्थापित नौकरशाही को आधिपत्य दिया जाता है। यह एक अवसर है जिसमें भारतीय लोक प्रशासन में नवउदारवादी संदर्भ में पुनर्निर्माण किया जा सकता है, जहां शासन केवल एक कार्य नहीं करता, बल्कि एक समन्वित कार्य करता है जो एक रचनात्मक ढंग से लोक प्रशासन के नये स्वरूप की इच्छा रखता है। इस अर्थ में, प्रशासन विश्व बैंक के अनुसार सिर्फ आइटम की एक सूची नहीं हो सकता, बल्कि वेबेरियन अवधारणा की पूरी तरह से आलोचना पर आधारित सोच की एक ताजा लहर है। तीसरा, शासन एक संस्थागत तंत्र है जो भारत के लोक प्रशासन में अच्छी तरह से आरोपित कमियों को संबोधित करने के लिए आवश्यक है। अब यह सामान्य ज्ञान है कि स्थानिक भ्रष्टाचार न केवल राजनीति के नैतिक चरित्र को नजरअंदाज कर देता है, बल्कि राजनीति, आर्थिक विकास और शासन के लिए गंभीर और अपरिवर्तनीय व्यावहारिक परिणाम है। शासन में हितधारकों की बढ़ती भागीदारी के साथ, उन, भ्रष्ट आचरण में लिप्त लोग तत्काल ध्यान आकर्षित करते हैं। इसका मतलब यह है कि एक सतर्क नागरिकता ही शायद भ्रष्टाचार के खिलाफ सबसे प्रभावी ढाल

है। प्रशासन, केंद्र स्तर पर लोगों को स्थापित कर इस प्रकार परिस्थितियों में बदलाव लाने के लिए एक महत्वपूर्ण साधन हो जाता है, जहाँ हितधारक आम लक्ष्यों के लिए आपस में जुड़े हुए हैं।

गैर-सरकारी संगठनें, नागरिक समाज संगठनें और विकास

अध्ययन उद्देश्य

1. गैर-सरकारी संगठनों और नागरिक समाज को एक वैचारिक श्रेणी के रूप में समझना।
2. समकालीन भारतीय लोक प्रशासन में गैर-सरकारी और नागरिक समाज संगठनों की भूमिका को समझना।

राज्य निर्देशित विकास विमर्श के विपरित, यहाँ एक विकल्प भी मौजूद है जिनमें गैर-सरकारी संगठन (एनजीओ) और नागरिक समाज संगठन (सीएसओ) शीर्ष पर हैं। विकास लाने के बारे में राज्य की विफलता के कारण क्षेत्रों में विकास के लिए वाहनों के रूप में एनजीओ और सीएसओ का उद्भव हुआ जहां राज्य हमेशा हाशिये पर बने रहे, विशेष रूप से विकासशील देशों में। हालांकि एनजीओ और सीएसओ—ये दोनों अभिव्यक्तियाँ एक दूसरे के स्थान पर प्रयोग की जाती है, फिर भी उनकी भूमिका बिल्कुल समान नहीं हैं, जबकि पहले राजनीतिक प्रक्रियाओं में शामिल हैं वहीं दूसरे मुख्य रूप से सामाजिक प्रयासों में लगे हुए हैं। फिर भी, वे विकास विकल्प के रूप में, सेवा प्रदान करने के लिए अभिनव और जन-केंद्रित दृष्टिकोण प्रदान करते हैं। धारणात्मक रूप से, विकास का राज्य के नेतृत्व वाला ऊपर-से-नीचे के मॉडल की कथित विफलता ने राज्य और अन्य लाभ संचालित संगठनों की सीमाओं को उजागर किया; वे उन परिस्थितियों के उत्पाद भी थे जब, नवउदारवादीता के वैचारिक प्रभुत्व के साथ, राज्य में धीरे-धीरे 1970 के दशक से सामाजिक क्षेत्रों से विकासात्मक गतिविधियों में राज्य की भूमिका वापस ले ली गई थी और बाद में जिसे पूरा ग्रहण लग गया था। उप-सहारा अफ्रीका में संरचनात्मक समायोजन पर विश्व बैंक की रिपोर्ट 1994 'तीसरी दुनिया' के देशों के लिए भविष्य के विकास की योजना की एक स्पष्ट अभिव्यक्ति थी, जिसमें राज्य की भूमिका को कम से कम रखा गया था। 'राज्य के पीछे जाने' के महत्व को रेखांकित करते हुए यह रिपोर्ट भी बाजार की ताकतों के मुक्त खेलने के प्रतिबंध को कम करने की मांग करती है। यह नवउदारवादी दृष्टिकोण और उसके साथ संरचनात्मक समायोजन कार्यक्रम ने 1990 के मध्य में अपनी गति खो दी और राज्य शासन के युग के समेकन के संदर्भ में राज्य की प्रमुखता फिर से आ गई प्रतीत होती थी। दूसरे शब्दों में, राज्य, सार्वजनिक विमर्श में शासन के बढ़ते महत्व के साथ एक महत्वपूर्ण खिलाड़ी बन गया, लोकतंत्र और शासन में लोगों की भागीदारी को अपनाया था। 'पुनर्शासन' की इस प्रक्रिया की दिशा में शासन के युग में एनजीओ और सीएसओ का महत्व कम हो सकता है, हालांकि, नागरिक समाज को मजबूत बनाकर, उन्हें व्यापक प्रक्रियाओं में समेकित कर उन्हें स्थानीय और राष्ट्रीय सरकारों के खिलाफ एक प्रतिकारी शक्ति के रूप में कार्य करने के लिए सक्षम किया जाएगा'(बैंक्स, ह्यूम और एडवर्ड्स 2015, 707)। हालात में बदलाव होने के बावजूद, विकास लाने में एनजीओ और सीएसओ की भूमिका को नजरअंदाज नहीं किया जा सकता क्योंकि पूंजी प्रधान और प्रौद्योगिकी आधारित औद्योगिक उपक्रम समावेशी विकास लाने के लिए पर्याप्त नहीं होते। विकल्प के रूप में, एनजीओ और सीएसओ लोगों के लिए वाहनों का गठन करते हैं

> विकास और सामाजिक बदलाव में भाग लेने के लिए जो सरकारी कार्यक्रमों के माध्यम से संभव नहीं होता; [वे एक स्थान का भी गठन करते हैं जिसमें] विकास और सामाजिक बदलाव के बारे में सोचना संभव है, जिसकी सरकारी कार्यक्रमों के माध्यम से होने की संभावना नहीं होती; [वे इस प्रकार गठन करते हैं] भागीदारी के इन वैकल्पिक विचारों और स्वरूपों को वैकल्पिक प्रथाओं और कठिन परिणामों में बदलने के लिए उपकरणों का। (मितलिन, हिक्की बेबिंगटन 2007, 1701)

अतः, एनजीओ और सीएसओ राज्य और बाजार के विपरित निश्चित रूप से उन उपकरणों को सशक्त कर रहे हैं जो वैचारिक रूप से अनुकूलित होने के कारण, जाहिर है सिद्धांतवादी बने हुए हैं और इस तरह आम तौर पर लोकप्रिय पहल और मांगों के प्रति गैर संवेदनशील नहीं हैं।

जैसा कि तर्क दिया जाता है, राज्य की विफलता ने एक नए प्रतिमान स्थापित करते हुए विकास विकल्प के रूप में एनजीओ और सीएसओ में दिलचस्पी बढ़ाई। विकास में उनके बढ़ते महत्व कई कारणों से प्रतिमानों का एक बदलाव है: जिसने न केवल प्रक्रिया में लोगों को शामिल किया, बल्कि उस प्रतिमान की संकल्पना करने में मदद की जिसमें राज्य उपेक्षित बना हुआ है। सेवा प्रदान करने में उनकी भूमिका के अलावा, वे अपने जन-केंद्रित दृष्टिकोण के माध्यम से' 'असमान रिश्ते और परिवर्तनकारी एजेंडा को चुनौती देते हुए सतर्क नागरिकों को भी तैयार करते हैं (बैंक्स, ह्यूम और एडवर्ड्स 2015, 710)। वे इस प्रकार एसोसिएशन, सामूहिक कार्रवाई के लिए संसाधन और अवसर उपलब्ध कर, सामाजिक संघर्ष को कम कर, राजनीतिक भागीदारी के विस्तार और हित प्रतिनिधित्व के चैनल प्रदान करके लोकतंत्र के स्कूलों के रूप में 'कार्य करते हैं (बैंक्स, ह्यूम और एडवर्ड्स 2015, 711)। वैकल्पिक विकास के इन्क्यूबेटरों के रूप में, एनजीओ और सीएसओ एक संदर्भ में एक वैकल्पिक विमर्श मॉडल तैयार करने के लिए महत्वपूर्ण जानकारी प्रदान करते हैं, जब राज्य को प्रमुख सामाजिक क्षेत्रों से वापस लिया जा रहा है। इस जरूरत को विकासशील देशों में और अधिक गंभीरता से महसूस किया जा रहा है, जहां राज्य एक मूक पर्यवेक्षक हो जाता है जब बात लोगों की बुनियादी जरूरतों को संबोधित करने की आती है। यहाँ यह सुझाव देना नहीं है कि एनजीओ और सीएसओ केवल विकासशील देशों में ही प्रासंगिक हैं, क्योंकि उनकी भूमिका जन-केंद्रित योजनाओं और कार्यक्रमों को विकसित देशों में भी लोकप्रिय बनाने में समान रूप से निर्णायक है, जो हो सकता है कि राज्य का ध्यान आकर्षित न करे।

भारतीय यथार्थता

यहाँ उद्देश्य बदले माहौल में भारत की सामाजिक-आर्थिक विकास में एनजीओ और सीएसओ की भूमिका को समझना है जिसमें राज्य ने शासन के एजेंडे के बढ़ते महत्व के संदर्भ में एक नए चरित्र का अधिग्रहण किया है। राज्य एक परिदृश्य में विकास के लिए महत्वपूर्ण बना हुआ है जिसमें एनजीओ और सीएसओ की भूमिका भी महत्वपूर्ण हो गई है।

स्पष्ट बात यह है कि यह तथ्य कि यहाँ तक कि समाज के एक समाजवादी पैटर्न के संदर्भ में, योजनाकारों ने विकास के मुद्दों को संबोधित करने की दिशा में लोगों के स्वैच्छिक पहल करने को पर्याप्त महत्व दिया है। पहली पंचवर्षीय योजना (1951–56) इस प्रकार कहती है कि 'सामाजिक और आर्थिक उत्थान के लिए किसी भी योजना को [स्वैच्छिक] एजेंसियों द्वारा प्रदान की गई सेवा का विचार करना चाहिए और राज्य को उन्हें अपने प्रयास को मजबूत बनाने में अधिकतम सहयोग देना चाहिए'(योजना आयोग 1951, ललिता और कोहली 1983, 16 में उद्धृत)। इस योजना का उद्देश्य उन क्षेत्रों में एनजीओ और सीएसओ का समर्थन करना था जहां उन्होंने राज्य से लगभग कोई समर्थन पाए बिना पहले से ही एक प्रभाव बना दिया था। यह तीसरी पंचवर्षीय योजना (1961–66) में दोहराया गया, जिसने उल्लेख किया कि 'लोकप्रिय रूप से आयोजित स्वैच्छिक प्रयास कुछ हद तक एक बेहतर जीवन के लिए समुदाय के लिए उपलब्ध सुविधाओं को बढ़ाने या सबसे कमजोर की मदद करने की दिशा में एक लंबा रास्ता तय कर सकते हैं' (योजना आयोग 1961, 292)। जो सबसे स्पष्ट बात थी वह नीति दिशा में एक बदलाव किया जाना था। न केवल स्वैच्छिक संगठनों के महत्व पर प्रकाश डाला गया, बल्कि उन तथ्यों को भी मान्यता दी गई कि वे परिधि में रहने वाले लोगों की मदद करने में सबसे महत्वपूर्ण रहे थे। तीसरी योजना भी महत्वपूर्ण है क्योंकि एनजीओ और सीएसओ के महत्व को जोरदार नीति के उद्देश्यों के लिए पहली बार महसूस किया गया। वास्तव में, तीसरी योजना के बाद से, यह दृढ़ता से महसूस किया गया कि भारत के सामाजिक-आर्थिक विकास के लिए राज्य संचालित विकास पर्याप्त नहीं था और एनजीओ और सीएसओ के पास निभाने के लिए एक अनुपूरक भूमिका है। इस विचार को आगे 'ग्रामीण-शहरी संबंध समिति' 1966 के एक रिपोर्ट द्वारा यह बताते हुए पुष्ट किया गया कि 'स्थानीय स्वयंसेवी संगठनें स्थानीय निकायों की गतिविधियों में लोगों के लोकप्रिय समर्थन और सहायता जुटाने

में बहुत सहायक हो सकती हैं (भारत सरकार 1966, 113)। अतः तीसरी योजना अवधि के दौरान, यह दृढ़ता से जोर देकर कहा गया था कि, विकास के एजेंडे को पूरा करने में उनके महत्वपूर्ण महत्व को देखते हुए स्वैच्छिक एजेंसियों, गैर सरकारी संगठनों और सीएसओ दोनों की भूमिका को कम नहीं आंका जा सकता। यह प्रवृत्ति जारी रही और सातवीं पंचवर्षीय योजना (1985–90) में उन्हें लाभार्थियों के जो 'आंखों और कान' के रूप में उल्लेखित किया। यह अतीत से एक स्पष्ट विराम रहा था क्योंकि नियोजन युग के माध्यम से भारत के विकास में पहली बार यह स्वीकार किया गया था कि स्वैच्छिक एजेंसियाँ न केवल लोगों को संभव विकल्पों के बारे में जागरूक करती हैं, बल्कि उसे भी आगे बढ़ाती हैं जिसे वे लोगों की भलाई के लिए उचित समझती हैं। सातवीं पंचवर्षीय योजना में जो सामने आया वह एक लंबी प्रक्रिया का परिणाम था जिसमें इन एजेंसियों की सरकार के प्रयासों का पूरक होने में महत्वपूर्ण भूमिका थी: राज्य ने अंत में स्वैच्छिक एजेंसियों की शर्तों को माना क्योंकि उनके महत्व को देखते हुए उन्हें दूर नहीं किया जा सकता था।

ढांचागत समायोजन कार्यक्रम के संदर्भ में, जिसे भारत ने आंशिक रूप से अपनाया था, एनजीओ और सीएसओ को आसानी से विकास के एजेंडे के भागीदार के रूप में स्वीकार कर लिया गया। सातवीं पंचवर्षीय योजना में जो शुरू किया गया था उसकी नौवीं पंचवर्षीय योजना (1997–2002) आगे की पुष्टि की गई थी, जिससे उन्हें भारत के विकास रणनीतियों में महत्वपूर्ण भागीदार बनाया। यहाँ तक कि शासन के युग में, विकास में महत्वपूर्ण खिलाड़ी के रूप में एनजीओ और सीएसओ को स्वीकार कर, दसवीं (2002–07), ग्यारहवीं (2007–12) और बारहवीं (2012–17) पंचवर्षीय योजनाओं ने आगे रेखांकित किया कि सार्थक विकास के लिए आम जनता की रचनात्मक क्षमताओं को जुटाना जरूरी है। यहाँ महत्वपूर्ण बात भारतीय समाज के विभिन्न स्तरों पर हितधारकों से जुड़े एक नेटवर्क के निर्माण में उनकी भूमिका का होना है। एनजीओ और सीएसओ की तेजी से बढ़ती संख्या से यह भी पता चलता है कि असंख्य सामाजिक-आर्थिक वर्ग की जरूरतों को पूरा करने के लिए प्रयास किए जा रहे हैं जो अब तक उपेक्षित बने रहे और सुनियोजित एजेंडे के साथ लगभग कटे रहे। ये निहितार्थ महत्वपूर्ण हैं: न केवल वे जमीनी स्तर पर लोगों की आँखें और कान के रूप में कार्य करते हैं, बल्कि वे हितधारकों को शामिल करते हुए योजनाओं और कार्यक्रमों की तैयारी में महत्वपूर्ण भागीदार बन गए हैं। ऐसा प्रतीत होता है कि राज्य की महत्वपूर्ण सामाजिक क्षेत्रों से क्रमिक वापसी के साथ, एनजीओ और सीएसओ ने वह अंतर भर दिया है जिसे खाली छोड़ दिया गया था; इसलिए वे राज्य के प्रयासों के पूरक रहे हैं। दूसरे शब्दों में, उनकी भूमिका के अवलोकन से पता चलता है कि विकास की बढ़ती जटिलताओं को देखते हुए विशेष रूप से भारत जैसे विकासशील देशों में, राज्य को समावेशी विकास के लिए मांग को संबोधित करना मुश्किल है, और यही वह जगह है, जहां एनजीओ और सीएसओ महत्वपूर्ण विकास प्रक्रियाओं में महत्वपूर्ण हो जाते हैं।

निष्कर्ष कथन

भारत में विकास में एनजीओ और सीएसओ की भूमिका के विश्लेषण से तीन मुद्दे विशेष रूप से उजागर होते हैं जो विकासशील देशों में विकास प्रक्रियाओं में अपार सैद्धांतिक महत्व रखते हैं (चक्रवर्ती 2006)। पहला, उनकी बढ़ती संख्या नागरिक समाज के महत्व में महत्वपूर्ण योगदान देती है— राज्य और बाजार से अलग एक क्षेत्र— जिसे राज्य द्वारा मोटे तौर पर विनियोजित किया गया है। 'विभिन्न गैर-सरकारी संस्थाओं को शामिल करते हुए (डेहरेंड्रोफ 1996, 231), जैसे, परिवारों, ट्रेड यूनियनों और क्लबों—एनजीओ और सीएसओ एक गैर राज्य स्वायत्त क्षेत्र 'बनाने में इस प्रकार के गंभीर प्रयास रहे हैं '(रुडॉल्फ़ 2000, 1762)। दूसरा सैद्धांतिक निहितार्थ विकास के वैकल्पिक रूपों की संकल्पना करने में एनजीओ और सीएसओ के बढ़ते महत्व के साथ जुड़ा हुआ है, जो संगठनात्मक अभिनेताओं की निर्धारित महत्वपूर्ण भूमिका पर प्रकाश डालता है, जो घरेलू, राज्य या बाजार का हिस्सा नहीं हैं। इसमें संगठनें, जन आंदोलन, नागरिक समूह, उपभोक्ता संगठन, छोटे निर्माता संघ, सहयोग, महिला संगठन, और जाहिर है, विकास के गैर सरकारी संगठन शामिल हैं।[6] एक अधिक कार्रवाई आधारित एजेंडा का सुझाव देकर, ये मंच विकास के इतिहास को फिर से लिख रहे हैं। तीसरा निहितार्थ विकास और उसके अवधारणा की प्रकृति से संबंधित है। विकास पूरी तरह

से राजनीतिक है, सत्ता-संबंधों के विशेष प्रकार पर प्रकाश डालती हुई, जिसमें इसे संचालित किया जाता है; बिल्कुल भी नहीं, प्रबंधकीय या प्रशासनिक, विकास मूल रूप से राज्य की प्रकृति पर आकस्मिक है जो हमेशा अपनी वैचारिक प्राथमिकताओं के अनुसार विचारों के दिशा का अनुसरण करता है (लेफ्टविच 1996, 6)। राज्य के नेतृत्व में विकास के प्रतिमान के निहित सीमाओं को उजागर करके, एनजीओ और सीएसओ ने दृढ़ता से यह स्थापित कर दिया है कि विकास को सकल घरेलू उत्पाद या सकल राष्ट्रीय उत्पाद के द्वारा मापा नहीं जा सकता, बल्कि 'मानव क्षमताओं के विस्तार और सभी के लिए जीवन की गुणवत्ता में वृद्धि' द्वारा मापा जाता है (जायल 1997, 412)। दूसरे शब्दों में मात्र तकनीकी परिवर्तन होने के बजाय, विकास राजनीति की एक वापसी है जिसमें प्रचलित सत्ता-संबंध इसके चरित्र की संकल्पना करने में सर्वाधिक महत्वपूर्ण रहते हैं। सुविधाप्रदाता और प्रतिभागियों के रूप में, एनजीओ और सीएसओ इस प्रकार पूरी प्रक्रिया में महत्वपूर्ण ख़िलाड़ी बने रहते हैं, जिसमें न तो राज्य और न ही बाजार निर्णायक प्रतीत होते हैं, बल्कि लोगों की पहल और उनकी भागीदारी प्रचलित सत्ता-संबंधों को चुनौती देकर धन और विशेषाधिकारों की पुनर्व्यवस्था में महत्वपूर्ण हैं।

भारत में उदारीकरण युग के पूर्व और पश्चात सार्वजनिक क्षेत्र

अध्ययन उद्देश्य

1. एक सैद्धांतिक श्रेणी के रूप में उदारीकरण की अवधारणा को समझना।
2. भारत में सार्वजनिक उद्यमों पर उदारीकरण के प्रभाव को समझना।

सार्वजनिक क्षेत्र के ऊपर का उत्साह नवउदारवादी के प्रभुत्व के साथ कम हो गया लगता है, जिसमें बाजार के तर्क सर्वोच्च बने रहे थे। ऐसा मामला तब नहीं रहा जब भारत 1947 में राजनीतिक रूप से मुक्त हो गया, जब राष्ट्रवादी नेतृत्व ने विकास रणनीतियों को प्राथमिकता दी, जिसमें भारत के समावेशी विकास के लिए सार्वजनिक क्षेत्र सबसे उपयुक्त साधन होता दिखाई दे रहा था। आर्थिक विकास में इसकी भूमिका की सराहना करते हुए, भारत के प्रथम प्रधानमंत्री जवाहर लाल नेहरू, जो अर्थव्यवस्था की कुल राज्य नियंत्रण के लेनिनवादी नयी आर्थिक नीति के प्रशंसक थे, उन्होंने राज्य के नेतृत्व में नियोजित विकास का मॉडल होने के लिए दृढ़ता से महसूस किया। विकास के लिए एक वाहन के रूप में सार्वजनिक क्षेत्र की दक्षता में राष्ट्रवादियों की आस्था से विकसित हुए, यह धीरे-धीरे भारत जैसे पूर्व कॉलोनी के आर्थिक उत्थान के लिए एक भरोसेमंद साधन बन गया। यहाँ दो बुनियादी स्रोत थे जिनसे नेतृत्व ने अपनी प्रेरणा प्राप्त की है ऐसा लग रहा था: एक तरफ 1917 की क्रांति के बाद, पूर्व सोवियत संघ की जबरदस्त वृद्धि जिसमें राज्य की भूमिका सबसे महत्वपूर्ण बनी रही थी, उनको आश्वस्त किया जो सार्वजनिक क्षेत्र संचालित आर्थिक विकास की रणनीति की व्यवहार्यता की आजादी के तुरंत बाद भारत के भाग्य की अध्यक्षता कर रहे थे; और वहीं दूसरी तरफ लाभ पाए बिना देश के विकास के लिए उपक्रम आरंभ करने के लिए निजी उद्यमियों की स्पष्ट अनिच्छा, राज्य संचालित नियोजित आर्थिक विकास के लिए जाने के लिए ले गई थी। कांग्रेस पार्टी ने आधिकारिक तौर पर अपने अवादी सत्र 1955 में इस रणनीति का समर्थन किया, जब समाज के समाजवादी पैटर्न को स्वीकार कर लिया गया था और भारत के आर्थिक उत्थान में सार्वजनिक क्षेत्र को भारी महत्व दिया गया था।

भारतीय परिदृश्य

सार्वजनिक क्षेत्र ने इस प्रकार पर्याप्त ध्यान आकर्षित किया, क्योंकि यह वैचारिक मिशन के लिए पुष्टि की थी जिसे कांग्रेस के दिग्गजों ने युवा राष्ट्र के लिए निर्धारित किया था, जो औद्योगिक प्रस्ताव (1948, पैरा 1) में स्पष्ट किया गया था, जिसमें कहा गया है:

> देश ने अब खुद को एक सामाजिक व्यवस्था के रूप में स्थापित किया है, जहां न्याय और अवसर की समानता सभी को प्रदान की जाएगी। इस उद्देश्य के लिए सावधानी से बनाई योजना और राष्ट्रीय गतिविधि के पूरे क्षेत्र भर में एकीकृत प्रयास आवश्यक हैं; और भारत सरकार विकास के कार्यक्रमों को तैयार करने के लिए और इसके निष्पादन को निश्चित करने के लिए एक राष्ट्रीय योजना आयोग की स्थापना का प्रस्ताव करती है।

जहाँ तक आर्थिक विकास का संबंध था राज्य के लिए अब तक एक प्रमुख भूमिका की गारंटी द्वारा टेम्पो निर्धारित किया लगता है। राज्य पर उन उपक्रमों के स्थापना की विशेष जिम्मेदारी थी जिन्होंने भारत की सार्वजनिक उपयोगिताओं और सामरिक विचारों में योगदान किया था। जिसे 1948 में शुरू किया गया था, उसे 1956 औद्योगिक नीति प्रस्ताव में बढ़ाया गया था, जिसने सार्वजनिक क्षेत्र के लिए एक विशिष्ट स्थान निर्धारित किया। जिसे आम तौर पर *महालनोबिस* के रूप में जाना जाता है, उससे पूरित यह मॉडल, जिसने औद्योगिक विकास को सर्वोच्च प्राथमिकता दी, 1956 नीति को औपचारिक शब्दों में 'अतार्किक औद्योगीकरण रणनीति के तहत विकास की गति को तेज करने के लिए बुनियादी और भारी मशीन का निर्माण करने वाले उद्योगों के महत्व' कहा (तेंदुलकर और भवानी 2007, 24)। नतीजतन, सार्वजनिक क्षेत्र को भारी और बुनियादी उद्योगों के निर्माण की जिम्मेदारी दी गई थी और इसकी सराहना की गई क्योंकि इसने राष्ट्रवादी आकांक्षाओं के लिए पुष्टि की थी। राज्य ने उत्तरोत्तर एक प्रमुख और प्रत्यक्ष जिम्मेदारी ग्रहण की जिसमें सार्वजनिक क्षेत्र एक पूरक प्रयास बने रहे।

औद्योगिक नीति प्रस्ताव 1977 के बाद से बदलाव

इस परिदृश्य में हालांकि 1977 में जनता पार्टी की सरकार के गठन के बाद और औद्योगिक नीति प्रस्ताव 1977 को अपनाने के बाद बदलाव आया था। समावेशी विकास लाने के लिए विगत प्रस्ताव की विफलता को देखते हुए, नई सरकार ने औद्योगिक नीतियों के पुनर्निर्माण की जरूरत महसूस की और विशेष रूप से सार्वजनिक क्षेत्र की भूमिका की, जिसने उस उम्मीद को पूरा नहीं किया था जो उसने अपने गठन के समय उत्पन्न की थी। औद्योगिक नीति 1977 ने इस प्रकार जोर देकर कहा कि सार्वजनिक क्षेत्र न केवल बुनियादी प्रकृति के बहुत ही महत्वपूर्ण और रणनीतिक माल के निर्माता होंगे, बल्कि यह लघु उद्योग क्षेत्र और सहायक इकाइयों के विकास में योगदान के अलावा उपभोक्ताओं के लिए आवश्यक आपूर्ति को अधिकतम करने पर काम करेगा। उसने उन क्षेत्रों में विदेशी सहयोग के बारे में संदेह उठाया जहां भारतीय उद्यमियों के लिए आवश्यक तकनीकी जानकारी नहीं थी। 1980 में जनता पार्टी की सरकार के पतन के साथ, कांग्रेस सत्ता में लौट आई और उसने औद्योगिक नीति 1980 में महत्वपूर्ण परिवर्तन लाये। यहाँ दो मुद्दे खड़े थे: पहली बार उनकी अक्षमताओं के लिए सार्वजनिक क्षेत्र की इकाइयों की कड़ी आलोचना की गई, विशेष रूप से उनके मामलों के प्रबंधन में; उन्हें उनके घर को व्यवस्थित स्थापित करने के लिए विशेष निर्देश दिए गए। अन्य उल्लेखनीय निर्णय में बीमार सार्वजनिक क्षेत्र की इकाइयों को समाप्त करना या स्वस्थ उद्योगों के साथ उनका विलय करना शामिल है। दूसरा मुद्दा बड़े औद्योगिक घरानों के लिए उदारीकृत लाइसेंस पैटर्न से संबंधित है। यह भी पहला महत्वपूर्ण कदम था जिसने बड़े उद्योगों को भारत के विकास में उनकी भूमिका के लिए पर्याप्त सराहना की।

वह समर्थन, जिसे सार्वजनिक क्षेत्र ने राजनीतिक अधिकारियों से प्राप्त किया था उसे पूर्व सोवियत संघ के विघटन के बाद औटेर्किक विकास मॉडल पर बड़े पैमाने पर हुए हमले की वजह से भी धीरे-धीरे वापस ले लिया गया। इनके झटकों को भारत में भी महसूस किया गया, विशेष रूप से एक नए नेतृत्व के उदय के साथ, जिसने राज्य के नेतृत्व वाली आर्थिक मॉडल की सराहना नहीं की। हालांकि राजीव गांधी (1984–1989) के नेतृत्व में कांग्रेस सरकार समाज के समाजवादी पैटर्न से बच नहीं पाई थी, जिसमें सार्वजनिक क्षेत्र पूर्व प्रभावी बना रहा था, नीति निर्देशों में परिवर्तन स्पष्ट रूप से दिखाई दे रहे थे। अपने लोकसभा भाषण में, प्रधानमंत्री ने आर्थिक विकास में सार्वजनिक क्षेत्र के महत्व को रेखांकित करने के बावजूद, कई सुरक्षित क्षेत्रों में निजी क्षेत्र के लिए दरवाजे खोले, जो अब तक सार्वजनिक क्षेत्र का विशिष्ट डोमेन बना रहा था। यह परिवर्तन सातवीं पंचवर्षीय योजना (1985–90)

में परिलक्षित हुआ था, जिसने सार्वजनिक क्षेत्र की इकाइयों के लिए सुरक्षा के क्रमिक वापसी के लिए तर्क दिया और अपनी व्यवहार्यता स्थापित करने के लिए उन्हें प्रतियोगिता का सामना करवाया।

1990 के दशक की शुरुआत ने एक परिवर्तन देखा था जब कांग्रेस नेतृत्व ने खुले तौर पर एक बहुत ही सुरक्षित ढंग से आर्थिक उदारीकरण की वकालत की। यह परिवर्तन न केवल इस भावना के कारण था कि सार्वजनिक क्षेत्र पर्याप्त रूप से समावेशी विकास लाने के बारे में सुसज्जित नहीं था, बल्कि पूर्व सोवियत संघ के टूटने और पूर्वी यूरोपीय देशों के वारसा संधि के बाद वैश्विक परिवर्तन की वजह से भी था। यह प्रभाव इतना गंभीर था कि भारत सरकार को विकास के लिए सार्वजनिक क्षेत्र के सदियों पुरानी प्रथाओं के परे विचार करना पड़ा। नयी आर्थिक नीति 1991 को अपनाने के साथ, पीवी नरसिम्हा राव के नेतृत्व वाली कांग्रेस सरकार ने एक भारी राजकोषीय घाटे, अधिक केंद्रीकरण और आर्थिक प्रक्रियाओं के अत्यधिक नौकरशाही का सामना करने वाले देश को फिर से जीवंत करने का प्रयास किया। भारत को वित्तीय संकट से बाहर निकालने के लिए अपनी प्रतिबद्धता के बाद, राव ने आशा का एक माहौल और परिवर्तन की संभावनाओं को बनाया। वर्ष 1991 को इस प्रकार भारत के आर्थिक विकास में एक महत्वपूर्ण मोड़ के रूप में माना जा सकता है, जिसमें लाइसेंस-कोटा-परमिट-राज को बंद कर अर्थव्यवस्था को नियंत्रण मुक्त किया गया था। औद्योगिक नीति प्रस्ताव के प्रमुख उद्देश्य लाभ प्राप्त करना, विकासरोधी विकृतियों या कमजोरी को सुधारना, 'उत्पादकता में निरंतर वृद्धि को बनाए रखना और लाभकारी रोजगार और अंतरराष्ट्रीय प्रतिस्पर्धा पाना थे' (भारत सरकार, 2001 10)। नई नीति में चरणबद्ध तरीके से औद्योगिक अर्थव्यवस्था को नियंत्रण मुक्त करना था।

पर्याप्त आर्थिक विकास की कमी के प्रमुख कारणों में से एक सार्वजनिक क्षेत्र की इकाइयों के कमजोर प्रदर्शन का होना था। इसलिए 1991 प्रस्ताव ने निम्नलिखित बातों को प्रोत्साहित करके आगे आर्थिक क्षय को रोकने के लिए विभिन्न उपाय सुझाने के लिए उन पर ध्यान केंद्रित किया: क) संसाधन जुटाने के लिए और उनके स्वामित्व में आम जनता और कार्यकर्ताओं की व्यापक भागीदारी को प्रोत्साहित करने के लिए (ख) सार्वजनिक उद्यमों की एक चयन सेट के शेयरों के विनिवेश से और, (ख) सरकारी खजाने पर और दबाव पड़ने से बचने के लिए बीमार उद्योगों को जल्द ही चरणबद्ध तरीके से समाप्त किया जा रहा था, और (ग) प्रबंधन को अधिक स्वायत्तता दी गई, लेकिन निर्दिष्ट परिणामों के लिए जवाबदेह ठहराया जाएगा। कड़ी प्रतिस्पर्धा के युग में सार्वजनिक क्षेत्र की प्रासंगिक बनाने के लिए महत्वपूर्ण कदम उठाए थे। सुरक्षा कवच की वापसी के साथ, लाइसेंस-रद्द करने, नियंत्रण मुक्त करने और इंस्पेक्टर राज समाप्ति की अवधि की मजबूती के साथ सार्वजनिक उद्यमों के इतिहास में एक नए युग का प्रारंभ हुआ।

औद्योगिक नीति प्रस्ताव 1956 के विपरित, जिसने सार्वजनिक क्षेत्र के 17 उद्योगों को विशेष रूप से आरक्षित किया था, 1991 प्रस्ताव ने उनकी संख्या आठ तक कम कर दी: (क) हथियार और गोला बारूद, (ख) परमाणु ऊर्जा, (ग) कोयला और लिग्नाइट, (घ) खनिज तेल, (ई) लौह अयस्क, मैंगनीज अयस्क, जिप्सम, सल्फर, सोने और हीरे का खनन, (च) तांबा, सीसा, जस्ता, मोलिब्डेनम और वोल्फ्रेम का खनन, (छ) 1953 के परमाणु ऊर्जा की अनुसूची में निर्दिष्ट खनिज के खनन, और (ज) रेल परिवहन। 2010 तक पांच मदों को बाहर ले जाया गया, जिसमें निजी क्षेत्र को संचालित करने की अनुमति दी थी और वर्तमान में केवल तीन (क) परमाणु ऊर्जा, (ख) 1953 के परमाणु ऊर्जा की अनुसूची में निर्दिष्ट खनिज, और (ग) रेल परिवहन सहित सार्वजनिक क्षेत्र के अनन्य डोमेन निर्धारित किए गये।

विशिष्ट क्षेत्रों को निर्दिष्ट करने के अलावा, जिनमें सार्वजनिक क्षेत्र को संचालित करने के लिए अनुमति दी गई थी, 1991 के प्रस्ताव ने अन्य कंपनियों के साथ एक समझौता ज्ञापन पर मंजूरी भी दे दी है, जिन्होंने अंतरराष्ट्रीय बाजार में अपनी उपस्थिति महसूस कराई। सफल सार्वजनिक क्षेत्र की इकाइयों के योगदान की पहचान करने के लिए, प्रस्ताव ने आगे *नवरत्न* के रूप में उनकी पहचान की और कम सफल लोगों को *मिनीरत्न* कहकर बुलाया। नवरत्न का दर्जा उन सफल उद्यमों को दिया गया जिन्हें पूंजी व्यय करने से, संयुक्त उद्यम शुरू करने के लिए और अपने कर्मचारियों को प्रोत्साहन देने के लिए वित्तीय अधिकार दिए गए थे। मिनीरत्न वे उद्यम थे जो मुनाफा तो बना रहे थे, लेकिन उनका उनके कर्मचारियों से निपटने का एक अच्छा रिकॉर्ड नहीं था, जो असंतुष्ट बने हुए थे। हालांकि वहाँ शुरू में 11 नवरत्न थे, लेकिन भारतीय पेट्रोल केमिकल्स लिमिटेड और विदेश संचार निगम के निजीकरण के

साथ यह संख्या नौ तक रह गई।[7] 1996 के बाद से इन नवरत्नों द्वारा दिखाए गए महत्वपूर्ण विकास के प्रकाश में, भारत सरकार इन कंपनियों के लिए *महारत्न* के एक और लेबल को लेकर आई, जिसका अर्थ है कि उन्हें सरकार के समर्थन के बिना 5000 करोड़ रूपये या अपने शुद्ध आय का 50 प्रतिशत, जो भी कम हो, का एक अतिरिक्त पूंजीगत व्यय बनाने के लिए अनुमति दी जाएगी। 2011 तक, भारत की आर्थिक भलाई में उनके योगदान के लिए पांच पूर्व नवरत्नों को महारत्न के रूप में मान्यता प्रदान की गई।[8] ये महारत्न न केवल लाभ कमाने के उद्यमों के रूप में ऊभर कर आयें हैं, बल्कि वैश्विक मानकों के अनुसार व्यापार के कारोबार को चलाने में उनकी दक्षता के लिए भी विशिष्ट बन गये थे। महारत्न के रूप में सफल सार्वजनिक उद्यमों को निर्दिष्ट करके, भारत सरकार ने इस परिदृश्य में विकास के लिए उनके योगदान को पहचानने का एक अनूठा रास्ता प्राप्त किया जहां राज्य के नेतृत्व वाली नियोजित अर्थव्यवस्था की वैचारिक वैधता काफी गायब हो गई प्रतीत होती है।

सातवीं पंचवर्षीय योजना (1985–90) के बाद से पांच साल की योजना के विश्लेषण से पता चलता है कि राज्य की राजनीतिक प्राथमिकताओं में दिए गए परिवर्तन को देखते हुए सार्वजनिक उद्यमों ने कोई सुगम यात्रा नहीं की है। सबसे पहले, वह सहायता जिसे सार्वजनिक क्षेत्र पाने का आदी था, उसे सातवीं पंचवर्षीय योजना में वापस ले लिया गया और सरकारी सहायता प्राप्त करने का औचित्य साबित करने में प्रतिस्पर्धा का सामना करने की जरूरत को सामने रखा गया। नयी आर्थिक नीति 1991 को अपनाने के साथ भारत के आर्थिक भविष्य में एक बड़ा परिवर्तन होने का संकेत देते हुए आठवीं पंचवर्षीय योजना (1992–97) उन चरणों के लिए सहमत होते हुए, जिनका सातवीं पंचवर्षीय योजना ने सुझाव दिया था, सार्वजनिक क्षेत्र में निवेश काफी हद तक कम कर दिया गया। इस प्रवृत्ति को नौवीं पंचवर्षीय योजना (1997–2002) में भी जारी रखा गया। 6.8 फीसदी के महत्वपूर्ण वार्षिक विकास दर को बनाए रखने के लिए, नौवीं पंचवर्षीय योजना ने आगे सार्वजनिक क्षेत्र के परिव्यय को और कम करने और निजी क्षेत्र और बाजार की ताकतों की एक बड़ी भूमिका की परिकल्पना की। इतना ही नहीं सार्वजनिक क्षेत्र ने केवल कुल निवेश का 33.4 प्रतिशत प्राप्त किया था जो निजी क्षेत्र के लिए निर्धारित किए गये भाग की तुलना में बहुत कम था, भारतीय राज्य ने प्रत्यक्ष विदेशी निवेश के लिए सहमति व्यक्त की और भी सार्वजनिक क्षेत्र की इकाइयों के विनिवेश के लिए भी जो अच्छी तरह से प्रदर्शन कर रही थी। विनिवेश नीति का दसवीं पंचवर्षीय योजना (2002–07) के दौरान कड़ाई से पालन किया गया था जब विनिवेश से प्राप्त आय को उस अंतराल को भरने के लिए भेज दिया गया था, जिसे विभागीय उपक्रमों और अन्य अनुत्पादक सरकारी खर्च में हुए घाटे के कारण बजट घाटे द्वारा बनाया गया था। ग्यारहवीं पंचवर्षीय योजना (2007–12) भी इसके लिए कोई अपवाद नहीं थी। नौवीं पंचवर्षीय योजना में 33 प्रतिशत की तुलना में सार्वजनिक क्षेत्र के निवेश की हिस्सेदारी 23 फीसदी तक आगे घट गई। इसे यह कहकर जायज करार दिया गया कि निजी निवेश (वैश्विक और इसके घरेलू समकक्ष दोनों) ने एक और अधिक अनुकूल निवेश वातावरण बनाया, जिसने कहीं और मौजूद अनिश्चितताओं के बावजूद भारत में लगातार वृद्धि दर के लिए योगदान किया। नीति निर्माताओं के लिए यह एक महान प्रगति थी और सार्वजनिक क्षेत्र से सरकार की वापसी की भरपूर आलोचनाओं के बावजूद, इस नीति को बारहवीं पंचवर्षीय योजना (2012–17) में पसंद किया गया था, जैसा कि इसका दृष्टिकोण पत्र स्पष्ट रूप से उल्लेख करता है।

निष्कर्ष कथन

भारत में समावेशी विकास लाने में राज्य के नेतृत्व वाली नियोजित विकास की विफलता को ध्यान में रखते हुए सार्वजनिक क्षेत्र के महत्व में उदारीकरण के बाद के युग में काफी गिरावट आई है। अर्थव्यवस्था में उनके हस्तक्षेप के साथ, निजी उद्यमियों ने निस्संदेह विकास के लिए योगदान दिया है, हालांकि इससे आर्थिक असमानता पैदा हो गई है, क्योंकि सामाजिक विकास के सिद्धांतों को आर्थिक विकास के सिंड्रोम द्वारा प्रतिस्थापित किया गया है। जैसा कि स्पष्ट है, जहाँ निजी निवेशक सामाजिक विकास की अनदेखी करते हुए लाभ में चल रहे क्षेत्रों में निवेश करना पसंद करते हैं, वहीँ सार्वजनिक उद्यम समावेशी विकास करने के लिए प्रतिबद्ध हैं, यह पाना कभी भी संभव नहीं होता अगर विकास के लिए इच्छा अन्य कारणों से हावी नहीं हुई होती।

हालांकि उनके प्रदर्शन की परवाह किए बिना सार्वजनिक उद्यमों के लिए सुरक्षा सहायता प्रदान करने के लिए बहस करना नहीं है। हम उन्हें दिए गये अंधे समर्थन के प्रतिकूल परिणामों को नजरअंदाज नहीं कर सकते और उस संबंध में, अर्थव्यवस्था को मुक्त करने का निर्णय एक आंख खोलने वाली घटना थी। अब यह स्पष्ट है कि वह भारी घाटा, जो सार्वजनिक क्षेत्र की इकाइयों को हुआ था, वह काफी हद तक किए गए अंधाधुंध राजनीतिक हस्तक्षेप और बिना शर्त सब्सिडी के साथ-साथ उनके कामकाज पर अति-नौकरशाही होने के कारण हुआ था। एक बार इन मुद्दों को निर्णायक रूप से संबोधित कर लिया गया होता तो यह परिदृश्य बदल गया होता; लेकिन इसके लिए कोई गंभीर प्रयास नहीं किया गया था। नवउदारवादी आर्थिक सुधारों की स्वीकृति के बाद, यह संरक्षण धीरे-धीरे वापस ले लिया गया। उदारीकरण के लिए बलों के समेकन के साथ, सार्वजनिक क्षेत्र की इकाइयों को दूसरी बातों के बीच में करों के पहले और बाद में और साथ में निवेशित पूंजी के बिक्री के अनुपात में मुनाफे के बुनियादी वाणिज्यिक पैमाने का पालन करके अपने अस्तित्व का औचित्य साबित करना पड़ा था। इसने ऐसी परिस्थितियों का निर्माण किया जिसमें सार्वजनिक उद्यमों को उनकी नीतियों और कामकाज की विधा को नया स्वरूप देने के लिए मजबूर किया गया था। नवरत्न, मिनीरत्न और अब महारत्न के उद्भव ने दिखाया है कि नीति में परिवर्तन के साथ सार्वजनिक क्षेत्र के अपने सामाजिक-आर्थिक दायित्वों की पूर्ति के साथ-साथ निजी निवेशकों के साथ प्रतिस्पर्धा कर सकते हैं। जरूरत इस बात की है कि विकास को बनाए रखने के लिए सबसे अधिक सार्वजनिक उद्यमों में लाभदायक इक्विटी बेचने के आसान विकल्प को अपनाने की नहीं बल्कि इस बैल को उसके सींगों से मजबूती से पकड़ने की राजनीतिक इच्छाशक्ति का होना है।

भारत में मानवाधिकार प्रशासन[9]

अध्ययन उद्देश्य

1. एक वैचारिक श्रेणी के रूप में मानव अधिकारों को समझना।
2. एक ऐतिहासिक परिप्रेक्ष्य में मानव अधिकारों और भारतीय प्रशासन के बीच आपसी जटिल संबंध को समझना।

मानव अधिकारों के लिए एक चिंता का विषय सार्वभौमिक है, हालांकि उनकी औपचारिक रूप से रक्षा करने के लिए चरणों को 'मानव अधिकारों की सार्वभौम घोषणा' के अनुमोदन के साथ 1948 में अपनाया गया था। तब से, महाद्वीपों भर में मानव अधिकारों की रक्षा के लिए नियमों और विनियमों को संस्थागत करने के लिए गंभीर प्रयास किए गये हैं। इस प्रयास के पूरक के रूप में, 1991 में राष्ट्रीय संस्थाओं के प्रतिनिधियों की एक संयुक्त राष्ट्र प्रायोजित बैठक को पेरिस में आयोजित किया गया था, जिसने मानव अधिकारों की रक्षा के लिए जिम्मेदार राष्ट्रीय संस्थानों के मार्गदर्शक सिद्धांतों के एक सेट को अपनाया। पेरिस सिद्धांतों के रूप में पहचाने जाने वाले, वे धीरे-धीरे दुनिया के किसी भी हिस्से में होने वाले मानव अधिकारों के उल्लंघन को संबोधित करने के लिए एक तत्काल संदर्भ बिंदु बन गये। बाद में मानव अधिकार आयोग पर संयुक्त राष्ट्र आयोग और संयुक्त राष्ट्र महासभा द्वारा समर्थन प्राप्त, इन सिद्धांतों ने भी मानवाधिकार के समेकन के लिए एक अभियान प्रारंभ करने के लिए प्रेरित किया, शायद विरूपण और अक्षुण्ण मानव अधिकारों के उल्लंघन के खिलाफ एक ढाल के रूप में। विडंबना यह है कि भारत में मानव अधिकारों के संरक्षण और बढ़ावा देने के लिए संस्थागत तंत्र के कुछ प्रकार होने के विचार की उत्पत्ति को मानव अधिकारों के संरक्षण की शर्त के साथ विकासशील देशों के लिए आर्थिक और वित्तीय सहायता से जोड़ने के लिए पश्चिमी देशों, खासकर अमेरिका, की नीतियों को जिम्मेदार ठहराया जा सकता है (मैथ्यू 1994, 7)। हालांकि सशर्त ऋण के विचार का भारत ने हमेशा विरोध किया था, फिर भी इसे इस मामले में आसानी से स्वीकार कर लिया गया, क्योंकि इसने न केवल रियायती ऋण और अनुदान पाने के लिए मदद की, बल्कि भारत में मानव अधिकारों को संरक्षण और बढ़ावा देने के लिए एक एजेंसी के गठन करने के लिए राज्य को सक्षम

किया। इसके अलावा, मानव अधिकारों के संरक्षण के लिए एक क़ानून और संस्थागत तंत्र स्थपित करने के लिए लोगों के बीच उनके लोकतांत्रिक और नागरिक अधिकारों के बारे में बढ़ती जागरूकता को देश में मानवाधिकार संगठनों से बढ़ते दबाव के साथ मिलाकर सरकार को एक क़ानून लागू करने के लिए मजबूर किया, जो देश में एक मानवाधिकार आयोग के व्यापक प्रावधानों को निर्धारित करे। सरकारी हलकों में एक मानव अधिकार आयोग के मुद्दे पर आत्म-दृश्य की कमी के कारण, इस तरह के एक आयोग को उपलब्ध कराने के मामले में इस तरह की दिशा में किया गया पहला प्रयास विफल साबित हुआ। मई 1993 में संसद में पेश किए मानवाधिकार आयोग विधेयक को सभी हलकों से मिली कटु आलोचना की दृष्टि से वापस ले लिया गया। इसके बाद तीन महीने तक मानवाधिकार आयोग विधेयक पर ली गई आपत्तियों पर अपना ध्यान केंद्रित कर सरकार एक राष्ट्रपति अध्यादेश के साथ आई, जिसे मानव अधिकार संरक्षण (1993) नाम दिया गया, जो एक मानवाधिकार आयोग के गठन के लिए प्रावधान करता था। अंत में, संसद द्वारा मानव अधिकार संरक्षण अधिनियम, 1993 अधिनियमित किया गया जिसके प्रावधानों के तहत राष्ट्रीय मानवाधिकार आयोग (एनएचआरसी) गठित किया गया था।

1993 में एक स्वायत्त एनएचआरसी का गठन स्वदेशी बलों और बाहरी दबाव दोनों का परिणाम था। दक्षिण एशियाई देशों में अपनी तरह का पहला और अन्य कई स्थानों पर स्थापित कुछ के बीच, धीरे-धीरे एनएचआरसी की भारत में मानवाधिकारों की रक्षा करने और उसको बढ़ावा देने में सक्रिय होकर अपने महत्व में वृद्धि की। अस्तित्व में आने के समय से एक कानूनी इकाई के रूप में यह मानवाधिकार का संरक्षण अधिनियम 1993 के अधिनियमन के बाद से, यह संस्थागत क्षय के संदर्भ में भी शासन के लिए अभिन्न बन गया है। बहरहाल, अपने संवैधानिक दायित्व के प्रति सच्चे रहते हुए, एनएचआरसी ने एक प्रक्रिया प्रारंभ की, जिसने न केवल नागरिकों को अपने अधिकारों के प्रति जागरूक किया, बल्कि अगर इन अधिकारों का उल्लंघन किया जाता है तो उसके लिए एक संस्थागत तंत्र भी प्रदान किया। बुनियादी अधिकारों की संवैधानिक गारंटी को सुदृढ़ करने की मांग करते हुए, 1993 अधिनियम आयोग की विशिष्ट भूमिका को रेखांकित करते हुए मानव अधिकारों को जीवन से संबंधित अधिकारों, संविधान द्वारा लागू या अंतरराष्ट्रीय वाचाओं में सन्निहित व्यक्तिगत समानता और गरिमा के रूप में मान्यता दी, जो न्यायोचित ही हैं। मौलिक शक्तियों के साथ संपन्न, यह आयोग निस्संदेह एक महत्वपूर्ण संस्था है, जो एक सार्थक तरीके से भारत के लोकतांत्रिक लोकाचार और उत्साह को बनाए रखे है।

आयोग की उपलब्धियाँ

एनएचआरसी की स्थापना के समय, आयोग के संरचनात्मक और कार्यात्मक कमजोरियों पर की जाने वाली चिंताएँ काफी मुखर थी। हालांकि, अपने अस्तित्व के लंबे सालों के दौरान, जहाँ तक मानव अधिकारों के लिए सम्मान देने का संबंध है, एनएचआरसी अद्वितीय रूप से सफल हा है। वास्तव में, यह आयोग अपनी ईमानदारी और निरंतर प्रयासों के साथ भारत में मानव अधिकारों को संरक्षण देने और बढ़ावा देने के मामले में वास्तविक संरक्षक होने के रूप में निकला है, और उल्लंघन के किसी भी घटना में स्वयं ही पहल की हैं।

नतीजतन, इस आयोग ने न केवल लोगों के बीच बल्कि सरकार के बीच भी सम्मान और उच्च डिग्री का कमांड हासिल किया है, जिसका एक सकारात्मक परिणाम आयोग की सिफारिशें हैं जो संबंधित विभागों द्वारा के पदाधिकारियों द्वारा सम्मान प्राप्त कर रही हैं।

आयोग का एक प्रमुख आविष्कार, जो समय के साथ अनुकूलन में भी है, वह लोगों का संरक्षण करने में अपने प्रयासों में शिक्षा और सार्वजनिक उन्मुख संगठनों के अलावा सीएसओ से जुड़ने की उसकी प्रवृत्ति प्रतीत होती है। इसलिए, बाल वेश्यावृत्ति, जेल सुधार, चल रही मेगा परियोजनाओं से विस्थापित लोगों के पुनर्वास, बाल श्रम, बंधुआ मजदूर, गर्भवती महिलाओं में लौह तत्व की कमी और मानसिक रूप से पंगु आदि समस्याओं के बीच से संबंधित समस्याओं ने आयोग की ओर ध्यान आकर्षित करने के लिए सक्षम किया गया है, जिसके प्रयास व्यर्थ हो गये होते यदि इसने गैर सरकारी संगठनों से व्यावहारिक जानकारी और सक्रिय सहयोग प्राप्त नहीं किया होता।

आयोग की यह चौंकाने वाली सफलता की कहानी इसकी वैधानिक दायित्वों में से एक के अनुसार समाज के विभिन्न वर्गों के बीच मानव अधिकार साक्षरता और जागरूकता फैलाने में उसके सार्थक प्रयासों में निहित है (रॉय 2003, 382–400)। दरअसल, लोगों की विभिन्न धाराओं के मानव अधिकारों से संबंधित मुद्दों पर सार्वजनिक डोमेन में प्रमुख बन गए लगते हैं जो आयोग में नागरिकों के विश्वास का भी संकेत है। यदि कोई नागरिक सरकारी और गैर सरकारी एजेंसियों द्वारा किए गये किसी भी कार्य या चूक से व्यथित हो रहा है, तो उसे इस आयोग से संपर्क करने का अधिकार है। यहाँ शिकायत निवारण के लिए आयोग को की जाने वाली शिकायतों की बढ़ती संख्या निदर्शी है। इसके अलावा, मानव अधिकारों की रक्षा के सबक और मानवाधिकारों को बढ़ावा देने के मूल्य के बारे में युवा मन को शिक्षित करने के लिए स्कूल के पाठ्यक्रम का हिस्सा बनाने के लिए सफल होने से, आयोग आदर्श समाज के निर्माण के लिए बीज बो रहा है, जो प्राचीन भारतीय उक्ति जियो और जीने दो के अधिकार में निहित है।

अंत में, अपनी स्थापना के बाद से, आयोग ने पुलिस शक्तियों, विशेष रूप से मनमाने ढंग से गिरफ्तारी के दुरुपयोग सहित अनेक मुद्दों पर संबंधित एजेंसियों के लिए दिशा-निर्देश तैयार किए हैं, जिसमें राज्य और शहर के पुलिस मुख्यालय में मानव अधिकार कक्षों की स्थापना, जेल सुधार, बाल श्रम का उन्मूलन, अनिवार्य शिक्षा, जाति और सांप्रदायिक हिंसा, दिव्यांग व्यक्तियों के अधिकार, मानसिक रूप से बीमार लोगों के मानवाधिकार, मैला ढोने का उन्मूलन, अस्पतालों में गुणवत्ता का आश्वासन, नागरिकों के मानवाधिकारों को प्रभावित करने वाले कुछ कानूनों और विधियों की समीक्षा, अंतरराष्ट्रीय संधियों और मानव अधिकार साधनों का क्रियान्वयन, मानव अधिकारों के संरक्षण और एड्स प्रभावित रोगियों और यौनकर्मियों की गरिमा, कानूनी प्रणाली आदि में संस्थागत परिवर्तन आदि शामिल हैं। यह वास्तव में सच है कि एनएचआरसी लोगों को एक अनोखे रास्ते में मानवाधिकार के मुद्दे के बारे में जानकारी प्रदान करने में एक महत्वपूर्ण भूमिका निभाता है। यह उन अवसरों पर भी सक्रिय किया जा रहा है, जब अधिकारों का उल्लंघन बड़े पैमाने पर होते है, एनएचआरसी भारत के नागरिक जागरूकता का एक अभिन्न अंग बन गया है।

आयोग की सीमाएं

जैसा कि विभिन्न वैधानिक आयोगों और संस्थानों के साथ मामला है, एनएचआरसी भी संरचनात्मक और कार्यात्मक कमियों द्वारा पंगु हो जाता है जो इसके कार्यों के कुशल और प्रभावी प्रदर्शन के रास्ते में आ जाती हैं। एनएचआरसी का सबसे अच्छा प्रयास होने के बावजूद, संरचनात्मकरूप से एक राज्य मानवाधिकार आयोग का सृजन सभी राज्यों और केंद्र शासित प्रदेशों में देश के एक वास्तविकता बनने में सक्षम नहीं रहा। इस बात का स्पष्ट परिणाम यह रहा है कि किसी विशेष राज्य के प्रदेशों के भीतर से उत्पन्न मानव अधिकारों के उल्लंघन की शिकायतों को एनएचआरसी की ओर निर्देशित किया जा रहा है, क्योंकि वहाँ के इस तरह के मामलों की देखभाल करने के लिए कोई राज्य स्तरीय तंत्र नहीं है। ऐसी स्थिति में, आयोग का समय और ऊर्जा ऐसी शिकायतें दूर करने में लग जाती है और आयोग खाली समय निकालने में सक्षम नहीं है या एक मानव अधिकारों के नजरिए से शासन की प्रणाली को व्यवस्थित बनाने पर ध्यान देने और न ही यह मानव अधिकारों के संबंध में देश में जीवन का एक रास्ता बनाने के लिए अभिनव उपायों को विकसित करने में सक्षम है।

मानव अधिकारों के कारणों की दिशा में राज्य सरकारों की उदासीनता मानव अधिकार संरक्षण अधिनियम, 1993 के प्रावधानों के तहत संस्था की जिला स्तर पर मानवाधिकार न्यायालयों की स्थापना के लिए बहुसंख्य राज्यों की अनिच्छा के साथ आगे और गहरा गई है। महिलाओं के खिलाफ अपराध, दवा/नशीले पदार्थों की तस्करी जैसे विशेष प्रकृति या महत्व के मुद्दों से निपटने के लिए विशेष अदालत की संस्थाओं ने भारतीय प्रशासन में एक नये अध्याय की शुरुआत की। इसी तरह, भारत के प्रत्येक जिले में जिला स्तर पर मानवाधिकार न्यायालयों की स्थापना मानव अधिकारों के उल्लंघन के मामलों में

न्याय वितरण की दिशा में एक बहुत ही गंभीर प्रयास है। लेकिन इस तरह की अदालतों के अभाव में मानव अधिकारों के उल्लंघन से संबंधित मामले, क़ानून की साधारण अदालतों में जाते हैं जिसकी न्याय करने की प्रक्रियाएँ और गति अच्छी तरह से ज्ञात है, जिससे अदालतों द्वारा दिए जाने वाले न्याय में आम लोगों की आस्था खत्म हो जाती है।

निष्कर्ष कथन

शासन में एनएचआरसी के बढ़ते महत्व साथ ही उसके संदर्भ पर भी आकस्मिक है। केवल संस्थागत गारंटी होना मानव अधिकारों के संरक्षण और प्रसार के लिए हमेशा पर्याप्त नहीं हो सकता। इसमें लोगों की भूमिका सबसे महत्वपूर्ण है, जो हमेशा एक अति उत्साही राज्य द्वारा की गई ज्यादतियों के शिकार बने हुए होते हैं। इस प्रकार क़ानून के अनुसार अपनी भूमिका को पूरा करने में एक सतर्क नागरिक आयोग के सफल होने की कुंजी है। इसके स्थापना के बाद से इतिहास दर्शाता है, एनएचआरसी ने शायद इसलिए ज्यादा ध्यान आकर्षित किया प्रकट नहीं हुआ, क्योंकि यह सिर्फ उन दूसरे साधनों की तरह प्रतीत होता था जिन्हें खारिज कर दिया गया था। दूसरे शब्दों में, धीरे-धीरे गायब हो जाना उसका नसीब था। यह दृश्य हालांकि एक महत्वपूर्ण परिवर्तन से गुजरा जब यह आयोग मानव अधिकारों के उल्लंघन के मामलों को स्पष्ट करने के लिए अपनी प्रतिक्रियाओं में मुखर हो गया। वे मामले जिन्होंने एनएचआरसी को केंद्र स्तर पर पहुंचा दिया, उनमें 1995 के पंजाब का सामूहिक दहन और 2002 के गुजरात सांप्रदायिक दंगें शामिल हैं, जिनमें इसने जांच के लिए घटनाओं पर स्वत: संज्ञान ले लिया था। एक बार जब यह स्थापित किया गया था कि इन दोनों मामलों में राज्य को एक भूमिका निभानी थी, तब इस आयोग ने एक संस्था के रूप में महत्वपूर्ण प्रसिद्धि प्राप्त की जिसने प्रतिकूल परिस्थितियों में भी अपने मिशन को पूरा किया था।

काफी प्रारंभ से किया गया आयोग की भूमिका का अवलोकन भी यह पुष्टि करता है कि यह एक स्वतंत्र, और साथ ही शक्तिशाली संस्था के रूप में गठित होने में सफल रहा है, जो भारत की लोकतांत्रिक भावना को मजबूत करने वाले बलों के साथ जुड़ा हुआ है। अपने प्राथमिक कार्यों का निर्वहन करने के अलावा, एनएचआरसी इस प्रकार उन प्रक्रियाओं में शामिल है, जो भारत के लोकतंत्र के लिए महत्वपूर्ण हैं। राजनीतिक रूप से जीवंत, सामाजिक रूप से प्रासंगिक और बौद्धिक रूप से अभिनव, इस आयोग ने उन लोगों के बीच आशा उत्पन्न की है जिनके कोई आका नहीं हैं और इस प्रकार अपने मानव अधिकारों का उल्लंघन होने पर अन्याय के अपराधियों की दया पर बने हुए हैं। इस आयोग ने इस प्रकार भारत में विभिन्न वर्गों और समुदायों में विश्वास निर्माण किया है जो निश्चित रूप से आशावाद का एक स्रोत है और शायद समकालीन भारत में अपने बढ़ते महत्व के लिए प्रमुख कारण है।

पुनरीक्षण प्रश्न

1. आप भ्रष्टाचार को कैसे परिभाषित करते हैं? समकालीन भारत से उदाहरण के साथ अपनी प्रतिक्रिया पर प्रकाश डालें।
2. भारत में भ्रष्टाचार रोकने के लिए द्वितीय प्रशासनिक सुधार आयोग 2005 की प्रमुख सिफारिशें क्या हैं? अपनी प्रतिक्रिया पर प्रकाश डालें।
3. 'शासन में नैतिकता एक मिथ्या नाम है'। क्या आप इस राय से सहमत हैं? अपनी प्रतिक्रिया पर प्रकाश डालें।
4. समकालीन भारत से लिए गये उदाहरण के साथ प्रशासन में सामान्य और विशेषज्ञों के बीच भेद करें।
5. समकालीन भारत से लिए गये उदाहरण के साथ स्थायी और अस्थायी अधिकारियों के बीच के अंतर पर प्रकाश डालें।
6. भारत में मानव अधिकारों की रक्षा के लिए जिम्मेदार प्रमुख संस्थान कौनसे हैं? अपनी प्रतिक्रिया पर प्रकाश डालें।
7. 'सार्वजनिक क्षेत्र ने भारत में वैश्वीकरण की मजबूती के साथ अपनी प्रमुखता खो दी है'। टिप्पणी करें।

8. समकालीन भारत में किन मामलों में स्वैच्छिक संगठनें विकास के लिए महत्वपूर्ण रहती हैं? अपनी प्रतिक्रिया पर प्रकाश डालें।
9. 'समकालीन भारत में शासन केवल संरचनात्मक नहीं है बल्कि यह वैचारिक भी है'। टिप्पणी करें।
10. 'भारतीय प्रशासन राजनीतिक रूप से संकल्पना किया हुआ और वैचारिक रूप से समझा गया है। क्या आप इस राय से सहमत हैं? अपनी प्रतिक्रिया पर प्रकाश डालें।

भाग II
अनुभवजन्य मुद्दे

भारत में आपदा प्रबंधन

अध्ययन उद्देश्य

1. भारत में आपदा प्रबंधन के तंत्र के बारे में पता लगाना।
2. भारत में संस्थागत व्यवस्था और आपदा न्यूनीकरण के लिए मौजूद संवैधानिक प्रावधानों को समझना।

आपदा एक अवांछित मेहमान है। 'आपदा' अर्थात disaster यह शब्द फ्रेंच शब्द 'Desastre' से जन्मा है, जो दो शब्दों- 'des 'अर्थात बुरा या बुराई और 'astre' अर्थात स्टार से बना है। इस प्रकार, आपदा का शाब्दिक अर्थ एक बुरा स्टार है। इसके अलावा, 'आपदा' शब्द को एक अप्रत्याशित घटना के रूप में परिभाषित किया जा सकता है जिसमें जीवन और संपत्ति का भारी नुकसान होता है। संयुक्त राष्ट्र आपदा को अचानक घटी या बड़ी परेशानी की घटना के रूप में परिभाषित करता है जो एक समाज या समुदाय के सामान्य कामकाज को बाधित करती है (भारत सरकार 2011, 14)। इस प्रकार, आपदा एक अचानक घटी, आपत्तिजनक घटना है जो एक समुदाय या समाज के कामकाज को गंभीरता से बाधित करती है और मानव, सामग्री, आर्थिक या पर्यावरण संबंधी नुकसान का कारण बनती है, जो उस समुदाय या समाज के अपने संसाधनों का उपयोग कर सामना करने की क्षमता से कही अधिक होता है। एक आपदा एक ऐसी घटना है जो प्रभावित समुदाय के मुकाबला करने की क्षमताओं से परे हो जाती है, इस प्रकार यह बड़े पैमाने पर समाज से प्रयासों के लिए मांग करती है।

आपदा के प्रकार

आपदाओं के दो प्रकार के हो सकते हैं:

1. प्राकृतिक
2. मानव निर्मित

प्राकृतिक आपदाओं में शामिल हैं: भूकंप, भूस्खलन, ज्वालामुखी विस्फोट, बाढ़ और चक्रवात। प्राकृतिक आपदाएं मानव जीवन और पर्यावरण के बुनियादी ढांचे को प्रभावित करती हैं। जहाँ तक प्राकृतिक आपदाओं का सवाल है, वे ऐसे क्षेत्रों में आती हैं जो कमजोर होते हैं। किसी नदी के पास स्थित स्थान बाढ़ की चपेट में आते हैं, जो दूरवर्ती स्थान हैं वे नहीं। इसी तरह, कुछ ऐसे स्थान हैं

जो भूकंप की चपेट में आते हैं। भूगोलशास्त्रज्ञों ने प्राकृतिक और भौगोलिक कारकों की वजह से भूकंप के लिए कमजोर कुछ क्षेत्रों को चिह्नित किया है। उदाहरण के लिए, जापान प्राकृतिक कारणों से भूकंप का खतरा होने वाला देश है।

दूसरी ओर, मानव निर्मित आपदाएं वे हैं जिसके लिए मनुष्य जिम्मेदार होता है। जैसे विमानन की आपदाएं, भगदड़, इमारत का गिरना और ट्रेन दुर्घटना ऐसी घटनाएँ हैं जो मानवीय त्रुटियों की वजह से घटित होती हैं और मानव बस्तियों की निकटता में होती हैं। इस प्रकार, समाज में आपदाओं के लिए आदमी भी जिम्मेदार होता है, लेकिन इसे प्रबंधित और नियंत्रित किया जा सकता है।

भारत में आपदाएं

भारत अपनी अनूठी भू-जलवायु और सामाजिक-आर्थिक स्थिति के कारण, बड़ी संख्या में प्राकृतिक के साथ-साथ मानव निर्मित आपदाओं के लिए संवेदनशील हो गया है। यह बाढ़, सूखा, चक्रवात, भूकंप, भूस्खलन, हिमस्खलन और जंगल की आग के लिए अत्यधिक संवेदनशील है। देश के 35 राज्यों और केंद्र शासित प्रदेशों में से 27 आपदा ग्रस्त हैं। लगभग 58.6 प्रतिशत भूभाग को बहुत अधिक तीव्रता से लेकर मध्यम तीव्रता वाले भूकंप का खतरा है; 40 लाख हेक्टेयर से अधिक (12 फीसदी भूमि) भूमि को बाढ़ और नदी के कटाव का खतरा है; 7516 किमी लंबे समुद्र तट में से करीब 5,700 किलोमीटर को चक्रवात और सुनामी का खतरा है; कृषि योग्य क्षेत्र का 68 फीसदी हिस्सा सूखे की चपेट में आता है और पहाड़ी क्षेत्रों को भूस्खलन और हिमस्खलन से खतरा होता है (भारत सरकार 2011, 3)। आपदाओं के कारण होने वाली निजी, सामुदायिक और सार्वजनिक संपत्ति की हानि अवर्णनीय है। जून 2013 में मूसलाधार बारिश की वजह से केदारनाथ घाटी (उत्तराखंड) में हुआ प्राकृतिक खतरा यह दिखाने के लिए है नवीनतम साक्ष्य है कि आपदाओं की वजह से कितना अधिक नुकसान होता है।

आपदाएं मानव जीवन और संपत्ति को नुकसान पहुंचाती है और विकास में गंभीर रूप से बाधा लाती हैं। पूरी तरह से प्राकृतिक आपदाओं को रोकना संभव नहीं हो सकता है, लेकिन सावधानी पूर्वक की गई पूर्व आपदा योजनाओं और तैयारियों के साथ, उसमें हुए खतरों के प्रतिकूल प्रभाव और आर्थिक नुकसान को कम किया जा सकता है। यहां आपदा प्रबंधन का महत्व सामने आता है।

आपदा प्रबंधन

आपदा प्रबंधन प्राकृतिक और मानव निर्मित दोनों प्रकार की आपदाओं से निपटने और बचने का अनुशासन है। इसमें आपदाओं के प्रभाव को कम करने के लिए तैयारियां, प्रतिक्रियाएँ और उपचार शामिल है। आपदा प्रबंधन अधिनियम, 2005 आपदा प्रबंधन को योजना, आयोजन समन्वय और जो उपायों को लागू करने के लिए एक सतत और एकीकृत प्रक्रिया के रूप में परिभाषित करता है, जो निम्नलिखित बातों के लिए आवश्यक हैं:

1. किसी भी आपदा के जोखिम या खतरे की रोकथाम करना
2. किसी आपदा के जोखिम का शमन या कम करना
3. अनुसंधान और ज्ञान प्रबंधन सहित क्षमता निर्माण करना
4. किसी भी आपदा से निपटने के लिए तैयारी करना
5. किसी भी धमकीदायक आपदा की स्थिति के लिए त्वरित प्रतिक्रिया देना
6. किसी भी आपदा के प्रभाव की गंभीरता का आकलन करना
7. निकासी, बचाव और राहत
8. पुनर्वास और पुनर्स्थापना

आपदा प्रबंधन इसलिए एक एकीकृत प्रक्रिया है जिसका लक्ष्य न केवल आपदा के बाद राहत दिलाना होता है, बल्कि वह आपदा के पूर्व जोखिम के शमन पर भी केंद्रित होता है। यदि जोखिम उत्पन्न करने वाले कारकों की पहचान की जा सकती है, तो नुकसान और जीवन की हानि को रोकने के लिए प्रयास किए जा सकते हैं।

आपदा प्रबंधन के उपायों को कम करना

प्राकृतिक आपदाओं के मामले में, आपदा का प्रबंधन करना एक महत्वपूर्ण समस्या हो सकती है, लेकिन उचित तरीके से डिजाइन की गई योजनाओं और कार्यक्रमों से काफी हद तक मानव जीवन और संपत्ति के नुकसान को निश्चित रूप से कम किया जा सकता है। यह धमकी प्राप्त स्थान से लोगों और संपत्ति को हटाकर और एक दूर सुरक्षित जगह ले जाकर और संभावित उपरिकेंद्र में कमजोर लोगों को समय पर और प्रभावी बचाव सुविधा प्रदानकर किया जा सकता है। ऐसे मामलों में, पूर्व तैयारियाँ आपदाओं के प्रभाव को कम करने का मुख्य मार्ग है।

राहत का प्रावधान आपदा प्रबंधन के सबसे महत्वपूर्ण पहलुओं में से एक है। किसी भी प्राकृतिक आपदा के बाद राहत की आपूर्ति आपदा प्रबंधन की मुख्य चिंताओं में से एक है। राहत गतिविधियों में बचाव, पुनर्वास, भोजन और पानी उपलब्ध कराना, बीमारी और विकलांगता की रोकथाम, दूरसंचार, बिजली और परिवहन जैसे महत्वपूर्ण सेवाओं की मरम्मत, अस्थायी आश्रय उपलब्ध कराना और आपातकालीन स्वास्थ्य देखभाल शामिल हैं (चक्रवर्ती और चक्रवर्ती 2014)। इस प्रकार, उचित योजना और राहत उपायों के प्रावधान आपदा प्रबंधन के प्रभावी उपकरण हैं। स्थानीय समुदाय और नागरिक समाज की भागीदारी के साथ-साथ जन जागरूकता और शिक्षा भी आपदाओं के एक प्रभावी प्रबंधन का हिस्सा हैं।

भारत में आपदा प्रबंधन

भारत को दुनिया के आपदा का खतरा होने वाले सबसे बड़े राष्ट्र के रूप में माना जाता है। यहाँ लाखों लोग हर साल प्रभावित होते हैं और प्राकृतिक आपदाओं की वजह से होने वाला आर्थिक नुकसान सकल राष्ट्रीय उत्पाद (सकल घरेलू उत्पाद का 2 प्रतिशत) का एक बड़ा हिस्सा बनाता है। हर साल, संसाधनों की एक बड़ी राशि प्राकृतिक आपदा घटनाओं के बाद बचाव, राहत और पुनर्वास कार्यों के लिए जुटाई जाती है। एक प्राकृतिक घटना से मानव और आर्थिक आपदा में होने वाले बदलाव के विश्लेषण से पता चलता है कि विकास की मौलिक समस्या जिसका किसी देश को सामना करना पड़ता है, वही समस्या है जो प्राकृतिक खतरों की भयावह प्रभाव के लिए जोखिम के लिए योगदान करती है। असुरक्षा के प्रमुख कारणों में तेजी से होते और अप्रबन्धनीय शहरीकरण, विशाल शहरी और ग्रामीण गरीबी और प्राकृतिक संसाधनों के दोहन से उत्पन्न हुई पर्यावरण की गिरावट शामिल हैं।

1990 के दशक के अंत और बीसवीं सदी के प्रारंभिक भाग भारत में आपदा प्रबंधन में एक महत्वपूर्ण घटनाएँ हैं। उड़ीसा सुपर साइक्लोन (1999) और गुजरात भूकंप (2001) ने राष्ट्र को एक मुश्किल सबक सिखाया है।

भारत में एक संस्थागत व्यवस्था का उद्भव

भारत में एक स्थायी और संस्थागत सेटअप कृषि मंत्रालय के अंतर्गत एक आपदा प्रबंधन प्रकोष्ठ की स्थापना के साथ 1990 के दशक में, और उसके बाद संयुक्त राष्ट्र महासभा द्वारा 1990 के दशक को प्राकृतिक आपदा न्यूनीकरण (IDNDR) के लिए अंतर्राष्ट्रीय दशक के रूप में घोषणा किए जाने के बाद शुरू हुआ। लातूर के भूकंप (1993), माल्पा भूस्खलन (1994), उड़ीसा

सुपर साइक्लोन (1999) और भुज में आए भूकंप (2001) के रूप में आपदाओं की एक श्रृंखला के बाद, कृषि मंत्रालय के सचिव, श्री जे.सी. पंत की अध्यक्षता में एक उच्च स्तरीय समिति को आपदाओं की दिशा में एक व्यवस्थित, व्यापक और समग्र दृष्टिकोण तैयार करने के लिए गठित किया गया था। यहाँ आपदा प्रबंधन के समाधान के लिए वित्तीय सहायता के माध्यम से दृष्टिकोण से राहत दिलाने के लिए नीति में एक समग्र बदलाव किया गया था। नतीजतन, आपदा प्रबंधन प्रभाग को 2002 में गृह मंत्रालय के तहत स्थानांतरित कर दिया गया और भारत में आपदा प्रबंधन करने के लिए एक श्रेणीबद्ध संरचना विकसित की गई (भारत सरकार 2011, 24)।

आपदा प्रबंधन का संगठन और संरचना

आपदा प्रबंधन प्रभाग मानवीय मामलों के मंत्रालय के एक संयुक्त सचिव (डीएम) (गृह मंत्रालय) के नेतृत्व में है, जिन्हें तीन निदेशकों, अपर सचिवों, अनुभाग अधिकारियों, तकनीकी अधिकारी, वरिष्ठ आर्थिक अन्वेषक, सलाहकार और अन्य सहायक स्टाफ द्वारा सहायता प्रदान की जाती है। इस संरचना के शीर्ष भाग पर एक सचिव (सीमा प्रबंधन), गृह सचिव, प्रभारी राज्य मंत्री और गृह मंत्री होते हैं।

राष्ट्रीय आपदा प्रबंधन प्राधिकरण को केंद्र में, राज्य में एसडीएमए और जिला स्तर पर जिला प्रशासन को स्थापित किया गया है और उन्हें धीरे-धीरे औपचारिक रूप दिया जा रहा है। इस के अलावा, केंद्र में राष्ट्रीय आपदा प्रबंधन समिति भी कार्य करती है। नोडल मंत्रालय, जैसा कि विभिन्न प्रकार के आपदा के लिए पहचान की गई है, गृह मंत्रालय के समग्र मार्गदर्शन में कार्य करते हैं (आपदा प्रबंधन के लिए नोडल मंत्रालय)।

आपदा प्रबंधन अधिनियम, 2005

यह अधिनियम आपदाओं के प्रभावी प्रबंधन के लिए और इसके आनुषंगिक मामलों या उसके सिवा मामलों के लिए प्रावधान करता है। यह आपदा प्रबंधन के कार्यान्वयन की निगरानी के लिए संस्थागत तंत्र प्रदान करता है। यह अधिनियम किसी भी आपदा की स्थिति में आपदाओं के रोकथाम और शमन के लिए और शीघ्र प्रतिक्रिया के लिए सरकार के विभिन्न शाखाओं द्वारा उपायों को भी सुनिश्चित करता है।

यह अधिनियम प्रधानमंत्री की अध्यक्षता में एक राष्ट्रीय आपदा प्रबंधन प्राधिकरण (एनडीएमए), मुख्यमंत्रियों की अध्यक्षता में राज्य आपदा प्रबंधन प्राधिकरण (SDMAs) और कलेक्टरों/जिला मजिस्ट्रेट/उप आयुक्तों की अध्यक्षता में जिला आपदा प्रबंधन प्राधिकरण (DDMAs), के लिए स्थापना करने हेतु प्रावधान करता है। यह अधिनियम आगे राष्ट्रीय और राज्य स्तर पर विभिन्न कार्यकारी समितियों के गठन का प्रावधान करता है। इसके तत्वावधान में क्षमता निर्माण के लिए आपदा प्रबंधन (एनआईडीएम) के राष्ट्रीय संस्थान और प्रतिक्रिया प्रयोजनों के लिए राष्ट्रीय आपदा प्रतिक्रिया बल (एनडीआरएफ) की स्थापना की गई है। इसने भारत सरकार की राष्ट्रीय नीति और योजनाओं के अनुसार अपनी योजनाओं को तैयार करने के लिए संबंधित मंत्रालयों और विभागों का भी प्रावधान किया है।

इस अधिनियम में आगे वित्तीय तंत्र के लिए प्रावधान किए हैं, जैसे प्रतिक्रिया के लिए धन जुटाना, राष्ट्रीय आपदा शमन फंड और आपदा प्रबंधन के उद्देश्य के लिए राज्य और जिला स्तर पर इसी तरह की निधि को जुटाना। यह अधिनियम आपदा प्रबंधन में स्थानीय निकायों के लिए विशिष्ट भूमिकाओं को भी प्रदान करता है। इसके अलावा संविधान में 73वें और 74वां संशोधन के लागू होने और स्थानीय स्वशासन के उद्भव के साथ, स्थानीय अधिकारियों की भूमिका बहुत महत्वपूर्ण हो गई है। डीएम अधिनियम, 2005 में भी आपदा प्रबंधन में स्थानीय निकायों के लिए विशिष्ट भूमिकाओं की परिकल्पना की गई है।

यहाँ ग्रामीण विकास योजनाओं में मुख्यधारा आपदा शमन की पहल करने के लिए राज्य की ओर से एक ठोस प्रयास किया गया है। इसका एक उदाहरण योजनाओं के दिशा निर्देशों को बदलने के लिए ग्रामीण विकास मंत्रालय और गृह मंत्रालय (जो अब राहत और प्रतिक्रिया और समग्र प्राकृतिक आपदा प्रबंधन के समन्वय के लिए नोडल मंत्रालय है) के बीच समन्वय का होना है, जैसे इंदिरा आवास योजना (आईएवाई), और सम्पूर्ण ग्रामीण रोजगार योजना (एसजीआरवाई) है, ताकि इंदिरा आवास योजना के तहत गृह निर्माण, या एसजीआरवाई के तहत स्कूल भवनों/सामुदायिक भवनों का निर्माण भूकंप/चक्रवात/बाढ़ प्रतिरोधी रहे।

नागरिक समाज की भूमिका

चूंकि स्थानीय समुदाय को किसी भी आपदा की स्थिति में सबसे पहले प्रतिक्रिया देनी होती है, इसलिए वहाँ आपदाओं के प्रबंध में समुदाय के स्तर पर पहल करने की बड़ी जरूरत है। राज्य सहित विभिन्न एजेंसियों द्वारा की गई पहल को जन-केंद्रित होने की जरूरत है और समुदाय की भागीदारी के स्तर को योजना बनाने और निर्णय लेने की प्रक्रिया में समुदाय द्वारा निभाई जाने वाली भूमिका माध्यम से पता लगाया जाना चाहिए। स्थानीय अर्थव्यवस्था को मजबूत करने के लिए भी प्रयास किए जाने चाहिए जिससे लोग बाहरी सहायता पर निर्भर न रहे। स्वैच्छिक क्षेत्र समुदायों को जुटाने के लिए आगे रहा है, जिससे उन्हें पिछले दशकों में आपदाओं से निपटने के लिए सक्षम किया है। उनकी पहल और अनुभवों को राज्य की मदद से एक बड़े पैमाने पर समेकित और प्रदर्शित किया गया है। समुदायों में काम कर रहे विकास संगठन समुदाय के साथ अच्छा तालमेल साझा कर रहे हैं, जो अधिक प्रभावी ढंग से अपनी योजनाओं को लागू करने में राज्य की मदद करते हैं। ओडिशा में सुपर साइक्लोन के बाद गांव स्तर पर तैयार की गई योजनाओं को इसके एक उदाहरण के रूप में देखा जा सकता है।

भविष्य में आने वाली चुनौतियाँ

आपदाओं को विकास के नजरिए से देखने की एक तत्काल जरूरत है। आपदाओं का समुदायों पर विनाशकारी प्रभाव हो सकता है और वे विकास के प्रयासों को काफी हद तक नुकसान पहुंचा सकती हैं। योकोहामा रणनीति (1994),[10] जो मई 1994 में प्राकृतिक आपदा न्यूनीकरण पर विश्व सम्मेलन का नतीजा है, इस बात पर जोर देती है कि आपदा की रोकथाम, शमन और तैयारियों के लक्ष्य आपदा प्रतिक्रिया में जोखिम में कमी करने के उद्देश्यों को प्राप्त करने से बेहतर हैं।

भारत सरकार ने अपने विकास की रणनीति के अनिवार्य घटक के रूप शमन और रोकथाम को अपनाया है। दसवीं पंचवर्षीय योजना इस तथ्य पर जोर देती है कि विकास की प्रक्रिया में आपदाओं का शमन किए बिना सतत विकास नहीं किया जा सकता।

लंबे समय में, स्थानीय समुदायों की राज्य और अन्य ऐसे संगठनों की मदद के साथ आपदाओं से निपटने की जिम्मेदारी होती है। यह एक सर्वविदित तथ्य है कि समुदाय की गतिशीलता भारत जैसे देश में काफी जटिल है। कमजोर समुदायों के विशिष्ट स्थानीय जरूरतों को स्थानीय परंपराओं और संस्कृतियों के माध्यम से पूरा करने की जरूरत है। स्थानीय स्तर के निकायों की भागीदारी के साथ आम संपत्ति संसाधनों की बहाली करना एक असली चुनौती है। आपदा प्रबंधन का ऐतिहासिक फोकस राहत और पुनर्वास पर रहा है, जो घटना घटने के बाद किया जाता है, लेकिन अब फोकस आपदा के विरुद्ध तैयारियों और शमन के लिए योजना बनाने पर है। देश में होने वाली आपदाओं की उच्च आवृत्ति को देखते हुए आपदाओं के प्रभाव के न्यूनीकरण को विकास की योजना का एक अभिन्न अंग होने की जरूरत है। इस प्रकार, विकास परियोजनाओं को आपदा शमन के प्रति संवेदनशील होने की जरूरत है। आपदाएँ मानव जीवन का हिस्सा हैं। हमें उनका सामना करना ही पड़ता है, क्योंकि हम प्रकृति के माहौल में रहते हैं। इस प्रकार, हमें आपदाओं के बारे में सावधान रहना होगा चाहे वे प्राकृतिक हों या मानव निर्मित। हम मजबूत प्रबंधन और एहतियाती उपायों के साथ आपदाओं से निपट सकते हैं और उन्हें रोक सकते हैं।

विकास के लिए भूमि अधिग्रहण

अध्ययन उद्देश्य

1. भूमि अधिग्रहण अधिनियम में मुख्य मुद्दों को समझना।
2. इस अधिनियम की संवैधानिक और कानूनी दायरों की बारीकियों को जानना।

'विकास के लिए भूमि अधिग्रहण' के मुद्दे को विकास के मॉडल के लिए जिम्मेदार ठहराया जा सकता है, जिसे स्वतंत्रता के बाद भारत में अपनाया गया था। भूमि अधिग्रहण का संदर्भ भारत के केंद्रीय या राज्य सरकार द्वारा विभिन्न बुनियादी सुविधाओं और आर्थिक विकास परियोजनाओं के लिए भूमिधारकों से भूमि के अधिग्रहण की प्रक्रिया से है। हालांकि, एक विवादास्पद मुद्दा जो भूमि मालिकों द्वारा उठाया जाता रहा है, वह यह है कि उन्हें अपनी भूमि का पर्याप्त मुआवजा नहीं दिया गया है।

1950 के दशक में, औद्योगिक और बुनियादी ढांचा परियोजनाओं को विकास की दिशा में एक पथ के रूप में और पानी और बिजली पैदा करने वाले बड़े बांधों के जैसी परियोजनाओं को 'पश्चिमी देशों का अनुकरण करने और आधुनिकता को बढ़ावा देने' में भारत की मदद करने वाली माना जाता था। उस समय यह निर्विवाद था कि इस तरह की बड़ी परियोजनाओं के लिए आबादी की एक बड़ी संख्या के विस्थापन की आवश्यकता होगी। लोगों के जबरिया उन्मूलन को व्यापक राष्ट्रीय हित के कारण विकास की 'लागत' माना जाता था।

एक अनुमान के मुताबिक, हर साल, 5,00,000 से अधिक लोगों को बुनियादी ढांचे के निर्माण के कारण विस्थापित किया जा रहा है, जिनमें पनबिजली सिंचाई परियोजनाएँ, खानें, औद्योगिक परिसर और सुपर थर्मल और परमाणु ऊर्जा संयंत्र भी शामिल है (कोठारी 1997, 85–116)। जैसे कि 2006 और 2007 में हुई क्रमश: कलिंगनगर (ओडिशा) और नंदीग्राम (पश्चिम बंगाल) की विस्थापन की घटनाएँ बड़ी बुनियादी ढांचा परियोजनाओं में शामिल 'विकास' के भीतर अनसुलझे मुद्दे बनी हुई हैं। नर्मदा और टिहरी जैसे बड़े बांधों और सिंचाई परियोजनाओं के साथ, देश भर में फैले विशेष आर्थिक क्षेत्र, गैस पाइपलाइनें, और शंघाई के जैसे स्वच्छ, सुंदर महानगर होने के लिए, भारत को निश्चित रूप से तेजी से विकास करना होगा। लेकिन, यह सवाल बार-बार उठाया जा रहा है: यह विकास किसके लिए और किसकी कीमत पर?

यह स्थिति उदारीकरण और वैश्वीकरण के साथ और खराब हो गई है। इसके मुख्य साधन के रूप में लाभ के मकसद के साथ कॉरपोरेट क्षेत्र को सामान्य रूप में और निजी क्षेत्र को विशेष रूप में, अधिक भूमि की आवश्यकता होती है। केंद्र सरकार ने पुनर्वास नीति 1994 के मसौदे में इस मांग को स्वीकार करने का अपना इरादा जाहिर किया। यह उम्मीद की गई कि वहां पूंजी के आंतरिक उत्पादन और वृद्धिंगत विदेशी निवेश प्रवाह के कारण बड़े पैमाने पर निवेश किया जाएगा, जिससे एक तेज प्रतिस्पर्धी बाजार में एक छोटी समयावधि के भीतर भूमि प्रदान किए जाने की मांग उत्पन्न होगी, जिसने आर्थिक संरचना पर शासन किया है।

हालांकि, समस्या यह है कि 'हमारे बहुसंख्य खनिज संसाधन दूरस्थ और पिछड़े क्षेत्रों में स्थित हैं' जो ज्यादातर आदिवासियों का निवास हैं (एमआरडी 1994, 1–2)। केंद्र सरकार ने इसे राजमार्ग अधिनियम, 1995, विशेष आर्थिक क्षेत्र (सेज) अधिनियम, 2005 के माध्यम से कानूनी समर्थन प्रदान किया और 2001 में पांचवीं अनुसूची बदलकर आदिवासियों की जमीन के अधिग्रहण को आसान बनाने के लिए प्रयास किया। अधिकांश राज्यों ने भी अपने उद्देश्य के अनुरूप करने के लिए कानूनी बदलाव की शुरुआत की। उदाहरण के लिए, कर्नाटक जलीय कृषि के लिए संभव भूमि के पट्टे बनाने के लिए 1995 में अपनी भूमि सुधार अधिनियम में संशोधन किया और जमीन के लिए भूमि हदबंदी को 108 एकड़ तक उठाया और किरायेदारी पर प्रतिबंध को हटाने के लिए योजना बना रहा है। गोवा ने रोजगार सृजन को प्राथमिकता दिए बिना निवेश को प्रोत्साहित करने के लिए अपनी औद्योगिक नीति में संशोधन किया है। गुजरात भी परिवर्तन का विचार कर रहा है (फर्नांडीस 2008, 95)। इस उदारीकरण और वैश्वीकरण के एक परिणाम के रूप में भूमि के लिए लालची मांग की वजह से इसकी भविष्य

में तेजी से बढ़ने की संभावना है। वैश्वीकरण में भूमि पर अधिक से अधिक हमले करना शामिल है, जो अधिकांश ग्रामीण समुदायों की जीविका का स्रोत है।

2013 तक भारत में भूमि अधिग्रहण भूमि अधिग्रहण अधिनियम, 1894 के द्वारा नियंत्रित किया जाता था। इस भूमि अधिग्रहण क़ानून ने सरकार को निजी भूमि का अधिग्रहण करने की अनुमति दी। विस्थापित लोगों को अपनी भूमि के लिए बाजार मूल्य के साथ जुड़े हुए मुआवजे ही प्राप्त होते थे, जो अभी भी काफी कम थे। यहाँ उद्योगपतियों द्वारा भूमि के अधिग्रहण के खिलाफ कई राजनीतिक और सामाजिक विरोध किए गये। प्रतिपूर्ति की गई यह राशि अर्थव्यवस्था में मौजूदा कीमतों के वर्तमान सूचकांक के संबंध में काफी कम रही है। इसके अलावा, मानव पूंजी के अपने निम्न स्तर की वजह से विस्थापित लोग अक्सर पर्याप्त रोजगार खोजने में असफल रहते हैं।

भूमि अधिग्रहण पुनर्वास और पुनर्निवास अधिनियम, 2014

मोदी सरकार भूमि मालिकों के अधिकारों की रक्षा करने के साथ ही विकास के उद्देश्यों के लिए भूमि प्राप्त करने में आने वाली बाधा को दूर करने के उद्देश्य से दिसंबर, 2014 में एक नए भूमि अधिग्रहण अधिनियम को पेश किया। 2014 का यह अधिनियम भूमि मालिकों को न केवल मुआवजा प्रदान करने पर केंद्रित है, बल्कि उन्हें पुनर्वास और पुनर्स्थापन लाभ भी प्रदान किया जा रहा है जो उस भूमि से मिलनेवाली अपनी आजीविका खो रहे हैं, जो उस न्यूनतम मुआवजे के अलावा होता है। यह न्यूनतम मुआवजा, जो भूमि मालिकों को भुगतान किया जाना है वह बाजार मूल्य और अधिनियम में निर्धारित अन्य कारकों पर आधारित है। यह अधिनियम उस समय भूमि अधिग्रहण की मनाही करता है या उसको नियंत्रित करता है, जब इस तरह के अधिग्रहण में बहु-फसल सिंचित क्षेत्र भी शामिल होता है। इस अधिनियम ने निजी कंपनियों द्वारा या सार्वजनिक-निजी भागीदारी द्वारा उपयोग के लिए भूमि के अधिग्रहण के लिए मानदंडों को बदल दिया है, जिसमें जमीन मालिकों से 80 प्रतिशत की एक अनिवार्य मंजूरी भी शामिल है। इस अधिनियम ने भूमि अधिग्रहण की प्रक्रिया में भी परिवर्तन किया, जिसमें एक अनिवार्य सामाजिक प्रभाव वह अध्ययन शामिल है, जिसे कोई अधिग्रहण किए जाने से पहले आयोजित किया जाना चाहिए।

सरकार ने एक अध्यादेश की घोषणा की सिफारिश की (31 दिसंबर 2014 पर), जिसमें औद्योगिक गलियारों, पीपीपी परियोजनाओं, ग्रामीण बुनियादी ढांचे, किफायती आवास और रक्षा के पांच क्षेत्रों के लिए भूमि अधिग्रहण के लिए सहमति खंड को हटाने सहित भूमि अधिग्रहण अधिनियम में महत्वपूर्ण परिवर्तन किए। केंद्रीय मंत्रिमंडल ने किसानों को अधिक मुआवजे और पुनर्वास और पुनर्स्थापना लाभ प्रदान करने के लिए इस अधिनियम में संशोधन करने का निर्णय लिया, जिन किसानों की भूमि का अधिग्रहण किया जा रहा था। वहाँ उन लोगों के लिए रोजगार के प्रावधान के लिए एक अनिवार्य शर्त रखी गई है, जिनकी भूमि का अधिग्रहण औद्योगिक गलियारों के लिए हो रहा है।

सरकार ने 10 मार्च 2015 को लोकसभा में भूमि अधिग्रहण संशोधन विधेयक पारित कर दिया। लेकिन यह मुआवजे पर विवाद और अधिग्रहण के प्रयोजन के कारण राज्यसभा में पारित नहीं हो सका।

विवाद का मुद्दा

इस नए अधिनियम के बारे में यहाँ कुछ विवाद हैं। अधिग्रहीत भूमि के लिए दिया जाने वाला मुआवजा कृषि भूमि के मूल्य पर आधारित है; हालांकि बढने वाली कीमत को नजरअंदाज कर दिया गया है। भूमि का मूल्य कई गुना बढ़ जाता है, जिसका मौजूदा खरीदार को लाभ नहीं होता। विकास परियोजनाओं के लिए सरकार द्वारा भूमि के अधिग्रहण के माध्यम से विस्थापन पर अनुभवजन्य और सैद्धांतिक अध्ययन का ध्यान अब तक भूमि अधिग्रहण के प्रत्यक्ष और तत्काल प्रतिकूल परिणामों पर

केंद्रित रहा है। विकास परियोजनाओं के लिए भूमि अधिग्रहण के तत्काल परिणामों के अधिकांश विश्लेषणात्मक साथ ही वर्णनात्मक खातों को माइकल सेर्निया (1991) के 'दरिद्रता जोखिम मॉडल' से लिया गया है, जो विकास प्रेरित विस्थापन के मोटे तौर पर आठ 'जोखिमों' या 'आयामों' को शामिल करता है। ये आठ जोखिम बहुत ज्यादा प्रत्यक्ष और प्रकृति में बुनियादी रहे हैं और निम्नलिखित को शामिल करते हैं: (क) भूमिहीनता, (ख) बेरोजगारी, (ग) दरकिनार करना, (घ) आम संपत्ति संसाधनों के उपयोग की हानि, (ई) वृद्धिगत रुग्णता और मृत्यु दर, (फ) खाद्य असुरक्षा, (छ) बेघर होना और (ज) सामाजिक विभेदन (सेर्निया 1991, 2)।

ऊपर की गई चर्चा हमारी विकासात्मक नीतियों के बारे में गंभीर सवाल उठाती है। हालांकि राष्ट्र विकास के लिए आकांक्षा रखता है, फिर भी यह स्थायी, न्यायसंगत और आम लोगों के सशक्तिकरण के साथ जुड़ा होना चाहिए। भूमि अधिग्रहण के मामले में, मालिक को न केवल आर्थिक रूप से बल्कि सामाजिक और सांस्कृतिक रूप से भी मुआवजा दिया जाना चाहिए। उन्हें पर्याप्त रूप से मुआवजा दिये जाने, वैकल्पिक रोजगार दिये जाने और एक सम्मानजनक ढंग से पुनर्वास करने की जरूरत है। यह विकास समाज के कमजोर वर्गों की कीमत पर नहीं होना चाहिए। विकास समावेशी और न्यायसंगत होना ही चाहिए।

प्रशासन में महिलाएँ

अध्ययन उद्देश्य

1. प्रशासन में महिलाओं की भागीदारी और भूमिका पर चर्चा करने के लिए सक्षम होना।
2. लिंग दुविधा और सार्वजनिक-निजी विभाजन परिप्रेक्ष्य के सैद्धांतिक और व्यावहारिक पहलुओं को समझना।

प्रशासन का लिंग परिप्रेक्ष्य 1960 के दशक के बाद से वृद्धिंगत लिंग संवेदनशीलता का एक अनिवार्य परिणाम है। नारीवादियों ने प्रदर्शन किया है कि कैसे पितृसत्ताक पद्धति ने प्रणालीबद्ध रीती से सार्वजनिक स्थान से महिलाओं को बाहर रखा है और राज्य और लोक प्रशासन पर कब्जा करके उन्हें निजी स्थान में कैद करके रख दिया है। इसलिए, लोक प्रशासन की भूमिका का उपयोग करने के लिए एक नारीवादी परिप्रेक्ष्य की मांग की गई है, एक लिंग लेंस के माध्यम से विशेष रूप से नौकरशाही, लोक नीति, आदि की।

यहाँ नारीवाद के लिए असंख्य रंग और आकृतियाँ मौजूद हैं। केवल एक आम धागा जो बाकियों से नारीवादी स्थिति को अलग करता है, वह लिंग समानता और लैंगिक न्याय पर समझौता न करना है। लोक प्रशासन के नारीवादी सिद्धांत सार्वजनिक एजेंसियों और प्रशासनिक पद्धतियों में निहित लिंग पूर्वाग्रहों का पता लगाने की कोशिश में है। कैमिला स्टाईवर्स (2002, 132) लिखती हैं कि 'लोक प्रशासन के नारीवादी सिद्धांत? तो फिर एक लेंस के रूप में लिंग का उपयोग करें, जिसके माध्यम से सरकारी एजेंसियों में महिलाओं की वर्तमान स्थिति और भूमिका का गंभीर रूप से विश्लेषण करें, उन तरीकों को प्रकाश में लायें जो लिंग भेद के बारे में विचारों और व्यवहारों में पाये जाते हैं, और नए सैद्धांतिक दृष्टिकोण तैयार करें'।

लोक प्रशासन में नारीवादी प्रथा को दो श्रेणियों में वर्गीकृत किया गया है—वर्णनात्मक और वैचारिक। जहाँ वर्णनात्मक सिद्धांत अनुभवजन्य अध्ययन के आधार पर सार्वजनिक संस्थानों में अंतर्निहित लिंग असमानताओं की अभिव्यक्तियों को दर्ज करते हैं; वहीं दूसरी तरफ वैचारिक सिद्धांत लिंग का उपयोग लोक प्रशासन के मौजूदा दर्शन पर पुनर्विचार करने के लिए करते हैं। शुरुआत में लोक प्रशासन के नारीवादी वृत्ति ज्यादातर वर्णनात्मक सिद्धान्तिकरण तक ही सीमित थी। लोक प्रशासन में वैचारिक सिद्धान्तिकरण हाल ही में शुरू हुआ है (स्टाईवर्स 2002, 132)। इसलिए, लोक प्रशासन में नारीवादी सिद्धांत को लोक प्रशासन के सिद्धांत और व्यवहार में समग्र नारीवादी को ज्ञान-मीमांसा के एक अनुप्रयोग के रूप में देखा जा सकता है। नारीवादी सिद्धांत

दर्शाता है कि महिलाओं को शारीरिक बहाने से मजबूर कर दिया जाता है, और इसलिए लैंगिक भेदभाव इतना व्यापक है, क्योंकि यह सामाजिक और सांस्कृतिक रूप में धंसा हुआ है। इसलिए, पुरुषों के वर्चस्व के अदृश्य बंधनों से मुक्त होने के लिए लिंग सशक्तिकरण की सिफारिश की गई है।

नारीवादी अभिकथन (ASSERTION)

लोक प्रशासन में नारीवादी अभिकथन 1970 के मध्य में हुआ एक विकास है। यह मूल रूप से नेस्टा एम गेल्लास, लोक प्रशासन के लिए अमेरिकन सोसायटी की पहली महिला राष्ट्रपति (ASPA) के नेतृत्व में 1976 में 'लोक प्रशासन में महिलाओं' पर एक संगोष्ठी का परिणाम था। इस संगोष्ठी को *लोक प्रशासन की समीक्षा* के तत्वावधान में आयोजित किया गया था, जो इस विषय की एक प्रख्यात पत्रिका है, यह मुख्य रूप से उन मुद्दों पर ध्यान केंद्रित करती थी जिनमें महिलाओं पर किए गये अत्याचार शामिल होते हैं। लोक प्रशासन के वर्णनात्मक नारीवादी सिद्धांत के अन्य महत्वपूर्ण उदाहरण लोरेन डी आइड के *राज्य और स्थानीय सरकार में महिलाओं की स्थिति* (1973) और जूडिथ मोहर का *अधिक महिलाएँ शहर की प्रबंधक क्यों नहीं हैं?* (1973) थे। इन दोनों प्रकाशनों में, महिलाओं के खिलाफ किए गये भेदभाव की पूछताछ की थी।

वैचारिक सिद्धांतों का मानना है कि सार्वजनिक संस्थानों के तथाकथित निष्पक्षता के पीछे वहाँ छिपे लिंग पूर्वाग्रह थे। इसलिए, मौलिक सैद्धांतिक मान्यताओं, दृष्टिकोणों और अवधारणाओं का फिर से मूल्यांकन किए जाने की जरूरत है। इस संबंध में किए गये प्रारंभी प्रयास रॉबर्ट बी डेनहार्ड और जॅन पर्किन्स (1976) द्वारा लिखा संयुक्त लेख है, जिसका शीर्षक 'प्रशासनिक पुरुष की आ रही मौत' था। उन्होंने तर्क दिया कि अपने घोषित सार्वभौमिक तटस्थ रुख के बावजूद संगठनात्मक सिद्धांत 'वास्तविकता में सांस्कृतिक रूप से पुलिंगी' था।

लोक प्रशासन के नारीवादी परिप्रेक्ष्य ने सार्वजनिक संस्थाओं और मूल्यों में गड़े संरचनात्मक असमानता की पूछताछ करने की मांग की। इसलिए, यह सुझाव दिया गया कि लोक प्रशासन के प्रमुख क्षेत्रों को महिला संबंधित मुद्दों के प्रति अधिक संवेदनशीलता के साथ पुर्नोत्थान किया जाए। लोक प्रशासन में नारीवादी परिप्रेक्ष्य के दो प्रमुख तर्क में शामिल हैं: पहला, नारीवादी सिद्धांतकारों के अनुसार सामाजिक विज्ञान के किसी अन्य शाखा तरह, लोक प्रशासन ने महिलाओं को शारीरिक कमजोरी के बहाने से व्यवस्थितरूप से सार्वजनिक स्थलों के दायरे में से बाहर निकालने में साधन रहे हैं। दूसरा, नारीवादी विचारकों का कहना है कि एक पितृसत्तात्मक समाज में, सार्वजनिक संस्थान, नौकरशाही और इत्यादि और कुछ भी नहीं है बल्कि परतंत्रता की संरचनाएँ हैं, क्योंकि पितृसत्तात्मक मूल्य उन संस्थाओं में घुस गए हैं। इसलिए, लिंग समानता लाने में, ऊपर की संस्थाओं में से पितृसत्ता को बेदखल करने के लिए किए प्रयास किए जाने की जरूरत है।

कैमिला स्टाईवर्स की मुख्य थीसिस 'लोक प्रशासन में लिंग छवियाँ' (2002) पेशेवर विशेषज्ञता, प्रबंधन, नेतृत्व, और जन-पुण्य की छवियाँ हैं जिन्होंने प्रशासनिक शक्ति को चिन्हित किया, जिसमें लिंग की दुविधाएँ शामिल हैं। उनमें न केवल पुरुषत्व से जुडी विशेषताएँ शामिल हैं, बल्कि उन्हें राजनीतिक और आर्थिक विशेषाधिकार प्रदान करने के लिए मदद करते हैं जो स्त्रीत्व की विशेषताएँ रखते हैं।

लोक प्रशासन को लिंग के लेंस के माध्यम से देखने से, इसके जनता के आयाम तटस्थ होने की बजाय लिंग के स्वरूप में दिखाई देते हैं। लोक प्रशासन में जनता के अधिकार के विवेकाधीन अभ्यास शामिल है, और जनता के अधिकार को स्वयं को सही ठहराने की उम्मीद की जाती है। आमतौर पर, इस तरह के प्रशासनिक निर्णय लेने की जनता के हित के जैसी विशेषताओं का लाभ पाने के संदर्भ द्वारा पूरा किया जाता है, वह विशेषज्ञता जो जन-हित में कार्य करती है, वह चतुर प्रबंधन कौशल, जो सार्वजनिक उद्देश्यों की सिद्धि को संभव बनाते हैं और औद्योगिक जटिलता के युग के बाद में प्रशासनिक नेतृत्व के लिए आवश्यकता हैं। लेकिन यह जनतापन समस्याग्रस्त है, क्योंकि यह इस ऐतिहासिक समझ पर आधारित है कि सार्वजनिक क्षेत्र पुरुषों के लिए आरक्षित है। इस प्रकार, महिलाओं को सार्वजनिक क्षेत्र से बाहर रखा गया है जिन पर पुरुषों का वर्चस्व है।

सार्वजनिक-निजी प्रभाग

नारीवादी सिद्धांतकारों ने राजनीतिक जीवन से महिलाओं और महिलाओं संबंधी चिंताओं के बहिष्कार पर सार्वजनिक और निजी क्षेत्रों के बीच अपनी स्पष्ट सीमा के लिए शास्त्रीय उदारवादी राज्य की आलोचना की है। कैमिला स्टाईवर्स (2002) के अनुसार शास्त्रीय उदारवाद ने हमेशा राज्य की पहुंच से अलग-अलग 'निजी' चिंताओं को पनाह देकर अत्याचार को रोकने के लिए सार्वजनिक क्षेत्र के रूप में आवश्यक सीमाओं को देखा है। लेकिन विडंबना यह है कि आर्थिक और राजनीतिक गतिविधियाँ जो उदारवादी जन क्षेत्र में जाती हैं वे घरेलू व्यवहार्यता पर निर्भर करती हैं: बच्चों के आश्रय, भोजन, कपड़े, और पोषण के प्रावधान पर। सिद्धांत और व्यावहारिक दोनों रूपों में घरेलू बातों को महिलाओं के दायरे के रूप में देखा गया है। महिलाओं की निजी चिंताओं को राजनीतिक और सार्वजनिक हित के रूप में परिभाषित नहीं किया जाता। इसलिए, न केवल घर की व्यवस्था के न्याय को बल्कि सार्वजनिक और निजी मानवीय कार्यों के विभाजन को सार्वजनिक चर्चा से मना किया गया है।

संपूर्ण इतिहास में महिलाओं को जीविका और पोषण से संबंधित रखा गया है ताकि पुरुषों को सार्वजनिक गतिविधियों के लिए समय और ऊर्जा प्राप्त हो सके। श्रम का यह विभाजन स्त्री और पुरुष दोनों में लिंग समानता और समान अवसर होने के बावजूद आज भी बना हुआ है। हाल के वर्षों में कई सिद्धांतकारों ने सुझाव दिया है कि राजनीतिक मुद्दा होने के कारण सार्वजनिक और निजी क्षेत्रों के बीच सीमा की प्रकृति ही बहस का मुद्दा रहा है। कैमिला स्टाईवर्स (2002) का तर्क है कि अगर ऐसा है तो, घरेलू व्यवस्था का न्याय सार्वजनिक विवेचना का विषय बन सकता है।

लिंग की दुविधा

स्टाईवर्स (2002) के अनुसार, अन्य सार्वजनिक क्षेत्र की गतिविधियों की तरह लोक प्रशासन अपनी स्पष्ट तटस्थता के बावजूद और संघ, राज्य में महिलाओं की बढ़ती संख्या की उपस्थिति, और स्थानीय सरकारों के बावजूद संरचनात्मक रूप से मर्दाना है। ऐसा लगता है जैसे यह 'सामान्य व्यवहार' है, क्योंकि महिलाओं को घरेलू कार्यों के बिना जीवन संभव नहीं होगा। इस प्रकार, लोक प्रशासन के औचित्य एक स्थान में जगह लेता है जो (क) अपने सुसंगति के लिए महिलाओं की अधीनता पर निर्भर करता है, जो चाहे कितना भी आवश्यक कार्य करती हो, उसे आम तौर पर कम महत्वपूर्ण ही माना जाता है और (ख) सार्वजनिक जीवन में भाग लेने के लिए महिलाओं के अवसरों को और उसके लिए लगने वाले समय और ऊर्जा दोनों को सीमित करता है।

इस व्यवस्था के लिंग आयाम विरोधाभासी हैं। राज्य घरेलू बातों पर निर्भर करता है, लेकिन केवल अनिच्छा से घरेलू मुद्दों के राजनीतिक प्रासंगिकता को स्वीकार करता है। संपूर्ण उदारवादी सिद्धांत के दौरान महिलाओं को 'नागरिकों' के रूप में माना जाता है, लेकिन वास्तविकता में सार्वजनिक जीवन में उनकी भागीदारी को प्रतिबंधित कर दिया गया है, या तो औपचारिक रूप से क़ानून के द्वारा या व्यावहारिक रूप से उनके घर के काम की मांग के द्वारा। यह उस प्रकार का लिंग विरोधाभास है जो स्टाईवर्स के तर्क में प्रशासनिक राज्य में महिलाओं के लिए एक दुविधा का गठन करता है।

यहाँ उन मानदंडों को निर्वासित करने की एक प्रवृत्ति है जो 'स्त्री' के रूप में पहचाने जाते हैं, जैसे निष्क्रियता, अनुपालन और सार्वजनिक जीवन से जोखिम, जिसके द्वारा इस प्रकार एक दृष्टिकोण तैयार किया जाता है जिसमें सार्वजनिक प्रशासक (पुरुष और महिलाएँ दोनों) तकनीकी विशेषज्ञ, मजबूत और साहसी होने के रूप में दिखाई देने के तरीके तलाशते रहते हैं, अर्थात एक अधिक मर्दाना 'सक्षम छवि'। स्टाईवर्स (2002) का दावा है कि नौकरशाही क्षमता और विशेषज्ञता के बारे में प्रचलित विचार एक तटस्थ निष्पक्षता पर दबाव डालती है, जो एक अलग आत्म माहिर प्रकृति और ज्ञान के आदर्श रूप पर निर्भर करता है, इस तरह की निष्पक्षता व्यक्तिगत स्वतंत्रता का समर्थन करती, जिसको उदारवादी दर्शन में महत्व दिया जाता है। हालांकि, नारीवादी परिप्रेक्ष्य ज्ञान के इस मॉडल को प्रकृति और महिलाओं के बीच सदियों पुराने एसोसिएशन की वजह से तटस्थ नहीं होना बताता है, इससे एक मजबूत मामला बनता है कि उदारवादी राज्य महिलाओं की अधीनता पर निर्भर करता है।

सार्वजनिक संगठनों में लिंग असंतुलन

सार्वजनिक संगठनों में लिंग असंतुलन लोक प्रशासन में चिंता का विषय रहा है। यह देखा गया है कि महिलाओं द्वारा संगठनों में शीर्ष रैंक तक पहुंचने या उच्च प्रबंधन करने के लिए एक कठिन संघर्ष का सामना करना जारी है। इस के लिए कई कारण पाए गये हैं: एक पत्नी-मां-कार्यकर्ता की भूमिका से निपटने में आने वाली बाधाएँ, महिलाओं की प्रबंधन पदों पर होने को 'अयोग्य' मानने की धारणा, इस छवि का होना कि महिलाएँ अपने काम की तुलना में अपने परिवारों के लिए अधिक प्रतिबद्ध हैं। एक शोध ने सुझाव दिया है कि शादी और परिवार महिलाओं की क्षमता को अधिक प्रभावित करते हैं, बजाय इसके कि पुरुष अपने कैरियर के सपनों का पीछा करें। अपनी नौकरी के लिए महिला कर्मचारियों की प्रतिबद्धता के ऊपर अक्सर इस आधार पर सवाल उठाया जाता है कि वे परिवार के मुद्दों या गर्भावस्था के कारण मातृत्व की छुट्टी पर या बीमारी की छुट्टी पर जाती हैं। परिवार की भूमिका निभाने की पारंपरिक 'कमानेवाला-गृहिणी' विभाजन के कारण, यह इस धारणा की ओर जाता है कि महिलाओं की तुलना में पुरुष अपने काम के प्रति अधिक प्रतिबद्ध होते हैं। ये सभी कारक सार्वजनिक संगठनों में एक लिंग असंतुलन में योगदान करते हैं और महिलाओं का सशक्तिकरण नहीं होने देते।

सारांश में, नारीवादी सिद्धांत मौजूदा वास्तविकता के एक आलोचक है। यह राजनीति की तरह की कुछ मानव गतिविधियों से महिलाओं की ऐतिहासिक बहिष्कार के बारे में विचार करता है और उन्हें गृहिणी बनाने तक सीमित करता है, चाहे वह पुरुषों की तरफ से हमेशा जानबूझकर न किया जाता हो, परंतु यह बात 'प्राकृतिक' नहीं है। नारीवादियों का तर्क है कि इस तरह की व्यवस्था से पुरुषों की तुलना में उपेक्षा का सामना करने की और उनके आम अस्तित्व की शर्तों और विशेषताओं के बारे में सवाल पूछने की अधिक संभावना होती है।

नारीवादियों में आम सहमति है कि एक नारीवादी होने का तात्पर्य है कि इन छोड़े गये या नजरअंदाज किए गये विचारों को फिर से आगे लाना। स्टाईवर्स (2002) के अनुसार, नारीवादी सिद्धांत सार्वजनिक और निजी के बीच अवरोध देखते हैं, जो जाहिरा तौर पर सभी की स्वतंत्रता की रक्षा के लिए बनवाये गये हैं, जो कईयों के उत्पीड़न के अधीन हैं। आधे मानव जाति के बहिष्कार से निर्माण किए गये एक स्थान में जहाँ तक इस बहिष्कार का परीक्षण नहीं किया जाता तब तक अभ्यास के लिए कोई संभावना नहीं है। वर्तमान स्थिति को बदलने के लिए सबसे महत्वपूर्ण बात यह है कि वर्तमान में चालू व्यवहार को सचेत होकर बदला जाए।

प्रशासन में जवाबदेही

अध्ययन उद्देश्य

1. इस बात को समझना कि जवाबदेही किस जरूरत पर जोर देती है और प्रशासन में उसका क्या महत्व है।
2. भारत में जवाबदेही के प्रावधानों और इससे संबंधित चुनौतियों को पता करना।

जवाबदेही लोकतांत्रिक सरकारों के सभी रूपों की एक अनिवार्य विशेषता है। जवाबदेही की अवधारणा लोगों के लिए अपने सरकारी अधिकारों या विवेकाधीन अधिकार के उपयोग का एक संतोषजनक हिसाब देने के लिए सरकारी कर्मचारियों के दायित्व को दर्शाता है। इसे लोक प्राधिकरण के दुरुपयोग या गैर उपयोग के खिलाफ एक प्रभावी रक्षा के रूप में माना जाता है। मोहित भट्टाचार्य (2011) के अनुसार, जवाबदेही की विषय सामग्री जन प्रशासकों पर कम से कम चार अनिवार्यताओं को स्थापित करती है:

1. कानूनों को न्यूनतम नुकसान और देरी किए, अपेक्षा के अनुसार काम पर लगाना।
2. वैध और समझदार प्रशासनिक विवेक का अभ्यास करना।

3. नई नीतियों की सिफारिश करना और जरूरत के अनुसार मौजूदा नीतियों और कार्यक्रमों में परिवर्तन का प्रस्ताव रखना।
4. प्रशासनिक संस्थानों में नागरिकों के विश्वास में वृद्धि करना।

जवाबदेही की धारणा के दो बुनियादी अर्थ हैं: जवाबदेही, जो सरकारी अधिकारियों के दायित्व को सूचित करती है और समझाती है कि वे क्या कर रहे हैं, और क्या लागू कर रहे हैं, अर्थात, लेखा एजेंसियों की सत्ता धारकों पर प्रतिबंध लगाने की क्षमता, जिन्होंने अपने सार्वजनिक कर्तव्यों का उल्लंघन किया है। एस के दास (2013) के अनुसार, यहाँ तीन तत्व हैं जो जवाबदेही की धारणा में एक साथ आते हैं: जवाबदेही, क्रियान्वयन और जिम्मेदारी। जवाबदेही अपने कार्यों के लिए एक औचित्य प्रदान करने की जरूरत को कहते हैं। क्रियान्वयन में वे प्रतिबंध शामिल हैं, जिन्हें तब लगाया जाता है जब कार्रवाई के लिए दिया गया औचित्य असंतोषजनक पाया जाता है। जवाबदेही का तात्पर्य उन लोगों की क्षमता है जो उन पर रखी गई मांगों पर प्रतिक्रिया के लिए जवाबदेह आयोजित किए जाते हैं (दास 2013, 10)। कुल मिलाकर, जवाबदेही पारदर्शिता की मांग करती है ताकि कार्रवाई की छानबीन की जा सके और प्रदर्शन का आकलन किया जा सके।

भारत में प्रशासनिक जवाबदेही

भारत में, प्रशासनिक जवाबदेही विभिन्न नियंत्रण के माध्यम से लागू की जाती है। इस नियंत्रण का उद्देश्य यह सुनिश्चित करना है कि सरकारी कर्मचारी कानूनों और नियमों के अनुसार अपने अधिकारों और विवेक का उपयोग कर रहे हैं। मोटे तौर पर, वहाँ प्रशासनिक नियंत्रण के दो प्रकार होते हैं; अर्थात्, आंतरिक और बाह्य। आंतरिक नियंत्रण प्रशासनिक मशीनरी के भीतर से चलता है। आंतरिक नियंत्रण की तकनीकें हैं: बजटीय व्यवस्था, श्रेणीबद्ध क्रम, पूछताछ और जांच, प्रभावक समूह, प्रेस और वार्षिक गोपनीय रिपोर्ट। भारत में प्रशासन पर बाहरी जवाबदेही विधायी, कार्यकारी और न्यायिक नियंत्रण के माध्यम से बनाई जाती है।

प्रशासन निर्वाचित प्रतिनिधियों के प्रति जिम्मेदार होता है, क्योंकि लोकतंत्र में लोग सुप्रीम होते हैं। इस प्रकार विधायिका को प्रशासन द्वारा कदाचार पर एक प्रभावी जांच, और प्राधिकार का दुरुपयोग रखने के लिए संविधान के माध्यम से और सम्मेलनों के माध्यम से कुछ अधिकार दिए गये हैं। विधायिका प्रशासन को नियंत्रित करने के लिए कई तरीकें लागू करती है, अर्थात्, प्रश्नकाल के दौरान सवाल पूछना, संसदीय चर्चा, संसदीय लेखा परीक्षा, अविश्वास प्रस्ताव और लोकपाल को शिकायतें करना।

प्रशासन पर कार्यकारी नियंत्रण एक जिम्मेदार सरकार में एक और शक्तिशाली साधन है। कार्यकारी मंडल कई साधनों और तकनीकों के माध्यम से प्रशासन पर नियंत्रण रखता है, जैसे, नियुक्ति करना और पदच्युत करना, नियम बनाने के अधिकार, नियम आदि, सिविल सेवा कोड, प्रत्यायोजित विधान, बजटीय व्यवस्था और जनता की राय के लिए अपील करना। एक और महत्वपूर्ण साधन, जिसके माध्यम से प्रशासनिक जवाबदेही को सुनिश्चित किया जाता है, वह न्यायिक नियंत्रण है और यह न्यायिक समीक्षा, सरकार के खिलाफ दावों और जनयाचिका जैसे वैधानिक अपील का आकार ले सकता है। प्रशासन पर न्यायिक नियंत्रण का प्राथमिक उद्देश्य के अधिकारों और प्रशासनिक अधिनियम की वैधता सुनिश्चित कर नागरिकों की स्वतंत्रता की सुरक्षा करना है (सिंह 2002, 216–17)।

इस प्रकार, बजटीय उपाय, विभागीय जांच, वार्षिक गोपनीय रिपोर्ट आदि आंतरिक रूप से प्रशासनिक व्यवस्था को जवाबदेह बनाते हैं, जबकि प्रशासन पर बाहरी जवाबदेही विधायी, कार्यकारी और न्यायिक नियंत्रण के माध्यम से सुनिश्चित की जाती है।

सार्वजनिक सेवाओं में जवाबदेही लाने की चुनौतियां

यह आम तौर पर स्वीकार किया गया है कि भारत में लोगों को आवश्यक सेवाएं प्रदान करने में प्रशासन उदासीन, अनुत्तरदायी और अक्षम है। सरकारी कार्यालयों की बुरी कार्य संस्कृति पर टिप्पणी करते हुए पांचवें वेतन आयोग (भारत सरकार 1997b, 137) ने

कहा कि सरकारी कार्यालयों को धूल भरे, कीटों द्वारा खाए, गंदे, कागजों से पीड़ित बाबुओं की बुरी हालत रूप में देखा गया है, जो अपने दृष्टिकोण में सामंती, संरचना में पदानुक्रमित, अपनी प्रक्रियाओं में पुराना और ग्राहकों के साथ अपने व्यवहार में गुप्तता रखने वाला है। सेवाओं के सबसे बड़ी प्रदाताओं में से एक होने के बावजूद, यहाँ विभिन्न सरकारी विभागों में ग्राहक उन्मुखीकरण का पूर्ण अभाव है। नतीजतन आम आदमी ने सरकारी पदाधिकारियों को सुविधाप्रदाता के बजाय शोषकों के रूप में देखा है।

द्वितीय प्रशासनिक सुधार आयोग (भारत सरकार 2008b, 1) की भारतीय प्रशासन के बारे में एक ऐसी ही धारणा थी। यह देखा गया है कि चीजों में वर्षो से कोई सुधार नहीं हुआ है, जनता की धारणा में अक्षमता, भ्रष्टाचार और देरी भारत में लोक प्रशासन का प्रमाण बन गया है। बीपी माथुर (2012) का मानना है कि नीति निर्माताओं के सामने सबसे बड़ी चुनौती सार्वजनिक सेवाओं को जवाबदेह बनाना था, ताकि वे कुशल, नागरिक अनुकूल सेवाएं प्रदान कर सके। उनका सुझाव है कि जवाबदेही निम्नलिखित बातों द्वारा लाई जा सकती है:

1. किसी अधिकारी की पदोन्नति और कैरियर में उन्नति को काम पर उसके वास्तविक प्रदर्शन के साथ जोड़ना।
2. सिविल सेवाओं में प्रतियोगिता लाना।
3. एक आचार संहिता विहित करना।
4. एक सख्त अनुशासनात्मक शासन लागू करना।

जवाबदेही प्रशासन को जनता की जरूरतों के लिए उत्तरदायी बनाने के लिए एक पूर्वशर्त है। लेकिन यह व्यापक रूप से महसूस किया गया है कि भारत में सरकारी कर्मचारी अपने काम के प्रति उदासीन और अनुत्तरदायी हैं। उस के लिए कारण जवाबदेही की कमी हो सकती है जिसके कारण सरकारी कर्मचारी काम करने से बचते हैं, जिम्मेदारियों से बचते हैं और शासकों की तरह महसूस करते हैं। इस प्रकार, यहाँ जवाबदेही सुनिश्चित करने के लिए एक प्रभावी तंत्र बनाकर प्रशासनिक व्यवस्था के लिए जवाबदेह बनाने की जरूरत थी।

सूचना प्रौद्योगिकी और प्रशासन पर इसके प्रभाव

अध्ययन उद्देश्य

1. भारत में प्रशासन पर सूचना प्रौद्योगिकी के प्रभाव का पता लगाना।

सूचना प्रौद्योगिकी को लोकप्रिय रूप में ई-गवर्नेंस के नाम से जाना जाता है। यह लोक शिकायत निवारण के लिए और इस तरह से लोगों को प्रशासन के करीब लाने के लिए एक तंत्र है। ई-गवर्नेंस 'इलेक्ट्रॉनिक गवर्नेंस' का संक्षिप्त रूप है। यदि सेवा वितरण को आईसीटी (सूचना और संचार प्रौद्योगिकी) के उपयोग के साथ किया जाता है, तो इसे ई-गवर्नेंस होना कहा जाता है। सामान्यतः ई-गवर्नेंस किसी भी संगठन में आईसीटी के उपयोग को दर्शाता है यानी इलेक्ट्रॉनिक्स विधा के माध्यम से शासन करना। ई-गवर्नेंस का आईसीटी के अनुप्रयोग के माध्यम से सरकारी कार्यों के तेज निष्पादन के लिए उल्लेख किया जाता है, जिसका सबसे प्रसिद्ध हिस्सा 'इंटरनेट' है।

इस प्रकार ई-गवर्नेंस सरकारों के काम करने के तरीके में सुधार की एक प्रक्रिया लाने के बारे में है, यह जानकारी को साझा करता है, और आंतरिक और बाह्य ग्राहकों को सेवाएं देता है। विशेष रूप से, एक ई-गवर्नेंस नागरिकों और व्यवसायों के लिए सूचना और सेवाओं का वितरण करने के लिए इंटरनेट, वेब, और मोबाइल फोन के रूप में सूचना और संचार प्रौद्योगिकियों को जोड़ता है। पहले चरण के रूप में, सेवाओं के बारे में जानकारी को एक वेबसाइट पर प्रकाशित किया जाता है और नागरिक विविध सेवाओं के लिए आवेदन पत्र को डाउनलोड करने के लिए साइट के साथ बातचीत कर सकते हैं। अगले चरण में सेवाओं

के वास्तविक वितरण में आईसीटी का इस्तेमाल करना शामिल है, जैसे आयकर रिटर्न दाखिल करना, या लाइसेंस का नवीकरण करना। अधिक परिष्कृत अनुप्रयोग ऑनलाइन भुगतान प्रक्रिया कर सकते हैं (भटनागर 2008, 247)।

जनता को प्रशासन के करीब लाना

ई-गवर्नेंस, नागरिकों को इलेक्ट्रॉनिक साधनों के माध्यम से सरकारी सेवाओं को प्राप्त करने की क्षमता प्रदान करता है, जो उन्हें किसी भी समय और कहीं से भी सरकारी जानकरी और सरकारी लेन-देन का पूरा करने के लिए पहुँच प्रदान करता है। इस तरह से यह लोगों को सरकार और प्रशासन के करीब लाने का एक उपकरण है। इसके पीछे का विचार इलेक्ट्रॉनिक नेटवर्क के माध्यम से सरकारी विभागों के लिए नागरिकों की पहुँच प्रदान करने के लिए क्षमताओं को बनाना भर है। इसका अंतिम लक्ष्य बेहतर शासन लाना है, जिसे सरल, नैतिक, जवाबदेह, पारदर्शी और उत्तरदायी (स्मार्ट; भारत सरकार 2002, 187) कहा जा सके, जिसका उद्देश्य नागरिकों को नियमित रूप से शामिल होने के लिए एक जगह बनाना है, जिन्हें सार्वजनिक सेवाओं के ग्राहकों के रूप में अब आईसीटी के माध्यम से सरकारी गतिविधियों तक सीधी पहुंच है। इस प्रकार, ई-गवर्नेंस के माध्यम से, स्मार्ट गवर्नेंस का उद्देश्य निम्नलिखित बातें हासिल करना है:

सरल: क्योंकि वहाँ कोई विस्तृत प्रक्रियाएं नहीं हैं, कोई कागज का काम नहीं है और सरकारी कार्यालयों में जाने की जरूरत नहीं है,

नैतिक: प्रणाली में से भ्रष्टाचार और अन्य अनैतिक तरीकों को साफ किया जाता है,

जवाबदेह: चूंकि सभी जानकारी सार्वजनिक डोमेन में होती है, इसलिए इसने सरकार की जवाबदेही को बढ़ाया है,

जवाबदेही: आईसीटी के उपयोग के माध्यम से, सरकार आम जनता के साथ नियमित संपर्क में रह सकती है और उनकी प्रतिक्रिया प्राप्त कर सकती है,

पारदर्शिता: जो जानकारी अंधेरे फ़ाइल कक्षों के भीतर गोपनीयता में डूबी हुई थी वह अब एक माउस के क्लिक पर सभी के लिए उपलब्ध हो जाएगी।

आईसीटी में एक क्रांति के कारण शासन प्रक्रिया को नए स्तर तक ऊपर उठाने की क्षमता है। आईसीटी पहले मैनुअल सिस्टम की तुलना में कुशल भंडारण और डेटा की पुनर्प्राप्ति, सूचना का तात्कालिक संचरण, जानकारी और डेटा का तेजी से प्रसंस्करण, सरकारी प्रक्रियाओं को तेज करने, तेजी से और विवेकपूर्ण तरीके से निर्णय लेने, पारदर्शिता बढ़ाने और जवाबदेही को लागू करने में सुविधाजनक है। यह सरकारों को भौगोलिक और जनसंख्या की दृष्टि से पहुंच बढ़ाने में भी मदद करता है। इलेक्ट्रॉनिक्स के बढ़ते महत्व को स्वीकार करते हुए भारत सरकार ने 1970 में इलेक्ट्रॉनिक्स विभाग की स्थापना की। बाद में 1977 में राष्ट्रीय सूचना विज्ञान केन्द्र (एनआईसी) की स्थापना भारत में ई-गवर्नेंस की दिशा में पहला कदम था, क्योंकि इसने 'जानकारी' और उसके संचार को ध्यान में लाया। 1990 के दशक में संघ और राज्य सरकारों द्वारा कई महत्वपूर्ण पहल किए गए थे। इन सभी का 2006 में राष्ट्रीय ई-शासन कार्यक्रम के शुभारंभ में समापन हुआ।

विकसित देशों में, प्रशासन एक अच्छी तरह से स्थापित विधा है जिसमें सरकारी सेवाओं को इंटरनेट पोर्टल के माध्यम से नागरिकों को उपलब्ध कराया जाता है। भारत में डिजिटल गवर्नेंस को सूचना प्रौद्योगिकी अधिनियम 2000 के द्वारा वैध कर दिया गया है। यह अधिनियम निम्नलिखित प्रावधान करता है

> इलेक्ट्रॉनिक डाटा इंटरचेंज और इलेक्ट्रॉनिक संचार के अन्य साधनों के माध्यम से किए गये लेनदेन के लिए कानूनी मान्यता, जिसे आमतौर पर 'इलेक्ट्रॉनिक कॉमर्स' के रूप में संदर्भित किया जाता है, जिसमें संचार और सूचना के भंडारण के कागज आधारित विधियों के लिए विकल्प के इस्तेमाल को शामिल किया जाता है, ताकि सरकारी एजेंसियों के साथ दस्तावेजों की इलेक्ट्रॉनिक फाइलिंग की सुविधा की जा सके।

यह अधिनियम भारत में प्रशासनिक सुधार की संकल्पना में एक मील का पत्थर है। इससे भी महत्वपूर्ण बात, यह गवर्नेंस निश्चित रूप से नौकरशाही की लालफीताशाही पर एक हमला है, जो अनावश्यक देरी और भ्रष्टाचार का कारण बनता है। यह 'सुशासन प्राप्त करने के लिए एक उपकरण है, विशेष रूप से दक्षता, पारदर्शिता के संबंध में सुधार और सरकार उपयोगकर्ता के अनुकूल इंटरफेस बनाने में'। नागरिक न केवल ऑनलाइन विभिन्न सरकारी कार्यवाहियों को देख सकते हैं, बल्कि वे ईमेल और इलेक्ट्रॉनिक उपकरणों के माध्यम से महत्वपूर्ण जानकारी प्रदान भी कर सकते हैं (चक्रवर्ती और भट्टाचार्य 2008, 52)। आईसीटी, इस प्रकार, नागरिकों और सरकार को जोड़ने के के लिए एक महत्वपूर्ण उपकरण है।

आईसीटी आधारित ई-गवर्नेंस ने निम्नलिखित क्षमता के साथ सरकार के नवाचारों में एक नए युग की शुरुआत की है (क) सरकार की लागत को कम करने, (ख), सरकार में नागरिकों की आदानों में वृद्धि करने (ग) सार्वजनिक निर्णय लेने में सुधार करने, और (घ) सरकार के लेन-देन में पारदर्शिता बढ़ाने के लिए। ई-गवर्नेंस का उद्देश्य 'नागरिकों को सरकार के निरीक्षणकर्ता के रूप में उन्हें हथियारों से सज्जित करना' है (चक्रवर्ती और भट्टाचार्य 2008, 52)। इन सुपरिभाषित कार्यात्मक विशेषताओं को देखते हुए, ई-गवर्नेंस भ्रष्टाचार का मुकाबला करने की दिशा में भी एक बहुत ही सार्थक कदम है। विवेकाधीन शक्तियों को कम करके, यह मनमाने ढंग से कार्रवाई करने के अवसरों को प्रतिबंधित करता है, और आईसीटी के माध्यम से नियमित रूप से होने वाले सरकारी व्यापार के लेन-देन में नागरिकों के हस्तक्षेप के लिए सशक्त करता है। परियोजना ई-सेवा (सेवा), जो आंध्र प्रदेश में पश्चिमी गोदावरी जिले में शुरू हुई थी, इसका एक अच्छा उदाहरण है। यह परियोजना 'ग्रामीण क्षेत्रों में लोगों के लिए विभिन्न नागरिक से नागरिक (C2C) और नागरिक से सरकारी (C2G) सेवाओं के लिए पहुँच प्रदान करने के लिए' सूचना प्रौद्योगिकी के व्यापक उपयोग के माध्यम से 'ग्रामीण क्षेत्रों में डिजिटल डिवाइड को पाटने के लिए एक साधन है' (चक्रवर्ती और भट्टाचार्य 2008, 52)। एक महिला स्व-सहायता समूह द्वारा प्रबंधित, यह परियोजना अपने आप में एक विशेष स्थान रखती है, क्योंकि यह स्थानीय महिला प्रतिभागियों को 'जानकार नेताओं' के रूप में उभरने के लिए सक्षम बनाता है, जो ई-सेवा के लक्ष्य को साकार करने में महत्वपूर्ण रहता है (चक्रवर्ती और भट्टाचार्य 2008, 52)।

इस प्रकार, ई-गवर्नेंस एक ताज़े नये तरीके में लोक प्रशासन को परिलक्षित करता है। यह इलेक्ट्रॉनिक सार्वजनिक सेवा के मामले में नागरिकों और सरकार के बीच एक कड़ी बनाना चाहता है। ऐसा करके, यह सरकार की निर्णय लेने की प्रक्रिया में मजबूत नागरिकों की भागीदारी के लिए स्थितियों का निर्माण करता है। ई-गवर्नेंस के सफल प्रेरण के लिए नजरिये में परिवर्तन करने की आवश्यकता है। बदले में इसके लिए महान राजनीतिक इच्छाशक्ति और दृढ़ संकल्प और एक स्पष्ट अध्यक्षता वाले और निर्णायक नेतृत्व की आवश्यकता है।

पारदर्शिता और सूचना का अधिकार

अध्ययन उद्देश्य

1. जानकारी के अधिकार के लिए भारतीय संवैधानिक प्रावधानों को पता करना।
2. भारतीय प्रशासन में सूचना का अधिकार अधिनियम के द्वारा निभाई गई भूमिका को समझना।

पारदर्शिता अच्छे प्रशासन के लिए एक अनिवार्य पूर्व शर्त है। यह गोपनीयता का विलोम है, जो लोक प्रशासन का पारंपरिक प्रतीक है। इससे संकेत मिलता है कि सरकारी नीतियों और कामकाज को बड़े समाज के द्वारा जाना जाए। पारदर्शिता का मतलब है कि जानकारी आसानी से उपलब्ध है और इस तरह के निर्णयों और उनके प्रवर्तन से प्रभावित लोगों के लिए सीधे सुलभ है। इसका यह भी मतलब है कि जानकारी को आसानी से समझा जा सकता है। पारदर्शिता नागरिकों को खुद को सरकार की नीतियों, अपने

अधिकारों, और उन्हें किन सेवाओं की सरकार से उम्मीद करनी चाहिए इसके बारे में सूचित रखने के लिए सक्षम बनाता है। सूचना का अधिकार और नागरिक चार्टर प्रशासन में पारदर्शिता सुनिश्चित करने के महत्वपूर्ण साधन हैं।

सूचना का अधिकार: प्रशासन में पारदर्शिता सुनिश्चित करना

सूचना का अधिकार (आरटीआई) जनता की शिकायतों के निवारण के लिए सबसे प्रभावी और सुलभ तंत्र है। इसका मतलब है सरकार की जानकारी के तक पहुंचने के लिए लोगों की स्वतंत्रता का होना। इससे यह संकेत मिलता है कि नागरिकों को सरकार के काम की प्रक्रियाओं से संबंधित सभी फाइलों और दस्तावेजों तक मुक्त पहुँच होनी चाहिए। आरटीआई को सहभागितापूर्ण लोकतंत्र को मजबूत बनाने और जन केंद्रित शासन की शुरुआत करने के लिए महत्वपूर्ण होने के रूप में देखा जाता है, क्योंकि जानकारी तक पहुँच मिलने से नागरिक मांग करने के लिए और लोक नीतियों और कार्यों के बारे में जानकारी प्राप्त करने में सशक्त बन सकते हैं, जिससे आगे उनका कल्याण होगा। सरकारी संगठनों में पारदर्शिता उन्हें प्रभावी और अधिक निष्पक्ष ढंग से काम करवाती है और साथ ही प्रभावी ढंग से शासन प्रक्रियाओं में भाग लेने के लिए नागरिकों को सक्षम बनाती है। एक मौलिक अर्थ में, आरटीआई सुशासन की एक बुनियादी आवश्यकता है।

सार्वजनिक मामलों में पारदर्शिता के लिए जरूरत की मान्यता में, भारतीय संसद ने 11 मई 2005 पर सूचना का अधिकार अधिनियमित किया। यह अधिनियम जानकारी के सक्रिय प्रकटीकरण, सूचना आयोग की स्थापना, लोक सूचना अधिकारी की नियुक्ति, जानकारी प्राप्त करने के लिए प्रक्रियाओं आदि के लिए प्रावधान करता है। यह एक लीक को तोड़ने वाला विधान है, जो लोगों को सशक्त बनाता है और पारदर्शिता को बढ़ावा देता है। यह अधिनियम नागरिकों को सरकार द्वारा विभिन्न स्तरों पर धारित जानकारी तक पहुँचने के लिए अनुरोध करने के लिए और उपयोग करने का अधिकार देता है।

यह अधिनियम 'जानकारी' को परिभाषित करता है जो मोटे तौर पर न केवल प्रिंट और इलेक्ट्रॉनिक मीडिया के रूप में रखी सभी जानकारी है, अपितु उसमें कार्यों के शारीरिक नमूने भी शामिल हैं। गुंजाइश के संदर्भ में, यह अधिनियम पूरे भारत (जम्मू-कश्मीर राज्य को छोड़कर) को शामिल करता है, विशेष रूप से, यह नागरिकों को केंद्र सरकार, राज्य सरकारों और केंद्र शासित प्रदेशों के द्वारा स्थापित, स्वामित्व वाली या काफी हद तक वित्त पोषित जन-अधिकारियों द्वारा धारित जानकारी को जानने का अधिकार देता है। इसमें पंचायतें, नगर पालिकाएं और अन्य स्थानीय निकाय शामिल होते हैं (शर्मा और देवाशेर 2007, 356)।

आरटीआई अधिनियम के लिए समय सीमा निर्धारित करता है, जैसे सामान्य आवेदन के लिए तीस दिन और जहां एक तीसरे पक्ष को प्रस्तुत करने के लिए कहा जा रहा है वहाँ चालीस दिन। एक अभिनव दृष्टिकोण में, ये समय सीमा मात्र 48 घंटे के लिए कम कर दी गई है, जब मांगी गई जानकारी किसी व्यक्ति की 'जीवन और स्वतंत्रता का सवाल होती है'। आवेदन शुल्क प्रति अनुरोध के अनुसार दस रूपये है और गरीबी रेखा से नीचे रहने वाले लोगों से कोई शुल्क नहीं लिया जाता। यह अधिनियम सभी प्रशासनिक इकाइयों/कार्यालयों में लोक सूचना अधिकारी (पीआईओ) की नियुक्ति का प्रावधान करता है, क्योंकि यह अनुरोध करने वाले व्यक्तियों को जानकारी प्रदान करने के लिए आवश्यक हो सकता है। प्रत्येक उप-प्रभागीय या उप जिला स्तर पर सहायक आईपीओ को भी नियुक्त करना होता है। इन प्रावधानों को यह सुनिश्चित करने के लिए लोगों के करीब लाने के लिए तैयार किया गया है कि आवेदक अपने स्थानीय क्षेत्रों में अपने अनुरोधों को प्रस्तुत कर सकें। हर पीआईओ को किसी आवेदन को स्वीकार न करने, उचित कारण के बिना जानकारी देने में देरी करने, और, अधूरी, गलत और भ्रामक जानकारी उपलब्ध कराने के लिए प्रति दिन 250 रु. से अधिकतम 25,000 रु. द्वारा दंडित किया जा सकता है। यह सूचना ई-मेल समवेत, लिखित रूप में होनी चाहिए, और अनुरोध पीआईओ को प्रस्तुत किया जाना चाहिए। जहाँ कोई जवाब नहीं मिलता है, वहाँ इसे एक इनकार के रूप में माना जाएगा। लेकिन आवेदन को उचित कारणों के साथ लिखित रूप में खारिज कर दिया जाना चाहिए।

यह अधिनियम जानकारी की 10 श्रेणियों को भी परिभाषित करता है, जिन्हें उनके संवेदनशील प्रकृति की वजह से प्रकटीकरण से छूट दी गई है। ये राष्ट्रीय सुरक्षा, सूचना एक विदेशी सरकार द्वारा विश्वास में दी गई जानकारी, कैबिनेट के कागजात, व्यापार और वाणिज्यिक रहस्यों से संबंधित जानकारी होती है। आईबी, रॉ, राजस्व खुफिया निदेशालय, केंद्रीय आर्थिक खुफिया ब्यूरो, विशेष सीमांत बल, बीएसएफ, सीआरपीएफ, आईटीबीपी, सीआईएसएफ, आदि जैसे केंद्रीय खुफिया एजेंसियों और सुरक्षा एजेंसियों को भी इस अधिनियम से बाहर रखा गया है। लेकिन भ्रष्टाचार और मानव अधिकारों से संबंधित जानकारी को केन्द्रीय या राज्य सूचना आयोग के अनुमोदन के साथ दिया जाना अत्यंत जरूरी है, जैसा कि मामला हो।

यह अधिनियम केंद्र में और सभी राज्यों में एक सूचना आयोग की स्थापना के लिए प्रावधान करता है, जो एक मुख्य सूचना आयुक्त और दस सूचना आयुक्तों से मिलाकर बनता है। यह आयोग दस्तावेजों की विज्ञप्ति, पीआईओ की नियुक्ति और निर्दिष्ट जानकारी के प्रकाशन सहित क़ानून के अनुपालन के के लिए आवश्यक कोई भी आदेश कर सकता है। अधिनियम का कहना है कि केंद्रीय मुख्य सूचना आयुक्त को एक समिति द्वारा नियुक्त किया जाएगा जो प्रधानमंत्री, विपक्ष के नेता और प्रधानमंत्री द्वारा नामित एक केंद्रीय मंत्री से मिलकर बनी है।

सूचना का अधिकार अधिनियम, 2005 भारत के नागरिकों के लिए उपलब्ध सबसे सशक्त विधानों में से एक है। यह मौजूदा और उभरती समस्याओं को हल करने के लिए विशिष्ट कार्यों की सुविधा प्रदान कर सकता है। इस अधिनियम को एक नकारात्मक उपाय के रूप में नहीं लिया जाना चाहिए, बल्कि हर स्तर पर शासन की मशीनरी में सुधार करने के लिए एक सकारात्मक दृष्टिकोण के रूप में लेना चाहिए। यह अधिनियम लोगों द्वारा मांगी गई जानकारी के लिए उनके द्वारा दी गई की प्रतिक्रिया के माध्यम से सिविल सेवा को सक्रिय रखने की उम्मीद करता है। लोगों द्वारा पूछी गई जानकारी लोगों की संतुष्टि को सुनिश्चित करने में सिविल सेवकों की मदद भी कर सकती है। हालांकि, यह भी ध्यान में रखा जाना चाहिए कि शासन की प्रचलित शैली को बदले बिना आरटीआई के मात्र प्रदानन की पूरी कवायद व्यर्थ होगी। हमारे वर्तमान परिदृश्य के संदर्भ में समाज संगठनों की भूमिका अत्यंत महत्वपूर्ण है, जो राजनीतिक इच्छाशक्ति की कमी और नौकरशाही का लोगों को जानकारी प्रदान करने के लिए अनिच्छुक रवैये द्वारा विशेषता प्राप्त है। जितने ये संगठनें जमीनी स्तर पर लोगों को समझाने और लामबंद करने के लिए आगे आयेंगी आरटीआई की अपार क्षमता का उतना ही अधिक अहसास होगा।

उदारवादी आर्थिक सुधार और नौकरशाही की भूमिका

अध्ययन उद्देश्य

1. भारतीय प्रशासन पर उदारवादी आर्थिक सुधारों के प्रारंभिक प्रभाव को समझना।
2. यह पता करना कि आर्थिक सुधारों के बाद से नौकरशाही और प्रशासनिक मशीनरी को कैसे विकसित किया गया है।

1990 के दशक में नई आर्थिक नीति को अपनाने के साथ, भारत में आर्थिक विकास के केन्द्र निर्देशित ढांचे को ध्वस्त करने का प्रयास किया गया है। यह उस अवधि की भी शुरुआत थी जब अंतरराष्ट्रीय दानदाता एजेंसियों ने अनुदान प्रदान करते समय 'सशर्त संबंधों' को संलग्न करते हुए घरेलू अर्थव्यवस्था पर भारी प्रभाव का प्रयोग किया था। ये शर्तें शुरू में सहायता के संचालन के लिए मात्र नुस्खे भर थे, लेकिन बाद में खुद शासन के समग्र ढांचे में सुधार के लिए तौर तरीकें बन गई। 'नवउदारवादीता' के बढ़ते ज्वार को देखते हुए कोई भी देश इस से मुक्त नहीं रह सकता। बदलते अनुभवजन्य संदर्भ ने 'बदलते सरकार' के रूप में एक नई संकल्पना तैयार करने में योगदान दिया, जो वास्तव में लोक प्रशासन की बदलती भूमिका स्पष्ट करने का प्रयास है। 1990 के दशक में भारत में प्रशासन में सुधार मूल रूप से आर्थिक उदारीकरण के उपायों के द्वारा संचालित थे।

उदारीकरण के लिए ठेठ भारतीय प्रतिक्रिया को स्पष्ट करने की मांग करते हुए औद्योगिक नीति प्रस्ताव 1991 ने अनावश्यक नौकरशाही पर नियंत्रण के जाल से भारतीय औद्योगिक अर्थव्यवस्था स्थिर होने 'के लिए कई कदमों का सुझाव दिया है, हालांकि राज्य के समग्र नियंत्रण के भीतर। चार विशेष कदमों की सिफारिश की गई थी। पहला, सरकारी सुरक्षा और सामरिक चिंताओं, सामाजिक सरोकारों, खतरनाक रसायनों और सर्वोपरि पर्यावरण का विचार करने से संबंधित उद्योगों की एक छोटी सूची को छोड़कर 'औद्योगिक लाइसेंसिंग नीति' को समाप्त करने का फैसला किया। दूसरा, सरकार ने उच्च प्राथमिकता वाले उद्योगों में 'प्रत्यक्ष विदेशी निवेश को 51 फीसदी विदेशी इक्विटी तक बढ़ाने' का समर्थन किया। बाधाओं से बचने के लिए विदेशी मुद्रा विनियमन अधिनियम 1973 में संशोधन करने का सुझाव दिया। तीसरा, 'सार्वजनिक क्षेत्र की बीमार इकाइयों' के संरक्षण को भी वापस लेने का निर्णय लिया गया था और इन राज्य प्रायोजित उद्यमों में शामिल लोगों की जवाबदेही सुनिश्चित करने के लिए उनके 'प्रदर्शन में सुधार' पर ज्यादा जोर रहेगा। अंत में, 1991 नीति ने 'एकाधिकार एवं प्रतिबंधात्मक व्यापार व्यवहार अधिनियम' (एमआरटीपी) के तहत कार्य कर रही उन कंपनियों के संबंध में परिसंपत्तियों की सीमा' को दूर करने की मांग की। इस अधिनियम में संशोधन करने की मांग करके, 1991 नीति ने 'नए उपक्रमों की स्थापना, उपक्रमों के विस्तार, विलय, एकीकरण और अधिग्रहण और कुछ निश्चित परिस्थितियों में निदेशकों की नियुक्तियों के लिए केंद्र सरकार की पूर्व अनुमति की आवश्यकता' के उन्मूलन का सुझाव दिया। जाहिर है, इस नीति का फोकस बढ़ते निजीकरण, पुनः लायसेंसीकरण और विकेन्द्रीकरण पर था।

आर्थिक सुधारों के शासन में सरकार की कमान और नियंत्रण वाली संरचना की भूमिका ने एक नया अर्थ प्राप्त किया। सार्वजनिक क्षेत्र की इकाइयों (पीएसयू) की कम उत्पादकता, आवश्यकता से अधिक स्टाफ, तकनीकी उन्नयन की कमी और वापसी की कम दरों की दृष्टि से उनके पुनर्गठन की दिशा में बड़ी पहल शुरू किए गए। संसाधन जुटाने और सार्वजनिक क्षेत्र के उपक्रमों में व्यापक जनता की भागीदारी सुनिश्चित करने के लिए अपनी हिस्सेदारी को म्युचुअल फंड, वित्तीय संस्थानों, आम जनता और कार्यकर्ताओं को पेशकश करने का फैसला किया गया था। इसी तरह, लंबे समय से बीमार सार्वजनिक क्षेत्र के उपक्रमों को पुनर्जीवित करने और उनके पुनर्वास के लिए उन्हें औद्योगिक और वित्तीय पुनर्निर्माण बोर्ड (बीआईएफआर) को संदर्भित करने का निर्णय लिया गया। इस नीति ने सार्वजनिक क्षेत्र के उपक्रमों के बोर्ड के लिए अधिक से अधिक प्रबंधकीय स्वायत्तता के लिए भी प्रावधान किया है। निजी कंपनियों की भूमिका को बढ़ावा देने के लिए, राष्ट्रीय खनिज नीति (1993) ने 13 खनिजों से आरक्षण हटाया, जबकि राष्ट्रीय दूरसंचार नीति (1994) ने बुनियादी दूरसंचार सेवाओं में निजी भागीदारी की अनुमति दी। वायू निगम अधिनियम, 1994 ने निजी हवाई टैक्सी कंपनियों को नियमित रूप से घरेलू सेवाएं संचालित करने के लिए सक्षम किया। राष्ट्रीय राजमार्ग अधिनियम ने राष्ट्रीय राजमार्गों के उपयोगकर्ताओं पर टोल की वसूली को सक्षम करने के लिए संशोधन किया था (भारत सरकार 1997b, 92)। नई आर्थिक नीति (1991) ने इस प्रकार राज्य के एक रोल-बैक की परिकल्पना की और बाजार के अनुकूल नीतियों पर अधिक निर्भरता रखी।

1990 के दशक के बाद में सार्वजनिक क्षेत्र के उद्यमों में विनिवेश पर छिटपुट प्रयास किए गये थे, लेकिन वे विवादों में उलझ गये, जिसका अंत 1996 में 'विनिवेश आयोग' की स्थापना में हुआ। पांचवें वेतन आयोग (1994) की रिपोर्ट ने कहा कि यह तेजी से महसूस किया जा रहा था कि ऊर्जा, दूरसंचार, सड़क, बंदरगाह, आदि की तरह पूंजीगत गहन ढांचागत क्षेत्रों में निवेश में कमी इतनी बड़ी थी कि निजी निवेश का एक विशाल समावेशन करना बहुत जरूरी हो गया था। कई राज्यों ने अपने क्षेत्रों में अधिक से अधिक औद्योगीकरण के लिए प्रत्यक्ष विदेशी निवेश को आकर्षित करने हेतु कई विशेष कदम उठाए। कई राज्यों ने औद्योगिक उद्यमों की स्थापना के लिए आवेदनों का तेजी से प्रसंस्करण किए जाने के लिए एकल खिड़की प्रणाली शुरू की और पिछड़े क्षेत्रों में उद्योगों की स्थापना के लिए उद्योगपतियों को उदार प्रोत्साहन देने की पेशकश की। इन सुधारों के प्रभाव को इस तथ्य से लगाया जा सकता है कि भारत में कुल विदेशी निवेश 1991–92 में एक मामूली 132 मिलियन अमेरिकी डॉलर से 1995–96 में बढ़कर 5.3 अरब अमेरिकी डॉलर हो गया। आर्थिक सुधारों के हिस्से के रूप में, सांविधिक स्वतंत्र नियामक तंत्र के निर्माण ने व्यापक समर्थन प्राप्त किया है।

1990 के दशक के बाद में विकेन्द्रीकरण और स्थानीय संसाधनों और ज्ञान-आधारित प्रामाणिक जमीनी स्तर पर शासन के लिए इलाकों का सशक्तिकरण एक और महत्वपूर्ण विकास था। 73वें और 74वें संविधान संशोधन (1992) ने निम्नलिखित बातें उपलब्ध कर जमीनी स्तर पर लोगों के सशक्तिकरण के मामले में महत्वपूर्ण परिवर्तन का संकेत दिया: (क) नियमित रूप से चुनाव, (ख) एक प्रशासनिक फिएट के माध्यम से पंचायती राज निकायों के लिए कम से कम दमन, (ग): वित्त आयोग के द्वारा वैधानिक वितरण के माध्यम से नियमित रूप से वित्तपोषण, (चक्रवर्ती और पांडे 2008, 262) और (घ) महिलाओं सहित समाज के कमजोर वर्गों के लिए सीटों का आरक्षण। कुलदीप माथुर का तर्क है, 'इसका उद्देश्य राजनीतिक और प्रशासनिक विवेक के मार्जिन को कम करना और लोगों की भागीदारी के आधार पर ताकत इकट्ठा करने के लिए विकेन्द्रीकृत संस्थानों की अनुमति देना है' (माथुर 1999, 22)। विकेन्द्रीकरण के लिए स्पष्ट कानूनी स्वीकृति को देखते हुए, इसमें कोई शक नहीं है कि पंचायतों के माध्यम से किए गये विकेन्द्रीकरण के कारण उस तरीके में एक बहुत बड़ा परिवर्तन लाया जा सकता था, जिस तरह से हमारा लोकतंत्र कार्य कर रहा था। इसमें न केवल स्थानीय शासन में एक परिवर्तन करना था, अपितु इसे और अधिक प्रत्यक्ष बनाने से यह राजनीतिक लोकतंत्र को मजबूत बनाने के लिए एक रास्ता प्रदान कर सकता था, हालांकि इसमें 'एजेंसी प्रेरित विकेन्द्रीकरण' की सभी सीमाएं रहती, हालाँकि वैचारिक स्वरूप अनछुए रह जाते जिसमें पंचायती राज संस्थानों को व्यक्त किया जा रहा था।

नई परिस्थितियों में भारतीय प्रतिक्रिया को मुख्य सचिवों (1996) के सम्मेलन में स्पष्ट रूप से व्यक्त किया गया था। सम्मेलन का फोकस एक जवाबदेह, खुली और नागरिक के अनुकूल सरकार के होने पर और प्रदर्शन में सुधार और ईमानदारी पर था। इसे मान्यता दी गई कि परिणामों के लिए नौकरशाही की सार्वजनिक छवि उन तक पहुंच न होने, उदासीन, प्रक्रिया उन्मुख, खराब गुणवत्ता वाली और सुस्त, भ्रष्टाचार और गैर-जवाबदेही की थी (भारत सरकार 1997b, 1)। सम्मेलन की अनुवर्ती कार्रवाई में निम्नलिखित शामिल हैं:

1. शिकायत निवारण तंत्र का विकास करना।
2. सार्वजनिक अंतरफलक के साथ सभी मंत्रालयों द्वारा सिटीजन चार्टर का निरूपण करना।
3. एच.डी. शौरी द्वारा आरटीआई और पारदर्शिता पर एक अंतर-मंत्रालय कार्य समूह की स्थापना करना।
4. एन विठ्ठल की अध्यक्षता में कर्मिक प्रणालियों और सार्वजनिक सेवाओं के कम्प्यूटरीकरण पर गौर करने के लिए एक विशेषज्ञ समूह का गठन करना।
5. सिविल सेवा सुधारों की शुरुआत करना, विशेष रूप से केंद्र और राज्यों में स्थानान्तरण और प्रोन्नति में।

इस प्रकार इस सम्मेलन ने प्रभावी और जिम्मेदार प्रशासन पर एक राष्ट्रीय बहस शुरू की, जिसका एक कार्य योजना में समापन हुआ और उस पर 24 मई 1997 को मुख्यमंत्रियों के सम्मेलन में चर्चा की गई और उसे अपनाया गया। इस कार्य योजना के तीन घटक थे:

1. जवाबदेह और नागरिकों के अनुकूल सरकार।
2. पारदर्शिता और सूचना के अधिकार।
3. सार्वजनिक सेवाओं के प्रदर्शन और ईमानदारी में सुधार।

एक जवाबदेह और नागरिकों के अनुकूल सरकार बनाने के लिए इस कार्य योजना ने निर्दिष्ट किया कि केंद्र और सभी राज्य सरकारें अगले तीन महीनों में अपने विभागों और कार्यालयों के लिए नागरिक चार्टर तैयार करेंगी, जो उन लोगों के साथ शुरू हो जिनका एक बड़ा सार्वजनिक अंतरफलक है। सभी केंद्रीय और राज्य विभाग विभिन्न स्तरों पर अगले तीन महीनों में सचिवालय से नीचे गांवों की तरफ जनता की शिकायतों के शीघ्र और प्रभावी निवारण में सुविधा देना चालू करें। इस कार्य योजना ने अधिक से अधिक विकेन्द्रीकरण और सभी स्तरों पर प्रशासनिक शक्तियों के हस्तांतरण की आवश्यकता को भी मान्यता दी। इसने संविधान

के 73वें और 74वें संशोधन की भावना के साथ, सेवाओं के वितरण और प्रशासनिक अधिकारों के हस्तांतरण में लोगों और स्वयंसेवी एजेंसियों की भागीदारी पर बल दिया।

इस सम्मेलन ने स्वीकार किया कि लेन-देन में गोपनीयता और खुलेपन की कमी अधिकारी व्यवहार में भ्रष्टाचार के लिए काफी हद तक जिम्मेदार थे। इस प्रकार सरकार की गतिविधियों और निर्णय से संबंधित सभी जानकारी तक लोगों की आसान पहुँच सुनिश्चित करने के लिए कदम उठाए जाने की जरूरत होगी। इस संबंध में सरकार ने आरटीआई पर कार्य समूह की रिपोर्ट की जांच के लिए और सूचना की स्वतंत्रता के लिए संसद में क़ानून शुरू करने के लिए तत्काल आवश्यक कदम उठाएगी। इस कार्य योजना का उद्देश्य सिविल सेवाओं के प्रदर्शन और ईमानदारी में सुधार लाना भी था। यह सहमति हुई कि सार्वजनिक सेवाओं में भ्रष्टाचार के उन्मूलन के लिए रोकथाम, निगरानी और निवारक अभियोजन पक्ष की आवश्यकता होगी। इसके लिए जांच एजेंसियों और सतर्कता मशीनरी को मजबूत करने की आवश्यकता होगी। यह सहमति हुई कि संस्थागत व्यवस्था को ऐसे क्षेत्रों में निष्पक्ष और पारदर्शी निर्णय लेने के लिए सक्षम करने के लिए विकसित किए जाने की जरूरत है, जैसे अधिकारियों की नियुक्ति, पदोन्नति और स्थानान्तरण, विशेष रूप से महत्वपूर्ण क्षेत्रों में काम करने वालों के लिए, ताकि सभी स्तरों पर मनोबल बनाए रखने के लिए कार्यकाल की स्थिरता और गैर-राजनितिक नियुक्तियों को सुनिश्चित किया जा सके।

सिविल सेवा सुधारों के लिए ऊपरी सुनिर्देशित डिजाइन को देखते हुए, पांचवें वेतन आयोग की सिफारिशों को इस दिशा में एक और मील का पत्थर माना गया था। अपनी आत्मा के लिए सच्चे, मुख्य सचिवों के सम्मेलन 1996 में व्यक्त किए गये, पांचवें वेतन आयोग ने सिफारिश की: (क) गतिविधियों के निगमीकरण के माध्यम से सरकार का आकार घटाना, जिसमें 'माल की खराबी या वाणिज्यिक सेवाओं के प्रावधान' शामिल हैं; (ख) गतिविधियों के निजीकरण से सरकारी कार्यों में पारदर्शिता, खुलापन और किफायत लाना, जहां सरकार को एक प्रत्यक्ष भूमिका निभाने की जरूरत नहीं है' और 'उन सेवाओं को बाहर अनुबंध पर देना, जो आसानी से निजी क्षेत्र को आउटसोर्स की जा सकती हैं '(भारत सरकार 1997a, 122–23) और (ग)' विशेषज्ञों की लेटरल एंट्री में दोनों प्रकार की स्टाफिंग में एक निश्चित लचीलापन बनाए रखने के लिए काम की बाध्यताओं के आधार पर नियुक्तियों की संख्या को निर्धारित करना और कुछ संवेदनशील/विशिष्ट नौकरियों के लिए घटक और प्रतिबद्ध कर्मियों की उपलब्धता सुनिश्चित करने के उद्देश्य से संचालन के चुनिन्दा क्षेत्रों में संविदात्मक नियुक्तियाँ करना (भारत सरकार 1997a, 175)।

केंद्र सरकार को सिविल सेवा की संख्या में 30 फीसदी की कमी करने के लिए सलाह दी गई थी, क्योंकि वेतन आयोग का मानना था कि इस सरकारी क्षेत्र को 'अक्षमता के एक द्वीप' और 'जड़ता' के रूप में जारी रखा जाना मूर्खता होगी। 20 साल पूरा करने के बाद स्वैच्छिक सेवानिवृत्ति की सामान्य प्रक्रिया को जारी रखा जा रहा था। इस के साथ, इस आयोग ने उन विभागों में स्वैच्छिक सेवानिवृत्ति के लिए एक विशेष योजना की सिफारिश की जहां अधिशेष जनशक्ति की पहचान की गई थी। ऐसे मामलों में, वहाँ चुनिंदा व्यक्तियों के सेवानिवृत्ति के लिए एक प्रावधानीकरण होगा, इस सुनहरे समझौते के लिए पहल हमेशा सरकार की तरफ से की जाएगी। वेतन आयोग ने यह भी कहा कि सरकार की भूमिका शासन की नीति तैयार करने में अधिक होगी और वास्तविक शासन में कम होगी। अधिकांश सरकारी विभागों को विकास के अवरोधकों के बजाय सुविधाप्रदाता के रूप में कार्य करना होगा। नए नियामकों को विकसित और लागू करना होगा ताकि सार्वजनिक और निजी क्षेत्र के उद्यमों के बीच और घरेलू और विदेशी कंपनियों के बीच एक समान स्तर उपलब्ध कराया जा सके। प्रशासित मूल्य तंत्र को बाजार निर्धारित मूल्य सूचकांक पर आधारित तंत्र द्वारा प्रतिस्थापित करना होगा (भारत सरकार 1997a, 93)।

भारत सरकार ने 5 अक्टूबर 2006 को छठे वेतन आयोग का गठन किया, जिसने 24 मार्च 2008 को अपनी रिपोर्ट प्रस्तुत की। यह पहला केन्द्रीय वेतन आयोग है, जिसे तेजी से तकनीकी विकास के इस सदी में और आरटीआई और राजकोषीय उत्तरदायित्व एवं बजट प्रबंधन (एफआरबीएम) अधिनियम के लागू होने के बाद गठित किया गया है। सरकारी मशीनरी को इसलिए सख्त वित्तीय अनुशासन और वितरण तंत्र के तहत बेहतर प्रदर्शन के लिए तैयार किए जाने की जरूरत है। इन अनिवार्यताओं को छठे केंद्रीय वेतन आयोग की 'संदर्भ की शर्तों' में परिलक्षित किया गया है, जिसने इस आयोग को निम्नलिखित प्रणालीबद्ध परिवर्तन की सिफारिश करने के लिए अनिवार्य किया, (क) केंद्र सरकार के संगठनों को आधुनिक, पेशेवर और नागरिक अनुकूल संस्थाओं

के रूप में बदलना, जो लोगों की सेवा करने के लिए समर्पित हो, और (ख) उभरते वैश्विक आर्थिक परिदृश्य की मांग के साथ केंद्र सरकार के संगठनों के कामकाज में तालमेल बनाना।

छठे वेतन आयोग को इसलिए न केवल सरकारी कर्मचारियों के लिए एक उचित वेतन पैकेज विकसित करना पड़ा, अपितु आम आदमी को बेहतर सेवाएं प्रदान करने के लिए वितरण तंत्र में सुधार करने के एक दृश्य के साथ सरकारी संरचना को युक्तिसंगत बनाने के लिए सिफारिशें भी करना था। आयोग की मुख्य सिफारिशें, जिनका नौकरशाही की भूमिका पर असर पड़ा है, वे इस प्रकार हैं: परतों की कमी करना, सार्वजनिक सेवाओं में गौरव बहाल करना, जवाबदेही के साथ जिम्मेदारी सौंपना और सरकार के लिए सबसे अच्छी संभावित प्रतिभा की उपलब्धता को सुनिश्चित करना और प्रदर्शन से संबंधित प्रोत्साहन योजनाएँ शुरू करना।

छठा वेतन आयोग भिन्न-भिन्न कारणों से भारत की सिविल सेवाओं के विकास में एक मील का पत्थर बना रहा है। यह सामान्य अर्थों में एक वेतन आयोग नहीं था, क्योंकि यह उभरते वैश्विक रुझानों के प्रकाश में नौकरशाही को एक नयी आकृति प्रदान करने की भी मांग कर रहा था। प्रशासनिक पदानुक्रम में महत्वपूर्ण बदलाव के सुझाव से, इस आयोग ने 'नौकरशाही हटाने' की दिशा में किए जाने वाले प्रयासों को वास्तविकता में रूपांतरित किया।

इस प्रकार, 1990 के दशक में भारत की ओर से शुरू किए गये उदारवादी आर्थिक सुधारों के कारण इसके नौकरशाही पर जबरदस्त प्रभाव पड़ा था। आज, ध्यान एक पारदर्शी, जवाबदेह और उत्तरदायी प्रशासन बनाने पर है। नौकरशाही को अधिक प्रभावी और कुशल तरीके से लोगों की सेवा करने के लिए माना जाता है। व्यावसायिकता प्रशासन की चर्चा में एक मूलमंत्र है।

पुनरीक्षण प्रश्न

1. आपदा क्या होती है? भारत में आपदाओं से निपटने के लिए कौनसे तंत्र हैं?
2. प्रशासन पर महिलाओं के नजरिए पर एक निबंध लिखो।
3. जवाबदेही लोक प्रशासन में मूलमंत्र है। चर्चा करें।
4. भारत में नौकरशाही पर उदारवादी आर्थिक सुधारों के प्रभाव पर चर्चा करें।
5. लोक प्रशासन पर सूचना प्रौद्योगिकी के प्रभाव का परीक्षण करें।
6. भारत में विकास के लिए भूमि अधिग्रहण से जुड़े मुख्य मुद्दे क्या हैं।
7. पारदशिता सुनिश्चित करने में सूचना के अधिकार की भूमिका पर चर्चा करें।
8. प्रौद्योगिकी प्रशासन में पारदर्शिता के लिए एक सहायता है। चर्चा करें।
9. नई आर्थिक नीति 1991 में स्पष्ट रूप से प्रशासन में एक वैचारिक हस्तक्षेप है। समझायें।
10. आप भारतीय प्रशासन में नागरिक समाज के बढ़ते महत्व का हिसाब कैसे करते हैं? अपनी प्रतिक्रिया पर प्रकाश डालें।

टिप्पणियाँ

1. यह 1966 की प्राक्कलन समिति की रिपोर्ट का संक्षिप्त संस्करण है, जो माहेश्वरी में उपलब्ध है (1995, 155)।
2. विकास पर फ्रेड डब्ल्यू रिग्स और दया कृष्ण की बहस (1966) अरोड़ा और गोयल में उद्धृत (1995, 559)।
3. पहले एआरसी की हूवर आयोग के साथ तुलना की जाती है, जिसने द्वितीय विश्व युद्ध के बाद अमेरिकी प्रशासन में सुधार करने के लिए सिफारिशों की एक श्रृंखला बनाई थी।
4. आदानों को भारत सरकार (2007) से लिया गया है, जब तक अन्यथा नहीं कहा जाता हैं।

5. यह भारत सरकार से संक्षेप में लिया गया है (2008a, 223)।
6. जानकारी के लिए, लुईस और कांजी देखें (2009, 64–65)।
7. (क) भारत हैवी इलेक्ट्रिकल लिमिटेड (भेल), (ख) भारत पेट्रोलियम कॉर्पोरेशन लिमिटेड (बीपीसीएल), (ग) गैस अथॉरिटी ऑफ़ इंडिया लिमिटेड (गेल), (घ) हिंदुस्तान पेट्रोलियम कॉरपोरेशन लिमिटेड (एचपीसीएल), (ई) इंडियन ऑयल कॉर्पोरेशन लिमिटेड (आईओसी), (च) भारतीय पेट्रोल केमिकल्स लिमिटेड (आईपीसीएल), (छ) महानगर टेलीफोन निगम लिमिटेड (एमटीएनएल), (ज) नेशनल थर्मल पावर कॉरपोरेशन लिमिटेड (एनटीपीसी), (झ) तेल एवं प्राकृतिक गैस आयोग लिमिटेड (ओएनजीसी), (प) भारत इस्पात प्राधिकरण लिमिटेड (सेल) और (फ) विदेश संचार निगम लिमिटेड (वीएसएनएल)।
8. (क) कोल इंडिया लिमिटेड, (ख) आईओसी, (ग), एनटीपीसी, (घ) ओएनजीसी और (ई) सेल।
9. इस चर्चा को चक्रवर्ती और पांडे से लिया गया है, जब तक अन्यथा नहीं कहा जाता है (2008, 194–203)।
10. एक सुरक्षित दुनिया के लिए योकोहामा रणनीति और कार्य योजना: प्राकृतिक आपदा रोकथाम, तैयारियों और शमन के लिए दिशानिर्देश। यह दस्तावेज़ योकोहामा, जापान में 23 मई से 27 मई 1994 तक आयोजित प्राकृतिक आपदा न्यूनीकरण के विश्व सम्मेलन का परिणाम है।

निष्कर्ष

Arora, Ramesh K., and Rajni Goyal.1995. *Indian Public Administration: Institutions and Issues*. New Delhi: Wishwa Prakashan.

Banks, Nicola, David Hume, and Michael Edwards. 2015. 'NGOs, States and Donors Revisited: Still Too Close for Comfort?' *World Development* 66: 707–18.

Bhatnagar, Subhash C. 2008. 'E-Government: Building a SMART Administration for India's States'. In *The Governance Discourse: A Reader,* edited by Bidyut Chakrabarty and Mohit Bhattacharya, 247. New Delhi: Oxford University Press.

Bhattacharya, Mohit. 2011. *Public Administration: New Issues and Perspectives*. New Delhi: Jawahar Publishers.

Brautigam, Deborah. 1991. 'Governance and Economy: A Review'. Working Paper, Policy and Review Departments, The World Bank, Washington D.C.

Camilla, Stivers. 2002. *Gender Images in Public Administration: Legitimacy and the Administrative State*. London: SAGE Publications.

Centre for Good Governance. 2008. *Citizen's Charter: A handbook*. Centre for Good Governance, New Delhi.

Cernea, M., ed. 1991. *Socio-economic and Cultural Approaches to Involuntary Population Resettlement*. The World Bank, Washington D.C.

Chakrabarty, Bidyut. 2006. 'Voluntary Associations and Development Imperatives: The Indian Experience'. In *Public Administration: A reader,* edited by Bidyut Chakrabarty and Mohit Bhattacharya, 315–16. New Delhi: Oxford University Press.

Chakrabarty, Bidyut, and Mohit Bhattacharya, eds. 2005. *Administrative Change and Innovation: A Reader*. New Delhi: Oxford University Press.

Chakrabarty, Bidyut, and Mohit Bhattacharya. 2008. 'Introduction'. In *The Governance Discourse: A Reader,* edited by Bidyut Chakrabarty and Mohit Bhattacharya, 4. New Delhi: Oxford University Press.

———. eds. 2008. *The Governance Discourse: A Reader*. New Delhi: Oxford University Press.

Chakrabarty, Bidyut, and Rajendra Pandey. 2008. *Indian Government and Politics*. New Delhi: SAGE.

Chakrabarty, Manas, and Ruchita Chakraborty. 2014, July. 'Disaster Management—The Cry of the Day'. *World Focus*: 17.

Dahrendorf, Ralph. 1996. 'Economic Opportunity, Civil Society and Political Liberty'. *Development And Change* 27(2): 231.

Das, S. K. 2013. *The Civil Services in India*. New Delhi: Oxford University Press.

Dror, Yehezkel. 1968, December. '*Specialists vs. Generalists*'. (TSS). Retrieved from www.dtic.tr/full-text/42/680695.pdf (accessed on 25 April 2015).

Fernandes, Walter. 2008. *Sixty Years of Development-induced Displacement In India: Scale, Impacts and the Search for Alternatives in India*. Social Development Report 2008, Council for Social Development, New Delhi: Oxford University Press.

Fredrich, Carl J. 1989. 'Corruption Concepts in Historical Perspective'. In *Political Corruption: A Handbook,* edited by Arnold J. Heidenheimer, Michael Johnston and Victor T. LeVine, 15. New Brunswick: Transaction Publishers.

GOI. 1966. *Report of the Rural–Urban Relationship Committee*. Ministry of Health, Government of India, New Delhi.

———. 1966–70. *Report of the Administrative Reforms Commission*. Ministry of Home Affairs, Government of India, New Delhi.

———. 1968. *Report on the Machinery of the Government of India and its Procedures of Work*. Administrative Reforms Commission, Government of India, New Delhi.

———. 1997a. *Action Plan for Effective and Responsive Administration*. Statement Adopted at the Conference Of Chief Ministers, New Delhi.

———. 1997b. *Report of the Fifth Central Pay Commission*. Vol. 1. Ministry of Finance. Government of India, New Delhi.

———. 2001. *Handbook of Industrial Policy and Statistics*. Office of Economic Advisor, Ministry of Commerce and Industry, Government of India, New Delhi.

———. 2002. *Tenth Five Year Plan (2002–2007)*. Vol. 1. Planning Commission, Government of India, New Delhi.

———. 2007, January. *Ethics in Governance*. Fourth Report, Second Administrative Reforms Commission, Government of India, New Delhi.

———. 2008a. *Eleventh Five Year Plan*. Vol. 1 (Inclusive Growth). Planning Commission, Government of India, New Delhi: Oxford University Press.

———. 2008b. *Refurbishing the Personnel Administration—Scaling New Heights*. Tenth Report of the Administrative Reforms Commission, Government of India, New Delhi.

———. 2011. *Disaster Management in India*. Ministry of Home Affairs, Government of India, New Delhi.

Jayal, Niraja Gopal. 1997, 22 February. 'The Governance Agenda: Making Democratic Development Dispensable'. *Economic and Political Weekly*: 412.

Kangle, R. P. 1972. *The Kautilya Arthasastra Part II*. Bombay: University of Bombay.

Kothari, Smitu. 1997. 'Whose Independence? The Social Impact of Economic Reforms in India'. *Journal of International Affairs* 51 (1): 85–116.

Lal, Deepak. 1964, 8 August. 'Generalists vs. Specialists in Indian Administration: A Comment'. *The Economic Weekly*: 1355–58

Lalitha, N. V., and Madhu Kohli. 1982. *Status of Voluntary Effort in Social Welfare*. National Institute of Public Cooperation and Child Development, New Delhi.

Leftwich, Adrian, ed. 1996. *Democracy and Development: Theory and Practice*. Cambridge: Polity Press.

Lewis, David, and Nazneen Kanji. 2009. *Non-governmental Organizations and Development*. London: Routledge.

Maheswari, S. R. 1995. *Indian Administration*. 5th ed. New Delhi: Orient Longman.

Malena, Carmen, Reiner Forster, and Janmejay Singh. 2004. 'Social Accountability: An Introduction to the Concept and Emerging Practice'. Social Development Papers: Participation and Civic Engagement, The World Bank, Washington D.C.

Marx, Fritz Morstein. 1949. 'Administrative Ethics and the Rule of Law'. *The American Political Science Review*: 1127–28.

Mathew, P. D. 1994. *Law for the Protection of Human Rights in India*. Legal Literacy Series (38). New Delhi: Indian Social Institute.

Mathur, B. P. 2012. 'Accountability of Civil Services: Creating an Institutional Framework'. *IJPA* LVIII (4, October–December): 680.

Mathur, Kuldeep. 1996. 'Challenge of Good Governance: India in the Post-economic Reform Period'. In *Fiscal Policy, Public Policy and Governance,* edited by Shome Parthasarathi, 315. New Delhi: NIPF & P.

———. 1999. 'Strengthening Bureaucracy: State and Development in India'. *Indian Social Science Review* 1 (January–June): 22.

Mitlin, David, S. Hickey, and A. Bebbington. 2007. 'Reclaiming Development: NGOs and the Challenge of Alternatives'. *World Development* 35 (10): 1699–1720.

MRD (Ministry of Rural Development). 1994. *National Policy for Development-induced Displacement and Rehabilitation of Persons Displaced as a Consequence of Acquisition of Land*. 2nd draft. MRD, Government of India, New Delhi.

Planning Commission. 1951. *First Five Year Plan (1951–56)*. Planning Commission, Government of India, New Delhi.

———. 1961. *Report of the Third Five Year Plan (1961–66)*. Planning Commission, Government of India, New Delhi.

Prasad, Kamala. 2006. *Indian Administration: Politics, Policies and Prospects*. New Delhi: Pearson-Longman.

Roy, Ashok Mohan. 1964, 13 June. 'Generalists vs. Specialists in Indian Administration–1'. *The Economic Weekly*: 1059–64.

Roy, Jaytilak Guha. 2003. 'Human Rights Dimensions of Public Administration in India'. In *Public Administration: A Reader,* edited by Bidyut Chakrabarty and Mohit Bhattacharya, 382–400. New Delhi: Oxford University Press.

Rudolph, S. H. 2000, 30 May. 'Civil Society and the Realm of Freedom'. *Economic and Political Weekly*: 1762.

Shantanam, K. 1964. *Report of the Committee on Prevention of Corruption*. New Delhi: Government of India Press.

Sharma, Pradeep K., and Mandakini Devasher. 2007. 'Right to Information in India: Legislation and Beyond'. In *Decentralisation: Institutions and Politics in Rural India,* edited by Satyajit Singh and Pradeep K. Sharma, 356. New Delhi: Oxford.

Singh, Amita. 2002. *Public Administration: Roots and Wings*. New Delhi: Galgotia Publishing.

Stivers, Camilla. 2000. *Gender Images in Public Administration: Legitimacy and the Administrative State*. 2nd ed. Thousand Oaks: SAGE.

Self, Peter. 1981. *Administrative Theories and Politics*. 1st Indian ed. New Delhi: S. Chand & Company.

Tendulkar, Suresh D., and T. A. Bhavani. 2007. *Understanding Reform: Post 1991 India*. New Delhi: Oxford University Press.

The Industrial Policy Resolution. 1948. Retrieved from http://www.dcmsme.gov.in/policies/iip.htm#Indus1 (accessed on 12 December 2015).

The Report of the Fulton Committee. 1968. Her Majesty's Stationary Office, London.

The World Bank. 1989. *Sub-Saharan Africa: From Crisis to Sustainable Growth: A Long Term Perspective Study*. Washington D. C.: The World Bank.

The World Bank. 1992. *World Development Report*. New York: Oxford University Press.

Transparency International India. 2005, 30 June. 'India Corruption Study 2005: To Improve Governance: Volume I—Key Highlights New Delhi' (Archived from the original [PDF] on 11 August 2013).

UNDP (United Nations Development Programme). 1997. 'Reconceptualising Governance'. Discussion Paper No. 2, UNDP, New York.

Vallabhbhai Patel's address in the Constituent Assembly. 1949. *The Constituent Assembly Debates*, Vol. X, p. 978, 25 November.

Vittal, N. 2002. 'Reform Initiatives in Administration'. Mimeograph, Indian Institute of Public Administration, New Delhi.

Wilson, Woodrow. 1887, 2 June. 'The Study of Administration'. *Political Science Quarterly*: 197–222.

निष्कर्ष

I

यहाँ तीन महत्वपूर्ण विचार है जिन पर भारतीय प्रशासन पर इस अध्याय के माध्यम से चर्चा की गई है। पहला, एक संस्थागत व्यवस्था के भीतर प्रशासन की प्रक्रिया पर ध्यान केंद्रित करके, यह अध्याय इस तर्क की पुष्टि करता है कि जब तक इसकी प्रचलित सामाजिक आर्थिक परिवेश के लिए जैविक रूप में संकल्पना न की जाए तब तक इसका मात्र संरचनात्मक अध्ययन करना व्यर्थ है। प्रशासन की प्रक्रियाओं का अध्ययन हमें उन कारकों की जटिल पारस्परिक क्रिया को समझने के लिए सक्षम बनाता है जो वास्तविक प्रशासन में काम कर रहे हैं। दूसरा, एक समकालीन समाज में, हमें उन कड़ियों के प्रति संवेदनशील होने की जरूरत है जो प्रशासन की राजनीति के साथ है या वर्तमान सत्ता-संबंधों में है जो एक विशिष्ट ऐतिहासिक संदर्भ में प्रशासन के वास्तविक कामकाज को आकार दे रहीं हैं। प्रशासन इसलिए केवल किसी भी स्थिति के लिए प्रतिक्रिया देना भर नहीं है, बल्कि वर्तमान समय की मांगों के लिए सोची-समझी प्रतिक्रियाएँ होती हैं जो तब तक रहस्यपूर्ण बनी रहती जब तक उसे राजनीति के साथ जुड़े हुए रूप में समझा नहीं जाता। तीसरा, वैश्वीकरण के संदर्भ में, हमें उन वैश्विक परिस्थितियों के बारे में जागरूक होने की जरूरत है जो घरेलू प्रशासन से टकराते हैं, क्योंकि ये मुद्दे, जिनके साथ घरेलू प्रशासन को निपटना होता है वे काफी हद तक अंतरराष्ट्रीयकृत बन गए हैं। प्रशासन इस प्रकार एक परिप्रेक्ष्य के भीतर एक सूचित प्रतिक्रिया है जो इस तथ्य के साथ-साथ घरेलू और वैश्विक दोनों है कि ज्यादातर मुद्दे जो प्रकृति में घरेलू होने के बावजूद वैश्विक महत्व के हैं और ऐसा ही इसके विपरित है।

यहाँ मौलिक बात यह तथ्य है कि समकालीन युग में प्रशासन को एक ऐतिहासिक समय सीमा के भीतर आपस में जुड़ी प्रक्रियाओं के रूप में समझना ही पड़ता है। यह एक वैचारिक बिंदु जिस पर प्रकाश डालने की जरूरत है, क्योंकि प्रशासन एक सामाजिक रूप से एम्बेडेड संरचना के भीतर कार्य करता है, जो एक विशिष्ट सामाजिक-आर्थिक परिवेश के सापेक्ष है। इसकी विशिष्ट प्रकृति को देखते हुए, जिसे किसी खास राजनीतिक-वैचारिक संदर्भ पर तैयार किया गया है, इसे एक सार्वभौमिक मॉडल के रूप में समझा नहीं जा सकता जिसे अंधाधुंध कहीं भी लागू किया जा सकता हो। प्रशासन परिस्थितियों के सापेक्ष है, दूसरे शब्दों में, इसे सार्वभौमिक रूप में दोहराया नहीं जा सकता।

भारतीय प्रशासन का अध्ययन इसके जटिल विकास की वजह से जटिल है क्योंकि स्वाभाविक रूप से भारत में शासन की वेस्टमिंस्टर स्वरूप की स्वीकृति के बाद उपनिवेशवाद के समेकन, जिसने प्रशासन की एक प्रणाली बनाई वह इसके शासन के लिए उपयुक्त थी। उपनिवेशवाद, जो क्रूर और भेदभावपूर्ण था, उसके साथ वहाँ स्पष्ट कारणों के लिए ज्ञान की एक शक्तिशाली आवाज उठाई जिसने राजनीतिक रूप से प्रगतिशील ताकतों को आकर्षित किया, जो उपनिवेशवाद में स्व-शासन का समर्थन करती थी। ब्रिटिश राज्य ने इस प्रकार एक विरोधाभास का सामना किया जिसको हल करना आसान नहीं था, क्योंकि इसे शासितों के बीच में ब्रिटिश हितों के समान सशक्त समर्थकों द्वारा दृढ़ता से जायज माना गया था। इस विरोधाभास ने तथापि, ऐसी परिस्थितियों को बनाया जिसमें भारतीयों और शासकों के बीच उनके द्वारा उदारवादी राष्ट्रवाद की संकल्पना की गई जिन्होंने उपनिवेशी भारतीयों के लिए स्व-शासन की सराहना की। यही शायद वह कारण है कि ब्रिटिश शासन के दौरान भारतीय प्रशासन धीरे-धीरे उनके वास्तविक सामाजिक-आर्थिक शिकायतों का समाधान करने के लिए राष्ट्रवादियों के लिए अनुकूल बन गया था। यह प्रशासन कमजोर होता प्रकट नहीं हुआ क्योंकि उपनिवेशवाद प्रमुख वैचारिक शक्ति बना रहा। भारतीयों को तब तक प्रशासन में शामिल किया गया था जब तक वे उपनिवेशवाद के सहायक बने रहे थे। औपनिवेशिक

प्रशासन में उनके प्रशिक्षण ने उन्हें प्रशासन की वास्तविक अभिव्यक्ति में उसकी जटिलताओं को समझने के लिए सक्षम किया। यहाँ तक कि अंग्रेजों के जाने के बाद, प्रशासन के संस्थानों को कमोबेश उनके पूर्व स्वरूप में रहने की अनुमति दी गई। अखिल भारतीय सिविल सेवा का स्टील फ्रेम, जो ब्रिटिश विरासत था, उसे 1947 के भारत विभाजन के बाद की दर्दनाक घटनाओं के कारण रहने के लिए अनुमति दी गई थी, ताकि स्थिति को और अधिक बिगड़ने से बचाया जा सके। 1947 में स्वदेशी शासकों के लिए अंग्रेजों से सत्ता का हस्तांतरण सुगमता से हुआ था और प्रशासन की संरचना की निरंतरता के बारे में कभी भी कोई भी गंभीर बहस उठाई नहीं गई, जब राष्ट्रवादी नेताओं के पास प्रशासन के एक अलग रूप के साथ प्रयोग करने के लिए एक मौका था। स्वतंत्र भारत के लिए एक केंद्रीकृत और पदानुक्रमित में से कौनसी सिविल सेवा होनी चाहिए, इस पर संविधान सभा में हुए बहस के एक अवलोकन से पता चलता है कि संस्थापक पिताओं के बीच आरंभिक असहमति होने के बावजूद, परिस्थितियों को देखते हुए स्टील फ्रेम को बनाये रखना एक *भाग्य था*, जिसमें भारत को देश भर में बड़े पैमाने पर सांप्रदायिक दंगों के फैलने के बाद किया गया था।

संरचनात्मक निरंतरता के साथ साथ, भारतीय प्रशासन ने ब्रिटिश प्रबुद्धता के मूल्यों को भी पाला, जिन्होंने परोपकार, दया और सहिष्णुता के जैसे सामाजिक गुणों को बरकरार रखा। नतीजतन, यह प्रशासकों के लिए संभव था, जो औपनिवेशिक परंपरा में पले होने के बावजूद भारत से अंग्रेजों की वापसी के बाद राष्ट्रीय पुनर्निर्माण में भाग लेने के लिए सक्रिय रूप से सक्षम थे। प्रशासकों के लिए, प्रशासन एक ऐसा कार्य था जिसे समय की मांग के अनुसार कुशलता से किए जाने की जरूरत थी। आजादी के बाद, उन्हें एक बदले हुए सामाजिक-आर्थिक माहौल में एक नई भूमिका को पूरा करने के लिए कहा गया। आजादी के तुरंत बाद सिविल सेवा की भूमिका के विश्लेषण से पुष्टि हुई है कि नौकरशाही शायद ही तटस्थ हो सकती है, क्योंकि यह हमेशा प्रचलित राजनीतिक व्यवस्था के साथ जुड़ी हुई है: एक तरफ, उनको उन्हें सौंपी गई भूमिकाओं के निर्वहन में तटस्थ होना चाहिए; लेकिन वे तटस्थ हो, ऐसा लगता नहीं है, तो दूसरी तरफ, उनकी जिम्मेदारी राजनीतिक व्यवस्था की वैचारिक प्रतिबद्धता को पूरा करना है, जिनकी वे सेवा करते हैं। यह एक वैचारिक स्थिति है जिसे भारतीय सिविल सेवा में अच्छी तरह से व्यक्त किया जाता है, जिसने उपनिवेशवाद में निहित होने के बावजूद सामने आई चुनौतियों का सामना करने में पर्याप्त लचीलापन दिखाया है।

II

स्वतंत्रता अपने साथ उम्मीदें लाई थी और भारतीय प्रशासन उन उम्मीदों को कार्यों में रूपांतरित करने का साधन था। भारत के प्रथम प्रधानमंत्री, जवाहर लाल नेहरू ने देश के लिए राज्य के नेतृत्व वाले नियोजित विकास मॉडल को चुना जिसका सिविल सेवा द्वारा नीति वरीयताओं में रूपांतरण किया गया था। राज्य को उन परिस्थितियों में एक प्रमुख भूमिका निभानी थी जब राष्ट्र परिवर्तन और उन्नति के लिए निर्देश की तलाश में था। राष्ट्रवादी नेता और नौकरशाह भी विकास के नेहरूवादी मॉडल से प्रेरित थे, जब अन्य विकल्प भारत के लिए उपयुक्त होते प्रतीत नहीं हो रहे थे। अनुकूल वातावरण के कारण नेहरू के लिए इसे आगे ले जाना आसान था। दूसरी तरफ हम नेहरू के एक राज्य निर्देशित विकास की रणनीति के सूत्र में गलती पा सकते हैं, हालांकि इसने आजादी के तुरंत बाद अपने शुरू किए जाने पर प्रशंसा ही पाई थी। शासन के लिए प्रतिबद्ध किए जाने के कारण प्रशासन में शामिल लोगों ने उससे कटा हुआ महसूस नहीं किया क्योंकि उन्होंने अपने कर्तव्यों को अपने निजी हितों के ऊपर माना था। भारतीय विकास की औटेर्किक अवस्था की ऊंचाई के दौरान प्रतिक्रियाएं बहुत ज्यादा राज्य केंद्रित बनी रहीं; राज्य के अलावा अन्य एजेंसियों की भूमिका पृष्ठभूमि में चली गई थी।

यह चरण किसी न किसी रूप में 1970 के मध्य तक जारी रहा, जब वैश्वीकरण का विचार शासन के क्षेत्र में उगता दिखाई दे रहा था। प्रशासकों ने विकास निश्चित करने की एक तकनीक के रूप में गैर-विनियमन के महत्व को देखा जब राज्य के नेतृत्व वाला

विकास प्रतिमान वर्चस्व में रहना जारी रहा था। 1980 के दशक तक, वैश्वीकरण के लिए एक अनुकूल राजनीतिक माहौल उभर कर सामने आया, क्योंकि राजनीतिक नेतृत्व अन्य संभावनाओं की तलाश कर रहा था। इसमें विराम 1991 में आया जब भारत सरकार ने एलपीजी शासन के बुनियादी लोकाचार का समर्थन करते हुए आधिकारिक तौर पर नई आर्थिक नीति को अपनाया। भारत उदारवादी हो गया लेकिन एक अंतर के साथ। जैसा कि औद्योगिक नीति प्रस्ताव 1991 की पुस्तक में विस्तारित किया गया है, औद्योगिक लाइसेंसिंग नीति के साथ प्रदत्त और विदेशी निवेश और प्रौद्योगिकी हस्तांतरण की सुविधा प्रदान करने वाला, जिसके द्वारा उन क्षेत्रों को खोला गया जो अब तक सार्वजनिक क्षेत्र के लिए आरक्षित थे। इसका उद्देश्य अंतरराष्ट्रीय प्रतिस्पर्धा प्राप्त करने के लिए उत्पादकता में निरंतर वृद्धि को बनाए रखना, लाभकारी रोजगार बढ़ाना और मानव संसाधनों के इष्टतम उपयोग को प्राप्त करना था, जिससे भारत वैश्विक अर्थव्यवस्था में एक प्रमुख खिलाड़ी बन जाए। विकास की दर को आगे ले जाने के लिए, यह आवश्यक था कि भारतीय अर्थव्यवस्था को नौकरशाही के नियंत्रण से मुक्त किया जाए, जिसने इस प्रगति को रोक दिया लगता था।

जैसा कि स्पष्ट है, भारत एक राष्ट्र-राज्य के रूप में अपने विकास के विभिन्न चरणों में क्रांतिकारी परिवर्तन से गुजरकर वहाँ पहुंचा था जहां नियंत्रण लगभग गायब हो गया था। इस तरह के एक बदलते संदर्भ में भारतीय प्रशासन ने नई तकनीकों और शासन के उपकरण विकसित कर सबसे प्रभावी ढंग से नई चुनौतियों को संबोधित किया। यह शायद इस बात की भी पुष्टि है कि प्रशासन हमेशा लक्ष्य संचालित रहा है। उन लोगों ने इसे अनुकूल नहीं पाया जो राजनीतिक निर्णयों को नीतिगत विकल्पों में बदलने में साथ ही उन्हें क्रियान्वित करने में शामिल थे। यहाँ ऐसे कई उदाहरण हैं, जब मंत्रियों और नौकरशाहों के बीच संघर्ष की वजह से प्रशासन बाधित हुआ था; लेकिन वे थोड़े ही हैं। सामान्यतया, ये रिश्ते सौहार्दपूर्ण और घर्षण मुक्त रहे हैं। इन्होने आमतौर पर भारत में लोकतंत्र की जड़ें मजबूत करने के लिए योगदान किया है, जिसके तहत जनप्रतिनिधियों ने शासन करने के लिए निर्वाचित होने के आधार पर मंजूरी हासिल की। इस प्रकार यह स्वीकार किया गया है कि प्रशासक नीति प्राथमिकताओं में राजनीतिक प्रतिनिधियों के सहायक रहेगे।

III

सार्वजनिक सेवा को व्यापक रूप से जनता के विश्वास के रूप में स्वीकार किया जाता है और यदि सार्वजनिक सेवा के बारे में कुछ भी अद्वितीय है, तो वह इस प्रस्ताव से निकला है। जनता के विश्वास को कायम रखने का अर्थ है ईमानदारी से अपने कर्तव्यों का निर्वहन करना, जैसा कि निर्धारित किया गया है। इसमें शायद शासन में नैतिकता की कमी होने के कारण हाल के वर्षों में कमी आ रही है। शासन में नैतिकता के महत्व को सरकारी प्रथाओं में काफी हद तक समकालीन सैद्धांतिक चर्चा में एक महत्वपूर्ण स्थान इसलिए हासिल कर लिया है क्योंकि लोक प्रशासन में नैतिक मूल्यों में गिरावट आई है, जो शायद 'भ्रष्टाचार' के उदय के लिए अकेले जिम्मेदार है। इसका संभावित कारण राज्य की अतिवृद्धि में स्थित हो सकता है, जिसमें कथित तौर पर नौकरशाही 'एक उदार पालक' होने या प्रशासन के एक 'तटस्थ' की वेबेरियन भूमिका निभाने के बजाय एक 'किराया-हासिल करने' वाला बन गया है। सामान्यतया, किसी भी प्रणाली में भ्रष्टाचार तीन कारकों से होता है: (क) मूल्यों की व्यक्तिगत भावना में गिरावट, (ख) सामाजिक मूल्यों का क्षय और (ग) प्रशासन में घटते मूल्य। इन सबको एक साथ मिलाने से ये कारक हमारा ध्यान एक ऐसी स्थिति की तरफ ले जाते हैं जहां संपूर्ण बोर्ड में मूल्यों का एक सामान्य पतन हुआ दिखाई देता है और सामाजिक प्रक्रियाओं का एक अभिन्न अंग के रूप में प्रशासन इस पतन से दूर नहीं रह सकता जिसके हम गवाह बने हुए हैं।

भ्रष्टाचार से प्रभावी रूप से निपटने के लिए भारत सरकार ने शांतनाम समिति नियुक्त की, जिसने यह सुझाव दिया कि भ्रष्टाचार सार्वजनिक सेवा की निचली श्रेणी तक ही सीमित नहीं था और उन मामलों की संख्या चौंकाने वाली थी जिनमें उच्च पद के अधिकारी शामिल थे। इस समिति ने इस प्रकार सिविल सेवकों के खिलाफ भ्रष्टाचार के आरोपों पर गौर करने के लिए एक केंद्रीय सतर्कता आयोग की स्थापना करने की सिफारिश की। पहले एआरसी की रिपोर्ट इस बदले हुए सामाजिक-आर्थिक

माहौल में प्रशासन को कारगर बनाने के लिए शायद चरणों की सबसे लंबी सूची है। कुछ बुनियादी बातों पर ध्यान आकर्षित करते हुए, प्रदर्शन बजट की तकनीक की संकल्पना की शुरुआत करने के अलावा इसकी सबसे महत्वपूर्ण सिफारिश लोकपाल (संघ स्तर पर) और लोकायुक्त (राज्य स्तर पर) की नियुक्ति करने के बारे में है।

सिविल सेवा में सुधार की जरूरत के आधार पर, द्वितीय प्रशासनिक सुधार आयोग को भारत सरकार द्वारा 2005 में वीरप्पा मोइली की अध्यक्षता में भारत में लोक प्रशासन में स्थित गंभीर समस्याएं देखने के लिए स्थापित किया गया था। इस आयोग ने नैतिकता के गिरावट के लिए कारकों की एक पूरी श्रृंखला को जिम्मेदार ठहराया है, जिसमें व्यक्तियों की सामाजिक-मनोवैज्ञानिक गिरावट भी शामिल है। लोक प्रशासन के एक सामान्य गिरावट के प्रकाश में, इस आयोग ने इस तरह कहा कि 'हमारे मामले में, कई बार सार्वजनिक कार्यालय को अपनी संपत्ति का ही विस्तार माना जाता है। यही कारण है कि कभी कभी, सार्वजनिक कार्यालय भारी भ्रष्टाचार का एक स्रोत और संरक्षण को विस्तार देने के एक साधन होते हैं '(भारत सरकार 2007)। इसके लिए उपाय क्या है? प्रशासन में भ्रष्टाचार के मुद्दों से निपटने के लिए संस्थागत तंत्र होने के बावजूद ऐसा लगता है भ्रष्टाचार ने उसी को ललकारा है जो नीति निर्माताओं के लिए चिंता का एक स्रोत रहा है। आयोग के अनुसार, इसकी जड़ों को उन मूल्यों के अभाव में खोजा जाना चाहिए जो अच्छे व्यवहार का माहौल बनाने के लिए अनुकूल होते हैं। एक बड़ा और सामाजिक हित करने के लिए स्वयं की अधीनता को सुविधाजनक बनाने के लिए, उन्नति करनेवाले राज्य के हस्तक्षेप की जरूरत है। इस तरह के व्यवहार को न केवल व्यक्ति के जीवन-भर एक लंबे समय के लिए पोषित किया जाना चाहिए, बल्कि पीढ़ी दर पीढ़ी के माध्यम से किया जाना चाहिए, क्योंकि 'सही' लोकाचार विकसित होने में अधिक समय लेते हैं। फिर भी, यह स्वीकार किया जाना चाहिए कि हमारी सिविल सेवा नजरिए और उपलब्धियों की एक परंपरा है जो वर्तमान और भावी सिविल सेवकों द्वारा नकल किए जाने के लिए उदाहरण स्थापित करती है। यह भी स्वीकार किया जाना चाहिए कि 'सही आचरण' के मानदंडों को मौजूदा ढांचे के कानूनों और नियमों के कठोर नासमझ प्रवर्तन के माध्यम से लागू नहीं किया जा सकता। यह सही संतुलन प्राप्त करने का सवाल है। सिविल सेवाओं के भीतर औपचारिक, प्रवर्तनीय 'प्रतिबंध' होते हैं जो इस तरह के मानदंडों से अस्वीकार्य प्रस्थान के लिए निर्धारित किए गये हैं। वहाँ औपचारिक प्रतिबंधों के बिना स्वीकार्य व्यवहार की मान्यताएँ भी हैं, लेकिन इस तरह के व्यवहार और प्रथाओं का पालन न करना सामाजिक अस्वीकृति और कलंक को आकर्षित करता है।

IV

भारतीय प्रशासन, राजनीतिक, सामाजिक, आर्थिक और सांस्कृतिक वातावरण में नाटकीय बदलाव के लिए एक गवाह है। औटेर्किक राज्य को भारत में एलपीजी शासन के समेकन के मद्देनजर प्रतिस्थापित किया जा रहा है। शायद नौकरशाही बाधाओं की वजह से प्रगति उतनी तेजी से होती प्रतीत नहीं हो रही है जितनी की उम्मीद की गई थी। यहां भी प्रशासन को ही दोषी माना गया है। यह कुछ हद तक सच है क्योंकि एक नौकरशाही मानसिकता अभिन्न तरह से भारतीय प्रशासन के कार्यों के साथ जुड़ी रहती है। ये वेबेरियन सैद्धांतिक पूर्वाग्रह के साथ जुड़ी समस्याएं हैं जो संगठन की पदानुक्रमित रूप का समर्थन करती है, जो भारत में भारतीय नौकरशाही में हेलेबरी (Haileybury) स्कूल की बढ़ती पकड़ के दिनों के बाद से विकसित हुआ है। इससे एक अजीब स्थिति पैदा हो गई है: जबकि संरचनात्मक रूप से, भारतीय प्रशासन काफी हद तक बदला नहीं है, फिर भी इससे एक भूमिका के प्रदर्शन की उम्मीद की जाती है जो आगे कार्यों के साथ संगत होती प्रतीत नहीं होती है। एक एलपीजी राज्य कामकाज के एक निश्चित तर्क का पालन करता है जो एक औटेर्किक राज्य के विपरित है। भारतीय प्रशासन एक महत्वपूर्ण मोड़ है, जहां न तो औटेर्किक राज्य पूरी तरह से दूर हुआ है और न ही इसके प्रतिस्थापन ने भारतीय भूमि में गहरी जड़ें जमाई हैं। एक अजीब स्थिति है जिसमे भारतीय प्रशासन वर्तमान में पड़ गया लगता है। यह सच है कि प्रशासन को रातोंरात बदला नहीं जा सकता; यह भी सच है कि ऐसी स्थिति हमेशा नहीं रहनेवाली है, जैसा कि इतिहास बताता है, क्योंकि अनिश्चितता नियम के बजाय एक अपवाद है।

इस अजीब स्थिति को अर्थपूर्ण कैसे बनाया जाए, जिसमें भारतीय प्रशासन विभाजित हो गया है? जैसा कि अब स्पष्ट है, हम यह तर्क कर सकते हैं कि वैश्विक वास्तविकता और एलपीजी शासन को स्थानीय राजनीतिक से प्राप्त समर्थन को देखते हुए यह कहा जा सकता है कि, भारतीय प्रशासन विनियमिकरण, विनिवेश और वैश्वीकरण की ताकतों के पक्ष में झुका हुआ है। वहाँ हालांकि सदियों पुरानी अर्थव्यवस्था के औटेर्किक नियंत्रण के समर्थन में आवाजें हैं। नतीजतन, भारतीय प्रशासन ने अर्थव्यवस्था के कुछ क्षेत्रों में सार्वजनिक उद्यमों का औचित्य साबित करना जारी रखा है। उदाहरण के लिए, यह तथ्य कि रेलवे के निजीकरण का विरोध करने वाले बलों से पता चलता है कि एक सार्वजनिक क्षेत्र के लिए तर्क व्यवहार्य बना हुआ है, भले ही यह स्वीकार कर लिया गया है कि वैश्वीकरण को पलटा नहीं जा सकता। इसे कैसे हल किया जाएगा, इस सवाल का जवाब देना मुश्किल है। बहरहाल, इसने एक मुद्दा उठाया है कि भारत में वैश्वीकरण के बढ़ते महत्व को देखते हुए इसकी गंभीर जाँच करने की जरूरत है।

V

वैश्वीकरण के बाहर उत्पन्न होने वाले मुद्दों ने नाटकीय रूप से भारतीय प्रशासन की प्रकृति और दायरे को बदल दिया है। यह अब घरेलू परिस्थितियों तक ही सीमित नहीं है, बल्कि भारतीय प्रशासन को अब नई चुनौतियों का सामना करने की जरूरत है। इसे नई आर्थिक व्यवस्था की चुनौतियों का सामना करना है जिन्होंने समकालीन लोक प्रशासन को निर्णायक रूप से प्रभावित किया है। वैश्वीकरण के संदर्भ में, राष्ट्रीय अर्थव्यवस्थाएँ और अधिक खुली हो रही हैं और स्पष्ट कारणों से पूर्व राष्ट्रीय आर्थिक प्रभावों के अधीन हैं। जैसा कि अर्थव्यवस्थाएँ अपने असतत, अन्तर्मुखी चरित्र को खो रही हैं और वैश्विक नेटवर्क और प्रक्रियाओं में घुलमिल रहीं हैं, वे राष्ट्रीय नियंत्रण और प्रबंधन के लिए कम उत्तरदायी हो जाती हैं। संक्षेप में, यह विचारधारा और वैश्वीकरण का अभ्यास स्वैच्छिकता को विशेषाधिकार देते हैं और बाजार को नई आर्थिक व्यवस्था के आधार के रूप में मानते हैं।[1] कल्याण सेवाएं प्रदान करने के लिए एकमात्र जिम्मेदार एजेंट के रूप में राज्य की भूमिका को चुनौती दी जा रही है। राज्य, अब सुविधाप्रदाता माना जा रहा है, क्योंकि यह निर्णय लेने की प्रक्रियाओं का सिर्फ एक हिस्सा है, हालांकि यह अत्यंत महत्वपूर्ण है, जिसमें निजी कंपनियां भी महत्वपूर्ण बनी हुई हैं।

एक संबल के रूप में, राज्य ने अपनी सामाजिक-आर्थिक और राजनीतिक प्रक्रियाओं पर अपने शासक भूमिका खो दी है। यहाँ अंतरराष्ट्रीय लोगों सहित अन्य प्रमुख ख़िलाड़ी हैं, जो, हालांकि, घरेलू नियंत्रण के अधीन नहीं हैं फिर भी नीति बनाने में महत्वपूर्ण भूमिका निभाते हैं। राज्य के अलावा कई बलों और कर्ताओं के समेकन के साथ यह दृश्य कहीं अधिक जटिल हो गया है। इसीलिए भारतीय प्रशासन के एक विशिष्ट ऐतिहासिक परिप्रेक्ष्य में घरेलू और बाहरी दोनों कर्ताओं के साथ एक सतर्क परीक्षा करना जरूरी है। उदाहरण के लिए, वह नाटकीय परिवर्तन जिसे भारत ने भुगतान के बड़े झटके के मद्देनजर 1991 के शुरुआती हिस्से में देखा था, उसने एलपीजी शासन के पक्ष में विचारों की अभिव्यक्ति के लिए योगदान दिया। यह तब स्पष्ट हो गया था कि भारत की 'आयात प्रतिस्थापन रणनीति प्रभावी ढंग से संकट का सामना करने के लिए पर्याप्त रूप से सुसज्जित नहीं है। नतीजतन, अर्थव्यवस्था को मुक्त करने के खिलाफ आरक्षण के लिए कई लोग सहमत नहीं थे और भारत को वैश्वीकरण के युग के लिए तैयार किया गया था। भारतीय प्रशासन इस नई वास्तविकता के लिए समायोजित हो गया है, जिसने वैश्विक नेटवर्क के एक भाग के रूप में भारत के उदय को देखते हुए नई संभावनाओं के साथ-साथ नई चुनौतियों को समक्ष रखा है।

VI

भारतीय प्रशासन अब नई चुनौतियों का सामना कर रहा है जिसके लिए नई प्रतिक्रियाओं की आवश्यकता है। 1991 में नई आर्थिक नीति की स्वीकृति के साथ, प्रशासन के प्रभारी उन नई स्थिति के अभ्यस्त हो गये जिसकी मानसिकता अभी भी

ऑटार्किक (आत्मनिर्भर अर्थतंत्र) राज्य के समर्थन की थी। इसे विभिन्न उपकरणों के द्वारा निर्णायक रूप से संबोधित भी किया गया। नियमित रूप से प्रशिक्षण पाठ्यक्रम के अलावा, सिविल सेवा नए सांचे में ढलने की मांग कर रही थी। विभिन्न समितियों द्वारा कई डिजाइनों की पेशकश की जा रही थी। यह पहली बार मुख्यमंत्रियों के सम्मेलन, 1996 में सबसे शक्तिशाली रूप से व्यक्त किया गया था, जिसने कई सुधारात्मक कदमों के सुझाव दिए। हालांकि प्राथमिक प्रयास एक अलग, अवैयक्तिक और पैतृक नौकरशाही को बदलने के लिए किया गया था जो नागरिक के अनुकूल और उपयोगकर्ता की जरूरतों के प्रति संवेदनशील हो। इस सम्मेलन में जो सुझाव दिया गया था उसका मूल इस तर्क में है जिसे पूर्व प्रधानमंत्री, राजीव गांधी ने एक संवेदनशील प्रशासन के पक्ष में किया था। लगभग दो साल (1987 और 1989) की अवधि में फैले जिला मजिस्ट्रेट और कलेक्टरों के लिए कार्यशालाओं की श्रृंखला में राजीव गांधी ने तर्क दिया:

> [हमारे] प्रशासन का पैतृक मॉडल एक ऐसे समाज के लिए उपयुक्त नहीं है जहां प्रशासन का मुख्य जोर विकास पर होता है। यह सहमति हुई कि प्रशासन के विनियामक कार्यों को अपने आप में एक अंत के रूप में नहीं देखा जाना चाहिए जैसे औपनिवेशिक काल में होता था, बल्कि मजबूत और व्यापक आधारित विकास की प्रक्रियाओं को बनाए रखने के लिए एक साधन के रूप में देखा जाना चाहिए। हमारे राष्ट्रीय हितों के बड़े लक्ष्यों के लिए प्रशासन के प्रयोजनों के लिए संबंधित एक और अधिक प्रातिनिधिक और अधिक उत्तरदायी प्रशासन को बेहतर तरीके से रखा जाएगा —लोकतंत्र, समाजवाद, धर्मनिरपेक्षता और गुटनिरपेक्षता के लिए।

अन्य महत्वपूर्ण मुद्दा जो उनके भाषण के दौरान उठाया गया था, वह 'लोगों का 'निर्भरता सिंड्रोम' के बारे में पूछताछ थी, वह विशेषता, जिसे अपने दैनिक अस्तित्व के लिए लोगों की जरूरत की सब बातों के लिए सरकार पर निर्भरता के रूप में व्यक्त किया गया था। नौकरशाही इस प्रकार 'एक कर्ता' बनी रही, न कि एक 'संबल'। आम तौरपर लोग साधारण बातों के लिए भी सरकार की प्रतीक्षा करते हैं जिन्हें वे खुद कर सकते हैं। यह प्रणाली 'ऊपर से भारी' और 'शीर्ष उन्मुख' बन गई थी कि हर स्तर पर, लोग किसी भी समाधान के लिए ऊपर के स्तर को देखा करते थे। इस प्रकार यहाँ 'प्रशासन को नीचे धक्का' देने की जरूरत थी, न सिर्फ प्रशासन में बल्कि कभी कभी भी समुदाय के लिए प्रशासन के बाहर' भी। जमीनी स्तर पर विकास कार्यक्रमों के नियोजन और क्रियान्वयन दोनों में लोगों को शामिल करके, प्रशासन चरित्र में 'संवेदनशील' और 'प्रतिनिधि' बन जाएगा।[2] प्राथमिक चिंता का विषय सार्वजनिक सेवाओं के प्रबंधन में बहाव को रोका जाना था जिसने राजनीतिक जुड़ाव की परवाह किए बिना हर किसी को परेशान किया था। जैसे ही प्रशासन में स्थित खामियों को प्रभावी ढंग से संबोधित किया गया, वैसे ही उसके संवेदनशील और नागरिक के अनुकूल होने की अधिक संभावना थी; और जब तक यह लक्ष्य प्राप्त नहीं किया गया था, तब तक भारतीय प्रशासन ज्यादा कुछ महत्व रखे बिना एक खोखला प्रयास बन जाता।

इस भाव को कैसे रोका जाए? यहाँ कुछ प्रमुख तंत्र है जिन्हें पिछले कुछ दशकों के दौरान विकसित किया गया है: उनमें से एक नागरिक चार्टर जो उस जानकारी तक नागरिकों के पहुँच की अनुमति देता है जो अभी तक आधिकारिक गोपनीयता के नाम पर रहस्य बनी हुई थी। यह एक उपकरण है जिसने नागरिकों को काफी सशक्त किया है। दूसरा तंत्र जनता की शिकायतों के निवारण है के जो नागरिक की भलाई के लिए संभवतः एक मजबूत साधन है, यदि वे सार्वजनिक जिम्मेदारी रखने वालों अधिकारियों द्वारा परेशान किए जा रहे हैं। जैसा कि यह नियम मांग करता है, सभी केंद्रीय और राज्य विभागों को जनता की शिकायतों का समाधान करने की जरूरत है इससे पहले कि बहुत देर हो चुकी हो, ताकि उच्च अधिकारियों द्वारा होने वाली दंडात्मक कार्रवाई से बचा जा सके। इस दिशा में तीसरा कदम कानूनों, नियमों और प्रक्रियाओं की समीक्षा करना है जो पुरातन हैं और इक्कीसवीं सदी में नागरिकों की सेवा के लिए योग्य दिखाई नहीं देते। यह सामान्य रीती में कमजोर नागरिकों की भलाई के लिए योगदान करते हैं। इस में अंतिम चरण के साधन के विकेन्द्रीकरण और सत्ता के हस्तांतरण के माध्यम से प्रशासन में लोगों की भागीदारी सुनिश्चित करने के लिए जमीनी स्तर पर लोगों के अनुकूल करना शामिल है। संविधान के 73वें और

74वें संशोधन अधिनियम (1992) की भावना के अनुरूप, सरकार से उन कदमों को शुरू करने की उम्मीद की जाती है जिन्हें महात्मा गांधी और संस्थापक पिताओं ने ग्रामीण विकास के लिए स्थापित किए थे ताकि प्रशासन के वेबेरियन केंद्रीकृत और पदानुक्रमित रूप को चुनौती दी जा सके।

VII

मुख्यमंत्रियों का सम्मेलन, 1996 और प्रधानमंत्री के हस्तक्षेप तीन महत्वपूर्ण बिंदुओं को रेखांकित करते हैं जो अपने समकालीन अभिव्यक्ति में भारतीय प्रशासन की संकल्पना करने के लिए महत्वपूर्ण हैं: *पहला*, प्रशासनिक सुधार ने उन लोगों की तरफ से महत्वपूर्ण ध्यान आकर्षित किया है, जो निर्णय लेने में महत्वपूर्ण स्थान रखते हैं; अब यह तेजी से महसूस किया जा रहा है कि प्रशासक सिर्फ जनता की सेवा के लिए उपकरण मात्र रहे हैं और नागरिक ही प्रशासन में प्रमुख कर्ता हैं जिसे अनदेखा नहीं किया जा सकता। *दूसरा*, नौकरशाहों को एहसास दिलाया जाना चाहिए कि उनकी क्षमता का मापन उनकी सेवाओं की पेशकश करने की मुराद के संदर्भ में नहीं किया जाएगा, बल्कि जनता की संतुष्टि से मापा जाएगा। *तीसरा*, प्रशासनिक बुराइयों के लिए एक कारण प्रशासन में नैतिकता की कमी होना है। सिविल सेवा को सार्वजनिक कार्यालय के प्रति ईमानदारी और बुनियादी औचित्य के अलावा संवैधानिक सिद्धांतों और मूल्यों के लिए एक प्रतिबद्धता के आधार पर आचार संहिता स्थापित करने की जरूरत है। दूसरे शब्दों में, धर्मनिरपेक्षता, सामाजिक न्याय, कमजोर वर्गों की जरूरतों का ध्यान रखना, क़ानून के नियम और समानता, जैसे संविधान के बुनियादी सिद्धांतों को कायम रखने के अलावा प्रशासनिक निर्णयों के निर्माताओं और उन्हें क्रियान्वित करने में शामिल लोगों को हमेशा उच्च नैतिक मानकों और व्यक्तिगत ईमानदारी के द्वारा उदाहरण की स्थापना करनी चाहिए।

जब लोक प्रशासन की कड़ाई से निगरानी करने वाले सक्रिय नागरिक कथित तौर पर निर्णय निर्माताओं द्वारा प्रदत्त सेवा के मात्र प्राप्तकर्ता होने से खुश होते नजर नहीं आते तो ऐसे संदर्भ में लक्ष्य को कैसे पूरा किया जाएगा। निम्नलिखित कुछ उपायों के सुझाव हैं जो प्रभावी रूप से प्रशासनिक-क्षय को संबोधित करने के लिए हैं:

1. 'नागरिक चार्टर और एक जवाबदेह प्रशासन;
2. प्रभावी और तेज लोक शिकायत निवारण प्रणाली;
3. ग्रामीण और शहरी क्षेत्रों और सेवाओं के विकेन्द्रीकृत वितरण में निर्वाचित स्थानीय निकायों को सशक्त बनाना;
4. कानूनों, नियमों और प्रक्रियाओं को समकालीन भारत में प्रासंगिक बनाने के लिए उनकी समीक्षा करना;
5. पारदर्शिता और सूचना का अधिकार;
6. सार्वजनिक कार्यालयों से सार्वजनिक सूचना तक पहुंच और सरकारी कार्यालयों में सुविधा काउंटर के निर्माण;
7. सार्वजनिक सेवाओं के लिए आचार संहिता और सार्वजनिक कार्यालयों में भ्रष्टाचार के लिए शून्य सहिष्णुता;
8. सिविल सेवकों के लिए कार्यकाल की स्थिरता और सिविल सेवा बोर्ड के लिए एक योजना।

जाहिर है, इसका उद्देश्य ऐसी परिस्थितियों का निर्माण करना है जिसमें सार्वजनिक सेवा वास्तव में सामग्री और आत्मा में सार्वजनिक हो जाए। भारतीय प्रशासन अपने कामकाज और नागरिकों की पहल की कमी के कारण अविकसित हो गया लग रहा था। 1996 का सम्मेलन इस तरह के एक अहसास के लिए एक महत्वपूर्ण बिंदू था कि प्रशासन में नागरिकों का भी समान महत्व है। उत्तरदायी और सहभागी बनने के लिए केवल इन दो पूरक घटकों के बीच रचनात्मक बातचीत के साथ ही भारतीय प्रशासन अपनी महत्वपूर्ण भूमिका से परे जा पायेगा।

VII

प्रशासन आधिकारिक तंत्र के अलावा सतर्क नागरिकों के मद्देनजर अब कोई बंद कमरे में रखा मामला नहीं है जो यह पता लगाने के लिए स्थापित किए गये है कि यह पथ से दूर नहीं जा रहा है। जिसने भारतीय प्रशासन की मौलिक बनावट को बदल दिया है वह निस्संदेह रूप से सूचना का अधिकार अधिनियम, 2005 की स्वीकृति है जिससे नागरिकों को अब राज्य से किसी भी विषय पर जानकारी की मांग करने का अधिकार है। आवश्यक जानकारी प्रदान करने में होने वाली किसी भी विफलता के कारण दंड पाया जा सकता है। यह एक क्रांतिकारी उपाय है जो प्रशासन को न केवल अपने ग्राहकों के लिए उत्तरदायी बनाता है, बल्कि इसने उसे एक महत्वपूर्ण तरीके से उपयोगकर्ता के अनुकूल भी बनाया है। इस अभियान को राजस्थान में 1990 के दशक में मजदूर किसान संघर्ष समिति द्वारा शुरू किया गया था, जो सूचना का अधिकार अधिनियम 2005 को अपनाने की तरफ ले गया, जो इस विचार पर आधारित था कि प्रशासन की एक अधिक खुली और पारदर्शी प्रणाली एक और अधिक जवाबदेह और जिम्मेदार लोकतंत्र को बढ़ावा देती है। जानकारी देने से मना करना लोकतांत्रिक अधिकारों के हनन के बराबर है। लोकतांत्रिक प्रक्रिया में अपनी भागीदारी के साथ, लोग एक सतर्क नागरिक की भूमिका का निर्वहन करते हैं। एक ऐसे युग में जब ज्ञान ही शक्ति है, तब सूचना का अधिकार का क़ानून न केवल विधान का एक हिस्सा है, बल्कि बुनियादी लोकतांत्रिक अधिकारों की पूर्ति के लिए एक साधन भी है। यह नागरिकों को भारत जैसे जीवंत लोकतंत्र में सतर्क नागरिक के रूप में अपने अधिकारों और कर्तव्यों के निर्वहन के लिए अभ्यास करने में सक्षम करता है, विशेषकर ग्रामीण क्षेत्रों में। जैसे ही कोई आवश्यक जानकारी उनके कब्जे में आ जाती है, तो वे नौकरशाहों द्वारा गुमराह नहीं किए जा सकते, जो आम तौर पर अपने लाभ के लिए उनकी अज्ञानता का लाभ उठाते हैं। यह तथ्य कि नागरिक सशक्त हैं और उनका फायदा उठाया नहीं जा सकता, यह इस सक्षम अधिनियम का एक बड़ा योगदान है, जो संभवतः भारतीय प्रशासन की नौकरशाही की पुरातन मानसिकता को बदलने के लिए समर्थ है। सरकार और नागरिकों के बीच मौजूद अवरोध को तोड़ते हुए यह अधिनियम सही मायने में एक सशक्त उपकरण बन गया है। इस संबंध में, यह अधिनियम अपनी प्रक्रियाओं के अलग-अलग रूपों में भारतीय प्रशासन को आकार देने में एक मील का पत्थर साबित हुआ है।

IX

जैसा कि इस अध्याय से पता चलता है कि भारतीय प्रशासन निश्चित रूप से स्थिर नहीं है। यह सामाजिक-आर्थिक और राजनीतिक परिवेश से प्रतिक्रियाओं में बदल गया है। वहाँ इस दृश्य परिवर्तन को समझने के लिए दो प्रमुख आदानों पर प्रकाश डालने की जरूरत है। पहला, भारतीय प्रशासन को अब उन जिम्मेदारियों के साथ सामना करना है जो अतीत में इसके दायरे में नहीं थीं। इसका यह स्पष्ट मतलब है कि यह अब नागरिकों के लिए प्रशासनिक प्रतिबद्धताओं के लिए समर्पित है। इस प्रकार सरकार के सामने कार्य की मात्रा और जटिलता में काफी वृद्धि हुई है। उनसे प्रभावी ढंग से निपटने के लिए उपलब्ध उपकरण पर्याप्त होते प्रतीत नहीं होते। इसके अलावा, प्रशासन के डोमेन में भी काफी विस्तार किया गया है और बदले माहौल में उसकी देखभाल करने की जरूरत है। नए संदर्भ में प्रशासन ने अपने क्षितिज का विस्तार किया है।

समकालीन भारतीय प्रशासन की संकल्पना करने में राजनीति की भूमिका बहुत महत्वपूर्ण है। दो मायनों में राजनीति एक महत्वपूर्ण चर बन गई है। पहला, विगत की तरह, भारतीय प्रशासन एक विशिष्ट सत्ता-संबंध द्वारा निर्देशित है, जिसने उसके कामकाज पर कब्जा कर लिया है। वहाँ विभिन्न राजनीतिक ताकतें हैं जो निर्णय प्रक्रिया पर प्रभाव डालती हैं। दूसरा, यह शायद अधिक महत्वपूर्ण है, लोक प्रशासन में नागरिकों को जोड़े बिना राजनीति में उनकी भूमिका अपूर्ण ही रह जाती। अब जहाँ तक प्रशासन का सवाल है, नागरिक सक्रिय बनकर अपने अधिकारों का प्रयोग कर रहे हैं। एक प्रक्रिया के रूप में, राजनीति इस प्रकार जागरूकता के साथ जुड़ गई है जो विशिष्ट निर्णयों के निर्माण में नागरिकों के पक्ष में चली जाती है।

लोकतांत्रिक विकेन्द्रीकरण की संवैधानिक गारंटी के साथ यह दृश्य आगे और परिवर्तन में से गुजरा है जिसमें नागरिकों ने न केवल जिम्मेदारियों को ग्रहण किया है, बल्कि जमीनी स्तर पर प्रशासन में एक स्वतंत्र भूमिका भी तैयार की है। 73वें संशोधन अधिनियम ने इस प्रकार ग्रामीण प्रशासन में एक क्रांति ला दी है जिसमें राजनीति ने बहुत ही महत्वपूर्ण भूमिका निभाई है।

आज भारतीय प्रशासन अतीत की तुलना में विशाल बन गया है, जब राज्य के नेतृत्व वाले नियोजित विकास ने वहाँ सफलता प्राप्त की है जिन क्षेत्रों में इसका शासन सर्वोच्च होना चाहिए था। सरकार के अलावा अन्य एजेंसियों के बढ़ते महत्व को देखते हुए आज की तुलना में अतीत में सार्वजनिक-निजी सीमा अधिक स्पष्ट थी। ऐसा इस शासन के युग में तो और अधिक है, जब यहाँ तक कि घरेलू और अंतरराष्ट्रीय दोनों निजी एजेंसियाँ लोक प्रशासन में महत्वपूर्ण बनी हुई हैं। भारत के संदर्भ में इस आवश्यकता को तेजी से महसूस किया जा रहा है, क्योंकि सरकार अब नए मांगों का समाधान करने के लिए अच्छी तरह से सुसज्जित है। ग्रहणशील होकर ऐसा लगता है कि भारतीय प्रशासन ने शासन में नए आयाम सामने लाये हैं, जो अतीत में समझ से बाहर थे जब राज्य संचालित विकास रणनीतियों में से निजी उद्यमियों को कोई भी भूमिका देने से पूरी तरह से इंकार किया जाता था। तब एक अनूठी स्थिति पैदा होती है, जब भारतीय प्रशासन के लिए परंपरागत तरीके न तो तर्कसंगत होते हैं और न ही इसकी जटिल अभिव्यक्ति और विकास को समझने में धारणात्मक रूप से सहायक होते हैं।

X

भारतीय प्रशासन को बदले माहौल में पुनः अविष्कृत किया जा रहा है जब एक तर्क घटी हुई सरकार के लिए है, लेकिन अधिक गवर्नेंस पर जबरदस्ती जोर लगाया जा रहा है। भारतीय प्रशासन सिर्फ प्रतिक्रियाशील होने के बजाय शासन प्रतिमान के साथ लगातार रहते हुए प्रकृति में सक्रिय और सहभागी बन गया है। एक विकासात्मक राज्य को एक सक्रिय प्रशासन के साथ पूरित करने की जरूरत है; अन्यथा, समावेशी विकास के लक्ष्य को प्राप्त करना असंभव होगा। यह एक चुनौतीपूर्ण कार्य है जो केवल तभी पूरा होगा जब भारतीय प्रशासन लक्ष्यों को पूरा करने के लिए के निर्धारित प्रक्रिया के अनुसार प्रतिक्रिया देता है। यहाँ कुछ समस्या क्षेत्र हैं जो प्रशासन की विभिन्न परतों के बीच समन्वय की लगातार कमी के कारण आसानी से हल नहीं किए जा सकते। समन्वय की कमी होना निस्संदेह चिंता का एक स्रोत है, लेकिन प्रशासन की जटिलताओं के मद्देनजर उन्हें टाला नहीं जा सकता। दूसरे शब्दों में, शायद प्रशासकों को नौकरशाही के हिस्से के रूप में अपनी विविध जिम्मेदारियों के निर्वहन की वजह से यह एक आसान काम नहीं है। जिसमें भारतीय प्रशासन स्थित है उन विशिष्ट सामाजिक-आर्थिक और राजनीतिक परिस्थितियों के अलावा, शासन के एलपीजी के रूप में एक बहिर्जात कारक भी है जिसके प्रति संवेदनशील होने की जरूरत है। वैश्वीकरण की बढ़ती पकड़ की वजह से तब्दील हुए भारतीय प्रशासन की संकल्पना इस प्रकार शासन की वेबेरियन पद्धति के सीमा के प्रति जागरूक नौकरशाही के रूप में नहीं की जा सकती, जो तुलनात्मक रूप से साधारण समाज के लिए लागू होती है। यह शायद वह कारण था जिसने वेबर को लोकशाही को 'कामकाज के एक साधन' के रूप में मानने को बाध्य किया, जिसकी प्रकृति प्रचलित सामाजिक-आर्थिक परिस्थितियों पर आकस्मिक थी, जैसा कि डेविड बीथम ने अपने *Max Weber and the theory of modern politics* (1985) में कल्पना की थी। यह तर्क कि वेबर ने विद्यमान सामाजिक-आर्थिक परिस्थितियों के लिए अपने किसी भी विचार को प्रकट नहीं किया था, बीथम का तर्क है कि 'सार्वभौमिक और उदासीन दृष्टिकोण से काफी दूर, इसका रूढ़िवादी पौराणिक कथाओं के रूप में वर्णन किया जाता है, परंतु व्यवहार में, यह सामाजिक वर्गों के दृष्टिकोण से खुद को मुक्त करने में असमर्थ था, जिसमें इसे नियुक्त किया गया था और जिससे यह संबद्ध था '(बीथम 1985)। यह एक मौलिक सैद्धांतिक प्रस्ताव है जो समय की एक ऐतिहासिक अवधि में भारतीय प्रशासन के बदलते स्वरूप को उजागर करता है। राज्य के नेतृत्व वाले नियोजित आर्थिक विकास के संदर्भ में भारतीय प्रशासन ने अपनेआप को इस तरह के रूप में प्रकट किया है, ताकि नीति निर्माताओं के वैचारिक वरीयता का समर्थन किया जा सके; भारत काफी हद तक एक राज्य नियंत्रित अर्थव्यवस्था

था; यह एक समाजवादी भी था, लेकिन एक समाजवादी शासन नहीं था और उसके एक परिणामस्वरूप, निजी संचालक भारत की अर्थव्यवस्था के साथ अभिन्न रूप से जुड़े रहे। यह दृश्य काफी हद तक आर्थिक उदारीकरण की नीतियों की स्वीकृति के साथ 1991 से बदल गया है। संरचनात्मक रूप में वही रहते हुए, भारतीय प्रशासन को वैश्वीकरण के अनुसार खुद को बदलने की उम्मीद की गई थी, जिसमें शुरू में पेश आने वाली समस्याएँ मौजूद थी, लेकिन धीरे-धीरे उसे एक अपरिहार्य जिन्न के रूप में स्वीकार कर लिया गया, जो उन लोगों को अवशोषित करने के लिए उठ खड़ा हुआ था जो मुक्त अर्थव्यवस्था के स्पष्ट सकारात्मक परिणामों को समझे बिना उसका विरोध कर रहे थे। इन उल्लेखनीय बदलाव के लिए एक गवाह के रूप में भारतीय प्रशासन महज एक संरचना नहीं है, जो केवल कुछ सुपरिभाषित कार्यों का प्रदर्शन करती है, बल्कि भारत के जटिल इतिहास के माध्यम से होने वाली एक रोचक यात्रा है।

लगातार बदलते सामाजिक-आर्थिक और राजनीतिक परिस्थितियों में भारतीय प्रशासन को स्थित करते हुए, *Indian Administration: Development and Practice* एक अनूठा अध्ययन है, जो न केवल उसके विश्लेषण की गहराई की वजह से अलग खड़ा है, बल्कि उन प्रयासों की वजह से भी है, जो उसने लोक प्रशासन को व्यापक सामाजिक-आर्थिक और राजनीतिक प्रक्रियाओं से जोड़ने के लिए किए हैं। लोक प्रशासन उस परिवेश से अलग नहीं रह सकता जिसमें वह रहता है, क्योंकि वे प्रशासक, जो प्रशासन को चलाते हैं वे बाहर से नहीं आते हैं, बल्कि अंदर से ही आते हैं, और इसलिए वे समाज की प्राथमिकताओं को दर्शाते हैं, जिसमें वे स्थित होते हैं। यह अध्ययन अपने आप में एक श्रेणी है क्योंकि भारतीय प्रशासन पर पारंपरिक ग्रंथों के विपरित, यह पुस्तक भारतीय प्रशासन की अद्वितीय प्रकृति के गूढ़ रहस्य को अनावृत करते हुए न केवल संरचना के लिए बल्कि प्रक्रियाओं के महत्व पर चर्चा करने के लिए प्रेरित करती है। भारतीय प्रशासन के जटिल चरित्र की संकल्पना करने की कुंजी व्यापक सामाजिक-आर्थिक और राजनीतिक प्रक्रियाओं में निहित है, जिसमें यह विकास करता है। यह मौलिक तर्क है जिसे यह पुस्तक भारत की अनूठी संरचना और सामाजिक-राजनीतिक और आर्थिक संदर्भ में प्रशासन की प्रक्रियाओं के बीच द्वंद्वात्मक पारस्परिक संबंधों के एक गहन अध्ययन के आधार पर प्रदान करती है।

टिप्पणियाँ

1. गेराल्ड सेडेन ने अपनी ग्रासिया-ज़ेमोर और खातुर (1994) में 'globalizing the theory and practice of public administration' में इस तर्क का प्रयास किया है।
2. ये उद्धरण 13 फरवरी, 1988 को हैदराबाद में दिए राजीव गांधी के भाषण से लिए गये हैं, भारत सरकार प्रेस, नई दिल्ली, 1989, पृ. 8–9।

संदर्भ

Beetham, David. 1985. *Max Weber and the Theory of Modern Politics,* 66. Cambridge: Polity Press.

Gandhi, Rajiv. 1988. 'Responsive Administration', speech on 18 June, 1988 at Coimbatore, *The Times of India* (New Delhi).

Government of India. 2007, January. Ethics in Governance, 6. Fourth Report, Government of India, New Delhi.

Gracia-Zemor, Jean-Claude and Renu Khatur, ed. 1994. *Public Administration in the Global Village*, 49–59. West Port, CT: Praeger.

ग्रंथ सूची

इस खंड का प्रयोजन भारतीय प्रशासन में प्रासंगिक साहित्य के साथ पाठकों को परिचित कराना है। यह एक विशाल क्षेत्र है। इसलिए एक संपूर्ण ग्रंथ सूची प्रदान करना मुश्किल है, हालांकि उन ग्रंथों की पहचान करने के लिए प्रयास किए गये हैं जो इस उप-विषय में स्थित व्यापक प्रवृत्तियों की संकल्पना करने और उनको समझने में महत्वपूर्ण हैं। ग्रंथों की यह सूची तैयार करते समय, इस क्षेत्र में मौजूद महत्वपूर्ण ग्रंथों का पता लगाने के लिए पर्याप्त सावधानी बरती गई है। इसके अलावा, इस ग्रंथ सूची में कुछ महत्वपूर्ण पाठ भी हैं जो उन मूलभूत विचारों को समझने के लिए उपयोगी होते हैं जो तेजी से बदलते सामाजिक-आर्थिक और राजनीतिक परिवेश के संदर्भ में भारतीय प्रशासन के विकास के साथ आपस में जुड़े रहते हैं। इस अर्थ में, यह ग्रंथ सूची आगे के अनुसंधान के लिए न केवल एक पथप्रदर्शक है, बल्कि अपनी सबसे जटिल अभिव्यक्ति में पाठकों को भारतीय प्रशासन की गतिशीलता को जानने के लिए एक बौद्धिक कौशल के साथ लैस करेगी।

Bardhan, Pranab. 2008. *The Political Economy of Development in India.* New Delhi: Oxford University Press (reprint).

Bagchi, Sanjoy. 2007. *The Changing Face of Bureaucracy: fifty years of the IAS* [Indian Administrative Services]. New Delhi: Rupa & Co.

Bhambri, C. P. 1972. *Administrators in a Changing Society.* Delhi: National Publishing House.

Bhattacharya, Mohit. 2011. *Public Administration: New Issues and Perspectives.* New Delhi: Jawahar Publishers.

Bombwall, K. R. 1978. *Indian Constitution and Administration.* Ambala Cant: Modern Publication.

Braibanti, Ralph. 1985. *Asian Bureaucratic System Emergent from the British Imperial Tradition.* Durham: Duke University Press.

Chakrabarty, Bidyut and Mohit Bhattacharya, ed. 2005. *Administrative Reforms: Innovation and Change.* New Delhi: Oxford University Press.

———, ed. 2003. *Public Administration: A Reader.* New Delhi: Oxford University Press,

———, ed. 2008. *The Governance Discourse: A reader.* New Delhi: Oxford University Press.

Chakrabarty, Bidyut and Prakash Chand. 2012. *Public Administration in a Globalizing World.* New Delhi: SAGE Publications.

Chakrabarty, Bidyut and Rajendra Pandey. 2008. *Indian Government and Politics.* New Delhi: SAGE Publications.

Chakrabarty, Bidyut. 2007. *Reinventing Public Administration: The Indian Experience.* New Delhi: Orient Longman.

Chakravarty, Sukhomoy. 1987. *Development Planning: The Indian experience.* Oxford: Clarendon Press.

Chatterjee, Partha. 1997. "Development Planning and the Indian State." In *State and Politics in India,* edited by Partha Chatterjee. New Delhi: Oxford University Press.

Corbridge, Stuart, John Harriss and Craig Jeffrey. 2014. *India: Economy, Politics and Society.* New Delhi: Oxford University Press.

Heginbotham, Stanley J. 1975. *Cultures in Conflict: The Four Faces of Indian Bureaucracy.* New York: Columbia University Press.

Jalal, Ayesha. 1995. *Democracy and Authoritarianism in South Asia: A Comparative and Historical Perspective.* Cambridge: Cambridge University Press.

Jenkins, Rob, Loraine Kennedy, and Partha Mukhopadhyay. 2014. *Power, Policy and Protest: The Politics of India's Special Economic Zones.* New Delhi: Oxford University Press.

Kohli, Atul. 1992. *Democracy and Discontent: India's Growing Crisis of Governability.* Cambridge: Cambridge University Press.

Maheshwari, S. R. 2003. *Administration of India.* New Delhi: Macmillan.

———. 2000. *Public Administration in India.* New Delhi: Macmillan.

———. 2000. *State Governments in India.* New Delhi: Macmillan.

———. 1968. *Indian Administration.* New Delhi: Orient Longman.

Mathur, Kuldeep. 2013. *Panchayati Raj.* New Delhi: Oxford University Press.

———. 1986. *Development Policy and Administration.* New Delhi: SAGE.

Mishra, B. B. 1986. *Government and Bureaucracy in India.* Delhi: Oxford University Press.

———. 1977. *The Bureaucracy in India.* New Delhi: Oxford University Press.

Mukherji, Rahul. 2014. *Globalization and Deregulation: Ideas, Interests and Institutional Change in India.* New Delhi: Oxford University Press.

———. 2014. *Political Economy of Reforms in India.* New Delhi: Oxford University Press.

O' Malley, L. S. S. 1931. *The Indian Civil Service, 1601–1930.* London: John Murray.

Potter, David. 1986. *India's Political Administrators, 1919–1983.* Oxford: Clarendon Press.

Prasad, Kamla. *Indian Administration. Indian Administration: Politics, Policies and Prospects.* New Delhi: Pearson.

Woodruff, Philip. 1997. *The men Who Ruled India.* New Delhi: Rupa & Co. (reprint).

Vohra, N. N. 1997. "The Rusting Steel Frame." In *India at 50s: Bliss of Hope and Burden of Reality,* edited by V. N. Narayanan and Jyoti Sabharwal, 154–171. New Delhi: Sterling Publishers.

लेख

Bhat, Anil. 1979. "Colonial Bureaucratic Culture and Development Administration: Portrait of an Old-fashioned Indian Bureaucrat." *Journal of Commonwealth and Comparative Politics*, 17, no. 3 (1979).

Breman, Jan. 1985. "I am the Government Labour Officer ... State Protection for Rural Proletariat of South Gujarat." *Economic and Political Weekly* (June 15, 1985)

Jain, R. B. 1991. "Politicization of Bureaucracy: A Framework for Comparative Assessment." *Indian Journal of Public Administration*, 36, no. 4 (1991).

Kaviraj, Sudipta. 1984. "On the Crisis of Political Institutions in India." *Contributions to Indian Sociology*, 18, no. 2 (1984).

Mathur, Kuldeep. 1991. "Bureaucracy in India: Development and Pursuit of Self-interest." *Indian Journal of Public Administration,* 36, no. 4 (1991).

Nandy, Ashish. 1989. "The Political Culture of the Indian State." *Daedalus*, 118, no. 4 (fall 1989).

Rai, Haridwar, and Sukendra Prasad. 1973. "Indian Bureaucracy: The Case for Representativeness." *Indian Journal of Public Administration*, 19, no. 1 (1973).

Subramaniam, V. 1967. "Representative Bureaucracy: A Reassessment." *American Political Science Review*, 67, no. 4 (December, 1967).